“十二五”国家重点出版物出版规划项目
铁路科技图书出版基金资助出版

# 高速铁路建造技术·施工卷(下)

中铁二局股份有限公司　卿三惠　等　编著

中国铁道出版社
2013年·北京

## 内 容 简 介

本书全面系统地总结我国高速铁路施工技术及建设实践经验，并广泛吸收国外先进技术，形成了具有中国特色的高速铁路施工技术体系。其内容包括路基、桥梁、隧道、轨道、通信、信号、电力、电气化工程施工、施工测量及试验与检测技术等，重点突出各工序关键环节的施工方法与工艺、质量过程控制、质量检测与评定标准、相关接口工程施工要点等。

全书分上、下册出版。上册为第1～4篇，内容包括绪论及路基、桥梁、隧道施工技术；下册为第5～8篇，内容包括轨道与“四电”施工、施工测量、试验与检测技术。

该书理论联系实际，论述深入浅出，内容系统完整，展现了当今高速铁路施工的最新技术及应用前景，已被列为“十二五”国家重点出版物出版规划项目，具有较高的理论和实用价值。可作为铁路施工企业员工的技术培训教材，也可供高速铁路施工、设计、科研人员及大专院校土木工程专业的师生学习和参考。

**图书在版编目(CIP)数据**

高速铁路建造技术·施工卷．下/卿三惠等编著．—北京：中国铁道出版社，2013.10

ISBN 978-7-113-16911-4

Ⅰ．①高… Ⅱ．①卿… Ⅲ．①高速铁路—铁路施工—研究—中国 Ⅳ．①U238

中国版本图书馆CIP数据核字(2013)第143440号

**书　　名**：高速铁路建造技术·施工卷（下）
**作　　者**：中铁二局股份有限公司　卿三惠　等

**策　　划**：江新锡　曹艳芳
**责任编辑**：江新锡　曹艳芳　王　健　　**编辑部电话**：010-51873065　　**电子邮箱**：jianjia51@sina.com
**封面设计**：崔丽芳
**责任校对**：马　丽
**责任印制**：郭向伟

**出版发行**：中国铁道出版社（100054，北京市西城区右安门西街8号）
**网　　址**：http://www.tdpress.com
**印　　刷**：北京盛通印刷股份有限公司
**版　　次**：2013年10月第1版　　2013年10月第1次印刷
**开　　本**：880 mm×1 230 mm　1/16　印张：51.75　字数：1 700千
**书　　号**：ISBN 978-7-113-16911-4
**定　　价**：310.00元

# 主编简介

卿三惠，男，1956年生，贵州省息烽县人，工学博士，教授级高级工程师，国家注册土木工程师。1982年～2006年在中铁二院工程集团有限公司从事铁路工程勘察设计25年（其间任院副总工程师8年），2006年至今任中铁二局股份有限公司总工程师。历经南防、南昆、黎湛、株六、水柏、黔桂、渝怀、遂渝、达成、大丽、玉蒙、滇藏、京津、京沪、武广、广珠等新（改）建铁路的前期研究、勘察设计及施工实践，长期致力于工程勘察设计技术与结合工程的科学试验研究，多项成果获国家、省（部）级奖励，为铁路的事业技术进步作出了积极的贡献。

**勘察设计**：《水柏铁路北盘江大桥工程地质勘察》获铁道部工程勘察一等奖及国家银奖；《渝怀铁路圆梁山隧道工程地质勘察》、《黔桂铁路工程地质勘察》、《高烈度地震区铁路工程地质与环境地质综合选线》获省（部）工程勘察一等奖；《水柏铁路选线设计》、《时速200公里遂渝铁路路基工程设计》分获省（部）工程设计一、二等奖。

**科技研究**：《京津时速350公里铁路线路工程技术及应用》获铁道部科学技术特等奖；《时速350 km高速铁路CRTSⅡ型板式无砟轨道施工技术及关键设备研究》、《海底隧道钻爆法施工关键技术》、《富水砂卵石地层土压平衡盾构施工关键技术》、《大跨径曲线梁非对称外倾式钢箱拱桥施工关键技术》获省（部）科技进步一等奖；《客运专线独塔斜拉连续刚构组合桥施工关键技术》、《客运专线无砟轨道制造与施工成套设备及工艺研究》、《遂渝铁路一次铺设跨区间无缝线路轨道关键技术试验研究》、《超深埋大断面隧道群施工关键技术》、《特殊环境修建复杂洞室群地铁车站整体洞桩法施工关键技术》获省（部）科技进步二等奖；《红层软岩地区建造时速200公里客货共线铁路路基关键技术》、《超浅埋地铁大断面长距离水平冻结施工技术》、《高压富水地层超深埋特长隧道施工技术》、《城市地下互通立交隧道群施工技术》、《高瓦斯特长隧道建设关键技术》获省（部）科技进步三等奖。

**学术成就**：公开发表科技论文30余篇，对山区铁路选线设计、工程地质及水文地质勘察、岩溶和软弱地基处理、滑坡或边坡工程治理、复杂地质隧道灾害防治、高速铁路设计与施工、路基填料试验等技术问题进行了有益的研究和探索；主编出版《西南铁路工程地质研究与实践》、《土木工程施工工艺》（包括路基路面、桥梁、隧道及地铁、铺架与“四电”、房建五个分册）、《高速铁路隧道工程施工技术指南》、《铁路隧道施工安全技术规程》、《工程项目管理标准化手册》，参编出版《铁路路基填筑连续压实控制技术规程》、《铁路混凝土支架法现浇施工技术规程》、《CRTSⅡ型板式无砟轨道施工质量验收标准》、《高速铁路地基处理手册》、《铁路工程声屏障施工技术指南》等技术专著、规范、标准、手册；研发国家级工法5项、省（部）级工法10项；获国家授权发明专利12项、实用新型专利5项。

**社会荣誉**：2000年以来，先后荣获“全国铁路火车头奖章”、“四川省工程勘察大师”、“四川省学术和技术带头人”、中建协和中施协“全国技术创新先进个人”、中国中铁总公司“突出贡献中青年专家”和“十一五科技创新标兵”等社会荣誉。

# 《高速铁路建造技术·施工卷》编委会

**主　任：** 唐志成

**副主任：** 邓元发　卿三惠

**委　员：** 方国建　张次民　林　原　刘剑斌　王云波　曾永林
邓爱民　蔡　伟　熊志勇　崔江利　张文杰　李　政
邓文华　陈道圆　谌明朗　卢　鹏　胡　建　郜小群
刘世杰　陈　叔　韩兴旭　唐浩先　何拥军

**主　编：** 卿三惠

**各篇编著人员：**

**第1篇** 卿三惠　谭均平　李雪梅　卿光辉

**第2篇** 胡　建　杨守泰　贺志荣　黄　能　张代富　伍帮勇
蒋浩然　黄国庆　蒋开春　魏二剑　钟维章

**第3篇** 郜小群　钱纪民　唐浩先　韩兴旭　李友明　吴　明
周祖清　蒲　伟　雷　宇　白晓红　彭亮英　王　强
陈　杰　韩　伟　肖　勇　姚道雄　李华月　向　锐
张顺勇　谭祥国　曹新恒

**第4篇** 刘世杰　马　辉　刘卫华　胡力绳　钟友江　李庆生

**第5篇** 陈　叔　陈　杰　陈孟强　陈希成　申　超　林国辉
陈建波　孙韵全　褚利民　彭　福　樊小冬　陈太权
来　琼　胡笑纹　李保尔　方　华

**第6篇** 何拥军　代伯寿　张　强　唐小川　鲁　健　汤国林
石　芸　何国华　彭明勇　李非凡　徐　旭　王正国
周聚杰　何锐庚　林安普

**第7篇** 葛庭栋　段太生　李学仕　杨维裕　郭　平　方　明
何　军

**第8篇** 刘学力　杨育红　陈　涛　彭清福　孙　凯　刘炎培
钟卫翔

**统　审：** 卿三惠

**编　辑：** 韦　慎

# 序

高速铁路是当今世界的一项重大技术成就，它集中反映了一个国家铁路线路结构、列车牵引动力、高速运行控制、高速运输组织和经营管理等方面的技术进步，也体现了一个国家的科技和工业水平。高速铁路是社会经济发展的必然产物，有利于促进国家或地区间城市一体化发展进程，在经济发达、人口密集的地区经济和社会效益非常显著。高速铁路以其速度快、安全性好、正点率高、全天候运行、舒适方便、输送能力大、能耗低、污染轻等一系列技术优势，已成为世界许多国家和地区旅客运输发展的共同趋势。

20 世纪 60 年代以来，高速铁路在日本、德国、法国、意大利、西班牙、韩国等发达国家蓬勃兴起。截止 2012 年底，全世界高速铁路运营里程总长 24 000 km，分布在 20 个国家和地区。列车的最高试验速度从 1964 年 10 月世界上第一条高速铁路日本东海道新干线达到 210 km/h 后也在不断被刷新。1981 年 2 月法国 TGV 达 380 km/h；1988 年 5 月德国 ICE 最高试验速度达 406.9 km/h；1990 年 5 月 18 日法国 TGV-A 型高速列车最高试验速度达 515.3 km/h；2007 年 4 月 3 日法国 TGV-V150 超高速列车最高试验速度达 574.8 km/h，创造了有轨列车瞬间最高试验速度的世界纪录。这些瞬间高速(最高试验速度)说明轮轨技术是可以高速的，但不能真正运行。我国高速铁路建设过程中，从安全、可靠、适用、经济四个指标进行研究的结果表明，决定高速铁路运营速度的路基、桥梁、隧道和线路结构应按 350 km/h 的标准建设和配置机车，验收速度应按额定速度的 110%验收；从经济运营角度分析，根据空气动力学试验，250 km/h 是高速铁路的经济速度。因此，我国城际铁路一般按该速度进行建设。

20 世纪 90 年代以来，中国政府致力发展高速铁路，开展大规模的高速铁路试验研究。大体经历三个历史进程：

**1997～2007 年，实施既有线改造和六次大提速。**通过既有线改造和六次大提速，掌握了 200～250 km/h 高速铁路修建技术，使全国旅客列车最高运行速度从 120 km/h 以下提高到 200 km/h 以上的既有线路营业里程达到 6 003 km。

**1999～2007 年，新建 160～200 km/h 试验线。**1999 年 8 月开工建设秦沈客运专线，2002 年 11 月 27 日"中华之星"列车在该线上试验最高速度 321.5 km/h，2003 年 10 月 12 日按 200 km/h开通运营；2002 年 11 月开工建设客货共线遂渝铁路，2005 年 5 月"长白山"列车在该线上试验最高速度 234 km/h，2006 年 4 月 1 日按 200 km/h 开通运营。2007 年 4 月 18 日，新建广深铁路三、四线采用"和谐号"动车组按 200 km/h 开通运营，成为我国第一条客货分线，实现完全公交化的城际客运专线。

**2004 年以来，全面新建 250～350 km/h 高速客运专线。**2004 年 1 月国务院发布《中长期铁路网规划》，并于 2008 年进行调整，确定了"到 2020 年建设高速客运专线 16 000 km 以上"的发展目标。从此，中国铁路拉开了以"四纵四横"客运专线和城际快速客运系统为重点的大规模高速铁路建设序幕。2005 年 6 月开工建设中国第一条 250 km/h 客货共线铁路合宁铁路，2008 年 4 月按 200～220 km/h 开通运营；2005 年 7 月 4 日开工建设中国第一条350 km/h 的京津城际高速铁路，2008 年 6 月 24 日和谐号动车组在该线上最高试验速度394.3 km/h，2008 年 8 月按 300 km/h 开通运营；2011 年 1 月中国 $CRH_{380BL}$ 型和谐号动车组在 350 km/h 的京沪高速铁路线上创造了中国铁路无砟轨道列车的最高试验速度487.3 km/h，2011 年 6 月按 300 km/h 开通运营，标志着中国高速铁路技术已步入国际先进水平。其中长距离、温差大、无缝轨道技术处于世界领先水平。

截止 2012 年底，中国已建成高速铁路运营里程 9 356 km，在建高速铁路长度达 12 700 km，居世界第一。

中国铁路按照“安全、可靠、适用、经济、先进”的技术方针，通过原始创新、集成创新和引进消化吸收再创新，在工程建设、高速列车研制、列车运行控制、系统集成、运营维护、客运服务等技术领域实现了重大突破，形成具有自主知识产权的高速铁路技术标准体系，全面掌握了高速铁路设计、施工、运营、维修等关键技术，实现了具有世界先进水平的客运动车组、施工装备的国产化。目前，中国已成为世界上高速铁路发展最快、运营里程最长、运营速度最高、在建规模最大、系统技术最全、集成能力最强的国家。

为总结高速铁路的建设经验，中铁二局股份有限公司组织国内铁路技术专家及工程技术人员，在全面系统地总结我国高速铁路试验研究及建设实践的基础上，广泛吸收世界高速铁路建设的先进技术，精心编著完成的“十二五”国家重点出版物出版规划项目《高速铁路建造技术 · 施工卷》一书，终于出版了。

该书理论联系实际，论述深入浅出，内容系统完整，图文并茂，展现了当今高速铁路施工的最新技术及应用前景，具有较高的理论和实用价值，可以引领我国的高速铁路建设实践。

借本书出版之际，谨以此序向多年来为我国高速铁路建设作出突出贡献的广大科技人员，以及为本书的出版付出辛勤劳动的各位编审人员表示感谢。

我将本书推荐给从事高速铁路设计、施工、科研、教学等工作的人员和广大非专业读者。相信本书的出版，将有助于推动我国高速铁路施工技术的不断进步，实现国富民强之本。

中国工程院院士 

2013 年 5 月

# 前　　言

2004 年 1 月，国务院发布《中长期铁路网规划》，并于 2008 年进行调整，确定了“到 2020 年建设客运专线 16 000 km 以上”的发展目标。从此，中国铁路拉开了以“四纵四横”客运专线和城际快速客运系统为重点的大规模高速铁路建设序幕。截止 2012 年底，中国已建成高速铁路运营里程 9 356 km，在建高速铁路 12 700 km，成为世界上高速铁路发展最快、运营里程最长、运营速度最高、在建规模最大、系统技术最全、集成能力最强的国家。

为总结我国高速铁路的建设经验，中铁二局股份有限公司组织国内铁路技术专家及工程技术人员，在全面系统总结我国高速铁路试验研究及建设实践经验的基础上，广泛吸收国外先进技术，编著了《高速铁路建造技术·施工卷》一书，该书已被列为“十二五”国家重点出版物出版规划项目。

全书共 8 篇，分上、下两册。上册内容为第 1～4 篇，下册内容为第 5～8 篇。

第 1 篇　绪论。介绍高速铁路的概念、作用、技术经济优势、主要技术特征；高速铁路基础设施（线路、路基、桥梁、隧道、轨道）的特点；高速铁路的系统构成；国内外高速铁路的成就与发展趋势，重点突出我国高速铁路建设在土建工程、牵引供电、高速列车、列车运行控制、运营调度、客运服务六个方面的重大技术创新成果。

第 2 篇　高速铁路路基施工技术。介绍高速铁路路基的结构构造、技术标准及施工技术，重点突出地基处理、路堤填筑、路堑开挖、路基过渡段、路基支挡结构、路基边坡防护、路基防排水、路基堆载预压、路基沉降观测与评估等的施工工艺、质量检测及控制标准等内容。

第 3 篇　高速铁路桥梁施工技术。介绍高速铁路桥梁的结构构造、技术标准及施工技术。重点突出桥梁基础与墩台、预应力混凝土简支梁、连续梁、结合梁以及拱桥、斜拉桥、组合桥等桥式结构；钻孔灌注桩、钢围堰、预应力混凝土简支梁预制与架设、节段预制拼装、连续梁悬臂施工、原位支架法及移动模架施工、转体施工、无支架缆索吊装施工、大跨度桥梁施工监控、桥梁支座、桥面附属工程等的施工工艺、质量检测及控制标准等内容。

第 4 篇　高速铁路隧道施工技术。介绍高速铁路隧道的结构构造、技术标准及施工技术。重点突出隧道洞口工程、开挖与支护、二次衬砌、防排水、附属构筑物、辅助坑道，施工通风与防尘、超前地质预报、施工监控量测，不良地质与特殊岩土隧道、明挖隧道、TBM 隧道、盾构隧道等的施工方法、施工工艺、质量检测及控制标准等内容。

第 5 篇　高速铁路轨道施工技术。介绍高速铁路轨道的结构构造及轨道的制造、运输、铺设、精调施工技术、质量检测与控制标准等内容。轨道结构的界面限定为路基基床表层以上、桥梁桥面混凝土保护层以上、隧道仰拱混凝土层以上的工程实体。重点突出 CRTSⅠ型、CRTSⅡ型双块式无砟轨道，CRTSⅠ型、CRTSⅡ型、CRTSⅢ型板式无砟轨道，板式无砟道岔、长枕埋入式无砟道岔施工技术；有砟轨道及道岔施工技术；无缝线路施工技术；轨道施工组织方案等。

第 6 篇　高速铁路“四电”施工技术。介绍高速铁路“四电”系统集成的概念、程序、内容、模式、主要原则和措施、接口管理、RAMS 管理、EMC 技术管理、风险管理、系统兼容性和匹配性、集成试验和环境保护方案；重点突出高速铁路通信、信号、牵引供电系统施工技术及电力系统供电技术，包括系统构成、关键施工技术、质量控制要点与相关接口施工、试验与检测技术等。

第7篇 高速铁路施工测量技术。介绍高速铁路施工测量体系;精密测量控制网施工复测与加密测量;路基、桥梁、隧道工程施工控制测量及竣工测量;施工期间建筑物变形监测;轨道控制网测量、各类轨道板铺设施工测量、工程竣工测量;测量仪器设备配置的基本要求等。重点突出各工序环节的测量内容、方法、技术要点及质量检验、控制标准等内容。

第8篇 高速铁路试验与检测技术。介绍高速铁路试验与检测的主要技术标准及施工中混凝土、路基、桥梁、隧道、无砟轨道、无缝线路的试验检测技术,重点突出高速铁路区别于普通铁路对原材料的特殊技术要求与相应的试验检测方法,以及混凝土、无缝钢轨等结构实体的试验检测等内容。

本书理论联系实际,内容系统完整,工程实例丰富,展现了当今高速铁路施工的最新技术及推广应用前景,可作为铁路施工企业员工的技术培训教材,也可供高速铁路设计、施工、科研人员及大专院校土木工程专业师生学习和参考。

本书编撰过程中,引用了大量的参考文献资料,特向原作者个人和单位表示感谢。由于编者水平所限,书中难免存在疏漏和不足之处,恳请读者批评指正,以便不断完善。

中铁二局总经理

2013年5月于成都

# 目　　录

## 第 5 篇　高速铁路轨道施工技术

## 第 6 篇　高速铁路“四电”施工技术

## 第7篇　高速铁路施工测量技术

## 第8篇 高速铁路试验与检测技术

# 第 5 篇

## 高速铁路轨道施工技术

# 1 概　　述

## 1.1 轨道工程技术发展状况

### 1.1.1 世界高速铁路轨道工程技术发展状况

自 1964 年日本建成世界第一条高速铁路东海道新干线以来，高速铁路从无到有，已经发展到日本、法国、德国、西班牙等十多个国家，运营里程达 24 000 km，最高行车速度 300 km/h 以上。与此同时，世界很多国家和地区正在制定并实施高速铁路建设规划。

作为率先修建高速铁路的日本、法国、德国，无疑是轨道工程技术最高水平的代表。法国有砟道床轨道、日本新干线板式无砟轨道、德国双块式和博格板式无砟轨道都是目前最为成熟、稳定、先进的轨道结构形式，都有相当长的运营经验，无论是设备和材料生产技术，还是工程建造技术，都代表着世界高速铁路轨道工程最高的发展水平。

### 1.1.2 中国高速铁路轨道工程技术发展状况

“客运高速，货运重载”一直是我国铁路建设和发展的方向。我国 20 世纪 80 年代提议修建高速铁路，1998 年国家“十五”规划提出建设高速铁路，2004 年开始大规模修建高速铁路。

我国高速铁发展大致经历了三个阶段：

一是选定条件较好的既有线(如京哈、京广线)进行提速改造，通过多次提速改造，铁路客运列车时速由 120 km 逐渐提升到 140 km、160 km、200 km、250 km。

二是修建时速 160 km 的广深准高速铁路、时速 200 km 的秦沈客运专线。

三是实施中长期铁路网规划，引进国外高速铁路先进技术，修建“四纵四横”高(快)速铁路网和城际铁路网，形成了时速 200 km、250 km、300 km、350 km 等不同等级的高速铁路网。

通过消化、吸收、再创新，我国形成了中国特色的高速铁路技术体系。

为提高铁路运营速度和安全性，我国自 20 世纪 50 年代开始陆续开展无缝线路的研究与应用。20 世纪 80 年代以前，无缝线路的研究与应用仅局限于部分线路的区间，铺设的数量较少；20 世纪 90 年代以后特别是经过既有线 6 次大提速和时速 200～350 km 高速铁路的建设，我国无缝线路铺设里程大增，主要干线及新建干线铁路均采用了跨区间无缝线路技术。线路养护及整道也逐步实现了由手工、小型机械到大型机械养修的跨越，干线铁路养护的大型机械化作业达到 90%以上。

为提高无缝线路的整体稳定性，我国发展和应用了以Ⅲ型混凝土枕、弹条Ⅱ～Ⅴ型扣件、60 kg/m 的 500 m 长钢轨、大号码无缝道岔组成的跨区间无缝线路，采用特级或一级道砟道床。

## 1.2 轨道工程的分类

我国高速铁路轨道按结构主要分为轨道、道岔和无缝线路，如图 5-1-1 所示。

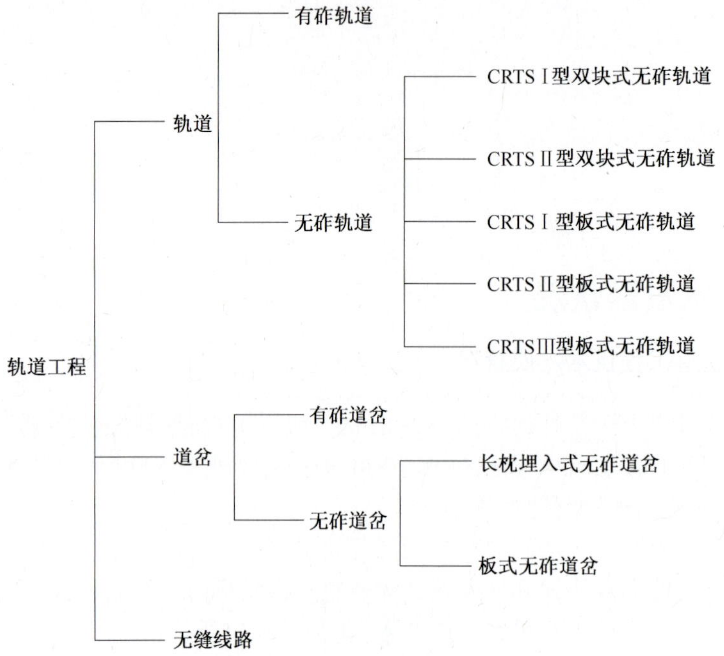


图 5-1-1　轨道工程分类

## 1.3　轨道工程的特点

### 1.3.1　轨道结构的作用

轨道结构在铁路结构中作为引导列车车辆运行、直接承受并传递列车荷载至轨下基础结构的重要部分,需要具有足够的强度、平顺性、稳定性和耐久性,更需要有固定的几何形态,才能保证列车安全、平稳、不间断地运行。在高速铁路条件下,由于高速行车引起的动荷载作用加大,以及高速铁路对行车的安全性、舒适度及平稳性的更高要求,轨道结构及其相关部件与普通铁路比较而言,其力学性能、使用性能和组合结构的性能,都必须具有更高的几何形态保持能力和结构抗破坏能力。

### 1.3.2　轨道结构的特点

1. 无砟轨道结构特点

无砟轨道在结构设计和组成上具有明显的层状结构特点,无砟轨道主体结构通常分为底座(或支承层)、轨道板(或道床板)两层。对于板式无砟轨道而言,两层之间还有水泥乳化沥青砂浆(或自密实混凝土)充填层。主体结构之下为其联系的桥梁、路基、隧道等线下结构物。无砟轨道之上则是扣件系统和钢轨。此外,在不同的无砟轨道结构或结构层之中,还存在多种连接、接口关系,如限位装置或连接件等。各种无砟轨道结构如图 5-1-2～图 5-1-6 所示。

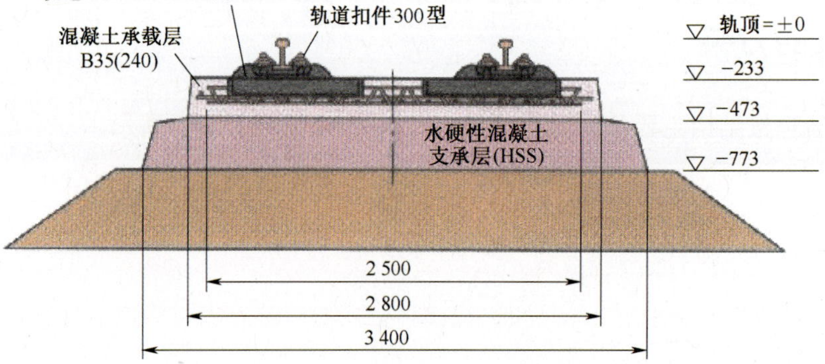


图 5-1-2　CRTS Ⅰ 型双块式无砟轨道结构(单位:mm)

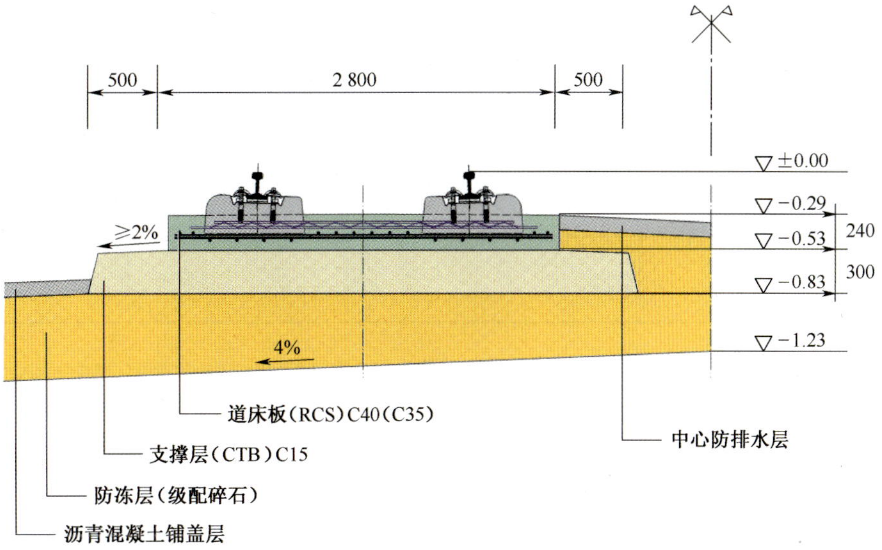


图5-1-3　CRTSⅡ型双块式无砟轨道结构(单位:mm)

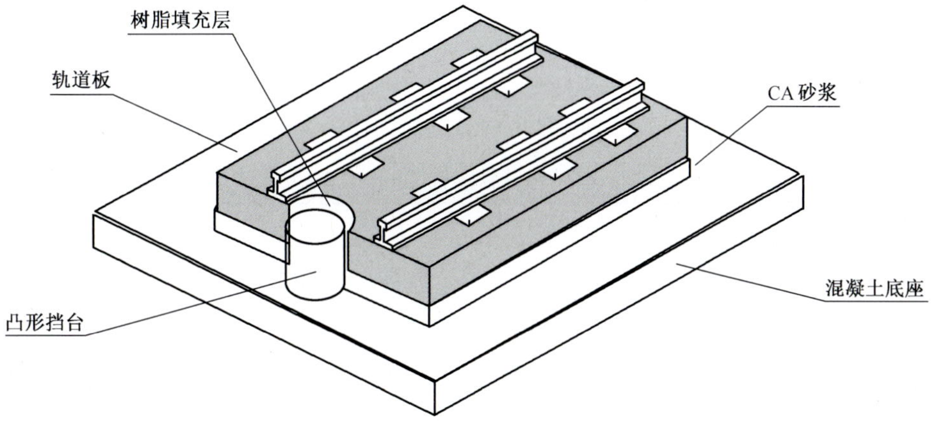


图5-1-4　CRTSⅠ型板式无砟轨道结构

图5-1-5　CRTSⅡ型板式无砟轨道结构

2. 有砟轨道结构特点

高速铁路有砟轨道包括线路和道岔,按跨区间无缝线路设计,道岔为可动心轨。轨道结构主要由钢轨、扣件、混凝土轨枕及道砟道床组成。与传统有砟轨道结构相比,主要有以下特点:

(1)钢轨及道岔采用无缝化设计,道岔采用可动心轨,钢轨采用60 kg/m 100 m定尺钢轨,加上钢轨制造及焊接标准的提高,钢轨的承载力和平顺性大幅提高,保障了列车的高速运行。

(2)采用整体加强特别是底面加宽的混凝土轨枕,以及配套使用了WJ-4型和WJ-5型弹条扣件,轨道结构的自稳性和耐久性大幅提升,同时WJ-4型和WJ-5型弹条扣件也有利于轨道的方向和高低调整,方便维护。而且混凝土轨枕底面加宽,增加了轨枕与道床的接触面积,减少了对道床的振动荷载,延缓了道床粉化。

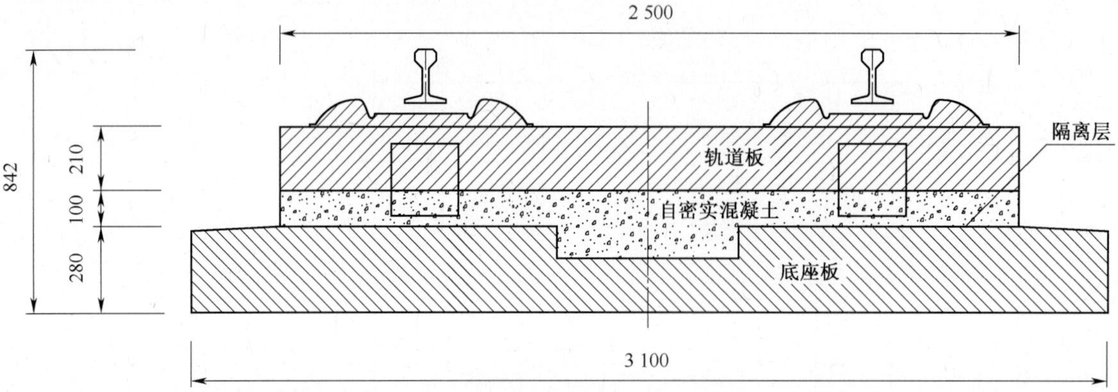

图 5-1-6 CRTSⅢ型板式无砟轨道结构(单位:mm)

(3)采用强度、耐磨性、颗粒级配更好的一级或特级碎石道砟道床,加强了道床结构及密实度,既保证了向轨道提供良好弹性和横向约束作用,也减少和延缓了道床粉化,提高了轨道平顺性及耐久性,为有砟轨道持续高速平稳运行提供保证,间接减少了维护工作量。

(4)采用大号高速铁路道岔,使列车的过岔速度及平顺性提高。

(5)线下结构进一步加强,减少了工后沉降变形。

(6)在有砟线路段内隧道地段采用无砟轨道结构。

3. 轨道结构优缺点

相对于传统有砟轨道结构而言,高速铁路轨道结构主要优缺点见表 5-1-1。

**表 5-1-1 高速铁路轨道结构优缺点**

| 结构型式 | 优 点 | 缺 点 |
|---|---|---|
| 无砟轨道 | 良好的轨道稳定性、连续性和平顺性,使用寿命长;结构耐久性好,维修工作量少;可避免高速行速下有砟轨道的道砟飞溅;有利于适应地形选线,减少线路的工程投资。<br>无砟轨道具有低结构高度、结构稳定、维修量少、无道砟飞溅、弹性均匀和耐久性好的特点。<br>可减轻桥梁二期恒载,降低隧道净空;荷载特性、振动特性和车辆的平稳性都较好;维护费用比有砟轨道低 | 初期建设投资大;一旦基础变形下沉,修复困难,改进的可能性受到限制;无砟轨道不宜在黏土深路堑、松软土路堤或地震区域铺设;无砟轨道噪声水平比有砟轨道高;混凝土无砟轨道为刚性承载层,当达到承载强度极限时将产生断裂,并引起轨道几何尺寸的突然变化和难以预见的恶化 |
| 有砟轨道 | 对环境的适应能力强,能有效克服基础变形的影响;出现问题易修复,且修复时间短;局部缺陷的修复费用低;噪声低,降噪措施容易;初期投资规模小 | 轨道结构的稳定性和平顺性不易保持;维护工作量大且费用高;列车在高速运行状态下易发生道砟飞溅 |

### 1.3.3 高速铁路轨道工程施工特点

高速铁路轨道工程施工技术的选择和运用,主要由轨道设计的结构特点和使用的功能特性所决定,除具备土木工程的一般特点外,在施工质量控制、施工工艺和施工组织等方面还具有独自的特点,见表 5-1-2。

**表 5-1-2 高速铁路轨道工程施工特点**

| 施工特点 | 无砟轨道 | 有砟轨道 |
|---|---|---|
| 施工工艺及质量控制 | 持续的精度控制过程。为实现轨道结构的高平顺性,无砟轨道施工必须将严格的精度控制贯穿于施工全过程:一是保持精度控制基准的统一性和连续性,建立 CPⅢ测量控制网作为轨道铺设和运营维护的控制基准,统一作为无砟轨道的底座铺设、轨道铺设、道床浇筑、轨道调整等的定位依据;二是保持精度控制的可靠性和施工效率,选择先进的测量技术和设备作为保证精度控制的可靠性和施工效率的有效途径,采用"自由设站,后方交会"测量方法和轨道板快速精调标架、轨道几何状态测量仪等设备,持续保证测量的相对精度和绝对精度以提高轨道结构高平顺性。 | 持续的精度控制过程。为实现轨道结构的高平顺性,施工引入线下结构沉降变形评估和 CPⅢ测量控制网及精密测量技术,并将精度控制贯穿于施工全过程:一是保持精度控制基准的统一性和连续性,建立 CPⅢ测量控制网作为轨道铺设和运营维护的控制基准,为道床预铺、轨道铺设、大机整道、轨道精调等提供定位依据;二是保持精度控制的可靠性和施工效率,选择先进的测量技术和设备作为保证精度控制可靠性和高效率的有效途径,采用"自由设站,后方交会"测量方法和轨检小车等设备,同时采用精度更高的大型捣固机械,从而持续保证了测量的相对精度和绝对精度,提高了对轨道结构高平顺性的有效控制。 |

续上表

| 施工特点 | 无砟轨道 | 有砟轨道 |
| --- | --- | --- |
| 施工工艺及质量控制 | 混凝土施工量大、工艺要求严格。无砟轨道结构以钢筋混凝土道床替代碎石道床，施工工艺需要围绕量大且要求严格的混凝土结构的浇筑进行质量控制。一是无砟轨道主体结构应满足不少于60年的设计使用寿命要求，混凝土的配合比试验、原材料试验、混凝土集中生产等环节都必须按照耐久性要求进行质量控制。二是混凝土结构的耐久性要求对混凝土的浇筑及养护温度、坍落度等工作性能指标进行严格的控制。<br>与施工工艺相对应，无砟轨道质量控制突出了结构层分层控制的特点。一是各结构层间按自下而上的顺序，层层验收，以下保上，如板式无砟轨道只有严格控制了底座的表面高程精度才能控制水泥乳化沥青砂浆层的浇筑厚度。二是严格控制各结构层的界面连接，注重施工细节，统筹不同专业。三是严格各工序间交接验收 | 材料、工艺要求严格。结构高精度和耐久性首先在材料选择上有所保证，并通过严格的工艺予以实现。一是定尺钢轨，扣件系统，混凝土轨枕，碎石道砟加工的材质、精度等较以往大幅提高，特别是采用100 m定尺钢轨减少钢轨焊接接头数量、扣件系统实现毫米级调整、道砟等级提高减少道床粉化等因素。二是对钢轨、轨枕、道砟等材料从进场运输、存放、吊装、铺设等提出严格要求，尤其为避免钢轨变形、轨枕破损、轨枕螺栓孔失效等采取了严格的施工措施，确保施工材料按合格指标使用。三是从基础验收、测量放样、轨道铺设、大机整道、轨道精调等全过程采用精密测量技术，保证有砟轨道的高精度。四是严格执行上道工序不合格，下道工序不施工，特别是底砟摊铺及碾压不合格不得铺轨、整道不合格不得焊轨和锁定无缝线路等严格控制措施，避免了施工和质量控制的随意性。五是全过程采用数控、自动或大型成套施工设备，包括长轨群吊、长钢轨或枕轨混装运输列车、长轨铺轨机组、道床碾压设备、大型整道机组、移动闪光焊机、钢轨或道岔打磨列车等，实现设备保工艺、工艺保质量 |
| 劳动力组织 | 1. 专业配合范围广、层次高<br>无砟轨道各结构层间关系复杂，涵盖路基、桥梁、隧道、轨道、电务及通信信号各专业，需要不同专业人员的参与、协调和配合，以及不同专业间进行交接验收等。<br>2. 劳动力技术水平要求高<br>无砟轨道施工是多种新技术的集成体系，机械化、自动化、信息化程度高，在施工理念、技术标准、操作水平、检验验收等环节对施工人员都有较高要求。<br>3. 劳动力配置类型多、要求高<br>无砟轨道施工需要完成混凝土预制或浇筑、水泥乳化沥青砂浆现场生产及浇筑、轨道部件运输及装卸、高精度测量、钢轨铺设及焊接等，作业工种多样且包含大量特殊工种 | 1. 专业配合范围广、层次高<br>高速铁路有砟轨道各结构层间关联关系复杂，涵盖路基、桥梁、隧道、轨道、电务及通信信号各专业，需要不同专业人员的参与、协调和配合。<br>2. 劳动力技术水平要求高<br>高速铁路有砟轨道施工是多种新技术的集成体系，专业化、机械化、自动化、信息化程度大幅提升，在施工理念、技术标准、操作规程、检验验收等环节对施工人员都有更高要求。<br>3. 劳动力配置类型多、要求高<br>高速铁路有砟轨道全过程采用机械化施工，需要完成混凝土轨枕预制、长钢轨焊接、轨道部件运输及装卸、高精度测量、道床铺设、长轨铺设、大型机械整道、轨道精调、钢轨焊接及无缝线路锁定、钢轨预打磨等专业施工，使用了大量需经高技能培训的特殊工种 |
| 施工材料供应 | 无砟轨道结构复杂，大量采用新型材料，因而施工材料来源渠道多、品种多样化。各种施工材料特性不一，对应不同的原材料技术指标和产品技术条件，试验和检测内容复杂、形式多样。此外，不同施工材料对存放、运输和成品保护也有不同要求 | 与传统有砟轨道相比，高速铁路有砟轨道结构复杂，对材料要求更高，因而施工材料来源渠道多、品种多样化。各种施工材料特性不一，对应不同的原材料技术指标和产品技术条件，试验和检测内容复杂、形式多样。此外，不同施工材料对存放、运输和成品保护也有不同要求 |
| 施工设备配置 | 1. 施工设备种类多<br>为满足无砟轨道高精度的铺设标准，按照“以设备保工艺，以工艺保精度”的指导思想，无砟轨道铺设大致采用4大类设备。<br>(1)混凝土(水泥乳化沥青砂浆)生产和浇筑设备：混凝土拌和站、混凝土运输车、滑模摊铺机、辊轴摊铺机、水泥乳化沥青砂浆搅拌车、轨行式混凝土浇筑机、预应力钢筋数控张拉系统、混凝土自动温控养护系统等。<br>(2)材料运输及装卸设备：轮胎式或轨行式龙门吊、汽车吊、轨道板运输车、双块式轨枕散铺机、道岔平移台车、长轨推送车、移动式闪光焊机、长钢轨铺轨机组等。 | 1. 施工设备种类多<br>为满足无砟轨道高精度的铺设标准，按照“设备保工艺，工艺保精度”的指导思想，高速铁路有砟轨道铺设大致采用4大类设备。<br>(1)高精度测量设备：轨检小车、全站仪、电子水准仪。<br>(2)轨道运输设备：铁路平板、长轨运输列车、长轨及轨枕混装运输列车、内燃机车、内燃轨道车、K型石砟漏斗车等。<br>(3)材料运输及装卸设备：除上述轨道运输设备外，还有自卸汽车、平板汽车、汽车吊、轨行式龙门吊、长轨群吊等。 |

续上表

| 施工特点 | 无砟轨道 | 有砟轨道 |
| --- | --- | --- |
| 施工设备配置 | (3)轨道精调设备:双块式轨排粗调机、双块式螺杆支撑调节架、轨道板快速精调标架及精调器等。<br>(4)测量设备:轨道板快速精调系统、道岔板精调系统、轨道几何状态测量仪(轨检小车)、全站仪、电子水准仪。<br>2.施工设备需要机械功能匹配、尺寸匹配、功效匹配<br>由于大量通用设备、专用设备和特种设备在施工中同步使用,所以各设备间要做到机械功能匹配、尺寸匹配、功效匹配。如:混凝土浇筑设备与混凝土运输车间工效要相匹配以保证混凝土的连续浇筑;轨道板快速精调标架与轨道几何状态测量仪、全站仪要相匹配以保证测量精度的持续可靠。<br>3.施工设备的空间调配、作业面布置按综合物流的要求统筹安排<br>无砟轨道施工工序繁多,流程复杂,工序作业时间和空间交叉,工序流水控制等因素使得施工人员、施工设备和作业内容之间关系复杂,施工组织难度大,协调要求高。因此,施工设备的空间调配、作业面布置必须按综合物流的要求统筹安排,协调运行 | (4)主要施工设备:摊铺机、装载机、压路机、有砟轨道长轨铺轨机组、轨排铺轨机、大型整道机组、长轨推送车、移动式闪光焊机、铝热焊机,钢轨或道岔打磨列车。<br>2.施工设备需要机械功能匹配、尺寸匹配、功效匹配<br>由于大量通用设备、专用设备和特种设备在施工中同步使用,所以各设备间需要做到机械功能匹配、尺寸匹配、功效匹配。如:道砟运输设备与道床摊铺及碾压设备工效相匹配;长轨及轨枕混装运输列车要与铺轨机组相匹配;大型整道机组作业精度要与轨道技术标准相匹配。<br>3.施工设备的空间调配、作业面布置按综合物流的要求统筹安排<br>有砟轨道施工尽管工序繁多,流程复杂,但作业方向、作业流程明确。如道床预铺及碾压作业、铺轨作业、整道作业、无缝线路焊轨作业、轨道精调作业等。<br>4.施工点多线长,轨道运输及施工干扰,安全压力大<br>高速铁路有砟轨道一个施工标段往往几百公里,铺轨基地要与既有线运输相协调,而且铺轨施工往往是高速铁路工程建设的标志性工程,有着承上启下的意义,工期压力大。工程线行车组织,既要保证材料运输,又要保证后续的线下附属、补砟整道、钢轨焊接、轨道精调等作业,施工组织难度大,协调工作多,安全压力大。因此,施工设备的空间调配、作业面布置必须按综合物流的要求而统筹安排,协调运行,既要确保工期,更要确保安全 |

# 2　CRTS Ⅰ 型双块式无砟轨道施工技术

## 2.1　CRTS Ⅰ 型双块式无砟轨道轨枕预制技术

### 2.1.1　概　　述

CRTS Ⅰ 型双块式轨枕属于非预应力轨枕，轨枕通过钢筋桁架连接，生产和检测设备精度要求高，质量控制和管理过程要求严格。为保证轨枕在生产过程中不变形，保持轨枕外形及尺寸，CRTS Ⅰ 型双块式轨枕采用环形生产线法工厂化预制，通过岗位人员操作设备和工序传递来完成产品的生产。该生产方法有相对封闭的工艺流程，实行生产倒班制度，场区保护、消防、安全、绿化环保设施等相对固定。

### 2.1.2　结构设计

CRTS Ⅰ 型双块式轨枕由两个混凝土块组成，两个混凝土块通过钢筋桁架相互连接形成一个整体。两个混凝土块表面各设置 1 个承轨台，左右对称布置。钢筋桁架伸出混凝土块两侧，在道床安装时通过与道床混凝土的良好连接形成整体道床结构。根据所选用扣件系统的不同，CRTS Ⅰ 型双块式轨枕分为无挡肩式和有挡肩式两种形式，无挡肩轨枕与 WJ-7 型扣件配套使用，有挡肩轨枕与 WJ-8 型扣件配套使用。标准有挡肩式 CRTS Ⅰ 型双块式轨枕外形结构如图 5-2-1 所示。

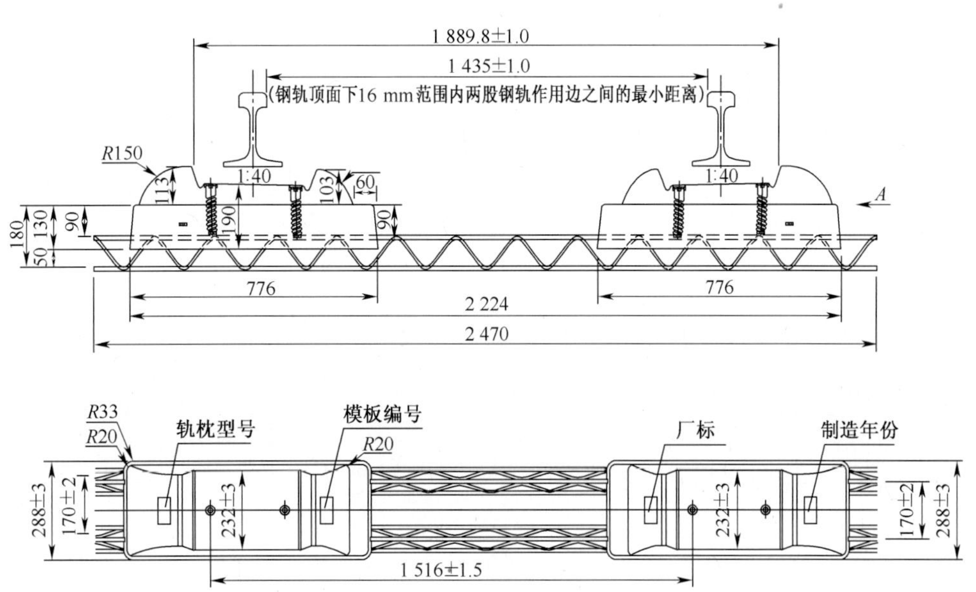


图 5-2-1　CRTS Ⅰ 型双块式轨枕外形结构(标准有挡肩式)(单位：mm)

CRTS Ⅰ 型双块式轨枕混凝土采用强度等级为 C60 的高性能混凝土，钢筋桁架采用 CRB550 级钢筋，相关材料及工艺要求符合《客运专线铁路双块式无砟轨道双块式混凝土轨枕暂行技术条件》(科技基〔2008〕74 号)的规定。

### 2.1.3　制枕场规划及建设

#### 2.1.3.1　设置原则

CRTS Ⅰ 型双块枕预制场的设置应结合 1 个或多个工程项目的工程量统筹考虑，轨枕场位置通常考虑拟供应范围的中间位置附近，地势平坦开阔，靠近公路交通要道并与施工便道相连。若条件许可，预制场可利用废弃厂矿、预制场、规划用地或取弃土场等，以减少土石方量、节约用地、节约投资。此外，还应考虑材料进出场、水电供应等因素。

CRTSⅠ型双块枕预制生产工效主要受模具控制,考虑养护、中转、运输、检测、设备检修和保养等因素,每套模具占用时间约为11～12 h,每月可按25 d有效工作日计。

一般情况下,预制场的最优供应半径为60～100 km,同时预制场还应考虑2～4个月产量的存放场地。

2.1.3.2 预制场总体规划

按生产工艺原理,CRTSⅠ型双块枕预制生产区总体规划应结合工程工期及场地情况尽量做到工序顺畅,物流合理,生产规模满足工程工期,适度预留长远发展余量。一个功能完整的CRTSⅠ型双块枕预制场一般包括生活办公区、混凝土拌制区、钢筋加工车间、轨枕生产车间、轨枕存放区等区域,寒冷地区还应在轨枕生产车间设置轨枕缓存区。本章以中铁二局集团兰新铁路鄯善轨枕预制厂为例介绍轨枕预制场规划。

生产厂房108 m长,双跨共42 m宽,左右分为钢筋加工车间和轨枕生产车间。轨枕车间厂房跨度根据钢筋生产线、轨枕回模辊道、蒸汽养护通道、通道宽度及钢结构防风等综合因素考虑,跨度设计为21 m。钢筋加工车间内配备1条冷轧钢筋生产线、1台5 t桥式单梁起重机、桁架钢筋焊接机和数控弯箍机各1台;轨枕生产区内配备1条轨枕生产线、4台5 t桥式单梁起重机(轨顶离地面相对高程均为7.2 m)和1套蒸汽养护自动测温系统;厂房采用实腹式钢结构排架厂房,总建筑面积为4 540 $m^2$。轨枕生产车间外侧为轨枕存放区,采用一台16 t/40 m的门式悬臂龙门吊负责码垛及装车,满足最大存枕390 000根。

2.1.3.3 轨枕预制场建设

1. 生产量设计

CRTSⅠ型双块轨枕模型周转时间以混凝土强度发展(即蒸养时间)为主,加上从脱模开始到钢筋及预埋件安装、混凝土浇筑成型时间2 h,总体上模型周转时间控制在12 h左右。以1个轨枕场年产30万根轨枕,每套模型一次生产4根轨枕,每个月有效生产时间为25 d计算,则需要配置125～130套模型。

2. 办公生活区

根据轨枕场的生产规模,轨枕场按照工厂化要求设置组织机构,需要修建生活及办公区。

3. 混凝土拌和站

混凝土拌和站的布置应以混凝土的运输距离最近为原则,减小混凝土的运输量,确保混凝土的连续供应。轨枕生产是工厂化作业,受外部环境的干扰相对较小,因此必须考虑整体布局,拌和站宜靠近车间布料口侧;当轨枕采用的干硬性混凝土在短距离内(不超过25 m)宜采用传输皮带输送,较为经济,也能减小混凝土的性能指标损失。原材料应采用封闭的料仓,北方地区还应考虑原材料冬季保温或加温措施。砂石料仓应满足混凝土半个月内的供应,冬季生产时还应有备用料仓可满足3个月的储料能力。

4. 生产厂房

轨枕生产厂房采用钢结构形式,四周进行封闭,规格为108 m×42 m×10.5 m,厂房跨度为21 m,立柱间距为6 m,钢架立柱基础为扩大钢筋混凝土基础,立柱采用工字钢,立柱间采用C型槽钢斜向连接成整体,桁架采用剪刀架进行张拉锁定,以保证结构的稳定性。

5. 钢筋加工车间

轨枕钢筋加工车间设置有钢筋冷轧生产线、钢筋桁架自动焊接生产线、箍筋生产线、原材料存放区、半成品存放区和轨枕缓存区等6个区域,进场钢筋存放在冷轧生产线端部,依次经过钢筋加工设备成流水作业加工成半成品。

桁架钢筋生产线和箍筋弯曲机直接锚固在地面,地面硬化厚度不小于18 cm。桁架钢筋的循环水池容水量不小于12 $m^3$,在焊接机附近的地面下设置,既可以保证循环水正常回流到水池,又能达到冬季保温,夏季降温的效果。车间的用电量大,主要是因为桁架钢筋的瞬间电流达到800 kVA,必须离配电房不超过30 m。车间的电缆沟、排水沟沿四周墙壁砌筑,并设置活动盖板方便检查。

6. 轨枕加工车间

根据双块式轨枕的机组流水法生产工艺,单条生产线优化配置,采用一条回模辊道,走行桁车为5 t/19.5 m、走行线长度108 m,地面采用18 cm厚的C15混凝土进行硬化处理,运输通道及养护房地面硬化厚度为20 cm。设置流水传送辊道,钢模从养护坑吊运到脱模横移滑道上,通过横移滑道将钢模移到翻模机上,实现产品脱模。产品由成品输送辊道进行输送,钢模由脱模辊道传送到喷隔离剂辊道,再传送到钢筋入模辊道，由横移滑道传送到浇筑振动辊道，振动后传送到清边辊道，最后由行车吊运到养护坑，顺利实现一个循环的流水作业。

轨枕生产车间根据轨枕的施工工艺形成环形的通道，车间的回模运输辊道靠近半成品钢筋堆放区，不需钢筋的二次搬运，节省了生产线的一条运输通道；布料机设置在靠拌和站端部，且与拌和站的大门成一条直线，混凝土的运输距离最节省，运输方便。布料机、蒸汽养护通道及翻转脱模装置中心线共线布置，保证每个工序更好的衔接。车间端部可作为轨枕的缓存养护区，很好的利用了车间的有效空间。

7. 轨枕存放区

轨枕预制场设置存枕能力一般应达到至少 3 个月的存放量，考虑到工地存放条件的局限性，一般设计在 20 万根以上。

轨枕存放区采用龙门吊和叉车结合的方式进行轨枕存放。采用龙门吊存放时最高存放不超过 12 层，采用叉车存放时最高存放则不超过 8 层。

龙门吊基础采用倒 T 形混凝土扩大基础，存枕场采用平地机刮平，并洒水碾压密实，可满足轨枕直接在垫木上进行存放的要求，施工简单，成本低。

### 2.1.4　制枕原材料

CRTSⅠ型双块式混凝土轨枕为无预应力构件，主体材料主要采用 C60 高性能耐久性混凝土、HRB550 低碳热轧光圆盘条钢筋和低碳冷拨钢筋，其中混凝土配合比可以使用水泥等级不低于 P·O42.5、聚羧酸减水剂、碎石规格 5～20 mm、掺和料可为复合型掺和料或单掺矿粉及粉煤灰，同时满足技术条件和施工工艺要求。

轨枕生产辅助材料包括：防腐油脂、预埋套管、绝缘卡、脱模剂等。

### 2.1.5　生产工艺流程

#### 2.1.5.1　工艺特点

(1)轨枕预制工艺为工厂化生产，生产设备自动化程度高。

(2)轨枕混凝土等级 C60，对原材料的质量要求高，拌制的混凝土为干硬性高性能混凝土。

(3)进场钢筋为非标直径低碳热轧圆盘条，必须经过冷轧机进行冷轧才能进行钢筋桁架及箍筋的制作。

(4)轨枕采用冲击方式脱模，对钢模的刚度要求高，承轨台壳体整体冲压成型，且符合生产线的流水操作。

(5)轨枕养护采用蒸汽养护，能缩短混凝土的养护时间，提高模型的周转。

#### 2.1.5.2　工艺流程

CRTSⅠ型双块式轨枕生产采用机组流水法，蒸汽养护工艺和通道式养护围护结构采用 4×1 联轨枕钢模，生产节奏为 4 min/模。双块式轨枕生产工艺流程如图 5-2-2 所示。

#### 2.1.5.3　关键工序

钢筋冷轧及桁架钢筋生产，模型检测及预埋套管安装，混凝土浇筑及蒸汽养生为其关键工序。

### 2.1.6　过程控制标准

#### 2.1.6.1　模型质量控制

模型应具有足够的强度、刚度和稳定性，应能够保证双块式轨枕各部形状、尺寸及预埋件的准确位置。模型的制造允许公差为成品轨枕允许公差的 1/2。

#### 2.1.6.2　桁架钢筋质量控制

钢筋桁架应采用电阻点焊接成型机械加工，箍筋可采用钢筋网焊接成型机械加工，钢筋焊接的工艺、参数、质量、验收等应符合《钢筋焊接及验收规程》(JGJ 18)的规定。

钢筋表面的油渍、漆污、水泥浆和用锤敲击能脱落的浮皮、铁锈等应清理干净。钢筋加工在常温下进行，钢筋弯折应利用机具一次成型，不得进行回复操作。钢筋桁架的尺寸允许偏差应满足表 5-2-1 的要求。

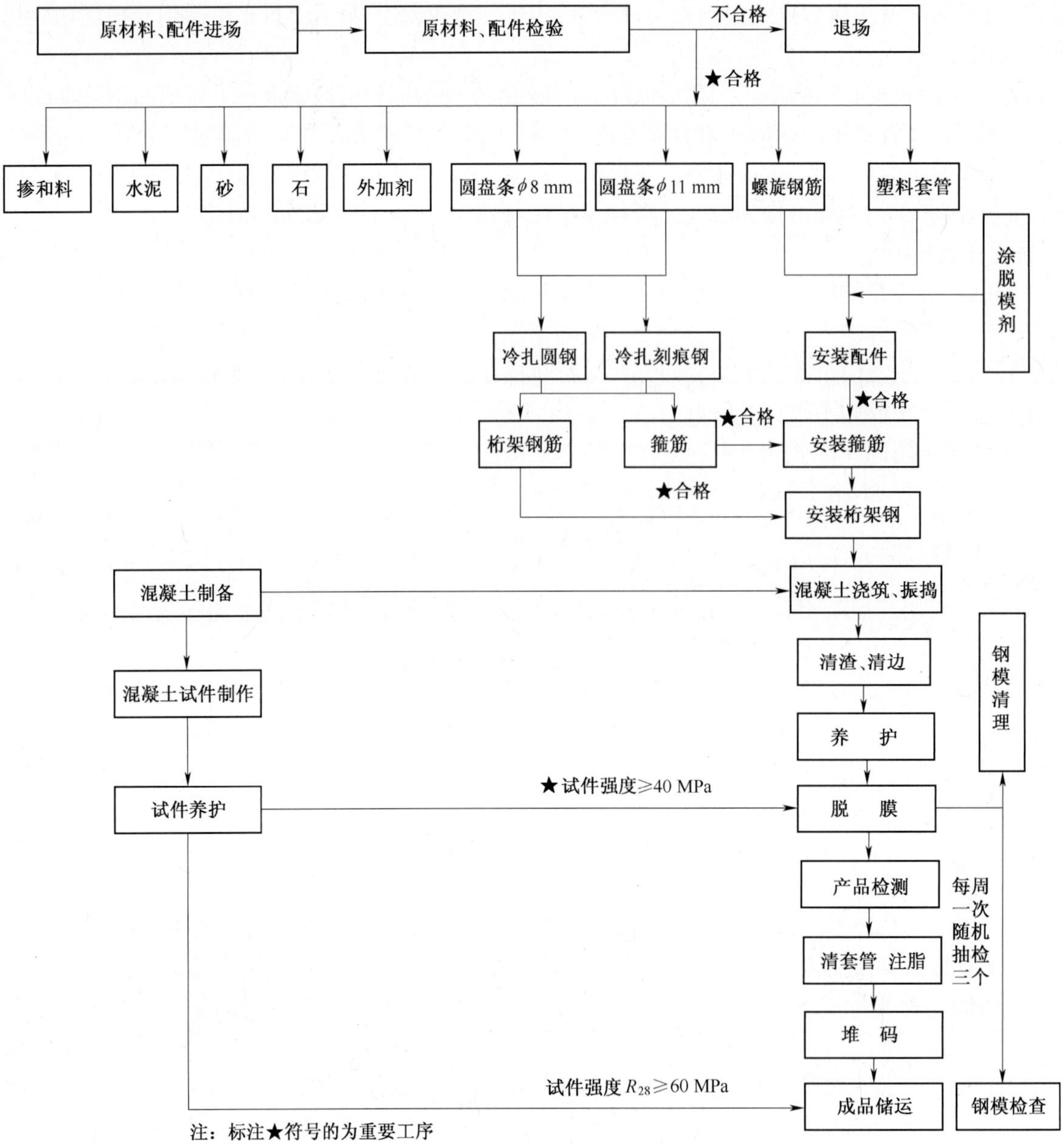


注：标注★符号的为重要工序

图 5-2-2　CRTSⅠ型双块式无砟轨道双块式混凝土轨枕施工工艺流程

**表 5-2-1　钢筋桁架的尺寸允许偏差要求**

| 序号 | 检查项目 | 检查项别 | 允许偏差值(mm) | 日常检查数量 |
|---|---|---|---|---|
| 1 | 钢筋桁架上下弦间距 | B2 | ±2 | 每班三次,每次 2 榀 |
| 2 | 钢筋桁架长度 | B2 | ±5 | |
| 3 | 钢筋桁架宽度 | B2 | ±2 | |
| 4 | 波形筋位置及扭曲 | B2 | ±2 | |
| 5 | 波形筋翘曲 | B2 | ≤2 | |
| 6 | 开焊或松脱 | A1 | 不允许 | 全检 |

2.1.6.3　混凝土耐久性

不应使用具有碱—碳酸盐反应活性或砂浆棒膨胀率(快速法)大于 0.20%的碱—硅酸反应活性的骨料;当骨料的砂浆棒膨胀率为 0.10%～0.20%时,混凝土碱含量不应超过 3 kg/m³,且应采取抑制碱—骨料反应的技术措施。

300 次冻融循环:动弹模量≥60%,重量损失率≤5%。

混凝土的电通量应小于等于 1 000 C。

对混凝土拌和物性能满足要求的试拌配合比进行早期抗裂性能对比试验。

2.1.6.4　预埋套管抗拔力

预埋套管抗拔力应符合《客运专线扣件系统暂行技术条件》(科技基〔2007〕207号)的相关要求,抗拔力不小于60 kN,持荷3 min,试验后观察其周围没有可见裂纹,允许有少量砂浆剥离。

2.1.6.5　成品轨枕质量

成品CRTSⅠ型双块式轨枕外观质量应符合表5-2-2的规定。

**表5-2-2　成品CRTSⅠ型双块枕外观质量允许偏差**

| 序号 | 检查项目 | 检验项别 | 允许偏差(mm) | 每批检查数量 | |
|---|---|---|---|---|---|
| | | | | 出厂检验 | 型式检验 |
| 1 | 承轨槽部位表面缺陷(气孔、粘皮、麻面等) | B2 | 长度≤10;深度≤2 | 全检 | 20根 |
| 2 | 其他部位表面缺陷(气孔、粘皮、麻面等) | C | 长度≤50;深度≤5 | 全检 | 20根 |
| 3 | 承轨面与挡肩裂纹,双块式轨枕侧面与横截面平行的裂纹 | A | 不允许 | 全检 | 20根 |
| 4 | 预埋套管内堵孔数 | A | 不允许 | 全检 | 20根 |
| 5 | 双块式轨枕棱角破损和掉角 | C | 长度≤50 | 全检 | 20根 |

成品CRTSⅠ型双块枕的外形尺寸应符合表5-2-3的规定。

**表5-2-3　CRTSⅠ型双块枕外形尺寸允许偏差**

| 序号 | 检查项目 | | 检验项别 | 允许偏差(mm) | 每批检查数量 | |
|---|---|---|---|---|---|---|
| | | | | | 出厂检验 | 型式检验 |
| 1 | 钢筋桁架上弦距双块式轨枕顶面距离 | | B2 | ±3 | 10根 | 20根 |
| 2 | 双块式轨枕长度 | | C | +4<br>−2 | 10根 | 20根 |
| 3 | 各断面高度 | | C | ±3 | 10根 | 20根 |
| 4 | 承轨部位双块式轨枕顶部宽度 | | C | ±3 | 10根 | 20根 |
| 5 | 保持轨距的两套管中心距 | 配WJ-8配件 | B1 | ±1.5 | 10根 | 20根 |
| 6 | 同一承轨槽的两相邻套管中心距 | 配WJ-8配件 | B1 | ±0.5 | 10根 | 20根 |
| 7 | 预埋套管距轨槽面120 mm深处偏离中心线距离 | | B1 | 2 | 10根 | 20根 |
| 8 | 预埋套管的凸起高度 | | B1 | 0<br>−0.5 | 10根 | 20根 |
| 9 | 承轨面表面平整度 | | B1 | 1/150 | 10根 | 20根 |
| 10 | 两承轨面间相对扭曲 | | B1 | <0.7 | 10根 | 20根 |
| 11 | 配WJ-8配件 | 两承轨槽外侧底脚间距离 | B1 | +2<br>−1.0 | 10根 | 20根 |
| | | 同一承轨槽底脚间距离 | B2 | +1.5<br>−0.5 | | |
| | | 承轨槽底脚距套管中心距离 | B2 | ±0.5 | | |
| | | 轨底坡(100 mm范围内) | B2 | ±0.5 | 10根 | 20根 |

## 2.1.7　轨枕生产

2.1.7.1　配合比管理

根据当地原材料,试验室进行试配并将耐久性试件送至有资质的检测机构进行检验。一般情况下严格执行配合比,当砂石料含水率变化时,需调整配合比。原材料来源改变时,重新做配合比试验。试验室每班下达配合比通知单。

2.1.7.2　混凝土制备

混凝土配合比设计试验应满足混凝土结构性能和工艺性能的要求,并经工艺试验确定。施工时还应根据砂石料含水率的实际情况,调整施工配合比。

混凝土正式生产时应对拌和站进行验收,计量设备、原材料质量、操作人员培训及持证上岗等应是验收的重点。

混凝土搅拌应依据"先水泥、砂石料,后加水,再加外加剂"的顺序依次投料搅拌,出仓后的混凝土应严格控制其入模温度。混凝土通过中转仓经电瓶车或运输汽车运输到布料机。

2.1.7.3　模型清理

将轨枕模具壳体之间和挡浆夹上残留的混凝土用刮刀和空气压力喷枪进行清理,不得有混凝土残留物。发现模型标识牌损坏时,应及时进行修理。标识牌不全的模型不得投入使用。

2.1.7.4　喷涂脱模剂

模型清理干净后,工作面必须保持干燥,用自动喷雾器在模具上喷涂脱模剂,喷嘴应对准模型上方,脱模剂应调整成雾状而非线滴状,目测模具是否完全被脱模剂喷射完好。

脱模剂喷涂完后,使用油漆刷在凹槽处抹蜡,如果脱模剂喷涂过多,可用清洁的抹布进行去除。

2.1.7.5　钢筋桁架生产

CRTSⅠ型双块式轨枕钢筋主要由钢筋桁架和箍筋组成。钢筋桁架断面为三角形,通过成套钢筋加工生产线制作而成(图 5-2-3)。钢筋桁架生产主要包括钢筋冷轧、数控弯曲、桁架自动焊接等工序,主要配件如定距夹、螺旋筋、套管等使用外购成品。

光面圆钢等线材,通过冷轧生产线进行放线、除磷、拨丝粉润滑、轧制、应力消除、收线等工序,轧制成带肋三面刻痕的螺纹钢筋。冷轧后,钢筋直径一般减少 1 mm。

箍筋采用 $\phi$10 mm 冷轧钢筋,通过对数控弯箍机编程,根据箍筋图纸调出程序,面板上显示箍筋形状,开机进行自动弯箍,人工收集箍筋后再点焊、码垛(图 5-2-4)。

图 5-2-3　桁架钢筋生产线

图 5-2-4　数控弯曲机

通过电脑控制桁架焊接控制面板技术参数,将冷轧好的螺纹钢筋经桁架焊接自动化生产线的放线、调直、折波后,由自动电阻焊接机组焊接成型。该流程可自动定长剪切,自动收集钢筋桁架。之后,由桁吊将成品钢筋桁架吊至半成品区整齐码放。

2.1.7.6　预埋套管安装

利用模型上橡胶定位轴将预埋管套定位,将螺旋筋固定在套管上,在套管橡胶定位轴上拧紧套管,操作时尽可能地拧到模具壳体的底部,确保套管被紧紧地拧到套管支撑上。对那些由于磨损不能再紧紧地固定套管的套管支撑杆,要及时进行更换。螺旋筋安装如图 5-2-5 所示。

2.1.7.7　钢筋安装

桁架钢筋采用自动焊接机加工完成,挡肩加强筋与箍筋应在专用胎膜上通过焊接连接成型。安装时将组装好的钢筋组件放入模型承轨槽内,每个承轨槽内安放一个,并通过绝缘卡将"W"形钢筋与桁架钢筋上弦钢筋连接。桁架钢筋可直接放入模具的缩口内,箍筋与挡肩钢筋定位完成后,桁架钢筋与模具缩口的相对位置应准确,90°旋转模型中部的桁架钢筋固定夹,对桁架钢筋的垂直方向进行固定,防止混凝土施工过程中桁架钢筋上浮。箍筋安装如图 5-2-6 所示,桁架安装如图 5-2-7 所示,桁架固定如图 5-2-8 所示。

2.1.7.8　挡浆夹安装

安装挡浆夹时先检查挡浆夹是否干净,对有混凝土残留的和个别变形的挡浆夹及时清理,不得使用。每套模型共应安装 32 个挡浆夹，不得漏放，挡浆夹的槽口卡入上弦钢筋，与承轨槽壳体密贴，挡浆夹安装如图 5-2-9 所示。

图 5-2-5　螺旋筋安装

图 5-2-6　箍筋安装

图 5-2-7　桁架安装

图 5-2-8　桁架钢筋固定

2.1.7.9　混凝土浇筑及捣固

混凝土浇筑系统采用混凝土拌和站＋中转料斗＋1 台布料机＋2 套振动台浇筑系统，采用一套独立的搅拌、浇筑系统配置，浇筑振动在 4 min 内完成一模。

混凝土浇筑采用带 4 根螺旋卸料杆的布料机分别向模型壳体内布料，布料至少分两层，边布料边振动，如图 5-2-10 所示。

图 5-2-9　挡浆夹安装

图 5-2-10　混凝土浇筑

混凝土布料完第一层后，振动台开始工作，低频振动，同时继续第二层布料。为取得理想的振捣效果，振动台的振动参数为①35 Hz(45 s)；②50 Hz(50 s)；③35 Hz(45 s)，根据此参数设置振动台振动频率和振动时间，能使混凝土的密实度和气泡现象得到很好的控制，如图 5-2-11 所示。

振动过程中采用测距规检测钢筋桁架与轨枕混凝土底部的距离，以控制混凝土厚度。振动完成后，适时从模型预存辊道上拔出挡浆夹，收集清洗后以备下一循环使用；挡浆夹拔出后，采用刮刀铲除从挡浆夹处溢出的混凝土浆。

当昼夜平均气温低于 5 ℃或最低气温低于－3 ℃时，采取保温措施，按冬期施工办理。

浇筑完毕，将电源切断，将搅拌机、布料机及中转料斗等混凝土容器冲刷干净，清理水池，清扫场地。

2.1.7.10　拆卸配件、清渣、清边

振动完成后从模型预存辊道上拔出挡浆夹(图 5-2-12)，挡浆夹及时清理并进入下一循环。

图 5-2-11　混凝土振捣

图 5-2-12　拆卸挡浆夹

2.1.7.11　试件的制作和养护

(1)制作试件的混凝土必须按随机的原则取样，每组试件必须用同一罐混凝土，取样后应立即制作。

(2)每班制作 4 组强度试件，分别用于轨枕脱模抗压强度、7 d 抗折强度及 28 d 抗压强度；每隔半个月制作 1 组弹性模量试件，用于 28 d 弹性模量的检测。

(3)每组试件应注明班次、日期，试件应在每班开工 3 罐后制作。

(4)试件应随同轨枕一起养护，脱模后检验 28 d 强度的试件放在标养室，两阶段总的养护时间为 28 d。

2.1.7.12　混凝土养护

为加快模型的周转，减少轨枕养护时间，轨枕养护采用蒸汽养护。轨枕混凝土浇筑捣固完成后，通过钢模运输滚轮进入养护棚，在钢模运输滚轮上的钢模堆放按 5 层堆放，由液压顶推装置将钢模运入养护通道。

在静养空间内，轨枕处于自然的环境温度，混凝土浇筑后在 5 ℃～30 ℃的环境中静置 2～3 h 后方可升温；在升温空间，每组轨枕每间隔 40 min 向右移一次并逐渐升高温度，升温速率小于 15 ℃/h，升温区的末端与恒温区的温差不得大于 5 ℃；在恒温空间，轨枕处于稳定的温度环境中，恒温时枕芯温度应不大于55 ℃，温度的稳定范围不大于±5 ℃，每组轨枕经过恒温区的时间为 6 h；在降温空间，每组轨枕每间隔40 min向右移一次，逐渐降低温度，降温速率不大于 15 ℃/h，轨枕出养护通道时，其表层温度与环境温度的温差小于 15 ℃。双块式轨枕养护如图 5-2-13 所示。

2.1.7.13　轨枕脱模

(1)当轨枕混凝土强度达 40 MPa 以上时，试验室下达脱模通知单，开始进行脱模；脱模时双块式混凝土轨枕混凝土芯部与表层、表层与环境温差均应小于 15 ℃。

(2)通过桥式桁车将养护通道出口处的模具单独吊起放在缓存辊道，如图 5-2-14 所示。

(3)松开桁架固定夹，旋转 90°转到两桁架钢筋的中间位置，如图 5-2-15 所示。

(4)多功能小车运送模具至脱模翻转机，在翻转之前要用保护装置将模具内的轨枕加以保护。

(5)提升翻转机夹住模具升起并翻转 180°之后，将模具放下，松开锁紧装置，开始进行抖动式脱模，模具翻转如图 5-2-16 所示。

(6)模具下落到位后，气囊工作，顶杆顶起模具后迅速放气，模具自由下落撞击脱模平台，通过 3～4 次撞击完成脱模过程(图 5-2-17)。气囊工作的次数直接关系到脱模时间的长短，生产过程中气囊工作次数越少，所消耗时间越短。

图 5-2-13　双块式轨枕养护

图 5-2-14　模具缓存

图 5-2-15　松开桁架固定夹

图 5-2-16　模具翻转

2.1.7.14　轨枕自然养护

轨枕脱模后，采用叉车转入轨枕存放区进行自然养护(图 5-2-18)。室内外温差超过 15 ℃时应在缓存区降温后方可移到存放区养护。

图 5-2-17　轨枕脱模

图 5-2-18　叉车转运轨枕

2.1.7.15　轨枕出库

(1)轨枕经质检人员检验合格后，轨枕上部区域印上日期章及检验章方可进行码垛，轨枕每 5 根一排，码垛 4～5 层，如图 5-2-19 所示。

(2)出库的轨枕用 100 mm×100 mm×1 560 mm 的垫木隔开，上下层垫木要对齐并尽量放在桁架支点下。

(3)合格品和待检品要有明确的标志以示区别，入库后应按指定地点、批次分别堆放，不得混放。

(4)检验员进行外观检测时,如发现承轨槽处有瑕疵或产品尺寸检查不合格时,应及时停止使用该模型并进行模型维修,不合格产品标示并分别存放。

2.1.7.16　产品吊装、储存

(1)产品吊装采用专用吊具,如图 5-2-20 所示。

图 5-2-19　轨枕码垛

图 5-2-20　轨枕吊装专用吊具

(2)轨枕储存和堆放可采用平整地面或条形基础方式,地基承载力在 150 kPa 以上。轨枕采用龙门吊码放时堆放高度不超过 12 层,采用叉车码放时不超过 8 层,根据生产时间、轨枕类型分别存放,如图 5-2-21 所示。

轨枕采用平放堆码方式,枕底朝下,每层码放轨枕 5 根,层与层之间承轨槽外侧部位必须放置支承方木至少 2 根,且上、下位置对齐。

2.1.7.17　产品运输及卸车

(1)厂内运输采用叉车进行,产品装车按照"先入先出"进行发货。

(2)轨枕采用平板汽车运输,如图 5-2-22 所示,运输时层与层之间用两根垫木支垫,垫木应上、下对齐,支点位置在轨下正中。轨枕场内配有专用吊具,在装、卸车时利用专用吊具将轨枕两端预留螺纹钢筋水平起吊,每次吊运不超过 5 层。轨枕在装卸和运输过程中严禁碰、撞、摔、掷,严禁吊运轨枕中部。

图 5-2-21　成品轨枕存放

图 5-2-22　轨枕运输

(3)装车前进行最后检查,以避免有任何损坏的轨枕运往工地。对不合格的轨枕进行维修或报废处理。

(4)在施工现场不具备专用吊具时可以使用简易吊具卸车。采用简易吊具时,宜单层装吊。

### 2.1.8　资源配置

2.1.8.1　劳动力配置

根据工期要求、实际试生产情况、岗位工作量以及机械设备自动化程度,可以灵活采取两班制或者三班制生产。

管理人员组织见表 5-2-4。生产及辅助人员配置见表 5-2-5。

**表 5-2-4　管理人员组织表**

| 序号 | 工种 | 人数 | 主要工作内容 |
|---|---|---|---|
| 1 | 场长 | 1 | 全面主持轨枕场工作 |
| 2 | 总工程师 | 1 | 负责生产技术工作;负责建场工作 |
| 3 | 设备副经理 | 2 | 负责设备管理工作 |
| 4 | 书记 | 1 | 负责党务、工会、后勤工作 |
| 5 | 工程部长 | 1 | 负责生产技术,主管工程部 |
| 6 | 安质部长 | 1 | 负责安全、质量工作;主管安质部、试验室 |
| 7 | 物资设备部长 | 1 | 主管设备的选型、采购和物资订购,主管物资设备部 |
| 8 | 总会兼计财部长 | 1 | 负责计划、财务管理 |
| 9 | 办公室主任 | 1 | 负责行政办公、文件资料管理、接待工作 |
| 10 | 工程部 | 4 | 负责技术管理、生产指挥调度,协调与各部门的工作;验工计价 |
| 11 | 计财部 | 2 | 负责成本控制、合同管理、财务管理和生产计划 |
| 12 | 物资部(含司机) | 4 | 负责材料采购和管理 |
| 13 | 安质部 | 3 | 负责质量、安全和技术资料管理;负责与监理工程师的联络 |
| 14 | 试验室(含主任) | 4 | 负责试验检验及生产过程控制、产成品检验等工作 |
| 15 | 办公室 | 2 | 负责治安、保卫工作及行政事物、食堂、司机、文化娱乐的管理及对外接待联络工作 |
| 合计 | | 28 | |

**表 5-2-5　生产及辅助人员组织表**

| 序号 | 工种 | 每班人数 | 主要工作内容 |
|---|---|---|---|
| 1 | 钢筋加工 | 10 | 桁架 2 人,螺旋筋 2 人,箍筋加工 2 人,码垛 2 人,运输 2 人 |
| 2 | 天车司机 | 1 | 桁架厂房内原材料、成品运输 |
| 3 | 叉车司机 | 1 | 原材料、桁架成品倒运 |
| 4 | 清模 | 1 | 清理模型 |
| 5 | 喷脱模剂 | 1 | 清理模型 |
| 6 | 配件安装 | 4 | 钢桁架 2 人,螺旋筋、箍筋、预埋套管安装等 2 人 |
| 7 | 混凝土搅拌 | 4 | 装载机 1 人,搅拌机 1 人,看灰 1 人,上灰 1 人 |
| 8 | 混凝土浇筑 | 5 | 混凝土浇筑 1 人,振动成型等 4 人 |
| 9 | 卸配件 | 1 | |
| 10 | 入窑 | 1 | 吊装钢模 |
| 11 | 养护 | 1 | 温度控制、记录 |
| 12 | 脱模 | 2 | 脱模机 1 人,吊装 1 人 |
| 13 | 安装扣件 | 2 | 安装扣件、成品码垛等 |
| 14 | 成品 | 5 | 挂钩 2 人,装运 2 人,司机 1 人 |
| 15 | 叉车司机 | 2 | 成品倒运 |
| 16 | 维护 | 3 | 钳工 1 人,电器 1 人,钢模维修 1 人 |
| 17 | 生产调度 | 2 | 轨枕 1 人,钢筋 1 人 |
| 18 | 叉车司机 | 1 | 原材料配件运送 |
| 19 | 天车司机 | 2 | 灌造前后模型及配件吊运 |
| 20 | 锅炉 | 2 | 蒸汽供应 |
| 21 | 安全保卫 | 5 | 生产区门卫 2 人,看守 1 人,巡逻 2 人 |
| 22 | 食堂后勤 | 8 | 员工 3 人,民工食堂 3 人,生活区卫生 1 人,门卫看守 1 人 |
| 合计 | | 64 | |

2.1.8.2　主要设备机具配置

工艺装备配置的基本原则:符合工艺要求,满足生产效率,各工序能力平衡且环保节能。

CRTSⅠ型轨枕生产线除符合上述基本原则外,还具有自动化程度高,采用新技术、新装备等特点。轨枕生产线的生产主要设备配置见表5-2-6。

**表5-2-6　主要设备配置**

| 序号 | 名称 | 规格型号 | 单位 | 数量 | 备注 |
|---|---|---|---|---|---|
| 1 | 水准仪 | 光学 | 台 | 1 | |
| 2 | 碎石清洗设备 | 50 $m^3$/h | 台 | 1 | |
| 3 | 自动布料机 | — | 台 | 1 | |
| 4 | 变配电 | 800 kVA | 套 | 2 | |
| 5 | 发电机 | 350 kVA | 套 | 1 | |
| 6 | 试验设备 | — | 套 | 1 | |
| 7 | 锅炉 | 4 t | 个 | 1 | |
| 8 | 混凝土搅拌站 | HZS90 | 个 | 1 | |
| 9 | 桥式走行桁车 | LD5(5 t×19.5 m) | 台 | 5 | |
| 10 | 16 t/40 m龙门吊 | 台 | 台 | 1 | |
| 11 | 叉车 | CDCP60,5 t. | 台 | 3 | |
| 12 | 装载机 | ZL50D | 台 | 1 | |
| 13 | 电子汽车衡 | SCS-150T (3.4 m×18 m) | 台 | 1 | |
| 14 | 箍筋弯曲机12 d型 | — | 台 | 1 | |
| 15 | 冷轧生产线 | — | 条 | 1 | |
| 16 | 桁架钢筋生产线 | — | 条 | 1 | |
| 17 | 轨枕生产线 | — | 条 | 1 | |
| 18 | 自动温控系统 | — | 个 | 1 | |
| 19 | 钢模 | 4×1 | 套 | 140 | |

### 2.1.9　质量安全控制要点

2.1.9.1 质量控制要点

(1)对进场的原材料控制是成品质量的控制源头,混凝土用粗细骨料的含泥量、烧失量及碱含量等指标必须经试验检测合格后方可使用,套管、预埋件、钢筋的外观质量和力学性能均满足规范要求。

(2)轨枕钢模的壳体部位必须采用整体冲压成型,模具刚度满足工艺要求,且尺寸误差不大于成品轨枕检测误差的1/2,新加工的模型要逐一检查,使用过程定期检查合格。

(3)轨枕混凝土配合比的配制,除满足耐久性的要求外,各项性能指标还应符合工艺要求,其中胶凝材料不能超过480 kg/$m^3$,含气量控制在3%。

(4)钢筋加工采用数控钢筋生产线设备,钢筋不能出现烧伤。

(5)混凝土采用混凝土振动台分不同频率进行振动密实,振动分三次进行,保证混凝土外观不出现气泡。

(6)混凝土养护采用数控系统控制蒸养室,按照不同阶段进行升降温养护,提高混凝土早期强度且不产生表面裂纹。

(7)轨枕脱模是通过脱模机在气囊的冲击下进行,必须保证轨枕表面与环境温差不超过15 ℃。

(8)轨枕在脱模以后,轨枕表面温度与室外温度相差超过15 ℃时,要进行缓存区养护,避免表面裂纹产生。

2.1.9.2　安全控制要点

(1)轨枕生产车间必须有防风、降保温措施。

(2)轨枕生产机械化作业程度高,应加强人员的培训。

(3)生产车间桥式起重机较多,每台桥式起重机都应设有限位感应装置,应定期或不定期检查吊钩装置,吊装过程挂钩要牢固。

(4)轨枕生产线设备采用气动功能,空压机管焊接要牢固,不得出现气管破裂气体伤人。

(5)生产车间对蒸养管道要采取防烫措施,气阀要抵抗高温的能力,避免人员烫伤。

(6)轨枕进入养护通道时,轨枕模具要堆放整齐,防止行走过程倾翻。

(7)轨枕脱模过程中,人要与翻转装置保持安全距离,操作人员应随时关注翻转装置的运转,翻模过程必须要保持锁紧装置安放到位。

(8)轨枕存放高度不宜超过 12 层,一般未进行硬化的地面宜控制在 10 层以内,避免堆放不当出现倾覆现象。

(9)成品出厂采用悬臂龙门吊进行装车,装车码垛不超过 5 层。

## 2.2　CRTS Ⅰ 型双块式无砟轨道施工技术

### 2.2.1　概　　述

CRTSⅠ双块式无砟轨道采用有辅助轨的施工方式,在底座施工完成并达到道床铺设条件后,利用工具轨替代长钢轨将单块的双块式轨枕组装成轨排并使用螺杆调节器等支撑装置和调整系统将其架立在底座上,前后经过轨排组装及粗调、钢筋绑扎和模板安装、轨排精调、浇筑道床混凝土等工序形成整体无砟轨道结构。

CRTSⅠ型双块式无砟轨道施工工法主要有机组法、排架法和轨排框架法三种。三者的主要区别是:机组法由成套的机械化工装施工,专用设备多,设备工装一次性投入费用大;而轨排框架法主要采用轨排框架(刚性框架)+简易工装进行施工;排架法则直接采用工具轨组装轨排+支撑架系统进行施工。鉴于国内施工任务划分不一、工期较紧和人工费用相对较低的特点,普遍采用的还是排架法和轨排框架法施工。当然,随着相关技术的发展,在排架法和轨排框架法施工中,钢轨及轨枕运输、散铺、轨排精调、混凝土浇筑、材料转运等也都采用了机械化施工设备。本节主要介绍排架法施工,附带介绍机组法和轨排框架法施工的特点。

### 2.2.2　结构设计

CRTSⅠ双块式无砟轨道结构从上至下由钢轨、扣件、CRTSⅠ双块式轨枕、道床板、支承层组成,路基上、桥涵上、隧道内 CRTSⅠ双块式无砟轨道结构分别如图 5-2-23～图 5-2-25 所示。

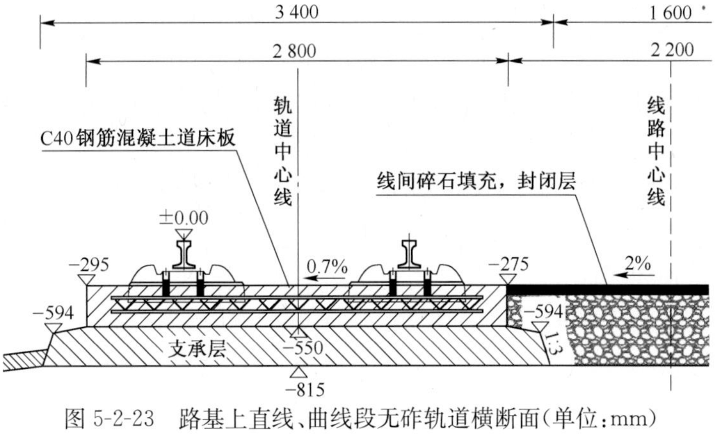


图 5-2-23　路基上直线、曲线段无砟轨道横断面(单位:mm)

### 2.2.3　施工工艺流程

当线下工程(路基、桥梁、隧道及过渡段)主体施工完成且沉降变形经评估满足无砟轨道铺设条件后,即可开始 CRTSⅠ型双块式无砟轨道混凝土支承层或底座施工。路基地段混凝土支承层不含钢筋,直接与路基基床表层相连;桥梁地段设底座结构与桥梁相连,底座由 C40 钢筋混凝土连续浇筑而成,底座设凹台及隔离层与道床板连接;隧道地段不设底座,道床板直接与隧道仰拱相连。混凝土支承层或底座浇筑完成且强度达到 75%后,便可开展道床板施工。

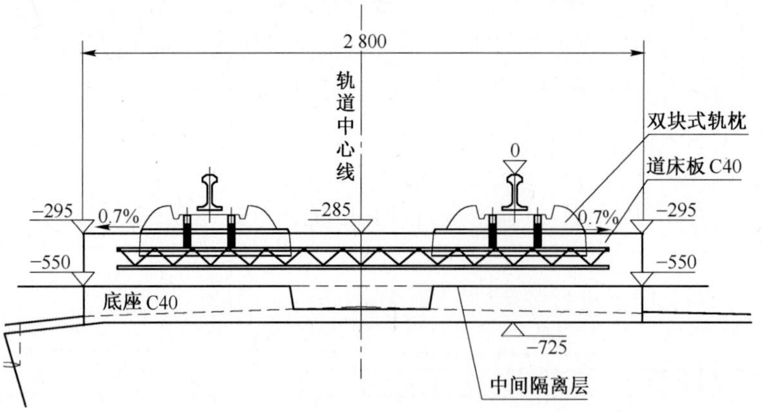


图 5-2-24　桥涵上直线、曲线段无砟轨道横断面(单位:mm)

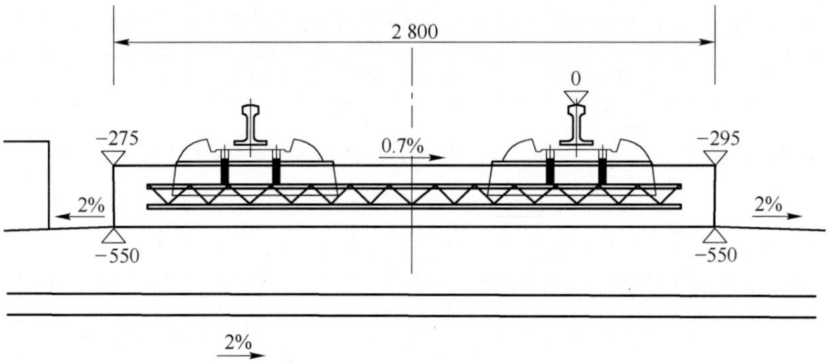


图 5-2-25　隧道内直线、曲线段无砟轨道横断面(单位:mm)

2.2.3.1　路基上 CRTSⅠ型双块式无砟轨道施工流程

路基上 CRTSⅠ型双块式无砟轨道一般采用连续结构,按间距设置伸缩缝。

路基混凝土支承层施工相对简单,可通过路基两侧的施工便道进行物流运输,也可直接在路基面运输。当路基较长或连续时,采用水硬性支承层结构,通过翻斗汽车直接运输水硬性材料至工地,摊铺机一次摊铺成型并用光轮压路机碾压密实,之后设伸缩缝并覆盖养护。路基长度较短时,则采用模筑法施工,施工组织相对灵活。

混凝土支承层施工后,采用汽车运输轨道散料,从沿线便道进入,用吊车卸放在线路两侧,人工配合机械在已经施工的混凝土支承层上铺设工具轨轨道,轨检小车测量,支架法调整轨道就位,精调后关模浇筑道床板混凝土。有条件时,一般按双线同步同向推进施工。

2.2.3.2　桥梁上 CRTSⅠ型双块式无砟轨道施工流程

桥梁上 CRTSⅠ型双块式无砟轨道一般采用单元结构,单元长度为梁跨长度,但每个单元均不跨越梁缝。桥梁上 CRTSⅠ型双块式无砟轨道施工最大的问题在于物流运输,有条件的地方需要沿线路修建贯通便道,通过便道运输和吊装将物料机具运送到桥面上。跨河、跨路或其他便道无法到达的地段,采用桥上运输车或龙门吊进行物料机具的转运。

底座及道床板结构均采用模筑法施工,按工序呈流水作业。

2.2.3.3　隧道内 CRTSⅠ型双块式无砟轨道施工流程

隧道内 CRTSⅠ型双块式无砟轨道不设底座结构,道床板直接浇筑在隧道仰拱之上,但最大的困难是施工照明、安全保证和物流通道问题。为确保施工进度和质量,隧道内 CRTSⅠ型双块式无砟轨道优先采用轨排框架法施工,特殊条件下经比选也可采用排架法施工。施工时,根据隧道及斜井(或横洞)出入口数量规划施工作业面,通过汽车运输材料或轨排进洞,由远及近分工序依次开展施工。考虑物流组织的困难,一般按将轨排组装材料、钢筋材料及混凝土材料等分开组织运输,以形成合理工序。

### 2.2.4　施工物流组织

CRTSⅠ型双块式无砟轨道施工根据施工工序及作业面划分开展物流组织。一般修建从施工基地经既有公路至施工现场的运输通道，有条件的地方尽量设置沿线路的贯通便道；长桥地段需要设置上下桥梁的人行步梯或采用龙门吊、汽吊、塔吊等作为材料及机具上下的通道；隧道地段则主要结合隧道进出口、应急通道或施工斜井、横洞设置物流通道。混凝土供应、轨枕及钢轨存放等结合作业面划分按一定间距设置临时基地生产或存放，临时基地同时规划人员居住、材料存放及加工、机具维修等功能用地。

施工现场结合路桥隧结构物特点，采用人工、龙门吊、汽吊或输送泵进行材料运输及机具转运等。

当施工工期不紧时，在双线地段也可按“先施工一线，再施工另一线”的方式分别进行物流组织。当施工第一线时，可利用另一线按单向运输作为物流通道，这样可最大限度地减少第一线施工物流组织的难度，降低设备资源配备。施工第二线时，再采用上述物流组织方案。

### 2.2.5　关键设备及工装

#### 2.2.5.1　液压散枕装置

液压散枕装置主要用于装夹轨枕，并能进行散枕、布枕和轨枕码放等作业的专用设备。其结构主要由回转联接机构、伸缩梁、夹持梁、轨枕夹紧器、定位机构与液压系统等组成，可安装于轮胎式或履带式挖掘机铲头铰接处使用，也可安装于轮胎式可变跨龙门吊使用，如图 5-2-26 所示。

图 5-2-26　液压散枕装置

液压散枕装置可一次抓取 5 根轨枕，并能按线路设计参数将轨枕均匀散布在线路指定位置上。液压散枕装置主要技术参数见表 5-2-7。

**表 5-2-7　液压散枕装置主要技术参数**

| 项目名称 | 性能参数 | 项目名称 | 性能参数 |
|---|---|---|---|
| 散枕间距(mm) | 288～650 | 五根枕间距误差(mm) | ±20 |
| 夹枕(松枕)时间(s) | 5 | 偏离中线误差(mm) | ±5 |
| 散枕时间(s) | 10 | 回转角度 | 360° |
| 两根枕间距误差(mm) | ±5 | | |

#### 2.2.5.2　螺杆精调器

螺杆精调器是 CRTSⅠ型双块式无砟轨道施工必不可少的施工工具，主要用于轨排的固定、粗定位和最终定位，以及钢轨方向、高度及水平的调整。其结构由托轨板、底板、调节螺母、中心销、螺杆等组成，如图 5-2-27所示。

螺杆精调器主要技术参数见表 5-2-8。

图 5-2-27　螺杆精调器

**表 5-2-8　螺杆精调器主要技术参数**

| 项目名称 | 性能参数 | 项目名称 | 性能参数 |
|---|---|---|---|
| 螺杆长度(mm) | 根据轨道高度选择 | 螺杆竖向调整角度(°) | ±6 |
| 轨道中心线调整范围(mm) | ±30 | 超高范围(mm) | 0～180 |
| 竖向调整范围(mm) | ±55 | 最大荷载(kg) | 不小于 800 |

2.2.5.3　轨排粗调机

轨排粗调机一般由 5 台或 3 台粗调机、1 台内燃发电机组成一个机组，可自动实现轨排的提升、横移、侧倾等 3 个自由度的调整。轨排粗调机粗调到位后，使用螺杆精调器支撑和固定轨排，轨排粗调机如图 5-2-28 所示。

图 5-2-28　轨排粗调机

轨排粗调机主要技术参数见表 5-2-9。

**表 5-2-9　轨排粗调机主要技术参数**

| 项目名称 | 性能参数 | 项目名称 | 性能参数 |
|---|---|---|---|
| 轨排调整精度(方向、高低、水平)(mm) | ±3 | 曲线外轨调高最大行程(mm) | 200 |
| 吊起调高最大行程(mm) | 400 | 横向调整最大行程(mm) | ±200 |

2.2.5.4　轨道几何状态测量仪(简称"轨检小车")

轨检小车是主要用于检测静态轨道几何状态的测量设备，包括电测传感器、便携式计算机、智能测量机器人等先进检测和数据处理设备,可检测轨道的高低、水平、扭曲、轨向、轨距等轨道几何参数,如图 5-2-29 所示。

图 5-2-29　轨道几何状态测量仪(简称"轨检小车")

轨检小车一般由手推式轨检小车和分析软件包两大部分组成,既可单独测量轨道水平、轨距等相对几何参数,也可配合智能全站仪来实现平面位置和高程的绝对定位测量。测量作业完成后,轨检小车系统能产生轨道几何测量的综合报告。用户可根据需要定义报表的输送界面,选择性的输出轨道位置、轨距、水平、轨向(短波和长波)、高低(短波和长波)等轨道几何参数。

2.2.5.5　组合式轨排框架

组合式轨排框架采用钢轨及型钢加工而成,融轨道及支撑架于一体,主要部件包括轨道式排面、支腿、轨向锁定器等。组合式轨排框架以榀为单元,每榀长度为 6.25 m 或 12.5 m,可安装 10 块或 20 块双枕式轨枕,如图 5-2-30 所示。

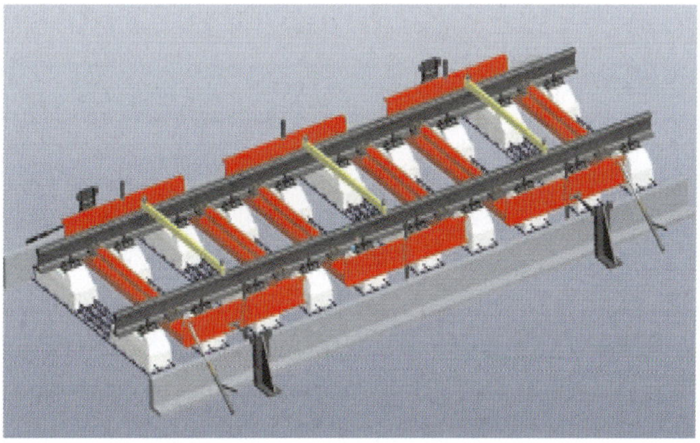

图 5-2-30　组合式轨排框架

组合式轨排框架主要技术参数见表 5-2-10。

**表 5-2-10　组合式轨排框架主要技术参数**

| 项 目 名 称 | 性 能 参 数 | 项 目 名 称 | 性 能 参 数 |
|---|---|---|---|
| 排架轨距(mm) | 1 435±0.2,变化率<1%,可调 | 对称支承块外铁座间距(mm) | 1 896±0.2 |
| 高低及水平调整量(mm) | +100<br>−50 | 排架总重量(kg) | 2 450 |
| 轨底坡坡度 | 1∶40 | 外形尺寸(mm) | 6 250×2 700×650(910)或<br>12 500×2 800×650(910) |
| 相邻轨枕间距(mm) | 625±5 或 600±5,可调 | | |

## 2.2.6　主要临时工程

CRTSⅠ型双块式无砟轨道施工主要临时工程包括:生产基地、运输道路、施工用电以及长桥地段上桥通道等。

生产基地主要包括管理及生产员工生活驻地、轨枕及钢轨存放场、钢筋加工场、混凝土搅拌站、其他机具及材料加工及存放场等，生产基地的每个部分可集中设置也可分开设置，主要是根据现场条件以方便施工和管理为前提。生产基地规划根据作业面划分、施工进度及物流成本等因素综合设置，最远运输距离一般控制在 15 km 以内。

运输道路包括正式道路和新建便道，新建便道最好能紧靠线路贯通设置，以满足机具、工装及材料等直接到达工地。运输道路除满足运输车辆运行、交会及卸车作业的要求外，还应考虑在新建道路上有其他施工可能的影响。同时，隧道地段施工时，还应考虑与斜井、下料口的连通。施工便道还应充分考虑运量需求、冬雨季影响、防排水等因素。

施工用电作为临时工程主要在隧道内施工时使用，为保证隧道内照明需要，一般结合隧道前期施工及后期的其他施工，需要统一布置贯通的照明线或动力线，尽量将施工时的内燃动力设备改为用电设备，以减少施工废气排放和保障施工人员安全。

在长大桥梁地段，为方便人员上下，一般按 2～3 km 间距设人行通道。特殊地段，还需利用龙门吊、升降平台等设置物料及机具上下的通道。

### 2.2.7 原 材 料

CRTSⅠ型双块式无砟轨道结构所用材料主要包括：桥梁及过渡段底座采用 C40 钢筋混凝土结构，路基段底座则采用水硬性材料或 C15 素混凝土，钢筋包括热轧光圆钢筋和热轧带肋钢筋两种规格，其中混凝土配合比可以使用水泥等级不低于 P · O42.5、聚羧酸减水剂、碎石规格 10～40 mm 均匀级配、细骨料为中粗砂或机制砂、复合型掺和料或单掺矿粉及粉煤灰，同时满足技术条件和施工工艺要求。钢轨扣件及工具轨与设计规格一致。

CRTSⅠ型双块式无砟道床施工辅助材料包括：接地端子、嵌缝胶、养护剂、绝缘卡(或绝缘胶垫)、脱模剂、伸缩缝材料、土工布等。

### 2.2.8 施工工艺

#### 2.2.8.1 质量标准

1. 混凝土模型质量控制

不论混凝土底座还是道床板，模具板及支架材料应有足够的强度、刚度、稳定性和平整度，且安装稳固牢靠、接缝严密、不得漏浆，模板与混凝土的接触面要清理干净并涂刷隔离剂，模板内的积水和杂物应清理干净。支承层或底座、凸(凹)台、道床板等模板安装允许偏差应符合《高速铁路轨道工程施工质量验收标准》(TB 10754)的相关规定，其中预埋件和预留孔道留置等应做好与相关接口工程的衔接。

当采用摊铺机施工支承层时，摊铺机引导线控制点放设应满足：放设间距直线段不大于 10 m、曲线段一般为 5～7 m，定位允许偏差平面 5 mm、高程±3 mm，引导线张拉到位后控制点的相对允许偏差平面5 mm、高程±2 mm。

2. 底座或道床钢筋质量控制

钢筋的制作、加工和焊接、绑扎除符合设计及铁路混凝土工程的要求外，接地端子和绝缘卡或绝缘垫片等材料应满足设计和产品技术条件的要求。道床钢筋绝缘电阻值测试等满足设计要求。

钢筋网片的绑扎安装应做好模型的协调，保证结构混凝土保护层厚度符合设计要求。

3. 结构混凝土质量控制

结构混凝土采用高性能混凝土，混凝土质量除满足结构性能要求外，还应满足施工工艺的要求。混凝土原材料、配合比设计、搅拌及施工养护应满足《铁路混凝土工程施工质量验收标准》(TB 10424)的相关规定，外形尺寸、表面裂纹及排水坡等应符合设计要求。混凝土拆模后，结构表面应密实、平整、颜色均匀，不得有露筋、蜂窝、孔洞、疏松、麻面和缺棱掉角等缺陷。

4. 隔离层及弹性垫层

隔离层及弹性垫层材料应符合设计及相关技术条件要求。隔离层应铺贴平整、无破损，弹性垫层及凹槽侧面应粘贴牢固、顶面及底座表面平齐，所有接缝处及边沿无翘起、空鼓、皱褶、脱层或封口不严等缺陷。除此之外，隔离层及弹性垫层的基底处理应平整清洁、干燥，无空鼓、空洞、蜂窝、麻面、浮渣、浮土和油污。

5. 轨排组装及调整

双块式轨枕及扣件的规格、型号及质量应符合设计要求及相关技术条件的要求。轨排组装用工具轨应使用与正线轨型相同的新钢轨，工具轨应无磨损、变形、损伤及毛刺等缺陷。若采用轨排框架，则轨排框架应有足够的强度、刚度和稳定性，其材料质量及结构尺寸应符合施工工艺的要求，并方便安装拆卸及混凝土浇筑。

精调完成后的轨排应部件完整、组装正确、扭力达标，其轨道几何尺寸允许偏差应符合《高速铁路轨道工程施工质量验收标准》(TB 10754)的相关规定。

2.2.8.2　工艺特点

CRTSⅠ型双块式无砟轨道实行多工序流水作业施工，采用现浇混凝土无砟道床。轨道铺设时以钢轨面及轨道中心作为施工控制的基准面和基准线，使轨道铺设施工误差近似于“零”。但由于受轨道部件、螺栓精调器以及轨排框架的制造及组装误差、测量误差以及后期混凝土施工扰动的影响，不可避免地会产生轨道几何误差，再加上物流组织及工程质量实现的特点，综合构成了 CRTSⅠ型双块式无砟轨道施工工艺的特点。

1. 排架法施工

排架法施工设备工装制造简单，专用设备配置较少，施工一次性投入少，施工组织灵活，尤其有利于工期紧、施工作业面多以及桥梁及路基交替较多和站线轨道等不利于机械化作业地段的施工。

与其他类型无砟轨道施工相同，施工质量需要从原材料、设备配置、施工测量、精调工装加工及安装精度控制、混凝土浇筑等各环节进行系统控制。

CPⅢ测量控制网的建立、高精度轨检小车的正确使用为高精度轨道线形的实现提供了重要的技术保障。

2. 轨排框架法施工

采用轨排框架组装双块式轨枕并按榀进行铺设和精调，将双块式轨枕“点—线”施工变为轨道板“板—线”施工，减少了工具轨的使用。轨排框架法有利于提高轨道组装速度和精度，方便了轨排物流的运输组织。

采用轨排框架组装双块式轨枕与人工现场组装轨排相比，轨道几何的精度容易保证。

轨排框架的强度、刚度和稳定性以及加工精度对轨道几何影响较大，因此，有效控制轨排框架加工精度和加强日常维护及检查是确保轨道铺设精度的一项重要工作。

3. 机组法施工

按多工序流水作业特点配备一系列机械化、自动化程度高的成套设备，施工一次性投入大、效率高、质量可靠。

主要施工设备包括：散枕机、随车吊、粗调机、模板安装机、模板拆卸车、混凝土浇筑机、轨道运输车等。这些施工设备可根据现场条件单独配置或组合配置。

2.2.8.3　工艺流程

采用排架法施工 CRTSⅠ型双块式无砟道床施工工艺流程如图 5-2-31 所示。

2.2.8.4　排架法主要工序工艺

1. 沉降评估及 CPⅢ测量控制网测设评估

无砟道床施工前由建设单位组织，设计、施工、监理单位参加，对结构物沉降变形观测进行分析评估，确认符合《客运专线铁路无砟轨道铺设条件评估技术指南》(铁建设〔2006〕158 号)要求后方可进行无砟轨道施工。

2. 路基上支承层施工

支承层一般采用水硬性材料结构设计，当路基长度较长且支承层具备机械化施工条件时，可优先采用滑模摊铺法施工。当路桥隧交替频繁致使路基长度较短或支承层不具备机械化施工条件时，则改为 C15 素混凝土结构设计，采用模筑法施工。

(1)滑模摊铺法施工。滑模摊铺法采用滑模摊铺机施工，主要工作内容包括：准备工作、运输布料、滑模作业、拉毛整修、养生、切缝、销钉埋设等。施工流程如图 5-2-32 所示。

1)准备工作。滑模施工前，应做好相关准备工作。通过试验段检验施工配合比及摊铺机摊铺速度、振捣频率及捣固深度等工艺参数。滑模摊铺机施工时，在施工前先通过 CPⅢ控制网测设混凝土支承层中线，进而设置两侧的引导线或采用激光引导装置直接引导(此装置昂贵)。引导线到线路中线的距离为 3.5 m，引

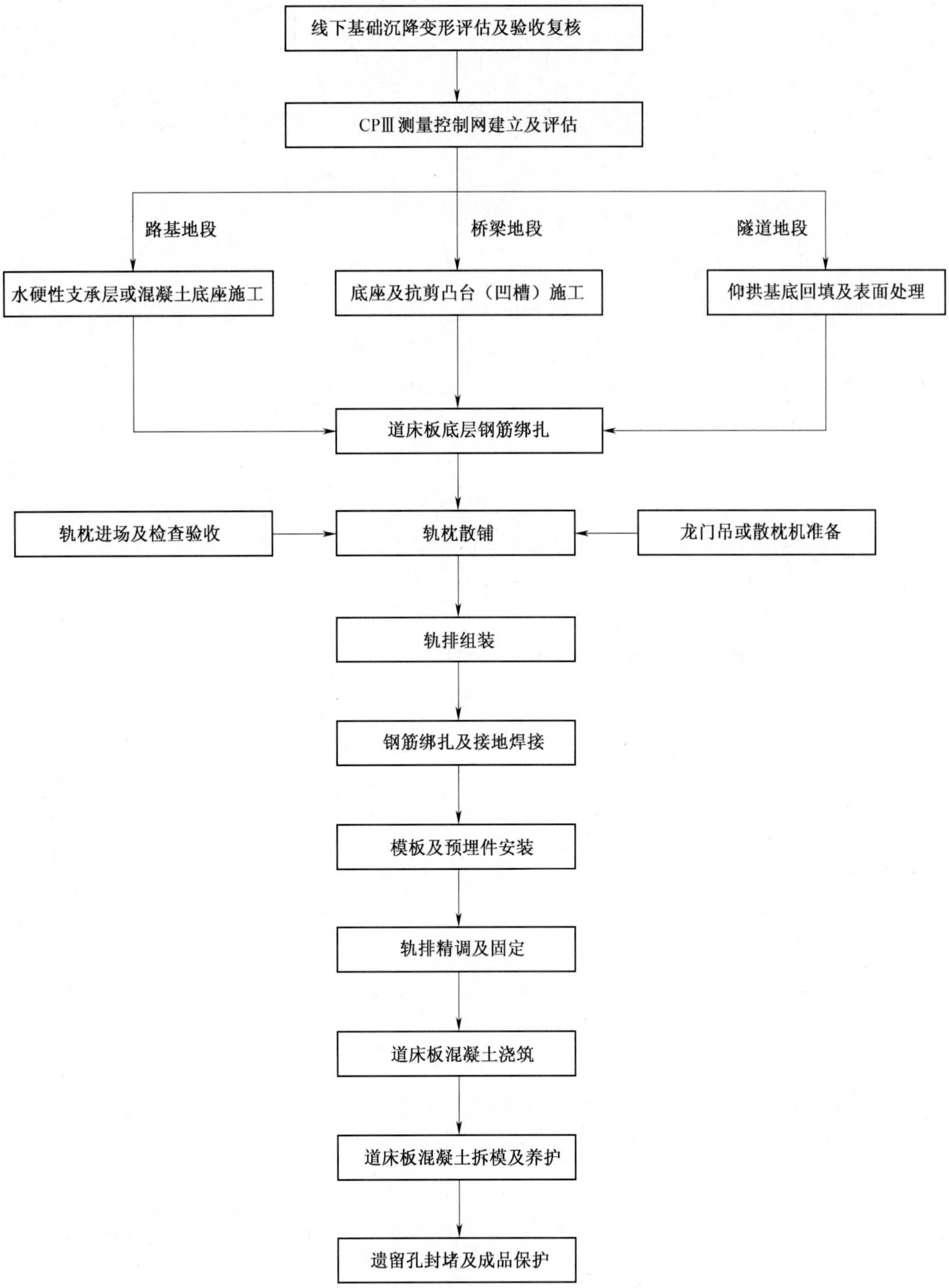


图 5-2-31　CRTSⅠ型双块式无砟道床施工工艺流程(排架法施工)

导线高度距设计路基面 60 cm,引导线桩纵向间距 10 m,平、竖曲线路段视曲线半径大小加密设置,最小值为 2.5 m;引导线桩定位限差,高程为±5 mm,中线为±2 mm;引导线的最大长度不宜大于 500 m,以利于质量控制及方便卸料。引导线接头不得大于 1 cm,每 100 m 引导线不得多于 2 个接头。

2)运输及布料。利用自卸车向滑模摊铺机直接喂料,也可将自卸车内的混合料倾倒在基床表面,利用挖掘机配合布料。

3)摊铺作业。首次摊铺前,应对摊铺机位置、几何参数和机架水平度进行调整。然后空机挂线行走 5～10 m,经多次确认无误后方可开始摊铺。

摊铺 5 m 后,检测摊铺支承层的高程、厚度、中线、横坡度等指标,合格后可继续施工。

滑模摊铺机应匀速连续摊铺,不得随意停机或改变摊铺速度。摊铺速度可根据供料情况、混凝土性能和施工地段确定,一般控制在 1.5～1.8 m/min。供料不充分、混凝土坍落度偏小、捣固性能不良和曲线地段可

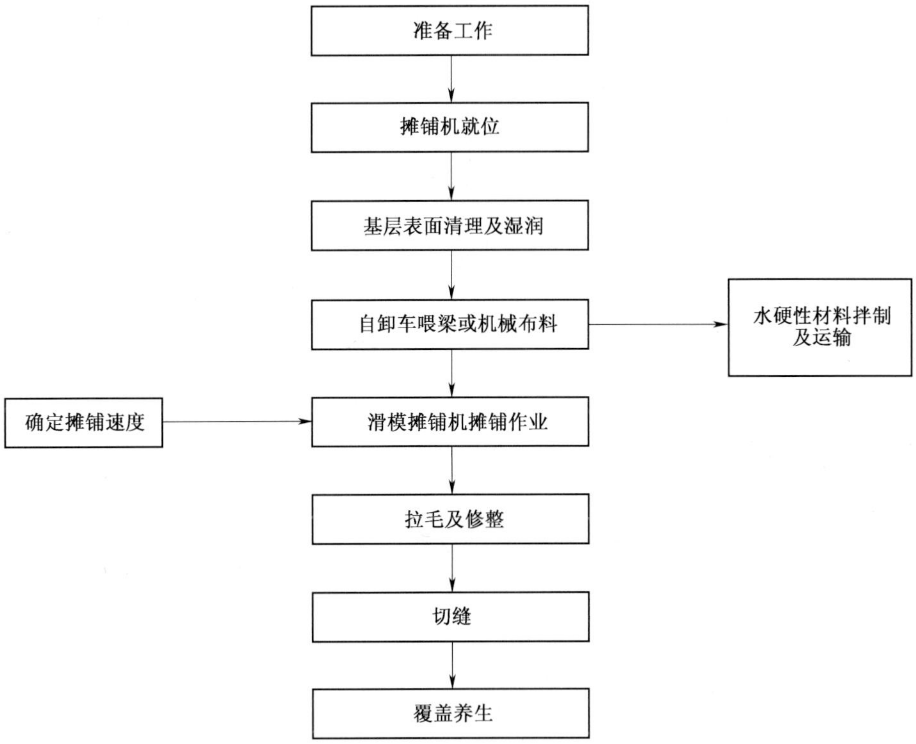


图 5-2-32　路基上水硬性支承层滑模摊铺法施工流程

适当降低摊铺速度。

滑模摊铺时采用双夯捣固机，频率宜高不宜低，不得出现漏振、过振现象。施工中禁止停机调整高程、中线及横坡等。

4)拉毛整修。滑模施工后，在水硬性材料初凝前完成拉毛处理，拉毛深度 1～2 mm。表面及边角有缺陷的部分应进行修补处理。

5)养护。支承层铺设后，及时覆盖洒水养护，洒水量要保证支承层表面始终处于湿润状态，养护时间不少于 7 d，湿度较小或气温较低时延长养护时间。

6)切缝。支承层达到设计强度的 30%时进行切缝施工，以释放表面应力。切缝深度不小于厚度的 1/3，宽度控制在 5～8 mm，气温低于 20 ℃时，切缝距离不大于 5 m；气温大于 20 ℃时，切缝距离不大于 4 m。切缝后，及时将残留在切缝内的泥浆等用高压水冲洗干净。

7)销钉埋设。在过渡段范围内的路基支承层上按设计标出销钉位置，根据钻孔深度及孔径，选择合适的钻杆垂直于支承层表面钻孔。钻孔完成后，用高压风进行清孔，填充植筋胶，将销钉植入孔内。埋设好的销钉在 12 h 内不得碰撞。

(2)模筑法施工。模筑法施工相对简单，工作内容主要包括：施工准备、模板安装、混凝土运输及浇筑、拆模、养护。

1)准备工作。路基线下工程验收及沉降评估完成后，复测表面高程。超过允许值时，应按相关规定进行处理。施工放样出支承层边线，每隔 10 m 打上钢钎，并在钢钎上用红油漆标上支承层顶面高程位置。

2)模板安装。根据放样出的边线，安装两侧模板，并检查复核模板位置和高程。模板安装稳定牢靠，接缝严密，模板表面涂刷脱模剂，并清除模型内积水、杂物。

3)混凝土运输与浇筑。混凝土采用混凝土罐车运输，根据现场条件可直接由混凝土罐车通过滑槽就近卸入模型内，也可采用混凝土输送泵或汽车泵泵送入模。混凝土入模后，人工配合将混凝土摊铺平整，用振动棒振捣混凝土，之后再采用振动梁和刮尺振动并提浆整平。混凝土初凝前，对表面进行拉毛处理。模筑法施工混凝土支承层如图 5-2-33 所示。

混凝土浇筑时，应严格控制入模温度，应在确保施工工艺的前提下尽量降低坍落度。超高段施工时，坍落度宜控制在 100～120 mm，以防止混凝土向内侧漫流。

4)其他。混凝土浇筑完成后应及时覆盖洒水养护，洒水量应保证支承层表面始终处于湿润状态，拆模时间不小于 3 d,养护时间不少于 7 d,湿度较小或气温较低时增加养护时间。混凝土终凝后 12 h 内应完成切缝。切缝要求与摊铺法施工相同。

3. 桥梁上底座施工

桥梁上底座采用钢筋混凝土结构,模筑法施工,底座及凹槽或凸台采用人工一次立模成型。主要作业内容包括:施工准备、桥面及防水处理、钢筋绑扎、模板安装、混凝土运输及浇筑、养护及拆模、切缝。施工工艺流程如图 5-2-34 所示。

图 5-2-33　模筑法施工混凝土支承层

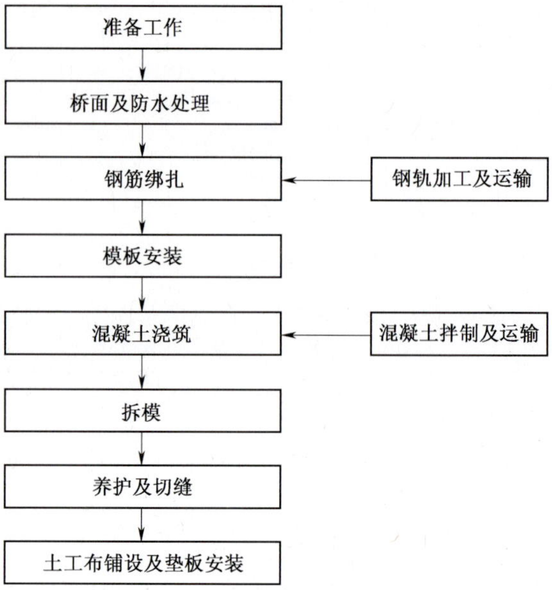


图 5-2-34　桥梁上钢筋混凝土底座施工流程

(1)施工准备。桥梁主体工程及二次恒载施工完成后,进行桥梁沉降及变形评估,确认达到混凝土底座施工条件。在正式工程施工前,进行工艺性试验。

(2)桥面及防水处理。复测桥面高程,对存在问题地段按设计要求处理。

对梁面进行清理、修补和找平处理,之后进行桥面防水施工,在涂刷处理剂前,保持桥面干燥,用滚筒刷均匀地将处理剂涂刷在桥面混凝土上,厚度 0.2 mm 左右,每平米处理剂用量应不小于 0.4 kg。

桥面基层处理完毕后按照设计要求用热熔法铺设防水卷材,两幅卷材纵横向间搭设宽度不小于 10 cm,梁体接缝处封边宽度不小于 10 cm。铺设完后的防水卷材的表面应平整,无破损和空鼓,搭接处及周边不翘起,无过熔烧焦等。桥面防防水卷材铺设如图 5-2-35 所示。

(3)钢筋绑扎。钢筋在生产基地内预加工,使用时通过汽车将钢筋散料运输到施工现场。

钢筋网采用焊接绑扎,钢筋间距及保护层厚度应满足设计要求。桥面凸台或凹槽钢筋及保护层钢筋绑扎一起施工。桥面钢筋绑扎如图 5-2-36 所示。

图 5-2-35　桥面防水卷材铺设

图 5-2-36　桥面钢筋绑扎

(4)模板安装。底座模板采用可调高组合式钢模板。根据放样出的边线安装两侧模板，调整钢筋网以保证保护层厚度，检查复核模板位置和高程。模板安装应稳定牢靠、接缝严密、模板表面涂刷脱模剂。并清除模型内积水、杂物。

(5)混凝土运输及浇筑。当底座表面设置凹槽时，底座一次浇筑成型。当底座表面设置凸台时，则需先浇筑底座，再浇筑凸台。

混凝土应由搅拌站集中拌制，通过罐车运输到现场，根据现场条件采用直接卸入模板或泵送入模，人工配合均匀摊铺，用振动棒振捣密实，使用铝合金刮尺刮平，之后人工抹面。道床板范围之外设 2% 向外的横向排水坡。待混凝土初凝后，对道床板范围内的底座表面进行纵向拉毛，拉毛深度 1～2 mm。底座混凝土浇筑如图 5-2-37 所示。

当底座混凝土强度达到 70% 后，方可浇筑凸台混凝土。施工时，应严格控制凸台的顶面高程和与线路的垂直度(即超高地段应考虑倾斜)。

(6)混凝土养护、拆模及切缝。与路基上混凝土支承层施工相同。

(7)底座表面土工布铺设及凸台(凹槽)垫板安装。当底座及凸台混凝土强度达到 70% 以上后进行底座表面土工布铺设及凸台(凹槽)垫板安装。土工布铺设应平整无褶皱，无破损，接缝采用对接，不可重叠(图 5-2-38)。根据凸台或凹槽尺寸加工并安装橡胶垫板及泡沫板，用丁基胶带封闭所有间隙(图 5-2-39)。在之后的轨排组装及道床板混凝土施工过程中，应注意对土工布及凸台(凹槽)垫板安的保护。

图 5-2-37　底座混凝土浇筑

图 5-2-38　桥面底座上土工布铺设

4. 隧道内底座施工

隧道内 CRTS Ⅰ 型双块式无砟道床一般直接施作在隧道仰拱的基底回填层上，但在正式施工之前，需要对道床板范围内的底座表面进行凿毛处理并清理。凿毛采用风镐或凿毛机，质量要求为：平面的见新度不小于 75%，立面深度不小于 5 mm，并尽量保证表面有凹凸关系。之后，用高压水枪和钢丝刷将混凝土碎片、浮渣、尘土及其他杂物清理干净。

5. 道床板施工

(1)道床板施工前准备。道床板施工前对支承层、混凝土底座或隧道内基底回填层表面进行验收、测量，确认满足铺设无砟轨道道床板的要求。

图 5-2-39　底座凹槽安装弹性垫板

对 CPⅢ 测量控制网进行复核，确认成果满足无砟轨道道床板施工的要求。根据 CPⅢ 测量控制网对线路中线进行放样，原则上按直线 10 m、曲线 5 m 的间距设置中心桩，再根据中心桩放样模板安装的边线，同时测设模板安装及轨排粗调时所用的中线及高程控制桩。

加工制作道床板组合式可调高钢模板，钢模板应有足够的强度、刚度和稳定性。钢模板一般按 3 m 左右长度分块，超高地段按分块设计，并对模板进行验收检查。

进行工艺试验，根据试验结果并结合工期安排、作业面划分配备施工机具、设备等，确保其完整、齐全，以保证施工过程的连续性。

完成混凝土配合比设计及工艺试验，确定混凝土搅拌站及混凝土供应方案。做好工具轨、钢轨扣件、双块式轨枕及其他物资的供应保障，应对进场物资进行检查验收。

当施工现场运输条件较差时，可提前将工具轨及双块式轨枕等转运到线路旁边进行临时存放。存放要求：一是双块式轨枕平放，堆放层数不超过 5 层，且在轨枕承轨槽位置加垫方木；二是钢轨顺直正放。

(2)道床板底层钢筋绑扎。在生产基地按设计进行钢筋预加工，通过汽车将散料运输到现场，进行铺设。绑扎之前，先检查和修正土工布及凸台(凹槽)垫板铺设质量。

首先按设计间距铺设道床板底层纵向钢筋，再布置横向钢筋，同时在纵横向钢筋搭接处设置绝缘卡，并用塑料带绑扎牢固，如图 5-2-40 所示。

钢筋布置时，应注意钢筋在纵向搭接时搭接量的要求，每根钢筋的搭接量应不小于 700 mm，两根相对钢筋搭接距离应不小于 1 000 mm，钢筋搭接要用绝缘材料卡进行连接绝缘。

(3)轨排组装。根据现场条件，采用跨线龙门吊或轮胎式挖掘机配合液压散枕器沿线路方向按设计间距进行双块式轨枕散铺，如图 5-2-41 所示。采用液压散枕器散枕，原则上同组轨枕间距误差应控制在 5 mm 范围内，两组轨枕间距误差应控制在 10 mm 范围内，两组轨枕间左右偏差应控制在 10 mm 内，且轨枕散布需平顺且垂直于轨道中线。当现场条件不具备液压散枕器散枕时，也可采用人工散枕。

图 5-2-40　道床板底层钢筋绑扎

图 5-2-41　双块式轨枕散铺

桥梁地段布置轨枕前先放置垫木或铁架，以保证轨枕不直接压在凸台或钢筋上。之后，方正轨枕使其与线路中线垂直，并确保轨枕之间间距偏差不超过 5 mm。对轨枕进行清洁，确保承轨槽及预埋螺栓孔无杂物。

使用龙门吊或汽吊或人工散铺工具轨。用于轨排组装的工具轨应提前检查，检查的内容应包括：工具轨线形平直、轨头无损伤，轨端 2 m 范围内向上翘曲≤0.4 mm/2 m、向下翘曲≤0.2 mm/2 m、水平方向≤0.6 mm/2 m；钢轨端部和距之 1 m 的横断面之间的相对扭曲度不应超过 0.45 mm。工具轨散铺就位前应彻底清洁，保证工具轨底部及侧沿干净。

散铺时，两相邻工具轨间轨缝值按 8 mm 控制且不超过 10 mm，否则会影响轨排调整和连接夹板安装。按设计要求正确安装轨枕扣件，扣件紧固采用内燃或电力扭力扳手，同一节点上钢轨两侧的扣件应按设计扭矩同时紧固，以确保工具轨底部侧面和轨距挡块之间、轨距挡块和轨枕挡肩之间、轨距挡块和承轨台之间“三点密贴”。

轨排组装完成后，通过撬棍或其他方式将轨排拨到设计中线位置，中线偏差在 1 cm 以内。之后对轨距、轨枕位置、轨枕间距等进行检查，其中轨距允许偏差为±1 mm，轨枕间位置及间距允许偏差为 5 mm。

(4)轨排粗调。安装螺杆精调器。轨排组装完成并拨到设计中线位置后，在每隔 3 根(曲线半径小于 600 m 地段每隔 2 根)轨枕之间的钢轨外侧对称安装一对螺杆精调器托盘(精调螺杆在粗调顶升基本到位时安装)。螺杆精调器托盘应安装在中间位置,以保证可向两侧移动,可满足向两侧最大各移动 25 mm。桥梁地段需要安装横向拉杆的位置,可适当将螺杆精调器错开安装。螺杆精调器安装如图 5-2-42 所示。

轨排粗调。对照中线及高程控制桩,沿线路按 4 m 间距安装内燃粗调机或齿条式起道机将轨排抬高至设计高程位置,齿条式起道机按左右对称布置。粗调时应使轨排中线及高程尽量接近设计值,以减少精调时的内部应力并提高精调效率。之后,在螺杆精调器托盘上安装精调螺杆,精调螺杆安装时套上 PVC 管,以方便混凝土浇筑后精调螺杆的拆除。采用螺杆精调器顶升轨排并将轨排粗调就位,拆除粗调机或起调机。轨排粗调如图 5-2-43 所示。

图 5-2-42　安装螺杆精调器

图 5-2-43　轨排粗调

(5)钢筋绑扎及接地焊接。轨排粗调完成后,铺设横向钢筋和上层纵向钢筋。绑扎底层钢筋时在纵横向钢筋交叉处、纵向钢筋与轨枕桁架下层钢筋交叉处以及纵向钢筋搭接处设置绝缘卡,并用塑料带绑扎牢固,如图 5-2-44 所示。钢筋绑扎时,必须确保钢筋保护层厚度和钢筋间距,当钢筋与螺杆精调器相碰时,可适当调整钢筋间距或位置。道床板底层钢筋应保证有每平方米不少于 4～6 块高强度砂浆垫块垫实。

道床板钢筋绑扎完成后,应进行绝缘性能测式,钢筋间绝缘电阻值不得小于 2 MΩ。

按照施工图进行接地钢筋和接地端子的焊接,如图 5-2-45 所示。接地钢筋焊接时,单面焊接长度不小于 200 mm。焊接接地端子时,接地端子端头应紧贴纵向模板。在路基较短,没有设置接触网基础的情况下,路基段接地端子可在靠近桥台处设置,通过接地钢缆与桥台处的接地端子连接,并入桥梁接地系统,但并入后形成的接地单元应满足不大于 100 m 的要求。

图 5-2-44　塑料绝缘扎带绑扎钢筋

图 5-2-45　接地端子焊接

(6)模板及预埋件安装。双块式无砟道床板模板采用分块式组合钢模板设计,分为横向模板和纵向模板。模板进场后,应进行拼装检查,之后采用汽车运输到工地。利用人工或小平车进行纵向转运到位,模板安装前应进行整修和除锈,清除道床板范围内的杂物、灰尘和污物。

桥梁上底座设计有横向施工缝,需要安装横向模板。每处横向模板由 3 块拼接组成。先安装中间块,最后安装两边块。使用固定钢条嵌入模板底面凹槽,相邻模板间部分销接、拼接严密,顶部设钢盖板,如图 5-2-46所示。

通过龙门吊或人工将模板就位,固定上下拉条,间隔布置三角形模板支腿,并在支承层或底座表面钻孔安装膨胀螺栓以固定支腿进而固定模板,如图 5-2-47 所示。个别非标跨度桥梁或道岔前后地段,使用竹胶板作为调整模板。之后根据高程控制桩调整模板高度,并对模板底部进行封锁,检查模板密贴、平齐及垂直,在模板内侧标注道床板混凝土顶面高程位置。

图 5-2-46　桥梁上横向模板

图 5-2-47　固定模板

模板安装完成后,应对模板的中线及宽度进行检查。

(7)轨排精调及固定。轨排精调,首先采用轨检小车测量轨排的轨道几何状态并计算偏差值,再根据偏差值通过调整螺杆精调器和侧向支撑螺杆将轨排调整到设计中线及高程位置,之后"再测量,再调整",直到轨排的轨道几何状态达到合格要求。

1)轨道几何状态测量的原理。按"自由设站、后方交会"的测量方式完成全站仪的定位,将全站仪置于轨道中线附近位置,通过观测前后 4 对固定于线路两侧的 CPⅢ测量控制网基点上后视棱镜,通过自由平差、计算确定全站仪所处的空间位置,即完成全站仪设站。若改变设站位置,则必须交叉观测前后两对观测点。

全站仪完成设站后,对置于待精调轨排轨道上的轨检小车顶端棱镜进行自动跟踪和测量。全站仪将测得的轨检小车顶端棱镜的空间坐标数据传输回轨检小车。轨检小车接收观测数据,通过配套软件,计算轨检小车所处位置的轨道平面、高程及水平、超高、轨距等数据,并将所处位置轨道几何形位的偏差值通过显示屏显示,以指导轨排精调。

2)轨道几何状态测量的注意事项。为保证测量速度和精度,用于轨道精调的全站仪应具自动搜索、跟踪、计算和传输数据的功能,测量精度应不低于 1″、1 mm+2 ppm。

轨检小车及全站仪应定期进行校正,以保证其状态稳定,数据检测准确。

全站仪应尽量靠近轨道中线,其镜头高度应与轨检小车顶端棱镜和 CPⅢ点后视棱镜尽量处于同一平面。同时,全站仪应置于待后视 CPⅢ点的中间位置。

轨检小车进行数据采集时,应放置在轨道上,将轨检小车走行部活动端置于轨道超高侧,并设置线路几何形位及小车棱镜、CPⅢ点后视棱镜的参数,之后按离全站仪的位置由远及近地走行,自动测量轨道轨距、超高、水平位置,并接收全站仪观测数据。

同时,为方便所测量轨道几何数据的识别,现场应对每根轨枕进行编号,并将编号标注在轨枕承轨台表面。轨检小车进行数据采集时,也应对照每根轨枕的编号进行数据的编号和标识。

3)轨排精调。中线调整,螺杆调节器托盘位置一般都为轨排的横向调整设置了专门的横向调整螺杆,使用双头调节扳手调整横向调整螺杆,即可实现轨排的左右移动,即实现对轨道中线的调整。轨排中线调整应缓慢进行,一般按前后 3 个点联动调整,在超高地段则通过侧向调整螺杆或地锚进行调整。

高程调整。用专用扳手旋转竖向精调螺杆,即可上下调整轨排高度,即实现对轨道高程的调整,粗调后顶面高程应略低于设计高程。调整螺杆时要缓慢进行，调整后用手检查螺杆是否受力，如未受力则检查相邻螺杆状态，同时拧紧螺杆，确保螺杆均匀受力。轨道高程调整按左右股分开进行，因此也同时完成了轨道水平的调整。

接头联测顺接控制。在前次已浇筑混凝土地段，预先紧固一根轨排扣件，采用轨检小车复测，偏差在允许范围内，即可采用自动补偿功能进行调整。未浇筑地段，由于设站（全站仪转站）误差导致前后两段连续精调存在偏差，偏差≤2 mm，采用动态补偿功能对偏差予以调整。因此，各作业面的接头必须进行联测，先浇筑混凝土地段，由现场精调人员采用电子道尺、精调小车准确测定轨道偏差后，交由后续联测段精调人员。当后续段混凝土施工距先施工地段 100 m 时，要求接头处双方必须对已浇筑段进行联测，采用精调小车复核已浇筑段至少一根轨排（提前上紧扣件），在允许偏差范围内，采用手动补偿功能进行调整。轨排精调如图 5-2-48 所示。

4）轨排固定。双块枕轨排竖向固定由螺杆精调器支撑和轨排重力作业自行固定，横向固定则需要通过地锚或侧向支撑完成。

路基地段采用地锚型钢固定，在对应安装螺杆精调器的位置靠轨枕外侧设置一处。

桥梁及隧道地段采用侧向支撑确保轨排稳定。侧向支撑一端固定在防撞墙或水沟边墙上，另一端锁定在工具轨上，侧向支撑如图 5-2-49 所示。

图 5-2-48　轨排精调

图 5-2-49　桥梁段双块枕轨排固定

5）轨道几何状态检查。轨排精调应逐根轨枕进行。当一遍精调完成后，应及时对轨排进行固定。并使用轨检小车逐根轨枕检查轨道几何状态，形成已精调轨排的完整轨道几何状态，对超标点进行复查并调整。之后，再用轨检小车全部检查，当轨排轨道几何状态全部合格后，方可打印精调成果，经相关单位联合检查合格后，方可进行混凝土浇筑。

精调完成后的轨排，应设限界绳和明显标识，严禁无关人员行走和扰动。

（8）道床板混凝土浇筑。道床板混凝土利用搅拌站拌制，通过混凝土罐车运输到现场，通过浇筑机或汽车泵浇筑。施工过程中除了严格控制混凝土拌制及浇筑质量外，还应避免对轨排产生扰动。

1）施工准备。根据天气条件确定适合的施工时机，应避免烈日暴晒、雨淋及寒冷天气对混凝土质量的影响，避免局部气温导致的轨排内应力增加及混凝土开裂，必要时应采取特殊的施工措施。

施工前，还应做好以下方面的工作：

①清理浇筑面上的杂物，喷水湿润支承层或底座，洒水润湿后的水硬性支承层上不得有积水。为确保轨枕与新浇混凝土的结合良好，需在浇筑前 6 h 内在轨枕表面洒水 3～4 次，并注意对轨枕底面进行喷水湿润。

②用防护罩覆盖轨枕、扣件。检查螺杆精调器的螺杆是否出现悬空，隔离套是否装好。

2）混凝土运输。混凝土运输能力应结合施工工艺、施工进度、运输距离、道路条件及车辆配备、混凝土施工性能等因素综合考虑。其中，混凝土施工性能的设计和应用应作为混凝土施工的一项重要内容。

混凝土运输采用混凝土搅拌罐车，运输过程中应保证混凝土不发生离析、漏浆、严重泌水及坍落度损失过多等现象，运输到浇筑地点的混凝土应保持良好的施工性能。

运输到工地的混凝土，应每车检查坍落度、含气量及温度等指标，对不满足施工要求的混凝土应坚决清退不用。

3)混凝土浇筑。混凝土运输到现场后,通过汽车泵、溜槽、输送泵(又称地泵或拖泵)、龙门吊+吊斗、浇筑机等灌入道床内。不论采用哪一种浇筑方式,混凝土布料都应均匀进行,并逐个轨枕盒依次向前浇筑,让混凝土从轨枕块下漫流至下一轨枕盒,当混凝土量略高于设计高程后,前移到下一轨枕盒进行浇筑,如图5-2-50所示。

混凝土布料到位后,采用4根插入式捣固棒配合捣固,4根捣固棒的布置为钢轨外侧各1根和钢轨内侧2根。捣固时,捣固棒可按“并列式”、“交错式”移动,以避免漏振,还应与轨枕、螺杆精调器、模板保持一定距离,以免撞碰并扰动轨排和模板。

图 5-2-50　浇筑道床板混凝土

4)抹面及清洗。混凝土振捣完成后,采用高程控制尺检查混凝土面的高程是否满足设计要求,并及时修整、抹平混凝土面。混凝土入模后半小时内用木抹完成粗平,1 h后再用钢抹精平,在初凝前最后对道床板表面至少二次整平、收光,直到混凝土终凝。抹面完成后,及时清刷钢轨、轨枕和扣件。

混凝土抹面时严禁洒水,并应防止过度操作影响混凝土表面质量。

5)施工缝设置。如出现机械故障等原因浇筑过程中断,应根据设计要求,在最后的两根轨枕中间设置施工缝。施工缝的设置采用金属网,以使施工缝表面粗糙,确保新老混凝土之间有足够的黏结力。接缝处的横向钢筋位置挪向浇筑混凝土侧。如中断时间超过72 h(或时间不到72 h,但温度变化较大),应另外增设4排共16根销钉和U形钢筋加强。

(9)道床板混凝土拆模及养护。侧模应在道床混凝土强度达到2.5 MPa(7 h)以上,且表面及棱角不宜因拆模而受损伤时,方可拆除。道床混凝土强度达到5 MPa(9 h)后,方可松开或拆除轨排工具轨和支撑架,当施工环境温差变化较大时,应及时松开或拆除轨排工具轨和支撑架,以免温差变化导致混凝土开裂。道床混凝土未达到设计强度75%之前,严禁在道床上行车或碰撞轨道部件。

混凝土拆模宜按立模顺序逆向进行,不得损伤混凝土,当模板与混凝土脱离后,方可拆卸、吊运模板。模板拆除后,应及时找出接地端子。

混凝土振捣完成且抹面后,应及时对混凝土暴露面使用篷布或塑料布进行覆盖,尽量减少暴露时间,防止表面水分蒸发导致混凝土表面开裂。

混凝土去除表面覆盖物或拆模后,对混凝土采用土工布覆盖并洒水保湿养护14 d。

混凝土浇筑后,应避免与流动水接触,也应避免隧道漏水直接冲刷在新浇筑道床混凝土上。当养生强度达到要求,应全面清理道床表面,铲除多余灰渣,将各部位清扫干净。轨枕块表面不得有任何残留物,尤其要注意的是清理过程中严禁灰渣掉入轨枕螺栓孔内。

(10)遗留孔填充及成品保护。在取出精调螺杆之后,遗留孔洞应使用高强无收缩砂浆及时填充封堵。

已建成的道床板表面应清洁、美观、无污染,无磕碰。扣件松动、模板拆除时应避免扰动轨排和避免混凝土受到损伤。当拆模导致混凝土损伤或其他缺陷时,应及时修复。

道床板施工完成后,应加强成品保护,在路基边坡附属、桥面系或其他施工中应避免对道床板造成二次污染。

### 2.2.8.5　轨排框架法主要工序工艺

1. 概述

与排架法施工相比,轨排框法施工主要区别在轨排的组装、精调上不同,其他施工则是相同的。为此,轨排框架法主要工序工艺只介绍轨排组装、轨排运输及粗铺、轨排精调、轨排框架拆除等。

2. 轨排组装

轨排框架在正式使用前,需要进行试组装并进行工艺试验,工艺试验重点为轨排框架组装及拆卸的便捷性、轨排组装的轨道几何状态保证、无砟道床施工过程中轨排框架及轨道几何的稳定性和可靠性。

轨排组装可根据现场条件在施工基地内集中组装或在隧道内现场组装。轨排组装在专门的组装平台上进行，组装平台由两根纵梁组成，两纵梁上按设计轨枕间距焊接布置轨枕卡槽。双块式轨枕通过人工或龙门吊按顺序摆放于组装平台上，并按间距分开摆正，之后龙门吊再将轨排框架移于组装平台上方并正确对位，通过人工微调和安装轨枕扣件，即可组装形成整榀的轨排。

扣件组装时顺序及注意事项：安装前清除螺栓孔内杂物和积水，螺栓螺纹应清洁并涂抹专用油脂；将螺栓旋入螺栓孔内，用手试拧螺栓，看是否能顺利旋进，若出现卡住现象，则调整后重新对准、旋入；正确调整扣件部件，并用电动扳手按规定扭矩上紧螺栓，扣件与轨枕顶、钢轨底必须密贴；最后复查此轨排的螺栓安装质量及轨枕间距。

3. 轨排运输及粗铺

将组装好的轨排用专用平板车运输到预定地点定位铺设，专用平板车装载应不大于 3 层。

道床板底座预先测放轨排粗铺控制点和钢筋、模板安装边线。在轨排粗铺前，应完成底层钢筋摆放和绑扎，之后即可粗铺轨排。

轨排运输到现场后，轮胎式铺板龙门吊按顺序吊装轨排转运至铺设位置，再配合人工准确粗铺就位。在轨排落至道床底座前，在支撑螺栓上加装 PVC 管。为减少后期精调工作量，轨排粗铺精度应达到高程 −10 mm～0、中线 ±10 mm。充分利用相邻的两轨排轨枕间距允许误差，调整轨缝。

龙门吊粗铺轨排之后，应再根据轨排粗铺控制点，利用轨排框架上的竖向和横向调整装置，将轨排尽量调到设计中线及高程位置。

4. 轨排精调

轨排粗铺完成后，进行钢筋绑扎及接地焊接，并检测钢筋绝缘性能。之后，方可进行轨排精调，轨排精调时配合测量与精调操作同步进行。

轨排精调结束后，在浇筑道床混凝土之前，应再次采用轨道几何状态测量仪对轨道状态进行检查，确认轨排精调成果满足要求后，方可浇筑混凝土。

5. 轨排框架拆除

道床板混凝土浇筑施工与排架法施工基本一致，施工时应加强对轨排框架的防护，避免混凝土污染轨排框架，混凝土捣固时捣固棒应避免碰撞轨排框架及轨枕。

混凝土浇筑完成且达到一定强度后，应首先松开轨排框架支撑螺栓螺柱支腿 1～2 mm，然后松开轨枕扣件，按照设计拆除顺序拆除轨排框架和模板。最后经过确认扣件全部松开后，龙门吊吊起轨排框架运至轨排组装区清理待用，进入下一循环施工。施工时需要安排专人负责对拆卸的模板、轨排框架及配件等用毛刷进行清洁处理，配件集中储存在集装筐中，以备下次使用。

### 2.2.9　资源配置

#### 2.2.9.1　*劳动力配置*

双块式无砟轨道施工通常采取架子队组织模式，根据工作面情况分成若干班组，通常底座或支承层施工与轨排组装及道床板施工分开组织，按照工序实行平行作业。各工序人员相对固定，推行专业化管理。

1. 管理人员组织

双块式无砟道床一般以作业队为单位设置管理机构，负责多个作业面的技术管理和施工组织。管理人员组织见表 5-2-11。

**表 5-2-11　管理人员组织表**

| 序号 | 岗位或工种 | 人数 | 主要工作内容 |
|---|---|---|---|
| 1 | 作业队队长 | 1 | 全面主持双块式无砟道床施工组织工作 |
| 2 | 技术负责人 | 1 | 负责生产技术工作；负责建场工作 |
| 3 | 作业队副队长 | 2 | 负责设备、物资及施工生产管理工作 |
| 4 | 工程技术室 | 3 | 负责生产技术、施工测量 |
| 5 | 安全质量室 | 2 | 负责安全、质量；主管安质、工程试验 |

续上表

| 序号 | 岗位或工种 | 人数 | 主要工作内容 |
|---|---|---|---|
| 6 | 物资设备室 | 4 | 负责设备及物资供应 |
| 7 | 办公室 | 5 | 负责治安、保卫工作及行政事物、食堂、司机、文化娱乐的管理及对外接待联络工作 |
| 8 | 工程调度 | 2 | 负责生产指挥调度,协调对外关系 |
| 合计 | | 20 | |

2. 生产人员组织

每个作业工序,工地负责人、工班长、技术人员和专兼安质人员由正式员工担任,且持上岗证上岗。以下工序按路基及桥梁上日进度 120 双延米、隧道内日进度 100 双延米配置劳动力。

(1)底座及支承层施工。路基上水硬性支承层采用摊铺法施工,单作业面生产人员配置见表 5-2-12。

**表 5-2-12　水硬性支承层摊铺法施工单班生产人员配置**(单作业面)

| 序　号 | 岗位或工种 | 人数 | 备　　注 |
|---|---|---|---|
| 1 | 现场负责人 | 1 | |
| 2 | 现场技术人员 | 1 | |
| 3 | 专职安全员 | 1 | |
| 4 | 运输总指挥 | 1 | |
| 5 | 质检员 | 2 | 含试验 |
| 6 | 测量工 | 5 | 放样,检测 |
| 7 | 摊铺机司机 | 2 | |
| 8 | 设备操作司机 | 2 | 洒水车、挖掘机司机各 1 人 |
| 9 | 普工 | 7 | 整修 3 人、切缝 2 人、养护 2 人 |
| 10 | 混凝土罐车司机 | 6 | |
| 11 | 其他配合 | 10 | 下部清理、设备维护等 |
| 合计 | | 38 | |

桥梁上钢筋混凝土底座施工采用模筑法施工,钢筋在基地内下料,加工后运输到工地现场绑扎。除钢筋外,路基上混凝土底座施工与桥梁上钢筋混凝土底座施工人员配置相同。施工人员配置见表 5-2-13。

**表 5-2-13　混凝土底座施工单班生产人员配置**(单作业面)

| 序　号 | 岗位或工种 | 人数 | 备　　注 |
|---|---|---|---|
| 1 | 现场负责人 | 1 | |
| 2 | 现场技术人员 | 1 | |
| 3 | 专职安全员 | 1 | |
| 4 | 运输总指挥 | 1 | |
| 5 | 质检员 | 2 | 含试验 |
| 6 | 测量工 | 5 | 放样,检测 |
| 7 | 钢筋加工 | 32 | |
| 7.1 | 钢筋下料 | 4 | |
| 7.2 | 钢筋弯制 | 5 | |
| 7.3 | 钢筋半成品运输 | 15 | |
| 7.4 | 钢筋绑扎 | 8 | |
| 8 | 模板安装及加固 | 15 | |
| 9 | 混凝土浇筑 | 8 | 不含混凝土运输 |
| 10 | 养护、拆模及模板整修 | 15 | |
| 合计 | | 113 | |

注:桥梁上钢筋混凝土底座与道床板之间的中间层施工生产人员配置调到双块式道床板施工中。

(2)双块式道床板施工。双块式无砟道床板施工单作业面生产人员配置见表 5-2-14。

**表 5-2-14　双块式无砟道床板施工单班生产人员配置(单作业面)**

| 序　号 | 岗位或工种 | 人数 | 备　　注 |
|---|---|---|---|
| 1 | 现场负责人 | 1 | |
| 2 | 现场技术人员 | 1 | |
| 3 | 专职安全员 | 1 | |
| 4 | 质检员 | 1 | |
| 5 | 测量工 | 4 | |
| 6 | 中间隔离层铺设 | 6 | |
| 7 | 钢筋加工及运输 | 30 | 含作业面清理 |
| 8 | 底层钢筋绑扎 | 6 | |
| 9 | 轨枕运输及散铺 | 6 | 不含运输车操作司机 |
| 10 | 铺设工具轨、组装轨排 | 12 | |
| 11 | 安装螺杆精调器,轨排粗调 | 6 | |
| 12 | 钢筋绑扎及接地焊接 | 20 | |
| 13 | 模板安装 | 11 | |
| 14 | 轨排精调 | 6 | |
| 15 | 混凝土浇筑 | 16 | |
| 16 | 混凝土抹面及养生 | 10 | |
| 17 | 试验检测 | 2 | |
| 18 | 其他 | 20 | |
| 合计 | | 159 | |

2.2.9.2　主要设备机具配置

施工设备及机具按作业面配置,生产能力符合上述进度指标要求。

(1)底座及支承层施工。路基上水硬性支承层采用摊铺法施工,主要设备及机具配置见表 5-2-15。

**表 5-2-15　路基上支承层摊铺法施工主要设备及机具配置**

| 序号 | 设备及机具名称 | 规格及型号 | 单位 | 数量 | 备　　注 |
|---|---|---|---|---|---|
| 1 | 摊铺机 | 高马科 | 台 | 1 | |
| 2 | 光面压路机 | 25 t | 台 | 1 | |
| 3 | 胶轮压路机 | 25 t | 台 | 1 | |
| 4 | 混凝土运输车 | | 台 | — | |
| 5 | 洒水车 | | 台 | 1 | |
| 6 | 混凝土切割机 | | 台 | 1 | |
| 7 | 全站仪 | | 台 | 1 | 含作业面清理 |
| 8 | 电子水准仪 | | 台 | 1 | |

桥梁上钢筋混凝土底座采用模筑法施工,除钢筋外,与路基上混凝土底座施工一致。主要设备及机具配置见表 5-2-16。

**表 5-2-16　混凝土底座施工主要设备及机具配置**

| 序号 | 设备及机具名称 | 规格及型号 | 单位 | 数量 | 备　　注 |
|---|---|---|---|---|---|
| 1 | 组合钢模板 | 可调高 | 双延米 | 800 | |
| 2 | 混凝土罐车 | 8 $m^3$ | 台 | 6 | |
| 3 | 混凝土泵车 | | 台 | 2 | 也可为输送泵 |
| 4 | 洒水车 | | 台 | 1 | |

续上表

| 序号 | 设备及机具名称 | 规格及型号 | 单位 | 数量 | 备　注 |
|---|---|---|---|---|---|
| 5 | 插入式捣固棒 | | 台 | 6 | |
| 6 | 混凝土振动梁 | | 台 | 1 | |
| 7 | 全站仪 | | 台 | 1 | 含作业面清理 |
| 8 | 电子水准仪 | | 台 | 1 | |

(2)双块式道床板施工。双块式无砟道床施工以排架法施工为主，主要设备及机具配置见表 5-2-17。

**表 5-2-17　排架法施工双块式无砟道床主要设备及机具配置**

| 序号 | 设备名称 | 型号 | 单位 | 数量 | 备　注 |
|---|---|---|---|---|---|
| 1 | 液压散枕机 | SZJ | 套 | 1 | 配合一台 0.8～1.0 $m^3$轮胎式挖掘机 |
| 2 | 随车吊 | | 台 | 1 | |
| 3 | 螺杆精调器 | | 套 | 3 000 | 200 m/d |
| 4 | 粗调机 | RP1500 | 套 | 1 | 含 1 台全站仪 |
| 5 | 轨检小车 | GRP1000 或 GEDO | 台 | 1 | 含 1 台全站仪 |
| 6 | 模板 | 定制钢模 | 双延米 | 1 000 | |
| 7 | 工具轨 | U71Mn(k)60 轨 | 双延米 | 1 200 | 25 m |
| 8 | 混凝土浇筑设备 | | 套 | 1 | 含汽车泵或输送泵 |
| 9 | 篷布 | 4 m 宽 | 延米 | 300 | |
| 10 | 汽车吊 | 25 t | 台 | 2 | |
| 11 | 混凝土罐车 | | 台 | 12 | |
| 12 | 拌和站 | | 套 | 1 | 供应能力 40 $m^3/h$ |
| 13 | 洒水车 | | 台 | 1 | |
| 14 | 钢筋加工设备 | | 套 | 1 | 含焊接设备 |
| 15 | 螺杆紧固器 | | 台 | 8 | |
| 16 | 空压机 | | 台 | 1 | |
| 17 | 微型货车 | 500 kg | 台 | 4 | |
| 18 | 全站仪 | | 台 | 1 | |
| 19 | 电子水准仪 | | 台 | 1 | |
| 20 | 轨检小车 | | 台 | 1 | 含全站仪 |
| 21 | 精调标架 | | 套 | 1 | 含全站仪 |

当采用轨排框架法施工时，主要设备及机具的变动为：按施工进度每作业面配 6.25 m 长轨排框架 80 榀。

## 2.2.10　质量安全控制要点

### 2.2.10.1　质量控制要点

(1)认真做好线下结构沉降变形及 CPⅢ测量控制网评估，与施工各方共同验收线下结构几何尺寸。对不满足无砟轨轨道施工的，不存侥幸。

(2)无砟轨道技术、质量控制点多，精度要求高，关联性、综合性和系统性强，加强技术培训、选用具有施工经验的专业化技能队伍是保证无砟轨道工程质量的一个重要前提。

(3)加强设备配置和管理，特别是测量仪、精调用工装设备，务必保证其精度和良好状态，正确使用。

(4)对进场的原材料控制是成品质量的控制源头，混凝土用粗细骨料的含泥量、烧失量及碱含量等指标必须试验检测合格，工具轨、钢轨扣件、预埋件、钢筋、土工布及隔离层材料等外观质量和力学性能均满足规范要求。

(5)做好工艺性试验，混凝土配合比及施工工艺、精调工艺等都应建立工艺试验制度，按照工艺试验、试验段、先导段的顺序逐步验证推广。

(6)严格施工过程控制，抓好原材料及周转材料储存、保养，严格轨排拼装质量检查，混凝土浇筑中加强对轨排的防护，保证整体道床板混凝土拌制、浇筑、振捣、抹面和养护质量。

(7)精调好轨道后，尽早浇筑混凝土。浇筑混凝土前，如果轨道放置时间超过 24 h，或环境温度变化超过 15 ℃，或受到外部条件影响，必须检查确定是否需要重新调整。

(8)加强成品保护，拆模过程避免损伤混凝土，加强对扣件螺栓孔的封闭和保护。施工结束后，严禁其他施工二次污染道床表面。

2.2.10.2　安全控制要点

(1)按要求配足安全生产要求，确保安全管理体系正常运转。

(2)做好经常性的安全教育和技术培训，设备操作人员和特殊工种持证上岗。

(3)加强对施工机具设备、临时设施的例行检查和强行保养，确保设备及临时设施安全可靠。

(4)施工基地、运输道路、作业面布置科学合理，物流顺畅，临空、临边作业防护措施到位。

(5)施工用电严格执行五线三相制和一机一闸制，做好漏电保护，电线外皮不能破损，不能超负荷用电，严禁私拉乱接，违规用电。

(6)吊装作业时，应有专人进行指挥，要经常检查钢丝绳、吊钩、夹具等的安全状况，吊臂下及吊装范围内严禁站人。拆装、起吊工具轨时，必须使用专用吊具并平稳操作，防止工具轨变形和轨枕损坏。吊装时应防止损坏上部的接触网线。

(7)物料堆码牢靠。夜间施工时照明充分。

(8)季节性防火、防风、防洪、防雷击和防冰雪灾害措施到位。

2.2.10.3　环境保护控制要点

(1)废弃混凝土及水泥浆液必须按照规定集中统一处理，严禁随意排放污染环境。

(2)施工作业时要对所有生活和生产废水经过过滤、沉淀后集中处理。施工营地设置集中垃圾收集地，设专人管理，经无害化处理后排放，定期填埋，严禁就地焚烧。对营地生活垃圾(包括施工废弃物)集中装运至指定垃圾处理场处理。对不能处理的垃圾拉到设有处理设施的厂处理。

(3)严格按照使用要求检修和保养发动机，使用合格的燃料油，以提高发动机的燃烧和工作质量，减少发动机废气对环境的污染。

(4)经常检查各种油液管路和接头，发现泄露、渗漏及时更换或维修。对擦洗机械后的油液和更换下来的废润滑油、废液压油分类回收，利用。

(5)针对施工过程中产生的噪声，对动植物和人体损害均较大，为了保护环境，应尽量减少噪声污染。机械设备使用低噪声发动机。

# 3　CRTSⅡ型双块式无砟轨道施工技术

## 3.1　CRTSⅡ型双块式无砟轨道轨枕制造技术

### 3.1.1　概　　述

CRTSⅡ型双块式轨枕生产制造原理主要是根据旭普林双块式施工原理,CRTSⅡ型双块式轨枕制造与CRTSⅠ型双块式轨枕制造相比,从模具结构及调整、混凝土浇筑、轨枕养护到轨枕检测各项工序基本相同,故本节只对其重点工序和关键工序进行阐述。

与CRTSⅠ型双块式轨枕制造相同,CRTSⅡ型双块式轨枕也采用环形生产线法工厂化预制,通过工序传递完成产品生产,有相对固定的工艺流程,实行分班作业制度,有相应的场区保护、消防、安全、绿化环保设施等相对固定。

### 3.1.2　结构设计

CRTSⅡ型双块式轨枕采用强度等级为C60的高性能混凝土,桁架钢筋采用CRB550钢筋,箍筋采用HRB335钢筋,网片钢筋采用HPB235钢筋,扣件系统为WJ-8型扣件系统。CRTSⅡ型双块式轨枕构造如图5-3-1所示,实物如图5-3-2所示。

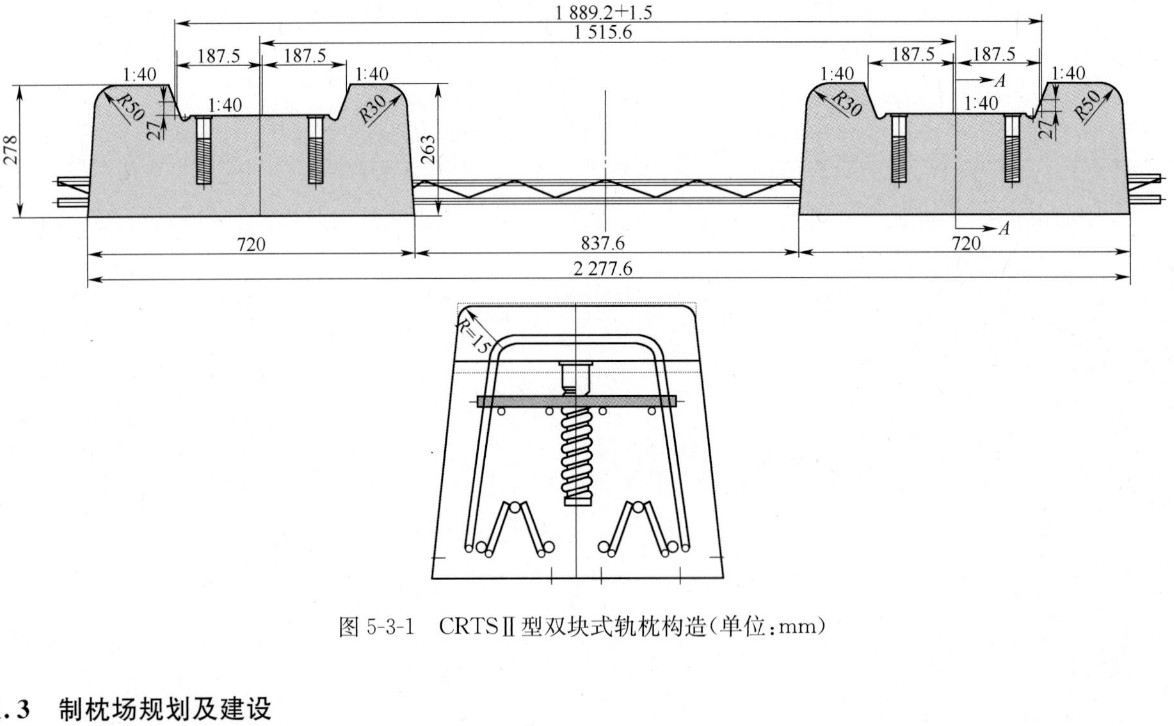


图5-3-1　CRTSⅡ型双块式轨枕构造(单位:mm)

### 3.1.3　制枕场规划及建设

3.1.3.1　设置原则

CRTSⅡ型双块枕预制场的设置应结合1个或多个工程项目的工程量统筹考虑,轨枕场位置通常考虑拟供应范围的中间位置附近,地势平坦开阔,靠近公路交通要道并与施工便道相连。若条件允许,预制场可利用废弃厂矿、预制场、规划用地或取弃土场等,以减少土石方量、节约用地、节约投资。此外,还应考虑材料进出场、水电供应等。

CRTSⅡ型双块枕预制生产工效主要受模具控制,考虑养护、中转、运输、检测、设备检修和保养等因素,每套模具占用时间约为11～12 h,每月可按25 d有效工作日计。

图 5-3-2　CRTSⅡ型双块式轨枕实物

一般情况下，预制场的最优供应半径为 60～100 km，同时预制场还应考虑 2～4 个月产量的存放场地。

3.1.3.2　预制场总体规划

按生产工艺原理，CRTSⅡ型双块枕预制生产区总体规划应结合工程工期及场地情况尽量做到工序顺畅，物流合理，生产规模满足工程工期，适度预留长远发展余量。一个功能完整的 CRTSⅡ型双块枕预制场一般包括生活办公区、混凝土拌制区、钢筋加工车间、轨枕生产车间、轨枕存放区等区域，寒冷地区还应在轨枕生产车间设置轨枕缓存区。

轨枕车间为钢结构场房，轨枕生产采用机组流水线工艺，轨枕场长 110 m、宽 23 m。生产线的布置要求紧凑，模具的行走路程要短，以缩短运行时间，提高工作效益。静载及抗拔试验装置应放在有吊车或叉车方便操作的地方。在厂房内堆放区要留有足够的成品轨枕堆放空间，防止因运输叉车故障影响生产。

3.1.3.3　轨枕预制场建设

(1)生产量设计。CRTSⅠ型双块轨枕模型周转时间以混凝土强度发展(即蒸养时间)为主，加上从脱模开始到钢筋及预埋件安装、混凝土浇筑成型时间为 2 h，总体上模型周转时间控制在 12 h 左右。以 1 个轨枕场年产 30 万根轨枕，每套模型一次生产 4 根轨枕，每个月有效生产时间为 25 d，则需要配置 125～130 套模型。

(2)办公生活区。根据轨枕场的生产规模，轨枕场按照工厂化要求设置组织机构，需要修建生活及办公区。

(3)混凝土拌和站。混凝土拌和站的布置应以混凝土的运输距离最近原则，减小混凝土的运输量，确保混凝土的连续供应。轨枕生产是工厂化作业，受外部环境的干扰相对较小，必须考虑整体布局，拌和站宜靠近车间布料口侧；当轨枕采用的干硬性混凝土在短距离内(不超过 25 m)宜采用传输皮带输送较为经济，也能减小混凝土的性能指标损失。原材料应采用封闭的料仓，北方地区还应考虑原材料冬季保温或加温措施。砂石料仓应满足混凝土半个月内的供应，冬季生产时还应有备用料仓可满足 3 个月的储料能力。

(4)生产厂房。轨枕生产厂房采用钢结构形式，四周进行封闭，钢架立柱基础为扩大钢筋混凝土基础，立柱采用工字钢，立柱间采用 C 型槽钢斜向连接成整体，桁架采用剪刀架进行张拉锁定，以保证结构的稳定性。

(5)钢筋加工车间。轨枕钢筋加工生产线采用自动流水线加工生产所有轨枕所需要的钢筋，如钢筋桁架、箍筋、螺旋筋、定距夹子等。钢筋加工生产线配备有冷轧带肋钢筋生产线设备、钢筋桁架生产线设备、数控弯箍机等。

(6)轨枕加工车间。配备钢模型、模型输送辊道、混凝土灌注设备、振动台、养护通道、钢模运输车、翻模机、轨枕传送辊道、模型清理间、扣件安装台位、链式传送机等。钢模型采用 4×1 联短模式，养护通道应具有自动控温系统来控制养护温度。根据生产任务和工期要求，确定模型数量，合理布置生产线，轨枕生产线单线纵联走行长度不宜超过 120 m。厂房跨度宜为 18 m 或 16 m 天车跨度，厂房内宜留 6～7 m 宽的纵向通道，单排厂房长度不宜超过 250 m。

(7)轨枕存放区。轨枕存放面积应充分满足存放时间及工期要求，地面采用条形基础或混凝土硬化。

### 3.1.4　制枕原材料

CRTSⅡ型双块式混凝土轨枕为无预应力构件，主体材料主要采用 C60 高性能耐久性混凝土、CRB550 低碳热轧光圆盘条钢筋和低碳冷拔钢筋，其中混凝土配合比可以使用水泥标号不得小于 52.5 号、碎石规格 5～25 mm、掺和料可为复合型掺和料或单掺矿粉及粉煤灰，同时满足技术条件和施工工艺要求。

轨枕生产辅助材料包括：防腐油脂、预埋套管、绝缘卡、脱模剂等。

### 3.1.5　生产工艺流程

3.1.5.1　工艺特点

(1)轨枕预制工艺为工厂化生产，生产设备自动化程度高。

(2)轨枕混凝土等级 C60，对原材料的质量要求高，拌制的混凝土为干硬性高性能混凝土。

(3)进场钢筋为非标直径低碳热轧圆盘条，必须经过冷轧机进行冷轧才能进行钢筋桁架及箍筋的制作。

(4)轨枕采用冲击方式脱模，对钢模的刚度要求高，承轨台壳体为整体冲压成型，且符合生产线的流水操作。

(5)轨枕养护采用蒸汽养护，能缩短混凝土的养护时间，提高模型的周转效率。

3.1.5.2　工艺流程

CRTSⅡ型双块式轨枕生产采用机组流水法，蒸汽养护工艺和通道式养护围护结构采用 4×1 联轨枕钢模，生产节奏为 4 min/模。双块式轨枕生产工艺流程如图 5-3-3 所示。

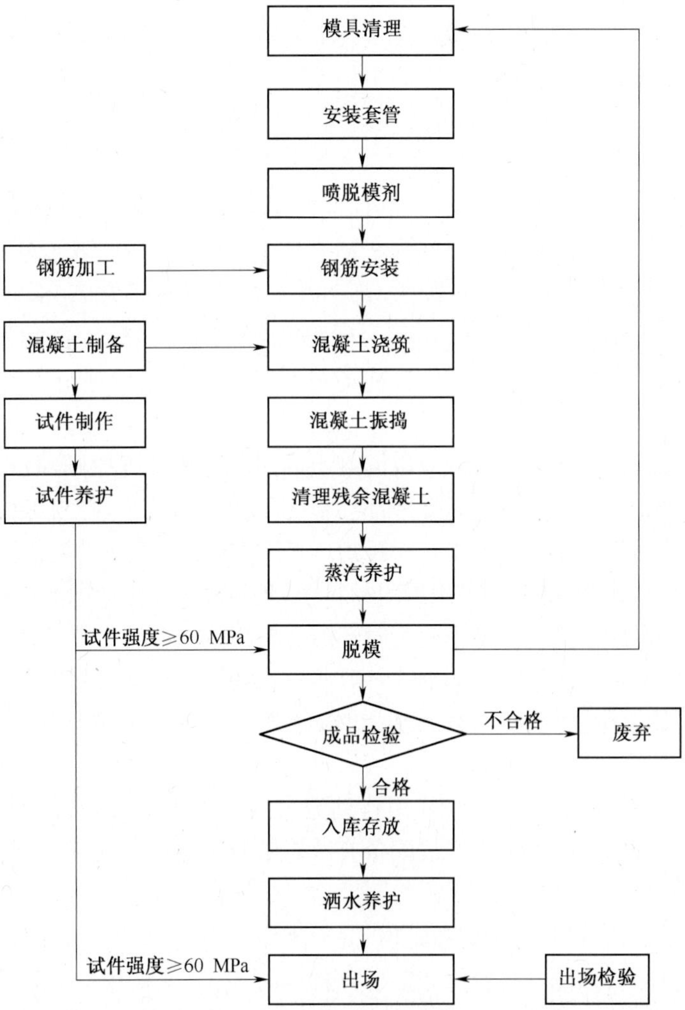


图 5-3-3　双块式轨枕生产工艺流程

3.1.5.3　关键工序

钢筋冷轧及桁架钢筋生产，模型检测及预埋套管安装，混凝土浇筑及蒸汽养生为其关键工序。

### 3.1.6　过程控制标准

3.1.6.1　模型质量控制

模型应具有足够的强度、刚度和稳定性，应能够保证双块式轨枕各部形状、尺寸及预埋件的准确位置。模型的制造允许公差为成品轨枕允许公差的 1/2。

3.1.6.2　桁架钢筋质量控制

钢筋桁架应采用电阻点焊接成型机械加工，箍筋可采用钢筋网焊接成型机械加工，钢筋焊接的工艺、参数、质量、验收等应符合《钢筋焊接及验收规程》(JGJ 18)的规定。

钢筋表面的油渍、漆污、水泥浆和用锤敲击能脱落的浮皮、铁锈等应清理干净。

钢筋的加工在常温下进行，钢筋弯折应利用机具一次成型，不得进行回复操作。

钢筋桁架的尺寸允许偏差应满足表 5-3-1 的要求。

**表 5-3-1　钢筋桁架的尺寸允许偏差**

| 序号 | 项　目 | | 允许偏差值 |
|---|---|---|---|
| 1 | 钢筋品种、级别、规格 | | 符合要求 |
| 2 | 钢筋制作允许偏差(mm) | 同一桁架 N2 钢筋的外侧间距 | ±1 |
| | | 同一桁架 N1 与 N2 | ±1 |
| | | 波形钢筋波长 | ±1 |
| | | 桁架钢筋的长度 | ±5 |
| | | 桁架上下弦钢筋的平行度 | 2 |
| | | 网片钢筋间距 | ±2 |
| | | N5 钢筋长度 | ±2 |
| 3 | 钢筋安装允许偏差 | 预埋套管安装 | 垂直紧固 |
| | | N4 钢筋和桁架钢筋连接 | 符合要求 |

3.1.6.3　混凝土耐久性

不应使用具有碱—碳酸盐反应活性或砂浆棒膨胀率(快速法)大于 0.20%的碱—硅酸反应活性的骨料；当骨料的砂浆棒膨胀率为 0.10%～0.20%时，混凝土碱含量不应超过 3kg/m$^3$，且应采取抑制碱—骨料反应技术措施。

300 次冻融循环：动弹模量≥60%，重量损失率≤5%。

混凝土的电通量应≤1 000 C。

对混凝土拌和物性能满足要求的试拌配合比进行早期抗裂性能对比试验。

3.1.6.4　预埋套管抗拔力

预埋套管抗拔力应符合《客运专线扣件系统暂行技术条件》(铁科技函〔2006〕248 号)的相关要求，抗拔力不小于 60 kN，持荷 3 min，试验后观察其周围有没有可见裂纹，允许有少量砂浆剥离。

3.1.6.5　成品轨枕质量(外观质量)

(1)轨枕混凝土上表面要求光滑平整，不允许有长度大于 15 mm、深度大于 5 mm 的气孔、粘皮、蜂窝麻面等缺陷。

(2)其余表面不允许有长度大于 30 mm、深度大于 10 mm 的干灰堆垒和夹杂物。

(3)不得有肉眼可见裂纹。

(4)上部圆角不允许掉角或破损，底部棱角破损的长度不允许大于 25 mm。

(5)尺寸精度满足设计图纸及技术条件的规定。

(6)每个钢轨支承面的倾斜度与设计值 1∶40 的偏差不大于±0.5 mm/150 mm。

(7)两个钢轨支承面的相对扭转不大于±0.7 mm/(1 510 mm×100 mm)。

(8)采用旭普林无砟轨道专用施工设备施工时，两个轨枕块之间内侧的净距与设计值 837.6 mm 的偏差不大于±1.5 mm。

### 3.1.7 轨枕生产

3.1.7.1 配合比管理

根据当地原材料，试验室进行试配并将耐久性试件送至有资质的检测机构进行检验。一般情况下严格执行配合比，当砂石料含水率变化时，需调整配合比。原材料来源改变时，重新做配合比试验。试验室每班下达配合比通知单。

3.1.7.2 混凝土制备

混凝土配合比设计试验应满足混凝土结构性能和工艺性能的要求，并经工艺试验确定。施工时还应根据砂石料含水率的实际情况，调整施工配合比。

混凝土正式生产时应对拌和站进行验收，计量设备、原材料质量、操作人员培训及持证上岗等应是验收的重点。

混凝土搅拌应依据“先水泥、砂石料，后加水，再加外加剂”的顺序依次投料搅拌，出仓后的混凝土应严格控制其入模温度。混凝土通过中转仓经电瓶车或运输汽车运输到布料机。

3.1.7.3 模型清理

对返回的模具依次进行模具清理，涂脱模剂，安装套筒，安装钢筋桁架、钢筋桁架固定等。通过倾斜清理台下方的液压装置将倾斜辊道顶起，操作人员即可对固定在清理台上的模具实施清理工作。将模具壳体之间和缩口部位上残留混凝土用气动锤除去，用刮刀和空气压力喷枪对模具的壳体和套管定位轴上的螺丝部分进行清理。套管定位轴的螺丝位置不能残留混凝土，如果残留混凝土会造成套管拧不到模具壳体的底部，从而造成套管不能安放到位，影响套管的安装精度。在模具清理过程中，操作人员同时要注意观察模具标志牌是否损坏，如有损坏，应及时进行修理或者更换，对于标志牌不全的模具不得投入使用。

3.1.7.4 喷涂脱模剂

模型清理干净后，工作面必须保持干燥，用自动喷雾器在模具上喷涂脱模剂，喷嘴应对准模型上方，脱模剂应调整成雾状而非线滴状，必须保证被喷面干燥。目测脱模剂是否喷涂均匀，如有喷漏应再次喷涂，如喷涂过多可用清洁棉纱除去。

3.1.7.5 钢筋桁架生产

CRTSⅡ型双块式轨枕配筋主要由钢筋桁架和箍筋组成。钢筋加工生产线包括钢筋冷轧、箍筋制作、桁架焊接、原材料及成品存放区。桁架由天车吊至存放区，通过天车或叉车将箍筋及桁架运输至轨枕配件安装台位。钢筋桁架生产与 CRTSⅠ型双块式轨枕相同。

3.1.7.6 预埋套管安装

在模型面上精确加工扣眼，通过丝扣连接使扣眼中心与螺杆中心在同一圆心上，使用高塑性、高强度橡胶钉通过丝扣紧密地连接在一起，然后拧紧塑料套管，使塑料套管与模型密贴。在脱模时利用橡胶的塑性、轨枕的自重和施加外加力把橡胶钉和塑料套管分离。

3.1.7.7 钢筋安装

把焊接好的网片钢筋和 U 形筋放入轨槽板内，安装时注意 U 形筋方向；安装桁架钢筋到模具的缩口内，注意桁架钢筋与模具缩口的相对位置是否准确。用专用卡子固定桁架钢筋和 U 形钢筋，注意定位的准确和牢固，保证桁架钢筋与 U 形钢筋隔开不少于 2 mm；用桁架固定夹固定桁架钢筋；安装挡浆夹，将挡浆夹的垂直面朝向模具腔的内侧，弯曲面朝向模具腔外侧。钢筋入模和固定是一个比较耗时间的过程，一般安排 4 个人在模具的两侧同时安放，才能保证 4 min 的流水节拍。安放桁架钢筋如图 5-3-4 所示。

图 5-3-4　安放桁架钢筋

3.1.7.8 混凝土浇筑及捣固

控制混凝土入模温度在 5 ℃～30 ℃范围之内。制备好的混凝土通过输送皮带输送到布料机内，专人控制布料机向模具中分两层浇筑混凝土，布料的过程中尽量使各部位布料均匀、适量；卷个别部位布料不到位，可手动调节单独的布料口进行补料。混凝土浇筑完第一层后，振动台开始工作，低频振动，同时继续第二层布料。混凝土振动的后期，模具边角难免会产生欠或者超的情况，操作人员根据模具中嵌板高度来添加或铲除混凝土进行细微调整。生产过程中用测距规来检测混凝土面高度与桁架钢筋高差，保证轨枕底面钢筋保护层厚度不小于 25 mm。

3.1.7.9　拆卸配件、清渣、清边

浇筑完成后的模具在停放处拔出挡浆夹，拔出挡浆夹时要用抹子压住混凝土面防止混凝土松动；拔出后的挡浆夹放入水池中清洗，清洗干净的挡浆夹晾干后运到安装挡浆夹工位，投入下次使用。漏浆用刮刀等工具弄松并尽量清理干净，这些工序完成后由操作人员将模具用天车调运到运模小车上。为监控混凝土质量，每班次做三组混凝土试件，其中一组混凝土试块跟随第一个运模小车进入养护通道。

3.1.7.10　试件的制作和养护

(1)制作试件的混凝土必须按随机的原则取样，每组试件必须用同一罐混凝土，取样后应立即制作。

(2)每班制作 4 组强度试件，分别用于轨枕脱模抗压强度、7 d 抗折强度及 28 d 抗压强度；每隔半个月制作 1 组弹性模量试件，用于 28 d 弹性模量的检测。

(3)每组试件应注明班次、日期，试件应在每班开工 3 罐后制作。

(4)试件应随同轨枕一起养护，脱模后检验 28 d 强度的试件放在标养室，两阶段总的养护时间为 28 d。

3.1.7.11　混凝土养护

为提高模型的周转，减少轨枕养护时间，轨枕养护采用蒸汽养护。轨枕混凝土浇筑捣固完成后，通过钢模运输滚轮进入养护棚，在钢模运输滚轮上的钢模按 5 层堆放，由液压顶推装置将钢模运入养护通道。

在静养空间内，轨枕处于自然的环境温度，混凝土浇筑后在 5 ℃～30 ℃的环境中静置 2～3 h 后方可升温；在升温空间，每组轨枕每间隔 40 min 向右移一次并逐渐升高温度，升温速率小于 15 ℃/h，升温区的末端与恒温区的温差不得大于 5 ℃；在恒温空间，轨枕处于稳定的温度环境中，恒温时枕芯温度应不大于 55 ℃，温度的稳定范围不大于±5 ℃，每组轨枕经过恒温区的时间为 6 h；在降温空间，每组轨枕每间隔 40 min 向右移一次，逐渐降低温度，降温速率不大于 15 ℃/h，轨枕出养护通道时，表层温度与环境温度的温差小于 15 ℃。蒸养室如图 5-3-5 所示，混凝土养护如图 5-3-6 所示，钢丝绳牵引机构如图 5-3-7 所示。

图 5-3-5　蒸养室

图 5-3-6　混凝土养护

3.1.7.12　轨枕脱模

模具通过牵引装置由蒸养通道中拉出，试验人员检测抗压试块强度，试件强度不小于 40 MPa 即可进行脱模。操作人员用天车吊模具至预备辊道上，松开桁架固定夹旋转 90°转到两桁架钢筋的中间位置。多功能小车运送模具到翻转脱模装置，在翻转之前要用保护装置将模具内的轨枕加以保护，翻转 180°后，下部的支撑结构将轨枕支住后，撤除保护装置，通过冲击完成脱模。

3.1.7.13　轨枕入库存放

轨枕由成品输送辊道纵移至成品吊装区。进行检验盖章后，对合格品、废品分区堆码存放。用小龙门吊进行堆码，叉车运输到轨枕存放区存放。

图 5-3-7　钢丝绳牵引

轨枕应按批次分别存放,不合格的轨枕应单独存放。轨枕的存放场地应坚固平整,并具有良好的排水系统。

用叉车按 5×5 形式堆码存放。5 层中最下层垫木用 150 mm×150 mm 硬质杂木垫条,其余各层之间垫 100 mm×100 mm 的硬质杂木垫条,垫条在每块混凝土块的正中(承轨槽正中),且上下各层垫木对齐,防止桁架受力扭曲,垫木伸出长度也应大致相等,保持整齐,如图 5-3-8 所示。

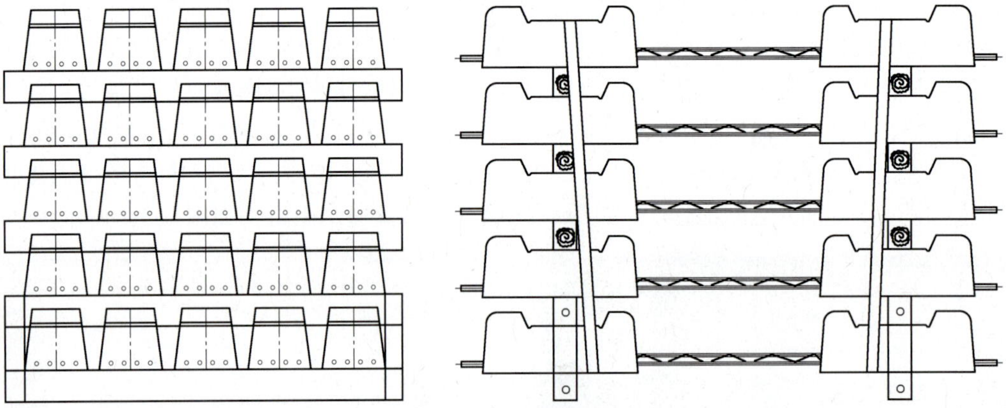

图 5-3-8　轨枕存放

3.1.7.14　轨枕养护、储存

(1)轨枕养护。轨枕脱模后应对轨枕洒水保湿养护 3 d。洒水以能保持混凝土表面潮湿为度。在养护棚内对轨枕进行集中洒水养护,便于管理,可以保证轨枕 24 h 不间断保持湿润。

(2)轨枕的储存和堆放。轨枕储存和堆放可采用平整地面或条形基础方式,地基承载力 150 kPa 以上。轨枕采用龙门吊码放,堆放高度不超过 12 层,采用叉车码放不超过 8 层,根据生产时间、轨枕类型分别存放。轨枕采用平放堆码方式,枕底朝下,每层码放轨枕 5 根,层与层之间承轨槽外侧部分必须放置支承方木至少 2 根,且上、下支承位置对齐,如图 5-3-9 所示。

3.1.7.15　轨枕出场

经检查合格的轨枕才允许装车出厂。用钢带将轨枕捆扎打包。打包要求整齐紧固。轨枕装卸时用叉车装卸,严禁碰、撞、摔、掷,运输时应固定良好,严禁碰撞,并防止轨枕在运输中变形扭曲。

### 3.1.8　资源配置

3.1.8.1　劳动力配置

根据工期要求、实际试生产情况、岗位工作量以及机械设备自动化程度,可以灵活采取两班制或者三班制生产。

图 5-3-9　轨枕存放

管理人员组织和生产及辅助人员配置参照 CRTSⅠ型双块式轨枕制造。

3.1.8.2　主要设备机具配置

工艺装备配置的基本原则:符合工艺要求,满足生产效率,各工序能力平衡且环保节能。

CRTSⅡ型轨枕生产线除符合上述基本原则外,还具有自动化程度高、采用新技术、新装备等特点。轨枕生产线的生产主要设备配置参照 CRTSⅠ型双块式轨枕制造。

3.1.8.3　质量安全控制要点

参照 CRTSⅠ型双块式轨枕制造。

## 3.2　CRTSⅡ型双块式无砟轨道施工技术

### 3.2.1　概　　述

CRTSⅡ型双块式无砟轨道是 1974 年在旭普林铺设的一种轨枕埋入式无砟轨道结构形式,其研发初衷是寻求一种高度机械化的施工方法,以解决雷达轨枕埋入式无砟轨道传统施工带来的进度慢、成本高的问题。CRTSⅡ型双块式无砟轨道是在现场混凝土道床板浇筑以后,通过振动方式将轨枕"振入"到新鲜混凝土中,使轨枕与道床板成为一个整体结构。此时的混凝土必须具有一定的密度,只能将轨枕"振"入其中,而不允许轨枕靠重力"沉"入其中。CRTSⅡ型双块式无砟轨道不需要雷达型无砟轨道中采用的工具轨,代之以刚度很大的钢构架。钢构架两端支承在横梁上,每根横梁支承在 2 个支腿上。由于对构件之间所有接触面均进行了高精度机械加工,在精确测量并对支腿进行调整以后,就能保证轨枕的最终位置。施工效率一般可达到 150~200 m/8 h。

### 3.2.2　结构设计

CRTSⅡ型双块式无砟轨道结构由支承结构、现浇道床板、钢轨和扣件系统组成。支承结构路基上为水硬性支承层,桥梁上为混凝土保护层(含凸台),隧道内为混凝土垫层;道床板为 C40 钢筋混凝土结构;轨枕采用 CRTSⅡ型双块式轨枕,由两个普通配筋的混凝土块,通过桁架钢筋连接而组成;钢轨采用 T60 高速轨。

轨枕除上部与钢轨接合以外,其他部分与下部的混凝土承载板浇筑成整体。通过预制混凝土轨枕内桁架钢筋和向外伸出的附加钢筋,轨枕与下部承载板形成一个共同受力的钢筋混凝土结构。

路基上 CRTSⅡ型双块式无砟轨道断面结构如图 5-3-10 所示,桥上 CRTSⅡ型双块式无砟轨道断面结构如图 5-3-11 所示,隧道内 CRTSⅡ型双块式无砟轨道断面结构如图 5-3-12 所示。

### 3.2.3　施工工艺流程

3.2.3.1　施工工艺

支承层施工完成后,首先进行精确的测量并安装支撑柱,使轨枕能精确地安放;其次进行道床板配筋、混凝土浇筑及振捣;然后采用专用施工设备,以每 5 根轨枕为一组,通过刚度较高、尺寸精确的框架组装成一个安装单元,通过高频振动嵌入到尚未凝结的道床板混凝土中;最后进行混凝土后期养护和安装钢轨并焊接成无缝线路。

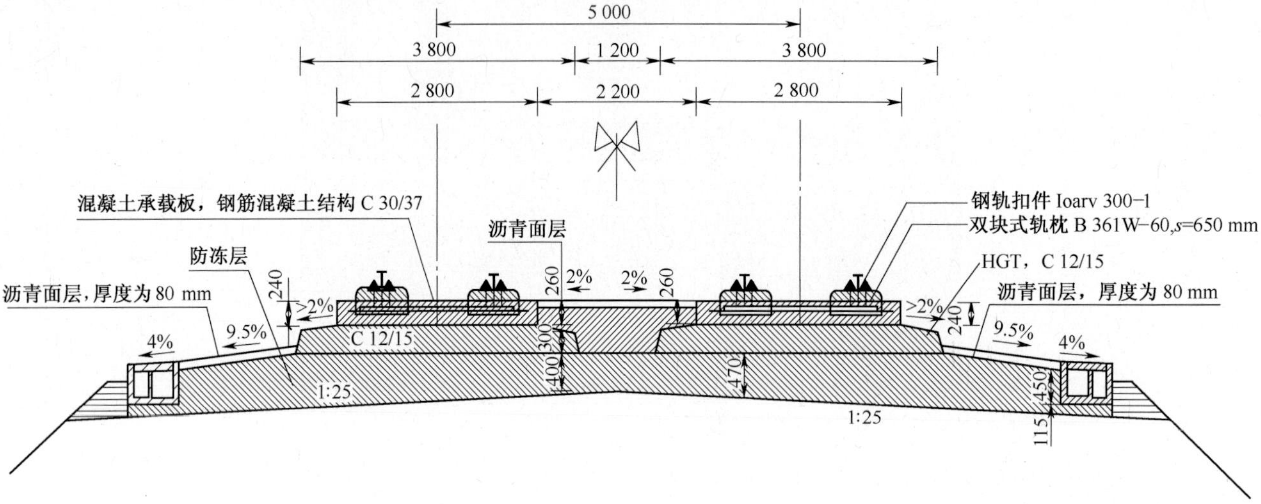


图 5-3-10　路基上 CRTSⅡ型双块式无砟轨道断面(单位:mm)

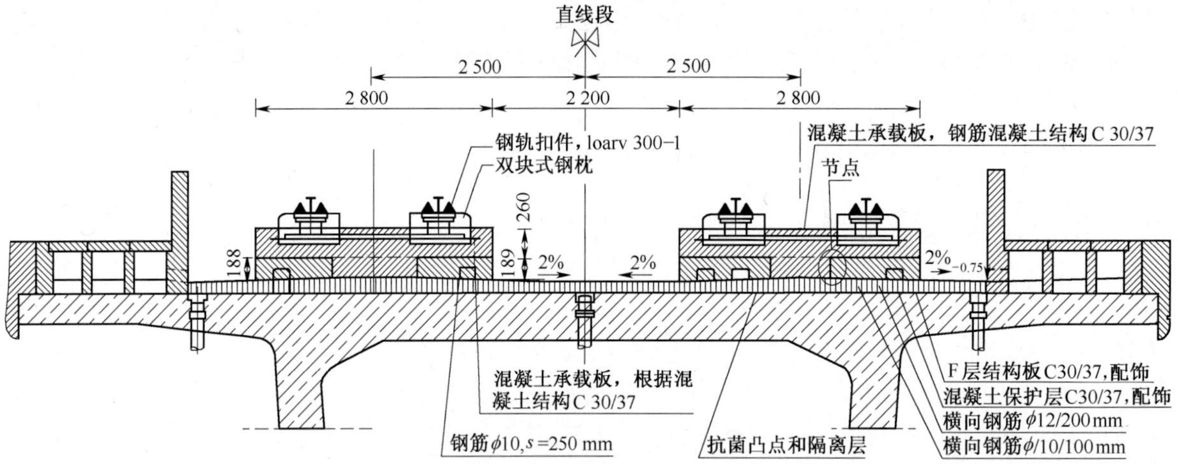


图 5-3-11　桥上 CRTSⅡ型双块式无砟轨道断面(单位:mm)

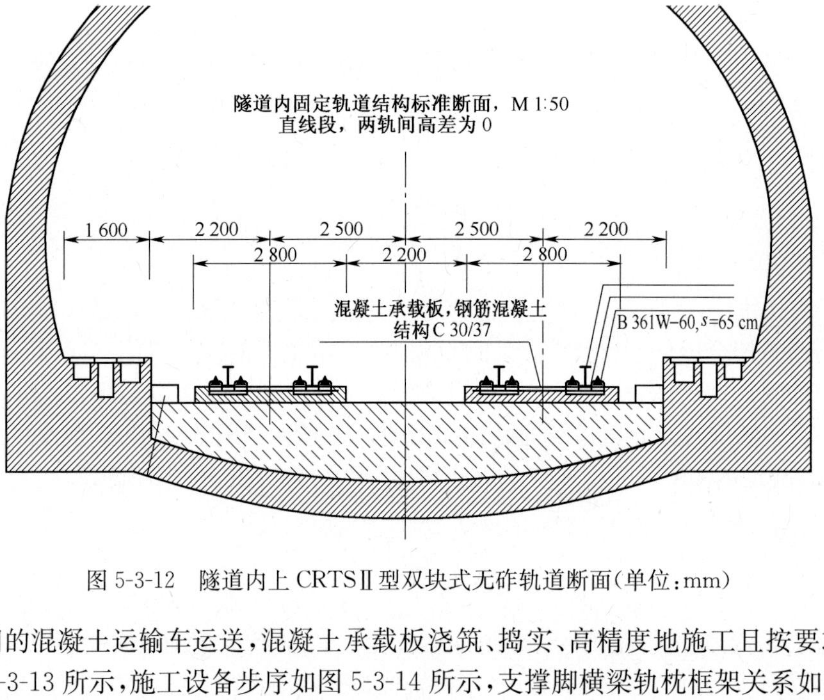


图 5-3-12　隧道内上 CRTSⅡ型双块式无砟轨道断面(单位:mm)

混凝土由专门的混凝土运输车运送,混凝土承载板浇筑、捣实、高精度地施工且按要求进行表面刮光。混凝土浇筑如图 5-3-13 所示,施工设备步序如图 5-3-14 所示,支撑脚横梁轨枕框架关系如图 5-3-15 所示。

3.2.3.2　工艺流程

路基、桥梁、隧道内 CRTSⅡ型双块式无砟轨道施工工艺流程如图 5-3-16～图 5-3-18 所示。

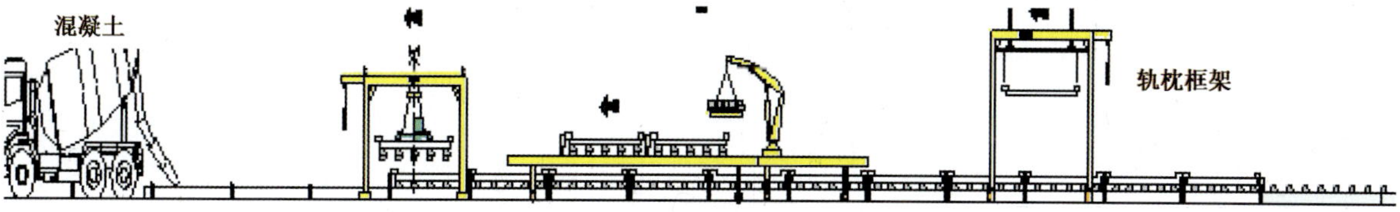


图 5-3-13　混凝土浇筑

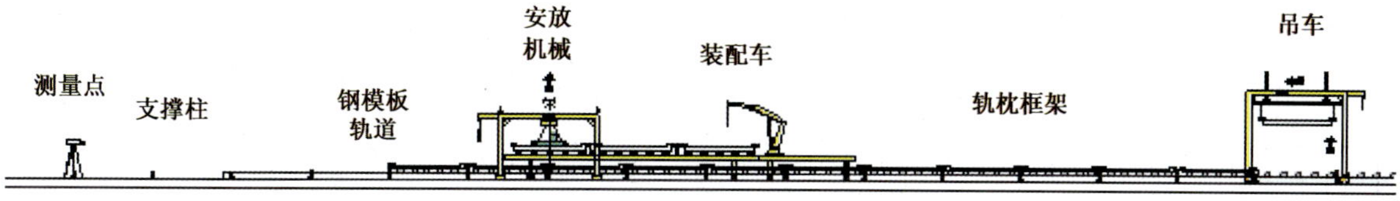


图 5-3-14　施工设备步序

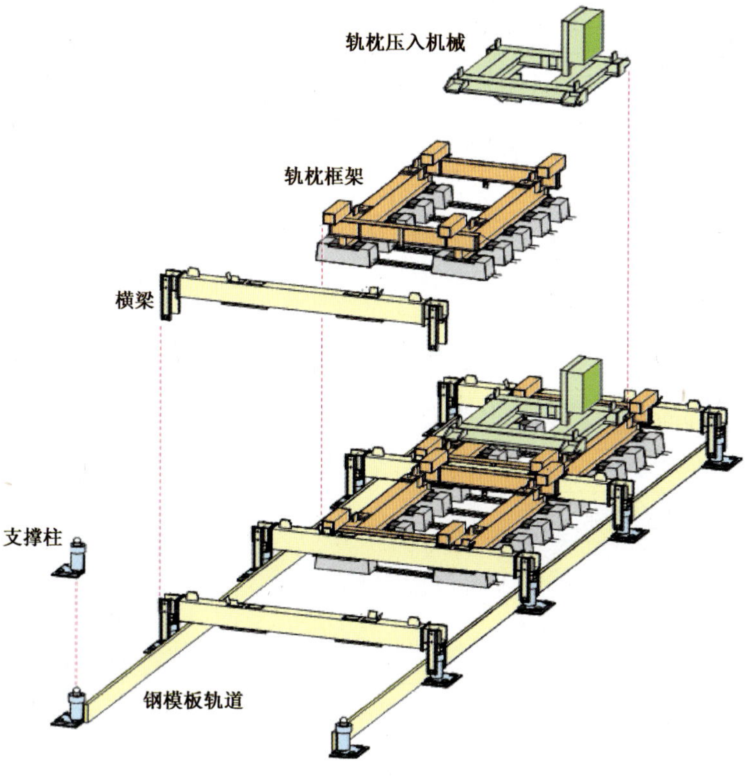


图 5-3-15　支撑脚横梁轨枕框架关系

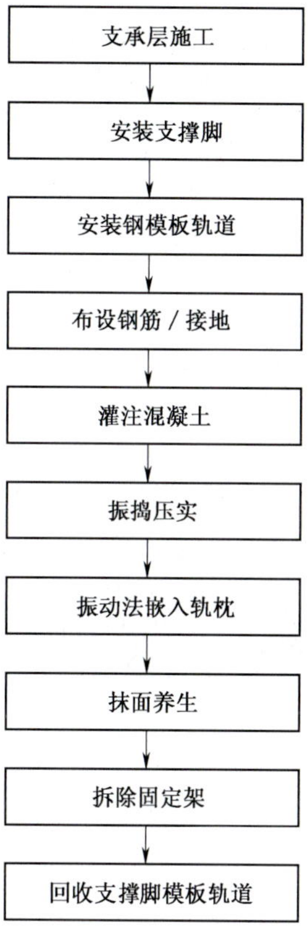


图 5-3-16　路基上 CRTSⅡ型双块式无砟轨道施工工艺流程

### 3.2.4　施工控制要点

3.2.4.1　设备限界要求

根据理论计算，无砟轨道施工设备与隧道侧沟及桥梁防撞墙之间的净空为 20 mm，曲线超高地段为 15 mm，施工时必须保证净空符合要求，否则，将影响施工设备的通行。在隧道侧沟及桥梁防撞墙施工时应适当加宽 10～30 mm。

3.2.4.2　支承层混凝土

支承层混凝土施工必须满足平整度及强度的要求，保证钢模板轨道及支撑脚安装到位后能够保持平整、不松动，从而保证轨枕位置符合设计及技术标准要求。

3.2.4.3　支撑脚安装位置

支撑脚安装时，要使用合适的尼龙塑料锚栓，要求锚栓的抗拔力不小于 10 kN。同时，施工单位要按照要求配备相应的六角螺钉、螺钉和垫圈。钻孔时，孔径要与锚栓直径匹配，不能太大。

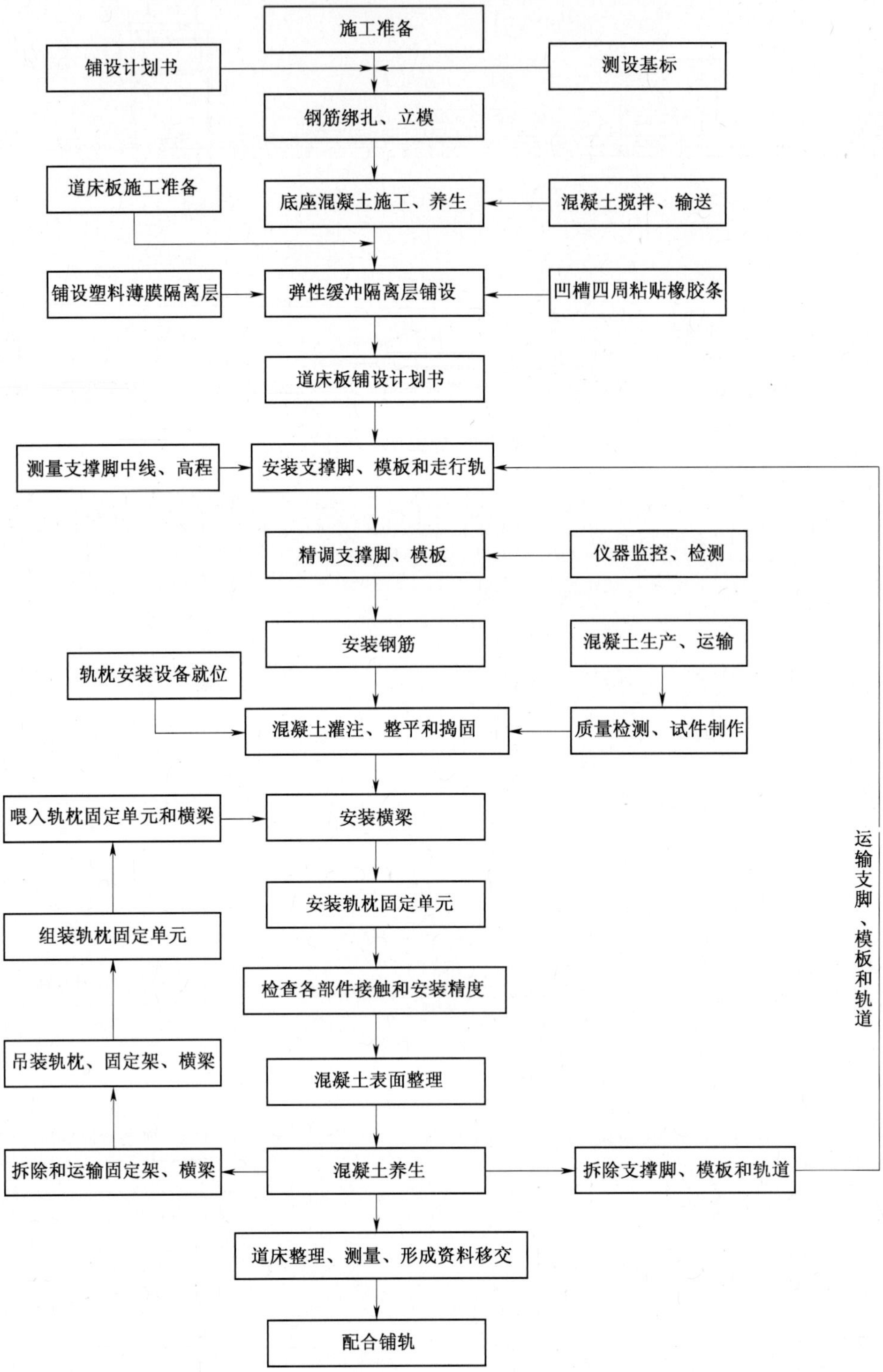


图 5-3-17　桥上 CRTSⅡ型双块式无砟轨道施工工艺流程

3.2.4.4　支撑脚的精调

测量人员在支撑脚精调后，一定要将支撑脚的竖向锁定螺丝拧紧，确保支撑脚在施工荷载作用下不会下滑。同时，还必须拧紧支撑脚顶部上面纵向和横向定位板的螺丝，确保支座位置的稳定。在这个过程中，需要检查螺钉的长度是否正确，一旦发现有问题的螺钉要立即更换。

支撑脚球形棱镜顶面调整范围为 0～40 mm，现场操作时调整范围应控制在 20 mm 以内，超过部分应通过调整地脚螺栓的方法进行对位，保证支撑脚中心与设计位置尽量重合，避免施工过程中施工设备与支撑脚发生摩擦或相撞，影响施工精度或损坏支撑脚。

3.2.4.5　钢模板轨道安装

钢模板轨道安装之前，先将模板与混凝土的接触面清理干净，并涂上隔离剂。模板安装必须稳固牢靠，接缝严密，不得漏浆。模板混凝土必须清理干净并涂刷隔离剂。浇筑混凝土前模型内的积水和杂物应清理干净，经检查符合要求后即可开始下一道工序。

3.2.4.6　道床板钢筋的铺设

在铺钢筋之前，首先需要清洁钢筋表面，如灰尘、油污等，否则会影响钢筋与混凝土之间的握裹力。混凝土道床板钢筋的铺设，必须在以后浇筑混凝土的双块式轨枕的区域内留出空间，保证不会影响轨枕压入到混凝土中。

纵向、横向钢筋之间的绝缘，也可采用安装绝缘卡的方式进行，在横向钢筋与纵向钢筋的交接处安装好绝缘卡，保证完全绝缘。在浇筑混凝土时，应小心谨慎，防止破坏绝缘卡。

3.2.4.7　接地钢筋

将道床板结构内位于最上层两边最外侧2号、18号及9号筋共3根纵向钢筋(620 mm)作为接地钢筋相连。纵向上每隔大约100 m设置一个绝缘绑扎节点，纵向钢筋之间相互绝缘，搭接长度不小于600 mm。

3.2.4.8　横梁的安装

安装横梁时一定要保证先放下固定支座端，再放下和锁定活动支座端。工作人员必须用肉眼检查和确认两端的支座已位于正确的位置。

3.2.4.9　安装轨枕到框架

在组装单元上将轨枕安装到框架上时，一定要遵守先拧紧固定支座一侧的道钉，然后再拧紧活动支座一侧的道钉的顺序，轨枕安装完成后，要用塞尺确认轨枕每个承轨面与框架的连接紧密。

3.2.4.10　框架的安放

将框架安放到横梁上时，要尽量让框架上的支座与横梁上的球形支座中线一致。轨枕振入后，要用塞尺检查框架支座与横梁支座的所有接触面紧密。如果发现振捣过程中有可能出现道钉松动的情况，那么在轨枕振入后必须再次用塞尺检查轨枕每个承轨面与框架是否接触紧密。框架安装完后，要用直尺检查刚安装的框架与前一个框架之间是否存在横向错动或者不该有的折角。

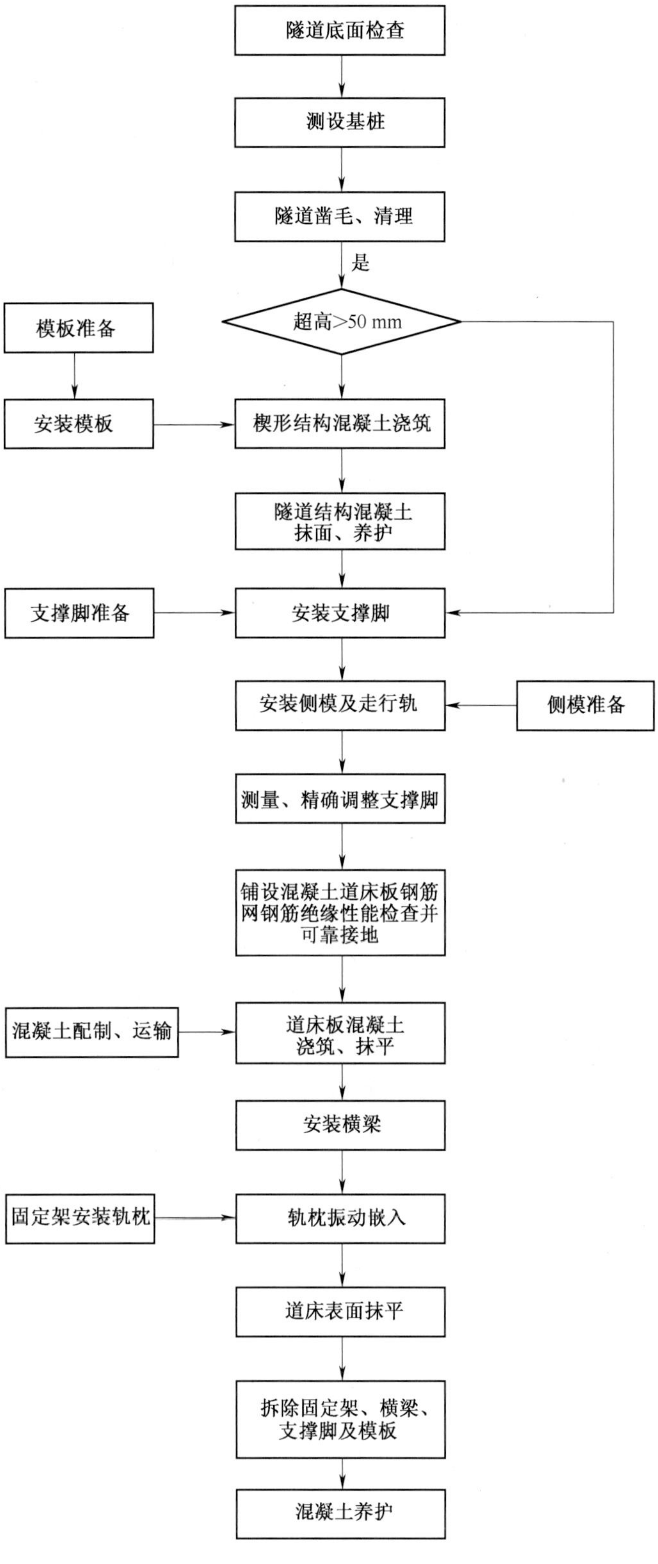


图5-3-18　隧道内CRTSⅡ型双块式无砟轨道施工工艺流程

3.2.4.11　严格工序质量控制

CRTSⅡ型双块式无砟轨道现场实行工厂化生产，进行流水作业，必须严格控制每道工序施工质量，按照操作规程及质量控制标准进行操作，每道工序质量必须合格，通过控制工序质量达到控制施工质量的目的。

3.2.4.12 测量检查

无砟轨道施工完成后,及时进行质量检查验收,测量检查工作尤为重要,对已完段落应及时进行测量检查,进行数据分析,及时发现施工中存在的问题,以便更好地指导下一步的施工。

### 3.2.5 物流组织

3.2.5.1 路基上CRTSⅡ型双块式无砟轨道施工物流组织

(1)支承层混凝土运输。混凝土在拌和站集中拌和,自卸汽车运输至施工现场,保证施工过程连续进行。混凝土运输、浇筑及间歇的全部时间不应超过混凝土的初凝时间。

高温、日照和大风天气运输混凝土时要加盖篷布,防止混凝土失水。混凝土拌和后到开始浇筑的时间间隔不得超过60 min。当运输距离较长,不能满足要求时,可在混凝土中加入缓凝剂延长初凝时间。

(2)轨枕运输。轨枕的运输与摆放必须在路基支承层施工前进行。轨枕在厂内按照3×5形式捆扎好,运输车运输到安装地点,采用16 t汽车吊卸车。轨枕按间距9.81 m摆放在线路两侧,摆放时底部及轨枕层间放置10 cm×10 cm方木,轨枕放置在两侧路肩上(木方垫在轨枕下,使其平稳)。路基上运输车卸完轨枕后,通过施工便道离开。

轨枕摆放时要避开控制基桩,并满足测量的通视要求。

(3)钢筋运输。纵向钢筋长度为9 m,根据混凝土道床板中钢筋的用量按每捆18根捆好,放在两轨道之间存放。钢筋要用方木支垫,防止钢筋污染。

按照两条轨道的钢筋用量摆放钢筋,在第二条轨道施工时不再进行钢筋运输。

运输钢筋同时,将横向钢筋捆扎运送到施工现场,按照需要分布好。

(4)道床板混凝土运输。混凝土在拌和站内集中拌和,搅拌运输车运输。混凝土采用先浇筑一线后浇筑二线的方法。

钢模板轨道和支撑脚的纵向运输,在施工一线时,沿着第二条轨道行驶,绕过施工地点,到达第一条轨道施工最前端进行卸货。卸完货后,车辆驶向下一入口离开轨道,通过其他施工道路重新到达施工段末端。

在进行第二条轨道施工时,施工最前端的钢模板轨道和支撑脚的运输,由回收单元完成。回收单元(轮胎式)行驶在第一条轨道上,由车载起重机吊装钢模板轨道和支撑脚,运输到第二条轨道施工最前端,将钢模板轨道和支撑脚卸下。

(5)燃油供应。设备油箱容量可供应24 h使用。施工过程中配备1台加油车,供现场加油使用。加油时尽量选择在一个工作班结束、交班时进行,并加强防火安全工作。

3.2.5.2 桥上CRTSⅡ型双块式无砟轨道施工物流组织

保护层施工完毕后,保护层与底座的连接门形筋是凸出的。因此,底座施工完成之前,所有钢筋、双块式轨枕,只能在混凝土保护层的中部用小型车运输。钢筋也是按设计需要存放于线路中心处,轨枕布设在梁的两侧,支垫平稳。

3.2.5.3 隧道内CRTSⅡ型双块式无砟轨道轨道施工物流组织

(1)轨枕运输、摆放。轨枕在厂内按照3×5形式捆扎好,运输车运输到安装地点,采用16 t汽车吊卸车。轨枕按间距9.81 m摆放在隧道两侧,摆放时底部及轨枕层间放置10 cm×10 cm方木,轨枕放置在两侧电缆槽盖板上(方木垫在轨枕下,使其平稳)。隧道内运输车卸完轨枕后,前行至隧道进口处调头,然后原路返回。

(2)钢筋运输。根据混凝土道床板中钢筋的用量,在隧道出口处钢筋存放场地内,将长度为9 m的纵向钢筋按每捆18根、长度为2.7 m的横向钢筋按每捆13根捆好,然后通过运输车运到施工现场,采用16 t汽车吊卸车,在线间位置按间距8.4 m平行于线路走向存放,钢筋下方用短方木支垫,防止被污染。隧道内卸完钢筋后,运输车前行至隧道进口处调头,然后从原路返回。

(3)混凝土运输。拌制合格的混凝土装入运输车后,沿施工便道运至浇筑地点。隧道内施工右线时用左线作为运输通道,直接浇筑,再前行至进口掉头。施工左线时采用混凝土巡回车在隧道出口转运。

### 3.2.6 关键设备及工装

使用的主要施工机具见表5-3-2。

**表 5-3-2　主要施工机具**

| 序号 | 施工机具 | 型　号 | 数　量 |
|---|---|---|---|
| 1 | 混凝土巡回车 | ZAM-CS-02 | 1 |
| 2 | 混凝土压实车 | ZAM-CC-03 | 1 |
| 3 | 轨枕安装单元 | ZAM-VU-01 | 1 |
| 4 | 轨枕装载单元 | ZAM-SU-02 | 1 |
| 5 | 拆卸单元 | ZAM-DU-01 | 1 |
| 6 | 回收单元 | ZAM-MP-03 | 1 |
| 7 | 固定架 | ZAM-R-325 | 35 |
| 8 | 横梁 | ZAM-T-280 | 36 |
| 9 | 支撑脚 | ZAM-F-750 | 300 |
| 9a | 承载板 | ZAM-F-750 Base o | 300 |
| 9b | 承载板 | ZAM-F-750 Base 12 | 300 |
| 10 | 边模 | ZAM-S-325 | 400 |
| 10a | 桥上连结段模板 | ZAM-S-325 Gap280 | 50 |
| 11 | 支撑脚基础结构 | ZAM-S-750 Spacer110 | 300 |
| 12 | 边模基础结构 | ZAM-S-325 Spacer110 | 400 |
| 13 | 人工安装调整装置 | ZAM-A-H55 | 100 |

专用设备及附属工机具、设备组成部分见表 5-3-3。

**表 5-3-3　专用设备及附属工机具**

| 序号 | 设备名称 | 数量 | 备　注 |
|---|---|---|---|
| 1 | 钻孔模具 | 4 | 供支撑脚及边模使用 |
| 2 | 支撑脚安装调试机具 | 2 | |
| 3 | 浇筑前支撑脚手工精定位机具 | 1 | |
| 4 | 专用轨道测量装置 | 1 | 配置磁偏仪，以测定支撑脚浇筑前的准确度 |
| 5 | 横梁及固定架精定位厚度仪 | 2 | |
| 6 | 专用扳手(电动) | 2 | 用于扣件松紧，具有可调扭矩控制 |
| 7 | 机夹具 | 1 | 用于 5 对双块轨枕提升 |
| 8 | 支撑脚用推车 | 2 | |
| 9 | 测量专用推车—GEDO 系统 | 1 | |
| 10 | 视距仪/支撑脚专用调整器 | 3 | |
| 11 | 铺钢轨前测量控制专用调整器 | 2 | |
| 12 | 球形反射镜 | 2 | |
| 13 | 扣件松动电扳手 | 2 | |
| 14 | 设备组装工具及附属设施 | 1 | |

其他辅助设备、工机具见表 5-3-4。

**表 5-3-4　其他辅助设备、工机具**

| 序号 | 设备名称 | 型　号 | 单位 | 数量 | 备　注 |
|---|---|---|---|---|---|
| 1 | 汽油发电机 | 5 000 W | 台 | 2 | 钻锚栓孔供电 |
| 2 | 汽车起重机 | QY16 | 辆 | 1 | 物流中卸车 |
| 3 | 混凝土罐车 | | 辆 | 若干 | 混凝土物流 |
| 4 | 混凝土输送泵 | | 台 | 1 | 混凝土物流 |
| 5 | 简易洒水车 | | 辆 | 1 | 洒水 |
| 6 | 钢筋弯曲机 | GWJ-40 | 台 | 1 | 钢筋加工 |

续上表

| 序号 | 设备名称 | 型　号 | 单位 | 数量 | 备　注 |
|---|---|---|---|---|---|
| 7 | 钢筋切断机 | GJ40 | 台 | 1 | 钢筋加工 |
| 8 | 钢筋对焊机 | | 台 | 1 | 钢筋加工 |
| 9 | 交流电焊机 | BX2-500 小型 | 台 | 1 | 电焊用 |
| 10 | 角磨机 | MOD802303 | 台 | 2 | 修理 |
| 11 | 冲击钻 | HDA229 | 台 | 4 | 锚栓孔 |
| 12 | 钻　头 | $\phi$12 mm、$\phi$14 mm、$\phi$20 mm | 个 | 各 2 | 锚栓孔 |
| 13 | 手打气筒 | 塑料气筒 | 台 | 2 | 锚栓孔 |
| 14 | 插入式振动器 | HZ-50 | 台 | 4 | 混凝土施工 |
| 15 | 平板振动器 | | 台 | 1 | 混凝土施工 |
| 16 | 混凝土切割机 | | 台 | 2 | 支承层切缝用 |
| 17 | 木工圆锯机 | MJ105 | 台 | 1 | |
| 18 | 千斤顶 | | 台 | 2 | |
| 19 | 木(铁)抹子 | | 把 | 各 10 | 抹面、压光用 |
| 20 | 撬杆 | | 根 | 10 | |
| 21 | 铁锹 | | 把 | 10 | |
| 22 | 铁锤 | 6 磅 | 把 | 5 | |
| 23 | | 8 磅 | 把 | 2 | |
| 24 | 铝合金靠尺 | 2.8 m | 把 | 2 | 抹面用 |
| 25 | 梅花扳手 | | 套 | 1 | |
| 26 | 活动扳手 | 375 | 套 | 1 | |
| 27 | 大扭距扳手 | | 套 | 2 | |
| 28 | 潜水泵 | QW50-20-7-0.75 | 台 | 1 | |
| 29 | 施工线绳 | | m | 300 | |
| 30 | 墨斗 | | 个 | 2 | |
| 31 | 探照灯 | TD25-1500A | 个 | 4 | |

检测用具见表 5-3-5 所示。

**表 5-3-5　检测用具**

| 序号 | 设备名称 | 型　号 | 单位 | 数量 | 备注 |
|---|---|---|---|---|---|
| 1 | Trimble 全站仪 | S6 机器人 | 台 | 2 | 1″级 |
| 2 | Leica 水准仪 | DNA03 | 台 | 2 | 0.01 mm |
| 3 | 坍落度测定仪 | | 台 | 1 | 试验 |
| 4 | 含气量测定仪 | | 台 | 1 | 试验 |
| 5 | 钢板尺 | 200 mm、500 mm、1 000 mm | 把 | 各 3 | 检测用 |
| 6 | 轨距尺 | | 把 | 5 | |
| 7 | 水平尺 | | 把 | 2 | |
| 8 | 普通塞尺 | | 把 | 4 | |
| 9 | 楔型塞尺 | | 把 | 2 | |
| 10 | 直角尺 | 不锈钢 | 把 | 4 | |
| 11 | 钢卷尺 | 5 m | 把 | 若干 | |
| 12 | 50 m 钢卷尺 | | 把 | 1 | |
| 13 | 电阻测量仪 | | 台 | 1 | 钢筋网导电检测 |

### 3.2.7 主要临时工程

根据标段内无砟轨道现场施工实际情况及交通状况，为保证施工的管理有序，节约施工临时用地，实现资源共享，施工现场一般利用原有的线下工程设一个施工基地和若干个混凝土供应站。

### 3.2.8 主要原材料

CRTSⅡ型双块式无砟轨道每千米道床板主要材料用量见表5-3-6。

**表5-3-6 主要原材料表**

| 项目名称 | 钢筋用量(t)/规格 | | | | C40混凝土用量 | 双块式轨枕(根) |
|---|---|---|---|---|---|---|
| | $\phi10$ | $\phi12$ | $\phi16$ | $\phi20$ | | |
| 路基 | — | — | 6.521 | 47.266 | 625 | 1 529 |
| 隧道 | — | — | 6.521 | 47.262 | 708 | 1 529 |
| 桥梁 | 5.698 | 1.577 | 7.173 | 43.066 | 655 | 1 529 |

### 3.2.9 主要质量标准及检测

3.2.9.1 底座或支承层施工质量控制及检测

(1)尺寸偏差。每隔30 m检测3～4点。顶面高程偏差：－15～5 mm。

(2)表面平整度：4 m长段落内，结构表面的不平整性不能超过10 mm。

(3)厚度：所有测量点的平均值不能低于设计值的10%，同时每个测量值都不能低于设计值25 mm。

(4)顶面高程偏差超限的处理措施：大于＋5mm：凿除多余部分或进行机器打磨处理。－15～－40 mm：调整道床板钢筋保护层垫块的高度。－41～－60 mm：调整道床板钢筋保护层垫块的高度，并增加道床板上层钢筋。小于－60 mm：再浇筑一层混凝土，直至结构达到设计高度。

3.2.9.2 道床板施工质量控制及检测

1. 模板

(1)模板安装必须稳固牢靠，接缝严密，不得漏浆。模板与混凝土的接触面必须清理干净并涂刷隔离剂。浇筑混凝土前，模型内的垃圾和杂物应清理干净，模板及预留孔位置、尺寸应符合设计要求，检查时采用观察和尺量。

(2)模板安装允许偏差应符合表5-3-7的规定。

**表5-3-7 道床板模板安装允许偏差**

| 序号 | 项目 | 允许偏差(mm) | 备注 |
|---|---|---|---|
| 1 | 顶面高程 | ±5 | 均为模板内侧面的允许偏差 |
| 2 | 宽度 | ±5 | |
| 3 | 中线位置 | 2 | |

检验数量：施工单位每个加密桩处检查一次。

检验方法：测量。

2. 支撑脚

支撑脚应质地坚固，并能精确可调。混凝土支承层或底座施工完成后，在线路中心线两侧，直线段每隔3.27 m安放支撑脚；曲线段两支撑脚中心线连线与线路中心线切线保持垂直，外侧两支撑脚距离为3.27 m，内侧两支撑脚距离小于3.27 m。

精调定位后的支撑脚顶点三维空间位置偏差不应大于0.5 mm。支撑脚安装允许偏差及检验方法见表5-3-8。

检验数量：施工单位、监理单位全部检查。

**表 5-3-8　支撑脚安装允许偏差及检验方法**

| 序　号 | 检 查 项 目 | 允许偏差(mm) | 检 验 方 法 |
|---|---|---|---|
| 1 | 相邻支撑脚轴线平面位置 | 0.5 | 全站仪 |
| 2 | 支撑脚顶部高程 | ±0.5 | 水准仪 |

3. 钢筋

钢筋铺设前,将表面油污、浮土、铁锈等杂物清理干净。钢筋铺设数量、钢筋间距及保护层厚度应符合设计要求。纵横向钢筋接点间绝缘性能应满足设计要求,并按设计要求可靠接地。钢筋绑扎的允许偏差见表 5-3-9。

**表 5-3-9　钢筋的绑扎允许偏差**

| 序　号 | 项　目 | 允许偏差(mm) |
|---|---|---|
| 1 | 钢筋间距 | ±20 |
| 2 | 钢筋保护层厚度 | +10<br>0 |

检验数量:施工单位每施工段至少抽检 10 处。

检验方法:观察、尺量。

4. 混凝土

混凝土浇筑前应将底面浇水润湿,以利界面结合。混凝土入模温度应该为 5 ℃～25 ℃。混凝土应由统一的拌和站集中供应,运输车运输,每车混凝土均做坍落度检查,坍落度应满足设计要求。最小水泥含量为 350 kg/m$^3$,水灰比不能超过 0.45。混凝土拌制过程中,应对混凝土拌和物的坍落度进行测定,测定值应符合理论配合比的要求。混凝土拌和物的入模含气量应满足设计要求。混凝土施工缝的界面应与线路中心线垂直,施工缝宜设在设计伸缩缝处,不得随意留置施工缝。道床板混凝土初凝前后应采取喷雾保湿养护措施。

允许偏差:顶面高程允许偏差－10～20 mm。低于设计厚度的最大值为 5 mm。混凝土道床板施工完成后,表面收缩裂缝相隔 2～2.5 m,裂缝宽度小于 0.5 mm。混凝土道床板外形尺寸允许偏差见表 5-3-10。

**表 5-3-10　混凝土道床板外形尺寸允许偏差**

| 序　号 | 检 查 项 目 | 允许偏差(mm) |
|---|---|---|
| 1 | 顶面宽度 | ±10 |
| 2 | 中线位置 | 2 |
| 3 | 道床板顶面与承轨台面相对高差 | 5 |
| 4 | 平整度 | 3(1 m 尺量) |

检验数量:施工单位每 20 m 检查一处。

检验方法:尺量。

5. 轨枕

轨枕铺设允许偏差及检验方法见表 5-3-11。

**表 5-3-11　轨枕铺设允许偏差及检验方法**

| 序　号 | 检 查 项 目 | 允 许 偏 差 | 检 验 方 法 |
|---|---|---|---|
| 1 | 轨枕间距 | 框架内±5 mm,框架间±30 mm | 尺量 |
| 2 | 相邻轨枕承轨台中心高差 | 0.5 mm | 水准仪 |
| 3 | 轨枕承轨台底坡 | 1/35～1/45 | 专用量具 |
| 4 | 每轨两承轨台相对翘曲度 | 1 510 mm×100 mm 范围内四点误差＜0.7 mm | 专用量具 |

检验数量:施工单位每施工段抽检 10 根;监理单位平行检验数量为施工单位检查数量的 10%。

### 3.2.10　施工工艺

3.2.10.1　施工复测

无砟轨道施工前，必须对线下工程进行全面评估，确保无砟轨道铺设后工后沉降满足平顺度要求。

3.2.10.2　CPⅢ施工基标测量

1. 精密基标控制网设计

(1)路基上布设CPⅢ施工基标。路基上施工基标精密控制网应沿线路纵向布置(间距宜为60 m)，若布设在线路两侧的接触网支柱上，其间距应根据接触网设计距离的实际情况而灵活布置，但最大不得超过80 m。左右侧相对两点之间允许最大的里程差为1 m。如果接触网支柱未安装，可在接触网的大(小)里程端设计牛腿基础，并预埋$\phi$200 mm的临时钢筋混凝土CPⅢ基标桩代替接触网支柱，并高出路肩1.4 m。控制基标点位布设时应高出设计轨顶面不少于35 cm，布设(可预埋或钻孔锚固)M8×25 mm的螺栓(内螺栓孔径为8 mm)，用螺帽拧紧。安装棱镜时在螺栓上拧上直径为12 mm的专用测量连接螺栓。

(2)桥上布设CPⅢ施工基标。桥上基标控制网分布于线路的两侧，沿线路纵向分布间距宜为60 m，控制基标点应设置在线路两侧防撞墙的内侧(亦可设置在外侧，埋设高度便于观测通视即可)低于上表面10 cm处，并应设置在桥梁变形量最小部位(即垂直于梁缝两端的桥梁基座位置处的防撞墙上)，以保证其稳固定性，以满足其精度要求。

(3)隧道内布设CPⅢ施工基标。隧道施工基标精密控制网应沿线路纵向两侧每隔60 m布设1对控制基标。两侧相对的两点之间允许的最大的里程差为1 m；点位设置位于隧道两侧电缆槽外侧混凝土墙上，埋设高度为混凝土表面下10 cm处。

2. CPⅢ测量

(1)CPⅢ平面测量。CPⅢ基标精密控制网测量使用全站仪自由设站，采用后方交会法进行施测。

(2)CPⅢ基桩网与CPⅠ/CPⅡ平面控制网的衔接测量。CPⅢ施工基桩控制网平面观测完成后，并通过专业测量软件进行内业数据计算严密平差并合限后，再与CPⅠ或CPⅡ控制网进行联系测量，把CPⅢ基标控制网并入高级控制网中。

在路基和桥上的CPⅢ控制网衔接测量时，如果能直接观测到线路附近经复测并合限的CPⅠ网或CPⅡ网控制点，在三个不同设站点进行边角联系测量(观测困难时不得少于两个设站)，并且在每个站点同时观测CPⅢ基标点不得少于2×3个，衔接测量回数不得少于两个。

当与CPⅠ、CPⅡ控制点不能通视或观测距离太远时，根据施工现场具体情况以及通视条件，需要在适当位置设置辅助点，通过辅助点与CPⅠ或CPⅡ控制网进行衔接测量。测放辅助点时需进行不少于两个测回的观测。为保证CPⅢ基桩网的测量精度，目标点之间的最大视距不得大于150 m。

对于隧道内的无砟轨道线路施工段，应与线下测量控制网相连接。在桥梁上，需考虑温度变化而产生的纵向位移影响。如果桥梁发生了位移，需重新测量CPⅢ基标。在CPⅢ控制基标之间，还需进行横向距离测量。测量采用双测回法，得出结果并做出比较。平面控制测量测距中误差为±3 mm。

CPⅢ施工基标精密控制网网点观测完成后，通过专业软件对测量数据进行严密平差。测量成果应上报，经监理工程师审批合格后方可使用。

(3)CPⅢ高程测量。CPⅢ施工基标精密控制网网点高程测量采用精密水准测量方法进行，往返测量并起闭于二等水准基点。测量完成后进行严密平差，平差计算按《高速铁路工程测量规范》(TB 10601)精密水准测量的规定执行。

3.2.10.3　梁面(隧底)处理

桥梁、隧道地段在无砟轨道施工前，应对结合部位进行凿毛处理，清除桥面保护层预埋钢筋上的浮灰，并用高压水、高压风清洗干净。在开始道床板混凝土施工前两天开始洒水湿润隧道基底面，但不得积水，以使混凝土硬化时的水分不会被下部结构吸收。

3.2.10.4　路基上支承层或桥面底层凹板施工

(1)路基上支承层施工前2个月，必须在试验室对路基支承层用水硬性材料进行配方试验，确保其强度、弹性模量等性能指标达到设计要求。支承层采用滑模摊铺机摊铺，水硬性材料利用工作面附近的搅拌站集中拌和，载重卡车运输，挖掘机辅助卸料。载重卡车利用路基基床表层或已施工完成的支承层顶面作为运输通道。支承层用水硬性材料必须保证最终收缩率大于100%。滑模摊铺机宜带有走行控制装置和制导装置,施工时采用2台全站仪对混凝土摊铺机上基准点定位。滑模摊铺机也可由两侧的缆线进行导向,导向缆线必须每10 m用钢钉固定,并按支承层顶面设计高程控制缆线高度。施工中线偏差控制在±5 mm,顶面高程控制在−15～5 mm。摊铺过程中,对支承层顶面高程、边缘厚度、中线、横坡度等参数进行复核测量,确保所摊铺的支承层精度控制在施工偏差范围内。滑模摊铺机摊铺每天可摊铺600 m(单线),需2名工人做准备工作,1名司机,3～4名工人配合工作。

支承层每隔5 m必须沿横向设置缺口,缺口深度为支承层高度的1/3,约10 cm。此缺口可直接由滑模摊铺机后面配置的切缝机在刚刚铺设的支承层上自动切割,也可由人工在支承层硬化后利用圆锯加工,但该项工作必须保证在支承层铺设后12 h内完成。如人工锯缝,则一个缺口约用时0.5 h,每天需设置缺口120个,按每天工作10 h计算,需要6个小组,每个小组配2名工人,1把圆锯,并配备粉笔、刷子、尺等工具。为加强支承层与道床板混凝土的有效黏结,需在混凝土初凝前对支承层顶面进行刷毛。刷毛可利用设置在摊铺机后部的专用刷毛机械进行,也可自制专用毛刷人工进行。

混凝土支承层每浇筑10～12 m后,立即喷洒混凝土养护剂,终凝后使用棉垫覆盖3 d,洒水养护。3 d内禁止车辆或其他设备在表面开行。该项工作需4个工人进行,并配备喷洒工具、棉垫和水管等。

(2)桥面底层凹板施工。底层凹板长度需根据梁跨具体设计,以保证底层凹板在梁缝处断开,一般控制在6.4 m左右,凹板间设置100 mm的缝隙。按底层凹板设计位置,确定模板安装位置和高程,安装端模板和侧模板。侧模板与防撞墙撑连接。端模板同凹槽成型模板配合设计,端模板上设置与侧模板的连接装置,并考虑桥梁横坡坡度变化,凹槽成型模板与端模上设置可调联结装置,以满足曲线地段的模板安装要求,如图5-3-19所示。

图5-3-19 底座侧模板和凹槽模板施工

桥面底座板分段施工(图5-3-20),混凝土采用罐车运输,泵送入模 ,机械振捣,端部凹槽部位应振捣密实,木抹抹平混凝土初凝后及时覆盖洒水养护。待混凝土强度达到5 MPa后,拆除模板。

图5-3-20 底座分段施工

3.2.10.5 钢筋和轨枕运输

支承层或底层凹板达到一定强度后(7 d后),由于此时没有轨排妨碍,运输条件较好,用卡车运送道床板钢筋和双块式轨枕。

轨枕的运输与摆放必须在路基、桥梁底座施工前(隧道内可在底座施工后)进行。轨枕在厂内按照3×5形式捆扎好,运输车运输到安装地点,采用16 t汽车吊卸车。轨枕按间距9.81 m摆放在施工段两侧,摆放时底部及轨枕层间放置10 cm×10 cm方木,隧道内轨枕放置的两侧电缆槽盖板上,路基段放置在两侧路肩上(采用木方垫在轨枕捆下,使其平稳)。隧道内运输车卸完轨枕后,前行至隧道进口处调头,然后原路返回;路基上运输车卸完轨枕后,通过施工便道离开。轨枕摆放时要避开控制基桩,并满足测量的通视要求。桥上轨枕摆放如图5-3-21所示。

纵向钢筋长度为9 m,根据混凝土道床板中钢筋的用量按每捆18根捆好,放在两轨道之间存放。钢筋要用方木支垫,防止钢筋污染。按照两条轨道的钢筋用量摆放钢筋,在第二条轨道施工时不再进行钢筋运输。运输钢筋同时,将横向钢筋捆扎运送到施工现场,按照需要分布好。

3.2.10.6　铺设隔离膜

道床板钢筋铺设前,清扫底层凹板表面,按设计要求铺设隔离薄膜并粘贴固定在底座上。隔离层接缝处采用胶条密封。隔离层薄膜应向外伸出约5～10 cm,道床板施工结束后,将隔离膜沿着边剪齐。

隔离层应铺贴平整,无破损,搭接处及边沿无翘起、空鼓、皱折、脱层或封口不严等缺陷,搭接量符合设计要求。隔离薄膜铺设完成后,对凹槽侧面进行处理,刷胶粘贴橡胶条弹性材料,并用木槌敲打使其粘贴牢固,如图5-3-22所示。

图5-3-21　桥上摆放好的轨枕

图5-3-22　铺设好的隔离层

3.2.10.7　安装支撑脚

支撑脚主要由以下部分组成:下部为锚固底板,垂直于线路方向可进行±50 mm范围的调整;中间部分为$\phi$130 mm可自由伸缩的圆柱体,可进行竖向调整,圆柱体上部为双层滑板,可实现纵向±50 mm范围和横向±10 mm范围内的调整;顶部为一个高精度加工的测量基准器,基准器上可安装定位珠、测量棱镜或全站仪。

支撑脚的安装由人工完成,配备相应的冲击电钻及电动扳手,测量队辅助施工。在道床板两侧的支承层顶面或桥梁保护层顶面,沿线路中心线每隔5根轨枕间距安放一对支撑脚,曲线段内外两支撑脚连线与线路中心线垂直。支撑脚在支承层上钻孔后用螺栓固定。首先由测量队测量放样支撑脚的安装位置,将支撑脚底部中心的位置在隧道基底面放样准确,射钉器打入钉子作为标记。利用钻孔模具放样固定支撑脚用的套管钻孔位置,钻孔位置放样准确后,采用冲击钻钻孔并清除钻孔内的尘土,安装螺栓套管。对准套管位置摆放支撑脚,上套管螺钉并拧紧,将支撑脚固定在下部的结构层上(图5-3-23)。

因支承层两侧带有一定的横坡,支撑脚下部需放置楔形垫块,以保证支撑脚与下部基础顶面垂直。支撑脚是双块式轨枕的安装基准,安装工作需谨慎进行,确保支撑脚调整量不超出可调范围。

支撑脚粗调:松开支撑脚的所有制动螺栓,调整完后由测量人员紧固。粗调通过全站仪测量和专用调整工具进行,调整支撑脚顶部球心位置,三维坐标与设计值的偏差控制在3 mm以内。

3.2.10.8　安装侧模板

支撑脚安装完成后,安装侧模板。每节侧模板约3 m长,安装在相邻两个支撑脚之间,且与支撑脚相互

图 5-3-23 支撑脚安放

分离,防止施工过程中振动使支撑脚位置发生偏移,最终影响轨枕的几何位置。侧模板之间设置联结板,联结板位于支撑脚内侧,与支撑脚不能有任何接触。每节侧模板外侧设置 5 个支撑脚,路基地段支撑脚下部放置楔形垫块,以保证侧模板与下部基础顶面垂直,支撑脚上设置走行轨固定件,铺设供无砟轨道施工设备走行的工具轨。工具轨长度同侧模板一致,联结板处设置联结走行轨。侧模板应每隔一定距离在下部基础上设置锚固点,确保模板安装牢固。

钢模板轨道安装同支撑脚安装一样,通过套管螺钉固定在隧道基底面上,由人工完成,配备冲击电钻及电动扳手等相应工具,测量队辅助施工。

(1)标准模板轨道的安装调整。在支撑脚位置放样准确后,钻取安装支撑脚用套管孔,同时用钻孔模具钻取安装标准模板轨道用的套管孔,并将孔内的尘土清理干净后安装套管。对准套管位置摆放标准模板轨道,调节标准模板底部的螺旋使模板与混凝土的接触面处于垂直状态,使模板安装符合设计及规范要求。模板位置及垂直度调节完成后,上套管螺钉并拧紧,将标准模板固定在下部的结构层上,如图 5-3-24所示。

(2)连接模板与连接钢轨的安装。标准模板及支撑脚安装完成后,安装连接模板及连接钢轨。将连接模板放置在两相邻的标准模板之间的内侧位置,通过插销与标准模板相固定。连接轨道一头为活动端,一头为固定端。先将活动端与标准模板轨道连接,然后将固定端通过插销与标准模板轨道连接,如图 5-3-25 所示。通过以上作业将模板轨道安装调整达标,即可进行下道工序,进行道床板钢筋的铺设施工。

图 5-3-24 模板轨道锚固

图 5-3-25 安放好的侧模板

3.2.10.9 *支撑脚精调*

侧边模板及走行轨安装完成后,测量并精确调整支撑脚位置。支撑脚采用专用的测量定位系统进行测量。支撑点有一个固定支撑端和一个活动支撑端。固定支撑端可以确定位置和高度,活动支撑端可以根据轴线的距离来确定高度。固定支撑端在将来用于确定基准钢轨的一侧,在曲线内是超高的钢轨一侧。将全站仪架设在线路两侧的基标点上,通过全站仪测量,将支撑点调节到设计位置。在任意一个支撑脚上安装测量棱镜(测量棱镜与定位珠精确同心),测设该棱镜中心的精确位置。测量数据通过无线传输到附近的计算机中，由计算机计算出支撑脚换算偏差值并通过无线传输到现场测量员的数据显示屏上(数据显示屏放置在一辆手推车上)。测量员根据测量仪器在显示屏上显示的数据，利用支撑脚上的竖向、纵向、横向 3 个方向的调整丝杠精确调整测量棱镜的空间位置，使其位置偏差不超过 0.5 mm。该支撑脚精调完成后，利用另外一台全站仪进行重复测量，测量结果必须具有很好的重复性。为减少数据处理工作量，其他支撑脚测量调整时，将全站仪安装在已精调完成的支撑脚上，测量其他支撑脚位置，调整方法同上。

全站仪在固定点网的设置，与 CPⅢ的 8 个自由定位的目标点进行连接，如图 5-3-26 所示。

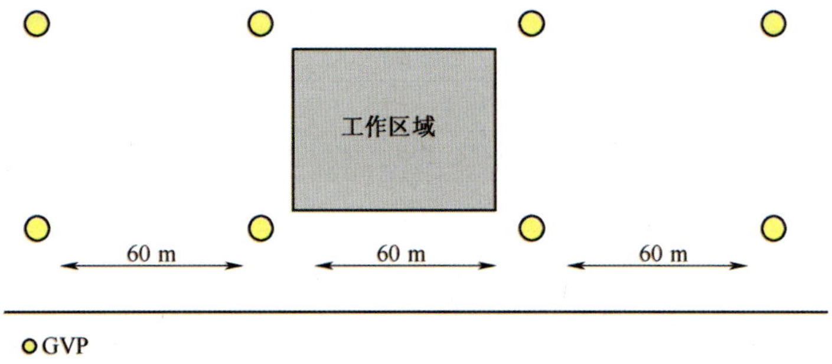


图 5-3-26　施工现场固定点分布情况

如图 5-3-26 所示，固定点测量工作在灰色工作区域内，这对全站仪定位的精确度很重要，必须消除掉视线上的障碍物。如果视线上的障碍物不能被消除，必须在 CPⅢ控制网内进行其他的标记。为了将支撑脚安装在设计位置上，先在一个未安置好的、位于固定支撑端一侧的支撑脚上安装全站仪，然后自由定位。在固定支撑端一侧支撑脚的延长线上安装全站仪，也应该遵循精确度的要求。

全站仪利用附加的支撑板固定在支撑脚上。经过超高段时，为了平衡倾斜度使用有平衡三角垫块的支座板。

安装过程：在每个支撑脚的位置，固定支撑端一侧，支撑点的位置可以粗略的按照每侧与轴线的距离误差为±5 mm 设置，高度应该较精确，即以±0.5 mm 为限；在活动支撑端一侧，支撑点的位置应该粗略的按照每侧与轴线的距离误差为±5 mm 设置，超高(由于考虑到单侧轴线距离)以±0.5 mm 为限。通过全站仪的目标追踪系统，可以得到球状棱镜的三维坐标，并且持续显示出位置、边距和高度与设计值的偏差。已知支撑点的剩余偏差必须小于 0.5 mm。每次变更全站仪测量定点后，最后的 3 到 5 对支撑脚都要重新测量。

在道床板混凝土施工之前对支撑脚进行最后一次检测，用专用检具对一对支撑脚球形支座中心的距离、超高情况进行检测；通过固定端一侧的正矢，对 5～7 个前后的支撑脚位置进行检测。检测合格后可进入下道工序，进行道床板的混凝土施工；检测不合格返回支撑脚精调，由测量人员利用全站仪对支撑脚重新精调。支撑脚调整如图 5-3-27、图 5-3-28 所示。

图 5-3-27　支撑脚现场调整

图 5-3-28　调整后的支撑脚

3.2.10.10　道床板钢筋铺设

支撑脚精调完成后，安放道床板钢筋。道床板钢筋绑扎时，应根据设计要求采取相应的绝缘措施(如纵横向钢筋采用塑料夹块绝缘)。隧道内直接在隧道底板上施工道床板。曲线地段在道床板上设置曲线超高，钢筋铺设时,上层钢筋网考虑超高,下层钢筋网保持水平布置。

1. 道床板钢筋铺设

所有钢筋在钢筋加工场地内进行下料制作,然后运送至现场进行铺设施工。道床板钢筋主要有:在道床板内通长布置的上、下两层共 18 根钢筋(隧道曲线超高段为 20 根);在上、下两层纵向钢筋中间,布设间距 654 mm 的横向钢筋;道床板结束端门形钢筋;在路隧过渡段与隧道变形缝布设道床板锚固钢筋。

首先布设钢筋的钢筋撑件,支撑整个钢筋网架,然后铺设下层纵向钢筋、间距 654 mm 的横向钢筋、上层纵向钢筋及结束端门形钢筋。所有纵横向钢筋交接处,采用绝缘卡及尼龙扎带进行绝缘绑扎固定,避免电流在钢筋网架内形成闭合回路。接着布设道床板的锚固钢筋,将道床板锚固在隧道下部结构层上。

2. 道床板接地施工

(1)接地钢筋铺设。结构内位于最上层两边最外侧 2 根筋(1 号和 18 号)及 9 号筋,共三根纵向配筋,作为接地钢筋相连。

纵向上每隔大约 100 m 的长度设置为一个段落,段落与段落之间的纵向接地钢筋采用绑扎搭接,同其他纵向钢筋搭接一样处理。同一段落的纵向接地钢筋通过焊接相连,接地钢筋铺设如图 5-3-29 所示。

(2)扁平钢条铺设。在段落内综合接地的位置(约 50 m 处)布设一块横向扁平钢条与三根纵向接地钢筋相连,连接之处采用焊接处理,如图 5-3-30 所示。横向扁平钢条与其他的钢筋的接触采用绝缘处理。

图 5-3-29　接地钢筋铺设

图 5-3-30　扁平钢条铺设

(3)接地端子的安装。接地端头与横向钢条采用焊接相连,钢条的长度恰好使接地端头抵在钢模板内侧,并垂直于钢模板轨道。若纵向接地钢筋布设在道床板的结构缝断开,那么在缝前后各设置一个接地端子,与最外侧的 1 根接地钢筋焊接,避免在同一段落内形成闭合回路。道床板结构缝两端接地端子稍后可以通过接地桥互相连接来实现同一段落内接地钢筋的导电性。接地端头的螺栓孔内塞满海绵,防止后续施工时有混凝土浆渗入孔内,接地端子安装如图 5-3-31 所示。

(4)钢筋绝缘情况检测。钢筋铺设及接地处理完成后,检查道床板相互绝缘的钢筋以及相互连通的接地钢筋的导电性能,保证满足 ZPW-2000 轨道电路的相关要求,钢筋绝缘检测如图 5-3-32 所示。检测合格后即可进入下道工序,进行道床板混凝土的施工。

图 5-3-31　接地端子安装

图 5-3-32　钢筋绝缘检测

3.2.10.11　道床板混凝土施工

混凝土浇筑前,洒水湿润下部基础表面,以保证新旧混凝土的最佳黏结效果。混凝土运输罐车倒车至模板轨道前端,将混凝土放进浇筑车料仓内,沿模板轨道运送到浇筑地点并浇筑到模板内,或者混凝土运输罐车直接将混凝土倒入模板内。浇筑车返回到模板轨道前端,继续运送混凝土。混凝土压实单元就位,用随机配置的 2 个振动棒振捣混凝土,通过刮板将混凝土表面刮平。如图 5-3-33～图 5-3-37 所示。

图 5-3-33　混凝土运输

图 5-3-34　浇筑车浇筑混凝土入模

图 5-3-35　混凝土泵送入模

图 5-3-36　混凝土表面机械刮平

在混凝土浇筑后 1 h 左右,在水泥浆体硬化前对混凝土进行二次振捣。消除前面振捣过程中由于混凝土下沉与钢筋脱离而产生的空洞和裂缝,排除混凝土内因泌水在粗骨料及水平筋下部产生的水分和空隙,提高混凝土与钢筋的握裹力及混凝土的密实度、均匀性和抗渗性。

混凝土振捣密实、后续轨枕嵌入施工完成后,混凝土表面会产生变形,对混凝土表面进行初次抹平,达到要求的横截面形状及平整度要求。混凝土初凝前进行二次抹面和压光,在混凝土与轨枕交接之处,由混凝土往轨枕块方向进行钩边。

图 5-3-37　混凝土表面人工刮平

抹面完成后即可进入下道工序,进行混凝土的养护。

3.2.10.12　安放横梁

铺设车、安装单元和拆卸单元是 CRTSⅡ型双块式无砟轨道系统中的主要施工设备。铺设车主要功能是安放横梁和嵌入轨枕框架。铺设车上设置横梁升降装置(起重能力 5 kN,升降高度 4.0 m)、轨枕框架升降装置(起重能力 50 kN,升降高度 2.0 m)和 2 个电动卷扬机(起重能力 25 kN,升降速度 9.8 m/min)。铺设车行车速度 0～36 m/min。铺设车安装 1 根横梁和 1 套轨枕框架共用时 10 min。

安装单元的主要功能是组装轨枕单元,同时作为拆卸单元和安装单元之间的物品转移平台。安装单元上设置小型吊车(吊车悬臂 9 m 时吊重能力 10 kN)、轨枕框架组装台和辊道系统。因铺设车、安装单元和拆卸单元都沿同一轨道走行,安装单元前后端要有一定的悬臂长度,保证铺设车和拆卸单元的顺利吊放。为配合铺设车工作进度,安装单元的循环时间也控制在 10 min、行驶速度控制在 40 m/min。

混凝土浇筑后,安装单元将后部的横梁吊放到安装单元前部,利用铺设车吊起加上人工配合将其安放在支撑脚上。横梁是横向连接两个支撑脚并承载轨枕框架的一个刚性构件,与支撑脚连接处是 1 个机械加工精度很高的凹槽,与轨枕框架连接处为 2 个机械加工精度很高的球面。横梁安放需谨慎进行,防止碰撞接触面,如图 5-3-38 所示。

3.2.10.13　轨枕框架组装

安装单元上的吊车将线路一侧的双块轨枕吊起,放置在轨枕框架组装台上,人工协助辊道系统按照规定间距布设轨枕,吊车将后方的轨枕框架吊放在双块式轨枕上,人工将轨枕通过扣件连接至轨枕框架上,一套轨枕框架可连接 5 根轨枕。轨枕框架和轨枕组装完成后,质检员检查轨枕与固定架的位置偏差,并做好记录。组装好的轨枕框架通过辊道输送到安装单元前端,供铺设车使用,如图 5-3-39 所示。

图 5-3-38　横梁安放图

图 5-3-39　轨枕框架组装

已吊取横梁和轨枕固定架的安装单元前行至混凝土新浇筑振捣密实的一个节段,先将横梁放置于节段前方的一对支撑脚上。横梁两端分别为固定端和活动端,红色的为固定端、绿色的为活动端。横梁红色的固定端安置在一对支撑脚中靠线路外侧的支撑脚上,绿色的活动端放置在线路内侧的支撑脚上。横梁与支撑脚的接触面为半球形吻合面。横梁的固定端与支撑脚吻合后不可动;活动端松开螺栓后可垂直于线路方向移动,以吻合活动端的支撑脚。

3.2.10.14　轨枕框架嵌入和抹平

铺设车行进至安装单元前端,吊起轨枕框架(轨枕已洒水湿润)前移至施工位置。铺设车根据横梁位置初步就位,利用轨枕框架升降装置将轨枕底面降至已浇筑的混凝土顶面,开启振动设备,通过振动法将定在轨枕框架上的轨枕缓慢嵌入到混凝土中,直至与横梁顶面的钢球面接触(图 5-3-40)。利用塞尺检查轨枕固定架支座与横梁球形支座之间的密贴情况。同横梁一样,轨枕固定架也存在固定端和活动端,轨枕固定架一侧的两根支座为三角凹槽,另外一侧的两根支座为平面。轨枕固定架嵌入施工时,轨枕固定架固定端一侧安置在横梁的固定端一侧,活动端对应置于横梁的活动端一侧。轨枕固定架的方向在轨枕固定架安装的时候就需要摆放好。该工序是 CRTSⅡ型双块式无砟轨道施工中最重要的一个环节。轨枕嵌入必须在混凝土初凝前完成。全面检查支撑脚、横梁、轨枕框架之间的接触面,确认后铺设车退回,人工使用铁耙子整理混凝土表面,并用木抹抹平。及时用塑料布覆盖,冬季采用厚棉垫覆盖养护,必要时搭设暖棚,养护时间不少于 14 d。

3.3.10.15　拆卸及倒运

混凝土浇筑 4~5 h 后，将轨枕和轨枕框架分离，利用拆卸单元分别将轨枕框架和横梁吊运至安装单元后部。横梁和轨枕框架通过安装单元上的吊车和辊道移动至安装单元前部，供下一循环使用，如图 5-3-41 所示。

图 5-3-40　轨枕框架下放

图 5-3-41　轨枕框架拆卸

拆卸单元上设置横梁升降装置(起重能力 5 kN，升降高度 4.0 m)、轨枕框架升降装置(起重能力 20 kN，升降高度 2.0 m)和 2 个电动卷扬机(起重能力 10 kN，升降速度 9.8 m/min)。拆卸单元行车速度 3～36 m/min。循环时间 10 min。

3.2.10.16　模板及支撑脚回收

道床板混凝土经养生达到 70%的设计强度后，拆除道床板侧向模板、支撑脚及连接杆，并由回收单元运送到前面的施工位置进行再次组装。在施工第一条轨道时，后方支撑脚和模板轨道由回收单元装到运输车上运到前方安装位置；施工第二条轨道时，回收单元停放在第一条轨道上，支撑脚和模板轨道由回收单元通过第一条轨道越过施工地点运到前方安装位置。

3.2.10.17　混凝土养护

混凝土终凝后，及时覆盖土工布洒水保湿养护。轨枕框架拆除后，仍需对道床板混凝土保湿养护，总的养护时间应不短于 7 d。

3.2.10.18　设备组装和转线

在轨道起始端前准备大约 45 m 长的地段，铺设备用工具走行钢轨，按以下顺序依次组装各施工单元：混凝土浇筑车 ZAM-CS→压实单元 ZAM-CC→安装单元 ZAM-VU→装配单元 ZAM-SU→拆卸单元 ZAM-DU→回收单元 ZAM-MP。

在第一条轨道施工结束端前方铺设足够长的钢模板轨道，并在邻线上铺设相同长度的钢模板轨道。第一条轨道最后一个施工段落完成后，施工机械前行到钢模板轨道尽头，然后将各单元吊起，调头安放在第二条轨道上。吊装顺序为混凝土巡回车→压实单元→安装单元→装配单元。

拆卸单元暂不换位，由其将横梁和轨枕框架运送到装配车(在第二条轨道上)停放位置侧面，由装配车上的起重机起吊横梁和轨枕框架。待第一条轨道上的横梁和固定架全部拆卸完毕，再将拆卸单元移位到第二条轨道。

回收单元不移位，仍然在第一条轨道上运行，进行支撑脚和钢模板轨道的纵向运输。

### 3.2.11　资源配置

现场施工配备 10 个施工班组，共计 97 人，见表 5-3-12。

表 5-3-12　CRTSⅡ双块式无砟轨道单班施工人员配置表

| 序　号 | 班　组 | 人　员 |
|---|---|---|
| 1 | 模板支撑脚安装班组 | 12 |
| 2 | 钢筋加工、铺设班组 | 20 |
| 3 | 支撑脚调整班组 | 8 |

续上表

| 序号 | 班组 | 人员 |
|---|---|---|
| 4 | 混凝土振捣班组 | 8 |
| 5 | 混凝土抹面班组 | 24 |
| 6 | 轨枕固定架安装班组 | 10 |
| 7 | 固定架横梁回收班组 | 4 |
| 8 | 模板支撑脚倒运班组 | 6 |
| 9 | 湿润及养生班组 | 3 |
| 10 | 现场清洁班组 | 2 |

每个班组配备一名现场技术员。另外配备测量技术人员 16 名,进行支撑脚模板放样、支撑脚精调、支撑脚复核以及成型轨道的检查。

### 3.2.12 其　他

3.2.12.1 保证工程质量的主要技术措施

为保证质量目标的实现,满足全线无砟轨道施工质量目标的要求,施工中应严格按 ISO 9002 质量体系标准组织、实行质量目标管理,施工中尽量采用机械施工,以确保施工质量,同时在施工中制定保证实现质量目标的技术措施。成立工程 QC 攻关小组;按照全面质量管理体系标准,以全新的观念、全新的管理模式实施工程的质量体系管理工作;依靠科学管理和科技进步,不断推进新技术、新工艺、新材料、新设备的应用,不断提高施工工艺水平,进而提高和保证工程质量,确保质量目标的实现。

3.2.12.2 保证工程质量措施

强化质量意识,认真贯彻落实"百年大计、质量第一"的方针,把创优工作贯穿到施工生产的全过程。在施工队伍选配、机具购置、机构设置、施工方案、管理制度等方面紧紧围绕创优目标,以保证和提高工程质量为主线,全面组织优质生产。

3.2.12.3 安全目标、安全保证体系及主要技术措施

建立健全安全生产保证体系,制定安全目标,严格贯彻执行国家、行业、地方有关的法律法规和标准规范,制定并采取措施,以消除或避免人的不安全行为和物的不安全状态,使施工生产在安全、有序、受控的状态下进行,从而实现安全目标。

3.2.12.14 工期保证措施

开工熟悉设计文件,搞好复测,编制好实施性施工组织设计,搞好技术交底、物流准备;抓紧施工力量及时队伍到位。建立合理的机械保修、维修体系,保证施工机械的完好率,全方位保障施工生产。施工过程中,加强指挥与协调,定期召开工程分析会,根据存在的问题及时调剂力量、设备和器材,保证施工顺利进行。紧抓施工正规作业和标准化施工。

# 4　CRTS Ⅰ型板式无砟轨道施工技术

## 4.1　CRTS Ⅰ型混凝土轨道板预制技术

### 4.1.1　概　　述

CRTSⅠ型混凝土轨道板采用固定台座法工厂化预制，通过岗位人员操作设备和工序传递来完成产品的生产，实行分班作业制度，有相对固定的工艺流程、场区保护、消防、安全、绿化环保设施等。

CRTSⅠ型混凝土轨道板分为框架式非预应力轨道板、纵向预应力轨道板和整体式双向预应力轨道板三种类型。轨道板钢筋通过预扎胎具绑扎后置入整体式模型一次浇筑混凝土成型，其外形精度主要由模型实现，生产和检测设备精度要求高，质量控制和管理过程要求严格。

### 4.1.2　结构设计

CRTSⅠ型混凝土轨道板设计为钢筋混凝土平板结构，根据长度不同或用途不同分为 P4962、P4856、P4856A、P3685、P4962A 等5种标准板型和 P5500、P4856B、P3685B 等3种异形板型。轨道板宽度为 2 400 mm，厚度 190 mm，承轨台高于轨道板表面 20 mm。轨道板及承轨台表面按平坡设计，每块轨道板根据长度的不同设置不同对数的承轨台。轨道板配筋及预应力采用对称布置，主要预埋件包括预埋扣件绝缘套管、轨道板起吊用套管、接地端子等。CRTSⅠ型混凝土轨道板外形结构如图 5-4-1 所示。

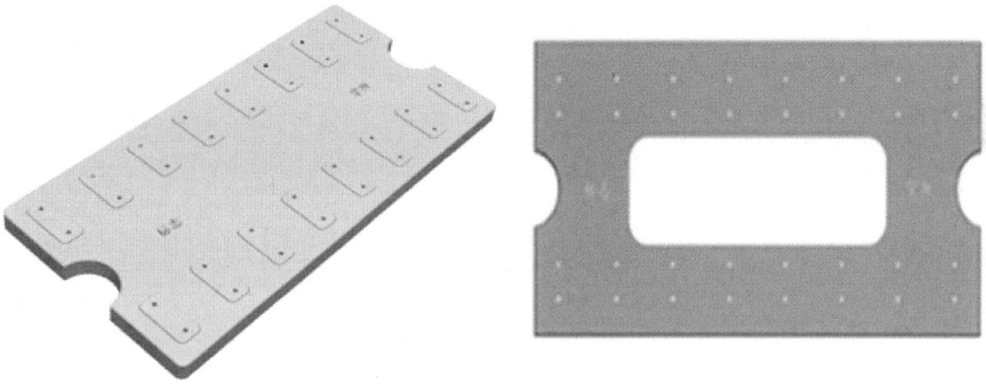

图 5-4-1　CRTSⅠ型轨道板外形结构

CRTSⅠ型混凝土轨道板采用强度等级为 C60 的高性能混凝土，钢筋采用 HRB335、Q235 级钢筋，预应力钢棒，相关材料及工艺要求符合《客运专线铁路 CRTSⅠ型板式无砟轨道混凝土轨道板暂行技术条件》(科技基〔2008〕74 号)的规定。

### 4.1.3　轨道板预制场规划及建设

#### 4.1.3.1　设置原则

CRTSⅠ型混凝土轨道板预制场的设置应结合 1 个或多个工程项目的工程量统筹考虑，就高速铁路无砟轨道工程而言，通常选在拟供应范围的中间位置附近，地势平坦开阔，靠近公路交通要道并与施工便道相连的位置。若条件许可，预制场可利用废弃厂矿、预制场、规划用地或取弃土场等，以减少土石方量，节约用地和投资。此外，还应考虑材料进出场、水电供应等。

CRTSⅠ型混凝土轨道板生产工效受制于模具配置，而模具配置又需要厂房及相关设备予以支持。轨道板生产用模具每套周转时间约为 24 h，每月按 28 d 有效工作日计。

一般情况下，预制场的最优供应半径为 60 km，同时还应考虑 2～4 个月产量的存放场地。

4.1.3.2 预制场总体规划

按生产工艺原理，CRTSⅠ型混凝土轨道板预制场总体规划应结合工程工期及场地条件尽量做到布局合理、工序明确、物流顺畅，生产规模满足工程工期并略有富余，适度预留长远发展余量。一个功能完整的 CRTSⅠ型混凝土轨道板预制场一般包括生活办公区、混凝土拌制区、钢筋加工车间、轨道板生产车间、轨道板存放区等区域。本节以中铁二局成绵乐铁路新津轨道板预制厂为例介绍轨道板预制场规划。

新津轨道板预制场占地约 80 亩，紧临成都至乐山大件路布置，交通方便。轨道板预制场平面划分为生活办公区和轨道板生产区两大区域，其中生活办公区占地约 12 亩，包括办公区、住宿区、食堂及生活辅助区等；轨道板生产区占地约 68 亩，包括钢筋加工区、轨道板预制区、张拉封锚区、轨道板水养区、轨道板检测区、轨道板存放区、拌和站及生产辅助区等，其中钢筋加工房、轨道板生产车间、张拉封锚区、轨道板水养区等集中在主生产厂房内布置。轨道板生产区内各工序的物流衔接采用桥式起重机、平板车、运输车及龙门吊等完成，各区根据自身特点配备相应的生产机具。

轨道板预制主生产厂房为双跨整体结构，左右分为长 54 m、宽 18 m 的钢筋加工车间和长 102 m、宽 42.5 m 的轨道板生产车间。钢筋加工车间配 1 台 5 t 桥式单梁起重机。轨道板生产车间配 4 台 10 t 桥式单梁起重机、50 套轨道板预制模型、2 t 蒸汽锅炉、2 套数控张拉系统。厂房采用实腹式钢结构排架厂房，总建筑面积为 5 307 $m^2$。轨枕生产车间外侧为轨枕存放区，采用 2 台 10 t/40 m 的门式悬臂龙门吊负责轨道板吊卸及存放，满足最大存板 8 000 块。

4.1.3.3 轨道板预制场建设

(1)生产量设计。按照技术条件，CRTSⅠ型混凝土轨道板按混凝土强度发展(即蒸养时间)确定模型周转，而脱模开始到钢筋及预埋件安装、混凝土浇筑成型的时间大约为 4 h，混凝土养护 16 h，模型周转的理论时间为 20 h。但考虑到劳动力组织及正常的生产组织，一般都按 24 h 单班作业考虑，故模型的周转时间为 24 h。以一套模型每个月正常生产 28 d 计，即每套模型的月产量为 28 块。因此，轨道板预制场需根据供板量及工期确定模型配置数量。

(2)生活办公区。生活办公区在规划用地内尽量避开生产区设置。生活办公区主要包括办公室、会议室、员工宿舍、食堂和文化活动区等。此外，还应修建试验室、物资仓库等辅助房屋。

(3)混凝土拌和站。混凝土拌和站的布置应以混凝土的运输距离最近为原则，减小混凝土的运输量，确保混凝土的连续供应。轨道板预制生产是一个工厂化作业，受外部环境的干扰相对较小，必须考虑整体布局，拌和站宜靠近车间布料口侧。原材料应采用封闭的料仓，北方地区还应考虑原材料厂冬季保温或加温措施。砂石料仓应满足混凝土半个月内的供应，冬季应有备用料仓可满足 3 个月的储料能力。

混凝土拌和站设置在不考虑对外供应混凝土的前提下一般设置 90 或 120 型自动计量拌和站。

(4)主厂房。主厂房主要包括钢筋加工、轨道板预制、轨道板张拉、水养池和轨道板检测等。

钢筋加工区厂房结构采用钢构件，制板区端钢柱采用双牛腿，内置 5 t 桥式起重机进行钢筋、配件、预扎骨架的吊装。加工房内设 10 个钢筋预扎架，钢筋骨架采用桥式起重机吊装，用平板车运输至轨道板生产车间内。

轨道板预制区厂房结构采用钢构件，外侧采用钢板封闭，制板区与张拉、养护、检测区的桥式起重机中间钢柱采用双牛腿，制板区和钢筋加工区内采用 10 t 桥式起重机进行钢筋骨架、混凝土、轨道板等吊装作业。

轨道板张拉、养护、检测区也采用 10 t 桥式起重机进行轨道板的张拉、养护、检测等作业的吊装等。

(5)轨道板预制区。轨道板预制工艺设计为：混凝土用平板车通过运输通道汽运至轨道板生产线，10 t桥式起重机吊装混凝土料斗入模浇筑。轨道板混凝土浇筑完成后采用 2 t/h 蒸汽锅炉进行蒸汽养护，温控操作系统进行控制。蒸汽管道铺设在每个制板台座底部，蒸汽养护罩采用活动式钢管架外罩隔热篷布。

轨道板制板模型为台座式设计，采用钢筋混凝土基础，台座下部设蒸养管道，保证轨道板在混凝土浇筑后及时蒸养达到需求强度。模型之间设置纵向物流通道，以方便轨道板混凝土及钢筋骨架的运输。预制区内设 2 台 10 t 桥式起重机进行钢筋骨架、混凝土、轨道板及其他材料机具的吊装。

(6)轨道板张拉及养护区。轨道板张拉及养护区内配置 2 台 10 t 桥式起重机，可充分满足轨道板的张拉封锚、养护区的吊装、翻板作业等。

轨道板养护区设置1个养护池，轨道板吊装至水池内进行湿润养护，水池设置向外泄水孔，以便养护用水随时更换。养护池采用混凝土圈梁、砖砌立墙的形式。

(7)轨道板存放区。轨道板存放区的规划应结合工地其他的轨道板临时存放场、施工工期等全盘考虑，但至少应满足轨道板预制场正常生产3个月的存放能力。考虑到工地存放条件的局限性，一般设计在5 000块板以上。

轨道板存放区采用悬臂式龙门吊和汽车吊结合的方式进行轨道板存放。轨道板存放时按侧面立式存放在纵向的混凝土条型基础上，存放台位两端设置支挡。龙门吊基础采用倒T形混凝土扩大基础，存放区内采用平地机刮平，并洒水碾压密实。

(8)生产辅助区。轨道板场生活生产所需的电力供应由设在附近的10 kV高压线路引入，根据轨道板场各部分用电情况进行电线布置。为确保轨道板生产时电力的正常供应，轨道板场内备用1台350 kW发电机。

轨道板场用水一般采用打机井解决，生活用水采用外接自来水。为满足轨道板预制时蒸汽养护的需要，另设1台2 t的蒸汽压力锅炉。

### 4.1.4 轨道板制造工艺流程

4.1.4.1　工艺流程

CRTSⅠ型混凝土轨道板制造主要分为钢筋制作、混凝土制备、轨道板预制、预应力实施、轨道板养护等5个生产流程，工艺流程如图5-4-2所示。

4.1.4.2　主要工序

钢筋制作：钢筋采用钢筋预扎台座集中预扎、整体入模的方式；入模后在浇筑混凝土前进行绝缘性能检测，确认电阻大于2 MΩ。

模型安装：模型采用专业厂家生产的高精度钢模，模型外形尺寸允许误差为轨道板外形尺寸允许误差值的1/2。

混凝土制备及轨道板预制：轨道板场一般采用120型或90型拌和站制备混凝土，混凝土使用平板小车配合混凝土料斗方式运输进入制板车间，之后再用桥式起重机吊运料斗至轨道板模型位置进行混凝土浇筑作业。

预应力实施：混凝土强度达到40 MPa时进行脱模作业，通过车间内桥式起重机转运至轨道小车送入张拉封锚区，采用全自动数控张拉系统对轨道板进行预应力施工，预应力作业按设计要求先进行横向单边张拉后进行纵向两侧张拉。预应力施加完毕后进行封锚作业，采用强制搅拌机对封锚砂浆进行搅拌，采用空气锤进行封锚作业。

轨道板养护：混凝土浇筑完毕后采用自动蒸养系统进行养护，最高温度不超过45 ℃，轨道板芯部温度不超过55 ℃。张拉完成后进入水养阶段，水温不得低于5 ℃，养护时间不少于3 d。水养完成后将轨道板存放到存板区进行自然养护，时间不少于4 d。

4.1.4.3　关键工序

轨道板生产关键工序为：钢筋制作与绝缘检测、模型检测及预埋套管安装、混凝土浇筑、预应力实施和轨道板养护。

### 4.1.5 制板关键设备及工装

由于模型的周转主要受混凝土的浇筑、轨道板蒸汽养护及脱模环节的制约，因此，设备的优化和布置是生产线的设置重点。

4.1.5.1　轨道板预制台座(模型)

CRTSⅠ型混凝土轨道板预制台座按单块轨道板布置，包括模型台座和整体式钢模型。模型台座采用整体式钢筋混凝土基础，安装蒸汽管道和模型预埋件。整体式钢模型包括钢模具及附属部件，具有结构精密合理、性能稳定耐用、安全可靠、操作简单、维修方便的特点。轨道板预制台座及钢模型如图5-4-3所示。

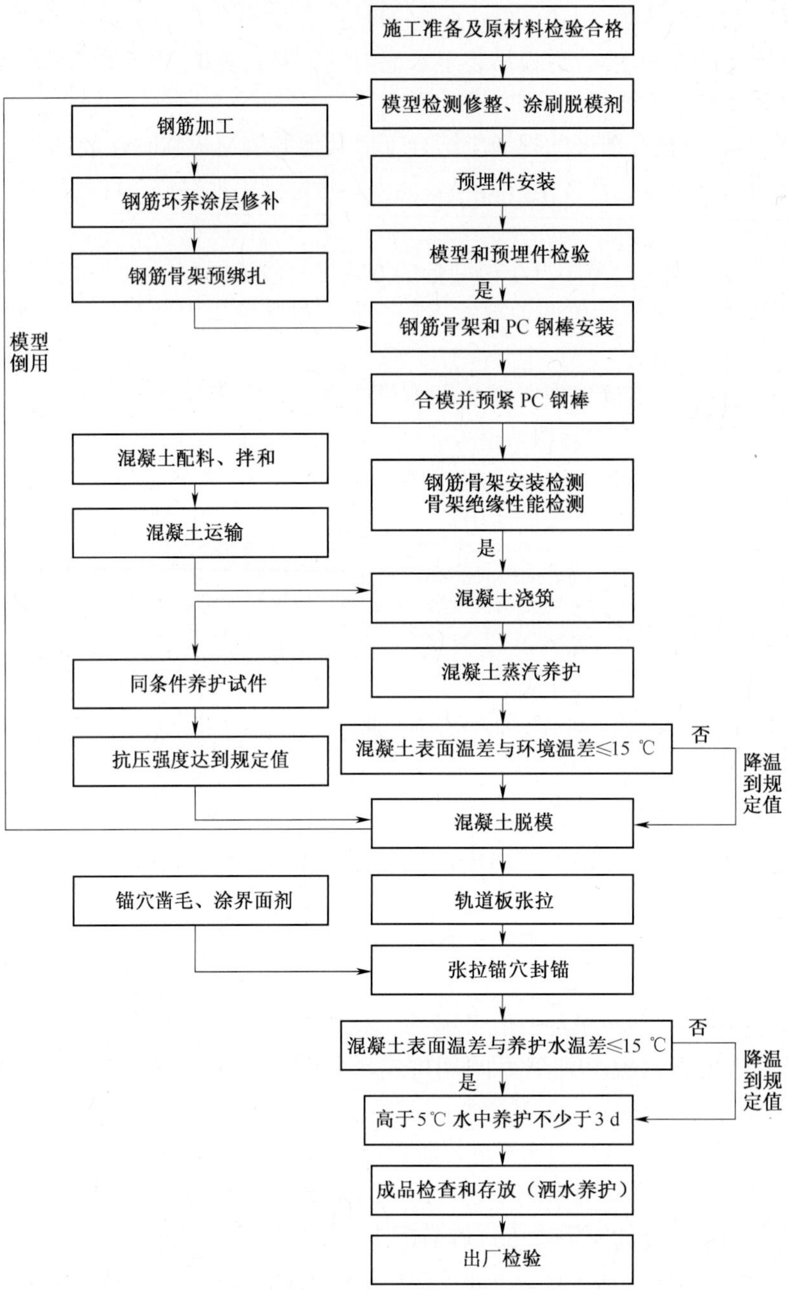


图 5-4-2 双向预应力混凝土轨道板工艺流程

整体式钢模型由固定式底模框架及底模、水平开合式侧模、附着式高频振动器及附属部件等组成,其主要特点如下:

(1)钢模底模框架采用H型钢及钢板焊成,具有良好的刚度、强度和稳定性,能满足轨道板预制高精度的要求,具有良好的使用寿命。

(2)自动定位销自动精准定位,实现轨道板快速、自动脱模。

(3)钢模表面,特别是轨道板承轨台及扣件螺栓孔等部位采用数控磨床及钻床加工而成,模型加工精度高,能满足轨道板预制过程不漏浆、成型精度高的要求。

(4)钢模采用销连接和螺栓连接,水平开合模,锁紧装拆方便,重复定位精度高。

(5)附着式振动器电控振动采用变频控制高频振动。

4.1.5.2 钢筋绑扎胎具

轨道板钢筋网片架在专用绑扎胎具上进行绑扎,钢筋绑扎胎具采用型钢制作,凸形挡台位置采用钢板制作成圆弧。绑扎胎具内设有钢筋定位槽或定位卡、综合接地端子定位孔,按照对应型号轨道板设计图纸的钢筋间距、数量在胎具内标识钢筋定位槽或定位卡和综合接地端子定位孔,保证钢筋的位置正确,各钢筋偏差在标准范围内。钢筋绑扎胎具如图 5-4-4 所示。

图 5-4-3　CRTSⅠ型混凝土轨道板预制台座及钢模型

图 5-4-4　轨道钢筋绑扎胎具

4.1.5.3　轨道板数控自动张拉系统

轨道板数控自动张拉系统为后张预应力轨道板的预应力钢棒自动张拉专用设备，该系统采用高精度传感器测量技术和现代计算机控制技术，以张拉载荷值为控制要素，以伸长值为校核指标，采用程序自动控制完成轨道板的预应力初张、终张和保压，并实时记录和显示张拉力、伸张值的实际情况和误差情况，具有数据记录、数据查询、数据分格和工艺参数修改等功能。

轨道板数控自动张拉系统由集中控制柜、液压泵站、数据采集元件（位移和力传感器）及同步油缸组成，如图 5-4-5 所示。

4.1.5.4　轨道板自动温控养护系统

轨道板自动温控养护系统可按多块板或单块板作为一个控制单元进行养护。该系统由温度传感器、电气控制柜（含计算机）、无线控制磁阀控制器及附属零件组成。操作时，电气控制柜通过无线采集模型内混凝土温度数据，再根据相应的磁阀控制器输出相应的控制信号来控制相应磁阀的开和动，从而实现根据不同温度自动供应蒸汽的目的。同时，电气控制柜还可对各模型内的所有温度数据进行自动记录，并在计算机上显示。

图 5-4-5　轨道板数控自动张拉系统设备

### 4.1.6　制板原材料

CRTSⅠ型混凝土轨道板预应力结构，主体材料为：C60 高性能耐久性混凝土、低松弛预应力钢棒及锚具、环氧涂层钢筋、低碳热轧光圆盘条钢筋和热轧带肋钢筋。其中混凝土配合比可以使用水泥等级不低于硅酸盐或普通硅酸盐水泥和聚羧酸减水剂，规格 5～20 mm碎石，掺和料为复合型掺和料或单掺矿粉及粉煤灰。材料须满足技术条件和施工工艺要求。

轨道板预制生产辅助材料包括：预埋套管、起吊套管、接地端子、封锚砂浆、绝缘卡、防腐油脂、脱模剂等。

### 4.1.7　制板质量标准

4.1.7.1　模型质量控制

模型应具有足够的强度、刚度和稳定性，应能够保证轨道板各部形状、尺寸及预埋件的准确位置。模型的制造允许误差为成品轨道板允许公差的 1/2。模板支承基础应平整、坚实，不得因其不均匀下沉引起模型变形。

模型应进行日常检查和定期检查，检查结果应记录在模型运转记录表中。日常检查应每班进行，内容包括模型外观和平整度。每月进行一次定期检查，内容包括模型长度、宽度、厚度和平整度。

4.1.7.2 钢筋编组及预埋件安装质量控制

钢筋加工在常温下以不损害材质的方法进行,其弯折应利用机具一次成型,不得回复操作。钢筋骨架的绑扎在专用胎具上进行。

轨道板内钢筋位置的允许偏差应满足表 5-4-1 的规定。轨道板内所有预埋件应按设计准确安装并与模型牢固连接,确保混凝土振捣时不变位。轨道板内钢筋不得与预埋件相碰。

**表 5-4-1 轨道板内钢筋位置的允许偏差**

| 序 号 | 检查项目 | 允许偏差(mm) |
|---|---|---|
| 1 | 预应力钢筋 | ±1 |
| 2 | 非预应力钢筋 | ±5 |
| 3 | 箍筋间距 | ±10 |
| 4 | 钢筋保护层 | + 5 |

4.1.7.3 混凝土耐久性

混凝土中应选用聚羧酸盐系减水剂及能提高混凝土早期强度及后期耐久性的掺和料;混凝土胶凝材料用料不应超过 500 kg/m³,水胶比不宜大于 0.35,混凝土含气量不应大于 3%。

试生产前应将所选用的材料制作混凝土试件进行耐久性试验,并确保由不同原材料带入混凝土内的总碱含量和总氯离子含量符合技术条件的要求。

混凝土配制、浇筑及养护的相关工艺应符合设计文件及技术条件的要求。

4.1.7.4 轨道板的预施应力

预应力施加应在混凝土强度和弹性模量达到设计值的 80%以后进行。预应力钢棒张拉顺序应符合设计要求,横向预应力钢棒单向张拉,纵向预应力两端同步张拉。张拉锚固后,严禁采用电弧或气割切断预应力筋。

预应力钢棒张拉应按设计控制应力进行张拉,预施应力值应采用双控,以油压表读数为主、以预应力钢棒伸长值作校核。实际伸长值与设计伸长值的差值不得超过 1 mm,实测伸长值宜以 10%张拉力作为测量的初始点。

4.1.7.5 封锚砂浆的填压

封锚砂浆填压前,应采用所选用水泥、骨料、掺和料、聚合物等原材料制作砂浆抗渗性能、收缩性能试件各一组进行性能检测,并确保由不同原材料带入砂浆内的氯离子含量符合相关技术条件的要求。

4.1.7.6 减振型轨道板板下垫层的粘贴

减振型轨道板板底橡胶垫板、泡沫塑料板应按设计位置准确粘贴。橡胶垫板的粘贴应在预应力施加完成后进行,粘贴前应将轨道板粘贴面的浮浆、尘埃、油污等清除,使表面光滑平整。避免在阳光直射、雨、雪天气下作业。

板下橡胶垫层的粘贴应牢固可靠。黏结剂应涂布均匀,粘贴后用木槌、滚筒等压实密贴,在轨道板存放、运输、装卸和施工过程中不得脱离。

4.1.7.7 成品轨道板的质量要求

成品轨道板的质量标准及检测数量应符合表 5-4-2 的规定。

**表 5-4-2 成品轨道板的质量标准及检测数量**

| 序号 | 项 目 | 质量标准 | 检测数量 | 备注 |
|---|---|---|---|---|
| 1 | 绝缘试验 | 符合《客运专线铁路 CRTS Ⅰ 型板式无砟轨道混凝土轨道板暂行技术条件》(科技基〔2008〕74 号)标准 | 每 500 块为一检验批,每批检验 20% | ▲ |
| 2 | 预防碱—骨料反应 | 碱—硅酸反应快速砂浆棒膨胀率不大于 0.2%;水泥碱含量不大于 0.6%;混凝土拌和物砂浆棒膨胀率不大于 0.10% | 下列任一情况为一批,每批检验一次:①任何新选料源;②使用同厂家、同品种、同规格产品达一年者 | ▲ |

续上表

| 序号 | 项　目 | 质量标准 | 检测数量 | 备注 |
| --- | --- | --- | --- | --- |
| 3 | 抗冻循环 | 混凝土的56 d龄期抗冻性应不小于300次 | 施工混凝土累计20 000 $m^3$为一批，每批检测一次 | ▲ |
| 4 | 抗氯离子渗透 | 混凝土电通量应小于1 000 C | 施工混凝土累计20 000 $m^3$为一批，每批检测一次 | ▲ |
| 5 | 抗裂性 | 不开裂 | — | ▲ |
| 6 | 轨道板混凝土强度 | 混凝土试件28 d强度不低于69.9 MPa | 每台班每拌制100盘且不超过100 $m^3$混凝土取样不少于一次，在浇筑地点随机抽样制作(150×150×150)mm试件5组或4组 | ▲ |
| 7 | 脱模混凝土强度 | 脱模出板的强度不低于40 MPa | 同一台班每浇筑12块轨道板，取样制作(150×150×150)mm试件2组 | ▲ |
| 8 | 轨道板张拉弹性模量 | 轨道板张拉弹性模量不小于32.5 GPa | 同一台班混凝土浇筑时每24块轨道板为一批，取一组张拉弹模试件 | ▲ |
| 9 | 轨道板28 d龄期混凝土弹性模量 | 轨道板28 d龄期混凝土弹性模量不小于36.5 GPa | 每台班每拌制100盘且不超过100 $m^3$混凝土取样不少于一次，在浇筑地点随机抽样制作(150×150×300)mm试件1组 | ▲ |
| 10 | 构造筋保护层厚度 | 误差0～5 mm | 全检 | |
| 11 | 轨道板全长 | 允许偏差±3 mm | 每500块板为一批检测10块轨道板 | |
| 12 | 轨道板宽度 | 允许偏差±3 mm | 每500块板为一批检测10块轨道板 | |
| 13 | 轨道板板厚度 | 允许偏差0～3 mm | 全检 | |
| 14 | 预埋绝缘套管中心位置距板中心线 | 允许偏差±1 mm | 全检 | |
| 15 | 预埋套管保持轨距的两套管中心距 | 允许偏差±1.5 mm | 全检 | |
| 16 | 预埋套管保持同一铁垫板位置的两相邻套管中心距 | 允许偏差±1 mm | 全检 | |
| 17 | 预埋套管歪斜(距顶面120 mm处偏离中心线距离) | 允许偏差2 mm | 全检 | |
| 18 | 预埋套管凸起高度 | 允许偏差−0.5 mm～0 | 全检 | |
| 19 | 标记线(板中心线)位置 | 允许偏差±1 mm | 每500块板为一批检测10块轨道板 | |
| 20 | 板顶面四角的承轨面水平 | 允许偏差±1　mm | 全检 | |
| 21 | 板顶面单侧承轨面中央翘曲量 | 允许偏差≤3 mm | 全检 | |
| 22 | 板底面平整度 | 允许偏差≤5 mm/m | 每500块为一批检测10块轨道板 | |
| 23 | 轨道板半圆形缺口直径 | 允许偏差±3 mm | 每500块一批检测10块轨道板 | |
| 24 | 其他预埋件位置及垂直歪斜 | 允许偏差±3 mm | 全检 | |
| 25 | 肉眼可见裂纹(预应力轨道板) | 不允许出现裂纹 | 全检 | |
| 26 | 承轨部位表面缺陷(气孔、粘皮、麻面等) | 允许偏差长度≤20 mm，深度≤5 mm | 全检 | |

续上表

| 序号 | 项　目 | 质量标准 | 检测数量 | 备注 |
| --- | --- | --- | --- | --- |
| 27 | 锚穴部位表面缺陷 | 不允许有裂纹、脱层、起壳等 | 全检 | |
| 28 | 其他部位表面缺陷(气孔、粘皮、麻面等) | 允许偏差长度≤80 mm,深度≤8 mm | 全检 | |
| 29 | 轨道板四角棱角破损和掉角 | 允许偏差长度≤50 mm | 全检 | |
| 30 | 预埋套管内混凝土淤块 | 不允许 | 全检 | ▲ |
| 31 | 轨道板侧面漏筋 | 不允许 | 全检 | ▲ |
| 32 | 标识及编号 | 标志正确,无污染 | 全检 | ▲ |
| 33 | 预埋套管抗拔力 | 抗拔力不小于 100 kN,周围没有可见裂纹,允许有少量砂浆剥离 | 每 500 块轨道板为一检验批,从每批外形尺寸和外观质量抽检的 10 块轨道板中任意抽取 1 块轨道板,再任意抽取的轨道板上任意抽取 3 个套管进行试验 | ▲ |

注:表中备注为▲的,表示为质量控制关键项。

### 4.1.8 施工工艺

CRTSⅠ混凝土轨道板预制主要分模型工程、钢筋工程、混凝土工程、预应力工程、锚穴封锚、轨道板吊运及存放等部分。

#### 4.1.8.1 模型工程

模型是形成轨道板外形并保证其精度的重要工装,不仅要求制造质量好、精度高、方便操作、方便维护,而且还必须加强管理,严格使用、维护并经常检查。新制模型正式启动前,更应进行专项验收检查。

1. 模型合模安装前检查

(1)模型安装前应检查模型承轨台平整度,基础立柱支撑完好程度;立柱预埋螺杆间距、预留高度是否满足要求,丝口是否完好。

(2)检查模型板面是否平整、光洁、并清除模板上的灰渣;检查振动器支架及模板焊缝处是否有开裂破损,如有均应及时补焊。

(3)应检查模型预埋件是否安装齐备,定位销是否松动,定位销与模型面板间隙是否在允许范围内,模型接缝是否严密。

(4)模板与混凝土接触面应涂脱模剂,脱模剂严禁使用废机油、废柴油;涂刷脱模剂时应注意少而均匀,做到不漏涂而板面又不积聚。

(5)检查模型定位销槽是否齐全、完好,脱模、顶升装置是否就位,标识牌安装是否正确无误。

(6)检查基础预埋件位置是否正确,预埋件螺栓是否松动。

2. 模型安装

模型安装主要由以下几部分组成:

(1)侧模安装:侧模除锈→清除接缝处及表面灰渣→分别向内滑动侧模→组装各节模板并拧紧螺栓→检查侧模安装尺寸→涂脱模剂。

(2)轴心模安装:轴心模除锈→清除接缝处及表面灰渣→组装各节轴心模并拧紧螺栓→拧紧撑杆→检查轴心模安装尺寸→涂脱模剂。

(3)端模安装:端模除锈→清除接缝处及表面灰渣→向内滑动端模→组装各节模板并拧紧螺栓→安装凸形挡台→检查端、侧模安装尺寸→涂脱模剂。

安装好的模型如图 5-4-6 所示。

3. 模型拆除(轨道板脱模)

(1)脱模流程:松开钢棒预紧螺栓并拆除→松开预埋件预紧螺栓(松开定位销锁紧装置)→松开模型锁紧装置→转动退模装置至侧模与板体表面脱离→安装起吊装置→转动顶升装置顶升板体→脱模完成。模型拆除(轨道板脱模)如图 5-4-7 所示。

图 5-4-6　安装就位的轨道板模型

图 5-4-7　模型拆除(轨道板脱模)

(2)拆模条件。

1)轨道板混凝土强度:轨道板拆模时的混凝土强度要达到设计强度的 80%以上(≥40 MPa),且能保证构件棱角完整时方可拆模,用与轨道板混凝土同等养护条件的试件强度确定拆模时间。

2)拆模温度:轨道板混凝土芯部与表层温差、轨道板表层与环境温差均不应大于 15 ℃时方可拆模,以防止轨道板混凝土产生早期裂缝,气温急剧变化时不宜脱模。

4.1.8.2　钢筋工程

1. 钢筋工程基本要求

进场钢筋应分规格分批检查验收,并分类堆放、挂牌标识,钢筋存放时垫离地面 200 mm 以上。

环氧树脂涂层钢筋产品应采用具有抗紫外线照射性能的塑料布进行包装;吊装应采用对涂层无损坏的绑带及多支点吊装系统进行,并防止钢筋与吊索之间及钢筋与钢筋之间因碰撞、摩擦等造成的涂层损坏;涂层钢筋在搬运、堆放等过程中,应在接触区域设置垫片,当成捆堆放时,涂层钢筋与地面之间、每捆钢筋之间应用垫木隔开,且成捆堆放的层数不得超过 5 层。绝缘涂层钢筋存放示意如图 5-4-8 所示。

2. 钢筋加工

非绝缘涂层钢筋根据计划长度采用切断机冲切,再使用弯曲机逐根弯曲成型。钢筋加工前,钢筋必须平直,无局部弯曲。表面的油渍、漆污、水泥浆和敲击能脱落的浮皮、铁锈等必须清理干净。

加工成型的钢筋,应形状正确,平面上没有翘曲不平现象,末端弯钩的净空直径不小于设计值,钢筋弯曲点处不得有裂纹。钢筋加工尺寸允许偏差应符合表 5-4-3 的要求。

3. 接地端子焊接

轨道板制造用钢筋及接地端子焊接在钢筋绑扎前进行,设一个单独的工装,进行定位焊接。接地钢筋焊接时,单面焊接长度不小于 200 mm。焊接接地端子安装时,接地端子端头应紧贴纵向模板。接地端子焊接如图 5-4-9 所示。

图 5-4-8　绝缘涂层钢筋存放

**表 5-4-3　钢筋加工尺寸允许偏差**

| 序号 | 检验项目 | 允许偏差(mm) | 检查方法 |
| --- | --- | --- | --- |
| 1 | 受力钢筋全长 | ±10 | 尺量 |
| 2 | 箍筋内净尺寸 | ±3 | |

图 5-4-9　接地端子焊接

4. 钢筋绑扎

轨道板钢筋骨架在钢筋绑扎胎具上整体绑扎。胎具设有钢筋定位槽、综合接地端子定位孔等。胎具定位槽口中心误差不超过±3 mm,槽口应能准确保证钢筋位置准确。钢筋绑扎胎具须检验合格后方可投入使用,日常使用过程中胎具每月检查一次,主要检查胎具的完好程度、钢筋定位槽口磨损变形是否符合要求、各部位及槽口间距尺寸是否符合要求。

轨道板钢筋绑扎注意事项:

(1)横向钢筋与纵向钢筋交点采用满扎,箍筋弯折处、架立筋与纵横向钢筋交点逐点绑扎,箍筋接头叠合处逐点绑扎;纵横向钢筋绑扎处需加设足够绝缘垫片绑扎,保证轨道板体的绝缘性能。

(2)绑扣应成 8 字形交替绑扎,绑点如有松脱,应紧扣或重绑。

(3)扎丝采用绝缘型扎丝,其尾部应扭向骨架内,每个钢筋交叉点的绝缘电阻不得小于 2 MΩ,骨架不得有油污及扭曲变形。绑扎成型的钢筋骨架应进行绝缘性能测试,发现绝缘性能超标者应立即进行整改。

(4)轨道板钢筋绑扎尺寸偏差应符合表 5-4-4 的要求。

**表 5-4-4　混凝土轨道板内钢筋位置允许偏差**

| 序号 | 项　目 | 允许偏差 | 检查方法 |
| --- | --- | --- | --- |
| 1 | 非预应力筋 | ±5 mm | 用钢卷尺测量 |
| 2 | 钢筋保护层 | +5 mm | 量垫块 |

续上表

| 序号 | 项　目 | 允许偏差 | 检查方法 |
|---|---|---|---|
| 3 | 预应力筋 | ±1 mm | 用钢板尺量 |
| 4 | 箍筋间距 | ±10 mm | 钢卷尺量测 |

5. 混凝土保护层垫块

在钢筋与模板间设置保护层垫块，垫块采用细石混凝土，其抗腐蚀能力和抗压强度不低于C60混凝土耐久性和强度要求，其耐久性指标、强度均需要提交试验报告，且水胶比不得大于0.35。

混凝土保护层垫块位置设置合理，散布均匀，混凝土垫块应呈梅花形交错布置，设置数量为每平方米不少于4块，钢筋骨架易变形处可适当增加垫块数量。

保护层垫块尺寸应保证钢筋混凝土保护层厚度准确，其形状（宜为工字型或锥型）应有利于钢筋定位。保护层垫块绑扎应牢固，绑扎垫块和钢筋的扎丝头不得伸入保护层内。混凝土保护层垫块外形尺寸允许误差：0～3 mm。

6. 轨道板钢筋骨架吊装、存放及运输

钢筋骨架存放时，每层之间应用方木条隔开，并应采取措施防止倾覆，堆放层数不宜超过5层。垫木条位置和数量以保证钢筋骨架不变形为准。

钢筋骨架用运输小车采用人工推运至制板台座附近，每次运输不宜超过5层并采取隔离、限位保护措施。骨架上下车吊装应平稳起吊，缓慢就位。

7. 钢筋骨架入模安装

安装程序：钢筋骨架入模→安装预应力钢棒→安装螺旋筋→校正→检测电阻。

预应力钢棒护套与锚垫板连接处密封应满足设计要求，护套末端应向锚垫板内缩进2 mm。预应力钢棒的预应力宜为10～20 kN，以保证预应力钢棒顺直。

混凝土浇筑前，应确认钢筋及预埋件的位置和间距，确认安装完成后，用500 V兆欧表测量确认钢筋骨架的绝缘性能，用欧姆表两支测试笔分别接触上下层同一截面的两根普通横向钢筋和上层横向任意两根普通钢筋，确认电阻均不小于2 MΩ，则该片轨道板钢筋绝缘检测合格；如检测不合格，应查明原因并调整至合格后方可使用。轨道板钢筋绝缘电阻检测如图5-4-10所示。

图5-4-10　轨道板钢筋绝缘电阻检测

安装好的钢筋骨架如图5-4-11所示。

4.1.8.3　混凝土工程

1. 原材料计量要求

混凝土拌和站采用电子计量系统自动计量原材料，计量设备每年检定1次，每周自校电子秤及其他计量器具1次。拌和站料仓一般设四罐四仓、即：三个水泥罐、一个掺和料罐和两个砂仓、两个石仓。料仓不得混料，严禁混料进行施工。料仓每月应冲洗1～2次，保持干净。

混凝土配料应严格按施工配料单进行，秤料误差（均以质量计）规定为：水、外加剂、水泥、掺和料不大于±1%；砂、石不大于±2%。

图 5-4-11　钢筋骨架入模安装

2. 混凝土制备及运输

混凝土浇筑前做好开盘检查,确认无问题时才可开盘。混凝土浇筑应满足《客运专线高性能混凝土暂行技术条件》(科技基[2005]101 号)、《铁路混凝土工程施工质量验收标准》(TB 10424)的有关规定和要求。

混凝土运输采用运输车配合料斗运输,装料前应仔细检查料斗有无润湿、积水,料斗内壁黏附的混凝土是否清除干净。每天工作后或浇筑中断 45 min 以上再行运输混凝土时,必须再次清洗料斗。混凝土制备及运输如图 5-4-12 所示。

图 5-4-12　混凝土制备及运输

3. 混凝土浇筑

CRTSⅠ型混凝土轨道板混凝土浇筑按逐块模型分别浇筑。混凝土浇筑的温度要求为:模板温度5 ℃～35 ℃,混凝土拌和物入模温度 5 ℃～30 ℃。当昼夜平均气温低于 5 ℃或最低气温低于－3 ℃时,应采取保温措施,并按冬期施工处理。

每块轨道板的混凝土浇筑应一次成型,不得增补或接长,采取混凝土从模型一端向另一端延伸的办法布料。混凝土浇筑分两层连续进行,布料均匀,严禁浇筑间隔超过 20 min 的混凝土。

在浇筑混凝土过程中,采用附着式高频振捣器进行振捣。第一层布料完成后,振捣 120 s 左右后再布入第二层混凝土。第二次振捣 120 s 左右,过程中注意将局部多余混凝土铲掉,混凝土不够的地方及时补料、振平。每层布料厚度约 10 cm,振捣时间根据混凝土密实情况可适当调整。

振动器控制箱操作人员必须仔细观察混凝土表面,防止漏振、欠振和过振,以混凝土无明显下沉、无明显气泡、表面泛浆为宜。

混凝土抹面后,覆盖棚布,静置保温。混凝土浇筑及蒸汽养护如图 5-4-13 所示。

4. 混凝土蒸汽养护

轨道板混凝土养护期间,应重点加强混凝土的湿度和温度控制,尽量减少表面混凝土的暴露时间。轨道板养护分为蒸汽养护、水中养护和自然养护 3 个阶段。

轨道板蒸汽养护采用自动温控系统,蒸汽养护全过程分为静置、升温、恒温、降温 4 个阶段。

图 5-4-13　混凝土浇筑及蒸汽养护

静置期:混凝土浇筑完毕至混凝土初凝之前的养护期为静置期,静置期时间不小于 3 h。静置期可向棚内供给少量的蒸汽,将棚内温度控制在 5 ℃～30 ℃之间。

升温期:温度由静置期升至规定的恒温阶段为升温期。升温速度不得大于 15 ℃/h。

恒温期:恒温时棚内温度不超过 45 ℃,混凝土芯部温度不宜超过 55 ℃。最高温度持续时间不宜超过 6 h。

降温期:降温速度不应大于 15 ℃/h,脱模时,轨道板表面与环境温差不应大于 15 ℃。

生产期宜观测轨道板芯部温度,并分析混凝土芯部温度与棚内温度相对关系,绘制温度曲线。指定专人定时采集数据,及时绘制温度曲线图,当发现升降温速率出现异常时,立即报告,分析原因,采取措施。蒸汽养护结束后,应进行入池养护和洒水保湿养护。

(1)水中养护。轨道板封锚完成后应根据封锚砂浆凝结情况静置 2 h 以上且养护剂不再流动后方可吊入水养池全部浸入水中养护,如图 5-4-14 所示。轨道板在水养池中养护的时间应不少于 3 d。水养池内最低水温不应低于 5 ℃。

图 5-4-14　轨道板水中养护

轨道板水中养护前应将板体表面清扫干净,预埋套管处用塑料盖进行封堵,防止杂物浸入。轨道板入池后应牢固固定,防止轨道板在养护池内发生倾覆。

水养池内积淤和养护用水应定期清理更换,养护用水应保持干净。

(2)自然养护。轨道板在养护池内水养 3 d 以后,通过 10 t 桥式起重机装车后通过运输小车运至存板区进行存放，每批轨道板抽检 10 块，按规范对轨道板的长度、宽度等进行外观检查，抽检完成后装车运至存板区进行存放。

轨道板水养结束转入轨道板存放场集中存放并自然养护，自然养护时间与水中养护时间累计不得少 14 d。

自然养护以洒水湿润养护为主，洒水次数以保持混凝土表面充分潮湿为度，一般情况下，白天以 1～2 h 一次，晚上 4 h 一次。

当环境气温低于 5 ℃时，轨道板表面应喷涂养护剂，采取保温保湿措施，禁止对轨道板直接洒水。

4.1.8.4　预应力工程

1. 张拉前准备工作

(1)张拉人员经培训合格并持证上岗。

(2)锚具按规定检验合格，预应力钢棒有技术合格证并经复验确认合格。

(3)混凝土强度达到 40 MPa 以上且弹性模量达到 32.5 GPa 以上。

(4)轨道板数控自动张拉系统状态良好，千斤顶和油压表均已标定并在有效期内。

(5)PC 钢棒两端螺栓已紧固到位。

2. 张拉工艺

轨道板预应力施加采用数控自动张拉系统分级张拉完成。张拉流程如图 5-4-15 所示。

3. 张拉顺序

预应力张拉顺序先横向后纵向，横向预应力为单向张拉，固定端预应力钢棒螺纹外露量控制在 8～10 mm；纵向预应力钢棒从中间向两侧、先下层后上层，对称、两端同步张拉，并应保证预应力筋两端伸长量基本一致。横向及纵向张拉顺序如图 5-4-16 所示。

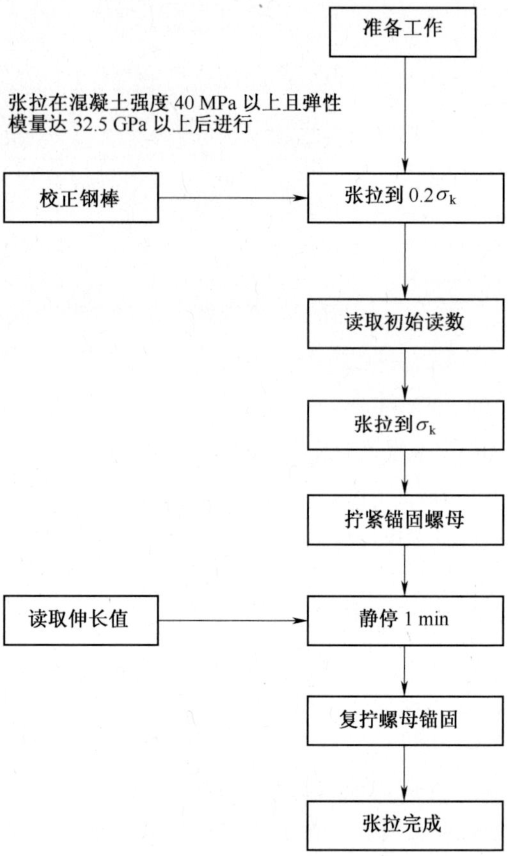


图 5-4-15　轨道板张拉流程图

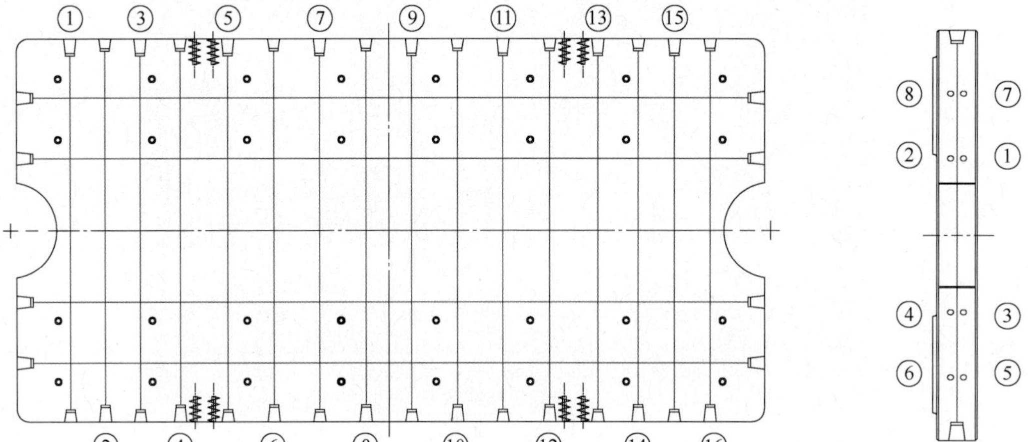


图 5-4-16　轨道板横向及纵向张拉

轨道板横向张拉力 127 kN，纵向张拉力 122 kN，P4962 纵向单端张拉伸长量 11.2 mm，横向张拉伸长量 11.2 mm，伸长量误差不应超过 1 mm，由于伸长值与钢棒工作长度成正比，P4856、P4856A、P3685 板纵向单端伸长量可根据工作段长度按比例计算求得伸长值，见表5-4-5。

**表 5-4-5 轨道板横向及纵向张拉预应力筋伸长值**

| 型 号 | 横 向(mm) | 纵 向(mm) |
|---|---|---|
| P4962 | 11.2 | 11.2 |
| P3685 | 11.2 | 8.3 |
| P4856 | 11.2 | 11.0 |
| P4856A | 11.2 | 11.0 |

4.1.8.5 锚穴封锚

轨道板张拉结束后，即可进行锚穴封锚施工。封锚砂浆采用强制式搅拌机拌制，搅拌机转速不宜小于180 r/min；称量采用电子秤，计量误差不得大于1%，电子称每月校核一次，做好校核记录。

封锚砂浆填压前，应清理锚穴内油污、浮尘、杂物和积水，并均匀喷涂能够提高黏结强度的界面剂。封锚砂浆应分层填压。封锚工艺流程如图5-4-17所示。

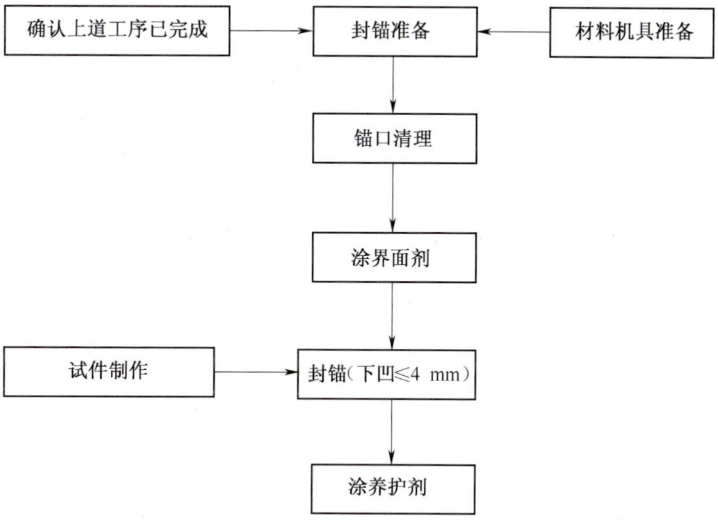

图 5-4-17 轨道板砂浆封锚工艺流程

锚穴封锚采用空气锤对砂浆进行振捣，频率不小于1 000 Hz，振捣力不小于6 kg，振捣次数不得少于3次，每次不少于20 s。封锚完成的轨道板见图5-4-18。

4.1.8.6 轨道板吊运及存放

轨道板水养之后，经检查合格，通过桥式起重机、运输汽车等将轨道板运至存板区内，再由龙门吊吊装就位存放，如图5-4-19所示。

图 5-4-18 封锚完成的轨道板

图 5-4-19 轨道板存放

(1)轨道板吊装。轨道板起吊时，应利用轨道板上的预埋起吊套管水平起吊，使起吊螺栓均匀受力。吊运的重量不得超过起重设备的最大起重量，混凝土轨道板应单块分别吊运。整个起吊作业过程中必须轻起轻放，防止碰伤轨道板。

(2)轨道板运输。轨道板运输注意事项如下：

1)装车时，轨道板应利用立吊工装纵向立放于平板车内立板架上，支点设置于起吊螺栓处。

2)装车的重量不得超过设备的最大重量，并且一个车次的装载轨道板数量不得超过2块。

(3)轨道板堆放。轨道板成品应按型号和批次分区储存，严禁不同型号的产品混存；不合格的轨道板要单独存放，并做出明确的标识。

轨道板采用垂直立放(长边方向着地)方式进行堆放。临时平放不大于 7 d，层数不超过 4 层。层间净空应不小于 50 mm，并保证承垫物上下对齐，承垫物的位置为起吊套管位置。轨道板采用立放时应采取措施将紧邻两块轨道板连接，使轨道板堆放成一整体，轨道板堆放端头应有良好的防倾倒支撑架，第一块轨道板连接在支撑架上。

轨道板贮存时，用塑料封盖对绝缘套管及接地端子孔眼进行封堵，防止雨水或杂物进入。

4.1.8.7　成品轨道板绝缘性能检测

轨道板成品外形外观尺寸检验方法可采用 ZL5 型智能 LCR 测量仪进行三次有轨道板($L$ 和 $R$)和同位置无轨道板情况($L_0$ 和 $R_0$)的对比检测，测量后各取算术平均值作为测量结果进行计算，成品轨道板绝缘性能检测如图 5-4-20 所示。

图 5-4-20　成品轨道板检测

### 4.1.9　资源配置

4.1.9.1　劳动力配置

根据实际试生产情况、岗位工作量以及机械设备自动化程度，采取相应措施，提高工作效率，根据工期要求，可以灵活采取两班制或者三班制生产。

管理人员组织见表 5-4-6。生产及辅助人员配置见表 5-4-7。

表 5-4-6　管理人员组织表

| 序　号 | 工　种 | 人　数 | 主要工作内容 |
|---|---|---|---|
| 1 | 场长 | 1 | 全面主持轨枕场工作 |
| 2 | 总工程师 | 1 | 负责生产技术工作；负责建场工作 |
| 3 | 生产副经理 | 2 | 负责施工生产、设备管理工作 |
| 4 | 书记 | 1 | 负责党务、工会、后勤工作 |
| 5 | 工程部长 | 1 | 负责生产技术，主管工程部 |
| 6 | 安质部长 | 1 | 负责安全、质量，主管安质部、试验室 |
| 7 | 物资设备部长 | 1 | 主管设备的选型、采购、物资订购，主管物资设备部 |
| 8 | 总会兼计财部长 | 1 | 负责计划、财务管理 |
| 9 | 办公室主任 | 1 | 负责行政办公、文件资料、接待 |
| 10 | 工程部 | 4 | 负责技术管理、生产指挥调度，协调与各部门的工作；验工计价 |
| 11 | 计财部 | 2 | 负责成本控制、合同管理、财务管理和生产计划 |
| 12 | 物资部(含司机) | 4 | 负责材料采购和管理 |
| 13 | 安质部 | 3 | 负责质量、安全和技术资料管理，负责与监理工程师的联络 |
| 14 | 试验室(含主任) | 4 | 负责试验检验及生产过程控制、生产成品检验等工作 |
| 15 | 办公室 | 2 | 负责治安、保卫工作及行政事物、食堂、司机、文化娱乐的管理及对外接待联络工作 |
| 合　计 | | 29 | |

表 5-4-7　生产及辅助人员配置表

| 序　号 | 工　种 | 每班人数 | 主要工作内容 |
|---|---|---|---|
| 1 | 混凝土班 | 32 | 负责轨道板混凝土的浇筑、养护及修补 |
| 2 | 模型班 | 36 | 负责模型安装，模型拆除，模型维修，模型加固，安装预埋件、锚具、套管等工作 |
| 3 | 钢筋班 | 48 | 轨道板钢筋加工、绑扎、安放、绝缘检测 |

续上表

| 序　号 | 工　种 | 每班人数 | 主要工作内容 |
|---|---|---|---|
| 4 | 吊运班 | 20 | 负责轨道板转移台位、存放、轨道板装车、各种运输机械的驾驶操作等工作(包括司机12人) |
| 5 | 张拉班 | 30 | 负责轨道板的张拉、封锚、预埋套管封盖等 |
| 6 | 拌和站 | 10 | 负责板场拌和站的操作、值班,拌和站及砂石料场日常维护工作 |
| 7 | 机电班 | 7 | 负责板场所有机械设备、用水管道、供电及线路维修、生产用电值班、维修振动器等工作 |
| 8 | 混凝土班 | 32 | 负责轨道板混凝土的浇筑、养护及修补 |
| 9 | 安全保卫 | 5 | 生产区门卫2、看守1、巡逻2 |
| 10 | 食堂后勤 | 8 | 员工3、民工食堂3、生活区卫生1、门卫看守1 |
| 合　计 | | 228 | |

6.1.9.2　主要设备机具配置

工艺装备配置的基本原则:符合工艺要求,满足生产效率,各工序能力平衡且环保节能。

CRTSⅠ型混凝土轨道板设备配置除符合上述基本原则外,还具有自动化程度高、采用新技术、新装备等特点。以成绵乐铁路新津轨道板日产50块轨道板为例,生产主要设备配置见表5-4-8。

**表5-4-8　主要设备配置**

| 序　号 | 名　　称 | 规格型号 | 单　位 | 数　量 | 备　注 |
|---|---|---|---|---|---|
| 1 | 轮式装载机 | Z50 | 台 | 1 | |
| 2 | 90混凝土搅拌站 | HZS90 | 台 | 1 | |
| 3 | 砂浆搅拌机 | C50 | 台 | 1 | |
| 4 | 轨行式门式起重机 | 10 t/17 m | 个 | 2 | |
| 5 | 轨行式门式起重机 | 10 t/32 m | 个 | 1 | |
| 6 | 单梁桥式起重机 | 5 t/16.5 m | 个 | 1 | |
| 7 | 单梁桥式起重机 | 10 t/16.5 m | 个 | 1 | |
| 8 | 单梁桥式起重机 | 10 t/23.5 m | 个 | 1 | |
| 9 | 现代叉车 | 5 t | 台 | 5 | |
| 10 | 电力变电站 | 630 kVA | 台 | 1 | |
| 11 | 柴油发电机组 | 250 kW | 台 | 3 | |
| 12 | 锅炉 | 2 t | 台 | 1 | |
| 13 | 轨道板数控自动张拉系统 | — | 台 | 1 | |
| 14 | 洗石机 | 50 $m^3$/h | 台 | 1 | |
| 15 | 全电子汽车衡 | SCS-150T 3.4×18 | 台 | 1 | |
| 16 | 混凝土运输车 | 3 t | 台 | 2 | |
| 17 | 轨道板蒸养系统 | 自动温控 | 套 | 1 | |
| 18 | 轨道板运输车辆 | 12 t | 台 | 2 | |
| 19 | 轨道板模型 | 各型 | 套 | 50 | |

## 4.1.10　质量安全控制要点

4.1.10.1　质量控制要点

除施工工艺及设计文件、技术条件要求的以外,CRTSⅠ型轨道板制造质量控制要点还有以下几点:

(1)轨道板制造是一项系统工程,涉及“人、机、料、法、环”各个环节,施工组织必须组织高效管理团队和技术服务团队,加强人力、设备、工装等资源配置,选择优质的工程材料。

(2)人是质量管理的第一要素,轨道板制造必须开展经常性的技术培训,针对关键环节、薄弱环节、安全质量控制重点等开展QC攻关活动,并定期开展经验交流和技术总结,提高施工标准化水平。

(3)科学规划轨道板制造临时工程和生产线布局,提高生产设备自动化水平,以设备质量和精度为轨道板制造质量提供保障。

(4)正式施工前，依据设计文件、技术条件及相关标准及经验编写翔实的工艺细则和检验细则，并加强技术交底和工艺试验，批量生产前邀请铁道部主管部门组织上道审查。

4.1.10.2 安全控制要点

安全控制要点见表5-4-9的规定。

表5-4-9 CRTSⅠ型混凝土轨道板制造安全控制要点

| 序号 | 作业活动 | 危害因素 | 可能发生危害事件 |
|---|---|---|---|
| 1 | 模板安装 | 电气设备安装不合格 | 触电 |
| | | 起重吊装操作不规范 | 起重伤害 |
| | | 电气焊接、切割作业中的烫伤，压缩气体燃烧爆炸、触电及电磁辐射危险 | 触电、爆炸、烫伤、物理伤害、电焊粉肺 |
| | | 搬运材料，在制品、成品时砸伤和尖锐棱角可能引起的刺割伤 | 起重伤害 |
| | | 起重吊装操作不规范，挤压伤、砸伤 | 起重伤害 |
| 2 | 钢筋工程 | 加工机械发生故障、粉尘、噪声 | 机械伤害、尘肺 |
| | | 人员未佩戴防护用品 | 灼伤、触电 |
| | | 无证上岗 | 人员伤害 |
| | | 接触初级线路的带电部分、接触次级带电部分 | 触电 |
| 3 | 混凝土工程 | 噪声、粉尘、设备缺陷 | 人身伤害 |
| | | 噪声、振动，输送管破裂 | 人身伤害 |
| | | 作业环境潮湿 | 职业性疾病 |
| 4 | 预应力工程 | 高压液体突然袭击，锚具及钢绞线飞出 | 物体打击 |
| 5 | 吊装工程 | 钢丝绳断裂 | 起重伤害 |
| | | 设备故障 | 起重伤害；<br>机械伤害；<br>高处坠落 |
| | | 违章操作或违章 | 起重伤害 |
| 6 | 电器作业 | 电气线路故障和设备缺陷 | 触电 |
| | | 发电机、振动器噪声 | 职业性耳聋 |
| 7 | 锅炉房 | 因设备缺陷、出现故障、人员操作失误、防护缺陷、选用工具错误或工具有缺陷以及违反安全操作规程 | 爆炸伤害 |

## 4.2 CRTSⅠ型板式无砟轨道施工技术

### 4.2.1 概　述

CRTSⅠ型板式无砟轨道采用无辅助轨施工工艺，在底座施工完成并达到道床铺设条件后，利用汽车将轨道板运输到现场，通过汽车吊、龙门吊铺设在底座上，必要时需要增加轮胎式双向运板车中转，前后经过轨道板精调、水泥乳化沥青砂浆浇筑、凸台树脂浇筑等工序形成整体道床结构。

CRTSⅠ型板式无砟轨道以机械化施工为主，其中轮胎式双向运板车、轮胎式铺板龙门吊、轨道板快速精调系统、水泥乳化沥青砂浆搅拌车等属专用设备，其自动化程度较高，对制造、使用、维护等要求严格。

### 4.2.2 结构设计

CRTSⅠ型板式无砟轨道结构自上而下由长钢轨、钢轨扣件、预制轨道板、CA砂浆垫层、混凝土底座、凸形挡台及周边的填充树脂等组成，如图5-4-21所示。桥梁、路基、隧道内CRTSⅠ型板式无砟轨道结构如图5-4-22～图5-4-24所示。

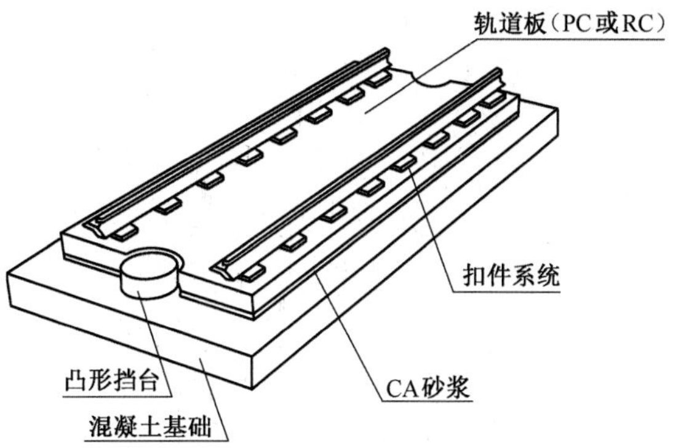


图 5-4-21　CRTSⅠ型板式无砟轨道结构

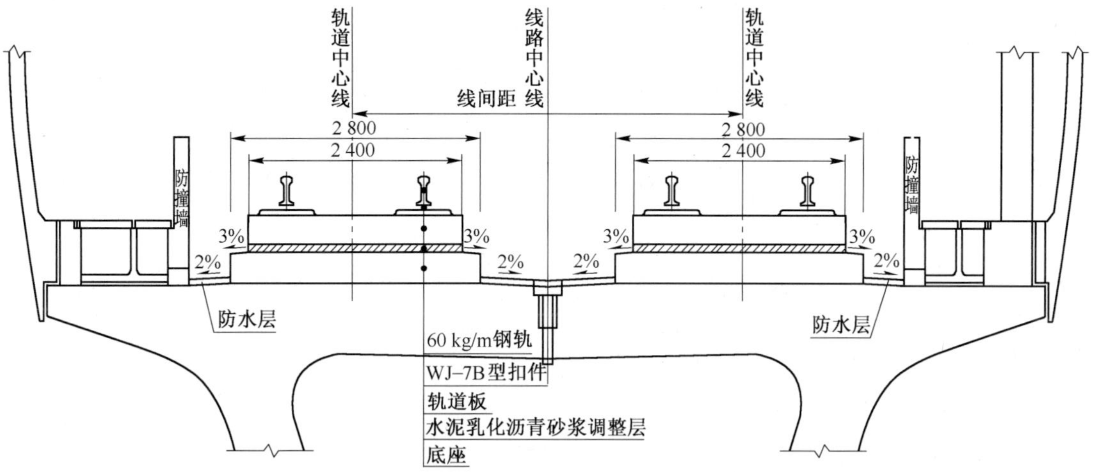


图 5-4-22　桥梁直线地段 CRTSⅠ型板式无砟轨道结构断面(单位：mm)

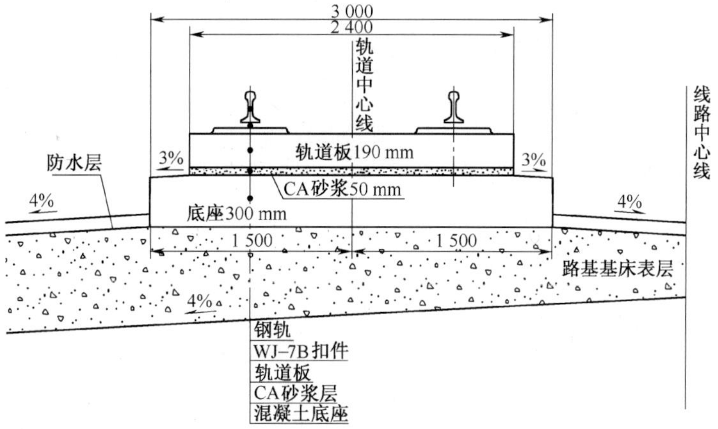


图 5-4-23　路基地段 CRTSⅠ型板式无砟轨道结构断面(单位：mm)

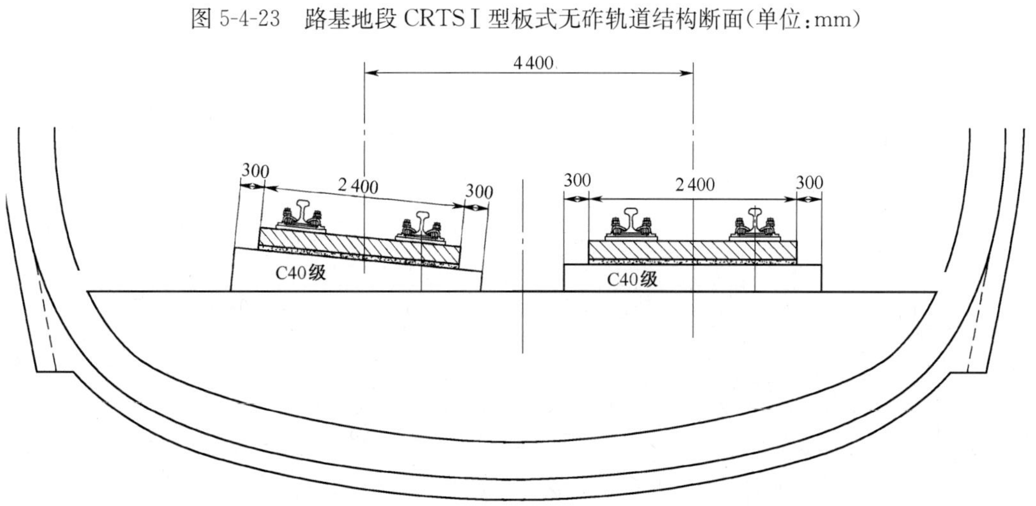


图 5-4-24　隧道直线(曲线)地段 CRTSⅠ型板式无砟轨道结构断面(单位：mm)

(1)钢轨及扣件。CRTSⅠ型板式无砟轨道钢轨采用 60 kg/m 100 m 定尺钢轨焊接成无缝线路。钢轨扣件采用 WJ-7 型弹性分开式扣件。长大桥梁及连续梁上按设计采用小阻力扣件(X2 弹条及复合垫板),隧道内采用防腐蚀弹条。

(2)轨道结构高度。CRTSⅠ型板式无砟轨道在路基、隧道、桥梁地段的结构高度见表 5-4-10。

**表 5-4-10　CRTSⅠ型板式无砟轨道结构高度**(mm)

| 序　号 | 名　　称 | 路　基 | 桥　梁 | 隧　道 | 备　　注 |
|---|---|---|---|---|---|
| 1 | 长钢轨 | 176 | 176 | 176 | |
| 2 | WJ-7 型扣件 | 41 | 42.2 | 41 | |
| 3 | 厂制轨道板 | 190 | 190 | 190 | |
| 4 | 水泥乳化沥青砂浆垫层 | 50 | 50 | 50 | |
| 5 | 钢筋混凝土底座 | 299 | 257.8 | 299 | |
| 6 | 总高度 | 756 | 716 | 756 | |

注:轨道结构高度为钢轨轨面至底座底面最小高度,不包含曲线地段轨道外侧超高高度。

(3)轨道板。CRTSⅠ型无砟轨道采用厂制轨道板,每块轨道板根据长度不同设 6～8 对承轨台,承轨台间距一般为 629 mm、最大不超过 650 mm,安装 WJ-7 型弹性分开式扣件。厂制轨道板分为框架式非预应力轨道板、框架式纵向预应力轨道板和整体式双向预应力轨道板。

(4)水泥乳化沥青砂浆。水泥乳化沥青砂浆垫层厚 50 mm,采用灌入袋方式施工。

(5)钢筋混凝土底座。CRTSⅠ型无砟轨道设计采用 C40 钢筋混凝土底座,分为连续式道床结构和单元式道床结构。

桥上底座厚 260 mm,宽 2 800 mm。每隔 1 个板单元设一横向伸缩缝,伸缩缝宽 20 mm,缝中心用泡沫塑料板或泡沫橡胶板填缝,采用聚氨酯或沥青软膏密封。

路基上底座厚 300 mm,宽 3 200 mm。每隔 3～4 个轨道板单元设一底座横向伸缩缝,伸缩缝宽20 mm,缝中心与轨道板板缝中心相同,缝中心用泡沫塑料板或泡沫橡胶板填缝,采用聚氨酯或沥青软膏密封。

隧道内底座厚 300 mm,宽 2 800 mm。洞内每 3 个轨道板单元处(约 15 m)设置 1 个伸缩缝,洞口向内延伸 200 m 范围内,约每 5 m 处设置 1 个伸缩缝。为保证与隧道沉降缝变形协调,在沉降缝处,底座对应设置伸缩缝。底座横向伸缩缝宽 20 mm,缝中心与轨道板板缝中心相同,缝中心用沥青板填充。

路桥过渡段底座采用连续布置,并向路基延伸至少一块板位置设置伸缩缝。为保证桥与路基平顺过渡,在桥两端斜角部分轨道底座下设置钢筋混凝土基础。在路桥过渡处,底座钢筋需要进行加强,并在路基上底座下部与桥梁接触部位设 20 mm 厚的聚乙烯泡沫板。

为保证水泥乳化沥青砂浆浇筑厚度,施工要求底座板高程允许偏差为±5 mm,平整度不大于 10 mm/3 m。

(6)凸形挡台及树脂。凸形挡台与钢筋混凝土底座连接,是 CRTSⅠ型无砟轨道结构为轨道板提供纵横向约束的的限位结构,与钢筋混凝土底座同步设计,采用模筑法施工。凸形挡台与轨道板浇筑聚胺酯树脂砂浆起缓冲、限位、防护作用,浇筑厚度 30～50 mm。

为保证轨道板能正常安装和树脂砂浆的合理浇筑厚度,施工时要求凸形挡台施工允许偏差为中心位置 3 mm、中心间距±5 mm、圆形挡台的直径±3 mm(半圆形挡台的半径±2 mm)。

### 4.2.3　施工工艺流程

当线下工程(路基、桥梁、隧道及过渡段)主体施工完成且沉降变形经评估满足无砟轨道铺设条件后,即可开始 CRTSⅠ型板式无砟轨道施工。按照设计,CRTSⅠ型板式无砟轨道混凝土底座及凸台采用 C40 钢筋混凝土结构,根据设计不同分为单元式和连续式结构,桥梁地段底座通过预埋植筋设置剪力筋的方式与桥面连接,凸台在底座施工完成后施工。底座浇筑完成且强度达到 75%后,便可开展道床板施工。CRTSⅠ型板式无砟轨道施工工艺流程如图 5-4-25 所示。

#### 4.2.3.1　路基上 CRTSⅠ型板式无砟轨道施工流程

路基上 CRTSⅠ型板式无砟轨道一般采用分段连续结构,按间距设置伸缩缝。路基混凝土底座采用现场绑扎钢筋、模筑法施工,施工相对灵活、简单,可通过路基两侧的施工便道进行物流运输,也可直接在路基面运输。

底座施工后，采用汽车运输轨道板进场，利用汽车吊或龙门吊进行轨道板的预铺，之后利用精调标架进行轨道板的精调。最后再以水泥乳化沥青砂浆搅拌车现场制备水泥乳化沥青材料，经中转仓中转，通过汽车吊或龙门吊、小车运输的方式输送到现场进行浇筑。

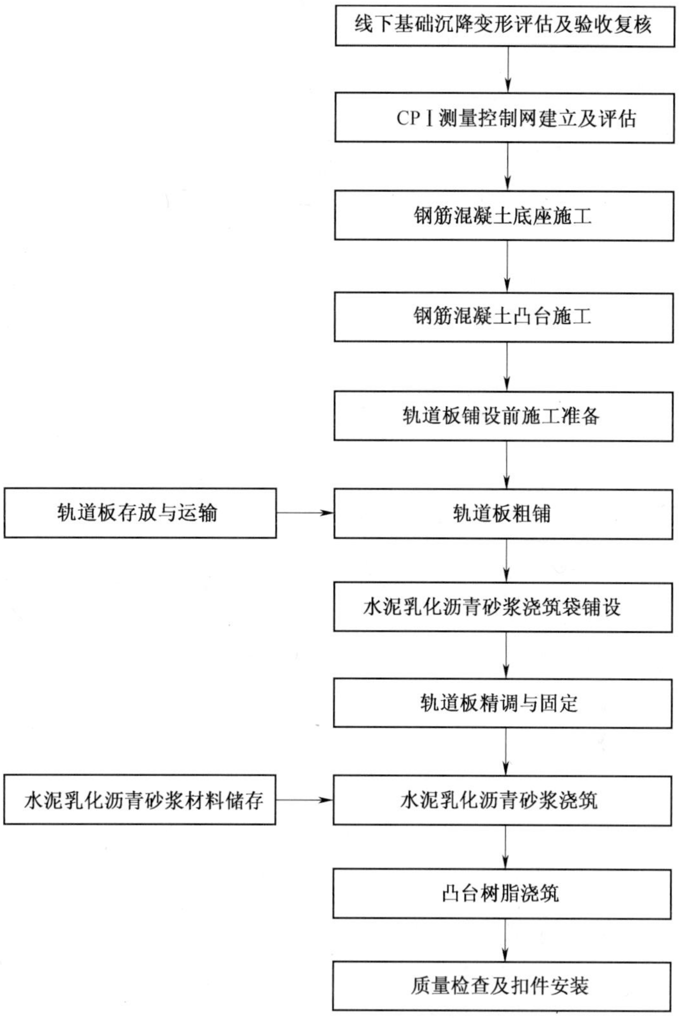

图 5-4-25　CRTSⅠ型板无砟轨道施工工艺流程

4.2.3.2　桥梁上 CRTSⅠ型双块式无砟轨道施工流程

桥梁上 CRTSⅠ型双块式无砟轨道一般采用单元结构，单元长度为梁跨长度，但每个单元均不跨越梁缝。桥梁上 CRTSⅠ型板式无砟轨道施工最大的问题在于物流运输，有条件的地方需要沿线路修建贯通便道，通过便道运输和汽车吊、龙门吊吊装将物料机具运送到桥面上。跨河、跨路或其他便道无法到达的地段，采用桥上运输车或龙门吊进行物料机具的转运。轨道板在桥面的纵向转运采用轮胎式双向运板车完成。钢筋混凝土底座及凸台采用模筑法施工，按工序呈流水作业。

4.2.3.3　隧道内 CRTSⅠ型板式无砟轨道施工流程

隧道内 CRTSⅠ型板式无砟轨道施工与桥梁上施工基本相同，一般根据隧道及斜井（或横洞）出入口数量规划施工作业面，通过汽车运输材料和轨道板进洞，由远及近分工序依次开展施工，考虑物流组织的困难，一般将底座浇筑与轨道板铺设分开组织施工。底座浇筑时，施工机具、钢筋材料及混凝土材料等分开组织运输，以形成合理工序。轨道板铺设时，轨道板运输、水泥乳化沥青砂浆浇筑等分开进行。其中，轨道板铺设主要以轮胎式铺板龙门吊和轮胎式双向运板车为主。

### 4.2.4　施工物流组织

CRTSⅠ型板式无砟轨道施工根据施工工序及作业面划分开展物流组织。一般修建从施工基地经既有公路至施工现场的运输通道，有条件的地方尽量设置沿线路的贯通便道。长桥地段需设置上下桥梁的人行步梯或采用龙门吊、汽车吊、塔吊等作为材料及机具上下的通道；隧道地段则主要结合隧道进出口、应急通道或施工斜井、横洞设置物流通道。混凝土供应、轨道板及相关材料存放等结合作业面划分按一定间距设置临时基地生产或存放，临时基地同时规划人员居住、材料存放及加工、机具维修等。长大路基、长大桥梁及隧道地段根据需要配置轮胎式双向运输车。

施工现场结合路桥隧结构物特点，采用人工、龙门吊、汽车吊或输送泵进行材料运输及机具转运等。

当施工工期不紧时，在双线地段也可按“先施工一线，再施工另一线”的方式分别进行物流组织。当施工第一线时，可利用另一线按单向运输作为物流通道，这样可最大限度地减少第一线施工物流组织的难度，降低设备资源配备。施工第二线时，再采用上述物流组织方案。

### 4.2.5　关键设备及工装

4.2.5.1　轮胎式铺板龙门吊

轮胎式铺板龙门吊是根据通用门式起重机的相关标准及规定设计制造，主要由钢结构、主动走行机构、从动走行机构、10 t 电动葫芦、动力系统、电气控制系统等组成(图 5-4-26)。不同类型龙门吊的综合配置,可满足多种工况条件下的轨道板吊装及铺设作业。

图 5-4-26　轮胎式铺板龙门吊

4.2.5.2　轮胎式双向运板车

轮胎式双向运板车主要用于在无砟轨道底座上沿线路方路双向行驶并运输轨道板的运输车辆。其走行系统采用变量泵一变量马达闭式液压驱动回路,具有驱动力大、无级调速的特点。轮组通过油缸串接组成多点支承系统使车体三点受力,同时轨道板运输车行走时可根据路况调整车体左右侧的高度,使车体始终处于基本水平状态;运输车采用双向操作运行程序(图 5-4-27)。

图 5-4-27　轮胎式双向运板车

4.2.5.3　轨道板快速精调系统

CRTSⅠ型轨道板快速精调系统根据 CRTSⅠ型无砟轨道布板设计及结构特点,在已有的 CRTSⅡ型轨道板精调系统的基础上研发而成。其主要组成包括:全站仪、工控计算机、螺栓孔测量标架及后视棱镜等硬件系统以及 CRTSⅠ型轨道板精调系统软件,如图 5-4-28 所示。

图 5-4-28　CRTSⅠ型轨道板快速精调系统

4.2.5.4　轨道板精调器

CRTSⅠ型轨道板精调器由支撑架、水平及竖向调节螺杆等组成(图 5-4-29)。精调器安装于轨道板吊装孔上,不仅可以起到支撑轨道板的作用,而且通过调节水平或竖向调节螺杆实现轨道板横向或竖向移动,达到轨道板中线及高程调整的目的。

图 5-4-29　轨道板精调器

精调器配合快速精调系统使用，根据精调系统实时测得的偏差对轨道板中线或高程进行调整，渐进地使轨道板的实际中线或高程符合施工要求。每块轨道板配 4 个精调器，分布轨道板两侧前后位置。

4.2.5.5　水泥乳化沥青砂浆搅拌车

水泥乳化沥青砂浆搅拌车是为满足板式无砟轨道水泥乳化沥青现场搅拌并浇筑的施工工艺特点而开发的集材料储备，电子计量，自动搅拌并带温控、调平等多种功能于一体的自动化设备，是保证板式无砟轨道施工质量的关键设备之一(图 5-4-30)。

图 5-4-30　水泥乳化沥青砂浆移动搅拌车

### 4.2.6　主要临时工程

CRTS Ⅰ 型板式无砟轨道施工主要临时工程包括：生产基地、运输道路、施工用电以及长桥地段上桥通道等。

生产基地主要包括管理及生产人员生活驻地、轨道板临时存放场、钢筋加工场、混凝土搅拌站、其他机具及材料加工及存放场等，生产基地的每个部分可集中设置也可分开设置，主要是根据现场条件以方便施工和管理为原则。生产基地规划根据作业面划分、施工进度及物流成本等因素综合设置，最远运输距离一般控制在 15 km 以内。

运输道路包括正式道路和新建便道，新建便道最好能紧靠线路贯通设置，以满足机具、工装及材料等直接到达工地。运输道路除满足运输车辆运行、交会及卸车作业的要求外，还应考虑在新建道路上有其他施工可能的影响。同时，隧道地段施工时，还应考虑与斜井、下料口的连通。施工便道还应充分考虑运量需求、冬雨季影响、防排水等因素。

施工用电作为临时工程主要在混凝土拌和站和隧道内施工时使用。为保证隧道内照明需要，一般结合隧道前期施工及后期的其他施工，统一布置贯通的照明线或动力线，尽量将施工时的内燃动力设备改为用电设备，以减少施工废气排放和保障施工人员安全。

轨道板采用侧面竖向存放，临时存放场采用两条混凝土条型基础，通过龙门吊或汽车吊＋吊带进行轨道板的吊装。为防止轨道板存放时发生侧翻,存放时应在存放台位端头设刚性支挡,板与板之间加垫硬木块并用拉钩锁定。

在长大桥梁地段,为方便人员上下,一般按 2～3 km 间距设人行通道。特殊地段,还需利用龙门吊、升降平台等设置物料及机具上下的通道。

### 4.2.7 原材料

#### 4.2.7.1 普通材料

CRTSⅠ型板式无砟轨道底座及凸台均采用 C40 钢筋混凝土材料结构,钢筋包括热轧光圆钢筋和热轧带肋钢筋两种规格,其中混凝土配合比可以使用水泥等级不低于 P·O42.5、聚羧酸减水剂、碎石规格 10～40 mm 均匀级配、细骨料为中粗砂或机制砂、掺和料可为复合型掺和料或单掺矿粉及粉煤灰,同时满足技术条件和施工工艺要求。钢轨扣件及工具轨与设计规格一致。

CRTSⅠ型板式无砟轨道施工辅助材料包括:接地端子、嵌缝胶、养护剂、脱模剂、伸缩缝材料、土工布等。

#### 4.2.7.2 水泥乳化沥青砂浆

水泥乳化沥青砂浆由乳化沥青、干粉料、聚合物乳液、消泡剂、引气剂、减水剂及水等原材料组成,是经水泥水化硬化与沥青破乳胶结共同作用而形成的一种新型有机无机复合材料,属于高速铁路板式无砟轨道修建的核心技术。水泥乳化沥青砂浆作为介于混凝土与沥青之间的一种特殊材料,其特点是刚柔并济,以柔性为主,兼具刚性。水泥乳化沥青砂浆填充于厚度约为 50 mm 的轨道板与混凝土底座之间,作用是支承轨道板、缓冲高速列车荷载及减振等作用,其性能的好坏对板式无砟轨道结构的平顺性、耐久性和列车运行的舒适性与安全性以及运营维护成本等有着重大影响。

CRTSⅠ型板式无砟轨道用水泥乳化沥青砂浆采用阳离子乳化沥青,其主要技术指标应符合《客运专线铁路 CRTSⅠ型板式无砟轨道水泥乳化沥青砂浆暂行技术条件》(科技基〔2008〕74 号)的相关要求。水泥乳化沥青砂浆的储存及管理应符合下列要求:

(1)原材料进场后,应及时建立原材料管理台账。台账内容应包括进货日期、材料名称、品种、规格、数量、生产单位、质量证明书编号、复验报告编号、使用区段里程等。管理台账应填写正确、真实、项目齐全。

(2)原材料的储存应按品种、生产厂家分别储存,不同品种、不同生产厂家的原材料不得混装、混堆。聚合物乳液、引气剂、铝粉等要遮光储存,避免阳光直射,防潮、防雨淋。

(3)原材料在运输、储存过程中,其温度应严格控制在一定的温度范围内。乳化沥青、干料的温度控制在 5 ℃～35 ℃,未作明确要求的,其适宜的温度以保证原材料的质量和砂浆的温度要求为前提。环境温度低于 5 ℃或大于 35 ℃时,应对原材料采取必要的控温措施。

(4)水泥乳化沥青现场储存罐的容量宜为现场施工 3 d 的用量以上,并结合水泥乳化沥青的运输情况来确定。储存罐应配备从水泥乳化沥青运输车上卸料的配管以及向水泥乳化沥青搅拌车上装料所需的专用泵及配管。储存罐应设有可以从外部确认罐内水泥乳化沥青温度和存量的设施、搅拌设施以及进行适当温度管理的设施。当需周期性储存时,需要专人定期进行搅拌,24 h 不少于 1 次,时间约是 10 min。

(5)水泥乳化沥青泵在使用结束后通常用柴油清洗,这样会造成泵内和管道内存有一定量的柴油,为防止这部分柴油与水泥乳化沥青一起进入搅拌车内引起水泥乳化沥青破乳,泵送水泥乳化沥青前应用清水将泵循环清洗 5 min 以上,放干管中存水后,将入口管道插入水泥乳化沥青桶,出口置于一空桶中,泵出 5 kg 以上,以避免柴油、水等杂物带入搅拌车,然后再向搅拌车输送水泥乳化沥青,并必须在水泥乳化沥青泵入口管道放置合适孔径的过滤网。

(6)水泥乳化沥青的储存时间不宜大于 3 个月,干料的储存时间不宜大于 1 个半月,且堆放层数不超过 3 层。

(7)对于检验不合格的原材料,应按有关规定清除出场。

(8)在运输、储存、搬运及使用过程中,工作人员应严格按照材料使用说明书要求进行操作,严禁违规作业。

#### 4.2.7.3 凸台树脂

凸台树脂采用双组分聚氨酯树脂材料,A、B 组分由厂家直接分装成桶,现场按使用说明书操作即可。

原材料进入现场经检验合格后方可用于正式施工。

原材料存放应进行遮盖，防止阳光直射、防水。搬运时应轻拿轻放，避免碰撞，保证原材料使用前的密闭性。原材料的施工工艺及技术指标应符合相关技术条件的要求。

4.2.7.4　水泥乳化沥青砂浆及凸台树脂浇筑袋

水泥乳化沥青砂浆及凸台树脂浇筑袋均应采用聚酯无纺布制作。浇筑袋外观应布面均匀、平整，无破边、破洞、撕裂、割口。浇筑袋缝制应无挑针、脱线、错位等瑕疵，缝纫轨迹均匀、平直、牢固，针迹密度为3～4针/cm。浇筑袋外形应根据轨道板及凸形挡台的具体尺寸设计。浇筑袋的使用、验收及检测应符合相关技术条件的要求。

4.2.7.5　WJ-7型弹性分开式扣件

WJ-7型扣件由T形螺栓、螺母、平垫圈、弹条、绝缘块、铁垫板、轨下垫板、绝缘缓冲垫板、重型弹簧垫圈、平垫块、锚固螺栓和预埋套管组成，此外为了钢轨调高需要，还包括轨下调高垫板和铁垫板下调高垫板。

### 4.2.8　施工工艺

4.2.8.1　质量标准

(1)混凝土模型质量控制。混凝土底座及凸台模板及支架材料应有足够的强度、刚度、稳定性和平整度，且安装稳固牢靠、接缝严密、不得漏浆，对模板与混凝土的接触面清理干净并涂刷隔离剂，模板内的积水和杂物应清理干净。支承层或底座、凸台、道床板等模板安装允许偏差应符合《高速铁路轨道工程施工质量验收标准》(TB 10754)的相关规定，其中预埋件和预留孔道留置等应做好与相关接口工程的衔接。

(2)钢筋质量控制。钢筋的制作、加工和焊接、绑扎除符合设计及铁路混凝土工程的要求外，接地端子等材料应满足设计要求及产品技术条件的要求。钢筋网片的绑扎安装应做好模型的协调，并保证结构混凝土保护层厚度符合设计要求。

(3)结构混凝土质量控制。结构混凝土采用高性能混凝土，混凝土质量除满足结构性能要求外，还应满足施工工艺的要求。混凝土原材料、配合比设计、搅拌及施工养护应满足《铁路混凝土工程施工质量验收标准》(TB 10424)的相关规定，外形尺寸、表面裂纹及排水坡等应符合设计要求。混凝土拆模后，结构表面应密实、平整、颜色均匀，且不得有露筋、蜂窝、孔洞、疏松、麻面和缺棱掉角等缺陷。

(4)轨道板铺设质量控制。混凝土底座及凸台的外观和几何尺寸需满足铺板要求。轨道板的类型、规格、质量等符合技术条件的要求。减振型轨道板板底垫层应粘贴平整、牢固、无翘起，橡胶垫层材料符合要求。轨道板与底座、凸台之间的间隙符合要求。

轨道板精调用快速精调系统、精调器等满足要求。精调完成后的轨道板应定位牢固，中线及高程偏差、相邻轨道板间横向和竖向的搭接偏差等符合《高速铁路轨道工程施工质量验收标准》(TB 10754)的相关规定。

(5)水泥乳化沥青砂浆垫层质量控制。乳化沥青、干粉材料、外掺料、外加剂及拌制用水等主要性能指标等符合《客运专线铁路CRTSⅠ型板式无砟轨道水泥乳化沥青砂浆暂行技术条件》(科技基〔2008〕74号)的规定。浇筑袋的规格、类型及质量应符合相关技术条件的要求。浇筑袋铺设应平展、无褶皱，四边、对角对称。

浇筑之前应检查确认轨道板的位置，砂浆浇筑厚度不小于40 mm，最大不超过60 mm。砂浆浇筑的施工环境应在5 ℃～35 ℃范围内，当天气温低于−5 ℃时，全天不得进行砂浆浇筑。

水泥乳化沥青砂浆拌制应采用专门的数控及电子计量搅拌设备，应严格按施工配合比进行原材料称量，称量误差应符合相关技术条件的要求。砂浆浇筑前，应按规定进行流动度、温度、含气量等指标的检测。

水泥乳化沥青砂浆浇筑应饱满，与轨道板密贴，不应有空隙。浇筑袋的U形边线与轨道板边应平齐。填充质量应外观平整、无损伤，个别操作经修整后不得影响使用。浇筑袋切除后应进行封闭。

(6)凸台填充树脂质量控制。凸台树脂的A、B组分和混合搅拌后的混合液性能以及浇筑袋的规格和质量应符合相关技术条件的规定。

凸台树脂一般在水泥乳青砂浆浇筑并达到一定强度后施工。浇筑前应清理浇筑区域，凸台周边树脂浇筑位置应清洁、干燥。凸台树脂浇筑厚度的控制应在铺板调整时保证，同一块板前后两端应基本一致，浇筑厚度应不低于30 mm，也不应大于50 mm。浇筑袋铺设应平整、无褶皱，两侧面分别与轨道板与凸台混凝土粘贴牢固。

凸台树脂浇筑施工温度应在 5 ℃～40 ℃之间,雨雪天气禁止施工。凸台树脂浇筑的底边应与板底平齐或低于板底,最高不高过板底 10 mm,其顶面应低于轨道板顶面 5～10 mm。

4.2.8.2 工艺特点

CRTSⅠ型板式无砟轨道实行多工序流水作业施工,底座与凸台混凝土采用模筑法现浇施工,轨道板铺设时以理论的钢轨及轨道中心作为施工控制的基准面和基准线,通过快速精调系统和精调标架的使用,使得轨道铺设几何极为精准,铺设施工误差近似于"零"。同时,为保证水泥乳化沥青砂浆和凸台树脂的浇筑厚度,施工时还应严格控制轨道板底座高度、凸台位置及几何尺寸。因此,这些误差的控制和减少,加上物流组织及工程质量实现的特点,综合构成了 CRTSⅠ型板式无砟轨道施工工艺的特点。

1. 持续系统的精度控制

CRTSⅠ型板式无砟轨道既要保证高精度的轨道几何,又要保证混凝土底座与凸台、水泥乳化沥青砂浆厚度。因此,必须持续地系统地进行精度控制。主要有以下几点:

(1)将高精度系统控制的理论延伸于线下结构施工,既要保证线下结构的表面高程、平整度和中线,更要最大限度地减少和保证线下结构变形量。

(2)建立 CPⅢ测量控制网,并将 CPⅢ测量控制网的使用贯穿于无砟轨道施工的全过程,并根据不同工序施工选择不同的高精度测量设备予以保证。

(3)严格控制线下结构竣工平整度和高程,混凝土底座的中线、高程及表面平整度,凸台中心位置及几何尺寸、轨道板预制厚度及扣件螺栓孔定位精度、轨道板定位精度等,通过一系列严格的精度控制最终保证无砟轨道的结构质量和精度质量。

2. 形式多样的物流保障

依据不同条件,选择不同的物流保障措施。除了沿线路修建贯通便道并与既有道路连通外,路基地段设置马道可使汽车直接到达施工现场,长桥地段利龙门吊或汽车吊、塔吊设物料提升站,隧道内利用隧道进出口或斜井、横洞等作为物流通道。

根据不同物流吊装,选择不同的物流装备,采用汽车泵、输送泵或龙门吊、汽车吊＋料斗进行混凝土运输,采用小汽车或小平车进行普通机具及设备的转运,采用汽车吊或龙门吊和轮胎式双向运板车进行轨道板的运输和铺设,采用水泥乳化沥青砂浆搅拌车现场制备水泥乳化沥青砂浆材料,采用汽车吊或龙门吊、小平车＋料斗的方式进行水泥乳化沥青砂浆的运输。

有条件的地方,还可选择先施工一线,再施工另一线的方式保障物流顺畅。隧道地段,还可错开混凝土、轨道板和水泥乳化沥青砂浆施工的时间,以利于物流组织。

4.2.8.3 主要工序工艺

1. 沉降评估及 CPⅢ测量控制网测设评估

铺设无砟轨道前,线下工程的主体和底座混凝土(包括桥梁上防撞墙、遮板等二期恒载)应全部完工,检验合格。未完成的附属工程不得影响无砟轨道的铺设。

铺设无砟轨道前,按照《客运专线铁路无砟轨道铺设条件评估技术指南》(铁建设〔2006〕158 号)对路基、桥涵、隧道变形进行系统评估,确认工后沉降和变形、梁体长期变形、各种过渡段的差异沉降等符合设计要求,满足无砟轨道铺设条件。

2. 钢筋混凝土底座施工

钢筋混凝土底座主要作业内容包括:基础面处理、测量放样、钢筋加工(图 5-4-31)、伸缩缝设置、混凝土浇筑(图 5-4-32)、混凝土养护等。施工完成的底座板和凸台如图 5-4-33 所示。

(1)基础面处理。桥梁及隧道底座范围内基础面应进行拉毛或凿毛处理,凿毛处理时混凝土见新面不小于 50%。底座施工范围内及影响区域内的浮渣、浮浆应清除干净。路基面应平整。

桥梁与底座连接的预埋钢筋套筒应清洗干净,连接钢筋旋入套筒的长度不小于 28 mm,拧紧力应满足设计要求,连接钢筋端头螺纹应辊轧成型。当梁面套筒因堵塞而导致连接钢筋不能安装时,要在两侧各植入一根同规格的连接钢筋,植入深度和外露长度应分别不小于 25 cm 和 15 cm,采用专用植筋胶锚固。

桥梁与底座连接的钢筋还可采用预留门形钢筋和现场植筋的设计方式。当采用预留门形钢筋时,应将保护层混凝土凿除,重新扶直和清理门形钢筋。当采用现场植筋时,植筋位置应严格按设计进行,通过测量、

图 5-4-31 底座混凝土钢筋绑扎及模板安装

图 5-4-32 底座混凝土浇筑

图 5-4-33 施工完成的底座和凸台

划线确定植筋区域，再采用钻孔植筋，植筋的要求为植入深度和外露长度应分别不小于 25 cm 和 15 cm，采用专用植筋胶锚固。

(2)测量放样。根据 CPⅢ测量控制网，利用全站仪按“自由设站，后方交会”的方式放样底座施工的中线及高程控制桩，并直接在基础面标注点位，对伸缝位位置、端头模板安装位置等标注准备。桥梁及隧道地段可通过控制桩直接用墨线划出模板安装的边线。

(3)底座钢筋绑扎。底座钢筋先在生产基地内存放和加工，之后将散料运输到工地现场绑扎成型。在有条件的地方，也可提前在生产基地将底座钢筋网预扎成型后整体运输到工地吊装铺设。钢筋保护层垫层采用与底座混凝土同级或高一等级的混凝土制作。钢筋加工前，应根据施工图编制配料斗，钢筋的下料及弯曲应符合《铁路混凝土工程施工质量验收标准》(TB 10424)的相关要求。弯曲成型的钢筋应分类集中堆放，根据需要运输到现场绑扎。

现场绑扎钢筋时，根据放样控制点，弹出底层钢筋网片安装墨线，采用定位卡具安装底层钢筋网片，以保证钢筋位置及间距。按规定数量呈梅花形布置保护层垫块。之后绑扎架立钢筋，再绑扎顶层钢筋网片。底座内需要安装的预埋件及接地端子应在钢筋绑扎时同步安装或焊接完成。

最后安装凸台预埋钢筋，凸台立筋须与底座上下层钢筋焊接连接。桥梁上钢筋绑扎时，应提前完成与梁体连接钢筋的安装或植入。

当基础面高程与设计高程有误差时，应调整底座板架立钢筋高度，使底座板钢筋上、下层保护区层厚度符合设计要求。

(4)底座模板安装。钢筋混凝土底座采用组合式可调高钢模板。钢模板设计为分块结构，直线段模板制作高度比底座设计高度低 30 mm，模板底部设有调高螺栓，调高螺栓调节范围－30～＋50 mm，曲线段超高段按 30 mm 递增设加高模板，模板分块长度结合底座分段情况设置，原则上模板分块长度不超过 5 000 mm。模板安装时，通过调高螺栓调整模板顶面高度与底座设计顶面高程一致，并在模板内侧加垫 2 mm厚钢板并用卡具卡住以封闭模板底部与基础面间空隙。通过在基础面上钻孔植入钢筋并在钢筋与模板间加楔子以固定模板。

模板安装前应对模板及零部件进行检查、清理和整修，确保模板板面平整、光洁、无凹凸不平，清除模板上的灰渣和基层表面的杂物，检查支架及模板焊缝处是否有开裂破损，如有均应及时补焊、整修合格。模板清理干净后应均匀涂刷脱模剂。

伸缩缝或端头模板安装：模板中心点应对准基础面凸台中心点，中心线对准基础面弹出的墨线，伸缩缝的外侧及盘条上涂抹黄油，并在伸缩缝模型外侧(伸缩缝模型后浇筑混凝土的一侧)圆弧处植入两根短钢筋固定。依据测量队的放样点及回量值安装端模，模板安装平直无弯曲。需要悬臂的地方(梁缝大于 20 cm)在梁端两头加悬臂模型，悬臂模型只需固定一端，另外一端无需固定。

侧模安装：依据底座分段长度及曲线超高设置进行模板配置计算，按计算结果分类型安装侧模。侧模安装应以模板顶面作为底座顶面高程控制点和以模板内侧作为底座边线控制线，避免两模板搭接出现阶梯形或波浪形。侧模安装要平滑圆顺。确需设置非标调整段模板时，可采用竹胶板制作模板。

模板对位安装完成并加固后，应检查模板垂直度；拉线检查伸缩缝模型、端模和侧模的线形，同时检查模板支撑及加固情况，并全部逐点抄平检查。对检查发现的不合格项，应立即整改并再次检查确认。

最后在模板与混凝土接触面涂刷脱模剂，并用适量砂浆封堵模型和基础面之间的接缝，封堵面齐平侧模内侧面且接缝严密不漏浆。

(5)混凝土浇筑。底座混凝土浇筑施工应密切关注天气变化，高温烈日、大风、雨雪天气应尽量避免施工。

混凝土制备及运输：混凝土应采用有自动计量装置的搅拌设备拌制，由混凝土罐车运送，采用汽车泵或输送泵输送混凝土上桥和浇筑，在特殊地段采用桥面单线作业，混凝土罐车沿桥面运输混凝土进行浇筑施工。混凝土入模前检查混凝土温度、坍落度，一般条件下混凝土的入模温度不应低于 5 ℃、炎热的夏季不宜超过 25 ℃。

混凝土浇筑：浇筑前，应对模板范围内的杂物积水进行彻底清理，混凝土入模前应对基床面喷水湿润。混凝土浇筑时应缓慢均匀连续进行，由模板低边往高边进行，左右两副布料的速度要基本保持一致。混凝土采用插入式捣固棒振捣，应注意避免漏捣、过振，振捣过程中应加强检查模板支撑的稳定性和接缝的密合情况，以防漏浆。发现螺栓、支撑等松动应及时拧紧和打牢。振动棒移动距离不得超过振动棒作用半径的 1.5 倍，每点振动时间约 20～30 s。

混凝土抹面及顶面高程控制：混凝土浇筑完成后，应仔细进行混凝土顶面收浆、抹面，抹面时严禁洒水拉毛。混凝土顶面高程控制以模板顶面为准，用铝合金刮尺对混凝土面找平，并根据实际情况补充混凝土。混凝土面找平后，用木砂板抹面。横向排水坡采用定制尺寸的铁抹子设置，排水坡应光滑平整且不小于 3%。为避免两模板间混凝土出现错台，施工时在两块伸缩缝模型顶部放置水平尺将两侧底座顶面控制在一个高度。

(6)混凝土养护及拆模。底座混凝土施工完成且初凝后立即用土工布覆盖并洒水保湿养护，强度满足设计要求后方可拆除模板，如设计无具体要求，侧模应在混凝土强度达到 2.5 MPa 以上，其表面及棱角不因拆模而受损时，方可拆模。脱模后拆去土工布，洒水后用土工布覆盖，保证 95%以上的湿度，养护时间不少于 7 d。在混凝土未达到设计强度 75%之前，严禁各种车辆在底座上通行。

(7)底座伸缩缝施工。底座填缝(泡沫板)：填缝前，先清除底座伸缩缝内的杂物；底座伸缩缝分三段填充，即两条直线段和一个圆弧段；圆弧段使用聚乙烯泡沫橡胶板，长度为 0.816 m；直线段使用聚乙烯泡沫塑料板，长度为 1.14 m。高度控制为：泡沫顶面距离底座表面 1 cm。

底座填缝(聚氨酯)。聚氨酯搅拌时，将甲组分和乙组分倒入桶内按比例混合，搅拌均匀。聚氨酯填充时，先用泡沫塑料板将伸缩缝侧面封边堵漏，先填充底座伸缩缝顶面，再填充伸缩缝侧面，30 min 以后观察填缝，如发现聚氨酯下沉，应及时补填。

3. 钢筋混凝土凸形挡台施工

凸形挡台作为 CRTSⅠ型板式无砟轨道结构的重要组成部分，其主要功能是限制轨道板的纵、横向位移。凸形挡台采用二次浇筑工艺，设置在混凝土底座顶面的线路轴线上，通过在混凝土底座上预留钢筋、浇筑 C40 混凝土而与其连成一体。

钢筋混凝土凸形挡台应在底座混凝土拆模 24 h 后进行。凸形挡台混凝土浇筑前应对与底座的接触面进行凿毛清理，保证新旧混凝土结合良好。

凸形挡台混凝土施工前，应对凸形挡台位置进行准确放样，凸形挡台的定位允许偏差为：相邻凸形挡台中心间距±3 mm、横向±2 mm，曲线地段凸形挡台混凝土浇筑应与底座顶面呈垂直状态。

凸形挡台钢筋绑扎时，圆形和半圆形钢筋的圆心对准凸形挡台中心放样点，做好绝缘处理，绝缘卡将凸形挡台竖向钢筋与圆形、半圆形钢筋绝缘，单根圆形或半圆形钢筋用绝缘卡隔开。根据施工图焊接凸形挡台钢筋，凸形挡台钢筋应与竖向钢筋高度一致，不能出现高低参差不齐现象，钢筋绑扎经检测合格方可进行下道工序施工。

以放样的凸形挡台中心点为依据，安装圆形及半圆形凸形挡台模型。模板安装的垂直度应用水平尺或三角尺检查。模板固定通过在模板四周底座上沿十字形钻 4 个 2 cm 深的孔，打入钢筋，用木楔子固定。

模板安装的定位允许偏差为：圆形凸形挡台直径±3 mm，半圆形凸形挡台半径±2 mm，模板顶面高程 0～+4 mm。钢筋与模板之间采用砂浆垫块设置钢筋保护层厚度。

4. 轨道板铺设前准备

对 CPⅢ测量控制网进行复核，确认成果满足无砟轨道道床板施工的要求。根据 CPⅢ测量控制网对底座表面、中线及凸形挡台位置及几何尺寸进行检查验收，放样凸形挡台中心及轨道中线并划墨线标识，利用凸形挡台中心点放样轨道板粗铺高程控制点。

修建施工便道及临时基地，完成施工机构组建及人员培训，依据作业面划分配备施工机具及设备。开展轨道板粗铺、精调及水泥乳化沥青砂浆制备及浇筑工艺性试验，进行相关物资的储备。

5. 轨道板存放及运输

施工便道尽量沿线路贯通设置，满足轨道板运输及吊装作业的要求。桥梁地段采用 50 t 汽车吊直接将轨道板吊装上桥。必要时，需要采用轮胎式双向运板车进行中转运输。轨道板在存放及运输过程中应注意 5 个方面的问题：

(1)左右线的轨道板要分类存放；

(2)轨道板吊装应利用轨道板上起吊装置水平起吊，四角均匀受力，吊环安装时应注意上紧螺栓；

(3)轨道板运输装载时上下层轨道板间纵横向中心线应重合，纵向中心线应与投影车底板纵中心线重合，偏差控制在±20 mm 以内，并采用钢丝绳进行加固，保证运输过程中轨道板与运输车辆间不发生相对移动；在运输过程中，要采取措施防止轨道板倒塌或产生三点支承，不要使其遭受过大冲击；

(4)装卸轨道板时严禁撞、摔、碰，不能在轨道板纵方向起吊；

(5)轨道板采用汽车运输时，应用特制支撑架，相邻板间用方木垫块隔离。临时平放(不超过 7 d)时，堆放层数不超过 4 层，层间净空不小于 20 mm，并保证承垫物上下对齐。

此外，轨道板在运输前，应对每块轨道板的编号、外形、外观尺寸进行检查确认，确认尺寸合格和外观无损坏后方可运输，运到铺设地点后再对照轨道板检查并接收轨道板。

6. 轨道板粗铺

轨道板采用跨线龙门吊或汽车吊进行粗铺，轨道板粗铺如图 5-4-34 所示。

轨道板铺设前，底座混凝土表面应清理干净，不得有积水和浮渣。预先在凸形挡台上加装锥形导向盖，导向盖罩于凸形挡台四周，轨道板下落可沿导向盖滑到底座上，以免损伤轨道板及凸形挡台边角。在两凸形

图 5-4-34　悬臂式铺板龙门吊铺板

挡台间的底座表面跨轨道板端头 60 cm 左右对称各放置支承垫木，支承垫木尺寸 300 mm×100 mm×50 mm，轨道板放置在支撑垫木上。

轨道板粗铺时，由跨线龙门吊或汽车吊将轨道板吊到铺设位置，人工扶稳轨道板缓缓下落，把轨道板放在预先放置的支承垫木上，并辅助检查使轨道板中心线尽量与凸形挡台中心对齐。同时精确测量轨道板两端圆弧中心距凸形挡台的纵向距离，采用木楔调整使用轨道板处于两凸形挡台间的中间位置，保证轨道板与两凸形挡台之间的距离之差≤5 mm。且轨道板与凸形挡台的间隙不小于 30 mm。轨道板粗铺时，应将有接地端子的一侧安放在线路外侧。

7. 水泥乳化沥青砂浆浇筑袋铺设

根据底座顶面高程及轨道板高度计算水泥乳化沥青砂浆浇筑袋厚度，并结合轨道板类型选择合适的水泥乳化沥青砂浆浇筑袋。

浇筑袋铺设前应逐条确认外观完好后才能铺设使用。浇筑袋一般在轨道板粗铺后，水泥乳化沥青砂浆浇筑前铺设，如图 5-4-35 所示。

图 5-4-35　水泥乳化沥青砂浆浇筑袋铺设

将浇筑袋放入轨道板和混凝土底座之间，拉伸平展，保证四边、对角对称，距离轨道板内外侧距离相等，定位后不得移动。在浇筑袋四个角和中间内外侧距轨道板边缘 50 mm 以内位置涂刷胶黏剂，黏结时胶层不宜过厚，以免胶透过底层把袋上层粘住，影响砂浆流动；也可采用木楔法进行固定，但浇筑时必须有专人负责在浇筑到木楔固定点时将木楔拔除。浇筑袋粘贴后不允许出现褶皱，如发现褶皱应拆开重新拉平整后重新粘贴。支撑垫木处浇筑袋可先折叠，待轨道板调整时抽出垫木，再铺展浇筑袋。

8. 轨道板精调

全站仪每次设站可测量 6 块板、精调 5 块板、搭接 1 块板以消除错台误差。精调器旁边的操作人员可以通过显示器，看到待调的轨道板的高程及中线偏差，进而进行调整。调整完成之后，全站仪进行复测，直到轨道板高程及中线符合允许偏差的要求。

线路曲线且纵坡地段的轨道板高程调整应兼顾四点进行调整，最高点按正偏差调整，最低点按负偏差调整，使每点的高差均在偏差允许范围内。轨道板精调工艺如图 5-4-36、图 5-4-37 所示。

轨道板精调时须对上一块已调整好的轨道板进行联测，既要保证单块板的绝对坐标满足要求，又要保证两块板间的搭接满足要求，使铺板后的线路线形到达要求。

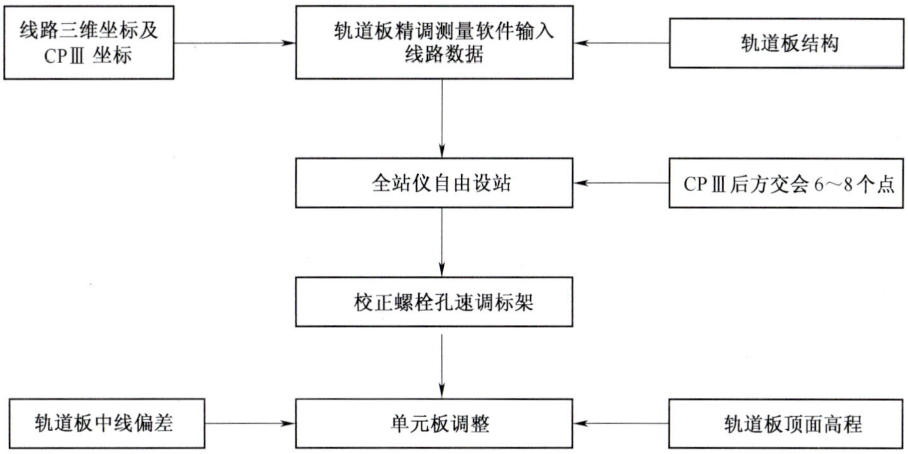


图 5-4-36　轨道板精调流程

图 5-4-37　轨道板精调

9. 轨道板固定

为了保证水泥乳化沥青砂浆浇筑时轨道板不发生上浮，轨道板精调合格后应在轨道板两侧前后安装固定装置。固定装置由设于底座上的锚杆、L 形型钢、翼形螺母等组成，如图 5-4-38 所示。

图 5-4-38　轨道板固定及扣压装置

在每块精调器附近底座表面钻孔，用植筋胶植入带螺纹的锚杆，锚杆植筋长度应不低于 15 cm，安装锚杆时应涂抹黄油以方便拆除。待植筋胶固化后，将 L 形型钢装入锚杆并卡住轨道板，之后装入翼形螺帽并扭紧固定。轨道板固定之后，应对已精调的轨道板拉限界防护，防止行人及机具在上行走和扰动轨道板。

10. 轨道板复测

在水泥乳化沥青砂浆浇筑前，应对已精调轨道板的线形进行复测检查。复测采用精调标架，利用全站仪及快速精调系统，按轨道板单侧检查，以线路左侧螺栓孔为基准。复测成果达到表 5-4-11 的规定后方可进行水泥乳化沥青砂浆的浇筑。

**表 5-4-11　轨道板线性复测标准**

| 序　号 | 项　　目 | 允许偏差(mm) | 检验数量 |
|---|---|---|---|
| 1 | 轨道板中心线与线路中线的偏差 | 2 | 每板检查 3 处(两端和中部) |
| 2 | 轨道板顶面高程偏差 | ±1 | 全部检查 |
| 3 | 相邻轨道板接缝处承轨面相对横向偏差 | 2 | 全部检查 |
| 4 | 相邻轨道板接缝处承轨面相对高差 | 2 | 全部检查 |

11. 砂浆浇筑

水泥乳化沥青砂浆浇筑采用水泥乳化沥青砂浆搅拌车现场拌制浇筑(图 5-4-39)。主要工作包括施工准备、砂浆制备、砂浆浇筑、砂浆养护等。

图 5-4-39　水泥乳化沥青砂浆浇筑

(1)施工准备。水泥乳化沥青砂浆浇筑施工前，应对混凝土底座与凸形挡台施工质量、轨道板的安装质量进行复检，底座板与轨道板间的间隙高度、凸形挡台与轨道板间的间隙宽度应符合设计要求。同时应对机械设备工装及运行、人员配置、水泥乳化沥青砂浆施工整体流程等有个详细的组织设计。

(2)砂浆制备。砂浆制备流程如图 5-4-40 所示。

搅拌准备：对水泥乳化沥青砂浆搅拌车的输送、计量及搅拌各系统进行检查并确认运转正常；将施工配合比及搅拌工艺参数输送控制系统；向搅拌车内加料，并检查材料储存及供应正常；进行试拌确认合格配合比及工艺参数，确认可以正常生产。

生产过程材料添加：水泥乳化沥青砂浆原材料通过汽车或罐车从基地内运输到现场添加。添加前，应检查原材料的温度是否正常、干粉是否结块、乳化沥青是否均匀和破乳。确认合格后，将原材料分别加入搅拌车料仓内。加料时，乳化沥青宜采用污水泵或隔膜泵加入，使用前用搅拌用水清洗 2 遍以上；固体粉料添加时应避免包装袋混入料仓内，避免细粒扬尘；搅拌用水用水泵直接泵入水箱内；其他材料采用相应的办法加入。

砂浆搅拌：水泥乳化沥青砂浆搅拌时应按“乳化沥青→P 乳液→水→消泡剂→干料→引气剂”的顺序依次投料，按确认的搅拌速度及时间进行搅拌。当环境温度超过 5 ℃～35 ℃范围，应采取相应的保温和降温措施，否则不得进行浇筑作业。当天最低气温低于 0 ℃时，全天不得进行砂浆浇筑，下雨天也不得进行浇筑。搅拌机的搅拌速度及时间应符合表 5-4-12 的规定。

水泥乳化沥青砂浆施工性能检测：每罐拌制完成后，抽取一定量的水泥乳化沥青砂浆，参照《客运专线铁路 CRTSⅠ型板式无砟轨道水泥乳化沥青砂浆暂行技术条件》(科技基〔2008〕74 号)，检测拌和物的温度、流动度和含气量，所检指标应满足表 5-4-13 的要求。浇筑时，应制作试件检查砂浆泛浆率、膨胀率、分离度、抗压强度，其性能指标及检验方法应符合《客运专线铁路 CRTSⅠ型板式无砟轨道水泥乳化沥青砂浆暂行技术条件》(科技基〔2008〕74 号)的规定。

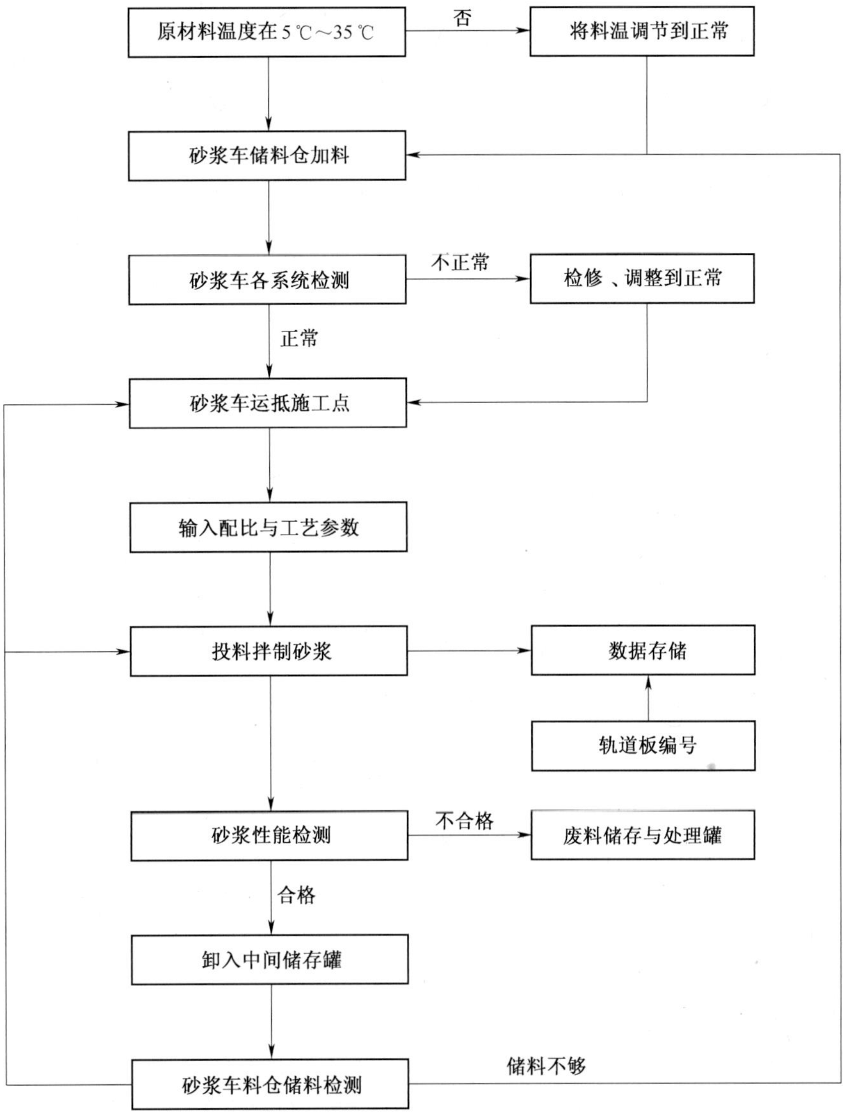


图 5-4-40　水泥乳化沥青砂浆制备流程

**表 5-4-12　搅拌机的旋转速度与搅拌时间表**

| 项　　目 | 旋转速度（r/min） | 搅拌时间（min） |
|---|---|---|
| 沥青乳剂→消泡剂 | 40～60 | 2 |
| 干料→引气剂 | 110～120 | 3 |
| 砂浆拌和 | 110～120 | 至砂浆浇筑前 |

**表 5-4-13　水泥乳化沥青砂浆拌和物现场检验指标**

| 序　号 | 项　　目 | 单　位 | 指 标 要 求 |
|---|---|---|---|
| 1 | 砂浆温度 | ℃ | 5～40 |
| 2 | 流动度 | s | 18～26 |
| 3 | 含气量 | % | 8～12 |

水泥乳化沥青砂浆搅拌注意事项：由于沥青乳剂和水泥一接触就会产生反应，为有效地利用砂浆可工作时间，将干料最后分散投入。在搅拌机的投料口用直径 6 mm 的钢筋制成 10 cm×10 cm 的钢丝网，材料通过流槽送入搅拌机；不得长时间在超过要求的高速旋转下搅拌，确认导入所规定的空气量后，立即改为低速搅拌，直至水泥乳化沥青砂浆浇筑完毕；为了确认水泥乳化沥青砂浆的品质，施工前用 CAS100 型小型搅拌机试验拌和，根据现场实际使用的原材料和环境温度，进行各项性能试验；试验合格后再使用移动搅拌车。

（3）水泥乳化沥青砂浆浇筑。水泥乳化沥青砂浆浇筑工艺流程如图 5-4-41 所示。

浇筑前准备。检查确认待浇筑轨道板下有无积水及有害杂物，如有则及时清除；检查浇筑袋是否铺设平

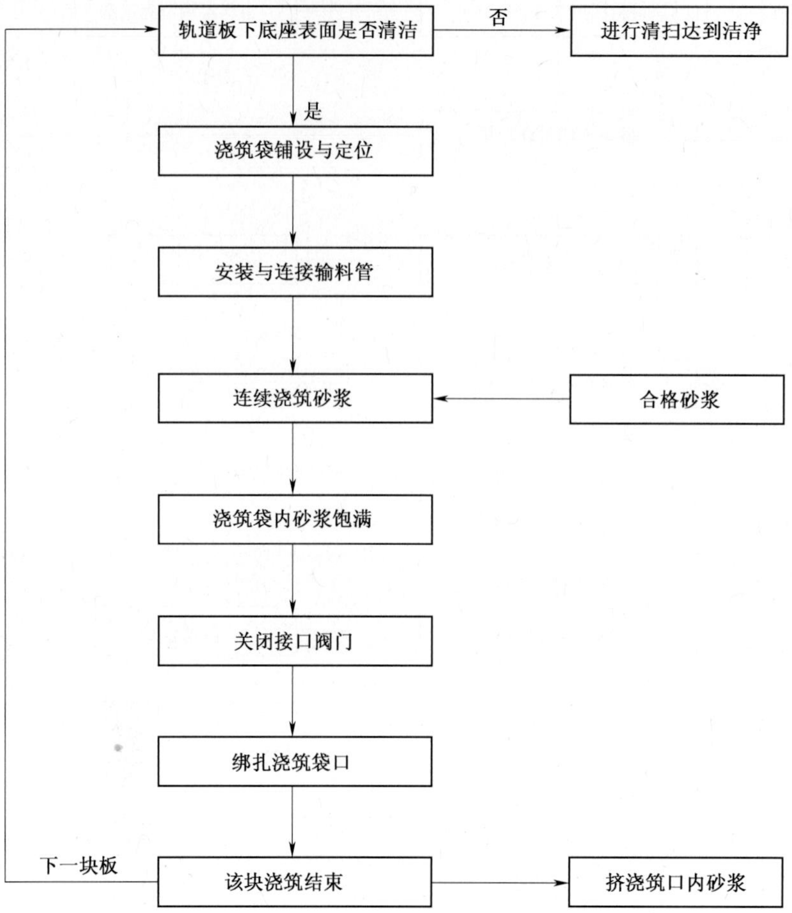


图 5-4-41　水泥乳化沥青砂浆浇筑工艺流程

整、无皱褶，如有问题应重新整理合格。

水泥乳化沥青砂浆搅拌车将拌制合格的水泥乳化沥青砂浆料注入中转仓内，然后通过汽车吊吊装至灌浆位置并放在运输车上浇筑。长桥地段，汽车吊不能直接吊装到位的，则需要将中转仓吊装至桥面，再通过汽车纵向运输到浇筑地点。隧道内可使用运输车或龙门吊运输。

水泥乳化沥青砂浆浇筑时，中转仓置于轨道板灌浆位置并高于轨道板底部，以保证水泥乳化沥青砂浆在自重力作用下顺利浇筑成功。将中转仓上的下料软管和浇筑漏斗采用固定装置固定。

施工时，将下料软管注入口与水泥乳化沥青砂浆浇筑袋注入袋口牢固连接。按照“快—慢—慢”的节奏进行浇筑，浇筑过程中应密切观察水泥乳化沥青砂浆的浇筑情况。浇筑 1/2 时应降低注入速度以便空气排出，并观察水泥乳化沥青砂浆的静态位置，确认轨道板侧面的浇筑高度，保证轨道板底部注浆饱满。每块轨道板应一次浇筑完成，浇筑速度以不带入空气为度徐徐地连续进行，注意不得引起材料离析，并且完全充分的填充空隙。曲线地段超高过大时，水泥乳化沥青砂浆浇筑分 2～3 次进行，防止轨道板受力漂浮，但每次浇筑应在前次注入水泥乳化沥青砂浆未硬化前进行。观察轨道板状态，不得出现拱起与上浮现象，确认浇筑袋充填饱满后停止浇筑，将浇筑袋的浇筑口绑扎牢固，并用约 45°的三角形垫块支撑浇筑口。

搅拌好的水泥乳化沥青砂浆如果长时间处于静止状态，就会变成假凝状态，很快丧失流动性。在运输和注入水泥乳化沥青砂浆的过程中，应不断缓慢地搅拌水泥乳化沥青砂浆。

浇筑结束后 20～45 min 内，将浇筑口内的水泥乳化沥青砂浆挤入浇筑袋，直至轨道板的支撑螺栓稍微松动。浇筑口内的水泥乳化沥青砂浆不够时，应补充挤入。挤入结束后，用 U 形夹具封住浇筑口的根部。砂浆层强度达到 0.1 MPa 以上后，撤除轨道板的精调器和扣压装置，并切断浇筑口，切口应整齐并将浇筑口封闭。

在纵坡及曲线地段浇筑水泥乳化沥青砂浆时，应从较低一侧注入口浇筑水泥乳化沥青砂浆，在高的一侧设置间隙以排出空气，且水泥乳化沥青砂浆注入袋必须固定牢靠，必要时可采用二次浇筑方式。当浇筑袋另一侧的浇筑口内水泥乳化沥青砂浆浇筑高度达到设计要求，且完全密贴板底后，浇筑结束，此时水泥乳化沥青砂浆注入袋四周边缘应饱满圆顺。浇筑后，扎紧注入口，待硬化后将注入口截除。

(4)水泥乳化沥青砂浆养护。水泥乳化沥青砂浆浇筑后原则上采用自然养生，一般不需要采取特殊措施。在气温高于 35 ℃或低于 5 ℃时，应采取相应措施覆盖养护。当水泥乳化沥青砂浆强度达到 0.1 MPa(约 24 h)时，会发生收缩现象，为适应这种情形和防止轨道板与砂浆填充层之间产生间隙，必须拆除支撑螺栓，使轨道板与砂浆充分受力接触。水泥乳化沥青砂浆抗压强度至少达到 0.7 MPa(约 7 d)后，方可在轨道板上承重。

此外，还应在支撑螺栓孔或起吊螺母孔中填入防锈润滑剂。轨道板支撑螺栓使用前必须涂润滑油，以便其在水泥乳化沥青砂浆硬化后取出。轨道板支撑螺栓必须逆时针方向拧出，严禁顺时针方向操作，防止轨道板顶起。

(5)设备清洗及砂浆废弃物处理。每作业班施工结束或施工中断时，应及时对搅拌设备、中转料斗及相关机具设备清洗干净，保持设备清洁。清洗过程产生的废液与废料应集中处理，不得随意排放。水泥乳化沥青砂浆浇筑施工过程中，不可避免地会产生砂浆废弃物等。这些材料可能会对环境造成污染，因而必须相应地采取处置措施。

(6)水泥乳化沥青砂浆浇筑施工的质量控制要点。水泥乳化沥青砂浆浇筑厚度为 40～60 mm，水泥乳化沥青砂浆填充饱满。浇筑袋 U 形边切线与轨道板平齐，误差不大于 10 mm。轨道板边缘与填充层间隙最大深度不大于 50 mm。

浇筑成型的充填层应上下均匀一致，分离度＜1%。充填层密实，无夹杂空隙，气泡孔径≤200 μm。

12. 凸形挡台树脂浇筑

凸形挡台树脂在轨道板水泥乳化沥青砂浆浇筑完成并固化后进行，采用现场搅拌浇筑方式。主要包括施工准备、树脂搅拌、树脂浇筑及注意事项等，如图 5-4-42 所示。

(1)施工准备。清理凸形挡台与轨道板间树脂浇筑部位，露出混凝土底座，将积水、垃圾、尘土、浮浆等清除干净。复核确认浇筑厚度不小于 30 mm。

当浇筑半圆形凸形挡台树脂砂浆时，应使海绵材料或发泡聚乙烯材料对浇筑袋进行固定和限制，起到浇筑模型的作用。选择相应符合规定的浇筑袋，将泡沫塑料塞入浇筑袋底部的衬孔内。将浇筑袋塞入浇筑部位中，并检查浇筑袋铺设是否到位。将浇筑袋的两侧面分别与轨道板凹面和凸形挡台侧面粘接，应避免出现褶皱，切除浇筑袋高出轨道板顶面以上多余的部分。

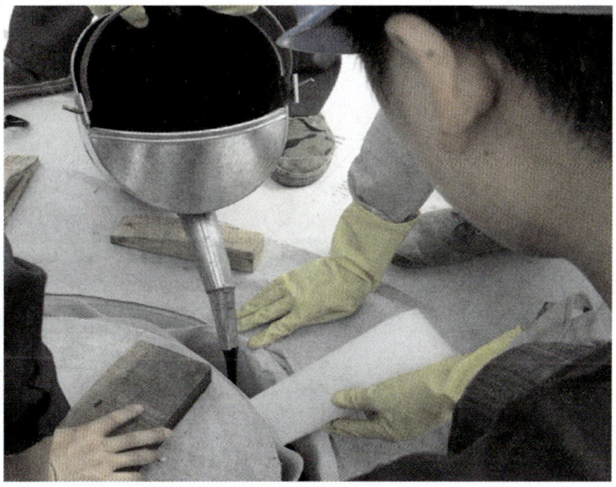
图 5-4-42　树脂砂浆浇筑工艺

使用土工布或塑料布对浇筑部位四周的轨道板和凸形挡台顶面进行防护，以免施工过程产生污染。

(2)树脂搅拌。采用开罐器将 A 组分的桶盖去掉，上下、左右充分搅拌，将桶底的沉淀物全部搅起，尤其注意桶底边角的沉淀。将 A 组分和 B 组分按照配比要求倒入搅拌桶内，采用电动搅拌器上下、左右充分搅拌。搅拌过程中要尽量避免空气混入液体内。搅拌好的混合液，分装到浇筑容器内，由浇筑容器进行浇筑施工。每次搅拌量应满足一次浇筑的要求，确保每块凸形挡台位置一次浇筑成型。

(3)树脂浇筑。树脂材料混合搅拌后必须在 20 min 内浇筑完成，超过 20 min 后应弃掉作报废处理。一个凸形挡台周围填充树脂必须一次浇筑成型。将树脂材料由搅拌桶倒入带长嘴的浇筑桶中，向浇筑袋内缓慢注入树脂。浇筑过程应连续进行，并同时注意检查浇筑袋是否有褶皱等情况并及时整理。

曲线超高地段，树脂应尽量一次浇筑到位。特殊情况下需进行二次浇筑或多次浇筑时，最好在上次树脂未固化前进行。

浇筑完毕后，使用细木棒等工具深入到树脂内部，贴近轨道板或凸形挡台侧面刮贴几下，防止浇筑袋产生褶皱扭曲及空气滞留现象。

施工作业中断时，应及时对搅拌器、浇筑容器等用稀释剂清洗，废罐及废液应作为工业废弃物进行处理，不得污染环境。

(4)树脂养护。凸形挡台树脂施工完毕采用自然养生固化。若遇雨雪天气时，应对树脂进行覆盖防护。

若遇到恶劣天气,应对树脂部分采取封盖等防护措施,防止雨水或杂物落入树脂内。树脂固化后,拆除支垫泡沫和海绵,并对浇筑袋高出部进行清除。

曲线超高地段树脂浇筑完成后,靠近曲线内侧的树脂一般会高于轨道板,待树脂固化后需要采用刀具将多余的树脂清除。

(5)注意事项。凸形挡台树脂搅拌及浇筑时,施工人员应戴橡皮手套、防护眼镜等,避免树脂黏在皮肤或眼睛上。树脂为石油类危险品,属可燃物,使用时要注意安全用火,施工人员禁止吸烟。

拌和作业混入水分时,不能得到规定的固化物性能,因此所用的容器、机具内均要排除水分后才能进行作业。雨、雪天气应停止施工。

13. 质量检查及扣件安装

CRTSⅠ型板式无砟轨道施工完成后,应对整体铺设质量进行检查,包括路容路貌、轨道几何及试验检测等,综合判定施工质量是否满足轨道铺设的要求。同时,还应进行成品保护和扣件安装。CRTSⅠ型板式无砟轨道施工完成后的成品保护主要有三个方面的工作:一是避免行车及车辆从上通过损伤或污染轨道板;二是下部附属结构施工时,严防混凝土或水泥乳化沥青砂浆污染轨道板;三是加强对扣件螺栓孔的封闭,以免杂物进入螺栓孔,造成后期扣件安装失效。

CRTSⅠ型板式无砟轨道用 WJ-7 型弹性分开式扣件最大特点是对轨道方向及轨距无级调整,故安装及调整需要在轨道板铺设质量的基础上再次进行精确定位,而且工作量很大。因此,在长钢轨铺设到达前,需要提前一定时间完成轨下垫板或全部扣件的安装。

扣件安装一般有弦线法、定位销法和定位架法等 3 种定位方法。扣件安装时,应检查和清理扣件螺栓孔确保孔内无积水和杂物,扣件安装应按扣件组装图和使用说明进行,应特别注意铁垫板的安装方向,铁垫板螺栓应按规定扭矩施加。

(1)弦线法。通过全站仪放样铁垫板位置,按直线段 30 m、曲线段 5 m 或其他适当距离进行放样,中间通过拉弦线的方法进行铁垫板的定位。弦线法安装铁垫板如图 5-4-43 所示。采用弦线法安装铁垫板,不受轨道板安装误差的影响(排除轨道板误差过大导致铁垫板无法安装的情况)。但该方法弦线张紧后受人为影响较大,精度和工效都会较差。

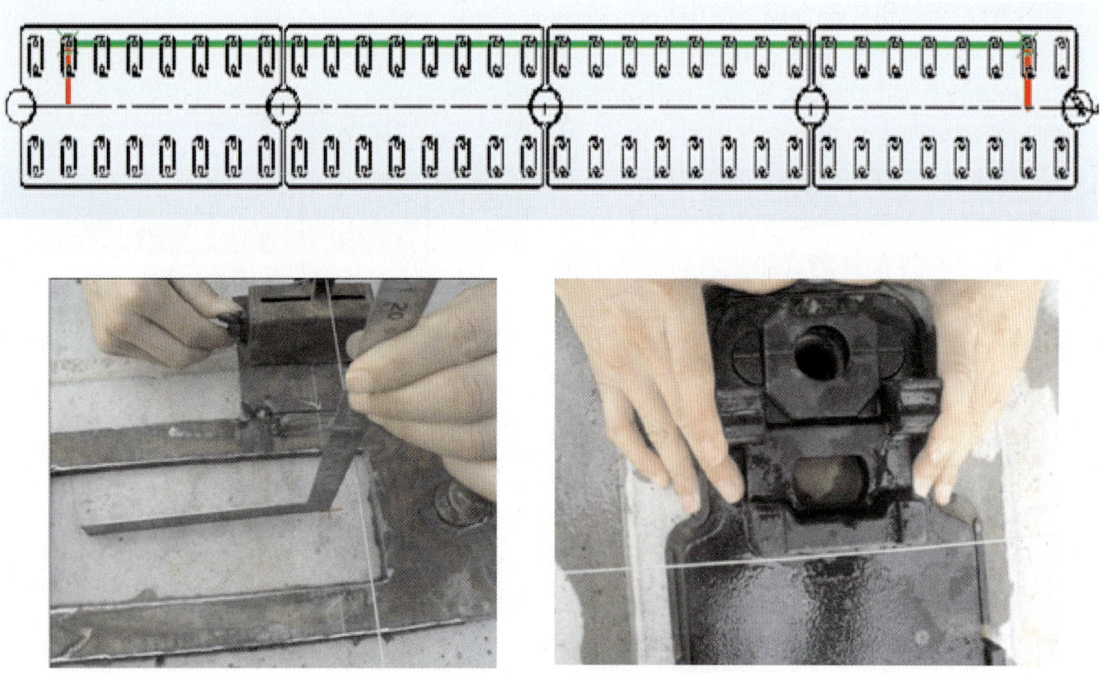

图 5-4-43 弦线法安装铁垫板

(2)定位销法。按轨道板设计图、轨道板螺栓孔与铁垫板的相对关系制作带圆形螺栓插销(确定与轨道板的关系)和带椭圆形凸形挡台(确定与铁垫板的关系)的定位销。使用时,将定位销套入铁垫板并安在轨道板螺栓孔上,即可固定铁垫板与轨道板的相对位置,另一端安装铁垫板螺栓。定位销法安装铁垫板如图 5-4-44 所示。

图 5-4-44　定位销法安装铁垫板

采用定位销法安装铁垫板，速度快、精度高。但该方法不能消除轨道板制造和安装时产生的误差。

(3)定位架法。定位架为方框形结构，采用角钢或工字钢制作，模拟轨道板每块扣件的相对关系。使用时，将定位架安装在轨道板两端的承轨台上，即可为板上其他扣件的安装提供依据。定位架安装铁垫板如图 5-4-45 所示。采用定位架法安装铁垫板，定位架使用笨重，安装工作量大，且精度保持困难。

图 5-4-45　定位架法安装铁垫板

### 4.2.9　资源配置

#### 4.2.9.1　劳动力配置

CRTSⅠ型板式无砟轨道通常采取架子队组织模式，根据工作面情况分成若干班组，通常底座(含凸形挡台)与轨道板施工分开组织，按照工序实行平行作业。各工序人员相对固定，推行专业化管理。

1. 管理人员组织

CRTSⅠ型板式无砟轨道一般以作业队为单位设置管理机构，负责多个作业面的技术管理和施工组织。管理人员组织见表 5-4-14。

表 5-4-14　管理人员组织表

| 序号 | 岗位或工种 | 人　数 | 主要工作内容 |
|---|---|---|---|
| 1 | 作业队队长 | 1 | 全面主持双块式无砟轨道施工组织工作 |
| 2 | 技术负责人 | 1 | 负责生产技术工作；负责建场工作 |
| 3 | 作业队副队长 | 2 | 负责设备、物资及施工生产管理工作 |
| 4 | 工程技术室 | 4 | 负责生产技术、施工测量 |
| 5 | 安全质量室 | 5 | 负责安全、质量，主管安质、工程试验 |
| 6 | 物资设备室 | 10 | 负责设备及物资供应，含库管 |
| 7 | 办公室 | 5 | 负责治安、保卫工作及行政事物、食堂、司机、文化娱乐的管理；负责对外接待联络工作 |
| 8 | 工程调度 | 2 | 负责生产指挥调度，协调对外关系 |
| 合　计 | | 30 | |

2. 生产人员组织

每个作业工序工地负责人、工班长、技术人员和专兼安质人员由正式员工担任,且持上岗证上岗。其余根据需要可配置劳务用工,但岗前必须进行培训并经考试合格后上岗。特殊工种必须按规定持证上岗。以下工序按路基及桥梁日进度120双延米、隧道内日进度100双延米配置劳动力。

(1)底座及凸形挡台施工。钢筋混凝土底座及凸形挡台采用模筑法施工,单作业面生产人员配置见表5-4-15。

**表5-4-15 钢筋混凝土底座及凸形挡台施工单班生产人员配置**(单作业面)

| 序　号 | 岗位或工种 | 数量(人) | 备　　注 |
|---|---|---|---|
| 1 | 现场负责人 | 1 | |
| 2 | 现场技术人员 | 1 | |
| 3 | 专职安全员 | 1 | |
| 4 | 运输总指挥 | 1 | |
| 5 | 质检员 | 2 | 含试验 |
| 6 | 测量工 | 5 | 放样,检测 |
| 7 | 摊铺机司机 | 2 | |
| 8 | 设备操作司机 | 2 | 洒水车、挖掘机司机各1人 |
| 9 | 普工 | 7 | 整修3人,切缝、养护各2人 |
| 10 | 混凝土罐车司机 | 6 | |
| 11 | 其他配合 | 10 | 下部清理、设备维护等 |
| 合　　计 | | 38 | |

(2)CRTSⅠ型轨道板安装施工。CRTSⅠ型轨道板安装施工单作业面生产人员配置见表5-4-16。

**表5-4-16 双块式无砟轨道板施工单班生产人员配置**(单作业面)

| 序号 | 工　　序 | 工作内容 | 人　数 | 备　注 |
|---|---|---|---|---|
| 1 | 轨道板吊装 | 轨道板转运、底座清理、轨道板粗铺 | 15 | |
| 2 | 轨道板精调 | 调整架安装、轨道板精调、防浮装置安装 | 17 | |
| 3 | CA砂浆浇筑 | CA砂浆浇筑袋铺设,CA砂浆上料、搅拌、输送、浇筑、养护、工具清洗 | 16 | 含砂浆车配合人员 |
| 4 | CA砂浆浇筑后道工序 | 调整架拆除、浇筑口切除及封口 | 5 | |
| 5 | 凸形挡台树脂施工 | 作业面清理,浇筑袋安装,树脂搅拌浇筑、养护 | 15 | |
| 6 | 钢轨扣件安装 | 铁垫板安装 | 10 | |
| 7 | 砂浆车司机 | | 2 | |
| 8 | 铺板龙门吊司机 | | 1 | |
| 9 | 运板车司机 | | 1 | |
| 10 | 叉车、农用车司机 | | 2 | |
| 合　　计 | | | 98 | |

#### 4.2.9.2 主要设备机具配置

施工设备及机具按作业面配置,生产能力符合上述进度指标要求。

(1)底座及凸形挡台支承层施工。钢筋混凝土底座及凸形挡台采用模筑法施工,主要设备及机具配置见表5-4-17。

**表5-4-17 钢筋混凝土底座及凸形挡台施工主要设备及机具配置**

| 序号 | 设备名称 | 规　　格 | 单　位 | 数　量 | 备　注 |
|---|---|---|---|---|---|
| 1 | 汽车泵 | 37 m | 台 | 1 | |
| 2 | 混凝土运输罐车 | 8 $m^3$ | 辆 | 1 | |
| 3 | 运输汽车 | — | 辆 | 6 | |

续上表

| 序号 | 设备名称 | 规　格 | 单　位 | 数　量 | 备　注 |
|---|---|---|---|---|---|
| 4 | 洒水车 | — | 辆 | 1 | |
| 5 | 汽车式起重机 | QY25 | 台 | 2 | |
| 6 | 发电机 | 30 kW | 台 | 2 | |
| 7 | 钢筋加工设备 | 切割、弯曲 | 套 | 1 | |
| 8 | 电焊机 | ZX400 | 台 | 4 | |
| 9 | 底座模板 | 25号　28号 | 双米 | 500 | |
| 10 | 凸形挡台模板 | — | 套 | 80 | |
| 11 | 捣固棒 | 1.5 kW | 根 | 10 | |
| 12 | 电钻 | — | 个 | 2 | 根据需要配置 |

(2)CRTSⅠ型轨道板安装施工。CRTSⅠ型轨道板安装施工主要设备及机具配置见表5-4-18。

**表5-4-18　CRTSⅠ型轨道板安装施工主要设备及机具配置**

| 序　号 | 设备名称 | 规　格 | 单　位 | 数　量 | 备　注 |
|---|---|---|---|---|---|
| 1 | 轨行式龙门吊 | 10 t/17 m | 台 | 1 | 存板场内吊装 |
| 2 | 乳化沥青储备罐 | 温控，50 t | 个 | 2 | |
| 3 | 干料储存站 | 300 t以上 | 套 | 1 | |
| 4 | 轮胎式铺板龙门吊 | 悬臂或非悬臂，10 t | 台 | 1 | |
| 5 | 轮胎式双向运板车 | 30 t | 台 | 1 | |
| 6 | 轨道板快速精调系统 | CRTSⅠ型轨道板用 | 套 | 2 | 含全站仪及标架等 |
| 7 | 水泥乳化沥青砂浆移动搅拌车 | 含中转料斗 | 台 | 2 | |
| 8 | 自动照准全站仪 | ≤1″，≤2+2 ppm | 台 | 1 | 含棱镜 |
| 9 | 电子水准仪 | DS1级 | 台 | 1 | 含因瓦尺 |
| 10 | 高压清洗机 | — | 台 | 1 | |
| 11 | 手持式电钻 | — | 台 | 2 | 12 |
| 12 | 汽车吊 | 25 t | 台 | 2 | |
| 13 | 精调爪 | 双向 | 套 | 250 | 每块板1套，每套4块 |
| 14 | 扣压装置 | — | 套 | 150 | 每块板1套，每套4块 |
| 15 | 运输车 | — | 台 | 2 | |
| 16 | 定位销 | — | 块 | 20 | 扣件安装用 |
| 17 | 洒水车 | 8 t | 台 | 1 | 含输送泵 |
| 18 | 运输汽车 | — | 台 | 10 | |

## 4.2.10　质量安全控制要点

4.2.10.1　*质量控制要点*

(1)认真做好线下结构沉降变形及CPⅢ测量控制网评估，与施工各方共同验收线下结构几何尺寸。对不满足无砟轨道床施工的，不存侥幸。

(2)无砟轨道技术、质量控制点多，精度要求高，关联性、综合性和系统性强，加强技术培训，选用具有施工经验和经历的专业化技能队伍是保证无砟轨道工程质量的一个重要前提。

(3)加强设备配置和管理，特别是测量仪、精调用工装设备，务必保证其精度和良好状态，正确使用。

(4)对进场的原材料控制是成品质量的控制源头，混凝土用粗细骨料的含泥量、烧失量及碱含量等指标必须试验检测合格，钢轨扣件、预埋件、钢筋、土工布及隔离层材料等外观质量和力学性能均满足规范要求。

(5)做好工艺性试验，混凝土配合比及施工工艺、精调工艺等都应建立工艺试验制度，按照工艺试验、试验段、先导段的顺序逐步验证推广。

(6)底座及凸形挡台施工完成后,应严格检查其外观质量和尺寸。水泥乳化沥青砂浆和凸形挡台树脂浇筑厚度不能满足要求时,应及时整修合格,否则不能进入下道工序施工。

(7)轨道板应采用侧面立放方式。轨道台座基础应稳固,不能因沉降变形导致轨道板倾覆或变形。

(8)轨道板精调完成至水泥乳化沥青砂浆浇筑期间应加强对轨道板的防护,保证轨道板不被扰动。

(9)轨道板精调完成后,应尽早浇筑水泥乳化沥青砂浆,并在正式浇筑前再次检查轨道板线形是否满足浇筑施工的要求。

(10)严格控制水泥乳化沥青砂浆材料的储存周期和温度,超出允许温度的施工应制定相对的措施。水泥乳化沥青砂浆浇筑时应保持良好的施工性能,施工性能不能满足的应弃掉作报废处理。

(11)施工过程中,应加强对轨道板扣件螺栓孔的防护,避免杂物落入孔内,导致后期扣件安装失效。

(12)轨道板施工完成后,应加强成品保护,防止后续施工污染或损伤无砟轨道。

(13)不论混凝土还是水泥乳沥青砂浆或凸形挡台树脂施工,都应根据现场条件制定相应的季节性施工措施。

(14)CRTSⅠ型板式无砟轨道施工是一个系统工程,影响质量的环节多、周期长,应制定严格的质量管理措施。尤其在施工初期,应按施工培训、材料试验、设备验证、工艺试验和先导段施工的顺序逐步推进,由点带面地促进工程质量的全面保证。

4.2.10.2　安全控制要点

(1)按要求配足安全生产要求,确保安全管理体系正常运转。

(2)做好经常性的安全教育和技术培训,设备操作人员和特殊工种持证上岗。

(3)加强对施工机具设备、临时设施的例行检查和强行保养,确保设备及临时设施安全可靠。

(4)施工基地、运输道路、作业面布置科学合理,物流顺畅,临空、临边作业防护措施到位。涉及交通疏解或交通干扰的地段,应设置警示或防护设施、标牌,必要时设专人管理和防护。

(5)施工用电严格执行五线三相制和一机一闸制,做好漏电保护,电线外皮不能破损,不能超负荷用电,严禁私拉乱接,违规用电。

(6)施工现场的布置应符合防火、防风、防雷击、防洪、防触电等安全规定及安全施工的要求,各临时存板点等应按规定统一布置。

(7)生产料库应加强防火措施,乳化沥青库房周边应严禁使用明火。

(8)吊装作业时,应有专人进行指挥,要经常检查钢丝绳、吊钩、夹具等的安全状况,吊臂下及吊装范围内严禁站人。

(9)轨道板装卸时应利用轨道板上起吊装置水平起吊,四角均匀受力;把吊环安在插入螺栓上时,应注意充分上紧螺栓,不使螺栓损伤。

(10)轨道板、砂浆或其他物料吊装时,吊装时必须设专人看护,遇高压线横跨线路上空时,不得伸臂至高压线安全区内,且应通知当地电力部门协助看护吊装。

(11)物料堆码牢靠。夜间施工时照明充分。

(12)临时上桥通道应按规定搭设牢固,并定期进行检查维修。

4.2.10.3　环境保护控制要点

(1)废弃混凝土及砂浆材料必须按照规定集中统一处理,严禁随意排放污染环境。

(2)施工作业时要对所有生活和生产废水经过过滤、沉淀后集中处理。施工营地设置集中垃圾收集地,设专人管理,经无害化处理后排放,定期填埋,严禁就地焚烧。对营地生活垃圾(包括施工废弃物)集中装运至指定垃圾处理场处理。对不能处理的垃圾拉到设有处理设施的厂处理。

(3)严格按照使用要求检修和保养发动机,使用合格的燃料油,以提高发动机的燃烧和工作质量,减少发动机废气对环境的污染。

(4)经常检查各种油液管路和接头,发现泄露、渗漏及时更换或维修。对擦洗机械后的油液和更换下来的废润滑油、废液压油分类回收,利用。

(5)施工过程中产生的噪声,对动植物和人体损害均较大,为了保护环境,应尽量减少噪声污染。机械设备使用低噪声发动机。

# 5　CRTSⅡ型板式无砟轨道施工技术

## 5.1　CRTSⅡ型混凝土轨道板预制技术

### 5.1.1　概　述

CRTSⅡ型混凝土轨道板设计为先张预应力结构，采用长线台座法工厂化生产，主要通过长线预制台座及模具完成轨道板的张拉、浇筑及养护后形成毛坯板，经 28 d 养护后利用数控磨床对轨道板承轨槽进行精确打磨，实现轨道板承轨槽打磨精度为 0.5 mm，形成高精度的轨道线形。施工组织主要通过岗位人员操作设备和工序传递来完成产品的生产，有相对固定的工艺流程，实行分班作业制度，场区保护、消防、安全、绿化环保设施等相对固定。

结合轨道板布板设计的要求，CRTSⅡ型混凝土轨道板分为 6 450 mm 标准长度轨道板、特殊长度和补偿的非标轨道板等 3 种类型。主要生产设备包括长线台座预制生产线及配套设备、轨道板打磨用数控磨床、轨道板检测系统等。由于轨道板制造的高精度高度，相应地要求生产和检测设备精度高、质量控制和管理过程要求严。

以下主要以中铁二局京沪高速铁路曲阜轨道板预制场为例介绍 CRTSⅡ型混凝土轨道板预制施工技术。

### 5.1.2　结构设计

高速铁路 CRTSⅡ型无砟轨道板设计为先张预应力钢筋混凝土平板结构，分为标准板、特殊板和补偿板等三种类型，混凝土的设计强度为 C55。其中，标准板长 6 450 mm，宽 2 550 mm，厚度 200 mm，每块成品轨道板重约 8.6 t，特殊板和补偿板依据具体设计确定。轨道板横向配置 60 根 $\phi$10 mm 预应力钢筋以施加先张预应力，纵向配置 6 根 $\phi$20 mm 精轧螺纹钢筋，用于轨道板的纵向联接，在纵、横向钢筋的上、下层分别配置一层钢筋网片，所有钢筋交叉点均做绝缘处理。每块轨道板根据长度的不同，设置不同对数的有挡肩承轨台，承轨台间距一般在 600～650 mm 之间，每对承轨台之间设有一道横向贯通的控制开裂的 V 形槽。CRTSⅡ型无砟轨道板配套使用 Vossloh300-1 型弹条扣件或 WJ-8 型弹条扣件，承轨台及承轨槽根据使用扣件的不同进行配套设计。

CRTSⅡ型无砟轨道板外形结构如图 5-5-1 所示。

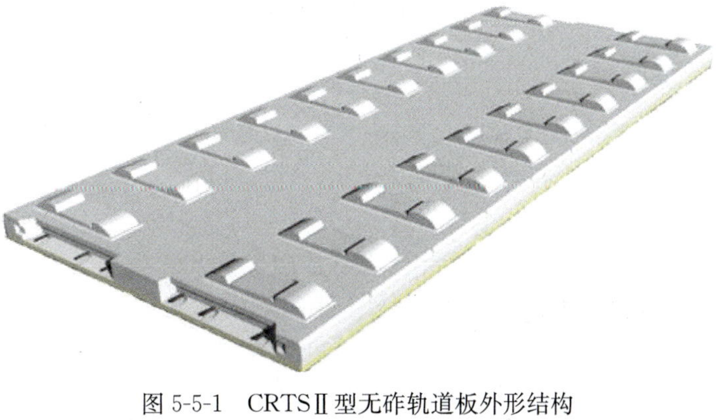

图 5-5-1　CRTSⅡ型无砟轨道板外形结构

CRTⅡ型混凝土轨道板采用强度等级为 C55 的高性能混凝土，钢筋采用 HRB500 钢筋以及预应力钢筋，相关材料及工艺要求符合《客运专线铁路 CRTSⅡ型板式无砟轨道混凝土轨道板(有挡肩)暂行技术条件》(科技基〔2008〕173 号)及相关技术条件的规定。

### 5.1.3 轨道板预制场规划及建设

5.1.3.1 设置原则

CRTSⅡ型混凝土轨道板的设置应结合1个或多个工程项目的工程量统筹考虑，就高速铁路无砟轨道工程而言，通常选在拟供应范围的中间位置附近，地势平坦开阔，靠近公路交通要道并与施工便道相连的位置。若条件许可，预制场可利用废弃厂矿、预制场、规划用地或取弃土场等，以减少土石方量，节约用地，节约投资。此外，还应考虑材料进出场、水电供应等。

CRTSⅡ型混凝土轨道板生产工效受生产线类型及配置数量的影响，施工过程不易调整。主要考虑为：毛坯板生产受生产线控制，毛坯板存放受台座数量控制，一般布置2条长线台座生产线或3条短线台座生产线，每条生产线配41套或27套钢模。考虑检修、保养等因素，每工作日生产82块或81块轨道板，每月按25 d有效工作日计，每月可生产2 050块或2 025块。

一般情况下，预制场的最优供应半径为60 km，同时预制场还应考虑2～4个月产量的存放场地。

5.1.3.2 预制场总体规划

按生产工艺原理，CRTSⅡ型混凝土轨道板预制场总体规划应结合工程工期及场地条件尽量做到布局合理、工序明确、物流顺畅，生产规模满足工程工期并略有富余，适度预留长远发展余量。一个功能完整的CRTSⅡ型混凝土轨道板预制场一般包括生活办公区、混凝土拌制区、钢筋加工车间、轨道板生产车间、轨道板打磨及检测车间、轨道板存放区等区域。以下以中铁二局京沪高速铁路曲阜轨道板预制场为例介绍轨道板预制场规划。

曲阜轨道板预制场按“两线一场”长线台座法设计，是国内首次采用每条生产线配置41套钢模的CRTSⅡ型混凝土轨道板预制场。在生产能力相同的条件下，减少了设备配套和施工成本，为CRTSⅡ型混凝土轨道板预制工程提供了更多的选择。曲阜轨道板预制场鸟瞰图如图5-5-2所示。

图5-5-2 京沪高铁曲阜轨道板预制场鸟瞰图

曲阜轨道板场大临用地约130亩，紧邻既有公路布置，交通方便。现场规划设置现场生活办公区、钢筋加工区、毛坯板预制区、混凝土搅拌区、轨道板打磨区、轨道板存放区、预留砂石料存放区、生产辅助区等8个功能区域，各功能区域分工合理、衔接有序、物流顺畅。

5.1.3.3 轨道板预制场建设

(1)生产量设计。CRTSⅡ型混凝土轨道板生产主要受制于生产线规模及数控磨床打磨速度，在生产规模一定的情况下，混凝土强度发展是确定生产线周转时间的重要因素。按照技术条件，CRTSⅡ型混凝土轨道板按混凝土强度发展(即蒸养时间)确定模型周转，而脱模开始到钢筋及预埋件安装、混凝土浇筑成型的时间大约为4 h，混凝土养护16 h，模型周转的理论时间为20 h。但考虑到劳动力组织及正常的生产组织，一般都按24 h单班作业考虑，故模具的周转时间为24 h。以一条生产线每个月正常生产25 d计，2条生产线每个月可生产2 050块板。

(2)生活办公区。生活办公区在规划用地内尽量避开生产区设置。生活办公区主要包括办公室、会议室、员工宿舍、食堂和文化活动区等。此外，还应修建试验室、物资仓库等辅助房屋。

(3)混凝土拌和站。混凝土拌和站为轨道板预制制备高性能混凝土。根据工艺对生产率的要求，设 180 $m^3/h$的混凝土拌和站一座，由 3 $m^3$/罐搅拌主机、水泥仓、骨料仓、计量秤、皮带机、空压机、水泵、外加剂系统、螺旋输送机、气路系统、水路系统等组成。储料仓采用装载机上料，可同时储存 4 种骨料。

混凝土拌和站的布置应以混凝土的运输距离最近原则，减小混凝土的运输距离，确保混凝土的连续供应。轨道板预制生产是一个工厂化作业，受外部环境的干扰相对较小，必须考虑整体布局，拌和站宜靠近轨道板预制区中部。原材料应采用封闭的料仓，北方地区还应考虑材料厂冬季保温或加温措施。砂石料仓应满足混凝土半个月内的供应，冬季应有备用料仓可满足 3 个月的储料能力。

(4)生产厂房。生产厂房设计为实腹式钢结构排架式厂房，主要包括轨道板预制区、钢筋加工区、轨道板打磨区及轨道板检测区等。主厂房东西长 282 m，磨床厂房长 108 m，钢筋加工房长 108 m。轨道板厂房跨度根据张拉台座的宽度、毛坯板临时存放线宽度和料斗运输通道宽度等综合因素考虑，设计为 21 m。毛坯板预制厂房内配备 3 台 16 t 的双桥起重机，钢筋加工房内配备 2 台 5 t 的桥式单梁起重机，磨床厂房内配备 1 台 16 t 的双钩桥式起重机，轨顶高程均为 7.2 m。

(5)轨道板预制区。一般按直列式布置 2 条毛坯板预制生产线，两条生产线各配置 41 套模具，台座总长度为 257 m，如图 5-5-3 所示。沿生产线一侧设钢筋加工区、人行通道、设备(变频振动、温控、张拉、预应力钢筋定长切割机等)操纵台，另一侧设毛坯板临时存放台 28 组和两条毛坯板轨道运输线(配 2 台电瓶车)，运输线出口设 1 台跨度为 34 m 起重量为 16 t 的门式起重机用于毛坯板的临时存放。

预制生产线按钢筋混凝土 U 形结构设计台座。台座底部布置供热管道及温控系统，模型通过预埋地脚螺栓进行固定和调整。台座两端与模型间安装张拉横梁及千斤顶，通过数控设备实现预应力的同步张拉及放张。台座顶面铺设供混凝土布料机、钢筋切割小车、多功能运输车及拉毛机等生产线非标设备走行的轨道，同时在台座的侧向设置预应力钢筋定长切割机。

在每个生产台座内都设有供热管道，供热能力 900 kW，配以温控仪实现轨道板的养护温度控制。

图 5-5-3　轨道板预制区

(6)钢筋加工区。钢筋加工区配 2 台单梁桥式起重机，用于钢筋网片及其他材料的吊装。根据钢筋设计及工艺特点，钢筋加工区分为存放区、加工区、网片制作区及网片存放区等。除常用的钢筋加工设备外，设备工装还包括网片加工胎具、热缩套管加工工位、平板运输车等。

(7)混凝土搅拌区。设 1 台主机采用 3 $m^3$/盘的 180 $m^3/h$ 带计算机自动控制系统的混凝土搅拌站。搅拌站的出料口位于轨道板预制区的中部，以便于混凝土的运输。

为保证制板混凝土砂石料的清洁度，一般需要在混凝土搅拌区砂石料仓附近设置 1 套砂石料清洗机，以进行砂石清洗和筛分。

(8)轨道板打磨装配区。轨道板打磨生产线是以数控磨床为中心的自动化生产线，设在跨度 21 m、长度 109 m 的侧厂房内。生产线内设 1 条打磨装配生产线，配置数控磨床、污水处理设备、滚轮输送线、产品运输车、弹条扣件装配设备、定量注脂机及 1 台 16 t 的双钩桥式起重机(主要用于成品轨道板的吊装、轨道板在厂房内的临时存放和吊运扣件系统等作业)等；外部配置轨道板翻转设备、滚轮运输线及突出预应力钢筋锯等。

打磨区设污水处理系统。磨床冷却及轨道板清洗用水，经污水处理系统处理后循环使用。

(9)轨道板存放区。包括毛坯板存放和成品板存放，采用轨行式门式起重机作为轨道板的吊装设备。存放区内设门式起重机走行轨道和汽车运输通道。

轨道板存放台座采用钢筋混凝土结构，按 3 台支承布置，同一台座的 3 个支点高差不大于 2 mm。轨道板存放区内同时布置运输通道和养生水管。

(10)辅助生产区。设置变电站、锅炉房、维修车间、水泵房、空压机房、配件库等。轨道板场供电配备 1 座 800 kVA 变电站，2 台 300 kW 发电机、1 台 4 t 蒸汽锅炉。

### 5.1.4　轨道板制造工艺流程

5.1.4.1　工艺流程

CRTSⅡ型混凝土轨道板制造主要分为模板安装及检测、钢筋制作及预埋件安装、预应力施加、混凝土制备及浇筑、轨道板预制、轨道板养护、毛坯板存放、轨道板打磨等程序，工艺流程如图 5-5-4 所示。

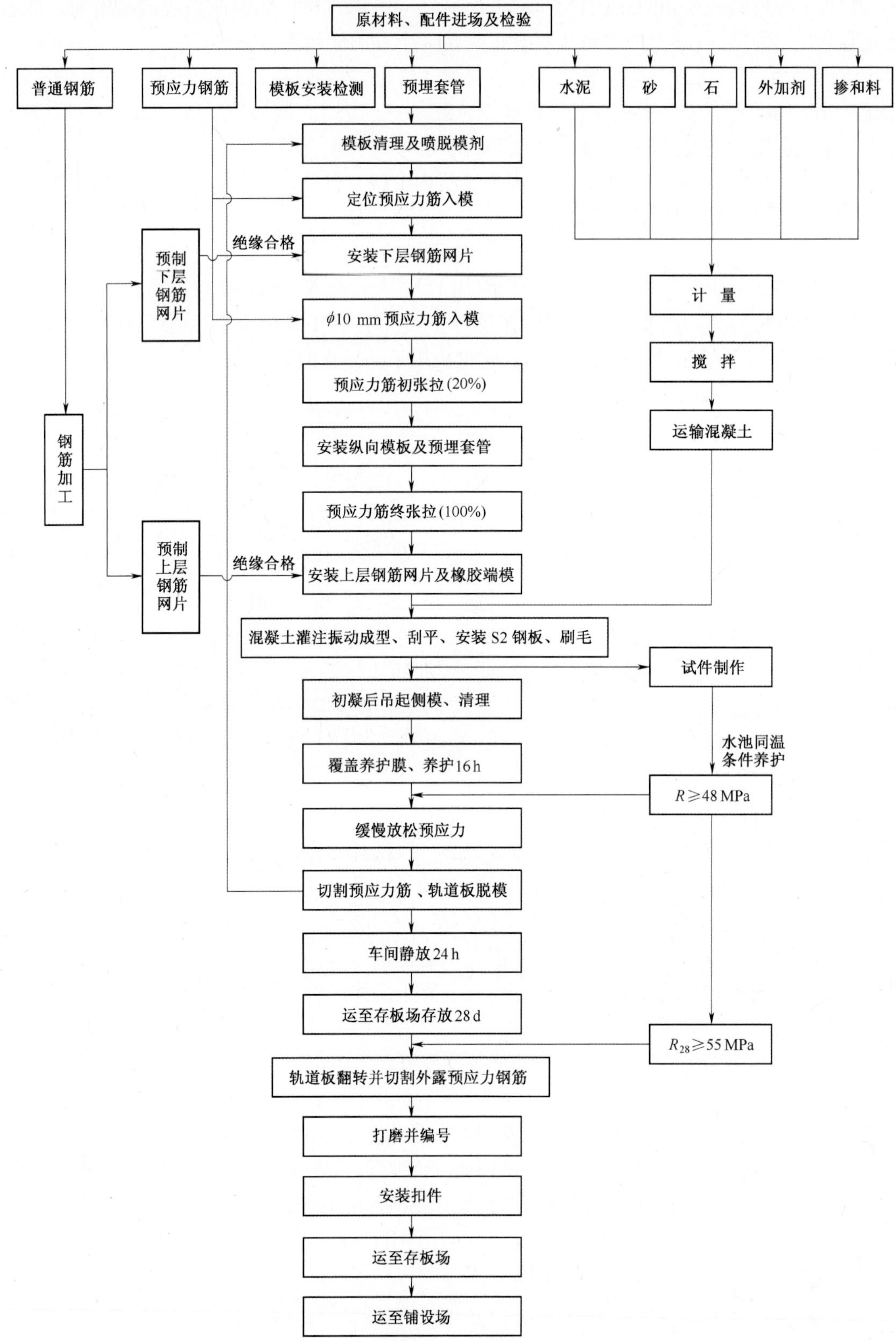


图 5-5-4　CRTSⅡ型混凝土轨道板制造工艺流程

CRTSⅡ型混凝土轨道板制造主要工序如下：

(1)模板安装及检测：模板采用定制的高精度钢模板，每条生产线设多组模板并联安装；模型使用期间应定期进行外观、平整度及细部尺寸、模板间距的检查；模板使用前，应清理干净并涂刷脱模剂。

(2)钢筋制作及预埋件安装：钢筋网片分为上下层两种规格，采用不同的钢筋绑扎胎具集中绑扎，整体吊装入模；入模后在浇筑混凝土前进行绝缘性能检测，确认电阻大于 2 MΩ；精扎螺纹钢筋定长加工后在专用胎具上安装绝缘热缩套管；轨道板内预埋件按设计准确安装并与模板连接牢固。

(3)预应力施加：预应力钢筋由数控张拉台座按整体张拉方式施工；预应力钢筋采用定长截断机自动加工预应力施加分初张和终张两个阶段，以张拉力为主、伸长值辅助校核进行双控。

(4)混凝土制备及浇筑：采用自动计量搅拌站制备混凝土，通过混凝土布料机进行布料；高频振动器振动，振捣成型后，进行刮平和拉毛；之后用篷布覆盖进行蒸汽养护。

(5)预应力筋放张及轨道板脱模：轨道板混凝土强度达到规定强度后，方可进行预应力筋放张及轨道板脱模；预应力筋采用整体放张，钢筋切断顺序按张拉台座 1/2、1/4 长度切断后再逐块切断。轨道板采用真空吊具吊装脱模，经临时存放后由轨道车运输至毛坯板存放区存放。

(6)轨道板打磨：毛坯板存放达到 1 个月后可进行承轨槽打磨施工；打磨采用轨道板承轨槽打磨专用数控磨床，磨床自动控制系统按照布板设计对每块轨道板的承轨槽进行打磨。

(7)轨道板检测：轨道板打磨合格后进行几何尺寸及绝缘性能检测，绝缘检测合格后进行扣件预安装。之后，运往存板场按规定存放或出库。

5.1.4.2　关键工序

钢筋制作与绝缘检测、模型安装及检测、预应力施加、混凝土浇筑、轨道板打磨为其关键工序。

### 5.1.5　制板关键设备及工装

5.1.5.1　轨道板预制生产线

CRTSⅡ型轨道板预制生产线是适应 CRTSⅡ型轨道板横向先张预应力结构而设计的预应力张拉台座、轨道板钢模具、蒸汽养护管道(含自动温控养护系统)，并为混凝土浇筑、模具清理、混凝土振动、混凝土刮平和拉毛、养护篷布覆盖等提供设备安装和操作平台等集一系列生产功能于一体的设备集成系统，如图 5-5-5 所示。

图 5-5-5　CRTSⅡ型轨道板预制生产线

CRTSⅡ型轨道板预制生产线台座结构为钢筋混凝土 U 形结构，在两侧中心距为 8 m 平行的承力墙之间并排安装 41 套模具。台座两端设张拉横梁，台座与横梁间安装 4 台 300 t 千斤顶，计算机控制液压泵站，实现预应力的同步张拉、放张；两平行承力墙顶面设有轨道，作为生产线主要非标设备的走行轨道，轨道上布置 1 台混凝土布料机、2 台预应力钢筋切割小车、2 台多功能运输车、1 台拉毛机。

5.1.5.2　轨道板钢模具

CRTSⅡ型轨道板预制用钢模具分为标准板、小半径曲线板、补偿板及特殊板等多种规格。标准板模具设计长 6.45 m、宽 2.55 m，其模型由地脚螺栓及支撑钢板、8 条支腿及弹性支座、机架和 10 块面板、20 个承轻台壳体、9 根三角压条、1 根梯形挡板和 1 根梯形挡板固定用拉杆、4 个橡胶端模等组成(图 5-5-6)。

图 5-5-6　CRTSⅡ型轨道板预制用钢模具

每套模具上的振捣设备由 8～9 个固定在模具底部横梁上的振动器和车间一侧的数字式变频控制台组成。振动器能产生 12 kN 的离心力,在以 87 Hz 振动时,离心力达 60%。振动时可按不同模板分别控制这些振动器,通过手控发送器选择需振实的模具编号或手动控制无级变频调节振动器,实现 2～3 min 达到振捣效果。

5.1.5.3　轨道板数控张拉台座

轨道板数控张拉台座包括张拉台座、夹具、张拉横梁,每条生产线台座有 4 个张拉油缸、2 套液压泵站和 1 套数控装置。通过数控装置对每个台座末端 4 个张拉油缸进行控制,实现张拉和放张,可两侧同时张拉,也可只张拉某一侧或某一根张拉。如图 5-5-7 所示。

图 5-5-7　轨道板数控张拉台座

张拉时,按张拉力为主、伸长值校核进行双控,数控装置能对张拉力和伸长值进行自动检测并处理数据,计算实时张拉力误差并自动记录数据。

5.1.5.4　混凝土布料机

混凝土布料机可将混凝土定量投入模具,料斗用于临时存放混凝土,从而保证连续投料。布料时,布料机沿模型横向走行卸料。振捣工序之后,将混凝土布料机向相邻的模具移动,利用安装在混凝土布料机上的混凝土振动板整平混凝土表面。如图 5-5-8所示。

图 5-5-8　混凝土布料机

5.1.5.5　轨道板打磨用数控磨床

轨道板打磨用数控磨床包括激光扫描装置、配套工装和数控打磨磨床，通过磨床内激光扫描测量系统或传感器测量系统测量毛坯板每个承轨台上 10 个关键点，根据测量的实际数据与设计数据计算的偏差确定打磨量和打磨次数，自动生成打磨控制程序进行打磨，最后形成精度满足要求的轨道板。每块轨道板的平均打磨时间在 15～20 min。如图 5-5-9 所示。

图 5-5-9　轨道板打磨用数控磨床

5.1.5.6　钢筋网片绑扎胎具

轨道板钢筋网片绑扎在专用绑扎胎具上进行，钢筋网片绑扎胎具采用型钢制作。绑扎胎具内设有钢筋定位槽或定位卡、综合接地端子定位孔，按照对应型号轨道板设计图纸的钢筋间距、数量在胎具内标识钢筋定位槽或定位卡以及综合接地端子定位孔，从而保证钢筋的位置正确，各钢筋偏差在标准范围内。钢筋网片绑扎胎具的设计能极大的提高钢筋绑扎效率，保证质量且外型美观。钢筋网片绑扎胎具示意如图 5-5-10 所示。

图 5-5-10　钢筋绑扎胎具

5.1.5.7　其　　他

(1)预应力钢筋切割机：主要用于轨道板预应力钢筋的切割。

(2)混凝土拉毛机：通过沿生产线台座两侧走行轨在模具上方移动实现对轨道板混凝土表面的拉毛处理，以保证轨道板和高弹模水泥乳化沥青砂浆之间较好地结合。

(3)多功能运输车：沿生产线台座两侧走行轨在模具上方移动，用于旋转工作托盘(如覆盖篷布、纵向挡板、清洗装置)和分布预应力钢筋等。

(4)轨道板真空吊具：悬挂于桥式起重机上，通过吊具上真空吸附板与轨道板面的接触，可直接将轨道板从模具内取出并放置在车间临时堆放架上，不用在轨道板上设置单独的吊装孔和预埋件。

(5)轨道板翻板机：将从毛坯板存放场运送来的毛坯板翻转 180°，使轨道板承轨面向上，然后通过滚轮输送线运到下一加工工位。

(6)装配车间的滚轮输送线:由 85 个侧面装有导轮的滚轮支架,其中 21 个带有摩擦驱动组成滚道用于轨道板翻板机、预应力钢筋余头切割机、打磨磨床、扣件安装和横移等工位之间传送轨道板。

(7)预应力钢筋余头切割机:锯盘直径 600 mm,用于切除毛坯板两侧外露的预应力钢筋余头。使用时,两台钢筋切割锯对称布置,启动和停止由滚轮输送控制系统自动控制。

### 5.1.6 制板原材料

CRTSⅡ型混凝土轨道板为横向先张预应力构件,主要材料为 C55 高性能早强混凝土、低碳热轧带肋 HRB335 和 HRB500 钢筋、绝缘涂层钢筋及预应力螺旋肋钢丝。C55 高性能混凝土应满足早强、高强、高耐久性和高工作性的要求,其混凝土配合比采用强度等级不低于 42.5 级的硅酸盐或普通硅酸盐水泥,减水率不低于 25%、收缩率比不大于 110%的高效减水剂,规格 5～20 mm 的材质坚硬、表面清洁的二级或多级单粒级碎石、中粗砂,掺和料可为复合型掺和料或单掺矿粉及粉煤灰,同时满足技术条件和施工工艺要求。

轨道板预制生产辅助材料包括:预埋套管、热缩套管、起吊套管、接地端子、绝缘卡、防腐油脂、脱模剂等。

### 5.1.7 制板施工工艺

#### 5.1.7.1 质量标准

(1)模型质量控制。模型应具有足够的强度、刚度和稳定性,应能够保证轨道板各部形状、尺寸及预埋件的准确位置。模型的制造允许偏差为成品轨道板允许偏差的 1/2。模型支承基础应平整、坚实,不得因其不均匀下沉引起模型变形。

模型应进行日常检查和定期检查,检查结果应记录在模型运转记录中。日常检查应每班进行,内容包括外观和平整度。定期检查每月进行一次,内容包括长度、宽度、厚度、承轨槽细部尺寸、平整度及模板间高度偏差。

(2)钢筋编组及预埋件安装质量控制。普通钢筋加工在常温下以不损害材质的方法进行,两端头不应弯曲。钢筋下料长度应符合设计要求,允许偏差应符合表 5-5-1 的规定。环氧树脂涂层钢筋的锚固长度应符合《环氧树脂涂层钢筋》(JG 3042—1997)附录 D 的规定。

上下层钢筋网片分别在专用胎具上编制,纵横向钢筋按设计要求进行绝缘处理,钢筋间的电阻值不小于 2 MΩ。使用专用胎具安装绝缘热缩套管,软管间距应符合设计要求,允许偏差±5 mm。

钢筋网片入模后,下层钢筋网片与直径为 5 mm 定位预应力筋间、上层钢筋网片与直径为 20 mm 精轧螺纹钢筋间按设计要求进行绝缘处理,保证钢筋间的电阻值不小于 2 MΩ。钢筋在模板中的位置应符合设计规定,允许偏差应满足表 5-5-2 的规定。轨道板内所有预埋件应按设计准确安装,并应与模型牢固连接,确保混凝土振捣时不变位。轨道板内钢筋不得与预埋件相碰。

**表 5-5-1　普通钢筋下料长度的允许偏差**

| 序号 | 检查项目 | 允许偏差值(mm) |
|---|---|---|
| 1 | 直径为 8 mm 的螺纹钢筋 | ±10.0 |
| 2 | 直径为 16 mm 的螺纹钢筋 | ±10.0 |
| 3 | 直径为 20 mm 的精轧螺纹钢筋 | +10.0<br>0.0 |

**表 5-5-2　轨道板内钢筋位置的允许偏差**

| 序号 | 检查项目 | 允许偏差(mm) |
|---|---|---|
| 1 | 普通钢筋 | ±5 |
| 2 | 预应力钢筋 | ±3 |
| 3 | 精轧螺纹钢筋 | ±5 |
| 4 | 钢筋保护层 | ±5 |

(3)施加预应力。预应力筋采用整体张拉方式,分初张和终张两个阶段。每次张拉前应对锚具及锚片进行检查和清理。预施应力值采用以张拉力读数为主、以预应力筋伸长值作校核的双控模式,实际张拉力、伸长值与设计值的偏差不得大于 5%,实际单根预应力钢筋的张拉力与设计值偏差不得超过 15%。

张拉设备应整体标定,有效期不应超过 1 年,并定期对单根钢筋的预拉力进行检测。

(4)混凝土耐久性。混凝土中应选用减水率不低于 25%、收缩率比不大于 110%的高效减水剂和能提高混凝土早期强度及后期耐久性的掺和料;混凝土胶凝材料用料不应超过 480 kg/m$^3$,用水量不应超过 150 kg/m$^3$。混凝土浇筑应确认钢筋及预埋件的位置和间距、接地端子和接地钢筋的位置和焊接质量、检测绝缘性能等满足要求。

试生产前应将所选用的材料制作混凝土试件进行耐久性试验,并确保由不同原材料带入混凝土内的总碱含量和总氯离子含量符合技术条件的要求。混凝土配制、浇筑及养护的相关工艺应符合设计文件及技术条件的要求。

(5)预应力筋放张及轨道板脱模。预应力筋放张时，混凝土抗压强度不得低于设计强度的80%且不低于48 MPa。预应力筋采用整体放张方式，在放张过程中保证4台千斤顶同步动作。

预应力筋放张完成后，按张拉台座长度1/2、1/4和3/4的顺序切断模板间的预应力筋，最后逐块切割模板间预应力筋，不允许在带应力情况下切割。

轨道板脱模后在专有支架上临时存放，每组支架上存放不超过3层，每层间安放4块垫块，垫块的规格尺寸及支点位置应符合设计要求，垫块高度允许偏差2 mm，承载面应平行，误差控制在2 mm以内。轨道板脱模时，轨道板表面与周边环境的温差不应大于20 ℃。轨道板脱模后应立即覆盖养护，当轨道板表面与周围环境温差不大于15 ℃时，方可撤掉覆盖物运出厂房存放。

(6)毛坯板存放。毛坯板存放时间不宜小于1个月。毛坯板采用平放，每垛不超过12层，支垫应上下对齐。

(7)轨道板测量。在正常生产过程中，对每套模具生产的轨道板应每月用全站仪测量一次。在正常打磨过程中，每周用全站仪测量一块成品板。当打磨机的测量数据出现问题或测量误差时，应采用全站仪复测。

(8)扣件预安装。扣件预安装前，应用吸尘器吸出预埋套管内的积水和杂物，并对套筒内注入定量油脂。扣件安装时，按规定扭矩施力。

(9)成品轨道板质量要求。成品轨道板应逐块进行外观检测，其外形尺寸及外观质量检测应符合《客运专线铁路CRTSⅡ型板式无砟轨道混凝土轨道板(有挡肩)技术条件》(科技基〔2008〕173号)的规定。混凝土质量检测应包括抗压强度、弹性模量、抗冻性、电通量和碱、氯离子含量等。

成品轨道板预埋套管抗拔力、绝缘性能、接地端子、接地钢筋位置数量及焊接长度等应符合设计和技术条件的规定。轨道板应按规定进行静载试验。轨道板生产过程中，应按规定进行型式检验和出厂检验。

5.1.7.2　工艺特点

利用机械化、自动化的标准化作业预制高质量、高精度的毛坯板，通过磨床操作软件、测量软件、数字软件和坐标转换计算软件等的应用，使设计线路坐标与机械坐标相互转换，并计算理论面与毛坯板实测面的误差，生成打磨程序，利用数控磨床对支撑钢轨的承轨台进行精确打磨，实现了高速铁路的高精度和空间几何与设计线路相吻合的高平顺性要求。主要特点有以下几点：

(1)轨道板预制采用工厂化生产，设备自动化程度高，施工组织及质量受环境因素影响较小。

(2)轨道板预制精度高、工艺新，对资源配置及质量要求严格。

(3)钢筋网片的加工制作是在钢筋胎具上完成的，操作方便，质量容易控制。

(4)混凝土强度发展快，生产周期短，轨道板预制养护16 h即可达到48 MPa的放张脱模强度要求，实现了24 h生产周期。

(5)在高精度预制轨道板的基础上，利用数控磨床依据设计数据对轨道板进行精确打磨加工，使轨道板承轨台满足了高速铁路高精度、高平顺性的要求。

(6)整套工艺较多使用了计算机数控操作，机械化、机电一体化作业，自动化程度很高，实现了工程的高科技施工。

(7)整个制作、加工过程工序衔接合理，物流组织与工艺配套。

(8)通过计算机生产计划系统管理，实现了制板场生产与现场施工的紧密结合，可按施工计划准确打磨轨道板，并对打磨的全部检测和质量记录自动保存，可随时查询、打印。

(9)利用高精度检测设备对模具及轨道板进行检测和对磨床进行检校，使生产过程高精度的质量要求能准确得到控制。

5.1.7.3　施工工艺

1. 施工前模具安装及调整

模具安装及调整是CRTSⅡ型混凝土轨道板施工准备中最重要的一项，其中模具的调整和检测是关键内容。

(1)模具安装前的布局。模具安装前，应采用电子水准仪测量张拉台座两端张拉横梁上钢丝钳口的高程，在每个横梁的20个张拉块中取第1、2、10、11、19、20块测量其高程，并求出两端的高程平均值。按设计要求张拉台座两端的张拉横梁的高度应处于同一水平，最大允许偏差±1 mm。如果满足此要求，将 41 块模板在同一水平面安装。如果两端高度差超出±1 mm，则安装时将此高度差均分到各个模板上。张拉池中模板的布局及单个模板的高程如图 5-5-11 所示。

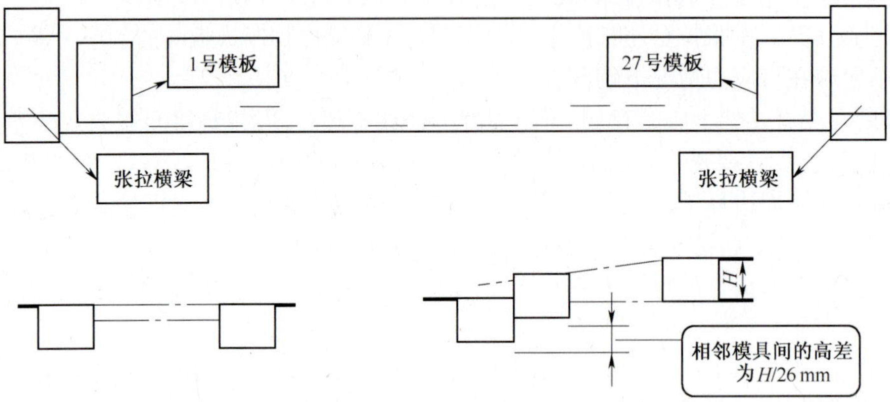


图 5-5-11　张拉台座中模具的布局及单块板的高程

(2)首块模板的安装。粗调模板高程：先用桥式吊车将模板吊入张拉台座，并将其放置在支撑钢板上，按照模板边沿高程比张拉槽口高程平均值高 1.5～2.0 mm 的原则将模板粗调平。

纵向槽口定位：采用张拉钢丝法或经纬仪定位法，以两端张拉台座上的 ϕ5 mm 钢筋张拉槽口中心为基准线，移动模具，使模板 V 形槽口中线与之对齐，其精度要求达到±1 mm。

精调模板高程：用电子水准仪通过测量模板中 1、4、7、10、11、14、17、20 号承轨台的高程，调节地脚螺母使其高程在同一水平面上，误差范围±0.3 mm。

(3)非首块模板的安装。支撑钢板的调整：调节地脚螺母使支撑钢板与前一个已安装模板的支撑钢板基本处于同一水平面。吊入已制作好的合格模板，安置于 8 个支撑钢板上。调整模板的位置，使相邻模板紧靠的长边的内边缘距离控制在 50 mm，外缘距离控制在 30 mm(此处要考虑后续模板的安装位置，确保有足够的空间下放最后一块模板)。

高程定位：用数字水准仪通过测量模板高程，调节地脚螺母使其与已安装的模板在同一水平面上，误差范围小于 1.0 mm，同一模板内部承轨台达到同一平面，其高程精度要求达到±0.3 mm。

(4)轨道板脱模后的模板清理。轨道板脱模后，用铲刀、毛刷等清理模板上的混凝土残渣等其他附着物，然后开动多功能运输车，同时启动通用托盘上的工业吸尘器，将浮渣清除干净。较大的混凝土块人工清除，随时清理，较小块及浮尘采用工业吸尘器清除，确保模具表面清洁。工业吸尘器使用如图 5-5-12 所示。

图 5-5-12　工业吸尘器清理模板

模型清理干净后，用胶带覆盖密封压缩空气孔，避免其在施工中被混凝土堵塞并及时喷涂脱模剂。检查模具结构复杂部位的缝隙是否密封完好，如有损坏处，用硅树脂或者玻璃胶重新做密封处理。

(5)喷涂脱模剂。为保证轨道板混凝土外观质量、强度和耐久性，在混凝土浇筑入模前，必须将模具清理干净，喷涂脱模剂。

将脱模剂装入无气喷涂机中，开动多功能运输车，开启喷枪，将脱模剂均匀的喷涂在模型的表面。喷涂用量要适当，用肉眼观看只有一层均匀的雾状即可。模型表面不允许有脱模剂积聚的现象，应避免脱模剂喷涂不当造成轨道板表面形成蜂窝状或产生掉皮现象。

2. 钢筋的管理及加工

(1)钢筋存放。钢筋按批号分类堆放并挂牌明示，存放时垫离地面 20 cm 上，用篷布覆盖，以防受潮。不合格的钢筋应单独堆放，并挂上不合格品的标识牌，防止混杂，不合格钢筋应及时联系供货商及时清退。钢筋须逐批按试验检测报告和合格通知单核对后发放使用。

环氧树脂涂层钢筋存放及使用的要求：应在室内闭光存放且不宜超过 6 个月，当在室外存放的时间需要 2 个月以上时，须采取保护措施，避免阳光、盐雾和大气暴露的影响；支承环氧涂层的垫块和绑扎环氧树脂涂层钢筋的铁丝需采用尼龙、环氧、塑料或其他材料包裹；同一构件中，环氧树脂涂层钢筋与无涂层钢筋不得有电连接。环氧树脂涂层钢筋存放及架立后，不能在其上行走，须防止工具或重物跌落其上，以免损伤环氧树脂涂层钢筋。存放时，不能够拆除涂层钢筋的尼龙包裹。

(2)钢筋工程作业总体要求。浇筑混凝土前，必须对所加工绑扎的钢筋按要求进行检查，并经场监理检查合格且签字确认后方能进行混凝土浇筑，检查项目主要包括：钢筋的品种、规格、数量、位置、间距；钢筋连接方式、接头位置、接头数量和接头面积百分率等；预埋件的规格和数量等；钢筋保护层厚度。

(3)预应力钢筋加工。预应力钢筋通过钢筋通用托盘存放在生产厂房内，$\phi$5 mm 和 $\phi$10 mm 钢丝各用 1 个钢筋仓。使用时，钢筋仓分别通过定滑轮将预应力钢筋由人工牵引至钢筋定长切割机处，在预应力钢筋定长切割机上设定切割长度，将预应力钢筋引入预应力钢筋定长切割机的导轮并自动切割，定长精度为万分之二，如图 5-5-13 所示。预应力钢筋不得使用电焊切割。对预应力筋的定长切割所余下材料，按后续施工需要进行二次切割并集中存放，覆盖篷布。

图 5-5-13　预应力钢筋切割

(4)普通钢筋加工。普通钢筋采用定尺加工，用钢筋切断机定长切除端面的马蹄，下料长度偏差控制在 ±10 mm 范围内。

(5)精轧螺纹钢筋绝缘处理。$\phi$20 mm 精轧螺纹钢筋采用定尺料，长度为 6 440 mm，允许偏差为 −10.0～0 mm。精轧螺纹钢筋两端的绝缘热缩套管(0.51 m 长)长度必须满足设计要求，存放、运输过程应注意防护，以保障安装张拉锁件后，轨道系统满足绝缘性能要求。

绝缘热缩管应采用聚乙烯材料，介电强度值不小于 30 kV/mm，材料规格尺寸和其他性能应符合设计要求。

绝缘热缩套管在专用加工胎具上安装，比照标准件用燃气喷火枪将绝缘热缩管安装在精轧螺纹钢筋上。燃气喷火枪点火后，手持喷火枪沿热缩管反复、快速移动，枪口与热缩管保持 10～15 cm 距离，防止热力过于集中，使绝缘性能降低或失效，直至热缩管处能看到螺纹钢筋的轮廓。带绝缘热缩套管的精轧螺纹钢筋在指定的区域码放整齐，并作好状态标识。

3. 钢筋网片编制及存放

(1)钢筋网片绑扎胎具。根据钢筋网片编制图纸制作上下层网片专用编制胎具。专用胎具经检验合格后,方可用于钢筋网片编制。在使用过程中,要随时、定期检测,发现问题及时处理解决,确保上、下层钢筋网片型式尺寸满足施工图要求。

轨道板场日生产轨道板 82 块,每块轨道板需上、下层钢筋网片各 1 片,按生产需要应制备上层钢筋网片加工胎具 6 套、下层钢筋网片加工胎具 4 套,每个胎具配备人员 4 名。

(2)上下层钢筋网片编制。分别在专用胎具上编制上、下层钢筋网片。普通螺纹钢筋间距允许偏差 5 mm。钢筋网片编制如图 5-5-14 所示。

图 5-5-14 在专用胎具上编制钢筋网片

在上、下层钢筋网片中,除预应力钢筋外的所有直径为 8 mm 的横筋采用环氧树脂涂层钢筋;直径为 5 mm的预应力钢筋与直径为 16 mm 的纵筋交叉点通过安装在纵筋上的收缩软管绝缘;直径为 20 mm 的精轧螺纹钢筋与直径为 10 mm 的预应力钢筋的交叉点通过安装在螺纹筋上的收缩软管绝缘。在接地端子附近,直径为 16 mm 的接地钢筋与横向钢筋的绝缘处理,可根据钢筋焊接的实际情况增加绝缘垫片进行绝缘,以保证钢筋绝缘性能符合相关要求。精轧螺纹钢上的收缩软管与直径 10 mm 预应力钢筋对应;直径16 mm 纵筋上的收缩软管与直径 5 mm 预应力钢筋对应。收缩软管的数量应符合表 5-5-3 的规定。

**表 5-5-3 收缩软管的数量**

| 序号 | 数　量 | 备　注 |
|---|---|---|
| 1 | 12×0.51 m=6.12 m | 用于直径 20 mm 的精轧螺纹钢筋 |
| 2 | 96×0.120 m=11.52 m | |
| 3 | 24×0.05 m=1.2 m | 用于直径 16 mm 的纵筋 |

将接地端子、接地扁钢焊接在下层钢筋网片的相应位置上。焊接质量要求及位置应符合设计要求,接地端子与直径为16 mm的普通钢筋焊接应采用单面焊接,焊接长度为 100 mm 以上;接地扁钢与直径为 16 mm 的普通钢筋焊接应采用双面焊接,焊接长度为 50 mm 以上。

将 6 根精轧螺纹钢筋与上层钢筋网片在上层钢筋绑扎胎具上绑扎牢固,并保证精轧螺纹钢筋与上层钢筋网片交叉处有绝缘垫片隔离进行绝缘。精轧螺纹钢筋两端的收缩软管(0.51 m 长)长度必须满足设计要求,存放、运输过程应注意防护,以保障安装张拉锁件后轨道系统满足绝缘性能要求。

(3)接地端子。接地端子的布置方式如图 5-5-15 所示。

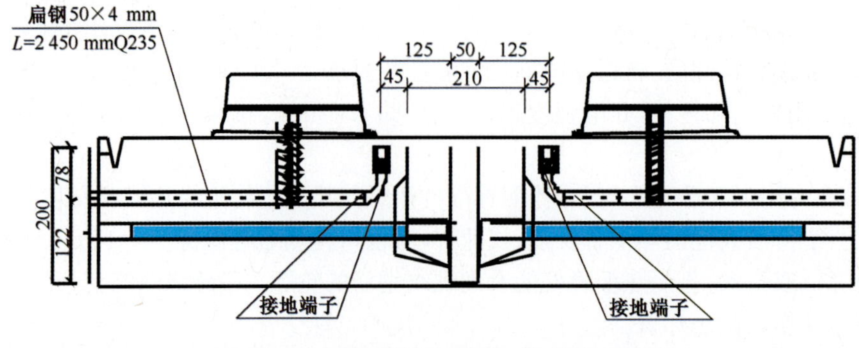


图 5-5-15 接地端子的布置方式(单位:mm)

(4)钢筋网片绝缘性能的检测。纵横向钢筋间绝缘处理性能应满足相关技术要求，所用收缩软管加热后会收缩，其最终长度尺寸应满足设计要求。每个钢筋网片编制完成后，需对钢筋骨架进行电气绝缘情况检测。检测仪器有绝缘电阻表、夹子及导线若干。在用仪表测量之前，首先对各层钢筋间的电气绝缘性进行外观检查。各层构造钢筋之间以及构造钢筋与预应力钢筋间均不允许直接接触，所有的交叉点都通过绝缘热缩管、塑料绝缘垫片及环氧树脂涂层钢筋进行电气绝缘。

按规定用 500 V 兆欧表对钢筋骨架进行电气绝缘情况检测。以纵向钢筋为测量的基准钢筋，测量每根横向钢筋与相交叉的纵向钢筋间的电阻值；实际操作当中可将纵向的裸露结构钢筋通过小铁链条串联，将绝缘电阻仪的一个导线夹在链条上，另外一条导线依次在每根横向涂层钢筋上进行检测。如电阻值不小于 2 MΩ，各层钢筋间电气绝缘性能正常，否则应查明原因并进行处理，直至各层钢筋间的电阻值满足要求。

(5)钢筋网片的存放及检查验收。操作人员依据轨道板施工图，上、下钢筋网片分开存放，每垛最高不超过 30 层。对钢筋网片进行全部检查，并填写上下层钢筋网片施工记录。钢筋存放如图 5-5-16 所示。

自检合格后，以每个台座为单位，用专用吊具将上、下层钢筋网片分别码放在钢筋网片通用托盘上，每垛 41 层，并分别作好标识。专职检验员依据轨道板施工图，对钢筋网片编制各个环节进行监督检查，其中关键环节作工序检验记录。

4. 钢筋网片吊装入模

(1)$\phi$5 mm 定位预应力钢筋及底层钢筋网片模。首先将 $\phi$5 mm 定位预应力钢筋 6 根为一组，每根钢筋一端安装专用夹具，安装固定在台座两端的张拉横梁对应的 $\phi$5 mm 钢筋锚固孔上，用锚具将其固定，钢筋露出锚具端部的长度不大于 5 mm。

通过桥式起重机将装有下层钢筋网片的托盘运到张拉台座中对应的安装位置，将下层钢筋网片依次小心地吊起，从台座一端开始依次安放在对应的模具内 $\phi$5 mm 定位预应力钢筋上方的相应位置。

(2)$\phi$10 mm 预应力钢筋及上层钢筋网片安装。$\phi$10 mm 预应力钢筋入模：用同 $\phi$5 mm 定位预应力钢丝同样的方法将 60 根 $\phi$10 mm 预应力钢丝每 6 根为一组通过人工对应安放在模具内，在一端通过锚具固定于张拉横梁卡槽内，另一端通过人工拉紧钢丝，并用锚具固定于相应的张拉横梁卡槽内，单端锚固外露长度均不小于 5 mm。

张拉工序完成后将模型分丝隔板用桥式起重机依次运至每两套模型之间，人工配合进行安装。

安装上层钢筋网片。按照放置下层钢筋网片的方法将上层钢筋网片依次对应的放置于模具内，在放置过程中，在上层钢筋网片两端应安装橡胶端模，保证精轧螺纹钢筋对应插入橡胶端模的预留孔内。带有橡胶端模的上层钢筋网片置放于模具内后，应采用橡胶锤打紧橡胶端模，使橡胶端模与钢模密贴，同时锁紧橡胶端模，并在橡胶端模与钢模接缝处细心嵌入玻璃胶，以防在浇筑混凝土过程中在接缝处注入水泥浆。入模后的钢筋网片如图 5-5-17 所示。

图 5-5-16　钢筋网片存放

图 5-5-17　入模后的钢筋网片

依据轨道板钢筋施工图检查、调整下层钢筋网片位置，确认其满足钢筋保护层厚度要求；使 $\phi$16 mm 接地钢筋上的热缩软管与 $\phi$5 mm 定位预应力筋相对应，$\phi$20 mm 精轧螺纹钢筋上的热缩软管与 $\phi$10 mm 预应力筋相对应，以满足绝缘性能的要求。

(3)绝缘性能检测。所有钢筋安装入模后,需对所有钢筋网片与预应力筋进行绝缘检测,每根横向钢筋与相交叉的纵向钢筋间的电阻值不小于 2 MΩ。

钢筋网片进行绝缘检测的同时,应再次检测模具内的清洁度,严禁在模具内存在小木条、绝缘垫片等影响轨道板外观及质量的杂物。

(4)钢筋安装注意事项。钢筋必须按规范、操作规程和设计图纸施工,要及时纠正施工中差错,确保工程质量。首先需要查验钢材质保书和复验报告,杜绝使用劣质钢材;钢筋焊接接头,按规定取样测试合格后方可使用,焊工需有上岗证;其次检查安装好的钢筋,按图核对钢筋的直径、根数、形状;钢筋绑扎需牢固,表面要洁净,模板内无碎砖、木屑、油污等杂物;最后还须对钢筋的接头、锚固、位置等仔细查验。

钢筋冬期施工还应注意:冬季钢筋施工最主要的是钢筋的焊接,冬季负温焊接和常温有很大的区别,在焊接时要对焊工进行培训,掌握负温下的焊接规律,并依据说明书的要求对焊条进行烘焙,干燥后再使用,才能保证焊接质量,确保结构安全。

5. 预应力钢筋张拉

预应力钢筋张拉工艺流程如图 5-5-18 所示。

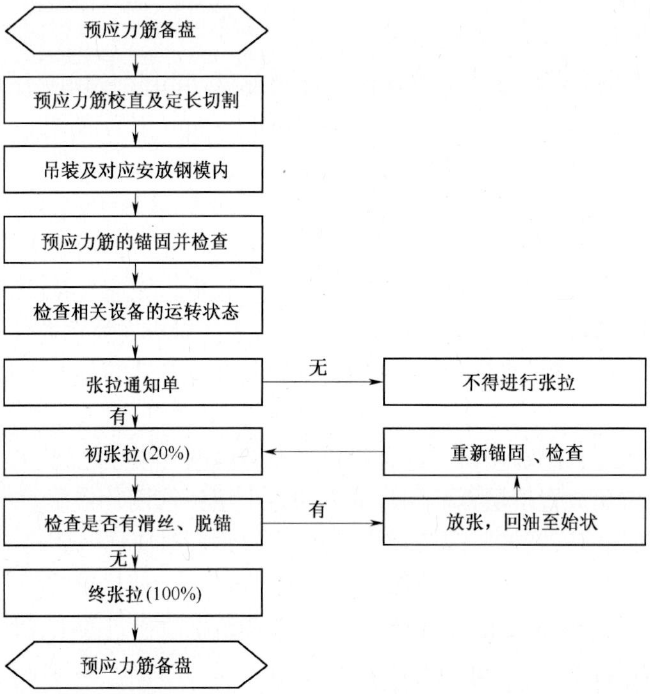


图 5-5-18　预应力钢丝张拉工艺流程

(1)准备工作。预应力钢筋进场后应对每批号取样试验,在弹性模量和力学性能检测合格后方可使用。实测弹性模量应在施工记录上标明并作为预应力筋张拉的重要参数。

(2)预应力钢筋的加工及入模。预应力钢筋经定长切割机加工后,依据设计确定的数量和位置,人工抬入模具内。

在张拉台座的一端将预应力钢筋用套筒夹具固定在张拉横梁的锚板上,然后将钢筋导入固定在多功能车上的分丝隔板中,多功能车沿张拉台座驶向另一端,使预应力钢筋按规定位置入位。在张拉台座的另一端将预应力钢筋用套筒夹具固定在张拉横梁锚板上,最后用 2 个专用压梁将锚固在张拉横梁锚板上预应力钢筋压紧固定,防止滑落。

操作人员以每个台座的预应力钢筋为一批抽检,并填写预应力钢筋下料长度抽检记录。

(3)预应力钢筋张拉。在张拉前,再次检查模型内钢筋、预埋件数量和位置是否满足产品施工图要求,若发现问题必须重新调整、安装,严禁钢筋间交叉扭曲。预应力钢丝张拉分为初张拉和终张拉两个阶段。

初张拉:由于张拉系统是直接输入油缸的伸长量进行预应力钢筋的张拉,因此,启动自动张拉系统后,先在 PC 机上输入四个张拉油缸的伸长量,如图 5-5-19 所示。然后点击张拉油缸按纽,四个油缸开始进行同步张拉,张拉千斤顶按事先设定好位移量顶出,即将预应力钢筋张拉至设计值的 20%。

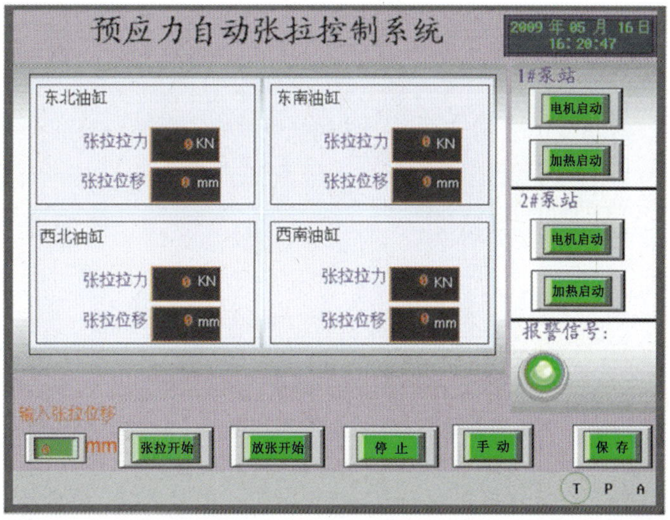


图 5-5-19　张拉位移的设置界面

在预应力钢筋张拉的过程中，为了保证四个油缸的同步性，采取按油缸每次伸长设计值 10%的方式进行分级张拉。在张拉的同时，操作人员密切注意 PC 机上四个张拉油缸的伸长量，当四个油缸的伸长量始终保持一致时，可继续进行张拉作业，一但发现 PC 机上显示的伸长值与理论值不相符或同端千斤顶活塞伸长值间偏差大于 2 mm、异端千斤顶活塞伸长值间偏差大于 4 mm 时，应将四个油缸的张拉动作同时停止，并在 PC 机上手动微调四个张拉油缸至四个油缸的伸长量偏差在规定范围内。达到要求后停止手动张拉，再次启动自动张拉系统将四个油缸同步张拉。手动调整千斤顶伸长量如图 5-5-20 所示。

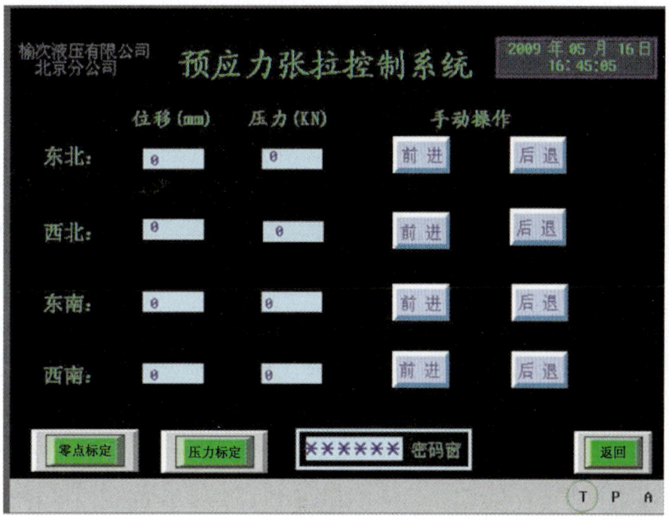


图 5-5-20　手动调整千斤顶伸长量

终张拉：终张拉方法与初张拉相同，将预应力钢筋从设计值的 20%张拉至设计值。终张拉完成后查看单根预应力均匀检测仪表读数是否达到 68.3 kN(偏差不大于 15%)。张拉结束后，立即将张拉油缸定位套安装在油缸上，旋转环形螺母的位置，将环形螺母压紧，环形支承垫板使液压缸止动并卸压。实际总张拉力、预应力钢筋伸长值与设计额定值偏差不大于 5%，实际单根预应力钢筋的张拉力与设计额定值偏差不大于 15%。图 5-5-21 为上好定位套的千斤顶。

(4)张拉过程偏差的调整。在张拉过程中，始终保持同端千斤顶活塞伸长值间偏差不大于 2 mm，异端千斤顶活塞伸长值间偏差不大于 4 mm，如发现偏差大于允许值，须在 PC 机上微调以补偿伸长值，直到伸长值偏差在允许范围内。

在张拉过程中，台座上 4 个千斤顶的活塞位移量、张拉力值自动在 PC 控制机上显示，通过计算得出预应力钢筋总张拉力、伸长值与设计额定值偏差。

当偏差量>5%时，就需要对预先设定张拉参数(摩擦系数和补偿量)进行修正，然后重新进行预应力钢筋张拉，直到满足设计要求；偏差量≤5%时，预应力钢筋张拉工序完成，油缸保压，可转入下一道工序施工。

图 5-5-21　上好定位套的千斤顶

每隔 1 个月用压力传感器检测张拉台座中 4 根预应力钢筋的张拉力，实际单根预应力钢丝的张拉力与设计额定值偏差不大于 15%，当偏差量大于 15%时，就需要对预先设定张拉参数(摩擦系数和补偿量)进行修正，然后重新进行预应力钢筋张拉，直到满足设计要求。

(5)预应力钢筋张拉注意事项。

1)必须严格按照设计图纸规定的张拉顺序进行张拉。

2)严禁将有裂纹及其他异常现象的夹片装入锚筒内，工作夹片在未发现前述状态下可继续使用，最多只允许使用 200 次。

3)锚筒有裂纹损坏者须更换并重新张拉。

4)千斤顶、油泵与油管的接头必须安装牢固，在张拉前必须派专人检查。

5)张拉加力时，不得敲击及碰撞张拉设备，相关控制设备必须专人操作，避免受振。

6)混凝土浇筑和混凝土浇筑后未达到设计强度时，不得敲击锚具。

7)必须认真作好张拉记录，不得涂改原始数据，并及时将记录交技术室审核。

8)一条生产线所有钢筋预施应力完成，由施工班组负责人及质检员在工艺流程卡上签字确认后才能交由下道工序施工。

9)钢筋在牵引开盘后须检查外观，及时纠正钢筋乱盘、扭结等情况。如发现有裂纹、小刺、机械损伤、氧化皮、死弯、油迹等情况，须局部剪除。不合格的钢筋单独存放作好标记，严禁混杂流入下道工序。

10)下料后的钢筋长度允许偏差在万分之二内，不得有死弯，不得沾染油污。

11)切割好的钢筋，严禁污染泥土、油污并防止锈蚀和损伤，运输钢丝时严禁在地面上拖拉。

6. 混凝土制备及运输

(1)施工准备。轨道板混凝土施工准备包括搅拌机及配套设施准备、模具清理、喷涂脱模剂、轨道板混凝土配合比的选择、劳动力准备，还包括组织混凝土施工从拌和、运输、浇筑和振捣的协调一致，以及突发事件状态下保证浇筑顺利进行的应急措施等。

混凝土拌和和浇筑须满足施工的相关规定和要求。混凝土配制拌和之前，须对所有机械设备、工具、使用材料进行认真检查，确保混凝土的拌制和浇筑正常连续进行。检查搅拌机、上料装置、加热装置、混凝土料斗、电子称、控制系统工作状态是否正常，并在投料前清洗搅拌机和混凝土料斗，进行无负荷试运转，确认一切正常后开始搅拌混凝土。检查生产所需的各种检测仪器工作状态是否正常，是否在检定的有效期内；检测工具数量是否满足生产要求，是否在检定的有效期内。

(2)配合比设计及工艺试验。根据《铁路混凝土工程施工质量验收标准》(TB 10424)及《客运专线高性能混凝土暂行技术条件》(科技基〔2005〕101 号)的相关要求，结合原材料品质以及试验板拟采用的主要生产工艺，进行 C55 高性能混凝土的配制。主要原则应包括含以下几个方面。

1)原材料的比选复试：对水泥、掺和料、砂、石、外加剂和水等混凝土原材料反复试验，确认满足要求。

2)混凝土配合比参数的确认：胶凝材料总量不超过 480 kg/m$^3$，实际控制值宜为 450～480 kg/m$^3$；采用矿渣粉与粉煤灰复掺技术时，掺和料的掺量均不大于 30%；混凝土内总含碱量不超过 3.5 kg/m$^3$，当骨料具有潜在碱活性时，总碱含量不超过 3.0 kg/m³。由水泥、矿物掺和料、砂、石、外加剂和水带入混凝土的氯离子总量不超过胶凝材料总量的 0.06%；配合比用水量不得超过 150 kg/m³；混凝土的容重控制在 2 450～2 550 kg/m³。

3)混凝土的拌和物性能：混凝土坍落度由施工工艺确认；混凝土的含气量不大于 3%；混凝土入模后不得泌水。

4)混凝土的力学性能：轨道板 28 d 龄期混凝土的强度不小于 55 MPa，在配合比设计时，混凝土的 28 d 龄期配制强度为 $R_{配}=55+1.645\times4+3.5=65.1$ MPa；轨道板 28 d 龄期混凝土的弹性模量不小于 36.0 GPa，在配合比设计时，混凝土的 28 d 龄期弹性模量须与强度相适宜。

5)混凝土的抗裂性：对混凝土拌和物性能满足要求的试拌配合比进行早期抗裂性能对比试验，选择抗裂性相对较好的混凝土配合比进行耐久性试验。

6)混凝土的耐久性能：抗冻性能须满足 F300(质量损失＜5%，动弹模量＜60%)的要求；混凝土的电通量小于 1 000 C；抗碱—骨料反应性采用的砂浆棒膨胀率小于 0.1%。

(3)轨道板浇筑前准备工作。取得施工配合比通知单，确认本次浇筑混凝土的骨料、水泥、掺和料、外加剂等已到达拌和站，并检验合格，不得采用边运输材料边开盘搅拌的方法进行轨道板混凝土浇筑作业。核对并检查骨料、水泥、掺和料、外加剂品种和质量。混凝土搅拌站和输送设备处于正常状态，衡器已检查并校正。机具须进行试运转，并确认状态良好。附着式振动器(包括备用振动器)测试完毕。水电供应系统保证，意外停水、停电的备用措施已落实。容易损坏的机具和零部件有备用品，机械故障停盘有应急方案。浇筑安全防范设施确认安全可靠。模板、钢筋、尼龙套管和各种预埋构件等工序的检查签证及整修手续均已办妥。人员、机械、工具等准备就绪。技术交底、劳动力(包括后备人员)、机电维修力量配备安排落实。

(4)混凝土配料和计量。混凝土配料必须严格按试验室通知单进行，并有试验人员在现场进行施工控制。

混凝土原材料配料采用自动计量装置(每年需经国家计量部门进行检定)，且计量设备砂石每 1 个月系统自行校验 1 次，水泥、掺和料、外加剂、水每周系统检验 1 次，每班混凝土灌筑前要检查电子秤及其他计量器具，根据施工配合比调整用料，并由试验人员复核。如施工中发现异常时须及时校核。根据施工配合比用料考虑下料重量，由试验员复核。开盘后，前三盘要逐盘检查实际下料重量，以后每 10 盘检查 1 次，秤料误差(均以质量计)规定为：水、外加剂、水泥、掺和料不大于±1%；砂、石不大于±2%。

确保拌和站计量仪器处于有效期内，开盘前对配套设施进行检查确保正常运行。对各种不利气候有相应的准备措施，如冬、夏季的施工措施，砂石料保温或降温措施等。混凝土拌制前，试验人员须测定粗细骨料含水量，以便及时调整施工配合比。一般情况下，含水量每班抽测不少于 2 次，并按测定结果及时调整混凝土施工配合比。混凝土拌制前，试验人员必须按照施工配合比计算混凝土配料单，并经过现场监理工程师确认。混凝土配料必须按混凝土配料单进行，并有试验人员值班。开盘前需检查砂、石的质量情况，核实所使用的原材料与配合比通知单是否相符、数量是否足够一次连续生产 27 块板的需要量。开盘前须按施工配合比调整配料系统，并做好记录；搅拌前须将搅拌机润湿，并排尽多余的积水，检查、调整卸料闸门使其灵活。

(5)混凝土搅拌。搅拌混凝土的下料顺序：依次先下细骨料、水泥和掺和料，再加粗骨料，搅拌均匀后，再加入所需用水量和减水剂，并继续搅拌至均匀为止。总搅拌时间为 180 s，且混凝土必须搅拌均匀，颜色一致。每 5 罐抽查一次搅拌时间。

混凝土拌和物控制指标：温度 5 ℃～30 ℃，含气量≤3%，混凝土坍落度由施工时的混凝土配合比确定。

混凝土拌制速度和浇筑速度要密切配合，拌制服从浇筑，调度人员现场根据混凝土浇筑速度，用对讲机现场统一协调，拌和站须时刻保持与施工现场的联系沟通，在施工过程中，如因机械故障搅拌中断，通知试验室，总工程师根据情况现场确定。如因故障灌板中断，板体混凝土间隔时间一般不超过 20 min，实际情况需根据试验室在该温度情况下实测的混凝土初凝时间确定，并须及时请示试验室主任或场总工处理，同时启动应急预案。

冬季搅拌混凝土前，须先经过热工计算，并经试拌确定水和骨料需要预热的最高温度，以保证混凝土的入模温度在 5 ℃～30 ℃。须优先采用加热水的预热方法调整拌和物温度，但水的加热温度不宜高于 80 ℃。采用暖气或者是地暖方式，砂石料仓全封闭遮盖，保证骨料不低于 5 ℃。

炎热季节搅拌混凝土时，采用低温水搅拌混凝土等措施降低混凝土拌和物的温度，或尽可能在傍晚和晚上搅拌混凝土,以保证混凝土的入模温度在 5 ℃～30 ℃。

(6)混凝土运输。轨道平板车在搅拌站和生产厂房之间来回运输混凝土料罐,厂房内双钩桥吊在轨道平车和混凝土布料机之间来回运输混凝土的料罐,确保每个台座混凝土供应的连续性,直至混凝土浇筑完成。

在运输混凝土过程中,要保持平稳性,运到浇筑地点时不分层、不离析,并具有要求的坍落度、温度等性能,严禁向混凝土内加水。

7. 混凝土浇筑

(1)混凝土浇筑成型。混凝土布料机依次、连续、均匀地将混凝土浇筑入模,混凝土浇筑方向垂直于布料机的行驶方向,同时以每块模板为独立单元启动振动装置,将混凝土密实成型。混凝土浇筑如图 5-5-22 所示。

图 5-5-22 混凝土浇筑

每个台座混凝土浇筑工作流程如下。

1)将混凝土布料机开到要浇筑混凝土模具正上方。

2)把混凝土料罐内混凝土倒入布料机的储料斗中,布料机储料斗应提前润湿。

3)料罐内混凝土完全倒入布料机的储料斗内,且吊有料罐的桥吊离开布料机上方时,启动布料机的布料系统,双叶瓣式门打开,同时齿滚转动,将料斗内混凝土浇筑入模。

4)混凝土浇筑时,布料机横向来回布料,将模具内浇筑满混凝土。布料分两次,首次从一端到另一端,注入 75%左右的混凝土;二次布料用总量 25%左右的混凝土进行补充。在混凝土浇筑及刮平的过程中,人工配合将多余混凝土铲到混凝土不足的地方,以保证模板内混凝土的平整。

5)在料斗二次补充浇筑混凝土时,启动安装在每套模具下部的振动器,振动密实混凝土,直到表面泛浆和只有零星气泡出现为准。振动时间不宜超过 120 s。

6)混凝土密实成型后,先将布料机上刮平板降至紧贴模型中横向隔板的高度,然后布料机开到下一个模具的位置,同时启动刮平板上的振动器,刮平混凝土表面,把多余的混凝土推进下一个空模具中。刮平后再次启动模具下的振动器进行振动,一般不超过 60 s。

7)在布料机对下一个模型布料的同时,人工将分丝隔板上的混凝土清理干净,并用灰刀将侧挡板与混凝土之间的空气排尽。

(2)混凝土表面拉毛。在每块轨道板振动刮平完成之后,混凝土初凝前,对混凝土表面进行拉毛,拉毛时间间隔不能太长,拉毛深度为 1～2 mm。

拉毛机从台座的第 1 套模具到第 41 套模具,依次、连续、均匀地将混凝土表面拉毛,拉毛方向与拉毛机的行驶方向一致。在遇到混凝土没有完全初凝的情况下,要及时的在两套模具间提起拉毛机,不至于影响某块轨道板的外观质量。通常情况下,在初凝前后各拉毛一次,两次拉毛相隔时间约为 30 min,首次拉毛深度不要过大,二次拉毛较第一次深一些。

(3)调高装置、温度传感器安装。调高装置安装:依据轨道板施工图规定的位置和数量,用定尺量具定位调高装置的安装位置。压入混凝土中的调高预埋件位置和数量须符合设计要求,位置允许偏差－3～0 mm。为保证定位块的安装质量,一般在首次拉毛完成后进行安装。

温度传感器安装：在最后一块轨道板拉毛完成后，在板内预埋一个温度传感器，作为下道工序混凝土养护控制的温度采集点。

8. 轨道板蒸汽养护

(1)混凝土表面覆盖。在每个台座混凝土的施工全部完成后，首先采用塑料薄膜、单块养护膜逐块覆盖，浇筑完成后，用养护膜对一条生产线进行整体覆盖以保温保湿，防止混凝土水分蒸发，保证水泥水化反应正常进行，为轨道板混凝土强度稳步快速提高创造良好的环境。当然在冬季及夏季施工略有不同，冬季既要保持适度也要保持温度，故覆盖较厚实；炎热夏季施工，只需要保持混凝土的湿度即可。

(2)混凝土的养护。轨道板混凝土浇筑完毕后，立即覆盖养护膜进行恒温保养。在每块轨道板模具的下部布置 4 根循环散热管道。

生产线采用一套智能温度控制仪。在每块轨道板模具的下部布置 4 根循环散热管道。一般情况下，混凝土浇筑入模前将模具加热到 10 ℃～30 ℃，开始浇筑混凝土时即停止对模具加热，依靠模具热量和水泥的水化热可保证混凝土中水泥水化反应的正常进行，厂内温度过低时需进行加热。在每个台座第 2 和第 26 块模具下方，各布置 1 个温度传感器，传感器将检测到的数据实时传送给温度控制仪。通过温度控制仪调节则可控制混凝土浇筑前、浇筑中以及养护过程中的模具温度。安排专人按测温方案检查连续观测记录和温度曲线图，当发现混凝土浇筑时温度、温差出现异常时，立即报告，分析原因，采取措施。混凝土芯部温度不超过 55 ℃。

养护时间达到 16 h 后，从水槽中取出第 1 组混凝土试件，用压力试验机检测试件抗压强度，强度达到 48 MPa，混凝土表面与环境温差小于 20 ℃时，则可脱模。养护结束后，立即进入自然养护。自然养护时，轨道板体表面覆盖养护膜。

试件抗压强度达到 48 MPa 时，操作人员关闭温控仪，相应台座混凝土养护过程结束，可转入下一道工序。

9. 轨道板预应力钢筋放张

预应力钢丝放张时，混凝土抗压强度不低于 48 MPa。预应力钢丝采用整体放张方式，且在台座两端同步进行，在放张过程中要保证 4 台千斤顶同步。在预应力筋两端的锚具完全脱离张拉横梁且稳定时，放张结束，开始切断预应力丝。

在放张过程中，PC 控制机上将显示每个千斤顶的活塞位移量、张拉力数值，始终保持同端千斤顶活塞回缩值间偏差不大于 2 mm，异端千斤顶活塞回缩值间偏差不大于 4 mm。

放张完成后，切割预应力筋总体要求：先切断在张拉台座 1/2 处模板间的预应力钢丝，再切断在张拉台座 1/4 和 3/4 处模板间的预应力钢丝，最后切断其余模板间的预应力钢丝。

切割中间部位及 1/4 和 3/4 处模板间预应力钢丝时，由于模具之间仍存在应力，为使模具不造成很大的扭曲，应先切断模板一端 6 组预应力钢丝，而后再从另外一端开始依次切除剩下的预应力钢筋。在正常施工过程中，要求经常更换切割方向，以便保护模具的使用效率。不允许在没有放张带应力的情况下切割。

10. 轨道板脱模

轨道板脱模采用专用脱模设备—真空吸盘吊具进行。轨道板脱模吊装如图 5-5-23 所示。

在混凝土养护抗压强度达到 48 MPa 以上且将预应力钢筋切断时，可以进行脱模作业。首先将真空吊具通过桥式起重机置放于即将要脱模的轨道板上方，使真空吊具上的顶升油缸对准模具上的预留支点，平稳缓慢的将真空吊具落在轨道板面上。排除真空吸盘的空气成为真空状态，从而使轨道板与真空吊具间形成较强的吸附力，当真空吊具指示灯变为绿色时，表明吸盘内部已达到真空状态；此时先启动顶升油缸装置，油缸顶在模具上，使吊有轨道板的真空吊具缓慢上升，直至油缸行程完毕，轨道板脱离模具，此时脱模工序完成。

之后启动桥式起重机，将吊有轨道板的真空吊具起吊一定的高度，同时将真空吊具的保险装置打开使轨道板处于安全起吊状。而后平稳横向移动轨道板并通过人工配合旋转 90°，移至轨道板静停养护线上对应的支架上方，缓慢落下，在轨道板稳固后，解除保险装置及真空吸盘，脱模工序全部完成。可以进行下一块轨道板的脱模。

图 5-5-23　轨道板脱模吊装

11. 毛坯板静停

毛坯板脱模后，按照要求，应将其以 3 块为一单元停放在临时存板线上，静停 24 h，当环境温度与轨道板表面温度之差不超过 15 ℃时，将轨道板转运至毛坯板存放区进行自然养护。临时存板线上的每条线有 28 组存放座，每组存放座由 4 个存放支架构成，每个支架顶部装有一块橡胶垫板。

存放支座的每个支架顶部安装橡胶垫板，轨道板之间安放 4 个垫块，分别支承在板的第二条预裂缝和第八条预裂缝处，垫块要上下对齐，防止板内产生附加应力引起变形；垫块高度误差±2 mm，承重面应平行，误差控制在 2 mm以内。当误差超过 2 mm 时，可通过橡胶垫块进行调整。轨道板脱模后的临时存放如图 5-5-24 所示。

图 5-5-24　毛坯板静停存放

12. 毛坯板运输与存放

(1)毛坯板的运输。毛坯板在生产厂房内静置养护 24 h 后，当轨道板表面温度与周围温差不大于 15 ℃时，用 30 t 电动平车从厂房内运到毛坯板存放区码放整齐，如图 5-5-25 所示。电动平车运输时要平稳，防止散垛发生。

(2)毛坯板吊装。毛坯板出厂后采用龙门吊＋专用吊具吊装，如图 5-5-26。吊装时，通过专用吊具挂在轨道板上，拉动链条锁紧吊具上的挂钩并确认封闭到位、挂牢后，平稳地吊运轨道板至存放台座上方，放下轨道板，拉动链条松开挂钩。

(3)毛坯板存放。轨道板在厂房内养护完成后，运到毛坯板存放区，存放时间取决于混凝土徐变、收缩进程和环境条件，存放时间不少于一个月。待板体混凝土收缩和徐变基本完成后便可转入下道工序，进行承轨台打磨工作。

图 5-5-25　电瓶车运输轨道板

图 5-5-26　专用吊具吊装毛坯板

在毛坯板存放区内，每垛毛坯板不超过 12 层。每层板之间安放 4 个垫块三点支承，分别支承在板的第二个预裂缝和第八个预裂缝处，垫块要上下对齐，防止板内产生附加力引起变形，支点位置如图 5-5-27 所示。

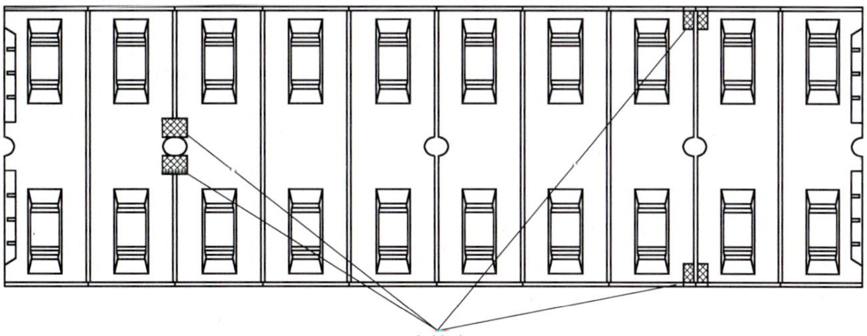


图 5-5-27　毛坯板存放支点位置

垫块的规格为 175 mm×175 mm×150 mm，高度误差±2 mm，承重面需平行，误差控制在±2 mm 内；垫木的抗压强度不小于 15 MPa。

在存放期间，随时巡查、每周彻底检查一次毛坯板存放情况，主要检查垫块和混凝土基座变形等，发现问题及时回馈并处理解决。废次品要在轨道板两侧部用黑色油漆标出两道横线，线宽不小于 20 mm，单独码放，防止混淆。

13. 毛坯板的检测

为保证毛坯板预制质量和检验模具精度,在正常生产过程中,对每套模板生产的毛坯板应每月用全站仪测量1次。毛坯板的测量工作在一个无约束检测平台上面完成,如图5-5-28所示。

图5-5-28 毛坯板检测

其作业步骤如下:

(1)首先将生产的毛坯板在翻转机上面翻转180°;

(2)通过打磨车间的桥式起重机将其吊运到无约束检测平台上面;

(3)无约束平台上的压力传感器安装,数显仪表连接,安放横梁,并调整数显仪表为零;

(4)由人工协助桥式起重机,将毛坯板平稳的置放于平台横梁上面;

(5)调整数显仪表的数值,要求毛坯板跨中的两个数显仪表读数分别为该毛坯板总重的22%,剩余毛坯板四角的四个数显仪表读数分别为该毛坯板总重的14%;

(6)安装调试全站仪在无约束检测平台的观测墩上;

(7)在毛坯板的承轨槽上安放平板棱镜,按照测量顺序依次进行置放平板棱镜;

(8)全站仪对平板棱镜进行读数并存储数据;

(9)将测量数据形成电子记录,通过专用程序计算并绘制变化图。

14. 轨道板翻转及端头预应力钢丝切割

毛坯板存放一个月后,混凝土收缩、徐变基本完成,将毛坯板吊装到轨道板翻转机上,毛坯板翻转后正面向上放置在辊式运输线上,然后通过辊式运输线进入打磨生产线进行承轨台打磨加工。轨道板在翻转机、切割机、磨床、装配轨道扣件台位及横向运输车等工作面之间的移动全部通过辊式运输线来完成。辊式运输线由托滚架、带侧面导轮的托滚架及摩擦轮驱动装置组成。

(1)轨道板翻转。用一台16 t/40 m龙门吊将毛坯板从毛坯板存放区吊运到翻转机上,翻转机将轨道板旋转180°正面向上放置在辊式输送线上,然后通过辊式输送线进入打磨厂房。如图5-5-29所示。

图5-5-29 轨道板翻转

翻转机详细工作流程:1)启动液压系统;翻转架平台下降,松开闭锁装置。2)将毛坯板吊运到翻转架平台上。3)松开门式起重机吊钩上专用吊具的锁紧装置,开动门式起重机,使专用吊具远离翻转机的工作区域。4)启动翻转机上闭锁装置锁紧毛坯板,检查确保板体与翻转机平台锁固好;翻转架平台上升,高度满足要求时,旋转180°。5)翻转架平台下降到初始位置,将毛坯板正面向上放置在辊式输送线上,松开闭锁装置;通过辊式运输线将轨道板输送到下一个工位。

(2)端头预应力钢丝切割。采用圆盘锯切割机切除轨道板两侧突出的预应力钢筋。切割机主要由机架、机身、锯片等组成，锯的工作通过安装在辊式运输线的限位器实现自动控制，锯片直径 600 mm，转速2 800 r/min。

切割机对称布置、固定在辊式运输线两侧，每侧一台。在轨道板缓慢地通过切割机台位的过程中，切割机自动启动，切除轨道板两侧突出的预应力钢筋，与混凝土表面平齐，切割完成后自动停机。

(3)注意事项。闭锁装置锁紧毛坯板时，检查确保板体与翻转机平台锁固好。当翻转机闲置时，把翻转架平台旋转 180°放置。将毛坯板吊运到翻转架平台上时，注意平稳轻放。

15. 轨道板打磨

(1)打磨流程及工艺。轨道板承轨槽精细打磨分为定位、毛坯板检测、打磨、成品板检测、成品编号等步骤。

(2)定位。将毛坯板运到加工工位；启动磨床上的液压装置，加工工位下部的 12 个油缸将板顶起调平，侧面的 6 个油缸顶出将板夹紧固定；在定位固定的过程中，安装在每个油缸上的压力传感器随时向磨床的自控系统回馈信息，依据预先设定值，控制系统自动调节作用在每个油缸上的压力，使板中不产生附加应力。

(3)毛坯板检测。在检验测量前，启动磨床上清洗系统，将板清洗干净；利用激光扫描装置，对毛坯板关键控制点进行测量，并保存原始数据。

自控系统比较毛坯板原始测量数据和成品板标准数据(每块板 20 个承轨台预先给定的参数)，确定打磨加工量，并借助于线路控制数据(每个台面的 $Y$、$Z$ 坐标和倾角的数据)自动生成每块板打磨加工的数控子程序。

(4)打磨加工。依据磨床自控系统生成的打磨加工数控子程序，对承轨台进行打磨加工。

对承轨台打磨加工设粗磨和精磨两个阶段：依据打磨加工实际情况，粗磨可能需分多次进行，精磨通常一次完成；第一次打磨完成后，激光扫描装置将自动对承轨台进行一次测量，如果检测合格则打磨工序结束，如果未能达到要求，则继续打磨直至合格为止；如图 5-5-30 所示。磨轮的每个横向进给需要两个行程，在板端时旋转 180°；

图 5-5-30　承轨台打磨

(5)成品板检测。在检测测量前，启动磨床上清洗系统，将板清洗干净。

利用激光扫描装置，对成品板进行测量，保存测量数据，并自动生成成品板检验测量记录；该测量记录将在成品板转运时一同转交给铺板单位。

自控系统比较处理成品板的测量数据和预先设定标准数据；若所有测量数据都控制在允许的误差内，打磨工序结束可转入下道工序；若测量数据部分或全部超过允许的误差，又分为两种情况：1)继续打磨加工直至满足要求；2)若偏差超出打磨加工的范围，按废品处理。

(6)成品板编号。成品板经检验合格后，依据磨床自控系统指令，铣刀将自动在轨道板表面铣刻标记，标记由 6 位数组成，表示轨道板的安装地点和位置；编号位于轨道板的左侧，按顺序增加，防止造成铺设时混乱；第一个符号是“＜”或“＞”，表示安装地点为线路的左线或右线轨道，第 2 到第 6 位是 00001 到 99999 之间的顺序号码；成品板标识完成后，松开夹紧、固定装置，通过辊式运输线转移到下道工序。

(7)注意事项。在检测测量前，启动磨床上清洗系统，将板清洗干净；轨道板三个预留灌浆孔是否全部上下贯通，如有未贯通的用人工凿通，以免打磨时孔中积水运置室外冻结，对成品板造成损坏。

16. 扣件安装

经过打磨、刻字完毕的轨道板通过滚轮运输线运输至扣件安装处，接触上行程开关，输送电机停止转动，轨道板停止前进。此时人工搬动扣件、垫板和螺杆按承轨台的位置对应摆放好，启动工业吸尘器和油脂注射机，先用吸尘器将预埋螺纹套管中的水、杂物等吸干清除，然后依次用喷射机向每个吸干的螺纹套管中注入

21 g 润滑油脂，再安装好垫板、扣件和螺杆，启动气动扳手将螺杆旋紧。当不需要在工厂安装扣件时，在将螺纹套管清除干净并注入油脂后，即可用防护盖对逐个套管进行封盖，以防止轨道板在存放、运输及铺设过程中有水、杂物等进入其中。

扣件安装严格按扣件装配图进行，先将弹性垫板放置在轨道板的承轨台上；将底板放在弹性垫板之上，将轨垫放在底板之上；将塑性轨距挡板放入垫板槽中，使轨垫边缘与轨距挡板下接合，完成上述操作后，就形成轨距实际通道并实现钢轨横向支撑；将弹条放在轨距挡板预先安装的位置；在每个轨距挡板上放置 2 个轨枕螺栓，顺时针旋转螺栓进行固定；使用配套的套筒扳手(管钳)扭紧螺栓，不得使用锤子锤击。扣件安装如图 5-5-31 所示。

图 5-5-31　扣件安装

17. 成品板质量检验

(1)成品板外形尺寸、外观质量检验。在正常打磨过程中，每周用全站仪测量 1 块成品板。当打磨机的测量数据出现问题或测量误差时，须采用全站仪进行复测。成品轨道板的外形尺寸偏差须符合表 5-5-4 的规定。

**表 5-5-4　成品轨道板的外形尺寸偏差要求**

<table>
<tr><th>序号</th><th colspan="2">检验项目</th><th>允许偏差(mm)</th><th>每批检查数量(出厂检验)</th><th>检查项目</th></tr>
<tr><td>1</td><td colspan="2">长度</td><td>±5.0</td><td>10 块</td><td>C</td></tr>
<tr><td>2</td><td colspan="2">宽度</td><td>±5.0</td><td>10 块</td><td>C</td></tr>
<tr><td>3</td><td colspan="2">厚度</td><td>+5.0<br>0.0</td><td>全检</td><td>B</td></tr>
<tr><td>4</td><td colspan="2">精轧螺纹钢筋外露长度</td><td>±5.0</td><td>全检</td><td>C</td></tr>
<tr><td>5</td><td colspan="2">预应力钢丝位置</td><td>±3.0</td><td>全检</td><td>A</td></tr>
<tr><td rowspan="6">6</td><td rowspan="6">成品板承轨台</td><td>1～20 个承轨台拱高实际高差与标准高差的偏差(10 个承轨台测量基础上，测量长度：5.85 m)</td><td>±1.0</td><td>1 块</td><td>A</td></tr>
<tr><td>1～20 个承轨台拱高实际高差与标准高差的偏差(3 个承轨台测量基础上，测量长度：1.3 m)</td><td>±0.5</td><td>1 块</td><td>A</td></tr>
<tr><td>单个承轨台钳口距离</td><td>±0.5</td><td>1 块</td><td>A</td></tr>
<tr><td>承轨面与钳口面夹角</td><td>±1°</td><td>1 块</td><td>A</td></tr>
<tr><td>轨底坡</td><td>±0.1°</td><td>1 块</td><td>A</td></tr>
<tr><td>承轨台之间钳口间距</td><td>±1.0</td><td>1 块</td><td>A</td></tr>
<tr><td>7</td><td colspan="2">其他预埋件位置及垂直歪斜</td><td>1.0</td><td>全检</td><td>B</td></tr>
</table>

成品轨道板外观逐块检验，外观质量须符合表 5-5-5 规定。

**表 5-5-5　轨道板外观质量要求**

<table>
<tr><th rowspan="2">序号</th><th rowspan="2">检查项目</th><th rowspan="2">检查方法</th><th colspan="3">技术标准</th></tr>
<tr><th>合格品</th><th>返修品</th><th>废品</th></tr>
<tr><td>1</td><td>肉眼可见裂纹</td><td>目测</td><td>无(注:预裂缝处和浇筑面允许有细小的裂纹)</td><td>—</td><td>有</td></tr>
<tr><td>2</td><td>承轨台部位表面缺陷</td><td>目测深度尺</td><td>气孔、粘皮、麻面等缺陷的深度不大于 2 mm</td><td>—</td><td>气孔、粘皮、麻面等缺陷的深度>2 mm</td></tr>
<tr><td>3</td><td>上边缘破裂或混凝土脱落</td><td>目测深度尺</td><td>深度不大于 5 mm<br>面积不大于 50 $cm^2$</td><td>深度>5 mm<br>面积>50 $cm^2$</td><td rowspan="3">断裂、较大孔洞、磕损严重等不能满足使用要求</td></tr>
<tr><td>4</td><td>底面边缘破裂或混凝土脱落</td><td>目测钢板尺</td><td>长度不大于 15 mm</td><td>长度>15 mm</td></tr>
<tr><td>5</td><td>可见范围内的泌水深度</td><td>目测深度尺</td><td>深度不大于 5 mm</td><td>深度>5 mm</td></tr>
<tr><td>6</td><td>预埋套管内混凝土淤块</td><td>目测</td><td>无</td><td>有</td><td>—</td></tr>
<tr><td>7</td><td>外观表面</td><td>目测</td><td>表面颜色一致,无油污</td><td>表面颜色不一致,有油污</td><td>—</td></tr>
<tr><td>8</td><td>精轧螺纹钢筋端部</td><td>目测</td><td>完整</td><td>端部受损</td><td>—</td></tr>
<tr><td>9</td><td>调高预埋件、预埋塑料套管的数量</td><td>目测</td><td>齐全</td><td>—</td><td>有缺少</td></tr>
<tr><td>10</td><td>轨道板编号</td><td>目测</td><td>齐全</td><td>—</td><td>缺少</td></tr>
</table>

混凝土强度:28 d 抗压强度不小于 55 MPa;28 d 弹性模量不小于 36.0 GPa。

(2)成品板绝缘检测。打磨完成后的成品板在出场前,应采用 ZL5 型智能 LCR 测量仪进行绝缘性能检测,以判断其是否满足轨道电路传输的要求。主要工艺包括:

1)将两根钢轨放置在绝缘检测架上,轨底距离承轨面 50 mm,调整轨距到 1 435 mm;

2)用标准钢包铜连接线将两股钢轨的一端封连,钢轨另一端引出端子与测量仪相连;

3)检测装置的校正、修正值 $R_{修}$,$L_{修}$。校正时应测量并读取两组数据,取最大值进行计算。

将轨道板通过辊式滚轮输送线运至钢轨下,将钢轨落入承轨槽处并将扣件上紧。用交流电桥测量两轨引出端子间的电感值 $L$(μH)及电阻值 $R$(mΩ),测试频率规定为 $f=2\ 000$ Hz。每块轨道板检测时,应测量并读取两组数据,取最大值进行计算。其检测结果应满足 $R_{检}\leqslant 16.50$ mΩ($R_{检}=R_{板}-R_{修}$)、12.75 μH$\leqslant L_{检}\leqslant 13.75$ μH($L_{检}=L_{板}-L_{修}$)。

18. 成品轨道板运输与存放

(1)成品轨道板运输。毛坯板打磨工序完成后,用电动平车把轨道板从厂房内运到成品板存放区码放整齐。采用专用四角吊具和两台 16 t/40 m 龙门吊对成品板进行吊装。运输要求同毛坯板。轨道板运输与吊装如图 5-5-32 所示。

(2)成品轨道板存放。由于成品轨道板是按计划进行编号,每块编号的轨道板与现场铺设一一对应且是唯一的,因此需要依据各铺设工作面进度安排,制定合理的轨道板存放计划,绘制存放图,并组织落实。

成品轨道板存放,最高不超过 9 层。且层与层轨道板间应安装 4 块垫块。垫块支垫及对存放基础的要求同毛坯板存放。如图 5-5-33 所示。

成品轨道板入库后,指定专人对库房进行动态管理并建立库房的管理台账,记录入库板的生产批次、作业班组、数量及存放的位置等;在存放期间,随时巡查、每周彻底检查一次成品板存放情况,主要检查垫块和混凝土基座变形,发现问题及时反馈并处理解决,同时做好记录。

图 5-5-32　轨道板运输与吊装

图 5-5-33　成品轨道板存放

19. 轨道板修复

为保证轨道板的外观质量并增强板体结构的耐久性，对混凝土表面的气孔、蜂窝、孔洞、麻面、磕损等可修复的缺陷，采用塑性改良的水泥砂浆进行修补。

### 5.1.8　资源配置

#### 5.1.8.1　劳动力配置

根据实际试生产情况、岗位工作量以及机械设备自动化程度，采取相应措施，提高工作效率，根据工期要求，可以灵活采取两班制或者三班制生产。管理人员组织见表 5-5-6。生产及辅助人员配置见表 5-5-7。

**表 5-5-6　管理人员组织表**

| 序号 | 岗位或工种 | 人数 | 主要工作内容 |
|---|---|---|---|
| 1 | 场长 | 1 | 全面主持轨枕场工作 |
| 2 | 总工程师 | 1 | 负责生产技术工作；负责建场工作 |
| 3 | 生产副经理 | 2 | 负责施工生产、设备管理工作 |
| 4 | 书记 | 1 | 负责党务、工会、后勤工作 |
| 5 | 工程部长 | 1 | 负责生产技术，主管工程部 |
| 6 | 安质部长 | 1 | 负责安全、质量，主管安质部、试验室 |
| 7 | 物资设备部长 | 1 | 主管设备的选型、采购、物资订购，主管物资设备部 |
| 8 | 总会兼计财部长 | 1 | 负责计划、财务管理 |
| 9 | 办公室主任 | 1 | 负责行政办公、文件资料、接待 |
| 10 | 工程部 | 4 | 负责技术管理、生产指挥调度，协调与各部门的工作；验工计价 |
| 11 | 计财部 | 2 | 负责成本控制、合同管理、财务管理和生产计划 |
| 12 | 物资部(含司机) | 4 | 负责材料采购和管理 |
| 13 | 安质部 | 2 | 负责质量、安全和技术资料管理，负责与监理工程师的联络 |
| 14 | 试验室(含主任) | 4 | 负责试验检验及生产过程控制、产成品检验等工作 |
| 15 | 办公室 | 2 | 负责治安、保卫工作及行政事物、食堂、司机、文化娱乐的管理及对外接待联络工作 |
| 合　计 | | 28 | |

**表 5-5-7　生产及辅助人员配置表**

| 序号 | 工种 | 每班人数 | 主要工作内容 |
|---|---|---|---|
| 1 | 预制工班 | 20×3 | 模型，预应力，混凝土浇筑 |
| 2 | 钢筋工班 | 80 | 钢筋加工，网片绑扎 |
| 3 | 打磨工班 | 25 | 翻转、打磨、扣件安装及配合 |
| 4 | 混凝土拌和站 | 6 | 料场管理，混凝土制备 |
| 5 | 存板区 | 36 | 轨道板转运、吊装 |
| 6 | 设备操作 | 40 | 起重设备，打磨、预应力及其他 |
| 7 | 维修保障 | 20 | |
| 8 | 安全保卫 | 5 | 生产区门卫2人、看守1人、巡逻2人 |
| 9 | 食堂后勤 | 8 | 员工3人、民工食堂3人、生活区卫生1人、门卫看守1人 |
| 合　计 | | 280 | |

5.1.8.2　主要设备机具配置

工艺装备配置的基本原则：符合工艺要求，满足生产效率，各工序能力平衡且环保节能。

CRTSⅡ型混凝土轨道板设备配置除符合上述基本原则外，还具有自动化程度高、采用新技术、新装备等特点。以京沪高速铁路曲阜轨道板场"一场两线"长线台座日产82块轨道板为例，生产主要设备配置见表5-5-8。

**表 5-5-8　主要设备配置**

| 序号 | 设备名称 | 规格型号 | 用　途 | 单位 | 数量 | 备注 |
|---|---|---|---|---|---|---|
| 一 | 模具 | | | | | |
| 1 | 模具 | 非标 | 轨道板钢模 | 台 | 82 | |
| 2 | 承轨台壳体 | 非标 | 模具配套 | 片 | 82×20 | |
| 3 | 振动器及控制系统 | 1.5 kW | 振实轨道板模具内混凝土 | | 82×8 | |
| 二 | 数控预应力张拉工装 | | | | | |
| 1 | 液压站及控制系统 | 非标 | 均匀同步对预应力钢筋施加预应力 | 套 | 2 | |
| 2 | 张拉横梁及锚具 | 非标 | 锚固 $\phi$5 mm、$\phi$10 mm 钢筋、承受张拉力 | 套 | 4 | |
| 三 | 通用设备 | | | | | |
| 1 | 电动单梁起重机 | 5 t | 钢筋加工车间配套 | 台 | 2 | |
| 2 | 电动双梁起重机 | 16 t | 主厂房配套，真空吊具及其他重物等 | 台 | 2 | |
| 3 | 电动双梁起重机 | 8 t+8 t | 主厂房配套，起吊混凝土运输罐、钢筋网片及其他重物等 | 台 | 2 | |
| 4 | 电动双梁起重机 | 16 t/16 t | 打磨室配套，起吊特殊板及其他重物等 | 台 | 1 | |
| 5 | 门式起重机 | 50.4+2×16.5 | 用于起吊毛坯板和成品轨道板 | 台 | 2 | |
| 四 | 混凝土生产线设备 | | | | | |
| 1 | 搅拌站 | HZS180/3 m³ | 搅拌轨道板生产用混凝土 | 套 | 1 | |
| 2 | 轮式装载机 | 3 m³ | 拌和站运输砂石料 | 台 | 1 | |
| 3 | 砂石清洗机 | 非标 | 砂石料洗筛 | 套 | 2 | |
| 4 | 混凝土运输车 | 非标 | 运输混凝土运输罐 | 辆 | 1 | |
| 5 | 混凝土运输斗 | 4 m³ | 将混凝土从搅拌站运至布料机 | 个 | 2 | |
| 6 | 布料机 | 非标 | 用于将混凝土定量浇入模具 | 台 | 2 | |
| 7 | 高压清洗机 | 3 kW | 清洗混凝土设备 | 台 | 4 | |
| 8 | 多功能车 | 非标 | 运输工业吸尘机、钢筋托盘、塑料薄膜卷筒等 | 台 | 2 | |
| 9 | 养护膜卷筒 | 非标 | 生产线养护膜覆盖和收起 | 台 | 3 | |
| 10 | 真空吊具 | 非标 | 将半成品轨道板从模具里提出来并放置在临时存放台 | 台 | 2 | |

续上表

| 序号 | 设备名称 | 规格型号 | 用　　途 | 单位 | 数量 | 备注 |
|---|---|---|---|---|---|---|
| 11 | 刷毛机 | 非标 | 对混凝土表面沿轨道板纵向进行可控而均匀的横向拉毛处理 | 台 | 2 | |
| 12 | 切割小车 | 非标 | 切割相邻模具之间的预应力钢筋 | 台 | 4 | |
| 13 | 脱膜油喷射机 | | 向模具喷洒脱模油 | 台 | 2 | |
| 14 | 大力吸尘器 | 13 kW | 清理模具中碎渣 | 台 | 2 | |
| 15 | 电瓶运输车 | 非标 | 用于运输半成品轨道板 | 辆 | 2 | |
| 16 | 钢筋定尺切割 | 非标 | 精确切取 $\phi$5 mm 定位筋、$\phi$10 mm 预应力筋 | 台 | 2 | |
| 17 | 模具循环加热系统 | 非标 | 提高生产线模具下部环境温度 | 套 | 82 | |
| 18 | 同步温控养护系统 | 非标 | 轨道板模具内混凝土及试块养护 | 套 | 1 | |
| 五 | 打磨生产线 | | | | | |
| 1 | 打磨机 | | 打磨半成品轨道板以达到轨道板的使用要求 | 台 | 1 | |
| 2 | 翻转机 | 非标 | 将轨道板翻转并平稳放置在滚轮架上 | 台 | 1 | |
| 3 | 滚轮输送线 | 非标 | 用于打磨生产线自动传送轨道板 | 套 | 1 | |
| 4 | 滚轮输送线控制系统 | 非标 | 滚轮输送线配套 | 套 | 1 | |
| 5 | 钢筋余头切割机 | 非标 | 用于切除预应力钢筋突出部分 | 台 | 2 | |
| 6 | 油脂定量加注机 | 非标 | 用于将油脂定量加注入塑料套管内 | 台 | 1 | |
| 7 | 横移运输车 | 非标 | 用于横向运输成品轨道板 | 台 | 2 | |
| 8 | 污水处理系统 | 28 t/h | 用于打磨水循环使用 | 套 | 1 | |
| 9 | 电瓶运输车 | 非标 | 用于运输成品轨道板 | 辆 | 2 | |
| 10 | 打磨机稳压电源 | 600 kVA | 为打磨机提供稳定电压 | 台 | 1 | |
| 11 | 智能电桥测试仪 | ZL5 | 成品轨道板绝缘性能检测 | 套 | 1 | |
| 六 | 基础设备 | | | | | |
| 1 | 地磅 | 150 t | 砂石料计量 | 套 | 1 | |
| 2 | 变电站及配电系统 | 1 000 kVA | 电力供应 | 套 | 1 | |
| 3 | 蒸汽锅炉 | 6 t | 热力供应 | 套 | 1 | |
| 4 | 空压机 | 6 m$^3$ | 产生压缩空气,供应生产线工艺及设备用气 | 台 | 1 | |
| 5 | 备用发电机 | 500 kVA | 备用 | 台 | 1 | |
| 七 | 检测试验设备 | | | | | |
| 1 | 实验室设备 | | | 套 | 1 | |
| 2 | 高精水平仪 | DNA03 | 测量模型的平面度 | 台 | 1 | |
| 3 | 高精全站仪 | TCA1800 | 用于产品检验 | 台 | 1 | |
| 4 | 电阻测试仪 | 499 V | 检测钢筋节点电阻 | 台 | 2 | |
| 5 | 自动调平检验平台 | 非标 | 自动调平轨道板便于检测 | 套 | 1 | |
| 6 | 钢筋拉力监测仪 | 非标 | 用于单根钢筋拉力检测 | 套 | 6 | |
| 八 | 钢筋胎具托盘 | | | | | |
| 1 | 钢筋胎具 | 非标 | | 套 | 10 | |
| 2 | 钢筋托盘 | 非标 | | 套 | 12 | |

### 5.1.9 质量安全及环境保护控制要点

#### 5.1.9.1 质量控制要点

除施工工艺及设计文件、技术条件要求的以外,CRTSⅡ型轨道板制造质量控制要点还有以下几点:

(1)轨道板制造是一项系统工程,涉及“人、机、料、法、环”各个环节,施工组织必须组织高效管理团队和技术服务团队,加强人力、设备、工装等资源配置,选择优质的工程材料。

(2)人是质量管理的第一要素,轨道板制造必须开展经常性的技术培训,针对关键环节、薄弱环节、安全质量控制重点等开展 QC 攻关活动,并定期开展经验交流和技术总结,提高施工标准化水平。

(3)科学规划轨道板制造临时工程和生产线布局,提高生产设备生动化水平,以设备质量和精度为轨道板制造质量提供保障。

(4)正式施工前,依据设计文件、技术条件及相关标准及经验编写翔实的工艺细则和检验细则,并加强技术交底和工艺试验,批量生产前邀请铁道部主管部门组织上道审查。

(5)质量监控标准依据为:有关Ⅱ型轨道板制造相关的技术文件、资料,含设计图纸、《客运专线 CRTSⅡ型板式无砟轨道混凝土轨道板(有挡肩)暂行技术》(科技基〔2008〕173 号)、《客运专线铁路 CRTSⅡ型板式无砟轨道混凝土轨道板(有挡肩)检验细则》(SDS-002-2008)等。

(6)严格制作过程检验。

1)钢筋网片制作过程的绝缘检测:在钢筋网片加工成型和入模浇筑混凝土前均要对钢筋网的每个节点用电阻测试仪进行检测,要求用 500 V 电压测试,电阻值不小于 2 MΩ。

2)模具安装要严格控制承轨台的平整度和方向,轨道板制作过程,要周期性地用高精度全站仪通过检测毛坯板对模具进行检测和调整。

3)预应力钢丝张拉要保持 4 个千斤顶的同步,同端千斤顶偏差在 2 mm 范围,异端千斤顶偏差在 4 mm 范围;总张拉力总伸长值与设计额定值偏差不大于 5%;放张要保持同步缓慢放张。

4)轨道板混凝土浇筑过程要严格检测模板温度和混凝土入模温度、混凝土坍落度,并随机取样做混凝土 28 d 试件,在最后一块板做同温度养护试件,预应力放张必须满足同温养护试件强度达到 48 MPa 以上的要求。

5)轨道板的打磨质量由磨床自动检测,可通过激光或触点检测得出各承轨台的大钳口、小钳口尺寸及误差、轨底坡及误差、承轨台侧面和承轨台面的夹角及误差、单根轨枕两承轨台间的扭曲、方向误差和高度误差,并自动以表格形式记录、储存。每周要通过用高精度全站仪测量成品板与磨床测量结果相比较,对磨床的检测系统进行外部检校,保证磨床测量系统的正确性。

6)成品轨道板出车间必须通过智能电桥测试仪对轨道板整体绝缘性能检验合格。

(7)严格按照正确的工艺方法进行轨道板的制作、脱模、存放、运输、翻转、打磨等每道工序作业。

(8)在批量生产之前,应邀请铁道部运输局组织对试制产品及生产工艺的上道审查。

#### 5.1.9.2　安全控制要点

(1)建立健全场内安全管理体系,成立安全生产领导小组,落实安全生产责任制,配齐安全生产要素,严格安全操作规程,认真执行安全监控制度和措施。

(2)认真规划和布置场内各种管线线路、各种设备走行进出线路和停放位置、人行通道,以及各种原材料、半成品和成品的运输路线和存放位置,确保场内作业整齐和人员设备合理整齐的工作环境。

(3)进场作业人员要先经安全培训合格,电工、电焊工、行车司机、机动车及各种机械司机要经过专业培训,并经考试合格获得上岗证才可上岗。

(4)各种机械作业要有针对性的安全操作规程。

(5)现场各种安全防护(如登高作业安全护栏、危险作业的安全网和安全界限)、安全标示要齐全。

(6)要有专职电工和修理工经常性检查电路、电器、设备等的状态,禁止使用漏电电路电器和不良状态的设备。

(7)各种电器、机械要专人管理使用,禁止无关人员动用机械、电器设备,禁止非工作人员爬龙门吊、行车、拌和站、布料机等设备。

(8)起吊作业时,禁止在起重物下站人,辅助起吊作业人员要离开适当距离,并在起吊前检查挂钩及吊绳等是否牢靠,真空吸盘状态是否良好。

(9)各种机械使用前,必须经检查状态良好,启动前要经检查无安全隐患,翻转机作业时禁止非工作人员靠近,布料机使用时布料斗上口必须设安全网。

(10)进场人员必须配带安全帽、登高作业要系安全绳。

#### 5.1.9.3　环境保护控制要点

(1)尽量选用低噪声的机械设备使得施工期间的噪声环境符合《声环境质量标准》(GB 3096)“二类”标

准、《铁路边界噪声限值及其测量方法》(GB 12525)、《建筑施工场界环境噪声排放标准》(GB 12523)、《工业企业噪声卫生标准》等标准、法规的各项规定。

(2)混凝土搅拌站、磨床等高噪声设备设置避开居民集中区，工作时合理安排工作人员轮班操作机械，穿插安排低噪声工作，减少接触高噪声时间，并配备耳塞，同时注意机械保养，降低噪声的声级水平。

(3)施工现场废水的排出，必须严格执行《污水综合排放标准》(GB 8978)中的三级标准 400 mg/L；废水排入自然水体，严格执行《污水综合排放标准》(GB 8978)中的二级标准 150 mg/L。

(4)打磨设备投入一套污水循环系统，将打磨用水进行重复利用，防止水资源浪费和废水乱排。

(5)设置固定排放池排放施工中产生的废水，杜绝直接排出。对于含沙量大且浑浊的施工生产废水，采用沉沙池处理排放，含油废水经隔油池处理后排放入三级沉淀池，防止油污染地表和水体，混凝土和泥浆等经沉淀后，沉渣定期清理，外运至当地环境保护部门指定地点，废水重复利用。

(6)使用达到国家环保法规要求的施工设备，加强设备保养维护，报废设备不得使用。

(7)厂区内运输道路硬化处理，并经常洒水，砂石及渣土等材料覆盖运输，拌和站砂石料场修建大棚覆盖，减少扬尘和灰尘污染。

(8)生产及生活垃圾进行集中堆放，加强废品利用；施工完毕后，固定垃圾按照地方规定运到垃圾场集中处理。

(9)施工完毕及时恢复地表植被。

## 5.2 CRTSⅡ型板式无砟轨道施工技术

### 5.2.1 概　　述

CRTSⅡ型板式无砟轨道采用无辅助轨施工工艺，在底座施工完成并达到道床铺设条件后，利用汽车将轨道板运输到现场，通过汽车吊、龙门吊铺设到底座上，必要时增加轮胎式双向运板车中转，前后经过轨道板精调、水泥乳化沥青砂浆灌注、轨道板纵向连接和侧向挡块施工等工序形成整体轨道结构。

CRTSⅡ型板式无砟轨道以机械化施工为主，其中轮胎式双向运板车、轮胎式铺板龙门吊、轨道板快速精调系统、水泥乳化沥青砂浆搅拌车等专属设备，自动化程度较大，对制造、使用、维护等要求严格。

### 5.2.2 结构设计

CRTSⅡ型板式无砟轨道结构自上而下由长钢轨、钢轨扣件、轨道板、水泥乳化沥青砂浆垫层、桥梁上钢筋混凝土连续底座＋滑动层＋侧向挡块或路基上混凝土底座或支承层或隧道内钢筋混凝土底座等组成。桥梁上每孔梁固定支座上方设剪力齿槽，梁缝处设置硬泡沫塑料板，台后路基上设置摩擦板、端刺及过渡段等部分。CRTSⅡ型板式无砟轨道结构如图 5-5-34 所示。

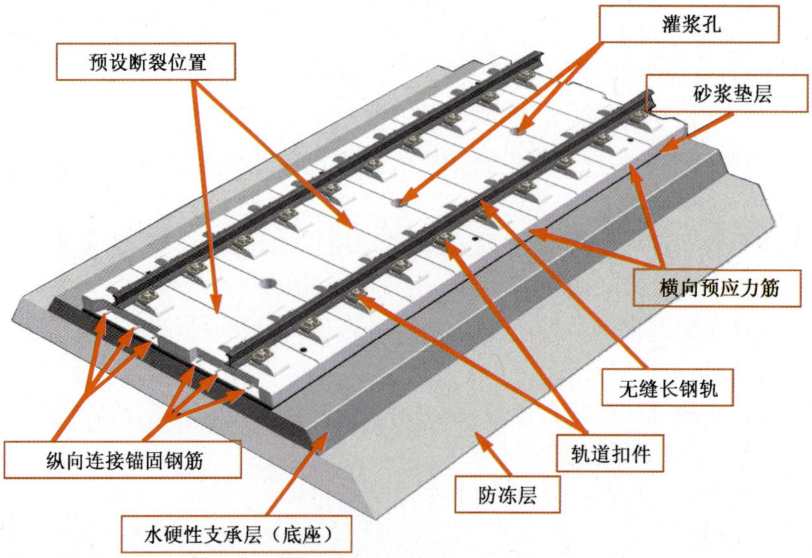


图 5-5-34　CRTSⅡ型板式无砟轨道结构图

(1)钢轨及扣件。CRTSⅡ型板式无砟轨道一般使用在高速铁路工程上,其采用 60 kg/m 钢轨、100 m 定尺钢轨焊接成无缝线路。

钢轨扣件采用 WJ-8 型弹性分开式扣件。长大桥梁及连续梁上按设计采用小阻力扣件(X2 弹条及复合垫板),隧道内采用防腐蚀弹条。

(2)轨道结构高度。CRTSⅡ型板式无砟轨道在路基、隧道、桥梁地段的结构高度见表 5-5-9。

**表 5-5-9　CRTSⅠ型板式无砟轨道结构高度**(mm)

| 序号 | 名称 | 路基 | 桥梁 | 隧道 | 备注 |
|---|---|---|---|---|---|
| 1 | 长钢轨 | 176 | 176 | 176 | |
| 2 | WJ-8 型弹条扣件 | 73 | 73 | 73 | |
| 3 | 厂制轨道板 | 200 | 200 | 200 | |
| 4 | 水泥乳化沥青砂浆垫层 | 30 | 30 | 30 | |
| 5 | 钢筋混凝土底座 | 300 | 200 | 300 | |
| 6 | 总高度 | 779 | 679 | 779 | |

注:轨道结构高度为钢轨轨面至底座底面最小高度,不包含曲线地段轨道外侧超高高度。

(3)轨道板。CRTSⅡ型无砟轨道采用厂制轨道板,标准轨道板长 6 450 mm、宽 200 mm、厚 200 mm,设 10 对有挡肩承轨台(槽),承轨台间距 650 mm,安装 WJ-8 型弹条扣件。除标准轨道板外,还有特殊板和补偿板等。

轨道板间采用张拉锁件进行连接,板间缝隙浇筑与轨道板板体同等级的无收缩钢筋混凝土。

(4)水泥乳化沥青砂浆。水泥乳化沥青砂浆垫层厚 30 mm,采用模筑法重力方式浇筑施工。

(5)路基上或隧道内水硬性支承层或混凝土底座。路基上或隧道内采用连续水硬性支承层或 C15 混凝土底座,支承层或底座顶面宽度 2 950 mm、底面宽度 3 250 mm,厚度 300 mm。C15 混凝土底座宽度 3 200 mm,厚度 300 mm。轨道外侧混凝土支承层表面采用沥青进行表面涂刷处理。

路基上支承层或底座左右线支承层间填筑矿物混合料,其顶面采用 C25 混凝土填充。填充混凝土沿线路纵向与轨道板间以及沿线路横向每隔 5 m 均设置伸缩缝,沥青浇筑。直线地段采用 C25 混凝土填充层向线路两侧排水,曲线地段采用线间集水井排水。

(6)桥梁上钢筋混凝土连续底座。桥梁上采用 C40 钢筋混凝土连续底座,钢筋采用 HRB500 级热轧带肋钢筋,全桥范围连续纵向铺设。底座宽度 2 950 mm、厚度 200 mm,曲线地段最大厚度 530 mm、最小厚度 180 mm。

为适应连结底座的受力特点,在桥梁两端的路基或隧道上设置摩擦板及端刺,以限制底座板中的应力及温度变形,两端的端刺间的底座板纵向跨梁连续,底座与桥面间铺设两布一膜滑动层,在桥梁固定支座上方通过梁体设置的预埋螺纹套筒套螺纹钢筋和抗剪齿槽与梁体固定形成底座板纵向传力结构;底座板两侧设置侧向挡块限制底座板横、竖向位移和翘曲。

底座与桥面间铺设两布一膜,土工布采用白色聚丙烯,厚度 2.2 mm;PE-HD 聚乙烯高密度薄膜,厚度为 1 mm。底座板与摩擦板间铺设两层土工布,摩擦系数控制在 0.5～0.8,摩擦板表面做凿毛处理。

梁缝处与过渡板下设置高强度挤塑板,宽度为 500～600 mm。

底座板根据正常使用极限状态和承载能力极限状态进行配筋设计。配筋以钢板连接器后浇带为起终点,底座板纵向设置上、下两层纵向钢筋($\phi$16 mm 和 $\phi$20 mm,间距 100 mm),不考虑梁缝(底座板厚度不变)和剪力齿槽的影响,考虑施工时温度变化对底座板屈曲稳定的影响,可根据气候条件设置齿槽加强钢筋(设置后浇带的齿槽)。

对于长大桥梁上的底座板,可根据施工情况,设置临时端刺进行施工,其中临时端刺长度约 800 m,常规混凝土浇筑段可按 150 m 左右利用钢板连接器进行分段施工。钢板连接器后浇带宽 500 mm,齿槽后浇带宽 678 mm,后浇带宽度必须严格控制,以确保钢筋的屈曲稳定性。

桥梁上侧向挡块采用 C40 钢混凝土结构,为 L 形设置。侧向挡块与梁面间通过齿槽及梁面预埋套筒内植入钢筋进行连接。

### 5.2.3 施工工艺流程

当线下工程(路基、桥梁、隧道及过渡段)主体施工完成且沉降变形经评估满足无砟轨道铺设条件后,即可开始 CRTSⅡ型板式无砟道床底座施工。路基及隧道地段混凝土底座根据施工条件可选用 C15 模筑混凝土施工或机械摊铺水硬性支承层两种施工方法。桥梁地段底座采用 C40 钢筋混凝土连续底座,施工采用模筑法施工。

按照设计,CRTSⅡ型板式无砟轨道底座可根据施工需要划分不同的施工单元,每个单元底座施工完成后且强度达到 75%后,便可开展道床板施工。

#### 5.2.3.1 路基上 CRTSⅡ型板式无砟轨道施工流程

路基上 CRTSⅡ型板式无砟轨道一般采用连续结构,按间距设置伸缩缝。

路基混凝土支承层或底座施工相对简单,可通过路基两侧的施工便道进行物流运输,也可直接在路基面运输。当路基较长或连续时,采用水硬性支承层结构,通过翻斗汽车直接运输水硬性材料至工地,摊铺机一次摊铺成型并用光轮压路机碾压密实,之后设伸缩缝并覆盖养护。路基长度较短的,则采用混凝土结构,模筑法施工,施工组织相对灵活。

混凝土支承层或底座施工后,采用汽车运输轨道板进场,利用汽车吊或龙门吊进行轨道板的预铺,之后利用精调标架进行轨道板的精调。然后,再以水泥乳化沥青砂浆车现场制备水泥乳化沥青材料,经中转仓中转,通过汽车吊或龙门吊、小车运输的方式输送到现场进行浇筑。

轨道板纵向连接及板缝浇筑以单元施工段为基本段落,在水泥乳化沥青砂浆强度达到 9 MPa 后方可施工。

#### 5.2.3.2 桥梁上 CRTSⅡ型板式无砟轨道施工流程

桥梁两端端刺纳入桥梁上底座施工统一管理。根据施工条件及设计要求进行施工单位设计和划分,确定后浇带、常规区、临时端刺、端刺等施工区。以施工单元开展底座及轨道板铺设施工。

桥梁上 CRTSⅡ型板式无砟轨道施工最大的问题在于物流运输,有条件的地方需要沿线路修建贯通便道,通过便道运输和汽车吊、龙门吊将物料机具运送到桥面上。跨河、跨路或其他便道无法到达的地段,采用桥上运输车或龙门吊进行物料机具的转运。轨道板在桥面的纵向转运采用轮胎式双向运板车完成。

#### 5.2.3.3 隧道内 CRTSⅡ型板式无砟轨道施工流程

隧道内 CRTSⅡ型板式无砟轨道施工与路基上施工基本相同,一般根据隧道及斜井(或横洞)出入口数量规划施工作业面,通过汽车运输材料或轨道板进洞,由远及近分工序依次开展施工,考虑物流组织的困难,一般将底座浇筑与轨道板铺设分开组织施工。底座浇筑时,施工机具、钢筋材料及混凝土材料等分开组织运输,以形成合理工序。轨道板铺设时,轨道板运输、水泥乳化沥青砂浆浇筑等分开进行。其中,轨道板铺设主要以轮胎式铺板龙门吊和轮胎式双向运板车为主。

### 5.2.4 施工物流组织

CRTSⅡ型板式无砟轨道施工根据施工工序及作业面划分开展物流组织。一般修建从施工基地经既有公路至施工现场的运输通道,有条件的地方尽量设置沿线路的贯通便道,长桥地段需要设置上下桥梁的人行步梯或采用龙门吊、汽车吊、塔吊等作为材料及机具上下的通道,隧道地段则主要结合隧道进出口、应急通道或施工斜井、横洞设置物流通道。混凝土供应、轨道板及相关材料存放等结合作业面划分按一定间距设置临时基地生产或存放,临时基地同时规划人员居住、材料存放及加工、机具维修等。长大路基、长大桥梁及隧道地段根据需要配置轮胎式双向运输车。

施工现场结合路桥隧结构物特点,采用人工、龙门吊、汽车吊或输送泵进行材料运输及机具转运等。

当施工工期不紧时,在双线地段也可按“先施工一线,再施工另一线”的方式分别进行物流组织。当施工第一线时,可利用另一线按单向运输作为物流通道,这样可最大限度地减少第一线施工物流组织的难度,降低设备资源配备。施工第二线时,再采用上述物流组织方案。

### 5.2.5 关键设备及工装

(1)轮胎式铺板龙门吊。不同类型轮胎式铺板龙门吊的综合配置,可满足多种工况条件下的轨道板吊装及铺设作业，如图 5-4-26 所示。

(2)轮胎式双向运板车。轮胎式双向运板车主要用于在无砟轨道底座上沿线路方路双向行驶并运输轨道板的运输车辆，结构参照图 5-4-27。

(3)轨道板快速精调系统。其主要组成包括：全站仪、工控计算机、螺栓孔测量标架及后视棱镜等硬件系统以及 CRTSⅡ型轨道板精调系统软件，结构参照图 5-4-28。

精调器安装于轨道板板底设计支垫位置上，不仅可以起到支撑轨道板的作用，而且通过调节水平或竖向调节螺杆实现轨道板横向或竖向移动，达到轨道板中线及高程调整的目的，结构参照图 5-4-29。

精调器配合快速精调系统使用，根据精调系统实时测得的偏差对轨道板中线或高程进行调整，使轨道板的实际中线或高程符合施工要求。

每块轨道板配 6 个精调器，分布轨道板两侧前后位置。其中，两端安装双向精调器，中部安装竖向精调器。

(4)水泥乳化沥青砂浆搅拌车。水泥乳化沥青砂浆搅拌车是为满足板式无砟轨道水泥乳化沥青砂浆现场搅拌并浇筑的施工工艺特点而开发的集材料储备、电子计量、自动搅拌并带温控、调平等多种功能于一体的自动化设备，是保证板式无砟轨道施工质量的关键设备之一，结构参照图 5-4-30。

### 5.2.6　主要临时工程

CRTSⅡ型板式无砟轨道施工临时工程要包括：生产基地、运输道路、施工用电以及长桥地段上桥通道等。

生产基地主要包括管理及生产员生活驻地、轨道板临时存放场、钢筋加工场、混凝土搅拌站、其他机具及材料加工及存放场等，生产基地的每个部分可集中设置也可分开设置，主要是根据现场条件以方便施工和管理为前提。生产基地规划根据作业面划分、施工进度及物流成本等因素综合设置，最远运输距离一般控制在 15 km 以内。

运输道路包括正式道路和新建便道，新建便道最好能紧靠线路贯通设置，以满足机具、工装及材料等直接到达工地。运输道路除满足运输车辆运行、交会及卸车作业的要求外，还应考虑在新建道路上有其他施工可能的影响。同时，隧道地段施工时，还应考虑与斜井、下料口的连通。施工便道还应充分考虑运量需求、冬雨季影响、防排水等因素。

施工用电作为临时工程主要在混凝土拌和站和隧道内施工时使用。为保证隧道内照明需要，一般结合隧道前期施工及后期的其他施工，需要统一布置贯通的照明线或动力线，尽量将施工时的内燃动力设备改为用电设备，以减少施工废气排放和保障施工人员安全。

轨道板采用平面存放，每个存板台座由两个条型基础组成，轨道板与轨道板之间、轨道板与基础之间安放 4 块支承垫块按 3 点支承，三个支点位置应在同一平面内，相对偏差不大于 2 mm。轨道板临时存放根据存放基础条件，固定基地最大不超过 9 层，临时存放一般为 3 层。

在长大桥梁地段，为方便人员上下，一般按 2～3 km 间距设人行通道。特殊地段，还需利用龙门吊、升降平台等设置物料及机具上下的通道。

### 5.2.7　原 材 料

#### 5.2.7.1　普通材料

CRTSⅡ型板式无砟轨道路基及隧座采用水硬性材料或 C15 素混凝土，桥梁上底座采用 C40 钢筋混凝土材料结构，钢筋包括热轧光圆钢筋和热轧带肋钢筋两种规格，分为 Q235、HRB335 和 HRB500 等多种规格。混凝土配合比可以使用水泥等级不低于 P·O42.5、聚羧酸减水剂、碎石规格 10～40 mm 均匀级配、细骨料为中粗砂或机制砂、掺和料可为复合型掺和料或单掺矿粉及粉煤灰，同时满足技术条件和施工工艺要求。

CRTSⅡ型板式无砟轨道施工辅助材料包括：接地端子、嵌缝胶、养护剂、植筋胶、脱模剂等。

#### 5.2.7.2　水泥乳化沥青砂浆

水泥乳化沥青砂浆由乳化沥青、干粉料、聚合物乳液、消泡剂、引气剂、减水剂及水等原材料组成，是经水泥水化硬化与沥青破乳胶结共同作用而形成的一种新型有机无机复合材料，属于高速铁路板式无砟轨道修建的核心技术。水泥乳化沥青砂浆作为介于混凝土与沥青之间的一种特殊材料，其特点是刚柔并济，以柔性为主，兼具刚性。水泥乳化沥青砂浆填充于厚度约为 30 mm 的轨道板与混凝土底座之间，作用是支承轨道板、缓冲高速列车荷载与减振等作用，其性能的好坏对板式无砟轨道结构的平顺性、耐久性和列车运行的舒适性与安全性以及运营维护成本等有着重大影响。

CRTSⅡ型板式无砟轨道用水泥乳化沥青砂浆采用阴离子乳化沥青，其主要技术指标应符合《客运专线铁路 CRTSⅡ型板式无砟轨道水泥乳化沥青砂浆暂行技术条件》(科技基〔2008〕74 号)的相关要求。

5.2.7.3　“两布一膜”滑动层

滑动层是桥上 CRTSⅡ型板式无砟轨道系统的组成部分，“两布一膜”结构即为两层土工布夹一层土工膜，其中下层土工布通过胶黏剂黏在梁面防水层或梁面上。桥上 CRTSⅡ型板式无砟轨道通过在全桥连续铺设的底座与梁面间设置滑动层，减少轨道系统与桥梁间的相互作用。

滑动层中，土工布应采用聚丙烯针刺非织造土工布，不得添加除暗光稳定剂、抗紫外线稳定剂之外的添加剂；土工膜为高密度聚乙烯土工膜，采用树脂密度不低于 0.932 g/cm$^3$ 的原生树脂生产而不应使用填充料和再生料，允许添加生产中产生不大于 10%的与土工膜配方相同的清洁回料；胶黏剂为单组分或双组分聚氨脂胶，硬化过程受湿度影响小，与梁面防水层应有良好的兼容性。

相关材料的规格尺寸、使用及验收应符合《客运专线铁路 CRTSⅡ型板式无砟轨道滑动层暂行技术条件》(科技基〔2009〕88 号)的规定。

5.2.7.4　钢板连接器

钢板连接器原材料的质量、品种、规格应符合设计要求，其加工尺寸允许偏差应符合《高速铁路轨道工程施工质量验收标准》(TB 10754)的相关规定。钢板连接器固定端应采用穿孔塞焊方式连接，焊缝表面不得有肉眼可见裂纹，钢筋咬边深度不大于 0.5 mm，钢筋相对钢板的直角允许偏差不得大于 3°，钢板连接焊接完成后钢板变形最大矢度不超过 10 mm。

钢板连接器后浇带钢筋的连接与松开的条件、连接方式、张拉顺序及张拉距离应符合相关规定及设计要求。

5.2.7.5　高强度挤塑板

高强度挤塑板以聚苯乙烯树脂或其共聚物为主要成分，添加发泡剂、阻燃剂等少量添加剂，通过加热挤塑成型工艺而制得的具有闭孔结构、高压缩强度的挤塑聚丙乙烯泡沫塑料板。

高强度挤塑板表面应平整，无夹杂物，颜色均匀，不应有影响使用的可见缺陷，如起泡、裂口、变形等。其外形可分为 SS 平头型、SL 搭接型、TG 榫槽型等多种规格。

相关材料的规格尺寸、使用及验收等应符合《客运专线铁路 CRTSⅡ型板式无砟轨道高强度挤塑板暂行技术条件》(科技基〔2009〕88 号)的规定。

5.2.7.6　张拉锁件

张拉锁件为 CRTSⅡ型板式无砟轨道相邻轨道板间的纵向连接件，由张拉锁、螺母、钢垫圈及绝缘垫片等组成。张拉锁采用球墨铸铁整铸而成，螺母及钢垫圈采用 45 号钢制成，并作调质热处理，绝缘垫片用聚酰胺制成。

相关部件的规格尺寸、使用及验收等应符合《客运专线铁路 CRTSⅡ型板式无砟轨道张拉锁件暂行技术条件》(科技基〔2009〕135 号)的规定。

### 5.2.8　质量标准

5.2.8.1　混凝土模型质量控制

混凝土底座模板及支架材料应有足够的强度、刚度、稳定性和平整度，且安装稳固牢靠、接缝严密、不得漏浆，对模板与混凝土的接触面清理干净并涂刷隔离剂，模板内的积水和杂物应清理干净。支承层或底座、后浇带、板缝等模板安装允许偏差应符合《高速铁路轨道工程施工质量验收标准》(TB 10754)的相关规定，其中预埋件和预留孔道留置等应做好与相关接口工程的衔接。

5.2.8.2　钢筋质量控制

钢筋的制作、加工和焊接、绑扎除符合设计及铁路混凝土工程的要求外，接地端子等材料应满足设计要求及产品技术条件的要求。钢筋网片的绑扎安装应做好模型的协调，并保证结构混凝土保护层厚度符合设计要求。

钢板连接器焊接时，应对焊接方式、焊条、焊接参数等进行适用性试验，并制作焊接试件进行检验。钢板连接器安装时应垂直于线路中线，置于轨道板底座断面中部，纵向允许偏差±50 mm，钢板与桥面垂直度允许偏差为10 mm。

5.2.8.3　桥上滑动层、高强度挤塑板铺设质量控制

滑动层、高强度挤塑板的原材料质量应符合设计及技术条件要求，铺设前应对摩擦板顶面、梁面高程、平整度，相邻梁端高差，防水层，轨道预埋件，剪力齿槽状态，伸缩缝状态等进行检查。清洗并确保铺设范围内干燥、清洁，无油污和砂石类磨损性颗粒等。

滑动层铺设应平整、密贴、黏接牢固，铺设后无破损。滑动层下层土工布宜连续铺设；土工膜应整块铺设，不得起皱（特殊情况下必须分块铺设时，其接缝采用热熔对接，禁止采用搭接方式）；上层土工布应连续整块铺设，不得对接。滑动层外侧应与混凝土底座板两侧平齐。

高强度挤塑板规格尺寸应按桥面拼装需要加工，拼接铺设应符合设计要求，并黏结牢固，高强挤塑板外侧应与混凝土底座板两侧平齐。

铺设完成后的滑动层和高强度挤塑板应做好保护，安装钢筋网时应选择合适的垫块及间距，以免钢筋刺穿滑动层和高强度挤塑板。一旦破损，必须更换。

5.2.8.4　结构混凝土质量控制

路基或隧道内底座结构采用水硬性材料或低塑性混凝土，桥梁上连续底座结构混凝土采用高性能混凝土，混凝土质量除满足结构性能要求外，还应满足施工工艺的要求。混凝土原材料、配合比设计、搅拌及施工养护应满足《铁路混凝土工程施工质量验收标准》（TB 10424）的相关规定，外形尺寸、表面裂纹及排水坡等应符合设计要求及表5-5-10的规定。混凝土拆模后，结构表面应密实、平整、颜色均匀，且不得有露筋、蜂窝、孔洞、疏松、麻面和缺棱掉角等缺陷。混凝土或支承层施工时，轨道板范围内的表面应按规定对进行横向拉毛，轨道板范围外的表面应抹光并设置不小于3%的横向排水坡。

**表5-5-10　混凝土底座板外形尺寸规定**

| 序号 | 检查项目 | 允许偏差(mm) | 检验方法 |
|---|---|---|---|
| 1 | 高程偏差 | ±5 | 水准仪 |
| 2 | 中线位置 | 10 | 全站仪 |
| 3 | 宽度 | $^{+15}_{0}$ | 尺量 |
| 4 | 平整度 | 7/4 m | 4 m直尺 |
| 5 | 厚度 | ±10%设计厚度 | 尺量 |

按照设计要求，桥梁上底座混凝土应进行施工单元划分设计，分段浇筑底座混凝土。底座混凝土后浇带的钢板连接器螺母在混凝土浇筑前应保持松开状态，底座浇筑前应安装温差电耦。各施工单元混凝土底座分段浇筑完毕且强度达到要求后，其后浇带钢板连接器必须按不同的温度采用不同的方式顺序张拉连接。后浇带混凝土浇筑与后浇带钢筋连接的顺序及间隔时间应符合设计要求（一般分别在24 h内完成）。

5.2.8.5　轨道板铺设质量控制

成品轨道板应有标识（编号），扣件完整，预埋件齐全、埋置深度及位置正确，预埋套筒内不得有混凝土淤块，纵向连接精轧螺纹钢筋端部完整、无弯曲。

混凝土底座或支承层外观及几何尺寸满足铺板要求。轨道板的类型、规格、质量等设计符合技术条件的要求。轨道板与底座或支承层之间的间隙符合要求。

轨道板精调用快速精调系统、精调器等满足要求。精调完成后的轨道板应定位牢固，中线及高程偏差、相邻轨道板间横向和竖向的搭接偏差等符合《高速铁路轨道工程施工质量验收标准》（JB 10754）的相关规定。

5.2.8.6　水泥乳化沥青砂浆垫层质量控制

乳化沥青、干粉材料、外掺料、外加剂及拌制用水等主要性能指标等符合《客运专线铁路CRTSⅡ型板式无砟轨道水泥乳化沥青砂浆暂行技术条件》（科技基〔2008〕74号）的规定。

浇筑之前应检查确认轨道板的位置，砂浆浇筑厚度不小于20 mm，不宜超过40 mm。砂浆浇筑的施工环境应在5 ℃～35 ℃范围内，当天气温低于－5 ℃时，全天不得进行砂浆浇筑。

水泥乳化沥青砂浆拌制应采用专门的数控及电子计量搅拌设备，应严格按施工配合比进行原材料称量，称量误差应符合相关技术条件的要求。砂浆浇筑前，应按规定进行流动度、温度、含气量等指标的检测。

水泥乳化沥青砂浆浇筑应饱满，与轨道板密贴，不应有空隙。填充质量应外观平整、无损伤。封边材料

不得侵入板底，拆除封边材料时不得损伤砂浆层。

5.2.8.7 轨道板纵向连接质量控制

轨道板纵向连接前应将张拉螺纹钢筋端头清理干净，检查钢筋头与张拉锁件的匹配性并予修整，并均匀的涂上黄油，保证张拉时张拉螺栓与张拉锁的螺纹能有效咬合。张拉锁件安装要保证锁具与钢筋的绝缘，板缝混凝土钢筋笼的安装应保证钢筋与锁具绝缘、钢筋交叉处绝缘，并按规定进行绝缘性检测，绝缘电阻应大于 2 MΩ。轨道板张拉应按规定顺序张拉，张拉扭矩应符合设计要求，张拉前水泥乳化沥青砂浆强度应大于 9 MPa。

轨道板板缝混凝土采用与轨道板同等级的无收缩混凝土灌注，浇筑混凝土前需要在轨道板的端面涂刷界面剂，捣固必须密实。浇筑完成，按规定养护。

5.2.8.8 侧向挡块质量控制

侧向挡块在轨道板纵向连接完成后施工，施工时应考虑与后续长钢轨施工的协调。模板、钢筋及混凝土施工的要求应符合上述模板、钢筋及混凝土施工的相关要求，重点还应注意以下几点：

(1)立模前应检查侧向挡块范围内的底座表光滑无错台，并在侧向挡块与底座板及轨道板的接触面间铺贴隔离材料，防止侧向挡块与其黏结。

(2)侧向挡块的弹性限位板的规格、质量、厚度应符合设计及技术条件要求，安装的位置及数量符合设计要求。且弹性限位板应与底座密贴，安装位置纵向允许偏差不大于 10 mm。

5.2.8.9 轨道板锚固连接质量控制

轨道板锚固连接在轨道板纵向连接完成后施工，施工的时机、位置及方式应符合设计要求。连接件材料及植筋胶材料应符合设计及相关技术要求，并作适应性试验。

钻孔位置、深度及孔径应符合设计要求，钻孔后应清理干净、无浮尘，孔内注入的植筋胶应饱满。

### 5.2.9 工艺特点及工艺流程

5.2.9.1 工艺特点

CRTSⅡ型板式无砟轨道实行多工序流水作业，底座与凸形挡台混凝土采用模筑法现浇施工，轨道板铺设时以理论的钢轨及轨道中心作为施工控制的基准面和基准线，通过快速精调系统和精调标架的使用，使得轨道铺设几何极为精准，铺设施工误差近似于“零”。同时，为保证水泥乳化砂浆浇筑厚度，施工时还应严格控制轨道板底座高度及几何尺寸。因此，这些误差的控制和减少，加上物流组织及工程质量实现的特点，综合构成了 CRTSⅡ型板式无砟轨道施工工艺的特点。

1. 精度要求高，工序控制严格

CRTSⅡ型板式无砟轨道既要保证高精度的轨道几何形位，又要保证混凝土底座、水泥乳化沥青砂浆厚度及耐久性。因此，必须持续地系统地进行精度和质量控制。主要体现在以下几点：

(1)将高精度系统控制的理论延伸于线下结构施工，既要保证线下结构的表面高程、平整度和中线，更要最大限度地减少和保证线下结构变形量。

(2)建立 CPⅢ测量控制网，并将 CPⅢ测量控制网的使用贯穿于无砟轨道施工的全过程，并根据不同工序施工选择不同的高精度测量设备予以保证。

(3)严格控制线下结构竣工平整度和高程，混凝土底座的中线、高程及表面平整度，轨道板预制厚度及扣件螺栓孔定位精度、轨道板定位精度等，通过一系列严格的精度控制最终保证无砟轨道的结构质量和精度质量。

(4)严格控制施工时机及施工方法，特别是对长桥上底座连接及后浇带施工、轨道板纵连等要求严格。

2. 自动化程度高，四新技术应用广泛

为保证 CRTSⅡ型无砟轨道的高质量和高精度要求，施工过程采用大量自动化程度高的设备，四新技术应用广泛。

(1)使用两布一膜、高强度挤塑板、水泥乳化沥青砂浆、张拉锁件、弹性限位板及植筋胶等新型材料，同样也包括厂制先张法预应力轨道板和 WJ-8 型弹性扣件。

(2)采用了长桥上连续底座及后浇带、钢板连接器、剪力齿槽、侧向挡块、台后锚固结构(含摩擦板、端刺、过渡板等)和临时端刺等大量新结构，并对新结构的设计计算、施工工艺等要求严格。

(3)开发了大量的机械化、自动化程度高的专用施工设备,包括轮胎式可调跨铺板龙门吊(分悬臂和非悬臂)、轨道板快速精调系统、水泥乳化沥青砂浆搅拌车等。

(4)应用了许多新工艺及新技术,包括轨道板精调及定位工艺,长桥上底座混凝土张拉及后浇带工艺,水泥乳化沥青砂浆现场搅拌及浇筑工艺,轨道板纵向张拉工艺等。

5.2.9.2　工艺流程

CRTSⅡ型板式无砟道床施工工艺流程如图 5-5-35 所示。

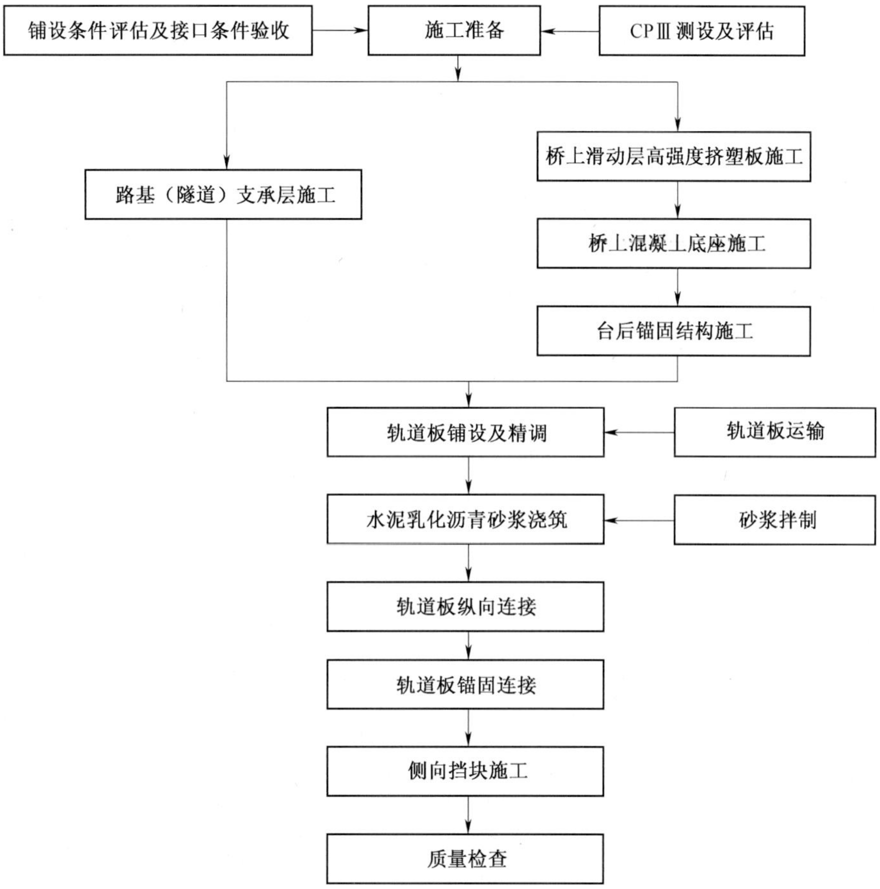


图 5-5-35　CRTSⅡ型板无砟道床施工工艺流程

### 5.2.10　桥梁上钢筋混凝土连续底座施工工艺

与其他类型无砟轨道施工相同,CRTSⅡ型板式无砟轨道施工前也应进行沉降评估及 CPⅢ测量控制网测量评估。但与其他类型无砟轨道不同的是,长桥上 CRTSⅡ型板式无砟轨道采用钢筋混凝土连续底座结构,不仅施工精度要求高,而且施工工艺要求严格,是 CRTSⅡ型板式无砟轨道施工的重要环节。

5.2.10.1　工艺流程

长桥上钢筋混凝土连续底座工艺流程如图 5-5-36 所示。

5.2.10.2　施工准备

施工准备主要包括梁面验收及修补、防水层喷涂施工、施工单元划分。

1. 梁面验收及修补

长桥上 CRTSⅡ型板式无砟轨道对梁面平整度及预留齿槽等有严格的接口要求,施工前必须组织人员进行逐项验收并对不合格部位进行打磨和清理。

施工准备:利用 CPⅢ测量控制点在梁面上放样上下行轨道中心线并进行里程标注,之后按每 5 m 间距进行梁面高程测量,连续梁地段可适当加密。根据测量结果,使用 4 m 靠尺及塞尺对底座范围内的梁面高程及平整度进行检查,并标注不合格处,按高磨低补的原则进行处理。

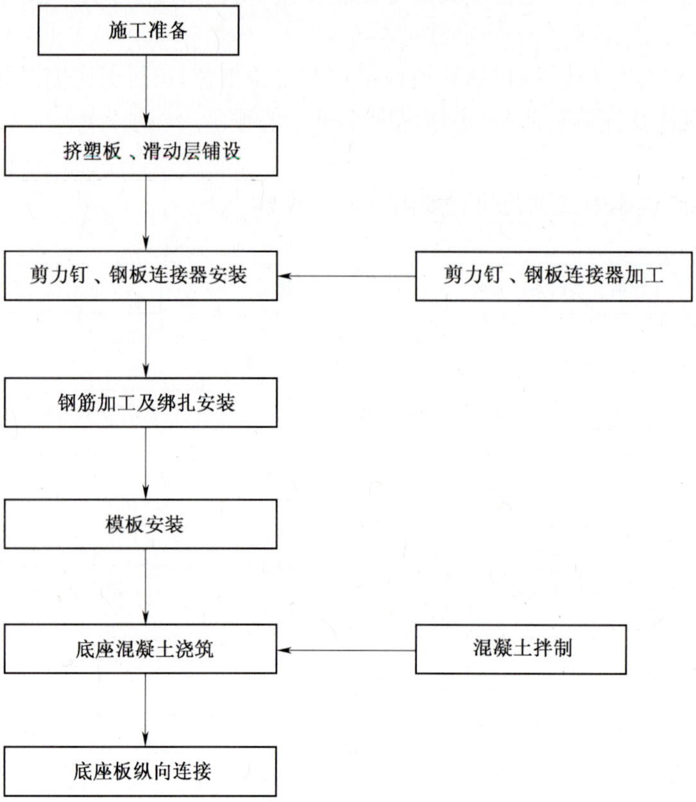


图 5-5-36　钢筋混凝土底座工艺流程

梁面打磨:按照梁面测量所确定的打磨范围和打磨量,进行针对性的铣刨或打磨。打磨高度在 5 mm 以下时采用磨光机打磨,打磨高度大于 5 mm 时使用铣刨机处理。打磨过程应保证打磨部位的平整度并满足与周边区域的顺接过渡,满足要求后停止打磨,应避免出现打磨过度再进行修补的现象。任何时候梁面打磨都不能严重损伤钢筋保护层,更不得露出梁体钢筋。如图 5-5-37 所示。

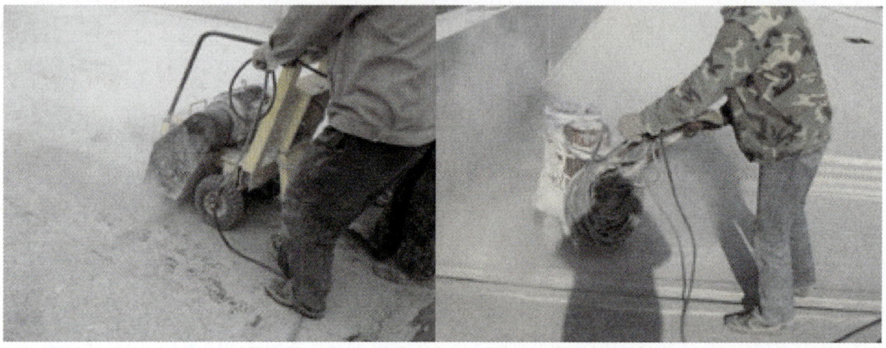

图 5-5-37　梁面打磨施工

梁面修补:修补材料可选 CBMA-XB2 聚合物修补砂浆或环氧树脂砂浆。CBMA-XB2 聚合物修补砂浆由 CBMA-XB2 聚合物修补胶和 CBMA-XB2 聚合物修补砂浆混合而成,根据梁面修补厚度选择适当的配合比,修补厚度 10 mm 以下按 1∶7,修补厚度 10 mm 以上按 1∶5 进行调配至合适的黏度即可使用。环氧树脂砂浆选用与待补结构混凝土相同规格类型及产地的水泥掺和物和砂浆。环氧树脂修补按环氧树脂∶丙酮∶二丁脂∶乙二胺∶水泥(白水泥＋普通水泥)∶砂＝100∶20∶15∶10∶150∶450 的质量比进行拌制。对需要修补的部分标识修补范围,使用小型切割机或凿毛机凿毛或拉毛,使用高压风清除表面浮浆及杂物等,对修补界面涂刷界面处理剂之后将修补拌和物抹面修补并整修平整,平整度要求应符合设计及相关规定。气温低于 10 ℃应对修补部位和修补材料进行加热。

剪力齿槽和侧向挡块齿槽破坏的修补:剪力齿槽、侧向挡块齿槽破损必须在防水层施工前进行修补。清除齿槽破损四周的混凝土结构表面的浮浆、松动的石子、油污及其他杂物。对破损齿槽的凿毛深度以露出粗骨料表面为原则，修补方法同前。

2. 防水层喷涂施工

防水层施工按工序呈流水作业，分为基层处理、底涂、喷涂聚脲防水涂料、脂肪族聚氨酯面层施工、检测验收等五个工序。施工程序主要为：施工准备→抛丸处理→第一次底涂施工→基层修补→第二次底涂施工→喷涂聚脲防水涂料→面漆施工→检验验收。

抛丸处理：采用具备同步清除浮浆及吸尘、带有驱动行走系统的自循环回收的抛丸设备来进行桥面混凝土基层处理，去除梁面浮浆和起砂，形成100%创面，暴露混凝土孔洞和缺陷，抛丸处理应连续进行。抛丸处理不到位的，应用角磨机处理。抛丸后，混凝土有效创面大于95%，粗糙度达到SP3～SP4之间。

第一次底涂施工：底涂前应对混凝土表面进行清理并标识底座板两侧边线，再各向外加宽15 cm作为第一次底涂的控制范围。底涂施工采用刮涂或辊涂工艺；边角沟槽辅以刷涂施工。

基层修补：第一次底涂施工后，应仔细检查梁面局部是否有缺陷并对缺陷进行基层修补，常温下基层修补应在底涂施工完成后4～6 h进行。基层修补采用专用修补腻子，按厂家说明书配制使用，随用随配。孔眼集中部位采用修补腻子满刮处理，孔眼分散部位采用点补处理直至混凝土孔眼完全封闭。施工时采用刮板反复刮涂，厚度应均匀，保证孔眼完全封闭。根据不同的施工环境，两遍刮涂间隔时间不应超过6 h。基层修补后，表面应坚固、密实、平整，不应有疏松、起砂、起壳、蜂窝、麻面等现象。

第二次底涂施工：在用人工腻子对梁面进行修补后，仔细检查梁面局部是否仍有缺陷未修补完全，如有缺陷则要进行相应处理，检查合格后进行第二遍底涂。第二次底涂施工工艺方法同第一次底涂施工。第二次底涂施工完成后4～6 h进行喷涂聚脲防水施工。

喷涂聚脲防水涂料施工：施工应在温度10 ℃～35 ℃、相对湿度在75%以下的温暖干燥的环境中进行，保证基层温度高于露点温度3 ℃。喷涂作业以机械喷涂为主、人工喷涂为辅，对机械喷涂不能达到的特殊部位采用人工喷涂。一般喷涂两遍，每遍喷涂厚度约1 mm，底座板以下范围两遍总厚度≥2 mm；底座板以外范围两遍总厚度≥1.8 mm。每遍喷涂完成后需人工修补表面针孔。

聚脲防水层搭接施工：桥面喷涂聚脲防水层两次施工间隔应在6 h以上，使搭接处与已喷涂的防水层连接成一体。第一次施工应预留出15～20 cm宽的操作面，同后续防水层进行可靠的搭接。后续防水层施工前，应对已施工的防水层边缘20 cm宽度内的涂层表面进行清洁处理，保证原有防水层表面清洁、干燥、无油污及其他污染物。对原有防水层表面15 cm范围内做打磨处理，涂刷搭接专用黏结剂，在4～24h之内喷涂后续防水层，后续防水层与原有防水层搭接宽度不应小于10 cm。搭接专用黏结剂的性能指标应符合相关技术条件的要求。对桥面的防护墙、侧向挡块、泄水孔及裂缝等处应按规定进行特殊处理。

脂肪族聚胺酯面层施工：第一道脂肪族聚氨酯面层宜在聚脲防水层施工完毕后6 h内完成，保证面层和聚脲防水层之间良好的黏结；与聚脲防水层施工间隔时间超出6 h时，应采用搭接专用黏结剂做预处理或现场做黏结拉拔试验后确定。脂肪族聚氨酯面层施工前，应对聚脲防水层表面进行清洁处理，保证聚脲防水层表面干燥、无灰尘、油污和其他污染物。脂肪族聚氨酯面层分层施工，每道干膜厚度不小于50 μm，且涂刷两遍以上，总厚度大于200 μm。脂肪族聚氨酯面层施工采用辊涂或喷涂工艺，边角、沟槽采用刷涂施工。聚脲防水层表面须平整均匀、无流淌、无针孔、无起泡、无空鼓、无开裂、无异物混入现象，收头部位须黏结牢固。聚脲防水层的厚度、黏结强度和不透水性须性能达标。发现有不合格项目时，应及时进行修补处理。

成品保护：聚脲防水层喷涂施工完成24 h后，可承受轮胎接地比压小于0.6 MPa的施工车辆等施工荷载，但需注意保护防水层，避免剧烈转向、碾压等动作损坏防水层。防水层施工完毕后，应注意梁面的清洁及运输车辆轮胎的清洗，避免损坏、污染防水层。后续施工时应采取保护措施，避免模板、钢筋施工及电焊等作业对防水层造成损坏。

3. 施工单元划分

应根据施工条件和进度对底座混凝土进行单元段(单元段的长度一般为3～4 km)划分，设置临时端刺和钢板连接后浇带。设置原则如下：

(1)钢筋连接器后浇带不应与轨道缝重合，错开至少70 cm。

(2)路基端刺至桥梁上最后一个固定连接处间至少设一个后浇带，后浇带与固定连接间的距离不大于75m。

(3)简支梁区段每160 m左右布置一处钢筋连接器后浇带，同时每孔简支梁上方的剪力齿槽区域混凝土暂不浇筑，设置齿槽后浇带，但区段中部的剪力齿槽随底座板一起浇筑。

(4)临时端刺为长约 800 m 钢筋混凝土底座板，其施工工艺和常规区底座板施工基本相同，主要区别在平面及结构布置上。

(5)一个临时端刺区共分 5 段，即两个 220 m 段(LP1 及 LP2)、两个 130 m 段(LP4 及 LP5)、一个 100 m 段(LP3)，共设 4 个钢板后浇带(J1～J4)，每孔梁固定支座上方设置齿槽后浇带。

5.2.10.3　*挤塑板及滑动层铺设*

挤塑板、滑动层施工工艺流程如图 5-5-38 所示。挤塑板、滑动层铺设方向如图 5-5-39 所示。

(1)防水层表面清理。挤塑板及滑动层铺设前，应对防水层进行检查并彻底清理桥面，尤其对油污等应特别处理，保证桥面清洁且不得破坏防水层。防水层空鼓检查采用拖拽铁链的方式进行。对存在破损及空鼓的防水层部位必须整修。

(2)测量放样。利用 CPⅢ测量控制点在梁面上放样上、下行轨道中心线并进行里程标注，之后用墨线弹出挤塑板及滑动层的边线控制线，并将侧向挡块、剪力齿槽等特殊部位的施工边线弹出以防滑动层铺设面侵占侧向挡块、剪力齿槽等特殊部位的混凝土接触面。划分挤塑板及滑动层胶黏剂涂刷的区域，挤塑板为满涂，滑动层底胶的宽度为 30 cm，由底座板两边线向里涂刷，再在中间位置涂刷一道，共三道底胶。如图 5-5-40 所示。

采用吸尘器、拖把、毛巾等将挤塑板及滑动层范围内的防水层清理干净且无积水。

(3)挤塑板铺设。挤塑板铺设前检查铺设范围(梁端 1.45 m 范围及底座宽度内)的梁面质量，梁面应光滑、平整、洁净，不得残留油污及石子或砂粒之类可能破坏挤塑板的颗粒。

采用电动搅拌机按使用说明书搅拌胶黏剂 A、B 组分，之后用隼型齿刮刀在挤塑板铺设范围内满涂胶黏剂，涂刷范围内胶黏剂应均匀充分。

待胶黏剂有拉丝现象时进行挤塑板铺设，挤塑板铺设沿桥纵向以梁缝对齐为准，沿桥横向以底座板中线为准，铺设时从中线向两侧进行，按照事先确定的搭接形式进行铺设，接缝处涂刷胶黏剂。挤塑板铺设完成后，若板与加高平台之间有空隙，两侧使用土工布封堵，使用胶黏剂一次灌满。如图 5-5-41 所示。

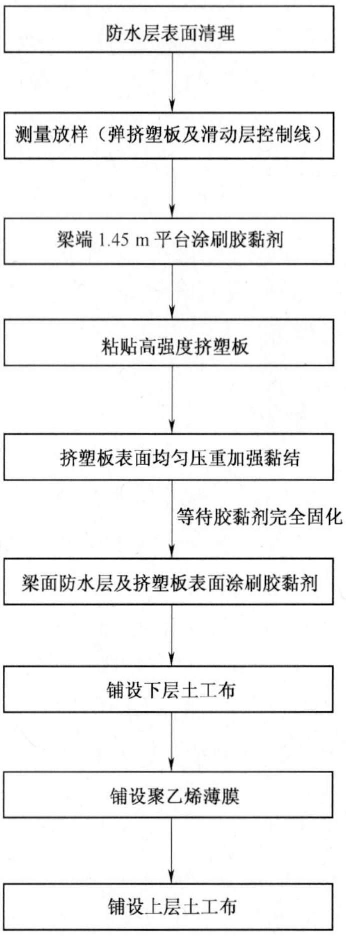


图 5-5-38　挤塑板及滑动层铺设施工工艺流程图

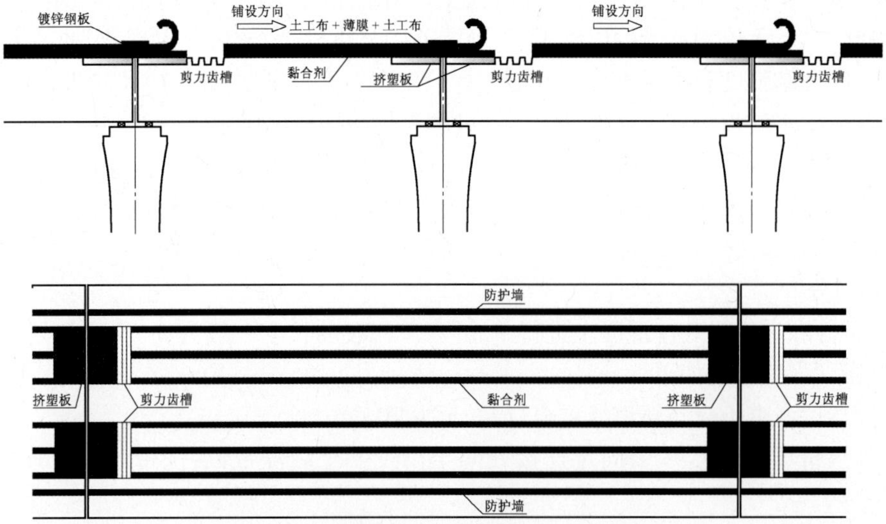


图 5-5-39　挤塑板及滑动层铺设方向示意图

图 5-5-40　挤塑板及滑动层铺设边线标识

图 5-5-41　挤塑板铺设

挤塑板铺设后，立即用长条形压块压实处理。为方便施工及防止破坏、污染挤塑板，在压块两端焊接把手，并包裹土工布。挤塑板压实时间不少于 12 h。挤塑板铺设完成后，应检验每个桥梁活动端挤塑板顶面与加高台的上表面的高度差，允许偏差为±2 mm。

施工注意事项。挤塑板应对称于梁缝并断开布置；铺设后的挤塑板一旦破损或黏接不牢而与梁面间出现缝隙等问题时，应重新铺设；施工期间应保证作业区的平整、洁净，现场应禁止烟火，若有焊接施工等应加以限制，后续的钢筋吊装或绑扎应不损坏挤塑板和防水层；铺设后的挤塑板禁止人员踩踏；粘贴挤塑板所用的胶黏剂应与挤塑板、桥面防水层有良好的相容性，可采用单组分或双组分聚氨酯胶，硬化不应受到湿度的影响，其涂刷厚度应严格控制；施工用的盆、滚刷、毛刷或不慎流到手上的黏结剂进行清洗时，采用工业酒精清洗。

(4)滑动层铺设。滑动层铺设前，应对桥面进行彻底清理，特别是对油污等污染应特别清理，确保桥面清洁。

胶黏剂涂刷：施工时，将每组混合料均分成 3 份，分别由 3 名工人采用滚刷或毛刷沿 3 条涂刷带同时涂刷，涂刷带宽 30 cm。待胶黏剂有拉丝现象时即可铺设底层土工布（两层土工布中较厚的为底层土工布），如图 5-5-42 所示。

图 5-5-42　胶黏剂涂刷

下层土工布铺设:铺设下层土工布时,应注意毛面朝下,要求平整无褶皱,向前滚动铺设时如发现铺设方向偏位要及时调整。下层土工布应连续整块铺设,非特殊情况(如小半径曲线段)下,不宜采取搭接(或对接)方式,如果必须接长,下层土工布只能采用对接方式连接,对接时在接缝两侧分别涂刷 30 cm 宽的黏结胶带(沿桥横向)进行黏结。

土工膜铺设:下层土工布铺设完成后,开始铺设聚乙烯土工膜,不需要涂刷黏结剂。土工膜在梁缝处不能断开,铺设方法同底层土工布,如果需要连接,可采用热熔焊接。自然状态下,拱高不得超过 10 mm/2 m。

上层土工膜铺设:最后铺设上层土工布(较薄的为上层土工布)。上层土工布铺设时应注意毛面朝上。上层土工布在梁缝处不断开,连接方式可采用搭接,搭接长度为 20 cm,且土工布、聚乙烯薄膜的接头必须相互错开至少 1 m,如图 5-5-43 所示。上层土工布铺于聚乙烯薄膜上,应连续整块铺设,如图 5-5-44 所示。采用自制 2 kg 左右的压辊进行辊压以增加胶黏剂与挤塑板的浸润性。

布设混凝土垫块:顶层土工布铺设完成后,及时铺设底座板底层钢筋保护层垫块,以免土工布被风吹起或发生位移,如图 5-5-45 所示。垫块尺寸及布置应符合设计要求。垫块厚度应符合钢筋保护层尺寸要求。滑动层铺设完毕在梁缝处滑动层顶面铺设宽度 30 cm、长 2.95 m、厚 3 mm 的钢板。在滑动层铺设完毕后,在其两端用拉伸装置拉伸滑动膜,消除起拱现象,拉伸装置固定于剪力钉上,如图 5-5-46 所示。

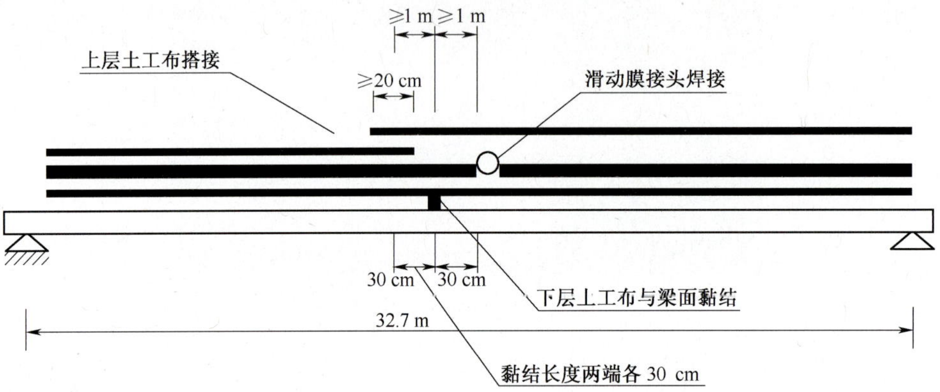


图 5-5-43　上层土工布搭接示意

图 5-5-44　上层土工布铺设

(5)滑动层施工注意事项。滑动层的铺设范围为从一跨梁的剪力齿槽内边缘到下一跨梁的剪力齿槽外边缘(剪力齿槽处不铺设)。底座板施工完毕后,将滑动层外露部分紧贴混凝土底座边缘裁去。滑动层的首尾端头处,宜将上层土工布下翻包裹底层土工布,防止后续施工造成滑动层起皱、起鼓或混凝土侵入滑动层,也可采用端头处两布一膜进行黏结或将下层土工布上翻叠加在上层土工布上的措施,避免杂物进入滑动层。

图 5-5-45　安放底座板钢筋笼垫块

图 5-5-46　拉伸装置拉伸滑动膜

5.2.10.4　剪力钉及钢板连接器安装

剪力钉及钢板器连接器安装与钢筋加工及绑扎同步进行。

(1)剪力钉制作与安装。剪力钉采用 HRB335 的 $\phi$28 mm 的螺纹钢筋和 28 mm 厚的钢板按设计尺寸加工,先将 $\phi$28 mm 的螺纹钢筋车丝后再焊接钢板,采用坡口焊接。剪力钉有效丝扣长度不得少于 42 mm,螺纹应与预埋套筒完全匹配。

剪力钉在钢筋或钢筋笼安装前安装。剪力钉安装前,应将连接钢筋清理干净,并用专用工具检查并整修确保剪力齿槽预埋套筒内干净、丝牙完好。

剪力钉应采用 300 N·m 的扭力旋入剪力齿槽预埋套筒内并拧紧,且拧入深度不小于 42 mm,剪力钉顶板高度应高于实际底座板厚的一半,锚定板与上层钢筋间距应满足混凝土浇筑质量要求,倾斜误差按10 mm控制,超出误差范围进行植筋处理。

当剪力钉影响钢筋笼吊装就位时,应局部松开对钢筋笼有影响的绑扎点,待吊装就位后再复原绑扎。安装完成后,应再次检查剪力钉拧入深度、顶面高度及扭矩等。

(2)钢板连接器安装。根据超高不同,底座板后浇带的钢筋连接器由三部分构成:一块 4 cm 厚钢板(钢板四角做 2 cm 倒角处理)、一侧焊接 $\phi$25 mm 或 $\phi$28 mm 的带肋钢筋(带肋钢筋通过钢板连接孔直接与钢板角焊进行连接,焊缝高度和穿出长度应符合设计要求)、一侧用螺母锚固 $\phi$25 mm 或 $\phi$28 mm 精扎螺纹钢。钢板连接器焊接应使用专用平台,将连接器竖向放置,平面焊接。焊接时为避免钢板发生较大变形,应采用预设反拱、跳开焊接等工艺,尽可能的减小焊接温度引起的变形。钢板连接器的加工与检查验收还应符合相关设计及技术标准的要求。

安装连接器钢板时,直线地段应在连接器钢板下支垫 25 mm 厚的定距垫块,曲线地段连接器钢板下应根据底座板厚度支垫符合要求厚度的定距垫块,以确保钢板连接器处上、下混凝土保护层的厚度均匀。安装时,除了穿过预留孔的钢筋及螺帽外,连接器的其他部分应伸入钢筋笼内,采用 U 形钢筋支撑固定连接器钢筋,保证连接器钢筋与钢板垂直。

为方便底座板钢板连接器的张拉作业,钢板的纵向位置可向角焊缝一侧偏移 5 cm,即形成 18 cm+4 cm(钢板)+28 cm 形式的钢板连接器后浇带,角焊缝连接的 $\phi$28 mm 钢筋长度应相应地增加 5 cm。安装钢板连接器时,将两侧的锚固螺母和锁紧螺母拧紧,以保证螺母侧面全部接触钢板连接器。在混凝土浇筑完成后及时将锁紧螺母拧向混凝土一侧,并拆除锚固螺母。安装完成的剪力钉和钢板连接器如图 5-5-47 所示。

图 5-5-47　安装完成的剪力钉和钢板连接器

5.2.10.5　钢筋加工及绑扎安装

钢筋加工及绑扎安装主要包括钢筋存放及加工、钢筋笼制作及存放、钢筋保护层垫块安装、钢筋绑扎等。

(1)钢筋存放及加工。钢筋进场后,应按规格及批号分别存放,支垫及覆盖应符合相关规定,并按规定进行抽样试验和外观检查,检验合格后的钢筋方可用入正式工程施工。

钢筋在场内集中加工制作。根据钢筋设计图纸,放出大样。底座板钢筋采用搭接连接,以 15 m/12 m 的定尺钢筋为主,其他规格的钢筋下料要按照要求以钢筋切断机加工成型。

钢筋进行弯曲时,必须经试弯合格才可以批量弯曲成型。钢筋的弯曲直径应符合以下规定:①直径小于 20 mm 的,钩筋弯曲直径等于 4 倍的钢筋直径;②直径大于等于 20 mm 的,钩筋弯曲直径等于 7 倍钢筋直径;③超高段架立筋及加强钢筋应根据不同段落的高度设置。

钢筋半成品加工好后,应分类堆放,经检查合格后挂牌标识,并妥善覆盖,不得裸露,防止生锈。

(2)钢筋笼制作与存放。为减少现场工作量,保证钢筋笼绑扎质量,有条件的地方,可将标准段的钢筋放在钢筋加工场内使用预扎胎具绑扎,待现场施工时,再用运输汽车运至现场,整体吊装就位,通过预留的搭接区现场搭接绑扎连接成整体。

钢筋预扎胎具:钢筋场制作钢筋绑扎胎具,胎具采用角钢与槽钢焊接,将胎具按照纵横向钢筋的设计间距制成卡槽,保证钢筋的间距,确保钢筋保护层不小于 35 mm,最大不大于 50 mm。

钢筋笼制作:钢筋笼在预扎胎具绑扎时扎丝以反“八”字绑扎牢固,以防止吊装脱落;纵向钢筋连接采用绑扎搭接,同一截面的钢筋搭接接头不得超过 50%。钢筋笼搭接处、梁端及剪力齿槽后浇带区域采用现场绑扎。

钢筋笼制作注意事项:应根据设计及规范要求调整搭接区域的箍筋间距,搭接范围内,横向箍筋间距按 100 mm 设置。当剪力齿槽设置后浇带时,剪力齿槽区域应设置纵向加强钢筋,加强钢筋与同位置的纵向钢筋绑扎成钢筋束,应根据不同超高数量合理调整加强钢筋,曲线地段桥梁按平分中矢法布置。对于同一桥墩,相邻两孔梁中心线交点为该墩的中心点,每一跨箱梁对线路的偏移距、梁缝、线间距以及偏角等数据应符合表 5-5-11 的规定,钢筋在超高曲线段可以适当调整高度。

**表 5-5-11　底座板纵向钢筋搭接长度和连接区段长度推荐值表**

| HRB500 钢筋型号 | 搭接长度 $L_1$( mm) | | 连接区段长度=1.3×$L_1$ | |
|---|---|---|---|---|
| | 理论计算值 | 设计施工推荐值 | 理论计算值 | 设计施工推荐值 |
| $\phi$16 mm | 1 049 | 1 050 | 1 364 | 1 370 |
| $\phi$20 mm | 1 315 | 1 320 | 1 705 | 1 720 |
| $\phi$25 mm | 1 640 | 1 640 | 2 132 | 2 140 |

钢筋笼存放:钢筋笼预扎完成后,用龙门吊调离预扎台,移至钢筋存放架内存放。每个钢筋存放架一般可存放5～7个钢筋笼,加工时应考虑存放合理稳定,吊装及运输方便,有足够的刚度,不易变形。加工完成的钢筋笼存放前,应在钢筋笼端头挂标识牌,分别注明方向、左右线、前中后位置及墩号,堆放整齐,避免锈蚀和污染。加强钢筋在桥上组装前,根据超高情况分别计算数量及种类,捆绑后挂牌标识,堆放于左右线底座板中间的空地上。

(3)钢筋保护层垫块安装。钢筋笼吊装就位或钢筋绑扎前,应在钢筋与梁体表面间设置钢筋保护层垫块。通常情况下,垫块应在滑动层铺设完成后及时铺设以压住土工布以防其被风卷起。垫块加工为长条形,底部宽度50 mm,横断面可做成矩形或梯形。垫块安装呈梅花形布设,单延米不少于0.185 $m^2$。当垫块规格为600 mm×50 mm×35 mm时,纵向每0.8 m设置5个垫块。垫块采用强度与底座板混凝土相同的C40混凝土,并按一定批量抽查试验和测量检验。底座板钢筋保护层厚度满足35～50 mm要求。破损的垫块必须更换。

(4)钢筋笼吊装及钢筋绑扎成型。用于钢筋笼吊装就位的吊架采用16号及10号槽钢制作而成,应充分考虑吊装时钢筋笼的自重,平衡性、稳定性及安全性和足够的刚度,确保起吊时钢筋笼不发生过大变形。

安装前放出底座板中线。吊装预制的钢筋笼前,须检查钢筋笼是否符合所在线路区段的设计要求,如不符须更换或者调整钢筋笼,合格后在钢筋笼上标识编号和里程。钢筋笼采用悬臂式龙门吊或汽车吊通过专用吊具吊装就位,就位时应专人检查并保证钢筋笼中线与底座板中心线重合,如图5-5-48所示。

图5-5-48　钢筋笼吊装

钢筋笼就位后,按照设计图纸补强钢筋,在高强度挤塑板区域应保证足够的钢筋保护层厚度,施工时不得损坏高强度挤塑板和其上的滑动层。预制的钢筋笼放置就位后,要根据施工图纸补放加强钢筋;钢板连接器先将连接钢板连同已经焊在其一侧的精扎螺纹钢筋穿插到钢筋笼内。然后再将其他精扎螺纹钢筋穿插到另一侧的钢筋笼内。

钢筋绑扎完成后应进行钢筋规格、品种、数量、几何尺寸及保护层厚度的检查,合格后方可进行下道工序施工。搭接长度根据底座板不同超高进行不同长度搭接,搭接率不超过50%。钢筋加工及安装允许误差应符合表5-5-12的规定。

**表5-5-12　钢筋加工及安装允许误差**

| 序　号 | 项　目 | | 允许偏差(mm) |
|---|---|---|---|
| 1 | 钢筋加工 | 受力钢筋全长 | 长度≤5 m,±10;长度>5 m,±20 |
| 2 | | 箍筋内净尺寸 | ±3 |
| 3 | 钢筋安装 | 钢筋间距 | ±20 |
| 4 | | 钢筋保护层厚度 | +10<br>0 |
| 5 | | 缺扣、松扣数量 | 不超过应绑扎扣数的5% |

(5)钢筋加工注意事项。底座板钢筋施工的一条重要原则是要对防水层和滑动层成品进行保护,确保不破坏、损伤防水层和滑动层。底座板施工前应检查滑动层铺设质量,保证滑动层平滑、无褶皱、无破损且与梁黏贴牢固。绑扎、吊装钢筋笼时应避免损坏滑动层,滑动层一旦破损必须立即更换。绑扎钢筋时,扎丝不能侵入保护层。

施工钢板连接器施工时,要保证焊缝质量和钢板不变形,钢板安装完成后要保持锁紧螺母处于松开状态;钢板连接器后浇带不得与板缝重合,重合时应向前或向后移动后浇带 700 mm;锚固螺纹与精轧螺纹钢筋配合良好,满足底座张拉需要;钢筋连接器焊接钢筋和钢板,必须在桥面下进行,严禁在线上焊接,以免破坏滑动层。

5.2.10.6　模板安装

(1)模板结构。混凝土底座模板采用 16 号、18 号槽钢加工而成,直线地段为标准高度模板,曲线地段或缓和曲线地段按 50 mm 等级设置不等高模板。模板高度通过安装于模板底部的调高螺栓调整,调高范围 −30～+50 mm。为保证模板底部不漏浆,施工时在模板内侧加 2 mm 厚薄钢板。为方便模板的转运,一般按 2 m 或 3 m 长度设计标准块,纵向相邻两块模板采用螺栓连接。

模板加固采用撑、拉结合的方式进行加固,不得在梁面上钻眼加固,如图 5-5-49 所示。安装模板时要注意成品保护,避免破坏防水层和滑动层。

图 5-5-49　模板支撑加固

(2)施工准备。模板安装前应检查模板板面的平整度和光洁度,并清除模板上的灰渣和杂物,对模板板面有凹凸不平的,应修补合格;检查支架及模板焊缝处是否有开裂破损,如有均应及时补焊、整修合格。模板应打磨干净并均匀涂刷脱模剂,不得漏刷。

(3)模板安装。模板安装必须做好线形和高程控制,安装前利用 CPⅢ 测量控制点测量放线,用墨线标记出对应的边界线,每隔一定间距用红油漆标注高程控制点,再进行模板安装。采用模板顶部高程作为底座板控制高程(如果模板高出底座板高程,应做高程标记控制底座板高程)。在安装模板时通过调节装置进行高度调整。

在安装过程中,应根据梁体的特性、高程和曲线要素的顺序确定模板的安装。模板的安装应严格按设计图纸施工,确保每孔梁上模板位置准确无误。侧模安装时,应对准梁体墨线的相对位置,用顶压杆调整侧模垂直度,并与前一块模板连接。

模板调整到位后,若有缝隙,可采用加衬薄垫板等方式封堵模板与梁面间的缝隙,避免漏浆。

为保证模板安装质量,模板安装完成后,应安排专人对模板位置、宽度及高度等重新进行检查,对不符合规定的应及时调整。

(4)后浇带模板安装。后浇带处的端模采用木板、钢板等材料制作,开槽成型,浇筑混凝土前用非吸水性泡沫、土工材料等将开口处封堵严实,超高地段采用相适应的端模。端模安装后,后浇带沿线路方向的尺寸不得大于设计值。如图 5-5-50 所示。

(5)模板拆除。底座混凝土浇筑后,同条件养护试件强度达到 2.5 MPa 以上且底座板混凝土芯部与表层、表层与环境温差均不大于 15 ℃时,方可拆除模板。否则,易造成混凝土产生早期裂纹。气温急剧变化时不得脱模。

拆模时,应按"松开紧固件→拆除模板→搬运模板"的顺序依次拆除。脱模前,模板脱离混凝土且侧模松开后方可拆去连接螺栓,拆除连接螺栓用力时应同步,防止将底座板磕损。

(6)模板整修。底座模板拆除后,应立即清除钢模上的混凝土和模板缝隙间的混凝土砂浆,特别是连接处、螺栓孔中混凝土残渣。清理整修后,应对模板的平整度和外形尺寸进行检查,如有超标应及时整改。之后将隔离剂均匀涂刷在模板上，不得出现积液、漏刷现象。

5.2.10.7　底座混凝土浇筑

底座板混凝土采用混凝土拌和站集中拌制，由混凝土运输车运至现场，使用泵车泵送入模，插入式振捣器振捣密实，提浆整平机整平，拉毛、收面。施工前，应按照直线、曲线底座各 3～5 块轨道板长度进行混凝土工艺性试验，以确定相关工艺参数。底座板混凝土施工工艺流程包括施工准备、混凝土拌制、混凝土运输、浇筑前施工准备、混凝土浇筑、收面及拉毛、混凝土养护等。

图 5-5-50　后浇带模板安装

1. 混凝土拌制

混凝土采用自动计量大型搅拌站集中拌制。混凝土配料严格施工配合比进行。为保证混凝土泵送性能和施工后的抹面成型，混凝土坍落度一般控制在 180～220 mm。

2. 混凝土运输

混凝土采用混凝土罐车运至现场，配置数量根据现场运距、便道状况、混凝土量等情况确定。运输过程中，混凝土罐车应按 2～4 r/min 的速度进行搅拌，当罐车到达浇筑现场时，应使罐车高速旋转 20～30 s，再将混凝土拌和物送入输送泵料斗。

混凝土应连续泵送，必要时可降低速度以维持泵送混凝土的连续性(若遇紧急情况停机时，时间应控制在 30 min 内)。停泵后应每隔 4～5 min 开泵一次，同时开动料斗搅拌器，防止料斗中混凝土离析。如停泵时间超过 45 min，应将管中混凝土清除，并用压力水或其他方法冲洗管道内残留的混凝土。

3. 浇筑前施工准备

混凝土浇筑前做好开盘检查，并作好检查记录。混凝土模板温度宜在 5 ℃～35 ℃，入模温度应为 5 ℃～30 ℃。浇筑混凝土前，应使用吸尘器将模板内杂物清除干净。

浇筑前检查混凝土坍落度、含气量等指标，满足要求后方可浇筑，按要求制作标养及同条件养护试件。

当昼夜平均气温低于 5 ℃或最低气温低于－3 ℃时，采取暖棚保温措施，依照冬期施工方案进行施工。

为防止混凝土浇筑过程污染梁面，在梁面中央靠近模板侧立木板遮挡梁面；为防止污染防护墙，在防护墙上应覆盖彩条布。

4. 混凝土浇筑

混凝土采用汽车泵或输送泵(也称"地泵")泵送入模，为避免离析，混凝土的自由落度不得大于 1 m。混凝土布料时，应由模板低边往高边进行，左右两幅宜同步推进，左右两幅布料的速度要基本保持一致。混凝土的浇筑应连续进行，如因故必须间断时，其间断时间应小于混凝土的初凝时间或能重塑的时间。

底座混凝土采用直径 50 mm 的插入式捣固器振捣，梁端钢筋搭接密集区采用直径 30 mm 捣固棒进行振捣，移动间距不应超过振动器作用半径的 1.5 倍，与侧模应保持 100 mm 左右的距离。混凝土捣固时，必须从钢筋的间隙插入，尽量避免碰触钢筋、模板及预埋件。插入的深度应严格控制，避免破坏滑动层。振动棒作业时应遵循"快进慢出"的原则，每一棒振捣时间为 20～30 s，不得过振。对每一振动部位，必须振动到该部位混凝土密实为止。密实的标志是混凝土停止下沉，不再冒出气泡，表面呈现平整、泛浆。为防止底座板拆模后出现烂根现象，应采用铁铲对靠近模板边缘的部位进行人工插捣。

混凝土捣固完成后，采用辊轴摊铺机来回辊压 2～4 遍粗平、提浆、精收，如图 5-5-51 所示。摊铺机粗平辊压过程中，由人工布料配合整平，最后用人工配合铝合金刮尺精平，如图 5-5-52 所示。

浇筑混凝土期间，应设专人检查支撑、模板、钢筋和预埋件等稳固情况，当发现有松动、变形、移位时，应及时处理。

5. 混凝土收面及拉毛

轨道板范围内的底座表面需拉毛处理、收面不需要收成光面，用抹子抹平即可。底座板混凝土表面采用长柄塑料刷横向拉毛，拉毛时机以混凝土初凝后至终凝前且采用手指按有轻微手纹时为宜(不粘手)。拉毛用塑料刷的硬度、长度及操作手的用力方向、大小均需多次试验确定，以确保拉毛纹理深度 1～2 mm。拉毛过程中应配备洗毛刷的设施(建议用大盆装水)，现场操作时根据情况对毛刷进行清洗，保证拉毛效果。拉毛如图 5-5-53 所示。

图 5-5-51 辊轴摊铺机整平、提浆

图 5-5-52 铝合金刮尺精平示意

图 5-5-53 底座混凝土表面拉毛

拉毛完成后，边缘再进行抹面作业(先用专用抹子找出坡度，然后用铁抹子收光)。底座板混凝土两侧 20 cm 范围内收成光面(要求 2.55m 范围内拉毛)，并设置向外 3%的横向排水坡度(起坡点深入轨道板范围 5 cm)。

6. 混凝土养护

混凝土初凝后采用覆盖薄膜＋土工布对底座板混凝土进行保湿养护。在养护过程中，应由试验人员专人定时测温，并作好记录。

当混凝土表面与环境之间的温差在 10 ℃～15 ℃范围内时，拆除模板后的混凝土表面宜采取临时覆盖措施。

当环境相对湿度小于 60%时，养护天数要求不少于 14 d；相对湿度在 60%以上时，养护不少于 7 d。

7. 混凝土冬期施工措施

当连续 3 d 昼夜平均气温低于 5 ℃或最低气温低于－3 ℃时，按冬期施工执行。

进入冬期施工前应作好准备工作：掌握施工所在地区的冬季气象资料，并与气象部门联系，及时了解气象变化情况；备齐冬期施工所需的工程材料、防寒材料、燃料及必要的机具设备等。混凝土冬期施工措施主要以下几点：

(1)冬期施工采用“暖棚法”施工，暖棚四周围护严密，不得漏风。暖棚内应采用有效加热设备升温，确保暖棚内温度不低于 10 ℃。

(2)环境温度在－3 ℃～5 ℃之间时，混凝土入模温度不得低于 5 ℃，环境温度在低于－3 ℃时，混凝土的入模温度不得低于 10 ℃。混凝土强度达到 5 MPa 之前，不得受冻。

(3)用混凝土输送泵浇筑时，泵管应用保温材料包裹密实，混凝土运输罐车用保温布封闭保温。

(4)混凝土浇筑后，应及时把暖棚覆盖于浇筑完毕后的混凝土上。暖棚两端门帘应及时封闭，两端同时用热风炮加热，同时还应在棚内使用火炉加温，保证暖棚内的温度达到 10 ℃以上，底座板混凝土芯部温度不得低于 10 ℃。在棚内养护至少 3 d，在同条件养护试件抗压强度大于设计强度的 70%后，才可将暖棚移至下一段养护面使用。暖棚移走后，应继续采用薄膜＋电热毯＋棉被＋篷布覆盖养护，总养护期为 14 d。

(5)养护过程中，应指定专人对混凝土芯部温度及暖棚内环境温度进行记录，记录频率为前 2 d 为 1 次/2 h，以后 1 次/4 h。

8. 注意事项

(1)混凝土浇筑时，两个相邻后浇带之间必须一次连续浇筑成型。

(2)为了保证浇筑段混凝土浇筑后能自由变形，浇筑结束后必须把钢板连接器内侧螺母拧向浇筑段，同时拆除外侧螺母。

#### 5.2.10.8　底座板纵向连接

1. 底座板纵向连接施工条件

底座板张拉连接必须严格按照临时端刺及常规区平面布置图标定的底座板划分单元顺序进行。

一个施工单元(临时端刺＋常规区＋临时端刺或常规端刺＋常规区＋临时端刺)中所有混凝土浇筑段完成，所有混凝土浇筑段的强度不小于 20 MPa。

张拉连接前，应对常规区及临时端刺区域内浇筑段落进行长度和温度的测量，并记录备用。长度测量利用全站仪在后浇带旁的测量标识点可以快速测量。

当底座板位于曲线段时，为了防止由于纵连或温度变化等原因引起混凝土底座板与滑动层之间发生横向位移，在底座板张拉前应安装临时侧向挡块。临时侧向挡块可采用方木支撑和钢板临时支撑两种方式，左右两侧同时对称安装，以避免安装过程中引起底座板横向偏移，临时侧向挡块如图 5-5-54 所示。

图 5-5-54　临时侧向挡块

2. 工艺流程

底座板纵向连接施工工艺流程如图 5-5-55 所示。

3. 施工准备(埋设测量标识点)

当底座板浇筑段混凝土的强度大于 20 MPa 且浇筑时间大于 2 d 后，在钢板连接器后浇带 BL1(BL1，即钢板连接器后浇带，下同)两侧的底座板上埋设测量标识点，用以确定和检查混凝土的长度变化。为使此测量标识点易于与轨道基准标识点相区分，可用红白相间的标识漆或标识纸代替测钉，且标识点距离底座板浇筑段端部 20 cm。在线路的中线位置上，各浇筑段混凝土边缘处，已浇筑的剪力齿槽中心位置也埋设测量标识点，便于测量各浇筑段的长度。当曲线半径介于 800～3 000 m 之间时，测量标识点的最大间距应不大于 100 m。

4. 浇筑段长度、温度量测

长度测量利用全站仪测量后浇带旁的测量标识点之间的距离即可快速完成。温度的测量应采用标定合格的温度测量仪，测量当时的温度并详细记录在张拉行程计算表中。张拉行程采用标定合格的钢板尺进行测量。浇筑段长度测量如图 5-5-56 所示。

5. 临时端刺与常规区第一次纵连

在临时端刺与常规区纵连前，测量 LP1～LP5 以及常规区混凝土浇筑段的温度与长度并记录，测量时间尽可能与底座连接时间靠近(即连接温度尽可能与测量时的温度接近)。根据混凝土浇筑段温度与长度计算张拉行程，主要分以下几种情况：

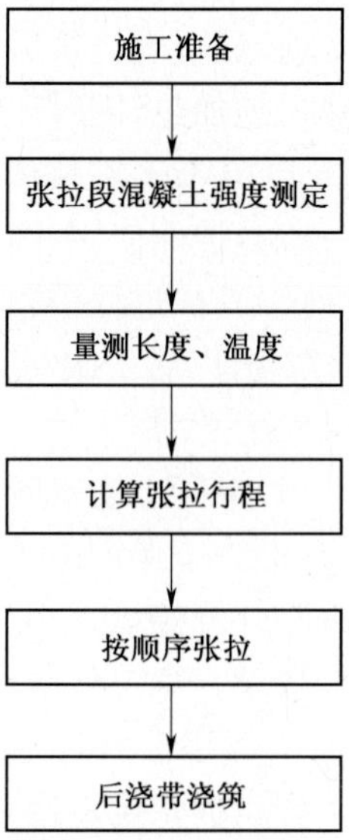


图 5-5-55　纵向张拉连接流程图

(1)底座板温度小于合龙温度的情况下进行的纵连。连接当天，从临时端刺的自由端开始，依次不施加预应力地拧紧 J4～J1 钢板连接器后浇带的所有锚固螺母，之后临时端刺才具备了承载能力。

第一步，张拉常规区中靠近临时端刺的前 2 个钢板连接器后浇带(BL1)。张拉时用外侧锚固螺母张拉到规定距离，再把锁紧螺母以 450 N·m 的扭矩拧到连接器上。

第二步，张拉临时端刺与常规区之间的钢板连接器后浇带 K0。

第三步，张拉钢板连接器后浇带 J1 和 J2，其余常规区钢板连接器后浇带的纵连可与之同时进行。

第四步，为了保证使临时端刺自由端到钢板连接器后浇带 J3 区段的摩擦力起作用，钢板连接器后浇带 J3 须少量张拉(张拉量为钢板连接器后浇带 J2 张拉行程的 1/3)。

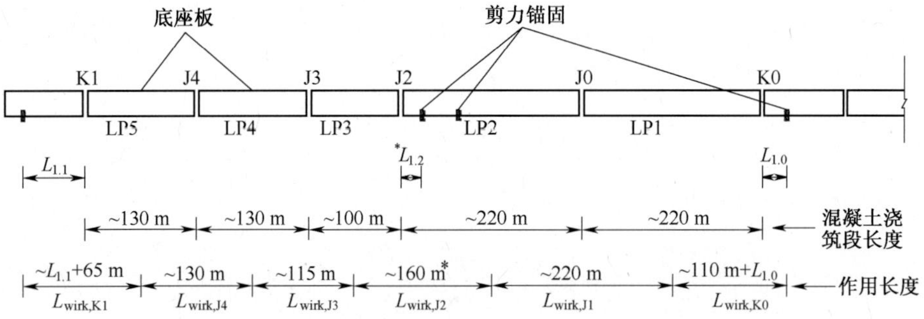


图 5-5-56　浇筑段长度测量

注意事项：底座板的纵向连接应在混凝土浇筑段温度在 5 ℃以上时进行，混凝土浇筑段温度在 5 ℃以下严禁进行纵向连接施工。当底座板温度小于设计合龙温度时，张拉应根据具体温度分次进行。温差小时，纵连应该在 24 h 内完成，温差较大时，纵连应该分次完成，具体分次张拉根据不同的张拉温度范围和对应的纵连张拉的最少次数和时间间隔可参考表 5-5-13 的规定。

(2)在底座板温度满足设计合龙温度范围的情况下进行的纵连。钢板连接器后浇带的锚固螺母不需要进行张拉(张拉行程=0)，只需要先把连接器外侧锚固螺母拧紧到钢板上，然后把钢板内侧锚固螺母也拧紧。在拧紧过程中扭力扳手的扭矩应该大于等于 450 N·m。

钢板连接器后浇带连接当天，从临时端刺的自由端开始，依次拧紧 J4～J1 钢板连接器后浇带中所有锚固螺母。

接着拧紧 K0 的锚固螺母，并从 K0 开始把常规区所有钢板连接器后浇带的锚固螺母拧紧。施工至此，常规区与临时端刺已经纵连完成。

如果常规区另一端也与临时端刺相连时，另一端的纵连顺序一样，常规区钢板连接器后浇带从底座板左右两端边缘向中心对称连接。

(3)底座板温度大于设计合龙温度上限时，不允许张拉连接。

6. 临时端刺与下一施工段的纵连

在钢板连接器后浇带 K1 和新的常规区底座板施工段连接前，要再一次测量底座板段 LP2～LP5 的温度和长度，将测得的数据与在第一个常规区纵连前不受载时测量的温度和长度比较，算出临时端刺区域在底座板受载时的变形值，测量和张拉行程的计算与临时端刺和常规区连接时的温度区间无关。主要有以下几种情况：

(1)底座板温度小于合龙温度的情况下进行的纵连。第一步，由于临时端刺区域的混凝土浇筑段已经纵连，只需要根据构件温度先张拉常规区前 2 个钢板连接器后浇带的锚固螺母。第二步，根据相应的张拉行程张拉临时端刺与常规区之间钢板连接器后浇带 K1。第三步，接着张拉钢板连接器后浇带 J4～J2。

此外，新施工段其余钢板连接器的连接与 J4～J2 同时进行。

注意事项：底座板温度小于设计合龙温度时，张拉应根据具体温度分次进行。温差小时，纵连应该在 24 h内完成，温差较大时，纵连应该分次完成，具体分次张拉根据不同的张拉温度范围和对应的纵连张拉的最少次数和时间间隔参考表 5-5-14 的规定。

**表 5-5-13　分次张拉时间表**

| 纵连过程中底座板的温度范围 | 最少的纵连张拉次数 | 时间间隔 |
|---|---|---|
| +5 ℃≤$t$≤+10 ℃ | 3 | 2 d |
| +11 ℃≤$t$≤+15 ℃ | 2 | 1 d |
| +16 ℃≤$t$≤+19 ℃ | 1 | — |
| +20 ℃≤$t$≤+30 ℃ | 不张拉，宽度无变化 | — |

注：本表数据以京沪高速铁路北京至徐州段施工为例，设计合龙温度 20 ℃～30 ℃。

**表 5-5-14　分次张拉时间表**

| 纵连过程中底座板的温度范围 | 最少的给纵连张拉次数 | 时间间隔 |
|---|---|---|
| +5 ℃≤$t$≤+10 ℃ | 3 | 2 d |
| +11 ℃≤$t$≤+15 ℃ | 2 | 1 d |
| +16 ℃≤$t$≤+19 ℃ | 1 | — |
| +20 ℃≤$t$≤+30 ℃ | 不张拉，宽度无变化 | — |

注：本表数据以京沪高速铁路北京至徐州段施工为例，设计合龙温度 20 ℃～30 ℃。

(2)在底座板温度满足设计合龙温度范围的情况下进行的纵连。连接 K1 并从 K1 开始把常规区的所有钢板连接器后浇带锚固螺母拧紧。纵连应该在 24 h 内完成。

(3)底座板温度大于设计合龙温度上限时，不允许张拉连接。

7. 后浇带混凝土浇筑的时机要求

(1)临时端刺与常规区的第一次纵连。临时端刺与常规区的第一次纵连，后浇带浇筑分为以下两种情况：

1)底座板温度小于合龙温度。

首先，纵连后浇筑常规区内的所有钢板连接器后浇带(BL1)及临时端刺中的钢板连接器后浇带 K0 和 J1。

在底座板纵连后，应尽快浇筑常规区齿槽后浇带 BL2。但是，当纵连是在底座板温度小于合龙温度的情况下进行时，为保证保证混凝土浇筑段内(约 160 m)的应力均衡化，需要在齿槽后浇带 BL2 浇筑施工前静置一段时间。静置时间的要求可参考表 5-5-15 的规定。

**表 5-5-15　后浇带浇筑静置时间表**

| 纵连时底座板的温度范围 | 纵连后后浇带浇筑等待时间 |
|---|---|
| +5 ℃≤$t$≤+10 ℃ | 5 d |
| +11 ℃≤$t$≤+15 ℃ | 3 d |
| +16 ℃≤$t$≤+19 ℃ | 24 h |
| +20 ℃≤$t$≤+30 ℃ | 无需等待 |

注：本表数据以京沪高速铁路北京至徐州段施工为例，设计合龙温度 20 ℃～30 ℃。

纵连完成 3～5 d 后，即可浇筑位于临时端刺中部的两个齿槽后浇带。左右线的齿槽后浇带的浇筑应该错开两跨梁的长度进行。

2)底座板温度满足设计合龙温度范围。

纵连完成后，即可浇筑常规区内的所有钢板连接器后浇带 BL1 以及临时端刺中的钢板连接器后浇带 K0 和 J1。此外常规区内的齿槽后浇带 BL2 也可浇筑。

纵连完成 3～5 d 后，再浇筑位于临时端刺中部的两个齿槽后浇带。左右线的齿槽后浇带也应错开两跨梁的长度进行浇筑。

(2)临时端刺与下一施工段的纵连。临时端刺与下一施工段的纵连，后浇带浇筑分为以下两种情况。

1)底座板温度大于合龙温度。

纵连完成后，首先浇筑常规区内的所有钢板连接器后浇带 BL1 及临时端刺中的钢板连接器后浇带 K1、J4～J2。静置一定时间后，再浇筑常规区内的剪力齿槽后浇带 BL2。纵连完成 10 d 后，最后浇筑所有原临时端刺中齿槽后浇带。

注意事项：钢板连接器后浇带混凝土必须在末次张拉完成后 24 h 内完成。

2)底座板满足设计合龙温度范围。

纵连完成后，首先浇筑常规区内所有的钢板连接器后浇带 BL1 以及临时端刺中钢板连接器后浇带 K1、J4～J2。此外常规区内齿槽后浇带 BL2 也可以进行浇筑。

纵连完成 3 d 后，再全部浇筑所有原临时端刺的齿槽后浇带 BL2。

8. 后浇带混凝土施工

底座板后浇带混凝土采用无收缩微膨胀混凝土，施工工艺如图 5-5-57 所示。

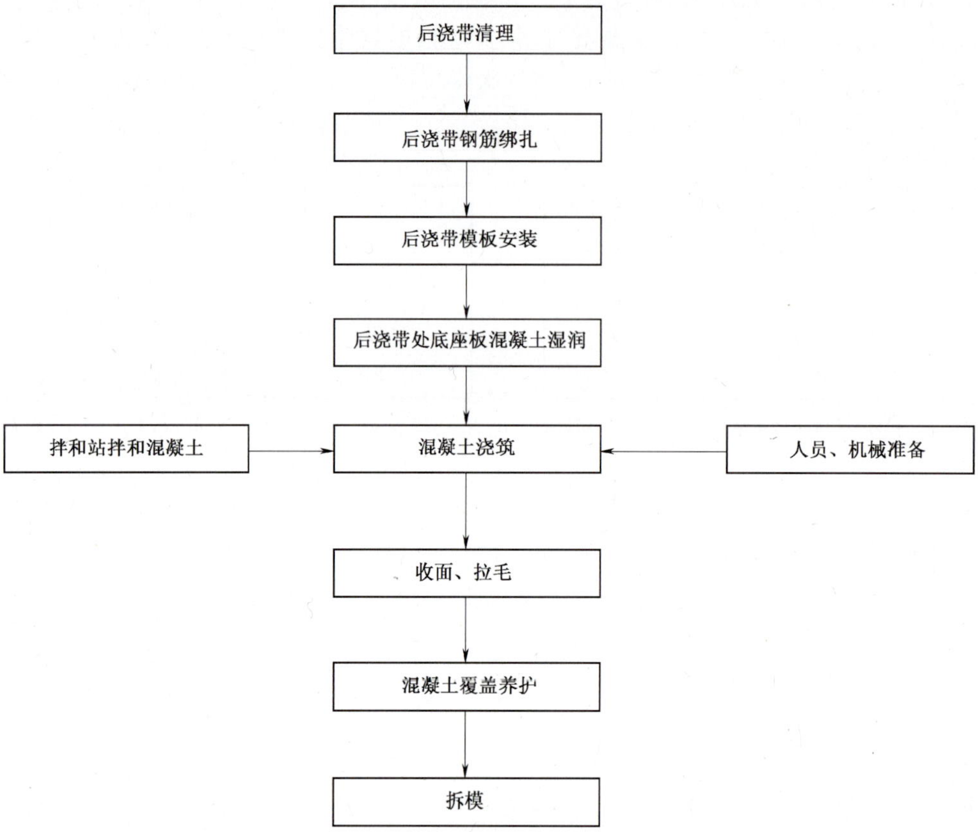


图 5-5-57　底座板后浇带施工工艺流程

(1)后浇带清理。底座板混凝土强度达到 75%后，即可进行后浇带混凝土界面的凿毛和清理，有效创面应达到 100%。为避免两布一膜发生上鼓，后浇带施工前，应采用与底座板混凝土垫块相同的垫块压在两布一膜上。剪力齿槽后浇带在凿毛时应注意保护预埋套筒。

(2)钢筋加工及绑扎。底座板后浇带钢筋在基地内加工后运至现场进行绑扎。钢筋加工及绑扎允许偏差、绝缘性能检测、对滑动层的保护等与底座板其他部位的钢筋绑扎相同。剪力齿槽处钢筋绑扎时，还应再次检查剪力钉安装质量等。绑扎成型的后浇带钢筋如图 5-5-58 所示。

图 5-5-58　绑扎成型的后浇带钢筋

(3)后浇带模板安装。后浇带处模板采用钢模或木模，外支撑采用顶撑将模板固定在已浇筑完成底座板的侧面。模板在安装过程中应检查其垂直度和与底座板接缝的严密性，重点检查模板安装是否牢固，防止出现跑模现象。

(4)后浇带混凝土浇筑。后浇带混凝土浇筑前，应对后浇带位置的底座板端面洒水充分预湿，保证新旧混凝土良好的黏结。同时，为防止混凝土污染已经成型的底座板，一般在后浇带两侧铺设土工布或彩条布防护。

混凝土运输到现场后，各项性能指标按规定检测合格后方可施工。混凝土浇筑通过汽车吊(或龙门吊)+料斗或汽车泵或汽车泵+运输平车+料斗的方式运输到现场，人工辅助浇筑入模。曲线超高地段，混凝土按由低向高的顺序浇筑，超高值较大不能一次浇筑完成，可分成两次浇筑，并适当较低混凝土坍落度，第二次浇筑应在第一次浇筑的混凝土尚未初凝前进行。后浇带混凝土采用插入式捣固棒捣固，并边浇筑边作拉毛、收边处理。

(5)后浇带混凝土养护及拆模。后浇带混凝土浇筑、拉毛、收边压光完成后，用土工布覆盖保湿养护，养护的要求同普通混凝土。后浇带混凝土强度达到 2.5 MPa 以上后，方可拆除模板。模板拆除时应注意对边角的保护，严禁撬、砸等施工行为。

9. 台后锚固结构施工

(1)技术要求及工艺流程。台后锚固结构包括固定端刺、摩擦板和过渡板等。为方便施工，台后锚固结构一般应纳入桥台，台后填土在路基基床表层级配碎石填筑及沉降评估基本完成后施工。台后锚固结构所处路基的基床底层、基床表层级配碎石、过渡段级配碎石，路基填筑压实质量满足《高速铁路路基工程施工质量验收标准》(TB 10751)要求。台后锚固结构施工流程如图 5-5-59 所示。

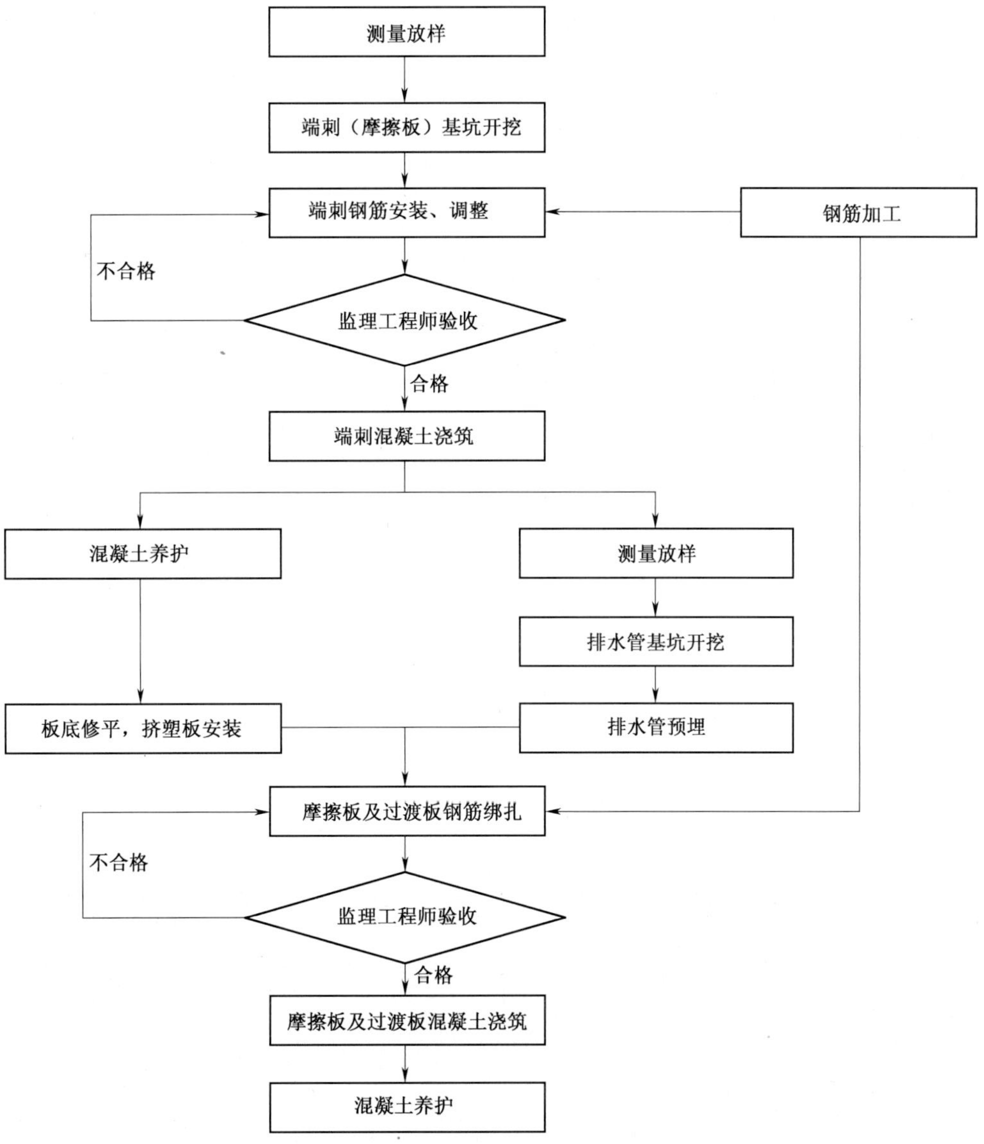


图 5-5-59　台后锚固结构施工流程

(2)施工准备。利用CPⅡ加密点或CPⅢ测量控制网进行测量放样,可保证端刺及摩擦板施工放样准确及施工精度。

施工前,组建端刺及摩擦板施工架子队,配齐测量、技术、试验、质检人员,并对作业人员进行培训和详细的技术交底。按照设计文件要求组织钢筋、挤塑板、排水管、混凝土原材料的进场,做好混凝土配合比设计选定工作。端刺及摩擦板施工现场配备发电机、挖掘机、空压机、混凝土罐车、混凝土泵车、振动棒、混凝土提浆整平机等施工设备。

(3)端刺施工。

1)测量放样。利用现有CPⅡ加密控制点进行控制。基坑放样采用极坐标放样精确定位基坑位置,完成后反测开挖点坐标进行复核,无误后引出护桩进行开挖。测量放样采用全站仪,将基坑边线放样至路基面,并采用红油漆标识。端刺中线放样偏差不得大于10 mm。

2)双柱式端刺基坑开挖。基坑开挖步骤分为五步,即"一引二挖三修面,分层开挖勤出渣"。不同填料地段选用不同开挖方式。级配碎石采用风镐松动、人工出渣的方式开挖;AB组填料段采用机械开挖芯部填料,人工修面,人工配合机械出渣的方式开挖。

一引:开挖前基坑边线用墨线标识于路面,并沿线开槽,以引出基坑轮廓,保证基坑坑口外侧土体不被扰动。级配碎石地段基坑开挖前,人工开槽引轮廓,采用混凝土切割机切3～5 cm深缝,以防止风镐松动时,影响两侧坑壁表层级配碎石填料。切割后,基坑外观质量好,并能有效保护表层填料不松散。AB组填料地段开挖,放样完成后,利用护桩,拉线确定基坑开挖边线,并用灰线标识于路基面。

二挖:基坑开挖分芯部及坑壁两个区域,先芯后壁,分步开挖。坑壁区域厚度按1.5倍左右填料粒径预留,即级配碎石留10 cm左右,AB组填料留15 cm厚。

3)T型端刺开挖。根据端刺基础开挖边线沿端刺纵向按1∶2坡度下挖,采用坡度尺控制边坡坡度,全站仪检查。端刺基础开挖量较大,采用液压反铲进行开挖,人工修坡。开挖至端刺设计高程以上20 cm,剩余部分采用人工挖除,以保证底部原填筑土不被扰动破坏。挖方运至指定地点。

填筑施工。端刺及过渡板底部填筑为A区和C区的水泥级配碎石,其中A区为过渡板底部高程以下至端刺底板高程以下50 cm范围;C区为摩擦板底部高程以下1 m范围。如图5-5-60所示。

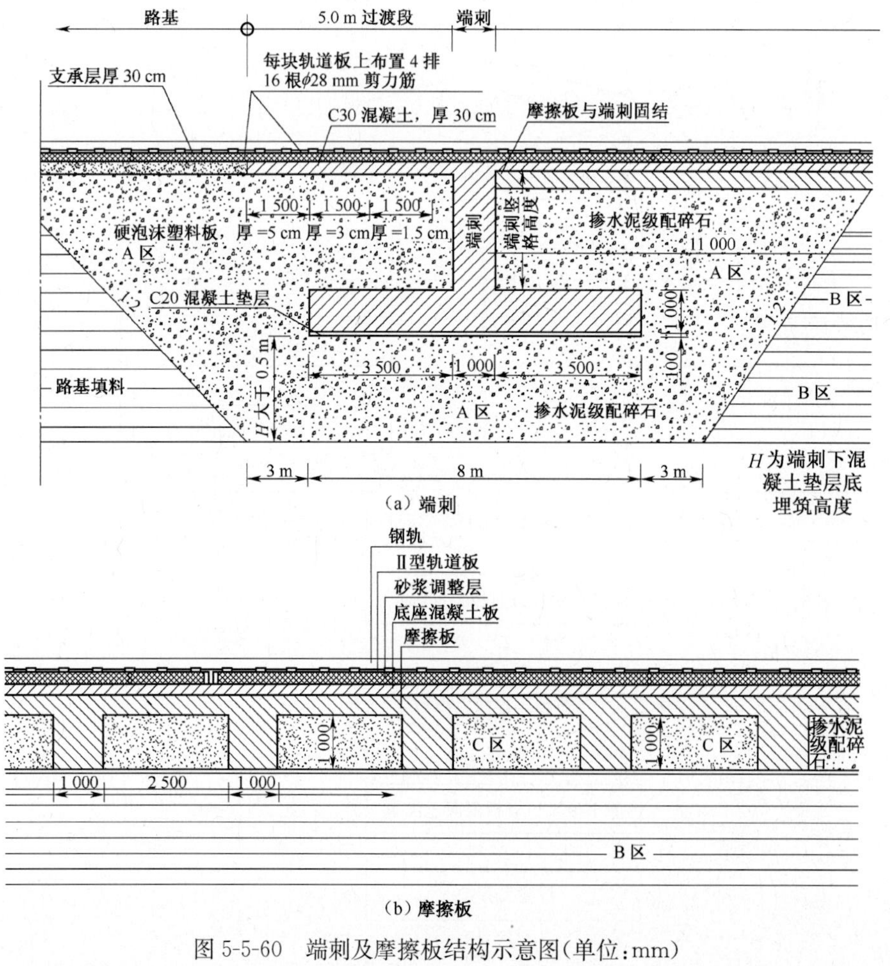


图5-5-60　端刺及摩擦板结构示意图(单位:mm)

端刺基础水泥级配碎石填筑采用自卸汽车运料，推土机粗平，平地机配合人工精平。当采用不同吨位压路机压实时，压实厚度、遍数及行走速度根据工艺试验确定；端刺两侧压路机压不到的盲区部分采用小型平板振动夯夯实。

填筑端刺两侧级配碎石时，必须对称填筑，以保证端刺竖板稳定、无损伤。水泥级配碎石填筑时与填筑路基纵向采用1∶2台阶搭接，并加强分界线部分填料的碾压。

4)钢筋制作安装。钢筋制作应在钢筋场内集中加工，规格、型号、数量等必须符合设计要求。半成品应注意保护，分类堆码，下方支垫，标识清楚。

钢筋安装。钢筋半成品采用平板拖车运至施工现场，在已施工完成并验收合格的小端刺基坑正上方(主次端刺则在基坑内部)采用 $\phi$48 mm 钢管安装胎具，并利用卡具控制钢筋间距，确保钢筋安装质量。如图5-5-61所示。

图 5-5-61　端刺钢筋绑扎

5)模板安装。双柱型端刺以开挖基坑面为模型进行混凝土施工。倒T形端刺底板、竖墙用组合钢模或竹胶板拼装。摩擦板厚度为40 cm，采用组合钢模拼装。齿部利用水泥级配碎石在二次开挖的凹槽内浇筑。摩擦板模板采用外撑加固方式，在路基面上钎入钢筋地锚，在模板上口、底部与地锚根部设置脚手架管或粗钢筋进行水平、斜撑加固。摩擦板先导段端头模板采用木模板，在过缝钢筋穿过的位置打孔。

模板安装时面板平整、无残余物，表面均匀涂刷脱模剂。模板间采用U形扣件连接。模板接缝应严密，接缝处刮腻子封堵，以防漏浆。立模完成后，检查模板垂直度及位置偏差并校正。

端刺沿周围搭设脚手架和施工操作平台。在端刺顶层利用 $\phi$48 mm 钢管和竹架板搭设平台，脚手架高度高出模板顶，设置横向通长钢管扶手，并在平台外侧搭设围护栏以保证人员安全。

6)混凝土浇筑。混凝土由拌和站集中拌制，混凝土罐车运输到施工现场，汽车泵泵送入模，插入式振动棒分层振捣，确保混凝土的密实。混凝土自由下落高度不得超过2 m。在混凝土浇筑过程中，注意随时观察所设置的预埋钢筋的位置是否移动，若发现移位时应及时校正。浇筑过程中，施工人员不允许踩踏已安装好的钢筋笼。

双柱式端刺：因路基填料为渗水性材料，吸水量大，在施工前，必须对与混凝土接触面的填料进行充分洒水湿润。

倒T形端刺：混凝土浇筑过程中设专人看护检查模板、支架等工作情况，出现变形、移位或沉陷，立即校正、加固，处理好后方可继续浇筑。

7)混凝土养护。浇筑完成后及时用土工布覆盖，采用滴灌法养护。在养护期内始终确保混凝土表面的湿润。待混凝土终凝后及时对其表面进行凿毛处理以保证与摩擦板混凝土的衔接。

(4)摩擦板及过渡板施工。

1)测量放样。利用现有CPⅡ加密控制点进行控制，按照现浇梁梁部顶面模板放样方法，放出轴线及边线控制点，并用墨线弹出模板安装线，轴线偏差控制在5 mm以内。

2)基底清理。在模板和钢筋安装之前，先清扫路基面杂物，然后用洒水润湿路基面，防止灰尘飞扬，污染模板。

3)过渡板下挤塑板及滑动层安装。按照设计,将过渡板下挤塑板区域内路基面向下开挖 10 cm,并用 5～8.5 cm厚 C20 混凝土进行找平,表面收光,平整度满足 2 mm/m 要求。等混凝土强度达到设计要求后,按设计宽度纵向安装 3 块长 1.5m,厚 50 mm 的挤塑板,并作好搭接。挤塑板安装参照底座混凝土挤塑板铺设的相关要求。

4)预埋件安装。摩擦板施工范围内有线间排水系统预埋管路、综合接地和侧向挡块预埋件。摩擦板施工前,先预埋排水管,当位置重叠时应将排水管位置适当调整,避免侵占端刺和摩擦板齿部的位置。排水管在路基的露出位置对准拱形骨架护坡主骨架,防止排出的积水冲刷路基边坡。当排水管与路基边坡排水系统连接困难时,增设排水管引入排水系统。线间排水井进口采用定型模板并可靠加固,排水管地漏及篦子后期安装。排水管施工结束后应可靠堵塞,以防杂物进入。

综合接地的钢筋和接地端子与摩擦板、端刺钢筋同时安装。侧向挡块预埋件根据摩擦板段的线型参照桥梁预埋件图纸进行施工。

5)钢筋制安。钢筋在钢筋加工场集中加工后通过汽车运输到工地现场绑扎。钢筋采用搭接绑扎方式,从一端向另一端、从下向上依次进行。

钢筋安装完成后应及时按照设计要求安装侧向挡块齿槽预埋钢筋及齿槽模板。齿槽套筒及模板安装误差为±5 mm,齿槽高程误差为±10 mm。

6)模板安装。摩擦板模板采用钢模板,模板涂刷脱模剂,模板接缝用海绵条填塞密贴,防止漏浆。模板根据测量放样的进行,采用拉撑结合的方法进行固定。

7)混凝土浇筑。摩擦板混凝土采用拌和站集中拌和,混凝土罐车运输到施工现场,汽车泵泵送入模。因摩擦板底部为路基面,路基填料为渗水性材料,吸水量大,在施工前,对与混凝土接触的路基面进行充分洒水湿润。混凝土振捣采用插入式振动棒,分层振捣,确保混凝土的密实。

摩擦板浇筑从桥台依次往主端刺方向浇筑作业,混凝土浇筑、捣固、抹面、拉毛等施工应采用与桥梁上底座混凝土施工相一致的工艺。

8)施工注意事项。基坑开挖前应预备充足的防雨材料,避免基坑在开挖过程中被雨水浸泡,造成基坑坍塌。

端刺在已填筑完成的路堤上施工,施工场地狭窄,且路堤高度一般较高,不便修建临时施工便道,施工工序集中,施工干扰大,物流组织难度大。施工前应制定针对性的物流方案,施工通道应与施工工序严密结合考虑,才能确保施工生产安全、高效、有序。基坑开挖,渣土弃运,钢筋半成品、模板进场,混凝土运输等工序都需要统筹考虑。

坑底及两侧坑壁松散填料或扰动部分必须全部清除。基坑坑壁是否需要支护可根据实际情况确定,尤其是 AB 组填料地段,可在填筑区域内,选取一段做基坑开挖工艺性试验,确保基坑开挖方式选取合适。

基坑四周应进行安全防护,避免人员坠落。基坑开挖完成后,尽快组织下道工序施工。

小端刺钢筋笼在下放过程中,应采用工字钢或其他刚度较大的材料做骨架,增加钢筋笼整体刚度,避免变形。保护层垫块数量不得少于规范要求。摩擦板与主端刺相接处 5 m 范围内不得进行纵向钢筋搭接。

### 5.2.11 CRTSⅡ型无砟轨道板铺设施工

#### 5.2.11.1 沉降评估及 CPⅢ测量控制网测设评估

铺设无砟轨道前,线下工程的主体和底座混凝土(包括桥梁上防撞墙、遮板等二期恒载)应全部完工,检验合格。未完成的附属工程不得影响无砟轨道的铺设。长桥地段线下工程的连续完工长度应满足临时端刺、端刺和常规区最小设置长度的要求,也应满足 CPⅢ测量控制网测设及评估的要求。

铺设无砟轨道前,按照《客运专线铁路无砟轨道铺设条件评估技术指南》(铁建设〔2006〕158 号)对路基、桥涵、隧道变形进行系统评估,确认工后沉降和变形、梁体长期变形、各种过渡段的差异沉降等符合设计要求,满足无砟轨道铺设条件。

#### 5.2.11.2 轨道板铺设前准备

轨道板铺设前应具备的必要条件:一是长大桥梁上底座板至少有一个施工单元纵连完成,后浇带混凝土按规定浇筑完成且强度达到 20 MPa,或短桥上底座板全部施工完毕,后浇带浇筑完成,混凝土强度达到

20 MPa；二是路基及隧道内底座混凝土强度达到 20 MPa，水硬性支承层强度达到 15 MPa；三是 CPⅢ测量控制网二次评估通过，轨道基准点平面位置测设完毕，定位圆放样完成；四是线下工程尤其是底座板和支承层通过检查验收并满足轨道板铺设的相关要求。

修建施工便道及临时基地，完成施工机构组建及人员培训，依据作业面划分配备施工机具及设备。开展轨道板粗铺、精调及水泥乳化沥青砂浆制备及浇筑工艺性试验，进行相关物资的储备。

结合作业面划分及施工进度安排，按照轨道板布板图查验存板场内的轨道板，安排轨道板预制场内成品轨道板的打磨计划，以确定轨道板正确的装车顺序。

#### 5.2.11.3　轨道基准点测设

为方便 CRTSⅡ型轨道板快速精调系统的使用，保证轨道板粗铺精度及底座表面平整度检测，需要在轨道板铺设前于每块轨道板板缝的半圆中心位置测设轨道基准点。每块轨道板板缝处有两个半圆形凹槽，左右两侧分别设轨道基准点和轨道板端扣压装置安装的定位锚杆。轨道基准点依据 CPⅢ测量控制网进行空间坐标测设，经软件评差后精度应达到两相邻基准点间允许相对误差为平面±0.2 mm、高程±0.1 mm。为方便后续的轨道板端扣压装置安装，轨道基准点一般沿线路外侧设置，曲线地段设在曲线内侧。

#### 5.2.11.4　定位锚杆安装

在放样的定位锥位置钻孔植入锚杆。锚杆采用直径为 $\phi$16 mm 螺纹钢筋，表面涂油用植筋胶植入，孔径 $\phi$20 mm，直线段孔深 15 cm，曲线段孔深 20 cm。每 500 m 进行抗拉拔试验，抗拔力不得小于 30 kN。在有条件的地方，也可使用如图 5-5-62 所示的橡胶圆锥进行轨道板粗铺时的定位。

图 5-5-62　轨道基准点及定位锚杆(定位圆锥)的使用

#### 5.2.11.5　轨道板存放及运输

施工便道应尽量沿线路贯通设置，满足轨道板运输及吊装作业的要求。桥梁地段采用 50 t 汽车吊或悬臂式龙门吊直接将轨道板吊装上桥。必要时，需要采用轮胎式双向运板车进行中转运输。

有条件的地方可充分利用沿线便道与线路之间的空地进行轨道板的临时存放，现场存放轨道板的要求：防止运输和存放不当造成轨道板损坏、部件丢失和污染；须给后续物流和施工设备预留通道和作业空间；根据铺板里程及轨道板编号和铺板顺序就近对号入座，有序存放。

沿桥存板时，为便于悬臂龙门吊直接垂直提升，有效作业区宽度需不少于 7 m(从梁翼缘投影线算起到便道有效外边缘)，其中存板区宽度 3 m(轨道板内侧距梁翼缘投影线 30～50 cm)，便道宽度不少于 4 m。若作业区宽度不足 7 m，存板区可向梁内方向偏移，但将来起吊轨道板时需要汽车吊配合移板。

沿线每垛轨道板存放层数一般为 3 层，具体层数要根据台座地基条件确定，避免不均匀沉降造成轨道板变形，过多的层数将增加铺板门吊走行距离而影响效率；纵向存放间距的设置要同时考虑到将来对底座板钢筋混凝土施工设备作业空间的影响，跨路跨沟地段的轨道板可就近相对集中存放。

沿线不具备存板条件的轨道板，需设置集中存板场，铺板时再二次倒运。存板区地基要求平整密实、不积水，3 点支承的台座要基本水平。3 点支撑的位置要符合设计要求，轨道板与存放台之间以及每层轨道板间安放 4 个方木垫块，垫块要上下对齐，支点位置分别在板的第 2 个预裂缝和第 8 个预裂缝处。方木垫块的规格为 200 mm×200 mm×200 mm，承重面应平行，厚度相对误差控制在 2 mm 以内。轨道板存放如图 5-5-63所示，轨道板存放及运输中方木垫块支承如图 5-5-27 所示。

图 5-5-63　轨道板集中存放和沿线路分散存放

轨道板一般采用 30 t 平板拖车运输，每车运输 3 块，轨道板层与层间采用 4 块 20 cm 见方的硬杂木支垫，支垫硬杂木按“四点支承、三点平衡”置于轨道板两端第 2 至第 3 承轨槽之间。运输途中，在平板汽车的四周加装挡板和缓冲垫块，以保证轨道板的稳定。粗铺板前铺板施工单位根据轨道板的使用范围及运输距离以及临时存放地点制订计划，提前提交给轨道板生产场，以便及时安排轨道板的生产及运输。一般提前至少 14 d 提出轨道板铺设初步调用计划，至少提前 3 d 提出准确调用计划。轨道板出场前应严格核对轨道板编号，轨道板状况，如有无缺损和修补痕迹等，并作好书面记录，轨道板出场按编号运输到指定位置。

5.2.11.6　轨道板粗铺

(1)施工准备。轨道板装车运输到工地粗铺前，应对每块轨道板进行检查和验收，确认轨道板规格、编号及外观质量满足铺设要求后方可装车，并用高压水将轨道板特别是底面冲洗干净，之后在轨道板安装精调器的位置用双面胶粘上 6 块 U 形发泡泡沫块，U 形发泡泡沫块长 30 cm、宽 10 cm，主要在水泥乳化沥青砂浆浇筑时起到模板和挡护的作用。

轨道板粗铺前，应对混凝土底座或支承层表面检查验收并用高压水清洗干净。轨道板运到工地铺设就位前，应对照布板图再次检查轨道板的规格、编号及方向是否与设计一致。轨道板方向的确认如图 5-5-64 所示，对照里程前进方向，标有“＜”或“L”符号的为左线板，“＞”或“R”符号为右线板，轨道板编号雕刻在大里程方向。

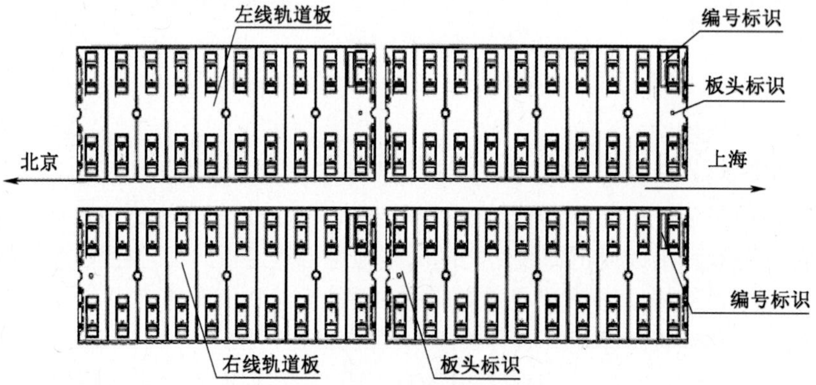


图 5-5-64　轨道板铺设方向的确认

(2)路基及隧道内轨道板铺设。路基及隧道内轨道板分左右线施工，先安装一线轨道板，运板车在另一线混凝土底座或支承层通行。根据布板图和安装顺序依次铺板。路基上轨道板采用汽车吊车或悬臂龙门吊装，隧道内采用龙门吊吊装，必要时增加双向运板车中转，吊装采用专用吊带及吊索。

将轨道板移至安装点正上方，然后将轨道板缓慢放下，此时安装人员在轨道板两端扶住轨道板，必要时可采用撬棍辅助，分先后顺序分别将轨道板两端的半圆与底座或支承层表面的定位圆圈对齐，然后人工配合(必要时用撬棍)将轨道板放在混凝土底座板的硬垫木上。硬垫木支垫时，应将支点放在离安装精调器位置最近的预裂缝下，待两端支垫好后，再支垫中间位置。垫木在轨道板精调完成后可撤除并用于下一次施工。轨道板在吊装、运输、铺设过程中，设专人监护施工过程，有专人检查轨道板板号和就位情况并填写铺板记录。

(3)长桥上轨道板铺设。长桥上轨道板可根据布板图提前存放于桥梁一侧的便道旁。铺设时,直接采用悬臂式龙门吊提升上桥,为尽量减少悬臂龙门吊的纵向移动量,可采用左、右线平行铺设的施工方案,如图5-5-65所示。对跨河跨道等困难地段的轨道板安装,先用汽车吊将轨道板从存板处吊装上桥,再用双向运板车运至安装点,然后由龙门吊人工配合将轨道板粗铺就位,如图5-5-66所示。

图5-5-65 长桥地段悬臂龙门吊铺板

图5-5-66 长桥地段汽车吊+双向运板车+龙门吊铺板

长桥上轨道板铺设应严格遵守“先临时端刺,后常规区”的原则,并严格确认轨道板安装的正确方向。

5.2.11.7 轨道板精调

轨道板精调是CRTSⅡ型板式无砟轨道施工最重要的工序之一,采用CRTSⅡ型轨道板专用快速精调系统并配合多向精调器完成。主要内容包括:施工准备(数据准备)、精调系统的布置与安放、轨道板精调及轨道板检测等。

5.2.11.8 轨道板封边

轨道板封边分为纵向封边和横向封边。纵向封边的目的仅是为了轨道板灌浆时起到模板和挡护的作用,灌浆结束且砂浆固化后,即可拆除封边。而横向封边除了起到模板和挡护的作用外,还需要将封边材料留在道床板内作为其结构的一部分。因此,根据封边目的和条件的不同,选择不同的封边方法,但共同点是首先要保证封边能起到模板和挡护的作用,同时封边材料不能侵入轨道板板底部。一般来说,轨道板纵向封边可选用角钢或砂浆封边两种方法,而角钢方式为首选方法。

(1)角钢纵向封边。角钢纵向封边采用角钢+土工布方式,并在两侧板端位置设至少2处排气孔,并设置排水孔;轨道板四角的排气孔直径应适当增大(约3 cm)。

封边材料包括土工布、封边角钢、紧压夹具3部分。土工布根据轨道板长度及精调器安装位置的不同,裁剪成不同的长度,土工布铺设时尽量平整,避免产生凹凸或皱褶。封边角钢与此相同,但在靠轨道板两侧前、中、后的位置各设1个排气孔。排气孔在角钢上的位置应尽量靠近底座表面并高于轨道板底部,以保证灌浆时气泡和积水的排出。封边紧压的夹具,由跨轨道板的圆钢或角钢以及紧扣装置组成,使用时按每2个为一组对称进行紧压。

纵向封边时,先将支承螺栓进行密封,然后沿轨道板及底座将封边材料布置平整,人工拉扯平齐后用夹板(木块或角钢)紧贴轨道板及支承层混凝土进行初步紧压,然后通过夹具及楔子对夹板进行固定,固定完成后即可进行水泥乳化沥青砂浆的浇筑施工。封边时,封边角钢和夹具应轻拿轻放,以免扰动轨道板。角钢封边如图 5-5-67 所示。

图 5-5-67　角钢封边方法

(2)砂浆纵向封边。砂浆纵向封边采用早强型水泥干塑性砂浆,使用砂浆搅拌机现场搅拌,通过人工转运就位。封边时,应先对底座或支承层表面进行清洗和湿润。之后,用薄铁皮挡在板缝处,防止砂浆侵入轨道板下,然后将搅拌好的干塑状砂浆用人工堆成高宽各 8 cm 左右的三角形并压实抹光。抽去铁皮,进行第 2 次压边,特别是轨道板与砂浆的黏结处,达到黏结牢固、无缝隙,砂浆不得侵入轨道板内。砂浆硬化前,应使用 2 cm 粗的木棒或铁钎在封边上设置排气孔,排水孔应尽量靠近轨道板底面。如图 5-5-68 所示。

图 5-5-68　砂浆封边方法

(3)横向封边。横向封边一般采用水泥乳化沥青砂浆干粉材料或与水泥乳化沥青砂浆同性能的砂浆材料进行,采用砂浆搅拌机现场搅拌,横向封边时用薄铁皮挡护砂浆,砂浆应超出轨道板底边 1～2 cm,之后沿轨道板两端各设置 4 个排气孔。横向封边时,应防止砂浆材料掩盖或污染轨道板基准点。封边砂浆浇筑后应压实并均匀抹平。

5.2.11.9　水泥乳化沥青砂浆浇筑

水泥乳化沥青砂浆浇筑是 CRTSⅡ型轨道板最重要的工序,施工采用水泥砂浆沥青砂浆搅拌车将乳化沥青、砂浆干粉、水及外加剂等混合搅拌成砂浆,通过汽车吊将中转料斗中转提升至路基或桥梁上,再经线间的运输平车纵向运输到位,利用重力方式浇筑。有条件的地方,可省去运输平车中转的环节。主要内容包括:施工前检查、砂浆制备、砂浆浇筑、砂浆养护等。

(1)施工前检查。为保证灌浆前轨道板几何状态良好,在灌浆之前,应采用抽样检验的方式对相邻轨道板的搭接平顺性进行检查。检查方法同轨道板精调后检测。若相邻轨道板搭接偏差小于 0.5 mm,则可进行轨道板灌浆施工,若搭接偏差大于 0.5 mm,则需要对轨道板进行补充检查或重新精调。

同时,对轨道板压紧装置、封边、灌浆孔等进行检查,保证轨道板压紧牢固、排气和排水孔通畅,确认轨道板灌浆孔内无杂物和积水。之后在每块轨道板每个浇筑孔上加装高度 35 cm 的 PVC 管(超过轨道板顶面 30 cm),PVC 管外径与轨道板灌浆孔一致,能保证灌浆时不漏浆,如图 5-5-69 所示。

轨道板灌浆前主要检测项目与标准应符合表 5-5-16 的规定。

图 5-5-69　砂浆浇筑用 PVC 管

**表 5-5-16　轨道板灌浆前主要检测项目与标准**

| 序号 | 项　目 | 检 测 标 准 | 检测数量及方法 |
| --- | --- | --- | --- |
| 1 | 横向封边 | 超出轨道板底边至少 1～2 cm，并密实 | 尺量、目测 |
| 2 | 纵向封边 | 不侵入轨道板底，封边高于板底 2 cm，并密实 | 尺量、目测 |
| 3 | 安装压紧装置 | 直线段设置 4 个，两端及两侧各 1 个；曲线段设置 6 个，两端各 1 个，板侧对称设置 4 个，所有的压紧装置在灌浆前均需将旋紧翼形螺母拧紧 | 目测、小锤 |

(2)砂浆制备。正式浇筑砂浆前需在现场配置好水泥乳化沥青砂浆，并按照规范要求检测各种物理性指标，符合要求后才能正式浇筑。砂浆制备流程如图 5-5-70 所示。

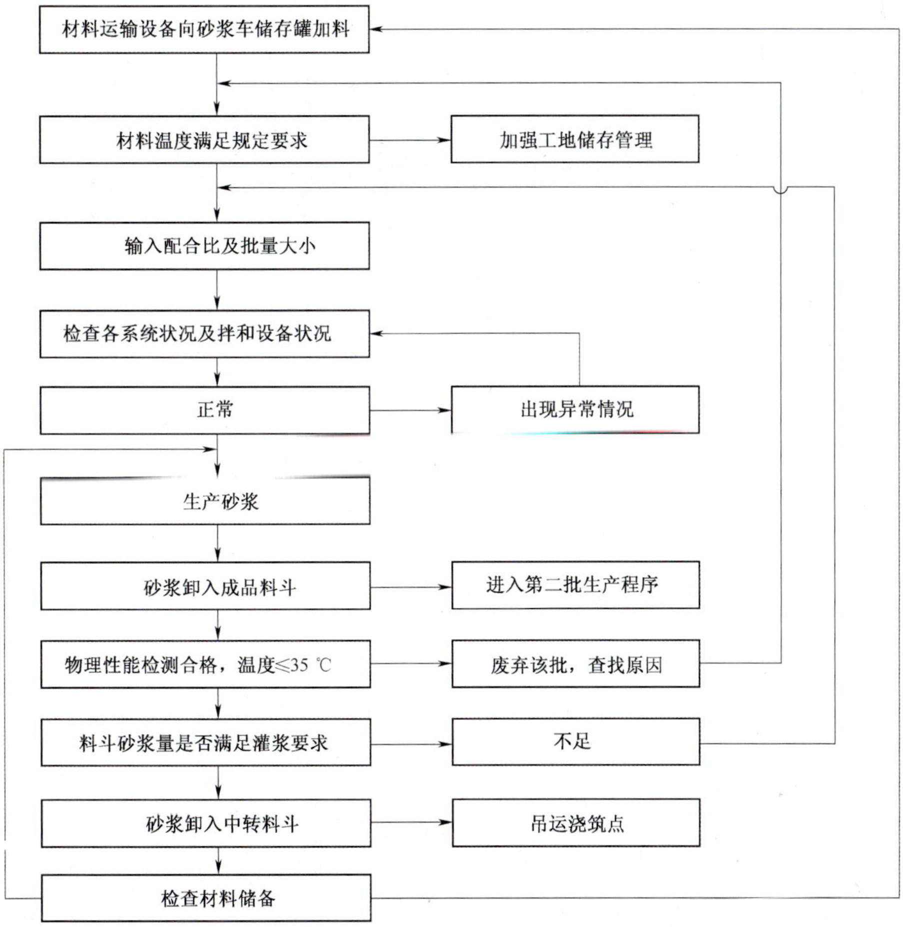


图 5-5-70　砂浆制备流程

水泥乳化沥青砂浆搅拌车能自动记录生产日期、时间、投料计量和砂浆温度。操纵搅拌车能准确控制加料的顺序、计量、搅拌时间。称量最大允许偏差(按质量计)应符合下列要求:乳化沥青为±1%,干料为±1%,外加剂为±0.5%,拌和用水为±1%,消泡剂为±0.5%。搅拌机容量为 750 L,中间储料罐的容量为 750 L(至少满足灌在一块板的用量),搅拌 1 盘砂浆刚好可以装满一个中间储料罐,所需时间约为 6～7 min。首先把液料(水、乳化沥青、减水剂、消泡剂)投入搅拌机。在低速搅拌 20 s,液态料混合均匀后再中速搅拌加入干粉,加完干粉后,立即高速搅拌 120 s,然后低速搅拌 60～120 s,最后卸料,时间 30 s。成品仓中低速搅拌。高速搅拌转速为 110～130 r/min,中速搅拌转速为 60～80 r/min,低速搅拌转速为 25～30 r/min。

由于水泥乳化沥青砂浆是比较灵敏性的材料,在施工过程中要时刻对砂浆的性能指标进行测试,如果达不到要求的,不能上桥浇筑,即时调整配合比。一般主要是对流动度和扩展度进行测试。

(3)砂浆浇筑。

1)底座板和轨道板预湿。底座板和轨道板必须充分预湿并不留明水。具体操作时提前 3～4 h 对底座板和轨道板采用高压水枪冲洗,封边前再对底座板和轨道板采用高压水枪冲洗,并用长的吸水率高的布料放在轨道板和底座板之间擦拭,立即封边,半小时之内浇筑。如果封边后不能尽快浇筑,应将浇筑孔和观察孔密封,防止水分蒸发,浇筑前再采用高压旋转水枪通过浇筑孔和两个观察孔进行湿润,必须保证水枪喷出的是水雾。特别注意轨道板两端和四角的预湿。

2)砂浆搅拌及出料。用水泥乳化沥青砂浆搅拌车现场制备水泥乳化沥青砂浆,搅拌好的砂浆从搅拌车注入中转料斗,中转料斗每次应至少装盛浇筑一块轨道板所需的砂浆量。砂浆中转料斗应带电动搅拌设备,以保证在砂浆中转运输过程中能正常搅拌,防止出现沉淀和离析。

3)轨道板灌浆。轨道板灌浆如图 5-5-71 所示。

图 5-5-71　轨道板灌浆

砂浆浇筑采用排气漏斗法进行,借助于一条管径 5 cm、长度 60 cm、口径为 60 cm 的漏斗进行砂浆浇筑(流量 5 min 灌满 1 块板)。砂浆搅拌好后并经检测合格后,采用汽车吊将盛装砂浆料的中转料斗提升上桥,经线间运输平车纵向运输至浇筑位置。再连接灌浆软管,把灌浆管对准漏斗边沿,缓慢的放出砂浆,按照“快—慢—慢”的节奏将砂浆经漏斗注入板腔,即,一开始快速浇筑,让夜面填满 PVC 管,并使液面始终保持在一定的高度(距顶面不大于 15 cm);之后缓慢浇筑使砂浆均匀上升以保证砂浆匀速灌入板腔,待砂浆流出观测孔后,再放慢浇筑速度,使砂浆慢慢地高出沿浆孔,且 PVC 管中的砂浆高度基本持平,所有排气孔中流出的砂浆与浇筑砂浆一致时,即可用泡沫海绵封锁排气孔,停止砂浆浇筑。之后注意观测浇筑孔内砂浆表面的变化,若砂浆出显明显下沉,低于顶面 15 cm 时,应向内及时补浆。

当砂浆稠度增大,失去流动性后,可将 PVC 管中多余的砂浆掏出至轨道板顶面以下 15 cm 左右。之后,在 3 个浇筑孔内插入一根 S 钢筋到砂浆垫层中,用来增强浇筑孔混凝土与垫层砂浆的连接,插入钢筋注意钢筋保护层厚度,特别是在预裂缝位置。

为避免环境污染,从 PVC 管中掏出的砂浆可用于后续其他轨道板的板缝封边使用。

4)砂浆养护。水泥乳化沥青砂浆原则上按自然养护进行。当砂浆充分硬化后,可拆除压紧装置。垫层砂浆的最小抗压强度达到 1 MPa 后,可以拆除轨道板精调器和封边材料,由砂浆材料直接支承轨道板。砂浆的最小抗压强度达到 3 MPa 后才允许轨道板承重。

精调器及封边材料拆除后，除采用角磨机将砂浆表面切齐切平之外，原则上不采用新材料进行修补。

5)设备清洗及砂浆废弃物处理。每作业班施工结束或施工中断时，应及时将搅拌设备、中转料斗及相关机具设备清洗干净，保持设备清洁。清洗过程产生的废液与废料应集中处理，不得随意排放。

水泥乳化沥青砂浆浇筑施工过程中，不可避免地会产生砂浆废弃物等，这些材料可能会对环境造成污染，因而必须相应地采取处置措施。

6)砂浆浇筑施工的质量控制要点。砂浆浇筑应遵循"随调随灌"的原则。在轨道板灌浆前，应对轨道板搭接平顺性和轨道板中央高程进行严格检查。对检测数据的评判以及有超限情况时，根据评估结果确定后续的修正方案。以此来确定轨道板是否有必要做补充测量或重新调整，误差大于 0.5 mm 时要重新调整轨道板及灌浆。

在进行砂浆施工前必须对砂浆搅拌车做工况试验，验证配合比的适应性和物理、力学和耐久性指标。同时进行灌板的实际验证，对搅拌及灌浆设备进行测试，连续灌板 10 块以上以测试设备的稳定性。

灌浆前后(灌浆开始和结束或中断时)都要对设备清洗干净。

当气温高于 40 ℃或低于 5 ℃时，不允许进行砂浆浇筑施工。当天最低气温低于−5 ℃时，全天不允许进行砂浆浇筑。雨天不得进行砂浆施工，并应对浇筑后未硬化的砂浆进行覆盖，防止雨水进入轨道板。

砂浆的浇筑应一次性完成，绝对禁止二次浇筑，并保持对砂浆进行低速搅拌。

砂浆浇筑时应通过注入漏斗注入，自由倾落高度不宜大于 1.5 m，以免砂浆分层离析。

炎热季节或低温下进行砂浆拌制时，应采取相应措施控制材料温度，以保证砂浆拌和物温度。

5.2.11.10　轨道板纵向连接

水泥乳化沥青的强度达到 9 MPa 或者横向窄接缝浇筑混凝土的强度达到 20 MPa 后，方可对轨道板实施张拉，之后才能浇筑板缝混凝土。

(1)窄缝混凝土浇筑。支模前首先清除板缝内的污垢及杂物。先立窄缝外模，外模采用 2 mm 厚钢板或竹胶板，用 U 形螺栓固定。内模也用 2 mm 厚钢板或竹胶板，采用 50～60 mm 方木支撑。窄缝混凝土采用 C55 无收缩细石混凝土，浇筑高度为轨道板上缘以下约 6 cm。浇筑尽量安排在一天内的环境温度最低时进行，且环境温度不应大于 25 ℃。窄接缝浇筑后进行覆盖保湿养护，养护时间不少于 7 d。

(2)张拉锁件安装。张拉锁件在窄缝混凝土浇筑完成并拆除内模后进行。安装前先将带垫片的紧固螺母拧松，垫片位于紧固螺母和张拉扣锁之间，然后用手拧紧紧固螺母。由于轨道电路传输的需要，张拉锁件应进行绝缘处理，如图 5-5-72 所示。安装完毕的张拉锁件如图 5-5-73 所示。

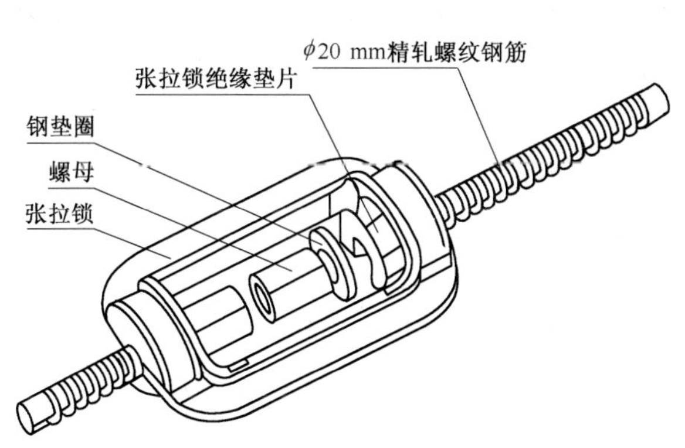


图 5-5-72　张拉锁件绝缘示意图

图 5-5-73　轨道板张拉锁件安装

(3)张拉锁件的张拉。张拉施工从拟连接段中间开始，从中部向两端对称同步进行。轨道板中共设有 6 根张拉筋，先张拉轨道板中间 2 根至完成，其后由内向外对称张拉左右筋各 1 根至完成，最后张拉剩余 2 根。

张拉螺纹钢筋采用可调扭矩扳手，其张拉步骤为：第 1 步先张拉中间两根钢筋；第 2 步将剩下的钢筋从内向外张拉(最后 1 块轨道板先张拉中间的钢筋)，其张拉力矩为 450 N · m。每天至少检查 1 次可调扭矩扳手的调整值是否正确。

(4)宽接缝施工。宽接缝钢筋及混凝土施工如图 5-5-74 所示。

图 5-5-74　轨道板宽接缝施工

1)钢筋绑扎及绝缘检测。按照设计配筋图用绝缘绑扎线绑扎钢筋,注意保证钢筋保护层厚度。按照信号传输技术的规定,对精轧螺纹钢筋、张拉锁件、骨架钢筋相互间交叉点的绝缘电阻进行检测,其电阻值应符合设计要求。

2)宽接缝混凝土浇筑。浇筑开始前清除宽缝和灌浆孔中杂物、污垢,并预湿润处理。浇筑连接缝时应考虑到施工作业要在当天构件温度最低的时候进行,此时环境温度不允许高于 25 ℃的上限值。

宽接缝浇筑 C55 无收缩微膨胀混凝土,28 d 的抗压强度不小于 45 MPa。混凝土采用插入式振捣器振捣,表面与轨道板上表面平齐,并压实抹光。为防浇筑混凝土时污染轨道板,可采用简易料斗,也可用胶合板或油毛毡铺在轨道板上。

曲线超高地段中宽接缝混凝土可适当降低坍落度,必要时可分两次浇筑,但第二次浇筑应在初次浇筑混凝土初凝前进行。

浇筑宽接缝混凝土的同时浇筑灌浆孔,浇筑灌浆孔的混凝土及操作方法同宽接缝。混凝土进行覆盖养护,养护时间不少于 7 d。

3)混凝土养护。浇筑完混凝土后需要对混凝土表面进行养护,对尚未凝结的混凝土表面首先用保湿保温养护材料进行养护,最后用塑料薄膜覆盖新浇筑的混凝土,并确保薄膜不会滑动,具体的养护时间和形式要根据具体的混凝土而定。冬期施工时,确保混凝土不受冻害。

(5)灌浆孔施工。在宽接缝混凝土浇筑的同时用宽缝混凝土将灌浆孔封闭,做法与宽接缝混凝土浇筑相同,通过使用合适的楔形垫块形成轨道板预裂缝。为了保证结合,在灌浆时要在新灌的垫层砂浆中插入一根 S 形钢筋,在混凝土浇筑前要注意保证足够的混凝土保护层厚度。如图 5-5-75 所示。

图 5-5-75　轨道板灌浆孔封堵

### 5.2.11.11　轨道板锚固连接

轨道板的剪切连接位置位于每片箱梁的梁缝区域、梁与台背、端刺与路基过渡段、桩板结构与路基过渡段及道岔前后处,主要作用是将轨道板与底座板连接成为一个整体,以适应端部结构变形。当轨道板砂浆垫层硬化后,根据设计图纸位置将轨道板与底座板进行剪切连接。

施工流程:确定位置(必须避开轨道板的钢筋)→按设计深度及孔径钻孔→用钢丝刷清洁钻孔→用压力空气清除钻屑粉尘→向孔中注入植筋胶→达到所要求的强度用扭力扳手以 60 N · m 扭矩将锚栓拧紧。

钻孔前应在设计植筋位置使用钢筋探测雷达探明轨道板及底座板内的钢筋布置情况，标出具体钻孔位置。钻孔使用专用电动钻孔机，钻孔完成后，使用高压风管（枪）将孔内霄粉吹除干净。植筋施工应随即进行，否则应用砂丝团或软布团封堵孔口。

为确保剪切筋与轨道板及底座板内钢筋处于隔离绝缘状态，剪切筋表面应事先均匀涂抹一层植筋胶，并确保表面无遗漏之处。在已钻好的孔内注入适量植筋胶，植入剪力销钉（筋）。剪切筋植入时应轻轻插入，待植筋胶硬化后将孔口清理干净。

### 5.2.12　资源配置

#### 5.2.12.1　劳动力配置

CRTSⅡ型板式无砟轨道通常采取架子队组织模式，根据工作面情况分成若干班组，通常底座与轨道板施工分开组织，按照工序实行平行作业。各工序人员相对固定，推行专业化管理。

（1）管理人员组织。CRTSⅡ型板式无砟轨道一般以作业队为单位设置管理机构，负责多个作业面的技术管理和施工组织。管理人员组织见表5-5-17。

**表5-5-17　管理人员组织表**

| 序号 | 岗位或工种 | 人数 | 主要工作内容 |
|---|---|---|---|
| 1 | 作业队队长 | 1 | 全面主持板式无砟道床施工组织工作 |
| 2 | 技术负责人 | 1 | 负责生产技术工作；负责建场工作 |
| 3 | 作业队副队长 | 2 | 负责设备、物资及施工生产管理工作 |
| 4 | 工程技术室 | 4 | 负责生产技术、施工测量 |
| 5 | 安全质量室 | 5 | 负责安全、质量，主管安质、工程试验 |
| 6 | 物资设备室 | 10 | 负责设备及物资供应，含库管 |
| 7 | 办公室 | 5 | 负责治安、保卫工作及行政事物、食堂、司机、文化娱乐的管理及对外接待联络工作 |
| 8 | 工程调度 | 2 | 负责生产指挥调度，协调对外关系 |
| 合　计 | | 30 | |

（2）生产人员组织。每个作业工序，工地负责人、工班长、技术人员和专兼安质人员由正式员工担任，且持证上岗。其余根据需要可配置劳务用工，但岗前必须进行培训并经考试合格后上岗。特种工种必须按规定持证上岗。以下工序按桥梁上日进度120双延米配置劳动力。长桥上钢筋混凝土连续底座采用模筑法施工，单作业面生产人员配置见表5-5-18。

CRTSⅡ型轨道板安装施工单作业面生产人员配置见表5-5-19。

**表5-5-18　钢筋混凝土底座及凸形挡台施工单班生产人员配置**（单作业面）

| 序号 | 作业种类 | 人员数量 | 备注 |
|---|---|---|---|
| 1 | 管理人员 | 15 | 含测量试验 |
| 2 | 钢筋工程 | 120 | |
| 3 | 模板工程 | 100 | |
| 4 | 混凝土工程 | 60 | |
| 5 | 底座板纵连 | 40 | |
| 合　计 | | 335 | |

**表5-5-19　CRTSⅡ型轨道安装板施工单班生产人员配置**（单作业面）

| 工作内容 | 人数 | 备注 |
|---|---|---|
| 管理人员 | 10 | |
| 轨道板粗铺 | 38 | |
| 轨道板精调 | 20 | 含测量 |
| 水泥乳化沥青砂浆浇筑 | 68 | 含试验 |
| 轨道板纵向连接 | 12 | |
| 轨道板锚固连接 | 12 | |

#### 5.2.12.2　主要设备机具配置

施工设备及机具按作业面配置，生产能力符合上述进度指标要求。长桥上钢筋混凝土连续底座采用模筑法施工，单作业面主要设备机具配置见表5-5-20。

表 5-5-20 长桥上钢筋混凝土连续底座施工主要设备及机具配置

| 序号 | 设备名称 | 设备型号 | 数 量 | 备 注 |
|---|---|---|---|---|
| 1 | 钢筋切断机 | | 4 | |
| 2 | 钢筋调直机 | | 2 | |
| 3 | 电焊机 | | 4 | |
| 4 | 叉车 | | 1 | |
| 5 | 钢筋弯曲机 | | 6 | |
| 6 | 汽车吊 | 25 t | 4 | |
| 7 | 平板车 | | 4 | |
| 8 | 底座板模型 | 双线米 | 2 000 | 对应的撑杆 600 m |
| 9 | 混凝土拌和站 | HZS90 | 2 | |
| 10 | 轮胎式装载机 | ZL-50 | 2 | |
| 11 | 混凝土运输车 | 8 $m^3$ | 6 | |
| 12 | 混凝土泵车 | | 1 | |
| 13 | 插入式振捣器 | | 20 | |
| 14 | 拉毛器 | | 12 | |
| 15 | 扭力扳手 | 700 N·m | 6 | |
| 16 | 扭力扳手 | 400 N·m | 6 | |
| 17 | 开口扳手 | | 6 | |
| 18 | 发电机 | 12 kW | 4 | |
| 19 | 洒水车 | | 1 | |

CRTSⅡ型轨道板安装施工主要设备及机具配置见表 5-5-21。

表 5-5-21 CRTSⅡ型轨道板安装施工主要设备及机具配置

| 序号 | 名 称 | 规格型号 | 数 量 | 单 位 | 备 注 |
|---|---|---|---|---|---|
| 1 | 发电机 | 12 kW | 4 | 台 | |
| 2 | 高压清洗机 | | 3 | 套 | |
| 3 | 汽车吊 | 25 t | 3 | 辆 | |
| 4 | 汽车吊 | 8 t | 2 | 辆 | |
| 5 | 运输车辆 | | 5 | 辆 | |
| 6 | 轮胎式悬臂龙门吊 | 10 t | 1 | 台 | |
| 7 | 压紧装置 | | 300 | 套 | |
| 8 | 双向千斤顶 | | 800 | 套 | |
| 9 | 单项千斤顶 | | 400 | 套 | |
| 10 | CA 砂浆原料运输车 | | 3 | 辆 | |
| 11 | CA 砂浆车 | | 2 | 辆 | |
| 12 | 封边工装 | | 180 | 套 | |
| 13 | 扭矩扳手 | 600 N·m | 50 | 把 | |
| 14 | 电阻测试仪器 | | 4 | 套 | |
| 15 | 混凝土运输车辆 | 8 $m^3$ | 6 | 台 | |
| 16 | 宽接缝模型 | | 400 | 套 | |
| 17 | 洒水车 | | 2 | 台 | |

### 5.2.13　质量安全控制要点

5.2.13.1　质量控制要点

(1)认真做好线下结构沉降变形及CPⅢ测量控制网评估，与施工各方共同验收线下结构几何尺寸。对不满足无砟轨道施工的，不存侥幸。

(2)无砟轨道技术、质量控制点多，精度要求高，关联性、综合性和系统性强，加强技术培训，选用具有施工经验和经历的专业化技能队伍是保证无砟轨道工程质量的一个重要前提。

(3)加强设备配置和管理，特别是测量仪、精调用工装设备、水泥乳化沥青砂浆搅拌车等，务必保证其精度和良好状态，正确使用。

(4)对进场的原材料控制是成品质量的控制源头，混凝土用粗细骨料的含泥量、烧失量及碱含量等指标必须试验检测合格，钢轨扣件、预埋件、钢筋、滑动层、高强度挤塑板、后浇带钢板连接器、剪力钉、张拉锁件、弹性限位板等外观质量和力学性能均满足规范要求。

(5)做好工艺性试验，混凝土配合比及施工工艺、精调工艺、水泥乳化沥青砂浆浇筑工艺等都应建立工艺试验制度，按照工艺试验、试验段、先导段的顺序逐步验证推广。

(6)加强混凝土底座或支承层顶面高程控制，钢筋模板安装完成后，必须再次进行检查确认，否则不能浇筑底座混凝土。混凝土浇筑后，应掌握好表面拉毛时机及拉毛深度。

(7)严格控制长桥上底座混凝土施工工艺。滑动层和挤塑板铺设应符合技术条件要求，不能有褶皱和鼓包现象；齿槽清理、凿毛符合要求；剪力钉及后浇带钢板连接器按规定安装和松开；钢筋绑扎及后续施工等不得破坏滑动层和挤塑板，保护层垫块数量及面积符合要求；严格控制底座张拉和后浇带混凝土施工条件和施工时机。

(8)混凝土底座及水硬性支承完工后，应严格检查其外观质量和尺寸。对水泥乳化沥青砂浆厚度不能满足要求的，应及时整修，否则不能进入下道工序施工。

(9)轨道板应采用平面放置，按设计图纸要求采用三点支承方式，应保证存放基础稳固、各支承点相对高差小于2 mm。轨道板存放及运输过程中，应注意成品保护，特别是扣件螺栓孔的封闭，防止杂物进入影响后期的扣件安装，同时应避免损伤轨道板。

(10)轨道板粗铺前，应采用高压水对底座或支承层表面及轨道板进行冲洗，以保证铺板后没有杂物影响水泥乳化沥青砂浆浇筑。

(11)轨道板精调后，扣压装置应及时安装，扣压力不宜过大。

(12)轨道板封边时，应特别注意排气孔的预留，孔口不能高也不能低，要确保灌浆时积水及空气能正常排出。

(13)轨道板精调完成后，应尽早浇筑水泥乳化沥青砂浆，并在正式浇筑前再次检查轨道板线形满足浇筑施工的要求。

(14)水泥乳化沥青砂浆浇筑应选择合适的施工天气，并提前对轨道板底进行湿润，以免因湿润不足或湿润过多导致砂浆流动性不足或砂浆密实度不够。

(15)严格控制水泥乳化沥青砂浆材料的储存周期和温度，超出允许温度的施工应制定相对的措施。水泥乳化沥青砂浆浇筑时应保持良好的施工性能，施工性能不能满足的应废弃作报废处理。

(16)轨道板施工完成后，应加强成品保护，防止后续施工污染或损伤无砟道床。

(17)严格遵循长桥上张拉锁件的张拉顺序和张拉力控制的要求，避免的轨道板纵连过程引起轨道板的内应力。

(18)侧向挡块施工，除保证弹性限位板与底座及轨道板充分接触外，还应保证侧向挡块连接钢筋螺纹充分旋入预埋套管以使侧向挡块的受力完全传入梁体，同时还应保证侧向挡块除弹性限位板以外的部分与底座及轨道板间的混凝土完全没有粘黏。

(19)不论混凝土还是水泥乳沥青砂浆施工，都应根据现场条件制定相应的季节性施工措施。

(20)CRTSⅡ型板式无砟轨道施工是一套系统工程，影响质量的环节多、周期长，应制定严格的质量管理措施。尤其在施工初期，应按施工培训、材料试验、设备验证、工艺试验和先导段施工的顺序逐步推进，由点带面地促进工程质量的全面保证。

5.2.13.2　安全控制要点

(1)按要求配足安全生产要求,确保安全管理体系正常运转。

(2)做好经常性的安全教育和技术培训,设备操作人员和特殊工种持证上岗。

(3)加强对施工机具设备、临时设施的例行检查和强行保养,确保设备及临时设施安全可靠。

(4)施工基地、运输道路、作业面布置科学合理,物流顺畅,临空、临边作业防护措施到位。涉及交通疏解或交通干扰的地段,应设置警示或防护设施、标牌,必要时设专人管理和防护。

(5)施工用电严格执行五线三相制和一机一闸制,做好漏电保护,电线外皮不能破损,不能超负荷用电,严禁私拉乱接,违规用电。

(6)施工现场的布置应符合防火、防风、防雷击、防洪、防触电等安全规定及安全施工的要求,各临时存板点等应按规定统一布置。

(7)生产料库应加强防火措施,乳化沥青库房周边应严禁使用明火。

(8)吊装作业时,应有专人进行指挥,要经常检查钢丝绳、吊钩、夹具等的安全状况,吊臂下及吊装范围内严禁站人。

(9)轨道板运到吊装现场,首先要解除板体固定装置,在确认轨道板吊装架的四个精调爪完全伸入板体下部后,指挥人员才能给吊车司机起吊的指令,并随时注意板体上升的位置与周边结构物的距离。

(10)轨道板、砂浆或其他物料吊装时,吊装时必须设专人看护,遇高压线横跨线路上空时,不得伸臂至高压线安全区内,且应通知当地电力部门协助看护吊装。

(11)物料堆码牢靠。夜间施工时照明充分。

(12)临时上桥通道应按规定搭设牢固,并定期进行检查维修。

5.2.13.3　环境保护控制要点

(1)废弃混凝土及砂浆材料必须按照规定集中统一处理,严禁随意排放污染环境。

(2)施工作业时要对所有生活和生产废水经过过滤、沉淀后集中处理。施工营地设置集中垃圾收集地,设专人管理,经无害化处理后排放,定期填埋,严禁就地焚烧。对营地生活垃圾(包括施工废弃物)集中装运至指定垃圾处理场处理。对不能处理的垃圾拉到设有处理设施的厂处理。

(3)严格按照使用要求检修和保养发动机,使用合格的燃料油,以提高发动机的燃烧和工作质量,减少发动机废气对环境的污染。

(4)经常检查各种油液管路和接头,发现泄漏、渗漏及时更换或维修。对擦洗机械后的油液和更换下来的废润滑油、废液压油分类回收,利用。

(5)针对施工过程中产生的噪声,对动植物和人体损害均较大,为了保护环境,应尽量减少噪声污染。机械设备使用低噪声发动机。

# 6　CRTSⅢ型板式无砟轨道施工技术

## 6.1　CRTSⅢ型混凝土轨道板预制技术

### 6.1.1　概　　述

CRTSⅢ型混凝土轨道板采用后张预应力结构，轨道板预制除模具结构及调整、检测外，其余施工与CRTSⅠ型混凝土轨道板预制完全相同。故本节 CRTSⅢ型混凝土轨道板预制技术仅重点介绍区别于CRTSⅠ型混凝土轨道板预制技术的部分。

与 CRTSⅠ型混凝土轨道板预制相同，CRTSⅢ型混凝土轨道板也采用固定台座工厂化预制，通过工序传递完成产品生产，有相对固定的工艺流程，实行分班作业制度，有相对固定的场区保护、消防、安全、绿化环保设施等。

### 6.1.2　结构设计

CRTSⅢ型混凝土轨道板设计为钢筋混凝土双向预应力结构，分为纵连式轨道板和单元式轨道板两种类型，分为 P5600、P5350、P4925、P4856 等不同长度的标准板型和异形板型。CRTSⅢ型混凝土轨道板宽2 500 mm，厚 190 mm，承轨槽高于轨道板表面 20 mm，轨道板按平坡设置，每块轨道板根据长度的不同设置不同对数的有挡肩承轨台。有挡肩承轨台尺寸与所用扣件系统相配套，并按 1∶40 设置轨底坡。轨道板配筋及预应力采用对称布置，主要预埋件包括预埋扣件绝缘套管、轨道板起吊用套管、接地端子等。CRTSⅢ型混凝土轨道板外形结构示意如图 5-6-1 所示。

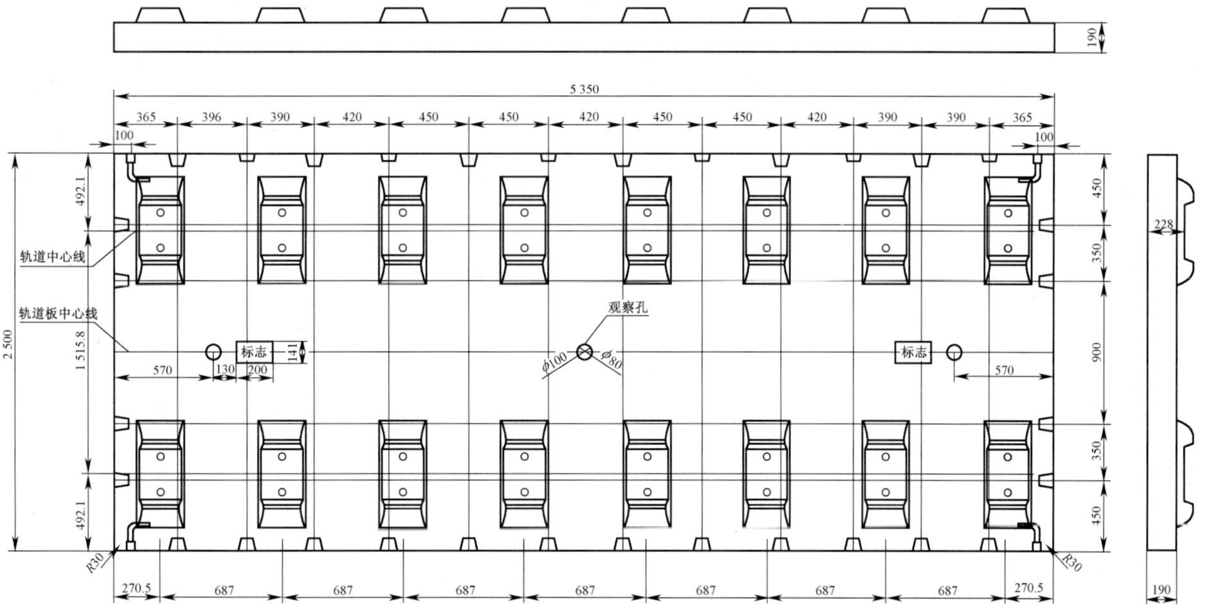


图 5-6-1　CRTSⅢ型混凝土轨道板结构（有挡肩）（单位：mm）

CRTSⅢ型混凝土轨道板采用强度等级为 C50 的高性能混凝土，钢筋采用 HRB335、Q235 级钢筋，预应力钢棒，低碳冷拔钢丝，相关材料及工艺要求符合《客运专线铁路 CRTSⅠ型板式无砟轨道混凝土轨道板技术条件》（科技基〔2008〕74 号）及设计的规定。

### 6.1.3 轨道板制造工艺流程

6.1.3.1 工艺流程

CRTSⅢ型混凝土轨道板制造主要分为钢筋制作、混凝土制备、轨道板预制、预应力实施、轨道板养护等5个生产流程。主要工序如下：

钢筋制作：钢筋采用钢筋预扎台座集中预扎、整体入模的方式；入模后在浇筑混凝土前进行绝缘性能检测，确认电阻大于2 MΩ。

模型安装：模型采用专业厂家生产的高精度钢模，有挡肩承轨台模具根据需要进行二维调整，模型外形尺寸允许误差为轨道板外形尺寸允许误差值的1/2。

混凝土制备及轨道板预制：轨道板场一般采用120型或90型拌和站制备混凝土，混凝土使用平板小车配合混凝土料斗方式运输进入制板车间，之后再用桥式起重机吊运料斗至轨道板模型位置进行混凝土浇筑作业。

预应力实施：混凝土强度达到40 MPa时进行脱模作业，通过车间内桥式起重机转运至轨道小车送入张拉封锚区，采用全自动数控张拉系统对轨道板进行预应力施工，预应力作业按设计要求先进行横向单边张拉后进行纵向两侧张拉。预应力施加完毕后进行封锚作业，采用强制搅拌机对封锚砂浆进行搅拌，空气锤进行封锚作业。

轨道板养护：混凝土浇筑完毕后采用自动蒸养系统进行养护，最高温度不超过45 ℃，轨道板芯部温度不超过55 ℃。张拉完成后进入水养阶段，水温不得低于5 ℃，养护时间不少于3 d。水养完成后将轨道板存放到存板区进行自然养护，时间不少于14 d。

6.1.3.2 关键工序

钢筋制作与绝缘检测、模型检测及预埋套管安装、混凝土浇筑、预应力实施、轨道板养护为其关键工序。

### 6.1.4 轨道板预制场规划及建设

6.1.4.1 设置原则

CRTSⅢ型混凝土轨道板的设置应结合1个或多个工程项目的工程量统筹考虑，就高速铁路无砟轨道工程而言，通常选在拟供应范围的中间位置附近，地势平坦开阔，靠近公路交通要道并与施工便道相连的位置。若条件许可，预制场可利用废弃厂矿、预制场、规划用地或取弃土场等，以减少土石方量，节约用地，节约投资。

CRTSⅢ型混凝土轨道板生产工效受制于模具配置，而模具配置又需要厂房及相关设备予以支持。每套模具周转时间约为24 h，每月可按28 d有效工作日计。

一般情况下，预制场的最优供应半径为60 km，同时预制场还应考虑2～4个月产量的存放场地。

6.1.4.2 预制场总体规划

按生产工艺原理，CRTSⅢ型混凝土轨道板预制场总体规划应结合工程工期及场地条件尽量做到布局合理、工序清明、物流顺畅，生产规模满足工程工期并略有富余，适度预留长远发展余量。一个功能完整的CRTSⅢ型混凝土轨道板预制场一般包括生活办公区、混凝土拌制区、钢筋加工车间、轨道板生产车间、轨道板存放区等。以下以武黄城际铁路CRTSⅢ型轨道板预制场为例，介绍CRTSⅢ型轨道板预制场平面布置。

武黄城际铁路轨道板预制场占地约132亩，位于武汉东湖开发区，距武汉外环公路入口2 km，交通方便。该轨道板预制场承担了武黄、汉孝、武咸等三条城际铁路约7.6万块CRTSⅢ型轨道板制造及供应任务。轨道板预制场平面划分为生活办公区和轨道板生产区两大区域，设2个轨道板车产车间，每个车间长236.5 m，宽49.5 m。轨道板生产车间按照钢筋原材料存放区、钢筋加工区、钢筋绑扎区、成品钢筋骨架存放区、混凝土浇筑区、翻板检查区、张拉封锚区、水养池等进行场房设计。厂房建筑面积23 364 m$^2$，每条轨道板生产线采用3跨彩钢板房，一跨作为钢筋生产线，跨度为13.5 m，桁吊跨度为12 m；两跨作为板预制生产线，跨度为18 m，桁吊跨度为16.5 m。两条生产线一次性建成。板场存板区规划最大存板能力约为9 300块。

6.1.4.3 轨道板预制场建设

(1)生产量设计。按照技术条件，CRTSⅢ型混凝土轨道板按混凝土强度发展(即蒸养时间)确定模型周转,从脱模开始到钢筋及预埋件安装、混凝土浇筑成型的时间大约为 4 h,混凝土养护 16 h,模型周转的理论时间为 20 h。但考虑到劳动力组织及正常的生产组织,一般都按 24 h 单班作业考虑,故模型的周转时间为 24 h。以一套模型每个月正常生产 28 d 计,即每套模型的月产量为 28 块。因此,轨道板预制场的模型配置则需根据供板量及工期确定模型配置数量。

(2)生活办公区。生活办公区在规划用地内尽量避开生产区设置。生活办公区主要包括办公室、会议室、员工宿舍、食堂和文化活动区等。此外,还应修建试验室、物资仓库等辅助房屋。

(3)混凝土拌和站。混凝土拌和站的布置应以混凝土的运输距离最近为原则,减小混凝土的运输距离,确保混凝土的连续供应。轨道板预制生产是一个工厂化作业,受外部环境的干扰相对较小,必须考虑整体布局,拌和站宜靠近车间布料口侧。原材料应采用封闭的料仓,北方地区还应考虑原材料厂冬季保温或加温措施。砂石料仓应满足混凝土半个月内的供应,冬季应有备用料仓可满足 3 个月的储料能力。

混凝土拌和站设置主要考虑的不是数量因素而是质量因素,因此,轨道板预制场在不考虑对外供应混凝土的前提下一般设置 90 或 120 型自动计量拌和站。

(4)主厂房。主厂房主要包括钢筋加工厂区、轨道板预制区、轨道板张拉区、水养池和轨道板检测区等。

钢筋加工区厂房结构采用钢构件,制板区端钢柱采用双牛腿,内置 5t 桥式起重机进行钢筋、配件、预扎骨架的吊存等。加工房内设 10 个钢筋预扎架,钢筋骨架采用桥式起重机吊装,平板车运输至轨道板生产车间内。

轨道板预制区厂房结构采用钢构件,外侧采用钢板封闭,制板区与张拉、养护、检测区的桥式起重机中间钢柱采用双牛腿,制板区和钢筋加工区内采用 10 t 桥式起重机进行钢筋骨架、混凝土、轨道板等进行吊装作业。

轨道板张拉、养护、检测区也采用 10 t 桥式起重机进行轨道板的张拉、养护、检测等作业的吊装等。

(5)轨道板预制区。轨道板预制工艺设计为:混凝土用平板车通过运输通道汽运至轨道板生产线,10 t 桥式起重机吊装混凝土料斗入模浇筑。轨道板混凝土浇筑完成后采用 2 t/h 时蒸汽锅炉进行蒸汽养护,温控操作系统进行控制,蒸汽管道设在每个制板台座底部,蒸汽养护罩采用活动式钢管架外罩隔热篷布。

轨道板制板模型为台座式设计,采用钢筋混凝土基础,台座下部设蒸养管道,保证轨道板在混凝土浇筑后及时蒸养达到强度要求。模型之间设有纵向物流通道,以方便轨道板混凝土及钢筋骨架的运输。预制区内设 2 台 10 t 桥式起重机进行钢筋骨架、混凝土、轨道板及其他材料机具的吊装。

(6)轨道板张拉及养护区。轨道板张拉及养护区内配置 2 台 10 t 桥式起重机,可充分满足轨道板的张拉封锚、养护区的吊装、翻板作业等。

张拉作业时,轨道板由预制区通过轨道平板车运输至张拉区后,由 10 t/16.5 m 桥式起重机通过翻板台座完成翻板并吊装至张拉台座上进行张拉,张拉完成后及时封锚再吊入养护池内进行水养。

轨道板养护区设置 1 个养护池,轨道板吊装至水池内进行湿润养护,水池设置向外泄水孔,以便养护用水随时更换。养护池采用混凝土圈梁、砖砌立墙的形式。

轨道板在养护池内水养 3 d 以后,通过 10 t 桥式起重机装车后通过运输小车运至存板区进行存放,每批轨道板抽检 10 块,按规范对轨道板的长度、宽度等进行外观检查,抽检完成后装车运至存板区进行存放。

(7)轨道板存放区。轨道板存放区的规划应结合工地其他轨道板临时存放场、施工工期等全盘考虑,但至少应满足轨道板预制场正常生产 3 个月的存放能力。考虑到工地存放条件的局限性,一般设计在 5 000 块板以上。

轨道板存放区采用悬臂式龙门吊和汽车吊结合的方式进行轨道板存放。轨道板存放台位按侧面立式存放,修建纵向的混凝土条型基础,存放台位两端设置支挡。龙门吊基础采用倒 T 形混凝土扩大基础,存放区内采用平地机刮平,并洒水碾压密实。

(8)生产辅助区。根据板场生活生产所需的用电总功率,电力供应由设在附近的 10 kV 高压线路引入,根据轨道板各部分用电情况进行电线布置。为确保轨道板生产时电力的正常供应,轨道板场内备用 1 台 350 kW 发电机。

轨道板场施工用水一般采用打机井解决,生活用水采用外接自来水。为满足轨道板预制时蒸汽养护的需要,另设 1 台 2 t 的蒸汽压力锅炉。

### 6.1.5　制板关键设备及工装

钢模的周转主要受混凝土的浇筑、轨道板蒸汽养护及脱模环节的制约，设备的优化和布置是生产线的设置重点。

6.1.5.1　轨道板预制台座(模型)

CRTSⅢ型混凝土轨道板预制钢模采用整体式钢模，有挡肩承轨台模具单独加工后于整体钢模底部开孔镶嵌安装，且可进行无级调高以实现曲线地段用 CRTSⅢ型混凝土轨道板承轨台高度随曲线超高变化。模型主要结构由底模、端模、侧模、轨道模板基座等构成，侧模、端模上安装有用于张拉的锚穴孔，侧模、端模和底模有脱模机构连接，底模上镶嵌有承轨台模、套管定位装置，底模下部安装高频振动器底板等附件；底模和模型基座相连，如图 5-6-2 所示。主要特点如下：

图 5-6-2　CRTSⅢ型混凝土轨道板预制台座及钢模型示意

(1)钢模主体采用钢板及 H 型钢焊接结构，结构合理，模板刚度和强度大，且经过焊接后热处理，在使用过程中，钢模尺寸稳定。

(2)有挡肩承轨台模具每个单独加工，采用铸钢精密铸造，完全退火，消除内力，内腔全部数控加工，并配套采用专用检具检测其加工精度。

(3)有挡肩承轨台模具为可更换的二维可调结构，由导向外框，承轨台活动内模、套管固定装置、横向及高度调整机构等组成。通过调节横向和高度调整机构的调节螺杆，带动承轨台底部活动楔形块的调整，实现承轨台方向和高度的调整。横向和高度调整机构具有自锁功能，可以防止在轨道板生产时，由于振动引起调整机构的松动，降低轨道板的制造精度。

(4)预埋套管固定装置采用螺纹连接、拨叉式锁定，定位心轴与承轨台模的配合面为 1∶30 的圆锥面，可以解决提升轨道板时承轨槽 1/40 坡度的脱模阻力和承轨台导向管脱模时压紧弹簧被卡的问题。

(5)钢模采用高强度螺栓锁紧，内置滑道水平开合，操作简单，快速脱模，2 人即可在 5 min 内完成钢模开合工作，节约成本。

(6)电控振动采用变频控制高频振动。

6.1.5.2　钢筋绑扎胎具

轨道板钢筋网片架绑扎在专用绑扎胎具上进行，钢筋绑扎胎具采用型钢制作，凸形挡台位置采用钢板制作成圆弧。绑扎胎具内设有钢筋定位槽或定位卡、综合接地端子定位孔，按照对应型号轨道板设计图纸的钢筋间距、数量在胎具内标识钢筋定位槽或定位卡以及综合接地端子定位孔，保证钢筋偏差在标准范围内。钢筋绑扎胎具的设计能极大的提高钢筋绑扎效率，保证质量，且外型美观。钢筋绑扎胎具示意如图 5-6-3 所示。

6.1.5.3　轨道板数控自动张拉系统

CRTSⅢ型混凝土预应力轨道板采用后张预应力设计，轨道板混凝土强度达到规定强度后，进行纵横向预应力钢棒的张拉和封锚。后张预应力实施采用预应力钢棒，经张拉后用螺母锚固。为避免“千斤顶＋尺量伸长量”的传统张拉方法中人为因素导致的张拉力控制不准确、伸长值观测随意性大等问题对轨道板张拉质

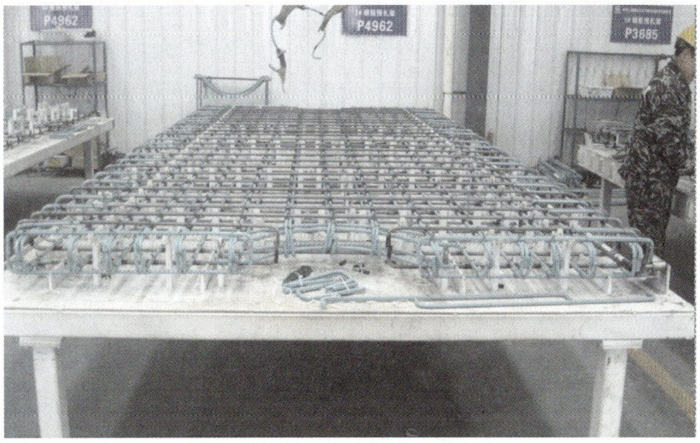


图 5-6-3　轨道钢筋绑扎胎具

量的影响，经技术创新研究了轨道板数控自动张拉系统。

轨道板数控自动张拉系统为后张预应力轨道板的预应力钢棒自动张拉专门设备，该系统采用高精度传感器测量技术和现代计算机控制技术，以张拉载荷值为控制要素，以伸长值为校核指标，采用程序自动控制，可自动完成轨道板的预应力初张、终张和保压，并实时记录和显示张拉力、伸张值的实际情况和误差情况，具有数据记录、数据查询、数据分格和工艺参数修改等功能，真正实现了“一键 OK”式操作。

轨道板数控自动张拉系统由集中控制柜、液压泵站、数据采集元件(位移和力传感器)及同步油缸组成。系统进行轨道板的初张拉、终张拉和保压，并实时显示张拉力、伸长值以及与理论数值允许偏差之间的关系，当张拉到位且符合要求后，张拉自动完成并形成张拉自动控制、伸长值自动记录。

6.1.5.4　轨道板自动温控养护系统

轨道板自动温控养护系统，可按多块板或单块板作为一个控制单元进行养护。该系统由温度传感器、电气控制柜(含计算机)、无线磁阀控制器及附属零件组成。操作时，电气控制柜通过无线采集模型内混凝土温度数据，再根据相应的磁阀控制器输出相应的控制信号来控制相应磁阀的开和动，从而实现根据不同温度的蒸汽供应自动控制的目的。同时，电气控制柜还可对各模型内的所有温度数据进行自动记录，并在计算机上显示。

### 6.1.6　制板原材料

CRTSⅢ型混凝土轨道板预应力结构，主体材料有 C50 高性能耐久性混凝土、低松弛预应力钢棒及锚具、环氧涂层钢筋、低碳热轧光圆盘条钢筋和热轧带肋钢筋，其中混凝土配合比可以使用水泥等级不低于硅酸盐或普通硅酸盐水泥，聚羧酸减水剂，碎石规格 5～20 mm，掺和料可为复合型掺和料或单掺矿粉及粉煤灰，同时满足技术条件和施工工艺要求。

轨道板预制生产辅助材料包括：预埋套管、起吊套管、接地端子、封锚砂浆、绝缘卡、防腐油脂、脱模剂、低碳钢冷拔钢丝等。

### 6.1.7　制板施工工艺

6.1.7.1　质量标准

(1)模型质量控制。模型应具有足够的强度、刚度和稳定性，应能够保证轨道板各部形状、尺寸及预埋件的准确位置。模板的制造允许误差为成品轨道板允许误差的 1/2。模板支承基础应平整、坚实，不得因其不均匀下沉引起模型变形。

对于曲线地段的轨道板模型，其承轨台应能够根据平面曲线、竖曲线和超高等要求来调整承轨台的空间几何位置，并在制造中采用专用的检测工具和检测系统，保证轨道板制造精度符合要求。

模型应起吊、装拆方便，制造符合要求，达到接缝平顺、密贴，板面平整，转角光滑，定位准确快捷。

模型应进行日常检查和定期检查，检查结果应记录在模型运转记录中。日常检查应每班进行，内容包括外观和平整度。定期检查每月进行一次，内容包括长度、宽度、厚度和平整度。

(2)钢筋编组及预埋件安装质量控制。钢筋加工在常温下以不损害材质的方法进行，其弯折应利用机具一次成型,不得回复操作。钢筋骨架的编扎在专用胎具上进行制作。

轨道板内钢筋位置的允许偏差应满足表 5-6-1 的规定。轨道板内所有预埋件应按设计准确安装,并与模型牢固连接,确保混凝土振捣时不变位。轨道板内钢筋不得与预埋件相碰。

**表 5-6-1 轨道板内钢筋位置的允许偏差**

| 序号 | 检查项目 | 允许偏差(mm) |
|---|---|---|
| 1 | 预应力钢筋 | ±1 |
| 2 | 非预应力钢筋 | ±5 |
| 3 | 门型筋外露部分 | 垂向 0～+5;纵向±5 |
| 4 | 箍筋间距 | ±10 |
| 5 | 螺旋筋 | ±5 |
| 6 | 钢筋保护层 | + 5 |

(3)混凝土耐久性。混凝土制备应选用聚羧酸盐系减水剂及能提高混凝土早期强度及后期耐久性的掺和料;混凝土胶凝材料用料不应超过 500 kg/m$^3$,水胶比不宜大于 0.35,混凝土含气量不应大于 3%。

试生产前应将所选用的材料制作混凝土试件进行耐久性试验,并确保由不同原材料带入混凝土内的总碱含量和总氯离子含量符合技术条件的要求,混凝土配制、浇筑及养护的相关工艺应符合设计文件及技术条件的要求。

(4)轨道板的预施应力。预应力施加应在混凝土强度不低于 40 MPa 和弹性模量达到 32.5 GPa 以后进行。预应力钢棒张拉顺序应符合设计要求,横向预应力钢棒单向张拉,纵向预应力两端同步张拉。张拉锚固后,严禁采用电弧或气割切断预应力钢棒。

预应力钢棒张拉应按设计控制应力张拉,预施应力值应以油压表读数为主、以预应力钢棒伸长值作校核进行双控,实际伸长值与设计伸长值的差值不得超过 1 mm,实测伸长值宜以 20%张拉力作为测量的初始点。

(5)封锚砂浆的填压。封锚砂浆在预应力施加后进行。封锚砂浆按规定分层填压,空气锤振捣。封锚砂浆填压完毕后应立即在砂浆表面喷涂养护剂。封锚砂浆填压完毕至轨道板水养的时间间隔应根据封锚材料进行工艺性试验,一般不宜小于 2 h。

(6)成品轨道板的质量要求。成品轨道板的质量标准及检测要求应符合表 5-6-2 的规定。

**表 5-6-2 成品轨道板的质量标准及检测要求**

| 序号 | 检查项目 | | 允许偏差 | 每批检查数量(出厂检验) | 检验项别 |
|---|---|---|---|---|---|
| 1 | 长度(mm) | | ±5.0 | 10 块 | C |
| 2 | 宽度(mm) | | ±5.0 | 10 块 | C |
| 3 | 厚度(mm) | | +5.0<br>0 | 全检 | B2 |
| 4 | 预埋套管 | 保持轨距的两套管中心距(mm) | ±1.5 | 全检 | B1 |
| | | 保持同一锚垫板位置的两相邻套管中心距(mm) | ±0.5 | 全检 | B1 |
| | | 歪斜(距顶面 120 mm 处偏离中心线距离)(mm) | 2.0 | 全检 | B2 |
| | | 凸起高度(mm) | 0<br>−0.5 | 全检 | B2 |
| | | 预埋套管横向位置偏差(mm) | ±0.5 | 全检 | B1 |
| | | 预埋套管垂向位置偏差(mm) | ±0.5 | 全检 | B1 |
| 5 | 标记线(板、轨中心线位置)(mm) | | ±1.0 | 10 块 | B2 |
| 6 | 轨道板顶面平整度 | 轨道板四角的承轨面水平(mm) | ±1.0 | 全检 | B1 |
| 7 | | 单侧承轨面中央翘曲量(mm) | ≤3.0 | 全检 | B1 |
| 8 | 其他预埋件位置及垂直歪斜(mm) | | ±3.0 | 全检 | C |
| 9 | 承轨台 | 单个预轨台钳口距离(mm) | ±0.5 | 全检 | B1 |
| | | 承轨台与钳口面夹角(°) | ±1.0 | 全检 | B1 |
| | | 承轨面坡度(轨底坡) | 1/37～1/43 | 全检 | B1 |
| | | 承轨台间外钳口间距(mm) | ±1.0 | 全检 | B2 |
| 10 | 扣件间距 | 边上螺栓孔距板端距离(mm) | ±2.0 | 全检 | B1 |
| | | 扣件间距(mm) | ±2.0 | 全检 | B1 |

续上表

| 序号 | 检查项目 | | 允许偏差 | 每批检查数量(出厂检验) | 检验项别 |
|---|---|---|---|---|---|
| 11 | 外观质量 | 肉眼可见裂纹 | 不允许 | 全检 | A |
| 12 | | 承轨部位表面缺陷（气孔、粘皮、麻面、裂纹等）(mm) | 长度≤20,深度≤5 | 全检 | B2 |
| 13 | | | | | |
| 14 | | 锚空部位表面缺陷(裂纹、脱皮、起壳等) | 不允许 | 全检 | C |
| 15 | | 其他部位表面缺陷(气孔、黏皮、麻面)(mm) | 长度≤80,深度≤8 | 全检 | C |
| 16 | | 轨道板四周棱角破损和掉角 | 长度≤50 | 全检 | C |
| 17 | | 预埋套管内混凝土淤块 | 不允许 | 全检 | A |
| 18 | | 轨道板侧面漏筋 | 不允许 | 全检 | A |
| 19 | | 承轨台外框低于轨道板面 | 不允许 | 全检 | A |

6.1.7.2　工艺特点

(1)轨道板预制工艺为工厂化生产,生产设备自动化程度高。

(2)轨道板预制模型为单块板设计整体台座式模型,设备配置灵活,质量精度高、耐久性好。

(3)轨道板混凝土等级 C50,对原材料的质量要求高,拌制的混凝土为干硬性高性能混凝土。

(4)轨道板钢筋绑扎采用绑扎胎具绑扎,成品速度快、精度高。

(5)对钢筋网片及成品轨道板绝缘性能要求严格,需要严格控制原材料检查和施工过程检测。

(6)轨道板养护采用蒸汽养护,能缩短混凝土的养护时间,提高模型的周转效率。

(7)轨道板后张预应力采用数控自动化张拉系统完成。

(8)轨道板采用立式存放,可最大限度减少翘曲变形。

6.1.7.3　工艺流程

CRTSⅢ型混凝土轨道板制造施工工艺流程如图 5-6-4 所示。

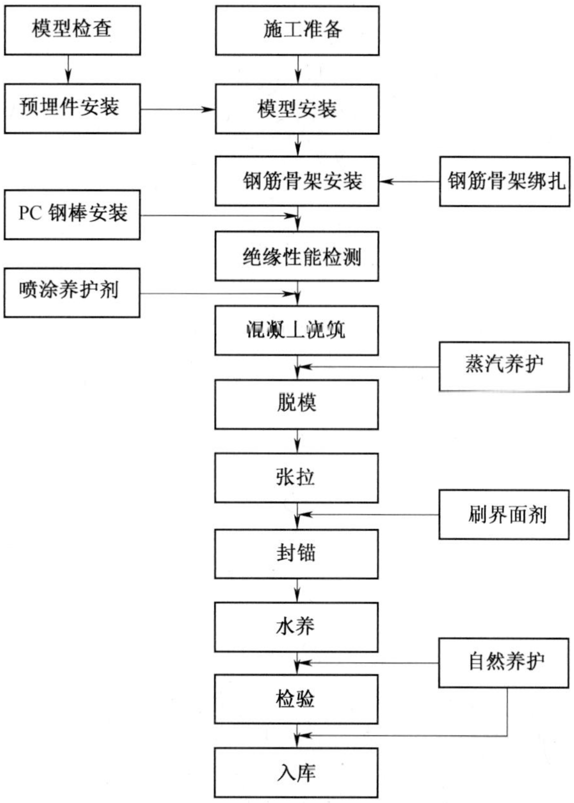


图 5-6-4　CRTSⅢ型混凝土轨道板制造施工工艺流程

6.1.7.4　施工工艺

结合施工现场管理的特点,以下施工工艺按模型工程、钢筋工程、混凝土工程、预应力工程和轨道板检测、轨道板吊运及存放等 5 大部分进行描述。

1. 模型工程

(1)模型特点及管理要求。轨道板模型由底模、侧模、端模、有挡肩承轨台模、防漏胶条及其他附属部件组成,底模通过螺栓固定与模型支架及台座基础形成整体,有挡肩承轨台模镶嵌于底模上,底模上安装附着式高频振动器。

模型是形成轨道板外形并保证精度的重要工装,不仅要求制造质量好、精度高、方便操作和维护,而且还必须加强管理,严格使用、维护并经常检查。新制模型正式启动前,更应进行专项验收检查。

(2)模型安装要点。新制模型或大修模型安装,必须严格检查底模平整度。对底模抄平检查,调整倾斜底模面板的基础螺帽高度,使底模面板保持水平。

有挡肩承轨台模安装及调整:通过轨道板检测系统检测,调节横向和高度调整机构的调节螺杆,带动承轨台底部活动楔形块的调整,实现承轨台方向和高度的调整,调整到位后,横向和高度调整机构能够实现自动锁定。

底模清理:清除底模面板上杂物,检查底模的平整度和字模安装是否正确,预埋套管应保持垂直,紧贴底模板,无松动现象,最后均匀涂抹脱模剂。

侧模安装:侧模除锈→清除接缝处及表面灰渣→分别向内滑动侧模→组装各节模板并拧紧螺栓→检查侧模安装尺寸→涂脱模剂。

端模安装:端模除锈→清除接缝处及表面灰渣→向内滑动端模→组装各节模板并拧紧螺栓→安装凸形挡台→检查端模、侧模安装尺寸→涂脱模剂。

安装就位的轨道板模型如图 5-6-5 所示。

图 5-6-5　安装就位的轨道板模型

(3)模型拆除要点(轨道板脱模)。轨道板混凝土强度:轨道板混凝土强度达到 40 MPa 后且能保证构件棱角完整时方可拆模,用与轨道板混凝土同等养护条件的试件强度确定拆模时间。

拆模温度:轨道板混凝土芯部与表层温差、轨道板表层与环境温差均不应大于 15 ℃时方可拆模,以防止轨道板混凝土产生早期裂缝,气温急剧变化时不宜脱模。

拆模顺序:松开紧固件→松动端、侧模板。模型拆除(轨道板脱模)如图 5-6-6 所示。

图 5-6-6　模型拆除(轨道板脱模)

(4)模型整修。模型日常维护主要有三点：一是轨道板吊离底模后，应立即将钢底模上的混凝上进行清除，清除各接缝处的混凝土砂浆，特别是连接处、字模槽中混凝土残渣；更换破损、脱落的胶条；二是清渣完毕后，用喷雾器将脱模剂均匀喷涂在模板上，不得出现积液、漏刷现象；三是质检人员对底模平整度进行检查，如有超标及时整改。

模型在使用过程中如发现缺陷，应及时制定方案进行处理，并做好相关记录，存入模型档案。

(5)模型质量控制要点。轨道板模型安装时必须保证模型面水平和承轨台模具几何尺寸正确，需定期用电子水平仪、全站仪或专用检测工装进行复测。

钢筋笼吊装入模前，必须均匀涂刷脱模剂，同时保证模型接缝严密，不得漏浆。混凝土浇筑前必须检查附着式振动器是否牢固，防止振动过程中振动器脱落。必须定期或不定期对模型进行保养维护，同时检查轨道板模型的尺寸，保证轨道板预制精度。

2. 钢筋工程

(1)钢筋工程基本要求。进场钢筋应分规格分批检查验收，并分类堆放、挂牌标识，钢筋存放时垫离地面200 mm以上。

环氧树脂涂层钢筋采用具有抗紫外线照射性能的塑料布进行包装；吊装应采用对涂层无损坏的绑带及多支点吊装系统，并防止钢筋与吊索之间及钢筋与钢筋之间因碰撞、摩擦等造成的涂层损坏；涂层钢筋在搬运、堆放等过程中，应在接触区域设置垫片，当成捆堆放时，涂层钢筋与地面之间、钢筋捆与捆之间应用垫木隔开，且成捆堆放的层数不得超过5层。

混凝土浇筑前，应确认钢筋及预埋件的位置和间距，同时用500 V兆欧表测量确认钢筋骨架的绝缘性能，电阻应不小于2 MΩ。

(2)钢筋加工。非绝缘涂层钢筋根据计划长度采用切断机冲切，再使用弯曲机逐根弯曲成型。钢筋加工前，钢筋必须平直，无局部弯曲。表面的油渍、漆污、水泥浆和敲击能脱落的浮皮、铁锈等必须清理干净。

**表5-6-3　钢筋加工尺寸允许偏差**

| 序号 | 检验项目 | 允许偏差(mm) | 检查方法 |
|---|---|---|---|
| 1 | 受力钢筋全长 | ±10 | 尺量 |
| 2 | 箍筋内净尺寸 | ±3 | |

加工成型的钢筋，应形状正确，平面没有翘曲不平现象，末端弯钩的净空直径不小于设计值，钢筋弯曲点处不得有裂纹。钢筋加工尺寸允许偏差应符合表5-6-3的要求。

(3)接地端子焊接。轨道板制造用钢筋及接地端子焊接在钢筋绑扎前进行。接地钢筋焊接时，单面焊接长度不小于200 mm。焊接接地端子安装时，接地端子端头应紧贴纵向模板。接地端子焊接如图5-6-7所示。

图5-6-7　接地端子焊接

(4)钢筋绑扎。轨道板钢筋骨架在钢筋绑扎胎具上整体绑扎。胎具设有钢筋定位槽、综合接地端子定位孔等。胎具定位槽口中心误差不超过3 mm，槽口应能准确保证钢筋位置。钢筋绑扎架经检验合格后方可投入使用，日常使用过程中胎具每月检查一次。主要检查预扎台架的完好程度，钢筋定位槽口磨损变形是否符合要求，各部位及槽口间距尺寸是否符合要求。

钢筋绑扎胎具应按设计的钢筋间距、数量设定位槽；在纵横向各一端侧设置钢筋对齐定位基准板。钢筋

骨架绑扎须与轨道板钢筋保持一致。轨道板钢筋绑扎要求主要有以下 5 点:

1)横向钢筋与纵向钢筋交点采用满扎,箍筋弯折处、架立筋与纵横向钢筋交点逐点绑扎。箍筋接头叠合处逐点绑扎。纵横向钢筋绑扎处需加设绝缘垫片绑扎,保证轨道板体的绝缘性能。

2)绑扣的形式应成 8 字形交替绑扎。绑点如有松脱,应紧扣或重绑。

3)混凝土垫块应呈梅花形交错布置,设置数量为每平方米不少于 4 块,钢筋骨架易变形处可适当增加垫块数量。

4)扎丝采用绝缘型扎丝,其尾部应扭向骨架内,每个钢筋交叉点的绝缘电阻不得小于 2 MΩ。骨架不得有油污及扭曲变形。绑扎成型的钢筋骨架应进行绝缘性能测试,发现绝缘性能超标者应立即进行整改。

5)混凝土垫块设置应能保证净保护层厚度为 30 mm。

(5)混凝土保护层垫块。在钢筋与模板间设置保护层垫块,垫块采用细石混凝土,其抗腐蚀能力和抗压强度不低于 C60 混凝土耐久性和强度要求,其耐久性、强度指标均需要提交试验报告,且水胶比不得大于 0.35。混凝土保护层垫块设置位置合理,散布均匀,数量保证不少于 4 个/$m^2$。保护层垫块尺寸应保证钢筋混凝土保护层厚度准确,其形状(宜为工字型或锥型)应有利于钢筋定位。保护层垫块绑扎应牢固,绑扎垫块和钢筋的扎丝头不得伸入保护层内。混凝土保护层垫块外形尺寸允许误差为 0～+3mm。

(6)轨道板钢筋骨架吊装、存放及运输。钢筋骨架存放时,每层之间应用方木条隔开,并应采取措施防止倾覆,堆放层数不宜超过 5 层。垫木条位置和数量以保证钢筋骨架不变形为准。

钢筋骨架用运输小车采用人工推运至制板台座附近,每次运输不宜超过 5 层并采取隔离、限位保护措施。骨架上下车吊装应平稳起吊,缓慢就位。

(7)钢筋骨架入模安装。安装程序:钢筋骨架入模→安装预应力钢棒→安装螺旋筋→校正→检测电阻→校正→检测电阻。

预应力钢棒护套与锚垫板连接处密封应满足设计要求,护套末端应向锚垫板内缩进 2 mm。预应力钢棒预紧质量应符合《客运专线板式无砟轨道混凝土轨道板用预应力钢棒体系技术要求》(建所〔2010〕11 号)要求,预应力钢棒的预应力宜为 10～20 kN,以保证预应力钢棒顺直。

混凝土浇筑前,应确认钢筋及预埋件的位置和间距,确认安装完成后,用 500 V 兆欧表测量确认钢筋骨架的绝缘性能,用欧姆表两支测试笔分别接触上下层同一截面的两根普通横向钢筋和上层横向任意两根普通钢筋,确认电阻均不小于 2 MΩ,则该片轨道板钢筋绝缘检测合格;如检测不合格,应查明原因并调整至合格后方可使用。

3. 混凝土工程

(1)原材料计量要求。混凝土拌和站搅拌采用电子计量系统自动计量原材料,计量设备每年检定 1 次,每周自校电子秤及其他计量器具 1 次。拌和站料仓一般设四罐四仓,即:三个水泥罐、一个掺和料罐和两个砂仓,两个石仓。料仓不得混料,严禁混料进行施工。料仓每月应冲洗 1～2 次,保持干净。

混凝土配料应严格按施工配料单进行,秤料误差(均以质量计)规定为:水、外加剂、水泥、掺和料不大于 ±1%;砂、石不大于 ±2%。

(2)混凝土制备及运输。混凝土浇筑前做好开盘检查,确认无问题时才可开盘。混凝土浇筑应满足《客运专线高性能混凝土暂行技术条件》(科技基〔2005〕101 号)、《铁路混凝土工程施工质量验收标准》(TB 10424)的有关规定和要求。

混凝土运输采用运输车配合料斗运输,装料前应仔细检查料斗有无润湿、积水、料斗内壁黏附的混凝土是否清除干净。每天工作后或浇筑中断 45 min 以上再行运输混凝土时,必须再次清洗料斗。

(3)混凝土浇筑。CRTSⅢ型混凝土轨道板混凝土浇筑按逐块模型分别浇筑。混凝土浇筑的温度要求为:模板温度 5 ℃～35 ℃,混凝土拌和物入模温度 5 ℃～30 ℃。当昼夜平均气温低于 5 ℃或最低气温低于 −3 ℃时,应采取保温措施,并按冬期施工处理。

每块轨道板的混凝土浇筑应一次成型,不得增补或接长,采取混凝土从模型一端向另一端延伸的方式布料。混凝土浇筑分两层连续进行,布料均匀,严禁混凝土浇筑间隔超过 20 min。

在浇筑混凝土过程中,采用附着式高频振捣器进行振捣。第一层布料完成后,振捣 120 s 左右后再布入第二层混凝土。第二次振捣 120 s 左右,过程中注意将局部多余混凝土铲掉,混凝土不够的地方及时补料、振平。每层布料厚度约 10 cm,振捣时间根据混凝土密实情况可适当调整。

振动器控制箱操作人员必须仔细观察混凝土表面，防止漏振、欠振和过振，以混凝土无明显下沉、无明显气泡、表面泛浆为宜。混凝土浇筑如图5-6-8所示。

图5-6-8　混凝土浇筑

混凝土抹面后，覆盖篷布，静置保温。混凝土初凝前，应对轨道板底部混凝土进行横向拉毛，拉毛深度1～2 mm。混凝土初凝后至终凝前，采用高压水清洗轨道板板底浮浆。

(4)混凝土蒸汽养护。轨道板混凝土养护期间，应重点加强混凝土的湿度和温度控制，尽量减少表面混凝土的暴露时间。轨道板养护分为蒸汽养护、水中养护和自然养护3个阶段。

轨道板蒸汽养护采用自动温控系统，蒸汽养护全过程分为静置、升温、恒温、降温4个阶段。静置期：混凝土浇筑完毕至混凝土初凝之前的养护期为静置期。静置期时间不小于3 h。静置期可向棚内供给少量的蒸汽，将棚内温度控制在5 ℃～30 ℃之间。升温期：温度由静置期升至规定的恒温阶段为升温期。升温速度不得大于15 ℃/h。恒温期：恒温时棚内温度不超过45 ℃，混凝土芯部温度不宜超过55 ℃，最高温度持续时间不宜超过6 h。降温期：降温速度不应大于15 ℃/h，脱模时，轨道板表面与环境温差不应大于15 ℃。生产时应观测轨道板芯部温度，并分析混凝土芯部温度与棚内温度相对关系，绘制温度曲线。指定专人定时采集数据，及时绘制温度曲线图，当发现升降温速率出现异常时，立即报告，分析原因，采取措施。蒸汽养护结束后，应进行入池养护和洒水保湿养护。

掌握板体芯部温度变化与蒸汽温度关系后，采用自动温控系统进行自动养护，自动养护完成一个循环后，收集整理养护记录。

4. 水中养护

轨道板封锚完成后应根据封锚砂浆凝结情况静置2 h以上后且养护剂不再流动方可吊入水养池全部浸入水中养护。轨道板在水养池中养护的时间应不小于3 d。水养池内最低水温不应低于5 ℃。轨道板脱模至水养的时间不宜大于8 h。

轨道板水中养护前应将板体表面清扫干净，预埋套管处用塑料盖进行封堵，防止杂物浸入。轨道板入池后应牢固固定，防止轨道板在养护池内发生倾覆。

水养池内积淤和养护用水应定期清理更换，养护用水应保持干净。

5. 自然养护

轨道板水养结束转入轨道板存放场集中存放并自然养护，自然养护时间与水中养护时间累计不得少于14 d。

自然养护以洒水湿润养护为主，洒水次数以保持混凝土表面充分潮湿为度，一般情况下，白天1～2 h一次，晚上4 h一次。当环境气温低于5 ℃时，轨道板表面应喷涂养护剂，采取保温保湿措施，禁止对轨道板直接洒水。

6. 预应力工程

(1)张拉前准备工作。预应力钢棒、锚具等检查验收合格，混凝土强度达到40 MPa以上且弹性模量达到32.5 GPa以上。轨道板数控自动张拉系统状态良好，千斤顶和油压表均已标定并在有效期内。张拉人员经培训合格并持证上岗。

(2)张拉工艺。轨道板预应力施加采用数控自动张拉系统分级张拉完成，张拉流程如图5-6-9所示。

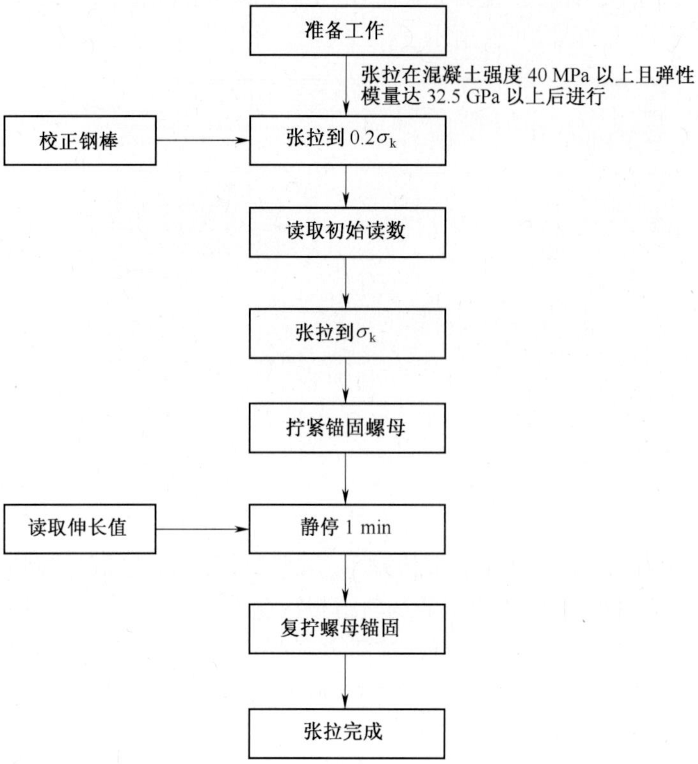


图 5-6-9　轨道板张拉流程图

(3)张拉顺序。预应力张拉顺序为先横向后纵向,横向预应力为单向张拉,纵向预应力钢棒从中间向两侧,两端同步张拉,并应保证预应力钢棒两端伸长量基本一致。横向及纵向张拉顺序如图 5-6-10 所示。

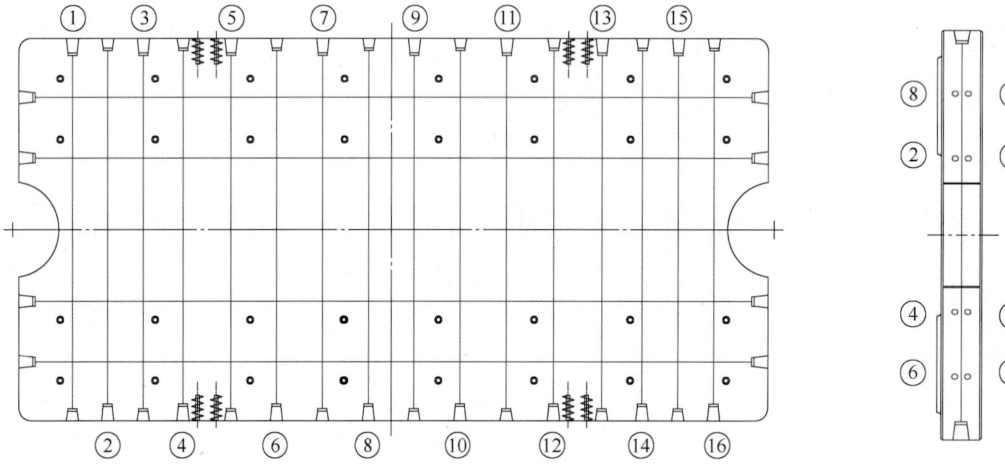


图 5-6-10　轨道板横向及纵向张拉示意图

轨道板横向张拉力 127 kN,纵向张拉力 122 kN,P4962 纵向单端张拉伸长量 11.2 mm,横向张拉伸长量 11.2 mm,伸长量误差不应超过 1 mm,由于伸长值与钢棒工作长度成正比,P4856、P4856A、P3685 板纵向单端伸长量可根据工作段长度按比例计算。

7. 锚穴封锚

轨道板张拉结束后,即可进行锚穴封锚施工。封锚砂浆采用强制式搅拌机拌制,搅拌机转速不宜小于 180 r/min;称量采用电子秤,计量误差不得大于 1%,电子称每月校核一次,做好校核记录。

封锚砂浆填压前,应清理锚穴内油污、浮尘、杂物和积水,并均匀喷涂能够提高黏结强度的界面剂。

封锚砂浆应分层填压。锚穴封锚采用空气锤对砂浆进行振捣,频率不小于 1 000 Hz,振捣力不小于

6 kg，振捣次数不得少于 3 次，每次不少于 20 s。

横向张拉锚穴封锚工艺分为四步：第一步，采用Ⅰ型捣固棒对 1 号红色实线区域进行填料和压实；第二步，采用Ⅱ型捣固棒对 2 号紫色虚线区域，即钢筋螺母周围进行压实，此步对于保证螺母周围封锚砂浆的密实非常关键；第三步，循环上述第一步和第二步操作，至少一次；第四步，采用Ⅲ型捣固棒对 3 号蓝色点划线区域进行填料和压实，此步操作时宜先填超出锚穴外口的砂浆料，保证充分压实后，再刮去突出锚穴外口表面的砂浆，进行表面成型处理，确保最终成型表面密实光洁，无掉渣、孔洞等缺陷，若存在则应抹少量砂浆粉料进行补压。

纵向张拉锚穴封锚压实工艺同样分为四步：第一步，采用Ⅰ型捣固棒对 1 号红色实线区域进行填料和压实，顺序宜由下至上；第二步，采用Ⅱ型捣固棒对 2 号紫色虚线区域，即钢筋螺母周围进行压实，顺序宜由下至上，此步对于保证螺母周围封锚砂浆的密实非常关键；第三步，循环上述第一步和第二步操作，至少一次；第四步，采用Ⅲ型捣固棒对 3 号蓝色点划线区域进行填料和压实。

8. 轨道板吊运及存放

轨道板完成脱模后，用 10 t 桥式起重机＋水平吊架吊装至运板台车，人工推运运板台车至张拉封锚区，再通过 10 t 桥式起重机＋水平吊架吊装至张拉封锚台座，张拉及封锚作业完成并静置 2 h 后，再利用桥式起重机将轨道板单侧垂直吊装进养护池作水中养护；水养之后，再用桥式起重机将轨道板单侧垂直吊起至翻板工位，将轨道板一端落在砂堆或垫子上，吊起轨道板另一端前后走行，使轨道板承轨台面向上，以此完成轨道板翻转；之后，进行轨道板成品检查；检查合格后，通过桥式起重机、运输汽车等将轨道板运至存板区内，再由龙门吊吊装就位存放。

9. 轨道板吊装

轨道板起吊时，应利用轨道板上的预埋起吊套管水平起吊，使起吊螺栓均匀受力。吊运的重量不得超过起重设备的最大起重量，混凝土轨道板应单块分别吊运。整个起吊作业过程中必须轻起轻放，防止碰伤轨道板，并注意对预留门形钢筋的保护。

10. 轨道板翻板作业

轨道板养护前，须进行翻板作业。将轨道板由平放改为立放，在翻板作业区铺设弹性材料，严禁碰、撞、摔。

11. 轨道板运输

轨道板达到强度后，采用平板车将轨道板从生产场房运至存板区，轨道板运输时应注意：装车时，利用立吊工装将轨道板纵向立放于平板车内立板架上，支点设置于起吊螺栓处。装车的重量不得超过设备的最大重量，并且一个车次的轨道板装载数量不得超过 2 块。

12. 轨道板堆放

轨道板成品应按型号和批次分区储存；严禁不同型号的产品混存；不合格的轨道板要单独存放，并做出明确的标识。

轨道板采用垂直立放（长边方向着地）方式进行堆放。临时平放不大于 7 d，层数不超过 4 层。层间净空应不小于 50 mm，并保证承垫物上下对齐，承垫物的位置为起吊套管位置。

轨道板采用立放时应采取措施将相邻两块轨道板连接，使轨道板堆放成一整体，轨道板堆放端头应有良好的防倾倒支撑架，第一块轨道板连接在支撑架上。

轨道板贮存时，用塑料封盖对绝缘套管及接地端子孔眼进行封堵，防止雨水或杂物进入。

### 6.1.8　资源配置

#### 6.1.8.1　*劳动力配置*

根据实际试生产情况、岗位工作量以及机械设备自动化程度，采取相应措施，提高工作效率，根据工期要求，可以灵活采取两班制或者三班制生产。管理人员组织见表 5-6-4。生产及辅助人员配置见表 5-6-5。

表 5-6-4 管理人员组织表

| 序号 | 岗位或工种 | 人 数 | 主要工作内容 |
|---|---|---|---|
| 1 | 场长 | 1 | 全面主持轨枕场工作 |
| 2 | 总工程师 | 1 | 负责生产技术工作;负责建场工作 |
| 3 | 生产副经理 | 2 | 负责施工生产、设备管理工作 |
| 4 | 书记 | 1 | 负责党务、工会、后勤工作 |
| 5 | 工程部长 | 1 | 负责生产技术,主管工程部 |
| 6 | 安质部长 | 1 | 负责安全、质量,主管安质部、试验室 |
| 7 | 物资设备部长 | 1 | 主管设备的选型、采购、物资订购,主管物资设备部 |
| 8 | 财务合同部长 | 1 | 负责计划、财务管理 |
| 9 | 办公室主任 | 1 | 负责行政办公、文件资料、接待 |
| 10 | 工程部 | 4 | 负责技术管理、生产指挥调度,协调与各部门的工作;验工计价 |
| 11 | 财务合同部 | 2 | 负责成本控制、合同管理、财务管理和生产计划 |
| 12 | 物资部(含司机) | 4 | 负责材料采购和管理 |
| 13 | 安质部 | 3 | 负责质量、安全和技术资料管理,负责与监理工程师的联络 |
| 14 | 试验室(含主任) | 4 | 负责试验检验及生产过程控制、产成品检验等工作 |
| 15 | 办公室 | 2 | 负责治安、保卫工作及行政事物、食堂、司机、文化娱乐的管理及对外接待联络工作 |
| 合计 | | 29 | |

表 5-6-5 生产及辅助人员配置表

| 序号 | 工种 | 每班人数 | 主要工作内容 |
|---|---|---|---|
| 1 | 混凝土班 | 32 | 负责轨道板混凝土的浇筑、养护及修补 |
| 2 | 模型班 | 36 | 负责模型的安装、模型拆除、模型维修、模型加固,安装预埋件、锚具、套管等工作 |
| 3 | 钢筋班 | 48 | 轨道板钢筋加工、绑扎、安放、绝缘检测 |
| 4 | 吊运班 | 20 | 负责轨道板转移台位,存放,轨道板装车,各种运输机械的驾驶操作等工作(包括司机 12 人) |
| 5 | 张拉班 | 30 | 负责轨道板的张拉、封锚、预埋套管封盖等 |
| 6 | 拌和站 | 10 | 负责板场拌和站的操作、值班、拌和站及砂石料场日常维护工作 |
| 7 | 机电班 | 7 | 负责板场所有机械设备、用水管道、供电及线路维修、生产用电值班、维修振动器等工作 |
| 8 | 混凝土班 | 32 | 负责轨道板混凝土的浇筑、养护及修补 |
| 9 | 安全保卫 | 5 | 生产区门卫 2 人、看守 1 人、巡逻 2 人 |
| 10 | 食堂后勤 | 8 | 员工 3 人、民工食堂 3 人、生活区卫生 1 人、门卫看守 1 人 |

6.1.8.2 主要设备机具配置

工艺装备配置的基本原则:符合工艺要求,满足生产效率,各工序能力平衡且环保节能。

CRTSⅢ型混凝土轨道板设备配置除符合上述基本原则外,还具有自动化程度高、采用新技术、新装备等特点。以日产 50 块轨道板为例,生产主要设备配置见表 5-6-6。

表 5-6-6 主要设备配置

| 序号 | 名 称 | 规格型号 | 单位 | 数量 | 备注 |
|---|---|---|---|---|---|
| 1 | 轮式装载机 | Z50 | 台 | 1 | |
| 2 | 90 混凝土搅拌站 | HZS90 | 台 | 1 | |
| 3 | 砂浆搅拌机 | C50 | 台 | 1 | |
| 4 | 轨行式门式起重机 | 10 t/17 m | 个 | 2 | |

续上表

| 序号 | 名　称 | 规格型号 | 单位 | 数量 | 备注 |
|---|---|---|---|---|---|
| 5 | 轨行式门式起重机 | 10 t/32 m | 个 | 1 | |
| 6 | 单梁桥式起重机 | 5 t/16.5 m | 个 | 1 | |
| 7 | 单梁桥式起重机 | 10 t/16.5 m | 个 | 1 | |
| 8 | 单梁桥式起重机 | 10 t/23.5 m | 个 | 1 | |
| 9 | 现代叉车 | 5 t | 台 | 5 | |
| 10 | 电力变电站 | 630 kVA | 台 | 1 | |
| 11 | 柴油发电机组 | 250 kW | 台 | 3 | |
| 12 | 锅炉 | 2 t | 台 | 1 | |
| 13 | 轨道板数控自动张拉系统 | — | 台 | 1 | |
| 14 | 洗石机 | 50 $m^3$/h | 台 | 1 | |
| 15 | 全电子汽车衡 | SCS-150T 3.4×18 | 台 | 1 | |
| 16 | 混凝土运输车 | 3 t | 台 | 2 | |
| 17 | 轨道板蒸养系统 | 自动温控 | 套 | 1 | |
| 18 | 轨道板运输车辆 | 12 t | 台 | 2 | |
| 19 | 轨道板模型 | 各型 | 套 | 50 | |
| 20 | 轨道板模型专用检测工装 | — | 套 | 1 | |

### 6.1.9　质量安全控制要点

6.1.9.1　质量控制要点

除施工工艺及设计文件、技术条件要求的以外，CRTSⅢ型轨道板制造质量控制要点还有以下几点。

(1)轨道板制造是一项系统工程，涉及“人、机、料、法、环”各个环节，施工组织必须组织高效管理团队和技术服务团队，加强人力、设备、工装等资源配置，选择优质的工程材料。

(2)人是质量管理的第一要素，轨道板制造必须开展经常性的技术培训，针对关键环节、薄弱环节、安全质量控制重点等开展QC攻关活动，并定期开展经验交流和技术总结，提高施工标准化水平。

(3)科学规划轨道板制造临时工程和生产线布局，提高生产设备自动化水平，以设备质量和精度为轨道板制造质量提供保障。

(4)正式施工前，依据设计文件、技术条件及相关标准及经验编写翔实的工艺细则和检验细则，并加强技术交底和工艺试验，批量生产应经铁道部主管部门组织上道审查。

6.1.9.2　安全控制要点

安全控制要点见表5-6-7的规定。

**表5-6-7　CRTSⅢ型混凝土轨道板制造安全控制要点**

| 序号 | 作业活动 | 危　害　因　素 | 可能发生危害事件 |
|---|---|---|---|
| 1 | 模板安装 | 电气设备安装不合格 | 触电 |
| | | 起重吊装操作不规范 | 起重伤害 |
| | | 电气焊接、切割作业中的烫伤，压缩气体燃烧爆炸，触电及电磁辐射危险 | 触电、爆炸、烫伤、物理伤害、电焊粉肺 |
| | | 搬运材料、在制品、成品时砸伤和尖锐棱角可能引起的刺割伤 | 起重伤害 |
| | | 起重吊装操作不规范，挤压伤、砸伤 | 起重伤害 |

续上表

| 序号 | 作业活动 | 危 害 因 素 | 可能发生危害事件 |
|---|---|---|---|
| 2 | 钢筋工程 | 加工机械发生故障、粉尘、噪声 | 机械伤害、尘肺 |
| | | 人员未佩戴防护用品 | 灼伤、触电 |
| | | 无证上岗 | 人员伤害 |
| | | 接触初级线路的带电部分、接触次级带电部分 | 触电 |
| 3 | 混凝土工程 | 噪声、粉尘、设备缺陷 | 人身伤害 |
| | | 噪声、振动,输送管破裂 | 人身伤害 |
| | | 作业环境潮湿 | 职业性疾病 |
| 4 | 预应力工程 | 高压液体突然袭击,锚具及钢绞线飞出 | 物体打击 |
| 5 | 吊装工程 | 钢丝绳断裂 | 起重伤害 |
| | | 设备故障 | 起重伤害,机械伤害,高处坠落 |
| | | 违章操作或违章 | 起重伤害 |
| 6 | 电器作业 | 电气线路故障和设备缺陷 | 触电 |
| | | 发电机、振动器噪声 | 职业性耳聋 |
| 7 | 锅炉房 | 因设备缺陷、出现故障、人员操作失误、防护缺陷、选用工具错误或工具有缺陷以及违反安全操作规程 | 爆炸伤害 |

## 6.2　CRTSⅢ型板式无砟轨道施工技术

### 6.2.1　概　　述

CRTSⅢ型板式无砟轨道采用无辅助轨施工工艺,在底座施工完成并达到道床铺设条件后,利用汽车将轨道板运输到现场,通过汽车吊、龙门吊铺设在底座上,必要时需要增加轮胎式双向运板车中转,前后经过轨道板精调、自密实混凝土浇筑、轨道板纵连等工序形成整体无砟轨道结构。

CRTSⅢ型板式无砟轨道以机械化施工为主,其中轮胎式双向运板车、轮胎式铺板龙门吊、轨道板快速精调系统等属专用设备,自动化程度高,对制造、使用、维护等要求严格。

### 6.2.2　结构设计

CRTSⅢ型板式无砟轨道总体结构方案为有挡肩的新型单元板式无砟轨道结构,主要由钢轨、扣件、预制轨道板、配筋的自密实混凝土(或称自流平混凝土调整层)、限位凸台(或凹槽)、中间隔离层(土工布及橡胶垫层)和钢筋混凝土底座或支承层等部分组成。减振地段可将土工布换铺为 20 mm 厚 EPDM 材质的微孔橡胶减振垫层。按照“桥上单元,路基纵连” 的设计原则,桥梁及隧道轨道结构采用单元分块式结构。路基和桥梁上 CRTSⅢ型板式无砟轨道结构如图 5-6-11 和图 5-6-12 所示。

按照“桥上单元,路基纵连”的方案,桥梁及路基上轨道结构采用单元分块式结构,底座板在每块轨道板范围内设置两个限位挡台(凹槽结构),底座板与自流平混凝土层间设置中间隔离层,个别地段路基上也采用与桥隧相同的轨道结构;路基地段采用连续底座,轨道板间使用纵向连接器按一定长度连接成整体。扣件采用 WJ-8 型弹条扣件。

(1)钢轨及扣件。CRTSⅢ型板式无砟轨道一般使用在高速铁路工程上,其采用 60 kg/m 100 m 定尺钢轨焊接成无缝线路。

钢轨扣件采用 WJ-8 型弹条扣件。长大桥梁及连续梁上按设计采用小阻力扣件(X2 弹条及复合垫板),隧道内采用防腐蚀弹条。

(2)轨道结构高度。CRTSⅢ型板式无砟轨道在路基、隧道、桥梁地段的结构高度见表 5-6-8。

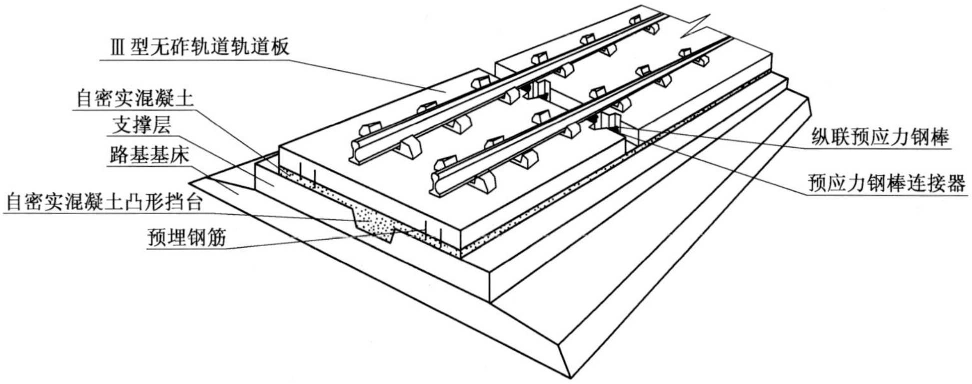


图 5-6-11　路基上 CRTSⅢ型板式无砟轨道结构

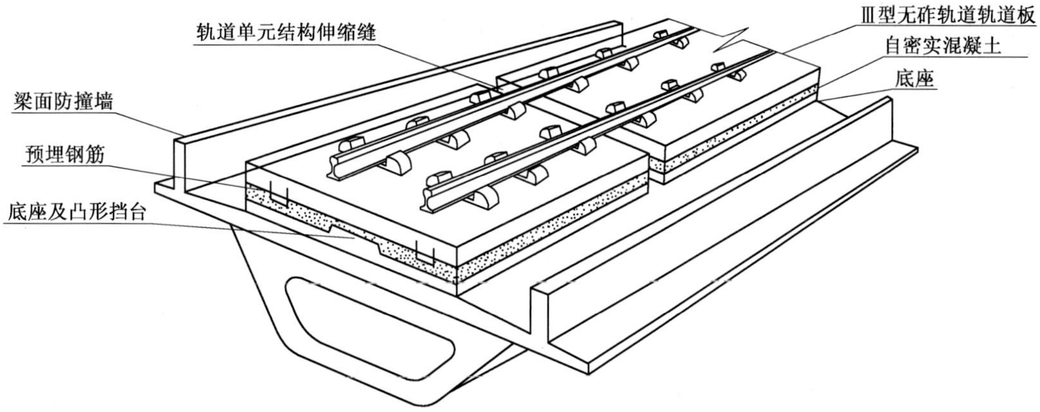


图 5-6-12　桥梁上 CRTSⅢ型板式无砟轨道结构

**表 5-6-8　CRTSⅢ型板式无砟轨道结构高度**(mm)

| 序号 | 名　　称 | 路基 | 桥梁 | 隧道 | 备注 |
|---|---|---|---|---|---|
| 1 | 长钢轨 | 176 | 176 | 176 | |
| 2 | WJ-8 型弹条扣件 | 41 | 42.2 | 41 | |
| 3 | 厂制轨道板 | 190 | 190 | 190 | |
| 4 | 自密实混凝土垫层 | 100 | 100 | 100 | |
| 5 | 混凝土底座或支承层 | 242 | 158 | 158 | |
| 6 | 总高度 | 749 | 666.2 | 665 | |

注：1. 轨道结构高度为钢轨轨面至底座底面最小高度，不包含曲线地段轨道外侧超高高度。CRTSⅢ型板式无砟轨道曲线超高在底座或支承层上实现。

2. CRTSⅢ型板式无砟轨道尚处于初步发展阶段，相关设计参数还在优化调整中。

(3)轨道板。CRTSⅢ型无砟轨道采用厂制轨道板，每块轨道板根据长度不同设有不同对数的有 1∶40 轨底坡的有挡肩承轨台，承轨台间距一般为 614 mm、最大不超过 650 mm，安装 WJ-8 型弹条扣件。厂制轨道板为双向后张预应力轨道板，分为单元式和纵连式两种。

(4)自密实混凝土垫层。轨道板下浇筑 100 mm 厚 C40 自密实混凝土垫层，内置 HRB335 钢筋网。曲线超高大于 50 mm，曲线内侧与轨道板平齐。

(5)钢筋混凝土底座或支承层。桥梁及隧道地段设 C40 钢筋混凝土底座，其中设置 2 个长 600 mm×宽 400 mm×高 100 mm 的凹槽(或凸台)，深度与底座相同。底座顶面设 4 mm 厚土工布隔离层，凹槽(或凸台)四周设置 10 mm 厚复合弹性橡胶垫层，凹槽(或凸台)底部设置隔离层。

路基上铺设支承层，支承层材料优先采用水硬性材料，也可采用低塑性混凝土。支承层在板缝处设深 80 mm×宽 10 mm 横向伸缩假缝，在假缝处铺设 0.26 m 宽 4 mm 厚防水土工布。

减振地段，可将土工布换铺为 20 mm 厚的 EPDM 材质微孔橡胶减振垫层，支底座或支承层高度作相应下调。

(6)轨道板纵向连接。轨道板纵向连接主要在路基上采用,其连接形式分为预应力和非应力两种。

当采用预应力方式纵连时,轨道板间通过连接器和轨道板预留预应力钢筋进行连接,同时为防止列车荷载导致的两板相错,板端还设置了剪力结构。板间缝填筑树脂砂浆。

当采用非预应力方式纵连时,轨道板间通过张拉锁件进行连接,施工方式同 CRTSⅡ型板式无砟轨道。

(7)路桥过渡段。路桥过渡段 CRTSⅢ型无砟轨道结构除轨道板与自密实混凝土层紧密结合形成"复合板"结构外,还需要通过销钉将自密实混凝土层与钢筋混凝土底座连接起来。钢筋混凝土底座设有端梁,钢筋混凝土底座与路基支承层之间设有预埋纵向连接钢筋,如图 5-6-13 所示。

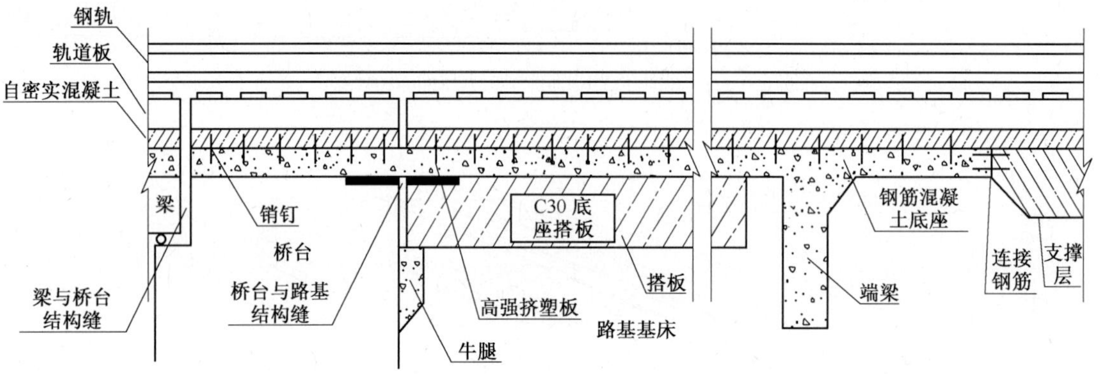


图 5-6-13　路桥过渡段 CRTSⅢ型无砟轨道结构

### 6.2.3　施工物流组织

CRTSⅢ型板式无砟轨道施工根据施工工序及作业面划分开展物流组织。一般修建从施工基地经既有公路至施工现场的运输通道,有条件的地方尽量设置沿线路的贯通便道,长桥地段需要设置上下桥梁的人行步梯或采用龙门吊、汽车吊、塔吊等作为材料及机具上下的通道,隧道地段则主要结合隧道进出口、应急通道或施工斜井、横洞设置物流通道。混凝土供应、轨道板及相关材料存放等结合作业面划分按一定间距设置临时基地,临时基地同时规划人员居住、材料存放及加工、机具维修等。长大路基、长大桥梁及隧道地段需要根据需要配置轮胎式双向运输车。

施工现场结合路桥隧结构物特点,采用人工、龙门吊、汽车吊或输送泵进行材料运输及机具转运等。

当施工工期不紧时,在双线地段也可按"先施工一线,再施工另一线"的方式分别进行物流组织。当施工第一线时,可利用另一线按单向运输作为物流通道,这样可最大限度地减少第一线施工物流组织的难度,降低设备资源配备。施工第二线时,再采用上述物流组织方案。

### 6.2.4　关键设备及工装

(1)轮胎式铺板龙门吊。满足多种工况条件下的轨道板吊装及铺设作业,如图 5-4-26 所示。

(2)轮胎式双向运板车。轮胎式双向运板车主要用于在无砟轨道底座上沿线路方路双向行驶并运输轨道板,如图 5-4-27 所示。

(3)轨道板快速精调系统。CRTSⅢ型轨道板快速精调系统根据 CRTSⅢ型无砟轨道布板设计及结构特点,在已有的 CRTSⅡ型轨道板精调系统的基础研发的。其主要组成包括:全站仪、工控计算机、测量标架及后视棱镜等硬件系统以及 CRTSⅢ型轨道板精调系统软件,如图 5-4-28 所示。

(4)轨道板精调器。CRTSⅢ型轨道板精调器由支撑架、水平及竖向调节螺杆等组成。精调器安装于轨道板吊装孔上,不仅可以起到支撑轨道板的作用,而且通过调节水平或竖向调节螺杆实现轨道板横向或竖向移动,达到轨道板中线及高程调整的目的,如图 5-4-29 所示。

精调器配合快速精调系统使用,根据精调系统实时测得的偏差对轨道板中线或高程进行调整,渐进地使轨道板的实际中线或高程符合施工要求。

每块轨道板配 4 个精调器,分布轨道板两侧前后位置。

### 6.2.5　主要临时工程

CRTSⅢ型板式无砟轨道施工主要临时工程包括:生产基地、运输道路、施工用电以及长桥地段上桥通道等。

生产基地主要包括管理及生产人员生活驻地、轨道板临时存放场、钢筋加工场、混凝土搅拌站、其他机具及材料加工及存放场等,生产基地的每个部分以方便施工和管理为前提,可结合现场条件集中设置或分开设置。生产基地根据作业面划分、施工进度及物流成本等因素综合设置,最远运输距离控制在15 km以内为宜。

运输道路包括正式道路和新建便道,新建便道最好能紧靠线路贯通设置,以满足机具、工装及材料等直接到达工地。运输道路除满足运输车辆运行、交会及卸车作业的要求外,还应考虑在新建道路上其他施工可能的影响。同时,隧道地段施工时,还应考虑与斜井、下料口的连通。施工便道还应充分考虑运量需求、冬雨季影响、防排水等因素。

施工用电作为临时工程主要在混凝土拌和站和隧道内施工时使用。为保证隧道内照明需要,一般结合隧道前期施工及后期的其他施工,需要统一布置贯通的照明线或动力线,尽可能将施工时的内燃动力设备改为用电设备,以减少施工废气排放和保障施工人员安全。

轨道板采用侧面竖向存放,临时存放场采用两条混凝土条型基础,通过龙门吊或汽车吊+吊带进行轨道板的吊装。为防止轨道板存放时发生侧翻,存放时应在存放台位端头设刚性支挡,板与板之间应加垫硬木块并用拉钩锁定。

在长大桥梁地段,为方便人员上下,一般按2～3 km间距设人行通道。特殊地段,还需利用龙门吊、升降平台等设置物料及机具上下的通道。

### 6.2.6　原材料

(1)普通材料。CRTSⅢ型板式无砟轨道路基上采用水硬性材料或C15素混凝土,桥梁上和隧道内底座采用C40钢筋混凝土材料结构,钢筋包括热轧光圆钢筋和热轧带肋钢筋两种型式,分为Q235、HRB335和HRB500等多种规格。混凝土配合比可以使用水泥等级不低于P·O42.5,聚羧酸减水剂,碎石规格10～40 mm均匀级配,细骨料为中粗砂或机制砂,掺和料可为复合型掺和料或单掺矿粉及粉煤灰,同时满足技术条件和施工工艺要求。

CRTSⅢ型板式无砟轨道施工辅助材料包括:接地端子、嵌缝胶、养护剂、脱模剂、伸缩缝材料、土工布等。

(2)中间隔离层及弹性垫层。中间隔离层和弹性垫层所用材料的规格、材质、性能指标应符合设计要求。中间隔离层和弹性垫层铺设前应将底座或支承层表面和限位凹槽(或凸台)清理干净并保持干燥。弹性垫层与限位凹槽(或凸台)侧面应黏贴牢固,顶面与底表面平齐。

(3)张拉锁件。张拉锁件为CRTSⅢ型板式无砟轨道路基上非预应力纵连式轨道板的纵向连接件,由张拉锁、螺母、钢垫圈及绝缘垫片等组成。张拉锁采用球墨铸铁整铸而成,螺母及钢垫圈采用45号钢制成,并作调质热处理,绝缘垫片用聚酰胺制成。相关部件的规格、尺寸、使用及验收等应符合设计要求。

(4)钢筋连接器及剪力钢板。剪力钢板在轨道板预制时埋入轨道板端头,其相关部件的规格、尺寸、使用及验收等应符合设计要求。钢筋连接器应与预应力钢棒螺纹配套,使用前应进行型式试验。

(5)自密实混凝土。CRTSⅢ型板式无砟轨道用自密实混凝土属首次大规模应用铁路工程建设,结合无砟轨道结构体系及工艺设计特点,确定CRTSⅢ型板式无砟轨道自密实混凝土施工技术条件:结构特性符合C40高性能混凝土的相关要求,具有微膨胀性能且满足低收缩、无收缩混凝土的相关规定;采用普通高性能混凝土材料制备,外掺料采用水泥、磨细矿渣粉双掺,粗骨料采用最大公称粒径不超过20 mm的连续级配碎石,外加剂包括聚羧酸减水剂和铝粉膨胀剂。

混凝土配合比参数基本要求:胶凝材料用量不大于600 kg/m$^3$,用水量不大于190 kg/m$^3$,自密实混凝土单位体积的量宜为0.35～0.42 m$^3$,单位体积粗骨料绝对体积0.26～0.32 m$^3$。

自密实混凝土施工特性应保证浇筑前混凝土扩展度650～750 mm之间,具有足够的黏聚性能,施工过程不出现离析、泌水等现象,其流动性满足施工工艺的要求,其他性能符合铁路工程高性能混凝土的相关要求。

### 6.2.7 施工工艺

6.2.7.1 质量标准

(1)混凝土模型质量控制。混凝土底座模板及支架材料应有足够的强度、刚度、稳定性和平整度，且安装稳固牢靠、接缝严密、不得漏浆，对模板与混凝土的接触面清理干净并涂刷隔离剂，模板内的积水和杂物应清理干净。支承层或底座、后浇带、板缝等模板安装允许偏差应符合《高速铁路轨道工程施工质量验收标准》(TB 10754)的相关规定，其中预埋件和预留孔道留置等应做好与相关接口工程的衔接。

(2)钢筋质量控制。钢筋的制作、加工和焊接、绑扎除符合设计及铁路混凝土工程的要求外，接地端子等材料应满足设计要求及产品技术条件的要求。钢筋网片的绑扎安装应做好模型的协调并保证结构混凝土保护层厚度符合设计要求。

钢板连接器焊接时，应对焊接方式、焊条、焊接参数等进行适用性试验，并制作焊接试件进行检验。钢板连接器安装时应垂直于线路中线，置于轨道板底座断面中部，纵向允许偏差±50 mm，钢板与桥面垂直度允许偏差为 10 mm。

(3)结构混凝土质量控制。路基或隧道内底座结构采用水硬性材料或低塑性混凝土，桥梁上连续底座结构混凝土采用高性能混凝土，混凝土质量除满足结构性能要求外，还应满足施工工艺的要求。混凝土原材料、配合比设计、搅拌及施工养护应满足《铁路混凝土工程施工质量验收标准》(TB 10424)的相关规定，外形尺寸、表面裂纹及排水坡等应符合设计及表 5-6-9 和表 5-6-10 的规定。混凝土拆模后，结构表面应密实、平整、颜色均匀，且不得有露筋、蜂窝、孔洞、疏松、麻面和缺棱掉角等缺陷。混凝土或支承层施工时，轨道板范围内的表面应按规定对进行横向拉毛，轨道板范围外的表面应抹光并设置不小于 3%的横向排水坡。

**表 5-6-9 混凝土底座外形尺寸允许偏差**

| 序 号 | 检查项目 | 允许偏差(mm) | 检验方法 |
|---|---|---|---|
| 1 | 顶面高程 | ±10 | 水准仪 |
| 2 | 中线位置 | ±10 | 全站仪 |
| 3 | 宽度 | ±10 | 尺量 |
| 4 | 平整度 | 10/3 m | 3m 直尺 |
| 5 | 伸缩缝位置 | 10 | 尺量 |

**表 5-6-10 限位凸台(或凹槽)外形尺寸允许偏差**

| 序 号 | 检查项目 | 允许偏差(mm) | 检验方法 |
|---|---|---|---|
| 1 | 平面位置 | ±10 | 全站仪 |
| 2 | 长度和宽度 | +10<br>0 | 尺量 |
| 3 | 高度(或深度) | +5<br>0 | 尺量 |

(4)中间隔离层和弹性垫层铺设质量控制。中间隔离层和弹性垫层所用材料的规格、材质、性能指标应符合设计要求。

中间隔离层和弹性垫层铺设前应将底座或支承层表面和限位凹槽(或凸台)清理干净并保持干燥。弹性垫层与限位凹槽(或凸台)侧面应黏贴牢固，顶面与底座表面平齐。

中间隔离层和弹性垫层的原材料质量应符合设计要求，铺设前应对支承层或底座顶面、梁面高程、平整度以及凸台(或凹槽四周)等进行检查，清洗并确保铺设范围内干燥、清洁，无灰尘、杂物和砂石类磨损性颗粒等。

中间隔离层铺设应平整、密贴、黏接牢固，边沿无翘起、褶皱、空鼓、封口不严等缺陷。弹性垫层规格尺寸应满足凸台或凹槽加工、拼装并黏贴牢固，四周应平齐。

铺设完成后的中间隔离层和弹性垫层应做好保护，安装钢筋网时应选择合适的垫块及间距，以免钢筋刺穿中间隔离层和弹性垫层。一旦破损，必须更换。

(5)轨道板铺设质量控制。成品轨道板应有标识(编号),扣件完整,预埋件齐全、埋置深度及位置正确,预埋套筒内不得有混凝土淤块,纵向连接精轧螺纹钢筋端部完整、无弯曲。

混凝土底座或支承层外观及几何尺寸满足铺板要求。轨道板的类型、规格、质量等应符合设计及技术条件的要求。轨道板与底座或支承层之间的间隙符合相关要求。

轨道板精调用快速精调系统、精调器等满足要求。精调完成后的轨道板应定位牢固,中线及高程偏差、相邻轨道板间横向和竖向的搭接偏差等符合《高速铁路轨道工程施工质量验收标准》(TB 10754)的相关规定。

(6)轨道板纵向连接质量控制。轨道板纵向连接在轨道板精调完成之后、自密实混凝土浇筑之前进行,纵向连接完成再施工树脂砂浆。

非预应力连接时,轨道板纵向连接前检查钢筋连接器与预应力钢棒螺纹的匹配性,保证张拉时有效咬合;按规定程序张拉,张拉扭矩符合设计要求。

应将张拉螺纹钢棒端头清理干净,检查钢棒头与张拉锁件的匹配性并予修整,并在钢筋上均匀地涂上黄油,保证张拉时张拉螺栓与张拉锁的螺纹能有效咬合。张拉锁件安装要保证锁具与钢棒的绝缘,板缝混凝土钢筋笼的安装应保证钢筋与锁具绝缘、钢筋交叉处绝缘,并按规定进行绝缘性检测且绝缘电阻应大于2 MΩ。轨道板张拉应按规定顺序张拉,张拉扭矩应符合设计要求,张拉前自密实混凝土强度应大于 20 MPa。

轨道板板缝混凝土采用与轨道板同等级的无收缩混凝土浇筑,浇筑混凝土前需要在轨道板的端面涂刷界面剂,捣固必须密实。浇筑完成,按规定养护。

(7)树脂砂浆质量控制。纵连式 CRTSⅢ型无砟轨道铺设后板缝间浇筑树脂砂浆,树脂砂浆由界面胶黏剂、浇筑树脂与面层涂料三部分构成。树脂砂浆的性能应符合设计要求,施工时按设计及说明书正确操作。

(8)自密实混凝土质量控制。自密实混凝土原材料主要性能指标符合《高速铁路轨道工程质量验收标准》(TB 10754)及相关标准设计的规定。混凝土配合比、制备、施工及检测等应满足《铁路混凝土工程施工技术指南》(铁建设〔2010〕241 号)的相关规定。其拌和物的性能应满足轨道板特点及浇筑工艺的要求,施工过程不得泌水,其主要指标见表 5-6-11。

自密实混凝土浇筑后应保持与中间隔离层和轨道板密贴,不应有离缝。

**表 5-6-11　自密实混凝土拌和物的性能指标要求**

| 序号 | 项　　目 | 性能要求 |
|---|---|---|
| 1 | 坍落扩展度(mm) | 700±50 |
| 2 | 扩展时间($T_{90}$)(s) | 2～6 |
| 3 | 障碍高差($B_J$)(mm) | <18 |
| 4 | L型仪($H_2/H_1$) | ≥0.9 |
| 5 | 含气量(%) | 2～5 |
| 6 | 塑性膨胀率(%) | 0～1 |
| 7 | 泌水率(%) | 0 |

#### 6.2.7.2　工艺特点

CRTSⅢ型板式无砟轨道施工实行多工序流水作业,垫层与底座混凝土采用模筑法现浇施工,轨道板铺设时以理论的钢轨及轨道中心作为施工控制的基准面和基准线,通过快速精调系统和精调器的使用,使得轨道铺设几何精度极为准确,铺设施工误差近似于"零"。而这些误差的控制和减少,加上物流组织及工程质量实现的特点,综合构成了 CRTSⅢ型板式无砟轨道施工工艺的特点。

1. 持续系统的精度控制

为保证高精度的轨道几何形状,CRTSⅢ型板式无砟轨道施工必须持续地系统地进行精度控制。主要有以下几点:

(1)将高精度系统控制的理论延伸于线下结构施工,既要保证线下结构的表面高程、平整度和中线,更要最大限度地减少和保证线下结构变形量。

(2)建立 CPⅢ测量控制网,并将 CPⅢ测量控制网的使用贯穿于无砟轨道施工的全过程,并根据不同施工工序选择不同的高精度测量设备予以保证。

(3)严格控制线下结构竣工平整度和高程,混凝土底座的中线、高程及表面平整度,轨道板预制厚度及扣件螺栓孔定位精度、轨道板定位精度等,通过一系列严格的精度控制最终保证无砟轨道的结构质量和精度质量。

2. 形式多样的物流保障

(1)依据不同条件,选择不同的物流保障措施。

(2)除了沿线路修建贯通便道并与既有道路连通外,路基地段设置马道可使汽车直接到达施工现场,长桥地段利龙门吊或汽车吊、塔吊作为物料提升站，隧道内利用隧道进出口或斜井、横洞等作为物流通道。

(3)根据不同物流吊装，选择不同的物流装备，采用汽车泵、输送泵或龙门吊、汽车吊＋料斗进行混凝土运输，采用小汽车或小平车进行普通机具及设备的转运，采用汽车吊或龙门吊和轮胎式双向运板车进行轨道板的运输和铺设。

6.2.7.3 工艺流程

CRTSⅢ型板式无砟轨道施工工艺流程如图 5-6-14 所示。

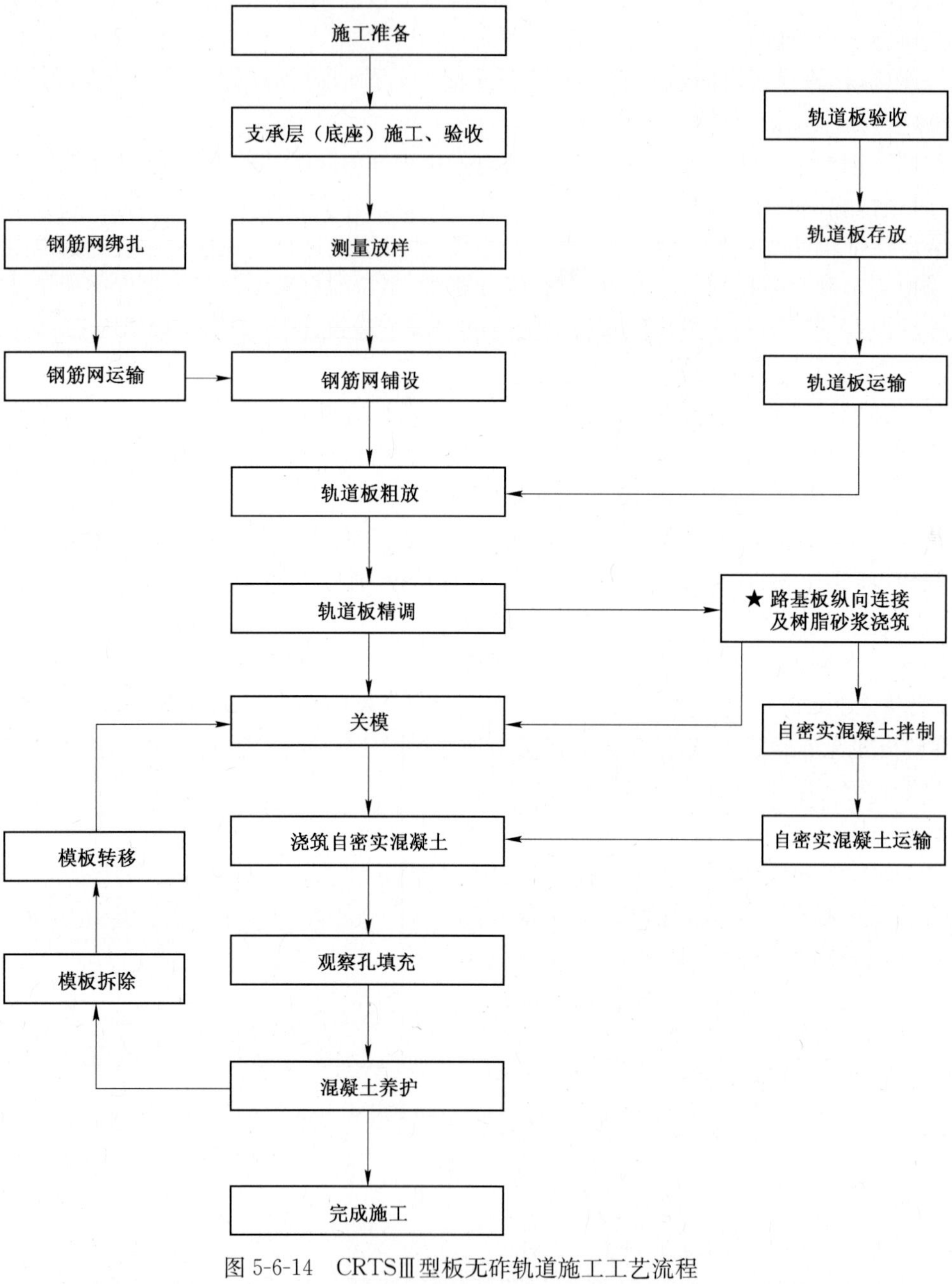


图 5-6-14 CRTSⅢ型板无砟轨道施工工艺流程

6.2.7.4 主要工序工艺

1. 沉降评估及 CPⅢ测量控制网测设评估

铺设无砟轨道前，线下工程的主体和底座混凝土(包括桥梁上防撞墙、遮板等二期恒载)应全部完工，检验合格。未完成的附属工程不得影响无砟轨道铺设。

铺设无砟轨道前，按照《客运专线铁路无砟轨道铺设条件评估技术指南》(铁建设〔2006〕158 号)对路基、桥涵、隧道变形进行系统评估，确认工后沉降和变形、梁体长期变形、各种过渡段的差异沉降等符合设计要求，满足无砟轨道铺设条件。

2. 路基上水硬性支承层施工

路基上水硬性支承层采用摊铺碾压法施工，施工工艺主要包括：施工准备、测量放样、水硬性材料制备及运输、混和料摊铺、支承层碾压、支承层养护等。

(1)施工准备。水硬性支承层前，应对路基基床的压实质量、路基高程及中线、平整度等进行检查验收，确认满足设计及技术标准的要求。做好路基基床表层的清洁和交通管制工作，避免二次污染。

配足水硬性支承层摊铺碾压施工所需要的摊铺机、光轮压路机和胶轮压路机，并对进场后的设备进行检查确认，并准备满足支承层覆盖养护的土工布或其他覆盖物。

(2)施工测量。路基水硬性支承层施工最好根据 CPⅢ测量控制网进行放样，CPⅢ测量控制网尚未建立或通过评估的，可采用加密后的 CPⅡ测量控制点进行。放样采用带自动伺服功能的全站仪和"自由设站，后方交会"模式。放样点位应满足同时控制支承层中线、宽度和高程的需要。

(3)摊铺机就位。模型安装完成后摊铺机准确就位，摊铺机就位后挂摊铺机探头高程线，探头高程线采用 $\phi$8 mm 钢丝绳，用紧线器拉紧，确保摊铺机探头在钢丝绳滑动时不变形。

(4)水硬性材料制备。水硬性材料采用拌和站集中制备，根据设计的施工配合比参数进行，并将水泥用量提高 0.5%。各种原材料的称量误差应符合铁路混凝土施工的相关要求。

水硬性材料制备过程中，应及时掌握现场的施工条件，合理调整用水量，以保证水硬性材料具有施工所需的最佳含水量。

水硬性材料制备过程中，应特别监控是否出现水泥堵塞、卡料以及拌和物结团、塑性坍塌等不良现象，若有发生，应立即停机检查和调整。

搅拌机出料时不允许采取自由跌落式的落地成堆和装载机装料运输的办法。须配备带活门漏斗的料仓，由漏斗出料直接装车运输，装车时车辆应前后移动，分 3 次装料，避免混合料离析。搅拌机中止生产时，应及时进行清洗。

(5)混合料运输。搅拌好的水硬性混合料采用自卸式汽车运输。运输车辆数量一定要满足拌和出料与摊铺需要，并略有富余。

运输汽车装车前，应将车厢清洗干净，并尽快将搅拌好的混合料运送到铺筑现场使用。运载过程中，应对车厢进行覆盖以减少水分损失。如运输车辆中途出现故障，必须立即以最短时间排除，当有困难时，若车内混合料不能在初凝时间内运到工地，或碾压完成最终时间超过 3 h 时，必须予以废弃。

运输车辆进入施工现场时，应采取措施清除黏附在轮胎上的泥土等污染物。运输车辆卸料时，应慢速行车卸料，避免集中卸料造成堆积离析。

(6)支承层摊铺。水硬性支承层应选择在温度适宜、无雨的天气施工，摊铺前应将基床表层或支承层适当洒水湿润。

摊铺机摊铺开始后，调整好传感器臂与导向控制线的关系；严格控制支承层厚度和高程，保证高程和横向坡度满足设计要求。

摊铺机应连续摊铺。在用摊铺机摊铺混合料时，应采用最低速度摊铺，禁止摊铺机停机待料。摊铺机的摊铺速度一般宜在 1 m/min 左右，摊铺机的螺旋布料器应有三分之二埋入混合料中。

自卸汽车将混合料卸入摊铺机喂料斗时严禁撞击摊铺机。混合料摊铺如图 5-6-15 所示。

(7)支承层碾压。紧接摊铺机之后，应采用光轮振动压路机和胶轮压路机对摊铺成型的支承层进行碾压，一次碾压长度一般为 50～80 m。碾压段落必须层次分明，设置明显的分界标志。

碾压应遵循生产试验路段确定的程序与工艺。注意稳压要充分，振压不起浪、不推移。压实时，可以先稳压(光轮碾压 2 遍)→胶轮碾压 2 遍→振动碾压 2 遍→胶轮稳压 2 遍。碾压过程中，可用核子密度仪初查压实度，不合格时，重复再压(注意检测压实时间)。

压路机碾压时应重叠 1/2 轮宽。压路机碾压时的建议行驶速度第 1～2 遍为 1.5～1.7 km/h，以后各遍应为 1.8～2.2 km/h。

压路机倒车换挡要轻且平顺，不要拉动基床表层，在第一遍初步稳压时，倒车后尽量原路返回，换挡位置应在已压好的路段上，在未碾压的一头换挡倒车位置错开，要成齿状。

压路机停车要错开，而且离开 3 m 远，最好停在已碾压好的路段上，以免破坏支承层结构。严禁压路机在已完成的或正在碾压的路段上调头和急刹车，以保护支承层表面不受破坏。

图 5-6-15　水硬性支承层摊铺施工

碾压宜在水泥终凝前及试验确定的延迟时间内完成，并达到要求的压实度，同时没有明显的轮迹。支承层应在碾压完成后 12 h 内进行横向切缝，缝深 8 mm。支承层碾压如图 5-6-16 所示。

图 5-6-16　水硬性支承层碾压施工

(8)支承层养护。每一段支承层碾压完成以后应立即采用土工布或粗麻巾覆盖养护，并同时进行压实度检查。覆盖 2 h 后，再用洒水车洒水进行保湿养护 7 d 以上。

支承层覆盖养护期间，应设置路障、禁行标志等措施，禁止车辆通行。同时还应避免其他施工破坏支承层。

3. 桥梁上及隧道内钢筋混凝土底座施工

钢筋混凝土底座主要作业内容包括：基础面处理、测量放样、钢筋加工、混凝土浇筑、混凝土养护等。

(1)基础面处理。桥梁及隧道底座范围内基础面应进行拉毛或凿毛处理，凿毛处理时混凝土见新面不小于 50%。底座施工范围内及影响区域内的浮渣、浮浆应清除干净。路基面应平整。

桥梁与底座连接的预埋钢筋套筒应清洗理干净，连接钢筋旋入套筒的长度不小于 28 mm，拧紧力矩应满足设计要求，连接钢筋端头螺纹应辊轧成型。当梁面套筒被堵塞而导致连接钢筋不能安装时，须两侧各植入一根同规格的连接钢筋，植入深度和外露长度应分别不小于 25 cm 和 15 cm，采用专用植筋胶锚固。

此外，桥梁与底座连接的钢筋还有预留门形钢筋和现场植筋两种设计方式。当采用预留门形钢筋时，应将保护层混凝土凿除，重新扶直和清理门形钢筋。当采用现场植筋时，植筋位置应严格按设计进行，通过测量、划线确定植筋区域，再采用钻孔植筋，植入深度和外露长度应分别不小于 25 cm 和 15 cm，采用专用植筋胶锚固。

(2)测量放样。根据 CPⅢ测量控制网，利用全站仪按“自由设站，后方自由”的方式放样底座施工的中线、每段底座的起终点桩及高程控制桩，并直接在基础面标注点位。桥梁及隧道地段可通过控制桩直接用墨线划出模板安装的边线。

(3)底座钢筋绑扎。底座钢筋先在生产基地内存放和加工,之后将散料运输到工地现场绑扎成型。在有条件的地方,也可提前在生产基地将底座钢筋网预扎成型后整体运输到工地吊装铺设。钢筋保护层垫块采用与底座混凝土同级或高一等级的水泥砂浆制作。钢筋加工前,应根据施工图编制配料斗,钢筋的下料及弯曲应符合《铁路混凝土工程施工质量验收标准》(TB 10424)的相关要求。弯曲成型的钢筋应分类集中堆放,根据需要运输到现场绑扎。

现场绑扎钢筋时,根据放样控制点,弹出底层钢筋网片安装墨线,采用定位卡具安装底层钢筋网片,以保证钢筋位置及间距。按规定数量呈梅花形布置保护层垫块。之后绑扎架立钢筋,再绑扎顶层钢筋网片。底座内需要安装的预埋件及接地端子应在钢筋绑扎时同步安装或焊接完成。

若底座表面采用限位凸台,凸台钢筋提前加工成型,与底座钢筋同步安装,并按规定将凸台立筋与底座上下层钢筋焊接连接。桥梁上钢筋绑扎时,应提前完成与梁体连接钢筋的安装或植入。

当基础面高程与设计高程有误差时,应调整底座板架立钢筋高度,使底座板钢筋上、下层保护层厚度符合设计要求。

(4)底座模板安装。钢筋混凝土底座采用组合式可调高钢模板。钢模板设计为分块结构,直线段模板制作高度比底座设计高度低 30 mm,模板底部设有调高螺栓,调高螺栓调节范围－30～＋50 mm,曲线段超高段按 30 mm 递增设加高模板,模板分块长度结合底座分段情况设置,原则上模板分块长度不超过 5 000 mm。模板安装时,通过调高螺栓调整模板顶面高度与底座设计顶面高程一致,并在模板内侧加垫 2 mm厚钢板并用卡具卡住以封闭模板底部与基础面间空隙。通过在基础面上钻孔植入钢筋并在钢筋与模板间加楔子以固定模板。

模板安装前应对模板及零部件进行检查、清理和整修,确保模板板面平整、光洁、无凹凸不平,清除模板上的灰渣和基层表面的杂物,检查支架及模板焊缝处是否有开裂破损,如有均应及时补焊、整修合格。模板清理干净后应均匀涂刷脱模剂。

模板对位安装完成并加固后,应检查模板垂直度,拉线检查伸缩缝模型、端模和侧模的线形,同时检查模板支撑及加固情况,并全部逐点抄平检查,并拉线检查伸缩缝模型、端模和侧模的线形。对检查发现的不合项,应立即整改并再次检查确认。

模板与混凝土接触面涂刷脱模剂,用适量砂浆进行封堵模型和基础面之间的接缝,封堵面齐平侧模内侧面且接缝严密不漏浆。

底座表面凸台(或凹槽)模板采用整体加工成型,安装时用木杆或方木等将凸台(或凹槽)模板与底座模板固定,以防止混凝土浇筑过程中跑模。

(5)混凝土浇筑。底座混凝土浇筑施工应密切关注天气变化,高温烈日、大风、雨雪天气应尽量避免施工。

混凝土制备及运输。混凝土应采用有自动计量装置的搅拌设备拌制,混凝土运输方式为地面由混凝土罐车运送,桥是采用汽车泵或输送泵输送混凝土上桥和浇筑,在特殊地段采用桥面单线作业,混凝土罐车沿桥面运输混凝土进行浇筑施工。混凝土入模前检查混凝土温度、坍落度,一般条件下混凝土的入模温度不应低于 5 ℃、炎热的夏季不宜超过 25 ℃。

浇筑前,应对模板范围内的杂物和积水进行彻底清理,混凝土入模前应对基床面喷水雾湿润。混凝土浇筑时,混凝土布料应缓慢均匀连续进行,由模板低边往高边布料,左右两副布料的速度要基本保持一致。混凝土采用插入式捣固棒振捣,应注意避免漏捣、过振,振捣过程中应加强检查模板支撑的稳定性和接缝的密合情况,以防漏浆,发现螺栓、支撑等松动应及时拧紧和打牢。振动棒移动距离不得超过振动棒作用半径的 1.5 倍,每点振动时间约 20～30 s。

混凝土抹面及顶面高程控制。混凝土浇筑完成后,应仔细对混凝土顶面收浆、抹面,底座的中间部分搭设跳板进行,抹面时严禁洒水拉毛。混凝土顶面高程控制以模板顶面为准,用铝合金刮尺对混凝土面找平,并根据实际情况补充混凝土。混凝土面找平后,用木砂板抹面。横向排水坡采用定制尺寸的铁抹子设置,排水坡应光滑平整且不小于 3%。为避免两模板间混凝土出现错台,施工时在两块伸缩缝模型顶部放置水平尺将两侧底座顶面控制在同一高度。

(6)混凝土养护及拆模。底座混凝土施工完成且初凝后立即用土工布覆盖并洒水保湿养护,强度满足设计要求后方可拆除模板,如设计无具体要求,侧模应在混凝土强度达到 2.5 MPa 以上,表面及棱角不因拆模而受损时方可拆模。脱模后拆去土工布，洒水后用土工布覆盖，保证 95%以上的湿度，养护时间不少于 7 d。在混凝土未达到设计强度 75%之前，严禁各种车辆在底座上通行。

4. 路基段底座伸缩缝施工

路基段低塑性混凝土底座伸缩缝分为假缝和真缝两种类型。伸缩缝按每隔 4～6 块轨道板设置一道，假缝在真缝以外板与板之间设置。真缝位置需要先安装伸缩阀板，之后才能浇筑混凝土。为保证伸缩缝设置平顺，一般可将伸缩缝模板顶部设一横方钢或圆钢，并将伸缩缝通过铁丝或绝缘扎带绑扎固定在方钢或圆钢上。施工完成后，拆除方钢或圆钢，即可形成平直的伸缩缝。

5. 测量放样及底座验收

底座混凝土施工完成后，应对 CPⅢ测量控制网进行复核，确认成果满足无砟轨道道床板施工的要求。根据 CPⅢ测量控制网对底座表面、中线及凸台(或凹槽)位置和几何尺寸进行检查验收，放样凸台(或凹槽)中心及轨道中线并划墨线标识，同时放样轨道板粗铺中线控制点。

为保证轨道板铺设前的准备工作，底座混凝土施工完成后应进行严格的检查，主要内容包括：底座板混凝土结构密实、表面平整、颜色均匀，有无露筋、蜂窝、孔洞、疏松、麻面和缺棱掉角等外观缺陷，外观尺寸符合设计要求。

6. 中间隔离层及弹性垫层铺设

在轨道板铺设前，底座板和限位凸台(或凹槽)应采用清洁高压水和高压风进行清洁和清理，保证铺设范围内底座板洁净且无砂石类可能破坏中间隔离层和弹性垫层的磨损性颗粒。按照测量人员精确放出的轨道板铺设宽度线铺设土工布。

中间隔离层(土工布)应铺贴平整，无破损，搭接及边沿无翘起、空鼓、褶皱、脱层或封口不严。同一块轨道板的中间隔离层应整块铺设，不得搭接。

弹性垫层设置在限位凸台(或凹槽)四周，在设置范围将泡沫塑料板与混凝土面密贴，用长度为 30 mm 的钢钉将弹性垫层钉在限位凸台(或凹槽)侧面。弹性垫层需平整、无翘起、无气鼓和无褶皱现象。

7. 轨道板存放及运输

轨道板存放及运输之前，应按规定进行外观质量及几何尺寸的检查验收，不合格的轨道板坚决不用。

(1)轨道板存放。为保证轨道板存放过程不变形，存放时一般设置条形的钢筋混凝土存放台座，按照轨道板的规格类型及铺设顺序分类侧面立式存放，尤其要特别注意缓和曲线地段用轨道板的存放顺序。为防止轨道板损坏及污染，在存放台座上铺设木板和土工布。同时，为防止轨道板易倾斜甚至倾倒，轨道板存放时应将板之间间距控制在 2 cm 以内，并在轨道板顶端扣上钢制卡具，将轨道板串成整体。如图 5-6-17 所示。

图 5-6-17　轨道板存放

(2)轨道板运输。轨道板运输时，采用平放方式。施工运输车采用 30 t 平板汽车，每车运输 3～4 块，轨道板间采用 4 块 20 cm 见方的硬杂木支垫，支垫硬杂木按“四点支承、三点平衡”置于轨道板两端第 2 至第 3 承轨槽之间，以保证轨道板的稳定。

轨道板发运运往施工工地时，应对照铺板图确认轨道板的规格、类型符合要求，并采用高压水将轨道板四周及底面冲洗干净。

8. 轨道板吊装

CRTSⅢ型无砟轨道板两侧预留轨道板吊装孔，在吊带末端设置连接螺栓，将连接螺栓旋入吊装孔后即可进行轨道板的吊装。

9. 轨道板粗铺

(1)施工准备。轨道板铺设前，底座混凝土或支承层表面应清理干净，不得有积水和浮渣。在轨道板铺设位置两侧前后位置各放置一块 300 mm×100 mm×100 mm 的支承垫木。

按照钢筋保护层厚度采用与自密实混凝土相同强度等级的长条形砂浆垫块，并提前摆放于中间隔离层上。保护层垫块按梅花形布置，数量及面积符合设计要求。

(2)钢筋网片加工。自密实混凝土钢筋网片在基地内集中加工和存放，钢筋间距及绑扎应符合设计及相关标准的要求。钢筋网片应与轨道板同步铺设，采用专用吊具吊装。

钢筋网片在运往工地铺设之前，应进行检查验收。

(3)钢筋网片铺设。钢筋网片采用平板汽车运输到工地，通过汽车吊＋专用吊具吊装上线临时存放，铺板前用汽车吊或龙门吊＋专用吊具进行铺设，人工配合就位。铺设时，应严格控制钢筋网片边缘距自密实混凝土边绝缘的距离，检查和调整条型砂浆垫块的支垫位置，确保钢筋保护层厚度满足要求。

(4)轨道板粗铺。轨道板粗铺时，由跨线龙门吊或汽车吊将轨道板吊至铺设位置，人工扶稳轨道板缓缓下落，把轨道板放在预先放置的支承垫木上，并辅助检查使轨道板中心线、边线尽量与设计中线、边线对齐。曲线地段，应注意轨道板的方向。轨道板粗铺时，应将有接地端子的一侧安放在线路外侧。

当钢筋网片阻碍门形钢筋时，可适当调整钢筋网片上钢筋位置以使轨道板顺利就位。轨道板粗铺如图 5-6-18 所示。

图 5-6-18　轨道板粗铺

10. 轨道板精调

(1)轨道板精调原理。轨道板精调包括测量和调整两个内容，采用专门的轨道板精调系统对轨道板实际的空间位置进行实时测量并计算和输出实际空间位置与理论空间位置的偏差值，之后再使用精调门架、精调器、扳手等工具按照偏差值将轨道板调整到允许限差范围内。

轨道板精调系统分为硬件系统和软件系统两部分，硬件系统包括带自动伺服功能的全站仪、工控计算机及显示屏、反光棱镜和带反光棱镜的测量标架，硬件系统负责对数据的采集，而软件系统则主要用于理论数据与实测数据的处理。操作时，全站仪及后视反光棱镜对 CPⅢ测量控制网进行多点后视完成自由设站，之后全站仪对安装在轨道板承轨槽上的测量标架进行测量，而对测量标架所测量的位置即是铺轨后钢轨顶面以上 20 mm 与钢轨中线的交点位置，通过这个过程得出轨道板铺轨后的实际位置。由此，经过软件系统的处理即可得出轨道板实际位置与理论位置的偏差，也就是调整工作所需要完成的调整量。

由于轨道板沿线路中心线纵向方向的细微偏差不会影响轨道板的轨道线形，因此轨道板调整只需要进行横向和高程两个方向。而用于轨道板调整的精调门架和多向精调爪，都可进行轨道板横向和高程等两个方向调整。通过反复几次的测量和调整，即可将轨道板调整到允许限差范围内。轨道板精调工艺流程如图 5-6-19 所示，轨道板精调如图 5-6-20 所示。

(2)轨道板精调系统设站定向。轨道板精调系统每次设站可调 4～5 块轨道板。建站时，全站仪设在精调作业前方距最近的待精调轨道板 5～10 m 的轨道中线位置，全站仪设置高度应尽量靠近标架棱镜的高度。

全站仪自由设站后，一般后视 4 对 CPⅢ测量控制点，困难地段可后视 3 对点。相邻的两次设站，后视 CPⅢ测量控制点应搭接。

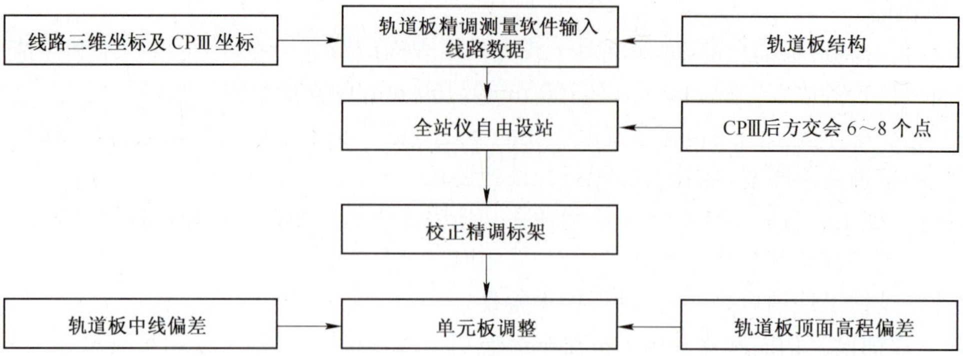


图 5-6-19　轨道板精调流程

图 5-6-20　轨道板精调示意图

(3)轨道板精调系统测量。全站仪设站完成后，开始对安装于轨道板承轨槽上的精调标架和适配器进行测量。用已设程序控制的全站仪测量放置在适配器或标架上的 4 个棱镜，连接工控机选板，获取温度传感器温度值，确定板型，获取 4 个工位的调整量，根据调整量对轨道板实施调整。

需要注意的是，测量标架应放置于轨道板承轨槽的固定位置上，标架触头与挡肩密贴，并保持密贴指示灯亮。

(4)轨道板调整。每次精调换站，应对前一次精调的最后一块轨道板搭接测量以消除错台误差，当搭接测量的轨道板位置偏差超过限差时，应对前一站精调的轨道板重新精调。

根据轨道板精调系统测量得出的轨道板偏差，使用精调门架将轨道板精调到偏差值 0.5 mm 以内。之后，再安装精调器，并拆除精调门架，通过轨道板精调系统的测量，并配合精调器、扳手将轨道板精调到合格状态。合格状态的要求为：板内 4 承轨点平面及高程误差≤0.4 mm，板与板间相邻承轨点平面及高程误差≤2 mm。

(5)轨道板固定。轨道板精调完成后，安装扣压装置将轨道板固定于底座上，以避免自密实混凝土浇筑时可能引起的上浮。扣压装置由扣压板、扣压螺杆和螺母组成。安装前，安放精调器对应的位置钻孔。安装时，使用植筋胶安装并固定扣压螺杆，待轨道板精调完成后，将扣压板套在扣压螺杆上并扣住轨道板，再装上螺母扭紧即可。

(6)数据记录。轨道板精调时，记录文件的内容包括：板型和板号、观测员、精调时间和温度、精调日期、天气说明、调控点的铺设误差(理论一实际值)、轨道基准网和定向点上的最终误差。

11. 轨道板检测

在模板安装完成，自密实混凝土浇筑之前，应对全部轨道板进行检测，检测的内容及标准见表 5-6-12 的规定。

**表 5-6-12　轨道板检测内容及标准**

| 序号 | 项　　目 | 允许偏差(mm) | 检验数量 |
|---|---|---|---|
| 1 | 中线位置 | 2 | 每板检查 2 处(两端) |
| 2 | 支撑点处承轨面高程 | ±1 | 全部检查 |
| 3 | 相邻轨道板接缝处承轨台相对横向偏差 | ±2 | 5 块板检查 1 处 |
| 4 | 相邻轨道板接缝处承轨台相对高差 | ±2 | 5 块板检查 1 处 |

12. 路基上纵连式轨道板纵向连接及板缝填充

路基上纵连式轨道板主要分为预应力张拉和非预应力张拉，张拉连接完成后，再采用树脂砂浆填充板缝。其目的是保证纵连式轨道板之间的整体性，减少或避免板间填充材料开裂。轨道板纵向连接及板缝填充在轨道板精调之后、自密实混凝土浇筑之前完成。

13. 非预应力方式纵向连接

非预应力方式纵向连接与 CRTSⅡ无砟轨道轨道板纵向连接基本相同。

每块板与板之间需要 6 块张拉锁件对轨道板上预留的预应力钢筋张拉连接，连接采用扭力扳手进行螺母紧锁，当扭力达到 40 kN 即纵向连接完成。

14. 预应力方式纵向连接

先通过钢筋连接器将成组的轨道板和预应力钢棒连成一体，通过在轨道板两端使用千斤顶对预应力钢棒进行对称张拉，实现对轨道板预应力施加。

(1)为保证对轨道板及板缝后张预应力的施加，设计上采用两项专门的措施：一是轨道板预制时内设张拉孔道，每块轨道板 4 个，分左右、上下对称布置。轨道板铺设前，在张拉孔道内穿出两端已经加工螺纹的预应力钢棒，张拉时通过钢筋连接器可将多根预应力钢棒连成整体。二是轨道板预制时，板端预留了剪力钢板，相邻板之间通过剪力钢板的作用可使轨道板在预应力作用下板端不顶在一起，为板缝砂浆填充提供空间。

(2)张拉前检查及准备工作。检查相邻轨道板间的板缝宽度、预应筋端部丝扣以及预应力筋是否与板分离(可来回松动)。清除无黏结预应力钢棒露出的保护套。

按对张拉的轨道板进行编号，沿张拉施工方向顺序为 9、8、7、……，如图 5-6-21 所示。

图 5-6-21　轨道板纵向连接顺序示意图

(3)预应力钢棒连接。采用钢棒连接器将板间钢棒全部连接，连接时，应考虑预应力钢棒与钢棒连接器安装时的伸长或缩短问题，做好充分的计算。钢棒连接器安装完成后，应尽量使用钢棒连接器处于各板缝中间位置。预应力钢棒连接示意如图 5-6-22 所示。

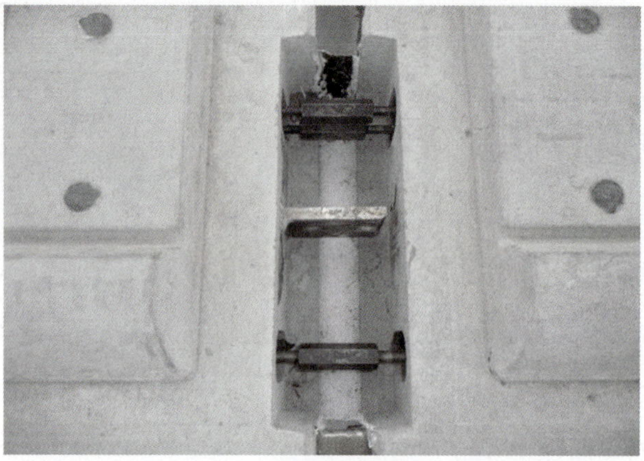

图 5-6-22　预应力钢棒连接示意图

15. 窄缝树脂砂浆浇筑

浇筑采用竹胶板作模板，两边对拉。树脂砂浆由双组分材料组成，施工时按照说明书将不同组分的 A、B 材料倒入搅拌桶内，使用电动搅拌器搅拌。搅拌后，直接灌入模型内。搅拌好的材料在规定的时间未浇筑完成的，应报废弃用。树脂砂浆浇筑如图 5-6-23 所示。

图 5-6-23　窄缝树脂砂浆浇筑

16. 轨道板张拉

先通过钢棒连接器张紧轨道板。树脂砂浆固化达到一定强度后，进行轨道板纵向连接张拉，用专用扳手旋紧连接件，两侧各旋进 12 mm，具体控制位置应事先在螺杆上标出。张拉时按照设计顺序进行张拉，即：先张拉 3 号和 6 号，再张拉 1 号、4 号、7 号，再张拉 2 号、5 号、8 号，且每个板缝处先张拉中间两个连接件，再张拉外侧两个连接件。之后，通过液压千斤顶按 122 kN 张拉力从两端对称张拉。待张拉稳定并达到要求后，再拧紧中部 3 号和 6 号板缝处的紧固螺母。

按照上述相同方法连接并张拉上层连接件。

17. 剪力钢板焊接

张拉完成后，将剪力板咬合紧贴，安装高强螺栓，再将剪力板与轨道板端面预埋钢板焊接在一起，每道焊缝需双面满焊，确保焊接质量。

18. 浇筑连接件处树脂砂浆

将剪力板和连接件及两侧预应力钢棒包裹密封，剪力板用密封胶带缠紧密实；连接件及预应力钢棒露出部分用胶管剖开后装上黄油包裹住，再在外面裹上密封胶带。

待连接器与剪力板密封包裹完后，即可浇筑剩余部分板缝的树脂砂浆，树脂砂浆搅拌与浇筑方法同前。

浇筑成型的板缝砂浆如图 5-6-24 所示。

图 5-6-24　连接器处树脂砂浆浇筑

19. 板缝砂浆填充

板缝填充使用的树脂砂浆由界面胶黏剂、浇筑树脂与面层涂料 3 部分构成。界面胶黏剂的作用是保证浇筑树脂与轨道板间的良好黏接，浇筑树脂提供轨道板间浇筑材料的合适弹性模量、抗压强度及延伸率，持续保持对轨道板的良好连接，面层涂料则对浇筑树脂起到耐紫外线、湿热老化的良好保护作用。树脂砂浆各组分及配合比见表 5-6-13。主要施工步骤分为涂刷胶黏剂、树脂砂浆搅拌及浇筑、涂刷表面保护涂料。

(1)涂刷胶黏剂。打开配套的胶黏剂 EJ-01A，用搅拌器将可能出现的沉淀物充分搅起后，根据使用量(每个板缝 1.5～2.5 kg)与胶黏剂 EJ-01B，搅拌 4～5 min。搅拌均匀后，均匀涂刷在轨道板两端板面。厚度控制在 0.5～1 mm。

**表 5-6-13　树脂砂浆各组分及配合比**

| 组分名称 | 牌　　号 | 配合比(重量比) |
|---|---|---|
| 胶黏剂 | EJ-01A/EJ-01B | 7∶1 |
| 浇筑树脂 | PUJ-01A/PUJ-01B | 100∶27 |
| 面层涂料 | EC-01A/EC-01B | 100∶18 |

(2)树脂砂浆搅拌。当涂刷的胶黏剂表面凝胶约 1～2 h 后，开始树脂砂浆搅拌，先用齿盘式电动搅拌分散器(速度 600～1 500 r/min)将 A 组分 PUJ-01A 搅拌 3～5 min，将可能出现的沉淀物充分搅拌均匀后，边搅拌边加入 PUJ-01B，混合搅拌约 2～3 min。

(3)树脂砂浆浇筑。浇筑前，用塑料薄膜将板缝边缘进行保护，防止污染，然后将搅拌好的树脂砂浆缓缓的倒入板缝。拌制好的树脂砂浆浇筑时间一般不得超过 15 min，同一板缝树脂砂浆浇筑间隔时间不超过 1 h。

(4)涂刷表面保护涂料。树脂砂浆 PUJ-01A/B 浇筑完成 0.5～1 h，树脂砂浆表面干燥后，即可涂刷表面保护涂料，待 EC-01A 搅拌均匀后，加入 EC-01B，混合搅拌 5～8 min，混合均匀后进行涂刷。涂刷厚度控制在 2 mm 左右。

20. 自密实混凝土浇筑

(1)自密实混凝土质量要求。CRTSⅢ型板式无砟轨道自密实混凝土的结构和施工性能受原材料供应影响较大，需要结合当地原材料供应作大量的配合比设计和工艺试验才能得出，其主要性能指标应满足：结构特性符合 C40 高性能混凝土的相关要求，具有微膨胀性能且满足低收缩、无收缩混凝土的相关规定；施工特性应保证混凝土扩展度在 650～750 mm 之间，具有足够的黏聚性能，施工过程不出现离析、泌水等现象，其流动性满足施工工艺的要求，其他性能符合铁路工程高性能混凝土的相关要求。自密实混凝土扩展度及流动性情况如图 5-6-25 所示。

(2)自密实混凝土制备。自密实混凝土采用普通高性能混凝土材料制备，外掺料按水泥、磨细矿渣粉双掺，粗骨料采用最大公称粒径不超过 20 mm 的连续级配碎石，外加剂包括聚羧酸减水剂和铝粉膨胀剂。混凝土制备所需的所有材料均符合《客运专线高性能混凝土暂行技术条件》(科技基〔2005〕101 号)的规定。混凝土配合比参数基本要求：胶凝材料用量不大于 600 kg/m$^3$，用水量不大于 190 kg/m$^3$，自密实混凝土单位体积的量宜为 0.35～0.42 m$^3$，单位体积粗骨料绝对体积 0.26～0.32 m$^3$。

自密实混凝土的配合比设计的施工性能应符合自动计量搅拌站搅拌、混凝土罐车运输、输送泵一次输送及料斗中转浇筑的要求。在正式施工之前，应模拟施工条件进行从搅拌、运输、泵送到中转浇筑等全过程的工艺试验，以寻求最佳的配合比及施工工艺。

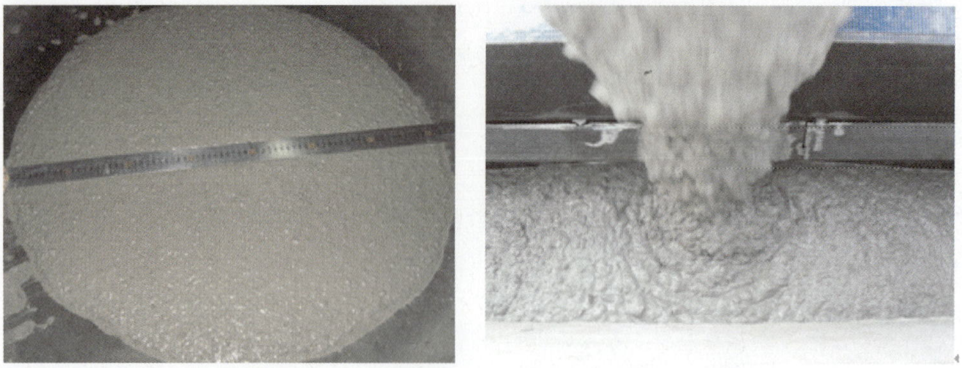

图 5-6-25　自密实混凝土扩展度及流动性情况

自密实混凝土采用自动计量搅拌站搅拌，搅拌站生产能力满足现场施工的要求。

(3)自密实混凝土模板安装施工。CRTSⅢ型无砟轨道自密实混凝土浇筑采用组合式钢模板，钢模板应严格按自密实混凝土调整层结构的厚度、宽度和设计超高值进行设计和加工。

钢模板安装时，不设超高值的地段线路两侧模板一般比轨道板各宽 10 cm；超高值大于 50 mm 的地段，则曲线内侧模板紧贴轨道板侧面安装；轨道板两端模板则须紧贴轨道板端面安装，端面安装允许偏差±5 mm；模板高度应高于自密实混凝土调整层表面 10 cm 以上。模板四周及底部缝隙采用砂浆、胶布或泡沫块进行封堵，以防止漏浆及漏浆对自密实混凝土的流动性及密实度产生影响，如图 5-6-26 所示。

图 5-6-26　自实混凝土调整层模板安装

模板安装时，应清除轨道板底及底座表面的杂物，检查和调整钢筋保护层厚度，检查预埋件安装完整，采用 PVC 管＋胶布的方式对精调器进行保护。在混凝土浇筑前，还应对轨道板底部、底座表面进行预湿。

(4)自密实混凝土浇筑前检查。混凝土浇筑前，认真检查搅拌站是否清理和运转正常，混凝土罐车及汽车泵、中转料斗或其他需要的设备、机具的数量和状态是否满足施工需要。

混凝土浇筑前，应采用快速精调系统复测轨道板线形，确认轨道板状态满足自密实混凝土浇筑的要求。

(5)混凝土浇筑。自密实混凝土材料对设备、工艺以及外部环境较为敏感，施工时除了做好设备、材料等准备外，还要根据天气条件决定是否施工，如遇高温、大风、大雨等恶劣天气时应避免施工，此外，自密实混凝土浇筑应尽量避免冬期施工。

自密实混凝土通过罐车运输到工地后，采用汽车泵或输送泵输送，现场试验人员直接从汽车泵或输送泵的泵管管口取样进行流动度、扩展度、含气量、黏聚性等性能检测，当确认施工性能满足施工要求，方可正式施工。在施工过程中，也要按规定加强对自密实混凝土的抽查，确保其施工性能满足要求。

CRTSⅢ型无砟轨道板自密实混凝土采用三角浇筑料斗以自重方式浇筑。三角浇筑料斗由高度约 2 m 的料斗和 3 个带阀门的浇筑导管组成，通过阀门可控制混凝土浇筑的速度。自密实混凝土浇筑时，应提前在待浇筑轨道板上安装好三角浇筑料斗，并将浇筑导管依次放于轨道板上预留的浇筑孔，当轨道板上未预留浇筑孔时，浇筑导管则按前中后三个位置依次放于轨道板一侧的模板内，如图 5-6-27 所示。

图 5-6-27　自密实混凝土浇筑施工过程

自密实混凝土经汽车泵或输送泵泵入浇筑料斗后，开启阀门，使混凝土持续沿浇筑导管和浇筑孔注入轨道板底部，当混凝土布满轨道板底部并沿四周模板上涨超过计划浇筑高度后，放缓混凝土注入速度。混凝土浇筑应注意“先慢，后快，再慢”及持续浇筑的节奏，先慢是为使混凝土逐渐填充底座表面，之后加快速度直到混凝土布满轨道板底部并达到计划浇筑高度后，放缓浇筑速度，边清除浮浆，边补充混凝土，以保证整个混凝土的饱满和密实，直到混凝土已达计划浇筑高度，关闭阀门，完成混凝土浇筑。浇筑料斗移至下一块轨道板施工。

为防止混凝土溢出或混凝土供应中断，应保证混凝土汽车泵或输送泵的泵送速度与浇筑导管的浇筑速度一致。

待混凝土流动性逐渐减弱或初凝时，对混凝土外露部分压光抹面并设置向外3%的横向排水坡。

(6)混凝土拆模及养护。待混凝土终凝后，将精调器松开半圈，并采用土工布覆盖保湿养护7 d。混凝土强度超过5 MPa后，拆除模板和精调器，对精调器预留槽四周进行拉毛并用同标号的新鲜混凝土浇筑，同时修补混凝土表面缺陷，继续用土工布覆盖保湿养护。模板及精调器拆除后，应及时清理修补，以待下一次使用，同时清理道床四周的杂物和垃圾，以保证轨道结构及线路整洁。

### 6.2.8　资源配置

#### 6.2.8.1　*劳动力配置*

CRTSⅢ型板式无砟轨道通常采取架子队组织模式，根据工作面情况分成若干班组，通常底座与轨道板施工分开组织，按照工序实行平行作业。各工序人员相对固定，推行专业化管理。

1. 管理人员组织

CRTSⅢ型板式无砟轨道一般以作业队为单位设置管理机构，负责多个作业面的技术管理和施工组织。管理人员组织见表5-6-14。

**表5-6-14　管理人员组织表**

| 序号 | 岗位或工种 | 人数 | 主要工作内容 |
|---|---|---|---|
| 1 | 作业队队长 | 1 | 全面主持双块式无砟道床施工组织工作 |
| 2 | 技术负责人 | 1 | 负责生产技术工作；负责建场规划工作 |
| 3 | 作业队副队长 | 2 | 负责设备、物资及施工生产管理工作 |
| 4 | 工程技术室 | 4 | 负责生产技术、施工测量 |
| 5 | 安全质量室 | 5 | 负责安全、质量，主管安质、工程试验 |
| 6 | 物资设备室 | 10 | 负责设备及物资供应，含库管 |
| 7 | 办公室 | 5 | 负责治安、保卫工作及行政事物、食堂、司机、文化娱乐的管理及对外接待联络工作 |
| 8 | 工程调度 | 2 | 负责生产指挥调度，协调对外关系 |
| 合计 | | 30 | |

2. 生产人员组织

每个作业工序，工地负责人、工班长、技术人员和专兼安质人员由正式员工担任，且持上岗证上岗。其余根据需要可配置劳务用工，但岗前必须进行培训并经考试合格后上岗。特殊工种必须按规定持证上岗。以下工序按路基及桥梁上日进度120双延米、隧道内日进度100双延米配置劳动力。

(1)底座或支承层施工。路基及隧道内底座或支承层施工同CRTSⅠ型双块式无砟轨道施工。

(2)CRTSⅢ型轨道板安装施工。CRTSⅢ型轨道板安装施工单作业面生产人员配置见表5-6-15。

**表5-6-15 CRTSⅢ型轨道安装板施工单班生产人员配置**(单作业面)

| 序号 | 工作内容 | 人数 | 备　注 |
|---|---|---|---|
| 1 | 管理人员 | 10 | |
| 2 | 存板场运吊轨道板 | 20 | 含存板厂看守,轨道板卸存 |
| 3 | 吊装及铺设 | 16 | 含上桥吊装、运铺 |
| 4 | 轨道板精调 | 12 | 含配合精调、钻孔 |
| 5 | 混凝土模板安拆 | 30 | 含扣压装置安装 |
| 6 | 自密实混凝土浇筑 | 20 | 含桥上、桥下 |
| 7 | CPⅢ平面控制网测量 | 12 | 含水准测量 |
| 8 | 路基地段轨道板纵向连接 | 12 | 含树脂砂浆浇筑 |
| 9 | 其他 | 50 | 隔离层制作、钢筋网片加工等 |
| 合　计 | | 182 | |

6.2.8.2 主要设备机具配置

施工设备及机具按作业面配置,生产能力符合上述进度指标要求。

(1)混凝土底座或支承层施工。混凝土底座或支承层施工同CRTSⅠ型双块式无砟轨道施工。

(2)CRTSⅢ型轨道板安装施工。CRTSⅢ型轨道板安装施工主要设备及机具配置见表5-6-16。

**表5-6-16 CRTSⅢ型轨道板安装施工主要设备及机具配置**

| 序号 | 设备及工装名称 | 规　格 | 单位 | 数量 | 备　注 |
|---|---|---|---|---|---|
| 一 | 轨道板运铺 | | | | |
| 1 | 平板运输汽车 | 12 t | 台 | 6 | |
| 2 | 汽车起重机 | 25 t | 台 | 2 | |
| 3 | 轮胎式铺板龙门吊 | 10 t | 台 | 1 | |
| 4 | 轮胎式双向运板车 | 30 t | 台 | 1 | |
| 二 | 轨道板精调 | | | | |
| 1 | 全站仪 | 测角精度≤1″,测距精度≤1 mm+2 ppm | 台 | 1 | 带自动照准功能 |
| 2 | 电子水准仪 | 精度≤0.3 mm/km | 台 | 1 | |
| 3 | 后视棱镜 | | 套 | 8 | 与CPⅢ网匹配 |
| 4 | 轨道板精调系统 | CRTSⅢ型 | 套 | 2 | 含全站仪、工控计、精调标架 |
| 5 | 精调门吊 | 自制 | 套 | 2 | |
| 6 | 双向精调爪 | 自制 | 套 | 250 | 每套4块 |
| 7 | 扣压装置 | | 套 | 250 | |
| 三 | 轨道板纵向连接 | | | | |
| 1 | 扭力扳手 | | 套 | 12 | |
| 2 | 组合模板 | | 套 | 120 | 板缝浇筑用 |
| 3 | 齿盘式电动搅拌分散器 | 速度600～1 500 r/min | 套 | 2 | 树脂砂浆搅拌用 |
| 四 | 自密实混凝土浇筑 | | | | |
| 1 | 组合钢模板 | | 套 | 200 | |
| 2 | 混凝土搅拌站 | 90 $m^3$/h | 套 | 1 | |
| 3 | 钢筋加工设备 | | 套 | 1 | 含切割、焊接、绑扎 |
| 4 | 混凝土罐车 | 12 $m^3$ | 台 | 6 | |
| 5 | 混凝土汽车泵 | | 台 | 2 | |

续上表

| 序号 | 设备及工装名称 | 规　格 | 单位 | 数量 | 备　注 |
|---|---|---|---|---|---|
| 6 | 三向浇筑料斗 | $8m^3$ | 台 | 4 | |
| 7 | 水车 | | 台 | 2 | |
| 8 | 储水罐 | $1m^3$ | 个 | 50 | |

### 6.2.9　质量安全控制要点

6.2.9.1　质量控制要点

除应满足施工工艺的要求外，质量控制还应符合下列措施的要求：

(1)建立健全质量管理体系，配置质量控制要素，严格施工过程控制，针对不同工序、不同施工内容制定并实施作业指导书、质量实施细则和质量检测大纲，以工序质量、细节质量保证最终的施工质量。

(2)控制无砟轨道施工边界条件，铺板前，桥梁沉降和徐变评估、路基沉降评估等必须达标，桥面系及底座混凝土施工二期恒载基本完工，CPⅢ网复测精度达标。

(3)在轨道板精调测量中，配置高精度的全站仪、电子水准仪、轨道板精调系统等，测量人员进行针对性的培训并经考核合格后上岗，施工过程应加强设备的经常性校正、日常保养和维护，计量器具定期送检标定。

(4)根据气候条件，进行严格的施工作业控制，如测量和精调应选择在温差不大、阳光不强、少风、无雨的天气，轨道板张拉应选择在基于接近中和温度时进行，而自密实混凝土浇筑则应选择在温差不大、阳光不强、无雨或小雨的天气。进入冬季时，应根据天气条件采取冬期施工措施。

(5)轨道板在储存和运输、吊装过程中，应加强对成品的保护，特别是储存过程中严格侧面立放平衡支垫，防止轨道板发生翘曲变形。

(6)轨道板自密实混凝土调整层浇筑之前，必须进行轨道板复测，并设置隔离区，以防止车辆和行人从上通过扰动轨道板。

(7)轨道板调节装置和固定装置必须保证其加工精度，安装稳固、牢靠，防止轨道板精调后产生移位变形，影响轨道板铺设精度。

(8)为确保技术标准和施工工艺落到实处，在正式施工之前，应按技术培训及设备验证、工艺试验、线下试验段、线上先导段的顺序依次开展试验及分级评估工作，每个阶段经评估达到合格要求后方可进入下一阶段的试验或施工。其中线下试验段应由建设单位组织评估，线上试验段应由铁道部组织对建设单位的评估后，再由建设单位组织对施工单位的评估。

6.2.9.2　安全控制要点

(1)按要求配足安全生产要求，确保安全管理体系正常运转。

(2)做好经常性的安全教育和技术培训，设备操作人员和特殊工种持证上岗。

(3)加强对施工机具设备、临时设施的例行检查和强行保养，确保设备及临时设施安全可靠。

(4)施工基地、运输道路、作业面布置科学合理，物流顺畅，临空、临边作业防护措施到位；涉及交通疏解或交通干扰的地段，应设置警示或防护设施、标牌，必要时设专人管理和防护。

(5)施工用电严格执行五线三相制和一机一闸制，做好漏电保护，电线外皮不能破损，不能超负荷用电，严禁私拉乱接，违规用电。

(6)施工现场的布置应符合防火、防风、防雷击、防洪、防触电等安全规定及安全施工的要求，各临时存板点等应按规定统一布置。

(7)生产料库应加强防火措施，乳化沥青库房周边应严禁使用明火。

(8)吊装作业时，应有专人进行指挥，要经常检查钢丝绳、吊钩、夹具等的安全状况，吊臂下及吊装范围内严禁站人。

(9)轨道板装卸时应利用轨道板上的起吊装置水平起吊，四角均匀受力；把吊环安在插入螺栓上时，应注意充分上紧螺栓，不使螺栓损伤。

(10)轨道板、砂浆或其他物料吊装时，必须设专人看护，遇高压线横跨线路上空时，不得伸臂至高压线安全区内，且应通知当地电力部门协助看护吊装。

(11)物料堆码牢靠,夜间施工时照明充分。

(12)临时上桥通道应按规定搭设牢固,并定期进行检查维修。

6.2.9.3 环境保护控制要点

(1)废弃混凝土及砂浆材料必须按照规定集中统一处理,严禁随意排放污染环境。

(2)施工作业时要对所有生活和生产废水经过过滤、沉淀后集中处理;施工营地设置集中垃圾收集地,设专人管理,经无害化处理后排放,定期填埋,严禁就地焚烧;对营地生活垃圾(包括施工废弃物)集中装运至指定垃圾处理场处理,对不能处理的垃圾拉到设有处理设施的厂处理。

(3)严格按照使用要求检修和保养发动机,使用合格的燃料油,以提高发动机的燃烧和工作质量,减少发动机废气对环境的污染。

(4)经常检查各种油液管路和接头,发现泄露、渗漏及时更换或维修;对擦洗机械后的油液和更换下来的废润滑油、废液压油分类回收。

(5)针对施工过程中产生的噪声对动植物和人体损害均较大,为了保护环境,应尽量减少噪声污染,机械设备使用低噪声发动机。

# 7　道岔施工技术

## 7.1　概　　述

为满足高速列车高速、安全、舒适的运营要求，目前高速铁路使用了长枕埋入式无砟道岔、板式无砟道岔及有砟轨道道岔三大类道岔，本章主要介绍三类道岔的结构设计和技术标准，新创新的板式无砟道岔的生产制造，以及三种道岔的施工方法、工艺等内容。

### 7.1.1　长枕埋入式无砟道岔

长枕埋入式无砟道岔在结构上与CRTSⅠ型双块式无砟轨道相似，均采用预埋轨枕的现浇混凝土道床结构。施工时，在底座施工完成并达到无砟轨道施工条件后，通过道岔钢轨部件及预制混凝土岔枕组装成轨排并使用螺杆调节器等支撑和调整系统将其架立在底座上，再经过轨排组装及粗调、钢筋绑扎和模板安装、轨排精调、电务转换设备安装调试、浇筑道床混凝土等工序形成整体道床结构。最后完成道岔轨道精调、钢轨焊接、工电联调及后续施工等工序。

长枕埋入式无砟道岔是施工组织难度最大的无砟轨道项目，涉及道岔部件运输及吊装、高性能混凝土施工、道岔精度控制及前后顺接、钢轨焊接及无缝线路锁定，而且施工过程往往受周边环境影响较大。

### 7.1.2　板式无砟道岔

板式无砟道岔是我国大规模推进高速铁路建设中再创新形成的一种新型岔区无砟轨道结构形式。该型无砟道岔分为混凝土预制、道岔板铺设和道岔安装三个阶段。混凝土道岔板采用固定台座工厂预制，通过设备和工序传递来完成产品的生产过程，有相对固定的工艺流程，实行分班作业制度，有相对固定的场区保护、消防、安全、绿化环保等设施来提供质量、安全保证。

混凝土道岔板分为预埋套筒式和整体预制钻孔式两种生产方式，均为非预应力结构，每组道岔板依据对应道岔线形的不同并结合制造、运输、铺设等施工工艺的需要，划分成很多块。道岔板钢筋通过预扎胎具绑扎成型后置入整体式模型一次浇筑混凝土成型，其外形精度主要由模型实现，生产和检测设备精度要求高，质量控制和管理过程要求严格。此外，整体预制钻孔式道岔板在预制完成且混凝土强度、弹模达到要求后利用钻床钻取扣件螺栓孔。

板式无砟道岔是在下部基础上铺设预制道岔板，通过自密实混凝土或水泥乳化沥青砂浆进行调整和支承，并适应ZPW-2000轨道电路传输需要。板式无砟道岔施工分为道岔板铺设和道岔部件安装两个阶段。

道岔板铺设又分为两种情况。一种是路基及隧道内施工，道岔板下浇筑自密实混凝土，施工方法及工艺与CRTSⅢ型板式无砟轨道相似。另一种是桥梁上施工，道岔板下浇筑水泥乳化沥青砂浆，施工方法与CRTSⅡ型板式无砟轨道相似。

道岔部件安装在道岔板铺设完成后进行，通过公路或铁路将道岔部件运输进场并吊装就位，采用轨检小车配合测量进行道岔线形的调整，安装电务转换设备并进行工电联调，最后焊接道岔钢轨并与区间线路形成跨区间无缝线路。

### 7.1.3　有砟轨道道岔

高速铁路有砟轨道道岔设计为大号码、可动心轨、无缝结构，除因道床结构特点而采用预应力岔枕、碎石道床结构外，道岔钢轨件及扣件系统、转换设备等与高速铁路无砟轨道道岔基本相同。施工组织以原位法组装铺设为主，与高速铁路有砟轨道线路施工相似，道岔铺设前，需预铺底砟并对预铺底砟的平整度和碾压密度有严格要求，道岔组装及工电联调后采用大型整道机组整道，最后焊接成无缝线路。为保证道岔区轨道的整体性和道岔与线路的平稳过渡,施工时对控制测量、上砟整道、无缝线路锁定等要进行严格的控制。

由于道岔轨件运输及组装要求,有砟道岔施工周期长,施工时一般采用铺轨到达前提前预铺或铺轨通过后换铺等两种施工组织模式,以减少道岔施工对线路铺轨的影响,其中提前预铺是目前主要的施工组织模式。

## 7.2 结构设计

### 7.2.1 长枕埋入式无砟道岔

长枕埋入式无砟道岔由道岔部件、预制长岔枕、钢筋混凝土道床板、隔离层和钢筋混凝土底座等部分组成。长桥地段钢筋混凝土底座与梁面间通过植筋或预留连接钢筋连在一起。为保证轨道电路传输的需要,道床板内纵横向钢筋交叉点采取绝缘卡隔离和绝缘扎带绑扎的措施。如图 5-7-1～图 5-7-3 所示。

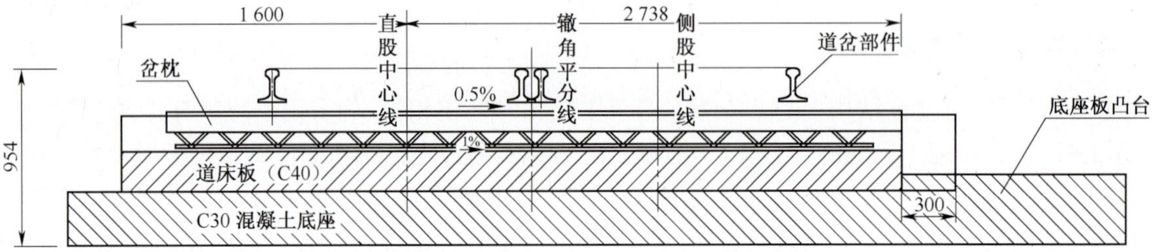


图 5-7-1 路基及隧道内长枕埋入式无砟道岔结构横断面图(单位:mm)

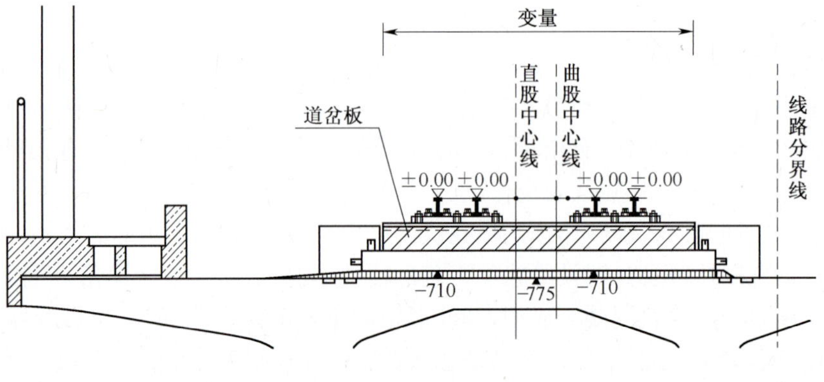


图 5-7-2 桥梁上长枕埋入式无砟道岔结构横断面图

图 5-7-3 长枕埋入式无砟道岔实景

(1)道岔部件。道岔部件包括钢轨件和扣件系统,高速铁路大号道岔一般采用60 kg/m钢轨,道岔号码有12号、18号、42号和62号等规格,有单开、单渡线及联络线道岔等类型。道岔侧向最大允许通过速度为:12号道岔45 km/h,18号道岔80 km/h,42号道岔160 km/h,62号道岔220 km/h。若道岔采用德国BWG技术体系,则还有39号道岔和50号道岔。

目前国内宝桥、山桥和株桥等道岔供应商所生产的高速铁路道岔,道岔基本轨、导轨、叉跟轨采用60 kg/m钢轨制造,设1∶40轨底坡;尖轨、心轨用60D40钢轨制造,中间不焊接,设1∶40轨顶坡;护轨采用UIC33槽型钢轨。道岔扣件采用分开式弹条Ⅱ型扣件,铁垫板在钢轨中心处厚度为27 mm。轨下设5 mm厚橡胶垫板,铁垫板下设20 mm厚橡胶垫板;橡胶垫板下采用调高垫板进行调高,最大调高量30 mm。铁垫板与钢轨轨底间设轨距块,工作边采用10号轨距块,非工作边采用11号轨距块。铁垫板与岔枕间用岔枕螺栓连接,岔枕内预埋塑料套管,铁垫板与岔枕螺栓间设复合定位套和缓冲调距块。

若采用德国BWG道岔或其他类型道岔,则应根据其设计图和铺设图确定各部件材料及规格。

(2)轨道结构高度。参照京津城际、沪宁城际、哈大客专等高速铁路,岔区长枕埋入式无砟道岔结构除道岔部件(含扣件系统)外,道床板厚400 mm,底座厚300 mm。道床板混凝土顶面略低于岔枕顶面约20 mm,并设置向外0.5%的横向排水坡。转辙机基坑深度满足转辙机安装及使用的要求,其表面设置向外1%的排水坡。

(3)预制长岔枕。长枕埋入式无砟道岔采用预制混凝土岔枕结构,岔枕的数量及规格根据设计不同而不同。长岔枕设计为先张预应力结构,一般按上宽260 mm,下宽290 mm,高度130 mm,长度根据设计确定。长岔枕上表面为承轨面,预埋扣件螺栓套管,采用无挡肩分开式扣件结构,承轨面不设凸台和排水坡。

### 7.2.2　板式无砟道岔

板式无砟道岔结构分为路基及隧道内和桥梁上两种轨道结构形式。路基及隧道内板式无砟道岔结构主要由道岔部件、预制道岔板、自密实混凝土底座及混凝土垫层等部分组成,道岔板与底座间通过道岔板预留门形钢筋连接。桥梁上桥上岔区板式无砟轨道结构主要由道岔部件、预制道岔板、水泥乳化沥青砂浆调整层、钢筋混凝土底座板及纵横向限位结构等部分组成,其中道岔板与底座板之间设置剪力筋连接,底座板与桥梁通过桥梁上预留齿槽及连接筋连接。必要时,在道岔两侧设侧向挡块进行限位。板式无砟道岔结构如图5-7-4~图5-7-6所示。

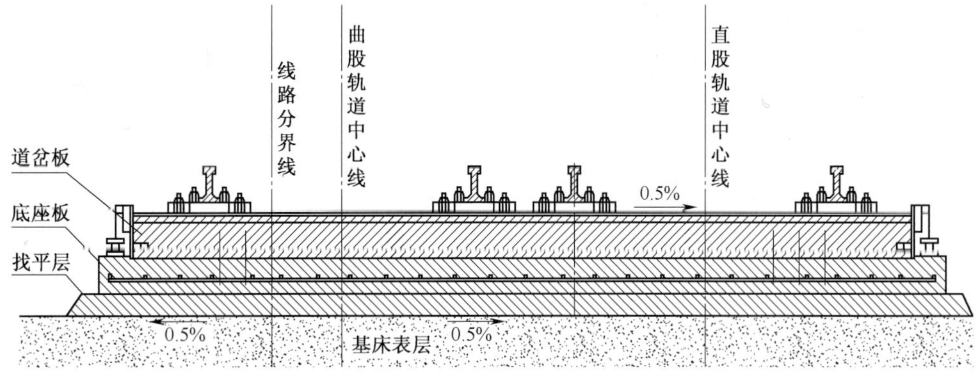


图5-7-4　路基及隧道内板式无砟道岔结构(横断面)

(1)道岔部件。道岔部件包括钢轨件和扣件系统,高速铁路道岔一般采用60 kg/m钢轨,道岔号码有12号、18号、42号和62号等多种号码,包括单开、单渡线及联络线道岔等类型。道岔侧向最大允许通过速度为:12号道岔45 km/h,18号道岔80 km/h,42号道岔120 km/h,62号道岔220 km/h。若道岔采用德国BWG技术体系(即中国CNTT道岔),则还有39号和50号道岔,其侧向通过速度最大允许通过速度与国产42号和62号道岔相当。

(2)轨道结构高度。为保证板式无砟道岔与相邻无砟轨道之间的顺接,板式无砟道岔高度与相邻无砟轨道的高度一致。以京沪高速铁路为例,板式无砟道岔在路基、隧道、桥梁地段的结构高度见表5-7-1。

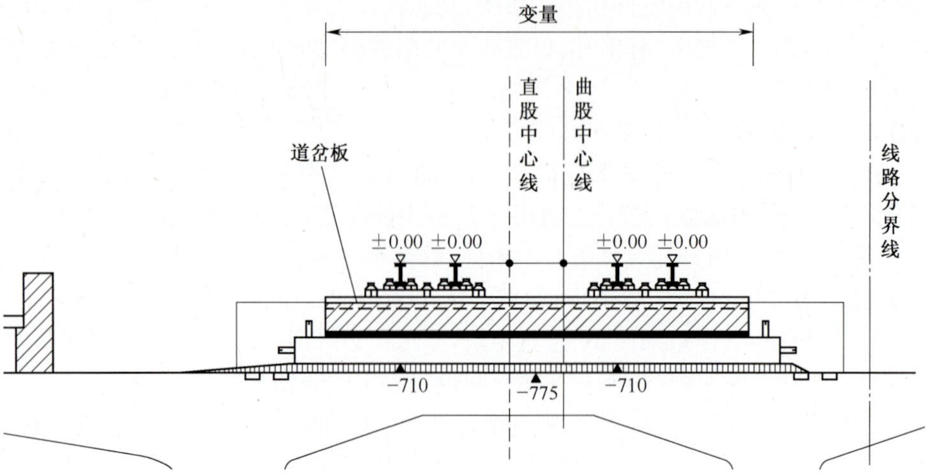


图 5-7-5 桥梁上板式无砟道岔结构(横断面)

图 5-7-6 板式无砟道岔实景

**表 5-7-1 板式无砟道岔结构高度**(mm)

| 序号 | 名 称 | 路基 | 桥梁 | 隧道 | 备注 |
|---|---|---|---|---|---|
| 1 | 道岔钢轨件 | 176 | 176 | 176 | |
| 2 | 道岔扣件垫板高度 | 64 | 64 | 64 | |
| 3 | 厂制道岔板 | 240 | 240 | 240 | |
| 4 | 水泥乳化沥青砂浆垫层 | — | 30 | — | |
| 5 | 钢筋混凝土底座 | — | 169 | — | |
| 6 | 自密实混凝土底座 | 180 | — | 180 | |
| 7 | 混凝土垫层 | 130 | — | 130 | 即找平层 |
| 8 | 总高度 | 790 | 679 | 790 | |

注:轨道结构高度为钢轨轨面至底座底面最小高度。

(3)预制道岔板。每组道岔对应道岔板根据道岔长度及线形的需要分为不同数量的道岔板。道岔板的外形尺寸根据道岔轨道线形及扣件分布,道岔板制造、运输、吊装及铺设工艺的需要综合确定。根据预制工艺的不同,道岔板分为预埋套管式和整体预制钻孔式两种类型。路基或隧道内预制道岔板需在板底预埋门形钢筋,以便自密实混凝土底座浇筑时使道岔板与底座构成整体。

以京沪高速铁路为例,道岔板厚度为 240 mm,其上设置 340 mm 宽、纵向间距 600 mm(特殊区域除外,根据扣件节点间距布置)的横向承轨面,承轨面表面水平。承轨面间的道岔板设 0.5%的向外的横向排水坡及横向预裂缝(图 5-7-7)。

图 5-7-7　预制道岔板

(4)桥梁上水泥乳化沥青砂浆垫层。水泥乳化沥青砂浆垫层厚 30 mm,采用模筑法自重力方式浇筑施工。

(5)桥梁上钢筋混凝土底座及侧向挡块。为保证与相邻无砟轨道结构的高度一致,桥梁上板式无砟道岔设钢筋混凝土底座,底座与桥梁间通过桥面预留齿槽、连接筋或桥面植筋进行连接。

(6)路基上或隧道内自密实混凝土底座。路基上或隧道内自密实混凝土底座厚 180 mm,宽度超出道岔板约 440 mm,超出道岔板的露出部分设 4% 向外的横向排水坡。底座内在道岔范围内设纵向贯通的 HRB335 钢筋。

(7)路基上或隧道内混凝土垫层。为保证路基上或隧道内自密实混凝土浇筑时基础面的平整度,在路基表面和隧道仰拱表面设置 130 mm 厚的 C25 素混凝土垫层。垫层宽度超出自密实混凝土底座两侧各 300 mm。

### 7.2.3　有砟轨道道岔

有砟轨道道岔由道岔部件、扣件系统、混凝土岔枕、电务设备、碎石道床等部分组成。如图 5-7-8 所示。

图 5-7-8　高速铁路有砟轨道道岔实景

(1)道岔部件。我国高速铁路有砟轨道道岔采用 60 kg/m 钢轨制造,包括钢轨件和扣件系统,目前已经定型的道岔号码有 12 号、18 号、42 号等规格,包括单开、单渡线及联络线道岔等类型。道岔侧向最大允许通过速度为:12 号道岔 45 km/h,18 号道岔 80 km/h,42 号道岔 160 km/h。此外,我国还试铺了 30 号和 38 号高速道岔。

按照国内宝桥、山桥和铁建重工等道岔供应商所生产的高速铁路道岔,道岔基本轨、导轨、叉跟轨采用 60 kg/m 钢轨制造,设 1∶40 轨底坡;尖轨、心轨用 60D40 钢轨制造,中间不焊接,设 1∶40 轨顶坡;护轨采用 UIC33 槽型钢轨。道岔扣件采用分开式弹条Ⅱ型扣件,铁垫板在钢轨中心处厚度为 27 mm。轨下设 5 mm 厚橡胶垫板,铁垫板下设 20 mm 厚橡胶垫板;橡胶垫板下采用调高垫板进行调高,最大调高量 30 mm。铁垫板与钢轨轨底间设轨距块,工作边采用 10 号轨距块,非工作边采用 11 号轨距块。铁垫板与岔枕间用岔枕螺栓连接,岔枕内预埋塑料套管,铁垫板与岔枕螺栓间设复合定位套和缓冲调距块。

(2)混凝土长岔枕。高速铁路有砟轨道道岔采用先张预应力混凝土长岔枕结构,岔枕的数量及规格根据设计不同而不同。长岔枕一般按上宽 260 mm,下宽 300 mm,高 220 mm,最短 2.3m,最长 4.2m,长度根据设计确定。长岔枕上表面为承轨面,预埋扣件螺栓套管,采用无挡肩分开式扣件结构,承轨面不设凸台和排水坡。此外,转辙机或密检器位置对应岔枕端头顶面上预留设备安装所需的螺栓孔。

(3)岔区铺设一级或特级水洗碎石道砟道床,道床宽度随道岔轨道线形变化,按轨枕端头以外 60cm 控制且不设砟肩堆高,道床厚度 35 cm,道床边坡 1∶1.75,道床顶面低于岔枕顶面 3 cm。转换设备位置安装 U 形钢模型形成转辙机基坑,采用浆砌圬工筑筑转换设备安装平台。

道岔区与前后线路间通过路基顶面高程的调整完成道床厚度的顺接。

## 7.3 混凝土道岔板预制技术

板式无砟道岔是我国大规模推进高速铁路建设中再创新形成的一种新型岔区无砟轨道结构形式,而长枕埋入式无砟道岔、高速铁路有砟轨道道岔的岔枕预制技术与传统轨枕预制技术相似,在此仅介绍混凝土道岔板的预制技术。

板式无砟道岔分为混凝土预制、道岔板铺设和道岔安装三个阶段。混凝土道岔板采用固定台座工厂预制,通过岗位人员操作设备和工序传递来完成产品的生产,有相对固定的工艺流程,实行分班作业制度,有相应的场区保护,消防、安全、绿化环保设施等相对固定。

混凝土道岔板分为预埋套筒式和整体预制钻孔式两种生产方式,均为非预应力结构,每组道岔板依据对应道岔线形的不同并结合制造、运输、铺设等施工工艺的需要,划分成很多块。道岔板钢筋通过预扎胎具绑扎成型后置入整体式模型一次浇筑混凝土成型,其外形精度主要由模型实现,生产和检测设备精度要求高,质量控制和管理过程要求严格。此外,整体预制钻孔式道岔板在预制完成且混凝土强度、弹模达到要求后利用钻床钻取扣件螺栓孔。

### 7.3.1 混凝土道岔板制造工艺流程

#### 7.3.1.1 工艺流程

混凝土道岔板制造主要分为钢筋制作、混凝土制备、道岔板预制、道岔板养护、道岔板钻孔及扣件套管安装(如果有)等 5 个生产流程。主要工序如下:

(1)钢筋制作。采用钢筋预扎台座集中预扎,整体入模的方式;入模后在浇筑混凝土前进行绝缘性能检测,确认电阻大于 2 MΩ。

(2)模型安装。采用拼装组合式钢模型,模型安装后采用配套仪器检测,模型外形尺寸允许误差为道岔板外形尺寸允许误差值的 1/2。

(3)混凝土制备及道岔板预制。一般采用 120 型或 90 型拌和站制备混凝土,混凝土使用平板小车配合混凝土料斗方式运输进入制板车间,之后再用桥式起重机吊运料斗至道岔板模型位置进行混凝土浇筑作业。

(4)道岔板养护。混凝土浇筑完毕后采用自动蒸养系统进行养护,最高温度不超过 45 ℃,道岔板芯部温度不超过 55 ℃。之后进入水养阶段,水温不得低于 5 ℃,养护时间不少于 3 d。水养完成后将道岔板存放到存板区进行自然养护,时间不少于 4 d。

(5)道岔板钻孔及扣件套管安装。若为整体预制钻孔式道岔板,在预制道岔板养护结束且混凝土龄期达到 28 d 后,钻床按照道岔线形及扣件节点坐标在道岔板钻取扣件螺栓孔,之后再安装扣件套管。

#### 7.3.1.2 关键工序

钢筋制作与绝缘检测,模型检测及预埋套管安装,混凝土浇筑,道岔板养护,道岔板钻孔及扣件套管安装。

### 7.3.2 道岔板预制场规划及建设

#### 7.3.2.1 设置原则

混凝土道岔板预制一般按区域结合 1 个或多个工程项目的工程量统筹考虑,既可单独设置,也可结合其他无砟轨道构件预制统一设置。原则上应结合生产规划、供应距离、地理环境及地势条件等综合考虑,尤其要选择靠近公路交通要道并与施工便道相连的位置。若条件许可，预制场可利用废弃厂矿、预制场、规划用地或取弃土场等，以减少土石方量，节约用地，节约投资。此外，还应考虑材料进出场、水电供应等因素。

混凝土道岔板生产工效受制于模具配置，而模具配置又需要厂房及相关设备予以支持。每套模具周转时间约为 24 h，每月可按 28 d 有效工作日计。

7.3.2.2　预制场总体规划

按生产工艺原理，混凝土道岔板预制场总体规划应结合工程工期及场地条件尽量做到布局合理、工序清明、物流顺畅，生产规模满足工程工期并略有富余，适度预留长远发展余量。一个功能完整的混凝土道岔板预制场一般包括生活办公区、混凝土拌制区、钢筋加工车间、道岔板生产车间、道岔板存放区等区域。以下以中铁二局石武客专铁路元氏道岔板预制场为例介绍道岔板预制场的规划及建设。

根据工程任务及工期要求，元氏道岔板预制场计划 6 个月向石武客专河北段生产和供应 18 号单渡线、18 号渡线和 42 号联络线道岔共计 98 组道岔 178 种规格 2 134 块道岔板。为此，根据现场条件，选址和规划道岔预制场。

元氏道岔板预制场占地约 75 亩，临近元氏轨道板场修建，紧临既有省道公路，交通方便。道岔板预制场平面划分为生活办公区和道岔板生产区两大区域，其中生活办公区占地约 12 亩，包括办公区、住宿区、食堂及生活辅助区等；道岔板生产区占地约 63 亩，包括钢筋加工区、道岔板预制区、道岔板水养区、道岔板检测区、道岔板存放区、拌和站及生产辅助区等设施，其中钢筋加工区、道岔板预制区等集中在主生产厂房内布置。道岔板生产区内各工序的物流衔接采用桥式起重机、平板车、运输车及龙门吊等完成，各区根据自身特点配备相应的生产机具。

7.3.2.3　道岔板预制场建设

(1)生产量设计。按照设计文件和技术条件要求，混凝土道岔板按混凝土强度发展(即蒸养时间)确定模型周转，而脱模开始到钢筋及预埋件安装、混凝土浇筑成型的时间大约为 4 h，混凝土养护 16 h，模型周转的理论时间为 20 h。但考虑到劳动力组织及正常的生产组织，一般都按 24 h 单班作业考虑，故模型的周转时间为 24 h。以一套模型每个月正常生产 28 d 计，即每套模型的月产量为 28 块。因此，道岔板预制场的模型配置则需根据供板量及工期确定模型配置数量。

(2)生活办公区。生活办公区在规划用地内尽量避开生产区设置。生活办公区主要包括办公室、会议室、员工宿舍、食堂和文化活动区等。此外，还应修建试验室、物资仓库等辅助房屋。

(3)混凝土拌和站。混凝土搅拌区配置 1 台 90 $m^3/h$ 全电脑控制混凝土搅拌站。搅拌站主机采用 1.5 $m^3$/盘的强制式搅拌机，配备计算机自动控制系统。散装水泥及矿物掺和料储存罐的储备能力，满足连续 2 d 的混凝土浇筑能力所用量的要求。另外在主生产厂房另一侧设置 1 台 4 t 蒸汽锅炉、热交换房、抽水房及空压机房等满足生产需要的辅助设备。

砂石料仓应满足混凝土半个月内的供应，冬季应有备用料仓可满足 3 个月的储料能力。

(4)生产主厂房。预制道岔板作业规划为工厂化生产。车间依据道岔板生产工艺流程、工序顺序和物流方便布置进行设计，采用单跨整体钢框架结构、钢筋混凝土扩大独立柱结合连续地基梁式基础、牛腿钢柱、工字钢走行梁，钢构件间采用高强螺栓连接、彩钢板绝热墙面和顶棚。

主厂房设三条道岔板预制生产线，长约 100 m，进口段主厂房左侧前段设车间办公室，右侧前段为温控室，左侧中段为钢筋加工绑扎区，主厂房右侧中段后段及左侧后段设置为道岔板预制区。厂房内布置拼装式底模 41 套和 178 套侧模，41 套底模按直列式分一长两短共 3 条生产线布置，钢筋加工和绑扎区靠近与生产线平行布置。厂房内配备 2 台 33 m 跨度 10 t 桥式起重机、3 套自动温控系统、道岔板脱模设备，2 套道岔板浇筑设备、模型清理设备以及混凝土运输设备。如图 5-7-9 所示。

(5)道岔板预制区。主厂房内 3 条道岔板预制生产线，24 h 最大生产量为 35 块。道岔采用组合拼装式底模固定于整体型钢支架上，并在型钢支架上布置高频振动器和蒸养管道。工艺设计为：混凝土用平板车通过运输通道运至道岔板生产线，桥式起重机吊装混凝土料斗入模浇筑，一次浇筑成型，初凝完成后，人工进行拉毛。一条生产线全部道岔板混凝土浇筑完成后集中进行蒸汽养护，温控操作系统进行控制，蒸汽管道铺设在每个制板台座底部，蒸汽养护罩采用活动式钢管架外罩隔热篷布。

(6)钢筋加工区。钢筋加工区对应轨道板预制生产线布置，投入 10 台钢筋弯曲机、6 台钢筋定长切断机和 2 台直流电焊机(ZX7-500)，设 16 套钢筋绑扎胎具，每套胎具上通过更换活动卡具可实现 1 套胎具对多种

图 5-7-9　混凝土道岔板预制场主生产厂房布置图(整体预制钻孔式)

规格钢筋网片的绑扎。钢筋网片紧靠绑扎胎具布置,共设 10 个区,每个区存放 3 层,加上绑扎胎具上可存放 1 个,共可存放 36 个钢筋网片,满足日产 35 块的要求。工艺设计为:钢筋进场后,通过运输车直接进入钢筋存放车间,人工配合 10 t 桥式起重机进行卸料,经加工后运输到道岔板生产车间进行钢筋网片绑扎,采用专用 10 t 桥式起重机将绑扎合格的钢筋网片送进道岔板生产线。钢筋入模前绝缘检测工序集中在钢筋网片存放台上面进行。

(7)道岔板水养区及存放区。道岔板存放区由水养区、翻板区、成品板存放区组成,由道岔板运输车辆运至道岔板存放区,再利用桥式起重机将道岔板转移到翻板机处翻转后吊入水养池内,水养 3d 后再由龙门吊将道岔板转移到存放区存放台座上湿养和存放。如图 5-7-10、图 5-7-11 所示。

道岔板存放区内配置 1 台跨度为 40 m、悬臂 12 m、起重量 16 t 的龙门吊。水养区设置 2 台道岔板翻板工装。

图 5-7-10　道岔板预制场水养区

图 5-7-11　道岔板预制场成品板存放区

(8)道岔板钻孔区。当道岔板为整体预制钻孔时,设专门的钻孔及螺栓安装区。按日产35块道岔板计算,每个区设12个钻孔台座,每个台位配1个钢板定位胎具和3台磁力钻。

(9)生产辅助区。根据板场生活生产所需的用电总功率,电力供应由设在附近的10 kV高压线路引入,根据道岔板各部分用电情况进行电线布置。为确保道岔板生产时电力的正常供应,道岔板场内备用1台350 kW发电机。

道岔板场用水一般采用钻打机井解决,生活用水采用外接自来水。为满足道岔板预制时蒸汽养护的需要,另设1台4 t的蒸汽压力锅炉。

### 7.3.3　制板关键设备及工装

道岔板钢模的周转主要受混凝土的浇筑、道岔板蒸汽养护及脱模环节的制约,设备的优化和布置是生产线的设置重点。

#### 7.3.3.1　道岔板预制模型

(1)模型结构概述。拼装式道岔板模型为钢模型,由固定支架、拼装式底模及活动侧模组成,振动器及蒸养管布置于支架及底模下。其中,拼装式底模由⊓形的承轨轨面和一形的汇水面等两种组件拼装而成,同一⊓形组件设置多处预埋套管定位孔,同一⊓形组件或一形组件可用于不同位置或不同类型的道岔板底模拼装。经过组合调试,178种不同规格类型的道岔板模型可在41套底模上预制完成。有效地节约了空间和成本。如图5-7-12、图5-7-13所示。

图5-7-12　拼装成型的道岔板生产线(模型)

图5-7-13　拼装成型的道岔板模型

(2)模型结构特点。道岔板模具采用拼装式模型,由地脚螺栓及支撑钢板、缓冲橡胶块、支架、侧模以及辅助部件组成。模型结构主要有针对性、独立性、特殊性、可组装性和可调配性等5个特点。

1)针对性。道岔板依据不同地段而设计的道岔,其各型号道岔板具有相当强的针对性。

2)独立性。各道岔板规格型号不一样,其外形规格均不一样。

3)特殊性。道岔板具有特殊性,道岔板型号不同其外形规格均不相同,因而道岔板模型只能采用独立模型结构形式单独生产各型号道岔板。

4)可组装性。道岔板模型为单一的个体,其模型为底、侧、模等组装而成,可拆卸。

5)可调配性。道岔板生产车间共有 41 套道岔板模型,然而要生产出 178 种型号的道岔板,因而其中部分道岔板模型具有可调配性,可以根据需要选择性生产。

7.3.3.2 钢筋绑扎胎具

为保证钢筋网片绑扎时的定位精度,道岔板钢筋网片采用专用绑扎胎具辅助绑扎。原则上每种规格类型的钢筋应至少配置一套钢筋绑扎胎具,但由于道岔板预制通常有多种规格类型,为节省空间,需要尽量减少绑扎胎具的数量。因此,经研究总结形成了"活动卡具,组合拼装"式钢筋网片绑扎胎具,在同一绑扎胎具上通过更换用硬塑料制作的活动卡具,即可满足多种规格类型钢筋网片绑扎的要求。

(1)绑扎胎具的结构及部件加工。道岔板钢筋绑扎胎具主要由支腿、平面架、活动卡具组成。支腿采用工字钢加工制作。平面架采用 14 号槽钢格状焊接,并在槽钢中预留出活动卡具滑动和安装的洞道。活动卡具采用 L 形硬塑料制作,其一端根据道岔板钢筋布置图制作成凹形的钢筋定位安装卡槽,另一端为滑动固定。如图 5-7-14 所示。

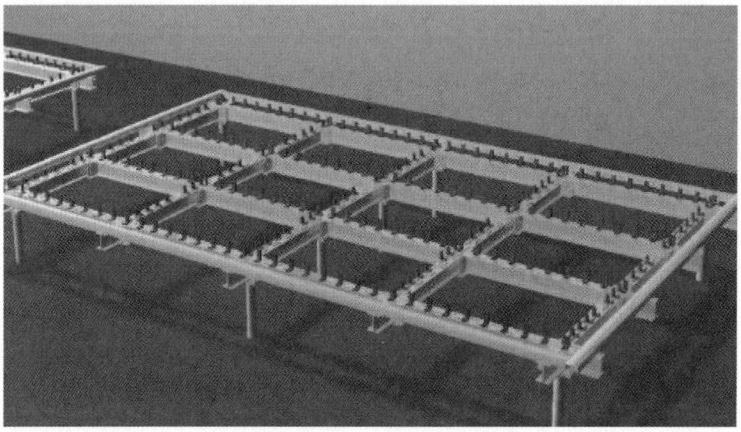

图 5-7-14 "活动卡具,组合拼装"式钢筋绑扎胎具示意

(2)绑扎胎具的安装。支承基础经过混凝土硬化,达到平整、坚实的要求。胎具在正式投入使用前,进行钢筋绑扎试制,且在试制产品满足要求的前提下,投入正常生产。

钢筋在绑扎前需根据道岔板型号的需要,调试平面架大小和活动卡位置,并经严格检查确认达到要求后方可进行钢筋绑扎。在使用过程中,要定期检测,活动卡件一经调整须由质管人员现场确认,发现问题及时处理解决,确认后方可进行施工,确保钢筋网片型式尺寸满足钢筋施工图要求。

制作钢筋网片编制胎具固定底座与活动卡件,再根据钢筋网片编制图移动活动卡件使钢筋网片的编制符合设计要求。

7.3.3.3 道岔板螺栓孔胎具(整体预制钻孔式道岔板用)

道岔板螺栓孔定位胎具是整体预制钻孔式道岔板制造所必须的关键工装,主要用于道岔板螺栓孔定位所用。道岔板螺栓孔定位胎具采用 20 mm 厚钢板整块加工而成,在工厂内通过数控机床按照对应道岔板上的螺栓孔坐标进行钻孔加工,其加工后检测精度应不大于道岔板螺栓孔定位精度的 1/2。道岔板螺栓孔胎具按照每种规格类型的道岔板加工一种,左右对称布置的道岔板可共用同一块胎具。如图 5-7-15 所示。

除了对应道岔板上的全部螺栓孔外,每块胎具还在对应轨道板的四周各设 1 个螺栓孔,主要用于道岔板铺设时定位测量所用。该定位螺栓孔与其他螺栓孔的关系也应根据图纸及最终检测结果确定。

7.3.3.4 道岔板精调系统

道岔板精调系统借鉴了 CRTS 型系列板式无砟轨道精调系统的经验,通过以计算机数据处理为核心,通过全站仪测取道岔板上各个点位(通常为螺栓孔或定位孔)的相对坐标,经与理论相对坐标对比分析,得出各个点位的相对偏差,以此进行道岔板的精度检测、模型调整和道岔板铺设时的精度调整。

道岔板精调系统分为硬件和软件两部分。硬件配置包括工控计算机、全站仪、调板基座、强制对中大三角架、精调器及后视棱镜等。软件配置主要是道岔板精调系统软件。整套系统运用了先进的测量设备和尖端的计算机技术,适用于道岔板模型检测、成品道岔板检测和道岔板铺设精调等施工,不仅测量精度高、速度快,而且系统运行稳定,操作界面友好,具有很强的拓展性和智能性。

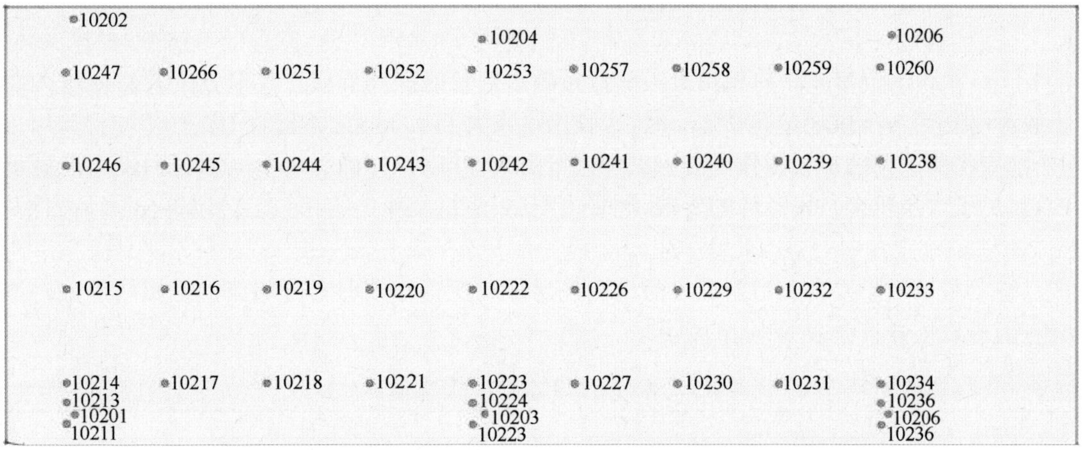


图 5-7-15　道岔板螺栓孔定位胎具示意(整体预制钻孔式道岔板用)

### 7.3.4　道岔板原材料

混凝土道岔板主体材料主要采用 C55 高性能耐久性混凝土、环氧涂层钢筋、低碳热轧光圆盘条钢筋和热轧带肋钢筋，其中混凝土配合比可以使用水泥等级不低于硅酸盐或普通硅酸盐水泥，聚羧酸减水剂，碎石规格 5～20 mm，掺和料可为复合型掺和料或单掺矿粉及粉煤灰，同时满足技术条件和施工工艺要求。

道岔板预制生产辅助材料包括：预埋套管、起吊套管、接地端子、绝缘卡、防腐油脂、脱模剂等。

### 7.3.5　制板施工工艺

7.3.5.1　质量标准

(1)模型质量控制。模型应具有足够的强度、刚度和稳定性，应能够保证道岔板各部形状、尺寸及预埋件的位置准确。模板的制造允许公差为成品道岔板允许公差的 1/2。模板支承基础应平整、坚实，不得因其不均匀下沉引起模型变形。

模型应进行日常检查和定期检查，检查结果应记录在模型运转记录中。日常检查应每班进行，内容包括外观和平整度。定期检查每月进行一次，内容包括外形尺寸和承轨面平整度。组装完成的模型在使用前几何尺寸允许偏差应符合表 5-7-2 的规定。

**表 5-7-2　道岔板模型尺寸允许偏差**

| 序　　号 | 检查项目 | 允许偏差(mm) |
|---|---|---|
| 1 | 宽度 | ±3.0 |
| 2 | 长度 | ±3.0 |
| 3 | 厚度 | +2.0<br>0 |
| 4 | 全部承轨面平整度 | ±0.5 |
| 5 | 相邻两承轨面平整度 | ±0.3 |

(2)钢筋编组及预埋件安装质量控制。钢筋加工在常温下以不损害材质的方法进行，钢筋下料偏差不超过 10 mm，其弯折应利用机具一次成型，不得回复操作。

钢筋骨架的绑扎在专用胎具上进行制作。道岔板内钢筋位置的允许偏差应满足表 5-7-3 的规定。道岔板内所有预埋件应按设计准确安装，并应与模型牢固连接，确保混凝土振捣时不变位。道岔板内钢筋不得与

**表 5-7-3　道岔板内钢筋位置的允许偏差**

| 序　　号 | 检查项目 | 允许偏差(mm) |
|---|---|---|
| 1 | 普通钢筋间距 | ±5.0 |
| 2 | 钢筋保护层厚度 | +5.0<br>0 |
| 3 | 接地端子的位置 | ±10.0 |

预埋件相碰。其纵横向钢筋节点间应按设计进行绝缘处理,采用 500 V 兆欧表测量钢筋骨架间电阻值不小于 2 MΩ。

(3)混凝土耐久性。混凝土中应选用聚羧酸盐系减水剂及能提高混凝土早期强度及后期耐久性的掺和料;混凝土胶凝材料用料不应超过 500 kg/m³,水胶比不宜大于 0.35,混凝土含气量不应大于 3%。

试生产前应将所选用的材料制作混凝土试件进行耐久性试验,并确保由不同原材料带入混凝土内的总碱含量和总氯离子含量符合技术条件的要求,混凝土配制、浇筑及养护的相关工艺应符合设计文件及技术条件的要求。

(4)成品道岔板的质量要求。道岔板成品检测包括外观检查和预埋套管抗拔力检测两部分。道岔板外观须逐块检验,外观质量符合表 5-7-4 的规定。

**表 5-7-4　成品道岔板外观质量要求**

<table>
<tr><th rowspan="2">序号</th><th rowspan="2">检查项目</th><th rowspan="2">检查方法</th><th colspan="3">技术标准</th></tr>
<tr><th>合格品</th><th>返修品</th><th>废品</th></tr>
<tr><td>1</td><td>肉眼可见裂纹</td><td>目测</td><td>宽度不大于 0.1 mm,不允许出现贯通裂纹</td><td>—</td><td>有肉眼可见裂纹,宽度≥0.1 mm</td></tr>
<tr><td>2</td><td>扣件安装面部位表面缺陷</td><td>目测<br>深度尺</td><td>气孔、粘皮、麻面等缺陷的深度不大于 5 mm,长度不大于 20 mm</td><td>—</td><td>气孔、粘皮、麻面等缺陷的深度>5 mm,且不能通过打磨修复</td></tr>
<tr><td>3</td><td>上边缘破裂或混凝土掉角</td><td>目测<br>深度尺</td><td>深度不大于 5 mm<br>面积不大于 50 cm²</td><td>深度>5 mm<br>面积>50 cm²</td><td rowspan="2">断裂、较大孔洞、磕损严重等不能满足使用要求</td></tr>
<tr><td>4</td><td>底面边缘破裂或混凝土脱落</td><td>目测<br>钢板尺</td><td>长度不大于 15 mm</td><td>长度>15 mm</td></tr>
<tr><td>5</td><td>可见范围内的泌水深度</td><td>目测<br>深度尺</td><td>深度不大于 5 mm</td><td>深度>5 mm</td><td></td></tr>
<tr><td>6</td><td>外观表面</td><td>目测</td><td>表面颜色一致,无油污</td><td>表面颜色不一致,有油污</td><td></td></tr>
</table>

扣件套管抗拔力检测应满足《客运专线扣件系统暂行技术条件》(铁科技函〔2006〕248 号)的规定。

7.3.5.2　工艺特点

(1)预埋套管式混凝土道岔板采用工厂化预制生产,生产工位及设备配套与工艺流程有机结合,自动化程度和生产效率高,产品质量和施工成本容易控制。

(2)采用的拼装式道岔板模型,可在同 1 套模型上生产多块道岔板,工程实践已实现 41 套道岔板模型生产 178 种不同规格类型的道岔板。

(3)采用的"活动卡具,组合拼装"式钢筋网片绑扎胎具,经实践验证可在 15 套绑扎胎具上绑扎完成了 178 种不同规格类型的道岔板钢筋网片,且活动卡具采用硬塑料使用,最大限度地避免绑扎胎具对绝缘涂层钢筋的损伤。

(4)采用的定位销锁定式道岔板翻板工装,制造简单,费用低廉,使用方便。

(5)采用的道岔板精调系统,操作界面友好,测量精度高,成果输出灵活,不仅能用于道岔板模型、成品道岔板的外观及精度检测,而且可用于道岔板的安装精调,通过连续使用可将道岔板制造的偏差带入安装精调进行修正。

7.3.5.3　工艺流程

预埋套管式混凝土道岔板制造工艺流程如图 5-7-16 所示。

7.3.5.4　施工工艺

结合施工现场管理的特点,以下施工工艺按模型工程、钢筋工程、混凝土工程、预应力工程和道岔板检测、道岔板吊运及存放、道岔板钻孔及套管安装等 6 大部分进行描述。

1. 模型工程

(1)模型加工与安装。道岔板模具采用拼装式结构,由固定支架、拼装式底模及活动侧模组成,振动器及蒸养管布置于支架及底模之下。其加工部件主要包括地脚螺栓及支撑钢板、缓冲橡胶块、支架、底模、侧模以

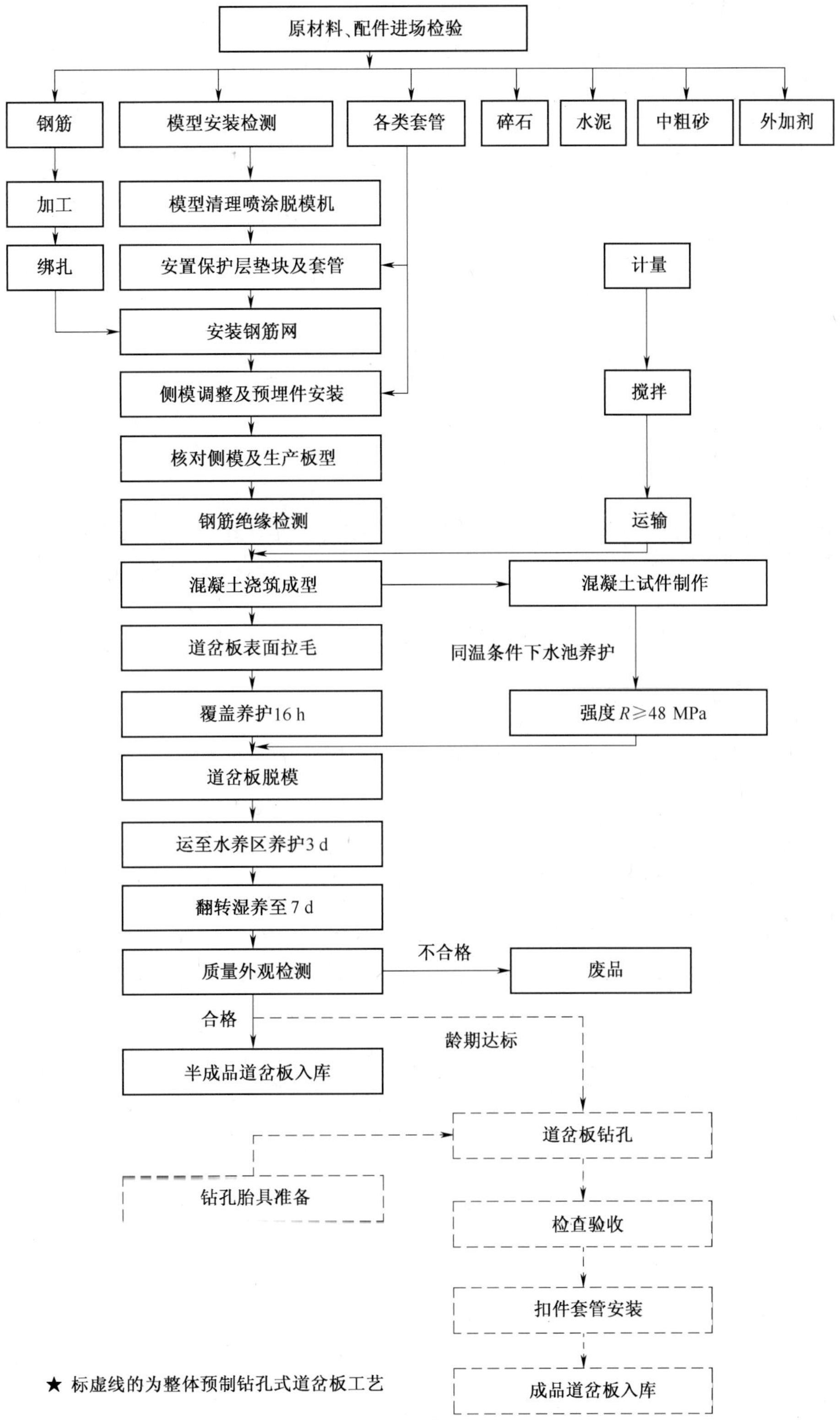


图 5-7-16　预埋套管式混凝土道岔板制造工艺流程图

及辅助部件等，振捣系统及蒸养系统则采用定制产品。

为满足道岔板结构、尺寸及预埋件的准确安装，道岔板模型的加工部件选材采用工字钢、槽钢加工支架，拼装式底模的冂形承轨台面采用 6 mm 厚钢板，汇水面采用 4 mm 厚钢板，侧模采用 8 mm 厚钢板。

道岔板模型安装时支承基础采用混凝土硬化，且保证平整、坚实，以避免因地基下沉造成模型的不均匀变形。

道岔板模型组装完成投入正式使用前，应进行产品试制以检验模型及产品质量能否满足规模生产的要求，其中预埋套管定位精度、承轨台面平整度、汇水面汇水坡及平整度是模型及产品尺寸检测的重点。道岔板模型的加工与安装如图 5-7-17～图 5-7-20 所示。

图 5-7-17　模型支架及正式安装中的底模

图 5-7-18　活动侧模组件

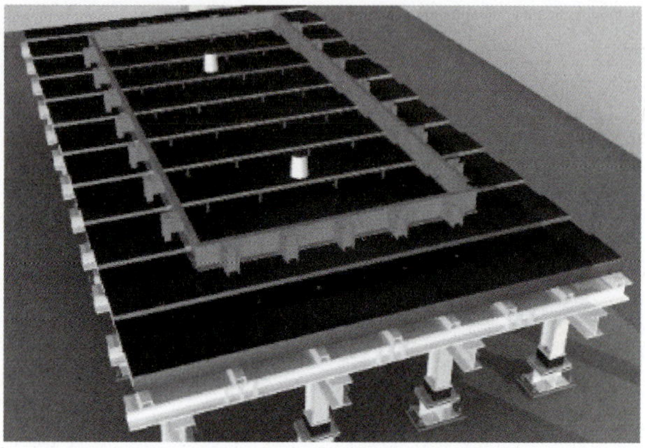

图 5-7-19　道岔板模型示意图

图 5-7-20　道岔板模型底模(整体预制钻孔式)

模型是形成道岔板外形并保证精度的重要工装,不仅要求制造质量好、精度高、方便操作、方便维护,而且还必须加强管理,严格安装、使用、维护并经常检查。新制模型正式启动前,更应进行专项验收检查。

(2)模型安装要点。模型安装示意如图 5-7-21 所示。

图 5-7-21　安装就位的道岔板模型

为持续保持道岔板模型尺寸精准、状态良好,应建立健全模型的随时检修和定期检修制度。随时检修就是通过成品板检验,发现模具存在如侧模错台、侧模弯曲不成直线、承轨面钢模变形、橡胶端模不密实漏浆等问题应及时修理解决,并填写模具检验和维修记录表,严禁不合格模具在生产线上使用。而定期检修则是在开始批量生产前以及正式生产后每月由专职质量检验人员依据道岔板模具图对模具关键部位进行检验,发现问题及时修理解决,并填写模具检验和维修记录表,严禁不合格模具在生产线上使用。

除道岔板模型的检修和维护外,在混凝土浇筑之前,主要需要进行模具清理、密封和脱模剂喷涂。

模具清理。道岔板脱模后,用铲刀、毛刷等清理模板上的混凝土残渣及其他附着物;检查模具结构缝隙是否密封完好，如有损坏处，用硅树脂或者玻璃胶重新做密封处理。

喷涂脱模剂。为保证道岔板混凝土外观质量、强度和耐久性，在混凝土浇筑入模前，必须将模具清理干净，喷涂脱模剂。

(3)模型拆除要点(道岔板脱模)。模型拆除(道岔板脱模)示意如图 5-7-22 所示。

图 5-7-22　模型拆除(道岔板脱模)

道岔板混凝土强度。道岔板拆模时的混凝土强度应达到设计强度的 80%以上(≥40 MPa)，且能保证构件棱角完整时方可拆模。用与道岔板混凝土同等养护条件的试件强度确定拆模时间。

拆模温度。道岔板混凝土芯部与表层温差、道岔板表层与环境温差均不应大于 15 ℃方可拆模，以防止道岔板混凝土产生早期裂缝，气温急剧变化时不宜脱模。

拆模顺序为。拆模顺序为：松开紧固件→拆除端模→使用桥式起重机及吊带吊起道岔板。

(4)模型整修。模型日常维护主要有三点：一是道岔板吊离底模后，应立即将底模上的混凝土进行清除，清除各接缝处的混凝土砂浆，特别是连接处、字模槽中残渣；更换破损、脱落的胶条；二是清渣完毕后，用喷雾器将脱模剂均匀喷涂在模板上，不得出现积液、漏刷现象；三是质检人员对底模平整度及是否水平进行检查，如有超标应及时整改。

模型在使用过程中发现缺陷时，应及时制定方案进行处理，并做好相关记录，存入模型档案。

(5)模型质量控制要点。道岔板模型安装时必须保证模型面水平，需定期用电子水平仪或全站仪进行复测。同时采用道岔板精调系统对道岔板预埋套管定位锥进行复测。

钢筋笼吊装入模前，必须均匀涂刷脱模剂，同时保证模型接缝严密，不得漏浆。混凝土浇筑前必须检查附着式振动器是否牢固，防止振动过程中，振动器脱落。必须定期或不定期对模型进行保养维护，同时检查道岔板模型的尺寸，保证道岔板预制精度。

2. 钢筋工程

(1)钢筋存放及发放使用的一般要求。钢筋按批号分堆存放，并挂牌明示，存放时垫离地面 200 mm 以上且堆放整齐覆盖篷布，以防止受潮锈蚀；不合格的钢筋单独堆放，并挂上不合格品的专色牌，防止混杂，对不合格材料需及时联系供货商清退；钢筋须逐批按试验检测报告和合格通知单核对后发放使用。

(2)环氧树脂涂层钢筋管理的要求。环氧树脂涂层钢筋现场存放期不宜超过 6 个月；当环氧树脂涂层钢筋在室外存放的时间需要 2 个月以上时，须采取保护措施，避免阳光、盐雾和大气暴露的影响。

支承环氧涂层钢筋的垫块和绑扎环氧树脂涂层钢筋的铁丝需采用尼龙、环氧、塑料或其他材料包裹。同一构件中，环氧树脂涂层钢筋与无涂层钢筋不得有电连接。

环氧树脂涂层钢筋存放及架立后，不能在其上行走，须防止工具或重物跌落其上，以免损伤环氧树脂涂层钢筋。存放时，不能够拆除涂层钢筋的尼龙包裹。

(3)钢筋加工作业的总体要求。浇筑混凝土前，钢筋加工班组必须对所加工绑扎的钢筋按要求进行自检，自检后报质量管理部门专职钢筋检查人员检查合格，填写钢筋检验批报现场监理检查合格并签字确认后方能进行混凝土浇筑，检查项目有：

1)钢筋的品种、规格、数量、位置、间距；

2)钢筋连接方式、接头位置、接头数量和接头面积百分率等；

3)预埋件的规格和数量等；

4)钢筋保护层厚度。

(4)环氧树脂涂层钢筋加工及使用要求。环氧树脂涂层钢筋由厂家直接提供，进厂时需对钢筋尺寸、长度、绝缘涂层进行严格检查。环氧树脂涂层钢筋如有损坏时需进行修补。存放时需立标识牌，标识牌上应注明钢筋的进厂时间、钢筋种类、检验批号、是否合格、钢筋编号等。使用时按钢筋标识牌上的编号与胎具上标明的钢筋摆放位置编号逐一对号安装。

若环氧树脂涂层钢筋涂层厚度不满足要求，在环氧涂层的任一点上，当涂层脱开、剥离或损伤到下列程度时，不得修补和使用：

1)一点上的面积大于 25 $mm^2$ 或长度大于 50 mm，其中不包括钢筋剪切端头的修补面积；

2)1 m 长度内有 3 个点以上，即使每个点的面积小于 25 $mm^2$ 或长度均小于 50 mm；

3)环氧树脂涂层钢筋切下并弯曲的一段上涂层有 6 个点以上的损伤。

环氧树脂涂层钢筋在搬运、加工、架立过程中造成的涂层脱开、剥离或损伤，应按下列规定进行修补：

1)修补材料应采用环氧树脂涂层钢筋生产厂家提供的材料；

2)修补前，应除尽不黏着的涂层和修补处的锈迹；

3)当修补时的环境相对湿度大于 85%时，应以电热吹风器适当加热；

4)修补时，应使涂抹修补材料与已有牢固涂层搭接的范围适当，不宜使已有牢固涂层过量增厚；

5)修补后涂层厚度不得少于 180 μm。

(5)普通钢筋加工及使用要求。普通钢筋采用定尺加工，用钢筋切断机定长切除端面的马蹄，下料长度偏差控制在±10 mm 范围内。

普通钢筋和环氧树脂钢筋经检验合格后需按钢筋长度进行单独存放。环氧树脂涂层钢筋的下料长度须符合相关技术条件的规定。存放时需立标识牌，标识牌上须注明钢筋的进厂时间、钢筋种类、检验批号、是否合格、钢筋编号等。使用时按钢筋标识牌上的编号与胎具上标明的钢筋摆放位置编号逐一对号安装。

(6)钢筋网片绑扎加工。在专用胎具上绑扎钢筋网片，将接地端子焊接在钢筋上，确保接地端子的位置准确，焊接质量符合设计要求。钢筋位置允许偏差应符合表 5-7-5 的规定。

**表 5-7-5 钢筋位置允许偏差表**

| 序号 | 项 目 | 允许偏差 |
|---|---|---|
| 1 | 钢筋间距 | ±5.0 |
| 2 | 钢筋保护层 | +5.0<br>0.0 |
| 3 | 接地端子的位置 | ±10.0 |

根据钢筋网片编制图移动钢筋编制胎具上的活动卡件使卡槽调整至规定位置，首先将横向钢筋与纵向钢筋放入对应的卡槽内，以胎具的基准端为标准放好对齐。横向钢筋与纵向钢筋交叉处均用绝缘垫片绝缘后绑扎，下层绑扎完毕后将箍筋、架力钢筋与下层网片绑扎固定，接着绑扎上层钢筋网片，最后将下层网片与上层网片连接。

纵横向钢筋交叉点间，架立筋、U 形箍筋、起吊套管处加强钢筋与受力钢筋并行处等均用绝缘垫片进行绝缘。所有普通钢筋与绝缘钢筋交叉处必须先放垫片再进行绑扎。绝缘垫片的长度由两钢筋并行的长度来确定。绝缘垫片采用聚乙烯材料制作。

(7)钢筋网片绝缘性能的检测。每个钢筋网片编制完成并入模后，需对钢筋骨架进行电气绝缘情况检测。检测工具包括绝缘电阻表、夹子及导线若干。在用绝缘电阻表测量之前，先对各层钢筋间的电气绝缘性进行外观检查。各层构造钢筋之间不允许直接接触，所有的交叉点都通过绝缘片及环氧涂层钢筋进行电气绝缘。

按规定用 500 V 兆欧表对钢筋骨架进行电气绝缘情况检测。通常以纵向钢筋为测量的基准钢筋，测量每根横向钢筋与相交叉的纵向钢筋间及各层钢筋间的电阻值，其值不小于 2 MΩ，钢筋间电气绝缘性能正常。否则须查明原因并进行处理，直至其电阻值满足要求。

(8)钢筋网片的检查及存放。操作人员依据道岔板钢筋施工图，以一个模型所对应的成型钢筋网片为一批，对每批成型钢筋网片进行全检，并填写钢筋网片检查记录。

自检合格后，以每个台座为单位，用专用吊具将上、下层钢筋网片分别码放在规定位置，每垛3层，每层之间用4～6个垫木条隔开，并分别作好标识。

专职检验员依据道岔板钢筋施工图，对钢筋网片编制各个环节进行监督检查，其中关键环节作工序检验记录。

(9)钢筋入模。通过桥式起重机将成型钢筋网片运到对应模型的对应安装位置，人工配合使成型钢筋网片正确入模。

依据道岔板钢筋施工图检查、调整成型钢筋网片位置，检查混凝土垫块数量及其位置是否正确，确认其满足钢筋保护层厚度要求。检查接地端子等在模型中的位置是否正确，并将其固定在模型上。

(10)钢筋网片安装完成的检查验收。在钢筋全部安装工作完成后，专职检验员会同施工班组依据道岔板钢筋施工图对钢筋网片、各种配件数量和位置，钢筋网片接地绝缘状况进行验收，并填写钢筋入模、配件安装验收记录，在确认满足施工图要求后，通知相关施工班组进入下道工序。

3. 混凝土工程

混凝土浇筑包括施工准备、混凝土浇筑、道岔板养护及脱模等内容。其中施工准备涉及搅拌机及配套设施准备、模具清理、喷涂脱模剂、道岔板混凝土配合比的选择、劳动力准备，还包括组织混凝土施从拌和、运输、浇筑和振捣的协调一致，以及突发事件状态下保证浇筑顺利进行的应急措施等。

(1)搅拌机及配套设施准备。混凝土配制拌和之前，须确认所有机械是否在检定的有效期内；检测工具数量是否满足生产要求，是否在检定的有效期内。

(2)道岔板模型准备。除道岔板模型的检修和维护外，在混凝土浇筑之前，主要需要模具清理和脱模剂喷涂。

模具清理。道岔板脱模后，用铲刀、毛刷等清理模板上的混凝土残渣等其他附着物；检查模具结构缝隙是否密封完好，如有损坏处，用硅树脂或者玻璃胶重新做密封处理。

喷涂脱模剂。为保证道岔板混凝土外观质量、强度和耐久性，在混凝土浇筑入模前，必须将模具清理干净，喷涂脱模剂。

(3)混凝土浇筑前的准备工作检查。道岔板混凝土浇筑开盘前，安排专人负责组织并检查下列准备工作：设备、工具、使用材料进行认真检查，确保混凝土的拌制和浇筑正常连续进行。检查搅拌机、上料装置、加热装置、混凝土料斗、电子称、控制系统工作状态是否正常，并在投料前清洗搅拌机和混凝土料斗，进行无负荷试运转，确认一切正常后开始搅拌混凝土。检查生产所需的各种检测仪器工作状态是否正常，是否在检定的有效期内。

取得施工配合比通知单，确认本次浇筑混凝土的骨料、水泥、掺和料、外加剂等已到达拌和站，并检验合格，不得采用边运输材料边开盘搅拌的方法进行道岔板混凝土浇筑作业。

核对并检查骨料、水泥、掺和料、外加剂品种和质量。混凝土搅拌站和输送设备处于正常状态，衡器已检查并校正。机具须进行试运转，并确认状态良好。附着式振动器(包括备用振动器)，测试完毕。意外停水、停电的备用措施已落实。容易损坏的机具和零部件有备用品，机械故障停盘有应急方案。浇筑安全防范设施确认安全可靠。模板、钢筋、尼龙套管和各种预埋构件等工序的检查签证及整修手续均已办妥。人员、机械、工具等准备就绪。技术交底、劳动力(包括后备人员)、机电维修力量配备安排已落实。

(4)混凝土浇筑原材料准备。道岔板混凝土制备采用HLS90型自动计量搅拌站，搅拌站设采用三罐三仓存储原材料。三罐即为两罐水泥和一罐掺和料。三仓则为一个砂仓和两个石仓，碎石分为两级(5～10 mm和10～20 mm)分别储存和计量。

砂石料入仓前要进行检查，如发现含泥量和泥块含量超标不得使用。料仓不得混料，严禁混料进行施工。

(5)混凝土制备。混凝土配料必须严格按试验室通知单进行，并有试验人员在现场进行施工控制。混凝土原材料配料采用自动计量装置(每年需经国家计量部门进行检定)，且计量设备砂石每1个月系统自行校验1次，水泥、掺和料、外加剂、水系统每周检验1次，每班混凝土灌筑前要检查电子秤及其他计量器具，根据施工配合比调整用料，并由试验人员复核。如施工中发现异常时须及时校核。根据施工配合比用料考虑下料重量，由试验员复核。开盘后，前三盘要逐盘检查实际下料重量，以后每十盘检查一次，秤料误差(均以质量计)规定为:水、外加剂、水泥、掺和料≤±1%;砂、石≤±2%。

混凝土搅拌站搅拌时按“先下细骨料、水泥和掺和料,再加粗骨料,搅拌均匀后,再加入所需用水量和减水剂,并继续搅拌至均匀为止”工艺进行搅拌,总搅拌时间约 180 s,且混凝土必须搅拌均匀,颜色一致。

混凝土拌和物的控制指标为:温度 5 ℃～30 ℃;含气量≤3%;混凝土坍落度由施工时的混凝土配合比确定。

混凝土拌制速度和浇筑速度要密切配合,拌制服从灌注,调度人员现场根据混凝土浇筑速度,用对讲机现场统一协调,拌和站须时刻保持与施工现场的联系沟通,在施工过程中,如因机械故障搅拌中断,通知试验室,总工程师根据情况现场确定。如因故障灌板中断,板体混凝土间隔时间一般不超过 20 min。

(6)混凝土浇筑成型。混凝土运输车在搅拌站和生产厂房之间来回运输混凝土料罐,厂房内采用桥式起重机来回浇筑混凝土,以确保每个台座混凝土供应的连续性,直至混凝土浇筑完成。在运输混凝土过程中,要保持平稳性,运到浇筑地点时不分层、不离析,并具有要求的坍落度、温度等性能,严禁向混凝土内加水。

混凝土浇筑使用桁车配合料斗依次、连续、均匀地将混凝土浇筑入模,同时以每块模板为独立单元启动振动装置,将混凝土密实成型。

每个台座详细工作流程如下:

1)将桁车开到要浇筑混凝土模具正上方。

2)打开料斗,将料斗内混凝土浇筑入模。

3)混凝土浇筑时,桁车来回布料,直至模具内混凝土灌满。与此同时,人工配合将多余混凝土铲到混凝土不足的地方,以保证模板内混凝土的平整。

4)布料 50%后,启动安装在每套模具下部的振动器,振动密实混凝土,直到表面泛浆和只有零星气泡出现为准。

5)在对下一个模型布料的同时,人工将模型周围的混凝土清理干净。

(7)混凝土表面刷毛、温度传感器安装及覆盖。在每块道岔板振动刮平完成之后,混凝土初凝前,使用自制的刷毛装置,依次、连续、均匀地对混凝土表面进行刷毛,刷毛方向沿道岔板横向,刷毛时间间隔不能太长,刷毛深度为 1～2 mm。

在第一块和最后一块道岔板刷毛完成后,分别在板内预埋一个温度传感器,作为下道工序混凝土养护控制的温度采集点。

在每班施工全部完成后,安装篷布架,对已浇筑的混凝土进行整体覆盖养护,以保温保湿,防止混凝土水分蒸发,保证水泥水化反应正常进行,为道岔板混凝土强度稳步快速提高创造良好的环境。

(8)混凝土蒸汽养护及脱模。道岔板混凝土浇筑完毕后,立即覆盖养护膜进行保养。为保持养护温度一致,在每块道岔板模具的下部布置有养护专用的蒸汽管道。

道岔板采用蒸汽养护时,分为静置、升温、恒温、降温四个阶段。混凝土浇筑后在温度 5 ℃～30 ℃的环境中静置 3 h 以上方可加温,升温速率不大于 15 ℃/h;板芯温度不超过 55 ℃,降温速率不大于 15 ℃/h。

养护时间达到 16 h 后,从水槽中取出第 1 组混凝土试件,用压力试验机检测试件抗压强度,强度达到 45 MPa,混凝土表面与环境温差小于 15 ℃时,相应台座混凝土养护过程结束,则可脱模。

(9)道岔板水养。道岔板脱模后,通过运输车、龙门吊及专用吊具等将道岔板放入水养池进行水养。如图 5-7-23 所示。

图 5-7-23 道岔板水养

道岔板运输时，应在运输车上按照道岔板尺寸安放 4～6 个垫木，垫木规格 200 mm×200 mm×200 mm，道岔板平稳的放置在运输车上，每跺放两层。垫块要上下对齐，支点位置需符合要求，高度允许偏差为±2 mm。垫木水平位置根据道岔板尺寸确定。

水养池中以水淹没最上层道岔板表面为宜，水养时间为 3 d。

4. 道岔板存放及成品检测

(1)道岔板存放。道岔板养生工序完成后，用龙门吊与吊具将道岔板从水养池中吊起并存放在道岔板存板区。如图 5-7-24 所示。

图 5-7-24　道岔板存放

道岔板存板区地面采用混凝土硬化，保证基础坚固、平整。道岔板存放所使用运输车、龙门吊、专用吊具及配套设施等应工作状态良好，各种工具、配件配置齐全。

道岔板成品应按按型号和批次分别存放，不合格道岔板单独存放。道岔板存放时，每垛为三层，道岔板与存放基础之间及道岔板间安放 4～6 个垫木，垫块要上下对齐，垫块的规格尺寸及支点位置需符合设计要求，垫块高度允许偏差为±2 mm，承载面须平行。

(2)道岔板成品检测。道岔板成品检测包括外观检查和预埋套管抗拔力检测两部分。

道岔板外形尺寸偏差需符合表 5-7-6 的要求，表中第 4 项、第 5 项和第 7 项的检查须采用道岔板精调系统测量。

**表 5-7-6　道岔板外形尺寸偏差要求**

| 序号 | 检查项目 | | 检查方法 | 技术标准 | | |
|---|---|---|---|---|---|---|
| | | | | 允许偏差(mm) | 每批检验数量(出场检验) | 检验项别 |
| 1 | 长度 | | 钢卷尺 | ±6.0 | 3 块 | B |
| 2 | 宽度 | | 钢卷尺 | ±6.0 | 3 块 | B |
| 3 | 厚度 | | 游标卡尺 | +4.0<br>−2.0 | 3 块 | B |
| 4 | 每一横排各套管 | 套管直线度 | 全站仪 | ±1.0 | 全检 | A |
| | | 转换设备安装孔间距 | 全站仪 | ±0.5 | 全检 | |
| | | 套管距离≤1.55 m | 全站仪 | ±0.7 | 全检 | A |
| | | 套管距离>1.55 m | 全站仪 | ±1.0 | 全检 | A |
| | | 套管轴心线与承轨面垂直 | 专用工装、塞尺 | 1.5(120 mm 处) | 全检 | A |
| | | 套管下沉 | 深度尺 | 1.0 | 全检 | A |

续上表

| 序号 | 检查项目 | | 检查方法 | 技术标准 | | |
|---|---|---|---|---|---|---|
| | | | | 允许偏差(mm) | 每批检验数量(出场检验) | 检验项别 |
| 5 | 各排预埋套管之间的相互位置关系 | 直股最外排套管直线度 | 全站仪 | ±0.5 | 全检 | A |
| | | 横排首尾套管连线与直股最外排首尾套管连线的垂直度(到最远套管) | 全站仪 | ±1.0 | 全检 | A |
| | | 直股最外排各套管到中间控制套管的距离 | 全站仪 | ±1.0 | 全检 | A |
| 6 | 预埋件数量 | | | 齐全 | 全检 | A |
| 7 | 承轨面平整度 | 全部承轨面 | | ±1.0 | 全检 | A |
| | | 单个或相邻两承轨面 | | ±0.5 | 全检 | A |
| 8 | 门形钢筋 | 数量 | | 不允许少一个 | 3 块 | B |
| | | 直股第一排门形筋到直股第一排套管间距 | | ±10 | 3 块 | B |
| | | 各门形筋到直股第一排门形筋间距 | | ±10 | 3 块 | B |

道岔板外观须逐块检验,外观质量符合表 5-7-7 的规定。

**表 5-7-7 道岔板外观质量要求**

| 序号 | 检查项目 | 检查方法 | 技术标准 | | |
|---|---|---|---|---|---|
| | | | 合格品 | 返修品 | 废品 |
| 1 | 肉眼可见裂纹 | 目测 | 宽度不大于 0.1 mm,不允许出现贯通裂纹 | — | 有肉眼可见裂纹,宽度≥0.1 mm |
| 2 | 扣件安装面部位表面缺陷 | 目测<br>深度尺 | 气孔、粘皮、麻面等缺陷的深度不大于 5 mm,长度不大于 20 mm | — | 气孔、粘皮、麻面等缺陷的深度>5 mm,且不能通过打磨修复 |
| 3 | 上边缘破裂或混凝土掉角 | 目测<br>深度尺 | 深度不大于 5 mm<br>面积不大于 50 $cm^2$ | 深度>5 mm<br>面积>50 $cm^2$ | 断裂、较大孔洞、磕损严重等不能满足使用要求 |
| 4 | 底面边缘破裂或混凝土脱落 | 目测<br>钢板尺 | 长度不大于 15 mm | 长度>15 mm | |
| 5 | 可见范围内的泌水深度 | 目测<br>深度尺 | 深度不大于 5 mm | 深度>5 mm | |
| 6 | 外观表面 | 目测 | 表面颜色一致,无油污 | 表面颜色不一致,有油污 | |

扣件套管抗拔力检测应满足《客运专线扣件系统暂行技术条件》(铁科技函〔2006〕248 号)的规定。

5. 整体预制钻孔式道岔板钻孔及扣件套管安装

(1)道岔板翻转。道岔板存放 48 h 后,即可进行钻孔,钻孔前先将道岔板翻转。翻转道岔板由桥式起重机上的两台行车配合人工完成。其作业程序如下:

用两台桥式起重机和吊梁同步移动将道岔板吊运到地面空间较大的位置;将道岔板平稳下放到支承的长垫木上,并在需要翻转的道岔板侧增加弹性橡胶垫;摘开一侧行车的挂钩,缓慢升起另一侧行车,并向需翻转侧缓慢提升并移动行车,直至将道岔板成直立状态后,再继续向前移动行车并人工配合将道岔板缓慢向相反方向降下,直到将道岔板平稳落到支承枕木上后,道岔板即完成翻转。

(2)道岔板钻孔。道岔板钻孔采用磁力钻孔机,如图 5-7-25 所示。具体工艺如下:

图 5-7-25　道岔板钻孔及已钻孔的道岔板

1)将翻转后的道岔板,在其板面两边端部划出中线的位置;

2)将所对应的胎具上定位孔与划线位置对应复核,待达到要求的位置后,进行下步工作的施工;

3)先钻角部的测量孔,将钻机对准要钻的孔位后,调整钻杆使其达到要求的平面位置和垂直度后,开始钻孔;

4)钻好第一个测量孔后,安装好定位销,再钻对角的第二个测量孔,安装好另外一个定位销后,再依次按顺序钻孔;

5)每次钻孔时,一定要分清及识别钻孔的位置,避免出现较大的误差;

6)钻完孔后,再核对孔的数量,确认无误后取下定位销,将胎具吊走,则道岔板钻孔完成,即可进行下一块板的钻孔。

(3)道岔板的孔位检测。道岔板钻孔完成后,要进行孔位检测,检测仪器采用全站仪或道岔板精调系统进行。道岔板的孔位纵横向误差均应控制在±0.5 mm 范围内。

(4)螺栓安装。由于所有的道岔板的扣件全部都在现场安装,车间内只安装道岔板螺栓套管。

6. 成品道岔板运输

成品道岔板出场必须满足道岔板铺设现场的实际进度要求,按照道岔板到场计划合理组织道岔板运输,确保现场道岔板铺设的稳步、有序进行,尽量避免道岔板在现场的积压,并制定相应的运输措施。

(1)道岔板装车。根据道岔板的长、宽、高选用合适的车辆运输,一般选用加长重载汽车运输。为防止选用重载汽车运输的主轴在运输途中产生侧向变形,可选择合适的支撑点,并调整道岔板的放置方式,将 6 块道岔板分两垛放置在卡车车厢内,一堆三块重叠放置,大体积道岔板放置最下层,车厢内支撑点应设在钢柱的柱脚处,确保钢柱在水平方向的平稳性。

装车时,将运输车辆停放在道岔板成品区域车辆通道上,车的方向与龙门吊轨道方向平行,道岔板采用起吊套筒吊运,用钢丝绳连接螺栓旋进起吊套筒,钢丝绳与道岔板接触部位用胶皮垫平、垫稳,避免钢丝绳对道岔板表面混凝土的划伤。道岔板起吊后在空中平吊行走并缓慢下降至运输车辆上,整个过程中吊车司机、装车人员必须由专人统一指挥,密切配合,避免磕碰事故发生或造成道岔板的损坏。道岔板装车中道岔板最后端与车板前、后端距离不应超过 50 cm。

道岔板必须用木架、枕木支牢、垫平,并用绳子绑牢、卡紧,封车时道岔板边角要加垫木或胶皮,防止运输途中滑动碰撞或跌落,并在道岔板最外侧悬挂安全标志牌。道岔板层与层之间用专制方木垫平、支稳,防止道岔板表面混凝土的损伤。

(2)道岔板运输。道岔板运输过程中必须有专人全程进行跟踪、引路,时刻关注道岔板的捆绑状态,如道路不平时更要特别注意,避免由于道路颠簸造成绳索捆绑的松动,若发现情况立即停车重新进行封车、捆扎。道岔板转弯时(转弯半径 5 m)必须有人下车进行指挥,运输过程中行车必须平稳,切忌急行、急停。

(3)道岔板防护措施。道岔板养护作业完成后,待发运前 1d 用高压水枪将板体冲洗干净,再用吸尘器吸取套管内积水和杂物,盖上胶盖并用透明胶带封堵,防止杂物进入套管内。构件运输过程中如果局部混凝土划伤或碰撞脱落后必须按照道岔板修补方案进行修补。

### 7.3.6 资源配置

#### 7.3.6.1 劳动力配置

根据实际试生产情况、岗位工作量以及机械设备自动化程度，采取相应措施，提高工作效率，根据工期要求，可以灵活采取两班制或者三班制生产。管理人员组织见表 5-7-8。生产及辅助人员配置见表 5-7-9。

**表 5-7-8　管理人员组织表**

| 序号 | 岗位或工种 | 人数 | 主要工作内容 |
|---|---|---|---|
| 1 | 场长 | 1 | 全面主持道岔板预制场工作 |
| 2 | 总工程师 | 1 | 负责生产技术工作；负责建场规划工作 |
| 3 | 生产副经理 | 1 | 负责施工生产、设备管理工作 |
| 4 | 书记 | 1 | 负责党务、工会、后勤工作 |
| 5 | 工程部长 | 1 | 负责生产技术，主管工程部 |
| 6 | 安质部长 | 1 | 负责安全、质量，主管安质部、试验室 |
| 7 | 物资设备部长 | 1 | 主管设备的选型、采购、物资订购，主管物资设备部 |
| 8 | 财务合同部长 | 1 | 负责计划、财务管理 |
| 9 | 办公室主任 | 1 | 负责行政办公、文件资料、接待 |
| 10 | 工程部 | 4 | 负责技术管理、生产指挥调度，协调与各部门的工作；验工计价 |
| 11 | 财务合同部 | 2 | 负责成本控制、合同管理、财务管理和生产计划 |
| 12 | 物资部(含司机) | 4 | 负责材料采购和管理 |
| 13 | 安质部 | 3 | 负责质量、安全和技术资料管理，负责与监理工程师的联络 |
| 14 | 试验室(含主任) | 4 | 负责试验检验及生产过程控制、产成品检验等工作 |
| 15 | 办公室 | 2 | 负责治安、保卫工作及行政事物、食堂、司机、文化娱乐的管理及对外接待联络工作 |
| 合计 | | 28 | |

**表 5-7-9　生产及辅助人员配置表**

| 序号 | 工种 | 每班人数 | 主要工作内容 |
|---|---|---|---|
| 1 | 混凝土班 | 32 | 负责道岔板混凝土的浇筑、养护及修补 |
| 2 | 模型班 | 36 | 负责模型安装、模型拆除、模型维修、模型加固，安装预埋件、锚具、套管等工作 |
| 3 | 钢筋班 | 48 | 道岔板钢筋加工、绑扎、安放、绝缘检测 |
| 4 | 吊运班 | 20 | 负责道岔板转移台位、存放、道岔板装车、各种运输机械的驾驶操作等工作(包括司机12人) |
| 5 | 张拉班 | 30 | 负责道岔板的张拉、封锚、预埋套管封盖等 |
| 6 | 拌和站 | 10 | 负责板场拌和站的操作、值班、拌和站及砂石料场日常维护工作 |
| 7 | 机电班 | 7 | 负责板场所有机械设备、用水管道、供电及线路维修、生产用电值班、维修振动器等工作 |
| 8 | 混凝土班 | 32 | 负责道岔板混凝土的浇筑、养护及修补 |
| 9 | 钻孔班 | 24 | 负责道岔板翻转运输，钻孔 |
| 10 | 安全保卫 | 5 | 生产区门卫 2 人、看守 1 人、巡逻 2 人 |
| 11 | 食堂后勤 | 8 | 员工 3 人、民工食堂 3 人、生活区卫生 1 人、门卫看守 1 人 |

#### 7.3.6.2 主要设备机具配置

工艺装备配置的基本原则：符合工艺要求，满足生产效率，各工序能力平衡且环保节能。

混凝土道岔板设备配置除符合上述基本原则外，还具有自动化程度高，采用新技术、新装备等特点。以中铁二局石武客专铁路元氏道岔板预制场日产35块道岔板为例，生产主要设备配置见表5-7-10。

**表5-7-10　主要设备配置**

| 设备部位 | 序号 | 设备名称 | 型号 | 单位 | 数量 | 用途其说明 |
|---|---|---|---|---|---|---|
| 钢筋加工车间 | 1 | 桥式单梁葫芦起重机 | QD(10 t/31.5 m) | 台 | 1 | 卸料、吊送钢筋网片 |
| | 2 | 角度定位自动弯箍机 | GW18 | 台 | 6 | 钢筋弯曲成型 |
| | 3 | 钢筋调直切断机 | GT6/16 | 台 | 3 | 钢筋调直切断 |
| 生产车间 | 4 | 桥式单梁葫芦起重机 | QD(10 t/31.5 m) | 台 | 2 | 吊装 |
| | 5 | 混凝土浇筑斗(手动式) | ZT. DJZ. 00 | 个 | 3 | 生产板时布料用 |
| | 6 | 混凝土转运车 | ZT. DZYC. 00 | 台 | 3 | 混凝土运输 |
| | 7 | 混凝土搅拌站 | HLS90 | 套 | 1 | |
| | 8 | 逆变直流手工弧焊机 | ZX7-400 | 台 | 4 | |
| 存板区 | 9 | 双梁吊钩门式起重机 | MG(16 t/40 m) | 台 | 1 | |
| | 10 | 翻转机 | 非标 | 台 | 1 | 翻板用 |
| | 11 | 吊板吊具 | 非标 | 套 | 6 | 吊板用 |
| 其他设备 | 12 | 锅炉 | DZL4-1.25AⅡ | 台 | 2 | 给生产区供热等用 |
| 试验及测量设备 | 13 | 高精度水平测量仪 | | 套 | 1 | 测量模型的平面度 |
| | 14 | 高精度全站仪 | | 套 | 1 | 用于产品检验 |
| | 15 | 电阻测试表 | 500 V | 套 | 2 | 检测钢筋节点电阻 |
| | 16 | 道岔板精调系统 | | 套 | 1 | 模型及成品板检测 |
| 道岔板钻孔 | 17 | 磁力钻孔机 | | 台 | 24 | 道岔板钻孔 |

### 7.3.7　质量安全控制要点

#### 7.3.7.1　质量控制要点

除施工工艺及设计文件、技术条件要求以外，混凝土道岔板制造质量控制要点还有以下几点：

(1)道岔板制造是一项系统工程，涉及各个环节，施工组织必须组织高效管理团队和技术服务团队，加强人力、设备、工装等资源配置，选择优质的工程材料。

(2)人是质量管理的第一要素，道岔板制造必须开展经常性的技术培训，针对关键环节、薄弱环节、安全质量控制重点等开展QC攻关活动，并定期开展经验交流和技术总结，提高施工标准化水平。

(3)科学规划道岔板制造临时工程和生产线布局，提高生产水平，以设备质量和精度为道岔板制造质量提供保障。

(4)正式施工前，依据设计文件、技术条件及相关标准及经验编写翔实的工艺细则和检验细则，并加强技术交底和工艺试验，批量生产前邀请铁道部主管部门组织上道审查。

(5)道岔板模型由于采用拼装式结构，容易产生漏浆，因而在施工时应采用橡胶条封堵大口、玻璃胶封堵小缝、透明胶整体封堵等3道工序彻底保证模型封堵和道岔板成品质量。

#### 7.3.7.2　安全控制要点

(1)建立健全场内安全管理体系，成立安全生产领导小组，落实安全生产责任制，配齐安全生产要素，严格安全操作规程，认真执行安全监控制度和措施。

(2)认真规划和布置场内各种管线线路、各种设备走行进出线路和停放位置、人行通道以及各种原材料、半成品和成品的运输路线和存放位置，确保场内作业整齐和人员设备合理整齐的工作环境。

(3)进场作业人员要先经安全培训合格，电工、电焊工、行车司机、机动车及各种机械司机要经过专业培训，并经考试合格获得上岗证才可上岗。

(4)蒸汽锅炉定期进行保养和检修，定期进行水垢清理，检查压力表的灵敏度和有效工作性能。

(5)水养池处设置一定量的救生器具，并对工作岗位的人员进行培训，熟练操作溺水紧急抢救。

(6)各种机械作业要有针对性的安全操作规程。

(7)现场各种安全防护齐全完好(如登高作业安全护栏、危险作业的安全网和安全界限)，安全标示要齐全。

(8)要有专职电工和修理工经常性检查电路、电器、设备等的状态,禁止使用漏电电路、电器和不良状态的设备。

(9)各种电器、机械要专人管理使用,禁止无关人员动用机械、电器设备,禁止非工作人员攀爬龙门吊、行车、拌和站、布料机等设备。

(10)起吊作业时,禁止在起重物下站人,辅助起吊作业人员要离开适当距离,并在起吊前检查挂钩及吊绳等是否牢靠,真空吸盘状态是否良好。

(11)各种机械使用前,必须经检查状态良好,启动前要经检查无安全隐患,翻转机作业时禁止非工作人员靠近,布料机使用时布料斗上出入口必须设安全网。

(12)进场人员必须配带安全帽、登高作业要系安全绳。

## 7.4 长枕埋入式无砟道岔施工技术

### 7.4.1 施工工艺流程

长枕埋入式无砟道岔施工分为无砟道床施工、道岔轨道线形调整(轨道精调)、钢轨焊接及无缝线路锁定、工电联调、道岔使用及维护管理等内容,后几个部分施工时相互穿插,互为影响。主要施工流程包括:

(1)无砟轨道施工。线下工程主体完工且沉降变形经评估满足无砟轨道施工条件后,建立 CPⅢ测量控制网,并根据 CPⅢ测量控制网测量放样。模筑法施工钢筋混凝土底座,待底座强度达到 75%以上后,汽车运输道岔件及轨枕进场,汽车吊配合现场组装道岔轨排并用螺杆精调器及侧向支撑系统架立道岔。之后,绑扎钢筋并安装模板。采用轨检小车测量道岔线形,通过螺杆精调器及侧向支撑系统调整和固定道岔轨排。待钢筋绝缘检测、道岔轨道线形精调、工电联调等合格后,模筑法浇筑道床板混凝土。

(2)道岔轨道线形调整。道床板混凝土浇筑完成且强度达到要求后,利用轨检小车检测道岔轨道线形,采用调整扣件进行道岔轨道线形的调整。道岔轨道线形的调整贯穿于道床板混凝土浇筑完成至线路开通的始末,在钢轨焊接、工电联调前后都要进行道岔轨道线形调整,只有当道岔轨道线形满足各阶段的施工要求后,方可进行下一阶段的施工。

(3)钢轨焊接及无缝线路锁定。道岔钢轨焊接在道岔轨道线形及工电联调达到一定合格要求后进行,采用铝热焊焊接。为满足道岔及前后无缝线路单元管理的要求,道岔钢轨焊接分为岔内焊接和岔外焊接。道岔区及岔区前后至少各 150 m 的线路共同形成一个单元的无缝线路。

(4)工电联调。工电联调是工务与电务一起配合调试,属接口管理的范畴,是高速道岔施工的重要环节。即在满足工务质量的前提下,保证道岔电务转换设备的正确安装和使用,分为非带电状态和带电状态两个阶段。一般来说,在道岔轨排组装完成至道床混凝土浇筑和道岔钢轨焊接之前,需要将转辙机安装在道岔上确认道岔转换正常且各指标符合要求,否则不能进入下一阶段施工。在带电调试阶段,需要道岔在电控操作时转换正常且各指标符合要求。

### 7.4.2 施工物流组织

长枕埋入式无砟道岔一般按一个铺轨标段或一条线作为一个施工单元。施工组织结合作业面划分及相邻段的无砟轨道施工确定物流方案。

长枕埋入式无砟道岔利用已有的公路或便道作为物流通道,必要时根据道岔钢轨长组件运输的要求进行局部加宽加固。道岔工厂距工地较近的,可采用汽车运输道岔钢轨进场,距工地较远的,可采用火车运输后再经公路转运到现场。为保证无砟道岔施工不受道岔件供货影响,一般需要在现场设道岔存放场进行道岔、岔枕及其他钢轨件的临时存放和道岔试组装。

长枕埋入式无砟道岔施工需要在现场设临时基地,进行钢筋加工及模板机具的存放,混凝土就近借用拌和站生产。

施工时,主要物料机具通过汽车运输到现场,汽车吊配合装卸,长大桥梁或隧道地段,也可采用龙门吊或双向运板车配合中转。

### 7.4.3　关键设备及工装

长枕埋入式无砟道岔施工，关键设备及工装主要包括：轨检小车、螺杆精调器及侧向支撑系统等。

### 7.4.4　主要临时工程

考虑到无砟道岔施工的专业特点，同一铁路项目一般结合铺轨工程标段划分无砟道岔施工单元，每个施工单元负责的无砟道岔施工范围都很大，多则几百公里。为此，除无砟道岔施工专有的设施外，无砟道岔施工单元生活办公基地一般就近租借民房解决，其他如运输道路、施工用电、混凝土拌和站等则就近借用其他无砟轨道施工的设施或临时工程。

需要自行设置的临时工程主要包括：道岔件存放场，临时道路加宽等，钢筋加工房。道岔存放的数量应结合施工工期、道岔件供应计划综合考虑。

道岔件应架空支垫存放，支垫间距不超过 4 m，支垫面应大面平整，相邻支点高差不大于 10 mm、全部支点的最大高差不大于 20 mm。道岔件全部按正立存放，最高不超过 4 层。铺岔基地内还应设道岔预组装场，投入道岔预组装工装一套。

### 7.4.5　原 材 料

7.4.5.1　普通材料

长枕埋入式无砟道岔采用 C40 钢筋混凝土道床板结构。钢筋包括热轧光圆钢筋和热轧带肋钢筋两种规格，分为 Q235 和 HRB335 等规格。混凝土配合比可以使用水泥等级不低于 P·O42.5，聚羧酸减水剂，碎石规格 10～40 mm 均匀级配，细骨料为中粗砂或机制砂，掺和料可为复合型掺和料或单掺矿粉及粉煤灰，同时满足技术条件和施工工艺要求。

长枕埋入式无砟道岔施工辅助材料包括：接地端子、嵌缝胶、养护剂、植筋胶、脱模剂、工具轨(与道岔钢轨规格类型相同的新钢轨)等。

7.4.5.2　国产大号道岔

目前，国内高速铁路铁路大号道岔主要分为国产道岔和德国 BWG 道岔(中国 CNTT 道岔)两种类型。

我国高速铁路大号道岔自 2005 年 6 月开展研发以来，按照“用、产、学、研”相结合的方式，瞄准世界先进水平，加大创新力度，开展了国内外道岔分析、系统设计、结构比选、标准制订、厂内试制、组装验收、现场试铺、动力试验等工作，并经过沪宁、广珠、沪杭、哈大、石武等高速铁路工程的工程实践，取得自主知识产权。初步形成了 18 号单渡线、18 号单开、42 号联络线、62 号联络线等多种规格类型的高速铁路道岔产品体系。我国高速铁路大号道岔主要技术参数见表 5-7-11。

**表 5-7-11　中国高速铁路主要技术参数**

| 道岔号码 | 18 号 | 42 号 | 62 号 |
|---|---|---|---|
| 道岔直向允许通过速度(km/h) | 250/350 | 250/350 | 350 |
| 道岔侧向允许通过速度(km/h) | 80 | 160 | 220 |
| 平面线形 | 单圆曲线 *R*1100 | 圆缓、*R*5000＋三次抛物线 | 圆缓、*R*8200＋三次抛物线 |
| 道岔全长(m) | 69.000 | 157.200 | 201.000 |
| 道岔前长(m) | 31.729 | 60.573 | 70.784 |
| 道岔后长(m) | 37.271 | 96.627 | 130.216 |

1. 道岔钢轨件结构

(1)钢轨件。基本轨、导轨、叉跟轨均采用中国 60 kg/m 钢轨制造。尖轨、心轨采用 60D40 钢轨制造，护轨采用 33 kg/m 槽形钢制造，侧面工作边作淬火处理。

尖轨、心轨可动部分采用整根钢轨制造。钢轨件材质为 U71Mn(K)或 U75V，要求道岔钢轨与区间线路钢轨材质一致。尖轨、心轨降低值根据理论研究分析确定，见表 5-7-12。

**表 5-7-12　道岔尖轨及心轨降低值**

| 道岔号码 | 18 号 | | | | 42 号 | | | | 62 号 | | | |
|---|---|---|---|---|---|---|---|---|---|---|---|---|
| 尖轨断面宽(mm) | 0 | 5 | 20 | 50 | 0 | 5 | 15 | 40 | 0 | 5 | 15 | 40 |
| 尖轨降低值(mm) | 23 | 14 | 4 | 0 | 23 | 14 | 4 | 0 | 23 | 14 | 4 | 0 |
| 心轨断面宽(mm) | 0 | 5 | 20 | 50 | 0 | 10 | 20 | 45 | 0 | 10 | 20 | 45 |
| 心轨降低值(mm) | 23 | 21 | 5 | 0 | 23 | 21 | 5 | 0 | 23 | 21 | 5 | 0 |

(2)尖轨跟端结构。尖轨跟端锻压成中国标准 60 kg/m 钢轨断面,成型段设计长度为 450 mm,过渡段长度为 150 mm。

尖轨跟端的基本轨内侧采用弹性夹扣压,外侧采用Ⅱ型弹条扣压。道岔按跨区间无缝线路设计,岔内钢轨件全部焊接,根据道岔所处地区的温差,尖轨跟端可采用限位器或间隔铁结构。

(3)滑床板的弹性扣压及减磨系统。道岔转辙器部分采用滑床板弹性夹及减磨系统。弹性夹扣压基本轨,装卸方便,使用效果好,如滑床板结构设计将过去的滑动摩擦改为滚动摩擦,大大减少了摩擦阻力,滚轮高度在 0.5～6 mm 之间,可任意调整。根据尖轨长度、转换位移情况,合理设置滚轮滑床垫板。其余滑床垫板的台板均采用镍基合金($MoS_2$)自润滑减摩涂层。如图 5-7-26、图 5-7-27 所示。

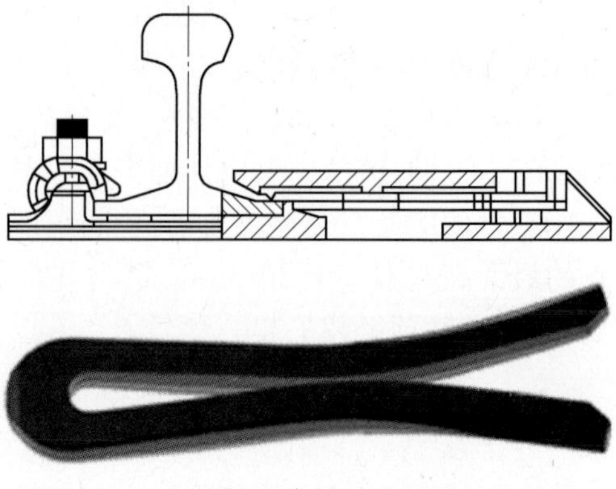

图 5-7-26　与滚轮滑床板配合的弹性夹结构

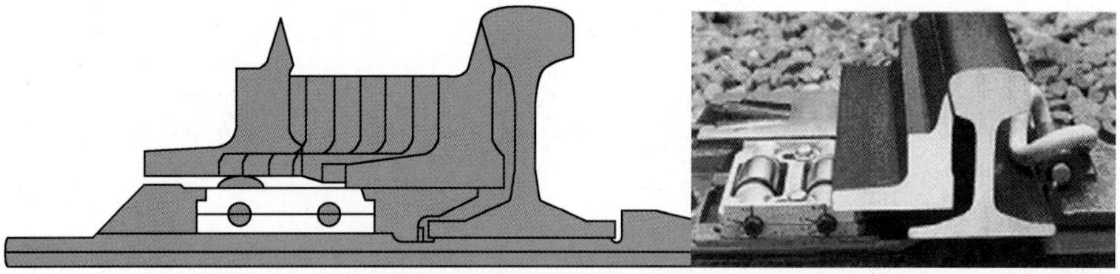

图 5-7-27　滚轮系统

(4)特种断面翼轨。翼轨采用特种断面轧制轨。翼轨顶面设有 1∶40 轨顶坡,在翼轨趾端进行 1∶40 扭转,轨端 450 mm 范围内形成 1∶40 轨底坡并进行标准轨断面加工。在心轨第一牵引点处,为满足电务锁钩转换空间需要,翼轨内侧轨底需进行刨切,轨底上表面作适当的刨切,心轨轨底刨切 10 mm 并作圆弧倒角,电务锁钩宽度 25 mm。新型特种断面翼轨为转换装置的安装提供了足够的空间,使心轨第一牵引位置得以提高,有效解决了 4 mm 检查失效的问题。如图 5-7-28 所示。

(5)可动心轨结构。可动心轨结构心轨采用 60D40 钢轨组合结构,长短心轨拼接方式。该种结构具有制造简单、实现容易的特点,既有线道岔具有多年的使用经验,技术成熟。250 km/h 道岔心轨采用垂直藏尖结构,可进一步提高动车通过的平稳性,350 km/h 道岔心轨采用水平藏尖结构。心轨尖端水平藏入翼轨内,为保证行车安全,心轨实际尖端宽度不小于 9 mm,同时翼轨工作边要作相应的刨切。18 号道岔心轨采用拼装式结构,42 号、62 号道岔,由于侧向速度较高,心轨采用双肢弹性可弯结构,取消了尖轨后端的斜接头,将短心轨直接与线路钢轨连接,优点是结构简单,改善了列车侧向通过时的运行条件,不足之处是心轨转换力会增大。如图 5-7-29 和图 5-7-30 所示。

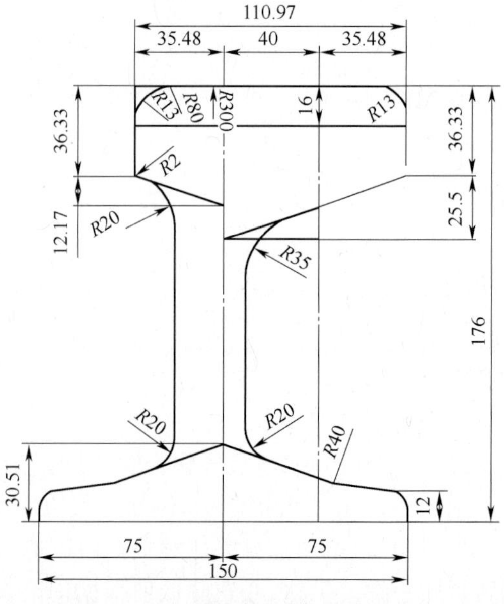


图 5-7-28　翼轨断面图(单位:mm)

(6)翼轨跟端结构。翼轨跟端结构设计必须考虑温度力的作用,并通过导曲线将温度力传递到基本轨。18 号道岔采用大间隔铁,并与心轨和翼轨胶接。大号码道岔除翼轨跟端设大间隔铁外，两心轨间也需设间隔铁，并将心轨与其下的大垫板连接，对翼轨跟端做最大限度的加强。如图 5-7-31 所示。

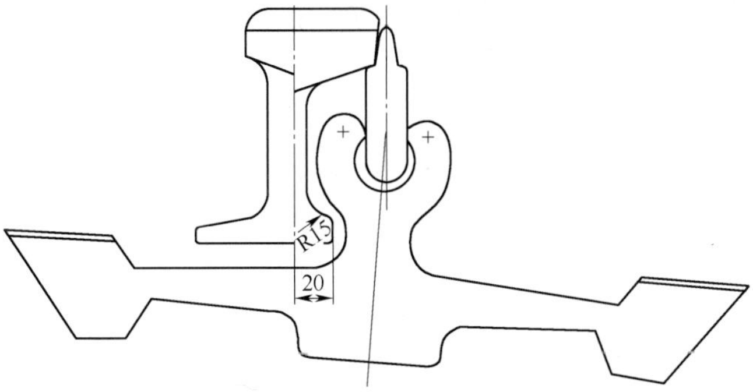


图 5-7-29　心轨第一牵引点断面图

图 5-7-30　水平藏尖式心轨结构

图 5-7-31　18 号道岔翼轨跟端结构

(7)护轨结构。客运专线 18 号道岔侧向设置护轨，护轨采用 33 kg/m 槽形钢制造，侧面工作边进行淬火处理。垫板采取焊接方式，如图 5-7-32 所示。基本内侧采用弹性夹扣压，外侧采用Ⅱ型弹条扣件扣压。

图 5-7-32　18 号道岔护轨结构

2. 道岔扣件系统

(1)道岔扣件系统结构。高速道岔扣件采用带铁垫板的弹性分开式结构，如图 5-7-33 所示，分为无螺栓扣件系统和有螺栓扣件系统两种方案。钢轨与铁垫板间设轨下橡胶垫板，铁垫板与混凝土岔枕间设弹性垫层，用于减缓轮轨冲击作用。铁垫板与混凝土岔枕通过螺栓与预埋套管连结，铁垫板与螺栓间设置复合定位套，用以缓冲铁垫板对螺栓的横向冲击，同时使得螺栓紧固时对铁垫板不产生较大的压力，有利于充分发挥铁垫板下弹性垫层的弹性。扣件扣压力、防爬阻力不小于 10 kN。轨距调整量为－8～＋4 mm，调整级别为 1 mm。高低调整量，无砟道岔为 30 mm，有砟道岔为 10 mm，调整级别为 1 mm。

(2)道岔岔区刚度匹配及均匀化。高速道岔岔区刚度的良好匹配及均匀化，是减缓轮轨作用和轨面动态不平顺的关键。高速道岔扣件系统设计采取“上硬下软”的原则，即轨下弹性垫层刚度较大，铁垫板下弹性垫层刚度较小。

(3)弹性垫层。铁垫板下弹性垫层采用分块式结构，如图 5-7-34 所示，通过结构设置改变刚度。铁垫板与橡胶弹性垫层通过硫化成为一体，如图 5-7-35 所示。

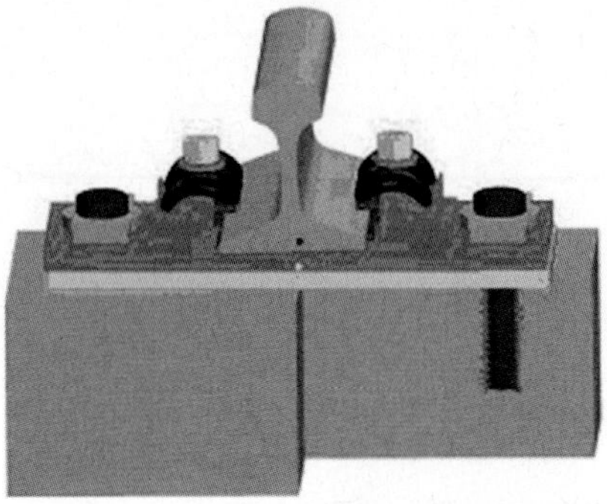

图 5-7-33　有螺栓道岔扣件系统结构

图 5-7-34　铁垫板下橡胶弹性垫层结构

图 5-7-35　硫化弹性铁垫板

3. 混凝土岔枕结构

高速道岔采用混凝土岔枕，垂直于道岔直股布置，岔枕间距一般为 600 mm，转辙机两侧岔枕间距为 650 mm。

无砟道岔岔枕上宽 260 mm，下宽 290 mm，高 130 mm。主筋为 8 根 $\phi$14 mm 的螺纹钢筋和 4 根$\phi$7 mm 的预应力钢丝。岔枕外形如图 5-7-36 所示。

图 5-7-36　高速铁路道岔岔枕外形(无砟)

4. 电务转换系统

道岔尖轨及心轨转换采用多机多点牵引方式。18 号道岔尖轨设 3 个牵引点，心轨设 2 个牵引点；42 号道岔尖轨设 6 个牵引点，心轨设 3 个牵引点；高速道岔采用混凝土岔枕，垂直于道岔直股布置，岔枕间距一般为 600 mm，转辙机两侧岔枕间距为 650 mm。62 号道岔尖轨设 8 个牵引点，心轨设 4 个牵引点。

(1)尖轨外锁闭机构。尖轨外锁闭机构主要由锁闭杆、锁闭框、锁钩、尖轨连接铁和防护罩组成。18 号道岔尖轨外锁闭结构设计的主要问题是解决尖轨卡阻。42 号道岔尖轨外锁闭结构，适应无缝线路尖轨大位移自由伸缩和稳定可靠地锁闭是结构设计的关键。

(2)心轨外锁闭机构。心轨外锁闭机构由锁闭杆、锁闭框、锁钩组成。心轨外锁闭机不仅适应心轨自由伸缩，而且稳定可靠，通过改用轧制翼轨、优化工电结合部部件结构，解决了心轨转换时外翻，4 mm 不锁闭的问题。如图 5-7-37 所示。

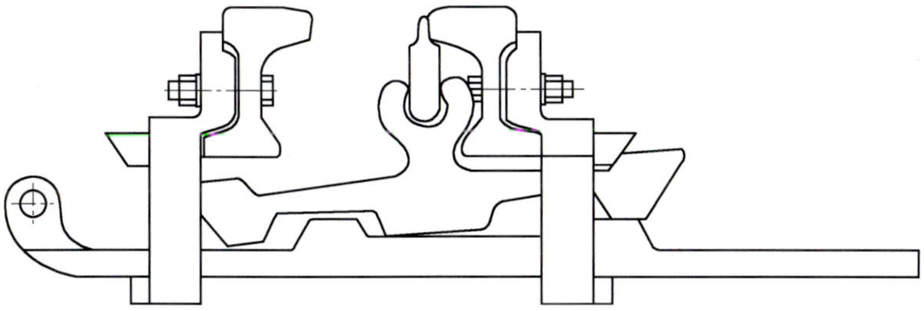

图 5-7-37　心轨外锁闭机构

(3)转辙机、密贴检查器。高速道岔可采用 3 种类型转辙机：S700K，ZDJ9 型电动转辙机和 ZYJ7 型电液转辙机。研制的新型密贴检查器连接杆增设关节轴承，适应尖轨水平和垂直位移。密贴检查器枕间安装改为岔枕上安装，有利于有砟道岔捣固作业。如图 5-7-38 所示。

图 5-7-38　转辙机及密贴检查器

7.4.5.3　德国 BWG 大号道岔(中国 CNTT 道岔)

德国 BWG 大号道岔是世界先进的大号道岔供应商。根据引进技术再创新的需要，中铁山桥与德国 BWG 公司合作于 2007 年在山海关联合成立了新铁德奥道岔有限公司按照德国技术生产和供应 BWG 大号道岔(中国 CNTT 道岔)。截止目前，我国已在京津、武广、京沪等高速铁路铺设了德国 BWG 大号道岔，主要类型包括 18 号和 42 号。主要技术参数见表 5-7-13。

**表 5-7-13　中国高速铁路主要技术参数**

| 道岔号码 | 18 号 | 42 号 |
|---|---|---|
| 道岔直向允许通过速度(km/h) | 250/350 | 250/350 |
| 道岔侧向允许通过速度(km/h) | 80 | 160 |
| 平面线形 | 单圆曲线 $R1100$ | 圆缓 $R10119$＋圆 $R4000$＋缓曲线 $R\infty$ |
| 道岔全长(m) | 69.000 | 136.926 |
| 道岔前长(m) | 31.729 | 60.573 |
| 道岔后长(m) | 37.271 | 76.353 |

1. 转辙器结构

(1)FAKOP®结构。FAKOP®是德文的缩写,其意思是动态轨距优化,因此,上述 2 种 BWG 道岔的转辙器是带有动态轨距优化(FAKOP®)的转辙器。FAKOP®结构的转辙器基本轨向外弯曲加宽轨距,尖轨厚度可迅速增加,提早承受轮重,能够减少磨损面积,改善轮轨的接触状态,最大轨距加宽为 15 mm。主线基本轨也不再是一条直线,而是一种特殊的轨道曲线,直基本轨向外凸起。

(2)转辙器钢轨。基本轨采用中国 60 kg/m 标准断面型式钢轨;尖轨采用特种断面 60E1A1(即 Zu1-60)钢轨,均匀锻造成型段 580 mm+过渡段 150 mm 至 60 kg/m 标准断面钢轨;基本轨设 1∶40 轨底坡,尖轨采用 1∶40 轨顶坡;基本轨、尖轨全长无焊接点,均采用 R350HT 硬头轨制造。

(3)转辙器跟端结构。转辙器跟端采用限位器结构,由高强螺栓与基本轨和尖轨连接;18 号道岔每侧设 1 个限位器、42 号道岔每侧设 4 个限位器。

2. 可动心轨辙叉结构

(1)辙叉组件构成及跟端连接。辙叉的心轨前段为整体结构,采用与钢轨同一材质的钢坯经机械加工后与心轨后段 2 根叉跟连接轨拼焊。

18 号道岔心轨全长 13 288 mm,焊接部位在 179.6 mm 断面,心轨前段锻造岔尖长 4 710 mm,后段心轨长叉跟焊接轨 8 518 mm、短叉跟焊接轨 4 277 mm。短心轨后接叉跟尖轨,长度为 6 350 mm,采用特殊断面钢轨,为单肢弹性可弯结构。

42 号道岔叉心全长 20 257 mm,焊接部位在 158.8 mm 断面,心轨前段锻造叉尖长 9 965 mm,心轨后段长都是 10 292 mm。为双肢弹性可弯结构。其心轨拼接分开后,心轨之间设置间隔铁,辙叉跟端下部为很长的大垫板,心轨—心轨、翼轨—心轨间长大间隔铁通过螺栓与大垫板连接,同时还有横向螺栓连接,为单肢弹性可弯结构。

(2)辙叉翼轨及心轨牵引处的结构。辙叉翼轨用 60 kg/m 标准断面钢轨制作。18 号和 42 号道岔的牵引杆件均从翼轨轨底与心轨轨底转换凸缘连接。翼轨轨底有削弱,轨腰没有削弱。二者不同的是:18 号道岔心轨的转换凸缘和叉尖为一整体;42 号道岔用组装转换架结构起到转换凸缘的作用。

(3)心轨防跳措施。高速道岔可动心轨辙叉的活动段较长,为防止心轨跳动,采取了多种手段,在心轨尖端和顶铁上也都设置有心轨防跳的功能,心轨尖端深入翼轨间隔铁下。除此之外,无砟道岔设置液压下拉装置,是防跳效果最好、最可靠的办法。

有砟道岔不设液压下拉装置。

3. 扣件及弹性基板

(1)弹性扣压件。道岔的弹性扣压件主要采用 Skl12 弹条扣件,扣压力也为 12 kN,扣件与钢轨间也不调距,以保证钢轨方向稳定,防爬阻力为 8～10 kN。如图 5-7-39 所示。

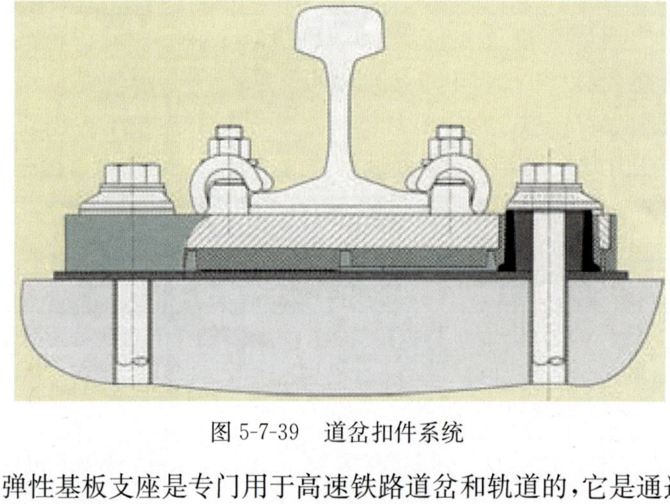

图 5-7-39　道岔扣件系统

(2)弹性基板支座。弹性基板支座是专门用于高速铁路道岔和轨道的,它是通过硫化在肋形基板中的弹性橡胶提供弹性的。具有规定尺寸的弹性元件布置在每个支撑点上可以具有相同的弹簧刚度,而与基板的尺寸无关。在基板上的硫化橡胶垫可以实现动态荷载的减振。支撑点的标准刚度为 17.5 kN/ mm。

弹性中间垫片应注意区分是否带有 1∶40 轨底坡,当肋形基板不带有 1∶40 轨底坡时,使用带有 1∶40

轨底坡的倾斜型中间垫片 Zw60-40，当肋形基板带有 1∶40 轨底坡时，使用不带 1∶40 轨底坡的中间垫片 Zw60。

道岔高度需要调整时，可以通过调高垫来调整，道岔出厂时，布置的是厚度为 6 mm 的调高垫片。备件可以按 2 mm、3 mm、6 mm 和 10 mm 厚等规格准备，这样可以在－4～26 mm 之间调整。如需要更大的高度调整时，就需要更换更长的岔枕螺栓。

道岔需要进行横向调整时，可以通过偏心调整锥套来进行。调整锥套的备件规格为偏心距为 0～12 mm，以 1 mm 为一级，道岔出厂时一般使用 0 偏心距调整锥套，为调整轨距一般使用 2 mm 或 4 mm 偏心距调整锥套，特殊情况下才使用 6 mm 偏心距调整锥套。

(3)带有滑床台板的弹性肋形基板。带有滑床台板的弹性肋形基板，即滑床垫板。基本轨外侧靠弹条的扣压来固定，基本轨内侧通过一个单独的滑床台板来固定。该滑床台板一侧位于基本轨的轨脚处，而另一侧位于一个弹性中间垫片上，即位于基板上。滑床板是通过基板来固定的，因此，基本轨也是由基板来固定的。扣压是通过两根弹性压条来实现的，弹性压条的两端在滑床板上，中间在基板上的孔内。基本轨与尖轨滑床台板各有垫片，经由垫片将载重传递至基板，基板断面均匀，抗弯刚度无突然变化，无应力集中，抗疲劳度性能好，保证了弹性基板使用寿命及安全性。如图 5-7-40 所示。

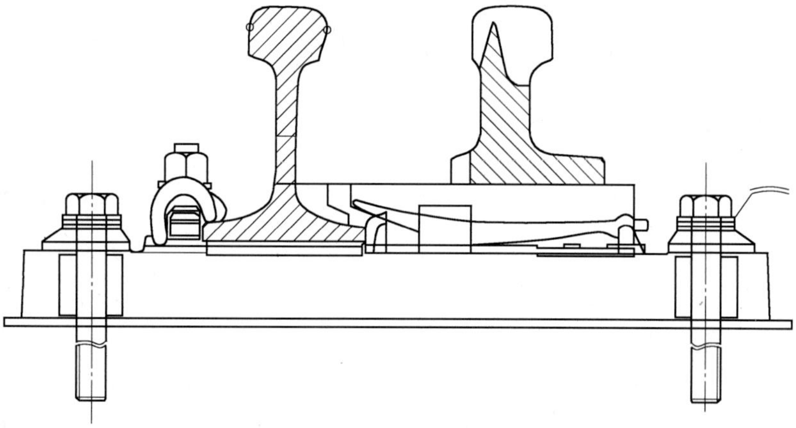

图 5-7-40　带有滑床台板的弹性肋形基板

(4)尖轨辊轮及带有尖轨辊轮滑床垫板。铝硅涂层的滑床台板以及尖轨辊轮滑床垫板可以改善尖轨的活动性能，降低转辙力。在道岔转换过程中尖轨被辊轮抬起而不是在滑床台板上滑动，如图 5-7-41 所示。尖轨辊轮滑床板和有铝硅涂层的滑床板不能进行润滑。

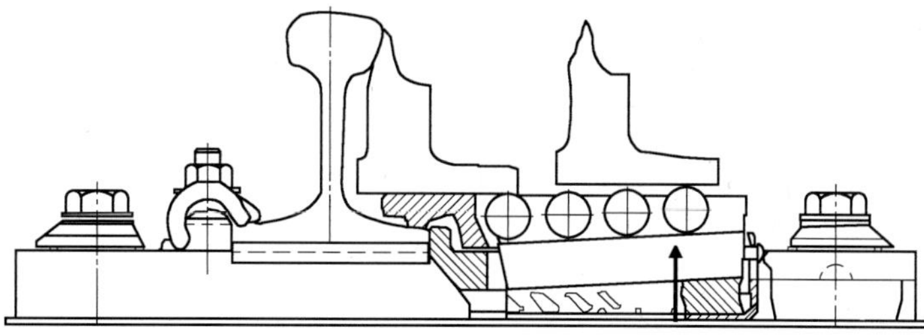

图 5-7-41　尖轨辊轴滑床台板

尖轨在与基本轨贴合位置时，尖轨只在一个辊轮上，而且它的自重压缩了尖轨辊轮的弹性元件。在尖轨转辙过程中，当第二个辊轮开始受力时，刚度开始增大，从而抬起尖轨，并且将其滑至张开位置。

(5)可动心辙叉弹性基板如图 5-7-42 所示。

4. 锁闭装置

(1)转辙设备配置。18 号道岔转辙器设置 3 台转辙机和 3 台密贴检查装置(ELP)，可动心轨辙叉设置 2 台转辙机。42 道岔转辙器设置 6 台转辙机和 6 台密贴检查装置(ELP)，可动心轨辙叉设置 3 台转辙机。转辙机采用西门子公司的 S700K-C 型电动转辙机，密贴检查装置采用西门子公司的 ELP 319。

(2)转辙器区域的 HRS 锁闭装置。HRS 锁闭装置固定了尖轨和基本轨的相对位置。如图 5-7-43 所示。

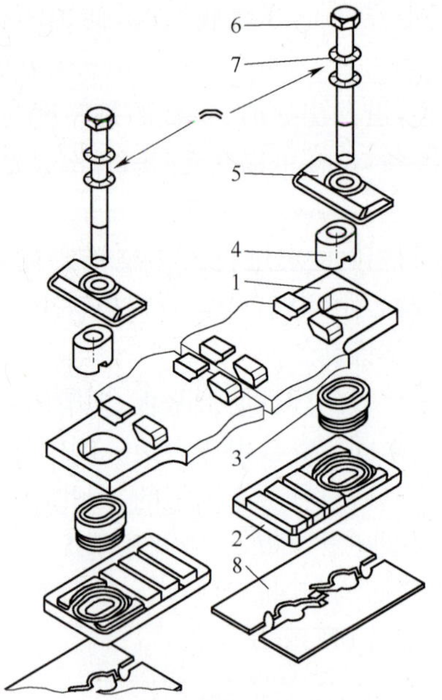

1— 肋形基板；
2— 弹性底盘 Trf 6；
3— 椭圆形套管 OVB 1；
4— 调整锥套 Ek 2 - ⋯；
5— 盖板 Ka 10；
6— 岔枕螺栓 M27×220-8.8；
7— 碟形弹簧垫圈；
8— 调高垫片 Upf 4.75-11

图 5-7-42　可动心轨辙叉弹性基板各部件组成

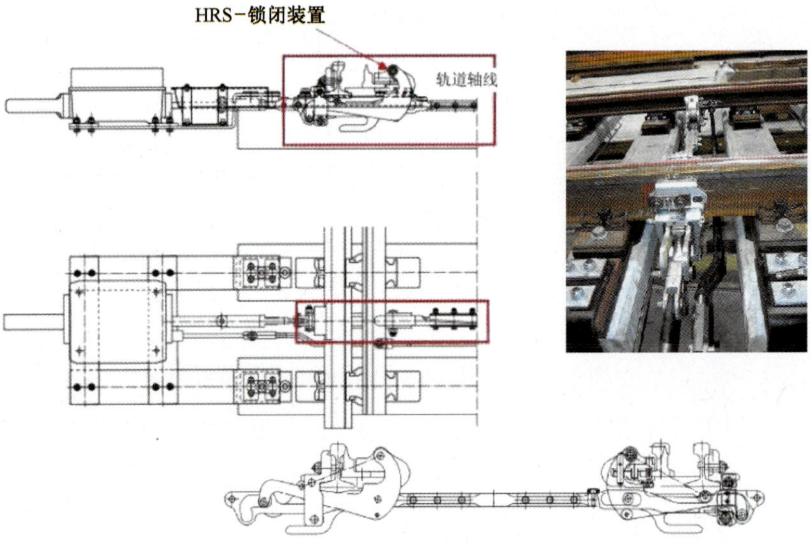


图 5-7-43　转辙器区域的 HRS 锁闭装置

连杆的特殊链节运动允许需要控制的锁闭装置的解锁、移动和锁紧。在转辙时，尖轨从滑床板上抬起，采用滚动摩擦，可减少转换阻力。夹具的形式使它能够水平和竖向地将尖轨紧固于基本轨，这样，即使在基本轨的弹性降低后，也能保证尖轨和基本轨高度方向的相对位置。转辙器区域的 HRS 锁闭装置结构原理如图 5-7-44 所示。

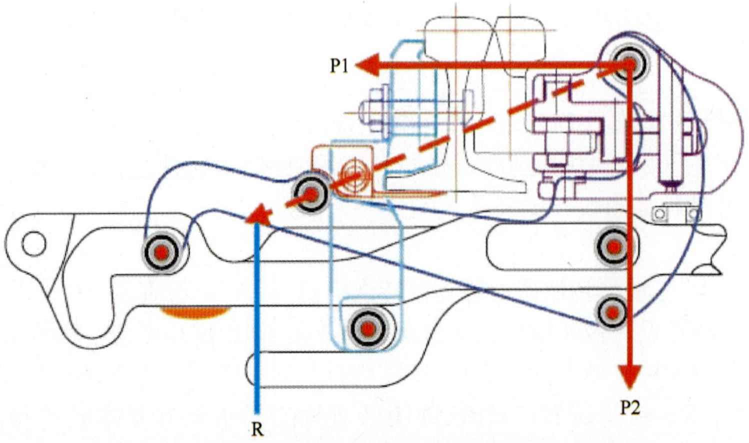


图 5-7-44　转辙器区域的 HRS 锁闭装置结构原理图

连杆销接支架 Bkl 80 的型式允许尖轨能够相对于基本轨(自动补偿尖轨的位移)往前和往后移动 ±40 mm。所有的运动都通过使用免维护的辊轮完成。

(3)可动心轨辙叉区域的 HRS 锁闭装置。HRS 锁闭装置固定了可动心轨轨尖和翼轨的相对位置。连杆中的特殊链节运动允许需要控制的锁闭装置的解锁、移动和锁紧。所有的运动都通过使用免维护的辊轮完成。

5. 下拉装置

18 号无砟道岔、42 号无砟道岔辙叉区域均设有 1 套下拉装置。当列车通过可动心轨时,翼轨或者心轨会弹性地下沉。使用液压下拉夹具来使两个部件能够平稳地下沉,以避免在这个区域的高动态荷载。该装置是与翼轨相连的,并用一根连接横梁来把心轨压到垫板滑动面上。作用的压力(约 70 kN)是由碟形弹簧垫圈产生的。

18 号单肢弹性可弯道岔可动心轨辙叉的下拉装置,布置在下拉夹具中的液压缸把叠片碟形弹簧垫圈下压直到连接横梁压在安装在翼轨上的支架辊轮上,而心轨被轻微地抬起,这样能够使心轨可以转辙。

42 号双肢弹性可弯道岔可动心轨辙叉的下拉装置,在道岔转辙之前,布置在下拉夹具中的液压缸把碟形弹簧垫圈下压直到连接横梁可以活动以及可动心轨能够移动。这种方式的下拉装置不抬起可动心轨。液压下拉装置驱动器 NH145-WS 是一个驱动功率为 1.1 kW 的电动液压系统,一个齿轮泵产生液压力而一个阀门控制部件能够实现必要的液压功能。

液压下拉装置驱动器 NH145-WS 带有一个铸铝的外壳和可移动的盖子。当水平放置时,它能提供大约 6 L 的安全空间。如果在液压组件中有故障,剩下的 2 L 油可以安全地留在油箱内。

6. 混凝土岔枕结构

18 号、42 号无砟道岔设计均采用 Rheda2000 岔枕,也可采用道岔板轨道。长度超过 3 310 mm 的长岔枕采用长、短枕式结构,长短枕之间用连接板进行临时性连接。在组装、运输和安装过程中确保轨距和道岔尺寸上的精度。在浇筑混凝土之后,可以移除连接板,竖向的孔用砂浆进行填孔。

7. 融雪装置

北方寒冷地区,大号无砟道岔都预留了融雪装置的安装位置,以备需要时安装。加热装置结构比较简单,与道岔的结构设计无关,仅是根据尖轨和心轨的长度确定加热线长度、功率大小等。安装方式简单,拆装容易。加热装置本身的维修、保养工作量很小,仅需定期检查。可根据需要选择安装融雪装置。

### 7.4.6　施工工艺

#### 7.4.6.1　质量标准

(1)混凝土模型质量控制。混凝土模板及支架材料应有足够的强度、刚度、稳定性和平整度,且安装稳固牢靠、接缝严密、不得漏浆,对模板与混凝土的接触面清理干净并涂刷隔离剂,模板内的积水和杂物应清理干净。垫层、底座及板缝等模板安装允许偏差应符合《高速铁路轨道工程施工质量验收标准》(TB 10754)的相关规定,其中预埋件和预留孔道留置等应做好与相关接口工程的衔接。

(2)钢筋质量控制。钢筋的制作、加工和焊接、绑扎、接头设置除符合设计及铁路混凝土工程的要求外,接地端子等材料应满足设计要求及产品技术条件的要求。钢筋网片的绑扎安装应做好模型的协调,并保证结构混凝土保护层厚度符合设计要求。钢筋绝缘性能的检测应符合设计要求。

(3)混凝土质量控制。路基或隧道内设计混凝土垫层,桥梁上设计钢筋混凝土底座。混凝土采用高性能混凝土,混凝土质量除满足结构性能要求外,还应满足施工工艺的要求。混凝土原材料、配合比设计、搅拌及施工养护应满足《铁路混凝土工程施工质量验收标准》(TB 10424)的相关规定,外形尺寸、表面裂纹及排水坡等应符合设计及相关规定。混凝土拆模后,结构表面应密实、平整、颜色均匀,且不得有露筋、蜂窝、孔洞、疏松、麻面和缺棱掉角等缺陷。混凝土施工时,道岔板范围内的表面应按规定对进行横向拉毛,道岔板范围外的表面应抹光并设置不小于 3%的横向排水坡。

混凝土道床板及转换设备基础外形尺寸允许偏差应符合表 5-7-14 和表 5-7-15 的规定。

(4)隔离层及弹性垫层质量控制。隔离层及弹性垫层原材料应符合设计和相关技术规定,加工尺寸应符合设计要求。隔离层及弹性垫层的基底应平整清洁、干燥,不得有空鼓、空洞、蜂窝、麻面、浮渣、浮土和油污等。

表 5-7-14　混凝土道床板外形尺寸允许偏差

| 序　号 | 检查项目 | 允许偏差(mm) |
|---|---|---|
| 1 | 道床板顶面与承轨台面相对高差 | 5 |
| 2 | 顶面宽度 | ±10 |
| 3 | 中线位置 | 2 |
| 4 | 平整度 | 3 mm/m |

表 5-7-15　转换设备基础外形尺寸允许偏差

| 序　号 | 检查项目 | 允许偏差(mm) |
|---|---|---|
| 1 | 深度 | ±10 |
| 2 | 宽度 | ±5 |
| 3 | 轴线位置 | 2 |
| 4 | 轴线偏斜 | 5 |
| 5 | 平整度 | 2 mm/m |

隔离层铺设应平整,无破损,接缝处及边沿无翘起、空鼓、皱褶、脱层或封口不严等缺陷。弹性垫层与凹槽侧面应粘贴牢固,顶面与底座表面平齐,接缝缝与周边无翘起、空鼓、皱褶、脱层或封口不严等缺陷。

(5)道岔组装及调整质量控制。道岔各部件及岔枕的规格、型号、质量等符合设计及技术条件要求,钢轨无碰伤、擦伤、掉块、凹陷、硬弯、扭曲等缺陷。岔枕外观质量符合要求,岔枕桁架钢筋应位置正确,无明显锈蚀、扭曲变形,并不得有开焊或松脱。

道岔应按铺设图铺设,各零部件应安装正确、齐全,精调后的道岔各部允许偏差应符合相关技术条件的要求。其中,道岔定位精度允许偏差为轨面高程−5～0 mm 和中线 2 mm。道岔直(曲)尖轨第一牵引点前与直(曲)基本轨密贴,缝隙不大于 0.5 mm;道岔心轨尖端第一牵引点与直(曲)基本轨密贴,缝隙不大于 0.5 mm。转辙器部分最小轮缘槽不得小于 65 mm,查照间隔(辙叉心作用面与护轨头部外侧的距离)不得小于 1 391 mm。

轨排支撑架及轨排固定的相关要求与 CRTSⅠ型双块式无砟轨道施工相同。

(6)道岔钢轨焊接与无缝线路锁定质量控制。道岔钢轨按照先岔内后岔外的顺序采用铝热焊焊接,岔内焊接应按设计焊接顺序。道岔钢轨焊接前,道岔定位精度及几何尺寸应满足必要的条件。

道岔钢轨焊接应按规定提前进行焊接型式试验和工艺试验。焊接时,钢轨焊头及附近钢轨表面不应有裂纹、明显压痕、划伤、碰痕、打磨灼伤等,每个焊接接头必须进行打磨和超声波探伤,焊头质量符合《钢轨焊接第 1 部分:通用技术条件》(TB/T 1632.1)和《钢轨焊接第 3 部分:铝热焊接》(TB/T 1632.3)的规定。

道岔与两端线路钢轨锁定焊联时,限位器子母块应居中,无缝道岔与相邻轨条的锁定轨温不应大于 5 ℃。道岔及岔区、岔区两端至少各 150 m 的线路应作为一个无缝线路单元进行管理。

钢轨铝热焊焊缝距离承轨台边缘应不小于 100 mm。

7.4.6.2　工艺特点

长枕埋入式无砟道岔是一项系统工程,涉及高精度测量、高性能混凝土制备及浇筑、大件运输与吊装、道岔组装及精调、道岔工电联合调试、钢轨焊接、无缝线路锁定、工程道岔行车管理等诸多环节,施工过程中需要做好与线下基础、四电专业及前后无砟轨道施工的接口管理和协调。长枕埋入式无砟道岔是高速铁路轨道工程施工中技术含量最高、专业配合最广、质量控制最严的项目之一,必须高度重视。

1. 精度要求高,工序控制严格

无砟道岔既要保证高精度的轨道几何形位,又要保证混凝土底座、混凝土道床板外形及耐久性。因此,必须持续地系统地进行精度和质量控制。主要有以下几点:

(1)将高精度系统控制的理论延伸于线下结构施工,既要保证线下结构的表面高程、平整度和中线,更要最大限度地减少和保证线下结构变形量。

(2)建立 CPⅢ测量控制网,将 CPⅢ测量控制网的使用贯穿于无砟轨道施工的全过程,根据不同工序施工选择不同的高精度测量设备予以保证。

(3)严格控制线下结构竣工平整度和高程,混凝土底座的中线、高程及表面平整度,长岔枕预制厚度及扣件螺栓孔定位精度等,通过一系列严格的精度控制最终保证无砟轨道的结构质量和精度质量。

(4)严格控制道岔前后无砟轨道施工时机,道岔区及前后至少各200 m的无砟轨道应在道岔板铺设完成且精度复测后进行,同一岔区的道岔应同步测量和施工。

(5)严格控制道岔轨排组装和精调质量,确保道岔部件安装齐全、正确,道岔定位应在满足道岔内几何形位的基础上进行精确定位,确保道岔线形满足要求,并严格控制各细部精度。

2. 自动化程度高,四新技术应用广泛

(1)使用大号无缝道岔系统、高性能混凝土、斯密特铝热焊、隔离层及橡胶垫板、弹性限位板及植筋胶等新型材料。

(2)采用了无缝道岔及无缝线路结构,并对新结构的设计计算、施工工艺等要求严格。

(3)大量开发和使用了机械化、自动化程度高的专用施工设备,如高精度全站仪(智能测量机器人)、轨检小车、道岔精调系统(螺杆精调器)、铝热焊机、超声波探伤仪、平直度检查仪、道岔打磨列车、道岔轨排运输车等。

(4)应用了许多新工艺及新技术,包括道岔部件运输及吊装工艺,道岔轨排组装及精调工艺,高性能混凝土制备及浇筑工艺,钢轨焊接及无缝线路锁定工艺,道岔工电联调工艺。

3. 专业接口多,协调管理工作繁琐

长枕埋入式无砟道岔施工涉及专业多、接口多,施工过程做好施工质量严格控制外,还应严格把握道岔施工的边界条件,做好繁琐的协调管理工作。

(1)施工前应加强线下结构及CPⅢ测量控制网的验收评估工作,做好道岔前后无砟轨道暂缓施工的预留工作,确保线下结构沉降变形及竣工后的工程质量满足无砟道岔铺设施工的需要。

(2)施工前应加强与设计、道岔供应商的沟通,提前组织道岔供货并开展现场储存,协调好施工通道、混凝土搅拌站等工作,确保物流顺畅。

(3)加强与四电专业的沟通,共同确认接地端子、预埋件及预留孔道设置等工作,为四电专业的后续施工创造条件,尤其要确认道岔区绝缘设置的类型及要求。

(4)施工过程中加强与电务专业的沟通,共同做好道岔转换设备安装及工电联调工作,确保道岔质量一次满足工务及电务专业的要求。

(5)无缝线路锁定、道岔线形调整时应做好前后轨道施工单位的协调,确保无缝线路锁定轨温、无缝单元管理长度、道岔线形顺接等满足设计及技术条件要求。

(6)施工完成后,加强道岔区行车管理,做好联调联试的配合工作,确保道岔区通行顺畅,并根据动态检测结果,做好道岔区轨道线形的补充调整。

#### 7.4.6.3　工艺流程

长枕埋入式无砟道岔施工工艺流程如图5-7-45所示。

#### 7.4.6.4　主要施工工艺

1. 道岔区混凝土底座施工

(1)施工准备。提前结合设计及工期要求确定道岔组件进场方案,打通运输通道,必要时对既有道路尤其半径较小地段进行加宽加固。完成高性能混凝土配合比设计及工艺试验。完成道岔钢轨焊接型式试验并获取试验报告,完成道岔部件、调整件的订货。

协调相关线下及无砟轨道施工单位,共同确认道岔区及前后各200 m的无砟轨道留待无砟道岔施工完成后施工。

(2)沉降评估及CPⅢ测量控制网测设评估。铺设无砟道岔前,线下工程的主体和底座混凝土(包括桥梁上防撞墙、遮板等二期恒载)应全部完工,检验合格。未完成的附属工程不得影响CPⅢ测量控制网测设及评估和无砟道岔铺设的要求。

铺设无砟道岔前,按照《客运专线铁路无砟轨道铺设条件评估技术指南》(铁建设〔2006〕158号)对路基、桥涵、隧道变形进行系统评估,确认工后沉降和变形、梁体长期变形、各种过渡段的差异沉降等符合设计要求,满足无砟轨道铺设条件。

铺设无砟道岔前,由业主组织各施工单位共同对线下结构工程进行验收(宽度、平整度、高程、沉降评

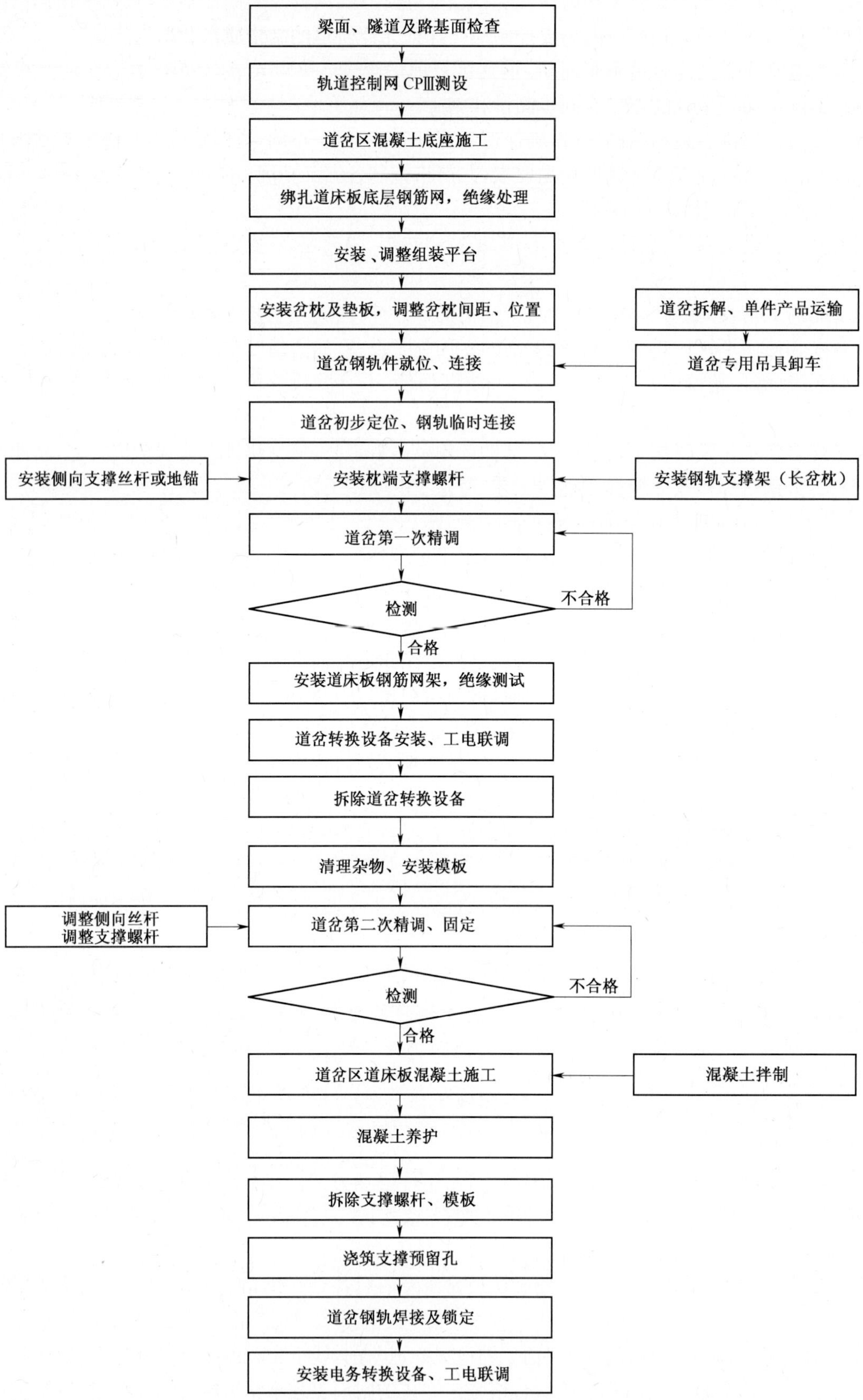


图 5-7-45　长枕埋入式无砟道岔施工工艺流程

估)、交接，交接和复测 CPⅢ测量控制网。

(3)道岔区混凝土底座施工。在路基级配碎石、桥梁或隧道内仰拱清理完成且复核高程、平整度及宽度满足条件后采用模筑法施工。混凝土底座施工主要工序包括测量放样、钢筋绑扎、模板安装、混凝土浇筑、混凝土养护等。如图 5-7-46 所示。

图 5-7-46　道岔区混凝土底座施工

1)测量放样。依据 CPⅢ测量控制网进行模板边线及高程控制点的放样。放样点位主要包括中线及高程控制线、模板四角控制点等。

2)钢筋绑扎。底座钢筋在基地内下料并预加工成型,通过汽车运输到工地安装。钢筋绑扎采用专门工装进行钢筋定位和间距控制,预埋钢筋及预埋件位置正确、定位牢固,钢筋搭接或焊接符合要求。钢筋保护层厚度采用预制砂浆垫块支垫,底部砂浆垫块呈梅花形布置,垫块数量每平方米不少于 4 块。

3)模板安装。模板采用组合钢模板或竹胶板,L 形或三角形支撑。模板安装以模板顶面作为垫层顶面高程的控制线,模板支撑通过在路基上钻孔植筋或桥梁防撞墙、隧道水沟侧壁固定支撑。模板安装应牢固、密贴,模板内的杂物应清除干净。

模板安装完成后,应再次使用水准仪逐点检查模板顶面高程,复测误差应不大于±5 mm。对不合要求,应重新调整并再次复测。

4)混凝土浇筑。混凝土通过罐车运输进场,采用溜槽或汽车泵泵送入模,插入式捣固或振捣梁振捣密实,一次浇筑完成。混凝土初凝前,采用铝合金刮尺大面平整并人工收面压光。混凝土初凝后,应及时对道床板范围内的表面进行拉毛,拉毛深度 1.5～2 mm。对道床板范围外的部分,人工收面压光并设置向外 4%的横向排水坡。

5)混凝土养护及拆模。底座混凝土施工完成且初凝后立即用土工布覆盖并洒水保湿养护,强度满足设计要求后方可拆除模板,如设计无具体要求,侧模应在混凝土强度达到 2.5 MPa 以上,其表面及棱角不因拆模而受损时方可拆模,并对混凝土表面缺陷及时修补。脱模后拆去土工布,洒水后用土工布覆盖,保证 95%以上的湿度,养护时间不少于 7 d。

24 h 内,每隔 2.5～5 m 切割横向伸缩缝,伸缩缝深度应不小于垫层厚度的 1/3。在混凝土未达到设计强度 75%之前,严禁各种车辆在底座上通行。

2. 道岔装卸运输及存放

道岔装卸、运输及存放应保证道岔质量、安全。装卸作业应由有作业资格的人员操作,并采用专用吊具,运输路线和存放场地应提前调查、规划,必要时应对已有道路加宽加固、修建新便道或拆除既有设施,以保证道岔组件运输顺畅和按计划有序进场。

(1)总体要求。道岔出厂前应逐组进行试拼装,组装合格的道岔方可拆解运输,转辙器、辙叉及心轨等应整体装运,同时对主要部件进行编号,标注吊装点,以保证运输到现场后能顺利装卸和组装。

道岔运输应根据道岔组件的长度选择不同的运输车辆,长大组件可选用拖挂汽车或轴线运输车。现场装卸与运输作业应采用专用吊具在专业技术人员指导下作业。

道岔的、运输与存放作业不得变形、损坏、污染所有部件及零部件。装载、加固、运输方案应成熟可靠,新方案需经有关部门审批。产品包装在道岔铺设前不得拆除。

(2)道岔部件厂内验收。每组道岔在运往施工工地前都应在厂内将道岔的转辙器区域、连接部分、辙叉区域安装在轨枕上进行组装、调试、检验,安装内容包括钢轨件、锁闭装置、转辙机、密检器等,并按设计规定对整组道岔的各部分尺寸、零部件的安装及偏差进行检测记录,对各部位尺寸严格按照设计及标准进行检查,直到各部位尺寸符合要求为止。道岔厂内组装如图 5-7-47 所示。

图 5-7-47　道岔厂内组装及验收

道岔预组装完成后，对道岔进行出厂前检验，道岔出厂后必须带有明显标识，其内容包括：产品名称、规格型号、出厂编号或出厂日期、制造厂名或厂标等。

可动心辙叉上应带有标识，标识内容应包括辙叉型号、左右开向、出厂编号或出厂日期、制造厂名或厂标等。基本轨、尖轨、配轨、护轨等在轨腰上标识出长度数值、厂标或厂名、出厂日期，基本轨、尖轨还应标出开向、直曲；铁垫板应按图纸规定标出清晰、不易损的标识，道岔各单元均应厂内组装全，进行包装。

(3)道岔部件装卸。

1)钢轨组件及单根轨的装卸。大号道岔可动心轨辙叉与轨下垫板组装发运，整体装卸，起吊时按图5-7-48所示布置吊点。

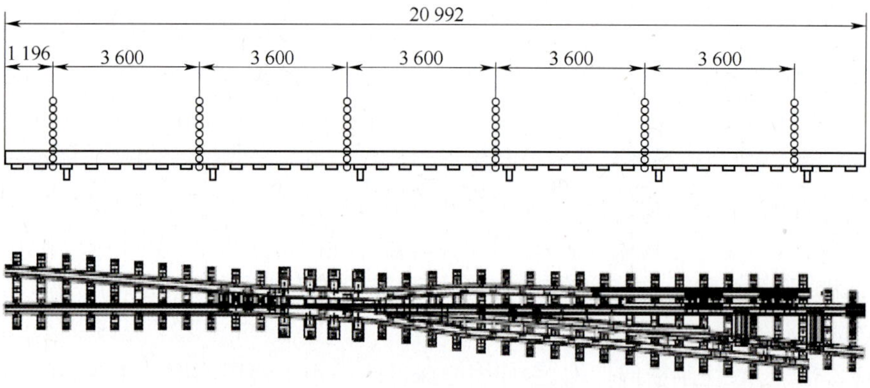


图 5-7-48　大号道岔可动心轨辙叉装卸吊点布置(单位：mm)

导轨(胶接绝缘轨)组件装卸时，吊点位置按如图 5-7-49 所示布置，且钢轨端头距离最近吊点不得大于 4 m。

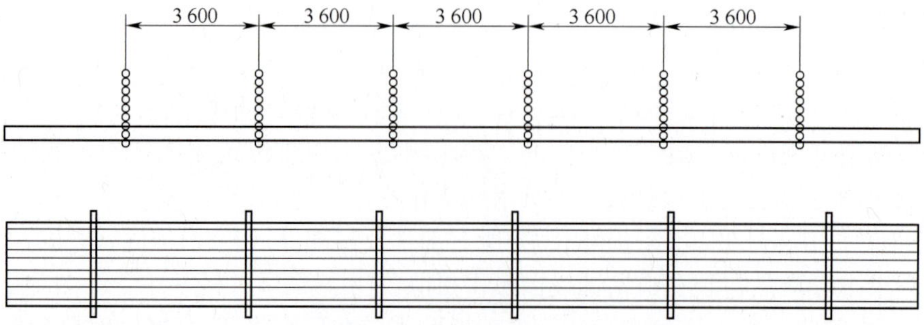


图 5-7-49　大号道岔导轨及基本轨装卸吊点布置(单位：mm)

基本轨及尖轨组件的起点位置与图 5-7-49 所示相同。

长度为 15～25 m 的钢轨件，吊点间距允许最大值为 4 m。单根标准断面轨吊装时，吊点位置如图

5-7-50所示布置，且钢轨端头距离最近吊点间距不得大于 3 m。当吊装尖轨时，按图 5-7-50 所示所的有吊点位置向尖轨跟端方向移动 1 m 即可。严禁采用活卡吊具吊卸，应采用吊带锁吊卸。当起吊超过 25 m 钢轨时，吊点间距允许最大值为 4 m，起吊点距端头距离不得大于 3 m。

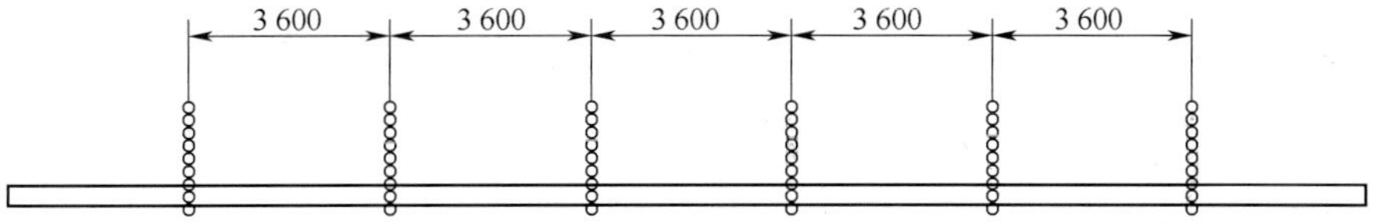


图 5-7-50　单根标准断面轨装卸吊点布置(单位：mm)

2)弹性铁垫板等扣配件装卸。弹性铁垫板等扣配件采用装箱装运，在装卸过程中应轻拿轻放，应保证产品及产品包装完好，避免产品在装卸过程中的磕碰、摔打及撞击。禁止将产品及产品包装一边放在地面上进行拖动。

弹性铁垫板等扣配件、零部件在装卸过程中严禁与油类、有机溶剂等有害于橡胶的化学药品接触，并应防止曝晒。开箱后取出的产品应水平放置在转运托盘上，每个托盘上只允许堆码一层产品。

3)长岔枕装卸。长岔枕一般采用柔性吊带装卸。每次吊装不超过 3 根。单根岔枕装卸时，吊带应对称布置且固定，吊点最小间距为岔枕总长的 1/2，吊带与水平线夹角须不小于 60°。

长岔枕应按组存放，不合格品应单独存放。长岔枕在存放和运输中应水平放置码垛，长岔枕在下，短岔枕在上，每两层间使用两根木条支垫，最下层至最上层的垫木应在一条竖线上，码垛的水平层数最高不超过 12 层。

长岔枕在存放和运输中，应保持预埋套管内的清洁，应将螺栓旋入套管内，也可以用木塞或胶带(布)等封住管口。螺栓或封口物的外露高度不应大于垫木高度。

4)道岔部件吊装技术要求。当采用汽车吊吊装钢轨部件及轨排时，横梁宜采用 25 m 长工字钢焊接制作，吊索采用尼龙软索，吊点布置不超过 4 m。

按照不同的轨件吊装图布置吊点，吊具与钢轨连接完成后，要对锁具锁紧的可靠性和平衡性进行检查。

先进行不大于 100 mm 起升高度的试吊，验证起吊起具、吊具及锁具的可靠性，纵横向最大变形量不超过 100 mm。试吊无误可直接起吊，起吊时应慢速启动，注意保持平稳。钢轨组件起吊时特别注意防止翻转，起升与转向应分开进行，严禁边起升边转向。

(4)道岔部件运输。

1)长距离运输。钢轨部件运输：①钢轨部件分类装车，通过铁路或公路进行运输。运输时，钢轨部件应通过绑带或铁丝固定于运输车辆上以免受到撞击，钢轨部件两端超出拖车或者铁路货车的长度不得超过 3 m。②用于钢轨部件运输的拖车和铁路货车等运输设备的承载能力应该能满足道岔部件的重量和长度的要求。钢轨部件不得超过规定的装货极限尺寸界线。③在采用液压轴线车运输道岔部件时，必须限制运输车辆的弯曲半径。④对于铁路货车上的货物堆放，钢轨组装件或钢轨件最大堆载高度不得超过 4 层。⑤道岔区段最大堆载高度不得超过 2 层。应采取固定措施以防止在运输过程中的移动。⑥铁路运输应遵循铁道运输部门的有关规定。⑦长岔枕的运输应遵循轨枕制造商提供的运输程序，以防止损伤岔枕。未安装螺栓的岔枕套管螺栓孔须封闭，以防止落入泥土等杂物。

箱体的运输：①需要吊装的木箱应该在良好的条件下，没有腐烂、撞痕、损坏。②铁路运输应遵循铁道运输部门的有关规定。

2)短距离运输。短距离运输主要是道岔钢轨组件、岔枕及弹性垫板等部件由工地存放地点运输至组装平台之间的运输。

钢轨组件通过汽车吊吊装运输，人工配合落点定位。吊点布置及吊运要求与钢轨组件的装卸相同。

岔枕采用单根运输方式，由人工利用麻绳、抬杠等工具进行搬运。弹性垫板及其他零部件均采用人工搬运方式。

(5)道岔部件存放。道岔及部件存放场地应平整坚实，支垫顶面高差不大于 10 mm，并应采取防雨措施，排水通畅，严禁积水。

道岔零部件应按组分类放置、安全稳固且易于检查和搬运，留够运输设备走行空间，防止雨淋、锈蚀等情况发生。

道岔基本轨尖轨、可动心轨辙叉组件最多码放两层。钢轨的码垛层数不得多于4层、钢轨件与地面间铺垫木质垫块,每层用木块垫实、垫平,木块应按高度方向垂直设置。

包装箱应单层存放。道岔扣件存放采取相应措施进行防雨、防晒、防锈、防腐、防盗、防变形损坏。

弹性铁垫板不安装使用时,应存放在包装箱内,装有产品的包装箱不允许堆码摆放。弹性铁垫板应放在清洁、通风、不被日光直射、远离热源及化学试剂污染处储存,储存期为一年。

(6)道岔缺损件的处理。发送道岔列车、汽车到站时,应根据"道岔零部件发送明细表"和"装箱单"对道岔零部件,零部件的品种、规格及数量等进行清点,并检查外观。若发现道岔零部件在运输过程中被盗或破损时,应及时向道岔厂家报告并要求补充。若发现道岔质量问题时,应尽快填写用户反馈信息表并报告道岔厂家,以便厂家及时处理。

3.道岔铺设前的准备工作

道岔铺设前准备工作主要包括施工队伍组建、技术文件准备及设备资源配置,以及混凝土底座检查、测量放样、道床板底层钢筋绑扎等。

(1)施工前组织及技术准备。按照铁道部关于高速铁路道岔施工专业化队伍建设的要求,组建道岔施工专业化队伍,配齐相关管理、技术及专业施工人员,特种作业人员应持证上岗。并应就设计文件、技术标准、作业工艺等开展技术培训和工艺演练,提前对道岔组装、精调、焊接等的工装设备进行检查验证。

按规定编写道岔铺设施工作业指导书,并报监理和建设单位审批。做好参加铁道部首件工程评估的准备。

完成道床混凝土配合比设计及工艺试验。提前落实物流通道。

(2)混凝土底座检查。当道岔底座混凝土施工完成并养护7 d以上后,由监理单位组织底座及道岔铺设施工单位共同对底座及转辙器平台外形尺寸和施工质量进行检查复核。

底座混凝土结构应密实、表面平整、颜色均匀,没有露筋、蜂窝、孔洞、疏松、麻面和缺棱掉角等缺陷。对验收合格的底座混凝土应全面清理,并对道床板范围内的底座表面(滑动膜铺设范围除外)凿毛,混凝土见新面不小于50%。

(3)测量放样。测量放样之前,对同一车站及前后线路纳入同一CPⅢ测量控制网单元进行统一评估。检查和确认线下工程主体结构及附属施工满足无砟道岔施工后方可进行道岔铺设的测量放样施工。

道岔铺设测量放样依据CPⅢ测量控制网按"自由设站,后方交会"法进行。道岔铺设测量放样主要包括道岔中线控制基桩、岔区前后100 m控制桩及外移桩、道岔前中后控制基桩、模板边线控制点等。道岔中线控制基桩,每隔5 m设置1个,直股应布置不少于5个,侧股应不少于2个,转辙器、导曲线、辙叉起始点各增设1个,基桩设置在线路中线上外侧1.8 m。道岔中线及前后中控制基桩应进行中线、里程和高程偏差的测量,控制基桩采用底座表面钻孔、植筋胶预埋测钉方式设置,道岔控制基桩横向允许偏差为1 mm,相邻基桩间允许偏差为间距2 mm、高程1 mm。相邻道岔控制基桩偏差应在相邻CPⅢ测量控制点内调整。道岔前中后控制基桩如图5-7-51所示。道岔模板边线及转辙机相应位置的点位采用墨线弹出标注。

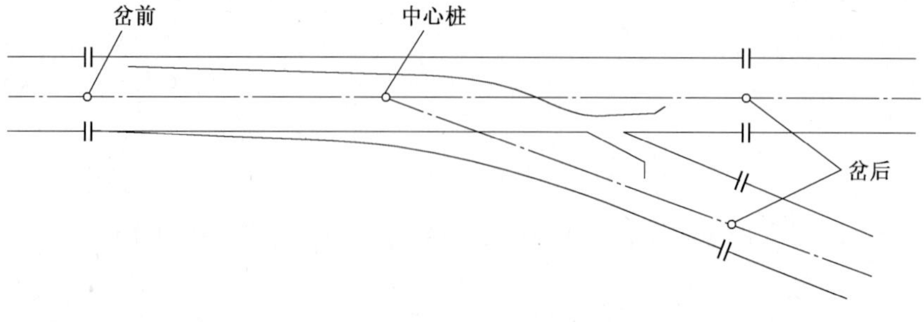


图5-7-51 道岔前中后控制基桩

道岔控制基桩测量时,所有点必须强制对中,且通视良好,无障碍物。同一岔区的无砟道岔控制基桩宜一次测设完成,并复核道岔间相互位置。站线无砟道岔的测量宜与正线道岔同时进行,道岔与区间或站线无砟轨道衔接时应以道岔控制基桩为依据进行调整,误差的调整应在站线测量中消除。

(4)道床板底层钢筋绑扎。道床板钢筋在基地内预加工成型。钢筋加工前应进行除锈、除污处理,带有颗粒状或片状老锈的钢筋不得使用，钢筋加工的形状、尺寸应符合设计要求，为确保钢筋长度准确，钢筋切断应在调直后进行，定尺挡板的位置固定后应进行复核，其允许偏差为±5 mm。加工后的钢筋允许偏差为：钢筋长度±10 mm，弯起钢筋的弯折位置 20 mm，箍筋内净尺寸±3 mm。

使用平板汽车将已加工的钢筋运到现场后进行摆放和标识，对钢筋的型号、规格、力学性能等按规定进行出厂检查和常规检查，确认合格后正确使用。

道床板钢筋绑扎分为底层钢筋绑扎和中上层钢筋绑扎。底层钢筋绑扎工序在道岔组装前进行，如图5-7-52所示。绑扎之前，应对底座混凝土表面进行清洗，铺设接缝滑动膜，并按规定布置钢筋保护层垫块，用预加工的钢筋绑扎道床板底层钢筋，钢筋位置及间距采用角钢胎具控制。对影响道岔组装平台等后续施工的部分，可调整钢筋间距，或暂缓施工。之后，将道床板面层钢筋放在底层钢筋上方。

图 5-7-52　道床板底级钢筋绑扎

中上层钢筋绑扎在道岔初定位后进行，待道岔安装并最终调整完毕后再进行钢筋的固定，并按设计要求安装绝缘卡，并进行钢筋绝缘性能的检测。

4. 道岔组装及精调

(1)道岔组装平台或平移台车组装。道床板底层钢筋绑扎完毕，根据测设的道岔控制基桩进行道岔组装平台或平移台车的组装。道岔组装平台一般采用型钢制作，主要为道岔组装及调试提供一个平台，包括垫木及纵横梁等组成。道岔平移台车采用标准型钢杆件组合的模块式结构设计，包括走行轨道、轨道走行部、组合纵梁和组合横梁，主要用于道岔基地或工厂内组装、直接运输轨排进场铺设、汽车吊不能直接将道岔粗铺就位的地方，需要通过道岔平移台车进行道岔轨排的纵横向移动。道岔组装平台、道岔平移台车分别如图5-7-53和图5-7-54所示。

图 5-7-53　道岔组装平台

图 5-7-54　道岔平移台车

1)道岔组装平台安装。道岔组装平台安装前，应先根据道岔控制基桩放样组装平台的纵梁位置，纵梁顶面高程按设计线路轨面高程返算确定，以保证道岔组装完成后轨面高程低于设计高程。组装平台纵梁顶面高程调整到位后进行固定,之后在纵梁上按岔枕间隔标出岔枕位置,根据道岔的岔尖、岔心、岔尾等控制基桩,定出主要岔枕的位置,并依此布置道岔的组装调试平台。

道岔组装平台直股一侧的边线应与道岔直股的中心线平行,并预留岔枕的调整量。组装平台安装高度与道岔的设计坡度一致,并使岔枕就位后与设计高程低 10～15 mm。

道岔组装平台安装时应使各部位的调整丝杆居中,以保证组装平台的设计调整量到最大值,调整螺纹调节杆高程,保证组装平台安装高度,高低水平公差为 5 mm/5 m。

道岔组装平台安装就位后,应使支撑点支撑牢固,防止倾斜。

2)道岔平移台车安装。当施工现场不具备道岔直接吊装就位条件时,可在适当位置安装道岔平移台车,通过道岔平移台车将道岔推送就位。与道岔组装平台安装相同,应先根据道岔控制基桩放样道岔平移台车的走行轨道位置。走行轨道采用 24 kg/m 钢轨或型钢安装,轨道下按 1.0 m 间距铺设 10 cm 厚方垫木,检查轨道高度及平顺性,之后按自下而上的顺序依次安装台车纵梁及走行部、横抬梁,最后安装就位工装和横移工装。

道岔平移台车安装完成后,应复核整体高度,以保证道岔组装后的轨面高程低于设计高程,检查每个单元的平移台车是否与计划的道岔轨排长度相符。同时将就位工装和横移工装的调整丝杆居中,以保证各调整丝杆的调整量达到最大值。

(2)道岔原位组装。道岔各部件由专业运输公司运抵现场后,严格按照确定的方案分步分段将道岔件吊装到组装平台,人工配合就位。道岔各部件运输、装卸及临时存放应符合相关内容的要求。

道岔原位组装的主要流程包括:岔枕摆放、道岔垫板及扣件安装、道岔钢轨组件安装、道岔连接轨及工具轨安装、道岔粗调定位、道岔组装精度检测。

1)岔枕摆放。按照道岔铺设图,采用汽车吊+吊带吊装逐根完成长岔枕的摆放。

首先根据道岔开向,确定道岔第一根岔枕的位置和方向(里程与中线偏差均不超过 2 mm),调整组装平台限位机构,使岔枕安放到位。

每段以第一根和最后一根岔枕为基线摆放岔枕,岔枕摆放时必须注意其正确方向,用大钢尺控制调整岔枕间距和位置,不得以岔枕间距累积测量,特别注意牵引点处岔枕位置和间距不得小于设计尺寸,可动心轨第一牵引点岔枕间距可按+5 mm 控制,且不允许后一根岔枕后移。

方正岔枕,以第一根岔枕为基准方正岔枕,同时调整岔枕间距。岔枕定位以直股外侧第一岔枕螺栓孔为基准拉弦线确认,岔枕方正应采用两把长尺平行放置,使岔枕间距找正。

精调岔枕高低,对高低差明显的岔枕进行粗调。岔枕摆放及调整时,严禁使用撬棍插入岔枕扣件螺栓孔内撬拨岔枕。

岔枕方正完毕后,再次核实岔枕摆放间隔、方正及全长,同时检查岔枕外观质量。

2)道岔垫板安装。对照铺设图摆放和安装道岔弹性铁垫板,并使轨底坡向轨道内侧,螺栓孔中心与预埋绝缘套管孔对正。

选择适当型号的缓冲调距块(调整量为 0)安放在弹性铁垫板的复合定位套内,缓冲调距块有四个沟槽面的朝下,并保证其下表面与复合定位套下表面平齐。

将盖板安装在弹性铁垫板上,装有橡胶垫圈的一面朝下。

选择适当型号的垫板螺栓,套上弹簧垫圈,并将螺纹部分涂满铁路专用油脂,穿过盖板旋入预埋绝缘套管中。

在铁垫板承轨面上放置轨下橡胶垫板。

组装道岔扣件垫板时严格区分不同使用部位的静刚度、左右开向及安装方向,确认钉孔对中,并按标记位置确定内外股摆放方向正确后,才可用螺栓连接垫板和岔枕,垫板组装时,注意保持岔枕位置和方向不变。

道岔垫板安装完成后,再次对照铺设图进行逐项检查,确认道岔垫板及零部件的规格类型、安装位置、左右开向及安装方向、安装质量等符合要求。

3)道岔基本轨及尖轨组件安装。首先检查并确认基本轨跟端支距垫板状态良好,拆除垫板防护罩。通过汽车吊+吊具将曲基本轨及直尖轨组件吊装就位,基本轨落入垫板承轨槽,注意后端滑床垫板入槽困难时,可拆下前移,依次安装。若跟端固定垫板支距已在厂内完成调整,不应采用拆卸跟端垫板的方式安装。

确认基本轨前端位置及基本轨方向,并通过撬棍调整使基本轨前端位置准确到位。

按设计号码安装滑床板垫板上的轨距块，禁止锤击砸入。外拨基本轨，使基本轨与轨距块处于密贴切状态。之后，安装弹性夹到扣压装置，使弹性扣压上基本轨，但不施加扣压力。安装外侧Ⅱ型弹条，施维格弹性扣压到位。

调整基本轨的方向，尽量不采用缓冲调距块调整。锁定岔枕螺栓及Ⅱ型弹条扣件系统。重新检查直基本曲轨前端位置及方向。相同方法摆放和安装曲基本轨及直线尖轨组件，注意前端与直基本轨端头的方正与位置。摆放和安装道岔直股外侧和曲股外侧钢轨，与可动心轨辙叉共同用轨枕的部分暂不安装扣件系统。

4)道岔可动心轨辙叉组件安装。首先确认可动心轨辙叉区垫板组件安装良好。

拆除可动心轨辙叉包装用件(固定心轨位置的包装暂不拆除)，通过汽车吊＋吊带吊运可动心轨辙叉就位。人工搬运时，注意不得突然下落。

调整并确认可动心轨辙叉位置正确，并与岔枕连接。辙叉组件的垫板及方向在道岔厂内已经调好，一般不得随意调整、更改。

安装直股普通垫板的轨距块及弹条Ⅱ型扣件系统，达到连接及扣压作用，但不要锁紧。在此期间要做好直股方向和道岔全长的确认工作。

调正辙叉跟端的尺寸及方向，测量长心轨股道的道岔全长，确认可动心轨辙叉的纵向位置正确。依据直股方向确定可动心轨辙叉翼轨外侧轨距块的规格型号，当所有规格型号均满足要求时方可定位。

5)道岔连接导轨及工具轨安装。道岔转辙器组件及可动心轨辙叉安装就位后，摆放并连接其余垫板件，安装导轨并安装和锁定扣件系统。

道岔前后长岔枕及双块式无砟道床地段也一并铺设长岔枕、双块枕及工具轨，使道岔及前后线路一并组装和施工，以此保证道岔及前后线路轨道线形的连续性。相邻的两组道岔原则上应同时组装和铺设。

6)道岔组装注意事项。钢轨件组装前对钢轨质量进行检查，严格控制钢轨弯曲(包括高低和水平)，若有较大质量差异应用顶调设备预先进行调整。

拉钢弦线控制道岔岔枕直股端螺栓孔在一条直线上，带编号的一侧铺设在道岔直股外侧，侧股辙叉后短岔枕带编号一侧铺设在道岔侧股外侧。

以第一根岔枕为基准方正岔枕，并与间隔调整配合进行。岔枕方正应采用按岔枕间距找正。调整岔枕时用2把长钢尺置于岔枕两端精调，避免公差累积。

调整岔枕水平，要求相邻岔枕顶面高差不大于2 mm，所有岔枕顶面高差不超过5 mm。辙叉跟端(直向)距基本轨前端定位，偏差不超过2 mm。以辙叉垫板孔为准适当调整岔枕位置。当辙叉垫板孔位与轨枕钉孔位置相距较大时，应及时向厂家反映，不得擅自拆移辙叉垫板或强行拨枕。

组装道岔扣件垫板时严格区分不同使用部位的静刚度、左右开向及安装方向。确认钉孔对中，并按标记位置确定内外股摆放方向正确后，才可用螺栓连接垫板和岔枕；垫板组装时，保持岔枕位置及方向不变。

汽车吊＋专用吊具或吊带吊装道岔钢轨件及岔枕。吊装从前至后或根据现场条件确定的吊装顺序依次吊装就位。每段吊装顺序按先直向后侧向，先外股后内股进行。每段组装宜按照先转辙器基本轨和尖轨部分，再中间导曲线连接部分，后心轨辙叉部分的顺序进行组装。

钢轨严格按照厂内标记的接头顺序和设计预留轨缝值进行。轨缝允许偏差±2 mm，钢轨长度累积偏差不得超过整体要求，道岔全长允许偏差为±10 mm，必要时进行磨头或锯轨处理。

安装弹性夹，应使用专用工具，并按安装说明和铺设图的要求进行。

(3)道岔轨排吊装。当现场采用预组装道岔整体运输进场铺设时，需要通过运输车将道岔轨排分段运输进场，并用汽车吊＋专用吊具吊装以及平移台车平移就位。如图5-7-55所示。

为保证道岔节段在运输和吊装过程不变形。根据道岔节段的长度及重量选择不同的运输车辆，30 m以下用拖挂汽车，30 m以上用轴线汽车，运输时，在车体上安装足够刚度的专用托架，道岔节段层与层之间按不小于6 m间距用木枕横向支垫。

根据轨排节段的长度选用1台或多台大吨位汽吊吊装道岔，配专用吊具梁，吊具梁上设有多根等距布置的吊索，吊索按对称布置，并保证道岔节段竖向变形不超过1‰，横向变形不超过2‰。如54.5 m转辙器轨排吊装时，则需要2台200 t级汽吊配2个吊具梁同时吊装。

道岔轨排吊装卸车直接落在提前安装就位的道岔平移台车上，再经人工推送到铺设位置，用无孔夹具和轨距拉杆将道岔轨排连接成整体。

图 5-7-55　道岔轨排吊装

(4)道岔粗调及精调支架的安装。道岔及前后过渡段轨排组装完成后,按照道岔铺设图进行岔枕位置的检查复核,转辙器、辙叉区域及辙叉后长岔枕位置的岔枕位置不符合要求时会直接影响轨距及道岔方向的调整。之后进行道岔粗调、螺杆调节器及精调支架的安装。

1)道岔轨距及支距调整。检查并确认道岔直股尖轨及曲股尖轨的质量状态,若发现问题应预先顶调。对滑床垫板位置进行顶调,一般情况下将垫板外调至极限位置。

检查和确认道岔框架尺寸(尖轨尖端轨距和直线尖轨轨头切削起点轨距或基本轨间距离);检查和确认直线尖轨固定端及跟端轨距;调整直线尖轨与曲基本轨密贴。

从基本轨前端及道岔跟端,通过拨道的方式调整直线尖轨的直线度。使用 30 m 或更长的弦线对尖轨开始测量直尖轨工作边直线度,要求最大偏差不超过 2 mm。相同方法,调整曲线尖轨密贴段至尖轨跟端的支距。

结合轨距调整、尖轨直线度调整,调整直线尖轨与曲基本轨密贴。此时轨距的调整以调整轨距块为主,偏心调距块为辅,调整过程应严格检查道岔零部件安装的准确性。

调整密贴段以后的直侧股轨距。调查尖轨轨底与滑床台板间的密贴。调整可动心轨辙叉范围内轨距时,采用更换不同的缓冲调距块改变垫板位置实现叉心位置的调整,但仍要适当的拨道来确保辙叉心直股的直线度。辙叉直股直线度调整好后,将心轨拨通至曲股,通过复核检查心轨曲股的支距来验证辙叉心摆放位置、方向的正确性,如不合适则重复上述步骤进行调整。

曲股辙后支距垫板区域或通过轨距块调整支距,曲股其他区域还可以通过更换不同的缓冲调距块配合支距调整。

2)安装拉杆式侧向支撑,对轨排进行横向调整。侧向支撑主要用于道岔轨排的横向调整,侧向支撑分为拉杆式和地锚式两种。拉杆式侧向支撑由托盘、调节丝杆(拉杆)、固定支架组成,路基地段固定支架一般通过两侧底座预埋膨胀螺栓固定,如图 5-7-56 所示,桥梁或隧道地段固定支架可卡在防撞墙或水沟侧墙上固定,如图 5-7-57 所示。地锚式侧向支撑由地锚、横向螺杆组成,地锚式侧向支撑主要用于道岔轨排的固定,防止混凝土浇筑时道岔轨排上浮。

侧向支撑设置沿纵向间隔两根岔枕设置 1 对,辙叉部位可加密设置。在底座混凝土上根据测设的道岔控制基桩,用油漆标识侧向支撑预埋件的设置位置,按侧向支撑底座螺栓孔间距设置。

采用冲击钻成孔,植筋胶植筋方式埋入膨胀螺栓,按照预先标记的位置安装侧向支撑。安装前,侧向支撑的调节丝杆应居中并涂油。安装时,应保证侧向支撑各零部件安装准确,与钢轨间的间隙应尽量小。

依据道岔外移基桩,通过 L 尺检查和确认所处点位道岔中线的偏差值,调整侧向支撑的丝杆,使道岔轨排横移对中并固定道岔。道岔轨排的横移调整应左右两侧侧向支撑同时对称进行,并沿线路方向逐根调整。

3)安装地锚式侧向支撑。道岔初调完成后进行地锚钻孔,钻孔深度 200 mm,地锚采用直径 12 mm 的螺纹钢筋,加工成 L 形,每隔 3 根岔枕设置 1 对(直曲股对应),并与岔枕钢筋桁架下层钢筋中靠内侧的一根钢筋头对齐。地锚钢筋在道岔一次精调完毕后采用锚固胶进行植入固定,在浇筑道床混凝土前将地锚钢筋与道岔桁架钢筋焊联,以防止浇筑混凝土时道岔轨排上浮。

图 5-7-56　路基地段拉杆式侧向支撑

图 5-7-57　桥梁或隧道地段拉杆式侧向支撑

4)安装竖向螺杆调节器，对轨排高程进行调整。依据道岔外移基桩，通过 L 尺逐点检查和确认道岔轨面高程以及高程调整量。

按每 2 根岔枕在钢轨上对岔枕中间的位置对称安装竖向螺杆调节器，辙叉部位适当加密。螺栓杆调节器一般与侧向支撑统一安装，1 个螺杆调节器和 1 个侧向支撑可共同 1 个托盘。一般情况下，螺杆调节器在轨排横向调整完成后再安装，且每根螺杆下需要安装 PVC 套管，以方便道床混凝土浇筑完成后螺杆调节器的顺利拆除。

逐点调整道岔高程，调整完成后。再进行二次检查和确认，不合格之处应重新调整。

5)道岔钢轨连接。道岔高程逐点调整到位后，进行钢轨的连接。先以方尺检查和方正左右股钢轨，再按照铺设图加装轨缝片，以控制道岔全长符合铺设图要求。之后，使用 U 形无孔夹具对钢轨连接固定，并保证钢轨连接平顺，无错牙、错台。

6)竖向螺杆安装及粗调质量检查确认。道岔轨排经过 3 遍以上的粗调后，将定位螺栓旋入岔枕端部的预留孔内，并使螺栓端头铁垫板顶紧、承力。定位螺栓旋入前应涂油、埋入道床板的部分加装 PVC 套管。定位螺栓端头与底座表面应加装支垫垫板，以使支撑螺栓受力均匀。

通过 L 尺检查，确认道岔调整到设计位置(横向及竖向偏差均在 2 mm 以内)。检查道岔点里程偏差不大于 5 mm，预留轨缝偏差不大于 2 mm，道岔全长偏差不大于 10 mm。

道岔粗调完成后，道岔铺设主要结构的允许偏差应符合表 5-7-16 的规定。

之后，拆除道岔组装平台或平移台车，也可拆除岔枕区域竖向调节螺杆，拆除的部件应进行清理维护和分类归放。

**表 5-7-16　道岔铺设主要结构尺寸允许偏差**

| 序号 | 检测项目 | 允许偏差(mm) |
|---|---|---|
| 1 | 轨距 | ±1 |
| 2 | 支距 | ±1 |
| 3 | 尖(心)轨第一牵引点前与基本轨密贴 | 缝隙≤0.5 |
| 4 | 尖(心)轨其余部分与基本轨密贴 | 缝隙≤0.8 |
| 5 | 顶铁与尖轨或可动心轨轨腰的间隙 | 缝隙≤0.5 |
| 6 | 尖轨轨底与滑床台、心轨轨底与台板的缝隙 | 缝隙≤1.0,且 1.0 mm 缝隙不得连续出现 |
| 7 | 闭合状态下,尖轨轨底和辊轮的间隙 | ≤2 |
| 8 | 打开状态下,尖轨轨底和滑床台板的缝隙 | 2≤Δ≤3 |
| 9 | 各牵引点前后各一块滑床台板 | 缝隙≤0.5 |
| 10 | 尖轨限位器两侧缝隙偏差 | ±0.5 |
| 11 | 尖轨各牵引点处开口值 | ±3 |
| 12 | 转辙器最小轮缘槽宽度 65 mm | 不小于 0 |
| 13 | 查照间隔 1 391 mm | 不小于 0 |
| 14 | 可动心轨跟端开口距 | ±1 |
| 15 | 心轨实际尖端至直股翼轨趾端的距离 | +4<br>0 |
| 16 | 护轨轮缘槽宽度 | +1.0<br>−0.5 |
| 17 | 岔枕铺设相对于直股的垂直度 | 牵引点两侧和心轨部分 4,其余 10 |
| 18 | 岔枕位置偏差 | 牵引点两侧及心轨部分±2,其余部分±5 |
| 19 | 道岔全长 | 18 号道岔±10,大于 18 号道岔±20 |

(5)道岔第一次精调。道岔粗调完成,道岔组装平台或平移台车拆除及所有安装工作完成之后,即可开始道岔精调工作。道岔精调采用轨检小车配合测量。利用 3～4 对 CPⅢ测量控制点和轨检小车进行全面检查,全站仪设站坐标分量中误差不应大于 0.7 mm,定向中误差不大应于 1.4″。道岔精调的调整顺序依次为:道岔轨向及高低调整,道岔轨距及水平调整,道岔各部密贴及间隔调整、弹性夹的安装与调整、辊轮的安装与调整。

1)道岔轨向及高低调整。根据轨检小车检测数据确定精调数值,调整竖向螺杆调节器或竖向螺杆,精调起平道岔。

道岔钢轨平面位置和高程偏差不应大于 0.7 mm,超高偏差不应大于 0.5 mm,侧股曲线段不得有反超高;相邻两根轨枕的钢轨高差不应大于 0.5 mm,水平差不应大于 0.5 mm。

轨检小车测量时,前后两次测站间的重复测量应不少于 10 根岔枕,重复测量偏差值应小于 2 mm,平顺度搭接长度应不大于 1 mm/10 m 的变化率,并在下一站测量区间顺接。

以直股为基准调整道岔轨向,直线尖轨工作边的直线度、密贴段直线度不大于 0.2 mm/m,全长不大于 2 mm。直线尖轨圆顺且无硬弯。

可动心轨辙叉直股工作边直线度不大于 0.2 mm/m,全长(可动心轨尖端前 500 mm 至弹性可弯中心后 500 mm)直线度为 2 mm,心轨尖端前后各 1m 范围内不允许抗线。可动心轨辙叉曲股工作边曲线段应圆顺,不允许出现硬弯。

道岔的高低通过竖向螺杆调节器或竖向螺杆调整,道岔的方向通过侧向支撑调整,使道岔轨向及高低满足要求。

对于直基本轨一侧轨向的调整,应使用 30 m 及以上的钢弦线进行辅助检查。检查时,先用轨检小车对钢弦线的安装起始点进行中线检查及确认,之后再使用钢弦线检查和调整中间部分。两次钢弦线安装搭接长度应不小于 5 m。

2)道岔轨距及水平调整。道岔轨距及水平调整时,以直基本轨一侧为基准,按照先调支距再调轨距的步骤进行，使尖轨跟端起始固定位置支距、尖轨跟端支距和导曲线支距允许偏差符合设计要求并尽可能的小。

通过轨检小车对道岔轨面逐根岔枕进行测量，确定道岔高程调整数值，精调起平道岔。轨面高程精调确定后，道岔的高低、水平应不超过设计限值。滑床台板应坐实坐平，垫板与台板的间隙不超标。

3）道岔各部密贴及间隙调整。通过增减顶铁调整片，调整尖轨、心轨顶铁间隙，并同时调整轨距、支距，确保尖轨与基本轨密贴，可动心轨在轨头切削范围内应分别与两翼轨密贴，开通侧股时，叉跟尖轨应与短心轨密贴。

结合道岔高低、水平的调整，使尖轨或可动心轨轨底与台板间隙不超标。调整限位器位置使两侧的间隙值对称均匀并满足技术要求。轨撑的顶面应与翼轨轨头下颚密贴。通过调整扣件使尖轨跟端支距、趾跟端开口、护轮轨轮缘槽宽度等满足要求。

4）弹性夹的安装与调整。弹性夹安装时应使轨底与轨下橡胶垫板接触，弹性夹的安装方法如下：

用手将弹性掰成一定角度，从滑床台板开口上方放入；按下弹性夹跟端并向钢轨方向推入，确保弹性跟端位于台板止退凸台前面；将安装工具的一边插入一侧的安装口；用安装工具的水平面拉起弹性夹的一个跟端，并向台板的外侧板动安装工具，将弹性夹的跟端置于安装台上；将安装工具放在相对的另一边开口处，抬起处于预备位置状态的弹性夹跟端，将安装工具下压，就会使弹性夹外移至凸台根部；用安装工具的头部放在弹性夹中间，将弹性夹向里推，确保弹性夹处于正确的位置。弹性夹的拆卸方法：将弹性夹的拆卸边插入滑床台板的安装口，沿两弹性夹跟端内侧方向扳动安装工具，即可将弹性夹撬开，另一侧重复同样动作，可使弹性夹处于放松状态，即可取出弹性夹。

5）辊轮的安装与调整。为了更好地对辊轮进行防护，辊轮的安装宜在道床板混凝土浇筑后进行。辊轮的调试应在尖轨密贴状态下进行，此时要求尖轨轨底与滑床台板密贴。

松动辊轮支架上的定位螺钉，可使辊轮系统沿滑床台板方向移动，调整辊轮位置。

通过扳手转动辊轮轴，可调节辊轮最高点与滑床台板上面的高度差。一般情况下，靠近尖轨轨底的辊轮（里侧辊轮）应高出滑床台板表面2～3 mm，外侧辊轮高出3～4 mm。里侧辊轮与尖轨轨底应留出1 mm的间隙，并用1 mm厚的塞尺定位。

预紧支架螺栓后，应重新测定辊轮高度和内侧辊轮与轨底间隙，确认合格后以70 N·m的扭矩紧固支架螺栓。

单辊轮系统的调整方式与双辊轮系统类似，与尖轨轨底的间隔相同，单辊轮高度应高出滑床台板3～4 mm。

在进行转辙器部位的轨距、密贴、高低、方向等指标调整时，均应对辊轮系统的各项指标进行核实或调整。

辊轮系统调整后综合状态应为：尖轨拆离状态下，两辊轮间尖轨与滑床台板滑动表面的间隙为1.5～2.5 mm，特殊情况下应保证尖轨轨底与台板不接触。

6）道岔精调质量检查。整组道岔精调完毕，应对弹条螺栓、岔枕螺栓、限位器螺栓、翼轨间隔铁螺栓、长短心轨与间隔铁螺栓等进行复拧，其复拧扭矩值应符合设计要求。

道岔精调完成后的各部分几何尺寸允许偏差除应符合表5-7-16的规定外，道岔（直向）静态铺设平顺度允许偏差应符合表5-7-17的规定。

**表5-7-17　道岔（直向）静态铺设平顺度允许偏差**

| 序号 | 项　目 | 允许偏差（mm） |
|---|---|---|
| 1 | 高低（10 m弦量） | 2 |
| 2 | 轨向（10 m弦量） | 2 |
| 3 | 水平 | 2 |
| 4 | 扭曲（基长3 m） | 2 |
| 5 | 轨距 | ±1 |
| | | 变化率1/1 500 |

（6）转换设备的安装与调试。道岔首次精调完成后，在道床板混凝土浇筑前，应对转换设备进行预安装及调试（此处工电调试主要以转辙机手摇柄进行操作），满足设备设计性能指标后，方可拆除转换设备，进行

道床板混凝土浇筑。道床板混凝土浇筑完成后,再次安装转换设备。

1)转辙器外锁闭装置安装。锁闭杆连接后,两锁闭杆应保持平直,与绝缘垫板、夹板配合良好,各螺栓、螺母、垫圈等紧固连接。

尖轨连接铁与尖轨间隙应预留 3 mm 调整片,当尖轨开口出现偏差时可进行增减以调整尖轨开口。锁钩销轴螺纹应远离尖端铁位置。锁闭框安装后,同一牵引点处左右侧两锁闭方孔中心应同轴,允许偏差±3 mm。

安装时锁闭铁与锁闭框之间预留 5 mm 调整片,并根据尖轨与基本轨的密贴情况进行增减。锁闭铁与锁闭框紧固后,应保证锁闭铁内侧上面顶面与锁闭框方孔面接触。

外锁闭安装后,转换过程中,锁闭杆、锁钩应动作平衡、准确到位。转换到位后,尖轨与基本轨应密贴良好。

2)辙叉外锁闭装置安装。锁闭框与翼轨连接后,锁闭框应与翼轨的轨头和轨底侧面贴靠,同时保证锁闭框与锁闭杆的接触面水平。

安装时锁闭铁与锁闭框之间预留 5 mm 调整片,调整片可根据心轨与翼轨的密贴情况进行增减。锁闭铁与锁闭框紧固后,应保证锁闭铁内侧上面顶面与锁闭框方孔面接触。

外锁闭安装后,转换过程中,锁闭杆、锁钩应动作平衡、准确到位。转换到位后,尖轨与基本轨应密贴良好。

3)转辙机安装。转辙机安装于底座的转辙机平台上,安装时应根据实际电缆走线安装。

转辙机基础弯板与岔枕固定后,基础弯板组件方正,保证弯板与道岔基本轨垂直。转辙机垫板应与弯板垂直并安装牢固。

转辙机及其垫板安装后应保持水平。当基本轨与岔枕进行高低调整时,基础弯板应作同样调整,以满足转辙机与外锁闭装置高低变化的需要。连接应平顺,无别卡,连接销应易于置入或退出,不应强行敲击。

调整动作连接杆使尖轨开口,外锁闭量符合指标要求。调整表示连接杆长度,在道岔定、反位时,转辙机的检测柱落入表示(锁闭)杆缺口,并使缺口内两侧间隙相等。

转辙机安装后,转辙机动作杆应与道岔直基本轨垂直。

4)密贴检查器安装。密贴检查器安装后,应保证两侧调整连接杆件在同一轴线。调整连接杆件,检查尖轨与基本轨密贴状态,满足 5 mm 无表示、4 mm 有表示的要求。

5)转换设备安装注意事项。电务转换设备安装及调试,应由工务和电务技术人员配合进行道岔工电联调及定位。

道岔几何配合电务转换设备调试的工作主要是对轨距、支距及轨向的局部细调,重点对尖轨和可动心轨密贴段调整,使允许偏差符合设计要求。

密贴调整与电务转换设备调整应同步进行,确保尖轨与基本轨密贴、可动心轨在轨头切削范围内应分别与两翼轨密贴以及开通侧股时叉跟尖轨尖端与短心轨密贴。

经过工电联调之后,可使道岔可动机构在转动过程中动作平稳、灵活,无卡阻现象,锁闭装置正确锁闭、表示正确。道岔轨距、方向、密贴和间隔等检测项达到设计要求。道岔系统工电联调检测过程中,应对转换装置、锁闭装置的工作性能检测和道岔轨距、方向、密贴和间隔等几何尺寸检测值进行详细记录。

道岔电务转换设备在道岔系统工电联调结束后,应按操作规程进行拆除,在拆除前,应作好定位标记。道岔电务转换设备拆除后,应再次检测道岔几何形位,复测轨道高程、方向,对因拆除作业产生的偏移及时调整复位,精细调整道岔。

道床板混凝土浇筑后的道岔电务转换设备安装施工,转辙机通电后,应检测各牵引点动程及牵引力,检查转换机的工作状态,检查锁闭装置锁闭到位和表示状态,并分别调试到位。电务转换设备调试合格后的允许偏差应符合表 5-7-18 的规定。

6)电务转换设备拆卸后保管防护措施。工电联调检验测试合格后,应对转辙机、锁闭装置、转辙装置及密贴检查器等电务转换设备进行拆卸并采取措施保护。专人负责组织拆卸工作,对拆卸设备应现场清点并检查外观质量,避免在拆卸过程中损坏零部件。经检查符合要求,及时装箱并做好标识,汽车运回库房内保管并办入库登记手续。

表 5-7-18 电务转换设备调试合格后的允许偏差

| 序号 | 检测项目 | 允许偏差(mm) | 特性分类 |
|---|---|---|---|
| 1 | 转换杆件沿线路纵向偏移量 | ≤5 | B |
| 2 | 转辙机外壳边缘与基本轨直线距离偏差 | ≤3 | B |
| 3 | 牵引点密贴检查 | <4 | A |
| 4 | 牵引点间密贴检查 | <5 | A |
| 5 | 尖轨第一牵引点外锁闭量 35 mm | ≥0 | A |
| 6 | 心轨第一牵引点外锁闭量 35 mm | ≥0 | A |
| 7 | 其余牵引点外锁闭量 20 mm | ≥0 | A |
| 8 | 外锁闭锁闭量 | 两侧相差≤2 | A |

电务转换设备装卸时应轻装轻放，重不压轻，大不压小，堆放平稳，捆扎牢固。人工搬运、装卸物件应视物件大小及轻重配合人员。堆放物件不可歪斜，高度要适宜。对易滑物件应用木块或木楔垫塞。

5. 道岔道床板混凝土浇筑

(1)道床板钢筋绑扎。道岔首次精调完成后，在岔枕下按设计数量、间距铺设道床板底层横向钢筋和上层纵向钢筋。绑扎钢筋时在架立钢筋、纵横向钢筋的交叉处、纵向钢筋与轨枕桁架下层钢筋交叉处以及纵向钢筋搭接处设置绝缘卡，并用塑料带绑扎牢固。钢筋绑扎时，必须确保钢筋保护层厚度和钢筋间距，当钢筋与螺杆精调器相碰时，相适当调整钢筋间距或位置。道床板底层钢筋应保证每平方米有不少于4～6块高强度砂浆垫块垫实。原则上，钢筋间距允许偏差为20 mm，保护层厚度允许偏差为−2～+5 mm。

道床板钢筋绑扎完成后，应进行绝缘性能测式，钢筋间绝缘电阻值不得小于2 MΩ。

按照施工图，进行接地钢筋和接地端子的焊接。接地钢筋焊接时，单面焊接长度不小于200 mm，双面焊不小于100 mm。焊接接地端子时，接地端子端头应紧贴纵向模板。路基段接地端子靠近接触网基础或桥台处设置，通过接地钢缆与桥台处的接地端子连接，并入桥梁接地系统，但并入后形成的接地单元应满足不大于100 m的要求。

(2)道床板及转辙机基坑模板安装。道床板混凝土边模采用定型组合钢模板，转辙机基坑模板则采用竹胶板制作。模板安装通过道岔铺设控制基桩定出的模板边线进行控制，模板安装定位偏差为高程±5 mm、中线3 mm。如图5-7-58所示。

图 5-7-58 道床板混凝土边模安装

模板安装前，应清理道床板范围内的遗留杂物，并对底座表面采用高压水清洗。模板安装时，模板必须清洗且涂刷脱模剂，相邻模板间拼缝应密贴，纵向模板与下部底座表面应相互垂直。模板固定装置应与底座层预埋件牢固连接，防止跑模，必要时增加横向拉杆。

根据转辙机基坑结构尺寸加工和设置转辙机基坑模板，并在两侧岔枕之间加设临时支撑，固定岔枕间距。

道床板模板安装完毕并符合要求后，应将接地端子与接地钢筋焊接，焊接要求见“道床板钢筋绑扎”，同时必须保证接地端子与模板密贴,并采用塑料薄膜对接地端子进行包裹保护,以防止污染。

道床板模板安装时,应同步安装道床伸缩缝材料,为保证伸缩缝安装顺直,可采用型钢固定的方式。道床板及转辙机基坑模板安装允许偏差应符合表 5-7-19 的规定。

**表 5-7-19　道岔道床板及转辙机基坑模板安装允许偏差**

| 序号 | 项　目 | 允许偏差(mm) | 序号 | 项　目 | 允许偏差(mm) |
|---|---|---|---|---|---|
| 一 | 道床板模板 | | 二 | 转辙机基坑模板 | |
| 1 | 顶面高程 | ±5 | 1 | 高度 | ±5 |
| 2 | 顶面宽度 | ±5 | 2 | 宽度 | ±3 |
| 3 | 中线位置 | 2 | 3 | 轴线位置 | 2 |
| 4 | 伸缩缝位置 | 5 | 4 | 轴线偏斜 | 5 |

(3)道岔二次精调。道床板混凝土浇筑前,应对道岔系统进行二次精调。道岔二次精调,采用轨检小车检测道岔方向、高低、水平、轨距等几何状态指标,根据轨检小车检测数据确定精调数值。

使用轨检小车逐根轨枕检查轨道几何状态指标,根据检测反馈数据逐点对道岔水平、方向进行微调定位。主要有以下几点:

1)调整竖向螺杆及螺杆调节器的高度,精调起平道岔。道岔高低、水平不超过设计限值,滑床台板坐实坐平,垫板与台板间的间隙不超标。

2)调整侧向支撑,对道岔方向超限点作局部精调。直股钢轨通过钢弦线检查直线度符合规定指标,曲股工作边曲线段圆顺无硬弯或鹅头。

3)调整轨距、支距。使尖轨检测点支距和导曲线支距允许偏差符合设计要求。

4)调整尖轨、可动心轨密贴和顶铁间隙。保证密贴段密贴良好、间隙值不超标。

整组道岔调试完毕后应再次对弹条螺栓、岔枕螺栓、限位器螺栓、翼轨间隔铁螺栓、长短心轨间隔铁螺栓等进行复拧,复拧扭矩符合设计要求。

(4)道床板混凝土浇筑前检查。道岔二次精调到位后,检查道岔竖向螺杆、螺杆调节器、侧向支撑的 PVC 套管是否完好,如有破损应及时用胶带封好。并在道岔及岔枕部件上加防护罩或用塑料薄膜封闭,防止混凝土浇筑时被污染。如图 5-7-59 所示。

图 5-7-59　道岔部件防护

进行道床板侧模及转辙机基坑模板加固状态检查和混凝土泵送、捣固设备的工前检查,确保混凝土浇筑施工顺利进行。预留转辙机和电务设备的安装位置。

混凝土浇筑前确认接触混凝土的底座表面不得有积水和异物,伸缩缝要放置弹性材料。清理岔区杂物后洒水湿润混凝土底座及岔枕,以利新旧混凝土的界面结合。

道岔前后至少 30 m 过渡段的双块式无砟轨道或高速道岔应一并铺设和精调,渡线道岔也一并铺设和精调,并同步浇筑道床板混凝土。

提前检查混凝土搅拌、运输及泵送设备,提前进行混凝土试拌和工艺试验,确认混凝土自搅拌到浇筑完毕的时间不超过混凝土初凝时间,并且混凝土的性能能满足泵送施工的要求,以确保混凝土浇筑能顺利进行。

道床板混凝土浇筑前,还应确认合理的施工天气及施工时机,原则上雨天或烈日天气不进行道床混凝土浇筑施工,而且应保证道床混凝土浇筑过程及混凝土终凝前,气温变化不超过 15 ℃。同时,应做好中途下雨及夜间施工的应急预案,做好防雨、夜间照明等施工措施。冬期施工时,制定相应的冬期施工措施。

(5)道床板混凝土浇筑。道床板混凝土浇筑前,应完成所有的准备工作,并经监理检查确认合格后方可进行混凝土浇筑施工。

在浇筑道床板混凝土前应对到场的混凝土进行含气量、坍落度及温度检查,不合格的混凝土不得使用。

浇筑过程中每 50 $m^3$混凝土做一次含气量、坍落度及温度测试，并制作混凝土试件取样留置。夏季施工时，混凝土入模温度不宜高于气温，且不宜超过 30 ℃，浇筑施工应避开高温时段。

道床板混凝土按一次浇筑完成组织施工，浇筑由道岔的辙叉区向两端浇筑，渡线道岔应同时分别浇筑。施工要点如下：

1)混凝土浇筑过程中，在保证振捣密实的同时，应有专人负责守漏和模板、钢筋及道岔固定状况的检查和修复，防止漏浆及道岔、模板、钢筋等移位。

2)混凝土浇筑时应逐个轨枕盒浇筑，使每空轨枕盒的混凝土浇筑饱满，混凝土经岔枕底部流入下一空轨枕盒且混凝土面高于轨枕底部后方可移入下一空轨枕盒浇筑。浇筑时应来回摆动浇筑导管，使每空轨枕盒内混凝土尽量均布到位，减少混凝土的自然流动距离，同时也应避免混凝土冲击轨枕、模板及精调支架等。

3)混凝土入模后，插入振动棒振捣。振动棒移动距离不超振动棒作用半径的 1.5 倍，每点振动时间约为 20～30 s，以确保混凝土密实。对岔枕底部位置和转辙机基坑位置的混凝土应加强振捣，确保混凝土密实。同时，振捣时应避免接触模板、定位螺栓、侧向支撑及钢轨件等。

4)道床板抹面分两次进行，一是混凝土浇筑后，及时进行抹面，多余的混凝土及时清出，不足部分及时补充，排水坡由专用工装设置，同时将附着在模板、岔枕、钢轨件等上的混凝土清除。二是混凝土初凝后，及时进行两次压光抹面，分为抹大面设排水坡和收光抹面，以确保道床板及转辙机的顶面高程、平整度和排水坡度符合设计要求。

5)混凝土浇筑过程中，如出现任何明显影响轨道线形的轨道临时支撑移动，必须立即中止混凝土浇筑，待检查确认无影响后方可恢复施工。若事态严重时，应停止施工并设置施工缝，必要时清除已浇筑的混凝土。

(6)道床板混凝土养生、清理及拆除模板。道床板混凝土浇筑初凝且压光抹面完成后，在混凝土表面喷洒养护剂并覆盖毛毡或土工布，之后洒水保湿养护 14 d。在道床板混凝土养生期间，施工区域应严格封闭，严禁行车车辆通过。道床板混凝土强度达到设计强度的 75%之前，严禁碰撞道岔部件。

混凝土初凝后，必须进行两次压光抹面，分为抹大面设排水坡和收光抹面。新鲜混凝土表面鱼鳞纹必须抹平，对混凝土表面的轻微缺陷应及时处理。

混凝土初凝后应立即松开钢轨连接夹板螺栓，松动钢轨件和其他固定装置，以释放钢轨温度应力，以防止钢轨与混凝土的温差变形不一致而造成混凝土开裂。

道床板混凝土强度达到 5 MPa 后，可松开垂直定位螺栓或侧向支撑螺栓。并清除附着在钢轨、岔枕、扣件及精调支架上的混凝土或杂物。

次日拆除其他临时支撑及模板，修复混凝土表面缺陷，并用同级砂浆封堵螺栓孔。将定位螺杆移动，清理螺杆调节器、侧向支撑和竖向螺杆并上油保存，将模板清理后涂刷脱模剂。

(7)道岔前后过渡段施工。道岔前后双块式无砟道床过渡段与岔区道床板混凝土一并施工。

对道岔钢轨、岔枕及扣件等加装临时防护罩或防护膜，防止过渡段混凝土浇筑时造成污染。

过渡段道床板施工前，应加强与无砟道岔和区间(或站线)无砟轨道的复测、联测工作，消除偏差，在过渡段调整好轨道的平顺，使轨道几何尺寸和平面位置偏差满足设计及相关要求。

(8)道岔轨道线形及道床板质量检测。道岔混凝土养生结束，重新恢复道岔扣件系统，用轨检小车再次检查道岔几何尺寸，为道岔轨道线形精调作好准备。

认真检查和复核道床板及转辙机基坑外形尺寸，尤其转辙机基坑深度和宽度，确保电务转换设备的正常安装。道床板及转辙机基杭外形尺寸允许偏差应符合表 5-7-20 的规定。

**表 5-7-20　道床板及转辙机基坑外形尺寸允许偏差**

| 序号 | 检　查　项　目 | 允许偏差(mm) | 序号 | 检　查　项　目 | 允许偏差(mm) |
|---|---|---|---|---|---|
| 一 | 道床板 | | 二 | 转辙机基坑 | |
| 1 | 顶面宽度 | ±10 | 1 | 深度 | ±10 |
| 2 | 道床板顶面与承轨台面相对高差 | 5 | 2 | 宽度 | ±5 |
| 3 | 中线位置 | 2 | 3 | 轴线位置 | 2 |
| 4 | 平整度 | 3 mm/m | 4 | 轴线偏斜 | 5 |
| | | | 5 | 平整度 | 2 mm/m |

6. 道岔轨道精调

(1)道岔轨道精调的原则及流程。道床板混凝土浇筑完成且养护期满后,尽量选择轨温在设计锁定轨温范围内的合适时机,重新安装和拧紧道岔扣件,消除道岔内部缺陷。并对道岔内外几何尺寸等轨道线形进行检查和精调,确保道岔内外几何尺寸满足设计及相关标准要求。道岔轨道线形精调贯穿于道床板混凝土浇筑完成至道岔钢轨焊接及无缝线路锁定、道岔转换设备安装及工电联调、联调联试及开通运营的各个时期,每个时期的施工对道岔内外几何尺寸都有严格的要求。

道岔轨道精调遵循"将轨道线形调整至合格状态,满足施工及运营要求"的质量原则和"先保证短波,再保证长波;先保证直股,再兼顾曲股;转辙器及辙叉区少动,两端线路顺接"的施工原则,即根据大号无砟道岔的线形和结构特点,不是将直曲股轨道的各项指标调整到设计绝对位置,而是将轨道线形的方向、高低、水平、轨距及轨距递减率调整至规定允许范围内,保证前后轨道平顺。主要施工流程见图 5-7-60 所示。

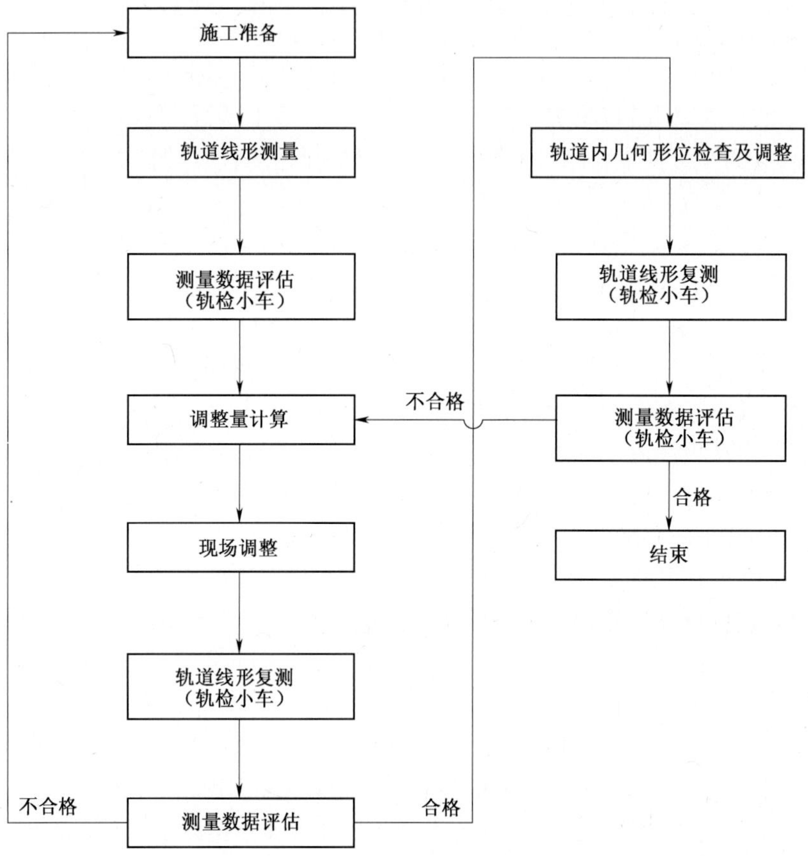


图 5-7-60 大号道岔轨道精调工艺流程

(2)调整前准备工作。

1)队伍组建及技术培训。按照专业原则组建专门的道岔精调作业队,包括测量组和作业组。测量组包括 1 名测量工程师和若干名测量工,负责道岔轨道线形测量的计算、实施、数据分析和调整量计算。作业组包括作业工长、工程技术员和若干线路工,负责道岔轨道线形的精调工作。必要时,还要增加安全防护人员及器具。

道岔精调作业队根据需要配置轨检小车、全站仪、电子水准仪、数字式万能道尺、支距尺、钢弦线(带紧线器)、螺栓紧固机、起道机、小平车及钢轨焊缝打磨机等设备。

正式施工前,道岔精调作业队应针对施工设计及技术标准等开展技术培训和考核,保证每个施工人员应知应会,充分掌握道岔结构特点及关键技术,掌握相关标准及规范要求,掌握施工方法。必要时,道岔精调作业队还要增加安全防护人员及防护器具。

2)现场准备。施工现场道岔按规定铺设完成,道岔区及前后 200 m 范围内的轨道已经铺设并放散锁定完成,道岔区 CPⅢ测量控制网按规定复测完成。

道岔钢轨件(过渡段工具轨)及偏心锥、调高垫片、间隙片及滑床板调整件等调整用零配件等已经到位。

严禁随意性加工和更换道岔零部件及调整件。测量设备及施工机具等全部到位，并经检校合格。

3)检查清理施工现场。清理道岔卫生。对黏附道岔钢轨、扣件、轨枕上的尘土、污垢、油污等予以清除，清除的方法是用扫帚、毛刷及高压风管或水枪，严禁使用钢丝刷，以防破坏钢轨件表面的防护层。

检查钢轨扣件的完好性。对照图纸，逐一检查钢轨部件特别是零部件的完整性，对缺损件进行更换，用测力扭距扳手检查并拧紧扣件螺栓，检查和调整心轨、尖轨的密贴，调整道岔钢轨到扣件外侧，有间隙的加入间隙片。

用方尺和钢板尺检查道岔工装点及尖轨平齐。对超限的偏差进行必要处理，钢轨未焊接的直接调整尖轨位置使之对正，钢轨已经焊接的，重新确定道岔锁定和焊接的计划。对于没有焊接的钢轨接头，利用紧固器予以连接，已经焊接的钢轨接头，接头平顺度要达到要求。

(3)道岔轨道线形测量。采用轨检小车测量道岔轨道线形，在道岔线形短波调整阶段，轨道线形的测量范围包括道岔及前后各 30 m 范围，直股和侧股同时测量。

每次测量时全站仪依据 CPⅢ基准测量网按“自由设站，后方交会”的方法在轨道中线位置进行全站仪的设站，轨检小车置于两轨道上，对每对扣件螺栓对应的轨道位置进行逐点测量，为保证测量数据的准确性，全站仪距轨检小车 5～80 m，两次设站时测量的搭接区不小于 8 个点，且搭接区应避开转辙器及辙叉区，同时轨检小车的主轴应始终保持在一个方向，通常是直向的直尖轨侧和曲向的曲尖轨侧。

道岔侧向轨道线形测量。将道岔尖轨、心轨转至侧向位置并锁闭。轨检小车使用道岔侧向轨道线形设计完成道岔侧向线形测量。

为方便道岔直向、侧向线形测量数据与现场的对照检查，测量时应对每 1 对承轨台位置按岔枕编号的方式进行标记。

测量完成后，通过轨检小车系统可直接得到单独的道岔直向、侧向线形数据，每个数据可直接显示轨道的绝对高程、方向、轨距、水平以及 30 m、150 m 的方向短长波和高低短长波，并以表格直接显示轨道线形超差处所及项目。

(4)数据评估及调整量计算。

1)数据评估。轨检小车测量数据可直接通过轨检小车软件系统的测量数据报表进行评估，评估的标准应提前输入轨检小车软件系统。对于德国 BWG 道岔(中国 CNTT 道岔)转辙器的 FAKOP 结构区轨距采用了加宽设计，而输入轨检小车软件系统的轨道设计线形没有反映该轨距加宽值，因此，轨检小车测量显示全部为超差，故该段线路轨距需要对比设计值与实测值之差进行单独评估。

道岔辙叉区由于涉及道岔直向和侧向两条线路的交叉，属结构特殊位置，其轨道轨距、方向应以优先直向兼顾侧向的原则单独评估。

道岔直向、侧向线形数据应对照评估，当直向线形良好，对应的侧向线形有超差时，应作对照分析。若是不在同一弹性基板位置，应按不合格评估，若在同一弹性基板位置，则需要综合直向、侧向的方向念头，以优先直向兼顾侧向的原则酌情判定是否合格。

轨道线形评估还应结合调整量计算综合判定。

2)调整量计算。道岔轨道线形良好，超差点少，可凭经验直接判定道岔线形的调整量。除此之外，应使用专门的软件对轨道线形进行调整量计算。道岔轨道线形超差调整量计算，应将轨道的中线、轨距、轨向和高程、水平、高低等分开计算。

使用专业的道岔轨道线形超差调整量计算软件，将道岔直向、侧向的设计轨道线形数据分别输入计算软件列表，再在计算软件窗口列表所示的调整区间输入计划调整量，此时，列表可实时反映道岔调整后的轨道线形数据，通过不断地输入和调整计划调整量，即可得出最优化的轨道线形，即超差点最少、超差值最小。最后，再通过计算软件输送一份可对照原有调整件基础上的调整量清单，施工现场对照调整量清单即可开展道岔轨道线形的调整工作。

道岔轨道线形中线、轨距、方向的调整量计算应遵循“先保证直股，再兼顾曲股；转辙器及辙叉区少动，两端线路顺接”的原则，轨道线形高程、水平、高低调整量计算与轨道线形中线、轨距、方向调整量计算的方法相似。

(5)道岔轨道线形现场调整。道岔轨道线形现场调整按“按水平，后方向；先直股，后侧股；先整体，后局部”的原则，道岔方向调整的同时，应消除钢轨外侧与弹性基板挡肩之间的间隙。

1)道岔高程及水平、高低调整。道岔高程及水平、高低调整,主要对照调整量清单,现场找出调整位置并通过更换不同厚度的调高垫片的方式完成道岔高程及水平、高低的调整,道岔高程及水平、高低的调整,应按"先直向,后曲向"的顺序分别调整。高程调整时,以尖轨一侧为基本轨,对照调整量清单直接更换调高垫片,以左右钢轨的水平变化值控制调整量,之后再用电子水准仪或轨检小车复测调整效果。

调整侧向高程时,道岔直向与侧向高程在转辙区和辙叉区是一致的,转辙区调整应以直向高程控制侧向高程,导轨段可自由调整。此外,道岔转辙器尖轨地段,应注意检查是否因为尖轨与滑床台板的滑动面间隙过大引起了道岔高程、水平或高低的不合格,并采取相应的调整措施。

道岔高程及水平、高低调整完成后,再进行道岔中线、轨距及方向调整,调整完成后,再使用轨检小车复测道岔轨道线形数据,并再次评估和计算新的轨道线形调整量。

2)道岔中线、轨距及方向调整。

除调直基本轨外,不需要计算量调整清单。对照调整量清单,将道岔尖轨、心轨转至直向位置,优先调整道岔直基本轨的岔前缝及与导轨相连的位置,为道岔转辙器调整确定基本方向。

沿道岔直基本轨外侧沿转辙器全长范围安装并张拉 30 m 以上的钢弦线,使用钢板尺检查每个扣件螺栓处钢轨与弦线的间距,以确认直基本轨的直线度,对超过 1 mm 的点通过更换缓冲调距块或轨距块的方式予以调整。缓冲调距块与轨距块应优先采用轨距块,当轨距块不能满足要求时,再使用缓冲调距块,下同。

对照设计图,使用支距尺检查曲基本轨与直基本轨间距,对偏差超过 1 mm 的点通过更换缓冲调距块或轨距块的方式调整曲基本轨方向。

利用塞尺检查曲尖轨与直基本轨、直尖轨与曲基本轨间隔铁间隙,对于间隙超标的点进行调整,调整的方法:首先调整两尖轨尖端平齐,其次调整辙叉跟端以使远尖轨外侧与弹性基板挡肩密贴,调整时可在尖轨内侧与弹性基板挡肩间加入间隙片,但间隙不得加在尖轨外侧与弹性基板挡肩之间。

使用轨距尺检查转辙器区段直向轨距,对偏差超过 1 mm 的点通过更换缓冲调距块或轨距块的方式调整曲基本轨与直尖轨方向。

根据调整量清单完成直基本轨后导轨的方向调整,其控制方法是先检查并记录调整位置的轨距值,再按新轨距值调整直基本轨方向,新轨距值=实测轨距值+计划调整量。

30 m 以上钢弦线依次向岔后平移,两线布线至少有 5 m 的搭接区,使钢板尺检查每个扣件螺栓处弦线距钢轨外侧的距离,以此确认钢轨直线度,对偏差超过 1 mm 的点通过更换缓冲调距块或轨距块的方式予以调整。

以直向轨距控制完成对尖轨后导轨方向的调整,以支距控制完成侧向尖轨后导轨方向的调整,以侧向轨距控制完成对曲向基本轨后导轨方向的调整。

辙叉区原则上不作调整,这在调整量计算时应作考虑。

直向调整时,同时完成道岔前 10 m 及道岔后 30 m 线路方向的调整,方法同前。相邻道岔或渡线道岔,应同时进行调整量计算,并对线路中线顺接作统筹考虑。直向调整完成后,将道岔尖轨、心轨转到侧向位置。

通过轨距检查核对转辙器区段轨道线形质量,通常情况下直向调整到位后,轨距值偏差不会超出设计范围。若有超出,应仔细分析原因,重点要核查是否因为道床板混凝土浇筑前就已经存在问题或岔枕间距、岔枕垂直度或道岔部件、扣件系统安装出现了问题,并根据原因采取相应的调整措施。通过轨距控制完成对辙叉区段侧向基本轨导轨方向的调整。

按照上述方法完成道岔后 30 m 线路方向的调整。调整完成后,使用轨检小车复测道岔轨道线形数据,并再次评估和计算新的轨道线形调整量。

3)道岔轨道线形长波平顺性调整。道岔轨道线形长波平顺性调整在短波平顺性调整合格的基础上,结合道岔前后轨道线形调整,其调整的工作主要在区间线路,原则上道岔区不调整大的方向和高低。

实际上,为保证道岔轨道线形长波平顺性调整,施工时应将道岔前后各 200 m 的无砟轨道推迟到道岔道床板混凝土浇筑后施工,同时该段无砟轨道施工应对道岔实际轨道线形与设计轨道线形在中线和高程的差值进行轨道线形的调整,以保证道岔区轨道与前后无砟轨道的顺接。通过这种方式,可最大限度地保证道岔轨道线形长波平顺性的调整。

对照调整量清单,按直接更换缓冲调距块或轨距块的方式完成拟定的轨距、方向超差点的调整,通过 30 m以上钢弦线、支距尺和轨距尺等检查调整效果。

每调整完一次，即使用轨检小车复测道岔轨道线形数据一次，并重新评估和计算新的轨道线形调整量，再重新调整，再复测，直到评估结果显示道岔轨道线形满足合格要求。

通过上述方式，在静态状态下一般经过3～4次，道岔轨道线形即可满足合格要求。

4)道岔轨道内部几何形位检查和调整。道岔轨道内部几何形位的检查和调整部位主要包括：尖轨与基本轨密贴，尖轨与滑床台板间隙合格或密贴，尖轨跟端限位器，以及道岔各部螺栓扭矩合格等。

尖轨与基本轨密贴及尖轨跟端限位器的调整，前面已述。尖轨与滑床台板间存在较大间隙的调整，优先使用调高垫板，最后再使用辊轮调整片调整。

道岔轨道内部几何的检查和调整，可以安排在道岔线形调整的后期(即调整量较少、较小时)与道岔轨道线形调整同步进行，每次轨道线形调整时，同步检查和调整道岔轨道内部几何形位。

每次轨道线形和轨道内部几何形位调整完成后，都应对动过的连接螺栓进行检查和复紧，以确保螺栓扭矩满足设计要求。

道岔轨道线形最终评估合格，包括道岔轨道线形测量数据和道岔轨道内部几何形位全部合格。

7.电务转换设备安装及工电联调

电务转换设备安装及工电联调见"转换设备的安装与调试"的相关内容。

电务转换设备安装及工电联调应在道岔轨道线形精调合格并钢轨焊接锁定完成后进行。电务转换设备安装也会扰动道岔轨道线形，因此，在道岔电务转换设备安装及调试过程中，应加强对道岔轨道线形的检查和调整。工务与电务密切配合，做好工电联调工作。

8.道岔钢轨焊接及锁定(含胶接绝缘接头)

(1)道岔钢轨焊接及锁定的原则。大号无砟道岔采用无缝结构，道岔钢轨采用铝热焊接，道岔内侧股绝缘接头为厂制绝缘钢轨，道岔前绝缘接头一般采用现场胶结施工。

道岔内钢轨焊接在道岔轨道线形调整完成后进行，采用铝热焊焊接，超声波探伤仪检测焊头质量，焊接技术要求应符合《钢轨焊接第1部分：通用技术条件》(TB/T 1632.1)及《钢轨焊接第3部分：铝热焊接》(TB/T 1632.3)的规定。道岔外钢轨焊接及道岔锁定在道岔内钢轨焊接完成及道岔两端无缝线路铺设完成且轨道精调完成后进行。

为保证道岔及前后线路内应力稳定和轨道线形的持续稳定，道岔内非锁定焊接原则上应在设计锁定轨温±5 ℃范围内进行，且同一道岔及相邻道钢轨焊接应集中在同一时段进行，道岔前后的胶接绝缘接头施工也应遵循这一原则。

道岔钢轨焊接以"先焊接岔内接头，再焊接岔外接头"的原则按道岔铺设图及设计说明进行。焊接及锁定过程中，应采取措施使道岔两尖轨尖端平齐并始终保持限位器子母块位置居中，两侧间隙差不应大于0.5 mm。

道岔区(含相邻道岔)及前后各不少于200 m的线路应作为1个无缝线路单元统一锁定和管理。

道岔钢轨铝热焊接，应按规定进行钢轨焊接型式试验和周期检测，焊轨及探伤作业人员必须持证上岗。

(2)道岔钢轨铝热焊工艺。道岔钢轨铝热焊接施工工艺流程如图5-7-61所示。

1)施工准备。检查施工现场，焊接前专人根据焊接物品清单进行清点，以防遗漏现场施工。检查施工机具且试用，保证焊接前设备的完好率100%。用肥皂水检测氧气瓶、燃气瓶及其他系统，如有漏气情况不能使用。

检查相邻钢轨的平直度和表面情况，确认钢轨端头有无裂缝、倾斜或其他缺陷，当轨端有低接头时必须锯掉低接头。有大于2 mm深的掉角等必须锯除。

检查轨缝大小与位置以及接头相错量情况，焊缝宽度与铝热焊技术手册规定值的差值不得大于2 mm。焊缝应距两侧岔枕边绝缘100 mm以上。

测量轨温。在钢轨背光一侧测量轨温，当轨温低于5 ℃时不进行焊接。

待焊钢轨两侧50 m范围内必须严格按规定上紧扣件，确保焊接时轨缝间隙不得发生移动，影响焊接质量甚至发生钢水泄露。

2)轨端干燥。对轨端除锈去污前可用预热枪对钢轨焊缝两侧1 m范围内烘烤，充分排除钢轨表面水分及油污。

3)轨端除锈去污。用带有钢丝刷的角磨机对焊接钢轨端部、两侧、轨头和轨底的锈污进行打磨清洁，范

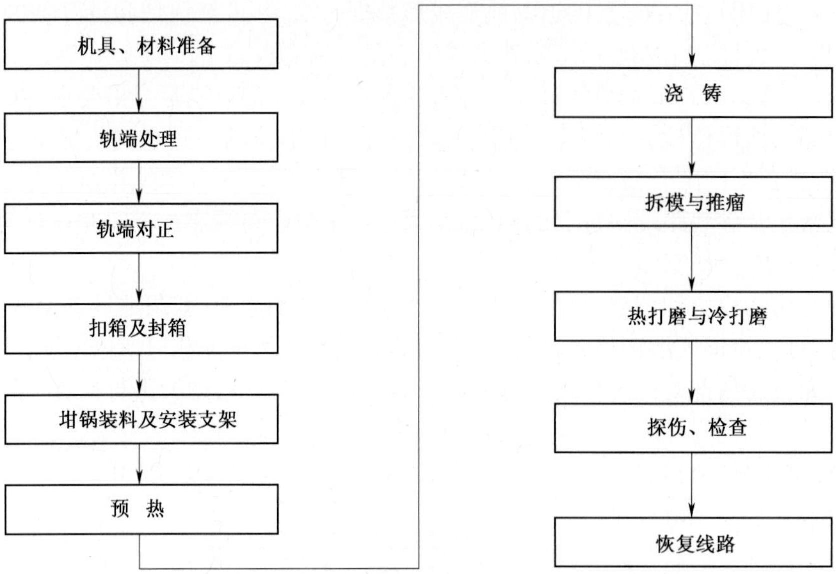


图 5-7-61 道岔钢轨铝热焊接施工工艺流程

围为 50 mm，特别要重视轨底的清洁，轨端不垂直度≤1 mm。打磨完成后，轨头端部边缘需倒角 1 mm×45°。

4)对轨。轨缝调整：在轨头和轨底的两侧进行测量，同等条件下，轨缝须满足(28 mm＋2 mm)～(28 mm－1 mm)，宁大勿小。焊接过程中保持间隙不变，从对轨开始禁止在焊缝两端各 50 m 范围内松扣件通行车辆，直至焊接完毕，轨温降至 300 ℃以下为止或推瘤 20 min 以后。

尖点对正：将 1 m 直尺的中点与焊缝隙中点重合，用钢楔子或者对轨架进行高度调节，使焊缝两侧 0.5 m处钢轨轨顶面与直尺的间隙为 1.5～2 mm。

水平对直：用 1 m 直尺分别紧贴钢轨的轨头、轨腰，并用钢板尺紧贴轨脚，一般情况下必须做到三处均密贴方为水平对正。必须保证接头的作用面一侧水平对正，钢轨内侧纵向要求平直，以 1 m 直尺同时测量两轨平顺度，错动不大于 0.2 mm。

对轨先调高低，后调水平。对钢轨两端需加重重量，以提高对轨精度。

5)夹具安装。夹具装置安装要与轨面平行；在调整预热枪高度时，首先要调整预热枪与轨面平行；用多用塞尺测定夹具安装位置，并调整定位预热枪的高度，预热枪头到轨面的高度为 40 mm。

6)砂模安装。检查砂模应无受潮、无裂纹、无变形，各组件完整，状态良好。有裂痕或受潮的砂型不能使用；砂模浇筑孔略作休整，防止高温时砂粒脱落；将砂模与钢轨接触面进行摩擦，使砂模与钢轨结合部位密贴；如果砂模与钢轨接触面吻合不好，则会发生漏钢水的严重后果；底模一定要对中，并且与钢轨紧贴；砂模浇筑孔要与左右轨角对称，以确保两侧轨底受热均衡；砂模中央与轨缝中央一致，砂模与钢轨垂直，两片砂模要对齐，不要错开，不要忘记放入白卡纸。在扭紧夹具时，应由一人完成，均匀夹紧。要试放分流塞，使分流塞在砂模中高低松紧合适，安装侧模时，倾斜 45°。

7)封箱。封箱过程是比较关键的步骤之一，在操作的时候应该特别留意，如果封箱不严密，会发生漏钢水的现象。封箱完成后，焊接负责人应该检查封箱是否达到要求，以确保焊接质量。

在封箱时要盖上砂型盖，防止砂粒落入砂型中形成夹渣。封箱分两步进行，首先对各缝隙关键部位压紧封砂，打好基础，然后整体封箱并用捣实棒捣实；在封箱过程中，两侧模板之间的砂要高于砂型模板，防止钢水从两侧流出。封箱先从轨底开始，从下往上按顺序进行，封箱速度快。

8)预热过程的控制。

工作压力控制：氧气和丙烷的工作压力分别是 3.5 bar 和 1.0 bar，如果使用的是氧气和乙炔气，其工作压力也分别是 3.5 bar 和 1.0 bar。在调压过程中，首先将氧气打开，而后开启并调节丙烷压力与流量，调节预热枪火焰。

预热火焰的调节：先稍开氧气阀门，再打开燃气阀门，然后点火逐渐交替打开两个阀门，直至氧气阀门完全打开为止，再通过调节丙烷阀门来调节火焰大小，使火焰的长度保持在 15～20 mm，火焰为中性焰，预热枪头应距轨头 40 mm；

密切关注整个预热过程：在预热过程中，应该密切关注轨头受热颜色变化过程，轨腰预热完成的温度为 950 ℃～1 000 ℃，预热时间为 5.5～6.5 min，其颜色为鲜红色；预热枪头须调至轨缝中央，以保证预热效果。预热完后，先关丙烷，枪头朝上，注意安全。

注意：须使用施密特公司提供的预热系统。

9)坩埚的使用。使用坩埚前须检查坩埚，受损、受潮的坩埚不能使用。须清除坩埚内的杂物，易熔塞表面须干净。

从焊剂包装中取出焊剂，混合均匀后(反复倾倒 3 次)，将焊剂旋转倒入坩埚中，并使其顶部形成锥形，插入高温火柴，盖上坩埚盖，预热完成后，立即放入分流塞并将坩埚安置在砂模侧模板顶部定位槽内。

10)焊剂高温反应。焊剂反应时间：8～15 s；镇静时间：8～18 s(若大于 30 s，燃烧不均匀)。

注意：焊剂反应及浇铸过程中，操作者应该距离坩埚 3 m 以上的距离，确保人身安全。反应完成后，如果钢水不能漏下来，应该让钢水在坩埚中冷却了 20 min 后才能移动坩埚。

11)拆模。浇铸完成后 1 min，移去坩埚，并将其放在安全的地方，然后移去灰渣盘，并将灰渣倒入坩埚中，保持环境干净。浇铸完成 4.5 min 后，先拆除侧模板和夹紧装置，再拆除底模板。

注意：在拆摸过程中要小心，不要将砂型一起脱下，造成钢水流出；拆模后，及时将轨面清理干净，防止推瘤时残渣拉伤轨面。

12)推瘤。浇铸完成 8 min 以后开始推瘤。浇铸棒在推瘤完成 20 min 后去除。推瘤过早会因为焊头硬度不够而拉伤轨面，推瘤过迟会给推瘤带来困难。去除浇铸棒时，要注意敲击方向，不能由内向外敲击。

13)热打磨。推瘤完成后，就可以进行粗打磨。焊后接头温度降低到 300 ℃以下才能放车通行。打磨焊头使其轮廓与两侧钢轨相同。打磨后，焊头处的凸出量不小于 0.5 mm。

14)冷却打磨。当轨温降至常温时进行冷打磨，打磨位置包括轨顶及内侧工作面、轨底上表面、轨底。使钢轨表面整体平齐。焊缝两侧 100 mm 范围内不得有明显的压痕、碰痕、划伤等缺陷。打磨后的焊头平直度允许偏差应符合表 5-7-21 的规定。

15)外观检查。焊缝两侧 10 mm 范围内不得有明显的压痕、碰伤、划伤等缺陷。当轨温降至 50 ℃以下时进行探伤。首先清理焊缝两侧各 100 mm 范围，确定无锈、无裂纹、无毛刺等再涂抹机油，进行全端面探伤，不合格焊头须切掉重焊。编写焊头编号，作好记录。

**表 5-7-21　焊接接头平直度允许偏差**

| 序号 | 部　位 | 允许偏差(mm/m) |
|---|---|---|
| 1 | 轨顶面 | +0.2<br>0 |
| 2 | 轨头内侧工作面 | +0.2<br>0 |
| 3 | 轨底(焊筋) | +0.5<br>0 |

注：1. 轨顶面中，符号“+”表示高出钢轨母材规定基准面。

2. 轨头内侧工作面中，符号“+”表示凹进。

3. 轨底(焊筋)中，符号“+”表示凸出。

经打磨后的焊接接头轨头部位满足：不应出现裂纹；可出现 1 个最大尺寸为 1 mm 的气孔；在轨头下颚与焊筋边缘交界处半径为 2 mm 的区域内，可出现 1 个最大尺寸为 1 mm 的气孔、夹渣或夹砂。

焊接接头焊筋表面应满足：最多可出现 3 个最大尺寸不超过 2 mm 的气孔；焊筋表面夹渣或夹砂等缺陷的尺寸应符合下表的规定，这些缺陷不应侵入钢轨的横断面内；焊筋表面夹渣或夹砂等缺陷的最大允许尺寸应符合表 5-7-22 的规定。

**表 5-7-22　焊筋表面夹渣或夹砂等缺陷的最大允许尺寸**

| 缺陷面积($mm^2$) | 缺陷深度(mm) |
|---|---|
| ≤10 | ≤3 |
| ≤15 | ≤2 |
| ≤20 | ≤1 |

16)焊缝探伤。

探伤人员资质要求：

探伤人员应持有铁道部门无损检测人员技术资格鉴定考核委员会颁发的Ⅱ级或以上级别的技术资格证书，并经过钢轨焊缝探伤技术培训方能独立上岗作业。

焊接接头探伤要求:钢轨焊接后均应对焊接接头进行超声波探伤,并填写探伤记录。记录应包括仪器、探头、焊接接头编号、测试数据、探伤结果及处理意见。

探伤时焊接接头的温度不应高于 40 ℃时,当焊接接头的温度高于 40 ℃时,可浇水冷却,浇水冷却时的轨头表面温度应低于 350 ℃。探伤前应对探测系统校准。扫查前检查探测面表面粗糙度,应无锈蚀和焊渣,打磨面应平顺、光滑,打磨范围应能满足探伤扫查的需要。使用双探头或单探头对轨头、轨腰、轨底分别进行探测。如发现内、外缺陷要及时采取补救措施。

焊接接头中的缺陷当量大于探伤灵敏度规定值时,应判定焊接接头不合格(判废),即焊接接头中发现如下缺陷时应判废,经探伤检查不合格者应锯切重焊:

①双探头探伤时:轨底角(距轨底角 20 mm 范围)大于等于 $\phi3-6$ dB(比 $\phi3$ 平底孔反射波低 6 dB)平底孔当量;其他部位大于等于 $\phi3$ 平底孔当量;

②横波单探头探伤时:轨头和轨腰大于等于 $\phi3$ 长横孔当量;轨底大于等于 $\phi4$ 竖孔当量;轨底角(距轨底角 20 mm 范围)大于等于 $\phi4-6$ dB(比 $\phi4$ 竖孔反射波低 6 dB)竖孔当量;

③缺陷当量比探伤灵敏度规定的缺陷低 3 dB,但延伸长度大于 6 mm。

17)收尾工作。检查焊好的接头,做好原始记录并编写焊接序号。将轨道恢复正常,并进一步清理焊接现场。把灰渣、废钢料、砂模等清理干净,装入坩埚中,在离开的时候带到指定的场所处理。禁止将其乱丢在铁路沿线,造成对铁路沿线的污染。

(3)道岔锁定工艺。大号无缝道岔原则上不进行扣件松开的应力放散和锁定工作,从道岔组装开始到最后焊接、精调都应在无缝线路设计锁定轨温范围内进行道岔钢轨扣件的松开和锁紧施工。

为保证道岔及前后线路内应力稳定和轨道线形的持续稳定,无缝道岔需要与相邻无缝线路进行焊联锁定。

无缝道岔与相邻无缝线路的焊联锁定原则上应在设计锁定轨温范围内进行。施工时,道岔区钢轨件及扣件保持不动,道岔之间及前后至少 200 m 的线路松开钢轨扣件,并使钢轨的一端处于自由状态,按 10 m 间距支垫滚轮,并通过橡胶锤敲打或撞轨器撞击钢轨使之处于零应力状态,之后拆除支垫滚轮,安装和锁紧全部钢轨扣件,即完成道岔及前后无缝线路的锁定,按规定设置位移观测桩和位移观测标记。

当实际轨温略低于设计锁定轨温但不低于 15 ℃时,无缝道岔及相邻无缝线路锁定施工可采取温度补偿的方式进行,即道岔区及道岔间钢轨件及扣件依然保持不动,与上述同样方式使道岔两端至少 200 m 线路的钢轨处于零应力和自由状态,通过加热或拉伸的方式使钢轨伸长量等于道岔区及线路钢轨计划伸长量的总和,之后锁定线路。应注意的是,道岔前后钢轨承受的拉应力不应传入道岔内部,与道岔相邻 100 m 范围内的钢轨锁定轨温应不大于道岔区实际轨温 5 ℃,并按相同梯度进行锁定轨温的传递。待实际轨温达到设计锁定轨温范围内,再次对道岔区及前后线路进行重新放散和锁定,施工方法为道岔区钢轨件及扣件依然保持不动,松开道岔间及前后线路钢轨(无缝线路单元范围内的钢轨)并支垫滚轮,通过撞轨器或橡胶锤作用使之达到应力均匀后,恢复线路并锁紧钢轨,重新设置位移观测桩和位移观测标记。

当实际轨温略高于设计锁定轨温或低于设计锁定轨温 15 ℃以上时,不得进行道岔及前后无缝线路的焊联锁定工作。

(4)胶接绝缘接头施工工艺。

1)概述及技术标准。胶接绝缘接头由绝缘夹板、高强度螺栓、绝缘塞片、绝缘套管、增强胶泥等组成,施工时将夹板和绝缘胶板经垫压形成一体。施工时对天气、施工工具、施工工艺等要求严格。主要技术标准有 6 点:

①除道岔区按设计布置以外,正线地段绝缘接头与焊接接头距离最小不得小于 25 m;

②安装完成后的接头轨端垂直错牙和水平错牙均不得超过 0.3 mm;

③为减少绝缘塞片与钢轨之间的缝隙,安装绝缘塞片时必须与拉伸器配合;

④安装前检查绝缘夹电阻值,电阻值大于 10 MΩ 的方可使用;

⑤合成胶泥凝固后钢轨间电阻应大于 1 000 Ω;

⑥高强度螺栓的紧固力不小于 1 100 N·m。

2)工艺流程。胶接绝缘接头现场施工主要工艺流程:钢轨准备、钻孔、打磨除锈、干燥处理、对轨、预安装、合成胶泥、安装、紧固。

3)钢轨准备。现场施工时,应将待胶接接头两侧的钢轨各松开钢轨扣件并支垫平整,检查接头两端各

1 m范围内的钢轨是否有硬弯，轨头及钢轨轨底的受力表面不得有伤损。

4)绝缘缝切割。切割绝缘缝时尽量使用一张锯轨片，断面平直度要求在 0.5 mm 范围内。轨底毛刺用角磨机打磨平顺，防止夹破塞片。

绝缘缝宽度除满足塞片尺寸要求，还应满足结构两端线路拉伸锁定时所需的计划拉伸量，保证胶接绝缘施工时绝缘缝宽度满足要求。

5)钢轨钻孔。钢板尺测量孔位并划线，使用 $\phi$31 mm空心钻头对两端接头进行外钻孔，钻孔后使用直尺复测孔距。

6)打磨除锈。用直砂机、角磨机对绝缘缝两端各 60 cm 范围内的钢轨轨腰、轨底进行打磨，要求打磨后的钢轨具有金属光泽。打磨后必须将铁屑清理干净，以便上胶。钢轨端头应做成 1 mm×1 mm 的 45°倒角。安装绝缘塞片时，塞片应与钢轨顶面平齐。钢轨有油迹的部位应用四氯化碳清洗干净。打磨、清洗、安装塞片的钢轨接头如图 5-7-62 所示。

图 5-7-62　打磨、清洗、安装塞片的钢轨接头

7)干燥处理。如阴雨天或阴天须用汽油喷洒或丙烷气体烘烤钢轨和绝缘夹板，去除附着水分。雨天需准备遮雨棚。

8)对轨。用 1 m 钢轨板检查接头两端平直度，用钢楔子调整钢轨。调整后的钢轨平度直应满足：轨顶 0～0.2 mm，严禁低凹，侧面工作边 0～0.2 mm。

9)预安装。预安装的主要作用是复查螺栓孔，确保绝缘接头和胶结成功；保证安装方向的正确性。安装前，需要对钢轨进行拉伸的，应提前用液压拉伸机对钢轨进行拉伸并保压，以保证轨缝能夹住绝缘塞片。塞片应稍高出钢轨顶面。绝缘塞片与钢轨间不得有缝隙，否则会因雨水进入造成绝缘失效。上胶前用毛刷仔细清理绝缘塞片处铁屑、灰尘，防止短接。塞片高出轨顶的，待胶泥干燥后用锉刀挫平。钢轨拉伸及塞片调整如图 5-7-63 所示。

10)合成胶泥。合成胶泥时不能接触到水分，合成胶泥开盖搅拌时间在绝缘夹板试安装成功后，搅拌完成后必须立即使用，在强烈阳光下施工时，搅拌或涂抹合成胶泥需搭遮阳棚进行。在绝缘夹板的干燥内表面上涂抹已准备好的合成胶泥，用一把油漆铲刀将合成胶泥涂抹成楔形，与钢轨侧面形状一致，沿着绝缘夹板方向慢慢地移动铲刀，压上合成胶泥并使之不掉落下来。如有掉落胶泥不能使用。合上夹板时检查绝缘胶套是否安装，有无掉落。

11)螺栓紧固。绝缘夹板安装后穿好螺栓，用电动扳手初次紧固直到接触到垫片，用扳手夹持螺栓方头确保螺栓不能转动，然后再用专用扭力扳手按由内向外的顺序将高强螺栓紧固到 1 100 N·m 或规定扭矩值。与此同时，用榔头敲击相对应的螺栓。合成胶泥达到最终硬化之后，需再次拧一遍，并将多余胶泥用抹布擦干净。

拆除液压拉伸机，清理道床并恢复轨道。螺栓紧固及胶泥清理如图 5-7-64 所示。

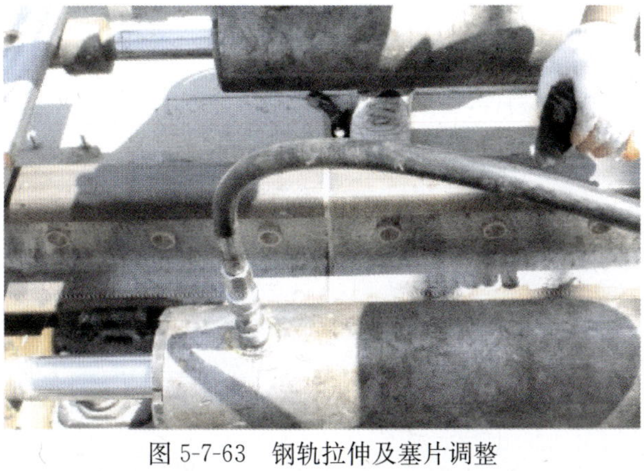

图 5-7-63　钢轨拉伸及塞片调整

图 5-7-64　螺栓紧固及胶泥清理

12)电阻检查。电阻测量应在胶泥干燥后进行。要求钢轨与钢轨、钢轨与夹板之间的电阻大于1 000 Ω。测量时应仔细检查绝缘塞片处轨底、轨底脚有无铁屑。

9.道岔使用及维护管理

为保证大号道岔施工完成至线路开通期间的安全管理,施工期间必须加强道岔使用与维护管理工作,由建设单位或铁路主管部门制定道岔使用与维护管理办法并严格执行。

(1)道岔使用许可流程。施工仅有两种情况允许道岔使用,一是道岔需要维护和调试施工时,二是工程列车需要通过时。

道岔使用许可流程为:道岔使用单位编制道岔使用计划;由道岔使用单位提前1 d将使用计划报车站值班室审查;车站值班室专人申请计划,调度长审批;车站值班室组织扳动道岔(如果需要);调度长现场确认道岔进路,并指挥行车;使用单位使用道岔;使用单位使用完成后专人向车站值班室销号。

(2)道岔管理职责划分。

1)道岔铺设单位。道岔铺设单位是道岔使用、维护管理的主体单位,其职责包括:负责在每个车站设车站值班室,专人负责管理道岔;负责成立道岔扳动小组,按照批准后的道岔使用计划扳动道岔;负责道岔使用计划审核、使用记录登记;负责现场确认进路、指挥行车;建立道岔使用、登记、销号管理台账;负责转辙机手摇柄及机箱钥匙保管,建立使用台账;定期对道岔进行维护,确保道岔始终处于良好的运行状态。

2)道岔使用单位。负责编制道岔使用计划,并报车站值班室审核批准、登记;每个车站至少派驻1名专业人员,专门负责向车站值班室办理道岔使用前登记,确认使用时道岔状态及使用后销号工作;对由于施工不当造成的道岔伤损,全权负责整修;确认道岔使用完成后,及时向车站值班室销号。

3)电务施工单位。每个车站至少派1名专业人员,积极检查道岔使用状态,指导转换设备的正确使用。

4)车站值班室人员管理。车站值班室靠近车站设立,由道岔铺设单位派人组成,调度长由道岔铺设单位担任。

每个车站配备专门的道岔手工扳动人员和行车人员,禁止任何其他人员无故扳动道岔,并严格执行批准后的道岔使用计划。扳动人员由车站值班室负责选派,纳入车站值班室管理。

道岔铺设单位设专人看守道岔,非专业人员禁止靠近、调整和使用道岔,防止意外破坏。看守人员纳入车站值班室管理。

以上人员必须进行专业培训,考试合格后上岗。每个车站值班室人员固定后不得随意更换。

(3)道岔扳动操作。道岔扳动操作确保两个确认:一是在扳动之前,拆除所有钩锁器,并确认道岔转辙部位及辙叉部位没有影响道岔扳动的异物、硬物等;二是扳动之后确认道岔的密贴情况、锁定情况及其开向正确等,保证道岔正确使用。

人工扳动道岔时,操作应缓慢、匀速进行,保持整体的同步性,并随时观察道岔工作部分的状态,发现异常情况立即停止操作。转辙机在未接通外部电源时,道岔转辙部位及辙叉部位要使用钩锁器锁定。

(4)道岔交验前保养。无砟道岔道床板混凝土浇筑完成后,经自检,电务互检合格后,电务及时安装转辙及锁闭装置,安装转辙机时,工务、电务部门配合施工,并将道岔调试到最佳工作状态。

道岔焊接锁定,对整组道岔包括前后过渡段进行最终精调。精调后的道岔应满足设计及列车高速运行的要求,同时满足《客运专线无砟轨道道岔铺设暂行技术条件》的相关要求。

道岔施工完成后,用钩锁器锁定尖轨,直向限速通过,侧向使用道岔前须按相关程序协商,征得道岔铺设单位同意,并做好相关限速及防护工作,轨行车辆禁止在岔区起停。

设置专人看守道岔,防止道岔零部件、扣件、电务设备等丢失或破坏,按有关要求进行涂油及扣件复拧工作。同时应防止其他施工污染道岔部件及混凝土道床。

## 7.4.7 资源配置

### 7.4.7.1 劳动力配置

长枕埋入式无砟道岔施工通常采取架子队组织模式,根据工作面情况分成若干班组,把道岔铺设及混凝土浇筑、道岔精调、道岔焊接锁定分开组织,按照工序尽量平行作业。各工序人员相对固定,推行专业化管理。

(1)管理人员组织。一般以无砟道岔施工作业队为单位设置管理机构,负责多个作业面的技术管理和施工组织。管理人员组织见表5-7-23。

**表5-7-23　管理人员组织表**

| 序号 | 岗位或工种 | 人数 | 主要工作内容 |
|---|---|---|---|
| 1 | 作业队队长 | 1 | 全面负责长枕埋入式无砟道岔施工组织工作 |
| 2 | 技术负责人 | 2 | 分别负责工程技术和钢轨焊接技术 |
| 3 | 作业队副队长 | 3 | 负责设备、物资及施工生产管理工作 |
| 4 | 工程技术室 | 4 | 负责生产技术、施工测量 |
| 5 | 安全质量室 | 4 | 负责安全、质量，主管安质、工程试验 |
| 6 | 物资设备室 | 4 | 负责设备及物资供应，含库管 |
| 7 | 办公室 | 5 | 负责治安、保卫工作及行政事物、食堂、司机、文化娱乐的管理及对外接待联络工作 |
| 8 | 工程调度 | 2 | 负责生产指挥调度，协调对外关系 |
| 合　计 | | 25 | |

(2)生产人员组织。每个作业工序，工地负责人、工班长、技术人员和专兼安质人员由正式员工担任，且持上岗证上岗。其余根据需要可配置劳务用工，但岗前必须进行培训并经考试合格后上岗。特种工种必须按规定持证上岗。以下工序按单作业面月铺4组道岔板为例介绍生产人员组织。见表5-7-24。

**表5-7-24　生产人员组织**(单作业面)

| 序号 | 岗位或工种 | 人数 | 主要工作内容 |
|---|---|---|---|
| 一 | 混凝土底座施工 | | |
| 1 | 施工测量 | 4 | |
| 2 | 模板安装 | 8 | |
| 3 | 钢筋制作与绑扎 | 8 | |
| 4 | 混凝土浇筑 | 12 | 含养护 |
| 二 | 道岔装卸及运输 | | |
| 1 | 道岔装卸 | 12 | |
| 2 | 道岔运输 | 4 | 不含设备操作 |
| 三 | 道岔组装及道床板混凝土浇筑 | | |
| 1 | 测量放样 | 4 | |
| 2 | 钢筋制作及绑扎 | 12 | |
| 3 | 模板安装 | 12 | |
| 4 | 道岔拼装及精调 | 20 | 含施工测量3人 |
| 5 | 混凝土浇筑及养护 | 20 | |
| 6 | 电务设备安装及调试 | 4 | |
| 7 | 材料转运及相关辅助工作 | 12 | |
| 四 | 道岔轨道线形精调 | 12 | 含施工测量3人 |
| 五 | 电务设备安装及调试 | 4 | |
| 六 | 钢轨焊接及锁定 | 12 | 含胶接绝缘接头施工 |
| 七 | 道岔看守及维护管理 | 2 | |
| 合　计 | | 162 | |

#### 7.4.7.2　主要设备机具配置

长枕埋入式无砟道岔铺设单作业面主要设备机具配置见表5-7-25。

表 5-7-25　长枕埋入式无砟道岔施工主要设备机具

| 序号 | 设备名称 | 规　格 | 单位 | 数　量 |
| --- | --- | --- | --- | --- |
| 一 | 检测设备 | | | |
| 1 | 全站仪 | | 台 | 1 |
| 2 | 电子水准仪 | | 台 | 1 |
| 3 | 轨检小车(含配套软硬件) | | 台 | 1 |
| 4 | 钢弦线 | 30 m 以上 | 把 | 4 |
| 5 | 轨道几何检查尺 | 含道尺、支距尺、方尺等 | 套 | 4 |
| 6 | 测力扭矩扳手 | 电动 | 台 | 8 |
| 7 | 钢筋绝缘检测 | | 套 | 1 |
| 二 | 施工机具 | | | |
| 1 | 汽车吊 | 50 t、100 t | 台 | 2 |
| 2 | 专用吊具 | 24 m | 台 | 1 |
| 3 | 道岔组装平台 | | 套 | 2 |
| 4 | 道岔平移台车组 | | 套 | 1 |
| 5 | 侧向支撑 | 0.2 mm 精度 | 套 | 1 200 |
| 6 | 竖向螺杆调节器 | 0.2 mm 精度 | 套 | 1 000 |
| 7 | 竖向螺杆 | 0.2 mm 精度,岔枕支撑用 | 套 | 800 |
| 8 | 轨距拉杆 | | 根 | 160 |
| 9 | 无孔夹具 | P60kg 轨用 | 个接头 | 100 |
| 三 | 混凝土设备 | | | |
| 1 | 组合钢模板 | 组合钢模 | M2 | 600 |
| 2 | 混凝土泵车 | | 台 | 2 |
| 3 | 混凝土罐车 | | 辆 | 6 |
| 4 | 捣固棒 | $\phi$50 mm | 根 | 16 |
| 5 | 刮尺或振动梁 | | 套 | 1 |
| 四 | 铝热焊设备 | 斯密特 | | |
| 1 | 铝热焊砂箱及钳锅 | | 套 | 12 |
| 2 | 锯轨机 | | 台 | 1 |
| 3 | 液压拉伸机 | | 台 | 2 |
| 4 | 滚轮 | 5 cm 高 | 个 | 120 |
| 5 | 仿型打磨机 | | 台 | 2 |
| 6 | 数字式超声波探伤仪 | | 台 | 1 |
| 7 | 数字式钢轨平直度检查仪 | | 台 | 1 |
| 8 | 数字式轨温计 | | 个 | 4 |
| 五 | 转换设备安装及调试工具 | | 套 | 1 |
| 六 | 钩锁器及防护器具 | | | |
| 1 | 钩锁器 | 每组道岔 1 套 | | |
| 2 | 防护器具及限速牌等 | 每个车站 1 套 | | |
| 3 | 对讲机等通信设备 | 每个车站 1 套 | | |

## 7.4.8　质量安全控制要点

### 7.4.8.1　质量控制要点

除满足设计及工艺要求,长枕埋入式无砟道岔施工还应加强以下质量控制要点:

(1)建立健全质量管理体系,配置质量控制要素,严格施工过程控制,针对不同工序、不同施工内容制定并实施作业指导书、质量实施细则和质量检测大纲，以工序质量、细节质量保证最终的施工质量。

(2)控制无砟轨道施工边界条件，铺板前，桥梁沉降和徐变评估、路基沉降评估等必须达标，桥面系及底座混凝土施工二期恒载基本完工，CPⅢ测量控制网复测精度达标。

(3)在精调测量中，配置高精度的全站仪、电子水准仪、道岔板精调系统等，测量人员进行针对性的培训并经考核合格后上岗，施工过程应加强设备的经常性校正、日常保养和维护，计量器具定期送检标定。

(4)根据气候条件，进行严格的施工作业控制，如测量和精调应选择在温差不大、阳光不强、少风、无雨的天气，道床板混凝土浇筑则应选择在温差不大、阳光不强、无雨或小雨的天气。进入冬季时，应根据天气条件采取冬期施工措施。

(5)道岔部件在储存和运输、吊装过程中，应切实采用诸如吊机＋吊梁吊装、轴线运输车＋托架运输、硬化地面并轨木支垫等措施以确保道岔部件特别是钢轨件不变形、无损伤。

(6)道岔组装采用道岔组装平台或道岔平移台车，首先保证道岔组装的内部几何质量，确保道岔部件组装正确、完整，以良好的道岔内部几何形位为轨道线形提供保障。

(7)道岔轨排调节装置和固定装置必须保证其加工精度，安装稳固、牢靠，防止道岔板精调后产生移位变形，影响轨道板铺设精度。

(8)道岔道床板混凝土浇筑之前，必须进行道岔轨道线形复测，并设置隔区，以防止车辆和行人从上通过扰动道岔轨排。

(9)严格控制施工条件，混凝土浇筑安排在晴天的夜间施工，对混凝土表面喷洒养护剂并覆盖洒水养护，保证道岔道床板混凝土从浇筑至终凝期间温度变化幅度不超过 15 ℃。应特别重视混凝土终凝时及时松开精调支架系统螺栓 1/2～1 圈，混凝土终凝后及时拆除精调支架系统和松开道岔钢轨扣件系统螺栓。拆除模板后修复混凝土表面缺陷并用同级砂浆封闭预留孔等。

(10)严格控制道岔焊接锁定及工电联调边界施工条件，焊缝打磨时应严格控制打磨情况，避免出现过打磨，即不可恢复性打磨，如轨顶凹陷等。钢轨焊接接头必须逐一进行探伤检查。

(11)为确保技术标准和施工工艺落到实处，在正式施工之前，应按技术培训及设备验证、工艺试验、线下试验段、线上先导段的顺序依次开展试验及分级评估工作，每个阶段经评估达到合格要求后方可进入下一阶段的试验或施工。其中线下试验段应由建设单位组织评估，线上试验段应由铁道部组织对建设单位的评估后，再由建设单位组织对施工单位的评估。

(12)加强与设备接收单位的联系和沟通，争取设备接收单位从道岔组装施工开始到交验结束全过程参与质量控制。

(13)无砟道岔铺设后，应及时完成道岔前后无砟轨道的施工，因故不能施工的，应及时将恒载施工完成，如完成轨道板预铺等，以防止岔区因地基变形引起的道岔两端无砟轨道翘曲变形。

7.4.8.2　安全控制要点

长枕埋入式无砟道岔施工涉及道岔部件运输与吊装、混凝土浇筑、施工用电、夜间作业等多个环节，须针对危险源及危险因素制定和实施有效的安全措施。

(1)总体要求。认真贯彻“安全第一，预防为主”的方针，施工队配置专职安全员和班组安全员，执行安全生产责任制，明确各级人员的安全职责，特殊工种持证上岗，确保安全生产。施工方案中应有专项安全措施，安全设施按要求配置到位，安全交底与技术交底同步进行。

(2)施工现场。施工现场的布置符合防火、防爆、防洪、防雷电等安全规定及文明施工的要求，其生产、生活、办公用房，仓库、材料堆放场、停车场、修理场等按批准的总平面布置图布置。

现场道路平整、坚实、保持畅通、危险地点悬挂按照《安全色》(GB 2893)和《安全标志及其使用导则》(GB 2894)规定的标牌，夜间行人经过的坑、洞应设红灯示警，施工现场设大幅安全宣传标语。

现场的生产、生活区要设足够的消防水源和消防设施网点，消防器材有专人管理，不得乱拿乱动。组建义务消防队，所有施工人员要熟悉并掌握消防设备的性能和使用方法。

各类房屋、库棚、料场等消防安全距离符合规定，室内不得堆放易燃品；严禁在木工加工场、料库等吸烟；现场的易燃杂物，应随时清理，严禁在有火种的场地堆放或在其近旁堆放。

(3)施工现场临时用电。施工场地的临时用电，严格按照《施工现场临时用电安全技术规范》(JGJ 46)的规定执行。

临时用电工程的安装、维修和拆除,均由经过培训并取得上岗证的电工完成,非专业电工不得进行电工作业。

电缆线路采用“三相五线”接线方式,电气设备和电气线路必须绝缘良好,场内架设的电力线路其悬挂高度及线距符合安全规定,并架在专用电杆上。

变压器必须设接地保护装置,其接地电阻不得大于 4 Ω,变压器设护栏,设门加锁,专人负责,近旁悬挂“高压危险、请勿靠近”的警示牌。

室内配电盘、配电柜必须有绝缘垫,并安装漏电保护装置。各类电器开关的金属外壳,均设接地或接零保护。配电箱能防火、防雨、箱内不得存入杂物并设门加锁,专人管理。移动的电气设备供电线,使用胶套电缆,穿过行车道时,套管埋地铺设,破损电缆不得使用。检修电器设备时必须停电作业,电源箱或开关握柄挂“有人操作,严禁合闸”的警示牌或设专人看管,必须带电作业时应经有关部门批准。

现场架设的电力线路,不得使用裸导线,临时铺设的电线路,不得挂在钢筋、模板和脚手架上,必须设绝缘支承物。

施工现场用的手持照明灯采用 36 V 的安全电压。严禁用其他金属丝代替熔断丝。

(4)钢筋绑扎及混凝土浇筑。钢筋调直、焊接、切断、弯曲等过程,操作人员应严格按操作规程操作相关设备,做好防电、防机械伤害等安全措施。

混凝土浇筑料斗在使用前应安装平稳、牢靠。混凝土浇筑多在夜间作业,应有足够的照明措施,避免施工人员因碰撞、摔倒或设备操作、物具堆放不稳等造成伤害。

(5)道岔焊接施工。从事钢轨铝热焊接工种人员必须经专门培训并持证上岗,焊接作业必须制定和实施专项安全施工方案。

在焊接作业区间,必须清除周边所有的易燃易爆物品,如无法清除,应采用安全可靠措施加以防护。

焊接作业前,应认真检查燃气、氧气瓶等是否分开放置各 5 m 以上位置,安装压力表和开气时不准使用有油的手套,检查管线是否连接牢固并无漏气。焊接作业人员必须按规定佩戴防护用品,闲杂人员不得靠近焊接施工。

(6)道岔材料装卸和运输。轨料的现场装卸和运输作业,应先编制施工方案并经批准后,采用专用吊具在专业技术人员的指导下进行。

产品包装在铺设前不得拆除。装卸、运输与存放作业所有零部件不得有变形、损坏和污染。在进行装卸作业时,必须指定专人指挥和负责作业人员的安全。

按照技术要求布置吊点,吊具与钢轨连接完成后,要对锁具锁紧可靠性和平衡性进行检查;先进行不大于 100 mm 高度起升的试吊,验证起吊设备、吊具的可靠性,轨排垂直和横向最大变形量不超过 100 mm;试吊无误后可直接起吊,起吊时应慢速启动,注意保持平稳;起升与转动应分别进行,严禁边起升边转向;吊件落地后,要保持起重机一定的受力状态,检查无误后方可落实。

钢轨及组件吊卸过程中,要注意防止钢轨发生位移、翻转,引发事故。长度 15～25 m 的钢轨,吊点间距允许最大值为 4 m,当起吊超过 25 m 钢轨时,起吊点间隔距离不得大于 5 m,起吊点距离端头不得大于 3 m。吊装尖轨时所有吊点位置向右移动 1 m,同时严禁采用吊卡吊卸,应采用吊带锁吊卸。吊卸时应轻吊缓放,避免相互碰撞,同时应避免断续加载和急促启动。吊带必须呈对称布置且固定,吊带与水平线夹角须不小于 60°。

(7)交通安全。经常组织机动车驾驶人员学习《道路交通安全法》,提高其交通安全意识。

机动翻斗车在施工现场内行驶,限速 10 km/h;卸料时,先察看周围环境,确认安全后方可卸料;往坑、沟、槽内卸料时,车距坑边 10 m 处应减速行驶,在坑边 1～2 m 处卸料,卸料处设车挡;严禁机动翻斗车载人。

临时道路严格按照设计的标准修建,弯道、坡度以及会车道的设置满足安全行车的要求。临时道路与其他公路、人行道交叉时,在交叉道口设置警示牌,车辆、人员繁忙的道口,派专人看守,并设围栏。

装运易燃、易爆和危险品的车辆符合国家有关安全规定的要求。

7.4.8.3　环保控制要点

(1)施工过程中应有完善的环保措施,确保工程所处的环境不受污染和破坏。

(2)采取合理措施,减少施工引起的扬尘、噪声等,生产生活垃圾、废水、废油等按规定排放和处理。

(3)施工营地、料场、临时租用地、便道等在完工后应及时平整恢复植被或复耕,符合环境保护及水土保持规定的要求。

(4)在施工过程中采取有效措施,注意保护饮用水源避免施工活动造成的污染。

(5)划定施工范围,加强对施工人员的教育,防止对作业范围外的生态环境产生破坏。

## 7.5　板式无砟道岔施工技术

板式无砟道岔是我国铁路在系统总结国际无砟轨道先进经验的基础上,自主创新形成的新型的岔区无砟轨道结构形式,该结构在下部基础上铺设预制道岔板,通过自密实混凝土或水泥乳化沥青砂浆进行调整和支承,并适应 ZPW-2000 轨道电路传输需要。板式无砟道岔施工分为道岔板铺设和道岔部件安装两个阶段。

道岔板铺设又分为两种情况。一种是路基及隧道内施工,道岔板下浇筑自密实混凝土,施工方法及工艺与 CRTSⅢ型板式无砟轨道相似。另一种是桥梁上施工,道岔板下浇筑水泥乳化沥青砂浆,施工方法与 CRTSⅡ型板式无砟轨道相似。

道岔部件安装在道岔板铺设完成后进行,通过公路或铁路将道岔部件运输进场并吊装就位,采用轨检小车配合测量进行道岔线形的调整,安装电务转换设备并进行工电联调,最后焊接道岔钢轨并与区间线路形成跨区间无缝线路。

本节内容仅介绍道岔板铺设施工,道岔部件安装施工见“7.4 节长枕埋入式无砟道岔施工技术”相关内容。

### 7.5.1　施工物流组织

板式无砟道岔与长枕埋入式无砟道岔施工基本一致,结合前后无砟轨道施工及无砟道岔数量综合确定工序及作业面划分。一般修建从施工基地经既有公路至施工现场的运输通道,有条件的地方尽量设置沿线路的贯通便道,长桥地段需要设置上下桥梁的人行步梯或采用龙门吊、汽车吊、塔吊等作为材料及机具上下的通道,隧道地段则主要结合隧道进出口、应急通道或施工斜井、横洞设置物流通道。混凝土供应、道岔板及相关材料存放等结合作业面划分按车站设置临时基地生产或存放,临时基地同时规划人员居住、材料存放及加工、机具维修等。

施工现场结合路桥隧结构物特点,采用人工、龙门吊、汽车吊或输送泵等进行材料运输及机具转运等。

### 7.5.2　关键设备及工装

板式无砟道岔施工,关键设备主要包括:道岔板精调系统、水泥乳化沥青砂浆搅拌车、精调器、自密实混凝土浇筑料斗等。除精调器外,其余设备与 CRTSⅠ型、CRSTⅡ型和 CRTSⅢ型板式无砟轨道施工基本相同,此处不再表述。

道岔板铺设除竖向和横向的定位有严格要求外,对纵向的定位的也有严格的要求。因此,道岔板精调器在竖向、横向和纵向等三向都能调整,如图 5-7-65所示。

图 5-7-65　道岔板精调器

### 7.5.3　主要临时工程

考虑到无砟道岔施工的专业特点,同一铁路项目一般会结合铺轨工程标段划分无砟道岔施工单元,每个施工单元负责的无砟道岔施工范围都很大,多则几百公里。为此,除无砟道岔施工专有的设施外,无砟道岔施工单元生活办公基地一般就近租借民房解决,其他如运输道路、施工用电、混凝土拌和站等都会就近借用其他无砟轨道施工的设施或临时工程。

需要自行设置的临时工程主要包括:道岔板及道岔存放场;临时道路加宽;钢筋加工房等。道岔板存放原则上不超过 3 个月,存放要求为平放,每垛不超过 3 层,层与层之间按设计加垫方木支承。

### 7.5.4 原 材 料

板式无砟道岔路基上及隧道内垫层采用 C25 素混凝土,桥梁上底座采用 C40 钢筋混凝土结构,钢筋包括热轧光圆钢筋和热轧带肋钢筋两种规格,分为 Q235 和 HRB335 等规格。混凝土配合比可以使用水泥等级不低于 P·O42.5,聚羧酸减水剂,碎石规格 10~40 mm 均匀级配,细骨料为中粗砂或机制砂,掺和料可为复合型掺和料或单掺矿粉及粉煤灰,同时满足技术条件和施工工艺要求。

板式无砟道岔施工辅助材料包括:接地端子、嵌缝胶、养护剂、植筋胶、脱模剂等。

### 7.5.5 施工工艺

#### 7.5.5.1 质量标准

(1)混凝土模型质量控制。混凝土模板及支架材料应有足够的强度、刚度、稳定性和平整度,且安装稳固牢靠、接缝严密、不得漏浆,对模板与混凝土的接触面清理干净并涂刷隔离剂,模板内的积水和杂物应清理干净。垫层、底座及板缝等模板安装允许偏差应符合《高速铁路轨道工程施工质量验收标准》(TB 10754)的相关规定,其中预埋件和预留孔道留置等应做好与相关接口工程的衔接。

(2)钢筋质量控制。钢筋的制作、加工和焊接、绑扎除符合设计及铁路混凝土工程的要求外,接地端子等材料应满足设计要求及产品技术条件的要求。钢筋网片的绑扎安装应做好模型的协调,并保证结构混凝土保护层厚度符合设计要求。

(3)混凝土质量控制。路基或隧道内设计混凝土垫层,桥梁上设计钢筋混凝土底座。混凝土采用高性能混凝土,混凝土质量除满足结构性能要求外,还应满足施工工艺的要求。混凝土原材料、配合比设计、搅拌及施工养护应满足《铁路混凝土工程施工质量验收标准》(TB 10424)的相关规定,外形尺寸、表面裂纹及排水坡等应符合设计及表 5-7-26 的规定。混凝土拆模后,结构表面应密实、平整、颜色均匀,且不得有露筋、蜂窝、孔洞、疏松、麻面和缺棱掉角等缺陷。混凝土施工时,道岔板范围内的表面应按规定进行横向拉毛,道岔板范围外的表面应抹光并设置不小于 3%的横向排水坡。

**表 5-7-26 混凝土底座板外形尺寸应符合下表规定**

| 序号 | 检查项目 | 允许偏差(mm) | 检验方法 |
|---|---|---|---|
| 1 | 纵向位置 | ±10 | 全站仪测量和尺量 |
| 2 | 中线位置 | 10 | 全站仪测量和尺量 |
| 3 | 纵向位置 | ±20 | 尺量 |
| 4 | 宽度 | ±20 | 尺量 |
| 5 | 厚度 | ±10%设计厚度 | 尺量 |
| 6 | 顶面高程 | ±10 | 水准仪 |
| 7 | 表面平整度 | 15 mm/4 m | 4 m 直尺 |
| 8 | 两侧横向排水坡 | ±0.5% | 用直尺配合坡度尺量 |

(4)自密实混凝土。板式无砟道岔用自密实混凝土属首次大规模应用铁路工程建设,结合无砟道岔结构体系及工艺设计特点,确定自密实混凝土施工技术条件:结构特性符合 C40 高性能混凝土的相关要求,具有微膨胀性能且满足低收缩、无收缩混凝土的相关规定;采用普通高性能混凝土材料制备,外掺料按水泥、磨细矿渣粉双掺,粗骨料采用最大公称粒径不超过 20 mm 的连续级配碎石,外加剂包括聚羧酸减水剂和铝粉膨胀剂。

混凝土配合比参数基本要求:胶凝材料用量不大于 600 kg/m$^3$,用水量不大于 190 kg/m$^3$,自密实混凝土单位体积的量宜为 0.35~0.42 m$^3$,单位体积粗骨料绝对体积 0.26~0.32 m$^3$。

自密实混凝土施工特性应保证浇筑前混凝土扩展度在 650~750 mm 之间,具有足够的黏聚性能,施工过程不出现离析、泌水等现象,其流动性满足施工工艺的要求,其他性能符合铁路工程高性能混凝土的相关要求。

(5)水泥乳化沥青砂浆垫层质量控制。乳化沥青、干粉材料、外掺料、外加剂及拌制用水等主要性能指标等符合《客运专线铁路CRTSⅡ型板式无砟轨道水泥乳化沥青砂浆技术条件》(科技基〔2008〕74号)的规定。浇筑袋的规格、类型及质量应符合相关技术条件的要求。

浇筑之前应检查确认道岔板的位置,砂浆浇筑厚度不小于20 mm,不宜超过40 mm。砂浆浇筑的施工环境应在5 ℃～35 ℃范围内,当天气温低于−5℃时,全天不得进行砂浆浇筑。

水泥乳化沥青砂浆拌制应采用专门的数控及电子计量搅拌设备,应严格按施工配合比进行原材料称量,称量误差应符合相关技术条件的要求。砂浆浇筑前,应按规定进行流动度、温度、含气量等指标的检测。

砂浆浇筑应饱满,与道岔板密贴,不应有空隙。填充质量应外观平整、无损伤,个别缺陷经修整后不得影响使用。封边材料不得侵入板底,拆除封边材料时不得损伤砂浆层。

(6)道岔板铺设质量控制。成品道岔板应有标识(编号),扣件完整,预埋件齐全且埋置深度及位置正确,预埋套筒内不得有混凝土淤块或积水,纵向连接精轧螺纹钢筋端部完整、无弯曲。

混凝土底座或垫层外观及几何尺寸满足铺板要求。道岔板的类型、规格、质量等与设计及技术条件符合。道岔板与底座或支承层之间的间隙符合要求。

道岔板精调用精调系统、精调器等满足要求。精调完成后的道岔板应定位牢固,中线及高程偏差、相邻轨道板间横向和竖向的搭接偏差等符合《高速铁路轨道工程施工质量验收标准》(TB 10754)的相关规定。

#### 7.5.5.2　工艺特点

板式无砟道岔实行多工序流水作业施工,混凝土底座或垫层、自密实混凝土底座采用模筑法现浇施工,道岔板铺设时以理论的钢轨及轨道中心作为施工控制的基准面和基准线,通过快速精调系统和精调器的使用,使得轨道铺设几何形位极为精准,铺设施工误差近似于"零"。同时,为保证水泥乳化砂浆浇筑厚度,施工时还应严格控制道岔板底座高度及几何尺寸。

1. 精度要求高,工序控制严格

板式无砟道岔既要保证高精度的轨道几何形位,又要保证混凝土底座、水泥乳化沥青砂浆厚度及耐久性。因此,必须持续地系统地进行精度和质量控制。主要有以下几点:

(1)将高精度系统控制的理论延伸于线下结构施工,既要保证线下结构的表面高程、平整度和中线,更要最大限度地减少和保证线下结构变形量。

(2)建立CPⅢ测量控制网,并将CPⅢ测量控制网的使用贯穿于无砟轨道施工的全过程,并根据不同工序选择不同的高精度测量设备予以保证。

(3)严格控制线下结构竣工平整度和高程,混凝土底座的中线、高程及表面平整度,道岔板预制厚度及扣件螺栓孔定位精度、道岔板定位精度等,通过一系列严格的精度控制最终保证无砟轨道的结构质量和精度质量。

(4)严格控制道岔前后无砟轨道施工时机,道岔前后至少各200 m的无砟轨道应在道岔板铺设完成且精度复测后进行,同一岔区的道岔应同步测量和施工。

2. 自动化程度高,四新技术应用广泛

为保证板式无砟道岔的高质量和高精度要求,施工过程采用大量自动化程度高的设备,四新技术应用广泛。

(1)使用水泥乳化沥青砂浆、自密实混凝土、隔离层及橡胶垫板、弹性限位板及植筋胶等新型材料。

(2)采用了板式无砟道岔结构。

(3)开发了大量的机械化、自动化程度高的专用施工设备,包括轮胎式可调跨铺板龙门吊(分悬臂和非悬臂),道岔板精调系统、水泥乳化沥青砂浆搅拌车等。

(4)应用了许多新工艺及新技术,包括道岔板精调及定位工艺,自密实混凝土制备及浇筑工艺,水泥乳化沥青砂浆现场搅拌及浇筑工艺。

#### 7.5.5.3　工艺流程

路基上及隧道内板式无砟道岔施工工艺流程如图5-7-66所示,桥梁上板式无砟道岔施工工艺流程如图5-7-67所示。

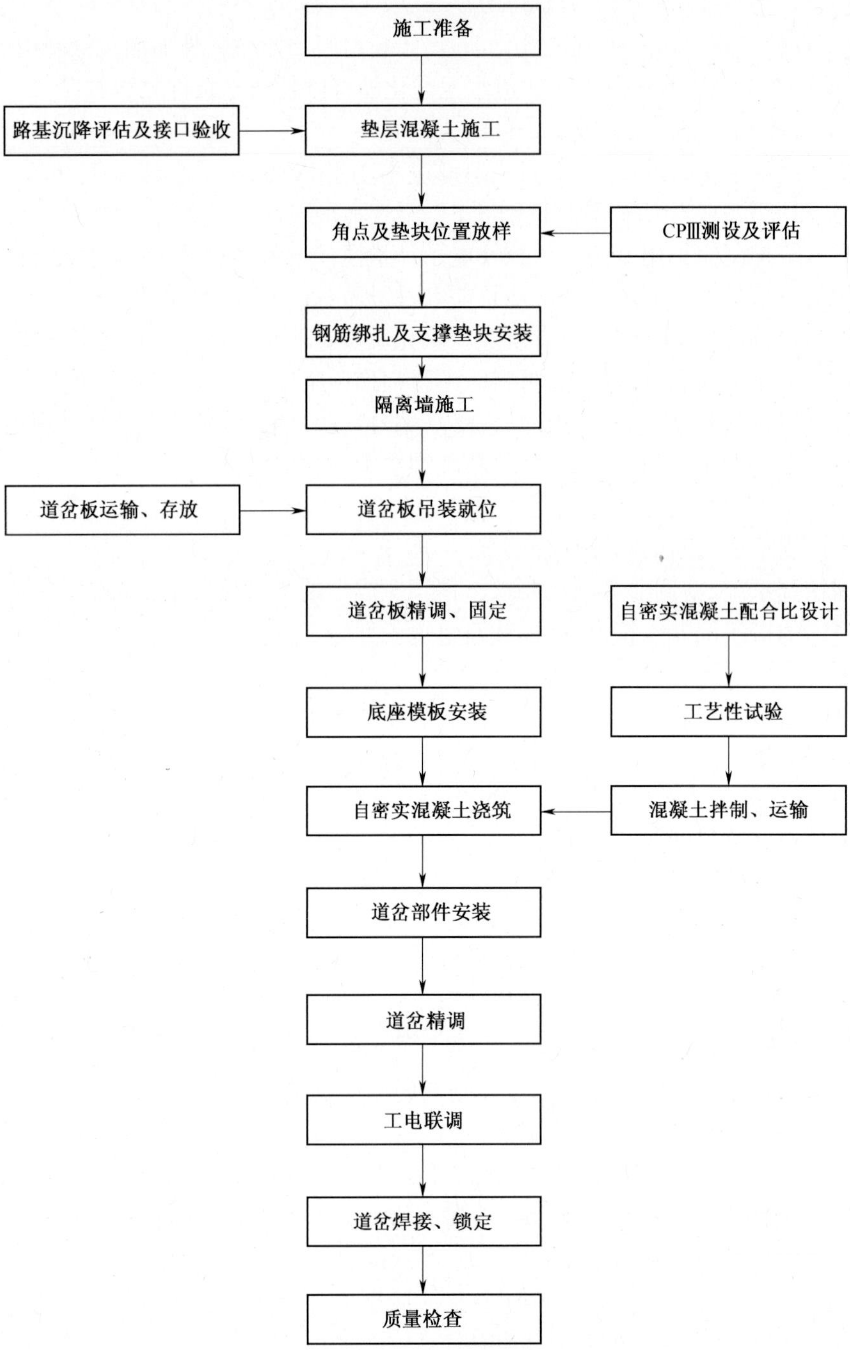


图 5-7-66　路基上及隧道内板式无砟道岔施工工艺流程

7.5.5.4　*板式无砟道岔施工*

1. 施工准备

正式施工之前,应结合设计及工期要求确定道岔板及道岔组件进场方案,必要时对既有道路尤其半径较小地段进行加宽加固。完成自密实混凝土、水泥乳化沥青砂浆材料的配制及工艺试验。完成道岔钢轨焊接型式试验并获取试验报告,完成道岔件、调整件的订货。

与道岔板预制场协调道岔板供货计划,对已生产完成的道岔板按照设计文件要求进行检查验收,并重点做好道岔板预埋螺栓孔的检查和封堵。

协调相关线下及无砟轨道施工单位,共同确认道岔前后各 200 m 的无砟轨道留待无砟道岔施工完成后施工。

2. 沉降评估及 CPⅢ测量控制网测设评估

铺设无砟道岔前,线下工程的主体和底座混凝土(包括桥梁上防撞墙、遮板等二期恒载)应全部完工,检验合格。未完成的附属工程不得影响 CPⅢ测量控制网测设及评估和无砟道岔铺设的要求。

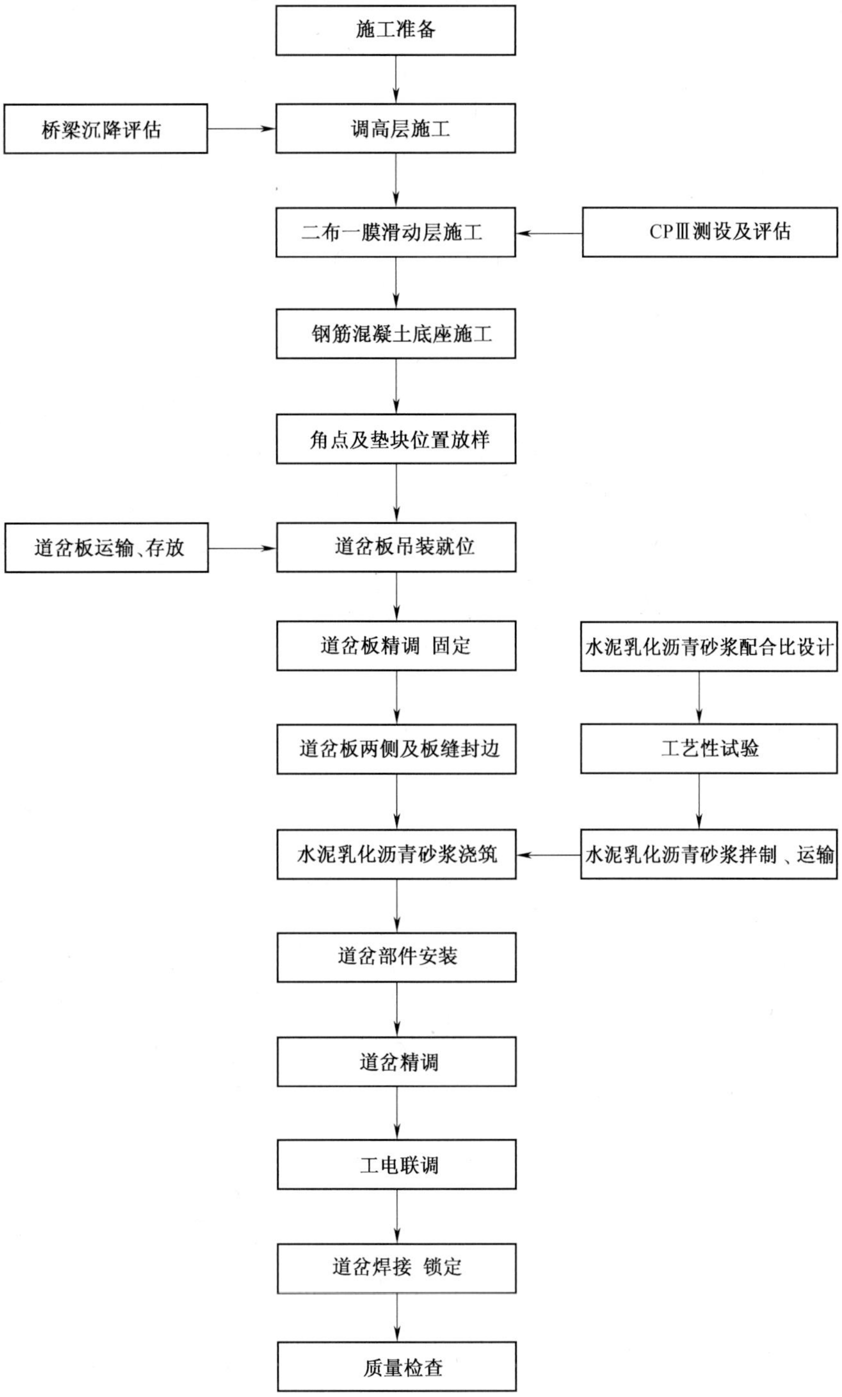


图5-7-67　桥梁上板式无砟道岔施工工艺流程

铺设无砟道岔前,按照《客运专线铁路无砟轨道铺设条件评估技术指南》(铁建设〔2006〕158号)对路基、桥涵、隧道变形进行系统评估,确认工后沉降和变形、梁体长期变形、各种过渡段的差异沉降等符合设计要求,满足无砟轨道铺设条件。

铺设无砟道岔前,由建设单位组织各施工单位共同对线下结构组织交接确认,主要包括复测线下结构外形尺寸(高程、中线、宽度、平整度)、移交CPⅢ测量控制网资料、线下工程沉降评估报告及相关技术资料。

3. 路基及隧道内混凝土垫层施工

混凝土垫层为素混凝土结构,在路基级配碎石或隧道内仰拱清理完成且经复核高程、平整度及宽度满足条件后模筑法施工。主要工序包括测量放样、模板安装、混凝土浇筑、混凝土养护等。如图5-7-68所示。

(1)测量放样。依据CPⅢ测量控制网进行模板边线及高程控制点的放样。放样点位主要包括中线及高程控制线、模板四角控制点等。

(2)模板安装。模板采用组合钢模板或竹胶板,L形或三角形支撑。模板安装以模板顶面作为垫层顶面高程的控制线，模板支撑通过在路基上钻孔植筋或隧道两侧水沟侧壁固定支撑。模板安装应牢固、密贴，模板内的杂物应清除干净。

模板安装完成后，应再次使用水准仪逐点检查模板顶面高程，复测误差应不大于±5 mm。

(3)混凝土浇筑。混凝土通过罐车运输进场，采用溜槽或汽车泵泵送入模，插入式捣固或振捣梁振捣密实，一次浇筑完成。混凝土初凝前，采用铝合金刮尺大面平整并人工收面压光。混凝土初凝后，应对道岔板范围内的表面进行横向拉毛，拉毛深度1.5～2 mm。对道岔板范围外的部分，人工收面压光并设置向外4%的横向排水坡。

图 5-7-68　混凝土垫层施工

混凝土终凝后，采用土工布覆盖并保湿养护7 d。24 h内，每隔2.5～5 m切割横向伸缩缝，伸缩缝深度应不小于垫层厚度的1/3。

拆模时应注意保护混凝土棱角不被碰撞损坏。并对混凝土表面缺陷及时修补。

4. 桥梁上钢筋混凝土底座施工

桥梁上无砟道岔钢筋混凝土底座施工与CRTSⅢ型板式无砟轨道施工相同。主要工序包括：基础面处理、测量放样、钢筋加工、混凝土浇筑、混凝土养护等。

(1)基础面处理。桥梁底座范围内基础面应进行凿毛处理，凿毛处理时混凝土见新面不小于50%。底座施工范围内及影响区域内的浮渣、浮浆应清除干净。与底座连接的预埋钢筋套筒应清理干净，连接钢筋旋入套筒的长度不小于28 mm，拧紧力应满足设计要求，连接钢筋端头螺纹应采用辊轧成型。当梁面套筒被堵塞而导致连接钢筋不能安装时，须在两侧各植入一根同规格的连接钢筋，植入深度和外露长度应分别不小于25 cm和15 cm，并采用专用植筋胶锚固。

桥梁与底座连接的钢筋还有采用预留门形钢筋和现场植筋的设计方式。当采用预留门形钢筋时，应将保护层混凝土凿除，重新扶直和清理门形钢筋。当采用现场植筋时，植筋位置应严格按设计进行，通过测量、划线确定植筋区域，再采用钻孔植筋，植筋的要求为植入深度和外露长度应分别不小于25 cm和15 cm，采用专用植筋胶锚固。

(2)测量放样。根据CPⅢ测量控制网，利用全站仪按"自由设站，后方自由"的方式放样底座施工的中线、每段底座的起终点桩及高程控制桩，并直接在基础面标注点位，端头模板安装位置等标注准确。也可通过控制桩直接用墨线划出模板安装的边线。

(3)底座钢筋绑扎。底座钢筋预先在生产基地内加工成型，再运输到工地现场绑扎成型。在有条件的地方，也可提前在生产基地将底座钢筋网整体预扎后运输到工地吊装铺设。钢筋保护层垫块采用与底座混凝土同级或高一等级的水泥砂浆制作。

钢筋加工前，应根据施工图编制配料斗，钢筋的下料及弯曲应符合《铁路混凝土工程施工质量验收标准》(TB 10424)的相关要求。弯曲成型的钢筋应分类集中堆放，根据需要运输到现场绑扎。

现场绑扎钢筋时，根据放样控制点，弹出底层钢筋网片安装墨线，采用定位卡具安装底层钢筋网片，以保证钢筋位置及间距。按规定数量呈梅花形布置保护层垫块。之后绑扎架立钢筋，再绑扎顶层钢筋网片。底座内需要安装的预埋件及接地端子应在钢筋绑扎时同步安装或焊接完成。

若底座表面采用限位凸台，凸台钢筋提前加工成型，与底座钢筋同步安装，并按规定将凸台立筋与底座上下层钢筋焊接连接。桥梁上钢筋绑扎时，应提前完成与梁体连接钢筋的安装或植入。

当基础面高程与设计高程有误差时，应调整底座板架立钢筋高度，使底座板钢筋上、下层保护层厚度符合设计要求。

(4)底座模板安装。钢筋混凝土底座采用组合式可调高钢模板。钢模板设计为分块结构，直线段模板制作高度比底座设计高度低30 mm，模板底部设有调高螺栓，调高螺栓调节范围−30～+50 mm，模板分块长度结合底座分段情况设置，原则上模板分块长度不超过5 000 mm。模板安装时，通过调高螺栓调整模板顶面高度与底座设计顶面高程一致，并在模板内侧加垫 2 mm 厚钢板并用卡具卡住以封闭模板底部与基础面间空隙。通过在基础面上钻孔植入钢筋并在钢筋与模板间加楔子以固定模板。

模板安装前应对模板及零部件进行检查、清理和整修，确保模板板面平整、光洁、无凹凸不平，清除模板上的灰渣和基层表面的杂物，检查支架及模板焊缝处是否有开裂破损，如有均应及时补焊、整修合格。模板清理干净后应均匀涂刷脱模剂。

模板安装并加固完成后，应再次检查模板垂直度，全部逐点抄平检查模板顶面高程，并拉线检查伸缩缝模型、端模和侧模的线形，同时检查模板支撑及加固情况。模板与混凝土接触面应涂刷脱模剂，用适量砂浆封堵模型和基础面之间的接缝，以防接缝漏浆。

底座表面凸台（或凹槽）模板采用整体加工成型，安装时用木杆或木方等将凸台（或凹槽）模板与底座模板固定，以防止混凝土浇筑过程中跑模。

（5）混凝土浇筑。底座混凝土浇筑施工应密切关注天气变化，高温烈日、大风、雨雪天气应尽量避免施工。

混凝土制备及运输。混凝土应采用有自动计量装置的搅拌设备拌制，混凝土罐车运送到工地，再通过汽车泵或输送泵输送上桥并浇筑。特殊地段可采用单线作业，即混凝土罐车沿桥面运输混凝土并浇筑施工。混凝土入模前应检查混凝土温度、坍落度，一般条件下混凝土的入模温度不应低于 5 ℃、炎热的夏季不宜超过 25 ℃。

混凝土浇筑。浇筑前，应对模板范围内的杂物、积水进行彻底清理，混凝土入模前应对基床面喷水雾湿润。混凝土布料应缓慢均匀连续进行，由模板低边向高边进行，左右两副布料的速度要基本保持一致。混凝土采用插入式捣固棒振捣，并避免漏捣和过振，振捣过程中应加强检查模板支撑的稳定性和接缝的密合情况，以防漏浆，发现螺栓、支撑等松动应及时拧紧和打牢。振动棒移动距离不得超过振动棒作用半径的 1.5 倍，每点振动时间约 20～30 s。

混凝土抹面及顶面高程控制。混凝土浇筑完成后，应仔细对混凝土顶面收浆、抹面，底座的中间部分应搭设跳板进行，抹面时严禁洒水拉毛。混凝土顶面高程控制以模板顶面为准，用铝合金刮尺对混凝土面找平。混凝土面找平后，用木砂板抹面。横向排水坡采用定制尺寸的铁抹子设置，排水坡应光滑平整且不小于 3%。为避免两模板间混凝土出现错台，施工时在两块伸缩缝模型顶部放置水平尺进行两侧底座顶面高程控制。

（6）混凝土养护及拆模。底座混凝土施工完成且初凝后立即用土工布覆盖并洒水保湿养护，强度满足设计要求后方可拆除模板，如设计无具体要求，侧模应在混凝土强度达到 2.5 MPa 以上，其表面及棱角不因拆模而受损时，方可拆模。脱模后拆去土工布，洒水后用土工布覆盖，保证 95%以上的湿度，养护时间不少于 7 d。在混凝土未达到设计强度 75%之前，严禁各种车辆在底座上通行。

5. 路基上及隧道内角点及垫块位置放样

混凝土底座或垫层验收合格后，依据设计坐标，利用 CPⅢ测量控制网采用“自由设站，后方交会”的方式对底座板各角点进行测量放样，对道岔板位置进行放样，包括每块道岔板角点、精调垫块位置点、基准点等，同时明显标出点位处距设计点位的距离，放样误差控制在±5 mm 以内。放样完毕，用尺交叉丈量各点位间长度对放样结构进行复核。

6. 路基及隧道内钢筋绑扎及垫块安装

路基及隧道内板式无砟道岔采用 C40 自密实钢筋混凝土底座结构，在道岔板铺设前，需要进行钢筋绑扎及垫块安装。如图 5-7-69 所示。

钢筋绑扎前，对找平层进行清理，依据道岔板角点及垫块放样位置用墨线进行钢筋位置及底座板轮廓放样，准确布置和绑扎钢筋并安放精调垫块和调高垫块。标出道岔板门形筋的位置，以便在底座钢筋绑扎及垫块安装时加以回避。

钢筋在基地内下料并预加工成型，通过平板车运输到现场绑扎成钢筋网，钢筋下支垫与保护层厚度一致的砂浆垫块，垫块的数量及分布应符合设计要求。钢筋纵横向节点间采用绝缘卡或塑料扎带＋绝缘片绑扎和固定。底座钢筋通过植入垫层内的门形筋支撑，门形钢筋与底座钢筋间进行绑扎和绝缘处理。钢筋绑扎完成后，按要求进行绝缘测试，测试要求与 CRTSⅠ型双块式无砟轨道施工相似。

精调垫块及调高垫块采用与底座混凝土同标号的高性能混凝土提前预制成型，外形尺寸及偏差应符合设计要求。精调垫块及调高垫块采用早强、黏结性的砂浆按坐浆法安装。当钢筋绑扎与垫块冲突时,可适当调整钢筋间距,必要时也可调整垫块安装的位置或垫块大小。

7. 路基及隧道内隔离墙浇筑施工

钢筋及垫块经检验合格后,进行中间扣压装置锚杆和隔离墙混凝土浇筑施工。如图 5-7-70 所示。

图 5-7-69　钢筋绑扎及垫块安装

图 5-7-70　隔离墙施工

扣压装置锚杆采用电钻钻孔,注入植筋胶固定锚杆钢筋。

隔离墙混凝土采用模筑法。隔墙混凝土采用梳字形模板以保证混凝土浇筑与底座钢筋的协调,并用泡沫块堵漏。隔墙混凝土采用与底座同标号的高性能混凝土浇筑,浇筑高度应低于道岔板高度。养护仍按土工布覆盖保湿养护。

8. 道岔板基准点测设

与 CRTSⅡ型无砟轨道施工相同,为保证道岔板铺设精度,需要在道岔板铺设前于相邻道岔板板缝间安装垫块并测设道岔板精调用基准点。道岔板基准点设于道岔直股中线位置。道岔板基准点依据 CPⅢ测量控制网进行空间坐标测设,经软件评差后精度应达到两相邻基准点间允许相对误差为平面±0.2 mm、高程±0.1 mm。道岔板基准点测量放样及评估的相关要求同 CRTSⅡ型无砟轨道基准点测设。如图 5-7-71 所示。

图 5-7-71　道岔板基准点测设

9. 道岔板存放及运输

施工便道应尽量沿线路贯通设置,满足道岔板运输及吊装作业的要求。桥梁地段采用 50 t 汽车吊或悬臂式龙门吊直接将道岔板吊装上桥。必要时,需要采用轮胎式双向运板车进行中转运输。如图 5-7-72 所示。

道岔板运输一般由厂家负责,采用平板汽车运送至各车站道岔铺设或临时存放位置。每台平板汽车可装道岔板 2 层,每层道岔板间加垫 4 块 20 cm 方垫木支垫,方木支垫与道岔板和车厢接触处采用防滑塑料垫,并在平板汽车四周加装角钢围挡,道岔板与围挡之间的间隙采用硬杂木填充,以防止道岔板在运输过程

图 5-7-72　道岔板存放及运输

中晃动碰损。

道岔板原则上不在工地作长时间临时存放，最长存放时间不宜超过 3 个月。临时存放时，应保证存放台位坚固、牢靠，道岔板下支垫应符合设计要求，各支点间相对高差不大于 2 mm，层与层之间加垫 6 块 20 cm 方垫木。每垛道岔板不超过 3 层。

10. 道岔板粗铺

道岔板粗铺如图 5-7-73 所示。

图 5-7-73　道岔板存放及运输

现场钢筋绑扎、垫块安装、隔离墙混凝土、基准点测设经检验合格后，方可粗铺道岔板。道岔板粗铺前，应将混凝土底座或垫块表面再次清理干净，确认钢筋绑扎状态符合要求，同时应采用高压水将道岔板清洗干净，尤其是道岔板底部。

道岔板粗铺可采用大吨位汽车吊或铺板龙门吊进行。粗铺前，在道岔两侧各摆放 2 块 20 cm 方垫木，以备道岔板临时支垫时使用。

道岔板采用专用吊具吊装，专具吊具由 4 根带连接螺栓的吊链组成，吊装时将吊链上的连接螺栓与道岔板上预埋螺栓孔连接即可。根据工地条件使用大吨位汽车吊或铺板龙门吊将道岔板铺设到位，必要时增加双向运板车中转。

粗铺时，人工使用小撬棍配合将道岔板铺设就位，通过对照道岔板轨道中线标志和找平层上轨道中线可使道岔板的粗铺精度控制在 5 mm 以内。道岔板就位前，将 20 cm 方垫木摆放于在距精调器安装位置最近的预裂缝位置，之后将道岔板缓缓下落就位。

粗铺到位后，及时在道岔板两侧安装支撑牛腿及多向精调器，将道岔板支起。之后，可拆除临时支垫的方垫木。精调器安装前，应将精调器各向调整螺杆调至中间位置。

由于道岔板重量较大，采用汽车吊粗铺时，通常每铺一块板就需要更换一次位置。

11. 道岔板精调

道岔板精调通过专用的道岔板精调系统配合三向精调器实现。精调实现方式与 CRTSⅡ型无砟轨道施工相似，利用全站仪测量道岔板四周及中间位置定位孔上的棱镜的三维坐标，经精调系统软件系统对比处理后，确定每个点位的三维方向的偏差值(即计划调整量)，再使用精调器的三维调整器进行逐步调整，最终使道岔板达到设计理论位置及高程。如图 5-7-74 所示。

图 5-7-74　道岔板精调

全站仪设站及定向。全站仪及对中站架设于道岔板之间的基准点上，利用基准点进行设站(设站位置应距离精调道岔板 6～20 m)和对中，利用 1 块已精调到位的道岔板直股上的棱镜点及对应的基准点来实现定向。通过精调系统，测量正在调整的道岔板四周或中间定位孔上的球形棱镜的实际三维坐标，工控计算机将事先输入置放棱镜点的理论坐标与实测坐标进行对比并实时显示其偏差值。

道岔板调整。依据工控计算机显示的偏差值(即调整量)，按照"先调整 4 个角点高程，再调整平面位置；短板精调时，先使用对角两点调整，在角点的高度及平面调整好后，再调整板中部高程"的原则，通过道岔板四周的精调爪，实现对道岔板各点位横向、纵向及竖向的调整，消除偏差量，直到道岔板满足表 5-7-27 所规定的偏差要求。

**表 5-7-27　道岔板精调精度要求**(mm)

| 纵向 | 横向 | 高程 | 相邻道岔板承轨面相对横向偏差及高差 |
|---|---|---|---|
| ±0.3 | ±0.3 | ±0.3 | 0.3 |

道岔板精调完成后，按施工图在道岔板两侧及两道岔板之间预定位置安装扣压装置。采用植筋方式安装锚固螺杆，再在锚固螺杆上安装 L 形扣压装置和一形扣压装置，固定道岔板。

精调注意事项：

(1)精调完成后，应借辅助量尺、游标卡尺等，对相邻道岔板上的定位孔之间测距进行测量检查，可获得纵向补充控制；

(2)仪器三角架的尺寸、目标棱镜的高度、棱镜加常数等必须准确无误；

(3)精调完成后，对道岔板要加以保护，并安装警示牌，严禁踩踏。

12. 路基上及隧道内道岔板模板安装及横向封边

模板安装及 L 形扣压装置如图 5-7-75 所示。

图 5-7-75　模板安装及 L 形扣压装置

路基及隧道内道岔板逐块浇筑自密实混凝土，需要对道岔板横向板缝进行封边。道岔板板缝处应采用与底座混凝土同标号的高性能细石混凝土进行封边。封边之前，应将既有隔离墙清理干净并凿毛、洒水湿润。道岔板封边应高出底座板 5 cm 以上，封边应严密，封边时应对基准点进行保护，并预留排气孔。

根据底座板边线采用定制钢模板进行模板安装，模板及其支护应垂直、稳固、平顺，具有足够的承载能力、刚度和稳定性，应能可靠地承受浇筑混凝土的自重、侧压力和施工过程中产生的荷载，相邻模板错台不超过 1 mm，采用粘贴双面胶确保接缝严密。模板安装时，模板应与混凝土垫块外侧平齐，如果模板与混凝土垫块外侧不平齐则采用软纤维垫层填充。

每组道岔板设尖轨转辙机基础 3 个，心轨转辙机基础 1 个，为简化施工工序，可将转辙机基础与底座板同时立模，在自密实混凝土施工完成后采用 C40 混凝土一次浇筑成型。

13. 桥梁上道岔板封边及水泥乳化沥青砂浆浇筑

桥梁上板式无砟道岔结构与 CRTSⅡ型板式无砟轨道相似，其水泥乳化沥青砂浆结构与 CRTSⅡ型板式无砟轨道相同。

14. 路基及隧道内自密实混凝土浇筑施工

板式无砟道岔自密实混凝土浇筑施工与 CRTSⅢ型板式无砟轨道相似，主要作业内容包括：施工准备，混凝土搅拌，混凝土运输，混凝土浇筑，混凝土养护，混凝土拆模及附属施工等。混凝土浇筑如图 5-7-76 所示。

图 5-7-76　自密实混凝土浇筑

(1)准备工作。首先清除道岔板下的杂物，采用可旋转的高压喷水枪对道岔板及垫层间提前进行充分湿润，但不得有积水。

依据计划浇筑的道岔板号，并结合道岔板底部的空间高度，计算每块道岔板浇筑所需的混凝土数量，根据计算数量及损耗确定混凝土每次的运输量。

再次对道岔板的平面、高程进行复测，确认道岔板状态满足浇筑要求，必要时对道岔板补充调整。用胶带及 PVC 薄膜对接地螺栓孔、吊装螺栓孔、扣压装置、精调器进行防护。提前完成自密实混凝土的配合比设计及工艺性试验。

(2)混凝土搅拌。自密实混凝土应在配有自动计量系统和强制式搅拌机的拌和站内搅拌，混凝土原材料称量最大允许偏差(按重量计)应符合以下规定：胶凝材料(水泥，矿物掺和料等)、外加剂、搅拌用水为±1%，骨料±2%。

混凝土搅拌前，应测定骨料含水率，并实时调整施工配合比，一般情况下，含水率应每天抽查 2 次，雨天随时抽查，并按测定结果及时调整施工配合比。

混凝土搅拌时，宜先投细骨料、水泥和矿物掺和料，搅拌均匀后，再加入所需用水量和外加剂，待砂浆充分搅拌后再投入粗骨料，并继续搅拌至均匀为止。每个阶段的搅拌应不少于 30 s，总搅拌时间不宜少于 2 min，也不宜大于 3 min。

冬期施工时，直接与水泥接触水的加热温度不宜高于 80 ℃，自密实混凝土搅拌时间可较常温施工延长 50%。夏(热)季施工时，水泥进入搅拌机的温度不宜高于 50 ℃。

(3)混凝土运输。选用能确保自密实混凝土浇筑工作连续进行，运输能力与混凝土搅拌站的搅拌能力相匹配的混凝土专用运输设备运输自密实混凝土。

自密实混凝土的运输速率应保证施工的连续性,当罐车到达浇筑现场时,应使罐车高速搅拌 20～30 s 方可卸料。

运输自密实混凝土过程中,应保持运输混凝土的道路平坦畅通,确保混凝土在运输过程中能够保持均匀性,运到浇筑地点不发生分层、离析和泌浆等现象。

运输自密实混凝土过程中,应对运输设备采取保温隔热措施,防止局部混凝土温度升高或受冻。应采取适当措施防止水分进入运输容器或蒸发,严禁在运输过程中向混凝土内加水。

应尽量减少自密实混凝土的转载次数和运输时间。从搅拌机卸出混凝土到混凝土浇筑完毕的延续时间以不影响混凝土的各项性能为限。

(4)混凝土浇筑。自密实混凝土浇筑前,应检查以下准备工作:浇筑口的位置及数量、工装模型等;钢筋网片的位置,门形筋数量及其坚固程度;道岔板四周模板的密封情况,道岔板之间横向封边缝的密封及排气孔预留情况;道岔板高程及轴向平顺,精调器的受力状态及其紧固程度;底座混凝土表面和道岔板底面用水湿润情况,并确定不得有明显积水。

在炎热季节浇筑自密实混凝土时,应避免模板和混凝土直接受阳光照射,保证混凝土入模前模板和钢筋的温度以及附近的局部气温均不超过 40 ℃。低温条件下(当昼夜平均气温低于 5 ℃或最低气温低于－3 ℃时)浇筑自密实混凝土时,混凝土入模温度不得低于 5 ℃。在相对湿度较小、风速较大的环境下浇筑自密实混凝土时,应取适当的挡风措施,以防止混凝土失水过快。

自密实混凝土浇筑前,应对混凝土的坍落扩展度、扩展时间、障碍高差、入模温度等进行检测,确认混凝土满足扩展度≤70 cm,扩展时间 T50 为 2～6 s,障碍高差＜18 mm,L 形仪 $H_2/H_1 \geqslant 0.9$,T700L 为 10～18 s,泌水率为 0,含气量≤5%等要求。

施工时混凝土入模温度应控制在 5 ℃～30 ℃,混凝土自由倾落高度不大于 1.0 m。浇筑时,浇筑速度不宜过快,应保证下料的连续性和混凝土在道岔板下的连续流动。浇筑完毕后,应将模板内多余的混凝土及时清除。

对于窄板(宽度小于 4.0 m 的道岔板),可采用运输罐车通过溜槽直接从一侧进行不间断浇筑或采用吊车＋料斗方式浇筑。浇筑必须一次性完成,严禁二次浇筑。在宽板浇筑时,必须在板的两侧以均匀速度同时进行浇筑,利用道岔板上及板缝预留的排气孔排气。待混凝土浇筑超过道岔板下沿大于 15 mm 时,在排气孔中插入 S 形铁钩,确保浇筑层和后浇混凝土更好地连接。

在自密实混凝土浇筑过程中,应按要求取样制作混凝土强度和耐久性试件,试件制作数量应符合相关规定。

(5)混凝土养护。自密实混凝土浇筑完成后,应及时用土工布覆盖保湿养护,养护时间不小 14 d。混凝土暴露面初凝后,应卷起土工布,将暴露面积压光抹平后覆盖养护。去除土工布或拆模后,可用养护膜、喷养护剂等进行养护。

混凝土养护用水温度与混凝土表面间温度之差不得大于 15 ℃。拆模后,若天气骤变,应采用适当的保温隔热措施,以防混凝土表面开裂。

冬期施工,应对混凝土做好保温养护措施,保证抗压强度达到设计强度 30%之前不得受冻。

(6)混凝土拆模。道岔板两侧模板及精调器的拆除应在自密实混凝土强度达到 10 MPa 以上,且表面及棱角不因拆模而受损时方可进行。

拆模宜按立模顺序逆向进行,不得损伤道岔板四周混凝土,并减少模板破损。当模板与自密实混凝土脱离后,方可拆卸、吊运模板。

拆模后,若天气发生骤然变化时,应采取适当的保温隔热措施,防止混凝土表面开裂。在自密实混凝土未达到 100%设计强度前,道岔板不可承受全部设计荷载。

(7)转辙机平台浇筑。转辙机平台采用 C40 高性能混凝土模筑法施工,模板及钢筋与底座模板及钢筋同步施工,混凝土浇筑在自密实混凝土终凝且脱模后进行。施工时,应严格控制其顶面高程。

(8)其他附属施工。混凝土达到足够强度后在道岔板两侧做 3%的横向排水坡。

道岔板板缝间以微膨胀混凝土填充,强度等级符合设计要求。施工前对道岔板界面进行凿毛,涂刷界面剂以加强新老混凝土的粘连效果。

板缝间设一根通长钢筋，钢筋两端的保护层厚度为5 cm，同时在板缝间等间距植入3根钢筋，单根钢筋长度为380 mm，钢筋的规格、钻孔直径及深度等符合设计要求。

浇筑的板缝混凝土与承台间的混凝土平齐，混凝土达到一定强度后用切缝机对板缝混凝土与道岔板接触处切缝，缝深20 mm、宽8 mm，缝内采用热熔改性沥青填塞。

15. 道岔板复测及成品保护

道岔板自密实混凝土浇筑完成后，应采用道岔板精调系统复测道岔板线形，根据复测的线性形偏差，确保道岔调整件的订货量并提前订货。必要时，应修正道岔线形，为前后待铺无砟轨道的线形调整提供依据，以保证前后无砟轨道的顺接符合高速铁路运行的要求。

道岔板施工期间及之后，应加强道岔板成品保护，除避免施工人员及设备碰撞导致道岔板缺角掉边，还应重点做好以下两个方面的工作：

(1)避免周边施工时，混凝土或砂浆污染道岔板；

(2)加强对道岔板定位孔及扣件螺栓孔的保护，使用塑料盖或胶布封闭，避免杂物进入孔内，影响测量或扣件安装。

已施工完成的道岔板如图5-7-77所示。

图5-7-77　已施工完成的道岔板(待安装道岔部件)

### 7.5.6　资源配置

本节仅介绍道岔板铺设所需的资源配置，道岔部件安装所需的资源配置见第7.4节的相关内容。

7.5.6.1　*劳动力配置*

板式无砟道岔施工通常采取架子队组织模式，根据工作面情况分成若干班组，把道岔板铺设及道岔部件分开组织，按照工序尽量平行作业。各工序人员相对固定，推行专业化管理。

(1)管理人员组织。道岔板铺设一般以无砟道岔施工作业队为单位设置管理机构，负责多个作业面的技术管理和施工组织。管理人员组织见表5-7-28。

**表5-7-28　管理人员组织表**

| 序号 | 岗位或工种 | 人数 | 主要工作内容 |
|---|---|---|---|
| 1 | 作业队队长 | 1 | 全面主持岔区板式无砟道床施工组织工作 |
| 2 | 技术负责人 | 1 | 负责生产技术工作；负责建场工作 |
| 3 | 作业队副队长 | 2 | 负责设备、物资及施工生产管理工作 |
| 4 | 工程技术室 | 4 | 负责生产技术、施工测量 |
| 5 | 安全质量室 | 5 | 负责安全、质量，主管安质、工程试验 |
| 6 | 物资设备室 | 10 | 负责设备及物资供应，含库管 |
| 7 | 办公室 | 5 | 负责治安、保卫工作及行政事物、食堂、司机、文化娱乐的管理及对外接待联络工作 |
| 8 | 工程调度 | 2 | 负责生产指挥调度，协调对外关系 |
| 合　计 | | 30 | |

(2)生产人员组织。每个作业工序，工地负责人、工班长、技术人员和专兼安质人员由正式员工担任，且持上岗证上岗。其余根据需要可配置劳务用工，但岗前必须进行培训并经考试合格后上岗。特种工种必须按规定持证上岗。以下工序按单作业面月铺4组道岔板为例介绍生产人员组织，见表5-7-29。

桥梁上水泥乳化沥青砂浆封边及浇筑施工见CRTSⅡ型板式无砟轨道施工相关内容。

表 5-7-29 生产人员组织(单作业面,路基地段)

| 序号 | 岗位或工种 | 人数 | 主要工作内容 |
|---|---|---|---|
| 1 | 施工负责人 | 1 | |
| 2 | 安质、机械、工程、试验、材料技术人员 | 6 | |
| 3 | 后勤、食堂、看守 | 6 | |
| 4 | 测量(放样,抄平) | 5 | |
| 5 | L形垫块预制 | 3 | |
| 6 | 钢筋加工及绑扎 | 8 | |
| 7 | 道岔板粗铺及精调 | 10 | |
| 8 | 立模、锚杆及扣压装置安装 | 10 | |
| 9 | 混凝土施工 | 10 | 不含搅拌站及混凝土运输 |
| 10 | 混凝土养护 | 2 | |
| 11 | 电工及机修工 | 3 | |
| 合 计 | | 64 | |

7.5.6.2 主要设备机具配置

板式无砟道岔铺设单作业面主要设备机具配置见表 5-7-30。

表 5-7-30 板式无砟道岔施工主要设备机具

| 序号 | 设备及机具名称 | 单位 | 数量 | 备 注 |
|---|---|---|---|---|
| 1 | 混凝土设备 | 套 | 1 | 采用厂拌混凝土,罐车运输、泵车泵送、料斗入模 |
| 2 | 钢筋加工机具 | 套 | 1 | 切割、绑扎及绝缘测试 |
| 3 | 轮胎式铺板龙门吊 | 台 | 1 | 道岔板铺设,隧道内必用 |
| 4 | 150 t 汽吊 | 台 | 2 | 路基下吊岔枕板上路基面 |
| 5 | 道岔板吊具 | 套 | 2 | 配尼龙吊带 |
| 6 | 道岔吊具 | 套 | 1 | 配尼龙吊带 |
| 7 | 基准点测量设备 | 套 | 1 | TCA1800 全站仪、DINI12 电子水准仪各 1 台,含棱镜 20 个 |
| 8 | 道岔板精调系统 | 套 | 1 | 含 TCA2003 全站仪、精调棱镜、后视棱镜 |
| 9 | 道岔轨吊梁 | 根 | 1 | 含吊带、吊具 |
| 10 | 铝热焊设备 | 套 | 1 | 含配套设备 |
| 11 | 道岔钢轨及扣件组装机具 | 套 | 1 | |
| 12 | 轨检小车 | 套 | 1 | 道岔及线型调整 |
| 13 | 板间竖向调节螺杆 | 套 | 40 | 每套包括 $\phi$28 mm 螺杆 36 cm 长 1 根,另带 2 个螺母 |
| 14 | 铜质测量基标 | 个 | 120 | 基准点测设用 |
| 15 | 混凝土模板 | $m^2$ | 100 | 组合钢模板 |
| 16 | 多向精调爪 | 个 | 180 | 三向调节 |
| 17 | 精调爪支承牛腿 | 个 | 180 | 用两个螺栓连接在岔枕板上,单个重 30 kg |
| 18 | 道岔板固定装置 | 套 | 180 | 即扣压装置 |
| 19 | 水泥乳化沥青砂浆搅拌车 | 台 | 1 | 桥梁上板式无砟道岔用 |
| 20 | 混凝土汽车泵 | 台 | 2 | |
| 21 | 内燃锯轨机 HC355 | 台 | 2 | |
| 22 | 端面打磨机 | 台 | 2 | |

续上表

| 序号 | 设备及机具名称 | 单位 | 数量 | 备　注 |
|---|---|---|---|---|
| 23 | 仿型打磨机 MR150E | 台 | 2 | |
| 24 | 发电机 | 台 | 4 | 15 kW |
| 25 | 内燃螺栓扳手 NLB-300 | 台 | 30 | |
| 26 | 超声波探伤仪 TS-23plus | 台 | 2 | |

### 7.5.7 质量安全控制要点

7.5.7.1　质量控制要点

除满足设计及工艺要求，板式无砟道岔道岔板铺设施工还应加强以下质量控制要点：

(1)建立健全质量管理体系，配置质量控制要素，严格施工过程控制，针对不同工序、不同施工内容制定并实施作业指导书、质量实施细则和质量检测大纲，以工序质量、细节质量保证最终的施工质量。

(2)控制无砟轨道施工边界条件，铺板前，桥梁沉降和徐变评估、路基沉降评估等必须达标，桥面系及底座混凝土施工二期恒载基本完工，CPⅢ网复测精度达标。

(3)在道岔板精调测量中，配置高精度的全站仪、电子水准仪、轨道板精调系统等，测量人员进行针对性的培训并经考核合格后上岗，施工过程应加强设备的经常性校正、日常保养和维护，计量器具定期送检标定。

(4)根据气候条件，进行严格的施工作业控制，如测量和精调应选择在温差不大、阳光不强、少风、无雨的天气，轨道板张拉应选择在基于接近中和温度时进行，而自密实混凝土浇筑则应选择在温差不大、阳光不强、无雨或小雨的天气。进入冬季时，应根据天气条件采取冬期施工措施。

(5)道岔板在储存和运输、吊装过程中，应加强对成品的保护，特别是储存过程中严格三点支承平放支垫，防止道岔板发生翘曲变形。

(6)道岔板自密实调整层浇筑之前，必须进行道岔板复测，并设置隔离区，以防止车辆和行人踩踏扰动道岔板。

(7)道岔板调节装置和固定装置必须保证其加工精度，安装稳固、牢靠，防止轨道板精调后产生移位变形，影响轨道板铺设精度。

(8)严格控制施工条件，混凝土浇筑安排在晴天的夜间施工，对混凝土表面喷洒养护剂并覆盖洒水养护，钢轨焊接环境温度大于 5 ℃。

(9)C40 高性能自流平混凝土浇筑之前，除按试验方法检查混凝土工作和质量性能外，还应进行浇筑模拟试验，检验实际工作性能。

(10)混凝土浇筑过程中，严禁扰动道岔板，并注意对道岔板预留孔道的保护，避免落物堵塞。

(11)除按高性能混凝土施工的一般项目检查外，道岔板混凝土浇筑前，采用电阻表对混凝土钢筋骨架进行绝缘测试，测试的方法和结果应符合设计要求。

(12)为确保技术标准和施工工艺落到实处，在正式施工之前，应按技术培训及设备验证、工艺试验、线下试验段、线上先导段的顺序依次开展试验及分级评估工作，每个阶段经评估达到合格要求后方可进入下一阶段的试验或施工。其中线下试验段应由建设单位组织评估，线上试验段应由铁道部组织对建设单位的评估后，再由建设单位组织对施工单位的评估。

(13)岔区板式无砟轨道铺设后，应及时完成道岔前后无砟轨道的施工，因故不能施工的，应及时将恒载施工完成，如完成轨道板预铺等，以防止岔区因地基变形引起的道岔两端无砟轨道翘曲变形。

7.5.7.2　安全控制要点

板式无砟道岔道岔板铺设施工涉及道岔板运输与吊装、混凝土浇筑、施工用电、夜间作业等多个环节，须针对危险源及危险因素制定和实施有效的安全措施。

(1)总体要求。认真贯彻“安全第一，预防为主”的方针，施工队配置专职安全员和班组安全员，执行安全生产责任制，明确各级人员的安全职责，特殊工种持证上岗，确保安全生产。

施工方案中应有专项安全措施，安全设施按要求配置到位，安全交底与技术交底同步进行。

(2)场地布置。结合工程需要和现场实际,合理布置进出通道、机具及材料堆放、电线和施工作业面,运输道口、安全用电等按要求设置安全标识。

现场施工用电采用“三相五线”接线方式,采用绝缘电缆布置,做到一机一闸一盒一漏,落实安全用电负责人。

施工场地严禁闲杂人员进出,以免发生意外事件。

(3)道岔板的运输与吊装。道岔板装车时在平板汽车四周加装角钢围挡,道岔板与围挡之间的间隙采用硬杂木填充,以防止道岔板在运输过程中晃动碰损。

选择在场地平整、坚硬的位置吊装道岔板,并应依据道岔板的最大重量及吊装高度、距离计算汽吊规格,必要时对作业场地进行平整加固。道岔板吊装时使用专用吊具或吊带,并设置揽风绳以免道岔板滑落。

(4)钢筋绑扎及混凝土浇筑。钢筋调直、焊接、切断、弯曲等过程,操作人员应严格按操作规程操作相关设备,做好防电、防机械伤害等安全措施。

混凝土浇筑料斗在使用前应安装平稳、牢靠。混凝土浇筑多在夜间作业,应有足够的照明措施,避免施工人员因碰撞、摔倒或设备操作、物具堆放不稳等造成伤害。

7.5.7.3 环境保护控制要点

(1)废弃混凝土及砂浆材料必须按照规定集中统一处理,严禁随意排放污染环境。

(2)施工作业时要对所有生活和生产废水经过过滤、沉淀后集中处理。施工营地设置集中垃圾收集地,设专人管理,经无害化处理后排放,定期填埋,严禁就地焚烧。对营地生活垃圾(包括施工废弃物)集中装运至指定垃圾处理场处理。对不能处理的垃圾拉到设有处理设施的厂处理。

(3)严格按照使用要求检修和保养发动机,使用合格的燃料油,以提高发动机的燃烧和工作质量,减少发动机废气对环境的污染。

(4)经常检查各种油液管路和接头,发现泄露、渗漏及时更换或维修。对擦洗机械后的油液和更换下来的废润滑油、废液压油分类回收,利用。

(5)针对施工过程中产生的噪声,对动植物和人体损害均较大,为了保护环境,应尽量减少噪声污染。机械设备使用低噪声发动机。

## 7.6 有砟轨道道岔施工技术

### 7.6.1 施工工艺流程

高速铁路有砟轨道道岔施工分为底层道砟预铺、道岔组装及调整、上砟整道、道岔轨道精调、钢轨焊接及无缝线路锁定、工电联调、道岔使用及维护管理等内容,后几个部分施工时相互穿插,互为影响。主要施工流程包括:

底层道砟预铺。线下工程主体完工且沉降变形经评估满足无砟轨道施工条件后,建立 CPⅢ测量控制网,并根据 CPⅢ测量控制网测量放样。原则上,同一车站的线下工程沉降变形评估、CPⅢ测量控制网测设及评估等应作为一个单元进行。不论采用提前预铺或换铺法施工,都需要对岔区及前后至少 25 m 的线路预铺道砟并进行摊铺碾压。

道岔组装及调整。道岔在搭设组装平台组装,将道岔内部几何尺寸调整达标后,用道岔起道机组将道岔起升至计划高程后,回填和补充道砟,小机分次整道达标。

道岔轨道精调。

钢轨焊接、无缝线路锁定及工电联调与长枕埋入式无砟道岔基本一致,见第 7.4 节“长枕埋入式无砟道岔施工技术”相关内容。

### 7.6.2 施工物流组织

高速铁路有砟轨道道岔一般按一个铺轨标段或一条线作为一个施工单元。施工组织结合作业面划分及相邻段的轨道施工确定物流方案。

当采用提前预铺方案时,利用已有的公路或便道作为物流通道,必要时根据道岔钢轨长组件运输的要求进行局部加宽加固。道岔工厂距工地较近的,可采用汽车运输道岔钢轨进场,距工地较远的,可采用火车运输后再经公路转运到现场。为保证道岔施工不受道岔件供货影响，一般需要在现场设道岔存放场进行道岔、岔枕及其他钢轨件的临时存放和道岔试组装。

当采用铺轨通过后换铺施工方案时，过渡线路按正线线路铺设方案进行，之后通过轨道运输道岔部件及材料进场。

施工时，主要物料机具采用汽吊配合装卸，必要时也可采用龙门吊装卸。

### 7.6.3 关键设备及工装

长枕埋入式道岔施工，关键设备及工装主要包括：道岔组装平台、道岔起道机组、道岔捣固车。

#### 7.6.3.1 道岔组装平台

道岔组装平台一般采用型钢制作，主要为道岔组装及调试提供一个平台，包括垫木及纵横梁等组成。道岔组装平台、道岔组织平台如图 5-7-78 所示。

图 5-7-78　道岔组装平台结构示意

#### 7.6.3.2 道岔起道机组

道岔起道机组是由多台内燃液压起道机组成的能够用于重型道岔及线路轨排整体提升、降落的施工设备，每套机组的配置数量根据道岔或轨排长度确定。内燃液压起道机采用自带汽油机动力，由机架、动力机构、起道油缸、钩轨器及行走机构等组成，钩轨器为竖向双钩夹轨，左右起道油缸可联动也可单动，起道油缸单机起升力可达 125 kN，有效起道高度可达 950 mm。如图 5-7-79 所示。

图 5-7-79　道岔起道机组（内燃液压起道机）

#### 7.6.3.3 道岔捣固车

CD08-475 型道岔捣固车是我国引进奥地利 PLASSER 公司技术进行国产化生产的具有世界先进水平的集机械、液压、激光、计算机技术于一体的铁路有砟轨道道岔专用大型整道机组。该车在道岔维修中采用科学的 3 线起道、4 线捣固作业原理，有 4 个捣固装置，由滑移回转装置和伸缩旋转装置实现铁路线路、铁路道岔的起道、拨道、抄平、钢轨两侧枕下道砟捣固和枕端道砟夯实作业。利用车上测量系统，可以对作业前后线路的轨道几何参数进行测量及记录，并可通过控制系统，实现按设定的轨道几何参数进行作业。如图 5-7-80 所示，其主要性能参数见表5-7-31。

图 5-7-80　CD08-475 型道岔捣固车

表 5-7-31　CD08-475 型道岔捣固车主要性能参数

| 序号 | 性　能 | | 参　　数 |
|---|---|---|---|
| 1 | 外形尺寸(长×宽×高) | | 32 200 mm×3 080 mm×3 790 mm |
| 2 | 轨距 | | 1 435 mm |
| 3 | 转向架心盘距 | | 14 000 mm |
| 4 | 转向架固定轴距 | | 1 800 mm |
| 5 | 整机质量 | | 99.5 t |
| 6 | 发动机额定功率 | | 348 kW |
| 7 | 最高自行速度 | | 80 km/h |
| 8 | 最高联挂速度 | | 100 km/h |
| 9 | 紧急制动距离 | | ≤400 m(在平直道上速度为 80 km/h 时) |
| 10 | 最小运动半径 | | 180 mm |
| 11 | 最小作业半径 | | 180 mm |
| 12 | 走行速度 | | 0～4 000 m/h |
| 13 | 作业效率 | | ≤35 min(捣固 12 号道岔) |
| 14 | 作业精度 | 纵向水平 | ≤4 mm(10 m 弦长内测量前后高低差) |
| | | 横向水平 | ±2 mm |
| | | 正　矢 | ±2 mm(20 m 弦长在中点测量误差) |
| 15 | 最大捣固深度 | | 580 mm(镐尖距轨顶面) |
| 16 | 最大起道量 | | 150 mm |
| 17 | 最大拨道量 | | ±150 mm |

### 7.6.4　主要临时工程

考虑到有砟道岔施工的专业特点,同一铁路项目一般结合铺轨工程标段划分有砟道岔施工单元,每个施工单元负责的有砟道岔施工范围都很大,多则几百公里。为此,除有砟道岔施工专有的设施外,有砟道岔施工单元生活办公基地一般就近租借民房解决,其他如运输道路、施工用电等则就近借用线下工程施工的设施或临时工程。

需要自行设置的临时工程主要包括:道岔件存放场,临时道路加宽等。道岔存放的数量应结合施工工期、道岔件供应计划及可靠性综合考虑。道砟存放场等结合线路铺轨工程一并设置。

道岔件存放时,应对存放场地进行硬化,并用硬杂木支垫,支垫间距不超过 4 m,每垛道岔最高不超过 4 层。铺岔基地内还应设道岔预组装场,投入道岔预组装工装一套。

### 7.6.5　原 材 料

高速铁路有砟轨道道岔应按设计要求采用特级或一级碎石道砟,道砟必须水洗,道砟的生产、检验及质量等应符合《铁路碎石道砟》(TB/T 2140)的规定。除设计有特殊要求外,道岔颗粒级配及料粒径也应符合《铁路碎石道砟》(TB/T 2140)的规定。

### 7.6.6　施工工艺

7.6.6.1　质量标准

(1)一般规定。正线道岔应采用组装平台组装铺设。铺岔完成后,经自检和工电互检确认后,及时安装道岔转换及锁闭装置。道岔转换及锁闭装置未启用前,应加装钩锁器固定尖轨和心轨。同一车站的线下工程变形及沉降评估、CPⅢ测量控制网测设及评估等应按同一单元进行。

工程列车通行,应减少避免在道岔范围内停靠、起动或制动,并限速通过,其中侧向允许通过速度不大于 15 km/h。

(2)铺岔前铺砟。道砟材质及进场和上道前的检验包括粒径级配、颗粒形状及清洁度应符合设计及《铁路碎石道砟》(TB/T 2140)的相关规定。

底层道砟预铺厚度为预留起道量 80～100 mm,并做好前后 30 m 线路间砟面顺接,砟面平整,其平整度允许偏差 10 mm/3 m,砟面中间不得凸起。铺轨前道床密度应不低于 1.7 g/ $cm^3$。

(3)道岔铺设。道岔各部件及岔枕的规格、型号、质量等符合设计及技术条件要求,钢轨无碰伤、擦伤、掉块、凹陷、硬弯、扭曲等缺陷。岔枕外观质量符合要求。

道岔应按铺设图铺设,各零部件应安装正确、齐全,精调后的道岔各部允许偏差应符合技术条件要求。其中,道岔定位精度允许偏差为轨面高程－5～0 mm 和中线 2 mm。道岔直(曲)尖轨第一牵引点前与直(曲)基本轨密贴,缝隙不大于 0.5 mm;道岔心轨尖端第一牵引点与直(曲)基本轨密贴,缝隙不大于 0.5 mm。转辙器部分最小轮缘槽不得小于 65 mm,查照间隔(辙叉心轨作用面与护轨头部外侧的距离)不得小于 1 391 mm。

(4)上砟整道。道岔捣固车捣固前应根据 CPⅢ测量控制网和轨道施工控制桩对道岔整体平顺性进行人工整治,并小机整道,保证道岔内高低偏差不超过 5 mm/10 m 弦。轨向偏差不大于 3 mm/10 m 弦。水平偏差不大于 2 mm。

道岔结构尺寸调整时,应兼顾方向和轨距,实现综合调整,调整后道岔内轨距偏差应控制在±1 mm 范围内,轨距变化率不大于 1/1 500。支距偏差控制在±1 mm 范围内。

(5)道岔组装及调整质量控制。道岔各部件及岔枕的规格、型号、质量等符合设计及技术条件要求,钢轨无碰伤、擦伤、掉块、凹陷、硬弯、扭曲等缺陷。岔枕外观质量符合要求,岔枕桁架钢筋位置正确,无明显锈蚀、扭曲变形,并不得有开焊或松脱。

质量控制见上文"道岔铺设"。

(6)道岔钢轨焊接与无缝线路锁定质量控制。道岔钢轨按照先岔内后岔外的顺序采用铝热焊焊接,岔内焊接应按设计焊接顺序。钢轨焊接前,道岔定位及几何尺寸应满足必要的精度。

道岔钢轨焊接应按规定提前进行焊接型式试验和工艺试验。焊接时,钢轨焊头及附近钢轨表面不应有裂纹、明显压痕、划伤、碰痕、打磨灼伤等,每个焊接接头必须进行打磨和超声波探伤,焊头质量符合《钢轨焊接第 1 部分:通用技术条件》(TB/T 1632.1)和《钢轨焊接第 3 部分:铝热焊接》(TB/T 1632.3)的规定。

道岔与两端线路钢轨锁定焊联时,限位器子母块应居中,无缝道岔与相邻轨条的锁定轨温度不应大于 5 ℃。道岔及岔区、岔区两端至少各 150 m 的线路应作为一个无缝线路单元进行管理。

钢轨铝热焊焊缝距离承轨台边缘应不小于 100 mm。

#### 7.6.6.2　工艺特点

高速铁路有砟轨道道岔施工质量控制标准高、系统性强,涉及大件运输与存放、高精度测量、道砟摊铺、大型整道机组使用、工电配合等,而且点多线长、工期紧、配合多、干扰大是施工组织的显著特点,应严格按照专业化管理的要求组建专业队伍施工。

(1)原材料是质量控制的前提和基础。高速铁路有砟轨道道岔工程的高标准、高精度要求,首先体现在对道岔部件、岔枕及扣件系统、转换设备、道砟材料等原材料上,并且国家铁路行政主管部门对此作出了明确详尽的要求。

一是对道岔部件、岔枕及扣件系统、转换设备的质量控制较以往明显加强,不仅表现在对产品的生产、认证、检验和验收等质量标准明显提高,而且对产品的招标、采购、验收和使用都有严格的程序和要求;

二是对道砟材料的材质和质量要求明显提高,高速铁路道砟明确要求采用一级或特级道砟,且道砟在铺设前应进行水洗。

(2)"准备周期长,施工周期短"且工期保证意义重大。高速铁路大多具有线下工程结构复杂、施工组织难度大的特点,通常导致铺轨工程准备周期长、施工周期短,而铺轨工程又具有承上启下的作用,其施工工期往往具有标志性意义,建设各方及社会各界会广泛关注。因此,在施工组织过程中,必然要求铺轨开始前的准备工作尽可能地做细做实,对保障施工工期要有充足的把握,而在铺轨开始后则要一鼓作气、按期甚至提前完成。同时,加上广泛的社会关注度,相应地对施工过程中安全、质量和文明施工管理也提出了更高的要求。

(3)系统控制保证轨道高精度。高速铁路有砟轨道道岔施工引入了无砟轨道工程系统控制的理念,自始至终、全方位确保高精度轨道质量的实现。

一是将高精度系统控制的理论延伸于线下结构施工,加强线下结构设计和施工,对道岔区域、路桥过渡段等提出铺轨施工前进行沉降变形评估的要求，对线下结构的竣工交接也有明确要求。

二是建立 CPⅢ测量控制网，并将 CPⅢ测量控制网的使用贯穿于轨道施工及维护的全过程，并根据不同工序施工选择不同的高精度测量设备予以保证。

三是严格控制线下结构竣工平整度和高程，底层道砟预铺厚度及平整度，铺轨后的线路中线及高程、各阶段上砟整道的精度等，通过一系列严格的精度控制最终保证轨道的结构质量和精度质量。

四是严格控制道岔组装和精调质量，确保道岔部件安装齐全、正确，并严格控制各细部精度。

五是严格控制道岔无缝线路锁定时机，同一岔区及前后各不少于 150 m 的线路应作为一个无缝线路单元进行锁定和管理。

(4)“设备保工艺，工艺保质量”特点突出。高速铁路有砟道岔铺轨工程主要采用大型专业化施工设备施工，实现“设备保工艺，工艺保质量”。

一是底层道床粗铺过程中，使用摊铺机和大吨位压路机进行道砟的摊铺和碾压，保证了道床的平整度和密实度。

二是铺岔过程中，使用专门的龙门吊、轨道运输列车、大型机械化整道作业车组(主要是道岔捣固车)、K型石砟漏斗车设备等，保证铺设质量。

三是无缝线路焊接锁定过程中，使用铝热焊接设备、钢轨液压拉伸机等专用机械，保证焊接质量。

四是轨道精调及联调联试过程中，使用轨检小车、道岔打磨列车以及动态检测车等先进设备，提高道岔最终精度，并满足质量总体要求。

(5)专业接口多，协调工作繁琐。高速铁路有砟轨道道岔施工涉及专业多、接口多，施工过程中，在做好施工质量严格控制外，还应严格把握道岔施工的边界条件，做好繁琐的协调管理工作。

一是施工前应加强线下结构及 CPⅢ测量控制网的验收评估工作，确保线下结构沉降变形及竣工后的工程质量满足无砟道岔铺设施工的需要。

二是施工前应加强与设计、道岔供应商的沟通，提前组织道岔供货并开展现场储存，协调好施工通道等工作，确保物流顺畅。

三是加强与四电专业的沟通，共同确认接地端子、预埋件及预留孔道设置等工作，为四电专业的后续施工创造条件，尤其要确认道岔区绝缘设置的类型及要求。

四是施工过程中加强与电务专业的沟通，共同做好道岔转换设备安装及工电联调工作，确保道岔质量一次满足工务及电务专业的要求。

五是无缝线路锁定、道岔轨道精调时应做好与前后轨道施工单位的协调，确保无缝线路锁定轨温、无缝线路单元管理长度、道岔线形顺接等满足设计及技术条件要求。

六是施工完成后，加强道岔区行车管理，做好联调联试的配合工作，确保道岔区通行顺畅，并根据动态检测结果，做好道岔区轨道线形的补充调整。

七是加强与设备接管单位的协调，铺轨及上砟整道期间应主动邀请设备接管单位介入，为质量监控和后期竣工验收交接创造条件。

#### 7.6.6.3 工艺流程

高速铁路有砟轨道道岔施工工艺流程如图 5-7-81 所示。

#### 7.6.6.4 主要施工工艺

1. 施工准备及底层道砟预铺

(1)施工准备。

1)施工前组织及技术准备。高速铁路有砟轨道道岔施工应组建道岔施工专业化队伍，配齐相关管理、技术及专业施工人员，特种作业人员持证上岗。针对设计文件、技术标准、作业工艺等开展技术培训和工艺演练，检查验证道岔组装、精调、焊接等工装设备。编写道岔铺设施工作业指导书报监理和建设单位审批。做好首件工程评估的准备。

工程进场后，应加强与建设和设计单位的沟通，提前确认工程规模、技术标准等，结合设计、工期、指导性施工组织要求以及线下工程进度和重难点工程分布，科学规划铺轨基地和施工基地，开展材料设备储备。完成道岔部件、调整件的订货，协调公路及铁路运输组织，与铁路部门就既有线过轨运输及配送车管理等达成一致意见，确保物流顺畅。

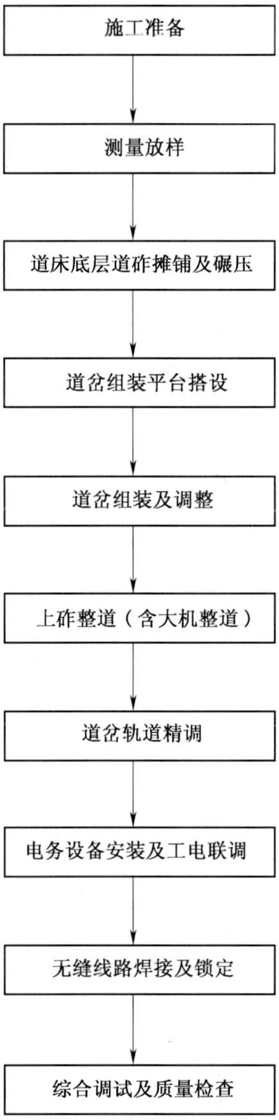


注：图为铺轨前预铺道岔工艺流程，当采用铺轨通过后换铺法施工时，道岔组装平台搭设前需要进行过渡线路的铺设与拆除，过渡线路的整道与普通线路相同

图5-7-81　高速铁路有砟轨道道岔施工工艺流程

调查掌握线下工程进度及竣工工期，作好道岔铺设施工准备。通过建设单位协调将对影响道砟、道岔轨件等材料进场的运输通道保留至铺轨施工结束，必要时对既有道路加宽加固。

抓好道砟的生产、取证和储备，完成道岔钢轨焊接型式试验并获取试验报告。

2）沉降评估及CPⅢ测量控制网测设评估。铺轨施工前，同一车站线下工程的主体应全部完工，检验合格。未完成的附属工程不得影响CPⅢ测量控制网测设及评估和铺轨施工的要求。

道岔铺设前，应对重点路基、桥涵、隧道及过渡段进行系统评估，确认工后沉降和变形、梁体长期变形、各种过渡段的差异沉降等符合设计要求，满足道岔铺设条件。

道岔铺设前，由建设单位组织各施工单位共同对路桥隧等线下工程组织验收，重点是基础宽度、高程、中线及平整度、CPⅢ测量控制网的资料。

3）测量放样。道岔铺设前，除路基及桥隧基础面中线、高程及平整度复核外，还应完成轨道施工控制桩的测设。道岔铺设所需的轨道施工控制桩应包括道岔中心桩、岔前桩、岔后及道岔前两端各50 m范围内按20 m间距设置的加密桩等。同一岔区的轨道施工控制桩应统一测设、统一平差。

（2）底层道砟摊铺。道岔区底层道砟的存放、运输和摊铺与区间线路一致，其摊铺厚度结合岔区道床设计厚度、轨顶高程、线下结构顶面高程及大机整道的遍数综合确定，原则上道岔区及前后30 m线路（长岔枕以外）的底层道砟摊厚度应按预留起道量8～10 cm控制，同一岔区的底层道砟应尽量同步摊铺、碾压。

道砟运输前，应严格检查道砟质量特别是颗粒级配和清洁度。摊铺机提前就位，自卸汽车靠近摊铺机卸砟，边卸砟边摊铺，摊铺过程中应跟进检查摊铺宽度及平整度。当采用平地机摊铺，自卸汽车卸砟后，采用装载机或挖掘机配合摊铺，平地机平整。底层道砟的摊铺宽度一般为单线4.5～5 m或双线9～10 m。

底层道砟采用压强不小于160 kPa的光轮压路机碾压，路基及隧道内可开启振动碾压，一般碾压2～3遍，桥梁上不得开启振动，碾压遍数可视道砟的压实密度适当增加。

底层道砟碾压后，应及时进行压实密度和砟面平整度检测。压实后的道砟密度应不低于1.7 g/cm$^3$，岔枕及道床两端各20 cm范围内砟面平整度不得大于10 mm/3 m，道岔区及前后30 m范围内应作顺坡碾压。

底层道砟压实密度、砟面平整度及高程检测合格后，应采用钉设“木桩＋铁钉”的方式测设轨道中线以用于道岔组装时轨道中线的控制，铁钉及木桩放样依据轨道施工控制桩进行控制。

2. 道岔部件装卸、运输及存放（与长枕埋入式无砟道岔相仿，见“长枕埋入式无砟道岔施工技术”相关内容）

3. 道岔组装及调整

（1）总体要求。道岔各部件运抵现场后，将道岔部件吊装到组装平台，人工配合就位。道岔原位组装的主要流程包括：道岔组装平台组装、岔枕摆放，道岔垫板及扣件安装，道岔钢轨组件安装，道岔连接轨及工具轨安装，道岔粗调定位，道岔组装精度检测。

（2）道岔组装平台组装。道床底层道砟摊铺碾压且检验合格后，根据测设的道岔施工控制桩进行道岔组装平台或平移台车的组装。

道岔组装平台安装前,应先根据道岔施工控制桩或CPⅢ测量控制网放样组装平台的纵梁位置,纵梁顶面高程按设计线路轨面高程返算确定,以保证道岔组装完成后轨面高程低于设计高程。组装平台纵梁顶面高程调整到位并固定,之后在纵梁上按岔枕间隔标出岔枕位置,根据道岔的岔尖、岔心、岔尾等控制基桩,定出主要岔枕的位置,并依此布置道岔的组装调试平台。

道岔组装平台直股一侧的边线应与道岔直股的中心线平行,并预留岔枕的左右调整量。组装平台安装高度与道岔的设计坡度一致,并使岔枕就位后与设计高程低 10～15 mm。

道岔组装平台安装时应使各部位的调整丝杆居中,以保证组装平台的设计调整量能达到最大值,调整螺纹调节杆高程,保证组装平台安装高度,高低水平公差为 5 mm/5 m。

道岔组装平台安装就位后,应使支撑点支撑牢固,防止倾斜。

(3)岔枕摆放。按照道岔铺设图,采用"汽车吊＋吊带"方式逐根完成长岔枕的摆放。

首先根据道岔开向,确定道岔第一根岔枕的位置和方向(里程与中线偏差均不超过 2 mm),调整组装平台限位机构,使岔枕安放到位。

以第一根岔枕为基线摆放岔枕,岔枕摆放时必须注意其正确方向,用钢尺控制和调整岔枕间距,不得以岔枕间距累积测量,特别注意牵引点处岔枕间距,不得小于设计尺寸,可动心轨第一牵引点岔枕间距可按＋5 mm控制,且允许后一根岔枕后移。

以第一根岔枕为基准方正岔枕,同时调整岔枕间距。岔枕定位以直股外侧第一岔枕螺栓孔为基准拉弦线确认,岔枕方正应采用两把长尺平行放置,使岔枕间距找正。

精调岔枕高低,对高低差明显的岔枕进行粗调。岔枕摆放及调整时,严禁使用撬棍插入岔枕扣件螺栓孔内撬拨岔枕。岔枕方正完毕后,再次核实岔枕摆放位置、岔枕间距、方正及全长,同时检查岔枕外观质量。

(4)道岔垫板安装。对照铺设图摆放和安装道岔弹性铁垫板,并使轨底坡向轨道内侧,螺栓孔中心与预埋绝缘套管孔对正。

选择适当型号的缓冲调距块(调整量为 0)安放在弹性铁垫板的复合定位套内,缓冲调距块有四个沟槽面的一面朝下,并保证其下表面与复合定位套下表面平齐。

将盖板安装在弹性铁垫板上,装有橡胶垫圈的一面朝下。选择适当型号的垫板螺栓,套上弹簧垫圈,并将螺纹部分涂满铁路专用油脂,穿过盖板旋入预埋绝缘套管中。在铁垫板承轨面上放置轨下橡胶垫板。

组装道岔扣件垫板时严格区分不同使用部位的静刚度、左右开向及安装方向,确认钉孔对中,并按标记位置确定内外股摆放方向正确后,才可用螺栓连接垫板和岔枕,垫板组装时,注意保持岔枕位置和方向不变。

道岔垫板安装完成后,再次对照铺设图进行逐项检查,确认道岔垫板及零部件的规格类型、安装位置、左右开向及安装方向、安装质量等符合要求。

(5)道岔基本轨及尖轨组件安装。首先检查并确认基本轨跟端支距垫板状态良好,拆除垫板防护罩。通过汽车吊＋吊具将曲基本轨及直尖轨组件吊装就位,基本轨落入垫板承轨槽,注意后端滑床垫板入槽困难,可拆下前移,依次安装。若跟端固定垫板支距已在厂内完成调整,不应采用拆卸跟端垫板的方式安装。

确认基本轨前端位置及基本轨方向,并通过撬棍调整使基本轨前端位置准确到位。

按设计号码安装滑床板垫板上的轨距块,禁止锤击砸入。外拨基本轨,使基本轨与轨距块处于密贴状态。之后,安装弹性夹到扣压装置,使弹性扣压上基本轨,但不施加扣压力。安装外侧Ⅱ型弹条,弹性扣压到位。

调整基本轨的方向,尽量不采用缓冲调距块调整。锁定岔枕螺栓及Ⅱ型弹条扣件系统。重新检查直基本轨前端位置及方向。按相同方法摆放和安装曲基本轨及直线尖轨组件,注意前端与直基本轨端头的方正与位置。摆放和安装道岔直股外侧和曲股外侧钢轨,与可动心轨辙叉共同用轨枕的部分暂不安装扣件系统。

(6)道岔可动心轨辙叉组件安装。首先确认可动心轨辙叉区垫板组件安装良好。

拆除可动心轨辙叉包装,用件(固定心轨位置的包装)暂不拆除,通过汽车吊＋吊带吊运可动心轨辙叉就位,人工搬运时,注意不得突然下落。

调整并确认可动心轨辙叉位置正确,并与岔枕连接。辙叉组件的垫板及方向在道岔厂内已经调好,一般不得随意调整、更改。

安装直股普通垫板的轨距块及弹条Ⅱ型扣件系统,达到连接及扣压作用,但不要锁紧。在此期间要做好直股方向和道岔全长的确认工作。

方正辙叉跟端尺寸及方向，测量长心轨股道的道岔全长，确认可动心轨辙叉的纵向位置正确。依据直股方向确定可动心轨辙叉翼轨外侧轨距块的规格型号，当所有规格型号均满足要求时方可定位。

(7)道岔连接导轨及工具轨安装。道岔转辙器组件及可动心轨辙叉安装就位后，摆放并连接其余垫板件，安装导轨和锁定扣件系统。

道岔前后长岔枕及至少15根普通轨枕的线路也应一并铺设长岔枕、双块枕及工具轨，使道岔及前后线路一并组装和施工，以此保证道岔及前后线路轨道线形的连续性。相邻的两组道岔原则上应同时组装和铺设。采用无孔夹具连接道岔钢轨和工具轨。

(8)道岔组装及调整措施。

1)道岔组装质量控制。钢轨件组装前对钢轨质量进行检查，严格控制钢轨弯曲(包括高低和水平)，若有较大质量差异时应用顶调设备预先进行调整。

拉30 m钢弦线控制道岔岔枕直股端螺栓孔在一条直线上，带编号的一侧铺设在道岔直股外侧，侧股辙叉后短岔枕带编号一侧铺设在道岔侧股外侧。

以第一根岔枕为基准方正岔枕，并与间隔调整配合进行。岔枕方正应采用按岔枕间距找正。调整岔枕时用2把长钢尺置于岔枕两端精调，避免公差累积。调整岔枕水平，要求相邻岔枕顶面高差不大于2 mm，所有岔枕顶面高差不超过5 mm。

辙叉跟端(直向)距基本轨前端定位，偏差不超过2 mm。以辙叉垫板孔为准适当调整岔枕位置。当辙叉垫板孔位与轨枕钉孔位置相距较大时，应及时向厂家反映，不得擅自拆移辙叉垫板或强行拨枕。

组装道岔扣件垫板时严格区分不同使用部位的静刚度、左右开向及安装方向。确认钉孔对中，并按标记位置确定内外股摆放方向正确后，才可用螺栓连接垫板和岔枕；垫板组装时，保持岔枕位置及方向不变。

汽车吊＋专用吊具或吊带吊装道岔钢轨件及岔枕。吊装从前至后或根据现场条件确定的吊装顺序依次吊装就位。每段吊装顺序按先直向后侧向，先外股后内股进行。每段组装宜按照先转辙器基本轨和尖轨部分，再中间导曲线连接部分，后心轨辙叉部分的顺序进行组装。

钢轨严格按照厂内标记的接头顺序和设计预留轨缝值进行。轨缝允许偏差±2 mm，钢轨长度累积偏差不得超过整体要求，道岔全长允许偏差为±10 mm，必要时进行磨头或锯轨处理。

安装弹性夹，应使用专用工具，并按安装说明和铺设图的要求进行。

2)道岔调整。道岔组装且检查合格后，首先应进行道岔轨距和支距的调整，以确定道岔方向基本准确。主要措施如下：

①检查并确认道岔直股尖轨及曲股尖轨的质量状态，若发现问题应预先顶调。

②对滑床垫板位置进行顶调，一般情况下将垫板外调至极限位置。

③检查和确认道岔框架尺寸(尖轨尖端轨距和直线尖轨轨头切削起点轨距或基本轨间距离)；检查和确认直线尖轨固定端及跟端轨距；调整直线尖轨与直基本轨密贴。

④从基本轨前端及道岔跟端，通过拨道的方式调整直线尖轨的直线度。使用30 m或更长的弦线对尖轨开始测量直尖轨工作边直线度，要求最大偏差不超过2 mm。相同方法，调整曲线尖轨密贴段至尖轨跟端的支距。

结合轨距调整、尖轨直线度调整，调整直线尖轨与曲基本轨密贴。此时轨距的调整以调整轨距块为主，偏心调距块为辅，调整过程应严格检查道岔零部件安装的准确性。调整密贴段以后的直侧股轨距。调查尖轨轨底与滑床台板间的密贴。

调整可动心轨辙叉范围内轨距时，采用更换不同的缓冲调距块改变垫板位置实现叉心位置的调整，但仍要适当的拨道来确保叉心直股的直线度。辙叉直股直线度调整好后，将心轨拨通至曲股，通过复核检查心轨曲股的支距来验证叉心摆放位置、方向的正确性，如不合适则重复上述步骤进行调整。

曲股辙后支距垫板区域可通过轨距块调整支距，曲股其他区域还可以通过更换不同的缓冲调距块配合支距调整。

(9)道岔起道及道砟回填。道岔组装合格后，采用内燃起道机组起道，拆除道岔组装平台并回填道砟。

1)道岔起道机组布置。道岔起道机组各起道机沿道岔方向不大于7 m间距左右对称布置，侧股方向增加布置。通过道岔起道机组各起道机同步起升或降落，将道岔轨排整体起升或降落。施工时，道岔起道机组的布置及起降作业应保证两起升点起升高度的相对高差不大于1 cm，道岔轨排钢轨顶面的高差不大于

2 cm。每组 18 号道岔一般需要约 12 台起道机。

2)道岔轨排起升。道岔起道机组安装及作业前,应再次检查道岔中线、轨向、里程(纵向)等符合要求,道岔及零部件等安装正确完整,道岔道床底层道砟无明显的凹凸不平,同时确认各起道机机况良好。

道岔起道机组应布置均匀,且不影响道岔组装平台拆除。之后,同步起动道岔起道机组,将道岔轨排整体提高约 20 cm。

按道岔组装平台安装顺序逆向拆除各组件。

3)道岔轨排高程调整。待道岔组装平台拆除后,通过道岔施工控制桩检查道岔轨排高程,道岔起道机组通过联动或单动将道岔轨排顶面高程降至计划铺设高程(预留起道量 5～8 cm),使用道尺检查和调整道岔水平,目视检查和调整道岔高低。

确认道岔轨排(含岔前及岔后工具轨轨排)高程、水平及高低符合要求后,道岔起道机组保持不动。

4)道砟回填。使彩条布覆盖道岔转辙器及辙叉区域,人工配合挖掘机或装载机将线路两侧的道砟收拢至线路中心,以保证道岔小机捣固所需道砟。多余的道砟则分别填入岔枕盒内和道床两侧。

道砟回填时,应避免施工人员、工具或设备扰动道岔起道机组,以保持道岔位置不动。施工后,撤离道岔起道机组,并清除附着于钢轨及扣件系统上的道砟及杂物,保证道砟不高于岔枕顶面位置。

4. 上砟整道(含大机整道)

(1)总体要求。与线路上砟整道相比,由于工程数量少、分布广,加上道岔捣固车及配套大型整道机组设备配置的问题,高速铁路有砟轨道道岔上砟整道一般分为小机整道和大机整道两个阶段,其中小机整道即采用小型起拨道设备和捣固设备保证道岔道床基本稳定,道岔及前后线路轨道几何基本达标,最后再集中采用道岔捣固车等大型整道机组进行整道,使道岔轨道达到设计及验收标准。一般来说,小机整道达标后的道岔便可以进行轨道精调、电务转换设备安装及工电联调、无缝线路焊接锁定等作业。

(2)小机整道。一般来说,道岔组装完成且道砟回填后,首先采用小型道岔捣固机作业,使道岔达到工程列车通行条件。待铺轨通过后,即可通行工程列车,同时利用 K 型石砟漏斗车补充道床道砟,然后再根据道岔轨道几何状况采用小型整道设备进行道岔起拨道和线路捣固作业。通过 2～3 次的起拨道、补充道砟、线路捣固,有条件的地方在道岔捣固作业之后还可采用动力稳定车稳定,之后道岔轨道几何和道床稳定就可基本达标。最后,按设计道床断面将道床整理成型。

1)小机整道作业设备。小机整道作业设备主要包括道岔起拨道机和道岔捣固机等。

道岔起拨道机分为内燃液压起拨道机和液压起拨道器。内燃起拨道机采用轨行式结构,即可抬道,又可拨道,也能调整轨道水平,如图 5-7-82 所示,当道岔起拨道量较大时可优先选用内燃起拨道机。液压起拨道器采用人工操作,即可抬道,也可拨道,拨道时容易抬高股道,作业效率和精度相对较低。

道岔捣固机又分为液压捣固机、插入捣固棒和软轴捣固棒等形式。其中液压捣固机与普通线路捣固机相同,其捣固镐可来回移动以满足道岔转辙器、可动心轨区域的线路捣固,具有作业质量高,操作灵活简便的特点,如图 5-7-83 所示。

图 5-7-82　内燃道岔起拨道机

图 5-7-83　道岔捣固机(内燃液压式)

2)线路起拨道。在底砟摊铺碾压和采用道岔组装平台组装道岔的条件下,道岔组装完成后的线路起拨道量都比较小,一般中线 30 mm 以内、高程 50 mm 以内。采用液压起拨道器或内燃起拨道机都能满足施工要求。

线路起拨道采用钢弦线控制中线、水准尺控制起道，先拨道，后起道。拨道时，由岔前向岔后方向按10 m间距设置拨道控制点，根据施工控制桩先将控制点位置的道岔中线拨移到位，之后，再张拉钢弦线控制，逐点将道岔及前后轨排拨到中线位置，拨道后的中线偏差应按不大于2 mm要求控制，并避免有S线。为避免拨道时将道岔抬高，拨道前，应根据拨道量大小将岔枕盒内或端头的道砟扒到岔枕底部位置。

拨道完成后，采用道岔起拨道机或道岔起道机组起道。起道之前，先通过水准仪及张拉弦线等方法确定各点的抬道量，再采用道尺控制先抬一股再抬另一股的方式依次完成线路起道。起道作业，按先起高程，再起高低，后起水平的方式，以保证线路平顺。起道时，应采用2台或多台起道机同时作业。起道后的高程偏差应按不大于2 mm控制，并避免线路出现波浪起伏。

3)线路捣固。线路起拨道完成，岔枕盒内钢轨以下道砟填充饱满后，便可采用道岔捣固机进行捣固。为保证道岔道床的捣固质量。每次捣固，每根岔枕位置至少插捣两次，转辙器及尖轨区域、可动心轨辙叉区域等重点位置捣固时可适当将道床道砟整理至岔枕顶面以下10 cm位置。

4)道床恢复。每次起拨道和捣固作业结束，应及时回填道砟，优先保证钢轨位置及岔枕端头的道砟，同时清除附着在道岔部件、扣件系统、转换设备及岔枕表面的石砟或杂物。按道床设计断面尺寸，尽量将道床整理成型，多余道砟均匀在其他位置或清除出线路范围。

5)注意事项。道岔小机整道应注意与前后线路的顺接，尤其是起道作业，应结合已铺道岔的实际高程、两端线路大机整道达标后的线路高程，综合确定道岔小机整道阶段的最终高程控制值。避免道岔预留起道量不足造成大机作业将道岔抬高，或道岔预留起道量过大造成道床密实度不够的缺陷。

(3)道砟补充。一次小机整道结束且长轨铺轨通过后，应及时组织石砟漏斗车卸车补充岔区道床道砟。与普通线路卸砟作业相比，岔区进行石砟漏斗车卸砟作业，需要注意以下事项：

1)机车牵引的石砟漏斗车数量应相对减少，石砟漏斗车的装载量也相对减少，以减少机车牵引重量，避免车辆起停时轮对打滑而损伤道岔钢轨；

2)运输之前，应检查石砟装车情况及车辆状况，尤其要避免对运输车辆轮对磨损等可对岔区钢轨造成的损伤的情况出现；

3)岔区卸砟作业前，应采用土工布或彩条布等对转辙器及尖轨、可动心轨辙叉等区域的钢轨部件及扣件系统等进行覆盖，以免卸砟时石砟或杂物进入钢轨部件或扣件系统之间而影响道岔调试或使用；

4)机车牵引或推送石砟漏斗车进入岔区时，行进速度不得大于5 km/h，且不得紧急停止或起动；

5)岔区卸砟作业时，应准备足够的清道人员，边卸砟边清道，严防车辆掉道；

6)岔区卸砟作业，应尽量一次卸够，以免多次卸砟增加卸砟作业对道岔伤损的风险。

(4)道岔调整。通过小机整道作业后，道岔的轨道几何形位已基本达标，为使道岔大机整道前保证良好状态以提高大机整道的作业效果。因此，在道岔捣固车等大型整道机组作业之前，应对道岔进行调整。除道岔正常进行的轨道几何调整外，道岔调整的重点是道岔内部几何形位的调整。主要包括以下内容：

1)道岔高低、水平不超过限值，滑床台板坐实坐平，垫板与台板间的间隙不超标；

2)直股钢轨通过钢弦线检查直线度符合规定指标，曲股工作边曲线段圆顺无硬弯或鹅头；

3)调整轨距、支距。使尖轨检测点支距和导曲线支距允许偏差符合设计要求；

4)调整尖轨、可动心轨密贴和顶铁间隙。保证密贴段密贴良好、间隙值不超标；

5)整组道岔调整完毕后应再次对弹条螺栓、岔枕螺栓、限位器螺栓、翼轨间隔铁螺栓、长短心轨间隔铁螺栓等进行复拧。

(5)大型整道机组作业。

1)作业流程及基本要求。高速铁路有砟轨道道岔大型整道机组作业，主要在道岔轨道几何形位基本达标、道床初步稳定后进行，属达标整道作业。

道岔大型整道机组一次完整的作业包括道岔捣固车捣固(含起道、拨道)、动力稳定和配砟整形等，其中，配砟整形一般在整道达标后与区间线路一同进行。当线路道床外形较好时，也可人工整形。

2)道岔捣固。道岔捣固车可用于线路和道岔捣固作业，捣固作业的同时完成线路起拨道。道岔捣固车机况、施工方法及操作手水平是影响施工质量的主要因素。道岔捣固车作业一般分为施工准备、线路测量、道岔捣固车作业。

施工准备：每次捣固车作业前，道床内应有足够的道砟，其中岔枕盒内和岔枕端头道砟应充足，必要时应提前安排K型石砟漏斗车卸砟,使道床饱满均匀,不影响捣固车连续作业,同时拆除影响道岔捣固作业的护轮轨、防爬设施、电务转换设备、四电设备或电缆等。线路捣固车调试检查合格且状态良好,设备操作手按规定持证上岗。

线路测量:线路测量的目的是为了确定线路起拨道量及捣固遍数。线路测量的内容有三个方面:一是道岔轨道实际高程的测量,通过实际高程与设计高程的对比,再结合道岔捣固车计划作业遍数确定每次捣固时的起道量;二是道岔最后两次捣固作业时,还应结合道岔轨道实际高程与两端已整道达标线路轨道实际高程的差值,确定道岔区与区间线路的高程顺坡量及顺坡范围;三是测量道岔实际中线与设计中线、两端已整道达标线路轨道实际中线的差值,确认道岔捣固时的中线拨移量和与区间线路中线顺接的范围。

同一岔区的道岔及道岔之间的线路、两端道岔以外各100 m的线路应统一采用道岔捣固车作业,且不再安排普通线路捣固车作业。在道岔捣固车作业之前,应一同进行小机整道。

道岔捣固车作业:道岔捣固车采用"三线起道、四道捣固"作业模式。道岔捣固车作业的施工组织与线路捣固车差不多,也需要采用激光照准仪指导拨道。为保证整道后岔区线路的平顺性和一致性,道岔捣固车作业时还应注意以下几点:

①为保证整道线路的平顺性和道床结构的统一,同一岔区同一股道的道岔应一次连续作业,且作业起终点应在道岔区两端100 m以外的直线线路上顺接。

②作业时应充分利用道岔捣固车"三线起道、四道捣固"的特点,有条件的地方使用第3轨起道装置同步作业,提高岔区直股和曲股轨道线形的整体性。

③作业时道岔捣固车只能在直股方向进行拨道作业,曲股方向不允许拨道作业。

④道岔捣固车作业完成后,应通过记录仪检查作业后的线路状态,了解作业质量。

3)动力稳定及配砟整形。道岔区及前后线路进行道岔捣固车作业后,应及时进行动力稳定和配砟整形,动力稳定和配砟整形的要求与线路整道作业相同。

5. 道岔轨道精调

道岔轨道精调的原则及流程与长枕埋入式无砟道岔一致,见"长枕埋入式无砟道岔施工技术"相关内容。

6. 电务转换设备安装及工电联调

电务转换设备安装及工电联调一般在小机整道结束、道岔轨道几何形位基本达标后进行。此外,在大型整道机组作业时,应拆除影响道岔捣固作业的设备,待作业完成后重新安装并调试达标。道岔无缝线路焊接锁定时,也可能会影响电务转换设备,因此在无缝线路焊接锁定结束后,应再次检查电务转换设备并进行工电联调。

电务转换设备安装也会扰动道岔轨道线形,因此,在道岔电务转换设备安装及调试过程中,应加强对道岔轨道线形的检查和调整。加强与工务与电务密切配合,做好工电联调工作。电务转换设备安装及工电联调与长枕埋入式无砟道岔相仿,见"长枕埋入式无砟道岔施工技术"相关内容。

7. 道岔钢轨焊接及锁定

道岔钢轨焊接及锁定的原则与长枕埋入式无砟道岔相仿,见"长枕埋入式无砟道岔施工技术"相关内容。

8. 道岔使用及维护管理

道岔使用及维护管理的原则与长枕埋入式无砟道岔相仿,见"长枕埋入式无砟道岔施工技术"相关内容。

### 7.6.7　资源配置

#### 7.6.7.1　*劳动力配置*

高速铁路有砟轨道道岔施工组建专业施工队伍负责施工,专业施工队伍采取架子队组织模式,根据工作面情况分成若干班组,把道岔铺设及小机整道、道岔精调、道岔焊接锁定分开组织,按照工序尽量平行作业。道岔捣固车捣固及道岔打磨等工序,借用铁路局专业施工队伍及大型专业设备施工。

(1)管理人员组织。一般以道岔施工作业队为单位设置管理机构,负责多个作业面的技术管理和施工组织。管理人员组织配置的原则与长枕埋入式无砟道岔相仿见"长枕埋入式无砟道岔施工技术"相关内容。

(2)生产人员组织。每个作业工序,工地负责人、工班长、技术人员和专兼安质人员由正式员工担任,且持上岗证上岗。其余根据需要可配置劳务用工,但岗前必须进行培训并经考试合格后上岗。特种工种按规定持证上岗。以下工序按单作业面月铺4组道岔板为例介绍生产人员组织,见表5-7-32。

表 5-7-32　生产人员组织(单作业面)

| 序号 | 岗位或工种 | 人数 | 主要工作内容 |
|---|---|---|---|
| 一 | 底层道砟摊铺碾压 | | |
| 1 | 施工测量 | 4 | |
| 2 | 道砟供应(含运输) | 2 | 协调 |
| 3 | 道砟摊铺 | 12 | 配合施工 |
| 二、 | 道岔装卸及运输 | | |
| 1 | 道岔装卸 | 12 | |
| 2 | 道岔运输 | 4 | 不含设备操作 |
| 三 | 道岔组装及小机整道 | | |
| 1 | 测量放样 | 4 | |
| 2 | 道岔拼装及精调 | 40 | 含施工测量 3 人 |
| 3 | 小机整道 | 40 | 含配合人员 |
| 4 | 电务设备安装及调试 | 4 | |
| 5 | 材料转运及相关辅助工作 | 12 | |
| 6 | K 型石砟漏斗车卸砟 | | |
| 四 | 道岔轨道线形精调 | 12 | 含施工测量 3 人 |
| 五 | 电务设备安装及调试 | 4 | |
| 六 | 钢轨焊接及锁定 | 12 | 含胶接绝缘接头施工 |
| 七 | 配合大机整道(含打磨) | 20 | |
| 八 | 道岔看守及维护管理 | 4 | 每个车站 |

7.6.7.2　主要设备机具配置

高速铁路有砟轨道道岔铺设单作业面主要设备机具配置见表 5-7-33。

表 5-7-33　高速铁路有砟轨道道岔施工主要设备机具

| 序号 | 设备名称 | 规　　格 | 单位 | 数量 |
|---|---|---|---|---|
| 一 | 检测设备 | | | |
| 1 | 全站仪 | | 台 | 1 |
| 2 | 电子水准仪 | | 台 | 1 |
| 3 | 轨检小车(含配套软硬件) | | 台 | 1 |
| 4 | 钢弦线 | 30 m 以上 | 把 | 4 |
| 5 | 轨道几何检查尺 | 含道尺、支距尺、方尺等 | 套 | 4 |
| 6 | 测力扭矩扳手 | 电动 | 台 | 8 |
| 7 | 钢筋绝缘检测 | | 套 | 1 |
| 二 | 施工机具 | | | |
| 1 | 自卸汽车 | | 台 | 6 |
| 2 | 平地机 | | 台 | 2 |
| 3 | 光轮压路机 | | 台 | 2 |
| 4 | 汽车吊 | 50 t、100 t | 台 | 2 |
| 5 | 专用吊具 | 24 m | 台 | 1 |
| 6 | 道岔组装平台 | | 套 | 2 |
| 7 | 工具轨 | 新轨 | 双米 | 200 |
| 8 | 无孔夹具 | P60 kg 轨用接头 | 个 | 100 |
| 三 | 整道设备 | | | |
| 1 | 起道机组 | 内燃液压 | 台 | 24 |

续上表

| 序号 | 设备名称 | 规　格 | 单位 | 数量 |
|---|---|---|---|---|
| 2 | 起拨道机 | 内燃液压 | 台 | 4 |
| 3 | 道岔捣固机 | 内燃液压 | 组 | 4 |
| 4 | 道岔捣固车 | | 台 | 1 |
| 5 | 动力稳定车 | | 台 | 1 |
| 6 | 配砟整形车 | | 台 | 1 |
| 7 | 道岔打磨列车 | | 台 | 1 |
| 四 | 铝热焊设备 | 斯密特 | | |
| 1 | 铝热焊砂箱及钳锅 | | 套 | 12 |
| 2 | 锯轨机 | | 台 | 1 |
| 3 | 液压拉伸机 | | 台 | 2 |
| 4 | 滚轮 | 10 cm 高 | 个 | 120 |
| 5 | 仿型打磨机 | | 台 | 2 |
| 6 | 数字式超声波探伤仪 | | 台 | 1 |
| 7 | 数字式钢轨平直度检查仪 | | 台 | 1 |
| 8 | 数字式轨温计 | | 个 | 4 |
| 五 | 转换设备安装及调试工具 | | 套 | 1 |
| 六 | 钩锁器及防护器具 | | | |
| 1 | 钩锁器(每组道岔) | | 套 | 1 |
| 2 | 防护器具及限速牌等(每组道岔) | | 套 | 1 |
| 3 | 对讲机等通信设备(每组道岔) | | 套 | 1 |

### 7.6.8　质量安全控制要点

#### 7.6.8.1　质量控制要点

除满足设计及工艺要求，高速铁路有砟轨道道岔施工还应加强以下质量控制要点：

(1)建立健全质量管理体系，配置质量控制要素，严格施工过程控制，针对不同工序、不同施工内容制定并实施作业指导书、质量实施细则和质量检测大纲，以工序质量、细节质量保证最终的施工质量。

(2)比照有砟轨道施工边界条件，道岔铺设前，桥梁沉降和徐变评估、路基沉降评估等必须达标，桥面系及底座混凝土施工二期恒载基本完工，CPⅢ测量控制网评估合格。

(3)在精调测量中，配置高精度的全站仪、电子水准仪、轨检小车等，测量人员进行针对性的培训并经考核合格后上岗，施工过程应加强设备的经常性校正、日常保养和维护，计量器具定期送检标定。

(4)根据气候条件，进行严格的施工作业控制，如测量和精调应选择在温差不大、阳光不强、少风、无雨的天气。进入冬季时，应根据天气条件采取冬期施工措施。

(5)道岔部件在储存和运输、吊装过程中，应切实采用诸如吊机＋吊梁吊装、轴线运输车＋托架运输、硬化地面加轨木支垫等措施以确保道岔部件特别是钢轨件不变形、无损伤。

(6)同一岔区的道岔及道岔前后各 100 m 的线路应按同一标准进行底砟预铺、小机整道和大机整道作业，以保持道岔及前后线路道床稳定、轨道几何平顺。

(7)严格控制底砟预铺厚度及平整度，并结合大机整道方案预留道岔起道量，大机整道时应做好道岔区与区间线路的顺接。

(8)道岔组装采用道岔组装平台，首先保证道岔组装的内部几何质量，确保道岔部件组装正确、准确、完整，以良好的道岔内部几何形位为良好轨道线形提供保障。

(9)道岔轨排起升、拨移等采用专业施工设备，设备应安装稳固、牢靠，并缓慢操作，以保持道岔轨道线形平顺。防止轨道板精调后产生移位变形，影响轨道板铺设精度。

(10)严格控制道岔焊接锁定及工电联调边界施工条件，焊缝打磨时应严格控制打磨质量，避免出现过打磨(即不可恢复性打磨,如轨顶凹陷等)。钢轨焊接接头必须逐一探伤检查。

(11)为确保技术标准和施工工艺落到实处,在正式施工之前,应按技术培训及设备验证、工艺试验、线下试验段、线上先导段的顺序依次开展试验及分级评估工作,每个阶段经评估达到合格要求后方可进入下一阶段的试验或施工。其中线下试验段应由建设单位组织评估,线上试验段应由铁道部组织对建设单位的评估后,再由建设单位组织对施工单位的评估。

(12)加强与设备接收单位的联系和沟通,争取设备接收单位从道岔组装施工开始到交验结束全过程参与质量控制。

#### 7.6.8.2　安全控制要点

高速铁路有砟轨道道岔施工涉及道岔部件运输与吊装、混凝土浇筑、施工用电、夜间作业、工程线运输管理等多个环节,须针对危险源及危险因素制定和实施有效的安全措施。高速铁路有砟轨道道岔安全控制要点的原则,基本与长枕埋入式无砟道岔相仿,见第7.4节“长枕埋入式无砟道岔施工技术”相关内容。

#### 7.6.8.3　环保控制要点

高速铁路有砟轨道道岔施工环保控制要点的原则与长枕埋入式无砟道岔相仿,见“长枕埋入式无砟道岔施工技术”相关内容。

# 8 有砟轨道施工技术

## 8.1 有砟轨道概述

高速铁路有砟轨道与传统有砟轨道有所不同，从秦沈客运专线建设以来，特别是近几年以来，我国在大规模推进无砟轨道高速铁路建设的同时，也推进了有砟轨道高速铁路建设，同样通过引进、消化、吸收、再创新以及系统集成，已经形成了高速铁路有砟轨道线路施工的技术体系，主要包括：主要材料技术标准及生产工艺、铺轨基地规划及大宗材料存放、道砟运输及铺设、一次性铺设长钢轨、大型机械整道、长轨焊接及无缝线路锁定、轨道精调、联调联试等。有砟轨道与无砟轨道施工不同之处在于有砟轨道铺轨和道床形成是交替进行，而无砟轨道道床工程可于铺轨前单独形成。本章主要介绍有砟轨道施工技术的相关内容。

## 8.2 结构设计

高速铁路有砟轨道主要由长钢轨、扣件系统、混凝土轨枕、碎石道床等组成。如图 5-8-1～图 5-8-3 所示。

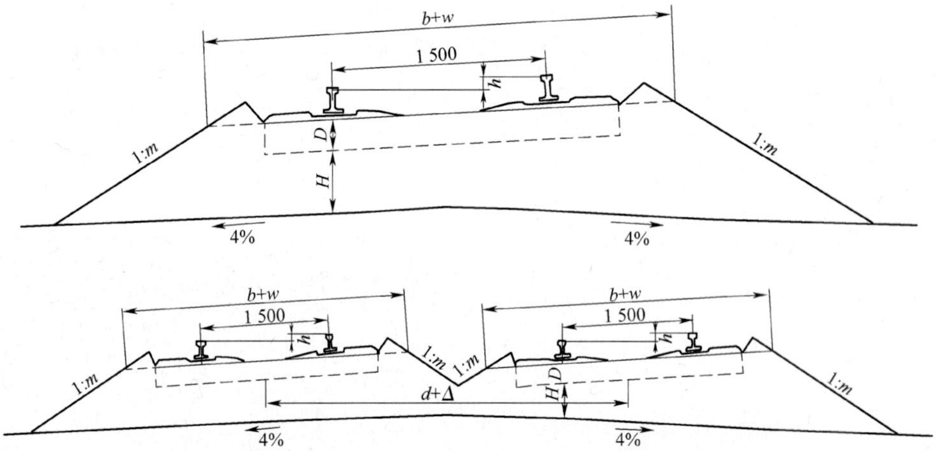


图 5-8-1 路基单线及双线地段有砟轨道结构(横断面)(单位：mm)

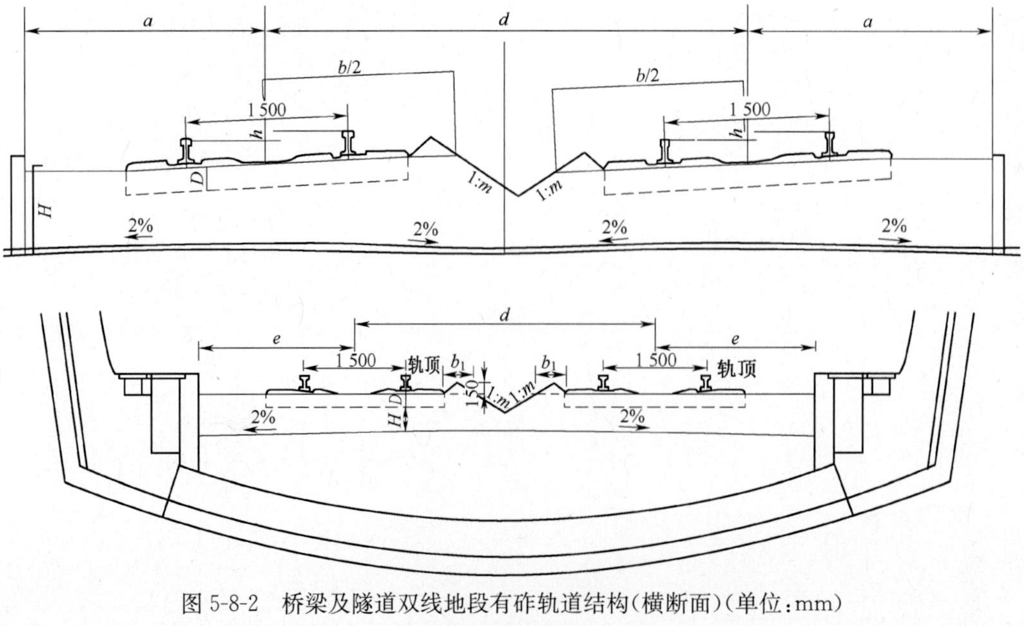


图 5-8-2 桥梁及隧道双线地段有砟轨道结构(横断面)(单位：mm)

(a) 近景

(b) 远景

(c) 道砟特写

图 5-8-3　建成运行的高速铁路有砟轨道线路实景

(1)钢轨。无缝线路采用 100 m 定尺长、60 kg/m U75V 无螺栓孔热轧新轨,有缝线路及缓冲区钢轨采用 60 kg/m、25 m 定尺长 U75V 有螺栓孔热轧新轨。钢轨质量符合《250 km/h 客运专线 60 kg/m 钢轨暂行技术条件》(铁科技函〔2005〕298 号)及相关检验验收标准的规定。

铺设跨区间无缝线路地段道岔区钢轨件及胶接绝缘钢轨采用与两端线路钢轨材质一致的钢轨。

(2)轨枕及扣件。采用 2.6 m 长有挡肩的先张预应力混凝土轨枕,铺设护轨地段采用预应力混凝土桥枕,轨枕铺设数量按 1 667 根/km 标准。配套采用弹条Ⅴ型扣件,需要设置小阻力扣件的地段采用弹条Ⅴ型小阻力扣件。道岔区、伸缩调节器处铺设配套的混凝土岔枕。弹条Ⅴ型扣件如图 5-8-4 所示。

轨道电路专用电容枕和电气绝缘专用枕,由设计确定,采用与普通轨枕同等级的专用枕及配套扣件。铺设时与信号专业共同确认。

当采用无挡肩的先张预应力混凝土轨枕时,扣件相应采用配套的弹条Ⅳ型扣件。弹条Ⅳ型扣件如图 5-8-5 所示。

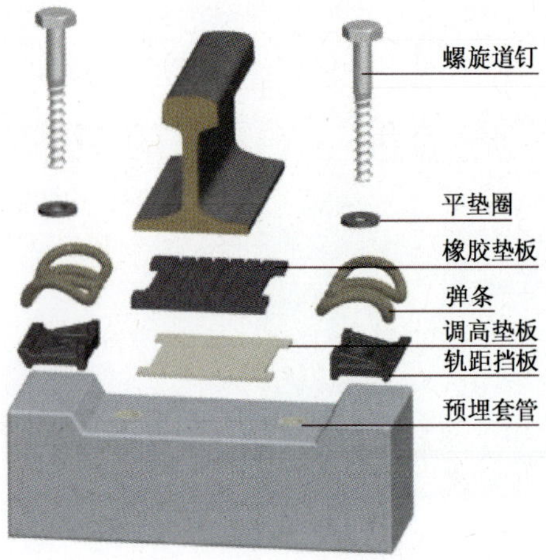


图 5-8-4　弹条Ⅴ型扣件系统

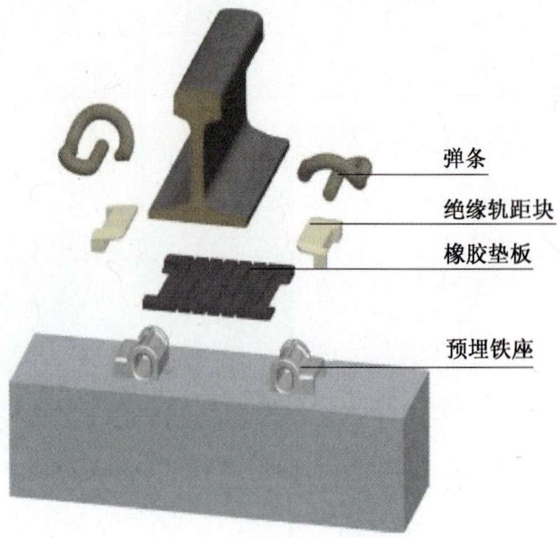


图 5-8-5　弹条Ⅳ型扣件系统

(3)碎石道床。采用一级碎石道砟或特级碎石道砟,道砟材质应符合《铁路碎石道砟》(TB/T 2140)和《铁路碎石道床底砟》(TB/T 2897)的规定。

单线道床顶面宽度为 3.60 m,双线道床顶面宽度应分别按单线设计。砟肩堆高 15 cm,道床边坡 1∶1.75。桥上与隧道内,线路中心线一侧砟肩、边坡与区间线路相同,线路外侧的道床砟肩与高挡砟墙、边墙(或高侧水沟)之间以道砟填平。

小半径或低速地段,道床宽度作相应调整,必要时采用双层道床,其中底层道床改为碎石底砟材料。

(4) 轨道高度。速度 200 km/h$<v\leqslant$250 km/h 高速铁路有砟轨道结构高度见表 5-8-1。

**表 5-8-1　轨道结构高度表**(mm)

| 基础类型 | 钢轨高度 $h_1$ | 轨下胶垫厚度 $h_2$ | 轨枕高度 $h_3$ | 内轨枕下道床厚度 $h_4$ | $H=\sum_{i=1}^{4}h_i$ |
|---|---|---|---|---|---|
| 级配碎石路基 | 176 | 10 | 230 | 350 | 766 |
| 硬质岩石路堑 | 176 | 10 | 230 | 350 | 766 |
| 桥梁 | 176 | 10 | 230 | 350 | 766 |
| 隧道 | 176 | 10 | 230 | 350 | 766 |

## 8.3　有砟轨道施工技术

### 8.3.1　铺轨基地及大临工程

铺轨基地是高速铁路有砟轨道线路施工主要的也是最重要的大临工程,是材料和设备集结、运输中枢、调度中心,也是联系既有铁路与新建铁路的纽带,规划和建设好铺轨基地具有至关重要意义,此外,主要大临工程还有道砟存放场、临时生产生活区、运输便道、材料存放场等。

8.3.1.1　铺轨基地

1. 设置原则

高速铁路有砟轨道铺轨基地不同于普通铁路有砟轨道铺轨基地,普通轨排的组装工作量少,主要储存轨枕及长钢轨,因而还需设置长钢轨存放区。主要设置原则如下:

(1)铺轨基地需要结合线路走向、工程规模、进度要求、重难点及控制性工程分布、接轨条件等因素综合确定,原则上应避开运营线路和工期控制性工程的干扰。

(2)铺轨基地宜设置在既有车站附近,并靠近铺轨起点、与运营线路干扰少、列车进出方便、引入线路短的开阔平坦处,并尽量利用红线用地或荒地,少占农田。同时根据工程规模、进度要求、使用年限、现场条件等经技术比选确定铺轨基地规模,略有富余生产能力。

(3)铺轨基地设施宜永临结合,注意环境保护,充分利用现有水源、电源以及运输通道。

(4)铺轨基地内股道及联络线的坡度、曲线半径,应根据地形、运量和作业方法确定,运送长轨的股道及联络线最小曲线半径不宜小于 350 m。

(5)铺轨基地布置应根据地形及生产方式，使调车作业顺向，材料堆置合理，取送方便，并应使各种起重吊运移动距离最短。

(6)铺轨基地内应设消防通道，相邻料堆间应根据作业需要留有不小于0.5 m的距离。场内堆置物与轨道及走行线间应留有安全距离。

(7)铺轨基地内临时工程的设置，应尽量避开对正式工程特别是铺轨及站后工程施工的影响。

(8)铺轨基地内股道及联络线道岔应不小于9号，股道及联络线尽头应有相应的安全设施。装卸车线宜设在直线上，坡度不宜大于1.5‰，最大不大于2.5‰，作业时应有防止车辆溜逸的措施。

(9)铺轨基地的整体规划还应考虑防洪、路地干扰等因素，最大可能地减少与周边环境的相互影响。

2. 铺轨基地总体规划

高速铁路铺轨基地总体规划应结合工程规模、进度要求及场地条件尽量做到布局合理、工序清明、物流顺畅，生产规模满足工程工期并略有富余。一个功能完整的高速铁路铺轨基地一般包括生活办公区、长轨存放区、短轨及道岔部件存放区、轨枕存放区、道砟装卸及存放区、机务整备库以及材料库房等，另设施工电力线、运输便道以及轨道便线等。轨道便线至少设置长轨装卸线、轨枕及短轨装卸车、设备存放线、进出场线、安全线、道砟装卸线及机车停留线等。以下以新建龙(岩)厦(门)铁路龙岩铺轨基地为例介绍高速铁路铺轨基地总体规划。

(1)工程概况。新建龙厦铁路全长111.3双线公里，设计为客货共线有砟轨道铁路一次铺设跨区间无缝线路设计。线路从既有龙岩站东端引出，设马坑、龙山、南靖、草坂等4个中间站，最后引入新建厦(门)深(圳)铁路漳州南站，除既有龙岩站外，施工期间沿线无其他地点可与既有线接轨。根据设计及合同约定，龙厦铁路长轨由南昌铁路局焊轨厂负责将100 m定尺轨焊成500 m长轨后运输到铺轨基地存放，其余轨枕、道岔、扣件等按厂发料经铁路运输到铺轨基地存放。因拟选铺轨基地场地受限，不考虑道砟存放及装车作业。

(2)铺轨基地规划方案。按照“永临结合，保障工期，少占耕地，节省投资”的原则，依据投标文件及施工调查，本项目铺轨基地拟设在龙岩车站北侧扩建站场红线用地范围，占地约90亩，按纵列式布置分别修建长钢轨存放区、进场通道、轨料存放区和轨排线组装区、轨道便线，其中轨道便线从龙岩车站东端4号岔后牵出线上插铺岔线接轨进入铺轨基地。生活办公区设置在铺轨基地西侧空地位置。

铺轨基地规划生产能力：存短轨20 km、长轨220 km、轨枕200 000根(95 km路/25 km桥)、道岔30组。

铺轨基地规划轨道便线包括：1条长钢轨装车线、1条轨料卸车线、1条存车线、1条调车线，分别满足长钢轨存放、轨料装卸及轨排生产、铺架设备及运输车辆存放的施工需要。在铺轨基地外侧预留车辆存放线1条。铺轨基地主要设施投入：500 m长轨存放群吊1套，16 t轨行式龙门吊4台。

正在建设中的铺轨基地如图5-8-6所示，建立后的铺轨基地如图5-8-7所示。

图5-8-6　正在建设中的高速铁路有砟轨道铺轨基地

图 5-8-7　建成后的高速铁路有砟轨道铺轨基地

(3)铺轨基地大临工程规划及建设。

1)生产能力设计。龙厦铁路共需铺轨 241 km,其中有砟轨道长钢轨 189 km、无砟轨道长钢轨 33 km、站线轨道 17 km,道岔 55 组,全线不负责道砟供应。计划铺轨工期 3.5 个月,平均日铺轨 2.3 km。厂焊长钢轨由南昌铁路局向塘焊轨厂供应,轨枕由南昌铁路局邵武轨枕厂供应,道岔由铁路局统一招标供应。

根据工程所处时期铁路建设形势,道岔供应紧张,路局焊轨厂和轨枕厂生产能力大但供应任务也大。结合以往经验,按道岔存放 50%(尤其是正线道岔基本到齐)、轨枕满足 20 d 施工、长轨满足 2 个月施工,以此倒排铺轨基地材料存放能力,相关设备、设施及区域规划满足物流顺畅、施工方便。最终确定铺轨基地规划生产能力:存短轨 20 km、长轨 220 km、轨枕 120 000 根(50 km 路/22 km 桥)、道岔 30 组。

2)生活办公区。生活办公区在规划用地内避开生产区设置。生活办公区主要包括办公室、会议室、员工宿舍、食堂和文化活动区等。此外,还应修建机修加工、物资仓库等辅助房屋。生活办公区除应满足办公需要外,还应结合沿线民房供应条件及经济性比选确定满足铺轨、整道、运输组织及相关施工人员的生活需要。

3)长轨存放区。长轨存放区用于 500 m 厂焊长钢轨装卸及存放,安装 32 台 21 m 跨 2 t 固定式门吊组成的联动门吊。C4 道作为 500 m 长钢轨装车线,安装 32 台 2 t 17 m 跨度固定式门吊组成的联动群吊。

长轨存放区沿长轨装卸线单侧布置,按 6 m 间距浇筑钢筋混凝土承轨台座,同一承轨台座为连续结构,承轨台座应大面平整,相邻台座间高差不大于 2 cm。长轨按正立摆放,不得扣放,层与层之间支垫宽 10 cm、厚 10 mm 的钢板,底层钢轨与承轨台座间设横向垫轨,支垫钢板与垫轨应对承轨台座中间位置上下对齐。

为保证长轨存放的稳定性,避免地基因长轨荷载产生较大下沉量,基础施工时应做好地基碾压及承载力检测。同时做好防排水措施,避免因积水原因导致地基承载力下降。

长轨存放区存轨能力计算:以 21 m 跨联动群吊计算,扣除轨道及车辆宽度、车辆与龙门吊、长轨间必要的安全距离共计 4.0 m,承轨台座表面的可存轨宽度为 16.5 m,60 kg/m 钢轨底板宽 152 mm,按每根钢轨宽度 165 mm 计(考虑钢轨间空隙),则最底层可存放钢轨 100 根,以后往上每层递减 1 根,最高存放 10 层,可一次性存放全线长钢轨 955 根,满足存放全部 880 根即 220 km 长钢轨的需要。

4)道岔及短轨、轨枕存放区。道岔及短轨、轨枕存放区设在同一存放区内,存放区内设轨道装卸线和贯通龙门吊走行线,采用 5 台 17 m 跨 16 t 轨行式龙门吊进行装卸。

道岔及短轨存放区长 120 m,采用混凝土硬化地面,按不大于 4 m 间距搭设木枕进行支垫。短轨按一正一反扣放存放,最高不超过 15 层,1 个 25 m 存轨区可存放 25 m 短轨 1 905 根,折合 23.8 km。道岔区按转辙器、辙叉、导轨分开存放,其中转辙器及辙叉存放,最高不超过 4 层。道岔轨枕存放要求与普通轨枕相同。

轨枕存放区采用经碾压、平整的砂夹石硬化地面。轨枕存放最高不超过 12 层,两侧递减,以杜绝轨枕坍塌的风险。按平均存放 10 层计算,包括龙门吊悬臂范围内 500 m 轨枕存放区,可一次存放 12.1 万根轨枕。轨枕设锚固生产线用于锚固螺旋道钉。

5)轨道便线及出岔。铺轨基地从既有车站 4 道东端 4 号岔后既有牵出线引出工程便线,插入 L1 号道岔岔后引入铺轨基地,作为既有线与铺轨基地间联络线。铺轨基地经 L1 号岔进入牵出线到达新建龙厦铁路起点位置，左右线在适当位置铺设Q1号岔进行连接，以保证铺轨设备分别进入区间左右线铺轨。

铺轨基地内轨道便道除进出既有车站及区间新线联络线外，分别设1条长钢轨装卸线、1条轨料装卸线、2条调车线兼作存车线，长轨装卸线C4道远端作为机车整备线，设检修坑1处。

6)水电设备及进场道路。铺轨基地施工用水量较小，只要生活用水能保证就能满足施工生产需要。本项目铺轨基地全部采用城市自来水，在基地修建50 t水池1个，安装直径为100 mm的输水管路1 500 m，其他输水管路根据需要安装。

基地用电主要是吊装设备用电和生活用电，电源就近T接，安装400 kVA变电站1座，配备150 kW发电机组2台。

进场道路由就近公路引入，宽度5 m，采用混凝土硬化。场内道路根据需要设置，根据不同功能采用不同标号和不同厚度的混凝土硬化。

7)防排水设施。防排水是事关铺轨基地防洪安全和轨料存放的稳定性，必须高度重视。铺轨基地防排水设施包括场外防水和场内排水两大部分。

一是场外排水必须采用"堵，疏，导"相结合的方式使场外排水不得对铺轨基地设施造成破坏；二是做好场内排水，生产生活污水经沉淀池沉淀达标后排入地表水或地下水，生产生活区规划好排水系统，保证雨水能及时排走，避免浸泡地基而降低其承载力和稳定性。

8)其他。铺轨基地内根据需要修建机加工房、工具房、零星材料房等。油库及硫锚材料应远离生活办公区设置。铺轨基地四周采用防护栅栏围蔽，铺轨基地设进出人员及车辆大门1处和轨道进出大门各1处，并设保卫值守。

8.3.1.2　*道砟存放场*

设置道砟存放场有两个目的：一是提前储存道砟，减少铺轨期间道砟供应，缓解道砟生产与道砟需求之间的矛盾，尤其道砟生产受季节性和政府管控的影响会在一定时期间大幅降低产量甚至停止生产，要保证铺轨期间道砟的正常供应，就必须设置道砟存放场提前储备道砟；二是除部分道砟可在铺轨前采用汽车通过便道或路基运输进场外，施工所需要的大部分道砟都必须在铺轨通过后经工程线轨道运输进场，该部分道砟除了由铁路既有道砟场有条件直接装车进入工程线运输外，一般需要靠近工程线装车运输，因此有必要在铺轨基地或靠近工程线设置道砟存放场。

道砟存放场的布置应结合道砟生产、公路运输、既有铁路和工程线运输、铺轨方案等因素设置，尽量减少多次倒运，二次转运的距离宜控制在20 km左右，即道砟存放场一般不超过30 km设置。

道砟存放场一般选择在靠近公路的地势开阔的荒地位置，以减少临时工程量和农田绿地占用量，有条件的可直接借用废弃仓库、厂区等场地，并避开居民区，以免噪声和扬尘扰民。道砟存放场地基处理应密实、平整、排水顺畅，雨水较多的地区可采用混凝土或砂夹石硬化地面。需要靠近工程线进行列车装卸时，应设置简易站台。道砟存放场四周可采用钢丝网或栅栏围蔽，以免外部干扰。

道砟存放场一般应配置装载机、洗石机等必须的施工设备。

8.3.1.3　*运输道路及其他*

除了铺轨基地和道砟存放场外，高速铁路有砟轨道铺轨工程还设置运输通道、工程线临时岔线、过渡工程以及其他生产生活基地等临时设施。

运输通道，主要指通过公路运输道砟进入路基的运输公路或便道。运输通道一般由建设单位根据铺轨单位提出的需求计划纳入线下工程统一施工，线下工程施工完成后应将运输通道保留使用至铺轨施工结束。运输通道包括：对既有公路或乡村道路的加宽加固，新建运输便道，运输便道与路基间接口(俗称"马道")，临时桥涵，隧道斜井通道等。

工程临时岔线，指铺轨通过后，为保证运输车辆正常交会或为区间施工与运输划定相对隔离的施工区域，而在长大区间的一定位置铺设临时道岔形成岔线的线路。包括车站在内，工程临时岔线一般应在25 km范围内设置，临时岔线按车站进行管理。

过渡工程。一是临时改造既有线，为铺轨基地提供出岔便线或施工通道，且施工完成后需要及时恢复的过渡工程，如既有车站到发线插铺道岔及配套的接触网、信号改造等；二是为保证铺轨进度，新铺道岔无法通过公路运输进场提前铺设的临时线路，道岔位置可按临时线路先铺轨通过，再通过工程线轨道运输道岔料进场，并在工程线运输间隙进行临时线路和铺设正式道岔的过渡工程，类似过渡工程还包括电气绝缘枕及电容枕因供货或设计问题，先以普通枕替代铺设，再换铺正式轨枕的施工。

生产生活基地。主要指除铺轨基地外，为保障正常施工，在区间位置增设的站线轨料存放场、施工队伍临时驻地及临时设施等。

### 8.3.2 关键设备及工装

#### 8.3.2.1 轨排铺轨机

1. 概述

DPK32 型和 DJ32 型轨排铺轨机是目前具有代表性的两种轨排铺轨机类型，都可用于 25 m 长 75 kg/m 及以下钢轨、Ⅲ型及以下混凝土轨枕和混凝土宽枕轨排的铺设，也可用于跨度 16 m 以下铁路 T 梁架设。两种类型轨排铺轨机的作业原理和工法一样，主要区别在于：DPK32 型轨排铺轨机是铁路主管部门批准允许在既有铁路上作业和挂运的铺轨设备，其特点是结构不可完全分解，不能通过公路运输转场，不能满足绕行既有铁路的新建铁路铺轨施工；DJ32 型轨排铺轨机针对 DPK32 轨排铺轨机不能通过公路运输的缺点进行了升级改造，整套设备可通过大解体经公路运输转场，不仅转场灵活、快捷，而且适用性广，但该设备车底所采用的分体式结构还未取得铁路主管部门的认可，不能在既有铁路上挂运和作业。

以下以 DPK32 型轨排铺轨机为例介绍轨排铺轨机结构及作业流程。

2. 轨排铺轨机结构

DPK32 型轨排铺轨机是全悬臂单臂式的集机、电、液于一体的多功能大型铺轨设备，以铺设铁路 25 m 普通轨排为主，也可铺设 25 m 宽轨枕轨排、架设 16 m 及以下跨度桥梁，还可以铺设混凝土枕道岔，适用于铁路新线和旧线改造中铺轨施工。该铺轨机具有结构简单、操作简便、施工高效、功能全面的特点，由主机、机动平车和倒装龙门吊组成。

(1)主机。DPK32 轨排铺轨机主机由机臂、吊轨排(梁)扁担、1 号柱、2 号柱、车辆部分、主机起吊系统、拖拉系统及导轨回送系统、摆臂机构、液压系统、动力及电气系统组成，如图 5-8-8 所示。主要技术参数见表 5-8-2。

图 5-8-8　DPK32 型轨排铺轨机

**表 5-8-2　DPK32 轨排铺轨机主机技术参数**

| 序号 | 性　能 | 技 术 参 数 |
|---|---|---|
| 1 | 起重量 | 铺轨时 32 t(含吊具 4 t)，架梁时 59 t(含吊具 4 t) |
| 2 | 轨排容量 | 5 层 25 m 长度特重型轨排、6 层 25 m 长度重型轨排或 4 层 25 m 长度宽枕轨排，最大作业载重量 110 t |
| 3 | 作业线路条件 | 最大纵坡 12‰，最小曲线半径 300 m，复线最小间距 4 m；可通过最小曲线半径 180 m |
| 4 | 车辆 | 长 28 m 特种车辆，前五轴后四轴 |
| 5 | 动力 | 100 kW，100GF 柴油发电机组一台 |
| 6 | 技术速度 | 铺普通轨排：3.5 min/排；架梁 ：30 min/片 |
| 7 | 挂运速度 | 60 km/h |

续上表

| 序号 | 性　　能 | 技 术 参 数 |
|---|---|---|
| 8 | 自重 | 171.8 t |
| 9 | 外形尺寸(mm) | 45 373×4 100×6 262(作业);<br>45 373×3 650×4 433(运输) |

(2)机动平车。机动平车由2辆N17平板车连挂组成,主要用于轨排及桥梁的倒运,装载量与主机相匹配。主要技术参数见表5-8-3。

**表5-8-3　DPK32轨排铺轨机机动平车技术参数**

| 序号 | 性　　能 | 技 术 参 数 |
|---|---|---|
| 1 | 作业载重量 | 110 t,与主机匹配 |
| 2 | 车辆及走行 | 两辆N17(加装设备)联挂不摘钩;四轴驱动,电机功率4×24 kW(直流);0~20 km/h无级调速。JZ-7型制动系统 |
| 3 | 作业线路条件 | 最大纵坡12‰,通过最小曲线半径180 m |
| 4 | 动力 | 100 kW,100GF柴油发电机组一台 |
| 5 | 自重 | 59.7 t |
| 6 | 外形尺寸(mm) | 27 876×3 795×3 680(作业);<br>27 876×3 340×3 160(运输) |

(3)倒装龙门吊。倒装龙门吊由2台66 t龙门吊组成,主要用于跨线路吊装轨排及桥梁,配合轨排或桥梁倒运。主要技术参数见表5-8-4。

**表5-8-4　DPK32轨排铺轨机倒装龙门吊(单台)技术参数**

| 序号 | 性　　能 | 技 术 参 数 |
|---|---|---|
| 1 | 起重量 | 660 t |
| 2 | 液压缸 | 缸径200 mm,行程1 950 mm |
| 3 | 功率 | 15 kW,外电驱动 |
| 4 | 动力 | 100 kW,100GF柴油发电机组一台 |
| 5 | 自重 | 10.4 t |
| 6 | 外形尺寸(mm) | 3 650×4 440×5 555(作业) |

3. 轨排铺轨机作业流程

DPK32型轨排铺轨机采用主机铺轨、机动平车转运、倒装龙门吊倒装的作业程序。铺轨机三部分(主机、机动平车、倒装龙门吊)平行作业,铺架施工连续进行。

轨排用不带滚轮的轨道平板车装载运输,每组6层。在铺轨基地装车时,应力求各层轨枕上下对齐,方便于倒装时挂钩,还要求轨排组在车上左右位置对中。发电机组给倒装龙门架供电,也可用外部电源供电。

8.3.2.2　有砟轨道长轨铺轨机组

1. 概述

有砟轨道长轨铺轨机组是高速铁路有砟轨道无缝线路施工的一次革命性进步,将轨排组装流水生产线运用到施工设备,可将轨枕及长钢轨一次铺设就位并组装长轨排形成轨道线路。有砟轨道长轨铺轨机组采用了计算机、机械、电气、液压集成技术,不仅自动化程度高,而且施工精确、快速,最大限度地减少了劳动强度,设备的控制、维护简化,具有极强的技术应用前景,不足之处在于设备一次性投入大。

目前,国内外有砟轨道长轨铺轨机组有单枕法、群枕法和长轨排法3种模式,其中单枕法、群枕法为主要模式。

(1)单枕法长轨铺轨机组。单枕法长轨铺轨机组分为单枕连续铺设法(一次连续铺设300根以上的轨枕)和单枕间歇铺设法(一次连续铺设20根轨枕)两种。目前,国内外用得最多的是单枕连续铺设法,铺轨特点是轨枕布设和长轨铺设一次完成,施工时,铺轨机组先将长钢轨放置到道床两侧,再将轨枕单根、依次、顺序地放置在道砟面上,接着进行轨枕间距的调整和轨枕定位,然后把长钢轨收拢、就位。这种方法适应曲线能力强，铺出的线路圆顺，质量好。其代表机型有国产 CPG500 型、CCPG500 型和 DPG500 型铺轨机组，国外的有瑞士产 TCM60 型和奥地利产 SVM1000S 型及其改进型铺轨机组。

国产单枕法铺轨机组是自 1999 年秦沈客运专线铁路开工建设以来特别是近年国家推进大规模铁路建设过程通过产学研用共同吸进国外先进技术、消化、吸收、再创新而研发的。

(2)群枕法长轨铺轨机组。群枕法铺轨机组采用步进式作业方式，施工时先把长钢轨放置到道床两侧，然后用带有专用吊具的两台龙门铺枕机，一次提取成组轨枕铺设到道砟上，随后进行收轨作业，最后进行拨枕和钢轨的定位工作。群枕法铺轨机组与单枕连续法长轨铺轨机组相比，主要是铺轨设备的布枕、走行方式不同。该设备具有施工准确、造价较低、工效适中等特点，施工工效接近单枕连续法铺轨机组。其代表机型是国产 CYP500 型群枕式长轨铺轨机组。

国产 CYP500 型群枕法长轨铺轨机组由中铁二局与株洲长远公司联合开发，已应用于龙厦、湘桂和钦北铁路铺轨工程。

(3)长轨排法铺轨机组。长轨排法铺轨机组主要采用龙门吊铺轨方式，在铺轨基地内组装轨排，运输台车组运至施工现场，多台轨行式龙门吊同时作业吊起长轨排并向前走行至铺设位置准确就位。长轨排法铺轨机组使用设备数量多、工序繁琐，施工效率低下，适应曲线能力差，而且轨排长度最多不超过 150 m。目前，在国内还未使用这种类型长轨铺轨机组。

2. 单枕法长轨铺轨机组

各种类型的单枕法铺轨机组在设计原理、主要技术、整机布置等方面大同小异，以下以 CPG500 型长轨铺轨机组为例介绍单枕法长轨铺轨机组。

(1)CPG500 型长轨铺轨机组组成及主要性能参数。CPG500 型长轨铺轨机组为钢轨铺设和轨枕布设一体机，主要由履带式钢轨拖拉机、主机(包括作业车、辅助动力车)、枕轨运输车组、车载龙门吊及其动力系统、液压系统、电气控制系统等部分组成。铺轨机组的作业牵引采用履带式牵引装置与 6 根轮轨式动力轴联合操控牵引的方式。机组的牵引、车载龙门吊走行以及主机和车载龙门吊的各作业机构均采用液压驱动。CPG500 型长轨铺轨机组主要性能参数见表 5-8-5。

**表 5-8-5 CPG500 型长轨铺轨机组组成及主要性能参数**

| 序号 | 性能 | 参数 |
|---|---|---|
| 1 | 基本尺寸 | 机组总长度(作业状态) 约 566 m;<br>机组最大宽度(挂运状态) 3 245 mm;<br>机组最大高度 4 730 mm;<br>轨距 1 435 mm |
| 2 | 作业模式 | 单枕连续作业 |
| 3 | 作业牵引方式 | 履带式牵引装置与 6 根动力轴联合操控牵引 |
| 4 | 机组主机动力系统总功率 | 383 kW |
| 5 | 牵引重量(12‰坡道上) | 2 500 t |
| 6 | 铺设轨枕类型 | Ⅱ型枕或Ⅲ型枕 |
| 7 | 铺设钢轨类型 | 60 kg/m |
| 8 | 铺设钢轨长度 | 500 m 及以下 |
| 9 | 铺设道床类型 | 有砟与无砟道床 |
| 10 | 机组自重(含 37 辆平车、车载龙门吊及运输支架) | 约 1 060 t |
| 11 | 满载时车组总重 | 约 2 470 t |
| 12 | 最小作业半径 | 250 m |
| 13 | 作业爬坡能力 | 12‰ |
| 14 | 作业走行速度(铺轨作业时) | 0～0.6 km/h |
| 15 | 布枕速度:平均值<br>最大值 | 12 根/min<br>16 根/min |

续上表

| 序号 | 性　　能 | 参　　数 |
|---|---|---|
| 16 | 布枕误差：<br>轨枕间距误差<br>连续 6 根轨枕间距误差<br>轨道偏离线路中心线误差 | <br>±10 mm<br>±30 mm<br>±10 mm |
| 17 | 布枕间距调节范围 | 500～800 mm |
| 18 | 长途挂运最大商业运行速度 | 100 km/h |
| 19 | 通过最小曲率半径 | 145 m |
| 20 | 照明条件 | 满足夜间作业条件 |
| 21 | 机械作业效率 | 2 km/12 h |
| 22 | 限界 | 挂运状态下机组符合《标准轨距铁路机车车辆限界》(GB 146.1)的要求；作业状态下满足高速铁路建筑限界要求 |

(2)CPG500 型长轨铺轨机组主要结构。

1)履带式钢轨拖拉机。履带式钢轨拖拉机由 PD220Y-1 型履带式推土机改装而成，其后端安装有钢轨拖拉装置和放置滚筒的升降支架。两侧安装有钢轨夹钳，用于夹持拖拉的钢轨，可一次拖拉 500 m 钢轨一对。

2)主机作业车。主机作业车主要由履带式牵引装置、车体、转向架、钢轨收放装置、钢轨就位器、轨枕传送装置、钢轨导向框、布枕装置、动力室、计程装置、轨桥、卷扬装置、液压支腿、操作控制室、制动装置、轨枕橡胶垫板安装台及车钩缓冲装置等组成。如图 5-8-9 所示。

图 5-8-9　主机作业车

3)主机辅助动力车。辅助动力车主要由车体、动力转向架、动力室、制动装置、车钩缓冲装置、钢轨推送装置、钢轨对中装置、轨道扣件工具箱、分轨装置等组成。

4)车载龙门吊。车载龙门吊由走行机构、提升取枕装置、限位装置、锁定机构、龙门架、动力和液压系统、电气控制系统、操纵控制室等组成。

5)动力系统、液压系统、电气控制系统。主机动力系统由 1 台 BF8M1015C 型 364 kW 的柴油发动机和 1 台 40 kW 柴油发电机组组成。

6)枕轨运输车组。枕轨运输车组用于运送轨枕和钢轨；铺轨机组作业时枕轨运输车组由机组主机牵引，无需机车推送。

车组由 37 辆枕轨运输车组成，枕轨运输车辆为 N17 型平车。编组顺序为 1 辆首车＋16 辆Ⅰ型枕轨运输车＋3 辆Ⅱ型运输车＋16 辆Ⅰ型枕轨运输车＋1 辆尾车。枕轨运输车组底层最多可装运 10 根 500 m 长钢轨，铺设有砟轨道时装载 8 根 500 m 钢轨，铺设无砟轨道时装载 10 根 500 m 钢轨，上层可装载 4 层共 3 360根轨枕(2 km 线路所需轨枕量为 3 334 根)。

(3)CPG500 型长轨铺轨机组主要技术特点。

1)牵引力大。机组在12‰坡道上牵引质量达2 500 t,满足铺设500 m长轨条要求。

2)机组适用范围广。铺轨机组可铺设500 m及以下长轨条;能适应Ⅱ型、Ⅲ型枕的布设,可铺设有砟轨道和无砟轨道,适应环境温度范围在－20 ℃～50 ℃。

3)综合作业效率高。机组采用单枕连续作业法,机组功能齐全,集拉轨、分轨、收轨、牵引等于一体。综合作业效率为300 m/h,单班铺轨作业达2 km以上。

4)可靠性、性价比高。机组关键的电气控制元件和液压元件均采用具有较高性价比的优质进口元件;机组主要构件采用大型设计分析软件进行有限元计算和疲劳寿命分析计算,从而保证了机件的使用寿命和可靠性,电气控制技术采用经应用考验的成熟技术。

5)机构设计紧凑。优化了布枕机构,有效避免了机组铺轨作业时的翻枕现象。长钢轨收放共用了部分机构,优化了作业程序,提高了综合作业效率。

6)铺设作业自动控制。采用CCD图像传感与处理技术实现了机组铺轨作业方向的自动控制。

7)设备使用维护方便。机组主机与车载龙门吊均设计有故障诊断系统接口,配备故障诊断系统可以帮助操作维护人员进行设备维护和故障诊断。

3.群枕法长轨铺轨机组

CYP500型群枕式长轨铺轨机组是我国首创研发的能够与单枕连续梁铺设工法相当的群枕法长轨铺轨机组,对丰富和完善我国高速铁路有砟轨道铺轨技术具有重要意义。

(1)CYP500型群枕式长轨铺轨机组组成及主要性能参数。CYP500型群枕式长轨铺轨机组采用群枕式步进作业法,机型为长钢轨铺设和轨枕布设一体机。铺轨机组由履带式钢轨拖拉机、主机、辅机、枕轨运输车组、轨枕搬运车及其动力系统、电气控制系统、液压系统等几部分组成。如图5-8-10所示。CYP500型群枕式长轨铺轨机组主要性能参数见表5-8-6。

图5-8-10　CYP500型群枕式长轨铺轨机组实物

**表5-8-6　CYP500型群枕式长轨铺轨机组组成及主要性能参数**

| 序号 | 性　能 | 参　数 |
|---|---|---|
| 1 | 基本尺寸 | 机组总长度(作业状态)　约569 m;<br>机组最大宽度(挂运状态)　3 400 mm;<br>机组最大高度　4 730 mm;<br>轨距　1 435 mm |
| 2 | 作业模式 | 群枕式步进作业 |
| 3 | 作业牵引方式 | 履带式牵引装置与6根动力轴联合操控牵引 |
| 4 | 机组动力系统总功率 | 668 kW |
| 5 | 牵引重量(12‰坡道上) | 2 500 t |
| 6 | 铺设轨枕类型 | Ⅱ型枕或Ⅲ型枕 |
| 7 | 铺设钢轨类型 | 75 kg/m及以下 |
| 8 | 铺设钢轨长度 | 500 m及以下 |
| 9 | 铺设道床类型 | 有砟与无砟道床 |
| 10 | 机组自重(含37辆平车、车载龙门吊及运输支架) | 约1 020 t |

续上表

| 序号 | 性　　能 | 参　　数 |
|---|---|---|
| 11 | 满载时车组总重 | 约 2 460 t |
| 12 | 最小作业半径 | 400 m |
| 13 | 作业爬坡能力 | 12‰ |
| 14 | 作业走行速度(铺轨作业时) | 0～0.45 km/h |
| 15 | 布枕速度:平均 | 7 根/min |
| 16 | 布枕误差:<br>轨枕间距误差<br>连续 14 根轨枕间距误差<br>轨道偏离线路中心线误差 | <br>±10 mm<br>±20 mm<br>±10 mm |
| 17 | 布枕间距调节范围 | 500～800 mm |
| 18 | 长途挂运最大商业运行速度 | 100 km/h |
| 19 | 通过最小曲率半径 | 180 m |
| 20 | 照明条件 | 满足夜间作业条件 |
| 21 | 理论综合作业效率 | 2 km/10 h |
| 22 | 限界 | 挂运状态下机组符合《标准轨距铁路机车车辆限界》(GB 146.1)的要求;作业状态下满足高速铁路建筑限界要求 |
| 23 | 公路运输 | 可解体经公路运输转场 |

(2)CYP500 型群枕式长轨铺轨机组主要结构。

1)履带式钢轨拖拉机。履带式钢轨拖拉机由 PD220 型履带式推土机改装而成。拖拉机履带板上加装组合式橡胶履带块,可以减小履刺对道砟的扰动。拖拉机后端设置有滚筒架,用于钢轨拖拉时装载所需滚筒等;两侧安装有钢轨夹钳,用于夹持拖拉的钢轨。该履带式钢轨拖拉机可一次拖拉 500 m 钢轨一对。如图 5-8-11 所示。

图 5-8-11　履带式钢轨拖拉机

2)主机。主机由履带式牵引装置,轨枕布设机,匀枕装置,钢轨收放装置Ⅰ、Ⅱ、Ⅲ,轨枕橡胶垫板安装台及工具箱等组成,车体内侧设有轨枕传送小车走行轨道。车体两端安装车钩缓冲装置,一位端作业时,用随车吊将履带式牵引装置吊至道砟上,一位端转向架走行至履带式牵引装置上方并锁定,车体底架两侧设有轨枕搬运车走行轨道。如图 5-8-12 所示。

3)辅机。辅机的作用主要是辅助主机牵引走行,并实现传送轨枕、推送钢轨等功能。轨枕搬运车走行轨道采用 43 kg/m 钢轨,固定安装在车体两侧,钢轨中心距为 3 000 mm。钢轨靠近车辆端部的一端与轨枕搬运车走行轨轨桥装置相连接。

辅机由钢轨推送装置、钢轨对中装置、轨道扣件工具箱、分轨装置、滚筒防护装置等组成。如图 5-8-13

所示。

图 5-8-12　CYP500 型群枕式长轨铺轨机组主机

图 5-8-13　CYP500 型群枕式长轨铺轨机组辅机

4)枕轨运输列车及支架。枕轨运输列车由运输平板车辆和安装于车体上的钢轨滚道、轨枕运输支架、轨枕搬运车走行轨支架及轨枕搬运车走行轨道、护轨、钢轨锁定装置等组成。运输车组底层装放钢轨、上部装放轨枕。如图 5-8-14 所示。

图 5-8-14　轨枕运输列车及车架

运输平板车组由 37 辆枕轨运输支架成,枕轨运输车车辆为 N17 平车。编组顺序为 1 辆首车+16 辆Ⅰ型枕轨运输车+2 辆Ⅱ型运输车+17 辆Ⅰ型枕轨运输车+1 辆尾车。

枕轨运输车列车的装车及运输要求:

①底层不放轨枕,并在靠近主机一端安装有活动钢轨挡架,防止钢轨意外窜出。

②Ⅰ型枕轨运输车安装有轨枕运输支架、钢轨滚道组成、轨枕搬运车走行轨支架及轨枕搬运车走行轨道、旋转式间隔铁等。

③Ⅱ型车除在车辆中部设每层可存放 28 根轨枕的轨枕运输支架、钢轨滚道组成、轨枕搬运车走行轨支

架及轨枕搬运车走行轨道外，还在轨枕运输支架设钢轨纵向锁定装置，不安装旋转式间隔铁。

④尾车不放轨枕，但在尾部安装有固定钢轨挡架，另外，装有钢轨滚道组成、轨枕搬运车走行轨支架及轨枕搬运车走行轨道、旋转式间隔铁等。

⑤枕轨运输列车底层最多可装运 10 根 500 m 钢轨，铺设有砟轨道时装载 8 根 500 m 钢轨，铺设无砟轨道时装载 10 根 500 m 钢轨，上层可装载 4 层共 3 360 根轨枕(2 km 线路所需轨枕量为 3 334 根)。

5)动力系统、液压系统、电气控制系统。主机动力系统由 1 台 275 kW 的柴油发动机和 1 台 75 kW 柴油发电机组组成。

(3)CYP500 型群枕式长轨铺轨机组主要技术特点。

1)CYP500 型群枕式长轨铺轨机组，首次采用群枕式步进作业模式，既能满足有砟轨道铺轨，也能满足无砟轨道铺轨，设备总体功能及效率与单枕法铺轨机组相当，且安全可靠、运行稳定、维护方便，其制造、使用、维护的综合费用远低于单枕法长轨铺轨机组。

2)CYP500 型群枕式长轨铺轨机组在机车辅助牵引条件下，可满足 12‰以上大坡道铺轨。

3)CYP500 型群枕式长轨铺轨机组整体解体后全部组件可通过公路运输，使用方便。

#### 8.3.2.3　大型整道机组

1. 概述

大型整道机组是高速、重载有砟轨道铁路施工和维护的核心设备，也是铁路进步的重要标志。目前我国使用的大型整道机组主要有线路捣固车、道岔捣固车、动力稳定车、道床清筛机、配砟整形车、钢轨打磨车、道岔打磨车等。当线下结构沉降变形、温度应力变化、列车动载等作用引起的线路或道岔横向、竖向和纵向几何形位发生改变时，可通过线路或道岔捣固车进行起道、捣固和砟肩夯拍，作业后可使线路或道岔水平、高低、轨向和三角坑扭曲量等参数符合作业标准的要求，并通过动力稳定车作业提高道床密实度和线路稳定性，配砟整形车进行道床整理并夯实砟肩，进一步提高道床横向阻力和道床稳定性。对钢轨表面缺陷等，可采用钢轨或道岔打磨车作业消除，以提高轨道平顺性和耐久性。对线路长期运行过程中出现的翻浆冒泥、道床粉化等，则可使用道床清筛机作业清除污砟并补充道床道砟。

根据我国铁路建设施工和运营管理的经验，在高速铁路有砟轨道新线建设中，施工单位一般配置线路捣固机、动力稳定车、配砟整形车等施工使用频繁、作业量大的设备，而道岔捣固车、钢轨打磨车、道岔打磨车等施工使用较小的设备主要借用铁路局工务维管部门设备，道床清筛机主要在既有线改造中使用，也借用铁路局工务维管部门设备。

我国自 20 世纪 80 年代开始大型整道机组的引进和使用，并采用铁道部牵头产学研用联合创新的模式通过消化、吸收、再创新，从无到有，发展和形成了以昆明中铁为代表的大型整道机组的研发和生产企业。目前，我国高速铁路有砟轨道施工和维护管理也主要使用昆明中铁生产的大型整道机组设备。

2. DC-32 型线路捣固车

DC-32 型线路捣固车是新线铁路整道和运营铁路维修的主力机型，为双枕捣固车。DC-32 型线路捣固车能进行起道、拨道、抄平、钢轨两侧枕下道砟捣固和枕端道砟夯实作业。该机利用车上测量系统，可对作业前、后线路的轨道几何参数进行测量及记录，并通过控制系统，实现按设定的轨道几何参数进行作业。如图 5-8-15 所示。DC-32 型线路捣固车又分为 D08-32 型和 D09-32 型两种规格。

图 5-8-15　DC-32 型线路捣固车

(1)D08-32 型线路捣固车。D08-32 型线路捣固车是集机、电、液、气为一体的大型养路机械,为双枕捣固车,采用步进模式。主要技术参数见表 5-8-7。

**表 5-8-7 D08-32 型线路捣固车主要性能参数**

| 序号 | 性 能 | | 参 数 |
|---|---|---|---|
| 1 | 外形尺寸(长×宽×高) | | 23 200 mm×3 120 mm×3 750 mm |
| 2 | 轨距 | | 1 435 mm |
| 3 | 转向架心盘距 | | 11 000 mm |
| 4 | 转向架固定轴距 | | 1 500 mm |
| 5 | 整机质量 | | 58 t |
| 6 | 发动机额定功率 | | 235 kW |
| 7 | 最高自行速度 | | 80 km/h |
| 8 | 最高联挂速度 | | 100 km/h |
| 9 | 紧急制动距离 | | ≤400 m(在平直道上速度为 80 km/h 时) |
| 10 | 最小运动半径 | | 100 mm |
| 11 | 最小作业半径 | | 120 mm |
| 12 | 作业效率 | | 1 000～1 300 m/h |
| 13 | 作业精度 | 纵向水平 | ≤4 mm(10 m 弦长内测量前后高低差) |
| | | 横向水平 | ±2 mm |
| | | 正矢 | ±2 mm(16 m 弦长在每 4 m 距离内测量) |
| 14 | 最大捣固深度 | | 560 mm(镐尖距轨顶面) |
| 15 | 最大起道量 | | 150 mm |
| 16 | 最大拨道量 | | ±150 mm |

D08-32 型线路捣固车已在全国铁路线路修理、提速线路改造和新线建设中得到广泛应用,是我国铁路线路维修的主力机型。作业控制可选择手动或自动形式。

D08-32 型线路捣固车捣固车必须封闭线路进行作业,捣固车在运行状态下进入封闭区间,到达作业地点后捣固车由运行状态转换为作业状态后开始工作,作业中捣固车需要人员共 5～7 人,若线路封闭 3 h,捣固车可以完成 2 km 左右的线路维修。

(2)D09-32 型线路捣固车。D09-32 型线路捣固车是 D08-32 型线路捣固车的升级换代产品,采用了包括电液伺服控制、自动检测、计算机控制和激光准直等先进技术,集机、电、液、气、计算机、激光等为一体的大型养路机械,采用连续作业模式,作业中可实现人工、半自动、自动控制。与 D08-32 型线路捣固车相比,作业效率和作业精度大幅提升,设备稳定性和可靠性进一步增强。主要技术参数见表 5-8-8。

**表 5-8-8 D09-32 型线路捣固车主要性能参数**

| 序号 | 性 能 | 参 数 |
|---|---|---|
| 1 | 外形尺寸(长×宽×高) | 23 200 mm×3 120 mm×3 750 mm |
| 2 | 轨距 | 1 435 mm |
| 3 | 转向架心盘距 | 11 000 mm |
| 4 | 转向架固定轴距 | 1 500 mm |
| 5 | 整机质量 | 58 t |
| 6 | 发动机额定功率 | 235 kW |
| 7 | 最高自行速度 | 双向 90 km/h |
| 8 | 最高联挂速度 | 120 km/h |
| 9 | 紧急制动距离 | ≤400 m(在平直道上速度为 80 km/h 时) |
| 10 | 最小运动半径 | 100 mm |
| 11 | 最小作业半径 | 120 mm |

续上表

| 序号 | 性　　能 | | 参　　数 |
|---|---|---|---|
| 12 | 作业效率 | | 1 000～1 500 m/h |
| 13 | 作业精度 | 纵向水平 | ≤4 mm(10 m 弦长内测量前后高低差) |
| | | 横向水平 | ±2 mm |
| | | 正矢 | ±1 mm(16 m 弦长在每 4 m 距离内测量) |
| 14 | 测量精度 | | ±1 mm/20 mm,采用计算机控制系统 |
| 15 | 最大捣固深度 | | 560 mm(镐尖距轨顶面) |
| 16 | 最大起道量 | | 150 mm |
| 17 | 最大拨道量 | | ±150 mm |

3. WD-320 型轨道动力稳定车

WD320 型动力稳定车,可迅速提高线路的横向阻力和道床的整体稳定性,一般与线路捣固车、配砟整形车组成机械化整道机组。如图 5-8-16 所示。

图 5-8-16　WD320 型动力稳定车

WD-320 轨道动力稳定车通过两个激振装置,强迫轨排及道床产生横向水平振动并向道床传递垂直静压力。使道砟流动重新排列,互相填充达到密实,实现轨道在振动状态下有控制地均匀下沉而不改变线路原有的几何形状和精度,以提高作业线路的横向阻力和道床的整体稳定性。主要技术参数见表 5-8-9。

**表 5-8-9　WD-320 型轨道动力稳定车主要性能参数**

| 序号 | 性　　能 | | 参　　数 |
|---|---|---|---|
| 1 | 外形尺寸(长×宽×高) | | 18 942 mm×2 700 mm×3 970 mm |
| 2 | 轨距 | | 1 435 mm |
| 3 | 转向架心盘距 | | 12 000 mm |
| 4 | 转向架固定轴距 | | 1 500 mm |
| 5 | 整机质量 | | 60 t |
| 6 | 发动机额定功率 | | 235 kW |
| 7 | 最高自行速度 | | 双向 80 km/h |
| 8 | 最高联挂速度 | | 120 km/h |
| 9 | 作业条件 | 线路最大超高 | 150 mm |
| 10 | | 线路最大纵坡 | 33‰ |
| 11 | | 最小曲线半径 | 180 m |
| 12 | | 最大轴重 | 23 t |
| 13 | 运行时最小通过半径 | | 100 m |
| 14 | 轴重 | | 15 t |
| 15 | 作业效率 | | 200～2 500 m/h |

4. SPZ-200 型双向道床配砟整形车

SPZ-200 型双向道床配砟整形车用以完成道床的配砟和整形，使道床布砟均匀，道床断面按技术要求的规定成型，作业后达到线路道床布砟均匀、外观整齐、美观。如图 5-8-17 所示。

图 5-8-17　SPZ-200 型双向道床配砟整形车

SPZ-200 型双向道床配砟整形车工作装置由中犁、侧犁和清扫装置组成，工作原理就是中犁和侧犁完成道床的配砟及整形作业，使作业后的道床布砟均匀，并按线路的技术要求使道床断面成型。清扫装置将作业过程中残留于轨枕及扣件上的道砟清扫干净，收集后通过输送带移向道床边坡，达到线路外观整齐、美观。主要技术参数见表 5-8-10。

**表 5-8-10　SPZ-200 型双向道床配砟整形车主要性能参数**

| 序号 | 性　能 | | 参　数 |
|---|---|---|---|
| 1 | 外形尺寸(长×宽×高) | | 13 508 mm×3 025 mm×3 900 mm |
| 2 | 轨距 | | 1 435 mm |
| 3 | 转向架固定轴距 | | 5 500 mm |
| 4 | 整机质量 | | 28 t |
| 5 | 发动机额定功率 | | 235 kW |
| 6 | 最高自行速度 | | 双向 80 km/h |
| 7 | 作业走行速度 | | 0～12 km/h |
| 8 | 最高联挂速度 | | 120 km/h |
| 9 | 作业条件 | 线路最大超高 | 150 mm |
| 10 | | 线路最大纵坡 | 33‰ |
| 11 | | 最小曲线半径 | 120 m |
| 12 | | 最大轴重 | 23 t |
| 13 | 运行时最小通过半径 | | 100 m |
| 14 | 每侧最大作业宽度 | | 3.3 m(由轨道中心起) |
| 15 | 轴重 | | 14 t |
| 16 | 连续工作时间 | | ≤6 h |

5. CDC-16 型道岔捣固车

CDC-16 道岔捣固车在道岔维修中采用科学的三线起道、四线捣固作业原理，有 4 个捣固装置，由滑移回转装置和伸缩旋转装置实现铁路线路、铁路道岔的起道、拨道、抄平，钢轨两侧枕下道砟和枕端道砟夯实作业。该机利用车上测量系统，可以对作业前、后线路的轨道几何参数进行测量优化记录，并可通过控制系统，实现按设定的轨道几何参数进行作业。如图 5-8-18 所示。

8.3.2.4　*石砟漏斗车和收轨平车*

(1)石砟漏斗车。石砟漏斗车，原称风动卸砟车，是我国为促进铁路轨道施工机械化而设计制造的无盖漏斗车，主要用于铁路维护和新线铺设碎石道砟及运送散料货物等，可有节制地、均匀地将石砟散布卸出。因其结构像 K 字形，故又称为老 K 车。主要由 K13 型和 KZ70 型系列规格，其中 KZ70 型为升级换代产品，

图 5-8-18 CDC-16 型道岔捣固车

装载能力由原来的 60 t 提高到 70 t。

(2)收轨平车。收轨平车主要用于铁路施工、线路维护中 25 m 及以下短轨的回收吊装,由轨道平车、固定型门架、固定梁、固定梁与走行梁连接的连接机构、走行梁上的电动葫芦等组成,是换铺法施工无缝线路时工具轨回收的重要设备。如图 5-8-19 所示。

图 5-8-19 收轨平车

### 8.3.3 施工物流组织及原材料供应

高速铁路有砟轨道线路工程物流分为轨道运输和公路运输两部分。物流组织的目的是尽量减少物流供应对施工的影响,无论轨道运输还是公路运输都需要根据现场条件和工期要求进行组织,必要时还应设置物流基地等。

对于钢轨、轨枕及扣件等厂发料,主要通过既有铁路运输进场,在铺轨基地内储存,待铺轨施工后再通过铺轨设备运输到现场,而铺轨基地内材料储存的规模则需要根据厂家供应能力、既有铁路可提供的运输能力以及施工工期及进度指标确定,必要时轨枕和扣件也可通过经济技术比选后选择公路运输进场的方式。

对道岔、岔枕等,原则上采用既有铁路运输进场,再通过铺轨设备运输到现场。对于公路运输条件较好的地方,也可通过公路运输进场并在铺轨到达前完成铺设。

对于铁路道砟,根据经济比选确定公路或轨道运输方式,储存场设置的数量及规模主要根据工期和需求量确定。一般条件下,不论以哪一种运输方式为主,在铺轨开始前至少有 20%的道砟需要通过公路或便道提前运输到线路上并摊铺成型,在铺轨结束后至少有 30%的道砟需要通过轨道运输进行道床补充。

总之,有砟轨道铺轨施工物流组织中应注意以下事项:一是应结合各种材料的供应能力、进场运输方式、工程规模、进度指标及工期等综合确定铺轨基地规模,对厂焊长钢轨、轨枕、道岔等大宗材料的储存能力应略有富余;二是应提前规划碎石道砟的生产、运输和储存,并结合经济运距确定储存场地及规模;三是应结合线下工程施工统筹规划和设置物流运输通道,特别是运输便道及上线马道;四是铺轨开始后,应结合车站布局做好工程岔线的设置,做好车辆交会,避免工程运输与线上施工相互干扰;五是准备充足的运输能力,其中长钢轨、道岔、碎石道砟运输等应采用专用车辆。

### 8.3.4　原材料

8.3.4.1　轨道材料

厂焊长钢轨、定尺长钢轨、混凝土轨枕、钢轨扣件等轨道材料应满足设计文件的要求,各类轨道材料应按照规定的批量,出具产品质量合格证明文件。施工单位按规定检验,不合格的不得使用。

各类轨道材料堆码应便于装卸、取放、清点。应竖立标牌标识产地、型号、规格、数量及质量状态。

厂焊长钢轨进场,应按左右股分别存放,并对厂焊接头逐个进行平直度、探伤、编号及标识、外观质量等检验。

8.3.4.2　道砟材料

高速铁路有砟轨道线路应按设计要求采用特级或一级碎石道砟,道砟的生产、检验及质量等应符合《铁路碎石道砟》(TB/T 2140)的规定。

碎石道砟应按规定进行建场检验、生产检验和出场检验。建场检验和生产检验由铁道部指定单位进行,出场检验由采石场进行。

道砟采购时应严格执行《铁路碎石道砟》(TB/T 2140)的规定。道砟进场时应检查生产检验报告和产品合格证,并对其粒径级配、颗料形状及清洁度进行检验。施工过程中应按批对道砟材质进行抽检,其材质应符合《铁路碎石道砟》(TB/T 2140)的规定。

高速铁路使用的道砟必须经过水洗,未经水洗及不合格的道砟产品不得进场和铺设上道。道砟存放、运输等按规定做好防污和防尘工作。

### 8.3.5　施工工艺

8.3.5.1　质量标准

(1)一般规定。除轨道材料、道砟材料等符合相关规定外,铺轨前铺砟宜采用摊铺机和压路机一次摊铺压实成型,铺轨前应编制轨节表依次铺设长钢轨。

长钢轨铺设后应及时使用大型整道机组进行分层上砟和整道作业。桥隧地段有砟道床的稳定作业应遵循设备使用的相关规定。

(2)铺轨前铺砟。道砟材质及进场和上道前的检验包括粒径级配、颗粒形状及清洁度等应符合《铁路碎石道砟》(TB/T 2140)的相关规定。

底层道砟预铺厚度一般为200～250 mm,且砟面平整,其平整度允许偏差20 mm/3 m,砟面中间不得凸起。铺轨前道床密度应不低于1.6 g/cm$^3$。

(3)铺枕铺轨。长钢轨、轨枕及扣配件的类型、规格、质量等应符合设计及产品标准(含技术条件)的规定,轨枕及其扣配件的铺设数量应符合设计要求。胶接绝缘接头、特殊轨枕(如电容枕、电气绝缘枕、电磁枕)的质量及布置应符合设计要求。

轨枕铺设应方正,并与轨道中线垂直。轨枕间距允许偏差为±20 mm,连续6根轨枕的距离允许偏差为±30 mm。轨道中心线与设计中线应一致,允许偏差为30 mm。

扣配件应安装齐全、位置正确,绝缘轨距块的配置应符合产品标准要求。

(4)上砟整道。铺轨后的线路应分层上砟整道,整道后的道床断面应基本达到设计要求,曲线外轨超高按设计要求设置,并在缓和曲线全长范围内均匀递减。

道床经分层上砟整道达到初期稳定状态时,力学性能应符合道床支承刚度不应小于70 kN/mm和道床横向阻力不应小于7.5 kN/根轨枕的规定。且线路轨道静态几何形位允许偏差应符合表5-8-11的规定。

**表5-8-11　初期稳定阶段轨道静态几何形位允许偏差**

| 序号 | 项目 | 允许偏差(mm) | 检验方法 |
|---|---|---|---|
| 1 | 高低 | 4 | 10 m弦量 |
| 2 | 轨向 | 4 | 直线10 m弦量,曲线20 m弦量 |
| 3 | 扭曲(基长3 m) | 4 | 轨距尺量 |
| 4 | 轨距 | ±2 | 轨距尺量 |
| 5 | 水平 | 4 | 轨距尺量 |

8.3.5.2　工艺特点

与传统的有砟轨道铺轨工程相比，高速铁路有砟轨道铺轨工程的质量标准更高、质量控制的系统性更强、大型专业化施工设备的使用更广、影响工程质量的环节更多。主要表现在以下几个方面。

(1)原材料是质量控制的前提和基础。高速铁路有砟轨道铺轨工程的高标准、高精度要求，首先体现在对钢轨、轨枕及扣件系统、道砟材料的原材料生产、使用和检验等方面，并且国家铁路行政主管部门对此作出了明确的详尽的要求。

一是对钢轨、轨枕和扣件系统的质量控制较以往明显加强，不仅对产品的生产、认证、检验和验收等质量标准明显提高，而且对产品的招标、采购、验收和使用都有严格的程序和要求。

二是对道砟材料的材质和质量要求明显提高，高速铁路道砟明确要求采用一级或特级道砟，且道砟在铺设前应进行水洗。

(2)"准备周期长，施工周期短"且工期保证意义重大。高速铁路大多具有线下工程结构复杂、施工组织困难的特点，通常导致铺轨工程准备周期长、施工周期短，而铺轨工程又具有承上启下的作用，其施工工期往往具有标志性意义，备受建设各方及社会各界广泛关注。因此，在施工组织过程中，必然要求铺轨开始前的准备工作尽可能地做细做实，对保障施工工期要有充分的准备，而在铺轨开始后则要求一鼓作气、按期甚至提前完成。同时，加上广泛的社会关注度，相应地对施工过程中安全、质量和文明施工管理也提出了更高的要求。

(3)"设备保工艺，工艺保质量"特点突出。高速铁路有砟轨道铺轨工程几乎全过程使用大型专业化施工设备，通过"设备保工艺，工艺保质量"，标准化程序全面提高。

一是底层道床粗铺过程中，使用摊铺机和大吨位压路机进行道砟的摊铺和碾压，保证了道床的平整度和密实度。

二是铺轨过程中，使用专门的长轨群吊、长轨或轨枕运输列车、有砟轨道长轨铺轨机组、大型整道机组、K型石砟漏斗车以及铁路运输动力及平板车等。

三是无缝线路焊接锁定过程中，使用闪光接触式移动焊轨车、铝热焊接设备、钢轨液压拉伸机。

四是轨道精调及联调联试过程中，使用了轨检小车、钢轨打磨列车、道岔打磨列车以及动态检测车等。

(4)系统控制保证轨道高精度。高速铁路有砟轨道铺轨工程引入了无砟轨道工程系统控制精度的理念，自始至终、全方位确保高精度轨道质量的实现。

一是将高精度系统控制的理论延伸于线下结构施工，加强线下结构设计和施工，对道岔区域、路桥过渡段等提出铺轨施工前进行沉降变形评估的要求，对线下结构的竣工交接也有明确要求。

二是建立CPⅢ测量控制网，并将CPⅢ测量控制网的使用贯穿于轨道施工和维护的全过程，并在不同阶段选择相应高精度测量设备和测量技术予以保证。

三是严格控制线下结构竣工平整度和高程，底层道砟预铺厚度及平整度，铺轨后的线路中线及高程、各阶段上砟整道的精度等，通过一系列严格的精度控制最终保证轨道的结构质量和精度质量。

四是严格控轨道组装和精调质量，确保轨道部件安装齐全、正确，并严格控制各细部精度。

(5)专业接口多，协调工作繁琐。高速铁路有砟轨道铺轨工程涉及专业多、接口多，施工过程做好施工质量严格控制外，还应做好繁琐的协调管理工作。

一是施工前应加强线下结构及CPⅢ测量控制网的验收评估工作，做好沿线运输通道的协调和管理，确保地面运输物流顺畅。

二是施工前应加强与设计、材料供应商的沟通，科学规划铺轨基地及临时存放场，提前组织轨料及道砟材料储存。

三是除合理确认铺架通道和铺轨工期目标外，施工中应加强与建设、线下施工各单位的协调，及时把握施工动态，为适时调整施工工期和资源配置提供依据，保证铺轨工期目标按期完成。

四是加强与四电专业的沟通，共同确认电容枕、钢轨绝缘设计等工作，为四电专业的后续施工创造条件。

五是施工过程中加强工程线轨道运输管理，统一协调运输与施工事宜，确保工程线运输安全。

六是加强与最终接管单位的协调，铺轨及上砟整道期间应主动邀请最终接管单位介入，为质量监控和后期竣工验收交接创造条件。

8.3.5.3　工艺流程

高速铁路有砟轨道线路工程施工工艺流程如图 5-8-20 所示。

8.3.5.4　主要施工工艺

1. 轨料及道砟材料运输、装卸及存放

钢轨、轨枕及扣件系统、道砟等材料的运输、装卸及存放，既要保证质量，更要保证安全。对钢轨、轨枕等大件物资的装卸作业应由有作业资格的人员操作，钢轨、长钢轨等应采用专用吊具。材料的运输道路、存放场应提前调查、规划，既要确保存放安全，又要保证物流顺畅，满足施工和工期要求。

(1)厂焊长钢轨的运输、装卸及存放。

1)装车。厂焊长钢轨从焊轨厂至铺轨基地的运输由铁路局焊轨厂负责使用 T11 长轨运输列车或专业长轨运输平车装车运输，从铺轨基地到铺轨现场的运输由铺轨施工单位自备长轨运输列车或枕轨混装列车运输。无论何种运输方式，长钢轨的装车及运输都应符合铁路长钢轨运输列车管理办法的要求。

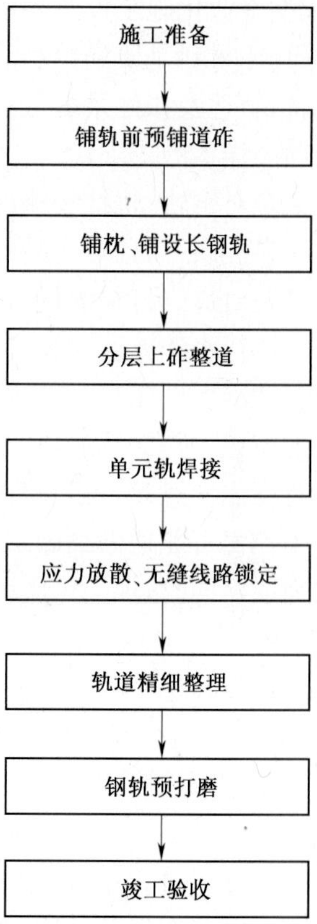

图 5-8-20　高速铁路有砟轨道线路工程施工工艺流程

长钢轨装车时，由机车牵引或推送长轨列车到装轨位置准确对位并做好防溜措施，经检查确认车辆设备状态良好时，方可进行装车作业。长钢轨装车应由下向上逐层进行，每层装轨前，应先关闭该层所有滚道梁并翻下间隔铁，再逐根装车。装轨完成，拨顺长钢轨与间隔铁空位对齐并按规定扭矩锁紧长钢轨后，再装载下一层。整车按计划装轨作业完成后，关好安全车活动门并插好销挡，并将空载层的滚道梁全部置于关闭状态。

长轨列车一般每层限装 14 根(7 对)长钢轨，不足满载时，应左右对称均匀装载，严禁偏载。在锁定长轨列车时，锁定螺栓要准确对位并按规定扭矩扭紧，防止运行途中螺栓松动和锁定失效。长轨轨端应与滚道梁间保持适当的安全伸缩距离，防止运行过程中长轨伸缩撞断滚道梁，当轨端位于安全车上，500 m 长轨轨端至末端滚道梁距离应不小于 2.5 m，其他长度的长轨悬伸长度按比例调整。当装车的长钢轨长度不一时，对悬伸长度小于规定的长轨应采用捆绑等措施，同时不得将短长轨装于最外侧。装车时长钢轨应尽量并排整齐，并在每层钢轨顶面横向划一条标记线，以便检查运输过程中长轨的窜动情况。

2)运输。长轨列车运输前，应对途经线路进行调查，确认线路曲线、限界等满足长轨列车通行的要求，必要时还应制定相应的限速通行措施。长轨列车发车前，应进行专项安全检查，确认装载平稳、加固牢靠、车辆连接正常。

长轨列车运行途中，应按规定平稳起动、运行和停车。除特殊规定外，重车情况下，经过 300～500 m 曲线半径时限速 45 km/h，经过 300 m 及以下曲线半径或侧向通过 9 号以下道岔时限速 25 km/h，线路状况较差的工程线路应进一步降低运行速度。在不危及列车安全的情况下，运行过程中禁止紧急制动，一旦紧急制动，应重新检查确认车辆及装载状态后方可起动。

长轨列车在重车运行时，随车作业人员应注意观察运行情况、轨端摆动量和钢轨窜动情况等，发现影响安全的情况，应及时停车检查。运行过程中，长轨上部、长轨与安全挡之间严禁人员停留。电气化线路带电区段，严禁把工具、物品等置于距接触网 2 m 范围之内，作业人员不得攀爬列车顶部。

3)吊装及存放。长轨列车进入铺轨基地后，限速 15 km/h 或更低速度进行长轨存放区对位停车并安装列车防溜车装置。之后按卸轨顺序逐层拆除锁轨装置。

长钢轨采用联动群吊按吊点间距不大于 16 m、端头悬出长度不大于 6 m 进行吊装，分类存放于铺轨基地长轨存轨台座。长钢轨存放时台座顶面及各层之间应采用 10 mm 厚 10 cm 宽的薄钢板支垫，支垫位置于各存轨台座中心并上下对齐。长钢轨置于存轨台座时应摆放顺直，以免钢轨长时间存放产生塑性变形。长钢轨应正向排列，不得采用扣轨方式码放，排列应一端对齐、平直、牢固，同层钢轨不得叠压。

长钢轨吊装作业时，各组作业人员手动操作夹轨作业，并由施工负责人指挥总控司机操作联动群吊将长钢轨同时吊起运送至存放位置存放。长钢轨吊运过程应同步动作，水平起吊，起升或下落再水平走行，走行到位后确认平稳后同步下落。长钢轨吊装过程应保持钢轨平顺，相邻吊点间高差不得大于 150 mm、水平差不大于 120 mm，全长范围内各吊点间高差不得大于 300 mm、水平差不大于 500 mm。长钢轨应单根吊装，轻吊轻放，严禁跌落碰撞。钢轨出现跌落后，应单独存放，经主管部门检查确认质量无恙后，方可用于工程，跌落高度超过 1 m 的，不得用于正式工程。

长钢轨存放时应按塔形分层堆放，自下而上每层递减 1 根，长时间存放应不超过 9 层。长钢轨存放时应按轨腰上标明的编号、长度，分类堆码，不同钢种、厂家及轨型的钢轨不得混放，并有明显标识。同时对钢轨的牌号、型号、长度、产地、交货状态等进行记录并作明显标识。存轨期间，应加强对长钢轨热胀冷缩及存轨台座沉降变形情况的观测和记录。对伤损钢轨或不合格钢轨应单独存放并明显标识。

(2)普通钢轨的运输、装卸及存放。本处普通钢轨系指 25 m 及以下长度的钢轨。普通钢轨根据钢轨长度选择不同的轨道车辆运输，当钢轨长度超过单个平板车长度时，应采用 2 个平板车连挂运输并在每个平板车上加装专用的钢轨运输转向架。普通钢轨运输可采用正反扣轨方式装车，每车应不超过 80 根，并用铁丝或钢筋加固车辆。

普通钢轨采用汽车吊或轨行式龙门吊＋吊带或吊轨梁装卸，其吊点间距不应大于 7 m。钢轨装卸时，应尽量单根吊装，轻吊轻放，避免钢轨产生碰撞或损伤。

普通钢轨一般架空支垫呈塔形存放，支垫间距不宜超过 8 m，支垫应坚硬、表面平整，可选用旧轨、硬杂木或混凝土台座或条形基础等。钢轨可按正反扣轨方式码放，每层之间至少递减 1 根钢轨，钢轨间可采用钢板、硬杂木或旧钢轨支垫，支垫位置应上下对齐。

普通钢轨在运输与存放过程中，都应摆放平顺，不得侧翻，并切实采用防护措施以免钢轨被碰撞、擦伤等。对伤损钢轨或不合格钢轨应单独存放并明显标识。

(3)轨枕及扣件系统的运输、装卸与存放。轨枕可采用火车或汽车运输到铺轨基地和工地，轨枕应分层装置，层与层之间在承轨台位置加垫 5 cm 厚度的硬杂物，以保证轨枕间不相互碰撞和吊索的正常挂取。轨枕应按车辆横向方向装车，装车后采用钢丝绳等捆扎加固，车辆启动前，应进行专项检查。

轨枕采用钢丝绳或软吊索吊运，应轻吊轻放，避免产生碰撞和损伤。轨枕按码垛方式存放，最高不超过 15 层。轨枕存放基础应平整坚实且排水畅通，存放过程应定期进行沉降或变形监测，以免轨枕发生坍塌。

当轨枕采用预埋套管时，运输、装卸与存放过程中应加强对预埋套管的保护，以避免杂物进入预埋套管无法取出而致预埋套管失效。

扣件系统一般按类装箱运输、装卸和存放。轨枕及扣件系统存放时，均应分类挂牌标识。

(4)道砟的运输、装卸与存放。道砟采用自卸汽车、K 型石砟漏斗车或敞车运输，严禁超载、超限装车，运输过程应采取适当的覆盖措施，以免扬尘产生。

道砟在存砟场存放、装卸时，应采取措施避免污染道砟，一是存放基础应硬化并做好排水措施，以免地基翻浆冒泥；二是进出车辆或装载设备应对车底进行冲洗，以免带入污染物；三是必要时对所存放的道砟进行覆盖。

2. 施工准备及底层道砟摊铺

(1)施工准备。铺轨施工单位进场后应加强与建设和设计单位的沟通，提前确认工程规模、技术标准等，结合设计、工期、指导性施工组织以及线下工程进度和重难点工程分布等情况，科学规划铺轨基地并提前建成开展材料及设备储存等。提前完成材料订货，协调公路及铁路运输组织，尤其对既有线过轨运输及配送车管理等应尽早与铁路部门达成一致意见，确保物流顺畅。

协调线下施工单位，共同确认线下进度及竣工工期，提前作好铺轨施工准备。对影响道砟等材料进场的运输通道，应通过建设单位协调保留至铺轨施工结束。

抓好道砟的生产、取证和储备。车站路基交铺后，有条件的地段可提前进行正线道岔的铺设及整道。

(2)沉降评估及 CPⅢ测量控制网测设评估。铺轨施工前，线下工程的主体应全部完工，检验合格。未完成的附属工程不得影响 CPⅢ测量控制网测设评估及铺轨施工的要求。

铺轨之前，应按规定对重点路基、桥涵、隧道及过渡段进行系统评估，确认工后沉降和变形、梁体长期变形、各种过渡段的差异沉降等符合设计要求，满足轨道铺设条件。

铺轨之前，由建设单位组织各施工单位共同对路桥隧等线下工程组织验收，重点是基础宽度、高程、中线及平整度、CPⅢ测量控制网的资料。

(3)测量放样。铺轨之前,除路桥隧基础面中线、高程及平整度复核外,还应完成轨道施工控制桩的测设。轨道施工控制桩按平面和高程合二为一设置,用于从线下结构基础面交接、底砟铺设、上砟整道及轨道精调等施工全过程的精度控制。轨道施工控制桩主要包括道岔桩(含岔前、岔后及中心桩)、曲线要素控制桩、变坡点控制桩以及沿线路 20 m 间距设置的中线及高程控制桩。

轨道施工控制桩设在线路两侧护肩墙、水沟边墙、接触网基础或支柱、桥梁防撞墙上,采用预埋测钉方式设置,逐一编号。采用全站仪依据 CPⅢ测量控制网按自由设站、后方交会法测量轨道控制桩的平面和高程坐标,利用软件平差并计算每个控制桩与对应位置轨道的水平(横向)和高程(竖向)差值,以此作为铺砟、铺轨及整道作业的控制依据。施工控制桩设置应有醒目标识,以便现场寻找和使用。铺轨通过后,应将施工控制桩位置标识在线路轨枕或钢轨上。铺轨通过且线路达到初期稳定条件后,应二次复测施工控制桩以用于后续的大机整道及轨道精调作业。不同区段或不同时期设置的施工控制桩,其搭接测量的长度应不小于 150 m,并与 CPⅢ测量控制网联测。

(4)底层道砟摊铺。底层道砟采用自卸汽车通过运输便道、马道和正式路基运送至线路上,装载车配合散铺,摊铺机或平地机摊铺平整,振动压路机碾压密实。

底层道砟摊铺厚度控制在 15～25 cm,一般按线路捣固车 3 次捣固作业预留起道高度,并结合路基及桥隧基础面宽度、运输条件(经济比较)等计算道砟的摊铺数量和铺设数量。预铺道砟数量占总铺道砟数量的比例一般为 40%、桥隧道地段 30%。原则上,预铺道砟的数量以既能满足底层道砟摊铺厚度及宽度又不致于多得掉入路基边坡或影响桥梁及隧道内车辆限界为宜。

道砟运输前,应严格检查道砟质量特别是颗粒级配和清洁度。摊铺机提前就位,自卸汽车靠近摊铺机卸砟,边卸砟边摊铺,摊铺后应及时检查摊铺厚度、宽度及平整度。底层道砟的摊铺宽度一般为单线 4.5～5 m 或双线 9～10 m。

底层道砟采用压强不小于 160 kPa 的光轮压路机碾压,一般碾压 2～3 遍,碾压遍数可视道砟的压实密度适当增加,路基及隧道内可开启振动碾压,桥梁上不得开启振动碾压。

底层道砟碾压后,应及时进行压实密度和砟面平整度检测。压实后的道砟密度应不低于 1.7 g/cm$^3$,轨枕及道床两端各 20 cm 范围内砟面平整度不得大于 2 cm/3 m,轨道中间 60 cm 范围内的砟面应不得高于两侧砟面,必要时应在砟面碾压完成,将该位置的砟面挖成低于两侧砟面 50 mm 的凹槽,道岔区及前后 30 m 范围内应作顺坡碾压。

底层道砟压实密度、砟面平整度及高程检测合格后,应采用钉设“木桩＋铁钉”的方式设置轨道中线桩以用于铺轨时线路中线的控制。

3. 混凝土轨枕硫磺锚固

铁路长大干线有砟轨道铺轨工程,混凝土轨枕螺旋道钉硫磺锚固施工采取在铺轨基地设锚固生产线集中施工,其锚固工艺分为正锚法和反锚法两种,正锚法主要用于单枕法或群枕法铺轨施工,反锚法主要用于轨排法铺轨施工。

(1)正锚法锚固生产线及工艺流程。正锚法,即轨枕正放状态下,由上至下依次浇筑砂浆并安装道钉锚固的工艺。正锚法施工工装及工艺简单,施工组织方便,工地现场锚固多采用该工艺。正锚法锚固生产线主要用于长轨铺设时的轨枕锚固,即铺轨基地不需要组装轨排。正锚法锚固生产线设于轨枕存放区,除轨枕装卸由轨行式龙门吊完成外,其余设施主要包括硫磺砂浆熔制炉(或铁锅)、运浆线及运浆小车、轨枕锚固台位等。

硫磺砂浆熔制炉可采用铁锅或带搅拌器的封闭式炉具,采用柴火或燃煤加热,人工添加材料,当采用铁锅时,砂浆熔制过程应人工不断进行砂浆材料的搅拌。当一炉或一锅砂浆熔制符合要求后,应立即停止加热,采用运浆小车(带容器)将砂浆沿运浆线送到锚固工位,并在最短时间完成全部砂浆料的施工。通常,一条轨枕锚固生产线应设 2 个硫磺砂浆熔制炉。

(2)反锚法锚固生产线及工艺流程。反锚法,即轨枕在翻转放置状态下,由轨枕底部浇筑砂浆进行道钉锚固的工艺。反锚法施工需要设置专门的锚固生产线,一般与 25 m 轨排生产线合并设置,除龙门吊、硫磺砂浆熔制炉(或铁锅)、运浆线及运浆小车外,反锚法锚固生产线还包括作业平台、卷扬机、匀枕台车、轨枕翻转装置等。

(3)硫磺水泥砂浆配合比及工艺要求。混凝土轨枕螺纹道钉锚固主要靠硫磺水泥砂浆作用,硫磺砂浆既起着锚固作用,也起着绝缘作用。其主要成分及材料要求应符合表5-8-12的规定。

**表5-8-12　硫磺水泥砂浆主要成分及材料要求**

| 序号 | 材料名称 | 技术性能要求 |
| --- | --- | --- |
| 1 | 硫磺 | 纯度不小于95%,配制前破成碎块,如果受潮应在配制前干燥 |
| 2 | 水泥 | 42.5普通硅酸盐水泥 |
| 3 | 砂子 | 粒径不得大于2 mm,使用前应过筛,含泥量小于5%,配制前烘干 |
| 4 | 石蜡 | 一般工业石蜡,配制前破成碎块 |

注:上述各种材料不得掺有杂物。

根据多年经验,硫磺砂浆配合比一般为硫磺∶水泥∶砂子∶石蜡=1∶(0.3～0.6)∶(1.0～1.5)∶(0.01～0.03)。

硫磺砂浆熔制时,结合铁锅的一次熔制量,按照选定的配合比称好各种材料的熔制量。先将砂子加热到100 ℃～120 ℃,再将水泥倒入加热到130 ℃,最后加入硫磺和石蜡,继续搅拌加热到160 ℃,砂浆由稀变稠成液胶状时即可使用,硫磺砂浆熔制火力应均匀,不得过猛,加热到160 ℃后可降低火力,保持砂浆状态即可。

从砂子加热、熔制过程直到熔制铁锅内砂浆全部清出,均应对砂浆材料不断搅拌。熔制好后的硫磺砂浆应及时使用,以免砂浆产生燃烧或浆液温度过低影响使用性能。

(4)轨枕锚固。锚固前,先将混凝土轨枕预留道钉孔清理干净,螺旋道钉上的附着物也应清理干净,并保持混凝土轨枕及螺旋道钉温度在0 ℃以上。

1)正锚法锚固工艺。当采用正锚法施工时,将混凝土轨枕正放于锚固生产线上,使生产线上托梁刚好对准以严密封堵混凝土轨枕预留道钉孔。之后逐个向预留道钉孔内灌入干砂,灌砂深度离孔口10 cm左右,再用150 mm探孔器逐个探孔,以使每个预留道钉孔内有150 mm的深度用于硫磺砂浆浇筑,并将轨枕表面清理干净。

利用运浆小车将硫磺砂浆运至锚固工位,采用舀勺向预留道钉孔内一次浇筑砂浆成型,之后使用锚固架夹持螺旋道钉并及时将道钉左右旋转缓慢插入定位,灌浆时预留孔不易过满也不易过少,以免砂浆过多溢出造成二次熔浆或砂浆过少引起二次补浆而影响锚固质量。

待砂浆冷却固化后,撤离锚固架,并用铁铲将浆面铲平整齐,清除和回收多余砂浆。最后,在硫磺砂浆表面与轨枕结合部涂刷一层绝缘胶。

2)反锚法锚固工艺。混凝土轨枕翻转后置于锚固生产线,使用螺旋道钉安装托盘安装螺旋道钉,将螺旋道钉插入预留道钉孔并将托盘固定于生产线托梁上,并逐个检查螺栓道钉的安装质量和预留道钉孔的密封状况。之后,从混凝土轨枕底面向螺旋道钉孔内一次浇筑硫磺砂浆,浇筑深度符合设计要求。待硫磺砂浆固化冷却、轨枕翻转后,再涂刷绝缘胶。

(5)轨枕锚固注意事项。

1)锚固作业前,混凝土轨枕预留道钉孔及螺旋道钉应清理干净,且不被水湿润。

2)硫磺砂浆制备及运输途中,应不断搅拌,其温度不过高或过低,以保证砂浆均匀且不产生自燃,温度过低会导致流动性降低、容易快速固化而影响锚固质量。

3)硫磺砂浆灌入道钉孔时的温度应不低于130 ℃,并一次浇筑成型。

4)锚固好的螺旋道钉的垂直度、中线度及预留高度等符合设计要求,施工应采用锚固架、托盘等专用工装进行固定。

5)每作业班应进行螺旋道钉锚固质量的检查,抗拔力检查应每公里做1组(3个)试验,实测抗拔力值均不得小于60 kN。若抗拔力检查不合格,应加做2组,仍不合格则应检查配合比并将本批锚固轨枕全部返工。

6)锚固完成的混凝土轨枕应按规定进行码放,并注意对螺旋道钉的保护。

7)硫磺锚固砂浆生产线应避开生产办公区及居民区的上风口,作业人员应在上风处,并佩戴防护用品。施工现场周边严禁堆放易燃易爆物品。

4. 单枕连续法铺轨

(1)概述。采用单枕连续法长轨铺轨机组,一次铺设有砟轨道轨枕及长钢轨,主要流程包括:施工准备、长轨和轨枕装车及运输、长轨铺轨机组铺轨。其中,对于非预埋套管式混凝土轨枕而言,施工准备还应完成轨枕硫磺锚固。

(2)施工准备。根据设计文件及现场实际,完成长轨轨节表编制,并制定铺轨计划表。组织施工技术培训和技术交底。长轨铺轨机组完成组装及调试,到达铺轨地点待命。

(3)轨枕运输列车装车及铺轨机组准备。长轨铺轨机组及枕轨运输列车在铺轨基地内组装调试,履带式钢轨拖拉机通过便道运输到达铺轨位置作好准备。长轨铺轨机组按铺轨主机、枕轨运输列车、机车的顺序进行编组,枕轨运输列车应以钢轨拖拉端紧靠铺轨主机。轨枕转运龙门吊在运输过程中必须固定在长钢轨分轨车上,确保安全。长轨铺轨机组主机应通过机车推送提前到达铺轨位置,自行对位,至距已铺轨道轨端0.5 m处停机,并将走行方式由轮轨走行转换为履带走行,解除轨枕转运龙门吊与长钢轨分轨车上的锁定,确保轨枕转运龙门吊在走行轨道上安全自由地走行。

(4)长钢轨及轨枕装车与运输。长钢轨、轨枕及扣配件采用双层枕轨运输列车运输,其中长钢轨装载于底层,可装 14 根,轨枕装载于长钢轨之上的双层支架上方,可装 4 层,每列枕轨运输列车一次可装载 2 km 轨料。

长钢轨装车时应对照轨节表按铺轨里程左右股配对装车,对号入座,并对每根钢轨编号和标识,以免现场铺设时拖拉错误。长钢轨采用联动群吊吊装,吊装时,应同步起动,缓吊缓移缓落,保持长钢轨基本平稳。长钢轨装车后应及时锁定。

长钢轨装车完毕后进行轨枕装车。装车时应结合轨节表和铺轨吊装顺序,注意不同规格和特殊轨枕的装车位置和顺序,以确保现场施工顺畅。轨枕吊装采用轨行龙门吊,按每组 16 根将轨枕吊装到双层支架上方。轨枕装车时,轨枕中心线应与车辆中心线重合,避免偏载,每装完一层须在轨枕承轨槽的正中央位置放置 10 cm×10 cm 的通长硬方木。轨枕装车完毕,应对轨枕进行捆扎加固,并检查是否偏载、漏垫支垫物等。

长钢轨及轨枕装车完毕且经检查符合要求后,由机车牵引或推送至铺轨位置。当采用机车牵引方式,务必在前方岔线或车站通过由牵引改为推送方式使枕轨运输列车到达铺轨位置后与铺轨机组主机连挂。枕轨运输列车运输时应缓起缓停,避免紧急刹车,运行速度一般按重点整道后线路重载不超过 15 km/h、空载不超过 30 km/h,初期整道后线路重载不超过 20 km/h、空载不超过 40 km/h。道岔区段,铺岔后未整道的过岔正向不超过 10 km/h、侧向不超过5 km/h,铺轨后完成初期整道的正向不超过 25 km/h、侧向不超过 15 km/h。车辆通过隧道、道口前时要鸣笛减速通过。

轨枕运输列车由机车推送进入铺轨现场,距铺轨机组 30 m 处一度停车,再以不大于 3 km/h 的速度将枕轨运输列车与铺轨机组连接,摘开机车。铺轨过程中,由铺轨机组主机连接并牵引枕轨运输列车前行。长大坡道地段需要由机车补充动力的,应另行研究和编制专项技术方案。

(5)长钢轨拖拉。正式铺轨前,枕轨运输列车与铺轨机组主机连接编组后应开机试运行一段时间,以确认设备机况良好。

解除待铺 1 对长钢轨的锁定装置,通过铺轨机组主机前端的卷扬机钢丝绳及钢轨夹钳拖出长钢轨,并引导送入长钢轨分轨装置与推送装置。开启长钢轨推送装置,将长钢轨沿导向装置推送至铺轨机组前端钢轨拖拉机拖拉架下,用轨卡和钢丝绳将长钢轨端部与钢轨拖拉机连接牢靠,开始长钢轨拖拉。

钢轨拖拉机拖拉长钢轨匀速前进,按每隔 10～15 m 间距在长钢轨正下方放置导向滚轮,拖出的左右两根长钢轨间距为 3.2～3.3 m,并尽量在轨道中线两侧对称布置。长钢轨末端拖拉至分轨装置附近时,钢轨拖拉机速度降低。长钢轨末端将要拉出最后一个导向框时,钢轨拖拉机再次降速,使拉出的长钢轨终端与已铺轨道的前端基本对齐,以后每次拖拉长钢轨均在前一对长钢轨还未全部收入承轨槽之前进行,以便于两对长钢轨首尾衔接。当长钢轨末端超过已铺轨道端头时应停止拖拉。铺轨机组前转向架轮运行到距已铺轨道端头 200 mm 时,用液压收轨装置将长钢轨收入承轨槽内,按焊缝要求结合实时轨温调整预留轨缝,并安装无孔连接夹板将轨缝两端长钢轨连接。

长钢轨拖拉时左右两根长钢轨应同时拖拉,长钢轨从枕轨运输列车上向前拖拉时应由两侧向中间依次拖拉,拖拉开始及过程中应保证轨卡与长钢轨锁定牢固。

长钢轨拖拉及铺设过程中应特别注意避免以下现象发生:长钢轨卡固不牢,造成拉脱;拖拉时导向不准,碰伤长轨条；长轨条倾覆，扭伤钢轨；漏垫滚轮或支垫间距过大，或拖拉线路上底砟高低不平，将底砟拖出沟槽或擦伤钢轨。

(6)轨枕转运、铺设及收轨。

1)轨枕转运。轨枕转运由车载龙门吊完成，每次按16根轨枕1组进行转运。轨枕转运前，应连通各枕轨运输车之间及与铺轨机组之间的龙门吊走行轨桥。

车载龙门吊取轨枕时，先取走轨枕上长方木条，再将轨枕端头调整平齐，以不影响车载龙门吊取枕和走行。按组钩挂轨枕并确认挂钩牢靠后，车载龙门吊缓慢吊起轨枕，吊起高度至吊起轨枕底部高出枕轨运输列车上轨枕顶面10 cm以上。严禁轨枕未可靠吊取而强行起吊，或未提升到规定高度便走行车载龙门吊。

确认轨枕挂取妥当及轨道连接妥当后，车载龙门吊按“前后慢，中间快”原则向前走行到轨枕转运平台后，缓慢下降并落放轨枕。落放轨枕时，严禁过度下降而导致钢丝绳脱槽，或碰损轨枕。

轨枕转运应尽量按层转运，以减少车载龙门吊因载重量差距造成车面高差，避免转运龙门吊重载爬坡，转运过程中还应注意转运速度与轨枕传送装置的配合，尽量使轨枕连续不断地供应，保证长钢轨连续铺设。

2)轨枕铺设。长轨拖拉完成后，应根据铺轨控制基桩或预设的铺轨中线(如棉线等)检查和调整长钢轨位置及间距，使之尽量与中线符合。之后，操作人员先将铺轨机组主机计程轮放下，打开自动操作开关并操作铺轨机组向前行进，行进过程中轨枕布设装置按规定间距自动布设轨枕。同时，收轨装置通过导向装置自动同步将长钢轨导入轨枕承轨槽中。

轨枕铺设时，轨枕从轨枕转运平台经传送带送到作业梁底部的轨枕布设装置，轨枕布设装置在间距控制信号控制下将轨枕推到道床上，最后由间距调整装置在计程轮的触发下自动完成轨距调整，并保证轨枕与轨道中心线垂直。轨枕铺设过程，应随时检查轨枕间距及垂直度，保证轨枕间距允许误差±5 mm、布枕横向精度±5 mm。当超限较多时，应停止作业，待检查和消除影响因素后，方可恢复作业。

在轨枕铺设到道床上的同时，人工配合从铺轨机上存放配件的地方向轨枕上及时正确放置橡胶垫块。

轨枕铺设过程，各岗位操作人员应按操作规格要求，严密监控铺轨机组作业状态，发现异常情况后应即时处理，对影响铺轨作业安全和质量的，应停止作业，待查明原因消除影响因素后再恢复作业。

3)收轨。收轨由铺轨机组收轨装置自动完成，紧随轨枕铺设同步进行。长钢轨拖拉时，长钢轨已经进入铺轨机组收轨导向装置，铺轨机组前行过程中将可钢轨依次置入各轨枕滚轮。操作人员操作液压夹钳滚轮，最终将钢轨收入轨枕承轨槽中。同时，回收支垫滚轮。

长钢轨落入承轨槽后及时散布轨枕扣件，并按每隔9根轨枕组装1组扣件，以保证铺轨机组及枕轨运输列车前行。小半径曲线地段或路桥过渡位置，可适当加密扣件安装数量。

铺轨机组至已铺设轨道端部的适当位置后，尺量长钢轨轨端相错量值，当相错量大于40 mm时应使长钢轨左右股锯切平齐。同时，准备钢轨无孔连接夹板，以备下一对长钢轨铺设时的钢轨连接。

(7)轨道组装。铺轨机组铺设长钢轨和轨枕通过后，应及完成剩余扣件的安装，形成轨道线路。轨道安装过程中，应注意下列问题：

1)扣件组装前，应方正轨枕并调整轨枕间距正确，绝缘缝位置应保证绝缘缝处于两侧轨枕的中间位置，轨枕间距铺设的允许偏差为±20 mm，连续6根轨枕的距离为3 m±30 mm，相邻轨枕间距的偏差不超过5 mm；

2)扣件安装应正确、齐全；

3)轨距正确；

4)扣件螺栓扭矩或扣件扣压力应符合要求；

5)应在轨枕上醒目标识线路里程和轨道控制桩的方位，以便查找；

6)轨枕类型及扣件系统应符合轨节表要求，需要更换电容枕、电气绝缘枕或电磁枕等特殊轨枕的，应作醒目标识。

(8)收尾。当1列枕轨运输列车所运轨料铺设完成后，转运龙门吊停放在铺轨机组主机上。应将枕轨运输列车先摘钩，并取掉转运龙门吊走行轨过桥，之后枕轨运输列车返回铺轨基面运送轨料。当全线铺轨完成后，钢轨牵引车由便道经公路运输返回，铺轨机组组机由机车牵引返回铺轨基地。

铺轨完成一段后，应再次对线路铺设质量、扣件及轨枕的完整性、钢轨接头连接等进行检查，以便后续的上砟整道作业。用后的扣件袋子、铁丝、方木条等杂物应随车回收。

5. 群枕法铺轨

(1)概述。群枕式长轨铺轨组一次铺设有砟轨道轨枕及长钢轨,施工流程与单枕法铺轨机组作业基本相同,施工准备、轨枕锚固、轨枕运输列车装车与运输等环节与单枕法铺轨机组施工完全相同。不同之处主要在于,铺轨机组铺轨时,轨枕采用分次布设而不是连续布设。

(2)铺轨机组准备。群枕式长轨铺轨机组一般在铺轨基地组装调试并编组,并在启动发动机和液压系统后进行轨枕搬运车、收分轨装置、布枕、匀枕装置等作业机构试运转,各项性能指标合格后方可用于正式施工。

与单枕法铺轨机组相同,群枕式长轨铺轨机组由机车推送到铺轨起点位置。群枕式铺轨机组首次铺轨时,主机前进距已铺轨线路轨端 870 mm 处停车,完成主机转向架与走行履带的连接。由于铺轨机组前端履带与布枕装置之间的距离无法由布枕装置布枕,因此在铺轨开始前,在主机履带走行到位后,需采用人工或其他方式预铺 28 根(16.8 m 长)轨枕。

(3)长钢轨拖拉。长钢轨拖拉工艺与单枕法铺轨机组作业相似,不同之处在于长钢轨拖拉时,左右 2 根长钢轨的间距由 3.3 m 变为 3.1 m。

(4)轨枕转运与铺设。

1)轨枕转运。轨枕转运由 2 台轨枕搬运车(也叫"车载龙门吊")完成,转运距离较长时可接力转运。轨枕搬运车每次可转运 28 根轨枕,轨枕搬运车沿轨枕运输列车两侧的走行轨道来回行驶完成轨枕的接力转运,后端轨枕搬运车(简称 2 号车)主要功能是将轨枕向前方倒运,前端轨枕搬运车(简称 1 号车)的主要功能是将轨枕转运至主机的支架上面。

轨枕转运的安全及技术要求与单枕法长轨铺轨机组铺轨相同。

2)轨枕间距均匀。轨枕间距均匀简称"匀枕",由匀枕机构完成。匀枕机构由轨枕支架、顶升装置和匀枕小车组成。

轨枕支架下设液压油缸,油缸能够使轨枕支架升高或降低。当轨枕支架顶起一组(14 根)轨枕后,链轮驱动 14 辆匀枕小车沿轨道后退进入轨枕下方,全部匀枕小车到位后,通过液压油缸使轨枕支架下降,14 根轨枕一对一地落放到 14 辆匀枕小车上面,然后,由链轮驱动链条带动最前端的匀枕小车向前移动,按照设计轨枕间距(一般为 600～650 mm 的固定值)进行匀枕作业,14 辆匀枕小车通过链条"软"连接,当最前端的匀枕小车前进到预定位置时自动停止,匀枕作业即告完成,此时每辆匀枕小车上面各摆放着一根轨枕,并且轨枕间距均匀。待布枕机专用夹具吊走已经匀设好的 14 根轨枕后,匀枕小车后退,开始下一组轨枕的匀枕作业。

3)轨枕铺设。主机前端的轨枕布设机后退与匀枕小车对位。通过液压油缸驱动轨枕夹具开合,一次性提取 14 根轨枕,轨枕布设机沿轨道前行到位后,夹具下降,距地面 50～100 mm 时停车。根据轨道施工控制桩或中线(桩)检查轨枕是否在中线位置,并通过布枕机左右摆动将轨枕调整至中线位置,偏差不大于 20 mm;测量前次铺设的最后一根轨枕与本次铺设的第一根轨枕间距,调整间距允许偏差±5 mm。当轨枕中线和间距符要求后将 14 根轨枕一次性铺放至道床上面。然后,轨枕布设机收起轨枕夹具并后退,准备提取第二组轨枕,铺轨机组整机向前行驶。

每铺设 14 根轨枕,铺轨机组向前进 8.4 m,铺轨机整机前进或铺设下一组轨枕的同时,人工配合从铺轨机组上存放配件的地方向轨枕上及时正确放置橡胶垫块。

轨枕铺设过程,各岗位操作人员应按操作规程要求,严密监控铺轨机组作业状态,发现异常情况后应即时处理、停止作业,待查明原因消除影响因素后再恢复作业。

6. 换铺法铺设长钢轨

(1)概述。换铺法铺设长钢轨,顾名思义,先采用轨排铺轨机先铺设短轨轨排,在线路上砟达标甚至线路开通运营一段时期后,待线路道床稳定后再拆除短轨并换铺长钢轨,最终焊接和锁定无缝线路。换铺法铺设长钢轨是有砟轨道无缝线路施工的传统作法,受设计、工期及现场条件的制约,在无法一次铺设长钢轨时,采用换铺法铺设长钢轨也是较好的选择方式。高速铁路有砟轨道换铺法铺设长钢轨主要流程包括:施工准备、轨排生产、轨排铺设、上砟整道、长轨换铺等。

换铺法铺设长钢轨在轨排铺设的同时,一般会涉及 T 梁架设,边铺轨边架梁,存在架桥机和铺轨机交替施工的问题。本节内容仅介绍轨排铺轨机铺轨和长钢轨换铺。

(2)施工准备。换铺法铺设长钢轨施工准备除修建铺轨基地进行材料储存外，还应进行路基及线下工程交接、轨道施工控制桩测设及底层道砟预铺等工作。施工材料除正式的轨枕、扣件、厂焊长钢轨外，还需要周转用 25 m 短钢轨及鱼尾夹板等。

(3)轨排生产。

1)生产方式。采用 25 m 长 60 kg/m 有孔轨作为工具轨，在轨排组装台座摆放轨枕并组装轨排。轨排生产一般为 6 个轨排为一个单元(即 150 m 长)进行轨排生产，以便于轨枕间距按 600 mm 间距布置，钢轨与轨枕的关系应使轨排组装后轨枕不致于刚好落入轨缝位置为宜。

采用两组扣轨束或工字钢纵向布置搭设轨排组装平台，并在组装平台上设轨枕间距控制装置。轨枕锚固作业量较大的，也可采用专门的轨排生产线进行轨枕锚固和轨排生产。

2)轨枕摆放。采用龙门吊＋钢丝绳等软索吊装轨枕，将轨枕均匀摆放于轨排组装平台。两人一组，用撬棍将轨枕拨到标定的位置，以保证轨枕方向、间距及方正。之后，将轨枕橡胶垫板按设计位置摆放于轨枕的承轨槽中。

3)钢轨吊装及轨排组装。采用龙门吊＋吊轨梁方式将两根钢轨左右摆放在轨枕的承轨槽中，钢轨端头应平齐。需要设置内外股缩短量的，应在配轨时加以解决。

逐根轨枕组装钢轨扣件，并保证扣件扭力或扣压力满足要求。轨排组装完成后，对轨距、轨枕间距等再次检查，确认轨排组装合格，并对轨排进行编号。

4)轨排存放。组装合格后的轨排采用 2 台龙门吊＋钢丝绳等软索将轨排吊放于存放位置码垛存放。轨排垛上下对齐叠放，龙门吊吊装时最高不超过 12 层。轨排存放时，应考虑运输、倒装和铺轨顺序的需要。

(4)轨排铺设。

1)铺轨机准备。轨排铺轨机在铺轨基地编组调试后，按铺轨机、机动平车、装载倒装龙门吊的平板车的顺序由机车推送到铺轨起点位置对位。倒装龙门吊按规定间距并避开桥梁、隧道及岔区位置或其他障碍物在铺轨机后方位置，对称线路中心两侧进行安装。

2)轨排装车及运输。25 m 轨排采用 N17 平板车运输，每组轨排运输车由 2 辆 N17 平板车连挂组成，并在车钩处加装缓冲器，在车辆两端加转向架。每组轨排运输车一次装载 6 个轨排(150 m 线路)，10 组轨排运输车可一次装载 60 个轨排(1.5 km 线路)，轨排运输车装车编组后由机车推送到铺轨前方。运输距离较远的，可先由机车牵引运输，在距铺轨前方较近的车站或岔线调车并重新编组。

3)轨排倒装。轨排通过倒装龙门吊、轨排运输车、机动平车相互配合由轨排运输车倒装至机动平车上。

机车推送轨排运输车使 1 组轨排位于倒装龙门吊下；倒装龙门吊吊起轨排组，轨排运输车退出；机动平车进入倒装龙门吊位置，倒装龙门吊将轨排组装入机动平车；机动平车将轨排组运向铺轨机。机动平车与铺轨机对位，通过铺轨机主机上卷扬机将轨排拖入铺轨机上。

4)轨排铺设。铺轨机进入铺轨位置停车，吊起 1 节轨排到位并将之放在底层道砟面上。当轨排接近底层道砟面时，人工用撬棍参照轨道施工控制桩或轨道中线，将轨排拨至设计中线位置，并使轨排后端与已铺轨排对位。在轨缝处安装轨缝卡片，保证轨缝大小适度。轨排落实后，用鱼尾夹板或无孔夹具将铺轨轨排与已铺轨排连接牢固。铺轨机前行铺设下一节轨排。

(5)长钢轨换铺。

1)基本要求。为加快 25 m 工具轨的周转，减少周转材料使用，施工组织一般以区间或区段(前站车站或区间岔线之间)为单元分段铺轨、分段整道、分段换铺长钢轨。长钢轨换铺在线路上砟整道达到初期稳定条件后进行，此时轨道几何尺寸、道床饱满及密实能保证无缝线路的稳定。

长轨换铺有两种方式，一是推送法施工，即先拆除工具轨，利用长轨推送车直接将长钢轨从长轨运输车上放入承轨槽内，最后回收工具轨；二是利用长轨运输车直接将长钢轨卸于线路两侧砟肩位置，之后再拆除工具轨，换入长钢轨，最后回收工具轨。第二种方式主要用于既有线换铺长轨施工。本节主要介绍推送法换铺长钢轨，主要施工流程包括：长轨装车及运输、长轨推送、工具轨回收等。

2)长轨推送车组成。长轨推送车由长轨运输列车、分轨装置、降坡装置、卷扬机、推送机构、A 型下道架等组成。长轨运输列车为带滚轮的长轨运输列车或枕轨运输列车。

分轨装置、降坡装置、卷扬机和推送机构安装于2～3个平板车上，置于长轨运输列车前方。施工时，通过卷扬机及钢丝绳将长钢轨从长轨运输列车滚轮上拖出并引入分轨装置、降坡装置和推送机构，再由推送机构将长钢轨向前推送。

下道架由3个A型且带导向槽的门架组成，置于推送装置前方，施工时，长钢轨从平板车上推送装置沿A型门架逐渐到达地面，以免长钢轨跌落损伤。

施工时，设备布置顺序由前向后依次为下道装置、推送机构平板车(含入分轨装置、降坡装置、卷扬机和推送机构)、长轨运输列车和机车。推送机构平板车及下道装置可提前运送到现场布置，也可与首列长轨列车一起运输到现场布置。

3)长钢轨装车及运输。厂焊长钢轨采用长轨运输列车或枕轨运输列车运输，在铺轨基地内装车，也可由铁路局焊轨厂长轨运输列车直接从焊轨厂装运到现场。

长钢轨装车时应对照轨节表按铺轨里程左右股配对装车，每对长钢轨作业边应向内且对称于运输列车纵向中心，并对每根钢轨编号和标识，以免现场铺设时拖拉错误。长钢轨采用联动群吊吊装，吊装时，应同步起动，缓吊缓移缓落，保持长钢轨基本平稳。长钢轨装车一层，锁定一层。

机车推送长轨运输列车抵达卸轨现场，长轨运输列车的运行速度应满足安全施工的要求，原则上不超过45 km/h。

4)长钢轨换铺。施工准备：长轨运输列车到达现场前，拆除拟换铺地段的工具轨并拨至承轨槽范围以外，整理橡胶垫板，按10 m间距左右对称在轨枕间钢轨中线位置安放支垫滚轮，曲线地段可适当加密，滚轮安放的间距及数量以道砟或轨枕不影响钢轨推送为准。并在换铺起点的已铺钢轨上安放枕木头，以防止长钢轨尾端落槽时与已铺钢轨碰撞。当已铺钢轨轨端不平齐时，应将其锯切平齐。

长轨运输列车与推送装置平板车连挂后，在距换铺起点轨端7 m位置一度停车，之后缓慢行进至距换铺起点轨端1.2 m处停车，安放铁鞋等制动设施。解除待铺1对钢轨的锁定约束，拆除该层挡轨装置。

钢轨拖拉：开动卷扬机反转，将钢丝绳牵引至长钢轨前端4 m处安装钢轨夹具，安装位置满足卷扬机能将长钢轨拖拉并导入推送装置。在长钢轨端头安装带船头坡的导向铁件，导向铁件可使长钢轨顺利进入分轨装置、降坡装置、推送机构、下道架及滚轮轮槽等。

开启卷扬机装置，人工配合导向使长钢轨前端向前移动并依次进入分轨装置、降坡装置和推送机构。当长钢轨前端穿过推送机构辊轮0.5 m以上时，停止卷扬并取下钢轨夹具。

开启推送机构辊轮，人工辅助导向使长钢轨前端依次通过下道架，经长钢轨前端安装带船头坡的导向梭头，之后继续推送长钢轨支垫滚轮向前移动，直至长钢轨尾端穿出推送机构辊轮。长钢轨推送过程应按先慢、后快、再慢的节奏，并加强对长钢轨及各装置的监控，出现异常应立即停机，待检查并排除异常后再恢复施工。

长钢轨就位：检查长钢轨尾端与已铺钢轨轨端的相对关系，确认长钢轨推送基本到位。

长轨运输列车及推送装置平板车后退一定距离，人工配合依次移除下道架并使长钢轨轨端下落至承轨槽内。根据长钢轨尾端与已铺钢轨端头的相对关系，通过人工调整或卷扬机牵引，使长钢轨尾端与已铺钢轨轨端连接，并调整轨缝大小后，采用无孔夹板连接。

轨道恢复：依次拆除并回收支垫滚轮，按1/10数量安装钢轨扣件后。长轨运输列车前进铺设下一对长钢轨。待长轨运输列车铺轨通过后，再按要求安装全部钢轨扣件。

长轨换铺后，已铺长钢轨与待换铺线路应及时插铺短轨连接，以恢复工程线通车。对不能及时连接恢复的，应将线路全部封锁。

5)工具轨回收。长钢轨换铺施工拆除的工具轨，采用专用收轨平车回收。施工时，由机车或轨道车牵引收轨平车进入区间，收轨平车靠近待收工具轨对位后，收轨平台两端的悬臂吊＋夹轨钳同时吊住工具轨并将工具轨装入转向架。收轨作业完成后，收轨平车将工具轨回送到铺轨基地卸车存放，以便继续生产轨排，工具轨使用3～5次应进行一次检查矫直。桥梁或高路堑地段需要铺设护轮轨的，长钢轨换铺施工拆除的工具轨可直接用于护轮轨安装。

6)长钢轨焊接及无缝线路锁定。高速铁路有砟轨道长钢轨焊接及无缝线路锁定，在线路达到初期稳定状态且道床饱满的条件下进行，施工组织及施工工艺与无砟轨道长钢轨焊接及无缝线路锁定相同，相关内容详见无缝线路有关内容。

7)轨道精细调整。高速铁路有砟轨道长钢轨焊接及无缝线路锁定轨道精细整理在无缝线路焊接锁定后进行，除线路中线、高程、轨向、水平高低及扭曲等主要通过大型整道机组作业调整外，其他局部调整和轨距调整等只能通过人工调整。该部分工作与无砟轨道无缝线路的精细整理相同，详见内容见无缝线路有关内容。

7. 上砟整道

(1)概述。铺轨后的上砟整道以大型整道机组作业为主，人工配合为辅，分次作业、分级达标。施工过程必须坚持道床饱满度满足整道机组作业的要求，因而做好道床道砟补充是施工质量保证的基础。

上砟整道主要施工流程包括：铺轨后重点整道、道砟补充、大型整道机组作业等。

(2)铺轨后重点整道。铺轨后应随即进行重点整道，保证枕轨运输列车等轨道车辆能按 15 km/h 的速度安全通行。主要作业要点：

1)严格轨道组装质量，方正轨枕和调整轨枕间距合格，齐全、正确地组装钢轨扣件，并保证轨距正确，扣件螺栓扭矩或扣压力符合要求。

2)依据轨道施工控制桩将轨道拨至中线位置，并使轨道前后方向顺直；夯实钢轨及承轨槽位置 60 cm 的枕下道砟，消除反超高、空吊板和三角坑。

3)钢轨接头全部采用无孔夹具连接，无大轨缝，无连续 3 个以上的死轨缝。

4)为减少后期大型整道机组的工作量，铺轨后重点整道除应满足轨道车辆按 15 km/h 安全通行的要求外，还应通过人工拨道使轨道中线尽量顺直，与设计中线偏差值控制在 20 mm 以内，并消除线路较大的高低起伏。

(3)道砟补充。

1)基本要求。道砟补充应根据底砟预铺数量、道床设计高程，并结合计划起道次数及起道量确定道砟的卸砟次数和每次卸砟量。道砟补充前，双向道床配砟整形车先将线路两侧散铺的道砟收回道床范围之内，再根据缺砟数量的多少，安排道砟补充。

一般情况下，大型整道机组首次作业前可铺设计道砟数量的 65%，之后可按设计道砟数量的 15%～20%分两次补充道砟，直到全部设计道砟数量都已铺在线路上。在线路联调联试期间，根据线路整道质量及道床饱满程度确定和补充大型整道机组作业所需消耗的道砟量。

2)道砟卸车作业要求。工程线道砟卸车一般按 15～20 辆石砟漏斗车编组由内燃机车牵引往返于道砟存放场和施工现场运输和卸车。

每次装车前，应对车辆及操作系统进行检查，确认设备状态良好。装车时，严禁装入片石或杂物、级配不合格或脏污严重的道砟。装车后应检查和确认道砟无偏载、无超重和泄漏，砟面平整，且车辆无行车安全隐患后，方准运输。

卸砟前，各车辆风压应保证达到 400 kPa，否则应使用手动机械操作。卸砟时，砟车运行速度应控制在 5～10 km/h，卸车顺序按列车运行方向由前向后逐辆完成。

卸砟作业由卸砟负责人统一信号指挥，卸车人员应配无线对讲机并佩戴防护用品。卸砟负责人应经培训考核，并对卸车人员详细交待里程和卸砟量及安全注意事项并安排专人及时清道。作业过程，应严禁 1 人同时卸两节及以上砟车，严禁开启边门和中门卸砟，必须安排一人在车下观察车底砟量，指挥操作，同时注意观察车辆剩余砟量和偏载情况，适时调整卸砟中门和边门开启量，防止两对角集重超限。

以下 5 种情况严禁卸砟：①夜间或隧道内照明不足，大雾天气；②道岔咽喉区，明桥及道口；③无底砟或有底砟，但未经压道的新铺线路；④线路单侧卸砟，线路旁堆积影响卸车时；⑤无足够人员清道或其他危及行车安全的情况。

卸砟后，应使轨枕盒饱满，砟肩丰富，以满足大型整道机组作业及无缝线路稳定的要求。

(4)大型整道机组作业。

1)作业流程及基本要求。高速铁路有砟轨道新铺线路大型整道机组作业，分为初步达标整道作业和精细整道达标作业两个阶段，在底砟摊铺平整且厚度均匀、线路初铺中线符合要求的情况下一般需要 2 次补砟、3～4 遍的整道作业，其中前两次为初步达标整道，之后为精细整道。精细整道在无缝线路焊接锁定后进行，以保证线路达到设计稳定状态及要求的开通时速标准，精细整道中，第一次主要针对形成无缝线路后所发生的变化进行仔细调整，并对线路中心和曲线正矢再次精确定位，此次还需要动力稳定车配合作业，之后主要针对局部不达标和前一次通过动力稳定车后所出现的变化进行最终的精细调整,整道遍数根据线路状态确认。

大型整道机组一次完整的作业包括线路捣固车捣固(含起道、拨道)、动力稳定和配砟整形等,其中,配砟整形作业根据现场条件穿插于线路捣固和动力稳定作业之中,可前,可中,可后。当线路道床外形较好时,也可人工整形。

2)配砟整形。配砟整形车一般在K型石砟漏车卸砟或线路捣固车作业后作业,通过其侧犁收拢道砟并向线路中心补砟。配砟整形车不仅能将轨道中线两侧各3.3 m以内的堆积或散落的道砟全部清理收拢,按设计边坡将道床整理成型,而且还能将散落于轨枕或扣件上的道砟或杂物清理干净,达到道床配砟、整形和清扫轨枕扣件的作用,使道床布砟均匀,道床断面按规定成型,作业后线路外观整齐、美观。如图5-8-21所示。

图 5-8-21 配砟整形车作业

对配砟整形作业后,富砟较多的地段,可将多余道砟暂时置于道床外侧,也可利用小平车转运清走。对缺砟较多的地段,应人工匀砟优先保证线路捣固及起拨道用砟,并再及时安排后续的补砟,对匀砟仍不能满足线路捣固和起拨道作业的,则必须先补砟再进行线路捣固及起拨道作业。

3)线路捣固及起拨道作业。线路捣固及起拨道作业由线路捣固车完成,线路捣固车机况、施工方法及操作手水平是影响施工质量的主要因素。线路捣固车作业一般分为施工准备、线路测量、线路捣固车作业。线路超高大于150 mm或纵坡大于33‰的地段不能进行线路捣固车作业。

施工准备:每次线路捣固车作业前,道床内应有足够的道砟,其中轨枕盒内和轨枕端头道砟应充足,必要时应安排K型石砟漏斗车卸砟或配砟整形车作业,使道床饱满均匀,以不影响捣固车连续作业,同时应拆除影响线路捣固作业的临时道口、护轮轨、防爬设施、四电设备或电缆等。线路捣固车调试检查合格且状态良好,设备操作手按规定持证上岗。

线路测量:线路测量的目的是确定线路起拨道量及捣固遍数。线路测量有两种方法。

第一种方法:利用轨道施工控制桩测量。该方法主要用于线路铺轨后初步达标阶段的捣固作业。线路铺轨时至未进砟前,通过铺轨机组作业控制或人工重点整道将使线路中线控制在设计中线偏差2 cm以内,最大不超过5 cm,并使线路圆顺。经配砟整形车进砟或K型石砟漏斗车卸砟后,对照线路设计资料,采用L形检查尺和万能道尺通过轨道施工控制桩检查线路中线及高程偏差,并结合道床预铺厚度及总的起道量确定分次起道量和拨道量,拨道量原则上应一次到位。在轨道施工控制桩对应位置的线路轨枕上标识线路里程和起拨道量,一般按5 m间距标识。同时将线路平面曲线要素点、断链点、变坡点及竖曲线起讫点及其他特点点位在轨道上标识,以作为后期线路捣固作业的控制基准。

第二种方法:利用轨检小车测量。该方法主要用于精细整道阶段的捣固作业。只要措施到位,通过初步达标阶段第一次和第二次线路捣固车及动力稳定车作业之后,线路实际中线、高程都能达到设计及允许偏差的范围,此时对线路测量的要求不仅要确定线路轨道的中线及高程偏差,更要确定线路轨道几何高低、方向偏差。因此,采用轨检小车测量速度快捷、数据准确,不仅能为线路捣固车提供施工数据,而且通过其测量成果可直接评价线路平顺性质量。该阶段的线路测量可采用绝对测量的轨检小车还可采用相对测量的轨检小车,相对测量的轨检小车即通常所指“轨检仪”。尤其是采用相对测量的轨检小车,测量速度可达到3 km/h,单台轨检小车即能满足单组线路捣固车作业的需要。通过轨检小车数据,可直接判别线路轨道几何的薄弱环节，确定大型整道机组作业的重点。实际上，对于起道拨量较小的线路测量，线路捣固车可通过自身测量系统测量指导起拨道作业，轨检小车能够提前确定需要线路捣固车作业的重点和范围。

线路捣固车作业：线路捣固车作业时，每次捣固两根轨枕并夯实道床砟肩道砟。当起道量在 50 mm 以上，一次连续捣固两下，当起道量在 50 mm 以下时，一次捣固一下。线路捣固车一般在直线地段开始和结束捣固作业，曲线地段起讫作业时，也尽量安排在圆曲线中间地段，严禁在缓和曲线或路桥结合部结束作业。

线路捣固车结合线路超高设置情况，通过自动化控制对线路进行起、拨、捣作业，并完成超高设置。对于起拨道量超过 10 mm 的，需要提前在轨枕上标注起拨道量指导作业，对于起拨道量小于 10 mm 的，则由线路捣固车自身测量系统测量并指导作业。

移动线路捣固车，使拨道指针位于红区，打开自动拨道系统，开始拨道作业。进入曲线地段必须现场对点确认数据与计算机输入一致，并确认同步点方可进入曲线地段作业。

线路捣固车作业时以不大于 0.5‰的比率顺坡至标定起道量，以后按测量数据作业调整，终止作业前以同样的比率顺坡至起道装置无动作，必要时起道量可调整至负数，当起道量变化时，起道量应均匀调整。捣固频率控制在 18 次/min 以内，捣固装置夹持时间不低于 0.6 s（控制开关数字之间间隔 0.2 s），重点地段应延长夹持时间，提升捣固质量，捣固装置下插深度控制在镐掌上沿距轨枕底部 10～15 cm。

当采用 D08-32 型或 D09-32 型线路捣固车时，直线地段可在捣固车作业前方 200～600 m 范围内安装激光发射仪，线路捣固车根据激光发射仪测量值和线路数据自动控制对线路进行起拨捣作业。激光小车应安装在轨道中线合格的位置，必要时可采用轨道施工控制桩辅助测量、拨移轨道或调整激光发射装置。线路捣固车由远及近向激光小车位置作业，并在距激光小车 20 m 前停车，待激光小车安装或推至下一点调整好以后，才能继续作业。激光作业时，邻线来车时需停止作业，待邻线车通过后方可继续作业。

线路捣固车应连续作业，避免间断作业。线路轨道几何尺寸严重不良地段应进行二次捣固作业。线路捣固车作业完成后，应通过记录仪检查作业后的线路状态，了解作业质量。

4）动力稳定。动力稳定可使碎石道床的非均质性由不同的沉降表现出来，而所出的非均质性可通过下一次道砟的铺设、捣固和动力稳定得以消除。动力稳定是巩固线路起拨道和捣固质量的关键。动力稳定由动力稳定车完成，在线路捣固车作业后随即进行，否则其他通过的运输车辆会影响线路捣固后的轨道平顺性。

动力稳定车在线路捣固车首次捣固后对道床进行连续 2 次动力稳定，动力稳定车在路基上的工作速度一般为 0.6～0.9 km/h，由道床下层到道床上层，稳定作业速度逐渐降低。从路基向桥上进行动力稳定时，应在上桥前 30 m 范围再把加载值逐渐降低 50%，并在下桥后 30 m 范围再将加载值逐渐提高至原来的数值。隧道内采用在桥上同样的方法处理。动力稳定车在桥上进行动力稳定应避开桥梁自振频率，工作速度不得低于 1 km/h，在桥上不得开始振动，也不宜结束动力稳定作业。

5）收尾工作。大型整道机组作业通过后，人工配合及时清除线路钢轨及轨枕面以上的道砟，将轨枕盒内道砟填充饱满，按设计断面将道床进行整形。

6）质量控制要点。大型整道机组作业质量的保证是一项系统工作，需要各个方面的密切配合，其质量控制主要有以下几点：

①整道作业前，轨道应平顺居中，高低均匀，轨枕间距正确，轨距正确，扣件安装齐全、正确，螺栓扭矩或扣件扣压力合格；

②线路铺轨后线路道砟均匀、底砟密实及厚度均匀、道砟补充充分，以减少线路起拨道量不一和道砟不足对线路捣固质量的影响；

③大型整道机组及作业应推行专业化管理，以良好的设备性能和状态、熟练的操作技能保证作业质量，设备作业前应进行检查和调试，严禁设备带病作业；

④整道作业前，应就线路坡道、曲线及超高设置、竖曲线、线路里程及标桩、桥隧分界、桥梁自振频率及起拨道量等向作业人员详细交底；

⑤线路捣固作业应在无缝线路锁定轨温－20 ℃～15 ℃范围内进行；

⑥线路捣固、动力稳定、配砟整形、道砟补充等作业应密切配合，尤其是道砟补充和动力稳定要做到与线路捣固的配合，道砟补充不得影响整道作业需要和无缝线路的稳定性；

⑦加强对整道质量的检查和评估，每次大型整道机组作业完毕应及时检查线路状况，以调整和优化线路捣固车和动力稳定车作业参数，针对性地安排精细调整方案，以期实现到最佳轨道几何状态和稳定的线路状

态，捣固及稳定作业参数和作业标准参考表 5-8-13 和表 5-8-14 的规定；

⑧施工过程应做好施工协调和运输管理，减少整道作业、工程运输及其他作业之间的相互干扰，确保进度和安全质量。

**表 5-8-13 线路捣固车捣固作业参数及作业标准**

| 序号 | 捣固作业参数及作业标准 | 第一遍作业 | 第二遍作业 | 第三遍作业 | 第四遍作业 | 第五遍及以上作业 |
|---|---|---|---|---|---|---|
| 1 | 捣固深度(mm) | 插入枕底以下 100 | 插入枕底以下 100 | 插入枕底以下 100 | 插入枕底以下 80 | 插入枕底以下 80 |
| 2 | 夹持时间(s) | 0.6 | 0.6 | 0.8 | 0.8 | 0.8 |
| 3 | 捣固次数 | 双捣 | 单捣 | 单捣 | 单捣 | 单捣 |
| 4 | 捣固速度(m/min) | 20 | 20 | 20 | 18 | 18 |
| 5 | 捣镐振动频率(Hz) | 35 | 35 | 35 | 35 | 35 |
| 6 | 中线偏差 | ≤50 | ≤30 | ≤30 | ≤30 | ≤30 |
| 7 | 轨向(mm) | — | — | ≤3 | ≤2 | ≤2 |
| 8 | 水平(mm) | ≤5 | ≤4 | ≤3 | ≤2 | ≤2 |
| 9 | 高低(mm) | — | — | ≤3 | ≤2 | ≤2 |
| 10 | 扭曲(‰) | ≤1.1 | ≤1 | ≤1 | 11 | 11 |
| 11 | 道床刚度(kN/mm) | — | — | ≥70 | ≥120 | ≥120 |
| 12 | 纵向阻力(kN/枕) | — | — | — | ≥14 | ≥14 |
| 13 | 横向阻力(kN/枕) | — | — | ≥7.5 | ≥10 | ≥10 |
| 备　注 | | 依中桩拨道 | 绳正法或轨检小车拨道 | | | 局部找小坑 |

**表 5-8-14 动力稳定车动力稳定作业参数及作业标准**

| 序号 | 捣固作业参数及作业标准 | 第一遍作业 | 第二遍作业 | 第三遍作业 | 第四遍作业 |
|---|---|---|---|---|---|
| 1 | 动力稳定频率(Hz) | 35 | 35 | 35 | 35 |
| 2 | 下沉量(mm) | 20 左右 | 20 左右 | 10 左右 | 10 左右 |
| 3 | 稳定走行速度(km/h) | 0.9 | 0.8 | 0.7 | 0.6 |
| 4 | 稳定荷载(kN) | 19.8 | 19.8 | 19.8 | 19.8 |

(5)轨道精细整理。轨道精细整理在无缝线路焊接锁定后进行，除线路中线、高程、轨向、水平高低及扭曲等主要通过 2 次左右的大型整道机组作业调整外，其他局部调整和轨距调整等只能通过人工调整。

除了保证轨道几何尺寸良好和道床稳定外，轨道精细整理还应对道床外观进行整理，在保证道床宽度、边坡坡度、砟肩堆高等尺寸满足要求外，还应清除道床上包括轨道部件附着的杂物，清除道床范围内以外范围的道砟等，做到道床边坡坡脚线、砟肩线等四线平顺。

### 8.3.6 资源配置

#### 8.3.6.1 劳动力配置

高速铁路有砟轨道线路工程施工采取架子队组织模式，根据工作面和作业内容组建若干个专业施工队，主要包括铺轨基地作业队、铺轨作业队、线路作业队、焊轨作业队、道砟供应队、道岔施工队、站线施工队和运输所等，各专业施工队依据施工流程平行作业。

(1)管理人员组织。一般以 1 个标段的有砟轨道线路工程为单位设置管理机构，负责多个作业面或专业施工队的施工组织。管理人员组织见表 5-8-15。

**表 5-8-15 管理人员组织表**

| 序号 | 职务或岗位 | 人数 | 主要工作内容 |
|---|---|---|---|
| 1 | 项目经理 | 1 | 全面负责管段内有砟轨道线路工程施工组织工作 |
| 2 | 项目副经理 | 3 | 协助项目经理负责施工管理、安全质量环保、物资供应、对外协调等方面的工作 |
| 3 | 项目党群工作负责人 | 2 | 负责项目党工团工作及后勤保障 |

续上表

| 序号 | 职务或岗位 | 人数 | 主要工作内容 |
|---|---|---|---|
| 4 | 总工程师 | 1 | 负责技术管理工作 |
| 5 | 副总工程师 | 2 | 协助总工程师负责技术管理工作 |
| 6 | 综合办公室 | 1 | 负责治安、保卫工作及行政事物、食堂、司机、文化娱乐的管理及对外接待联络工作 |
| 7 | 工程技术部 | 6 | 负责生产技术、工程试验、施工测量、工程调度 |
| 8 | 安全质量部 | 4 | 负责安全、质量、环保、工程试验 |
| 9 | 合同成本部 | 2 | 负责概预算及成本管理、验工计价等 |
| 10 | 物资设备部 | 4 | 负责设备及物资供应 |
| 11 | 财务会计部 | 3 | 负责财务会计工作 |
| 12 | 铺轨基地 | | 负责铺轨基地建设,材料存放及装卸,轨枕锚固及轨排生产等 |
| 13 | 运输所 | | 负责工程线运输及施工管理,负责除整道大机、铺轨机以外的轨行设备的使用、维护管理,负责运输组织,对外协调铁路管理部门 |
| 14 | 铺轨队 | | 负责轨排铺轨机(组)和架桥机、收轨车、长轨运输列车、枕轨运输列车的使用和维护 |
| 15 | 线路作业队 | | 负责线下工程交接、底砟预铺,配合大机整道、轨道精调及附属设备安装等 |
| 16 | 道砟供应队 | | 负责道砟的存放、运输及卸车 |
| 17 | 焊轨作业队 | | 负责无缝线路焊接锁定,负责焊轨设备的使用、维护 |
| 18 | 道岔作业队 | | 负责正线高速道岔铺设及焊接锁定 |
| 19 | 站线作业队 | | 负责站线轨道及道岔铺设 |

(2)生产人员组织。每个专业施工队,作业队长、工班长、技术人员和专兼安质人员由正式员工担任,且持上岗证上岗。其余根据需要可配置劳务用工,但岗前必须进行培训并经考试合格后上岗。特种工种必须按规定持证上岗。以下工序按双作业面日铺 3 km(每个作业面 1.5 km)为例介绍生产人员组织,见表5-8-16。

**表 5-8-16 专业作业队管理及生产人员组织**

| 序号 | 岗位或工种 | 人数 | 主要工作内容 |
|---|---|---|---|
| 一 | 铺轨基地 | | |
| 1 | 作业队队长 | 1 | 全面负责铺轨基地施工组织工作 |
| 2 | 技术负责人 | 1 | 负责工程技术 |
| 3 | 作业队副队长 | 2 | 负责施工生产、安全质量及物资供应 |
| 4 | 工程技术室 | 3 | 负责施工技术、施工测量 |
| 5 | 安全质量室 | 3 | 负责安全、质量、环保、工程试验 |
| 6 | 物资设备室 | 4 | 负责设备及物资供应,含库管 |
| 7 | 办公室 | 5 | 负责治安、保卫工作及行政事物、食堂、司机、文化娱乐的管理及对外接待联络工作 |
| 8 | 工程调度 | 2 | 负责生产指挥调度,协调对外关系 |
| 9 | 装吊班 | 25×2 | 含联动群吊、轨行式龙门吊 |
| 10 | 轨排组装 | 40×2 | |
| 11 | 机修班 | 6 | 含机械加工 |
| 12 | 巡守班 | 4×2 | |
| 二 | 运输所 | | |
| 1 | 作业队队长 | 1 | 全面负责工程运输管理及既有线对外协调组织工作 |
| 2 | 作业队副队长 | 2 | 负责车务和机务管理工作 |
| 3 | 技术科 | 6 | 含行车调度、货运管理、安全监察 |
| 4 | 机务值班室 | 3 | |
| 5 | 铺轨基地站 | 15×2 | 含站长、值班员、调车员、连接员、列检员 |
| 6 | 铺架前方站 | 10×2 | |

续上表

| 序号 | 岗位或工种 | 人数 | 主要工作内容 |
|---|---|---|---|
| 7 | 中间站(每处) | 3 | 根据需要设置 |
| 8 | 机车乘务组(每台) | 4×2 | 含司机、副司机、调车员,乘务组数量根据机车数量及班次设置 |
| 9 | 轨道车乘务组(每台) | | 含司机、副司机、调车员,乘务组数量根据轨道车数量及班次设置 |
| 10 | 后勤保障 | 12 | |
| 三 | 铺轨队(每台机组) | | 单枕法或群枕法长轨铺轨机组 |
| 1 | 作业队队长 | 1 | 全面负责铺轨队施工组织工作 |
| 2 | 技术负责人 | 1 | 负责工程技术 |
| 3 | 作业队生产副队长 | 2 | 负责施工生产、安全质量 |
| 4 | 作业队设备副队长 | 2 | 负责设备保障 |
| 5 | 工程技术 | 4 | 配合技术、测量 |
| 6 | 安全管理 | 2 | 负责安全管理 |
| 7 | 物资及设备人员 | 2 | 负责设备及物资供应,含库管 |
| 8 | 铺轨机组人员 | 12×2 | 含设备操作、机修及电工等 |
| 9 | 辅助人员 | 20×2 | 含后勤保障 |
| 四 | 铺轨队 | | 含轨排铺轨机、长轨推送及工具轨回收 |
| 1 | 作业队队长 | 1 | 全面负责铺轨队施工组织工作 |
| 2 | 技术负责人 | 1 | 负责工程技术 |
| 3 | 作业队生产副队长 | 2 | 负责施工生产、安全质量 |
| 4 | 作业队设备副队长 | 2 | 负责设备保障 |
| 5 | 工程技术 | 2 | 配合技术、测量 |
| 6 | 安全管理 | 2 | 负责安全管理 |
| 7 | 物资及设备人员 | 2 | 负责设备及物资供应,含库管 |
| 8 | 轨排铺轨机(每台) | | |
| 8.1 | 铺轨机组人员 | 10×2 | 含设备操作、机修及电工等 |
| 8.2 | 辅助人员 | 15×2 | 含后勤保障 |
| 9 | 长轨推送机 | | |
| 9.1 | 铺轨机组人员 | 10 | 含设备操作、机修及电工等 |
| 9.2 | 辅助人员 | 70 | 含后勤保障 |
| 10 | 收轨车(每台) | | |
| 10.1 | 铺轨机组人员 | 2 | 含设备操作、机修及电工等 |
| 10.2 | 装吊及辅助人员 | 4 | |
| 五 | 线路整道队 | | |
| 1 | 作业队队长 | 1 | 全面负责上砟整道(除道砟供应)施工组织工作 |
| 2 | 技术负责人 | 1 | 负责工程技术 |
| 3 | 作业队副队长 | 2 | 负责施工生产、安全质量、设备管理及物资保障 |
| 4 | 工程技术 | 30 | 负责路基交接、技术服务及施工测量等 |
| 5 | 安全管理 | 6 | 负责安全管理及环境保护 |
| 6 | 物资及设备人员 | 4 | 负责设备及物资供应,含库管 |
| 7 | 底砟摊铺 | 20 | |
| 8 | 重点整道 | 30 | 人工作业 |
| 9 | 大机作业 | | |
| 9.1 | 设备操作及管理 | 20×2 | |
| 9.2 | 辅助人员 | 40×2 | |

续上表

| 序号 | 岗位或工种 | 人数 | 主要工作内容 |
|---|---|---|---|
| 10 | 轨道精调(垫片作业) | 40 | 含施工测量 |
| 六 | 道砟供应队 | | |
| 1 | 作业队队长 | 1 | 负责道岔采购、储存、运输等组织协调工作 |
| 2 | 作业队副队长 | 2 | 分别负责道砟采购及运输 |
| 3 | 道砟存放场(每处) | 4 | 看守,接收及发运 |
| 4 | 道砟运输 | — | 协调运输事宜 |
| 七 | 焊轨作业队 | | |
| 1 | 作业队队长 | 1 | 全面负责无缝线路焊接锁定工作 |
| 2 | 技术负责人 | 2 | 分别负责工程技术和焊接技术 |
| 3 | 移动焊作业机组(每个) | | 根据需要设置多个机组,一般为2个 |
| 3.1 | 作业副队长 | 1 | 负责单个机组施工组织 |
| 3.2 | 移动焊轨机机长 | 1 | 负责焊轨机操作及维护管理 |
| 3.3 | 工程技术 | 2 | |
| 3.4 | 焊轨操作专业人员 | 10 | 含锯轨、除锈、焊接、正火、打磨、探伤等以及设备维护等 |
| 3.5 | 辅助人员(单元焊) | 60 | |
| 3.6 | 辅助人员(锁定焊) | 120 | |
| 4 | 铝热焊作业机组 | | |
| 4.1 | 作业副队长 | 1 | 负责单个机组施工组织 |
| 4.2 | 工程技术 | 1 | |
| 4.3 | 焊轨操作专业人员 | 10 | 含锯轨、除锈、焊接、打磨、探伤等 |
| 4.4 | 辅助人员 | 20 | |

#### 8.3.6.2　主要设备机具配置

高速铁路有砟轨道线路铺设单作业面主要设备机具配置见表5-8-17。

**表5-8-17　高速铁路有砟轨道线路工程施工主要设备机具**

| 序号 | 设备名称 | 规格 | 单位 | 数　量 |
|---|---|---|---|---|
| 一 | 检测设备 | | | |
| 1 | 全站仪 | | | |
| 2 | 电子水准仪 | | | |
| 3 | 轨检小车 | | | |
| 4 | 电子道尺 | | | |
| 5 | 支距尺 | | | |
| 6 | 方 尺 | | | |
| 7 | 螺旋道钉抗拔仪 | | | |
| 8 | 道床阻力检测设备 | | | |
| 二 | 铺轨基地 | | | |
| 1 | 轨行式龙门吊 | 16 t×17 m | 台 | 5 |
| 2 | 32台联动长轨群吊 | 2 t×21 m | 套 | 1 |
| 3 | 轨枕锚固生产线 | | 条 | 1 |
| 三 | 轨道设备 | | | |
| 1 | 内燃机车 | DF4 | 台 | 8 |
| 2 | 内燃轨道车 | 290型 | 台 | 6 |
| 3 | K型石砟漏斗车 | KZ70 | 辆 | 40 |

续上表

| 序号 | 设备名称 | 规格 | 单位 | 数　量 |
|---|---|---|---|---|
| 4 | 平板车 | N17 | 辆 | 若干 |
| 5 | 宿营车或公务车 | | 列 | 1 |
| 四 | 底砟预铺 | | | |
| 1 | 自卸汽车 | 12 t 及以上 | 台 | 若干 |
| 2 | 装载机 | Z50 | 台 | 4 |
| 3 | 摊铺机 | | 台 | 2 |
| 4 | 平地机 | | 台 | 2 |
| 5 | 光轮振动压路机 | 25 t 及以上 | 台 | 2 |
| 6 | 履带式挖掘机 | 1 $m^3$ 及以上 | 台 | 2 |
| 五 | 长钢轨铺设 | | | |
| 1 | 轨枕运输列车 | 500 m | 列 | 2 |
| 2 | 单枕法长轨铺轨机组 | CPG500 型 | 套 | 1 |
| 3 | 群枕式长轨铺轨机组 | CYP500 型 | 套 | 1 |
| 4 | 支垫滚轮组 | 15 cm 高 | 个 | 200 |
| 5 | 轨排铺轨机 | DJ32 型 | 台 | 1 |
| 6 | 轨排组装平台 | 自制 | 套 | 2 |
| 7 | 收轨平车 | — | 列 | 2 |
| 8 | 钢轨切割机 | | 台 | 4 |
| 9 | 钢轨钻孔机 | | 台 | 2 |
| 10 | 内燃螺栓紧固机 | | 台 | 45 |
| 11 | 齿条式起道机 | | 台 | 4 |
| 12 | 钢轨接头无孔夹具 | | 套 | 200 |
| 13 | 25 m 工具轨 | 60 kg/m | km | 60 |
| 六 | 整道设备 | | | |
| 1 | 内燃捣固机 | | 台 | 12 |
| 2 | 齿条式起道机 | | 台 | 40 |
| 3 | 内燃螺栓紧固机 | | 台 | 40 |
| 4 | 线路捣固车 | D08-32 或 D09-32 型 | 台 | 1 |
| 5 | 动力稳定车 | WD320 | 台 | 1 |
| 6 | 配砟整形车 | SPZ2000 | 台 | 1 |
| 7 | 钢轨打磨列车 | PGM-48 | 台 | 1 |
| 七 | 钢轨焊接及无缝线路锁定设备 | | | |
| 1 | 移动式闪光接触钢轨焊接机 | LR1200 | 台 | 2 |
| 2 | 铝热焊设备 | 斯密特 | 套 | 2 |
| 3 | 内燃锯轨机 | | 台 | 2 |
| 4 | 除锈机 | | 台 | 4 |
| 5 | 粗磨机 | | 台 | 4 |
| 6 | 内燃钢轨仿型打磨机 | | 台 | 6 |
| 7 | 仿型打磨机 | | 台 | 2 |
| 8 | 数字式超声波探伤仪 | | 台 | 1 |
| 9 | 数字式钢轨平直度检查仪 | | 台 | 1 |
| 10 | 数字式轨温计 | | 个 | 4 |
| 11 | 内燃式液压钢轨拉伸机 | | 台 | 4 |

续上表

| 序号 | 设备名称 | 规格 | 单位 | 数　量 |
|---|---|---|---|---|
| 12 | 胶接绝缘接头设备 | | 套 | 1 |
| 八 | 运输组织 | | | |
| 1 | 无线电通信系统 | | 套 | 1 |
| 2 | 车辆防护器具 | | 套 | 20 |
| 3 | 钩锁器 | | 套 | 120 |
| 4 | 防护器具(含防护牌) | | 套 | 20 |

### 8.3.7　质量安全控制要点

#### 8.3.7.1　质量控制要点

除满足设计及工艺要求外，高速铁路有砟轨道无缝线路施工质量控制要点还有以下几点：

(1)建立健全质量管理体系，配置质量控制要素，推进专业化管理和生产，严格施工过程控制，针对不同工序、不同施工内容制定并实施作业指导书、质量实施细则和质量检测大纲，以工序质量、细节质量保证最终的施工质量。

(2)加强各方协调与技术交底，尽早明确设计和技术标准，针对性编制施组织设计和作业指导书，开展技术培训和交底，确保设计和技术标准落到实处。

(3)严格控制轨道工程施工边界条件，铺轨前路桥隧过渡段、软基及高路堑地段、有砟与有砟轨道过渡段等特殊地段的线下结构沉降变形评估必须达标，防排水及接触网基础等附属施工基本完成，CPⅢ测量控制网复测精度达标。

(4)在精调测量中，配置高精度的全站仪、电子水准仪、轨检小车等，测量人员进行针对性的培训并经考核合格后上岗，施工过程应加强设备的经常性校正、日常保养和维护，计量器具定期送检标定。

(5)严格按技术条件开展轨料采购、运输、储存及检验，做好成品及半成品保护，不合格材料杜绝使用。对长钢轨吊装、运输、存放必须采用专有设备并制定专项施工方案，确保钢轨件不变形、无损伤；加强对预埋套管轨枕的保护，防止杂物进入预埋套管内。

(6)加强道砟生产检验及储存运输，对材质不合格、级配不合格、清洁不合格的道砟杜绝使用，道砟在运输、存储过程中严防二次污染。

(7)严格轨枕螺旋道钉硫磺锚固工艺控制，经常性地开展抗拔力检验。

(8)加强大型设备的使用、维护等，确保设备机况良好，专业人员必须持证上岗并按操作规程正确操作，以质量控制真正实现"设备保工艺，工艺保质量"。

(9)铺轨前严格检查预铺底砟平整度和碾实密度，预铺底砟平整度和碾实密度是轨道后期平顺度和稳定性的基本保证。同时，预铺底砟砟面中间不得凸起，否则会导致轨枕断裂。

(10)铺轨时严格控制轨道拼装质量，轨枕方正、间距正确，钢轨左右股正确，扣件安装齐全、扭矩或扣压力满足要求，轨道中心线与设计中心线一致，轨道平顺、无较大高低起伏，为后续上砟整道创造条件。

(11)大型整道机组作业时，道床道砟必须饱满、充足、均匀，每次作业应严格控制起拨道量，施工完毕，及时补充道砟，并检查轨道线路，以调整后续整道方案。大型整道机组不得在允许轨温范围外作业。

(12)换铺法施工无缝线路时，长轨换铺必须在线路达到初期稳定条件后进行。

(13)加强工程运输管理，严格控制工程线通行条件，杜绝设备掉道损伤线路部件，轨行设备严禁在道岔区段起步、制动或停机，大坡道应避免起步、制动或停机，以免损伤设备和钢轨。

(14)厂焊长钢轨进场后必须逐个焊头进行外观、平直度和探伤检查，不合格焊头杜绝上道使用。

#### 8.3.7.2　安全控制要点

高速铁路有砟轨道线路工程施工涉及铺轨基地建设、大型设备安装与使用、长大轨件吊装与运输、轨道运输、施工用电、夜间作业等多个环节，须针对危险源及危险因素制定和实施有效的安全措施，并严格执行《铁路工程基本作业施工安全技术规程》(TB 10301)的规定。

(1)总体要求。认真贯彻"安全第一，预防为主"的方针，项目经理部和各作业队配置专职安全负责、安全员和班组安全员,执行安全生产责任制,明确各级人员的安全职责,特殊工种和各类设备操作人员必须经培训后持证上岗,确保安全生产。施工方案中应有针对性专项安全措施,对大型设备及工程运输必须制定专项方案或管理办法,安全设施按要求配置到位,安全交底与技术交底同步进行。

确保安全人员配置和安全费用投入,做好过程监督检查和安全应急预案,杜绝三违作业,加强对安全隐患的排查和清除,确保安全生产。

(2)施工现场。铺轨基地及存砟场等临时设施布置应符合防火、防爆、防洪、防雷电等安全规定及文明施工单位的要求,施工现场的生产、生活、办公用房,仓库、材料堆放场,停车场、修理场等按批准的总平面布置图进行布置。

现场道路平整、坚实、保持畅通、危险地点悬挂按照《安全色》(GB 2893)和《安全标志及其使用导则》(GB 2894)规定的标牌,夜间行人经过的坑、洞应设红灯示警,施工现场设大幅安全宣传标语。

现场的生产、生活区要设足够的消防水源和消防设施网点,消防器材有专人管理,不得乱拿乱动。组建义务消防队,所有施工人员要熟悉并掌握消防设备的性能和使用方法。

各类房屋、库棚、料场等消防安全距离符合规定,室内不得堆放易燃品;严禁在木工加工场、料库等吸烟;现场的易燃杂物应随时清理,严禁在有火种的场地堆放或在其近旁堆放。

轨道便线及安全设施符合要求,长轨列车通行的轨道便线曲线半径、坡度应满足要求。

(3)施工现场临时用电。施工场地的临时用电,严格按照《施工现场临时用电安全技术规范》(JGJ 46)的规定执行。

临时用电工程的安装、维修和拆除,均由经过培训并取得上岗证的电工完成,非专业电工不得进行电工作业。电缆线路采用“三相五线”接线方式,电气设备和电气线路必须绝缘良好,场内架设的电力线路其悬挂高度及线距符合安全规定,并架在专用电杆上。

变压器必须设接地保护装置,其接地电阻不得大于 4 Ω,变压器设护栏,设门加锁,专人负责,近旁悬挂“高压危险、请勿靠近”的警示牌。

室内配电盘、配电柜必须有绝缘垫,并安装漏电保护装置。各类电器开关的金属外壳,均设接地或接零保护。配电箱能防火、防雨,箱内不得存入杂物并设门加锁,专人管理。移动的电气设备供电线,使用胶套电缆,穿过行车道时,套管埋地铺设,破损电缆不得使用。

检修电器设备时必须停电作业,电源箱或开关握柄挂“有人操作,严禁合闸”的警示牌或设专人看管,必须带电作业时应经有关部门批准。

现场架设的电力线路,不得使用裸导线,临时铺设的电线路,不得挂在钢筋、模板和脚手架上,必须设绝缘支承物。

施工现场用的手持照明灯采用 36 V 的安全电压。严禁用其他金属丝代替熔断丝。

(4)轨料存放及运输。钢轨、轨枕及扣件配件等材料存放场地应坚固、平整,物料堆码应规范、整齐并符合技术条件的规定,做好逃生通道的预留。

参加起重作业的人员必须经过专项培训并持证上岗,起吊设备工装及起吊方法经检查评估符合要求后方可进行施工。

材料的装车及加固应符合相关要求,严禁超载运输,确需超限运输时,应制定专项防护方案,超限运输应征得有关部门的同意。

(5)大型设备使用。大型设备必须根据产品说明书的要求,制定安全技术操作规程。

大型设备在正式使用前,应进行测试、试运转或验收检查,确认满足要求后方可使用。施工过程应正确操作,并加强维护保养,严禁带病运转或违规操作。大型设备使用应配备必备消防、防护等应急设施。

(6)新线铁路运输。组建专门管理机构(如运输所)负责新线铁路运输与施工组织,加强设备管理,确保行车施工两不误。加强轨行设备的维护、使用、停放等管理,做好货物装载加固和车辆连接,确保机况良好、正确操作。加强线路设备养护管理,严格限速条件,工程道岔按规定钉闭使用。临时道口应设专人看守。加强施工防护,新线铁路上道施工必须按规定登记、封锁或限速,并做好施工防护,严禁物料侵限,车辆冒进。

(7)其他。做好长大隧道内施工防尘、防中毒措施,确保隧道内施工安全。做好施工现场焊接、焊轨等防火工作。临时道路严格按照设计的标准修建,弯道、坡度以及会车道的设置满足安全行车的要求。临时道路与其他公路、人行道交叉时，在交叉道口设置警示牌，车辆、人员繁忙的道口，派专人看守，并设围栏。

8.3.7.3　环保控制要点

(1)施工过程中应有完善的环保措施，确保工程所处的环境不受污染和破坏。

(2)采取合理措施，减少施工引起的扬尘、噪声等，生产生活垃圾、废水、废油等按规定排放和处理。

(3)施工营地、料场、临时租用地、便道等在完工后应及时平整恢复植被或复耕，符合环境保护及水土保持规定的要求。

(4)现场机械维修所使用的绵纱、油料包装、油品以及设备油管滴漏机油、废油料等应集中回收，统一处理，不得随意丢弃排放。

(5)在施工过程中采取有效措施，注意保护饮用水源以免施工活动造成污染。

(6)划定施工范围，加强对施工人员的教育，防止对作业范围外的生态环境产生破坏。

# 9 无缝线路施工技术

## 9.1 无缝线路概述

为保证高速列车高速、舒适、安全运营的要求,高速铁路的铺轨根据无砟轨道和有砟轨道的不同,采取了多种不同的铺轨方式。在铺轨及道岔安装完成后,经过焊接、锁定、轨道精调、打磨及联调联试等工序形成无缝线路。无缝线路对锁定轨温、道床对轨道的约束阻力、钢轨焊接质量有严格要求,焊接质量要求既能满足线路使用寿命和安全,同时满足轨道高速运营所需的线路平顺度。同时,除焊缝以外的其他区域,高速铁路无缝线路还要求线路轨道几何形位和道床稳定性状态良好,钢轨外轮廓尺寸和平顺度状态良好。归纳起来,钢轨焊接质量、无缝线路锁定轨温、道床约束阻力以及线路平顺性是高速铁路无缝线路质量控制的四大重点,也是高速铁路无缝线路施工技术必须要解决好的问题。

目前,我国已经逐步创新发展并总结形成了解决影响无缝线路施工质量的钢轨焊接质量、无缝线路锁定轨温、道床约束阻力以及线路平顺性等技术难题的成套施工技术,并在京津、武广、京沪、合宁等高速铁路无缝线路工程实践中取得了良好的效果。这些技术主要包括:100 m定尺长轨(以下简称短轨)工厂焊接成500 m长轨(以下简称长轨),长轨运输和铺设技术,长轨工地焊接及无缝线路锁定技术,可动心轨道岔钢轨焊接及岔区无缝线路锁定技术,轨道精调技术,钢轨预打磨技术,联调联试管理技术等。

## 9.2 无缝线路结构设计

高速铁路无缝线路根据道床结构的不同而不同,有砟轨道无缝线路轨道结构由长轨、扣件系统、混凝土轨枕、碎石道床等部分组成,无砟轨道无缝线路由长轨、扣件系统、轨下无砟道床结构等部分组成,其中长轨采用短轨工厂焊接成长轨,再在现场焊接而成。此外,无缝线路还可能铺设可动心轨无缝道岔或钢轨伸缩调节器等。钢轨伸缩调节器如图5-9-1和图5-9-2所示。

图5-9-1 有砟轨道曲线型钢轨伸缩调节器

图 5-9-2　无砟轨道曲线型钢轨伸缩调节器

## 9.3　长钢轨工厂焊接基地

除高速铁路轨道施工铺轨基地及其他大临工程外，无缝线路施工最重要的大临工程就是长轨工厂焊接基地(以下简称"焊轨基地")。焊轨基地在 2007 年之前一直由铺轨施工单位自行设置。2007 年之后，按照铁道部要求，改由全路设置 11 个由铁路局负责管理的焊轨基地负责全路所有高速铁路厂焊长轨的生产和供应工作，铺轨施工单位只需根据现场条件设置长轨存放区临时存放长轨即可。

### 9.3.1　设置原则

焊轨基地生产能力及规模应符合周边地区高速铁路新建或改建无缝线路施工的需要。在特殊条件下，也不排除由铺轨施工单位自行设置临时焊轨基地。焊轨基地在功能上应满足长轨工厂焊接、长轨存放、长轨进出运输的需要。主要设置原则如下：

(1)铁路局规划永久焊轨基地应按长期使用考虑，其生产能力及规模、建场费用、周边干扰、运输组织等应与相应的长轨需求能力相匹配，兼顾与运营铁路的接轨和运输干扰，并尽量减少对周边环境的影响。

(2)铺轨施工单位自建临时焊轨基地一般仅为 1 个或相邻的少数几个铺轨项目供应长轨，其生产具有临时性，因而在规划上结合线路走向、工程规模、进度要求、重难点及控制性工程分布、接轨条件等可与铺轨基地统筹规划，原则上应避开运营线路和工期控制性工程的干扰。

(3)焊轨基地宜设置在既有车站附近，临时焊轨基地还应靠近铺轨起点，与运营线路干扰少、列车进出方便、引入线路短的开阔平坦处，尽量利用红线用地或荒地，少占农田。

临时焊轨基地的长轨及短轨存放区可结合铺轨基地一并设置，并应使各种起重吊运装载时的移动距离最短。

### 9.3.2　总体规划

焊轨基地，以焊轨生产线为中心，主要设置与既有铁路或新建铁路相连的铁路便线(含道岔)、短轨存放区、焊轨生产线和长轨存放区、生产办公区、材料库房及机加工区、水电及便道设施等。以下以京津城际铁路临时焊轨基地为例，介绍焊轨基地总体规划。

(1)工程概况。京津城际铁路全长约 120 km，全线采用无砟轨道结构一次铺设跨区间无缝线路，是我国首条开工建设并运营通车的设计时速 350 km 的高速铁路。京津城际铁路无缝线路在国内首次采用短轨工厂焊接长轨并运输到现场铺设，再使用移动焊轨设备焊接和锁定跨区间无缝线路。为使长轨工厂焊接和运输铺设满足工程质量和工期的要求，施工组织在既有京山铁路杨村站出岔引出铁路便线并修建临时焊轨基地负责长轨的焊接和存放，全线无砟轨道铺设完成后，再将铁路便线接入新建京津城际铁路武清车站，并从武清向北京、天津方向分别完成长轨的运输和铺设。

京津城际铁路临时焊轨基地前后共焊接长轨 300 余铺轨公里，除京津城际铁路所需长轨外，铺轨后期还为北京铁路局大修工程提供了长轨。

(2)焊轨基地规划方案。京津城际铁路焊轨基地是在既有北京铁路局焊轨厂改造工期不能满足要求的前提下，由铺轨施工单位组织按照“保障工期，少占耕地，节省投资”的原则结合无砟轨道铺轨基地的其他功能自行设计和建设而成，是国内首个设计时速 350 km 高速铁路长轨焊轨基地。该焊轨基地充分利用既有京山铁路杨村站与新建京津城际铁路武清站相邻的有利条件，利用新旧铁路之间的红线用地沿纵向依次设置短轨存放区、焊轨生产线、长轨存放区等，其中焊轨生产线引进瑞士 Gaas80/580 闪光接触式焊轨机及其配套设备。焊轨基地全长 2 200 m、宽 20 m，占地约 65 亩，临建投资 1 600 万元，设备投资约 5 000 万元。

焊轨基地规划生产能力：存短轨 50 km、长轨 200 km、月焊长轨 45 km(考虑首次焊接)。

焊轨基地铁路便线贯通布置，既作为长轨和短轨装卸线，也作为车辆存放线。铺轨期间，车辆编组及调车作业利用新建武清车站股道完成。

焊轨基地主要设施投入：17 m 跨 10 t 轨行式龙门吊 5 台，Gaas80/580u 闪光接触式焊轨机焊轨生产线 1 条。长轨存放群吊 1 套，16 t 轨行式龙门吊 4 台。焊轨基地规划如图 5-9-3 所示。

图 5-9-3　京津城际铁路临时焊轨基地(实景)

### 9.3.3　主要设施及设备

1. 生产能力设计

京津城际铁路临时焊轨基地设 1 个短轨存放区、1 条钢轨焊接线、1 个长轨存放区和 1 条轨道联络线。按照京津城际铁路 1.5 个月完成铺轨任务的工期目标，考虑到 1 条钢轨焊接生产，月焊长轨 45 km 的能力(基于当时情况)，规划短轨存放 50 km、长轨存放 220 km。一是短轨存放满足 1 个月焊轨工作量，以免短轨供应不足影响正常生产。二是考虑提前完成全部长轨焊接和存放，以防进入冬季后寒冷天气条件下焊轨生产线无法正常生产而影响铺轨进度。三是轨道联络线按短轨进场与长轨出场分开运输，互不干扰，短轨进场时利用既有杨村站调车，长轨出场时利用新建武清站调车和编组。

2. 生活办公区

生活办公区在规划用地内尽量避开生产区设置。生活办公区主要包括办公室、会议室、员工宿舍、食堂和文化活动区等。此外，还应修建机修加工、物资仓库等辅助房屋。

3. 短轨存放区

短轨存放区按 2 个或多个 100 m 存放区串联布置，使用同一套轨行式联动门吊装卸长轨。联动门吊由 5 台 10 t 轨行式龙门吊组成，且每台龙门吊配 1 根 8 m 长型钢制作的吊具，以保证短轨吊取时有 10 个吊点，每个吊点间距不大于 10 m。

10 t 轨行式龙门吊由主梁、支腿、大车走行机构、电动葫芦、电气控制系统以及司机室、梯子、走台等组成。5 台龙门吊可联动也可单动。如图 5-9-4 所示。主要技术参数见表 5-9-1。

图 5-9-4　MH 10 t/17 m 龙门吊

**表 5-9-1　MH 10 t/17 m 龙门吊主要技术参数**

| 序号 | 名　称 | 单　位 | 参　数 | 备　注 |
| --- | --- | --- | --- | --- |
| 1 | 额定起吊能力 | t | 10 | |
| 2 | 跨度 | m | 17 | |
| 3 | 起升高度 | m | 8 | |
| 4 | 大车走行速度 | m/min | 3～30 | |
| 5 | 起升速度 | m/min | 7 | |
| 6 | 适应坡度 | | ±1% | |
| 7 | 整机功率 | kW | 21 | |
| 8 | 整机重量 | kg | 17 800 | |
| 9 | 外形尺寸(长×宽×高) | m | 24×6.5×10.7 | |

短轨存放区沿铁路便线单侧布置，按 6 m 间距浇筑钢筋混凝土承轨台座，同一承轨台座为连续结构，承轨台座应大面平整，相邻台座间高差不大于 2 cm。短钢轨采用正立摆放，不得扣放，上、下层钢轨及钢轨与承轨台座之间支垫宽 10 cm、厚 10 mm 的钢板，底层钢轨与台座间设横向垫轨，支垫钢板与垫轨应在承轨台座中间位置上下对齐。

4. 焊轨生产线

焊轨生产线引进瑞士 Gaas80/580 闪光接触式钢轨焊接机及除锈、正火、精磨、四向调直等关键设备，并配套超声波探伤、水冷隧道、粗磨、检配轨等设备及工装，依焊轨工序先后顺序依次排列。

焊轨生产线从短轨存放区开始依次设除锈、焊接、粗磨、正火、四向调直、精磨及探伤工位，各工位按定尺长轨长度 100 m 的间隔呈一字型设置，直至进入长轨存放区，每个工位搭建彩钢板厂房并安装相应设备作为生产车间，各工位间通过辊轴输送线完成钢轨的传递。此外，在焊接工位设置喷号及锯轨设备。关键设备如下。

(1)钢轨除锈机。MBS-14-A 型钢轨除锈机主要由底座、打磨舱、气动系统、电气控制系统、操作系统、钢轨导向装置和除尘机等组成，用于钢轨端头焊接前的除锈，清除钢轨端面及顶面和轨底面 500 mm 范围内的铁锈，如图 5-9-5 所示。其主要技术参数见表 5-9-2。

图 5-9-5　MBS-14-A 型钢轨除锈机

**表 5-9-2　MBS-14-A 型钢轨除锈机主要技术参数**

| 序号 | 名　称 | 单位 | 参数 | 备　注 |
|---|---|---|---|---|
| 1 | 整机功率 | kW | 35 | |
| 2 | 电源 | | AC380 V,50 Hz | |
| 3 | 水平刷转速 | r/min | 2 700 | |
| 4 | 垂直刷转速 | r/min | 2 700 | |
| 5 | 水平刷行程 | mm | 2×600 | |
| 6 | 气压 | bar | 7～9.5 | |
| 7 | 夹紧力 | kN | 20 | |
| 8 | 整机重量 | kg | 3 500 | |
| 9 | 外形尺寸(长×宽×高) | m | 24×6.5×10.7 | |

(2)Gaas80/580 型钢轨焊接机。Gaas80/580 型钢轨焊接机用于钢轨的焊接,主要结构由机架、夹紧机构、推瘤机构、液压系统、冷却系统、电气控制系统、操作系统及钢轨导向装置等组成,如图 5-9-6 所示。其主要技术参数见表 5-9-3。

图 5-9-6　Gaas80/580 型钢轨焊接机

**表 5-9-3　Gaas80/580 型钢轨焊接机主要技术参数**

| 序号 | 名　称 | 单位 | 参数 | 备　注 |
|---|---|---|---|---|
| 1 | 持续闪光功率 | kW | 370 | |
| 2 | 电源 | | AC380 V,50 Hz | |
| 3 | 顶锻力 | kN | 800 | |
| 4 | 顶锻速度 | mm/s | >40 | |
| 5 | 夹紧力 | kN | 1 500 | |
| 6 | 气压 | bar | 7～9.5 | |
| 7 | 夹紧力 | kN | 20 | |
| 8 | 推瘤力 | kN | 400 | |
| 9 | 起拱量 | mm | 0～2 | |
| 10 | 整机重量 | kg | 30 000 | |
| 11 | 外形尺寸 | m | 6.2×1.7×2.5 | |

(3)KGPS-100-4 型正火设备。KGPS-100-4 型正火设备用于钢轨焊接后的正火处理,主要由中频变频装置,淬火变压器、空气压缩机、冷却系统、电气控制系统和走行装置等组成,如图 5-9-7 所示。其主要技术参数见表 5-9-4。

图 5-9-7　KGPS-100-4 型正火设备

**表 5-9-4　KGPS-100-4 型正火设备主要技术参数**

| 序号 | 名　称 | 单位 | 参数 | 备　注 |
|---|---|---|---|---|
| 1 | 额定功率 | kW | 100 | |
| 2 | 电源 | | AC380 V,50 Hz | |
| 3 | 直流电压 | V | 510 | |
| 4 | 中频输出电压 | V | 700 | |
| 5 | 加热时间 | min/次 | 3 | |
| 6 | 加热温度 | ℃ | ≥900 | |
| 7 | 加热长度 | mm | ≥150 | |
| 8 | 空气压力 | MPa | >0.5 | |

(4)SPM-4-NL 型钢轨调直机主要结构特点及技术参数。SPM-4-NL 型钢轨调直机用于钢轨的四向调直，主要结构由机架、调直机构、钢轨导向装置、液压系统、电气控制系统、操作系统、测量系统和走行机构组成，如图 5-9-8 所示。其主要技术参数见表 5-9-5。

图 5-9-8　SPM-4-NL 型钢轨调直机

**表 5-9-5　SPM-4-NL 型钢轨调直机主要技术参数**

| 序号 | 名　称 | 单　位 | 参　数 | 备　注 |
|---|---|---|---|---|
| 1 | 整机功率 | kW | 13.7 | |
| 2 | 电源 | | AC380 V,50 Hz | |
| 3 | 垂直调直压力 | kN | 2 100 | |
| 4 | 垂直调直行程 | mm | 100 | |
| 5 | 水平调直压力 | kN | 1 200 | |
| 6 | 水平调直行程 | mm | 180 | |
| 7 | 整机走行速度 | m/min | 28 | |
| 8 | 整机重量 | kg | 12 000 | |

(5)MMA-14-A 型钢轨精磨机。MMA-14-A 型钢轨精磨机用于钢轨焊接后精磨，使钢轨焊接处的平直度满足设计的要求，主要由机架、测量系统、电气控制系统、液压系统、操作系统、打磨系统和走行机构组成，

如图 5-9-9 所示。其主要技术参数见表 5-9-6。

图 5-9-9　MMA-14-A 型钢轨精磨机

**表 5-9-6　MMA-14-A 型钢轨精磨机主要技术参数**

| 序号 | 名　称 | 单　位 | 参　数 | 备　注 |
|---|---|---|---|---|
| 1 | 整机功率 | kW | 13.5 | |
| 2 | 电源 | | AC380 V,50 Hz | |
| 3 | 磨石转速 | r/min | 3 040 | |
| 4 | 磨石直径 | mm | 200 | |
| 5 | 整机重量 | kg | 6 700 | |

(6)辊轴输送线。辊轴输送线主要有主动滚筒、从动滚筒、压力送轨器、电气控制系统等组成。主、从动滚筒间间距为 3 m,为满足京津线焊轨基地布置于坡道上的要求,特在坡道地段设压力送轨器,间隔 50 m 布置,如图 5-9-10 所示。其主要技术参数见表 5-9-7。

图 5-9-10　辊轴输送线

**表 5-9-7　辊轴输送线主要技术参数**

| 序号 | 名　称 | 单　位 | 参　数 | 备注 |
|---|---|---|---|---|
| 1 | 滚轮高程 | mm | 800 | |
| 2 | 电源 | | AC380 V,50 Hz | |
| 3 | 滚筒直径 | mm | 190 | |
| 4 | 运行速度 | m/min | 30 | |

辊轴输送线贯通焊轨生产线布置,并连接短轨存放区和长轨存放区,以保证从短轨存放区顺利传送到焊轨生产线各工位和长轨存放区。此外,从焊接工位到正火、粗磨、水冷工位之间,辊轴输送线应加装防雨棚,以免钢轨在此之间传送时受到雨水影响。

5. 长轨存放区

长轨存放区与短轨存放区布置相似,安装 1 套由 32 台 2 t 固定式门吊组成的可集中控制操作的联动群吊,用于厂焊长轨的装卸与存放。32 台固定式门吊均匀布置,保证长轨吊取时每个吊点间距不大于 16 m,固定式门吊主要由固定支腿、主梁、电动葫芦和电气控制系统组成,可以实现单台动作、也可实现 8 台一组动作,也可 32 台一起动作,以满足挂钩装卸 100 m 或 500 m 长轨要求。如图 5-9-11 所示。主要技术参数见表 5-9-8。

图 5-9-11　联动群吊辊轴输送线

**表 5-9-8　联动群吊固定式门吊主要技术参数**

| 序号 | 名　称 | 单位 | 参数 | 备 注 |
|---|---|---|---|---|
| 1 | 额定起吊能力 | t | 2 | |
| 2 | 跨度 | m | 17 | |
| 3 | 起升高度 | m | 7 | |
| 4 | 起升速度 | m/min | 8 | |
| 5 | 整机功率 | kW/台 | 4 | |
| 6 | 整机重量 | kg/台 | 4 600 | |

长轨存放区沿长轨装卸线单侧布置，按 6 m 间距浇筑钢筋混凝土承轨台座，承轨台座与短轨存放区承轨台座一致。长轨采用正立摆放，不得扣放，层与层长轨之间及长轨与承轨台座间支垫宽 10 cm、厚 10 mm 的钢板，支垫钢轨应与承轨台座中间位置上下对齐。

为保证长轨存放的稳定性和避免地基下沉，基础施工时应做好地基碾压及承载力检测，同时做好防排水措施，避免因积水原因导致地基承载力下降。

6. 轨道便线及出岔

长轨工厂焊接基地从既有车站引出道岔及铁路便道进入焊轨基地，铁路便线的插入最小曲线半径应不小于 300 m，插铺的临时道岔应不小 9 号。焊轨基地内铁路便线应满足长轨列车存放、调车及装卸车的需要，条件困难地段可在满足生产需要的前提下借用就近新建或既有车站道岔及线路进行调车、编组及存放。

7. 水电设备及进场道路

焊轨基地施工用水量较小，采用生活用水就能满足需要，基地用水全部采用城市自来水，有条件的地方也可自打机井供应，在基地修建 50 t 水池 1 个，安装直径为 100 mm 的输水管路 1 500 m，其他输水管路根据需要安装。

焊轨基地内用电量较大，一般按焊轨机专用电力和其他电力分别引入，电源就近 T 接，安装 65 kVA 和 400 kVA 变压站各 1 座，配备 400 kW 发电机组 1 台备用。

进场道路由就近公路引入，宽度 5 m，采用混凝土硬化。场内道路根据需要设置，根据不同功能采用混凝土硬化。

8. 防排水设施

防排水事关焊轨基地防洪安全和轨料存放的稳定性，必须高度重视。焊轨基地防排水包括场外排水和场内排水两大部分，一是场外排水必须采用“堵，疏，导”相结合的方式使场外排水不得对铺轨基地设施造成破坏；二是做好场内排水，生产生活污水设沉淀池经沉淀达标后排入地表水或地下水，生产生活区内规划好排水系统，使雨水等及时排走，避免对地基产生浸泡而降低地基承载力和稳定性。

9. 其他

焊轨基地内根据需要修建机加工房、工具房、零星材料房等。油库及硫锚材料应远离生活办公区设置。此外，焊轨基地内还应设专门的钢轨落锤试验台 1 座。

焊轨基地四周采用防护栅栏围蔽，设人员及车辆进出大门 1 处和轨道进出大门各 1 处，并专人保卫值守。

## 9.4　关键设备及工装

### 9.4.1　概　　述

除焊轨基地内焊轨生产线设备外,高速铁路无缝线路施工的主要施工设备还包括有砟轨道长轨铺轨机组、精调用轨检小车、无砟轨道长轨铺轨机组、闪光接触式移动钢轨焊接机(简称“移动焊轨机”)、道岔及钢轨打磨列车等。

### 9.4.2　无砟轨道长轨铺轨机组

WZ500 型无砟轨道铺轨机组按拖拉法或拖拉推送法设计,主要由轮胎式钢轨牵引车、滚轮下道车、分轨推送车、过渡顺坡车和 500 m 长轨运输列车组成,可用于无砟道床地段长轨铺设施工,也可用于有砟道床地段推送法换铺长轨施工。此外,还有支垫滚轮等辅助工具。如图 5-9-12 和图 5-9-13 所示,主要技术参数见表 5-9-9。

图 5-9-12　无砟轨道长轨铺轨机组(全景)

图 5-9-13　无砟轨道长轨铺轨机组(主机部分)

表 5-9-9　无砟轨道长轨铺轨机组主要技术参数

| 序号 | 名　称 | 单　位 | 参　数 |
|---|---|---|---|
| 1 | 牵引车最大行车速度 | km/h | 10 |
| 2 | 铺设推送速度 | km/h | 0～3 |
| 3 | 卷扬速度 | km/h | 1.8 |
| 4 | 最大爬坡能力 | ‰ | 33 |
| 5 | 作业环境温度 | ℃ | −20～50 |
| 6 | 作业海拔高度 | m | 0～2 500 |
| 7 | 一次最大装载钢轨数量 | 根 | 28 或 56 根 500 m 长轨 |
| 8 | 综合作业效率 | km/8 h | 7 |

轮胎式钢轨牵引车位于铺轨机组前方，用于长轨的拖拉和导向，主要由司机室、动力室、底盘、仿形导向装置、轮台式走行机构、长轨引导装置、过轨装置、液压系统、电控系统等组成。此外，还安装了轨行式走行机构，拆除轮胎并通过千斤顶辅助作用，即可使钢轨牵引车置于两股钢轨上，以方便钢轨牵引车通过轨道或道岔。

滚轮下道车由3个带滚轮的A型门架组成，呈前中后两个位置放置，通过A型门架可使长轨从分轨推送车顺坡到达道床顶面，避免长轨跌落或撞伤。

分轨推送车与顺坡下道车串联布置，顺坡下道车在平板车上设置可升降的带滚轮的门架，可将长轨运输列车第2、3、4层的长轨缓缓引入平车板顶面，再经支垫滚轮传送到分轨推送车。分轨推送车由平板车及其上的长轨推送机构、卷扬机和分轨装置组成，长轨推送机构可通过两轮轴的夹持和推送作用为两根长轨施加推力，使长轨前行，卷扬机主要用于将长轨从长轨运输列车上沿顺坡下道车、分轨装置拖拉至长轨推送机构。

长轨运输列车由多个平板车及安装其上的滚轮托架组成，除轨枕装载功能外，其结构及使用与枕轨运输列车的长轨装载部分相同，用于装载和运输长轨，每列长轨列车可装载4层长轨，每层最多14根，即1列长轨列车一次可满载7 km长轨。

一般情况下，过渡顺坡车、分轨推送车、滚轮下道车及钢轨牵引车按顺序编组一直留于铺轨前方铺设长轨。长轨运输列车主要用于长轨的装载和运输，到达现场后，由机车推送与过渡顺坡车连接，之后由机车推送配合长轨铺设。待长轨铺设完成后，长轨运输列车摘钩后由机车牵引返空，进入下一列长轨的装载和运输。

一般条件下，无砟轨道长轨铺轨机组不配置长轨推送机构也能按拖拉法进行长轨的铺设。特殊条件下，无砟轨道长轨铺轨机组在配置长轨推送机构时，不使用钢轨牵引车也可按推送法进行长轨的铺设，这种方式在以有砟轨道为主的长大隧道内无砟道床铺轨中使用较多。

### 9.4.3　移动焊轨机

目前，我国所使用的移动焊轨机主要包括从原乌克兰巴顿公司（该公司后被别的公司收购）生产的K920、K922型，以及国内引进该技术后自主研制的LR1200型等集装箱式移动闪光焊轨机。该类型移动焊轨机采用闪光接触式全断面焊接工艺，由焊机机头、提升架、柴油发电机组、液压系统、电器及计算机控制系统等组成。如图5-9-14所示，主要技术参数见表5-9-10。

图5-9-14　K922型移动焊轨机

**表5-9-10　K922型移动焊轨机主要技术参数**

| 序号 | 名　称 | 单位 | 参　数 |
|---|---|---|---|
| 1 | 外形尺寸 | mm | 焊机仓：6 850×2 168×2 990<br>动力仓：6 958×2 438×2 900 |
| 2 | 额定电压 | V | 400 |
| 3 | 额定功率 | kW | 400 |
| 4 | 液压工作压力 | MPa | 22 |

续上表

| 序号 | 名　　称 | 单位 | 参　　数 |
|---|---|---|---|
| 5 | 移动力 | kN | 1 000 |
| 6 | 额定夹持力 | kN | 2 900 |
| 7 | 额定顶锻力 | kN | 1 200 |
| 8 | 焊机机头重量 | kg | 3 500 |
| 9 | 可焊钢轨最大截面积 | $mm^2$ | 10 000 |
| 10 | 生产率(连续闪光时) | 个焊头/h | 12 |

1. 移动焊轨机结构组成

(1)焊机机头。焊机机头由四部分组成,通过安装于顶部的液压油缸的动作,使安装于下部的四个电极块夹持在轨腰上,焊机机头承轨面上可增减调整垫片以满足不同轨型的要求;下部的两个顶锻油缸,可对钢轨进行拖拉或焊后顶锻;推凸刀用来切削顶锻后的挤出溶渣,机头内设有冷却水循环。

(2)提升架。提升架安装于移动车(集装箱)尾部,由转盘、吊臂、油缸及液压管路、线控器等组成。其作用主要用于提吊焊机机头并摆动至左右两钢轨的焊接位置和提升焊机机头于车内。

(3)柴油发电机组。柴油发电机组由发动机和发电机组成,安装于移动车(集装箱)内前部,用来提供焊轨机的动力和照明用电。

(4)液压系统。液压系统由油泵、液压马达、管路、执行元件等组成,用于完成对钢轨的夹持、拖拉、顶锻、提升摆动和移动车(集装箱)尾部的顶升动作。

(5)电器及计算机控制系统。电器及计算机控制系统主要由控制屏、计算机及打印机等组成,通过输送各种合适的参数后,能对焊轨过程(初焊、中焊、终焊、顶锻、推凸及冷却等系列工作)进行全自动控制,并将全部过程记录于电脑中,也可将该焊接过程以表格和曲线图形式进行表述。记录内容主要包括:日期、时间、接头序号、轨型,各焊接阶段的电压、电流、夹持力、顶锻力、顶锻距离、过程时间等。

2. 移动焊轨机工作原理

移动焊轨机采用闪光接触式焊轨,其基本原理是利用电流通过某一电阻时所产生的热量熔接焊件,再经顶锻完成焊接。即当两焊接钢轨之间通过电流时,由于两钢轨接触面之间存在着较大电阻,因电热效应使钢轨迅速得到加热。两钢轨的接触面微观存在凸凹不平,因此,首先接触的凸点瞬间被加热到融化状态,从而在钢轨接触面之间形成多个液体金属过梁。这些过梁在进一步加热中被“爆炸”破坏,使熔化的金属从钢轨接触面的缝隙中飞溅出,形成闪光,同时钢轨继续加热。通过加热和持续闪光的作用,钢轨端面的温度逐渐均匀一致,形成一熔化金属层,防止周围气体进入。同时,迅速施加顶锻力,迫使焊面相互挤压,使闪光时形成的火口得到充分闭合,并挤出全部液态金属,将两钢轨联成一体。

### 9.4.4 钢轨打磨列车

1. PGM-48 型钢轨打磨列车

PGM-48 型钢轨打磨列车主要用于钢轨打磨维修,去除钢轨波磨、剥离等表面缺陷,并修复轨头廓型,集打磨列车、动力、牵引(驱动)、检测和打磨于一体,是高速铁路钢轨维护的大型养护设备。如图 5-9-15 所示。

图 5-9-15　PGM-48 型钢轨打磨列车

PGM-48型钢轨打磨列车由前、后动力车和中间生活车组成。动力车部分全部为进口设备，可靠性强，技术性能处于世界先进水平。整车打磨系统采用电驱动系统，全车共有48个磨头，每8个磨头安装在一台打磨小车上，而其中每侧的2个磨头为一组安装在打磨小车辅助架上，这2个磨头可以锁定共同工作，也可以独立工作。整车不仅打磨效率高，而且打磨精度高，由计算机控制自动检测和调整打磨量。其主要性能参数见表5-9-11。

**表5-9-11　PGM-48型钢轨打磨列车主要性能参数**

| 序号 | 名　称 | 参　　数 |
|---|---|---|
| 1 | 主柴油机 | CUMMINS KTA38 910 kW×2 |
| 2 | 主发电机 | KATO 8p6−1500 680 kW×2 |
| 3 | 传动形式 | 液压传动 |
| 4 | 制动形式 | 单元式机车制动机 WABC026L |
| 5 | 轨距 | 1 435 mm |
| 6 | 最高速度 | 80 km/h |
| 7 | 构造速度 | 100 km/h |
| 8 | 打磨作业最小曲线半径 | 100 m |
| 9 | 打磨电机功率 | 持续22 kW，间歇29 kW |
| 10 | 打磨电机转速 | 3 600 r/min |
| 11 | 打磨速度 | 2～16 km/h，最高打磨速度24 km/h |
| 12 | 打磨量 | 平均0.2 mm(单头、单遍、速度7 km/h、60 kg/m HB−350) |
| 13 | 打磨头 | 48个 |
| 14 | 打磨程序 | 100个(0～99) |
| 15 | 磨头偏转角度 | ±50°～−45° |
| 16 | 防火水容量 | 16 500 L |
| 17 | 外形尺寸(长×宽×高) | 62.39 m×2.9 m×4.34 m |
| 18 | 列车总重 | 约256 t |

2. 道岔打磨列车

道岔打磨列车的功能与钢轨打磨列车相同，主要用于道岔区钢轨打磨。目前，我国还未自主开发和制造高速铁路用道岔打磨列车，现有设备都从国外进口，主要有两种，一种是瑞士SPENO公司生产的RR16MS型，另一种是美国HTT公司生产的RGH20C型。

道岔打磨列车可以对各类线路的道岔区段进行连续打磨作业，消除道岔区域钢轨的磨耗及其他局部钢轨缺陷，作业精度能够满足高速铁路线路的技术要求。每台道岔打磨列车一般配两套打磨装置共有16个打磨砂轮，可以在规定的角度范围内回转，实现对钢轨轨头和道岔轨头的不同成型，从而对直线线路和道岔区间的钢轨进行轨头全断面打磨作业。

## 9.5　施工物流组织及原材料供应

高速铁路无缝线路工程物流分为有砟轨道和无砟轨道两类。高速轨道有砟轨道线路施工本质就是高速铁路有砟轨道无缝线路施工，其物流组织及原材料供应已在铺轨施工中全部包括。高速铁路无砟轨道线路施工是在无砟道床及道岔施工后进行的长轨铺设及无缝线路焊接锁定施工，其物流只考虑长轨及道岔供应、施工设备调配使用等，一般情况下需要设置专门的铺轨基地。其铺轨基地设置的规模及作用除轨枕储存、道砟储存外与有砟轨道无缝线路铺轨基地相同。

在无缝线路施工物流组织中应注意以下事项：

(1)应结合各种材料的需求计划、需求工期、供应能力、进场运输方式等综合情况确定铺轨基地规模，厂焊长轨、轨枕、道岔等大宗材料的储存应保证略有富余；

(2)应结合线下工程施工统筹规划和设置物流运输通道，特别是运输便道及上线马道；

(3)铺轨开始后,应结合车站布局做好工程岔线的设置,做好车辆交会,避免工程运输与线上施工相互干扰;

(4)准备足够的运输能力,其中长轨、道岔运输等应采用专用车辆;

(5)对非铺轨施工单位自备的钢轨打磨列车、道岔打磨列车、道岔捣固车等专用设备,应提前确定设备供应单位,做好施工工作。

## 9.6 原材料

厂焊长轨、道岔、伸缩调节器、混凝土轨枕、钢轨扣件、铝热焊剂、胶接绝缘接头等轨道材料应满足设计文件及技术条件的要求,应有相应的产品质量合格证明文件。施工单位按规定检验,不合格的杜绝使用。

各类轨道材料堆码应便于装卸、取放、清点。应竖立标牌标识产地、型号、规格及数量。

厂焊钢轨进场,应按左右股分别存放,并对厂焊接头逐个进行平直度、探伤、编号及标识、外观质量等检验。

## 9.7 施工工艺

### 9.7.1 质量标准

(1)一般规定。无砟轨道铺轨应在无砟道床施工完毕且检查合格后进行,铺轨时还应注意成品保护,避免无砟道床受到破坏。

长轨铺设时,单元轨节的起止点避开不同轨道结构过渡段以及不同线下基础过渡段设置。有砟轨道钢轨铺设时,上砟整道应随即进行,以使轨道几何尺寸和有砟道床尽快达到初期稳定状态。

除道岔区钢轨可采用铝热焊接外,长轨工地焊接应全部采用移动式闪光接触焊。钢轨焊接应严格控制焊接工艺,低温焊轨应采取必要的加热、保温及防护措施。

工地钢轨焊接应符合长轨铺设布置图的要求,正线加焊短轨长度不宜小于 24 m,道岔侧股及到发线加焊短轨长度不宜小于 12 m。承受拉力的钢轨焊缝,在钢轨焊接结束至轨温达到 400 ℃之前应保持压力。无缝线路锁定时,其轨道几何尺寸及曲线超高应满足设计要求。

轨道精调应在无缝线路锁定后进行,使道床逐步进入稳定状态,线路逐步达到交验标准。无缝线路经精调整理完成至轨道工程验收前,应对钢轨和道岔进行预打磨作业。打磨列车到达工地后,根据轨面状态,可采用列车运行打磨、成型打磨等方式进行作业,打磨列车应回收打磨产生的铁粉。

(2)钢轨伸缩调节器铺设。钢轨伸缩调节器的规格、型号、质量等应符合设计及技术条件的要求,铺设前应经过工厂预组装且经检查确认质量满足设计及技术条件的要求。

钢轨伸缩调节器的实际铺设里程与设计铺设里程相差不大于±20 mm,且其基本轨始端和尖轨跟端焊接接头应避免在梁缝 2 m 以内。

钢轨伸缩调节器的铺设工艺可参照有砟或无砟道岔进行,并根据实际锁定轨温计算和准确预留伸缩量。钢轨伸缩调节器铺设后,其轨道几何状态及零部件安装质量应符合设计及技术条件的规定,精调完成后应达到基本轨伸缩无障碍、尖轨锁定不爬行的状态。

(3)长轨基地焊接。当长轨由铺轨施工单位自备临时焊轨基地焊接时,其生产应在临时焊轨基地的规划、生产工艺、设备及资源配置、质量保证体系等通过铁道部验收评估合格后进行。

钢轨闪光接触焊接型式试验和生产检验、生产工艺及质量保证等应满足钢轨焊接技术条件的要求。

(4)长轨铺设。长轨运输、吊装及存放过程中应始终保持钢轨平顺,严格碰撞跌落而损伤钢轨。

长轨、扣配件及钢轨胶接绝缘接头等的类型、规格、质量应符合设计及产品标准的规定。左右两股钢轨的胶接绝缘接头应相对铺设,且绝缘接头轨缝绝缘端板距轨枕边缘不宜小于 100 mm。扣配件安装应齐全、正确,绝缘轨距块的配置应符合设计要求。

(5)工地钢轨焊接。工地钢轨闪光接触焊、铝热焊等焊接接头的型式试验和生产检验应符合钢轨焊接技术条件的规定。

钢轨焊头必须按钢轨焊接技术条件的规定进行超声波探伤检验且质量合格。

除应满足钢轨焊接技术条件的规定外，钢轨焊头及其附近钢轨表面不应有裂纹、明显压痕、划伤、碰痕、电极灼伤、打磨灼伤等伤损；钢轨焊头工作面经外形精整后，在焊缝中心两侧各 100 mm 范围内，表面不平度不应大于 0.2 mm；轨底上表面焊缝两侧 150 mm 范围内及距两侧轨底角边缘各 35 mm 的范围内应打磨平整，不得有超磨现象。

钢轨焊接接头应纵向打磨平顺，不得有低凹接头，钢轨焊接接头平直度应符合表 5-9-12 的规定。

**表 5-9-12　钢轨焊接接头表面质量和平直度允许偏差**

| 序　号 | 部　位 | 允许偏差(mm) |
|---|---|---|
| 1 | 轨顶面 | +0.2<br>0.0 |
| 2 | 轨头内侧工作面 | +0.2<br>0.0 |
| 3 | 轨底(焊筋) | +0.5<br>0.0 |

注：1. 轨顶面中符号“＋”表示高出钢轨母材轨顶基准面；
2. 轨头内侧工作面中符号“＋”表示凹进；
3. 轨底(焊筋)中符号“＋”表示凸出。

钢轨胶接绝缘接头的原材料、施工及质量等应符合设计及相关技术条件的规定，并进行绝缘性能检测。

工地钢轨焊接接头的标记应齐全，字迹清楚，记录完整，且具有可追溯性。同一单元轨节左右两股钢轨的焊接接头宜相对应，相错量不应大于 100 mm。

(6)无缝线践路锁定。无缝线路单元轨节划分应符合设计要求，同一岔区及前后各不少于 150 m 的线路应作为一个无缝线路单元进行管理。

无缝线路应力放散时，应每隔 100 m 左右设置位移观测点，并进行放散时钢轨位移量的观测，应力放散应均匀、彻底。

无缝线路锁定时，钢轨扣件应全部安装齐全、正确，螺栓扭矩或扣件扣压力应符合要求。无缝线路锁定时，实际锁定轨温应在设计锁定轨温范围内，相邻单元轨节间的实际锁定轨温之差不得大于 5 ℃，同一单元轨节左右股钢轨的实际锁定轨温差不得大于 3 ℃，同一区间内单元轨节的最高与最低实际锁定轨温之差不得大于 10 ℃。

无缝线路锁定后，应及时设置位移观测桩及“零点”标记，并按规定开始观测和记录钢轨位移情况。固定区的位移观测桩最大位移量应不大于 10 mm 或锁定轨温变化不大于±5 ℃。

(7)轨道精调。轨道精调前应对 CPⅢ测量控制网进行复测并评估，优先采用轨检小车检测和确定轨道几何调整量。

经精调达标的线路或道岔，其轨面应远视平顺，轨向应直线顺直、曲线圆顺，钢轨编号及标记正确齐全、字体端正、字迹清晰。有砟道床应饱满，清洁无杂物，砟面整齐，道床断面符合设计要求，道床厚度、砟肩宽度及堆高允许偏差应符合表 5-9-13 的规定。

**表 5-9-13　有砟轨道道床厚度、砟肩宽度及堆高允许偏差**

| 序　号 | 项　目 | 允许偏差(mm) |
|---|---|---|
| 1 | 道床宽度 | −20 |
| 2 | 砟肩宽度 | ±20 |
| 3 | 砟肩堆高 | 不得有负偏差 |
| 4 | 道床顶面高度 | 低于轨枕承轨面 40 mm，且不应高于轨枕中部顶面 |

无砟轨道经精调后线路静态精度应符合表 5-9-14 的规定。

**表 5-9-14　无砟轨道静态平顺度允许偏差**

| 序号 | 项　目 | 允许偏差 | 备　　注 |
|---|---|---|---|
| 1 | 轨 距 | ±2 mm | 相对于标准轨距 1 435 mm |
| | | 变化率　1/1 500 | 测量基长 3 m |
| 2 | 轨 向 | 2 mm | 弦长 10 m |
| | | 2 mm / 测点间距 8$a$<br>10 mm /测点间距 240$a$ | 弦长 48$a$<br>弦长 480$a$ |
| 3 | 高　低 | 2 mm | 弦长 10 m |
| | | 2 mm / 测点间距 8$a$<br>10 mm /测点间距 240$a$ | 弦长 48$a$<br>弦长 480$a$ |
| 4 | 水 平 | 2 mm | 不包含曲线、缓和曲线上的超高值 |
| 5 | 扭曲(基长 3 m) | 2 mm | 包含缓和曲线上由于超高顺坡所造成的扭曲量 |
| 6 | 与设计高程偏差 | 10 mm | 距水准点 20 m 测量,测点间距 5 m,相邻测点的差值≤5 mm;<br>站台处的轨道高程不应低于设计值 |
| 7 | 与设计中线偏差 | 10 mm | |

注:表中 $a$ 为扣件节点间距,m。

有砟轨道经精调后,不仅道床稳定状态应达到表 5-9-15 的规定,而且线路静态铺设精度还应符合表 5-9-16的规定。

**表 5-9-15　有砟轨道道床状态参数指标**

| 枕下道床密度<br>(g/cm$^3$) | 道床支承刚度<br>(kN/mm) | 道床横向阻力<br>(kN/枕) | 道床纵向阻力<br>(kN/枕) |
|---|---|---|---|
| ≥1.75 | ≥120 | ≥12 | ≥14 |

**表 5-9-16　有砟轨道静态平顺度允许偏差**

| 序号 | 项　目 | 容许偏差 | 备　　注 |
|---|---|---|---|
| 1 | 轨 距 | ±2 mm | 相对于标准轨距 1 435 mm |
| | | 变化率　1/1 500 | 测量基长 3 m |
| 2 | 轨 向 | 2 mm | 弦长 10 m |
| | | 2 mm / 5 m<br>10 mm /150 m | 弦长 30 m<br>弦长 300 m |
| 3 | 高　低 | 2 mm | 弦长 10 m |
| | | 2 mm / 5 m<br>10 mm /150 m | 弦长 30 m<br>弦长 300 m |
| 4 | 水 平 | 2 mm | 不包含曲线、缓和曲线上的超高值 |
| 5 | 扭曲(基长 3 m) | 2 mm | 包含缓和曲线上由于超高顺坡所造成的扭曲量 |
| 6 | 与设计高程偏差 | 10 mm | 距水准点 20 m 测量,测点间距 5 m,相邻测点的差值≤5 mm;<br>站台处的轨道高程不应低于设计值 |
| 7 | 与设计中线偏差 | 10 mm | |

高速铁路大号道岔精调后道岔静态铺设精度除应符合道岔铺设技术条件的要求外,正站线道岔铺设精度还应符合表 5-9-17 和表 5-9-18 的规定。

**表 5-9-17　正线道岔静态铺设标准**

| | 高　低 | 轨　向 | 水　平 | 扭曲(3 m) | 轨　距 |
|---|---|---|---|---|---|
| 幅值(mm) | 2 | 2 | 2 | 3 | ±1,变化率小于 1/1 500 |
| 弦长(mm) | 10 | | — | | |

表 5-9-18　站线道岔静态铺设标准

| | 高　低 | 轨　向 | | 水　平 | 轨　距 |
|---|---|---|---|---|---|
| | | 直线 | 支距 | | |
| 到发线(mm) | 4 | 4 | 2 | 3 | +3<br>2 |
| 其他站线(mm) | 6 | 6 | 2 | 6 | +3<br>−2 |

此外，精调后的线路扣件的轨距块离缝不应大于 6%，最大离缝不应大于 0.5 mm；扣压力小于规定的不应大于 8%；胶垫无缺损，偏斜量大于 5 mm 的不应大于 8%。

(8)钢轨及道岔预打磨。道岔尖轨及可动心轨、辙叉和钢轨伸缩调节器尖轨，应采用专用机械或手工操作的钢轨波纹研磨机进行打磨，严禁用普通打磨列车打磨。

钢轨预打磨后应消除钢轨微小缺陷、锈蚀及轨头表面的脱碳层，消除钢轨在轧制过程中形成的轨面斑点及微小不平顺，钢轨表面应光滑、平顺、无斑点。

钢轨预打磨后，钢轨顶面平直度 1 m 范围内允许偏差为 0～+0.2 mm，钢轨头部工作边实际横断面与理论横断面相比允许偏差为±0.3 mm，钢轨表面粗糙度不应大于 10 μm，且轨头打磨区无连续发蓝带。

钢轨打磨面最大宽度在轨距角圆弧上为 4 mm，在轨距角圆弧和轨顶圆弧的连续圆弧部分为 7 mm，在轨顶圆弧上为 10 mm，并从轨头打磨区向非打磨区平滑过渡，打磨面宽度的最大变化在沿钢轨长度 100 mm 范围内不应大于打磨面最大宽度的 25%。钢轨打磨完成后应将无砟道床及轨枕上的铁粉清除干净。

### 9.7.2　工艺特点

无缝线路是高速铁路轨道结构的最上层结构，也是最重要的组成部分。无缝线路是轨道施工最后的也是最重要的工序，是高速铁路先进设计理念和先进技术最集中的体现，其施工也秉承和持续了高速铁路质量控制系统的精度要求高、施工持续性的特点。

### 9.7.3　工艺流程

高速铁路无缝线路施工工艺流程如图 5-9-16 所示。

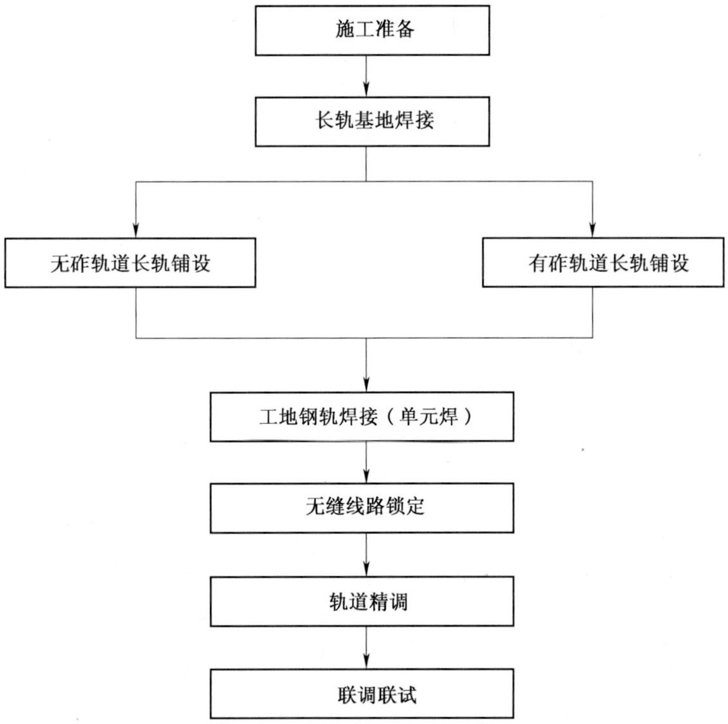


注：1. 钢轨伸缩调节器与道岔施工相同，在长轨铺设到达前完成；

2. 有砟轨道长轨焊接及无缝线路锁定在轨道几何形位基本达标、道床达到初期稳定状态后施工

图 5-9-16　高速铁路无缝线路施工工艺流程

### 9.7.4 主要施工工艺

1. 钢轨伸缩调节器铺设

(1)概述。钢轨伸缩调节器是稳定跨度大于120 m以上的大跨连续梁上无缝线路的重要结构,起着平衡轨道中由于温度变化、机车制动或起动、梁体收缩变形等造成的纵向应力的作用。钢轨伸缩调节器通过缓和的钢轨斜接头将钢轨中断而又不影响行车面的连续性,主要由纵向可动的基本轨及基本保持静止的尖轨、轨道零部件等配套轨下基础所组成。无砟轨道地段钢轨伸缩调节器以双块式道床结构为主,有砟轨道地段则与普通线路相同。

钢轨伸缩调节器一般在工厂预组装并调试检查合格后,按钢轨组件(基本轨与尖轨)整体运输到工地铺设。有砟轨道钢轨伸缩调节器施工一般采用换铺法施工,无砟轨道钢轨伸缩器采用原位组装施工,施工流程与道岔施工相似。

(2)钢轨伸缩调节器进场。钢轨伸缩调节器应在工厂内分组组装验收,验收时尤其应对轨道几何状态、各部件组装质量、伸缩阻力测试等严格把关,各项技术指标应符合设计及技术条件的规定。钢轨伸缩调节器组装验收合格后按整组(含岔枕及扣配件等)打包发运,对基本轨及尖轨应进行捆扎固定。装卸作业时应采用龙门吊或汽吊+吊具(或吊索)方式,严禁摔、砸、碰、撞。

钢轨伸缩调节器存放时应采用钢轨或垫木支垫存放,支垫间距不大于4 m,最高不超过4层。存放时间较长时,应进行覆盖防护。钢轨伸缩调节器的运输、吊装及储存的其他要求与道岔组件一致。如图5-9-17所示为已组装完成的有砟轨道单向钢轨伸缩调节器。

图5-9-17 已组装完成的有砟轨道单向钢轨伸缩调节器实物

(3)钢轨伸缩调节器预留伸缩量设置。预留伸缩量设置是钢轨伸缩调节器铺设前一项最重要的工作,事关铺设后钢轨伸缩调节器可实现的最大伸缩量。预留伸缩量可提前设置,但必须在上砟整道或道床混凝土浇筑前,根据实际轨温进行准确设置,设置完成后应立即作好伸缩起点标志。预留伸缩量设置的原则如下:

1)在设计锁定轨温范围内铺设时,预留伸缩量为设计伸缩量的1/2。

2)在设计锁定轨温范围之外铺设时,预留伸缩量按下式计算。

$$\Delta l=\frac{a}{2}+\alpha\times L\times(t-t_{\mathrm{s}}) \tag{5-9-1}$$

式中 $\Delta l$——铺设钢轨伸缩调节器时基本轨预留伸缩量,mm;

$a$——钢轨伸缩调节器设计伸缩量(600 mm或1 000 mm);

$\alpha$——钢轨线膨胀系数,取0.011 8 mm/(m·℃);

$L$——无缝线路伸缩区长度,m(按设计取值,一般为150 m);

$t$——钢轨伸缩调节器锁定时轨温,℃;

$t_{\mathrm{s}}$——无缝线路设计锁定轨温,℃。

(4)有砟轨道“换铺法”铺设钢轨伸缩调节器。钢轨伸缩调节器一般位于跨江河或跨重要建筑物的长大桥梁的大跨连续梁上，因提前铺设物流组织困难而采用换铺法施工。

1)施工准备。在长轨铺设时，钢轨伸缩调节器范围内以普通轨枕及短轨铺设临时线路替代通过，经上砟整道达到道床初始稳定状态后，可择机换铺钢轨伸缩调节器。原则上，铺轨通过后应尽早换铺钢轨伸缩调节器，以使换铺后的线路与前后线路在相同条件下上砟整道并同步达标。

换铺之前，拆除临时线路，并将轨道中线两侧各 1.5 m 范围的道砟清除至预留起道量 5 cm 位置，将砟面摊铺平整，其平整度不大于 20 mm/3 m。之后，采用短轨加钉木枕的方式铺设临时线路与两端线路连通，以作为钢轨伸缩调节器运输就位的临时通道。

2)钢轨伸缩调节器运输及就位。如图 5-9-18 所示。钢轨伸缩调节器通过运输台车经两端已铺轨轨道运输进场。钢轨伸缩调节器在吊上运输台车之前，应再次确认其组装质量满足设计及技术条件要求，重点包括轨距、轨枕间距、轨枕方正、零部件组装的完整性、螺栓扭矩等，并根据计划锁定轨温设定其预留伸缩量。钢轨伸缩调节器吊装时，应使其实际方向与设计一致，并使其中线与台车或已铺轨道线路中线相差不超过 5 mm。

图 5-9-18　有砟轨道钢轨伸缩调节器运输就位

人工推移钢轨伸缩调节器就位，现场根据轨道施工控制桩准确卡控铺设位置，并确保与设计铺设里程相比不超过 10 mm。

按 4 m 间距布置道岔起道机组，将钢轨伸缩调节器整体升起与运输台车完全离开，之后，退出运输台车并拆除临时轨道，最后将钢轨伸缩调节器整体落在道床上。

3)上砟整道及轨道调整。钢轨伸缩调节器整体就位后，应首先将其中线、前后位置拨至与设计位置一致，并调整至水平位置。待实际轨温与计划锁定轨温一致时，再次调整和确认预留伸缩量与计划预留伸缩量一致，并标记初始伸缩起点。采用 U 形夹板连接前后线路。

在计划锁定轨温范围内回填道床道砟，起拨道使前后线路顺接，小机整道和补充道床道砟。钢轨伸缩调节器及其前后各不小于 50 m 的线路应同步进行大型机械化整道作业机组整道，使线路轨道几何形位达标和道床达到稳定状态。

与道岔区管理相同，钢轨伸缩调节器范围内应尽量减少或避免工程车辆停留、起动或制动。道砟卸车时，应做好对钢轨伸缩调节器零部件的覆盖防护。

(5)无砟轨道"原位法"铺设钢轨伸缩调节器。无砟轨道钢轨伸缩调节器采用原位法铺设，施工组织与双块式或岔区无砟轨道施工相同。

1)施工准备。无砟轨道钢轨伸缩调节器应与两端各不少于 25 m 的无砟道床同步铺设。桥梁结构变形评估及 CPⅢ测量控制网测设评估合格后，先完成梁面清理及底座施工。

底座施工完成后，铺设道床板底层钢筋，并搭设钢轨伸缩调节器组装平台或平移台车。

2)钢轨伸缩调节器运输及就位。钢轨伸缩调节器通过汽车运至就近位置，使用大吨位汽车吊＋吊具(吊索)吊装上桥，不能直接铺设到位，采用铺板龙门吊或平移台车运输就拉。如图 5-9-19 所示。

3)钢轨伸缩调节器精调及道床混凝土浇筑。钢轨伸缩调节器吊铺就位后，应再次检查其组装质量，并精调调整铺设位置、中线与设计铺设位置一致。根据计划铺设轨温调整和确认预留伸缩量。之后，采用工具轨

图 5-9-19　无砟轨道钢轨伸缩调节器吊装

组装前后线路双块枕轨排并采用无孔夹具将钢轨伸缩调节器与两端轨排连接起来。

之后使用竖向螺杆精调器、侧向调节丝杆和地锚等支撑轨排，使用轨检小车测量并配合精调轨道几何状态。做好道床混凝土浇筑准备。

道床混凝土浇筑前，再次调整和确认预留伸缩量与实际轨温(混凝土浇筑时)一致，并设置伸缩起点标记。按双块枕无砟道床施工工艺进行钢轨伸缩调节器道床混凝土的浇筑、养护和拆模。道床混凝土终凝后，拆除竖向螺杆精调器、侧向调节丝杆等。

2. 长轨基地焊接

(1)概述。长轨工厂焊接质量事关高速铁路运行质量和安全，其施工组织不仅需要配备先进的自动化数控焊轨生产线及配套设备，还要求建立健全质量保证体系。在正式施工之前，除按规定进行工艺试验和焊接型式试验外，包括设备、人员和管理体系在内的所有生产体系还必须通过铁道部组织的验收评估。钢轨焊接工、超声波探伤工等关键岗位人员必须持有国家铁路主管部门认可的操作许可证，其他岗位人员也必须经过严格的培训且考核合格后上岗。

(2)钢轨焊接检验。按照钢轨焊接技术条件和铁道部相关规定，钢轨焊接检验分为型式检验、生产检验和成品检验三类，其中型式检验和生产检验必须将按规定制作焊接试件，委托铁科院金化所进行相关项目的检验，并由铁科院金化所出具检验报告。

1)型式检验。有下列情形之一者，必须进行钢轨焊接型式检验：焊轨组织初次生产；正常生产后，改变焊接工艺，可能影响焊接接头质量；更换焊轨设备；钢轨生产厂，钢轨型号、牌号，或钢轨交货状态改变后首次焊接时；生产检验结果不合格；停产一年后，恢复生产的。型式检验的项目及试件数量应符合表 5-9-19 的规定。

**表 5-9-19　钢轨焊接型式检验的项目及试件数量**

| 外观 | 超声波探伤 | 落锤 | | 静弯 | | 疲劳 | 拉伸 | 冲击 | 硬度 | 显微组织 | 断口 |
|---|---|---|---|---|---|---|---|---|---|---|---|
| | | 移动式闪光焊 | 固定式闪光焊 | 轨头受压 | 轨头受拉 | | | | | | |
| 全部试件 | 全部试件 | 15 个 | 25 个 | 12 个 | 3 个 | 3 个 | 1 个 | 1 个 | 2 个 | 1 个(利用硬度试件) | 15 个(利用落锤试件) |

注：硬度试件 2 个，包括测试轨顶面硬度 1 个和测试纵断面硬度 1 个。

不同牌号钢轨之间的焊接、焊接接头的质量要求按照强度级别较低的钢轨执行；热轧钢轨与热处理钢轨之间的焊接，焊接接头的质量按照热轧钢轨执行。

型式检验各项目的试件制作、试验方法及判定等应符合焊接技术条件的规定。

2)生产检验。有下列情形之一者，必须进行钢轨焊接型式检验：连续焊接 500 个接头；焊机工况变化，对某个焊接参数进行修正的；焊机出现故障、记录曲线异常，故障排除之后；焊机停焊 1 个月以上，开始焊接前。

生产检验的项目及试件数量应符合表 5-9-20 的规定。生产检验各项目的试件制作、试验方法及判定等应符合焊接技术条件的规定。

表 5-9-20　钢轨焊接生产检验的项目及试件数量

| 外观 | 超声波探伤 | 落锤 | 硬度 | 断口 |
| --- | --- | --- | --- | --- |
| 7个 | 7个 | 5个 | 2个 | 5个(利用落锤试件) |

注:1. 硬度试件2个,包括测试轨顶面硬度1个和测试纵断面硬度1个;
2. 外观和超声波检验合格的试件作为落锤和硬度试件。

3)成品检验。钢轨焊接完成后应对每个焊接接头(成品)进行包括外观和超声波探伤检验,其检验方法及判定等应符合焊接技术条件及相关规定的要求。

(3)短轨整码及质量检查。短轨经钢轨运输列车运往现场后,采用5台龙门吊同步装卸,将短轨分层堆码,并保证钢轨轨端整齐。层与层钢轨间对应存轨台座中线位置支垫10 cm厚、1 cm宽钢板,由下至上每层钢轨至少递减2根存放,最高存放不超过15层。不同厂家、轨型及规格的钢轨应分类堆码,并进行醒目标识,如图5-9-20所示。

图 5-9-20　100 m定尺钢轨存放

在钢轨焊接之前,应依照钢轨订货技术条件逐根进行表面质量检查,确认待焊钢轨无硬弯、扭曲、裂纹、折叠、划痕、压痕、碰伤等缺陷。检验不合格的钢轨应隔离堆放,并作醒目标识。

(4)待焊钢轨选配。为确保钢轨焊接质量,钢轨焊接之前,应对待钢轨进行选配,将质量合格且轨端断面对称、公差基本一致的钢轨进行相对焊接。

选配轨工作除了钢轨外观检查外,还必须采用钢轨样板尺(图5-9-21)对钢轨高度、轨头宽度、轨底宽度、断面不对称、端面斜度(垂直、水平方向)、端面弯曲、轨身平直度及钢轨表面质量进行全面检查,选配的钢轨不得有拱背、硬弯和扭曲,钢轨踏面有深度超过0.5 mm的压痕、结疤等缺陷不得焊接;严重锈蚀、轨端钻孔的钢轨不得焊接,钢种不同的钢轨不得相互焊接;必要时,必须经过试焊,检验合格后方可焊接;两相邻的焊接钢轨作用边要对齐,高度相差应不大于1.5 mm。配轨时要考虑轨料情况,短于9 m的钢轨不得焊接。

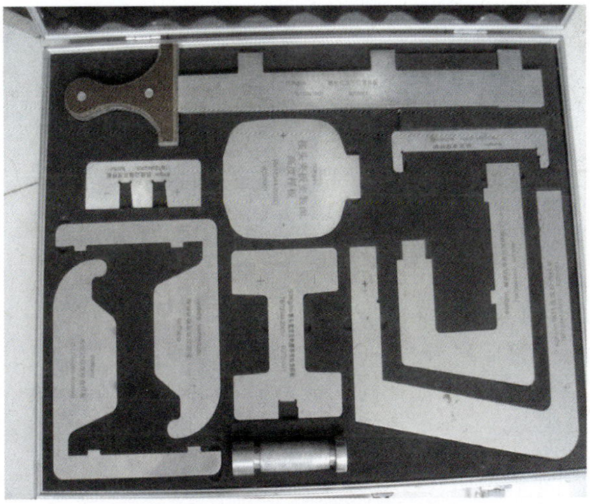

图 5-9-21　待焊钢轨选配用钢轨样板尺

选配好的钢轨应进行配对标识，并逐根吊入辊轮输送线，通过辊轮输送线将钢轨输送到除锈工位。

(5)轨端除锈调直。使用钢板尺检测钢轨轨端的平直度和扭曲，用液压调直对超出公差范围的钢轨作适当调直。对除锈轨端 0.5 m 范围内无法调直的死弯、翘头和扭曲超限的，应用锯轨机锯掉。

除锈机对钢轨距轨端 80～360 mm 范围内全断面及钢轨端面除锈(图 5-9-22)，达到光洁程度，以使焊接时电极接触良好。加工好的打磨端面应显出金属光泽，在距端面 20 mm 以内的钢轨表面应无锈垢，打磨好的端面待焊时间超过 24 h 以上或打磨后有水、油、烟、灰污染时，应重新打磨处理。对母材的打磨量不超过 0.2 mm，除锈时，严禁横向打磨。除锈打磨结束后，焊接前应再次检查除锈部位的钢轨表面质量，应剔除不合格钢轨。必要时，也可人工对除锈机除不干净的部分进行辅助除锈，使用千叶片式抛机沿钢轨纵向进行除锈。

图 5-9-22　除锈机除锈

(6)钢轨闪光焊接。将经过焊前处理的钢轨由辊轴输送线传送给焊轨机，并再次确认除锈质量，且轨温不宜低于 10 ℃。

焊接前应检查和确认焊机状态正常，电压稳定，确认无误后方可焊接。并全过程打开焊机信息管理系统。

钢轨接头在焊轨机内对中，经过闪光预热、接触顶锻、推凸等程序后完成焊接全过程(图 5-9-23)。每焊接一个接头，应及时清扫焊机并检查焊接表面质量、推凸质量、接头质量和有无电极灼伤等。

图 5-9-23　钢轨焊接与接头编号

质量合格的焊接焊头应包括几个方面：未经打磨的接头，在焊缝两侧各 15 mm 的位置测量接头错边量，接头顶面和作用边不大于 0.3 mm，轨脚边缘不大于 0.5 mm；接头表面无裂纹、推凸时没有焊渣陷入，没有电极灼伤，焊接接头轨头和轨底、轨底顶面斜坡的推凸余量不大于 1 mm，其他位置推凸余量不大于 2 mm；没有焊渣挤入母材或划伤母材；焊接曲线没有出现工艺不合格曲线或异常曲线。出现上述的任何一种不合格情况，都视为焊接质量不合格，应将焊缝两侧各 100 mm 的钢轨锯掉重新除锈、焊接，锯轨时钢轨端面倾斜度应不大于 0.5 mm。

(7)自然冷却与接头编号。确认钢轨焊接合格后，将焊接接头传送到锯轨及喷号位置，采用自然冷却方式将钢轨焊接接头温度降至 500 ℃以下，同时对焊头进行编号，用油漆喷号。喷号位置位于同一侧轨腰，距焊缝 1～3 m 位置，标识应清晰、端正。接头编号应保证每个焊接接头(成品)能够依各项生产记录或信息实现追溯，一般由焊轨基地及焊轨生产线编码＋生产日期＋流水号组成(图 5-9-23)，并明确该钢轨是用于左股还是右股的长轨，以便后续的粗磨和精磨施工。

(8)焊接接头热处理。当钢轨焊接接头轨温降到 300 ℃～500 ℃时，将钢轨焊接接头传送到正火工位进行热处理(图 5-9-24)，以达到细化金属结晶、均匀组织，提高焊缝硬度，减少或部分消除焊接的残余应力，改善并提高焊缝及附近粗晶区的力学性能的目的。

图 5-9-24　焊接接头热处理

正火加热采用中频感应式正火机进行全断面加热到 A3(亚共析钢)或 ACM(过共析钢)，加热温度 850 ℃～950 ℃。接头进入线圈前，用钢丝刷清除接头表面的浮渣，接头进入线圈后，应检查接头各部位表面与线圈距离是否均匀一致，正火时要求测温仪对准焊缝中心。

正火加热完成后，待焊缝轨温低于 750 ℃后，采用喷风装置对焊缝进行快速冷却，使其轨温快速冷却至 500 ℃～550 ℃，雨雪天应将轨温冷却至 480 ℃以下。

从钢轨焊接、正火至轨温降到 400 ℃以下的过程中，焊接接头严禁与水接触。

(9)焊接接头粗磨。对焊接接头进行初打磨，清除轨头、轨腰、轨底和坡角的残余焊瘤(图 5-9-25)。

图 5-9-25　焊接接头粗磨

焊接接头粗打磨的部分包括：焊接接头踏面、工作边和非工作边、轨脚上表面 35 mm、轨脚、轨头下颚和轨底焊缝。焊接接头踏面、工作边和非工作边应使用仿型打磨机打磨；轨脚上表面、轨脚先使用手提砂轮机打磨，再使用抛光机抛光处理；轨头下颚使用手提砂轮机倒角；轨底焊缝则使用轨底打磨机打磨。

焊接接头打磨应顺钢轨纵向进行，不得横向打磨。打磨时用力不得过猛，不得冲击钢轨和在钢轨上跳动，打磨量不得过大，严禁打亏，严禁打磨表面发黑发蓝。主要控制标准，粗磨后的焊接接头表面应平整光洁，与母材过渡圆顺且不伤及母材，轨顶踏面平直度 0.5～1.0 mm，工作边平直度±0.5 mm 以内，非工作边平直度±1.0 mm 以内，轨底焊缝打磨后焊筋余量不大于 0.5 m，接头处的轨底上、下脚应过渡圆顺。

(10)焊接接头水冷却。钢轨焊接接头从正火至喷风冷却、粗磨工位完成作业再传送到水冷却工位，检查确认焊接接头轨温低于 400 ℃以下后,焊接接头进入水冷却隧道进行焊接接头较长范围内的雾和水冷却,使焊接接头表面温度达到 50 ℃以下(图 5-9-26)。

图 5-9-26　焊接接头水冷却

(11)焊接接头四向调直。用四向调直机对钢轨不直处进行矫直,使钢轨在水平和垂直方向平直度达到要求标准(图 5-9-27)。焊接接头的轨头工作面经外形精整后表面不平度应满足:在焊缝中心线两侧各 100 mm范围内,表面不平度不大于 0.2 mm,轨顶面及轨头侧面工作边母材打磨深度不应超过 0.5 mm。焊接接头及其附近钢轨表面不应有裂纹、明显压痕、划伤、碰伤、电极灼伤、打磨灼伤等伤损。测量钢轨焊接接头平直度应在温度低于 50 ℃时进行,测量长度 1 m,焊缝居中。平直度偏差的测量位置分别为:轨顶面纵向中心线、轨头侧面工作边上距轨顶面 16 mm 处的纵向线,测量应以焊缝中心线两侧各 500 mm 位置的钢轨表面作为基准点。

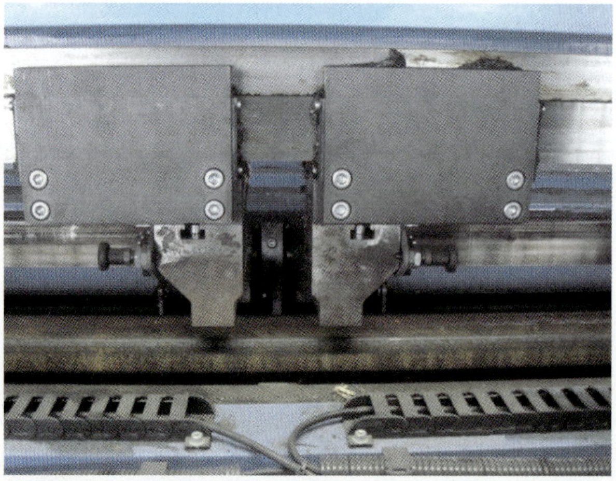

图 5-9-27　焊接接头四向调直

(12)焊接接头精磨。焊接接头精磨应经过四向调直(图 5-9-28),推凸余量和接头错边量检查合格不超标,轨温低于 50 ℃后方可进行精磨。

精磨采用数控用钢轨精磨机对轨头及工作面进行打磨,使其直线度达到标准要求,精磨的长度不应超过焊缝中心线两侧各 450 mm 限度,外形精整不应使焊接接头或钢轨产生任何机械损伤或热损伤,不应使用外形精整方法纠正超标的平直度偏差和超标的接头错边。精磨后应保持轨头轮廓形状。

(13)焊接接头探伤。钢轨焊接质量检查除了接头外观检查外,还应使用超声波探伤仪和全断面组合探头对每个焊缝进行无损检测,以确定焊缝各部位是否存在伤损缺陷(图 5-9-29)。探伤人员应持有二级以上的无损检测资格证书。

钢轨焊缝探伤之前,轨温应低于 40 ℃,探头扫查面应打磨光滑,无锈蚀和焊渣。超声波探伤的操作、质量判定等应严格执行钢轨焊接技术条件及相关技术标准的规定,探伤记录应包括仪器、探头、焊接接头编号、测试数据、探伤结果及处理意见。对存在疑虑的焊缝应反复探伤,以避免误判错判。对探伤检查质量不合格的焊接接头应锯掉重焊。

图 5-9-28　焊接接头四向调直

图 5-9-29　焊接质量探伤检查

1)探伤范围:轨头,轨腰,轨底角,轨底三角区;

2)探伤前焊缝准备:钢轨轨温低于 40 ℃,对焊缝两侧各 40 cm 范围内的锈斑、焊渣、水渍等清除干净,刷足耦合剂,确保探头与钢轨耦合良好;

3)探伤仪准备:使用前,先利用标准件对探伤仪进行标定,再进行基线校准和灵敏度测试,确认性能良好;

4)探伤仪操作:锁上输送线后进行探伤,探伤时一看波形显示、二看水平距离、三看波形分析、四定缺陷性质;先使用 22 dB 频率对焊头的轨头、轨腰及轨底进行超声波穿透扫查,发现焊头存在缺陷的,再用 26 dB 频率对缺陷放大搜查,确认缺陷的性质、位置和面积;

5)记录:探伤完毕,准确记录。

(14)厂焊长轨验收及存放。对焊接后的长轨进行全面检查,填写质量合格证明书。对于验收中发现的问题应及时处理。

厂焊长轨应根据规格、用途且左右股分别存放。长轨应采用联动群吊同步起吊,吊点间距不大于16 m,起吊、平移、下落应分步动作,缓起、缓移、缓落保证钢轨平顺,相邻吊点高差不大于 15 cm、水平不大于 12 cm,全长范围内高低差不大于 30 cm、水平差不大于 50 cm。严防钢轨跌落碰撞,出现摔跌的,应单独存放,经铁路局或建设单位检查确认后处理,跌落高度大于 1 m 的,按报废处理。

长轨应正向顺排码放于存轨台座上,排列应整齐、平整、牢固,轨端应对齐,相错量不大于 100 m。分层堆码时,层间必须平直,不得窜动,上下层间宽 10 cm 厚 1 cm 的钢板对应存放台座上下对齐支垫,堆码层数及钢轨根数由存轨台的存载能力、取材方便和稳定性决定,永久焊轨基地长轨存放不宜超过 6 层,临时基地超过 6 个月存放不宜超过 8 层。存轨之前,还应加强对存放台座的沉降检测,相邻台座最大不平均沉降应小于 2 cm(图 5-9-30)。

厂焊长轨出厂前应检查每个焊接接头的外观质量,包括平直度和表面质量,检查各工序生产记录、生产检查报告和钢轨牌号等,并填写质量合格证书。

图 5-9-30　厂焊长轨存放

3. 无砟轨道长轨铺设

无砟轨道长轨铺设在线下结构及无砟道床、道岔等施工完成且经验收确认符合铺轨条件后进行。无砟轨道长轨铺设主要采用拖拉推送法施工，也可采用拖拉法或推送法施工。主要施工流程包括：铺轨基地内厂焊长轨的装卸与存放，长轨运输，长轨铺设。

(1)厂焊长轨的装卸与存放。厂焊长轨由铁路局焊轨厂负责使用 T11 长轨运输列车或专业长轨运输平车从焊轨基地运输到铺轨基地(图 5-9-31)。长轨的装车及运输应符合铁路长轨运输列车管理办法的要求。

图 5-9-31　厂焊长轨运输(T11 长轨运输列车)

长轨存放之前，应对铺轨基地内轨道便线、存轨台座、联动门吊及支垫材料准备等进行检查验收。同时针对长轨交接及验收工作向施工人员进行技术交底或培训，并准备必要的检测验收工具。

厂焊长轨通过长轨运输列车运输到达铺轨基地后，按不大于 15 km/h 的速度由机车牵引或推送到长轨存放区装卸线准确对位停车，待安装止动铁楔后，解除长轨运输列车上的锁轨装置。

厂焊长轨应逐根起吊装卸，按规格、长度、用途及左右股分开存放，不同钢种及轨型的钢轨不得存放在一起，各存放区应对钢轨牌号、型号、长度及厂家、交货状态等进行显著标识，并填写长轨长度记录和轨温记录。伤损或不合格钢轨应单独存放并做好标识，建立台账。

厂焊长轨进场后，供需双方还应进行钢轨合格证书和焊轨合格报告的交接，并对长轨的型式尺寸、长度及重量、允许偏差、外观质量等进行检查验收。

每列长轨运输列车卸车完毕后应及时封车，并由机车牵引或推送退出铺轨基地。

(2)铺轨前准备工作。无砟轨道长轨铺设，应提前做好施工队伍组建、铺轨设备调试及技术准备等工作。并根据设计图纸(包括胶接绝缘接头位置)，编制轨节表及长轨运输、铺轨计划表。对厂焊长轨逐根编号，确定装车顺序和铺轨顺序，就施工组织及施工工艺开展技术培训和交底。

加强与建设、监理及相关施工单位的协调和沟通，掌握铺轨前方施工动态，提前协调建设或监理单位组织线下工程移交，确认线下结构及无砟道床满足铺轨条件、限界的要求，落实钢轨扣配件预安装工作。

完成长轨铺轨机组、长轨运输列车、内燃机车等运铺设备的集结、组装、编组及调试等工作，各种机具材料满足铺轨施工要求。

根据建设单位工程运输管理办法，建立工程运输及施工管理机构，制定和颁布行车细则，配合建设单位统一指挥铺轨及铺轨后工程运输及上线施工管理等工作。

(3)长轨装车及运输。长轨装车时，由机车牵引或推送长轨列车到装轨位置准确对位并做好防溜措施，经检查确认车辆设备状态良好时，方可进行装车作业。长轨装车应由下向上逐层进行，每层装轨前，应先关闭该层所有滚道梁并翻下间隔铁，再逐根装车。每层装轨后，应拨顺长轨与间隔铁空位对齐并按规定扭矩锁紧长轨，之后再装下一层。整车按计划装轨作业完成后，关好安全车活动门并插好销挡。长轨列车空载层的滚道梁均应处于关闭状态。

长轨列车一般每层限装 14 根(7 对)长轨，不足满载时，应左右对称均匀装载，严禁偏载。在锁定长轨列车时，锁定螺栓要准确对位并按规定扭矩扭紧，防止运行途中螺栓松动和锁定失效。长轨轨端应与滚道梁间保持适当的安全伸缩距离，防止运行过程中长轨伸缩撞断滚道梁；当轨端位于安全车上时，500 m 长轨轨端至末端滚道梁距离应不小于 2.5 m，其他长度的长轨悬伸长度则按比例调整。当装车的长轨长度不一时，对悬伸长度小于规定的长轨应采用捆绑等措施，同时不得将较短长轨装于最外侧。装车时长轨应尽量并排整齐，并在每层钢轨顶面横向划一条标记线，以便检查运输过程中长轨的窜动情况。装车完毕后，应再次检查确认车辆装载平稳、加固牢靠、连接正常。

长轨列车运输前，应检查确认途经线路的曲线、限界等满足长轨列车通行的要求，必要时还应采取相应的限速通行措施。长轨列车运行途中，应按规定平稳起动、加速、运行、制动和停车。除特殊规定外，重车情况下，经过 300～500 m 曲线半径时，限速 45 km/h，经过 300 m 及以下曲线半径或侧向通过 9 号以下道岔时，限速 25 km/h，工程线路等线路状况较差的线路，应进一步降低运行速度。在不危及列车安全的情况下，禁止紧急制动，一旦紧急制动，应重新检查确认车辆及装载状态后方可起动。

长轨列车在重车运行时，随车作业人员应注意观察运行情况、轨端摆动量和钢轨窜动情况等，发现影响安全的情况，应及时停车检查。运行过程中，长轨上部、长轨与安全挡之间严禁人员停留。电气化线路带电区段，严禁把工具、物品等置于距离接触网 2 m 范围之内，作业人员不得攀爬列车顶部。

(4)长轨铺设。长轨铺设包括扣件安装、铺轨机组对位、长轨卷扬拖拉及推送、长轨拖拉铺设、轨道组装及尾工处理等工序。

1)扣件安装。由于新建铁路未开通前，沿线的防护体系尚未建立完善，钢轨扣件若随无砟道床施工提前安装，则可能在铺轨到达前产生丢失，造成不必要的损失。因此，为减少扣件丢失，无砟轨道钢轨扣件一般安排在铺轨到达前由各无砟道床施工单位负责安装完成和保管。

扣件安装时，应将轨道板(枕)承轨面清扫干净，将螺栓孔的杂物和积水清除干净并注入专用油脂，然后按技术条件要求正确安装扣件系统。其中，WJ-7 型扣件系统的安装还应采用专门工装，使扣件中线与设计轨道中线一致，以减少后期轨道精调工作量。

2)铺轨机组对位。首列长轨列车运输时，可将铺轨机组的过渡顺坡车和分轨推送车与长轨列车一起编组运输到铺轨起点位置，其编组由前向后依次为分轨推送车、过渡顺坡车、长轨列车和内燃机车，列车到达距铺轨起点位置 30 m 处一度停车，再以不大于 3 km/h 的速度接近铺轨起点位置停车。滚轮下道架和钢轨牵引车则由汽车经便道运输到现场，由汽吊吊至道床上，由前向后以钢轨牵引车、滚轮下道架的顺序依次布置，其中滚轮下道架全部安放在铺轨起点的已铺钢轨上，最前端的下道架的前轮中心距已铺钢轨末端 350 m，并在铺轨起点位置的承轨台上安放 1 个高度超过已铺轨钢轨顶的长约 0.5 m 的方垫木，以防长轨下落与已铺钢轨碰撞。

待每列长轨列车所装长轨铺设完成或铺轨完成后，长轨列车摘钩返回装运下一列长轨，过渡顺坡车、分轨推送车、滚轮下道架和钢轨牵引车继续留现场等待下一列长轨铺设。下一列长轨列车到达后，在距过渡顺坡度 5 m 位置一度停车，再以不大于 3 km/h 的速度接近过渡顺坡度并与之连接。

长轨拖拉开始之前，应对分轨推送车加装止动铁楔，滚轮下道架也相应安装止动铁楔。

3)长轨卷扬拖拉及推送。长轨列车与铺轨机组连接且经检查确认后，开始进行卷扬拖拉。

根据铺轨计划表，解除待铺 1 对长轨的锁定装置与安全挡板，如拖拉上层钢轨，还应预先将过渡顺坡车上的升降滚轮架调整到合适位置。将分轨导框调到与待拖拉长轨位置相应的宽度，长轨通过分轨导框即可使两根钢轨的位置刚好与线路上两股钢轨的位置一致,且轨距为 1 435 mm。用分轨推送车上的卷扬机钢丝绳(带夹轨器)到长轨列车的第一辆平车上拉钢轨。开启卷扬机卷扬,使长轨前端经升降滚轮架、分轨导框再沿钢轨推送机推送滚轮穿过钢轨推送机。卸掉卷扬机钢丝绳及夹轨器,启动钢轨推送机,由钢轨推送机推送长轨前端依次进入滚轮下道车下道滚轮,到达钢轨牵引车位置,停止钢轨推送。

4)长轨拖拉铺设。长轨前端到达钢轨牵引车后,将轨头与钢轨牵引车上锁轨装置进行连接并锁定牢固。

钢轨牵引车牵引长轨按不大于 5 km/h 的速度沿无砟道床向前走行,施工人员紧随钢轨牵引车后按每 10 m 间距在两承轨台间钢轨位置放置 1 对滚轮,使长轨顺利通过滚轮向前移动。当钢轨牵引车牵引力不足时,可启动钢轨推送机为长轨拖拉提供推力。

当长轨末端还有 10 m 到位时,钢轨牵引车速度降到 0.5 km/h。当长轨末端滑下前滚轮下道车滚轮并接近已铺钢轨末端对齐时立即停车,解开长轨前端与钢轨牵引车锁轨装置的连接,使用起道机配合拆除铺轨起点位置安放的垫木。

检查长轨就位情况,通过拉轨器或撬棍配合使长轨准确就位,并设置预留轨缝。采用无孔夹具将已铺钢轨与长轨末端连接。

5)轨道组装。从长轨末端位置依次向前,逐个检查并调整轨下胶垫安装质量,使用起道机配合拆除支垫滚轮,并用小车将滚轮回收至钢轨牵引车。用橇棍配合使长轨落槽,再次检查和调整轨下胶垫安装质量。

按每 10 个承轨台组装 1 组钢轨扣件,接头前后各两根轨枕的扣件应安装齐全。扣件组装完成后,长轨列车及铺轨机组(除钢轨牵引车已至前方外)按不超过 3 km/h 速度紧随其后跟进准备下一对长轨的铺设。全部扣件安装完成后,检查长轨前端的相错量,当相错量大于 40 mm 时,应采用锯轨机将其锯切平齐。

每对长轨铺设完成后,应准确记录铺轨里程,并对照轨节表等调整后续的铺轨计划。

6)尾工处理。铺轨通过后,及时补齐安装全部钢轨扣件,回收铺轨遗留的废弃物品等。

7)注意事项。铺轨过程中,应检查长轨左右股铺设位置是否正确,严格对照铺轨计划表确认道岔前后、线下及轨道结构过渡段、道岔区等特殊区域钢轨的铺设长度、轨缝设置位置、扣件类型及规格等是否满足设计及技术标准的规定。

铺轨过程中,应做好统一指挥和通信工作,确保施工各环节通信畅通、人员措施到位,尤其在铺轨机组起动或制动、长轨拖拉各环节均应做好安全防控措施。

长轨拖拉时,从长轨列车到拖拉现场,应有专人负责检查和防止滚轮卡阻等,曲线地段还应通过增加人员及工具、设置高边滚轮等措施防止长轨发生侧翻,无关人员应严禁上道。

铺轨通过后,应检查线扣件组装质量和线路清道情况,根据现场条件确定工程列车可否通行及通行速度。

铺轨通过后,已铺线路及道岔应纳入新线铁路运输管理,按照新线铁路管理制度的规定统一组织上道施工及工程运输,确保施工和运输两不误。

4. 工地钢轨焊接工艺

(1)概述。工地钢轨焊接包括一般焊接、长轨单元焊接、锁定焊接和道岔区单元焊接和锁定焊接等,其中长轨单元焊接和锁定焊接应采用闪光焊接工艺,闪光焊接工艺由闪光接触式移动焊轨机(以下简称“移动焊轨机”)完成,道岔区单元焊接和锁定焊接宜采用铝热焊接。无缝线路地段信号绝缘接头采用现场胶接工艺。

工地钢轨焊接和现场胶接应在线路或道岔道床达到初期稳定状态且轨道几何形位基本达标后进行,其施工应严格遵循设计及技术条件的规定。钢轨焊接必须由经过专业培训、熟悉钢轨焊接质量标准并持有国家铁路行政主管部门认可的技术机构颁发的“钢轨焊接工操作许可证”的人员担当,正式施工前应结合现场条件对作业设备和作业工艺进行工艺试验和型式检验,以确定合格的焊接参数,施工过程做好成品检验和周期检验。工地钢轨焊接的型式检验、成品检验和周检验等应符合钢轨焊接技术条件的规定。

(2)工地钢轨闪光焊接工艺。工地钢轨闪光焊接根据工序分别配置闪光接触式移动焊轨机、锯轨机、拉轨机、钢轨打磨机、正火机、调直机及探伤仪等设备以及道尺、起道机、内燃螺栓扳手等辅助工具。施工流程如图 5-9-32 所示。

1)焊前设备及技术准备。正式焊轨之前,应检查确认钢轨铺设及线路状态满足长轨焊接施工要求,有砟轨道线路还应确认道床达到初期稳定状态且道床饱满。

移动焊轨机按规定完成钢轨焊接型式检验和工艺试验,在已铺轨线路上按由前向后依次为移动焊轨机、工具运输平板车、内燃轨道车的顺序对焊轨设备进行编组,之后由内燃轨道车推送焊轨设备到施工现场等待焊轨作业。焊轨作业前,应提前开动移动焊轨,经试运转和检查确认设备运转正常、焊接参数符合试验结果后方可进行焊接工作。

2)钢轨接头准备(含除锈)。对待焊钢轨逐根进行检查,确认钢轨厂家、规格、类型、批次以及长度、外观质量等符合要求,不合格钢轨不允许焊接。

检查和调整待焊接头平齐,对钢轨端部有弯曲的采用弯轨器较直的方式矫直,对于无法矫直的应将弯曲的钢轨端部锯掉。钢轨端部如有明显压痕、碰痕、不平度大于 0.2 mm 和平直度大于 0.5 mm 的低接头时应进行锯轨。钢轨端面锯切应一刀成形,其平直度和端面垂直度应符合钢轨焊接技术条件的要求,其中端面垂直度应不大于 0.8 mm。

利用手提式砂轮机进行钢轨轨端除锈,对钢轨待焊端面及距其 600 mm 范围内的轨腰两侧表面除锈,使其露出 80%以上的金属光泽,且不得有任何污垢或锈斑。打磨焊轨机电极钳口与轨腰的接触区,使其完全露出金属光泽。若除锈范围有厂标及生产日期钢印的,也必须将其打磨至与轨腰平齐。打磨后的待焊时间超过 24 h 或遇有油水污染的,则必须重新打磨。

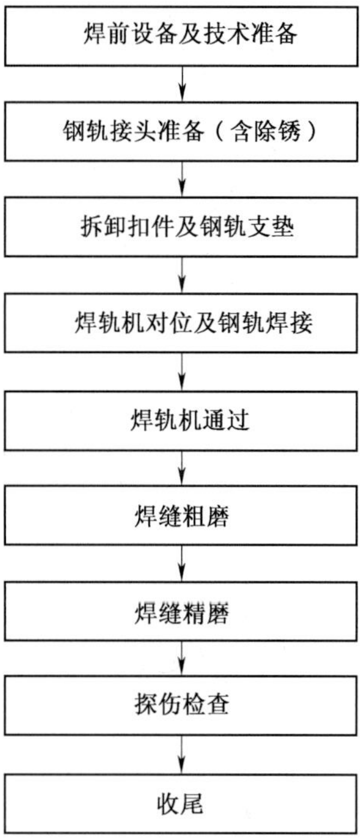

图 5-9-32　工地钢轨闪光焊接工艺流程图

砂轮机打磨时应沿钢轨纵向打磨,严禁横向打磨,应保持轨头原曲线形状,对钢轨母材的打磨量不超过 0.2 mm。打磨时砂轮应与钢轨平稳接触,防止砂轮跳动,且应避免用力过猛而出现钢轨表面局部过热发黑发蓝。

3)拆卸扣件及钢轨支垫。焊接前松开待焊接头后方 10 m 范围内的钢轨扣件及前方一节待焊长轨全部的钢轨扣件,并在前方待焊长轨下按不大于 10 m 间距安装支垫滚轮,以使长轨可纵向移动串轨和焊接。通过撞轨器撞轨或钢轨拉伸机配合拉伸的方式,将前方待焊长轨纵向移动向待焊接头拉拢并根据焊接参数调整待焊接头轨缝大小。撞轨或串轨时应在轨缝处加装缓冲垫板以防焊缝两侧钢轨端面被撞伤。

焊接前应再次检查钢轨端面垂直度和钢轨端面、轨腰导电面及电极接触面的除锈质量。使用起拨道机将两待焊钢轨端部抬起一定高度进行对位夹轨,抬起高度根据钢轨和扣件类型确认,以保证两端钢轨对齐后端部顺直平齐。拆除焊缝两侧各 1.5 m 范围内的钢轨扣件橡胶或塑料零部件,并对该范围内的全部扣件螺栓孔进行覆盖。

4)焊轨机对位。准备工作完成后,由内燃轨道车推送移动焊轨机到达待焊接头位置,在装载移动焊轨机的平板车前方第一对轮对距待焊轨缝 3.2 m 的位置停靠并安装车辆止轮器,通过设置在该车底板上的四个液压油缸将整车顶起,使其轮对离开钢轨 20 cm 左右,完成移动焊轨机初定位。

5)钢轨焊接。开启移动焊轨机,操控提升架将焊机机头下降并接近钢轨,利用转盘转动,使焊机机头进入焊接工作位置。将焊机机头降下置于钢轨上,确保两钢轨间隙位于导轴上标记的正下方,降低焊机机头直至压到钢轨上。

操控焊机机头上的两对钳口将两端钢轨轨头夹紧,并通过自动对准系统对接头两侧各 500 mm 范围内的水平和纵各两个方向上自动地按 0.3 mm 精度精确对准,同时两端钢轨在纵向上自然地形成 0.6～0.8 mm/m的抬高量。操作人员用手摸的方式检查钢轨的上下方向是否对正,如没有对正,应松开夹钳重新对正。对正标准为钢轨踏面和作用边不大于 0.5 mm、钢轨非作用边不大于 1 mm 以及焊缝中心不偏离焊机钳口中心,同时将轨缝调整至 2 mm 左右。

再次检查确认移动焊轨机供电电压等焊机状态及焊接参数符合要求后,启动焊接,激活自动焊接程序,使待焊钢轨经过预闪阶段、稳定的高压闪光、低压闪光、加速闪光及顶锻阶段等全部焊接过程,随后钢轨夹紧装置快速松开两钳口,在焊机机头内的推瘤刀随即完成焊瘤推凸。在此过程中,移动焊轨机计算机系统自动采集焊接过程全部数据,绘制焊接参数曲线图,通过对技术数据的分析,自动判断焊接过程是否合格。焊接参数应通过打印及硬盘保存的方式,实现每个焊接接头数据的可追溯性。

在此过程中,焊轨操控人员应认真观察焊接记录,分析焊接曲线,比对实际焊接曲线与型式试验焊接曲线的差异,当差异超出一定范围时,应及时与有关部门或专家联系分析,根据差异情况确定选择继续焊接、增加检验、调整参数或停止焊接等。对焊接不合格或是否合格疑虑较大的焊接接头应锯掉重焊。

焊接结束后,将焊轨机机架张至最大位置,提升架提升焊机机头完全离开钢轨焊接接头,去除推瘤焊渣,清理焊机内部。检查确认完成后,调整焊机机头完成另一侧钢轨接头的焊接。

焊接作业完成后的焊轨机钳口部位及钢轨钳口接触处应无打火烧伤,被钳口烧伤的焊接接头应判定为不合格,存在表面烧伤、严重错位、推瘤推亏(伤及母材)、裂纹等缺陷的焊接接头也应判定为不合格。焊机的导电钳口表面应光洁、平整,发生烧伤时应及时处理,必要时更换,更换后方可进行焊接。

6)焊轨机通过。同一位置两侧的钢轨接头焊接完成且初步判定焊接合格后,检查并调整已焊钢轨轨下垫板,撤除全部支垫滚轮,使钢轨完全落槽,并按 1/5 数量上齐钢轨扣件。之后,松开移动焊轨机装载平板车的四角油缸,使装载平板车落回钢轨上,撤除止轮制动器,待钢轨焊接接头轨温自然冷却至 400 ℃以下,移动焊轨机方可通过焊接接头位置进行下一处钢轨接头焊接作业。

7)焊后热处理。工地闪光接触焊接接头焊后热处理采用专用火焰加热正火机,在焊接接头轨温自然降至 500 ℃以下后进行,加热温度根据钢轨材质及现场条件所确定的 850 ℃～950 ℃之间的温度定值,且钢轨顶面加热温度不应高于 950 ℃,轨脚加热温度不应低于 850 ℃。专用火焰加热正火机采用氧气—乙炔火焰加热方式,由火焰加热器、流量控制箱、乙炔过滤器、乙炔瓶、氧气瓶和冷却水系统等组成(图 5-9-33)。

图 5-9-33 工地闪光接触焊接接头焊后热处理

施工准备:拆除焊接接头两侧各 1 套钢轨扣件,并在钢轨下支垫方木或短枕木,先将正火架放置在钢轨上,再将火焰加热器放在正火架圆柱形导柱上,调整加热器与钢轨表面间隙至均匀、对称后锁定;启动冷却水泵;调整加热器位置,使焊接接头处于加热器摆动中心,加热摆动幅度不小于 60 mm。

火焰加热:根据设备及工艺要求调节乙炔、氧气的输出压力和流量,点火后将火焰调到加热状态;按 60 次/min的频率摆动火焰对焊接接头 60 mm 范围加热至规定温度,加热时的轨温采用光电测温仪测定,测温时测温探头应垂直于被测钢轨表面,每次测量接触时间不小于 3 s;达到正火温度后关闭乙炔、氧气流量,但乙炔应先于氧气关闭数秒。

注意事项:在钢轨焊接、正火加热阶段,当钢轨轨温高于 300 ℃以上时,钢轨焊接接头降温必须按自然冷却降温方式,不得利用雨雪或外来水降温。雨雪或大风天气时,应采取必要的防雨雪、防风或覆盖保温措施。

8)钢轨矫直。焊接接头正火加热完成,待温度降低到 300 ℃以下后,方可进行钢轨矫直和焊缝打磨。

钢轨矫直应在钢轨及焊接接头常温状态下,根据实测焊接接头原始平直度进行,不得使用矫直的方法纠正焊接接头错边。

原始平直度的测量以焊缝为中心,将 1 m 钢轨平尺置于钢轨顶面纵向中心线上,按住水平尺一端与钢轨顶面密贴,若另一端与钢轨顶面间有间隙,则焊接接头平直度向上,用塞尺检查间隙距离;若平尺的中间与钢轨顶面有间隙,则焊接接头为低接头,需切掉重焊。将水平尺放于轨端作用边距轨顶面 16 mm 的纵向线上,按住平尺一端与钢轨作用边密贴,若另一端与钢轨作用边间有间隙,则焊接接头不合格,需切掉重焊;若水平尺的中间与钢轨顶面有间隙，则用塞尺检查间隙距离。

对上述测量所确认的钢轨原始平直度，除所确认的不合格焊接接头外，应根据焊接技术条件判定接头两侧钢轨是否需要矫直，并将需要矫直的钢轨矫直至合格状态。钢轨矫直有时需要结合焊缝粗磨进行，即焊缝焊筋粗磨到一定程度后才能进行钢轨原始平直度的测量。

9)焊缝粗磨。工地钢轨闪光焊接接头粗磨与基地闪光焊接接头粗磨相似。焊缝踏面部位在常温下不能打亏，打磨时不得横向打磨，不应使砂轮在钢轨表面上下跳动而冲击钢轨母材，不能使钢轨表面“发蓝”。若打磨时温度过高，可适当停止打磨，待温度适宜时再进行打磨。

打磨后的钢轨表面应平整有光泽，与母材过渡圆顺，轨脚边缘上下棱角应倒成圆角，不得有发黑、发蓝。粗磨时，焊接接头表面粗糙度能够满足探伤扫查的需要。焊接接头非工作面在垂直、水平方向的错位应纵向打磨过渡。

对推凸余量超标的个别接头，可采用粗磨方式打磨平整，但不得损伤钢轨母材。当推凸余量连续超标时，应调整或更换移动焊轨机推凸刀具。

粗磨后应检查焊接接头表面质量，不应有裂纹、夹渣等缺陷，否则应切掉焊接接头重新焊接。

10)焊缝精磨。焊后精磨在焊接接头粗磨后进行，作业时钢轨表面温度不得高于 50 ℃。

通过使用仿型打磨机打磨焊接接头的轨顶面、各侧面的方式进行焊缝精磨，焊缝精磨应保持轨头轮廓形状。

焊接接头在轨底上表面焊缝两侧各 150 mm 范围内及距两侧轨底脚边缘各为 35 mm 的范围应打磨平整，不得打亏。焊缝精磨的长度不应超过焊缝中心线两侧各 450 mm，打磨长度越短越好，两侧母材的打磨深度应不大于 0.5 mm，除此之外不应使焊接接头及附近钢轨表面产生裂纹、划伤、明显压痕、碰伤、电极灼伤、打磨灼伤等损伤，也不应使用精磨的方法纠正超标的平直度偏差和超标的接头错边。

打磨时，应均匀控制砂轮的进给量，一般每次不超过 0.2 mm，并同步检查有无异常和磨痕的粗细。为避免焊接接头在线路开通前因工程列车等重车作用形成低接头，精磨作业一般分次进行，并在钢轨全断面预打磨之前至静态验收之前全部精磨到位，其中钢轨顶面平顺度可适当保留到 0.1～0.3 mm/m。

11)焊缝探伤。钢轨焊接质量检查除了接头外观检查外，还应使用超声波探伤仪和全断面组合探头对每个焊缝进行无损检测，以确定焊缝各部位是否存在伤损缺陷。除设备配置要求外，探伤人员还必须持有二级以上的无损检测资格证书。

钢轨焊缝探伤之前，轨温低于 40 ℃，探头扫查面应打磨光滑，无锈蚀和焊渣。超声波探伤的操作、质量判定等应严格执行钢轨焊接技术条件及相关技术标准的规定，探伤记录应包括所用仪器、探头、焊接接头编号、测试数据、探伤结果及处理意见。对存在疑虑的焊缝应反复探伤，以准确定质量是否合格。对探伤检查质量不合格的焊接接头应锯掉重焊。

探伤范围：轨头，轨腰，轨底角，轨底三角区。

探伤前焊缝准备：钢轨轨温低于 40 ℃，对焊缝两侧各 40 cm 范围内的锈斑、焊渣、水渍等清除干净，刷足耦合剂，确保探头与钢轨耦合良好。

探伤仪准备：使用前，先利用标准件对探伤仪进行标定，再进行基线校准和灵敏度测试，确认性能良好。

探伤仪操作：锁上输送线后进行探伤，探伤时一看波形显示、二看水平距离、三看波形分析、四定缺陷性质，先使用 22 dB 频率对焊头的轨头、轨腰及轨底进行超声波穿透扫查，发现焊头存在缺陷的，再用 26 dB 频率对缺陷放大搜查，确认缺陷的性质、位置和面积，确认合格的焊接接头不得有未焊透、过烧、裂纹、气孔、夹渣等有害缺陷。

记录：探伤完毕，必须完整、及时、准确地做好记录，并对检查发现的缺陷提出处理意见，处理意见包括打磨后再次探伤、锯掉重焊等。

12)接头编号及数据记录。每个焊接接头焊接、推瘤、打磨、探伤后，应将相关数据、信息等资料收集、整理，并加以分析、存档。现场焊接的接头应结合所处标段、里程、左右线、左右股等进行统一编号，并在钢轨内侧轨腰位置涂刷醒目标识。

13)线路恢复及收尾。焊轨施工结束后，应及时恢复线路。主要包括：准确、齐全地完成钢轨扣件安装，扣件间隙及扣压力等符合规定，对缺损件及时更换补充；清除现场遗留的焊渣、短轨头、工器具及杂物等，尤其是轨下承轨台部位、扣件螺栓孔等，以免影响扣件安装。

(3)工地钢轨铝热焊接工艺。钢轨铝热焊接以铝热焊剂燃烧反应产生铁水材料填充钢轨接头空隙,并以熔化两端钢轨后共同结晶、冷却的形式将两段钢轨焊接成整体。该焊接方式以填充、结晶方式,没有闪光顶锻过程,与闪光接触焊相比,更适合于道岔区内、道岔与区间线路间或区间线路最终锁定时的钢轨焊接施工。施工流程如图 5-9-34 所示。

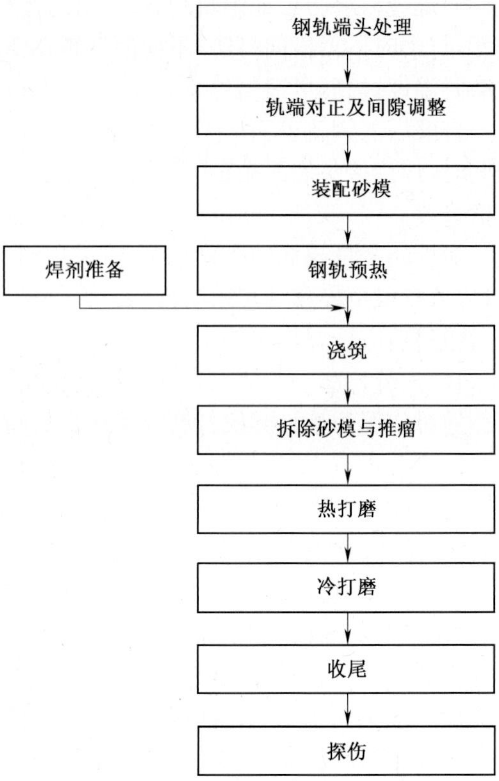

图 5-9-34　工地钢轨铝热焊接工艺流程

1)焊接材料及机具设备要求。焊接材料:钢轨铝热焊接对焊接材料有严格的要求,包括焊剂、砂箱、一次性坩埚和封箱砂等,施工时根据钢轨的类型、施工条件等选择不同的焊剂和砂型。铝热焊剂有一定的保质期,且遇水失效。

焊接机具设备:工地钢轨铝热焊接涉及的机具设备较多,原则上应采用焊接材料供应商指定或允许的焊接设备,尤其是计量器具和预热器具等,以免使用非指定的关键设备可能导致焊接参数与型式检验、实际要求不符,造成焊接失败。

2)焊前技术准备。根据待焊钢轨的轨型及材质,正确选择砂型和焊剂的类型,道岔区焊接时应选用三片式砂型,以方便砂型的安装和拆卸。不论采用何种焊剂或砂型,都必须通过工艺试验和型式检验验证,且不得随意更换。

铝热焊接一般用于道岔区钢轨接头或锁定焊接头焊接,施工前,应结合现场条件编制专项作业方案,天气、气温、防风等施工条件除应满足铝热焊接作业需要外,还应满足道岔区焊接或锁定焊接施工的需要,尤其对道岔区钢轨铝热焊接,应尽量选择在同一时段完成,施工组织时在资源配置方面要有充分的考虑,在已经开行工程列车的线路上作业时,应作好上道申请及施工防护的准备。

对液压拉伸机、氧气瓶、丙烷瓶等,应加强对压力表的标定和校核。

道岔区焊接或锁定焊接施工前,应检查和确认线路轨道几何形位、道床稳定状态满足施工要求,对焊缝位置、焊缝两端钢轨质量进行确认,焊缝位置不正确且无法调整的,或焊缝处钢轨有缺口、损伤、磨损严重、端面不规则的钢轨,必须做好重切钢轨或更换插铺短轨的准备。

3)无缝线路钢轨铝热焊施工技术与道岔铝热焊施工技术一致,见“道岔施工技术”内容。

(4)工地钢轨绝缘接头现场胶接工艺与道岔胶接绝缘接头施工技术一致,见“道岔施工技术”内容。

5. 工地钢轨焊接技术要求

工地钢轨焊接除应符合焊接工艺的要求外,还应遵循无缝线路一般焊接、单元焊接、锁定焊接等各阶段的技术要求。主要有以下几点。

(1)长轨单元焊接。长轨单元焊接是指将厂焊长轨、定尺长轨或非标长度钢轨逐根焊接成设计或计划长度的无缝线路单元长轨条。焊接施工时,除了满足焊接工艺的要求外,还应注意以下几点:

1)焊轨之前,应确认线路几何状态及道床稳定状态满足无缝线路施工的要求,应避免焊接后因线路几何状态不良或道床薄弱导致胀轨或断轨而影响线路安全。

2)实际焊接的单元长轨条长度除了符合设计无缝线路单元长度的规定外,还应考虑现场条件下移动焊轨车焊接时顶锻的要求。

3)单元长轨条焊接完成后,不能按设计锁定轨温及时锁定,临时锁定除了满足工程列车安全通行之外,还应满足在轨温正常变化的条件下长轨条热胀冷缩不会导致断轨、影响线路安全的胀轨、损害已铺道岔的线形或内应力。临时锁定应上齐长轨条两端各 50 m 范围的全部钢轨扣件,长轨条中部 1/3 以上的全部钢轨扣件且扣件扣压力符合设计要求。

单元长轨焊接完成后,应在无缝线路锁定施工前完成所有焊接接头的粗打磨、外观检查和探伤检查,对不合格的焊接接头应在无缝线路锁定施工前全部处理完毕。

(2)无缝道岔单元焊接。无缝道岔钢轨焊接应在道岔工电联调初步完成且轨道几何状态符合要求后进行,有砟道岔道床还应达到初期稳定状态。为保持轨道几何状态的稳定性,道岔区钢轨焊接及无缝线路锁定时转辙器及辙叉区域不得通过拆卸扣件的方式调整轨道应力,因此,无缝道岔钢轨焊接应在接近或处于设计锁定轨温的条件下进行。同一道岔内的非锁定焊接接头应尽量在同一时段(同一轨温条件下)内一次焊接完成,同一岔区的所有道岔内的非锁定焊接接头应尽量在同一轨温范围内(焊接时最高和最低的轨温差值不宜超过 5 ℃)完成。相邻道岔间的最后 1 对钢轨焊接接头都应按锁定焊进行。

无缝道岔内最后一对焊接接头焊接前,都必须对应实时轨温检查和调整尖轨位置使其跟端限位器子母块的相对位置与实时轨温相匹配,以保证在设计锁定轨温条件下,限位器子母块位置居中。

(3)长轨锁定焊接。长轨锁定焊接位置应符合设计要求,采用拉升法锁定时,应远离道岔区 150 m 以上。长轨锁定焊接接头应及时进行粗打磨、外观检查及探伤检查,以免焊接质量问题导致的大量返工作业。

小半径曲线地段或低温施工时,可在设计或标准允许的范围内,将无缝线路单元长度适当减小,以保证移动焊轨机焊接时能顺畅拉伸或顶锻钢轨。

(4)无缝道岔锁定焊接。同一岔区的无缝道岔应尽量作为 1 个单元进行无缝线路管理,当股道较多或道岔较多,至少应将同一岔区同一股道的无缝道岔作为 1 个单元进行无缝线路管理。纳入同一无缝线路单元内的无缝线路内的所有锁定焊焊接接头(包括道岔内、道岔间及道岔与区间线路间钢轨焊接接头)应尽量在同一时段(同一轨温条件下)内一次焊接完成。

同一岔区内,相邻股道间分别纳入不同无缝线路单元管理的无缝道岔,其不同单元内锁定焊接接头应尽量在同一轨温范围内(焊接时最高和最低的轨温差值不宜超过 5 ℃)完成。且连接不同股道的所有无缝道岔的锁定焊接接头应尽量在同一时段(同一轨温条件下)内一次焊接完成。

(5)胶接绝缘接头。由于胶接绝缘接头施工工序繁琐,施工周期较长,原则上不宜将胶接绝缘接头作为锁定焊接接头放在最后施工。

6. 区间无缝线路锁定施工

(1)概述。新建铁路区间无缝线路锁定分为常温锁定和低温锁定两种方式。常温锁定即在无缝线路单元全长范围内,实际轨温刚好在设计锁定轨温范围内时,可通过支垫滚筒+撞轨器撞轨的方式进行无缝线路线路应力放散,使长轨处于零应力状态,之后锁紧钢轨扣件完成长轨锁定。低温锁定即在实际轨温低于设计锁定轨温范围时,在“支垫滚筒+撞轨器撞轨”使长轨释放内部应力并达到零应力状态后,通过加热或拉伸的方式均匀地补偿长轨达到设计锁定轨温时所需的内部应力,之后锁紧钢轨扣件完成长轨锁定。目前还没有可行的施工方法可用于实际轨温高于设计锁定轨温范围外的无缝线路锁定。

除隧道、室内等特殊环境外,受季节、天气变化的影响,实际轨温很难长时间地保持与设计锁定轨温相符合,常温锁定方式对施工组织和质量保证具有很大的不确定性,而低温锁定方式由于采用人工补偿方式具有较强的灵活性,一般都作为现场施工的首选。

(2)低温锁定的工艺原理。按长轨的力学和热力学理论,当实际轨温低于设计锁定轨温 $\Delta T$ 时,长轨的温度力、钢轨线膨胀系数、拉力、拉伸伸长量换算关系如下。

1)加热法使长轨均匀受热,长轨实际轨温升高 $\Delta T$ 至设计锁定轨温时,

$$\Delta L = \Delta T \times \alpha \times L \tag{5-9-2}$$

式中　$\Delta L$——长轨伸长量,mm;

$\Delta T$——轨温差,℃;

$\alpha$——钢轨线膨胀系数,取 0.011 8 mm/(m·℃);

$L$——长轨长度,m。

2)拉伸法使长轨均匀伸长,拉伸伸长量 $\Delta L$ 与加热法温度伸长量相当时,长轨状态达到设计锁定轨温状态,拉伸力 $F$ 为:

$$F = (E \times \Delta L / L) \times A \tag{5-9-3}$$

式中　$E$——拉伸力,取 210 GPa;

$A$——钢轨横断面积,取 77.45 $cm^2$。

以 2 000 m 单元长轨为例,当轨温差为 1 ℃时,采用拉伸法施工需要拉伸补偿的钢轨伸长量为 23.6 mm,所需要的拉伸力(考虑 5%摩擦损耗)计算,采用拉伸法使 2 000 m 单元长轨均匀伸长的拉伸力约

为 20.15 kN，折合 2.15 t。因此，考虑钢轨焊接施工必需的天气条件，采用最大拉伸力 90 t、最大行程 750 mm的内燃液压钢轨拉伸力完全可满足低于设计锁定轨温 30 ℃以内的低温锁定要求(实际所需最大拉伸力 60.45 t、最大伸长值 708 mm)。

3)施工工艺流程如图 5-9-35、图 5-9-36 所示。

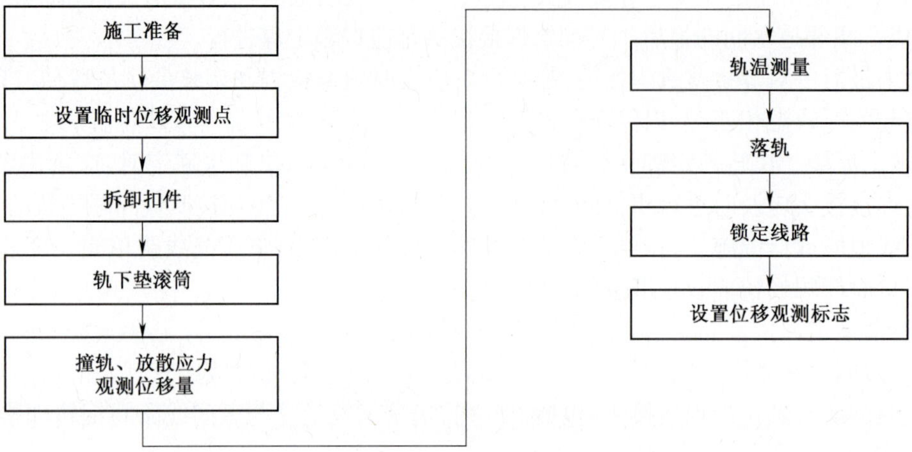


图 5-9-35　无缝线路常温锁定施工工艺流程

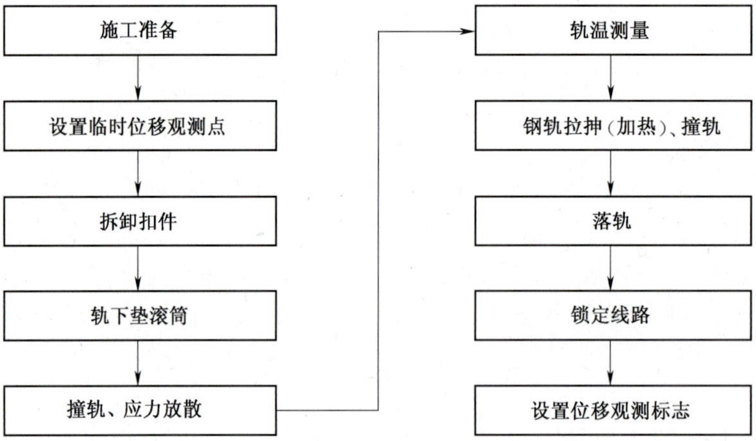


图 5-9-36　无缝线路低温锁定施工工艺流程

(3)低温条件下拉伸法锁定主要工艺(图 5-9-37)。

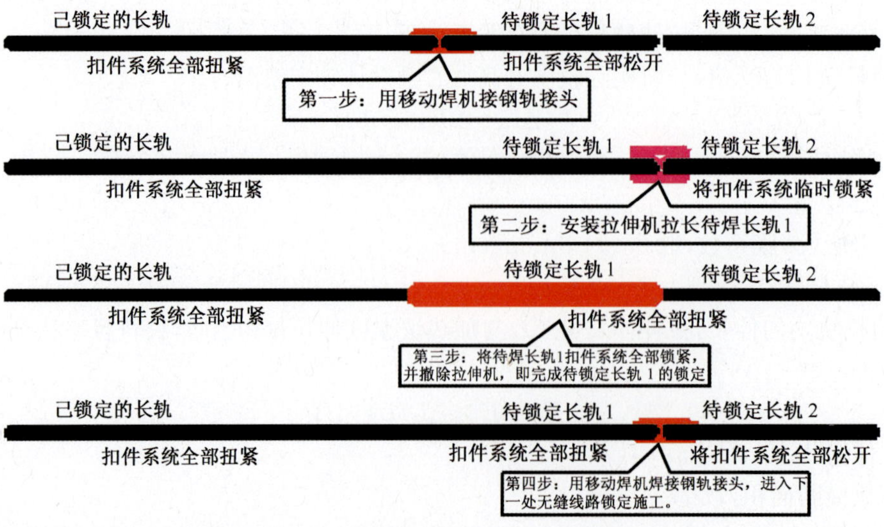


图 5-9-37　无缝线路低温锁定施工工艺流程示意图

1)施工准备。检查确定线路轨道几何状态及道床稳定状态满足无缝线路锁定施工要求，有砟轨道应保证道床饱满。

根据设计文件及铁道部相关要求，结合建设单位和设备接收单位确定的位移观测桩设置方案，沿线路方向准确、完整地设置、埋设位移观测桩，并逐个编号。其中，桥梁地段，位移观测桩应设在桥梁固定支座对应的位置。

补齐全部钢轨扣件，若补充数量较小，应提前准备到位在线路锁定时一并安装完成。

2)设临时观测点。根据现场条件，按 100 m 间距从前向后依次设临时观测点，以便观测单元长轨应力放散、拉伸(加热)和锁定过程中的位移变化，低温锁定时还应增加对相邻已锁定长轨最后 2 个观测点的观测。

3)拆卸钢轨扣件。无缝线路长轨低温锁定由区间或股道的一端向另一端施工。人工拆除待锁定单元长轨后方已锁定长轨末端 10 m 范围内及待锁定长轨范围内除轨下垫板以外的全部钢轨扣件。当待锁定长轨为首对长轨时，应将其起点位置 100 m 范围内的钢轨扣件全部保留并扣紧以便为钢轨拉伸机拉轨提供反力。同时将待锁定长轨远方相邻的待锁定长轨起点位置的 100 m 范围内的钢轨扣件全部上齐，以便为钢轨拉伸机拉轨提供反力。在拆卸钢轨的同时，应按前、中、后 3 个位置在单元长轨轨腰背对太阳光位置安装各 2 个轨温计进行实时轨温的测量。

一般情况下，此时应根据实测轨温与计划锁定轨温的差值计算单元长轨末端的位移伸长量(含已锁定长轨末端的钢轨回缩量)，并对照检查确认待锁定长轨末端与下一对长轨之间的间隙是否满足该位移伸长量，若不满足，应进行锯轨，锯轨时应尽量将长轨锁定焊焊缝调整到两承轨台中间位置。

4)轨下垫滚轮。上述待锁定区域的单元长轨全部扣件拆除后，按 10～15 m 间距在钢轨下支垫钢制滚轮，将长轨垫离道床或轨枕承轨台 30～50 mm，使前后钢轨处于“无阻力、无障碍”状态，曲线地段可适当加密滚轮的支垫数量。

5)撞轨、应力放散。按 200～300 m 间距在长轨条上安装撞轨器，通过撞轨器向按“先正向，再反向”的顺序进行同步撞轨，并辅以橡胶锤或木锤敲打钢轨，充分释放长轨内部应力。在此过程中，各观测点应严密观测和通报长轨的位移状况，直到长轨完全处于零应力状态。

6)轨温测量。读取轨温计上轨温数值，并将该轨温作为单元长轨锁定时的实测轨温，同时测量已锁定长轨末端钢轨的位移变化量(回缩量)。根据实测轨温与设计锁定轨温的差值，计算长轨计划拉伸量及各观测点对应位置的长轨伸长量。为避免拉伸后扣件锁定或后期管理中可能出现的长轨回缩，一般宜按设计锁定轨温值加上 1 ℃～2 ℃作为实际锁定轨温进行拉伸量计算。

同时，各观测点人员对应临时观测点位置设置临时位移零点。实际观测时，各观测点所需的长轨伸长量应加上已锁定长轨末端的位移变化量(回缩量)。

7)长轨拉伸。将钢轨拉伸机安装到待锁定长轨与下一对长轨之间的口子上，开启钢轨拉伸机进行钢轨拉伸，同时采用橡胶锤或木锤敲打钢轨。同时，各观测点开始按计划进行长轨伸长值(位移变化量)的观测和通报，并由施工技术负责人检查和核定长轨拉伸力与伸长值是否均匀一致，出现异常情况时应及时查找原因。一般情况下，各观测点的伸长值偏差不会大于轨温变化 1 ℃的伸缩量且不超过 10 mm。

长轨拉伸到位后，钢轨拉伸机应继续持力保压，直到钢轨扣件全部锁定完毕。

8)落轨。长轨拉伸到位后，逐个检查和调整轨下垫板到位。之后，从前向后依次撤除支垫滚轮，并再次检查确认各观测点的伸长值符合要求。

9)线路锁定。全部上齐钢轨扣件，并按先隔 1 紧 1，再全部紧固的原则锁紧钢轨扣件，其中长轨末端 200 m的全部钢轨扣件和其余地段 1/2 的钢轨扣件应先全部锁紧，之后在设置完成位移观测标后，即可撤除钢轨拉伸机。剩余的钢轨扣件也应在 12 h 之内全部锁紧。

10)设置位移观测标志。长轨拉伸到位且落轨后，应及时完成位移观测标志的设置。位移观测标志的设置应对应预先埋设的位移观测桩进行，钢轨上的位移观测标志包括位移零点和位移标尺两部分。位移零点表示长轨设计锁定轨温条件下处于零位移状态，应采用红白油漆涂刷为永久标志，以便位移观测标尺的安装。

11)锁定焊接。一般情况下，同 1 对单元长轨应同步进行放散锁定，以加快施工进度。1 对单元长轨放散锁定完成之后，应进行下 1 对单元长轨的焊接和锁定。即，拆除下 1 对单元长轨全部的钢轨扣件并用滚轮支垫后，焊轨机由已锁定线路方向进入现场完成单元长轨的焊接，在下 1 对单元长轨拉伸作业之前，至少应完成该焊接接头的正火和粗磨作业且接头处轨温自然冷却至 250 ℃以下。

同一区间的无缝线路全部锁定完成之后，需要采用铝热焊进行最后的锁定焊接时，单元长轨拉伸之前，应精确地计算好钢轨伸长量并预留好焊缝宽度，且提前做好焊缝位置轨端锯轨、打磨和除锈等工作。拉伸到位后，应在拉伸力持力保压的状态下完成铝热焊接的全部工作，直到焊缝处轨温自然冷却至 50 ℃以下。

12)注意事项。采用拉伸法锁定施工无缝线路放散锁定，原则上应按设计锁定轨温范围内的定值进行控制，其实际锁定轨温的偏差留与施工误差调整，以确保无缝线路最终的锁定轨温符合设计锁定轨温及技术标准的规定。

无缝线路焊接锁定完成后，应按规定根据位移观测标志进行长轨位移量的定期观测和统计分析。之后，所有上道作业应符合无缝线路管理的相关规定。

(4)低温条件下加热法锁定主要工艺。加热法锁定分为电阻加热和火焰加热两种方式，实施成本都相对较高，而且加热不均匀，这也是加热锁定没有得到广泛推广应用的主要原因。

目前施工现场主要在道岔区或无缝线路铺设起点等无法采用拉伸法施工的局部区域采用火焰加热进行无缝线路低温锁定，加热范围一般不超过 200 m。以下以无缝线路铺设起点段为为例介绍加热法锁定施工主要工艺。

与拉伸法施工相同，应首先将钢轨加热区段的钢轨扣件全部撤除，安装支垫滚轮及撞轨方式使钢轨完全处于自由状态，为保证钢轨在加热状态下能自由伸缩，加热区域内至少有一端长轨能自由伸缩。

确定加热区钢轨处于自由状态后，根据实测轨温计算钢轨的计划伸长量，并在加热区前中后等位置设临时位移观测点。按 5 m 左右间距布置火焰加热器以中性火焰来回对钢轨进行全断面加热，使钢轨均匀伸长直到加热区域的总伸长量达到计划伸长量以上。之后，撤除支垫滚轮，并快速完成加热区内钢轨扣件的锁定。加热过程中，必须确保加热均匀，应严格监控钢轨表面温度使钢轨一直处于低温状态过程中，以防钢轨局部过热而影响钢轨材质。

7. 岔区无缝线路锁定施工

(1)概述。由于道岔区轨道结构较为复杂，道岔扣件的拆卸作业牵一发而动全身，尤其是转辙器及辙叉区域零部件安装等直接影响道岔线形和电务设备安装质量。因此，道岔区一般不采取拆卸扣件的方式进行应力放散和锁定作业，而是提倡道岔施工各阶段、各环节、全过程遵循尽量符合设计锁定轨温的原则，并将道岔区的钢轨焊接和锁定焊接放在设计锁定轨温范围内进行。

但在实际施工中由施工季节、工序转换的影响，大多数条件下无法保证刚好在设计锁定轨温范围内进行焊接和锁定施工，对此，在操作上坚持在除设计有特殊要求，道岔区的焊接和锁定施工应在实测轨温不低于 15 ℃的条件下进行，若实际轨温低于设计锁定轨温的，应在道岔区前后各 200 m 或更长的区间线路上作补偿拉伸，以使整个无缝线路单元的锁定轨温(或应力状态)接近甚至处于设计锁定轨温状态，当轨温差值较大时，还应按不同的温差梯度设置做好与区间无缝线路的过渡。

为保证同一单元的岔区无缝线路的锁定轨温，岔区无缝线路道岔及线路的焊接应遵循“无缝道岔锁定焊接”的相关要求。

(2)岔区无缝线路常温锁定。当常温天气状态能保证岔区无缝线路能在设计锁定轨温范围内进行焊接或锁定作业时。可按以下工艺进行岔区无缝线路的焊接锁定作业。

1)施工准备。在确定施工天气能满足岔区无缝线路常温锁定的施工条件后，提前将待锁定区域内除道岔转辙器及辙叉区域外以外所有线路的扣件全部松开，并在轨下支垫小滚轮、聚氟乙烯板等滑动材料，并采用橡胶锤对钢轨进行敲打，在支垫大滚轮不影响轨道线形的条件下，也可支垫大滚轮和辅以撞轨器撞轨。同时作好钢轨焊接的施工准备，提前对待焊接的锁定焊接接头进行锯轨、打磨除锈和调轨对轨等工作。

按规定设置永久或临时位移观测标志。

2)线路锁定。待实测轨温符合设计锁定轨温要求后，再次通过敲打钢轨、撞轨等方式充分释放钢轨内应力。之后，撤除撞轨器、支垫滚轮及聚氟乙烯板等滑动材料，完成钢轨及道岔扣件的安装及锁紧，其中转辙器区域应通过调整尖轨位置使尖轨跟端子母限位器处于中间位置。线路锁紧完成后，及时设置位移零点和安装位移观测标尺。

3)锁定焊接。每天锁定的线路尽量在最短的时间内同时完成钢轨焊接施工。原则上，每天锁定的线路都必须在当天轨温接近的时间内完成锁定焊接施工。当天不能按时完成焊接或轨温温差变化较大的，应重新放散和锁定。

(3)岔区无缝线路低温锁定。当常温天气状态不能保证岔区无缝线路能在设计锁定轨温范围内进行焊接或锁定作业时。在实测轨温高于 15 ℃的条件下，可酌情采用取低温锁定工艺，但该低温锁定也应选择在该时段内轨温相对较高的时间进行。

1)道岔区及前后线路锁定。道岔区及前后线路锁定按常温法进行应力放散和焊接，但应将道岔区前后各不少于 200 m 的线路及锁定焊接留作岔区无缝线路的一部分作最后的锁定和焊接。

2)岔区无缝线路的最后锁定和焊接。道岔区及区间线路锁定完成后，一般会将道岔区两端各不少于 200 m 的线路作为岔区无缝线路与区间无缝线路过渡的结束部分放在最后锁定和焊接。

该 200 m 线路的最后锁定采用拉伸法施工，拉伸时应将道岔区长度范围内实际锁定轨温与设计锁定轨温的差值、道岔区长度所对应的伸长量一并拉伸，即保证整个岔区无缝线路单元的总的应力状态与设计锁定轨温相一致，需要注意的是，当拉伸机进行拉伸时，应保证拉伸不会使道岔内钢轨受到拉伸力。同时，为使道岔区、道岔前后线路、区间无缝线路之间的实际锁定轨温(或应力状态)不致相差过大，应做好梯度过渡。示例如下。

某线岔区无缝线路锁定，设计锁定轨温 $T_{sj}=28$ ℃±5 ℃，岔区及区间线路在实测轨温 $T_{sc}=20$ ℃条件下进行无缝线路锁定施工，其中区间线路采用拉伸法提前完成无缝线路锁定，道岔区长度 $L_1=250$ m。在此条件下进行岔区无缝线路锁定施工。

第一步：在实测轨温 $T_{sc}=20$ ℃条件下完成道岔区线路的无缝线路锁定。

由此，与设计锁定轨温相比，在岔区设计锁定轨温下限取值 25 ℃(不超过 28 ℃－5 ℃)的情况下，道岔区还需为道岔区长度 $L_1=250$ m、轨温差值 25 ℃－20 ℃＝5 ℃所对应的钢轨伸长量，按钢轨线膨胀系数 $\alpha$ 计算得出该伸长量 14.75 mm。

第二步：在实测轨温 $T_{sc}=20$ ℃条件下将道岔前后各 1 000 m 的线路作为最后锁定的线路，采用钢轨拉伸机对拉方式。

为了相邻无缝线路的实际锁定轨温过渡，该 1 000 m 线路实际锁定轨温取 24 ℃(不超过 28 ℃－5 ℃及相邻单元间锁定轨温差不大于 5 ℃的规定)，则该 1 000 m 线路的计划伸长量 47.2 mm，加上道岔区补偿的伸长量 14.75 mm，实际需要拉伸量为 62 mm，按此反算该段无缝线路的初始设计锁定轨温为 5.2 ℃。基本满足设计锁定轨温及技术标准的要求。

之后，即可进行拉伸法锁定施工。为保证钢轨拉伸不影响道岔转辙器及辙叉部位，根据扣件系统可提供阻力(一般为 0.9 t)状况，道岔外至少 50 m 范围内的钢轨扣件不可松动。温差梯度较大时，应相应延长道岔前后不可松动的线路长度，以保持道岔区无缝线路的稳定。

当实测轨温与计划锁定轨温相差较大时，可将道岔前后线路按梯度划分多个无缝线路单元并按不同的锁定轨温进行施工过渡，同时也可在满足设备施工能力的范围内将每个单元的长度适当延长。

8. 区间无缝线路轨道精调

(1)概述。无缝线路轨道精调是在轨道中线、高程等轨道几何形位基本达标、道床结构(主要指有砟道床)基本稳定的条件下，以更换扣件调整件为主要方法，以实现轨道相对精度满足要求为主要目的，以期达到轨道几何形位的高精度化。无缝线路轨道精调是高速铁路从铺轨及无缝线路焊接锁定完成到正式开通运营前最重要的一项工作，通过精密测量和精细调整(包括大机整道)最大限度地发现和消除线下工程施工缺陷、铺轨施工缺陷及轨道结构自身缺陷所造成的轨道不平顺和不稳定，其施工组织技术性和系统性极强，必须高度重视。

无缝线路轨道精调分为静态调整和动态调整两个阶段。静态调整是在联调联试之前，根据轨道静态测量数据，对轨道进行全面、系统地调整，对轨道线形进行优化调整，合理控制相邻轨枕之间轨距、水平、高程、平面等变化率，使轨道静态满足高速行车条件。动态调整是在联调联试期间，根据轨道动态检测情况，针对轨道局部进行整治，对部分区段轨道几何形位进行微调，对轨道线形进一步优化，是对轨道状态和精度进一步完善和提高的过程，以使轨道动、静态精度全面达标竣工验收条件。静态调整是基础，动态调整是补充。

与无砟轨道无缝线路轨道精调相比，有砟轨道由于道床稳定原因，在轨道精调期间会因为工程列车或试验列车通行以及道床自身稳定性等原因而造成道床基础变化，因此其轨道精调将以大型整道机组作业为主、以轨检小车测量和更换调整件为辅的作业方式。

(2)施工工艺流程如图 5-9-38、图 5-9-39 所示。

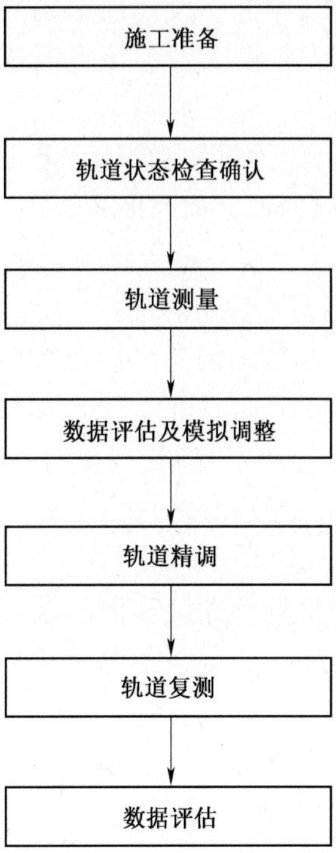


图 5-9-38　无砟轨道无缝线路轨道精调施工工艺流程

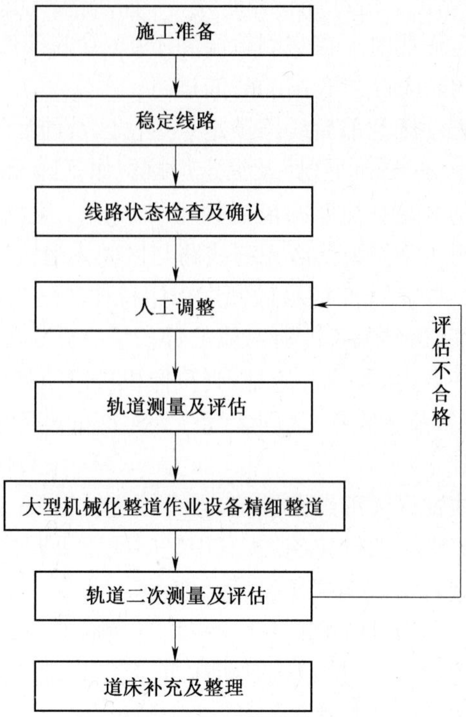


图 5-9-39　有砟轨道无缝线路轨道精调施工工艺流程

(3)无砟轨道无缝线路轨道精调主要工艺。

1)施工准备。轨道精调应组建专业的测量组和作业队。测量组一般由 1 名测量工程师和若干测量工组成,配备全站仪、电子水准仪及轨检小车等专业测量设备,测量组负责轨道几何数据测量的计算、实施、数据评估和调整量计算。作业队则由有经验的作业工长、工程技术员和线路工组成,配备电子道尺、弦线绳、电动扳手、小平车等工具。

测量组和作业队成立后,应对相关人员进行精调工艺、程序、标准的专业培训,使其全面掌握技术标准和操作要领,同时,作业人员应相对固定,不得任意调动。测量数据要有专人进行分析计算,制定精调工作表,以满足现场调整的需要。

轨道精调前应对 CPⅢ测量控制网进行复测和评估。CPⅢ测量控制网复测应在线下 CP0、CPⅠ、CPⅡ及线路水准基点控制网复测且评估合格的基础上进行,复测内容包括线上 CPⅡ加密点、线上二等水准加密基点及 CPⅢ测量控制网,复测成果合格且经评估程序后方可用于轨道精调。

轨道精调前应提前准备一定数量的调整件和部分标准扣件。调整件应包括用于调整轨距的绝缘轨距块和轨距挡板,以及用于钢轨高低位置调整的不同规格的轨下垫板、轨下微调垫板和铁垫板下调高垫板,同时也应准备少量的加长螺旋道钉。不同规格调整件的数量一般根据已有的工程经验准备,也可根据无砟道床施工后的复测成果确定。

轨道精调前的内业资料准备。整理施工管段内的平面曲线、竖曲线、超高等线路参数以及 CPⅢ测量控制网复测资料等并输送轨检小车系统,换算施工里程与贯通里程,方便精调检测数据的分析解读。同时在现场标注里程或对轨枕(承轨台)逐根进行编号,编号方式可采用"里程+板号+轨枕号"的形式。

2)轨道状态检查确认。钢轨精调前尤其在轨道测量前,应对轨道的既有状态进行检查确认,并消除钢轨、扣件、焊缝的自身缺陷及扣件安装错误的缺陷。检查确认不满足下列要求的轨道状态应进行整改。

①钢轨无污染、低塌、掉块和硬弯等缺陷,钢轨工作边无残留混凝土等黏结物;

②扣件安装正确,无缺少、损坏和污染,扣件弹条与绝缘轨距块密贴,扣件扭矩力(或扣压力)符合设计要求,弹条中肢前端下颚与绝缘轨距块间隙不大于 0.5 mm,轨底外侧边缘、绝缘轨距块、轨枕挡肩间间隙不大于 0.3 mm;

③轨下垫板安装正确，无缺少、损坏、偏斜、污染和空吊；

④钢轨焊接接头平直度符合标准要求；

⑤清理道床板、扣件内部、承轨槽内混凝土残留杂物、灰尘等。

3)轨道测量。使用轨检小车进行轨道几何形位测量应选择无雨雪、少风、光照不强等较好的气象天气。首次测量前，应对轨检小车进行检校和标定，每次开始测量前，也应使用0级道尺对轨检小车进行现场标定。

轨检小车包括全站仪自由设站和轨检小车测量两个环节。全站仪自由设站后通过CPⅢ测量控制点完成空间定位，之后对置于轨道上的轨检小车棱镜进行测量，全站仪将测量数据传输回轨检小车软件系统，加上轨检小车自身对轨道水平和轨距的测量，轨检小车软件系统即可形成对轨道几何形位的测量数据，形成每个扣件节点位置的里程、轨道方向、高程、轨距的偏差以及连续测量数据所反映的轨道方向、高低的长、短波平顺度。

全站仪自由设站时，其位置应靠近轨检小车棱镜一侧，每次联测4～6对CPⅢ测量控制点，并且测站位于联测的CPⅢ测量控制点的中间位置，与近处控制点之间的距离一般应不小于15 m，全站仪自由设站点精度应满足$X$、$Y$、$H$方向中误差均小于0.7 mm，方向中误差小于2″。完成自由设站后，CPⅢ测量控制点坐标不符值在$X$、$Y$、$H$方向的控制点余量小于2 mm，当CPⅢ测量控制点控制点坐标不符值大于限值时，该CPⅢ测量控制点不应参与平差计算，每一测站参与平差计算的CPⅢ测量控制点不应小于6个。

全站仪与轨检小车的观测距离宜为5～80 m。采用轨检小车应按由远及近地靠近全站仪方向对轨道进行逐个扣件节点的连续测量。更换测站后，两区段搭接长度不应小于6.5 m(重复测量上一测站的10对扣件节点)；区段测量以不超过5 km划分精调单元，两区段搭接长度一般为一站(该测站不应小于20 m)；同一点位的横向和高程的相对偏差均不应超过±2 mm，如果复测超限，应重新设站后再次观测。

车站道岔应单独测量，道岔直股应将道岔前后200 m的线路纳入道岔精调单元，统一完成精调作业。

4)数据评估及模拟调整。将轨检小车测量数据倒入专门的数据处理软件，数据处理软件可事先输入各项合格技术指标的限差值，对照限差值要求，数据处理软件即可自动形成轨检小车测量数据的评估结论。即，数据没有超标的部分，数据显示为合格，数据超标的部分，数据显示为不合格。

对不合格的部分，即需要通过扣件调整至合格状态。为便于现场精调操作，精调前，一般通过数据处理软件进行模拟调整，即在软件界面上填入不同的调整量，数据处理软件即可实时计算和反映出调整后轨道几何形位的变化情况，通过不断的优化调整，当所有数据都在合格范围内，即可完成调整量的模拟计算。最后，可通过计算程序输出调整量清单。通过调整量清单即可统计各种调整件的使用数量。

轨道模拟调整以相对精度及平顺性为主，横向调整量应考虑0.5 mm左右的余量，调整的整体思路是分析波形图，采用“削锋填谷”的方式消除超限处所，优化波形图实现直线顺直，曲线圆顺，过渡顺畅。调整过程严格控制周期性不平顺，特别注重轨向、高低及水平10～20 m周期性不平顺的控制，模拟调整的顺序如下：

明确基本轨，平面和轨向以曲线外轨为基准，高程和高低以曲线内轨为基准。

先整体，后局部。特别是在长波不佳的区段，可首先基于平面和高程偏差整体曲线图，大致标出期望的线路走向或起伏状态，先分整体调整方案，再细化局部调整方案。

先轨向，后轨距。轨距的优化通过调整曲线外轨的平面位置来实现，曲线内轨的平面位置利用轨距及轨距变化率来控制，单独轨距超限只调整横向曲线内轨即可。平面基准轨偏差导致的轨向不平顺：首先通过调整基准轨使轨向满足要求，然后通过调整非基准轨使轨距和轨距变化率满足要求。平面非基准轨偏差导致的轨距不平顺：在轨向良好的情况下，直接调整非基准轨使轨距和轨距变化率满足要求。

先高低，后水平。高低的优化通过调整曲线内轨的高程来实现，外轨的高程利用超高和超高变化率(扭曲)来控制。高程基准轨偏差导致的高低不平顺：首先通过调整基准轨使高低满足要求，然后通过调整非基准轨使超高和超高变化率满足要求。高程非基准轨偏差导致的高低不平顺：在高低良好的情况下，直接调整非基准轨使超高和超高变化率满足要求。

曲线调整。缓和曲线零缺陷调整，静态几何尺寸(特别是方向、水平、超高)务必严格控制，实现平顺过渡。与缓和曲线衔接的150 m直线段轨道精度务必达标，尽可能使用与曲线外轨同侧的钢轨比另侧钢轨略高0～0.5 mm，切忌在缓和曲线头出现反超高和反弯；圆曲线方向、超高应严格控制，曲线全长范围内钢轨外侧扣件与轨底外侧必须密贴(特别是曲线外股),扣件扭力矩(扣压力)必须达到设计要求。

图 5-9-40 和表 5-9-21、表 5-9-22 分别为 CRTSⅡ型无砟轨道精调测量数据显示、方向模拟调整显示、方向调整量清单显示。高低模拟调整与高低调整量清单与此相似。

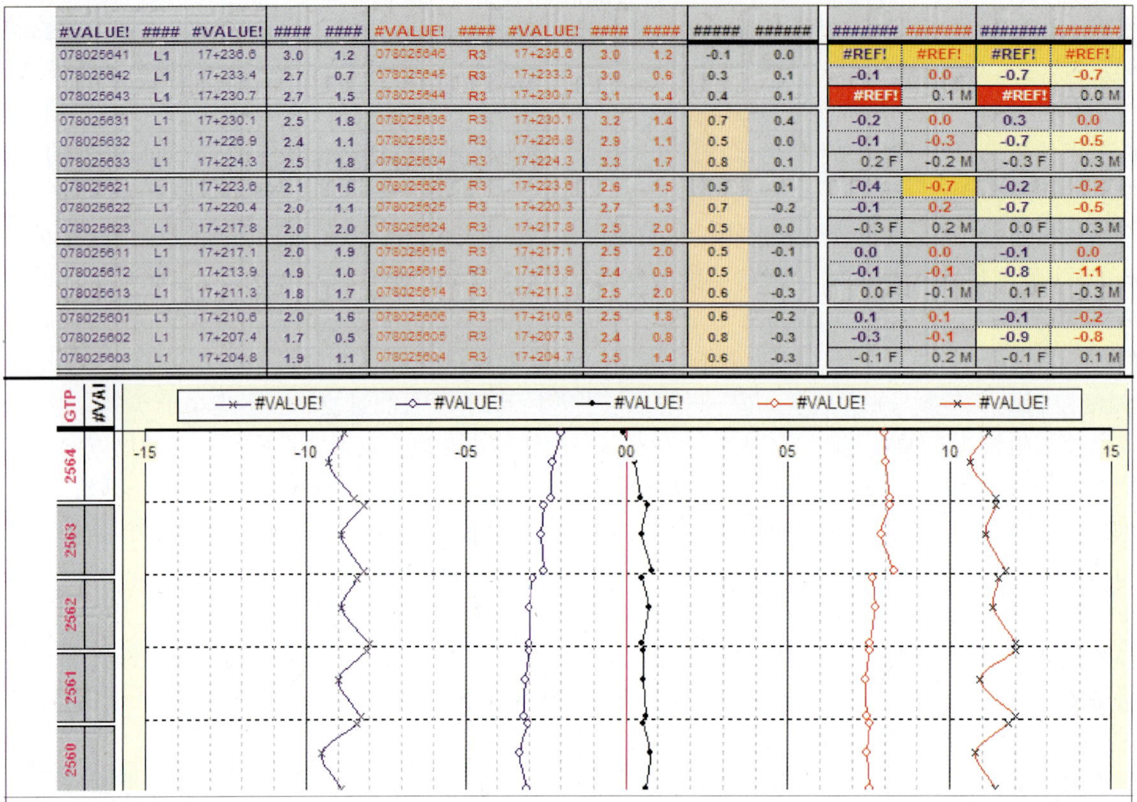

| #VALUE! | #### | #VALUE! | #### | #### | #VALUE! | #### | #VALUE! | #### | #### | ##### | ###### | ####### | ####### | ####### | ####### |
|---|---|---|---|---|---|---|---|---|---|---|---|---|---|---|---|
| 078025641 | L1 | 17+236.6 | 3.0 | 1.2 | 078025646 | R3 | 17+236.6 | 3.0 | 1.2 | -0.1 | 0.0 | #REF! | #REF! | #REF! | #REF! |
| 078025642 | L1 | 17+233.4 | 2.7 | 0.7 | 078025645 | R3 | 17+233.3 | 3.0 | 0.6 | 0.3 | 0.1 | -0.1 | 0.0 | -0.7 | -0.7 |
| 078025643 | L1 | 17+230.7 | 2.7 | 1.5 | 078025644 | R3 | 17+230.7 | 3.1 | 1.4 | 0.4 | 0.1 | #REF! | 0.1 M | #REF! | 0.0 M |
| 078025631 | L1 | 17+230.1 | 2.5 | 1.8 | 078025636 | R3 | 17+230.1 | 3.2 | 1.4 | 0.7 | 0.4 | -0.2 | 0.0 | 0.3 | 0.0 |
| 078025632 | L1 | 17+226.9 | 2.4 | 1.1 | 078025635 | R3 | 17+226.8 | 2.9 | 1.1 | 0.5 | 0.0 | -0.1 | -0.3 | -0.7 | -0.5 |
| 078025633 | L1 | 17+224.3 | 2.5 | 1.8 | 078025634 | R3 | 17+224.3 | 3.3 | 1.7 | 0.8 | 0.1 | 0.2 F | -0.2 M | -0.3 F | 0.3 M |
| 078025621 | L1 | 17+223.6 | 2.1 | 1.6 | 078025626 | R3 | 17+223.6 | 2.6 | 1.5 | 0.5 | 0.1 | -0.4 | -0.7 | -0.2 | -0.2 |
| 078025622 | L1 | 17+220.4 | 2.0 | 1.1 | 078025625 | R3 | 17+220.3 | 2.7 | 1.3 | 0.7 | -0.2 | -0.1 | 0.2 | -0.7 | -0.5 |
| 078025623 | L1 | 17+217.8 | 2.0 | 2.0 | 078025624 | R3 | 17+217.8 | 2.5 | 2.0 | 0.5 | 0.0 | -0.3 F | 0.2 M | 0.0 F | 0.3 M |
| 078025611 | L1 | 17+217.1 | 2.0 | 1.9 | 078025616 | R3 | 17+217.1 | 2.5 | 2.0 | 0.5 | -0.1 | 0.0 | 0.0 | -0.1 | 0.0 |
| 078025612 | L1 | 17+213.9 | 1.9 | 1.0 | 078025615 | R3 | 17+213.9 | 2.4 | 0.9 | 0.5 | 0.1 | -0.1 | -0.1 | -0.8 | -1.1 |
| 078025613 | L1 | 17+211.3 | 1.8 | 1.7 | 078025614 | R3 | 17+211.3 | 2.5 | 2.0 | 0.6 | -0.3 | 0.0 F | -0.1 M | 0.1 F | -0.3 M |
| 078025601 | L1 | 17+210.6 | 2.0 | 1.6 | 078025606 | R3 | 17+210.6 | 2.5 | 1.8 | 0.6 | -0.2 | 0.1 | 0.1 | -0.1 | -0.2 |
| 078025602 | L1 | 17+207.4 | 1.7 | 0.5 | 078025605 | R3 | 17+207.3 | 2.4 | 0.8 | 0.8 | -0.3 | -0.3 | -0.1 | -0.9 | -0.8 |
| 078025603 | L1 | 17+204.8 | 1.9 | 1.1 | 078025604 | R3 | 17+204.7 | 2.5 | 1.4 | 0.6 | -0.3 | -0.1 F | 0.2 M | -0.1 F | 0.1 M |



注:1. 上表格中,从左到右依次为:左轨板号里程及高低、方向,右轨板号里程及方向、高低,左右轨方向、高低偏差,相邻板方向、高低偏差;

2. 上示意图中,6 条线从左到右:蓝色左轨高低、左轨方向、粉红色标准、黑色轨距、右轨方向、右轨高低

图 5-9-40　轨道板测量数据列表

**表 5-9-21　方向调整量计算表**

| 板号及承轨台编号 | 里程 | 绝对精度 | | 轨距 | | | | 方向 | | 模拟调整量 | |
|---|---|---|---|---|---|---|---|---|---|---|---|
| | | 平曲线 | 调整后 | 设计 | 实测 | 偏差 | 调整后 | 偏差 | 调整后 | 左股 | 右股 |
| L2100-1 | 82 518 | −5 | 0 | 1 435 | 1 431 | 4 | −1 | 4 | 0 | | 4.5 |
| L2100-2 | 82 517 | −5 | 0 | 1 435 | 1 430 | 5 | 0 | 5 | 0 | | 5 |
| L2100-3 | 82 516 | −5 | 0 | 1 435 | 1 431 | 5 | 0 | 4 | −1 | | 4.5 |
| L2100-4 | 82 516 | −4 | 0 | 1 435 | 1 431 | 4 | 0 | 3 | −1 | | 4 |
| L2100-5 | 82 515 | −4 | 0 | 1 435 | 1 431 | 4 | 0 | 3 | −1 | | 4 |
| L2100-6 | 82 515 | −4 | 0 | 1 435 | 1 431 | 4 | 0 | 3 | −1 | | 4 |
| L2100-7 | 82 514 | −4 | 0 | 1 435 | 1 432 | 3 | 0 | 2 | −2 | | 3.5 |
| L2100-8 | 82 513 | −4 | 0 | 1 435 | 1 432 | 3 | −1 | 1 | 0 | | 4 |
| L2100-9 | 82 513 | −3 | 0 | 1 435 | 1 432 | 3 | 0 | −2 | 0 | | 3 |
| L2100-10 | 82 512 | −3 | 0 | 1 435 | 1 433 | 3 | −1 | −3 | −1 | | 3 |
| L2101-1 | 82 512 | −2 | 0 | 1 435 | 1 433 | 3 | 1 | −2 | 0 | | 2 |
| L2101-2 | 82 511 | −2 | 0 | 1 435 | 1 433 | 3 | 1 | −2 | 0 | | 2 |
| L2101-3 | 82 510 | −2 | 0 | 1 435 | 1 432 | 3 | 1 | −2 | 0 | | 1.5 |

**表 5-9-22　方向调整量清单**

| 板号 | 轨枕号 | 里程轨道轴线 | 左轨 | | | | | 右轨 | | | | |
|---|---|---|---|---|---|---|---|---|---|---|---|---|
| | | | 竖向调整 | | 侧向调整 | | | 竖向调整 | | 侧向调整 | | |
| | | | 轨下垫片 | 调整铁垫板 | 轨距挡板外 | 轨距挡板内 | 调整方向 | 轨下垫片 | 调整铁垫板 | 轨距挡板内 | 轨距挡板外 | 调整方向 |
| | | | (mm) | (mm) | (mm) | (mm) | | (mm) | (mm) | (mm) | (mm) | |
| 03369 | 9 | 24+139.8 | | | | | | | | | | |
| 03369 | 10 | 24+138.5 | | | | | | | | | | |
| 03370 | 1 | 24+141.7 | | | Wfp14 | Wfp16 | 向左 | | | Wfp14 | Wfp16 | 向左 |
| 03370 | 2 | 24+142.4 | | | Wfp14 | Wfp16 | 向左 | | | Wfp14 | Wfp16 | 向左 |
| 03370 | 3 | 24+143.0 | | | Wfp14 | Wfp16 | 向左 | | | Wfp14 | Wfp16 | 向左 |
| 03370 | 4 | 24+143.7 | | | Wfp14 | Wfp16 | 向左 | | | Wfp14 | Wfp16 | 向左 |
| 03370 | 5 | 24+144.3 | | | Wfp14 | Wfp16 | 向左 | | | Wfp14 | Wfp16 | 向左 |
| 03370 | 6 | 24+144.3 | | | Wfp14 | Wfp16 | 向左 | | | Wfp14 | Wfp16 | 向左 |
| 03370 | 7 | 24+145.0 | | | | | | | | | | |
| 03370 | 8 | 24+145.6 | ZW5 | | Wfp16 | Wfp14 | 向右 | ZW5 | | Wfp16 | Wfp14 | 向右 |
| 03370 | 9 | 24+146.3 | ZW4 | | Wfp17 | Wfp13 | 向右 | ZW4 | | Wfp17 | Wfp13 | 向右 |
| 03370 | 10 | 24+145.0 | | | | | | | | | | |
| 03371 | 1 | 24+148.2 | | | | | | | | | | |
| 03371 | 2 | 24+148.9 | | | | | | | | | | |
| 03371 | 3 | 24+149.5 | | | | | | | | | | |
| 03371 | 4 | 24+150.2 | | | | | | | | | | |
| 03371 | 5 | 24+150.8 | | | | | | | | | | |
| 03371 | 6 | 24+150.9 | | | | | | | | | | |

注:本表中可显示详细的调整量清单,具体轨道板号及承轨台号位置。

5)轨道精调。根据模拟调整量清单,在需要更换调整件的扣件节点的钢轨顶面位置上用石笔标出起点和终点(左右股分别标注),用道尺和弦线进行确认,并在对应的道床板表面位置标示出平面的调整量和方向,在钢轨顶面标示出高程或水平的调整量。并现场摆放所需要更换的调整件。

现场调整宜先调基准轨的轨向和另一轨的高低,再调两轨的轨距和水平;轨距和轨向用绝缘轨距块或轨距挡板调整,高低和水平用垫板或垫片调整。当使用 WJ-7 型扣件系统时,轨距和轨向的调整可尽量通过移动大铁垫板的方式调整,调整余量再使用绝缘轨距块调整。为避免反复调整不能到位的情况,调整时应严格按顺序调整,基准轨未调整到位之前不得调整非基准轨。

更换调整件时,每次拆除扣件不得超过 5 个扣件节点,并且在更换扣件区段两端各松开 1~2 个扣件(只松开,不拆除),确保扣件更换能达到预期目的和平顺过渡,调整过程按照"摆(调整件)、测(轨距或水平)、松(螺栓)、拆(扣件)、顶(钢轨)、清(杂物)、装(调整件)、紧(螺栓)、查(扭矩)、核(调整量)、记(台账)"等 11 个步骤完成。

两股钢轨调整完毕后,记录现场实际调整件的部位、规格和数量,建立台账,使用道尺和弦线复测并确认调整量到位,并记录实际轨距、水平的偏差值。

在更换扣件的过程中,必须确保调整后的扣件正确安装到位,扣件扭矩值(扣压力)、扣件与钢轨及承轨台间隙值等符合要求。

6)轨道复测及评估。扣件调整或更换完成后用道尺和弦线进行检测,然后用轨检小车再次对轨道几何形位进行检核测量,并对超限地段进行反复调整,直到轨道状态符合标准要求,同时按相关规定整理调整资料和提交检测成果资料。

通常无砟轨道无缝线路精调一般需要重复 3~4 次循环,每次循环的调整量会越来越少。

(4)有砟轨道无缝线路轨道精调主要工艺。有砟轨道无缝线路轨道精调分为大型整道机组精细整道和人工调整两部分,两部分作业相辅相衬。大型整道机组主要进行线路中线、高程、轨向、水平、高低及扭曲等主要指标的调整,而人工调整主要进行大型整道机组无法进行的道床整治、钢轨外观清理、焊缝平顺打磨、轨距及扣件局部整治以及局部调整等。

1)施工准备。有砟轨道无缝线路轨道精调以机械为主、人工为辅,特别是后期作业基本以动态检测+大机整道相结合的模式,因而在无砟轨道静态调整施工准备的基础上,还增加了机械准备和材料准备等内容。

轨道精调前的内业资料准备。整理施工管段内的平面曲线、竖曲线、超高等线路参数以及CPⅢ测量控制网复测资料等并输送轨检小车系统,换算施工里程与贯通里程,并在现场进行标注,方便轨道检测数据的分析解读。

组建专业的测量组和精调作业队,相关人员应相对固定并准确掌握精调的技术标准和操作要领,测量数据或检测数据应有专人分析计算和编制精调计划表,所配设备及工器具满足测量及精调作业的要求。

组建专业整道队伍,通过自备或租赁方式配备线路或道岔捣固车、动力稳定车及配砟整形车等大型整道机组设备,且设备状态良好,作业精度满足要求。

轨道精调前应对CPⅢ测量控制网等进行复测和评估。并提前准备一定数量的调整件和部分标准扣件。

与铁路局联调联试工作机构建立良好的工作关系,做好轨道精调期间的施工及行车组织,确保轨道精调后及时进行轨道检测,畅通信息沟通机制。

2)稳定线路。铺设无缝线路后,有砟道床应逐步进入稳定阶段。按照已有经验,在正式进入轨道精调之前,应至少完成3捣2稳以上的大型整道机组整道作业,且道床饱满、稳定,以减少精调期间及精调作业后线路的不稳定变化。

3)线路状态检查确认。钢轨精调前尤其在轨道测量前,应对轨道及道床的既有状态进行检查确认,消除钢轨、扣件、焊缝的自身缺陷及扣件安装错误的缺陷。检查确认达不到下列要求的轨道状态应进行整改。

①钢轨无污染、低塌、掉块和硬弯等缺陷,钢轨工作边无残留混凝土等黏结物;

②轨枕铺设正确,电容枕、绝缘枕、电磁感应枕等其他特殊轨枕按设计铺设或更换完成;

③扣件安装正确、齐全,无损坏和污染,扣件弹条与绝缘轨距块密贴,扣件扭矩力(或扣压力)符合设计要求,弹条中肢前端下颚与绝缘轨距块间隙不大于0.5 mm,轨底外侧边缘、绝缘轨距块、轨枕挡肩间间隙不大于0.3 mm;

④轨下垫板安装正确,无缺少、损坏、偏斜、污染和空吊;

⑤钢轨焊接接头平直度符合标准要求;

⑥清理扣件内部、承轨槽内混凝土残留杂物、灰尘等;

⑦道床断面经过配砟整形车或人工整形,砟肩堆高、道床宽度、边坡等道床断面尺寸符合设计要求,且拍拢夯实。

4)人工调整。上述线路状态检查确认所发现的问题以及钢轨硬弯矫直、钢轨焊缝平直度超标打磨、轨距调整、道床缺砟补充等均应在大型整道机组精细作业前通过人工调整完成。

采用钢轨弯曲机对钢轨硬弯进行矫直作业,矫直后的钢轨平面不平顺矢度不得大于0.3 mm/m,通过矫直作业仍不能满足要求的钢轨硬弯,应将该段钢轨截除,换铺为符合规定长度的短长轨。

对钢轨焊接接头进行精细打磨,钢轨顶面平顺度控制在0.2~0.4 mm。

逐根轨枕进行轨距的检查和调整,超标轨距采用轨距调整块或轨距挡板调整。调整后轨距应达到以下标准:轨距允许偏差±1 mm,轨距变化率不得大于1/1 500。

在精细整道前,利用风动卸砟车进行补砟作业。卸砟运行速度控制在5~10 km/h;风动卸砟车卸砟、补砟应由专人引导。卸砟应均匀,两侧卸砟线路外侧风门比内侧风门先打开且稍大一些。卸砟后的道床应饱满。

卸砟后,通过配砟整形车整理道床,砟肩堆高、道床宽度、边坡等道床断面尺寸符合设计要求,且拍拢夯实。

5)轨道测量及评估。使用全站仪和电子水准仪通过CPⅢ测量控制网测量线路中线或高程状态,测量间距不大于5 m,并在线路上标注线路抬拨道量。有条件的,可采用绝对测量或相对测量轨检小车对线路轨道几何形位进行贯通测量。并通过轨检小车自带软件分析线路轨道几何状态,结合线路中线或高程的绝对差值计算线路起拨道量。

一般情况下，经过初期阶段 3 捣 2 稳以上的大型整道机组精细整道作业之后，线路中线、高程、方向长波、高低长波等都能满足要求。

根据轨道测量及评估的结果，确定轨道精调阶段需要大型整道机组重点整道区域及作业方案，对线路轨道几何状态较为薄弱的区段，应加强轨道测量，并在线路上标注线路起拨道量，确定加强整道作业的范围。

6）大型整道机组精细整道。进行轨道精调阶段，应至少采用 09-32 型线路捣固车或作业精度相当的线路捣固车精细整道，每次整道均应配备动力稳定车跟进其后同步作业。

线路轨道达到初始状态，首次人工调整后，应采用 09-32 型线路捣固车或作业精度相当的线路捣固车贯通线路进行一次或以上的整道作业，使线路轨道整体达到高精度状态。之后，再根据轨道测量或评估结果对重点区域加强整道。

除了整道设备的正常状态和正确操作外，大型整道机组精细整道还应注意以下几点要求：一是整道前精确测量和计算线路起拨道量，原则上最大起拨道量不宜大于 3 cm，前后两点的起拨道量之差也不宜大于 3 cm；二是道床饱满密实；三是线路捣固及起拨道作业之后，应及时跟进动力稳定车作业；四是最后一次精细整道时，线路起拨道量不宜大于 1 cm，整道作业完成后，动态检测无Ⅱ级及以上超限点。

7）轨道二次测量及评估。大型整道机组整道作业之后，应通过轨检小车或动态检测车（铁路局）对线路轨道进行测量。由于有砟轨道铺轨工程线路相对较长，采用静态检测方式时间长、效率低，一般会结合行车试验采用动态检测车或动态检测仪检测。

根据动态检测数据确定线路轨道几何超差区段或处所，再采用轨检小车进对超差区段或处所进行静态测量，获取线路轨道几何形位的准确状态。通过数据分析，确定对超限区段的轨道几何形位采用人工调整或大型整道机组调整。

轨距超差的，采用人工更换轨距块或轨距挡座的方式调整。局部水平、方向或高低超差且人工调整作业量较小，首先应确定该部分超差是否因为钢轨硬弯、焊缝平顺性超差等因素引起并采取相应的措施，之后，再采用人工更换调整扣件的方式调整。水平、方向或高低超差较为连续且作业量较大，应选用大型整道机组作业。

8）道床补充及线路整理。轨道精调达标后，根据现场情况进行道床补充和线路整理。除了保证轨道几何尺寸良好和道床稳定外，轨道精细整理还应对道床外观进行整理，在保证道床宽度、边坡坡度、砟肩堆高等尺寸满足要求外，还应清除道床上包括轨道部件附着的杂物，清除道床范围内的外范围的道砟等，做好道床边坡坡脚线、砟肩线等四线平顺。

（5）施工注意事项。

1）高温时原则上不应安排影响线路稳定性的精调作业，可安排矫直钢轨、整理扣件、整理道床外观、钢轨打磨等作业。

2）有砟轨道无缝线路精调作业必须掌握轨温，观测钢轨位移，分析锁定轨温变化，按实际锁定轨温，根据作业轨温条件进行作业，严格执行“作业前、作业中、作业后测量轨温”的制度，并应做好以下各项工作：

①在整理地段按需要备足道砟；

②起道前应先拨正线路方向；

③起、拨道机不得安放在铝热焊缝处；

④扒开的道床应及时回填、夯实；

⑤无缝线路整理作业应遵守后述的作业轨温条件；

⑥当轨温在实际锁定轨温减 30 ℃以下时，伸缩区和缓冲区禁止进行整理作业。

3）在跨区间无缝线路上的无缝道岔尖轨及其前方 25 m 范围内综合整理，允许在实际锁定轨温±10 ℃内进行作业。

4）线路锁定后的精细整道，特别是需要拆卸扣件的作业，应严格按照有关要求进行，一次拆卸扣件不宜过长。

5）在轨道精调过程中，对于长大直线上的小折线，宜采用大半径曲线（$R$=1 500 000 m）拟合处理，以消除折线小偏角。

9. 岔区无缝线路轨道精调

岔区无缝线路轨道精调除了满足轨道精度之外，还有工电配合的需要，其轨道精调作业应尽可能保证轨道结构的稳定性、轨道几何形位的平顺性和工电配合的协调性。因此,为提高轨道精调的效率和精度,有砟轨道岔区无缝线路轨道精调应在钢轨焊接完成、大型整道机组作业结束且道床饱满、稳定的条件下进行。本质上,进行轨道精调阶段,有砟轨道和无砟轨道的岔区无缝线路轨道精调都是以"垫片作业,人工调整"为主。

岔区无缝线路轨道精调与道岔轨道精调施工技术一致,见"道岔施工技术"内容。

10. 钢轨预打磨

(1)概述。钢轨预打磨,是在新建高速铁路无缝线路轨道开通之前,采用钢轨或道岔打磨列车对线路或道岔钢轨进行的全断面打磨,通过钢轨预打磨可有效消除钢轨制造、运输、铺设过程无法避免的断面轮廓尺寸误差、轨面不平顺、轨头扭曲变形,尤其是焊接接头对轨错牙、扭曲、打磨质量难以控制等产生的局部不平顺和前后相邻轨顶面连续性不良,有效提高钢轨平顺性,改善轮轨关系,不仅能有效提高高速列车的舒适性,而且能大幅延长钢轨的使用寿命。

(2)钢轨预打磨。目前,我国铁路钢轨和道岔打磨列车只装备了相关铁路局,各施工单位还未装备。因此,新建高速铁路钢轨预打磨工作一般由建设单位或相应铁路局统一组织施工,各设计、监理和施工单位按程序做好配合工作。

建设单位或相应铁路局根据新建高速铁路建设工期及开通计划,提前确定钢轨和道岔打磨列车使用计划,并制定相应的施工方案。原则上,钢轨和道岔打磨一般在无缝线路精调完成,道床进入稳定状态,轨道静态验收合格后进行。

施工单位应提前做好打磨前准备工作,提供各规格、种类钢轨铺设的具体位置,拆除影响打磨列车通行和作业的设备设施,清除线路两侧影响钢轨打磨作业的易燃易爆物品,合理安排配合打磨铁粉的清扫和回收工作。

打磨列车到达工地后,根据轨面状态,采用列车运行打磨、成型打磨等形式进行作业,新铺钢轨基本按打磨 3 遍模式,运行打磨速度 $v=12$ km/h,打磨时角度位于$-5°\sim+35°$,消磨量 0.2～0.3 mm。全面施工前,首先按钢轨钢种选择包括一段曲线和直线在内的试验段进行试打磨,并根据打磨质量将打磨参数调整到最优,之后再大面积打磨。打磨过程中,除了即时关注打磨列车的打磨记录和质量测量数据外,还应加强重点测量,确保打磨质量。

打磨列车通过后,重点检查和测量焊缝位置轨面平顺度,对超标处所采用小型仿型打磨机人工打磨。

钢轨打磨结束后,建设单位应落实施工单位安排专人对钢轨打磨的铁粉进行清扫和回收,对道岔打磨后的滑床板进行清扫,原则上轨枕、扣配件及道床表面不得有铁粉堆积和污染,以免污染道床和影响轨道电路传输。

道岔打磨时,同一岔区及其前后各 300 m 线路应作为一个作业单元,通过打磨岔区直股钢轨,在钢轨顶面中心处形成 20～30 mm 宽的光带,以改善轮轨关系,提高整个岔区的平顺性。

(3)注意事项。

1)钢轨和道岔打磨前,应完成轨道精调和道岔工电联调,并经检查确认线路和道岔轨道几何状态良好,焊缝位置钢轨平顺度无超限。

2)钢轨和道岔打磨列车状态良好,配套机具完备,制定车站、长桥及隧道内钢轨打磨有针对性的施工技术方案。

3)钢轨打磨作业前,施工线路应经专项安全检查满足要求后,钢轨和道岔打磨施工计划按规定上报和批准,工电配合、打磨铁粉清扫及回收等配合措施到位。

4)钢轨和道岔打磨按打磨试验段,经检查确认合格且参数稳定后,再大面积打磨。

5)相邻两段线路或道岔重叠打磨的区域不少于 3 m,并适当减少打磨遍数,保证结合部的平顺性。

6)两组道岔间距离小于 500 m 的线路及道岔前后各 300 m 的线路必须采用道岔打磨车同步打磨,同一岔区及前后各 300 m 的线路应作为一个打磨施工单元。

7)钢轨和道岔打磨过程中,应加强打磨质量监控,打磨数据或检测结果异常应停止作业,待原因查清且确认无误后再恢复作业。

11. 无缝线路与联调联试

联调联试是高速铁路在完成静态验收之后,采用高速试验列车、检测列车及相关检测调试对各系统的工作状态、性能、功能以及各系统间匹配关系等进行综合测试、调整、优化并使整体系统达到设计要求的活动,是高速铁路建设的一项重要工作。联调联试具体到无缝线路专业，就是在轨道静态验收合格的基础，通过动态检测列车或人工添乘(动态检测仪检测)等手段，发现和确认轨道几何形位的动态超标处所。再通过静态检查确认的方式予以确认，并按无缝线路轨道精调的手段予以消除，使轨道几何状态符合要求，以进一步提高高速铁路运行的安全性和舒适性。联调联试阶段的无缝线路轨道精调应坚持以下原则：

(1)充分认识联调联试过程中病害整治的艰巨性、复杂性和反复性。前期精调质量的好坏，直接决定后期联调联试的质与量，必须高度重视、科学组织、精心施工、快速超前地完成静态精调工作，从而确保联调联试期间轨道精调满足高速行车要求。

(2)高度重视线路接管单位提前介入的重要性。建设、线路接管、联调联试和施工单位要密切配合，合理安排动车试验、静态检测及整改的时间，严格执行“施工不行车，行车不施工”的原则，保证满足轨道精调所需的必要时间，各单位间应加强沟通协调。

(3)提前做好数据分析、测量及维修人员的培训工作。认真执行“严检慎修”的原则，相关人员必须熟练掌握轨检小车测量、动静态数据分析、轨道调整方法。加强轨道检测波形分析工作，提前制定针对性的检测和调整方案。

(4)加强对扣件和焊缝的检查。高度重视长波不平顺的调整，在静态调整阶段力争将轨向精度控制在 0.5 mm 以内。焊缝平顺性差、钢轨硬弯、扣件扣压力不足和垫板不密贴是动力学检测中出现的减载率、脱轨系数偏大的主要原因，对此问题，必须首先检查和排除扣件完好性和焊缝平顺性较差的因素，发现问题及时处理。

(5)在满足绝对精度的条件下，应建立轨道几何状态相对平顺的理念，力求调整量最小。严格控制轨向、水平等周期性不平顺，注意变化率的控制，避免轨距、轨向、水平正负交替出现的情况。

## 9.8　资源配置

### 9.8.1　劳动力配置

高速铁路无缝线路轨道工程施工采取架子队组织模式，根据工作面和作业内容情况组建若干个专业施工队，主要包括铺轨基地、铺轨作业队、线路作业队、焊轨作业队、道砟供应队、道岔施工队、站线施工队和运输所等，依据施工流程平行作业。各施工队人员相对固定，推行专业化管理。其管理人员组织与生产人员组织与有砟轨道铺轨作业相似，见第 8.3 节“有砟轨道施工技术”相关内容。

### 9.8.2　主要设备机具配置

高速铁路无缝线路铺设单作业面主要设备机具配置见表 5-9-23。

**表 5-9-23　高速铁路无缝线路铺设主要设备机具配置表**(单作业面)

| 序号 | 设备名称 | 规格 | 单位 | 数量 |
|---|---|---|---|---|
| 一 | 检测设备 | | | |
| 1 | 全站仪 | | | |
| 2 | 电子水准仪 | | | |
| 3 | 轨检小车 | | | |
| 4 | 电子道尺 | | | |
| 5 | 支距尺 | | | |
| 6 | 方 尺 | | | |
| 7 | 螺旋道钉抗拔仪 | | | |
| 8 | 道床阻力检测设备 | | | |
| 9 | 数字式超声波探伤仪 | | | |
| 10 | 数字式钢轨平直度检查仪 | | | |
| 11 | 波纹磨耗测量仪 | | | |

续上表

| 序号 | 设备名称 | 规格 | 单位 | 数量 |
|---|---|---|---|---|
| 12 | 钢轨头部横断面绘图仪 | | | |
| 二 | 长轨铺轨基地 | | | |
| 1 | 轨行式龙门吊 | 16 t×17 m | 台 | 5 |
| 2 | 32台联动长轨群吊 | 2 t×21 m | 套 | 1 |
| 三 | 轨道运输设备 | | | |
| 1 | 内燃机车 | DF4 | 台 | 8 |
| 2 | 内燃轨道车 | 290型 | 台 | 6 |
| 3 | K型石砟漏斗车 | KZ70 | 辆 | 40 |
| 4 | 平板车 | N17 | 辆 | 若干 |
| 5 | 宿营车或公务车 | | 列 | 1 |
| 四 | 长轨运输及铺设 | | | |
| 1 | 枕轨运输列车 | 500 m | 列 | 2 |
| 2 | 长轨运输列车 | T11型 | 列 | 2 |
| 3 | 有砟轨道长轨铺轨机组 | CPG500型或CYP500型 | 套 | 1 |
| 4 | 无砟轨道长轨铺轨机组 | WZ500型 | 套 | 1 |
| 5 | 支垫滚轮组 | 15 cm高 | 个 | 200 |
| 五 | 大型整道机组 | | | |
| 1 | 线路捣固车 | D08-32或D09-32型 | 台 | 1 |
| 2 | 动力稳定车 | WD320 | 台 | 1 |
| 3 | 配砟整形车 | SPZ2000 | 台 | 1 |
| 4 | 道岔捣固车 | CD08-475 | 台 | 1 |
| 六 | 钢轨焊接及无缝线路锁定设备 | | | |
| 1 | 移动式闪光接触钢轨焊接机 | LR1200 | 台 | 2 |
| 2 | 铝热焊设备 | 斯密特 | 套 | 2 |
| 3 | 内燃式液压钢轨拉伸机 | | 台 | 4 |
| 4 | 胶接绝缘接头设备 | | 套 | 1 |
| 七 | 钢轨预打磨 | | | |
| 1 | 钢轨打磨列车 | PGM-48 | 台 | 1 |
| 2 | 道岔打磨列车 | | 台 | 1 |
| 3 | 钢轨波纹研磨机 | | 台 | 1 |
| 八 | 运输组织 | | | |
| 1 | 无线电通信系统 | | 套 | 1 |
| 2 | 车辆防护器具 | | 套 | 20 |
| 3 | 钩锁器 | | 套 | 120 |
| 4 | 防护器具(含防护牌) | | 套 | 20 |

## 9.9 质量安全控制要点

### 9.9.1 质量控制要点

除满足设计及工艺要求外,高速铁路无缝线路施工质量控制要点还有以下几点:

(1)建立健全质量管理体系,配置质量控制要素,推进专业化管理和生产,严格施工过程控制,针对不同工序、不同施工内容制定并实施作业指导书、质量实施细则和质量检测大纲,以工序质量、细节质量保证最终的施工质量。

(2)加强各方协调与技术交底,尽早明确设计和技术标准,针对性编制施组织设计和作业指导书,开展技术培训和交底,确保设计和技术标准落到实处。

(3)严格控制无缝线路铺设、焊接、锁定、轨道精调及钢轨预打磨施工的边界条件。无缝线路焊接锁定前,轨道几何形位基本达标。钢轨预打磨前,轨道几何形位全面达标。若是有砟轨道无缝线路铺设,无缝线路焊接锁定和钢轨预打磨前,有砟道床还应分别达到初步稳定和稳定状态。

(4)在精调测量中,配置高精度的全站仪、电子水准仪、轨检小车等,测量人员进行针对性的培训并经考核合格后上岗,施工过程应加强设备的经常性校正、日常保养和维护,计量器具定期送检标定。

(5)严格按技术条件开展轨料采购、运输、储存及检验,做好成品及半成品保护,不合格材料杜绝使用。对长轨吊装、运输、存放必须采用专有设备并制定专项施工方案,确保钢轨件不变形、无损伤;加强对预埋套管轨枕的保护,防止杂物进入预埋套管内。

(6)加强长轨铺轨机组、移动焊轨机、大型整道机组、钢轨及道岔打磨机等大型设备的使用、维护等,确保设备机况良好,专业人员必须持证上岗并按操作规程正确操作,以质量控制真正实现“设备保工艺,工艺保质量”。钢轨焊接前,按规定完成钢轨焊接型式检验。

(7)大型整道机组作业时,道床道砟必须饱满、充足、均匀,每次作业应严格控制起拨道量,施工完毕,及时补充道砟,并检查轨道线路,以调整后续整道方案。大型整道机组不得在允许轨温范围外作业。

(8)加强工程运输管理,严格控制工程线通行条件,杜绝设备掉道损伤线路部件,轨行设备严禁在道岔区段起步、制动或停机,大坡道应避免起步、制动或停机,以免损伤设备和钢轨。

(9)钢轨焊接接头必须逐个焊头进行外观、平直度和探伤检查,不合格焊头杜绝上道使用。

### 9.9.2　安全控制要点

高速铁路无缝线路轨道线路工程施工安全控制要点与有砟轨道铺轨作业相似,见第8.3节“有砟轨道施工技术”相关内容。

### 9.9.3　环保控制要点

高速铁路无缝线路轨道线路工程施工环保控制要点与有砟轨道铺轨作业相似,见第8.3节“有砟轨道施工技术”相关内容。

# 10 施工组织总体方案

## 10.1 概 述

道床及钢轨是高速铁路的核心结构部分,而高速铁路道床所采用的无砟轨道及有砟轨道、钢轨所采用的无缝线路,均是高速铁路工程施工的最新技术,要保证高速铁路的工程质量、安全、环保、成本和工期等目标,除了掌握正确的施工方法和核心技术以外,施工组织方案也是保证实现上述目标的重要手段和措施。

### 10.1.1 无砟轨道

我国高速铁路的无砟轨道是2005年后出现的崭新技术,其工程质量直接决定高速铁路的安全性、舒适性和耐久性。无砟轨道施工技术复杂,精度要求高,并具有工厂化、机械化、专业化、信息化的特点。按照国家和铁道部标准化管理的要求,建设各方必须坚持以质量为核心,牢固树立精细施作、精确定位、系统集成的理念,严格源头控制、细节控制、过程控制,通过严谨的技术与质量管理,以先进的设备保工艺,以规范的工艺保质量,全面落实无砟轨道施工管理制度、人员配置、现场管理和过程控制标准化的各项要求,实现质量、安全、工期、投资效益、环境保护和技术创新等目标,达到世界一流水平。

无砟轨道施工必须提高工厂化、专业化、机械化和信息化水平。一是施工单位要整合资源,组建相对稳定的专业化队伍,固定专业管理、技术和作业人员,配置专业施工设备,建立健全专业的质量检验体系;二是在无砟轨道制造、运铺、精调、混凝土制备及浇筑、钢轨焊铺等采用数控化、自动化的成套机械设备,有效地提高作业精度和作业效率;三是在建设管理、施工组织、制造、铺设及成品检验和竣工验收等方面实现信息化,建设各方应及时收集、整理全过程的施工数据,做好数据库维护,确保无砟轨道施工质量和责任可追溯。

无砟轨道工程建设各方应制定项目管理规划,重点加强CPⅢ轨道控制网测量、工地钢轨焊接、无缝线路应力放散及锁定、轨道精调整理等工序的管理控制,注重轨道与相关专业接口衔接、无砟轨道工艺性试验、轨道过渡段施工等关键环节的管理。

### 10.1.2 有砟轨道

传统的有砟轨道铁路在我国已有成熟的施工技术和经验,主要采用铺轨机或架桥机铺轨排,通过小机整道或大机整道后开通线路,边运营、边维护,分级提速。无缝线路主要采用25 m定尺轨厂焊成200~300 m,再实施钢轨换铺法施工,现场铝热焊或气压焊焊接长钢轨并锁定区间或跨区间无缝线路。我国通过秦沈、合宁、合武等铁路客运专线有砟轨道的建设,逐步发展和形成了以长轨铺轨技术、长轨焊接技术和大型机械化整道技术为代表高速铁路有砟轨道施工成套技术,逐步实现施工组织工厂化、机械化、专业化和信息化,轨道施工的精度和质量全面提高并达到高速铁路运营的要求。

按照国家和铁道部标准化管理的要求,建设各方也通过坚持以质量为核心,牢固树立精细施作、精确定位、系统集成的理念,严格源头控制、细节控制、过程控制,通过严谨的技术与质量管理制度,以先进的设备保工艺,以规范的工艺保质量,全面落实有砟轨道施工管理制度、人员配置、现场管理和过程控制标准化的各项要求,确保有砟轨道施工时有序可控,实现质量、安全、工期、投资效益、环境保护和技术创新等目标,达到了世界一流水平。

### 10.1.3 无缝线路

无缝线路是高速铁路在道床结构上,最终实现高速铁路行车的钢轨及道岔综合系统,在无砟轨道施工后进行,与有砟轨道施工是交替进行,无缝线路施工组织方案结合有砟轨道施工组织方案一并叙述。

职领导负责协调和配合事宜。施工单位应依据专业特点组建铺轨基地、长轨铺设、大机整道、道岔铺设、长轨焊接、工程运输、材料供应等专业化队伍。其中，工程运输管理机构应统一负责工程施工及行车管理。

（2）主要施工设备。铺轨基地设备：500 m 长轨联动群吊、走行式龙门吊、轨枕锚固生产线等。

道砟生产及供应设备：道砟生产设备，道砟水洗设备，装载机，自卸汽车，平地机或摊铺机，压路机。

轨道运输设备：内燃机车，内燃轨道车，铁路平板车，K 型石砟漏斗车，宿营车或公务车。

精密测量设备：高精度全站仪、电子水准仪、轨检小车。

铺轨设备：轨排铺轨机，单枕法或群枕法长轨铺轨机组，枕轨运输列车。

整道设备：线路捣固车，动力稳定车，道岔捣固车，配砟整形车。

焊轨设备：铝热焊设备，长钢轨基地焊接生产线，移动闪光接触式钢轨焊接机（简称“移动焊轨机”），钢轨超声波探伤仪，钢轨平直度检查仪，胶接绝缘接头施工设备，液压拉伸机。

钢轨打磨设备：钢轨打磨列车，道岔打磨列车。

道岔施工设备：道岔组装平台，道岔平移台车，道岔组装及检测工具，道岔起道机组。

工程试验室及配套检测设备。

（3）大型临时设施。铺轨基地（含道岔存放场）；道砟加工场或道砟存放场；施工通道结合线下结构施工统一修建，原则上应沿线路贯通布置；水电需求结合线下结构施工统一设置；施工队伍生产生活基地。

（4）进度指标。铺轨基地：轨枕及扣件存放能力满足 20 d 铺轨施工需要，长轨存放满足 3 个月使用量。长轨铺设：单作业面有砟地段每天铺设 1 km。

底层道砟预铺提前铺轨到达时间 20 d 以上，单作业面每天铺 1 km；18 号道岔铺设每组需要 15 d，其他规格道岔可按长度折算；大机整道单作业面每天综合整道 2 km。

（5）施工流程。高速铁路建设开始，作好有砟轨道准备工作；运输通道、临时用地及水电设施等纳入线下工程施工统筹规划、实施；铺轨基地、道砟加工场及存放场等提前规划和建设。

施工队伍提前进场，完成机构组建、人员配置并开展准备工作，提前完成重点设备、材料开发及试验等，提前开展设备进场及材料订货、储存，提前开展道砟生产及储存工作。

按照有砟轨道开始工期要求，提前组建专业化施工队伍，完成临时设施修建，组织人员、设备及材料到位，开展人员培训、设备验证及工艺试验。

线下工程完工后，及早完成 CPⅢ 测量控制网的测设及评估，完成线路贯通测量及线下结构检查验收。按照“大分段，小流水”组织底层道砟预铺和正线道岔铺设施工。底层道砟预铺、道岔铺设、长大隧道或特殊地段有砟道床施工等必须满足铺轨工期的需要。

铺轨开始后，由铺轨基地出发按铺轨方向依次完成长轨铺设，上砟整道、长钢焊接、无缝线路锁定、轨道精调及后续的四电施工。

全线或大段落站前、站后主要工程全部施工完成后，进行联调联试，最后开通线路行车。

### 10.3.2　总体部署

#### 10.3.2.1　建设各方职责划分

按照铁道部关于推进工程建设标准化管理的要求，无砟轨道、有砟轨道及无缝线路工程建设各方都应根据工程设计和工期要求制定相应的项目管理规划，确保工程建设安全、质量和有序推进。除建设管理及合同约定的职责外，建设各方针对无砟轨道、有砟轨道及无缝线路工程施工组织及管理的主要职责划分如下：

1. 建设单位职责

全面负责无砟轨道、有砟轨道及无缝线路工程施工的组织及技术质量管理工作，主要包括：

（1）负责施工组织的领导与协调，负责全过程监督检查；

（2）负责编制指导性施组，组织施工、监理单位编写实施性施组、施工工艺和作业指导书等，并予审批；

（3）负责组织设计交底和施工技术培训；

（4）负责组织线下工程与无砟轨道、有砟轨道及无缝线路工程的接口验收和线下工程沉降变形及 CPⅢ 测量控制网评估，组织关键施工设备及工艺、试验段、先导段评估等。

2. 设计单位职责

(1)负责无砟轨道、有砟轨道及无缝线路工程设计及施工技术支持;

(2)提供设计文件和设计交底;

(3)参与制定和审查相关施组及作业指导书;

(4)参与线下工程与无砟轨道、有砟轨道及无缝线路工程的接口验收和线下工程沉降变形、关键施工设备及工艺、试验段、先导段评估等工作;

(5)提供有关的施工技术支持。

3. 监理单位职责

(1)监理单位负责监理责任;

(2)参与制定指导性施组并负责编写监理细则;

(3)负责对施工单位实施性施组、作业指导书及相关技术文件的审查;

(4)参与线下工程与无砟轨道、有砟轨道及无缝线路工程的接口验收和线下工程沉降变形及CPⅢ测量控制网评估,组织关键施工设备及工艺、试验段、先导段评估等,负责提交验收或评估所需的相关监理资料;

(5)审批混凝土配合比;

(6)负责办理无砟轨道、有砟轨道及无缝线路工程施工相关的工序验收。

4. 施工单位职责

全程负责无砟轨道、有砟轨道及无缝线路工程的实施和质量控制,是无砟轨道、有砟轨道及无缝线路工程施工质量控制的主体,其主要工作包括:

(1)参与制定指导性施工组织设计,负责编制实施性施组、作业指导书及质量自控体系等文件,对道岔铺设、钢轨焊接、工程运输等编制专项施工方案;

(2)负责组建无砟轨道、有砟轨道及无缝线路工程施工专业化队伍,并组织满足施工需要的人员、材料、设备等资源,进行无砟轨道、有砟轨道及无缝线路工程的施工,保证施工质量;

(3)负责完成线下工程沉降变形观测、CPⅢ测量控制网测设等工作,对数据的真实性负责,并向评估单位提交相关资料;

(4)组织路基、桥梁、隧道、涵洞等线下结构物施工,对线下工程及无砟轨道、有砟轨道及无缝线路工程间接口的施工质量负责;

(5)建立符合要求的预制场、施工基地及试验室,并按要求开展配合比设计及工艺试验等工作;

(6)负责提供材料需求计划及自购材料的供应,并对进场材料进行检查验收,对交货后的运输、存储和铺设质量负责;

(7)做好成品保护,避免对道床产生破坏、扰动及污染等。

5. 咨询单位职责

咨询单位对无砟轨道、有砟轨道及无缝线路工程专项技术进行审核、指导,对咨询工作的质量负责,其工作内容主要包括:

(1)对无砟轨道、有砟轨道及无缝线路工程施工全过程开展专项技术审核、指导和咨询;

(2)对施工、监理单位的技术、管理人员进行培训;

(3)协助编写指导性施组,无砟轨道、有砟轨道及无缝线路工程施工管理办法,统一无砟轨道、有砟轨道及无缝线路工程作业标准。协助审批实施性施组、作业指导书和监理细则等相关技术文件,协助无砟轨道、有砟轨道及无缝线路工程技术质量管理,对施工队伍进行审查;

(4)参加审查工程试验和工艺试验,参与沉降变形及CPⅢ测量控制评估、试验段、先导段评估及接口验收等;

(5)参加无砟轨道、有砟轨道及无缝线路工程技术交底;

(6)协助规划信息化建设。

#### 10.3.2.2 程序管理

(1)做好统筹规划。无砟轨道、有砟轨道及无缝线路工程建设是系统工程,建设单位在工程规划或开工阶段,应牵头规划指导性施组,确定线下工程、无砟轨道、有砟轨道及无缝线路工程实施、四电工程、联调联试各阶段的施工工期安排、现场布置原则、资源配置标准、总体施组等,统筹无砟轨道、有砟轨道及无缝线路工程各阶段工作。建设单位还应对材料供应、技术咨询、重大项目科技攻关等作出统一安排，各设计、监理、施工和咨询单位及其他相关方配合实施。

施工单位依据指导性施组和节点工期要求，结合现场实际编制实施性施组，明确现场方案，人员及设备等资源配置，施工单元划分及工期节点，施工方法，物流组织等。实施性施组经监理单位和建设单位批准后实施。

设计单位应配合做好施工图设计及施工设计。

(2)推行标准化管理。建设单位应组织各单位在工艺试验和先导段经验的基础上，根据设计及技术标准编制统一的无砟轨道、有砟轨道及无缝线路工程作业指导书，统一本工程作业标准。

施工单位应建立满足无砟轨道、有砟轨道及无缝线路工程施工需要的试验室，人员资质和数量、设备数量及性能满足要求，经验收合格后投入使用。对水泥乳化沥青砂浆材料等重要材料应在咨询单位的指导下统一开展试验工作。

施工单位按照试验室试验、线下试验段的顺序，对无砟轨道、有砟轨道及无缝线路工程施工的全过程进行模拟施工，检验工艺参数、资源配置、施工效率等，为完善作业指导书提供依据。线下试验段验收合格后，方可开展线上先导段施工。

轨道板(枕)预制场的建设与投产除符合建设单位标准化管理的相关要求，在正式投产前还应申请并通过铁道部运输局按照工业产品生产许可的相关要求进行的上道审查。

(3)加强施工前工序验收。在无砟轨道、有砟轨道及无缝线路工程施工开始前，必须对相应段落的线下结构表面、防水层进行验收，并按规定完成沉降变形和CPⅢ测量控制网评估。验收和评估通过后方可进行后续的无砟轨道施工。

(4)合理资源配置。首先，加强对无砟轨道、有砟轨道及无缝线路工程施工的组织领导，明确各级负责的专职领导，配足专业管理和技术人员，尤其在工程测量、试验、质量、带班和特种设备操作人员等必须满足专业施工的要求。只有人员能力及数量的配备满足施工要求，才有可能实现无砟轨道、有砟轨道及无缝线路工程的专业化施工。

无砟轨道、有砟轨道及无缝线路工程施工必须实行全员培训、持证上岗制度。各级单位应分层次地对管理、技术和操作人员进行专项技术培训，考试合格后上岗。施工单位尤其要对精密测量、轨道板(枕)制造、底座板施工、乳化沥青砂浆浇筑、道砟运输与摊铺、大型设备操作、轨道铺设及调整、钢轨及道岔精调、长钢轨焊接及无缝线路锁定、工程线运输管理等关键工序的操作和质检人员进行深化培训，理论和实践考核合格后持证上岗。而特种设备操作、钢轨焊接、超声波探伤、行车管理、焊接及相关人员必须按国家及行业规定持有相应资格证书方可上岗。

配备先进的成套施工设备。施工单位必须按照铁道部及建设单位相关要求，对照批准的实施性施组，以保证施工质量为原则，配备先进的无砟轨道、有砟轨道及无缝线路工程施工成套设备，对轨道板(枕)模型、混凝土搅拌设备、混凝土养护自动温控系统、预应力张拉系统、双块枕生产线设备、轨道板打磨设备、轨道板(枕)精密测量设备、水泥乳化沥青砂浆搅拌设备、上砟整道、长钢轨群吊、长钢轨运输及铺设设备、移动闪光焊接设备等必须采用数控化、自动化的成套机械设备，有效保证作业精度和工作效率。

(5)以首件工程推进全面施工。按照铁道部关于无砟轨道、有砟轨道及高速道岔首件工程评估的要求，无砟轨道、有砟轨道及高速道岔必须推行标准化管理，建立首件工程(先导段)评估制度。其中，建设项目全线施工开展前，由铁道部工管中心组织首件工程评估，评估合格后，建设单位方可组织全线的无砟轨道、有砟轨道施工。各标段施工展开前，由建设单位组织标段首件工程评估，评估合格后，施工单位方可组织管段内无砟轨道、有砟轨道施工。

施工单位在全面开始无砟轨道、有砟轨道施工前必须安排首件工程施工。首件工程按照审查通过的线下试验段评估和施工工艺、作业指导书开展施工。施工前，施工单位按程序申请开工报告，施工完成后，及时总结施工方法和工艺，完善作业指导书。之后，由建设单位组织首件工程评估，并再次批准完善后的作业指导书。

建设项目首件工程评估，由建设单位指定，施工单位按要求完成施工后，经建设单位初评合格后，申请铁道部工管中心进行正式评估。

(6)原材料及轨道预制件供应。原材料及轨道预制部件的生产与供应。按照施工组织设计安排和现场情况、施工工艺要求和工装设备性能,做好预制轨道板(枕)预制场建场规划及工艺流程设计,同时做好场内与现场存放,确保预制件质量。落实水泥乳化沥青砂浆材料、道砟生产方案,尽早组织试验和生产。严格按照有关标准和施工工艺要求,组织做好原材料及轨道预制部件的检验,确保质量合格。

### 10.3.3 区段划分

#### 10.3.3.1 区段划分原则

1. 无砟轨道工程区段划分

根据铁道部关于铁路建设项目施工招标标段划分的指导意见,无砟轨道工程应纳入线下工程,结合现场实际,按照以下原则进行施工区段划分:

(1)施工区段划分宜大不宜小,有利于集中力量和施工资源,适应大规模铁路建设迅速、有序、高效展开;

(2)按照施工组织设计工期安排、工程特点,统筹兼顾、系统策划,有利于各工程的施工在工序、时间、空间和管理各环节的统筹安排和合理衔接,有利于资源合理配置和均衡使用,有利于工程质量、施工安全和进度控制;

(3)推进工程总承包,合理利用和充分发挥专业装备优势,体现工程承包规模优势和减少管理协调工作,有利于施工技术管理、施工队伍、工装设备(包括运架制梁、铺轨基地、施工机具等重要设施和设备)、相关产品及构件的经济运距等有效资源的合理调配,发挥规模效益;

(4)结合行政区划分,划分要有利于土石方调配、合理组织材料运输,有利于大型临时设施(制梁场、制板(枕)场、铺轨基地、混凝土搅拌站)、过渡工程和辅助工程的合理配置;

(5)应充分考虑铺轨基地、箱梁预制场的设置位置、长大隧道、结构复杂桥梁等,有利于分段施工,实现均衡生产。

2. 有砟轨道工程区段划分

根据铁道部关于铁路建设项目施工招标标段划分的指导意见,有砟轨道铺轨工程应结合铺轨基地统一划分。重难点工程、技术复杂或科学试验研究工程可单独划分施工区段。同一工程,一般来说,结合铺轨基地设置条件和区段长度划分 1 个或 2 个及以上的铺轨基地。

#### 10.3.3.2 区段划分指导思想

站前工程应竖向一体划分。

线下工程施工区段的划分充分考虑铺轨基地、箱梁预制梁场的设置位置、长大隧道、结构复杂的桥梁、运架梁设备、无砟轨道、有砟轨道及无缝线路工程施工设备投入、省界、施工总工期等要求。

重点难点工程、技术复杂或科学试验研究工程可单独划分施工区段。

#### 10.3.3.3 区段划分示例

1. 无砟轨道工程区段划分

以合福铁路闽赣段施工为例。合福铁路闽赣段全长 466.8 km,桥隧比 90%,设车站 11 座,设计为高速铁路,采用 CRTSⅠ型双块式无砟轨道结构。主要重难点工程包括 9 座结构复杂桥梁、13 座长大高风险隧道以及全线无砟轨道(含道岔)铺设和无缝线路铺轨。工程规划建设工期 47.5 个月,其中隧道施工 29.5 个月、桥梁下部及连续梁 26 个月、箱梁制架 17.5 个月、无砟轨道 12 个月、铺轨 4 个月、无缝线路锁定及精调 3.5 个月、四电及站后工程 15 个月、联调联试和运行试验 6 个月。

按照上述原则及指导思想,在充分考虑铺轨基地、箱梁预制梁场的设置位置、长大隧道、结构复杂的桥梁、运架梁设备、无砟轨道施工设备投入、省界、施工总工期等要求的前提下。合福铁路闽赣段施工区段(标段)划分 8 个站前工程标段和 2 个站后工程标段,全线大型临时工程主要有 11 个箱梁预制场、5 个轨道板预制场、2 个铺轨基地和 59 座混凝土搅拌站,其中混凝土搅拌站设置以线下施工为主兼顾无砟轨道施工。

无砟轨道工程区段划分中,结合无砟轨道及重点难点工程的关系,按照方便施工组织、双块枕预制满足现场安装,无砟轨道及道岔铺设在铺轨到达前完成,铺轨由两端向中间铺设的原则进行资源配置。一是规划 5 座双块枕预制场,平均每座预制场供应范围为 92.5 双线公里,平均生产约 28.4 万根;二是投入 36 套双块式无砟道床施工设备,平均每套设备铺设 12.84 双线公里;三是设 2 座铺轨基地,分别铺轨 237 双线公里和 230 双线公里(含联络线及既有线改建),厂焊长钢轨由铁路局焊轨厂生产后提前运输到铺轨基地存放。

2. 有砟轨道工程区段划分

新建铁路长度较短，且方便与既有铁路接轨的，铺轨工程一般只划分 1 个标段，设 1 个铺轨基地。如津保铁路，津保铁路正线全长 158 km，东起天津枢纽天津西站，西至京广铁路徐水站，中间与京九铁路相连，全线无隧道，桥梁占线路总长的 65.4%，考虑到施工组织的均衡性，全线铺轨工程只有 1 个标段，利用与既有京九线的新建联络线出岔设铺轨基地 1 处，由中间向两端铺轨。

新建铁路线路较长，但受既有线接轨条件或控制工程限制的，铺轨工程一般划分为 1 个标段，设 1 个铺轨基地。如兰渝铁路兰广段，兰渝铁路受西秦岭特长隧道限制，分为兰州东至西秦岭段和西秦岭至广元、重庆段，分别为 393 km 和 394 km，其中西秦岭至广元、重庆段因既有铁路交叉较多，接轨条件较好，铺轨工程划分 3 个标段设 3 个铺轨基地。而兰州东至西秦岭段除兰州东可与既有陇海铁路接轨外，其余地段无既有铁路可供铺轨基地接轨，因此该段只能划分 1 个标段设兰州东（夏官营）1 个铺轨基地，由兰州向重庆单方向铺轨。

在运输组织困难的地方，也可将部分上砟整道工作划分给线下工程单位负责施工，但整道大机组作业则由轨道工程标段负责。

### 10.3.4　施工组织及施工任务划分

10.3.4.1　施工组织机构

为加强项目管理，兑现合同承诺，控制工程投资（成本），确保工程建设工期、质量、安全、保护生态环境等建设目标的实现，一般会针对工程项目特点，采用项目法施工组建专业化的轨道工程项目经理部，按照预制规模化、工艺标准化、队伍专业化、测量精准化的原则全面负责无砟轨道、有砟轨道及无缝线路工程施工。

轨道工程项目经理部以轨道工程专业化公司为主抽调管理和技术骨干组建，可独立设置，也可隶属于标段（综合工程）项目经理部组建。隶属于标段（综合工程）项目经理部组建的，标段项目经理部应由专职领导负责管理和协调标段无砟轨道、有砟轨道及无缝线路工程项目经理部的工作，必要时可成立由各方面组成的工作领导小组。同时，为了对无砟轨道、有砟轨道及无缝线路工程工程提供更多的技术支持，还可组建专家团队定期为项目部开展施工培训、技术咨询提供帮助。

轨道工程项目经理部除项目经理管理层外，一般设六部二室职能部门，即工程管理部、物资设备部、质量管理部、安全环保部、合同成本部、财务会计部、综合办公室和工程试验室等。

无砟轨道工程结合轨道工程的项目、规模、工期等特点，按照架子队模式分别组建轨道板（枕）预制场、若干个无砟轨道安装作业队、无砟道岔作业队、无缝线路作业队、站线轨道作业队、工程运输所等分别负责轨道板（枕）预制、各型无砟轨道安装、无砟道岔铺设、长轨铺焊、站线铺轨及工程运输等工作。其中，为加强对轨道板（枕）预制质量管理，轨道板（枕）预制场由轨道项目经理部上级公司直接组建，按与轨道项目经理部同级设置，为方便管理，一般由轨道项目经理部经理兼任轨道板（枕）预制场场长。

有砟轨道工程结合轨道工程的项目、规模、工期等特点，按照架子队模式分别组建铺轨基地、铺轨作业队、线路作业队、大机作业队、焊轨作业队、道砟供应队、道岔施工队、站线施工队和工程运输所等，依据施工流程平行作业。各施工队人员相对固定，推行专业化管理。

轨道工程项目经理部下设各作业队、预制场也应结合管理需要，除作业队管理层外，也应选择性设工程、技术、质量管理、安全环保、物资设备、综合管理等部门，并根据工作量设置若干个作业面或作业班组。

10.3.4.2　工程任务划分

（1）无砟轨道工程由轨道项目经理部负责实施，一般按以下方式进行主要的专业队伍的设置及任务划分。

1）轨道板（枕）预制。标段内的轨道板（枕）设一座预制场全部负责预制，根据需要配置生产线及模具数量。预制场根据需要设钢筋加工、模型安装、混凝土浇筑、装运吊卸、张拉封锚、混凝土搅拌站、养护存放及机械维修等班组，按工序开展作业。

2）轨道板安装。轨道板安装以工程总量、工期及单作业面进度指标计算所需的作业面数量，每个作业面的作业量一般在 10～15 双线公里为宜。每个作业面设钢筋加工、施工测量、底座混凝土施工（含钢筋绑扎、模板安装、混凝土浇筑）或支承层施工、轨道板运输、轨道板粗铺、轨道板精调、水泥乳化沥青砂浆或自密实混凝土浇筑、后续工序以及基地管理等班组，基地管理主要负责设备维护、材料储存及装运、混凝土搅拌站等。

3）双块枕安装。双块枕安装与上相同，根据工程总量、工期及单作业面进度指标计算所需的作业面数量,每个作业面的作业量一般在10～15双线公里为宜。每个作业面设钢筋加工、施工测量、底座施工(含钢筋绑扎、模板安装、混凝土浇筑)或支承层施工、材料运输及吊装、轨排组装及精调、道床板施工(含钢筋绑扎、模板安装、混凝土浇筑)、双块枕精调、后续工序以及基地管理等班组,基地管理主要负责设备维护、材料储存及装运、混凝土搅拌站等。

4)无砟道岔施工安装。无砟道岔根据工程总量、工期及单作业面进度指标计算所需的作业面数量,一般按月铺8组道岔的作业量设置作业面。每个作业面设钢筋加工、施工测量、底座施工(含钢筋绑扎、模板安装、混凝土浇筑)或支承层施工、材料运输及吊装、道岔轨排组装及精调、道床板施工(含钢筋绑扎、模板安装、混凝土浇筑)、道岔轨道精调、转换设备安装、铝热焊焊接(含胶接绝缘接头施工)以及基地管理等班组,基地管理主要负责设备维护、材料储存及装运、混凝土搅拌站等。

5)长轨铺设施工。按每个铺轨基地及所包含的工程量设作业队,包括铺轨基地、长轨铺设作业面、钢轨焊接及无缝线路作业面。铺轨基地设长轨吊装、安全保卫、设备维护等班组。长轨铺设作业面根据铺轨进度设1个或2个,每个作业面设长轨运输、长钢铺设等班组。钢轨焊接及无缝线路作业面,根据铺轨进度设1个或多个,每个作业面设焊轨机组、多个施工配合班组。

6)工程运输。工程运输是与长轨铺设施工对应设置的专业管理机构,由轨道工程项目经理部直接管理,负责铺轨基地与既有线运输协调、运输设备管理、代表建设单位负责工程线行车及施工组织和车站管理等。其主要机构包括:行车调度室、对外协调室、车站、机务队、机修所等。

(2)有砟轨道工程一般按表5-10-1所示进行工程任务划分。

**表5-10-1 有砟轨道工程施工专业作业队工程任务划分**

| 序号 | 专业作业队名称 | 任务划分 |
|---|---|---|
| 1 | 铺轨基地 | 负责铺轨基地建设、材料存放及装卸,轨枕锚固及轨排生产等 |
| 2 | 工程运输所 | 负责工程线运输及施工管理,负责除整道大机、铺轨机以外的轨行设备的使用、维护管理,负责运输组织,对外协调铁路管理部门 |
| 3 | 铺轨作业队 | 负责轨排铺轨机(组)和架桥机、收轨车、长轨运输列车、枕轨运输列车的使用和维护 |
| 4 | 线路作业队 | 负责线下工程交接、底砟预铺、配合大机整道、轨道精调及附属设备安装等 |
| 5 | 大机作业队 | 负责整道大机组设备的管理、维护和操作,在线路作业队的配合下完成大机整道作业 |
| 6 | 道砟供应队 | 负责道砟的存放、运输及卸车 |
| 7 | 焊轨作业队 | 负责无缝线路焊接锁定,负责焊轨设备的使用、维护 |
| 8 | 道岔作业队 | 负责正线高速道岔铺设及焊接锁定 |
| 9 | 站线作业队 | 负责站线轨道及道岔铺设 |

## 10.3.5 主要施工机械配置

### 10.3.5.1 *无砟轨道主要施工机械配置*

各型无砟轨道工程施工设备已在以前作了详细介绍,以下仅列举主要施工机械(表5-10-2),常规设备及小型机具不列入。

**表5-10-2 无砟轨道工程主要施工机械配置**

| 序号 | 设备名称 | 规格型号 | 主要用途 |
|---|---|---|---|
| 一 | 双块枕预制设备 | | |
| 1 | 箍筋弯曲机 | 12 d型 | 桁架钢筋制作 |
| 2 | 冷轧生产线 | | 桁架钢筋制作 |
| 3 | 桁架钢筋生产线 | | 桁架钢筋制作 |
| 4 | 轨枕预制生产线 | 含浇筑、振捣、养护室、辊轴输送线等 | 为轨枕流水生产提供平面 |
| 5 | 混凝土搅拌站 | HZS90 | 混凝土生产 |
| 6 | 桥式走行桁吊 | 多种规格 | 厂房内材料吊运 |

续上表

| 序号 | 设备名称 | 规格型号 | 主要用途 |
|---|---|---|---|
| 7 | 轨行式龙门吊 | | 厂房外材料吊运 |
| 8 | 钢模具 | 4×1 | 轨枕预制 |
| 9 | 试验及检测设备 | | |
| 二 | 测量及精调设备 | | |
| 1 | 全站仪 | 高精度,可自动伺服 | 测量放样 |
| 2 | 电子水准仪 | | 测量放样 |
| 3 | 轨道板精调系统 | 标架 | 轨道板精调 |
| 4 | 轨检小车 | | 轨道线形测量 |
| 三 | 混凝土或支承层施工设备 | | |
| 1 | 混凝土摊铺机 | | 水硬性支承层施工 |
| 2 | 光轮压路机 | | 水硬性支承层施工 |
| 3 | 钢筋加工 | | |
| 4 | 可调高组合钢模板 | | 混凝土底座施工,道床板不需调高 |
| 5 | 混凝土振动梁 | 可采用辊轴摊铺机 | 混凝土底座施工 |
| 6 | 混凝土运输及浇筑设备 | | 运输罐车、泵车及捣固设备 |
| 四 | CRTSⅠ型双块式无砟道床设备 | | |
| 1 | 液压散枕装置 | 挖掘机式或龙门吊式 | 双块枕散铺 |
| 2 | 轨排粗调机组 | 内燃液压 | 轨排粗调 |
| 3 | 轨排精调支架 | 含侧向支撑、螺杆精调器等 | 轨排架立及精调 |
| 4 | 混凝土浇筑机 | | 道床板混凝土浇筑 |
| 5 | 螺栓紧固机 | 内燃,可定扭矩 | 轨排组装 |
| 6 | 工具轨 | 新钢轨 | 轨排组装 |
| 7 | 组合式轨排框架 | 6.5 m一榀 | 框架法施工双块枕 |
| 8 | 轨道检测工具 | 道尺、支距尺、方尺、塞尺、弦线、测力扳手、钢板尺等 | |
| 五 | CRTSⅡ型双块式无砟道床(机组法施工) | | |
| 1 | CRTSⅡ型双块式无砟道床机组设备 | | |
| 1.1 | 混凝土巡回车 | | |
| 1.2 | 混凝土压实车 | | |
| 1.3 | 轨枕安装单元 | | |
| 1.4 | 轨枕装载单元 | | |
| 1.5 | 拆卸单元 | | |
| 1.6 | 回收单元 | | |
| 1.7 | 固定架 | | |
| 2 | 安装调试及调整设备 | | 配套上述设备使用 |
| 六 | CRTSⅠ型或CRTSⅢ型混凝土轨道板预制设备 | | |
| 1 | 钢筋加工设备 | | 钢筋网片制作 |
| 2 | 钢筋绑扎胎具 | | 钢筋网片制作 |
| 3 | 混凝土搅拌站 | HZS90 | 混凝土生产 |
| 4 | 桥式走行桁吊 | 多种规格 | 厂房内材料吊运 |
| 5 | 轨行式龙门吊 | | 厂房外材料吊运 |
| 6 | 整体式预制台座 | 钢模具及振捣设备 | 轨道板预制 |
| 7 | 自动温控系统 | | 混凝土养护 |

续上表

| 序号 | 设备名称 | 规格型号 | 主要用途 |
|---|---|---|---|
| 8 | 数控自动张拉系统 | | 轨道板张拉 |
| 9 | 试验及检测设备 | | |
| 七 | CRTSⅠ、CRTSⅡ或CRTSⅢ型板式无砟道床设备 | | |
| 1 | 轮胎式铺板龙门吊 | 10 t | 轨道板铺设 |
| 2 | 轮胎式双向运板车 | 30 t | 轨道板在线路纵向运输 |
| 3 | 多向精调爪 | | 轨道板精调 |
| 4 | 水泥乳化沥青砂浆储存站 | | 含干料及乳化沥青储存 |
| 5 | 干粉搅拌站 | | 水泥乳化沥青砂浆干料生产 |
| 6 | 水泥乳化沥青砂浆移动搅拌车 | | 水泥乳化沥青砂浆制备 |
| 八 | CRTSⅡ型混凝土轨道板预制 | | |
| 1 | 钢筋加工设备 | | 钢筋网片制作 |
| 2 | 钢筋绑扎胎具 | | 钢筋网片制作 |
| 3 | 混凝土搅拌站 | HZS90 | 混凝土生产 |
| 4 | 桥式走行桁吊 | 多种规格 | 厂房内材料吊运 |
| 5 | 轨行式龙门吊 | | 厂房外材料吊运 |
| 6 | 轨道板生产线台座 | 含混凝土布料机、多功能车 | |
| 7 | 钢模板 | 钢模具、振动器及控制系统 | 轨道板预制 |
| 8 | 数控自动张拉系统 | 含张拉及控制系统、张拉横梁及锚具 | 轨道板预应力张拉 |
| 9 | 真空吊具 | | 轨道板脱模吊装 |
| 10 | 轨道板翻转机 | | |
| 11 | 轨道板数控打磨机 | | 轨道板打磨 |
| 12 | 试验及检测设备 | | |
| 九 | CRTSⅡ型板式无砟道床设备 | | |
| 1 | 轮胎式铺板龙门吊 | 10 t | 轨道板铺设 |
| 2 | 轮胎式双向运板车 | 30 t | 轨道板在线路纵向运输 |
| 3 | 多向精调爪 | | 轨道板精调 |
| 4 | 水泥乳化沥青砂浆储存站 | | 含干料及乳化沥青储存 |
| 5 | 干粉搅拌站 | | 水泥乳化沥青砂浆干料生产 |
| 6 | 水泥乳化沥青砂浆移动搅拌车 | | 水泥乳化沥青砂浆制备 |
| 十 | 无砟道岔施工设备 | | |
| 1 | 道岔组装平台 | | 道岔原位拼装 |
| 2 | 道岔平移台车组 | | 道岔轨排移动 |
| 3 | 精调支架 | 含侧向支撑、螺杆精调器、轨距拉杆等 | 轨排架立及精调 |
| 4 | 混凝土浇筑机 | | 道床板混凝土浇筑 |
| 5 | 螺栓紧固机 | 内燃,可定扭矩 | 螺栓紧固 |
| 6 | 工具轨 | 新钢轨 | 螺栓紧固 |
| 7 | 道岔转换设备安装工具 | | |
| 8 | 道岔轨道检测工具 | 道尺、支距尺、方尺、弦线、钢板尺等 | |
| 9 | 道岔调试专用工具包 | | |
| 十一 | 长轨铺设施工设备 | | |
| 1 | 长轨群吊 | 500 m | 长钢轨装卸 |
| 2 | 长轨运输列车 | 500 m | 长钢轨运输 |
| 3 | 长轨铺轨机组 | 含牵引车、下道车、推送机等 | 长钢轨铺设 |

续上表

| 序号 | 设备名称 | 规格型号 | 主要用途 |
| --- | --- | --- | --- |
| 4 | 支垫滚轮组 | 按10 m间布置 | |
| 5 | 内燃螺栓紧固机 | | 钢轨扣件安装 |
| 6 | 内燃轨道车 | | |
| 十二 | 钢轨焊接施工设备 | | |
| 1 | 移动式闪光接触焊轨机 | | 长钢轨焊接 |
| 2 | 铝热焊设备 | | |
| 3 | 胶接绝缘接头安装设备 | | |
| 4 | 支垫滚轮组 | 按10 m间布置 | |
| 5 | 内燃液压拉伸机 | 90 t | 长钢轨拉伸 |
| 6 | 正火机 | | 接触焊接头正火 |
| 7 | 钢轨仿型打磨机 | | 焊接接头打磨 |
| 8 | 平直度检查仪 | 数字式 | 钢轨接头平直度检查 |
| 9 | 超声波探伤仪 | 数字式 | 钢轨焊接接头质量检查 |
| 10 | 轨温计 | | |
| 11 | 内燃轨道车 | | |

10.3.5.2　*有砟轨道主要施工机械配置*

各型有砟轨道工程施工设备主要由以下施工机械组成(表5-10-3),常规设备及小型机具不列入。

**表5-10-3　高速铁路有砟轨道线路工程施工主要机械**

| 序号 | 设备名称 | 规　格 | 用　途 |
| --- | --- | --- | --- |
| 一 | 检测设备 | | |
| 1 | 全站仪 | | 精密测量 |
| 2 | 电子水准仪 | | 精密测量 |
| 3 | 轨检小车 | | 轨道线形测量 |
| 二 | 铺轨基地设备 | | |
| 1 | 轨行式龙门吊 | 16 t×17 m | 轨料装卸 |
| 2 | 32台联动长轨群吊 | 2 t×21 m | 500 m长轨装卸 |
| 三 | 轨道设备 | | |
| 1 | 内燃机车 | DF4 | |
| 2 | 内燃轨道车 | 290型 | |
| 3 | K型石砟漏斗车 | KZ70 | 装运道砟 |
| 4 | 平板车 | N17 | 轨料及工具运输 |
| 5 | 宿营车或公务车 | | 人员运输 |
| 四 | 底砟预铺设备 | | |
| 1 | 自卸汽车 | 12 t及以上 | 道砟运输 |
| 2 | 装载机 | Z50 | 道砟装车 |
| 3 | 摊铺机 | | 道砟摊铺 |
| 4 | 平地机 | | 道砟摊铺 |
| 5 | 光轮振动压路机 | 25 t及以上 | 道砟碾压 |
| 6 | 履带式挖掘机 | 1 $m^3$及以上 | 道砟整道及装卸车 |
| 五 | 长钢轨铺设设备 | | |
| 1 | 轨枕运输列车 | 500 m | 长轨及轨枕运输 |
| 2 | 单枕法长轨铺轨机组 | CPG500型 | 长轨铺设 |

续上表

| 序号 | 设备名称 | 规　格 | 用　途 |
|---|---|---|---|
| 3 | 群枕式长轨铺轨机组 | CYP500 型 | 长轨铺设 |
| 4 | 支垫滚轮组 | 15 cm 高 | 长轨铺设及放散 |
| 5 | 轨排铺轨机 | DJ32 型 | 轨排铺设 |
| 6 | 收轨平车 | | 短轨回收 |
| 7 | 钢轨接头无孔夹具 | | 长轨临时连接 |
| 8 | 25 m 工具轨 | 60 kg/m | 轨排组装 |
| 六 | 整道设备 | | |
| 1 | 线路捣固车 | D08-32 或 D09-32 型 | |
| 2 | 动力稳定车 | WD320 | |
| 3 | 配砟整形车 | SPZ2000 | |
| 4 | 钢轨打磨列车 | PGM-48 | |
| 七 | 钢轨焊接及无缝线路锁定设备 | | |
| 1 | 移动式闪光接触钢轨焊接机 | LR1200 | 长轨焊接 |
| 2 | 铝热焊设备 | 斯密特 | 钢轨焊接 |
| 3 | 数字式超声波探伤仪 | | |
| 4 | 数字式钢轨平直度检查仪 | | |
| 5 | 内燃式液压钢轨拉伸机 | | |
| 6 | 胶接绝缘接头设备 | | |

## 10.4 主要施工方案和方法

### 10.4.1 无砟轨道主要施工方案和方法

#### 10.4.1.1 轨道板(枕)预制

1. 概述

无砟轨道板(枕)预制采用修建预制场进行工厂化集中预制，一般按照工序流畅、物流合理的原则规划和建设生产厂房，配备相应的施工设备和设施。

无砟轨道板(枕)预制场尽量布置于供应范围的中部，选择地势平坦开阔，靠近公路交通要道并与施工便道相连的位置。若条件许可，预制场可利用既有或弃用场地，以节约用地和投资。

无砟轨道板(枕)预制场功能分区主要包括：生活办公区、混凝土搅拌站、钢筋加工区、轨道板(枕)预制区、预应力张拉区、混凝土蒸养区、轨道板打磨区、轨道板水养区及存放区等，其中钢筋加工区、轨道板(枕)预制区、预应力张拉区、混凝土蒸养区、轨道板打磨区等区域多集中于主厂房内布置，此外，还有机修区、试验室及材料库房。预制场内物流通过桥式起重机、龙门吊、轨道小车、辊轮输送线、汽车等完成。

2. 双块式轨枕预制

双块式轨枕制造分为桁架钢筋制作、混凝土制备及轨枕预制 3 个生产流程。

(1)桁架钢筋制作。桁架钢筋采用冷轧机将低碳热轧盘条冷轧成刻痕或光圆的冷轧钢筋后，分别用桁架钢筋自动焊接机及弯箍机加工成半成品。

(2)混凝土制备。采用自动计量的强制式混凝土拌和站制备后，用中转料斗盛装并经平面运输车辆运输至轨枕预制生产区使用。

(3)轨枕预制。轨枕外形及精度由轨枕钢模保证，通过轨枕钢模在流水生产线传递，经过模型清理及喷涂脱模剂、钢筋及套管安装、混凝土浇筑及捣固、轨枕蒸汽养护及翻转脱模等工序自动生产完成。最后，经成品检测后，由叉车转入存放区域进行自然养护。

3. CRTSⅠ型及 CRTSⅢ型轨道板预制

CRTSⅠ型及 CRTSⅢ型轨道板都采用后张预应力结构，采用整体台座法施工，主要区别在于 CRTSⅠ

型轨道板模型采用固定结构，CRTSⅢ型轨道板模型采用整体制作可调的承轨台模具。两种轨道板预制工艺包括钢筋制作、混凝土制备、轨道板预制、预应力实施、轨道板养护等5个生产流程。

(1)钢筋制作。钢筋采用钢筋绑扎胎具集中绑扎，整体入模。入模前后，应进行钢筋绝缘性能检测。

(2)模型安装。采用专业厂家生产的高精度钢模，模型外形尺寸允许误差为轨道板外形尺寸允许误差值的1/2。其中，CRTSⅢ型轨道板模型承轨台模具根据设计需要可进行横向和高度调整，并通过轨道板精调系统确认安装质量之后，模型可自动锁定承轨台模具。

(3)混凝土制备及轨道板预制。混凝土采用自动计量的强制式混凝土拌和站制备后，使用平板小车＋浇筑料斗运输进入制板车间，之后再用桥式起重机吊运料斗至轨道板模型位置进行混凝土浇筑作业。高频振动器振动，振捣成型后，进行刮平和拉毛；之后用篷布覆盖进行蒸汽养护。

(4)预应力实施。混凝土强度达到40 MPa或设计规定强度时进行脱模作业，通过车间内桥式起重机转运至轨道小车送入张拉封锚区，采用全自动数控张拉系统对轨道板进行预应力施工，预应力作业按设计要求先进行横向单边张拉后进行纵向两侧张拉。预应力施加完毕后进行封锚作业，采用强制搅拌机对封锚砂浆进行搅拌，空气锤进行封锚作业。

(5)轨道板养护。混凝土浇筑完毕后采用自动蒸养系统进行养护，最高温度不超过45 ℃，轨道板芯部温度不超过55 ℃。张拉完成后进入水养阶段，水温不得低于5 ℃，养护时间不少于3 d。水养完成后将轨道板存放到存板区进行自然养护，时间不少于4 d。

4. CRTSⅡ型轨道板预制

CRTSⅡ型轨道板设计为先张预应力结构，采用长线台座法工厂化生产，主要通过长线预制台座及模具完成轨道板的张拉、浇筑及养护后形成毛坯板，经28 d养护后利用数控磨床对轨道板承轨槽进行精确打磨，实现轨道板承轨槽打磨精度0.5 mm，形成高精度的轨道线形。主要工艺流程如下：

(1)模板安装及检测。模板采用定制的高精度钢模板，每条生产线设多组模板并联安装；模型使用期间应定期进行外观、平整度及细部尺寸、模板间距的检查；模板使用前，应清理干净并涂刷脱模剂。

(2)钢筋制作及预埋件安装。钢筋网片分为上下层两种规格，采用不同的钢筋绑扎胎具集中绑扎，整体吊装入模；入模后在浇筑混凝土前进行绝缘性能检测，确认电阻大于2 MΩ；精扎螺纹钢筋在专用胎具安装绝缘垫缩套管；轨道板内预埋件按设计要求予以准确安装并与模板连接牢固。

(3)预应力施加。预应力钢筋由数控张拉台座按整体张拉方式施工；预应力钢筋采用定长截断机自动加工；预应力施加分初张和终张两个阶段，以张拉力为主、伸长值辅助校核的双控模式。

(4)混凝土制备及浇筑。采用自动计量搅拌站制备混凝土，通过混凝土布料机进行均匀布料；高频振动器振动，振捣成型后，进行表面刮平和拉毛；之后用篷布覆盖蒸汽养护。

(5)预应力筋放张及轨道板脱模。轨道板混凝土强度达到规定强度后，进行预应力筋放张及轨道板脱模；预应力筋采用整体放张，钢筋切断按张拉台座1/2、1/4(或3/4)长度再逐块切断的顺序。轨道板采用真空吊具吊装脱模，经临时存放后由轨道车运输至毛坯板存放区存放。

(6)轨道板打磨。毛坯板存放达到1月后可进行承轨槽打磨施工；打磨采用轨道板承轨槽打磨专用数控磨床，磨床自动控制系统按照布板设计对每块轨道板的承轨台槽进行打磨。

(7)轨道板检测。轨道板打磨合格进行几何尺寸及绝缘性能检测，并进行扣件预安装。之后，运往存板场按规定存放或出库。

5. 道岔板预制

混凝土道岔板分为预埋套筒式和整体预制钻孔式两种生产方式，均为非预应力结构，每组道岔板依据对应道岔线形的不同并结合制造、运输、铺设等施工工艺的需要，划分成很多块。道岔板钢筋通过预扎胎具绑扎后置入整体式模型一次浇筑混凝土成型，其外形精度主要由模型实现，生产和检测设备精度要求高，质量控制和管理过程要求严格。此外，整体预制钻孔式道岔板在预制完成且混凝土强度、弹性模量达到要求后利用钻床钻取扣件螺栓孔。主要工艺流程如下：

(1)钢筋制作。钢筋采用钢筋预扎台座集中预扎，整体入模的方式；入模后在浇筑混凝土前进行绝缘性能检测，确认电阻大于2 MΩ。

(2)模型安装。采用拼装组合式钢模型，模型安装后采用配套仪器检测，模型外形尺寸允许误差为道岔板外形尺寸允许误差值的1/2。

(3)混凝土制备及道岔板预制。采用自动计量强制式搅拌站制备混凝土,使用平板小车配合混凝土料斗方式运输混凝土进入制板车间;之后再用桥式起重机吊运料斗至道岔板模型位置进行混凝土浇筑作业;高频振动器振动,振捣成型后,进行刮平和拉毛。

(4)道岔板养护。混凝土浇筑完毕后采用自动蒸养系统进行养护,最高温度不超过45 ℃,道岔板芯部温度不超过55 ℃。之后进入水养阶段,水温不得低于5 ℃,养护时间不少于3 d。水养完成后将道岔板存放到存板区进行自然养护,时间不少于14 d。

(5)道岔板钻孔及扣件套管安装。若为整体预制钻孔式道岔板,在预制道岔板养护结束且混凝土龄期达到28 d后,采用钻床按照道岔线形及扣件节点坐标在道岔板钻取扣件螺栓孔,之后再安装扣件套管。

10.4.1.2 轨道板(枕)运输及存放

无砟轨道工程施工对轨道板(枕)预制及安装各个环节都有严格要求,为保证运输及存放过程轨道板不损伤、不变形,需要结合轨道板(枕)的结构特点选择不同的运输及存放方案。

1. 双块式轨枕运输及存放

与轨道板相比,双块式轨枕结构相对简单,其运输及存放相对灵活。

结合现场铺设的发求,双块式轨枕一般按每5根1组并排摆放,采用专用吊具起吊、上下对齐叠放、枕与枕之间加垫硬方木、堆码成垛,每垛最高6层。用打包带捆扎牢固后,采用叉车或龙门吊进行转运。基地内存放,每垛不超过12层,临时存放,每垛不超过6层。

双块式轨枕一般采用平板车运输,成垛装车,最高不超过6层,并用强力尼龙丝固定,防止运输途中移动。施工现场,可采用龙门吊或汽车吊+吊带装卸,可临时摆放于线路两侧,铺设时用散枕器抓取。

2. CRTSⅠ型及CRTSⅢ型轨道板运输与存放

CRTSⅠ型(CRTSⅢ型)轨道板都采用后张预应力结构,为防止运输及存放过程产生翘曲变形,设计规定采用侧面立式存放。主要措施如下:

(1)轨道板应按左右线分类分线存放。

(2)轨道板吊装应利用轨道板两侧预埋吊装套管起吊,吊环安装时应注意上紧螺栓。

(3)轨道板优先采用侧面立放装载运输,采用特制支撑架对称存放,相邻板间用方木垫块隔离。若采用水平装载时,轨道板的混凝土龄期应不超过7 d,堆放层数不超过4层,上下层轨道板间纵横向中心线应重合,纵向中心线应与车底板纵向中心线重合,偏差控制在±20 mm以内,层间净空不小于20 mm,并保证承垫物上下对齐。用钢丝绳+闸瓦进行加固,保证运输过程中轨道板与运输车辆间不发生相对移动;在运输过程中,要采取措施防止轨道板倒塌或产生三点支承,不要使其遭受过大冲击。

轨道板集中存放时,应设专门存放区及存放台位。存放台位按侧面立式存放修建纵向的混凝土条型基础,存放台位两端设置支挡,通过悬臂式龙门吊和汽车吊结合的方式进行轨道板存放。

3. CRTSⅡ型轨道板运输与存放

CRTSⅡ型轨道板设计为先张预应力结构,毛坯板平放静置28 d待徐变变形基本完成后进行承轨槽打磨,为防止运输及存放过程产生翘曲变形,轨道板采用平放运输和存放。

CRTSⅡ型轨道板采用平板汽车运输,每层不超过3块,层与层轨道板间采用4块20 cm见方的硬杂木支垫,支垫硬杂木按"四点支承、三点平衡"置于轨道板两端第2至第3承轨槽之间。运输途中,在平板汽车的四周加装挡板和缓冲垫块,以保证轨道板的稳定。

CRTSⅡ型轨道板分为集中存放和沿线路存放两种方式。集中存放需建存板场并设混凝土存放台座,沿线存放设临时存放台座,存放台座按三点支承方式布置,台座顶面相对高差不大于2 mm。考虑到地基承载力的不同,一般情况下沿线存放最高不超过3层,集中存放最高不超过6层。轨道板与承板台座、轨道板之间应按三点支承安放4个方木垫块,垫块要上下对齐,支点位置分别在板的第2个预裂缝和第8个预裂缝处。方木垫块的规格为200 mm×200 mm×200 mm,承重面应平行,厚度相对误差控制在2 mm以内。

4. 道岔板运输与存放

道岔板运输采用平板汽车运送至各车站道岔铺设或临时存放位置。每台平板汽车可装道岔板2层,每层道岔板间加垫4块200 mm×200 mm×200 mm方垫木支垫,方木支垫与道岔板和车厢接触处采用防滑塑料垫,并在平板汽车四周加装角钢围挡,道岔板与围挡之间的间隙采用硬杂木填充,以防止道岔板在运输过程中晃动碰损。

道岔板原则上不在工地作长时间临时存放，最长存放时间不宜超过 3 个月。临时存放时，应保证存放台位坚固、牢靠，道岔板下支垫应符合设计要求，各支点间相对高差不大于 2 mm，层与层之间加垫 6 块 20 cm 方垫木。每垛道岔板不超过 3 层。

5. 大号道岔运输及存放

大号道岔一般按岔枕、钢轨件和扣件零部件等分别运输和存放。岔枕运输及存放要求与双块枕相同。

钢轨件采用运板汽车平放运输，长大件可增设托梁，一般不大于 2 层，层与层之间支垫间距不大于 4 m，采用铁丝捆扎加固。存放时场地应平整坚实，支垫顶面高差不超过 10 mm，道岔基本轨尖轨、可动心轨辙叉组件最多码放两层。钢轨的码垛层数不得多于 4 层、钢轨件与地面间铺垫木质垫块，每层用木块垫实、垫平，木块应按高度方向垂直设置。

扣件零部件应分组装箱运输及存放，并做好防雨防潮措施。

6. 其他

无砟轨道板(枕)、钢轨件集中存放时，场地均应平整坚实，满足车辆通行和存放受力的要求，四周应做好防排水措施。运输及存放过程还应避免受到冲击、碰撞等。

10.4.1.3　底座施工

无砟轨道底座施工分为路基上水硬性支承层、路桥隧地段一般性混凝土或钢筋混凝土底座施工、CRTSⅡ无砟轨道长桥上连续底座施工等三种情况。底座质量控制的关键有四点：一是水硬性材料及混凝土配合比及施工质量；二是底座成型外观及几何尺寸；三是桥梁上底座与桥梁之间的连接质量(含两布一膜等)；四是 CRTSⅡ无砟轨道长桥上连续底座张拉控制。

(1)施工准备。无砟轨道底座施工必须在线下结构沉降评估及质量验收合格后进行，测量控制网精度应满足施工精度的要求。同时，应做好线下结构及四电工程间的接口协调，做好相关的过轨管线、接地等预埋、预留工作。

(2)路基上水硬性支承层施工。当路基长度较长且支承层具备机械化施工条件时，则支承层一般采用水硬性材料结构设计，可优先采用摊铺碾压法施工。当路桥隧交替频繁致使路基长度较短或支承层不具备机械化施工条件时，可按程序变更设计为 C15 素混凝土结构设计，采用模筑法施工。

摊铺碾压法的主要内容包括准备工作、运输布料、摊铺作业、碾压作业、拉毛整修、切缝和养生等，过渡段施工时还需埋设销钉。

(3)混凝土或钢筋混凝土底座施工。混凝土或钢筋混凝土底座采用模筑法施工。

CRTSⅠ型无砟轨道底座表面还应设凸形挡台。凸形挡台钢筋与底座钢筋同时绑扎，混凝土在底座混凝土施工完成后进行。

(4)长桥上 CRTSⅡ无砟轨道连续底座施工。长桥上 CRTSⅡ型无砟轨道底座采用跨梁缝连续等厚结构设计，理论上应保证底座与梁面间相对滑动，且要避免梁端转角对底座的影响，连续底座的温度应力应能均匀地传入桥梁墩台及两端路基。

10.4.1.4　轨道板(枕)铺设

轨道板(枕)在底座混凝土强度达到 20 MPa 或水硬性支承层强度达到设计要求且底座外观及几何尺寸验收合格、CPⅢ测量控制网评估、桥面附属基本完工后进行。

1. 双块枕铺设

我国近年来的工程实践经验表明，CRTSⅠ型双块式轨枕排架法(又称“工具轨法”)和轨排框架法是双块式轨枕铺设的科学合理的施工方法，CRTSⅡ型轨枕采用的机组法(旭普林)在设备投入、施工精度保证上有较多缺陷，不宜大面积推广应用。

(1)排架法施工。在基地内完成钢筋下料及预加工。底座(或支承层)施工后，通过汽车运输散料进场，轨枕就近摆放线路两侧。人工铺设底座(或支承层)与道床板间隔离层，再绑扎道床板底层钢筋。

人工配合机械散枕器进行轨枕散铺，汽车吊或龙门吊吊装工具轨就位，原位组装轨排并进行轨排的连接及粗调就位，安装精调系统(含螺杆精调器及侧向支撑)并架起轨排。轨检小车测量轨道线形，通过精调系统调整轨道中线。之后，完成道床板钢筋绑扎及模板安装，再次精调后进行道床板混凝土浇筑。

道床板混凝土采用罐车、泵送入模、捣固棒捣固、人工抹面的施工工艺，混凝土浇筑应一次成型。混凝土终凝后,应及时松开精调系统及扣件系统螺栓,避免热胀冷缩引起混凝土开裂。

(2)轨排框架法施工。轨排框架法施工特点是以轨排框架取代工具轨,用轨排框架组装双块式轨枕并按榀进行铺设和精调,将双块式轨枕"点—线"施工变为轨道板"板—线"施工,减少了工具轨的使用。有利于提高轨道组装速度和精度,方便了轨排运输的物流组织。其钢筋绑扎、模板安装、轨道精调及混凝土浇筑等施工与排架法施工相同。

2. 轨道板铺设

各型轨道板铺设施工主要分为粗铺、精调和灌浆(或自密实混凝土)等施工,后续施工主要为轨道板张拉及宽缝浇筑、凸台树脂浇筑等。

(1)轨道板粗铺及精调。轨道板粗铺在底座施工完成且测量放样后进行,采用汽车运输轨道板进场,通过龙门吊或铺板龙门吊+专用吊具按铺板计划进行轨道板的粗铺。汽车不能直接到达的,需要采用双向运板车沿线路纵向运输到位。其中,CRTSⅠ型轨道板粗铺时应铺设砂浆浇筑袋,CRTSⅡ型轨道板粗铺前应完成铺板基标、定位钉的设置,CRTSⅢ型板应铺设混凝土垫块及钢筋网片。

轨道板精调由轨道板快速精调系统和精调器配合完成,通过轨道板快速精调系统测量轨道板空间位置并计算偏差值,使用精调器调整,不断反复,将轨道线形调整到允许限差以内,轨道板精调时除保证轨道板绝对位置外,还应保证相邻轨道板的搭接偏差。轨道板精调后,应及时安装扣压装置。为保证轨道线形,在水泥乳化沥青砂浆或自密实混凝土浇筑前,应再次使用轨道板快速精调系统检测和确认轨道板线形满足要求,对不合格的轨道板应重新精调和检测。

(2)水泥乳化沥青砂浆或自密实混凝土垫层浇筑。CRTSⅠ型和CRTSⅡ型轨道板采用水泥乳化沥青砂浆垫层结构,采用水泥乳化沥青砂浆搅拌车现场制备,通过汽车吊+线间运输车+中转仓等将砂浆运到浇筑位置后,采用重力方式按每块板一次浇筑施工。曲线地段,应从较低侧向较高侧浇筑。

CRTSⅠ型轨道板砂浆浇筑采用浇筑袋成型,浇筑袋应铺设平整,大小及厚度与轨道板规格及砂浆厚度一致。浇筑时,砂浆直接由浇筑袋灌入,待浇筑袋四周边缘饱满圆顺,即完成浇筑并封闭浇筑袋两侧注入口和排气口,待砂浆硬化后将注入口和排气口切除。

CRTSⅡ型轨道板砂浆浇筑采用模筑成型,轨道板两端通过与水泥乳化沥青砂浆材料性能相近的砂浆材料封边并捣固密实,轨道板两侧采用角钢+土工布或水泥砂浆封边,安装精调器位置不便于砂浆材料封堵的则在轨道板铺设时安装U形泡沫块,封边材料两侧应设排气孔。封边材料强度满足要求后,即在轨道板上灌浆孔安装PVC管并从中间灌浆孔内注入砂浆,排气孔排出砂浆与灌入砂浆一致时,封堵排气孔,当两端PVC管内浆面高于板面15 cm后,即可停止浇筑。砂浆变稠,舀出多余浮浆并插入S形钢筋。砂浆固化及强度达到要求后,拆除两侧封边材料。

CRTSⅢ型轨道板采用模筑法浇筑自密实混凝土。模板及钢筋安装完成且检测合格后,通过罐车运输混凝土进场,泵送经浇筑料斗注入模型内,一次浇筑成型。浇筑完成后,舀除多余浮浆,待混凝土初凝后,人工抹面并设置排水坡。混凝土终凝且强度达到要求,拆除模板及扣压装置。

(3)后续施工。CRTSⅠ型轨道板凸台树脂浇筑在水泥乳化沥青浇筑完成后进入,先安装浇筑袋,再人工搅拌并浇筑树脂材料,施工相对简单。

CRTSⅡ型轨道板在水泥乳化沥青砂浆浇筑完成后主要进行轨道板张拉及板缝浇筑、轨道板剪切连接、侧向挡块施工等。施工工艺简单,组织灵活。但轨道板张拉必须控制张拉温度及张拉顺序。侧向挡块施工时,应保证剪力钉与齿槽内预埋套筒连接良好,除弹性垫块外侧向挡块混凝土与底座及轨道板间完全隔离、无粘连。

CRTS Ⅲ 型轨道板在自密实混凝土浇筑后主要进行路基上轨道板连接及板缝浇筑。施工工艺简单,组织灵活。

3. 无砟道岔铺设

(1)长枕埋入式无砟道岔。长枕埋入式无砟道岔施工分为无砟轨道施工、道岔轨道线形调整、钢轨焊接及无缝线路锁定、工电联调、道岔使用及维护管理等内容,后几个部分施工时相互穿插,互为影响。

无砟轨道施工。线下工程主体完工且沉降变形经评估满足无砟轨道施工条件后,建立CPⅢ测量控制网,并根据CPⅢ测量控制网测量放样。模筑法施工钢筋混凝土底座,待底座强度达到75%以上后,汽车运输道岔件及轨枕进场,汽车吊配合现场组装道岔轨排并用螺杆精调器及侧向支撑系统架立道岔。之后,绑扎钢筋并安装模板。采用轨检小车测量道岔线形,通过螺杆精调器及侧向支撑系统调整和固定道岔轨排。待钢筋绝缘检测、道岔轨道线形精调、工电联调等合格后，模筑法浇筑道床板混凝土。

道岔轨道线形调整。道床板混凝土浇筑完成且强度达到要求后，利用轨检小车检测道岔轨道线形，采用调整扣件进行道岔轨道线形的调整。道岔轨道线形的调整贯穿于道床板混凝土浇筑完成至线路开通的始末，在钢轨焊接、工电联调前后都要进行道岔轨道线形调整，只有当道岔轨道线形满足各阶段的施工要求，方可进行下一阶段的施工。

钢轨焊接及无缝线路。道岔钢轨焊接在道岔轨道线形及工电联调达到一定合格要求后进行，采用铝热焊焊接。为保证道岔及前后线路无缝线路单元管理的要求，道岔钢轨焊接分为岔内焊接和岔外焊接。道岔钢轨与前后各 150 m 的线路共同形成一个单元的无缝线路。

工电联调。工电联调需工务与电务一起配合调试，属接口管理的范畴，是高速道岔施工的重要环节。即在满足工务质量的前提下，保证道岔电务转换设备的正确安装和使用，分为非带电状态和带电状态两个阶段。一般来说，在道岔轨排组装完成至道床混凝土浇筑和道岔钢轨焊接之前，需要将半角转辙机安装在道岔上确认道岔转换正常且各指标符合要求，否则不能进入下一阶段施工。在带电调试阶段，需要道岔在电控操作时转换正常且各指标符合要求。

(2)板式无砟道岔。板式无砟道岔分为道岔板铺设和道岔件组装及后续施工。道岔板铺设施工与CRTSⅢ型轨道板铺设施工相同。道岔件组装及后续施工与长枕埋入式无砟道岔施工一致。

4. 无砟轨道施工物流组织

无砟轨道施工不论是双块式铺设还是轨道板铺设，物流组织都是施工组织的重点之一。物流组织应在高速铁路工程开工前结合线下工程施工统筹规划。

一是为保证物流顺畅，应尽可能设置沿线贯通的运输通道，并与既有公路或便道连通，长桥地段还应设置人行步梯或采用龙门吊、汽车吊、塔吊等作为材料及机具上下的通道。隧道地段应统筹保留斜井作为无砟轨道施工通道。

二是混凝土搅拌站、钢筋加工房及生活基地等可与线下工程统筹设置，原则上混凝土及相关物流距离应不超过 15 km。轨道板(枕)临时存放应结合轨道板(枕)预场生产能力和供货周期确定，尽量做好经济合理。

三是施工现场结合路桥隧结构物特点，采用人工、龙门吊、双向运板车、汽车吊、汽车泵或输送泵进行材料运输及机具转运等。当施工工期不紧时，在双线地段也可按“先施工一线，再施工另一线”的方式分别进行物流组织。当施工第一线时，可利用另一线按单向运输作为物流通道，这样可最大限度地减少第一线施工物流组织的难度，降低设备资源配备。施工第二线时，再采用上述物流组织方案。

四是无砟道岔施工一般借用线下生产生活设施，尤其是混凝土供应。长枕埋入式无砟道岔利用已有的公路或便道作为物流通道，必要时根据道岔钢轨长组件运输的要求进行局部加宽加固。道岔工厂距工地较近的，可采用汽车运输道岔钢轨进场，距工地较远的，可采用火车运输后再经公路转运到现场。为保证无砟道岔施工不受道岔件供货影响，一般应在现场设道岔存放场进行道岔、岔枕及其他钢轨件的临时存放和道岔试组装。

5. 长钢轨铺设及无缝线路

根据线下工期、工程量及铺轨工期、材料供应等统筹规划铺轨基地，铺轨基地应尽量选择靠近既有线车站附近选择地势平坦、交通运输方便的位置，尽量减少出岔难度、土石方工程量和轨道便线工程量。铺轨基地及铺架通道还应尽量避开工期控制工程。

铺轨工期应结合铺轨基地位置、线下工期规划等综合确定铺轨方向及节点工期。设备投入应先进可靠，特别是焊轨设备应提前进行工艺性试验和型式试验。

施工期间，应协调好线下施工、铺轨运输、钢轨焊接、轨道精调、四电施工的关系，确保工程整体有序推进，避免顾此失彼。

### 10.4.2　有砟轨道主要施工方案和方法

#### 10.4.2.1　道砟铺设

1. 生产储存

道砟的生产运输是制约有砟轨道铺轨工程的重要因素，既影响工期，又影响成本，必须高度重视。施工中应按照工期确保、经济合理的原则从生产、储存和运输等环节组织好道砟的生产运输。

新建高速铁路有砟轨道设计采用特级或一级水洗道砟，对道砟的材质、生产、检验等要求严格，且必须按照工业产品生产的要求办理生产许可并通过铁道部上道审查。砟源的选择上，在材质满足要求的条件下，应结合运输成本首选既有砟场，必要时通过改进或添加生产设备以使其生产能力满足工期要求。其次，再新建采石场和道砟加工场。道砟加工场及设备生产能力应考虑道砟生产、运输的季节性(含国家政策影响)影响，道砟加工场的石材储备能力和设备生产能力应大于施工工期的需要。

道砟存放场的数量和规模应在综合选定道砟的公路或铁路运输方案后确定。采用公路运输的部分，存砟场应尽量沿线路均衡布置并提前存砟，以保证道砟铺设施工时运输组织的影响因素最小。采用铁路运输的部分，存砟场应靠近新建铁路车站或铺轨基地设置，以使道砟运输受铺轨因素影响最小。

通常条件下，铺轨之前可通过公路运输铺设的道砟数量约占总量的 40%，铺轨后可通过新建铁路轨道运输的道砟的数量约占总量的 60%。但道砟的生产和储存应尽可能地提前。

2. 道砟运输

道砟运输分为铺轨前公路运输和铺轨后轨道运输两部分，当采用轨道运输时也需要通过公路将道砟运输至紧靠铁路车站或铺轨基地的存砟场。

采用公路运输的部分，应结合线下工程施工提前规划运输通道，尤其是线下工程竣工后还能保证道砟运输能顺利进入线路，并考虑必要的会车或调车场地。建设单位应协调施工各方或地方密切配合道砟的公路运输工作。

采用铁路运输的部分，应根据道砟供应、工期特点等提前规划存砟及装车地点，组织充足的道砟运输车辆(机车和 K 型石砟漏斗车)，未经国家许可的非标车辆严禁上道作业。当需要通过既有铁路或铁路局道砟场运输道砟的，还应按规定向铁路部门提报运输计划。

3. 道砟铺设

底层道砟预铺时，应结合线下结构物表面高程、底砟预铺厚度提前计算道砟预铺数量，对照施工控制桩或施工里程、道砟预铺数量表控制道砟卸车数量。之后采用挖掘机或装载车完成预铺道砟的主要摊铺工作，最后再依据施工控制桩采用摊铺机或平地机将道砟摊铺到位，并使砟面平整度符合要求。摊铺完成后，再采用重载光轮压路机碾压。最后进行砟面高程、平整度以及道砟压实密度检测，检测不合格的，应重新摊铺或碾压。在公路运输成本相对较低的地段，可在底层道砟预铺时，在不影响摊铺工作的前提下尽可能多地铺设道砟。

铺轨通过且经重点整道后，应采用 K 型石砟漏斗车及时补充道砟。K 型石砟漏斗车卸车之前，应结合线路已铺道砟情况、计划起道量等因素综合确定每次的道砟卸车数量，并严格按计划卸车。采用 K 型石砟漏斗车补充道砟应保证道床饱满及道床断面尺寸所需道砟、线路起道量所需道砟且卸砟时道砟不会跌落到路基边坡造成浪费。采用 K 型石砟漏斗车，应结合 K 型石砟漏斗车的周转时间(包括车辆装车、调车编组、往返运输、卸砟及必要的影响因素)、道砟计划指标等确定石砟漏斗车的数量及编组情况。一般情况下，在不需要经过既有运营铁路运输的条件下，每列石砟漏斗车应按 15～20 辆编组，最远单边运输距离应在 100 km 以内，若运输距离过远，则可采用 30 辆以上的大编组进行运输。石砟漏斗车的运输及卸车应纳入工程线运输管理体系，严格执行请销点制度。卸车作业时，应及时清道，作业地方及前后地段应作好施工防护。隧道内进行卸砟作业时，应做好防尘措施及应急预案。

10.4.2.2 轨料组织及长轨铺设

1. 物流组织及铺轨基地

铺轨基地是高速铁路有砟轨道施工最重要的物流基地和材料预加工基地，起着枢纽作用。一是要在铺轨开始前，铺轨基地需要完成长钢轨、轨枕、扣件及道岔材料和部分道砟材料的储存，完成轨枕锚固作业。二是大型机械化施工设备需要在铺轨基地内组装调试并完成编组、存放。三是铺轨开始后，铺轨基地既要接收和储存由外面运输进入的材料和设备，更要向铺轨前方供应材料和设备。四是铺轨基地是施工队伍的生活和办公基地。为此，除部分可以直接运输到现场的道岔或站线轨料之外，所有的轨料都需要在铺轨基地内进行中转、储存。

铺轨基地设长轨存放区，设长轨联动群吊和长轨存放台位提前进行长钢轨的装卸和存放。一是解决焊轨厂及中途运输不能保证铺轨期间长轨需求的问题；二是便于长钢轨从专用长轨运输列车向枕轨运输列车上转运；三是便于长钢轨进场后的质量检查和公差调配。

铺轨基地设轨枕存放区，通过轨行式龙门吊进行轨枕的装卸和存放。一是解决轨枕厂及中途运输不能保证铺轨期间轨枕需求的问题；二是便于轨枕从轨枕运输车辆向枕轨运输列车上转运；三是便于轨枕的锚固和质量检查；四是便于调配。

铺轨基地设短轨及道岔存放区，通过轨行式龙门吊进行短轨及道岔材料的装卸和存放，其目的与长轨存放相同。铺轨基地还设其他材料存放区。

铺轨基地还设铁路工程线和运输便道。铁路工程线至少包括铺轨基地与既有铁路的联络线或岔线、用于材料或设备存放的停车线和调车线、铺轨基地至铺轨前方的工程线以及转换道岔等。

2. 一次性铺设长钢轨

一次性铺设有砟轨道长钢轨，主要通过大型专业施工设备——长轨铺轨机组完成。长轨铺轨机组由枕轨运输列车和铺轨主机及其配属设备(含履带式钢轨拖拉机、轨枕搬运车等)组成，枕轨运输列车主要为铺轨主机运输和提供长钢轨及轨枕，铺轨主机一次可将长钢轨及轨枕铺设到位并组装成长轨线路。其作业流程如下：

(1)长轨铺轨机组提前在铺轨基地内组装、编组并调试合格后，由内燃机车推送铺轨主机到铺轨起点待命，钢轨拖拉机提前到铺轨起点待命；

(2)枕轨运输车组同时装运长钢轨和轨枕并由内燃机车牵引或推送至铺轨前方与铺轨主机连接；

(3)铺轨作业时，首先由钢轨拖拉机拖拉并铺设 1 对长钢轨，长钢轨对称于线路中心在轨枕范围之外布置；

(4)轨枕搬运车通过走行轨道在铺轨主机与枕轨运输列车上来回走行以完成从枕轨运输列车向铺轨主机转运轨枕；

(5)铺轨主机采用单枕连续法或群枕法将轨枕按设计中线、间距铺设于道床上，铺轨主机同步前进将长钢轨收入轨枕承轨槽内，人工配合组装轨枕扣件形成长钢轨线路。

一对长钢轨线路铺设完成后，继续拖拉下一对钢轨并铺设轨枕、组装线路。枕轨运输车组上的长钢轨及轨枕铺设完成后，枕轨运输车组即返回铺轨基地继续装车和运输。

为保证长轨线路铺设的精度，施工前需要测设轨道施工控制桩并预铺道床底层道砟。轨枕铺设及线路组装时，应严格控制轨道中线及轨枕间距。铺轨通过后，应及时重点整道，以保工程车辆安全通行。

为使铺轨连续进行，长轨铺轨机组一般以铺轨主机不出现停机待料为原则配套 2 列或多列枕轨运输车组。

3. 换铺法铺设长钢轨

换铺法铺设长钢轨，包括轨排铺设和长钢轨换铺两个阶段，其中长钢轨换铺应在轨排铺设后且上砟整道使道床达到初期稳定状态后进行。

轨排铺设采用常规铁路轨排铺轨机或架桥机铺架施工方式，利用 25 m 工具轨将轨枕、扣件系统和工具轨在铺轨基地内组装成轨排，通过铁路平板车将轨排运输到铺轨前方，经倒装龙门吊、铺轨机机动平车等将轨排倒入轨排铺轨机，最后由轨排铺轨机将轨排逐个铺设到道床上并连接形成线路。

轨排铺设后的线路经上砟整道达到初期稳定状态后，采用专用长轨运输列车运输长钢轨并通过人工或机械将工具轨换铺为长钢轨，工具轨通过收轨平车回收到铺轨基地重复使用。长钢轨换铺主要采用两种作业方式，一是先拆除工具轨，按推送法采用长轨推送机构将长钢轨推送到位，之后组装长钢轨线路；二是直接采用 T11 长轨运输列车将长钢轨直接卸于道床两侧，之后拆除工具轨，人工或机械将长钢轨收入承轨槽内并组装线路。

为减少工具轨的使用，换铺法铺设长钢轨必须统筹协调轨排铺设、上砟整道和长轨换铺工作，即轨排铺设后，应及时上砟整道，再及时换铺长钢轨并回收工具轨。在双线铁路条件下，通常 2 台轨排铺轨机铺轨、1 套大型整道机组整道、1 套长轨运输列车及换铺设备、2 台收轨平车进行设备配置，K 型石砟漏斗车配置满足大型整道机组施工进度。同时，轨排铺设、上砟整道和长轨换铺应各错开 15～25 km 布置，当区间长度大于 25 km 时，可在区间适当位置增设岔线。同时，工具轨应按每套轨排铺轨机不少于 45 km 配置。

工具轨的来源应综合考虑桥面护轨等因素。

#### 10.4.2.3　上砟整道

线路铺轨后的上砟整道作业应以大型整道机组为主，人工配合为辅，分次作业、分级达标，施工过程应坚持道床饱满度满足整道作业需要的要求。上砟整道还应为后续的轨料运输、四电施工等提供施工条件。

上砟整道包括上砟和整道两个环节,为保证大型整道机组的作业进度和施工质量,首要的条件是组织道砟的供应、运输和卸车,并考虑K型石砟漏斗车卸车受各方施工及运输条件限制造成的效率降低。

每次大型整道机组作业前,应测量、检查和确定线路起拨道量,并对线路组装质量(含轨枕的间距和方正、扣件的完整性和准确性、扣件螺栓扭力或扣压力)等进行检查,提前消除线路组装质量对整道质量的影响,线路捣固车根据计划起拨道量进行作业,对起拨道量大的地方可加强作业次数,并及时补充道床道砟。动力稳定车跟进线路捣固作业。线路捣固车应避免大起大拨。线路达到初期稳定条件后,进行无缝线路焊接锁定,之后再进行大机整道和轨道精调,以达到工程竣工验收要求。

大型整道机组一般由1台或2台线路捣固车、1台动力稳定车和1台配砟整形车配套使用。施工期间,必须加强对作业设备的使用和保养维护。道岔整道以租借铁路局道岔捣固车设备为主,道岔捣固车作业之前,应采用小机整道使道岔达到初期稳定状态。在线路精调阶段,还应配置轨检小车或轨检仪配合轨道几何尺寸的检测,加快对轨道几何不良处所及轨道精调质量的确认。

### 10.4.3　工程运输管理

#### 10.4.3.1　概　　述

工程运输管理主要通过组建专门的、统一的运输管理机构,通过制定和实施工程运输管理办法及作业细则,以施工计划、调度命令的形式下达管理指令,各部门、各个工作环节要紧密联系,协同动作,相互兼顾,做到施工、行车及附属作业安全。

工程运输管理采用高度集中、统一领导和逐级负责的"军事化"管理方式,一般由建设单位或建设单位委托铺轨施工单位组建专门的工程运输管理机构(工程运输所)负责统筹协调各单位的施工和运输组织,确保新建铁路所有上道施工作业或运行的工程车辆的行车安全,相关机械设备的使用安全和人身安全,提高施工作业效率和行车设备的使用效率。

#### 10.4.3.2　工程运输管理指挥系统

1. 工程运输管理指挥系统

建设单位作为高速铁路线路及其附属设备运用管理的主体,应成立以主管领导和相关部门、各施工和监理单位组成的工程运输管理领导小组,领导工程运输管理工作,并成立总调度室专门负责铁路工程运输的总体协调和管理工作。当建设项目只有1个铺轨单位时,也可将总调度室委托铺轨施工单位负责组建。

铺轨施工单位负责本标段内铁路工程运输的分段协调和调度指挥工作,并组建运输所或调度所负责本标段内的施工、运输组织和安全工作,组织、协调、指挥各单位在区间、站场的施工作业和车辆运行机制,建立各种运输管理台账,汇集施工计划,编制工程列车运行图,确定天窗,并统计分析落实情况。

铺轨施工单位以外的线下、站后施工及其他与工程运输有关的施工单位应设专兼职工程运输协调员,派驻调度室。

2. 各单位工程运输管理职责

(1)建设项目工程运输管理领导小组。负责建设项目的铁路工程运输和安全生产管理工作,并定期到现场检查和指导,协调重要事项;负责全线重大铁路运输安全事故的调查处理。

(2)总调度室(建设单位主管)。总调度室负责领导、协调和监理各区段调度室工作,负责月度或临时重点施工计划、工程列车运行图及"天窗"的审批,以及具体安排跨两个及以上区段调度室管辖分界点的施工和行车计划;负责日常管理及信息的收集汇总和问题协调,根据工程项目施工情况、进度及安全控制重点、施工计划、施工配合等召开会议,检查施工计划的落实情况。

各区段调度室应设立专职列车调度中具体负责管理段内线路及其他行车设备的运用管理和安全工作人员,组织、协调和指挥各施工单位在区间、站场内的施工作业,建立运输管理台账,收集施工实施计划,统计分析计划兑现情况;负责管理段内行车指挥和施工日常计划的审批;针对现场作业中违反安全操作规程或影响行车安全的行为,对相关单位下达整改通知书;做好信息反馈工作。

(3)铺轨施工单位。受建设单位委托负责总调度室或区段调度室的管理,协助建设单位做好施工和运输组织、协调和现场指挥工作，对本单位的施工、机械调度、行车及人身安全负责。

负责本单位相关人员的安全培训和考核，特殊工种和专业岗位人员必须持证上岗、上线作业。负责与相关施工单位签订安全配合协议。

工程进入联调联试阶段以前，负责已开设车站的行车组织管理工作，制定车站行车工作细则且报经建设单位审批后实施。

做好已接收道岔及其附属设备的成品保护，配合电务施工单位做好道岔转换设备的日常使用和养护工作。

负责与既有车站的协调，与铁路工车机电等部门签订安全配合协议，做好新到设备及材料的配送工作，确保物流通畅。

(4)其他施工单位。负责本单位施工、机械设备、行车及人身安全，对本单位相关人员进行安全培训和考核。特殊工种和专业岗位人员必须持证上岗。

主动与铺轨施工单位签订安全配合协议。负责对铺轨施工单位道岔操纵人员进行岗前培训，并按规定加强道岔手摇柄的管理。

电务施工单位负责道岔转换设备的日常维护，在车站日常行车工作中，根据车站值班员命令，由驻站联络员亲自或指派胜任人员到现场指导道岔的开、加锁和转动作业。

按规定及时提报本单位的月度施工计划，严格执行施工计划的变更、追加或取消手续。严格按列车调度员和车站值班员的组织行车和施工。

加强本单位轨行设备使用的维护，施工过程中做好安全防护；非施工作业期间，作业设备、机具和物料等不得侵限。加强信息反馈和协调沟通。

(5)监理单位。负责本单位机械设备及人员安全；负责检查监督管理段的施工机械设备和行车安全作业，检查督促施工单位按规定严格执行和落实安全预案及安全措施。

负责审核施工单位的施工安全措施和安全协议等。加强信息反馈和协调沟通，并提出整改建议和措施。协助建设单位做好管段内铁路运输安全事故的调查处理。

(6)施工和运输生产交班会制度。原则上建设单位工程运输管理领导小组或总调度室每月、各调度室每周应召开一次生产交班会，通报施工计划完成和兑现情况，总结施工和运输经验，研究下步施工计划实施准备，协调解决存在的问题。总调度室也可利用生产交班会集中审批月度施工计划、工程列车运行图及天窗计划。

遇有特别重大施工项目或采用四新技术等对工程运输产生较大影响的施工项目，建设单位工程运输管理领导小组或总调度室应重点关注。

#### 10.4.3.3　铺轨施工单位工程运输指挥系统

(1)主要工作及任务划分。铺轨施工单位工程运输管理包括行车组织、轨行设备使用和线路设备维护等3个方面，其中行车组织和轨行设备使用由工程运输所负责，线路设备维护由线路作业队负责，道岔转换设备的使用和维护由电务施工单位配合。

(2)工程运输所。铺轨施工单位比照建设单位成立由项目经理任组长、生产副经理任常务副组长及各部门、作业队负责人组成的工程运输管理领导小组，负责领导铺轨施工工程运输全面工作。并组织工程运输所负责工程运输及施工管理，负责除整道大机、铺轨机以外的轨行设备的使用、维护管理，负责运输组织，对外协调铁路管理部门和建设单位工程运输总调度室的工作关系。

工程运输所分为行车组织、轨行设备管理两个方面，设技术调度室、机务值班室、后勤保障室等职能部门，其中，技术调度室由列车调度主任和调度员负责，机务值班室由行车组织员负责。下设机务队、铺轨基地车站、铺架前方站、中间站以及货运室等生产机构。如图5-10-1所示。

#### 10.4.3.4　工程运输作业内容

1. 铺轨开始前工作

(1)建设单位应组织各施工单位对工程运输相关作业人员进行安全教育培训，做好安全知识的宣传教育工作，并对周边居民做好铁路法等法规法律的宣传解释工作，确保施工、行车和人身安全。

(2)为确保铺轨基地建设、材料进场及后续施工准备的顺利进行，铺轨施工单位应尽早组建工程运输所，优先协调铺轨基地组建过程中工程线与既有线接轨、铺轨基地进入设备及材料配送车管理、路用车借用(租

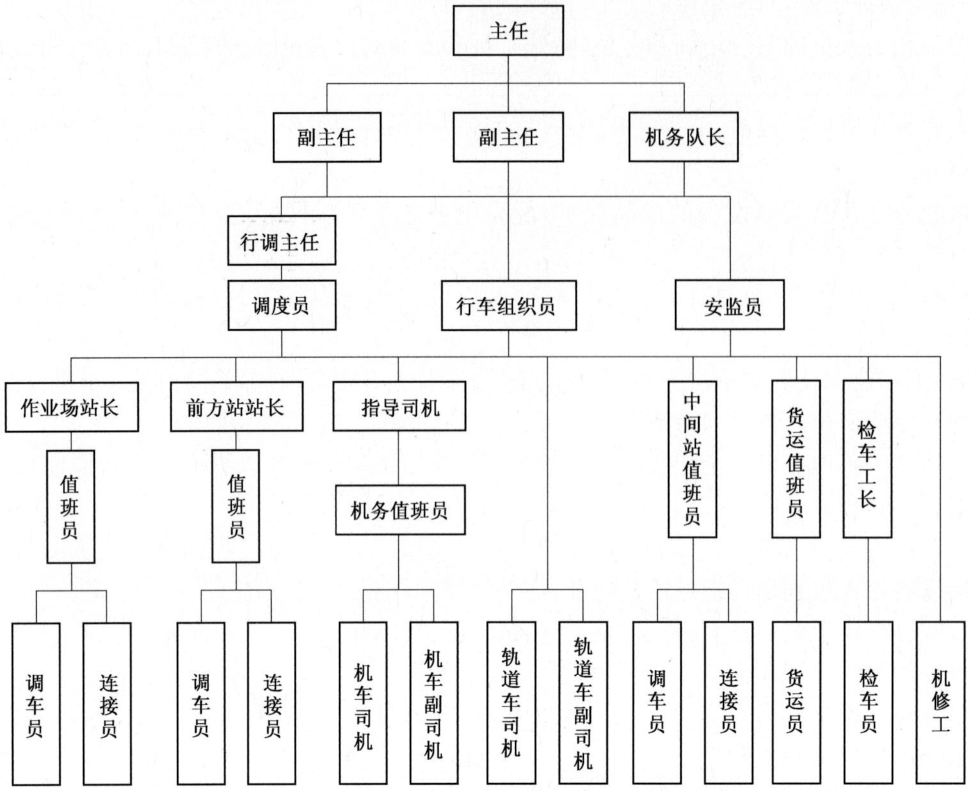


图 5-10-1　铺轨施工单位工程运输所组织机构示意图

赁)等协调工作,制定专门的行车管理办法,并与相关单位签订施工配合协议。

(3)铺轨开始前,各级调度室应结合工程特点、线路平纵断面及车站布置、施工组织设计等编制《车站行车工作细则》。《车站行车工作细则》的主要内容,应包括车站技术设备的使用管理,接发列车和调车工作的组织、计划、安全操作及各项制度等,并应附有车站线路平面图。凡参加车站作业的站、段、所有关人员均应熟悉和执行《车站行车工作细则》有关规定,车站应将《车站行车工作细则》内容摘录送有关处所和单位。

(4)各施工单位应对进场的轨行设备进行保养维护,实行定人定机管理,并针对特殊货物运输、长大坡道、小半径、长大桥隧及特殊天气等制定专项运输方案,确定车辆装载加固、编组、运行、防护等特殊施工措施。

(5)铺轨开始前,各标段应由监理单位组织、各施工单位参与,对铺轨前的有砟轨道及线下结构进行检查验收。

(6)建设单位应协调解决各施工单位提出的各种施工影响因素和潜在危险源,并对施工单位的轨行设备及资源配置(含操作人员)进行检查确认。

2. 铺轨开始后工作

(1)施工计划及调度管理。建设单位工程运输管理领导小组及调度室定期召开会议确认月度或周施工计划。调度室每天召开施工协调会确定次日施工计划,公布各区段施工及行车重点,相关单位做好配合工作。

对上线作业、车辆运行及影响线路行车的施工,列车调度按规定对施工和行车组织有关作业发布调度命令,调度命令必须"一事一令"。

在同一区站或车站、相同时间内施工的所有施工单位应相互协调配合,最大限度际组织平行作业,以充分利用设备通过能力,提高作业效率。

(2)线路设备管理。铺轨通过后,上砟整道施工单位必须及时进行重点整道和道砟补充,检查确认线路设备通行或限速要求。工程车辆必须按照设备通行或限速要求组织行车。

上砟整道施工单位应安排线路养护和巡道人员。铺轨通过后应尽快安排上砟整道,为工程车辆提速运行创造条件,加快设备通过能力。同时,应加强线路养护巡守,对影响车辆通行或通行速度的问题应及时发现和整改,必要时可根据线路设备状态降低运行速度或中止行车。

中间站值守人员应加强道岔状态检查维护，保管好道岔钩锁设备，确保道岔定向准确。

(3)车辆设备管理。车辆设备主要包括各类客货列车、机车、轨道车、铺轨机组、整道机组、钢轨打磨列车以及其他特殊轨行设备。

车辆设备应根据工程规模、工期及施工组织合理配置并提前到位，进入现场的车辆设备应进行详细的检查和确认，必要时进行维修或维护，确保设备状态良好。不符合要求的设备应严禁上道使用。车辆设备使用期间，应按规定使用、检查和维护。动力设备必须实施定人定机制度。

(4)作业组织。各施工单位按下达的施工计划在调度室登记并得到调度命令，按调度命令组织行车和施工作业。利用行车间隔上道施工的，可不获得调度命令，但应登记施工，并在施工地点前后各 800 m 处设置施工防护。

施工作业完成后，应及时清理所有设备、材料及人员下道，确认线路状态良好且无设备机具侵限后方可放行工程车辆。

(5)行车作业安全。所有上道车辆必须确保状态良好，重点车辆应执行添乘制度。各类施工作业车辆必须严格按调度命令规定的时间、地点、运行速度、作业范围和内容等运行和作业，无特殊原因严禁延点或影响其他作业计划的执行。

工程列车不宜采用前推后拉的运行方式，必须采用时，应增加引导人员，司机应加强瞭望，列车前端车辆应安设抽动放风阀。

工程列车运行速度应严格根据线路状态进行，但无缝线路未焊接锁定前重车限速 20 km/h、空车限速 30 km/h，推进作业限速 15 km/h。铺轨后未整道正向过岔限速 10 km/h、侧向限速 5 km/h，整道后正向过岔限速 25 km/h、侧向限速 15 km/h。通过临时道口时重车限速 10 km/h、空车限速 20 km/h。

长大坡道重载列车通行时，工程车辆必须增加补机。并加强设备制动检查。

(6)施工机具及材料管理。所有施工设备、机具、物料和人员不得在线路上长时间放置或停留，在线路间或临近线路放置时应放置稳定、不得侵限。严禁使用易伤损钢轨或道岔的单轨车或小平车等。对需要在线路临时放置的轨行机具或设备，应做好制动或防溜措施，必要时可采用铁链或锁具将其固定于线路上。

(7)现场监控。所有上道施工单位均应执行请销点审批制度。要点施工单位向车站或调度室派驻驻站联络员，与车站值班员和施工现场负责人保持不间断联系，并在施工前后位置设置防护措施。

施工过程中遇到紧急情况时，应立即撤除妨碍行车的一切障碍物，所有施工人员迅速下道，确保行车和人身安全。

(8)车站线路和道岔管理。已铺设完成的车站线路和道岔原则上应由车站管理和使用。工程车辆在线路停留时，应做好防溜措施。

临时交由电务施工单位施工的道岔或线路，按上道施工进行管理。施工完成后的道岔，必须由车站、工务和电务施工单位共同确认道岔状态及定位后方可交还车站正常使用和管理。

所有投入使用的道岔应采用钩锁设备进行管理，道岔转换及定位必须由两人及以上人员共同确认。已完成转换设备安装的道岔，应向车站移交手摇柄，道岔转换时，各转辙机位置必须协调动作，确保道岔转换协调、稳定。

(9)通信要求。工程运输组织指挥系统应采用可靠的通信方式，设置专用的调度电话或无线对讲设备。在不具备设置条件时，可使用个人移动电话作为辅助通信设备，但必须加装可靠的录音装置。

对长隧地段电话或无线对讲设备无法使用的地段，可采用路票方式组织接发车。

## 10.5　安全保证措施

### 10.5.1　总体要求

认真贯彻“安全第一，预防为主”的方针，各级施工单位应建立健全安全管理体系，明确安全管理目标，成立安全生产委员会和专职安全管理机构，配齐安全管理要素，执行安全生产责任制，明确各级人员的安全职责，特殊工种持证上岗，确保安全生产。施工方案中应有专项安全措施，安全设施按要求配置到位，安全交底与技术交底同步进行，并加强过程中安全管理检查、整改、应急等工作。

### 10.5.2 施工现场

施工现场的布置符合防火、防爆、防洪、防雷电等安全规定及文明施工的要求,施工现场的生产、生活办公用房、仓库、材料堆放场、停车场、修理场等按批准的总平面布置图进行布置。

现场道路平整、坚实、保持畅通,危险地点悬挂按照《安全色》(GB 2893)和《安全标志及其使用导则》(GB 2894)规定的标牌,夜间行人经过的坑、洞应设红灯示警,施工现场设置大幅安全宣传标语。

现场的生产、生活区要设足够的消防水源和消防设施网点,消防器材有专人管理不得乱拿乱放。组成一个由 15～20 人的义务消防队,所有施工人员要熟悉并掌握消防设备的性能和使用方法。

各类房屋、库棚、料场等消防安全距离符合公安部门的规定,室内不得堆放易燃品;严禁在木工加工场、料库等吸烟;现场的易燃杂物,应随时清理,严禁在有火种的场所或其近旁堆放材料。

施工现场的临时用电,严格按照《施工现场临时用电安全技术规范》(JGJ 46)的规定执行。施工现场加强用电管理,严格执行我公司的临时用电安全技术措施。

施工中如发现危及地面建筑物或有危险品、文物时,应立即停止施工,待处理完毕方可施工。

### 10.5.3 轨道板(枕)预制

建立健全场内安全管理体系,成立安全生产领导小组,落实安全生产责任制,配齐安全生产要素,严格安全操作规程,认真执行安全监控制度和措施。

认真规划和布置场内各种管线线路、各种设备走行进出线路和停放位置、人行通道以及各种原材料、半成品和成品的运输路线和存放位置,确保场内作业整齐和人员设备合理整齐的工作环境。

进场作业人员要先经安全培训合格,电工、电焊工、行车司机、机动车及各种机械司机要经过专业培训,并经考试合格获得上岗证才可上岗。各种机械作业要有针对性的安全操作规程。现场各种安全防护(如登高作业安全护栏、危险作业的安全网和安全界限)、安全标示要齐全。

要有专职电工和修理工经常性检查电路、电器、设备等的状态,禁止使用漏电线路、电器和不良状态的设备。

各种电器、机械要专人管理使用,禁止无关人员动用机械、电器设备,禁止非工作人员攀爬龙门吊、行车、拌和站、布料机等设备。

起吊作业时,禁止在起重物下站人,辅助起吊作业人员要离开适当距离,并在起吊前检查挂钩及吊绳等是否牢靠,真空吸盘状态是否良好。

各种机械使用前,必须经检查状态良好,启动前要经检查无安全隐患,翻转机作业时禁止非工作人员靠近,布料机使用时布料斗料口必须设安全网。进场人员必须配带安全帽、登高作业要系安全绳。

### 10.5.4 无砟轨道现场作业措施

入场大型设备的生产(制造)许可证、产品合格证、安装验收合格证、设备操作证及设备履历证书等"四证一书"必须齐全。

桥面施工用电安全是安全控制的重点之一,必须严格执行"三级配电、二级保护"与"三相五线"制,必须确保线路无破损、横越桥面的电线必须采用硬质保护套筒保护,严禁使用花线、明插座、碘钨灯,严禁线路在钢筋上缠绕。

所有上桥通道必须有安全防护装置,有安全护栏及休息平台。工地照明设备要齐全可靠,确保隧道内及夜间施工安全。桥面上施工场面狭窄,各种机具、材料要有序堆放,严禁靠桥边缘堆放,且要预留专门的过人通道。

涉及易燃易爆材料使用及作业时,施工过程应禁止烟火。施工便道要随时平整压实并设会车通道,基坑回填要密实,防止车辆会车发生倾倒。

底座板钢筋网片吊装、轨道板吊装、钢轨件、砂浆吊装等上桥作业前一定要检查吊车的钢丝绳、吊链及吊具的安全状态,吊装过程中,吊臂范围内严禁站人,桥下及桥上要设置两名安全员全程监控,分别负责桥上与桥下的安全监管工作。

轨道板粗铺安放时,施工人员应用专用的撬杆安放,防止发生挤伤事故。熟悉和掌握水泥乳化沥青砂浆加料站以及水泥乳化沥青砂浆搅拌车的操作规程，禁止盲目操作。严禁桥上作业人员向桥下抛掷器具、材料；桥面边缘施工人员必须系好安全带。

### 10.5.5　轨料存放及运输

钢轨、轨枕及扣件配件等材料存放场地应坚固、平整，物料堆码应规范、整齐并符合技术条件的规定，做好逃生通道的预留。

参加起重作业的人员必须经过专项培训并持证上岗，起吊设备工装及起吊方法经检查评估符合要求后方可进行施工。

材料的装车及加固应符合相关要求，严禁超载运输，确需超限运输时，应制定专项防护方案，超限运输应征得有关部门的同意。

### 10.5.6　大型设备使用

大型设备必须根据产品说明书的要求，制定安全技术操作规程。

大型设备在正式使用前，应进行测试、试运转或验收检查，确认满足要求后方可使用。施工过程应正确操作，并加强维护保养，严禁带病运转或违规操作。

大型设备使用应配备必备的消防、防护等应急设施。

### 10.5.7　新线铁路运输

组建专门管理机构(如运输所)负责新线铁路运输与施工组织，加强设备管理，确保行车施工两不误。

加强轨行设备的维护、使用、停放等管理，做好货物装载加固和车辆连接，确保机况良好、正确操作。

加强线路设备养护管理，严格限速条件，工程道岔按规定钉闭使用。临时道口应设专人看守。加强施工防护，新线铁路上道施工必须按要求登记、封锁或限速，并做好施工防护，严禁物料侵限，车辆冒进。

### 10.5.8　其　　他

做好长大隧道内施工防尘、防中毒措施，确保隧道内施工安全。做好施工现场焊接、焊轨等防火工作。

### 10.5.9　道路交通安全

临时道路严格按照设计的标准修建，弯道、坡度以及会车道的设置满足安全行车的要求。临时道路与其他公路、人行道交叉时，在交叉道口设置警示牌，车辆人员繁忙的道口，派专人看守，并设围栏。经常组织机动车驾驶人员学习《道路交通安全法》，提高其交通安全意识。

自卸汽车在施工现场内行驶，限速 10 km/h；卸料时，先察看周围环境，确认安全后方可卸料；往坑、沟、槽内卸料时，车距坑边 10 m 处应减速行驶，在坑边 1～2 m 处卸料，卸料处设车挡；严禁机动翻斗车载人。

装运易燃、易爆和危险品的车辆符合国家有关安全规定的要求，不得搭乘其他人员。

## 10.6　质量保证措施

建立健全质量管理体系和管理制度，完善资源配置及责任到位。建立健全无砟轨道、有砟轨道及无缝线路工程施工图审核、技术交底、技术培训、测量复测、沉降变形观测评估、试验检验、技术资料管理、专项技术咨询等技术管理制度，严格新工艺、新设备、新技术、新软件和新材料准入制度，细化施工组织设计、开工报告和工艺试验、工序验收等审查验收制度。

加强技术管理。按照相关要求，编制作业指导书、施工作业要点卡片等技术文件统一无砟轨道作业标准。要对施工各级人员进行无砟轨道、有砟轨道及无缝线路工程施工管理和技术知识的专项培训。

施工单位要明确专职领导负责无砟轨道、有砟轨道及无缝线路工程施工，配足配强无砟轨道、有砟轨道及无缝线路工程施工专业人员，所有人员实行全员培训、持证上岗制度。

严格控制无砟轨道、有砟轨道及无缝线路工程施工边界条件，铺轨前路桥隧过渡段、软基及高路堑地段、有砟轨道与无砟轨道过渡段、道岔区等特殊地段的线下结构沉降变形评估必须达标，防排水及接触网基础等附属施工基本完成,CPⅢ测量控制网复测精度达标。

无砟轨道、有砟轨道及无缝线路工程施工必须提高专业化施工水平,推进专业化施工。要整合资源,组建相对稳定的专业化施工队伍,固定专业技术人员,配齐技术工人,配置专业施工设备,建立专业质量检验体系。

无砟轨道制造中预应力张拉、钢筋加工、混凝土浇筑、养护温度控制、打磨及施工中散枕、粗铺、精调、灌浆、铺轨、焊接、锁定等关键工序必须采用数控化、自动化的成套机械设备,有效提高作业精度和工作效率。

及时收集、整理全过程的施工数据,做好数据库维护,使无砟轨道、有砟轨道及无缝线路工程施工质量和责任可追溯。

整合开发无砟轨道施工软件,形成系统的无砟轨道施工计算和管理软件;研发轨道板(枕)成品检验的专用检具;研发CRTSⅠ型轨道板预应力同步张拉设备和凸形挡台精确定位装置;组织对长大跨度连续梁和特殊结构桥梁无砟轨道、极端环境下充填层砂浆等技术深化研究。

无砟轨道、有砟轨道及无缝线路工程施工测量必须用CPⅢ控制网,采用精密测量方法。要统筹部署全线CPⅢ网测设工作,统一数据格式、平差软件、仪器精度和基桩设置。施工单位要对CPⅢ网的基桩做好保护,并负责移交给运营接管单位。

无砟轨道、有砟轨道及无缝线路的制造和施工要推行"试验先行、样板引路"的管理方法。轨道板(枕)预制场建设要有试生产期,完成预制工艺的摸索和设备的匹配验证等工作,在试生产和上道审查通过后全面展开轨道板(枕)的预制。乳化沥青砂浆配制浇筑、精密测量、铺设、精调等关键工序要在线下进行模拟施工,经建设和监理单位审查通过后方可进行先导段施工。

混凝土或水硬性材料要按照设计要求进行配合比设计。严格控制混凝土或水硬性材料的入模温度、坍落度、切缝时机和养护工艺。底座(支承层)的顶面高程误差必须满足验标要求。

水泥乳化沥青砂浆和自密实混凝土施工必须严格按照技术条件要求进行。配合比在上道前必须经过型式试验和工艺性试验以及建设单位组织审查认可。水泥乳化沥青砂浆浇筑前必须对轨道板定位精度进行复核。

轨道板必须采用精调系统和先进的软件进行精调,精调不合格不予存盘或打印,不得进行下道工序。CRTSⅡ型轨道板的纵向连接方案必须经过设计单位认可。轨道板(道床板)的钢筋绝缘和接地端子必须符合设计要求。

在精调测量中,配置高精度的全站仪、电子水准仪、轨检小车等,测量人员进行针对性的培训并经考核合格后上岗,施工过程应加强设备的经常性校正、日常保养和维护,计量器具定期送检标定。

根据气候条件,进行严格的施工作业控制,如测量和精调应选择在温差不大、阳光不强、少风、无雨的天气。进入冬季时,应根据天气条件采取冬期施工措施。

严格按技术条件开展轨料采购、运输、储存及检验,做好成品及半成品保护,不合格材料杜绝使用。对长钢轨吊装、运输、存放必须采用专有设备并制定专项施工方案,确保钢轨件不变形、无损伤;加强对预埋套管轨枕的保护,防止杂物进入预埋套管内。

加强道砟生产检验及储存运输,对材质不合格、级配不合格、清洁不合格的道砟杜绝使用,道砟在运输、存储过程中严防二次污染。

严格轨枕螺旋道钉硫磺锚固工艺控制,经常性地开展抗拔力检验。加强大型设备的使用、维护等,确保设备机况良好,专业人员必须持证上岗并按操作规程正确操作,真正实现"设备保工艺,工艺保质量"。

铺轨前严格检查预铺底砟平整度和碾实密度,预铺底砟平整度和碾实密度是轨道后期平顺度和稳定性的基本保证。同时,预铺底砟砟面中间不得凸起,否则会导致轨枕断裂。

铺轨时严格控制轨道拼装质量,做到轨枕方正、间距正确,钢轨左右股正确,扣件安装齐全、扭矩或扣压力满足要求,轨道中心线与设计中心线一致,轨道平顺、无较大的高低起伏,为后续上砟整道创造条件。

大型整道机组作业时,道床道砟必须饱满、充足、均匀,每次作业应严格控制起拨道量,施工完毕,及时补充道砟,并检查轨道线路,以调整后续整道方案。大型整道机组不得在允许轨温范围外作业。换铺法施工无缝线路时,长轨换铺应在线路达到初期稳定条件后进行。

道岔部件在储存和运输、吊装过程中,应切实采用诸如吊梁+吊架吊装、轴线运输车+托架运输、硬化地面及轨木支垫等措施以确保道岔部件特别是钢轨件不变形、无损伤。

同一岔区的道岔、岔前线路(不长于 200 m)及道岔前后各 100 m 的线路应按同一标准进行底砟预铺、小机整道和大机整道作业,以保持道岔及前后线路道床稳定、轨道几何平顺。

严格控制底砟预铺厚度及平整度,并结合大机整道方案预留道岔起道量,大机整道时应做好道岔区与区间线路的顺接。

道岔组装采用道岔组装平台,首先保证道岔组装的内部几何质量,确保道岔部件组装正确、准确、完整,以良好的道岔内部几何状态为良好轨道线形提供保障。道岔轨排起升、拨移等采用专业施工设备,设备应安装稳固、牢靠,并缓慢操作,以保持道岔轨道线形平顺。

严格控制道岔焊接锁定及工电联调边界施工条件,焊缝打磨时应严格控制打磨方法及打磨量,避免出现过打磨,即不可恢复性打磨,如轨顶凹陷等情况。钢轨焊接接头必须逐一探伤检查。

厂焊长钢轨进场后必须逐个焊头进行外观、平直度和探伤检查,不合格焊头杜绝上道使用。长钢轨锁定后,采用轨道几何状态测量仪对轨道几何状态进行初始测量,系统分析确定轨道精调量。精调时应在锁定轨温范围内进行。扣件调高使用量不应超过调整能力的一半。

加强工程运输管理,严格控制工程线通行条件,杜绝设备掉道损伤线路部件,轨行设备严禁在道岔区段起步、制动或停机,大坡道应避免起步、制动或停机,以免损伤设备和钢轨。

## 10.7　环境保护措施

建立健全安全质量及环保管理体系,明确环保目标和责任,环保设施与主体工程同步建成启用。将节能、减排、环保的理念贯穿施工管理的各个方面,施工方案及工艺工法必须体现"四节一环保",并严格监督实施。

合理规划轨道板(枕)预制场、铺轨基地、道砟存放及生活生产区规划,尽量减少运输距离。运输通道、水电布置等与线下工程及后续工程统筹考虑,力争永临结合,减少耕地占用及对周围环境的破坏和扰动,临时工程尽量选用可重复使用的材料,做到节能、环保。施工完毕,及时恢复地表植被。

尽量选用低噪声的机械设备使得施工期间的噪声环境符合《声环境质量标准》(GB 3096)"二类"标准、《铁路边界噪声限值及其测量方法》(GB 12525)、《建筑施工场界环境噪声排放标准》(GB 12523)、《工业企业噪声卫生标准》等标准、法规的各项规定。

混凝土搅拌站、磨床及钢轨焊接等高噪声设备设置避开居民集中区,工作时合理安排工作人员轮班操作机械,穿插安排低噪声工作,减少接触高噪声时间,并配备耳塞,同时注意机械保养,降低噪声的声级水平。

轨枕硫磺锚固作业时,硫磺砂浆熔制应远离居民区或生活办公区并设在居民区或生活办公区的下风口。

施工现场废水的排出,必须严格执行《污水综合排放标准》(GB 8978)中的三级标准 400 mg/L;废水排入自然水体,严格执行《污水综合排放标准》(GB 8978)中的二级标准 150 mg/L。

预制场内设固定排放池排放施工中产生的废水,杜绝直接排出。对于含沙量大且浑浊的施工生产废水,采用沉沙池处理排放。打磨设备投入一套污水循环系统,将打磨用水进行重复利用,防止水资源浪费和废水乱排。

使用达到国家环保法规要求的施工设备,加强设备保养维护,报废设备不得使用。

厂区内运输道路硬化处理,并经常洒水,砂石及渣土等材料覆盖运输,拌和站砂石料场修建大棚覆盖,减少扬尘和灰尘污染。

生产及生活垃圾进行集中堆放,加强废品利用;施工完毕后,固定垃圾按照地方规定运到垃圾场集中处理。

严格按照使用要求检修和保养施工设备,使用合格的燃料油,以提高发动机的燃烧和工作质量,减少发动机废气对环境的污染。经常检查各种油液管路和接头,发现泄露、渗漏及时更换或维修。对擦洗机械后的油液和更换下来的废润滑油、废液压油分类回收,利用。

# 第 6 篇

# 高速铁路“四电”施工技术

# 1　高速铁路“四电”系统集成

## 1.1　概　　述

### 1.1.1　“四电”系统集成的发展状况

高速铁路“四电”系统主要包括通信、信号、电力、电气化四个专业系统。“四电”系统集成是指“四电”系统集成商按照建设单位提供的高速铁路“四电”系统初步设计方案和具体要求，提出一套完整、系统的“四电”系统工程建设方案和全方位的技术服务方案，主要包括“四电”系统集成组织机构设置、人力资源配置、总体技术方案研究与策划、工程设备方案研究、工程设备采购、制造、型式试验与供应、工程建筑与安装、系统专用软件开发与应用、系统联调联试以及工程管理模式及管理方法研究与实施等多方面工作的集成，是为高速铁路“四电”系统工程建设提供的一个完整的系统管理与服务平台。

高速铁路“四电”系统构成如图 6-1-1 所示。

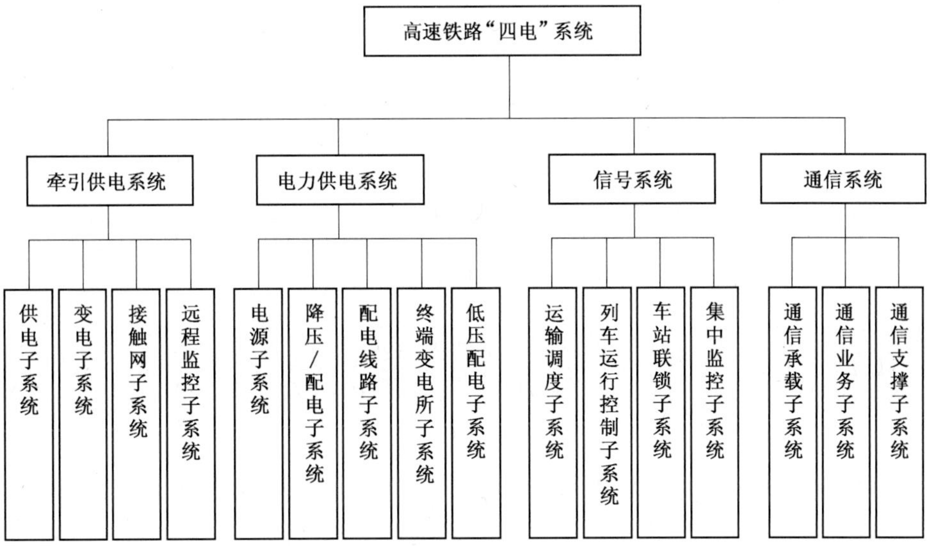


图 6-1-1　高速铁路“四电”系统的构成

截至 2012 年底，我国建成投入运营高速铁路 9 356 km，成为世界上高速铁路运营里程最多的国家。高速铁路“四电”集成技术也得到发展并发挥了巨大作用。这主要体现在将传统意义上的通信、信号、电力、电气化四个分散专业整合为一体，统一进行设计、施工、管理和执行，实现了铁路建设技术中多学科的交叉融合。

在牵引供电技术方面，实现了良好的高速弓网匹配，动车组自动过分相；供电可靠、稳定，少检修；供电能力满足高速度、高密度、大功率的要求，且具有一定的综合一体化远程监控能力。

在通信信号技术方面，广泛采用 GSM-R 无线通信技术，实现了移动话音和数据、车地双向列车运行控制信息的传输，满足在固定设备与移动体间，实现大容量信息交换的要求。结合我国国情、路情，自主制定了 CTCS 技术标准，打破日本、德国、法国三种高速列控系统自成体系、不兼容、不开放的技术壁垒，代表未来高速列车运行控制技术的发展方向。

在运营调度技术方面，实现了以北京、上海、武汉、广州为中心的调度指挥系统，构件运营调度技术体系，达到了国际领先水平。

在综合维护检测方面，研制了高速综合检测列车，实现了对列车运行支撑体(路基、轨道等)和“四电”系统的一体化检测，提高了检测评估和故障判断的效率。

### 1.1.2 “四电”系统集成的必要性

高速铁路“四电”系统是四电自身发展及高铁建设的必然结果，其必要性主要体现在四电协同、标准统一、资源整合、接口管理、造价降低、管理有效等方面。

(1)“四电”系统是实现同一目的(向移动设备提供服务)的不同方面。具体内容如下：

1)通信系统是信息传输保障。

2)信号系统是安全与控制保障。

3)牵引供电系统是动力保障。

4)电力供电系统是以上三电正常工作的保障。

5)只有以上四个方面的协同动作才能保证动车组的顺利运行。

“四电”系统相互间及与动车组间的相互关系，如图 6-1-2 所示。

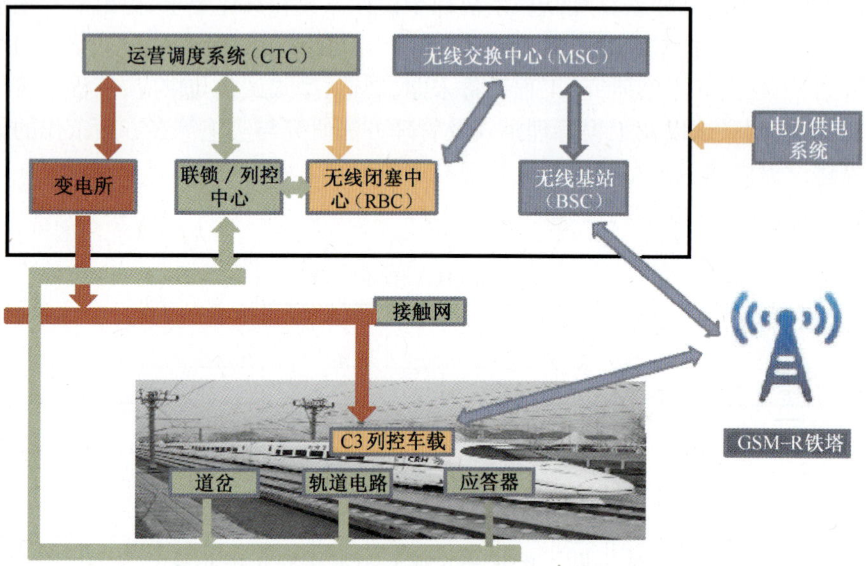


图 6-1-2　“四电”系统相互间及与动车组间的关系

(2)“四电”系统技术方面的标准应一致，这样才能在满足各专业需求的同时，实现各系统间的互联与互操作。

(3)“四电”系统的协同性需要系统间技术与资源的整合，如信号系统，需要列控技术与通信技术的整合；远程监控、视频监控、电源等需要资源性整合，以实现资源共享。

(4)“四电”系统的接口可分为四电系统间的、与土建设施间的、与移动设备间的、与铁路外的以及与环境的，具有多样性、分散性，需要统筹考虑。

(5)通过标准的协调和系统的整合达到资源共享，实现节约投资的目的。

### 1.1.3 “四电”系统集成的内容和程序

“四电”系统集成的主要内容包括：系统总体设计，接口技术，项目管理技术，RAMS(可靠性、可维护性、可用性、安全性)技术，EMC(电磁兼容)技术，安装调试技术，综合试验技术，维护培训技术，环境条件技术，用户/建设经验等方面的工作。“四电”系统集成工作内容具体见表 6-1-1。整个系统集成技术和方法将运用于高速铁路建设从设计、供货、安装、试验、培训、技术服务到运营维护的全过程。

**表 6-1-1　“四电”系统集成工作内容**

| | |
|---|---|
| 系统总体设计 | 承包人完成通信、信号、牵引供电、电力供电的总体设计，以达到系统集成和系统优化的目的 |
| 接口技术 | 承包人从组织机构、人员、制度等方面对已经实施的各种土建设施的接口和各系统间以及系统内外部接口进行统一管理 |
| EMC 评估技术 | 承包人采用中国标准和 EN 标准对承包范围内的电磁兼容进行系统评估 |
| RAMS 评估技术 | 承包人采用 EN 或 ISO 标准对承包的系统进行 RAMS 评估，以提高系统的可靠性、可用性和安全性 |

续上表

| | |
|---|---|
| 环境条件技术 | 承包人对承包系统的环境影响进行综合评估，若必要，则采取环境治理措施 |
| 项目管理技术 | 承包人对承包系统按项目管理的方式进行管理，以确保项目系统集成和工程质量、工期、成本等综合目标的实现 |
| 维护培训技术 | 承包人对承包系统的实施和运营维护提供完全的技术支持，确保系统的正常运营 |
| 综合试验技术 | 承包人对承包系统实施综合联调，确保系统的功能目标完全实现和最优 |
| 用户/建设经验 | 承包人在实施承包项目中，充分利用已建成的高速铁路系统集成经验并借鉴国外高速铁路的建设经验，避免失误。在系统实施中，充分协调与建设单位、其他系统的关系，充分听取建设单位意见 |

“四电”系统集成是一个全方位的技术服务过程，从技术层面看包括：设计策划→总体设计→设备采购→检验→安装调试→系统试验→集成试验→试运行→后期技术服务等流程，以及各子系统的多层次系统集成工作界面。

从流程上可分为设计阶段、采购供货阶段、施工安装阶段、试验调试阶段、后期技术服务阶段。

### 1.1.4　“四电”系统集成的主要原则和措施

(1)统筹考虑包括运营调度系统、客运服务系统、电力机车及动车组、基础设施等在内的整体系统的匹配性、兼容性，以及振动、噪声、电磁干扰等环境影响及其控制措施和信息共享平台。

(2)统筹考虑通信、信号系统、牵引供电和电力供电系统对基础设施、电力机车及动车组、运营调度系统和客运服务系统间的接口要求。

(3)满足近期最高设计速度、远期设计速度，接触网的验收速度为最高设计速度1.1倍的要求；满足旅客列车、货物列车最小追踪间隔的要求。

(4)满足近、远期预测客货运量及高峰时间段客货运量的需求，并满足适应运输组织模式的需要，满足组织动车组、旅客列车与货物列车混合运行要求。

(5)满足动车组在既有提速线及其他线上运行的需要。

(6)严格执行相关技术标准、规范。

(7)系统设计、产品的选择、安装与调试、试验等方面，应密切联系，统筹协调，使之形成有机的统一体。

(8)引入枢纽的牵引供电方案，要结合枢纽内其他线路进行整体规划，确保相互之间的供电支援。

(9)系统应选择供电能力强、可靠性高的牵引供电方式，并且优先选择容量利用率高的牵引变压器，牵引变电所外部电源应选用可靠性高的地方电力系统。

(10)应通过充分吸收国内外同级别铁路线路的设计和运营经验，并充分考虑国内施工企业的施工能力和水平，进行系统优化，选用的产品(设备、材料和零部件)应成熟可靠。

(11)“四电”系统的动力及环境监控纳入SCADA统一系统平台，合理利用资源，方便运营管理。

(12)采用列控系统，以连续速度控制模式曲线监控列车安全运行，并具备升级扩展条件。

(13)涉及行车安全的系统/设备应满足“故障导向安全”原则，其中列控和联锁系统的安全等级应达到SIL4级的要求；系统设备采用高可靠、高安全、高可用性的冗余体系结构，采用模块化设计，便于系统升级和扩展。

(14)充分利用系统集成商的优势，对各系统主要设备机架机柜外观等进行统一，以体现工程实施的标准化和一致性。

(15)集成的系统设备应具有抗电磁干扰、防雷电干扰和抗牵引电流干扰的能力，抗干扰能力及电磁辐射应符合相关国际、国内标准要求。

(16)按时完成整个系统的集成试验，参与建设单位主持的运行试验，确保“四电”系统集成总目标的实现。

### 1.1.5　“四电”系统集成的模式

目前，我国高速铁路“四电”系统集成的模式主要有两种，即项目总承包系统集成和项目施工总承包系统集成。

1. 项目总承包系统集成

在这种模式下，系统集成商应具备设计资质和施工总承包资质，负责系统总体方案设计、设备(材料)采购与供货、安装、试验以及后期技术服务等方面的工作，一般是施工单位与设计单位组成联合体参与投标。

2. 项目施工总承包系统集成

在这种模式下，设计文件由设计单位编制完成。系统集成商主要负责协调建设单位与设备材料供货商、各专业施工单位之间的接口工作,以及进行联合设计、施工、试验和后期技术服务等方面的工作,一般是施工单位独立参与投标。

## 1.2 “四电”系统集成的接口技术与管理

### 1.2.1 接口技术

接口技术是系统集成技术的重要内容之一,接口本身就是一个系统,其工作具有总体工作的性质,目前越来越多的项目都逐步在原来的系统分工中增加了这个子系统,并且接口系统的管理方法和管理工具也得到了不断丰富和完善。

### 1.2.2 接口分类

“四电”系统接口分为系统接口和设备接口,我们把因为系统分工引起的系统与系统之间的工作界面上的搭接关系称为系统接口。系统接口分为内部接口和外部接口。也可按照站后工程与承载体的关系(图 6-1-3)、技术关系(图 6-1-4)等分类。“四电”系统的内部接口如:牵引供电系统与变电所系统之间,变电所系统与接触网系统之间的接口等(图 6-1-5)。外部接口如:牵引供电系统与外部电源系统之间,接触网系统与桥梁系统、隧道系统之间等存在的接口关系,如图 6-1-6 所示。

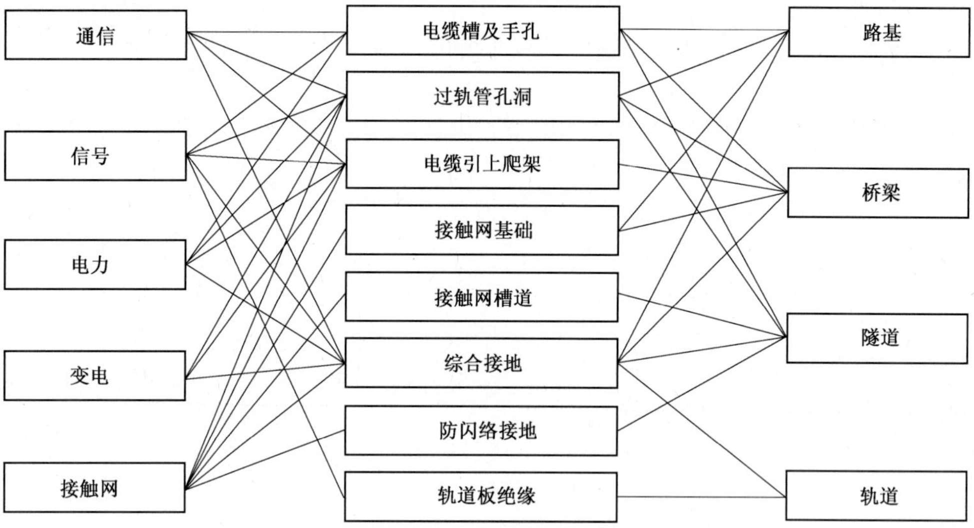


图 6-1-3　站后预留接口与站前承载主体之间关系示意图

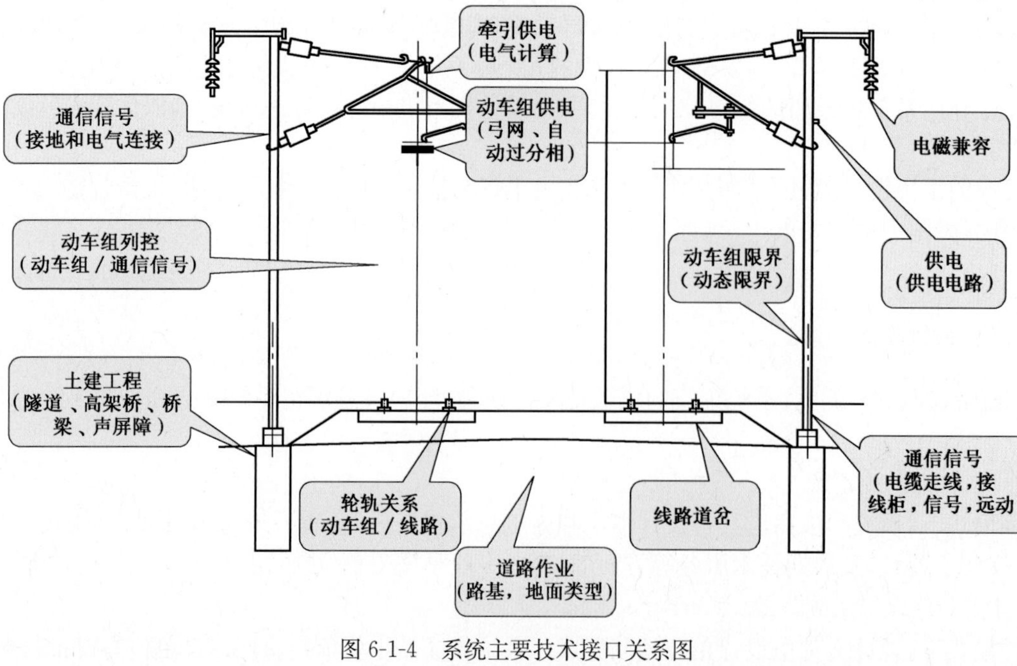


图 6-1-4　系统主要技术接口关系图

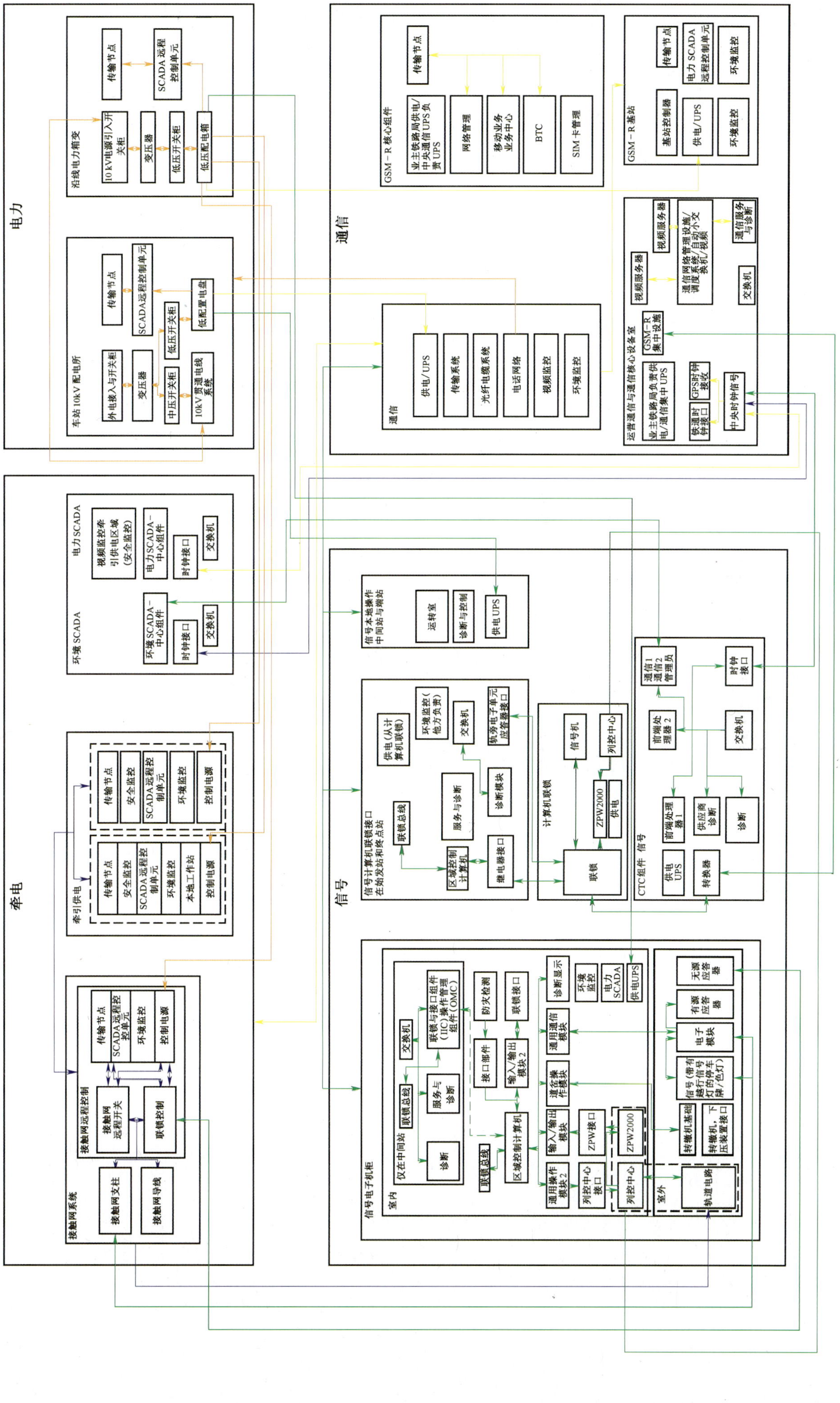


图 6-1-5　“四电”系统内部接口示意图

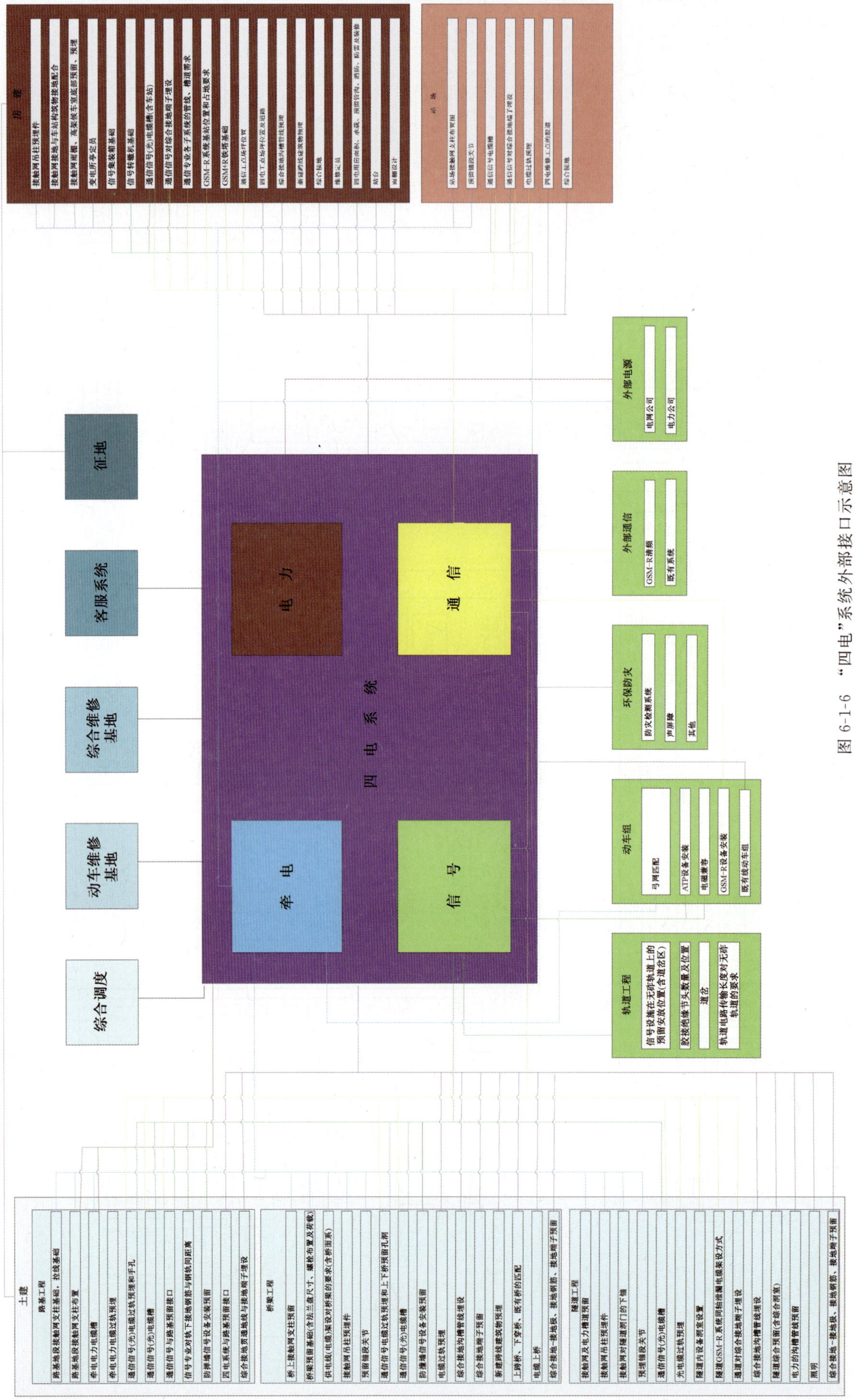


图 6-1-6　“四电”系统外部接口示意图

### 1.2.3　内部接口管理内容

“四电”系统集成内部接口管理的主要工作内容包括：“四电”系统集成商、设计单位、施工单位、设备供应商相互之间的工作接口管理（组织管理层面）；“四电”系统集成工程设计各专业间的技术接口管理（技术层面）；各系统设备间的技术接口和物理接口管理（系统结构实施层面）。

### 1.2.4　外部接口管理内容

（1）外部系统对本系统的接口需求或建议，主要指其他系统对本系统提出的要求或条件。

（2）对外部接口的要求或建议，主要指系统集成商将提供通信、信号、牵引供电、电力供电系统与其他外部系统的接口要求或建议。包括：系统集成商分别与建设单位、外部电网运营商、相关既有铁路线运营单位、移动通信运营商、施工监理、相关工程承包人、设备供应商（由建设单位确定的供货设备商）、动车组及机车车辆提供商、环境、除系统集成外的工程设计等单位间的接口管理。

（3）系统集成商组织其他各方参与接口管理磋商会议，明确组织管理接口、专业技术接口及“四电”系统结构与外部系统的物理接口等需求或条件。

### 1.2.5　接口管理工作流程

接口管理工作流程如图 6-1-7 所示。

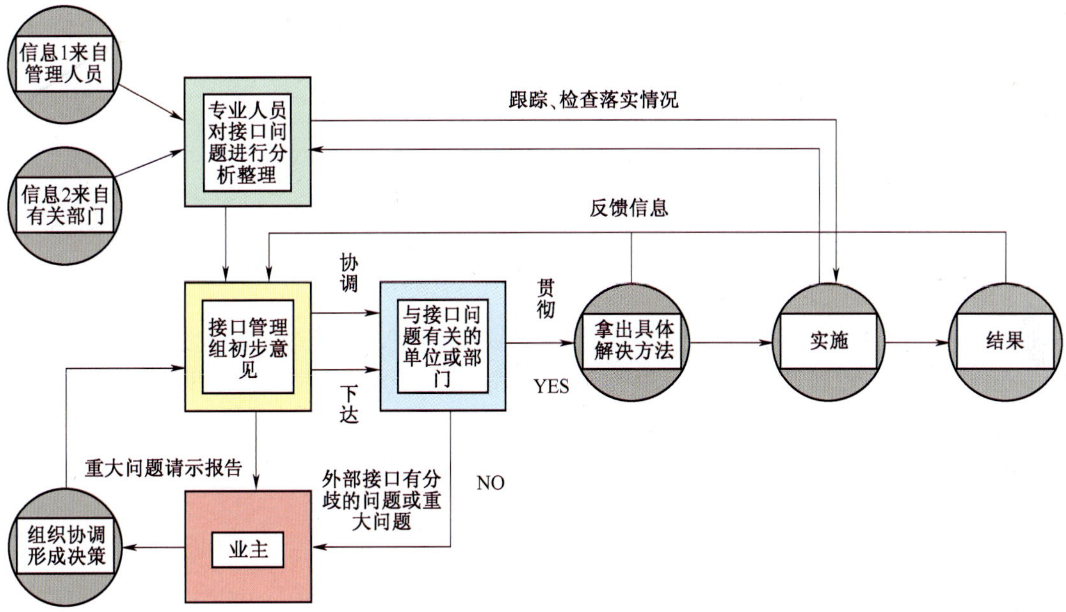


图 6-1-7　接口管理工作流程

### 1.2.6　接口工作方案

站前各专业与站后各专业接口较多，为避免相互影响，在施工中各专业的进度计划需协调一致，接口作业项目要统一组织进行。各相关专业施工配合关系见表 6-1-2。

**表 6-1-2　各相关专业配合关系表**

| 配合专业 | 施工配合内容 | 施工配合措施 |
|---|---|---|
| 路基—接触网 | 接触网基桩定点、开挖 | 参加技术交底，现场配合，保证基坑标准和质量 |
| 接触网—桥梁 | 桥墩预留接触网钢柱位置，在桥梁上的电缆槽道要绕过接触网钢柱 | 共同核对资料，现场配合 |
| 远动—通信 | 通信工程给电力、电气化提供远动通道 | 电力、电气化远动系统调试之前提供可靠的传输通道，并配合调试 |
| 电力—通信、信号 | 电力工程给通信、信号工程提供可靠的电源 | 在通信、信号设备调试之前提供可靠的电源，保证设备正常运行，电缆径路的协调配合 |

续上表

| 配合专业 | 施工配合内容 | 施工配合措施 |
|---|---|---|
| 变配电—房建 | 配合预留出室内墙上设备预埋地脚螺栓的孔位，减少后期变电施工中对房建已完工程的破坏，做好综合接地预埋、预留工作 | 房建施工时，督促施工单位向各所派驻工程技术人员进行施工配合，内容包括设计图纸的核对，沟、槽、管、洞的预留及预埋等 |
| 变配电—电力 | 协助办理变电所用电协议 | 提供技术资料，通报施工情况，施工时请求现场配合 |
| 接触网—通信、信号 | 接触网与信号机的绝缘距离、信号显示要求。变电所回流电缆与信号扼流变压器的连接。支柱或基础与通信、信号电缆沟位置冲突 | 互相提供平面布置图、共同核对专业设施的位置关系，接触网施工定测邀请通信、信号配合。设计方案向通信、信号专业通报，施工时请求配合 |
| 接触网—三电迁改 | 三电迁改应满足接触网施工要求 | 三电迁改应根据接触网施工进度，做好施工组织与安排，保证接触网施工及送电开通的进行 |
| 接触网—变电 | 变电所回流电缆与接触网回流线的连接，与变电所馈线方向与接触网供电方向一致 | 共同核对图纸，共同进行施工定测，共同确定材料申请的名称、规格、数量和施工范围 |
| 接触网—隧道 | 隧道预留接触网下锚位置，预埋隧道滑槽，按图施工，做好综合接地预埋、预留 | 共同核对图纸，督促施工单位派人配合隧道施工 |
| 变电所—隧道 | 预留隧内分区所、AT 所位置，预留电缆过轨方式 | |
| 电力—隧道 | 预留电力电缆沟和箱盒位置 | 共同核对图纸，配合隧道施工 |
| 电力—接触网 | 接触网隔离开关、负荷开关操作电源 | 接触网提供资料给电力，现场交底和配合 |

## 1.3 “四电”系统集成的 RAMS 管理

### 1.3.1 RAMS 的含义

RAMS 为可靠性(Reliability)、可用性(Availability)、可维护性(Maintainability)和安全性(Safety)四个英文单词的首字母缩写。

由于速度高、安全可靠性等方面的要求，系统集成必须按照 RAMS 的理论和方法，对所集成的四电系统的可靠性、可用性、可维护性和安全性进行设计、计划、预测、分析、管理、评价、验证和确认，确保线路安全性、可靠性目标的实现。

在项目执行过程中，系统集成商应构建一个高效的 RAMS 管理机构，对整个系统、子系统 RAMS 进行过程管理与控制。

### 1.3.2 不同阶段的 RAMS 任务

1. 基础设计阶段

本阶段 RAMS 的任务是确定总体技术指标，并将指标分解到各子系统。

2. 详细设计阶段

在此阶段，将给出系统和子系统的 RAMS 性能预测。

3. 制造、安装、集成阶段

对所制造和安装的设备进行 RAMS 性能控制。

4. 测试与系统调试阶段

检验所建成的系统性能是否符合要求。

5. 运行阶段

在此阶段，RAMS 活动主要在于对 RAMS 性能的监督与评价。

项目各个阶段 RAMS 内容见表 6-1-3，这些内容将遵循 EN 50126 标准，并根据项目具体情况进行修改。

### 1.3.3 RAMS 管理过程

(1)RAMS 的管理贯穿于系统的整个生命周期，RAMS 管理的基本要求包括：

**表 6-1-3　项目各阶段的 RAMS 管理内容**

| 项目阶段 | RAMS内容 | 项目阶段 | RAMS内容 |
|---|---|---|---|
| 投标/谈判/订约 | RAMS需求评估 | 设备采购 | 建立RAMS需求 |
| | 风险评估 | | 根据设备参数更新RAMS |
| | 提议和估价 | 设备制造 | 执行RAMS要求 |
| 设计 | 系统保证计划 | 安装/调试/测试/集成试验 | 执行RAMS要求 |
| | | | 可靠性及可维护性参数测试 |
| | 设计检查和评估 | | 安全试验 |
| | RAMS分析 | 验收/商业运营开始 | RAMS验证 |
| | | 商业运营 | 可用性验证 |

1)评估和控制影响 RAMS 的因素。

2)计划并执行 RAMS 管理任务。

3)达到满足 RAMS 要求的目标。

(2)项目实施过程中的 RAMS 工程和管理。系统集成商提出的 RAMS 计划经建设单位审批后方能实施，在实施过程中应根据项目执行情况对 RAMS 计划进行动态的维护与管理，以加强计划的有效性和可操作性。

## 1.4　“四电”系统集成的 EMC 技术管理方案

按照 IEC 60050-161-01-07 的定义，EMC 是指一个设备或者系统在其电磁环境中良好地运行，并且不给在该环境中运行的其他电力或电子设备带来过度的电磁干扰的能力。系统集成将牵引供电系统中各类具有代表性的指标与规范、标准和法规所推荐的预防和限定值相比较之后，提出可以降低电磁干扰的可能性措施。

高速铁路采用电力牵引，通过牵引变电所从公共电网获取电能，降压后通过接触网向电力机车供电；铁路沿线设置通信、信号、电力供电等系统，因此高速铁路牵引供电、通信、信号和电力等各系统共同工作在一个电磁环境下，不可避免地产生相互影响的问题。为保证线路安全、良好的运行，各系统间的电磁兼容性(EMC)包括外部电源的影响等问题必须予以充分考虑。比如阻抗、电磁耦合、电场、磁场以及对声频范围的谐振等。因此，在设计阶段就应该确定基本程序以保证电磁兼容性，乃至施工、安装、验收和运行阶段。电磁兼容理念尤其适用于项目的方案设计阶段，它包括电磁环境的分析与评估、相关干扰源的定义与衰减，以及电气设备的辐射和敏感度的分析等。

## 1.5　“四电”系统集成的风险管理

### 1.5.1　风险管理的概念

利用科学的方法识别、评价风险，制定有效的风险应对策略，并严格实施的行为称为风险管理。

### 1.5.2　风险管理的工具与技术

1. 风险识别

风险管理的第一步就是识别和评估潜在的风险领域，是风险管理中最重要的步骤。风险识别要系统地、连续地进行识别；风险识别包括列出所有与项目有关的过程、客户及存在的问题。风险识别包括确定风险的来源、产生条件。风险识别不是一次可以完成的事，应在项目中自始至终定期进行。

针对高速铁路通信、信号、牵引供电和电力供电系统集成工程总承包项目风险识别的依据是：产品材料的说明书，项目的前提、假设、制约因素，项目的规划，与已建成或实施的高速铁路四电集成项目相类比、审查项目文档、方案、预算；举办自由讨论会；拜访 EPC 联合体的成员；熟悉可能产生风险的关键事件和能消除风险的关键决策。

2. 风险的分析与评估

单个风险的评估基于不确定性的详细说明、其影响和可能的风险缓解措施。风险评估常用的方法有:概率分布法、历史数据法、定性评估法、矩阵图分析法、风险发展进程评价方法和项目假设前提评价及数据准确度评估法等。

依据风险管理计划、风险及风险条件排序表、历史资料、专家判断及其计划结果,利用面谈、灵敏度分析、决策分析和模拟方法及技术,得出量化序列表、项目确认研究,以及所需应急资源等量化结果。将其可能性和对项目进度、成本性能的影响评估为高、中、低三个档次。

风险应对计划是针对风险量化结果,为降低项目风险的负面效应,制定风险应对策略和技术手段的过程。风险应对计划依据风险管理计划、风险排序、风险认知等,得出风险的应对计划、剩余风险、次要风险、合同协议以及为其他过程提供的依据。

风险评估报告提供风险分析的结果和以下格式(信息):

(1)简介项目当前状态的概述,风险评估的目的,报告的格式安排。

(2)对执行结果、结论和建议的简单汇总;分析所使用的方法。

(3)数据来源,数据和结果的批准,所做假设和所调查的案例。

(4)现有的风险项目,各单个风险的分析,风险缓解案例。

(5)分析结果得出的结论,并对风险缓解提出建议。

(6)填写风险登记簿。

3. 风险控制

(1)风险缓解。按照风险评估流程去做,有证据显示:很多风险可以避免,或通过执行具体的风险缓解措施,风险的影响可以降低。

如果一个风险缓解方案已成功执行,由于风险可能性和影响减少,风险分数能相应减少。当然,目的是将所有的关键风险控制到这种程度,即这些关键风险对项目的目标不再构成任何威胁。

在执行措施的成本和预期的收益之间必须做权衡:当一个风险缓解措施决定后,其必须纳入到既定的项目进度和估算的项目预算中,随后风险负责人负责实施的跟进。

风险缓解措施的有效性只能随着时间的推移而测算,因此在流程中应包含一个监控过程。

由于现有的风险状态会完全改变,并且新的风险会被发现,因此风险登记簿应定期更新。

(2)风险监控。风险监控就是要跟踪识别风险,修改风险管理计划,保证风险计划的实施,并评估消减风险的结果。

一旦风险缓解措施被纳入项目方案中,对任何风险所在项目的活动进行监控,然而,执行风险缓解措施的进度对降低关键风险对项目的影响至关重要,这些活动也有必要由风险负责人监控。监控由定期更新风险登记簿和风险模型而确保,风险缓解措施的执行进度由各风险负责人审查,并定期在风险评估报告中通报。

### 1.5.3 风险报告

用于汇报的主要文档是风险登记簿和风险评估报告,此外,可以有中间报告或特别调查报告。在报告期间发现的新风险需记录到风险登记簿的表单中。风险汇报和风险会议日程见表 6-1-4。

**表 6-1-4 风险汇报和风险会议日程表**

| | |
|---|---|
| 工作会晤和会议 | 就风险管理、风险识别和风险缓解措施的执行进度,各风险负责人内部每月举行内部审查和会议;应项目风险经理、项目主任或工作包经理要求,举行特别风险管理工作会晤;项目主任、工作包经理和高级项目团队成员每季度举行全面项目风险评估会议 |
| 工作文档 | (1)用于记录新风险的风险登记簿表单。<br>(2)风险缓解措施执行进度和影响报告。<br>(3)用于工作包经理工作会晤的风险总结表 |
| 风险报告 | (1)作为月度项目报告的一部分,注明前 5 大风险名单和相关措施。<br>(2)风险登记簿(大约每季度一份)。<br>(3)风险评估报告(大约每季度一份) |

风险登记簿和风险评估报告一经发布，将分发给客户征求意见。

### 1.5.4　风险登记簿

风险登记簿是一个可能影响项目的所有风险项目的目录，每一个发现的风险将被记录在数据库中。所有风险将用一种格式报告，该格式重点关注风险缓解措施。

对每一个风险，风险登记簿包含的内容见表 6-1-5。

**表 6-1-5　风险登记簿内容**

| 名　称 | 解　　释 |
|---|---|
| 风险识别 | 不可更改的唯一编号 |
| 区域 | 潜在受影响的工作区域 |
| 标题 | 风险的简短描述性名称 |
| 风险描述 | 不确定性和约束的详细描述 |
| 经理 | 被提名在 EPC 联合体中负责的人 |
| 阶段 | 项目过程中风险应该得到处理的阶段 |
| 可能性 | 发生可能性：高，中，低 |
| 状态 | 开放或关闭 |
| 总分数 | |
| 影响分数 | 影响的严重性：高，中，低 |
| 影响（进度、成本、性能） | 对成本、时间、性能影响的描述 |
| 风险缓解 | 减低风险发生可能性的措施 |
| 措施执行状态 | 搁置、提议、决定、进行、完成或停止 |
| 负责人 | 实际负责缓解措施执行及其监控的人 |
| 决定或实施日期 | 缓解措施的计划日期或缓解措施实际执行的日期 |
| 结束日期 | 缓解措施的计划完成日期或实际完成日期 |

## 1.6　“四电”系统集成的系统兼容性和匹配性

高速铁路“四电”系统集成的通信、信号、牵引供电、电力供电各子系统内部以及整体系统，应充分考虑各子系统间，以及与土建工程间，与本线车、跨线车之间，与外部环境间，与相关线路间的系统兼容性与匹配性，在保证动车组具有良好的运行条件的同时，各子系统及整个系统还应具有良好的协调性、适应性，整体系统在范围及功能方面也具有一定的可扩展性，能够满足高速铁路技术体系协调发展的需要。

系统集成应制定共同遵守的技术规范，以使相关系统按照同一标准开展工作，确保其兼容性和匹配性。尤其是铁路限界等，作为强制标准，各专业必须严格执行，以保证列车运行安全。

### 1.6.1　兼 容 性

通过系统整体优化，工程在整体系统的层面，以及在通信、信号、牵引供电、电力供电子系统的层面，应充分考虑本项目与相关线路间的系统兼容性要求，以保证电力机车、动车组及其他高速铁路、既有线跨线车运行的需要。

1. 系统集成各系统间及与外部系统间的兼容性

（1）通信子系统。传输及接入系统、调度通信系统、综合视频监视系统等各项性能应满足有关国际标准的规定，保证各系统间以及与既有外部系统间的兼容。

专用移动通信系统按照欧洲及我国有关 GSM-R 的标准设计，确保不同交换子系统、不同 GPRS 系统、不同操作维护子系统、不同基站子系统、不同终端子系统之间的兼容性。

（2）信号子系统。采用的 CTC 系统和 TDCS 系统按相关的技术标准进行联网，信息交换格式采用铁道部规定的格式。构成的运输调度指挥系统满足了系统兼容性要求，保证调度中心、高速铁路调度所统一调度指挥行车功能的实现。

（3）牵引供电子系统。通过初步分析、计算，确认牵引供电子系统在电能质量方面，具备与国家电网的兼容性。

牵引变电的设备选型考虑与外部电源的兼容性，设备短路容量满足外部电源的要求，并留有发展余地。

SCADA 系统预留与外部其他信息系统的接口，接口形式采用国际通用接口及标准的通信规约，保证与外部其他系统的兼容性。

电分相设置应满足规定的要求，采用符合 EN 50367 及 UIC 608 要求的1 950 mm的受电弓，保证本线及跨线动车的运行要求。

(4)电力供电子系统。电力供电子系统作为一个完整的铁路电力供应系统,满足由国家电网接引电源的各类要求以及满足系统内各用电负荷的用电要求,与国家电网电源具备兼容性。设备选型、线路形式等均符合国家有关强制性标准。

(5)环境保护。通信、信号、牵引供电、电力供电四个系统在设计、施工、运营等方面应考虑与周边环境的兼容性和协调性。应满足国家和行业环保标准要求。

2. 系统集成与既有线以及相关线路的兼容性

传输及接入系统、调度通信系统、综合视频监视系统等各项性能满足国际标准规定,保证与既有系统兼容。同时,动车组及机车设置的机车综合通信设备配备通用式无线列调机车电台,满足动车组下线运行需要。

列车运行控制系统按 CTCS2/3 标准构建,动车组和客运机车装备 ATP 车载设备,以车载速度信号作为行车凭证。300 km/h 动车组(CTCS3)在跨线运行时,车载设备按 CTCS2 模式运行,因此车载设备应具备 CTCS2 功能,在本线按车载速度信号运行;既有线 200 km/h 动车组上到本线运行时也按 CTCS2 标准运行。因此,列车运行控制系统通过统一技术标准解决了上下线兼容问题。货运机车装备主体机车信号(近期),沿线设置区间通过信号机,货运机车在本线和既有线运行方式基本一致。

列控车载设备应具备与各种类型的动车组和客运机车结合的能力,同时,动车组和客运机车应为列控车载设备提供安装空间、电源、标准的通信接口等,其制动方式和电磁环境应符合列控车载设备的要求。经双方达成一致的接口技术方案保证实现列控车载设备与动车组的兼容性。

牵引供电系统结合相关线路引入两端枢纽具体情况,按照统筹考虑、统一规划原则设计,并充分考虑与其他高速铁路的有机衔接。

枢纽内新增牵引变电、配电设施的远动终端系统,采用国际通用接口及标准的通信规约,保证纳入既有牵引远动调度端和电力远动调度端系统的兼容性;充分利用既有牵引供电设施,对其进行合理改造,以满足既有线和本线的供电要求。

电力供电子系统可充分考虑利用相邻线路的既有供变电设施,配电电压等级采用相互兼容的 10/0.4 kV,满足既有线和本线的供电要求。

### 1.6.2 匹 配 性

整体系统应对所提供的动车组、基础设施具有协调性、适应性和最佳的匹配性能。

1. 各系统之间匹配性

(1)通信系统采用标准的接口及协议,确保各通信子系统间、通信系统与信号系统、电力供电系统、牵引变电系统、信息系统等的相互匹配。

(2)为保证电气化铁路维修、维护等人员人身安全和各系统设备接地要求,结合正常工作电流和故障电流分析,确定沿线设置综合接地系统,实现有关系统设备的等电位连接,防止产生电位差等不匹配问题。

原则上铁路沿线距离综合接地线 20 m 范围内的其他专业接地系统均应纳入综合接地系统,防止产生电位差,危害人身和设备安全。距离综合接地线 20 m 范围以外的接地系统可根据系统需要采用单独接地或纳入综合接地系统。

采用综合接地系统,接地电阻值不大于 1 Ω,应保证牵引供电系统在正常情况下和故障情况下,牵引回流不至于对人员和设备造成危害,从而保证整个铁路系统在接地方面的匹配性。

(3)与相关既有电气化铁路牵引供电系统的有机衔接,合理考虑互相支援,与既有线路供电方式相匹配。

牵引供电与电力供电的调度端采用一体化设计,高速铁路四电系统的动力及环境监控纳入 SCADA 统一系统平台,系统构成及通信通道等应与各被控站信息传输要求相匹配,以满足实际运营管理的要求。

2. 各子系统内部的匹配性

(1)列控地面和车载设备通过轨道电路和应答器进行车地信息传输,在工程实施过程中,注重轨道电路最小和最大长度的确定、车载信息接收、应答器布置与其信息接收、车载和地面电磁环境干扰等因素,确保车地信息传输的匹配性。

(2)根据供电需求,合理确定变电设备容量、接触导线截面。

(3)集成各系统与土建等基础设施、与动车组和机车车辆的匹配性。

1)集成系统与土建基础设施的匹配。

①各集成系统方案的确定应充分考虑土建等基础设施的实施难度。

②接触网设计在桥梁上预留支柱基础,系统集成施工仅需通过法兰将桥钢柱与桥梁上预留基础螺栓连接;隧道内采取后植化学锚栓固定方式,系统集成商需完成化学锚栓和悬挂系统的安装;路基地段,基础由土建部门施工,避免二次施工对路基的扰动。

③接触网分相位置的设置,在满足供电和行车需求的基础上,尽量避免设置在桥梁上和隧道内,以减少土建工程量。

④土建设计及施工单位按照通信系统需求,设置通信过轨电缆防护、通信电缆沟槽等设施。

⑤列控系统、联锁系统地面轨道电路、应答器、转辙设备、信号机等的安装应能够满足限界要求,与路基、桥梁、隧道、无砟轨道等专业密切配合,做到专业之间作业衔接有序。

⑥综合接地系统在设计过程中与土建专业密切配合,在桥梁、隧道和石质路基地段预留接地钢筋和接地极,保证贯通地线上的接地电阻值不大于1 Ω。

⑦电力供电子系统在线路、隧道、桥梁区段设置沟管槽洞,由土建施工单位根据设计方案预留。

2)系统集成与动车组和机车车辆的匹配。

①系统集成按动车组采用DSA250及DSA380型受电弓设计,分相采用双断口锚段关节式设置,机车采用车上切换自动过分相形式。

②列控车载设备与动车组和客运机车之间应就安装位置、通信接口、电源接口、制动接口等达成一致,并经过静态试验和动态试验,验证两者之间的匹配性。

③导线配置在满足载流量的基础上,通过设置合理的张力组合,使弓网关系达到最佳匹配。

### 1.6.3　系统可扩展性

整体系统的技术平台应具有可扩展性,能满足高速铁路线网技术体系协调发展的需要。

1. 各系统范围的扩展性

通信各子系统充分考虑系统的可扩展性,系统容量留有一定裕度,具有较强的扩展能力。

运输调度指挥、列控系统、联锁系统均预留一定的容量,在站场或线路进行简单改造时,系统进行必要的扩容即可满足要求。地面应答器信息在特定地点(如隧道口)预留有关的信息包,以满足特定功能扩容的需要。

牵引变电所的设备短路容量预留一定裕度,以满足外部电源系统容量增长的需要;主变压器基础按远期容量预留。

SCADA系统设计充分考虑系统容量的可扩展性,系统容量留有一定裕度,并且具有扩展能力,同时具有与综合调度系统内各相关子系统的接口能力,以满足高速铁路线网技术体系协调发展的需要。

2. 各系统设备的功能扩展性

随着高速铁路发展,电力供电子系统的用电负荷易发生变化,在导线截面选择、设备布置、变压器容量选择等方面预留一定裕量,避免因用电负荷的稍微增加,就造成大量的工程改造。充分考虑相关专业的预留工程,合理选择电力线路径路、设备设置位置,避免不必要的迁改。

SCADA系统设计采用模块化、标准化设计,充分考虑系统功能的可扩展性,可根据调度业务及管理的需要增加新的功能,以满足调度需求发展的需要。

### 1.6.4　电磁兼容性

在各系统设计方案及实施中考虑以下电磁兼容措施。

1. 通信子系统

系统设备全面遵守TB/T 3034—2002中有关的电磁兼容规定及IEC相关标准。

设备柜、中性RF-零件和其他零件,设备柜内部的同轴信号电缆的外层金属护套等均与接地系统相连,可避免对于磁场和电场的干扰。

光缆通信线路采用悬浮接地方式;通信电缆按照电气化铁路要求采用屏蔽接地,同时在音频配线柜端子板配置漏电保护器。

基站的天线应在避雷针的保护范围内。当馈线采用同轴电缆时,应在同轴电缆引进机房入口处安装同轴电缆保护器,同轴电缆保护器接地端子的接地应从馈线入口处外侧的接地线、避雷带或地网引接。同轴电缆的金属外护层,应在上、下部和经走线架进机房入口处就近接地。当铁塔高度大于 60 m 时,同轴电缆馈线的金属外护层应在铁塔中部增加一处接地。

在电力配电盘与高频开关电源柜、UPS 之间加装过电压保护器,雷电流对供电线路产生的过电压限制到设备允许的范围内,保护设备的安全运行。

室外摄像机在摄像机或对应的室内设备端加装一套数据、信号、电源防雷单元作为雷电防护(若线路超过 100 m 需两端加防护)。

2. 信号子系统

电磁兼容防护总的原则是利用室内的金属物(如电缆走线架、组合架、分线盘、计算机柜、建筑钢筋等)有机地构成一个"法拉第笼",进行接地连接。为使接地阻抗最小,接地电缆应走最直接的路径。

(1)电缆走线架应选择不锈钢或热镀锌材质的槽道,其走向不能形成环路,可以是梳状。电缆走线架应保证电气上是贯通的,与对应设备进行等电位连接。走线架与设备之间的距离如大于 30 cm 时,应设分支走线架。

(2)防静电地板金属龙骨连接成金属网格,网格地线四周与建筑钢筋焊接,并间隔 10 m 与环形地网连接。计算机柜、电源柜、组合柜等外壳采用 25 $mm^2$ 导线与网格型地线连接。其他金属管线等与机柜外壳连接以实现等电位。

(3)各电源柜与 UPS 柜之间、各组合柜之间互相连接,并与室内接地母线连接。

(4)计算机机柜之间进行接地连接,并与电缆走线架相连,其等电位板与网格型地线连接。

3. 牵引供电子系统

(1)牵引供电系统一般采用 AT 方式,在满足本线运行要求的同时,有效降低系统对与线路平行的通信线路中产生纵向感应电压。采用直供+回流供电方式,也可满足要求。

(2)牵引变电所采用 220 kV 进线,系统短路容量在 5 000 MVA 以上,采用轮换相序方式接入系统,有效降低谐波、负序对电力系统的影响。

(3)采用综合接地系统,实现有关系统设备的等电位连接,防止产生电位差等问题,并且有效降低系统正常及短路情况下钢轨电位。

(4)变电所内的二次控制保护装置机箱采取必要的防静电及电磁辐射干扰的防护措施,保证设备的可靠性。

## 1.7 "四电"系统的集成试验

### 1.7.1 集成试验目的

集成试验是指在运行试验前进行的综合联调试验,集成试验主要证明所有各系统接口之间的整体能力,检查所有经过成功测试的子系统是否可以连接在一起运行。集成试验合格后,被试验项目便可用作运行试验。

作为"四电"系统的集成商,应负责通信、信号、电力、电气化、SCADA、防灾安全监控、综合调度系统、票务信息、旅客信息系统、给排水有关功能的集成试验协调。最主要的工作就是在各子系统完成测试、调试后,组织或协助建设单位开展商业运行前的本系统集成商工作范围内的系统集成试验和试运行试验。

1. 进行集成试验所要达到的主要目的

(1)对整个运营系统进行集成试验、评估,尤其是对弓网系统、综合调度系统、安全监控系统等需要进行重点测试和评估,以保证系统的安全性和可靠性。

(2)各系统操作手册,检查并测试发生特殊情况下的应急预案是否可行。

(3)通过对集成试验的检测、评估,对整个系统能否安全开行达到设计速度的列车进行论证。

2. 集成试验所要实现的主要目标

(1)在最真实的条件下对各系统进行的验证。

(2)能为系统整体功能的实现、保证高效率及安全运作提供最准确的参考意见。

(3)实现各系统的有机整合。
(4)实现系统参数的相互配合和优化整改。
(5)实现对员工的培训。
(6)对系统指标和功能进行求证以进行开通前的安全评估。

### 1.7.2　集成试验计划

1. 集成试验计划的内容

在集成试验前,需根据建设单位审查确定的开通目标确定相应的集成试验项目,并编制集成试验计划和集成试验细则,每一项目集成试验细则的内容将涵盖:

(1)集成试验的目的。
(2)集成试验前提条件。
(3)集成试验测试功能。
(4)集成试验组织与指挥。
(5)集成试验人员工作安排及分工。
(6)集成试验时间安排。
(7)试验期间的行车组织安排。
(8)集成试验所需要仪器及工器具。
(9)集成试验的方法、程序及安全措施。
(10)集成试验故障或事故处理规则和程序。
(11)集成试验测试记录。

在集成试验细则经过建设单位审查后,本系统集成商将组织进行本系统集成商工作范围内的集成试验,每一项目完成后本系统集成商将协助建设单位做好总结,在每一阶段提供集成试验的阶段报告,完成后还将提供总结报告。

2. 集成试验记录表格编制及要求

集成试验所需记录表格主要是指在系统集成试验前,根据具体集成试验项目的需要,事先预制好各类表格,以便于现场人员记录,这类表格将在中标后针对每一具体集成试验项目制定。

3. 集成试验的时间安排

集成试验需要各系统的密切配合协作,并且需要较长的时间,因此应根据项目的总体工期计划及各系统完成的可能时间进行精心编制,并应在实施中动态调整,如果有条件可尽量早安排某些调试项目先开展,为集成试验的顺利推进创造条件。

4. 集成试验遵循的标准

集成试验工作应遵循各系统合同中规定的技术要求以及相关的行业标准、国家标准(GB)和国际标准的有关规定。

### 1.7.3　集成试验的前提条件

对于“四电”系统集成商,在集成试验开始之前下述工作必须全部完成:

1. 单系统调试和现场验收交接

在单系统调试阶段系统集成商的集成试验人员深入现场,认真阅读各系统的合同技术规格书、设计联络文件、设计文件、施工图以及施工情况,对单系统测试报告进行收集、了解,依据技术规格书和相关标准、规范的要求协助建设单位进行现场验收和交接工作,编制统一的现场验收交接程序,提出系统整改要求。

2. 初步验收

在各系统验收交接完成后,为便于集成试验,应组织对“四电”系统所有子系统进行初验,以对工程和系统进行评价。在单系统现场验收和交接的基础上,将汇集各子系统在验收交接过程中存在的问题,编制总初验报告,上报建设单位。对系统现状和存在问题进行评价,提出跟进和纠正措施建议;建立事故报告及改修行动系统,综合记录、追踪及监察各系统承包商是否有效解决技术遗留问题,履行其合同职责。

3. 集成试验大纲的编制和审批

集成试验开始之前，系统集成商需向建设单位提交集成试验大纲，包括：承包商工作范围内的试验方案、试验程序、组织机构、人员分工、前期准备、试验验收、试验记录整理、试验过程中的事故防范、安全保障方案、与集成试验项目组其他各方、其他系统各承包商的接口管理计划等。

集成试验大纲必须由建设单位主持审查，以保证前期准备中的调试技术文件的编制、与外部系统的协调、安全保障及其集成试验前提条件的确认等。集成试验大纲经建设单位批准后方可付诸实施。系统集成商将协助组织各子系统进行试验，并就试验结果对系统的稳定性、对系统集成试验及运营安全可靠性的影响做出评估。

### 1.7.4 集成试验内容

1. 集成试验分类

集成试验主要可分为四大类：一是动车及相关系统试验，二是车站系统试验，三是传输信道试验，四是综合调度中心功能试验。

(1)动车及相关系统集成试验。动车及相关系统主要包括动车、轨道、桥梁、站场、环保、牵引供变电、接触网、车载设备和信号系统的集成试验。

(2)车站系统集成试验。车站系统主要包括：信号系统、防灾安全监控系统、综合调度系统、票务管理信息系统、旅客服务信息系统、SCADA 系统以及给排水系统间的集成试验，主要进行就地级测试和车站级测试。

(3)传输信道集成试验。传输信道集成试验主要是通信传输子系统为其他系统提供传输信道的测试，包括信号系统、SCADA 系统、票务管理信息系统、旅客服务信息系统、防灾安全监控系统等。

(4)综合调度中心集成试验。综合调度中心系统主要有综合调度系统、信号系统、SCADA 系统、无线通信系统、票务管理信息系统、旅客服务信息系统、防灾安全监控系统和时钟系统。

当车站级的功能测试完成后就可以进行中央级的功能测试。

2. 集成试验项目

根据国内外类似工程的试验经验，各系统进入集成试验前按开通目标完成的测试项目见表 6-1-6。

**表 6-1-6 集成试验项目表**

| 序号 | 集成试验项目 | 集成试验内容 | 集成试验的目标 |
|---|---|---|---|
| 1 | 电磁兼容测试 | 测试各种行车组织下强电对弱电系统的电磁兼容测试 | 检验在铁路电磁环境下各类弱电系统工作的稳定性 |
| 2 | 噪声、振动测试 | 测试各种行车组织下的噪声和振动试验 | 检验各种行车组织下噪声和振动对周围居民、建筑物的影响是否超标，检验声屏障的效果 |
| 3 | 牵引变电所综合测试 | 机车负荷特性测试、电能质量测试、三相不平衡度测试、钢轨电位测试、分区所末端网压测试、继电保护试验 | 检验对外部电网的影响是否超标、供电系统设计是否合理、变电所的保护在各种运行工况下与机车保护的配合性和动作的准确性等 |
| 4 | 接触网动态检测 | 动车组在各种运行工况及线路条件下，试验弓网受流关系及各类参数测试、自动过分相测试 | 检验接触网的整体性能 |
| 5 | 通信通道与各系统接口测试 | 通信为各系统提供通信通道、时钟等功能测试，与既有系统、外部系统的接口试验 | 检查通信系统接口的正确性 |
| 6 | ATP 系统相关试验 | ATP 车载设备测试、防溜逸功能、防空转功能、验证超速防护、临时限速等 ATP 有关的全部功能测试 | 检查系统功能的完整性及可靠性 |
| 7 | CTC 综合试验 | 运输计划与相关系统信息交换功能测试 | 检查系统功能的完整性及可靠性 |

各项试验的详细内容如下：

(1)电磁兼容测试。

1)接触网导线工频电场、磁场测试。试验内容主要包括：不同工况条件下，接触网导线工频电场、工频磁场的空间分布特性及衰减特性。

2)牵引变电所工频电场、磁场干扰测试。试验内容主要包括：不同变压器布置形式、工况条件下，变压器所产生的工频电场、工频磁场的空间分布特性及衰减特性。

3)电力机车运行产生的电磁辐射测试。试验内容主要包括:电力机车运行产生的电磁辐射频谱特性研究,电磁辐射空间传播特性,电磁辐射随运行速度的特征变化研究等。

(2)噪声、振动测试。机电系统噪声是电力机车在运行过程中,由于受电弓与接触网滑动接触产生火花放电而引起的电磁辐射噪声。

通过试验研究分析高速铁路电磁辐射噪声的变化特性,为我国高速铁路噪声防护设计提供依据。

试验内容主要包括:电力机车运行产生的集电系统噪声频谱特性研究,弓网系统噪声空间传播特性,弓网系统噪声随运行速度变化的特征研究等。

(3)牵引变电所综合测试。

1)机车负荷特性测试,主要内容:

①研究和测试电力机车及牵引供电系统内各监测点的电压水平。包括:牵引变电所 220 kV/110 kV 进线侧电压;牵引变电所馈线侧母线电压;供电臂末端电压(包括越区供电时的末端电压);电力机车主变压器原副边电压及电机端电压。

②研究和测试电力机车及牵引供电系统内各监测点的电流值。包括:牵引变电所 220 kV/110 kV 进线侧电流;牵引变电所馈线侧母线电流;机车运行时的负荷电流及电机电流。

③研究和测试变电所和电力机车功率。包括:牵引变电所 220 kV/110 kV 进线侧有功、无功、视在功率;牵引变电所馈线侧有功、无功、视在功率;电力机车上有功、无功、视在功率。

④研究和测试电力机车及牵引供电系统的负序电流与谐波。包括:牵引变电所 220 kV/110 kV 进线侧电压、电流及相位;牵引变电所 220 kV/110 kV 进线侧各次谐波电流 I1-3～I1-19;牵引变电所馈线侧各次谐波电流 I2-3～I2-19;牵引变电所补偿回路内各次谐波电流 IQ-3～IQ-19;电力机车主变压器原边各次谐波电流 IJ-3～IJ-19。

⑤完成上述试验所达到的目标。包括:分析得出高速负荷的变化范围;分析得出牵引供电系统内各电气参数的变化范围;分析得出电力机车运行中电气参数的变化范围;分析得出 220 kV 进线三相电流最大不平衡度;分析得出各谐波监测点的谐波含量和极值;校核原设计供电设备容量及参数的正确性。

2)控制保护系统试验。

①分别进行机车短路试验和接触网短路试验,检验变电所的保护与动车组保护的选择性和配合性,验证牵引变电所保护动作和牵引回路的正确性、完整性以及承受短路能力,验证故障测距的准确性;验证在机车不同运行工况(启动、制动、再生等)下,变电所保护动作的准确性。

②对变电所内综合自动化系统的各项指标测试和研究,验证所有测试项目是否满足指标要求,另外,在整个线路试验过程中及各种负荷冲击条件下,整个自动化系统能否正常工作。

(4)接触网设备的综合性能试验。

1)接触网的特性试验:接触网静态弹性测试,测试各种不同参数的接触悬挂的静态弹性。

2)接触网安全参数检测:拉出值、接触导线高度、硬点、冲击、定位器坡度、线岔位置、锚段关节位置、跨距。

3)弓网受流性能测试。

弓网动态接触压力测试:在动车组的 A 车和 B 车受电弓的弓头上各安装四个压力传感器和两个加速度传感器,用以测量滑板两端所受压力和滑板的动态加速度。

接触导线硬点和冲击加速度测试:在受电弓的滑板底面分别安装线路和垂直方向的加速度计,测量滑板运行中受到垂向和沿线路方向的冲击加速度。

接触导线动态高度测试:在各受电弓上安装高度测量仪,测量接触导线的动态高度。

4)弓网性能地面测试。

接触导线动态抬升量测试:测试试验区段接触导线各环节(跨中、定位点、锚段关节)的动态位移,分析其最大抬升量、振动频率和衰减系数。

5)接触导线弯曲应力和振动加速度的测试(跨中)。

(5)通信与各系统综合测试。

1)传输系统、数据网与运营调度系统:配合运营调度系统完成相关试验,如:系统时延、数据误码率等,验证为运营调度系统提供的通信通道及接口的可靠性。

2)传输系统、数据网与客运服务系统:配合客运服务系统完成相关试验,如:系统时延、数据误码率等,验证为客运服务系统调试提供通信通道及接口的可靠性。

3)传输系统、数据网与防灾安全监控系统:配合防灾安全监控系统完成相关试验,如:系统时延、数据误码率等,验证为防灾安全监控系统调试提供通信通道及接口的可靠性。

4)会议电视电话系统与既有会议电视电话系统结合的试验,包括:语音通话质量、图像质量、会议功能等。

5)综合视频监控系统与客运服务系统结合的试验:包括图像播放功能、控制功能、报警功能、声音功能等试验。

6)动车组及机车跨线运行试验:GSM-R 系统调度通信功能、车次号传送功能等试验。

7)与"四电"集成系统外其他系统间试验:语音通话质量、数据时延及误码率等。

8)通信系统与气象部门、地震监测部门、供电部门、电信部门间结合的试验:语音通话质量、交互信息数据的时延及误码率。

(6)ATP 系统相关试验。ATP 车载设备与 LKJ 监控装置通信测试、控车切换测试;制动过程中切换测试;控车交接区段临时限速结合测试;故障降级测试。

与动车组和机车结合,验证防溜逸功能,测试该功能是否影响司机正常操作。

人为制造机车空转条件,试验 ATP 防空转功能是否完善,是否影响司机正常操作。

与 CTC 系统、牵引供电系统、动车组等结合,验证超速防护、临时限速等 ATP 有关的全部功能。

(7)CTC 综合试验。不同 CTC 系统之间运输计划交换测试;CTC 系统与 TDCS 系统之间运输计划交换测试;CTC 系统与 TDCS 系统基础信息交换测试;CTC 系统与调度指挥系统中心设备的信息交换测试。

CTC 系统与运营调度系统交换列车运行计划信息测试。

3. 集成试验报告

在集成试验和其组成部分成功结束后,系统集成商将立即按约定的格式做好验收记录,向建设单位提交集成试验报告,提请建设单位会签同意意见。

### 1.7.5 运行试验

1. 运行试验的目的

运行试验系指对固定设备、电力机车(含动车组)及运营程序的最终试验,以证明整个系统可投入运行。在这一阶段,列车将按公布的运营时刻表,进行实际环境的运行,但不提供旅客商业运输服务。

2. 运行试验的先决条件

(1)运营部门全面接管工程线路、车站、动车段、动车运用维修所和动车组存车场,完成"管理权、控制权、指挥权"三权移交。站务人员、司机、调度、工务、电务、综合维修人员全部在岗,按正常工作要求轮值。

(2)土木工程、供电设备、信号设备、通信设备、各机电设备、动车设备达到开通前的必备条件。各系统、设备通过由建设单位和监理主持的竣工测试,取得完整的系统、设备安装调试完工及验收报告和联合调试。

车站、桥隧、线路经限界车检查通过,满足高速动车组上线运行要求。

接触网完成冷、热滑及短路试验,并验收合格。

信号系统具备设计基本功能,完成信号系统单系统调试和与其他系统的联调,供货商提供安全证书。

线路系统完成调试,具备设计功能。实现车站—运营调度中心,列车—运营调度中心。完成无线电覆盖范围测试。调度电话完成调试,具备设计功能。实现综合调度中心与各调度分机用户直接呼叫通话系统。

(3)施工作业按照运营管理部门的相关规定执行。

(4)车站出入口、站厅、站台的引导标志、安全标志及其他必需的指示标志及服务设施全部能够投入使用。

(5)运营组织机构已基本建立、健全;各种技术管理文本、制度、规定、办法编制完成并发布试用。

(6)动车段或者动车存车场按时刻表要求,提供规定数量动车组供试运营使用。

(7)行车组织规范及车站、司机、调度工种操作手册、应急处理等规章均发布实施。保证行车与客运组织工作安全运行所必需的工器具全部落实。站务人员、司机、调度人员经过培训,考试合格准予上岗并颁发上岗证。

(8)行车设备维护作业计划管理工作体系已建立并具备实施条件。

(9)所有运营人员完成经核准确定的各种运营演练桌面实施方案,及时跟进演练中暴露出来的问题和不足,具备一定的高速铁路客运运营和行车组织工作经验。

(10)对系统可能存在的安全风险做出合理的评估,确认没有任何不可接受的风险等级,即试运行开通以前已成功消除系统内所有高风险部分的危害(不可接受等级),从系统安全角度,具备了试运行条件。

3. 试运行必需的规章制度

为满足线路试运行和商业运营的要求,安全、有序、高效地组织运输工作,必要的规章制度、各类试运行的列车运行图和应急预案是必须的,系统集成商应根据类似铁路的经验并结合我国实际情况编制满足运营要求的各类(但不限于)规章制度。

(1)铁路旅客运输管理规程。

(2)铁路旅客运输运价规程。

(3)铁路旅客运输办理细则。

(4)票务操作手册。

(5)铁路旅客运输安全管理规程。

(6)铁路行车组织规则。

(7)铁路运输调度指挥细则。

(8)铁路动车组运用、维护和修理管理细则。

(9)铁路车站管理细则。

(10)铁路线路及设备维修管理细则。

(11)铁路列车服务质量标准。

(12)司机操作手册。

(13)动车组牵引工况标准。

(14)车站、线路、设备编号规则。

(15)各类设备检修规程。

(16)客运公司突发事件应急处理预案。

(17)试运行列车运行图。

4. 运行试验内容

系统集成商将与建设单位和所有接口(界面)承包商合作,以保证所提出的运行试验计划和进度能证明系统能完全符合规定的性能要求和运营参数。

系统集成商将提供运行试验计划、运营组织规范、方法说明、程序、合格/不合格标准等,由建设单位确认。系统集成商还将协助建设单位建立运营组织规范、规章。

系统运行试验成功后,系统集成商将立即按确定的格式做好完整的验收记录并提交建设单位。

试运行工作应按预计的试验进度及满足开通目标为前提制定出演练项目的缓急先后,按照由简到繁、由小型到大型原则,遵循设备故障、降级模式、紧急情况处理、运营时刻表运行的流程,编制试运行计划并施行有效的试运行控制。

由于试运行的参与单位及人员众多,行动的准确性及效率应与真实紧急情况发生时一致,所以参与人员必须准备充分,对有关事故的应变措施要十分熟悉。演练前的协调及人员部署亦要详细安排,务求做到认真、流畅的效果。

“四电”系统集成商主要完成的试验内容包括:

(1)牵引供电系统综合性能试验。在正常运营条件下进行牵引供电系统综合性能试验,系统性能试验(连续 14 d)确保牵引供电系统在正常的电气化运营期间的系统功能。

由以下原因引起的列车晚点或断电的最大允许故障数不超过:

供变电子系统:2 次　变电所供电停止大于 15 min。

接触网子系统:1 次　接触网的故障(2 次正线、2 次站线)在断电后中断时间大于 15 min。

SCADA 子系统:1 次　系统中断延误大于 4 h 一次;子系统中断延误大于 15 min。

(2)信号系统综合性能试验。包括信号集成系统安全性、可靠性、可用性、可维护性的测试和验证。

CTC系统实现了分散自律调度指挥的功能,与相邻线和铁路局、调度中心实现计划交换和信息共享。

列控系统和联锁系统配合实现监控列车安全运行的各项功能,对设计的最高速度、最小间隔进行验证。

信号集中监测系统实现集中监测、综合维修的各项功能测试验证。

## 1.8 “四电”系统集成的环境保护方案

环境保护方案应以国家有关环境保护法律、法规、文件为依据,以国家环评导则和铁路环评技术标准为指导,根据新建铁路工程的特点,以环境敏感问题为重点的评价原则,充分利用已有资料,结合本项目方案,依据评价结果提出技术上可行、经济上合理的治理措施和建议。

### 1.8.1 控制目标

(1)生态环境以保护土地资源、防止水土流失为控制目标。

(2)污水、废气以达标排放为控制目标。

(3)噪声、振动以铁路边界声环境达标和满足房屋使用功能为控制目标。

(4)对沿线受本工程电磁影响的敏感点采取各种预防和缓解措施,并应符合《500 kV超高压送变电工程电磁辐射环境影响评价技术规范》(HJ/T 24—1998),对电视收看的影响采用国际无线电咨询委员会(CCIR)推荐的损伤制五级评分标准和以往研究成果,以信噪比是否达到35 dB作为对电视收看质量的评价依据。

(5)固体废物以集中处置为控制目标。

### 1.8.2 环境污染源识别与筛选

1. 电磁干扰源识别与筛选

(1)通信干扰源。通信基站最大发射功率为60 W,其10 m处的实测值接近于背景值,不会对环境产生影响。

(2)牵引变电所干扰源。工频电磁辐射是指由50 Hz或60 Hz的交变电场引起的电磁辐射,牵引变电所采用的是工频50 Hz交流电源,其高中电压设备特别是架空线路会在线路附近产生以工频成分为主的电场。当电磁辐射超过一定的限度时,会对周边环境一定范围内的敏感点及人体产生不良影响。

电磁辐射的强度与电压等级成正比,电压等级越高,电磁辐射越强。中压设备对变电所外部产生的电磁干扰可以忽略不计;牵引变电所干扰源主要是220 kV(110 kV)架空导线及主变压器。

(3)接触网系统干扰源。根据有关实际测定,接触网悬挂系统本身不产生对其他系统的干扰,但导线中传输的电流和机车运行过程中弓网间的离线会对电视信号等无线电信号产生干扰。

(4)电力供电系统。电力供电系统属中压系统,对变电所外部产生的电磁干扰可以忽略不计。

2. 噪声、振动污染源识别与筛选

噪声源主要包括机车运行噪声、变电所内设备运行产生的噪声及施工期噪声。

振动污染源主要来自于施工期间的施工机械振动。

3. 水环境污染源识别与筛选

水环境的污染源主要来自施工期间的施工场所的生活污水、生产污水。

4. 大气环境污染源识别与筛选

对大气环境的影响主要来自施工期间的运输车辆扬尘。

5. 固体废物污染源识别与筛选

固体废物主要来自施工期间施工场所的生产、生活垃圾。

### 1.8.3 环境保护控制措施

1. 电磁干扰控制措施

(1)通信干扰控制措施,主要针对以下方面进行研究:GSM-R基站的设置在满足工程要求的前提下,尽量选择远离居民区地点，并尽量降低无线发射功率；基站的无线电磁覆盖方向及范围应严格控制在有关规定的范围内；GSM-R 数字移动通信设备采用通过相关安全质量认证的设备。

(2)牵引变电所干扰控制措施。牵引变电所选址要避开人群密集区，并远离易受电磁干扰的敏感点，变电所四周设围墙，牵引变压器布置在所区中间，减少变电所电磁辐射对外界的影响。

(3)接触网离线干扰控制措施。

1)利用平腕臂结构可提高接触网的稳定性，有利于改善弓网受流质量。

2)设置适当的预留弛度，改善弓网弹性，提高弹性均匀度。

3)采用轻型定位器。

2. 噪声、振动防护措施

(1)机车运行噪声防护措施见表 6-1-7。

**表 6-1-7　系统集成设备噪声治理措施表**

| 噪声源 | 降噪措施 | 降噪效果(dB) |
|---|---|---|
| 电弧噪声 | 减少离线率 | 4～5 |
| 受电弓与接触网摩擦时产生的噪声 | 加强受电弓与接触线的润滑 | |

(2)牵引变电所噪声防护措施。牵引变电所内的主要噪声源是主变压器和电抗器，所选用的变压器噪声小于 70 dB，电抗器噪声小于 50 dB。

同时，牵引变电所选址过程中，尽量远离居民点。

(3)施工期噪声防护措施。

1)合理安排施工场地，施工场地尽量远离居民区等敏感点；施工场界内合理安排施工机械，噪声大的施工机械布置在远离居民区等敏感点的一侧。

2)合理科学地布局施工现场，根据场地布置情况实测或估算场界噪声，特别是有敏感点一侧噪声，如果超标可采取加防振垫、包覆和隔声罩等有效措施来减轻噪声污染。

3)合理安排作业时间，噪声大的作业尽量安排在白天。

4)合理规划施工便道和载重车辆走行时间，尽量不穿村或远离村庄，减小运输噪声对居民的影响。

5)做好宣传工作，倡导科学管理和文明施工，施工单位在施工前要取得地方政府的支持，张贴施工告示与说明，取得当地居民的理解与谅解；同时，施工时应做好施工人员的环保意识教育，降低人为因素造成的噪声污染。

6)加强环境管理，严格执行国家、地方有关规定。

(4)施工期振动防护措施。

1)施工现场固定振源尽量集中，如料场等相对集中，应布置于郊区空旷之地，合理安排各种机械设施位置、作业场所，强振动机械分散施工，尽可能保证施工场界外振动达标。

2)合理安排施工作业时间，尽量避开敏感时段进行强振动施工作业，如夜间 22：00 之后在市区内不安排强振动施工。

3)加强施工机械维护保养，使设备保持良好状态，必要时对固定振源加装隔振设施(如减振垫)，从振动源及振动传播途径上对其进行控制。

4)科学管理，文明施工，从施工管理、组织等多方面入手，加大宣传力度，提高施工人员环保意识。

5)做好与施工现场附近居民的交流接待工作，对施工期间可能造成的环境影响予以公示或通报，尽量取得施工现场周围居民的认可。

3. 水环境保护措施

(1)由于施工营地分散，各处生活污水排放量较少，对施工人员生活污水做到集中处理有很大难度，因此建议在农村地区的施工人员宿营地设旱厕，将粪便集中收集用来积农家肥，旱厕应加强管理，及时清掏，尤其是防止雨季污物随水漂流，污染周围的水环境。其他生活污水排入附近低洼荒地或沟渠，不会对环境造成较大影响；在城市地区的施工营地尽量利用附近既有房屋的排水管道，就近接管。

(2)对于含油污水排放量较大的施工点应设小型隔油、集油池，含油污水经过处理后排放。

(3)当堆料场存放含有害物质的建材，如：沥青、水泥等应设篷盖，必要时设围栏，防止被雨水冲刷流入水体。

(4)施工机械维修点应设硬化地面及干化池,防止机械维修、清洗污水对水体、土壤的污染。加强施工机械的检修,严格施工管理,避免施工机械的跑、冒、滴、漏。

(5)在城市内施工,施工现场必须进行地面硬化,施工场地含有大量泥砂的污水严禁直接排入城市下水管道,在施工场界内应设雨水导流渠及沉淀池沉淀后排放。

4. 大气环境保护控制措施

(1)在市区从事建设施工和其他产生扬尘污染的活动,必须实行围挡作业,施工现场要采取保洁措施,严禁从空中抛散废弃物,防止扬尘污染。施工现场应当采取下列防治扬尘污染的措施。

1)施工现场用地的周边应当进行围挡,基础设施工程因特殊情况不能进行围挡的,应当设置安全警示标志,并在工程险要处采取隔离措施。

2)施工现场主要道路进行硬化处理。

3)施工现场土方集中存放的,应当采取覆盖或者固化措施。

4)施工现场应当有专人负责保洁工作,配备相应的洒水设备,及时洒水清扫,减少扬尘污染。

5)对施工现场中的办公区和生活区,应进行绿化和美化,热水锅炉、炊事炉灶等必须使用清洁燃料。

6)清理施工垃圾,必须搭设密闭式专用垃圾道或者采用容器吊运,严禁随意抛撒。施工现场应当设置密闭式垃圾站用于存放施工垃圾。

(2)城市行政区域内严禁焚烧沥青、油毡、橡胶、塑料、皮革、垃圾以及其他产生有毒、有害烟尘或恶臭气体的物质。建设施工确需露天加热沥青的,应报经所在地环境保护行政主管部门批准,并使用带有废气处理装置的密闭加热设备。禁止露天焚烧农作物秸秆、落叶。

(3)施工运输车辆运输砂石、土方、渣土和垃圾的,应当按照相关规定,控制机动车污染物排放,不得超过国家规定排放标准,并采取措施防止车辆运输泄漏遗撒。制定措施如下:

1)在用机动车污染物排放超过国家规定排放标准的,不得上路行驶;超过地方排放标准的,不得在市内区、郊区及高新技术产业开发区行驶。

2)运输车辆不得超量装载。

3)运输车辆驶出装载现场前,必须将车辆槽帮和车轮冲洗干净,不得车轮带泥行驶。

4)运输车辆必须按照市政管理行政部门依法批准的运输线路、时间、装卸地点运输和卸倒。

5)运输散装货物的车辆必须密封、包扎、覆盖,不得沿途泄漏、遗撒。

6)运输时发现车身有泄漏、遗撒的,必须及时清扫干净。

(4)堆渣场所选择在空旷地带,远离居民区、学校等敏感点,并在其下风向 200 m 以外。

(5)对施工现场实行合理化管理,砂石料统一堆放,粉状材料如水泥、石灰等应罐装或袋装,禁止散装运输,堆放应有篷布遮挡等,采取防风防雨措施;土石方运输应采用密封车体,减少堆放时间,路基施工时应及时分层压实。

(6)严禁在施工现场焚烧废弃物和会产生有毒有害气体、烟尘、臭气的物质。

(7)建成区内的建筑工程一律采用密目网围护,施工现场四周设置有效、整洁的防尘土隔离围挡。

(8)实施封闭施工,缩小施工扬尘范围。

(9)加强施工机械设备及车辆的养护,应定期对施工机械和施工运输车辆排放的废气进行检查监测;严禁使用劣质油料,保证不排放未完全燃烧的黑烟,加强机械维修保养,使动力燃料充分燃烧,降低废气排放量。

5. 固体废物控制措施

(1)施工营地产生的生活垃圾应设专人收集后,送至环卫部门集中处理。彻底清理拆迁及施工营地撤离产生的建筑垃圾,运至指定的弃渣场或其他指定场所进行处置。

(2)加大管理和宣传力度,按照现行的相关文件要求,使用降解速度较快或回收价值较大、安全卫生指标合格的纸质快餐盒和光—生物双降解聚丙烯快餐盒。

(3)进行环保宣传,增强环保意识,尽可能减少垃圾随地乱扔的现象,减少其对环境的污染。

### 1.8.4 环境保护监测

1. 监测仪器

(1)电磁监测仪器。频谱仪及配套天线。

(2)噪声监测仪器。采用性能优良、满足现行规范要求的噪声统计分析仪。所有仪器使用前经计量检定合格。

(3)振动监测仪器。测量铅垂向 Z 振级($VL_z$)采用振动统计分析仪,仪器性能符合ISO/DP 8041—1984 有关条款的规定。所用仪器已通过计量部门进行校准。

(4)水质监测仪器。采用符合地表水和污水监测相关规范的仪器。

2. 监测方法

(1)电磁监测。将天线架高 2 m,水平极化,指向接收信号场强最大处。频谱仪分辨率带宽设置为 120 kHz。测量各电视频道全频段频谱,记取图像载频值和背景噪声值,并将测得频谱存于频谱仪内存中。

监测频率:电视信号场强测量各电视频道的图像载频;背景无线电噪声场强在各电视频道有用信号频带附近选一频点进行测量。

(2)噪声监测。背景噪声按国家环境保护局(86)环监字第 405 号《环境监测技术规范(噪声部分)》、《城市区域环境噪声测量方法》(GB 3096—2008)、《声学　环境噪声测量方法》(GB/T 3222—1994)执行。

铁路噪声按《铁路边界噪声限值及其测量方法》(GB 12525—1990)和《铁路沿线环境噪声测量技术规定》(TB/T 3050—2002)进行。

既有铁路现状噪声监测分别在昼间(6：00～22：00)和夜间(22：00～6：00)两时段内各选择有代表性的测量时段,测量时段不小于 1 h,测量时段内不少于 6 列车,该测量时段测量的等效连续 A 声级,分别代表昼、夜间环境噪声等效声级;受公路交通噪声影响的敏感点选择无列车通过时、连续测量 20 min 的等效声级,测量同时记录车流量及主要噪声源。

噪声测量值为 A 声级,以等效连续 A 声级作为评价量。

(3)振动监测。按《城市区域环境振动测量方法》(GB 10071—1988)规定的方法进行监测。

(4)水质监测。按照《环境监测技术规范》中第一册地表水和废水部分的要求进行监测。

# 2 高速铁路通信施工技术

## 2.1 概　　述

随着我国铁路的跨越式发展,我国列车速度不断提升。像京沪铁路运营时速曾达 350 km,试验时速更高达 385 km(最高时速为 400 km),在列车速度不断提升的同时列车发车密度也在不断增加,京沪铁路列车密度为追踪间隔 3 min。

通信系统是保障铁路安全运营和高效管理的信息基础平台,主要任务是提供语音、数据、图像等多媒体通信手段,确保信息的实时、准确、可靠处理和传送,是整个铁路建设有机整体不可缺少的组成部分。

高速铁路通信系统主要提供两类服务:调度、公务、移动通信等保证铁路运输指挥基本需要的基本通信业务;为牵引供电系统、SCADA 系统、信号系统、运营调度系统、旅客服务系统以及其他信息化应用系统提供信息化承载业务。

高速铁路通信系统作为一个完全集成的系统,由多个独立的、可单独操作的子系统所组成。

为保证列车在时速 200 km 及以上高速运行条件下的安全和系统的可靠性,现今高速铁路的通信系统已集成了包括传输、GSM-R 移动通信系统、综合视频监控等在内的 14 个子系统。高速铁路通信系统功能更加先进和完善,已完全能满足高速铁路对通信系统的安全性、可靠性、实时性以及大容量、多业务的需求。其显著特点就是结合我国实际,采用 GSM-R 移动专用数字移动通信系统(以下简称 GSM-R 移动通信系统)取代过去普速铁路中广泛应用的无线列调、无线对讲等系统。

和各种既有无线通信系统相比,GSM-R 移动通信系统具有频率利用率高,可靠性高,抗干扰以及保密性好等优点。我国继青藏铁路全线成功开通运营 GSM-R 移动通信系统后,在后续高速铁路、客运专线建设中都广泛采用该系统。

## 2.2 系统构成

目前,我国高速铁路通信系统主要包括以下 14 个子系统:通信线路、传输及接入、程控交换、数据网、数字调度、视频综合监控、GSM-R 移动专用通信、会议电视、应急通信、环境监控、数字同步及时钟分配、综合布线、综合网管、电源等。其构成以及与高速铁路其他系统间的关系如图 6-2-1 所示。

除 GSM-R 移动通信系统外,其他子系统均在广泛使用,施工技术已比较成熟,我们在此将以 GSM-R 移动通信子系统为重点对高速铁路通信集成进行介绍。

GSM-R 系统由基站子系统(BBS)、网络交换子系统(NSS)、运营和维护子系统(OSS)、智能网系统(IN)、通用分组无线业务系统(GPRS)和终端(MS)组成,可提供 GSM-R 系统所具备的各类电信业务,此外通过 GSM-R 系统特殊的功能寻址、基于位置的寻址、组呼叫、紧急呼叫、广播呼叫、多优先级强占及强拆业务、呼叫接入矩阵等功能还可提供我国铁路的特殊应用业务,业务类型包括语音业务和数据业务。

其构成简述如下:

(1)基站子系统(BBS)。包括:基站控制器 BSC、基站收发信机 BTS、编译码适配单元(TRAU)。

(2)网络交换子系统(NSS)。包括:移动交换中心 MSC、网关移动交换中心 GMSC、归属位置寄存器 HLR、拜访位置积存器 VLR、组呼寄存器 GCR、鉴权中心 AUC、短消息服务中心 SMSC、确认中心 AC、固定用户接入交换机 FAS。

(3)智能网系统(IN)。包括业务控制点(SCP)、业务交换点(SSP)、业务管理系统(SMS)。

(4)通用分组无线业务系统(GPRS)。包括:网管业务支持节点(GGSN)、业务支持节点(SGSN)、分组控制单元(PCU)、域名服务器(DNS)、认证服务器(Radius)。

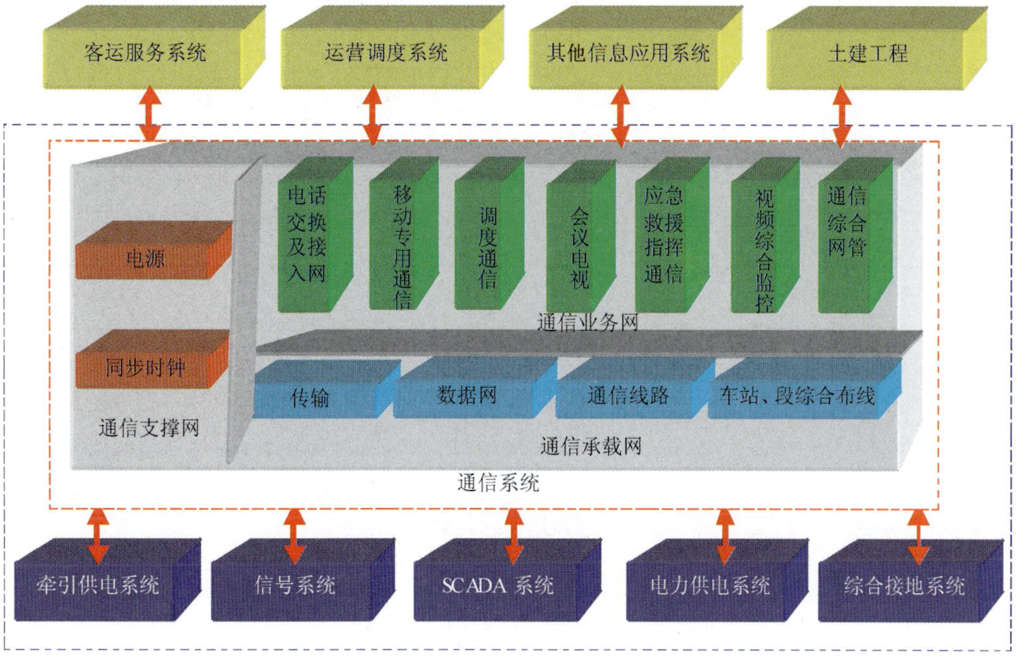


图 6-2-1　高速铁路通信系统构成及与其他系统间关系

(5)运营和维护子系统(OSS)。包括:交换网络管理子系统 OMC-S、无线网络管理子系统 OMC-R、GPRS 网络管理子系统 OMC-D、直放站管理子系统 OMC-T、FAS 网络管理子系统 OMC-F。

(6)终端(MS)。包括固定终端和移动终端。

## 2.3　施工技术

### 2.3.1　施工总流程

高速铁路通信系统施工的主要内容包括三大部分:室外设备安装[含基础、杆(塔)体等,重点是 GSM-R 铁塔基础及其塔体、天馈系统安装];线路施工(包括长途及地区光电缆、区间漏缆、室内综合布线等);室内设备安装。

施工总流程如图 6-2-2 所示。

### 2.3.2　通信相关接口工程施工技术

相对于普速铁路,高速铁路通信系统与铁路其他系统间的接口更加广泛,联系更加紧密。

图 6-2-1 中涵盖了高速铁路通信系统相关的各种接口,主要包括以下两方面:

1. 与土建、房建专业接口

该部分主要为与相应站前专业施工配合,贯穿于通信施工的全过程,接口主要包括土建和房建专业对通信系统电缆槽、人手井、区间以及站内的各类过轨管预埋、桥上引下电缆槽预留预埋、引入、穿墙孔洞预留、综合接地端子的预留。

在施工过程中,通信系统首先要根据本专业设计及实际需要整理编制完成相关接口工程台账,台账标注清晰、内容完善,并根据站前工程的实际进度实时录入更新。其次,要以自身的设计图纸、标准规范并合理考虑通信施工需求出台接口工程验收管理办法,汇总各方意见后签字确认、严格执行。最后,在全过程施工中建立接口工程调查、跟踪、交流、落实整改的循环机制,定人定岗。

2. 与信号、电力、电化、防灾、客服等专业接口

该部分接口主要是通信系统中的传输子系统为各专业系统的业务传送和组网提供传输通道,接口点分界面位于通信传输设备的 DDF、ODF、FE 等端口处。

实际施工中,为避免跨专业作业的盲目性、随意性,减少后期试验检测故障,在合同允许界面范围内,可对其他专业涉及通信作业施工的缆线布放、接续成端、测试等接口处工程一并纳入通信专业实施。

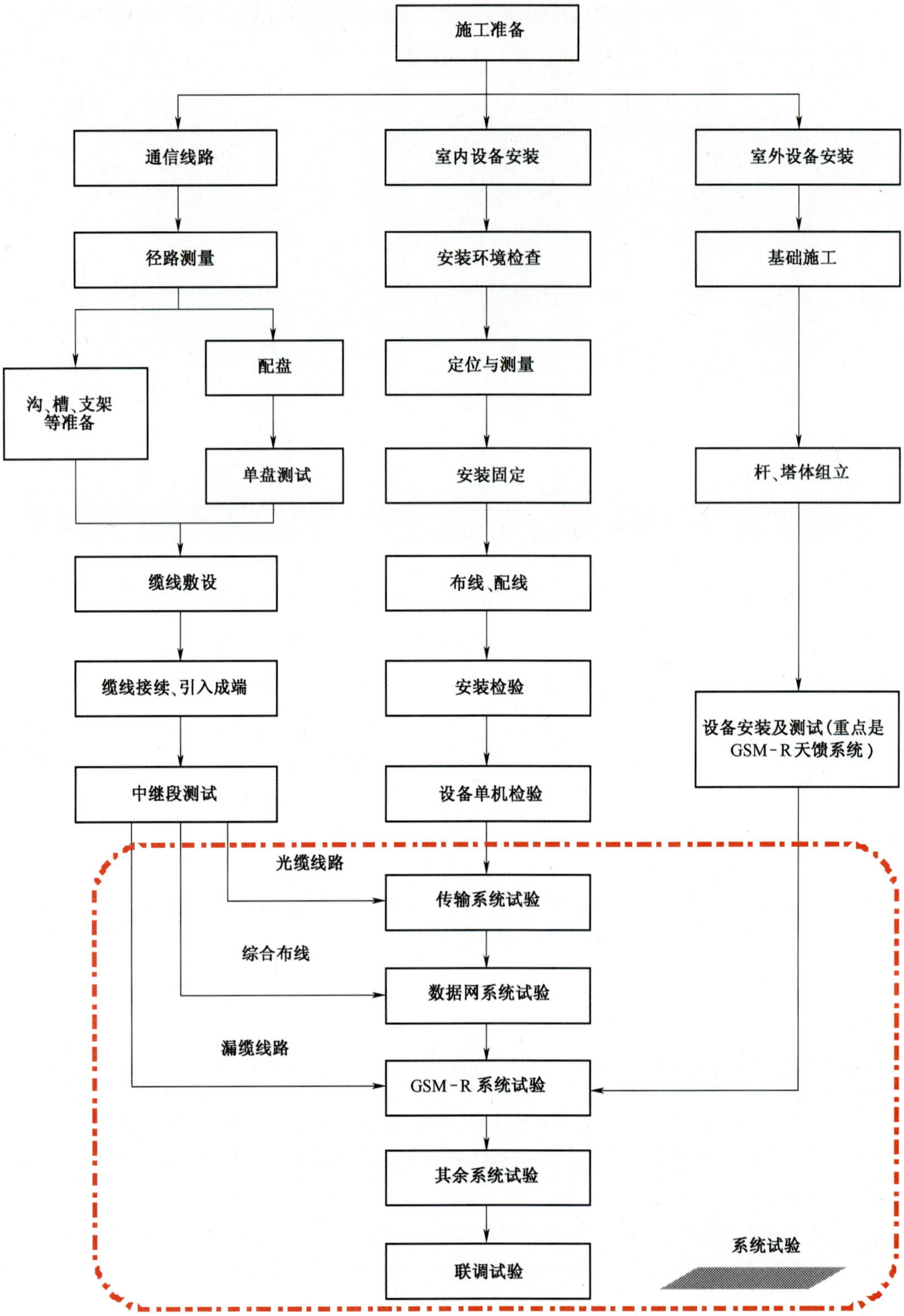


图 6-2-2　高速铁路通信系统施工总流程

(1)与列控系统接口:选择适于信号机房安装的 ODF 盒,盒内法兰盘、适配器等固定牢靠,留有成端测试操作空间。

(2)与 CTC、微机监测、电力远动、电力牵引远动 E1 接口:同轴线规格型号满足相关专业要求,同轴线与信号、电力侧接口须匹配,焊接制作规范,焊接后芯线测试确保无虚焊、短路。

(3)与防灾、客服等 FE 接口:网线制作规范,水晶头压接牢靠,经网络测试仪测试满足指标要求。

### 2.3.3　长途光缆施工技术

高速铁路通信系统线路包括长途及地区的光电缆线路、区间漏缆、室内综合布线等,各种线路施工流程、方法与普速铁路类似，主要区别在于长途干线光缆敷设路径不同于普速铁路，系统对线路接续损耗指标要求更严格。长途光缆施工流程如图 6-2-3 所示。

图 6-2-3　长途光缆施工流程图

1. 长途干线光缆径路复测、配盘

对照设计图实地测量光缆长度，测量过程中一要核实光缆用户位置，包括基站、信号中继站、区间电话等，保证光缆分歧接头落在相关房屋位置附近；二要确定好光缆中继段内接头数、接头地点，要避免接头位置落在桥梁、河流、公路等处；三要确定穿越轨道、桥梁、隧道及有关建筑时的防护处所和防护方式。根据测量后的缆长(含余留)、接头情况等配盘采购。

2. 长途光缆单盘检测

根据出厂记录对照检查光缆程式、绝缘介质、加强芯、外护层、色谱标志等机械物理特性，开盘检验光缆端面，确定 A、B 端，采用 OTDR 测试单盘光缆的长度及固有衰减等指标是否符合设计、合同要求，做好测试记录。

3. 长途干线光缆敷设

长途光缆敷设在预制的电缆槽内，采用人工分段顺序开启电缆槽盖，开盖以及恢复时注意轻拿轻放，避免使用锹、镐、撬棍类工具。掀开的盖板平放在预留电缆槽的外侧，依次顺序摆放，堆码整齐。

根据缆线长度配备足够的施工人员，并设专人统一指挥，保证放缆速度适中，不压、折、摔、拖、扭光缆。采用专用千斤顶将缆盘架设离地面 10～20 cm，人工敷设依次抬放如图 6-2-4 所示。在穿越电缆井(手孔)、桥上接触网基础预留孔、过轨管口、室外引入洞口等处加设塑料子管或塑料垫圈防止机械损伤，电缆井、引入口、通过桥梁和隧道等处余留 3～5 m。

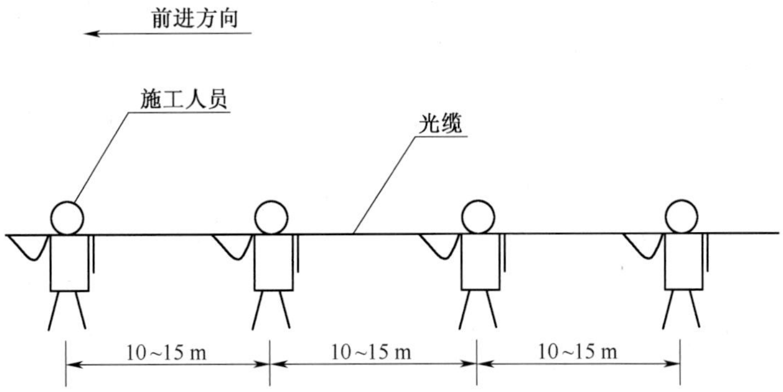


图 6-2-4　光缆人工敷设

4. 长途干线光缆接续、测试

光电缆接续测试由持有合格上岗证且实践经验丰富的人员操作。光缆接续的同时采用 OTDR 实时监测接续损耗；中继段测试对每根光纤在 1 310 nm 及 1 550 nm 两个波长上进行 A→B 及 B→A 双向测试，测试内容包括光纤顺序对号，接头平均衰耗、中继段线路衰耗，$R$、$S$ 点最大离散反射系数和最小回波损耗等，测试指标应符合规范和设计的要求。

### 2.3.4　铁塔基础施工技术

铁塔基础施工流程如图 6-2-5 所示。

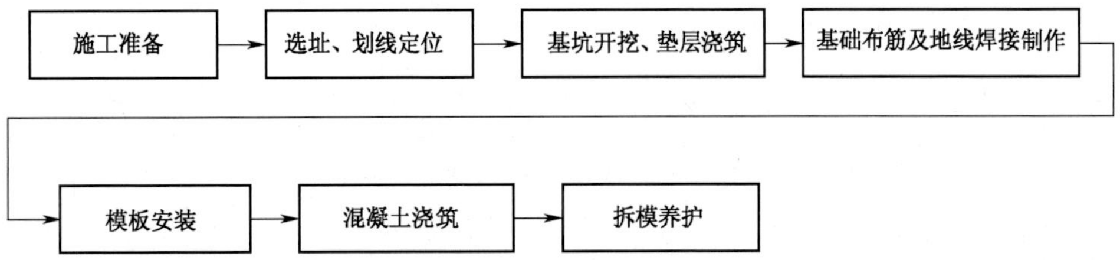


图 6-2-5　铁塔基础施工流程图

1. 选址、划线定位

根据 GSM-R 无线网络规划勘测结果选择合适的基础位置,在基础外围打桩拉线定位,定位桩在基坑开挖过程中不得移出或移动。

2. 基坑开挖、垫层浇筑

50 m 以下铁塔基础可采用旋挖钻孔方式开挖,50 m 及以上铁塔基础采用挖机整体开挖,开挖至设计深度后,利用轻型动力触探检测地质承载力情况,确保地质条件符合设计要求。地质条件合格后进行垫层浇筑,采用经纬仪等控制好垫层的水平。50 m 铁塔基础立面如图 6-2-6 所示。

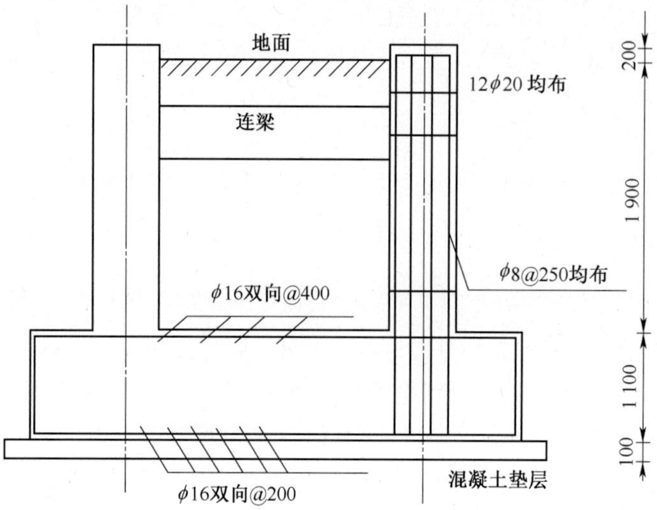


图 6-2-6　GSM-R 50 m 铁塔基础立面示意图(单位:mm)

3. 基础布筋及地线焊接制作

根据钢筋配料表提前制作好各种规格的钢筋,在现场按从下往上的顺序依次搭设钢筋笼、骨架、连梁,安装架设基础地脚螺栓;在基坑边安装接地体,引接到基础骨架上。

4. 模板安装

钢筋绑扎施工完成后立即进行模板安装。利用架子管等加固。不得用重物冲击模板,不准在吊帮的模板上搭设脚手架,保证模板的牢固和严密。

5. 混凝土浇筑

混凝土浇筑前,清除模板内的碎屑、泥土等杂物,木模浇水湿润,堵严板缝及孔洞,清除积水。

开始浇筑时先满铺一层 5～10 cm 厚的混凝土并捣实,使基础笼钢筋下段和钢筋网片的位置基本固定,然后对称浇筑。浇筑时先使混凝土充满模板内边角,然后浇筑中间部分。分层下料,每层厚度为振动棒的有效振动长度。浇筑过程中采用插入式振捣器进行振捣。

6. 拆模养护

采用撬棍从一侧顺序拆除,侧面模板在混凝土强度能保证其棱角不因拆模而受损坏时进行,浇筑完成 12 h 后覆盖和浇水常温养护;养护期间设专人检查落实,防止由于养护不及时而造成混凝土表面裂缝。

### 2.3.5　GSM-R 天馈系统施工技术

GSM-R 天馈系统包含安装在铁塔塔顶的天线、功分器、从塔顶引入室内基站的馈线、避雷器、馈线窗及接地处理等,天馈系统施工由两个小组配合完成:一组人员负责塔顶及塔身部分作业,另一组人员负责地面作业。GSM-R 天馈系统施工流程如图 6-2-7 所示。

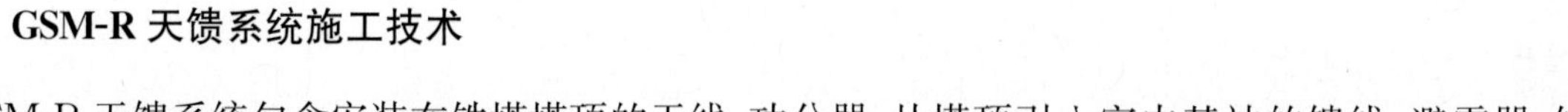


图 6-2-7　GSM-R 天馈系统施工流程图

(1)安装天线。塔顶工作人员在攀爬铁塔过程中,在爬架一侧安装好馈线卡,攀爬至塔顶后选定位置安装固定好滑轮,将大绳滑下地面;地面操作人员负责连接好天线、功分器、跳线;制作好馈线接头,然后用大绳绑扎固定天线，最后由塔顶操作人员牵引至塔顶工作平台安装，由地面人员用指南针配合完成天线方位角的预调整，调整好后将天线下部固定夹拧死，用坡度仪配合完成俯仰角的预调整，调整好后将天线上部固定夹拧死。

(2)敷设馈线。馈线盘在地面架设好后，沿塔身内部的爬架倒穿引上塔顶，由塔顶操作人员连接好功分器后从上往下依次紧固固定，并按照设计要求在塔顶、塔身中央、入室前等处连接固定好接地卡、接地线。

(3)馈线连接。馈线引入室内后，在水平走线架(架空走线方式)或室内线槽内(埋地引入方式)经避雷器后连接基站的收发跳线。

(4)天馈线测试。在相应频带下采用驻波比测试仪测试天馈系统驻波比值。

### 2.3.6　室内设备安装施工技术

高速铁路通信系统室内设备安装是指在铁路局通信中心、沿线各车站、段(所)、区间基站、直放站、中继站等房屋内安装的通信各个子系统的设备、线缆以及走线用支架、线槽等，其施工流程、施工方法与普速铁路类似，区别在于其设备规模较大(尤其是MSC核心网机房、中间站通信室等)、种类较多、多数点和信号、电力等系统有接口，施工中需合理安排施工组织。室内设备安装施工流程如图6-2-8所示。

施工准备 → 安装环境检查确认 → 设备安装 → 布线及配线 → 安装检查

图6-2-8　室内设备安装施工流程图

1. 安装环境检查确认

设备安装前对机房环境进行检查确认，检查内容包括机房的门窗、照明、房屋的装修、室内的温湿度、外部电源引入、接地装置、消防器材配备等是否能满足通信设备安装条件；机房内的预埋件、沟、槽、孔位置等是否正确，满足要求后方能施工。

2. 设备安装

(1)机架设备安装：按照设计的室内平面布置图确定安装位置、核对地面水平。设备机架固定按照设备安装说明进行，防振加固措施符合设计要求；对于有防静电地板的机房，先制作安装底座，以保证设备整体稳固和整齐美观。

(2)架内设备安装：设备固定牢靠，在机架内排列整齐。

(3)电缆槽道的安装：槽道端正、牢固并与大列保持垂直，列间槽道成一条直线。

(4)终端设备安装：各种终端设备安装摆放整齐，标识齐全，并利于人工操作。

3. 布线及配线

按规范和设计径路要求，将同一类别的所有缆线一次布放。电源线、总线电缆、信号电缆、用户电缆、光纤等分开布放。同一走向的缆线应理直、编把，并使线束平直整齐，不互相交叉，线扣间距均匀，松紧适度。

4. 安装检查

设备安装完成，按照规范和设计要求进行全面自检。机架应稳固、接地系统良好，接地电阻符合要求。用数字万用表和数字电缆测试仪对设备的各种配线进行验证测试，确保上线端子正确，配线无断线、混线、错线，各种配线特性指标符合设计和规范要求。

### 2.3.7　调试试验施工技术

传输、接入网、程控电话、数字调度等子系统可沿用以往普速铁路成熟的调试方法，此处就不一一介绍。

高速铁路GSM-R通信系统调试程序复杂、周期长，是整个高速铁路通信系统调试检测的核心，其调试试验如下：

1. 系统调试

GSM-R系统设备安装施工完毕，设备配线完成经检查无误，系统接地、绝缘等测试合格、单机加电调试完毕，与GSM-R相关的传输系统、数据网系统已调测完毕。按照测试规范和设备技术文件要求，对GSM-R的各个子系统分别进行功能和性能调试、检测。例如，MSC需调试的功能性项目有：呼叫处理、移动性管理、安全保密、呼叫详细记录、数据通信等；对设备或系统有冗余备份、自动倒换功能的，进行模拟故障试验验证；最后整理调试记录结果归档。系统调试后各种功能、性能指标应符合规范及产品技术要求。

2. 第三方检测、静态验收

静态验收期间，由专业检测机构对各个子系统功能、设备性能指标做定量抽测，其测试主要项目、检测用仪器仪表见表 6-2-1。

**表 6-2-1 第三方检测主要测试项目**

| 序号 | 子系统类别 | 测试内容 | 检测用仪器、仪表 |
|---|---|---|---|
| 1 | MSC | A 接口信令测试、与 PSTN 接口 ISUP/TUP 信令测试、基本业务功能试验、基本补充业务试验、GSM-R 业务试验、移动性管理试验、智能网业务测试、GPRS 功能测试 | 通信规程分析仪、中继模拟呼叫器 |
| 2 | 基站 | 发射功率、峰值相位误差、RMS 相位误差、频率误差、功率时间包络、调制频谱、切换瞬态频谱、天馈系统驻波比 | 基站综合测试仪、驻波比测试仪 |
| 3 | 传输 | 平均发送光功率、光接收机灵敏度、光接收机最小过载功率、设备映射/去映射性能、输出口比特率、输入口允许比特率抖动性能容差、指针调节性能、告警功能、通道误码 | SDH 网络测试仪、2 M 误码测试仪 |
| 4 | FAS | 接口电气性能与传输特性指标、数字中继接口间传输特性和接口参数、性能指标测试、铃流、信号声、呼叫接续及复原控制方式、用户信号方式、系统功能验证及维护管理功能测试、调度台功能试验、车站台功能试验、PRI 接口信令测试 | PCM 话路分析仪、用户模拟呼叫器、PCM/VF 呼叫分析仪、ISDN 测试仪 |
| 5 | 数据网 | 路由器、交换机单机指标及全网功能 | ATM/LAN/WAN 分析仪、IP 网络测试仪 |
| 6 | 综合视频 | 视频图像质量、视频图像采集功能、视频图像管理功能、防区设置功能、视频图像存储功能、视频行为分析功能 | 视频信号发生器、综合视频分析仪 |

3. 动态检测、联调联试

(1)检测条件:静态检测验收报审合格，开行高速铁路检测试验列车。

(2)检测项目:GSM-R 电磁环境、场强覆盖、网络服务质量以及调度命令信息传送、车次号校核数据传送、调度通信等应用业务功能。

(3)检测方法。

①电磁环境检测:采用测量接收机频谱扫描方式，同时利用 GPS 定位系统与之对应定位，测量 GSM-R 频段内的干扰分布和强度。

②GSM-R 场强覆盖检测:利用测量接收机在基站打开的情况下，按照规定的检波方式、取样间隔、统计区间统计 95%时间、地点概率条件下的接收电平是否满足大于－95 dBm 的要求。

③GSM-R 网络服务质量检测:采用 8 W 测试模块分别和测试模块、FAS 终端之间拨打通话，测试呼叫建立时间、呼叫成功率、切换成功率等语音通信服务质量;采用测试手机和地面测试服务器间周期性发送数据包，测试 GPRS 数据传输延时、吞吐量、丢包率等分组数据服务质量。

④应用业务检测:在高速列车运行条件下，由测试人员发起不同类型的呼叫，进行调度通信系统动态功能测试;通过 CTC 系统功能试验，验证调度命令信息无线传送、车次号校核数据传送功能。

## 2.4 施工质量控制要点

### 2.4.1 通信相关接口工程质量控制要点

(1)与土建、房建接口。该部分接口重在检查与验收，检查验收其具体标准严格按照设计要求执行。

(2)与列控、微机联锁、电力、电化等接口。按照通信专业施工标准作业，加强与各相关专业沟通，配合相关专业中心网管对现场的调测、试验。

### 2.4.2 长途光缆线路质量控制要点

长途光缆线路因其承载着高速铁路的众多业务，且光缆本身比较脆弱，因此必须高度重视施工质量，其质量控制点为如下几点。

1. 线路敷设防护

高速铁路交叉施工现象非常普遍，长途光缆线路施工一般需穿插在站前工程中进行，为此，要尽可能地采取各种措施保证光缆少受伤害。

(1)路基临时便道的防护。站前单位在路基地段经常会增设临时便道开口以方便运输等作业，在这些开口处敷设光缆要采用槽钢或钢管进行防护。

(2)桥梁上防护。如光缆在桥梁铺架后立即敷设，须防止站前单位在后续电缆槽、盖板、桥侧遮板施工中对缆线的伤害，可采取将光缆紧贴靠铁路侧的挡砟墙壁敷设，间隔一定距离用砂袋压实防护。桥上光缆交叉敷设防护如图 6-2-9 所示。

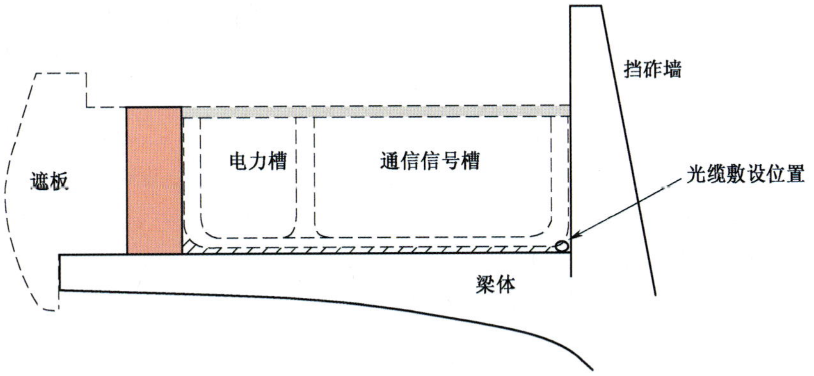


图 6-2-9　桥上光缆交叉敷设时防护截面示意图

(3)区间引入站内防护。站内部分往往是新建、既有改扩建等施工作业交织在一起，电缆沟一般成型很晚，光缆施工时要根据现场条件灵活采取多种防护措施，必要时也可采取临时过渡以后割接的方案，同时与各施工单位、既有产权单位保持密切沟通、协调。

(4)日常巡视。光缆线路敷设完成后，组织安排人员加强日常巡视看护，在铁路沿线制作安装简易标语、警示牌、告示牌等；跟相关的站前作业队伍做好宣传解释，对上述特殊部位的站前作业派人值守监督。

2. 接续测试

高速铁路长途光缆线路施工受站前制约，施工周期会相对较长；同时，如果线路施工过程中的防护不够充分，以及人为破坏等原因造成线路伤害较多的情况下，接续测试容易反复出现，工作量大且具有紧迫性，因此必须选择具有相应资质和具备高超技术水平的接续测试人员，接续测试用仪表经检定完好无损。

光缆接续严格按规范指标控制，中继段全程线路衰耗(1 310 nm 波长)≤0.25 dB/km。

### 2.4.3　铁塔基础质量控制要点

GSM-R 铁塔基础施工质量直接影响后续的铁塔安装，其关键质量控制点为：

(1)基础所用水泥、钢筋、砂、碎石等原材料均由有资质的试验室进行检测合格后使用，配合比按采购的原材料由试验室进行试验并出具相应的配合比报告单，在施工中严格执行。

(2)基础配筋、地脚螺栓定位。钢筋煨制符合规定，煨弯长度平直部分不小于 $10d$($d$ 为钢筋直径)。钢筋主筋尽量避免焊接，如必须焊接时应采用双面电弧焊接，搭接长度不小于 $5d$；螺纹钢末端应做 90°弯钩，圆钢末端应做 180°弯钩，箍筋末端应做 135°弯钩；接地体焊接时搭接高度大于 8 mm，并作防锈处理。

固定地脚螺栓用模具、定位板应提前用型钢加工制成，混凝土浇灌时保证不移位，浇筑后定位误差不大于 10 mm。

(3)基础浇筑。混凝土施工前应了解天气情况，避免雨天浇筑混凝土；浇筑时应按规范现场取样混凝土做试块，送试验室检验并出具相应试件抗压试验报告。

机械插入式捣固每隔 600 mm 振动捣固，混凝土浇筑要连续进行，一次浇筑成型。

(4)拆模养护。拆模后要及时回填土，回填土中不可掺入石块、杂草、树根，并每回填 300～400 mm 厚夯实一次；混凝土养护期不得小于一周，养护用水必须同搅拌混凝土时的水质相同。

### 2.4.4　GSM-R 天馈系统质量控制要点

(1)天线安装。天线需固定在塔顶平台支架的主干上，安装后确保在避雷针保护区域 LPZOB 内全向收、发天线水平间距应不小于 3 m;全向天线离塔体间距应不小于 1.5 m。对天线方位角预调整时,误差不大于 5°,对俯仰角预调整时误差不大于 0.5°。天线与馈线连接处应做有避水弯。

(2)馈线敷设。馈线敷设前应进行性能指标测试,敷设时保证满足馈线的最小弯曲半径要求,同一段馈线内不允许有接头;馈线在入室前要做有滴水弯,在各种拐角的地方过渡圆滑且拐角不宜超出 3 处;馈线与射频连接器连接时应使用专用工具,连接可靠,连接后检查接触质量、装接质量。

馈线接头、避雷器、接地卡等元器件安装后防水密封应完好。

3. 驻波比测试。天馈系统驻波比测试值满足小于 1.5 的指标要求。

### 2.4.5　室内设备安装质量控制要点

高速铁路通信系统室内设备安装工作量大,特别是 MSC 中心机房、中间站通信机械室等,是通信专业检查验收的"窗口"工程,在施工过程中应予以重视、作为关键点控制好施工质量。

1. 设备安装

设备安装前的机房环境检查,按照"主设备相对集中,设备间走线路由最短,减少路由迂回和交叉"为原则,布局合理。

设备安装后垂直倾斜误差不大于 3 mm,水平误差不大于 2 mm。

在既有机房内安装设备时,与相关单位签定书面安全配合协议,遵守相应的管理制度;接入或搬迁既有运营设备作业时,接受配合人员的指导,未经允许不能擅自施工。

2. 布线、配线

(1)布线:声频配线、同轴线、电源线布放前进行通断试验及绝缘电阻测试,绝缘电阻满足规范要求。各机架电缆编把绑扎,缆线有预留,跳线通过跳线环,走线方向合理,配线整齐美观;电源线、声频配线分开布放、绑扎;光纤跳线穿波纹管单独布放。

(2)配线:焊接式配线时,焊点牢固、光滑、均匀,无假焊、漏焊,不使用带腐蚀性的助焊剂。焊接后芯线绝缘层无烫伤、开裂及后缩现象,绝缘层离开端子边缘露铜不大于 1 mm;绕接配线时,使用绕线枪,绕线严密、紧贴,没有叠绕。铜线除去绝缘外皮后,在绕线柱上的最少匝数:当芯线直径为 0.4～0.5 mm 时,为 6～8 匝;直径为 0.6～1.0 mm 时,为 4～6 匝。不接触绕线柱的芯线部分不露铜;卡接式配线时,使用厂家附带的专用卡线钳,要保证卡线钳的规格与芯线线径及卡接端子相匹配,卡接后芯线在端子内卡接牢固并接触良好。

3. 标志标牌

高速铁路通信系统施工过程中,设备端口运用台账、缆线标志标牌是很多施工单位容易忽略的一个质量通病,运营维护单位对此却相当注意。编制完善、清晰的端口运用台账,吊挂、张贴好线缆标签标牌能对工程实体起到画龙点睛的作用。

### 2.4.6　调试试验质量控制要点

系统调试、静态验收、联调联试期间,将不可避免地检查发现一定程度的外观缺陷、功能不完善、性能不达标的质量问题,验收单位对此会形成验收整改问题库交由施工单位落实整改。此期间质量控制要点在于对传输、数据网、GSM-R、FAS 等重要业务系统的系统完备性反复验证、对功能和性能缺陷彻底整改,其常见整改措施如更换传输系统光模块,调整 GSM-R 系统中天线的方位角、俯仰角,系统软件升级、网络参数优化等。

# 3　高速铁路信号施工技术

## 3.1　概　　述

铁路信号是铁路运输的基础设备之一。它犹如人的耳目和中枢神经，担负着路网上行车设备的运用状况、列车运行的实时状态、运输调度的指令控制等信息的传递与监控任务。铁路信号的主要功能是：保证铁路行车安全、扩大线路通过能力、提高运输组织效率、改善职工劳动条件。随着我国铁路交通建设的快速发展，当今铁路信号系统技术已融通信、信号、计算机等先进技术于一体，并向数字化、智能化、综合自动化方向发展，其发展水平已成为我国铁路现代化建设的重要标志之一。

## 3.2　系统构成

高速铁路信号系统包括CTCS列控子系统、联锁子系统、调度集中子系统和信号集中监测子系统。系统结构如图6-3-1所示。

### 3.2.1　CTCS列控子系统

1. 系统简介

列车运行控制系统是基于轨道电路实现列车占用及空闲检查，由CTCS3无线闭塞中心RBC、CTCS2应答器或轨道电路传输列车许可并采用目标距离连续速度控制模式监控列车安全运行的列车运行控制系统。

2. 系统组成

列控系统一般由车载设备、地面设备和地车信息传输设备三部分组成。车载设备包括列车运行监控模块、测速/定位模块、牵引制动接口、运行记录器模块等；地面设备包括轨旁设备、列控中心和地面通信网络设备；地车信息传输设备包括地面信息传输设备、车载信息传输设备、地面信息传输网络。

3. 系统功能

(1)列控系统的车载信号是列车运行的凭证。

(2)按列车安全制动距离，自动调整列车运行追踪间隔。

(3)防止列车运行速度超过线路允许速度、道岔侧向规定速度以及列车构造速度，保证列车行车安全，超速时由列控设备自动实行减速或制动停车。

(4)防止列车冒进关闭的禁止信号机(或点)。

(5)监督列车以低于30 km/h的速度进行出入库作业。

(6)与机车自身速度控制系统结合，实现对列车减速、缓解、加速的自动控制。

(7)与列车调度系统结合，实现对列车的简单自动驾驶。

(8)由车载测速单元获取列车走行速度和列车的位置。每通过一个轨道区段分界点或应答器时，列车的测距系统将校正一次，以提高目标距离的精度。

(9)根据接收地面中心信息以及车载设备实时处理，车载设备应连续向司机显示下列行车内容：目标速度、目标距离、允许速度、实际速度。还有下列其他辅助报警显示：超速、制动、缓解、故障。

4. 系统分级

CTCS列控系统在我国共分为5个等级，分别为CTCS-0，CTCS-1，CTCS-2，CTCS-3，CTCS-4。在同条线路上可以实现多种应用级别，各级均可通过技术装备实现向下兼容。高速铁路一般对应采用2级或3级。各级用途见表6-3-1。

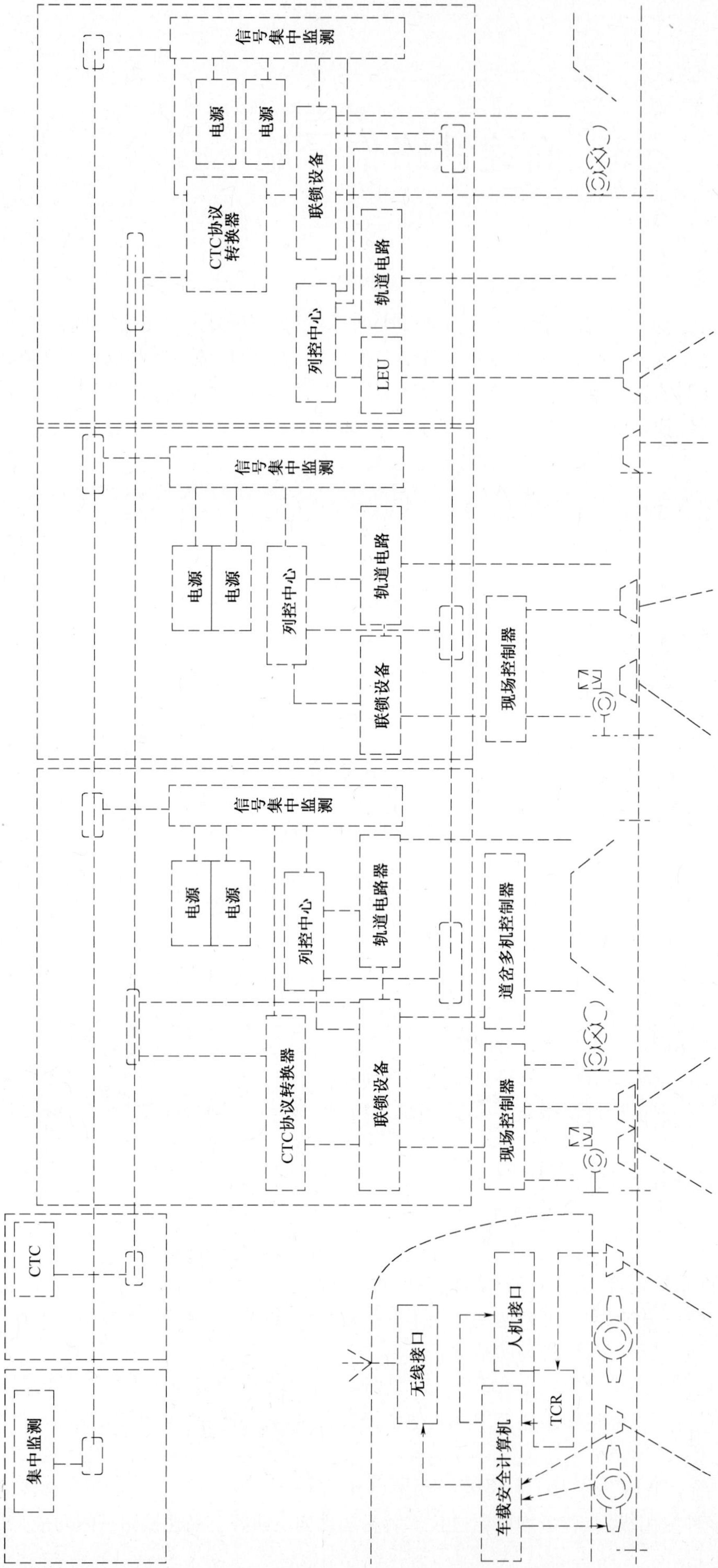


图 6-3-1　高速铁路信号系统结构图

表 6-3-1　CTCS 对应分级表

| 等级 | 用　　途 |
|---|---|
| CTCS-4 | 基于无线通信平台，取消轨道电路。实现虚拟移动闭塞，未来的发展方向 |
| CTCS-3 | 基于无线通信平台，机车乘务员凭车载信号行车。适用于 300～350 km/h 线路，动车组的追踪间隔缩短至 3 min |
| CTCS-2 | 基于应答器和轨道电路传输，机车乘务员凭车载信号行车。适用于 200～250 km/h 线路，动车组的追踪间隔缩短至 5 min |
| CTCS-1 | 由主体机车信号和安全型运行监控记录装置构成 |
| CTCS-0 | 由通用机车信号和运行监控记录装置构成。既有线现状 |

5. CTCS-3 列控系统简介

(1)主要技术原则。

1)CTCS-3 级列控系统满足运营速度 350 km/h、最小追踪间隔 3 min 的要求。

2)CTCS-3 级列控系统满足正向按自动闭塞追踪运行，反向按自动站间闭塞运行的要求。

3)CTCS-3 级列控系统满足跨线运行的运营要求。

4)CTCS-3 级列控系统车载设备采用目标距离连续速度控制模式、设备制动优先的方式监控列车安全运行。

5)CTCS-2 级作为 CTCS-3 级的后备系统。无线闭塞中心(RBC)或无线通信故障时，CTCS-2 级列控系统控制列车运行。

6)全线 RBC 设备集中设置。

7)GSM-R 无线通信覆盖包括大站在内的全线所有车站。

8)动车段及联络线均安装 CTCS-2 级列控系统地面设备。

9)300 km/h 及以上动车组不装设列车运行监控装置(LKJ)。

10)在 300 km/h 及以上线路，CTCS-3 级列控系统车载设备速度容限规定为超速 2 km/h 报警、超速 5 km/h触发常用制动、超速 15 km/h 触发紧急制动。

11)RBC 向装备 CTCS-3 级车载设备的列车、应答器向装备 CTCS-2 级车载设备的列车分别发送分相区信息，实现自动过分相。

12)CTCS-3 级列控系统统一接口标准，涉及安全的信息采用满足 IEC 62280 标准要求的安全通信协议。

13)CTCS-3 级列控系统安全性、可靠性、可用性、可维护性满足 IEC 62280 等相关标准的要求，关键设备冗余配置。

(2)CTCS-3 级列控系统的系统结构。CTCS-3 级列控系统包括地面设备和车载设备。地面设备由 RBC、TCC、ZPW-2000(UM)系列轨道电路、应答器(含 LEU)、GSM-R 通信接口设备等组成；车载设备由车载安全计算机(VC)、GSM-R 无线通信单元(RTU)、轨道电路信息接收单元(TCR)、应答器信息接收模块(BTM)、记录单元(JRU/DRU)、人机界面(DMI)、列车接口单元(TIU)等组成。

RBC 根据轨道电路、联锁进路等信息生成行车许可，并通过 GSM-R 无线通信系统将行车许可、线路参数、临时限速传输给 CTCS-3 级车载设备；同时通过 GSM-R 无线通信系统接收车载设备发送的位置和列车数据等信息。

TCC 接收轨道电路的信息，并通过联锁系统传送给 RBC；同时，TCC 具有轨道电路编码、应答器报文储存和调用、站间安全信息传输、临时限速功能，满足后备系统需要。

应答器向车载设备传输定位和等级转换等信息；同时，向车载设备传送线路参数和临时限速等信息，满足后备系统需要。应答器传输的信息与无线传输的信息的相关内容含义保持一致。

车载安全计算机根据地面设备提供的行车许可、线路参数、临时限速等信息和动车组参数，按照目标距离连续速度控制模式生成动态速度曲线，监控列车安全运行。

(3)CTCS-3 级列控系统总体结构图如图 6-3-2 所示。

(4)CTCS-3 级列控系统地面设备总体结构图如图 6-3-3 所示。

(5)CTCS-3 级列控系统车载设备总体结构图如图 6-3-4 所示。

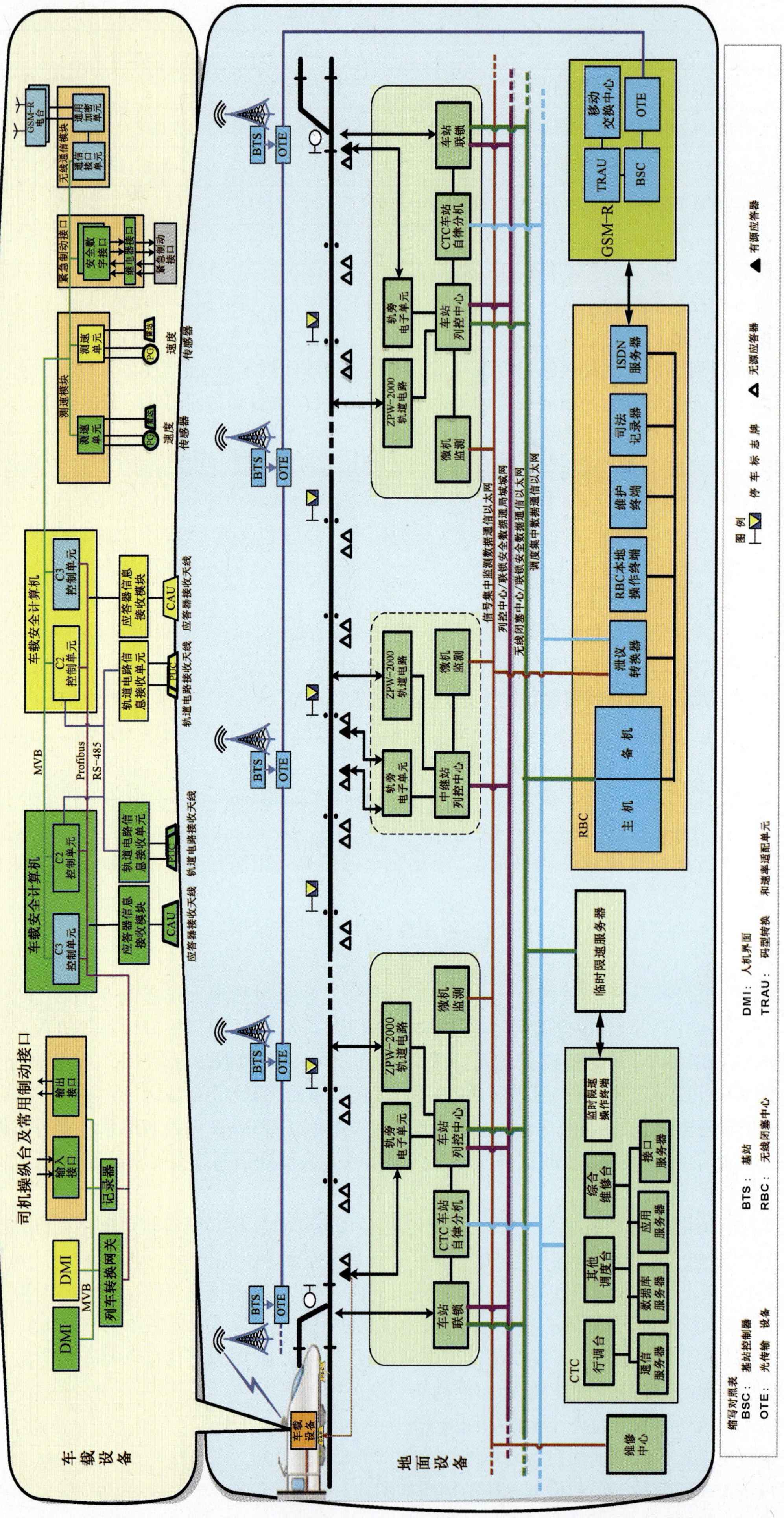
车载设备
司机操纵台及常用制动接口
DMI
DMI
MVB
列车转换网关
输入接口
输出接口
记录器
车载安全计算机
C3 控制单元
C2 控制单元
应答器信息接收模块
轨道电路信息接收单元
CAU
应答器接收天线
轨道电路接收天线
MVB
Profibus
RS-485
测速模块
测速单元
速度传感器
紧急制动接口
安全数字接口
继电器接口
紧急制动接口
无线通信模块
通信接口单元
通用加密单元
GSM-R 电台
地面设备
BTS
OTE
车载设备
车站联锁
CTC车站自律分机
车站列控中心
轨旁电子单元
ZPW-2000 轨道电路
微机监测
中继站列控中心
信号集中监测数据通信以太网
列控中心/联锁安全数据通信局域网
无线闭塞中心/联锁安全数据通信以太网
调度集中数据通信以太网
CTC
行调台
其他调度台
综合维修台
监时限速操作终端
通信服务器
数据库服务器
应用服务器
接口服务器
临时限速服务器
维修中心
RBC
主机
备机
协议转换器
RBC本地操作终端
维护终端
司法记录器
ISDN服务器
GSM-R
TRAU
BSC
移动交换中心
OTE
图例
停车标志
无源应答器
有源应答器
缩写对照表
BSC：基站控制器
OTE：光传输设备
BTS：基站
RBC：无线闭塞中心
DMI：人机界面
TRAU：码型转换和速率适配单元

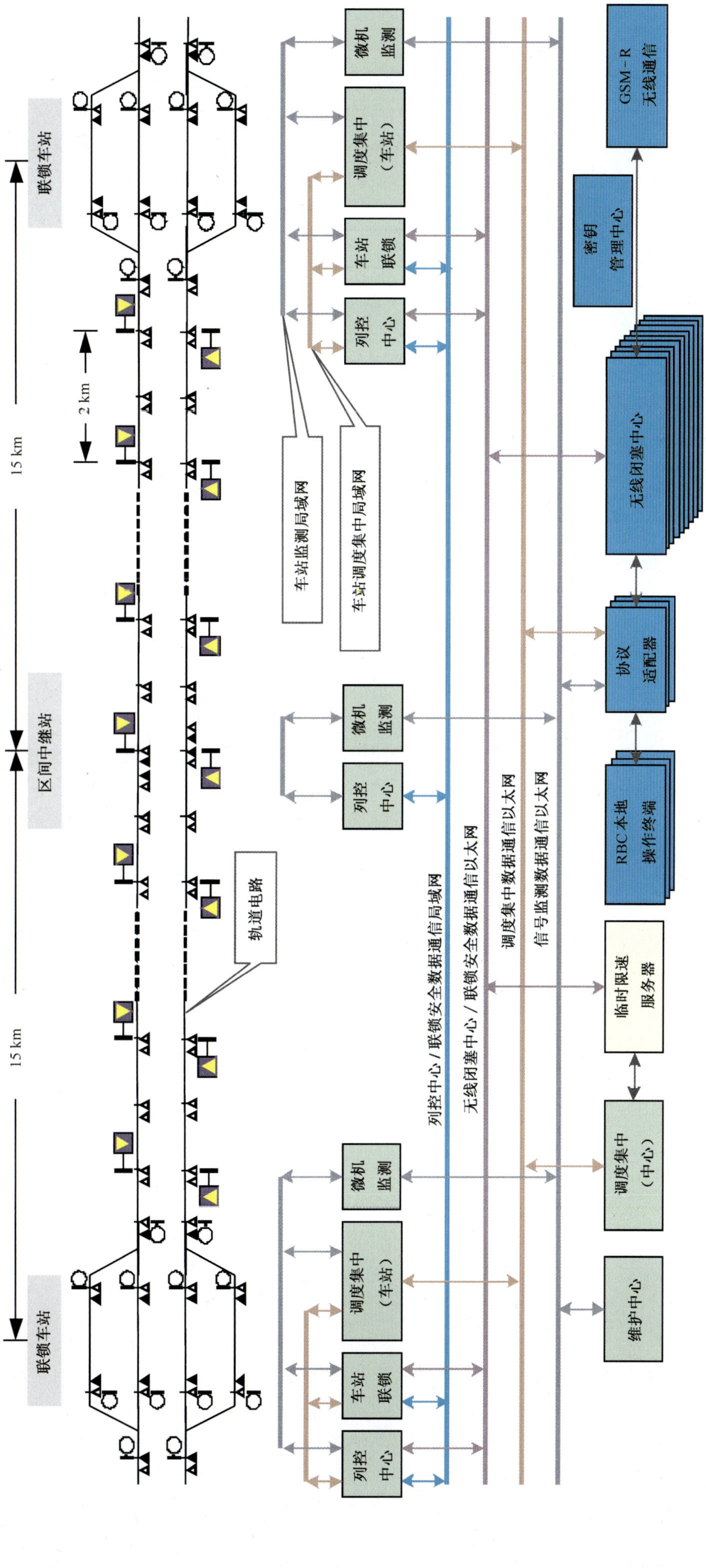


图 6-3-3　CTCS-3 级列控系统地面设备总体结构图

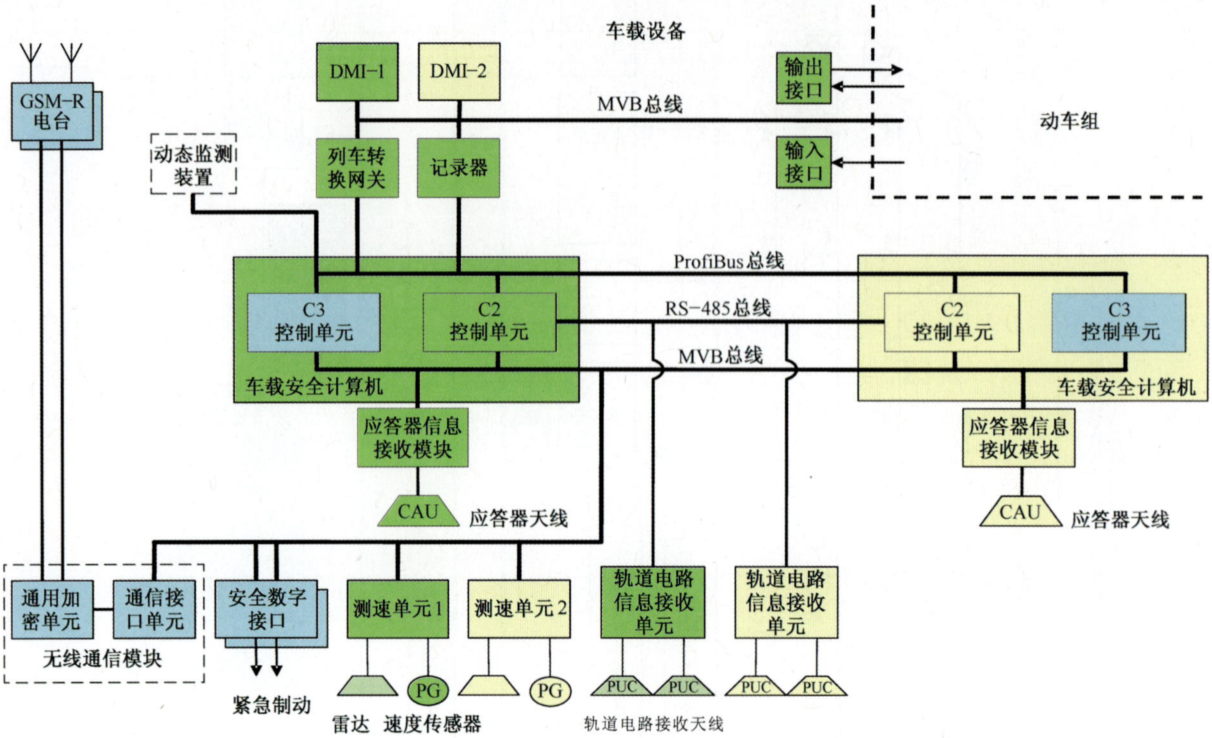


图 6-3-4　CTCS-3 级列控系统车载设备总体结构图

(6)CTCS-2 与 CTCS-3 的主要特点。

1)闭塞方式。CTCS-2 与 CTCS-3 均采用准移动闭塞方式。通过采用报文式轨道电路辅之环线或应答器来判断分区占用并传输信息,信息量大;可以告知后续列车继续前行的距离,后续列车可根据这一距离合理地采取减速或制动,列车制动的起点可延伸至保证其安全制动的地点,从而可改善列车速度控制,缩小列车安全间隔,提高线路利用效率。

2)车地信息传输。对于 CTCS-2 而言,车地信息传输采用点连式的传输方式,主要通过应答器与移频轨道电路相结合进行信息传输。

点连式列控系统分为车载设备和地面设备,如图 6-3-5 所示。

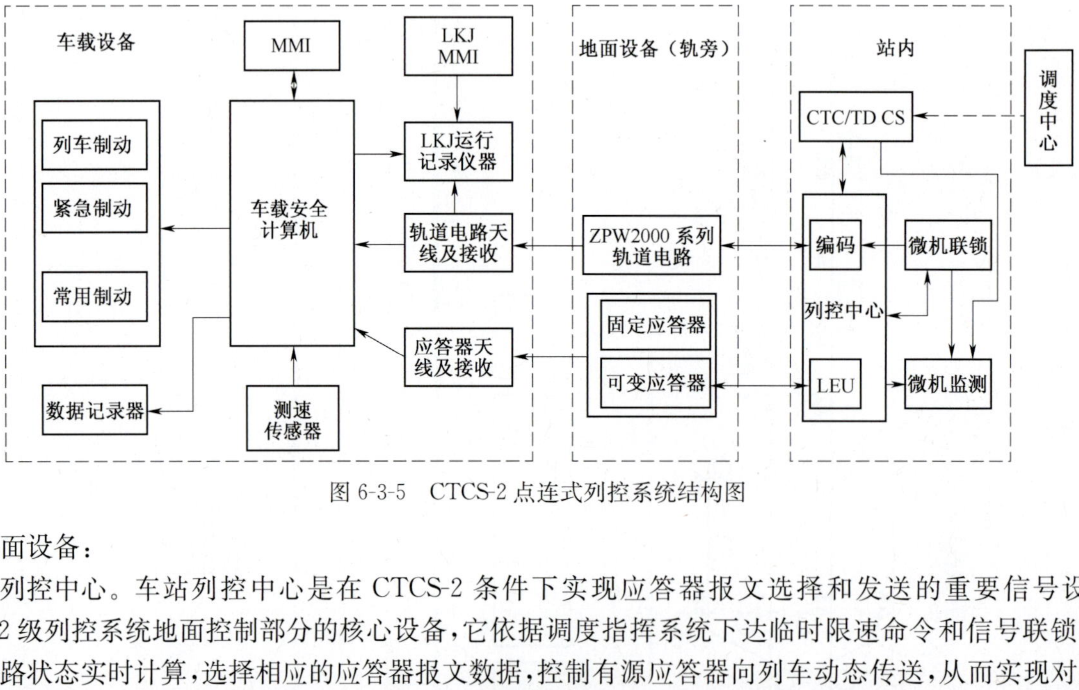


图 6-3-5　CTCS-2 点连式列控系统结构图

地面设备:

①列控中心。车站列控中心是在 CTCS-2 条件下实现应答器报文选择和发送的重要信号设备,是 CTCS-2 级列控系统地面控制部分的核心设备,它依据调度指挥系统下达临时限速命令和信号联锁系统当前的进路状态实时计算,选择相应的应答器报文数据,控制有源应答器向列车动态传送,从而实现对列车运行的动态控制。应答器报文信息根据不同的临时限速和进路条件预先编码生成并存储于列控中心系统中,

列控中心根据临时限速命令和进路状态，选择相应的应答器报文，LEU 按照列控中心产生的应答器报文通过有源应答器发送给列车车载系统。列控中心总体结构如图 6-3-6 所示。

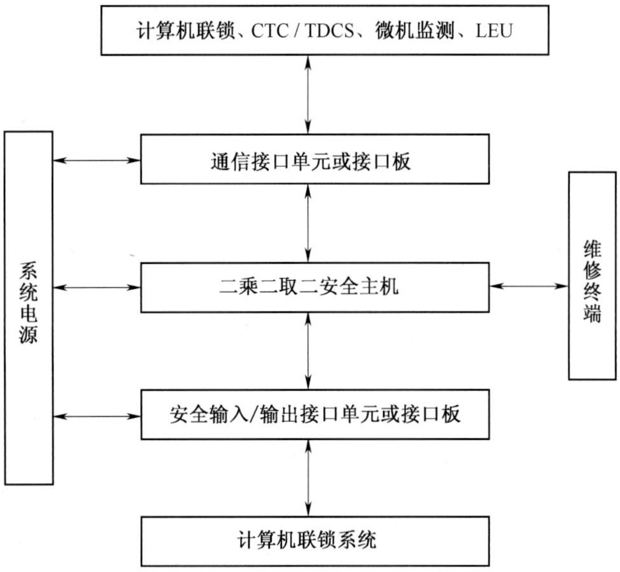


图 6-3-6　列控中心总体结构

②轨道电路。采用 ZPW-2000 系列轨道电路，完成列车占用检测、列车完整性检查、进出站信号开放状态、列车运行前方闭塞分区空闲个数及列车过绝缘节信息的传送。车站正线及股道采用与区间同制式轨道电路。

③应答器。应答器是一种点式数据传输设备，是一种基于电磁耦合原理而构成的高速点式数据传输设备。当机车经过地面应答器时，通过无线射频激活应答器，使其发射预置的数据。应答器可分为有源、无源。无源应答器主要提供应答器链接、线路坡度、线路速度、轨道区段、区段反向运行、自动过分相、级间转换等固定信息；有源应答器主要提供站内进路、临时限速和大号码道岔等可变信息。应答器缺省报文应分别按照其最不利接车条件设置。

④车站联锁。采用计算机联锁或 6502 电气集中。

⑤行车指挥。CTC 或 TDCS。

车载设备：

①车载安全计算机。采用高可靠安全计算机，根据地面连续式和点式传输的移动授权及线路数据，生成连续式速度监督曲线，监控列车运行安全。列车超速时，通过继电器接口对列车的制动系统发出制动控制命令。

②轨道电路接收模块(STM)。接收 ZPW-2000 轨道电路低频信息，并将该连续信息同时提供给车载安全计算机。

③应答器接收模块(BTM)。接收处理应答器信息，并将该信息提供给车载安全计算机。

④人机界面(DMI)。通过触摸屏显示列车运行速度、允许速度、目标速度和目标距离，并可接收司机输入。

⑤测速测距传感器。包括轴端速度传感器及雷达，前者适合于低速，后者更适合于高速，采用两种传感器结合，可保证测速测距的更高精度。制动接口采用继电接口方式，紧急制动采用失电制动方式。

⑥数据记录器。用于记录与系统运行和状态有关的数据，记录的数据作为 ATP 系统故障的维修之用；采用 LKJ 运行记录器，用于记录驾驶事件及 ATP 控制事件。

3)制动方式。在制动方式方面，CTCS-2 与 CTCS-3 均采用一次连续制动方式。

一次制动是按目标距离制动的。根据前行列车的距离或距运行前方停车点的距离，由控制中心根据目标距离、列车参数和线路参数计算出列车制动模式曲线，或由车载计算机予以计算，按制动模式曲线控制列车运行。信息传输有数字编码轨道电路传输、无线传输、点(应答器)连(移频轨道电路)式传输等方式。无论何种方式，传输的信息必须包括线路允许速度、目标速度、目标距离。一次制动方式最能合理地控制列车运行速度，是列车自动控制技术的发展方向，三者关系如图 6-3-7 所示。一次制动模式也称为目标距离控制模式。

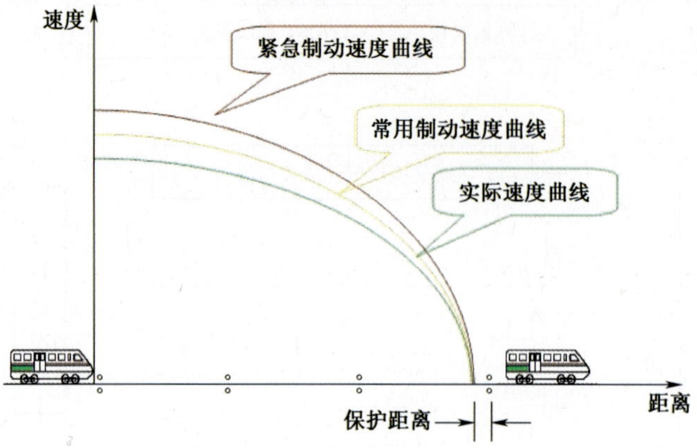


图 6-3-7　一次制动模式曲线

4)无线传输。CTCS-3 采用无线通信双向信息传输。

现在的无线通信系统是有线网络和无线网络的结合体。基站与移动台之间是无线连接，基站与交换机之间、交换机之间都是有线连接。移动网络与固定网络之间的互联实现了用户在任何时间、任何地点与任何移动/固定用户进行通信。

我国 GSM-R 采用的频段是上行(移动台 MS 到基站 BTS)885～889 MHz，下行(BTS 到 MS)930～934 MHz。可用频带都是 4 MHz，有 20 个可用频点。

当采用 GSM-R 系统来实现列控系统车—地之间信息传输时，其相应的组成框图如图 6-3-8 所示。

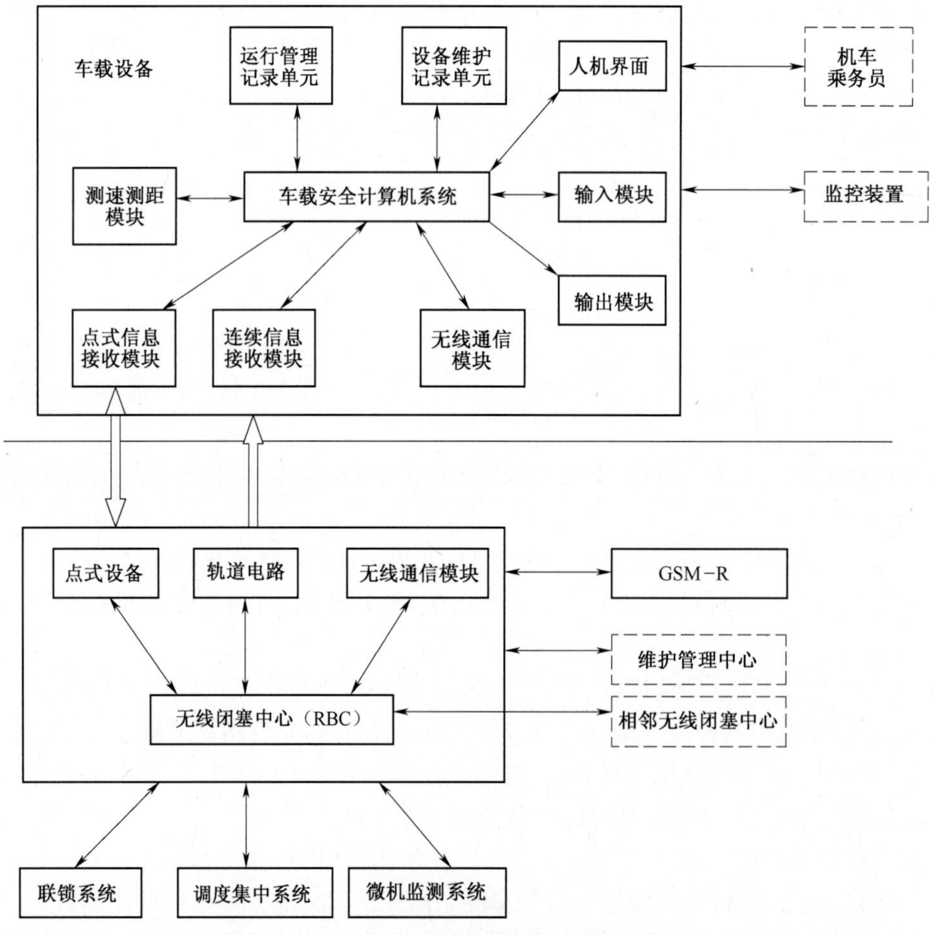


图 6-3-8　适用于 GSM-R 的列控系统构成框图

在 RBC 控制中心存放有整个控制区段及站场的拓扑图，由 RBC 形成数据码发送至无线通信站 BTS。

经无线通信站 BTS 转发，将数据信息传递给机车。这些数据包括各种速度数据、线路的最大允许速度、目标速度、目标距离、线路坡度、缓行段数据等。列车收到这些信息后，由车载计算机计算出当前的最大运行速度，在驾驶台上显示出来，并对列车运行速度进行监控，同时对列车重新定位。如果列车位置与收到的电码一致，则予以确认，否则进行修改。回执信息以不同频率，从机车向 BTS 传递。回执信息包括列车位置确认及其他列车数据信息。地面控制中心 RBC 收到回执信息后，重新确定整个控制区段上所有运行列车的精确位置，给出新的命令信息。

5)自动过分相。

CTCS-2 列控系统过分相流程：

①列控车载设备从应答器接收到分相区信息后向动车组发送并保持屏蔽“磁钢”信息指令。

②列车前端距分相区还有 10 s 走行距离时，车载设备向司机发送出提示。

③列车前端距分相区还有 3 s 走行距离时，车载设备向动车组发过分相指令。

④当列车前端越过分相区 200 m 后，车载设备取消原触发动车组相关过分相的操作。

⑤当列车前端越过分相区 600 m 后，车载设备取消屏蔽“磁钢”信息指令。

CTCS-3 列控系统过分相流程：

①列车按 CTCS-3 级列控系统控制运行时，CTCS-3 级车载设备将向动车组发送并保持屏蔽“磁钢”信息指令。

②列车前端距分相区还有 10 s 走行距离时，车载设备向司机发送出提示。

③列车前端距分相区还有 3 s 走行距离时，车载设备向动车组发过分相指令。

④当列车前端越过分相区 200 m 后，车载设备取消原触发动车组相关过分相的操作。

⑤当列车转为非 CTCS-3 级列控系统运行时，CTCS-3 级车载设备将停止向动车组发送屏蔽“磁钢”信息指令。

### 3.2.2　计算机联锁子系统

1. 计算机联锁的优点

计算机联锁是用微型计算机和其他一些电子、继电器件以及各种计算机软件组成具有“故障—安全”性能的实时控制系统。计算机联锁安全可靠、处理速度快，与继电集中联锁相比具有十分明显的技术经济优势，在安全性、可靠性、经济性等方面都是继电集中联锁无法比拟的，具有独特的优点，而且设计、施工、维修和使用更为方便。

高速铁路计算机联锁一般采用二乘二取二计算机系统，进一步提高了计算机联锁系统的可靠性。常见的有 DS6-K5B 型计算机联锁、TYJL-ADX 型计算机联锁以及 EJ32-JD 型计算机联锁等。下面以 ADX 为例介绍该系统的结构及特点。

2. 系统结构图

TYJL-ADX 系统结构如图 6-3-9 所示。

3. 系统主要特点

(1)系统采用二乘二取二安全冗余结构，时钟级同步的技术。两系并行工作，互为备用，可实现无缝切换，并具有定时切换功能。

(2)系统两系联锁机笼独立设置，可实现单机脱系，支持现场脱机测试功能，脱机测试简单方便，支持边缘系统的升级和改造。

(3)采用 CRT 显示器、鼠标，操作简便、舒适、显示清晰；双套控制台使值班员选择性更灵活，实现系统全部为双套组成。

(4)监视器能显示 6502 所有的表示，还增加了时间、音响和汉字提示，用以提供操作和错误提示显示功能等。

(5)系统各部分层次分明，减少了系统内部配线数量，提高了系统的安全性。

(6)由于联锁控制系统采用通用的工业控制计算机进行联锁逻辑运算，不仅安全性和可靠性得到了提高，系统成本也将显著降低。

(7)联锁机笼采用浮空地，与大地完全隔开，避免来自大地的耦合干扰。

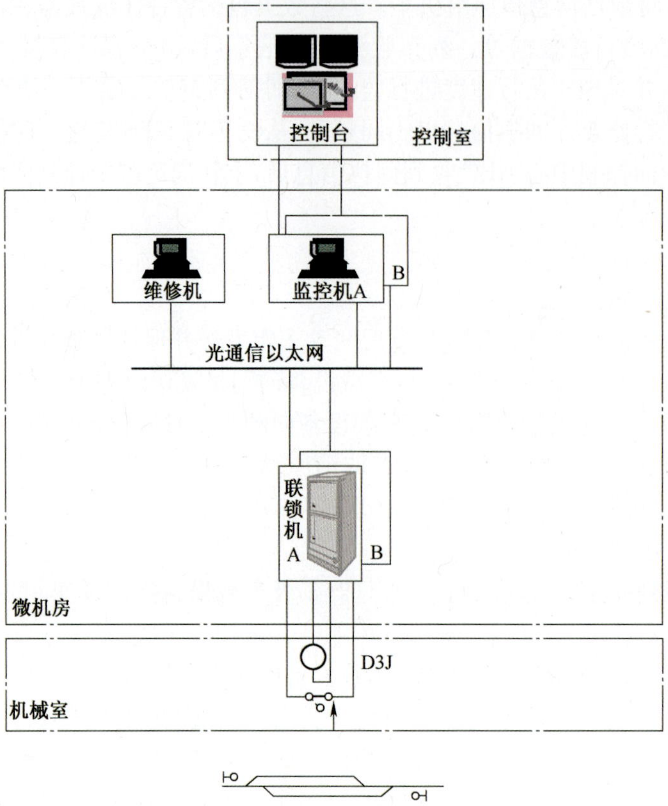


图 6-3-9　TYJL-ADX 系统结构图

(8)系统采用光纤环网连接方式,能实现区域联锁功能。

### 3.2.3　调度集中子系统

1. 系统概述

调度集中在国际上是各国铁路普遍采用的一种行车指挥技术装备,是铁路运输生产指挥现代化的重要手段,取得了很好的运用业绩。调度集中通过宏观监控指挥,不但可以起到安全正点调控、提高铁路运输生产效率的作用,而且具有改善行车调度工作环境、提高劳动效率、减员增效的显著效果。

分散自律调度集中系统是综合了计算机技术、网络通信技术和现代化控制技术,采用智能化“分散自律”设计原则,以列车运行调整计划控制为中心,兼顾列车与调车作业的高度自动化的调度指挥系统。采用分布式计算机控制技术,它最突出的特点是整个系统的目标和任务事先按一定的方式分配给子系统,然后由子系统间通过数据通信进行信息交换和相互协调,独立完成目标或任务。

分布式系统有效降低整个系统的风险,在对子系统设备要求不高时,可以降低整个系统的造价,但如果对子系统设备性能和可靠性有过高要求,将有可能大大增加系统的造价。分布式系统容易实现通用化与系列化,系统的扩充也很方便,还可以对系统进行重构,实时地动态分配与管理系统,以适应不同的环境和用户的要求。分布式系统的实时性能好,相应速度快,这主要得益于子系统只处理本系统的信息,通常不受传输延迟的影响。

2. 系统图

CTC 系统基本框图如图 6-3-10 所示。

3. 分散自律 CTC 所实现的功能

(1)列车运行实时显示及区段透明。

(2)车次号追踪及早晚点显示。

(3)列车到发点自动采集及实际运行图自动描绘。

(4)行车计划自动调整与下达。

(5)调度命令与阶段命令下达。

(6)列车速报、甩挂车作业及站存车信息。

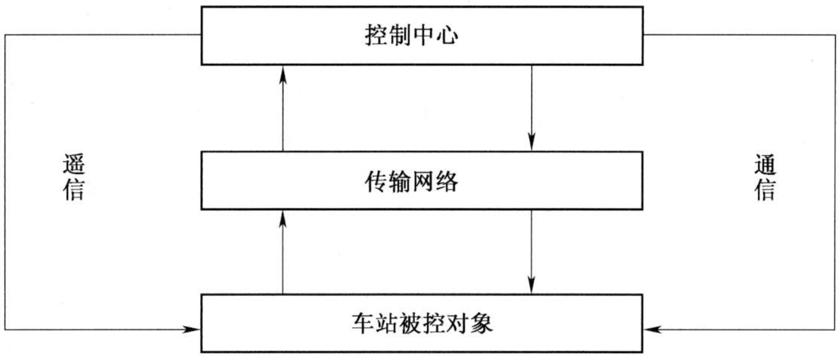


图 6-3-10　CTC 系统基本框图

(7)临台间信息交换及分界口信息显示。

(8)车站行车日志自动生成。

(9)车站站间透明及语音提示。

4. 分散自律 CTC 的三种控制方式

(1)中心控制:适用于较小的中间站或者无人站。

(2)车站调车操作方式:中心对列车进路有操作权,对调车无操作权;车站对调车有操作权,对列车无操作权。

(3)车站操作方式:适用于较大型车站。

### 3.2.4　信号集中监测子系统

1. 信号微机监测的必要性

发展信号微机监测是铁路运输生产的需要,是铁路信号技术自身发展的需要,是信号维修改革的需要。信号微机监测系统的发展,对于进一步提高信号设备的安全可靠性,强化结合部管理,改善和优化现场维修工作具有划时代的意义。

信号微机监测系统被称为电务安全的“黑匣子”,它的出现是信号维修技术的重要突破,它是信号维修体制改革的重要支撑,是信号设备实现“状态修”的必要手段,是信号技术向高安全、高可靠和网络化、数字化、智能化发展的重要标志之一。信号集中监测必须与其他系统同步开通投入使用。

2. 信号微机监测系统的结构(以 TJWX-2006 型为例)

TJWX-2006 型微机监测系统由车站系统、车间机、电务段管理系统、上层网络终端(包括铁路局、铁道部监测终端)以及广域网数据传输系统组成。分为三级四层,分别为铁道部、铁路局、电务段、车站四个层次,如图 6-3-11 所示。

3. 监测系统各级功能

(1)铁道部电务监测中心。铁道部电务监测中心配置通信管理机、铁道部监测终端,其中监测终端的数量可以根据需要配置。

通信管理机与铁道部监测终端以及铁路局应用服务器建立通信连接并进行数据交换、转发监视和管理。并进行时钟自动校核、系统运行状态管理、系统工作日志管理。

铁道部监测终端可以调看全路的联网车站,实时查看车站信号设备的工作状态,回放站场存储信息和报表信息,显示车站的报警信息。监测终端的功能有:

1)数据显示。

2)报警及事件管理,提供站机报警实时显示,进行声光报警。提供报警历史信息的查询。

3)系统管理,提供系统运行日志、车站机运行日志查询。

4)数据处理及控制。

(2)铁路局电务监测中心。铁路局电务监测中心配置应用服务器、监测终端和维护工作站。其中应用服务器为双机冗余,维护工作站单台,监测终端数量可以根据需要配置。

(3)电务段监测中心。电务段监测中心是网络系统的中枢部分,是电务段管内各站的微机监测数据和网络通信的管理中心。电务监测中心配置应用服务器、监测终端和维护工作站。

(4)车站监测设备。车站监测设备是信号微机监测系统的基础部分,负责数据的采集、分类、处理和存

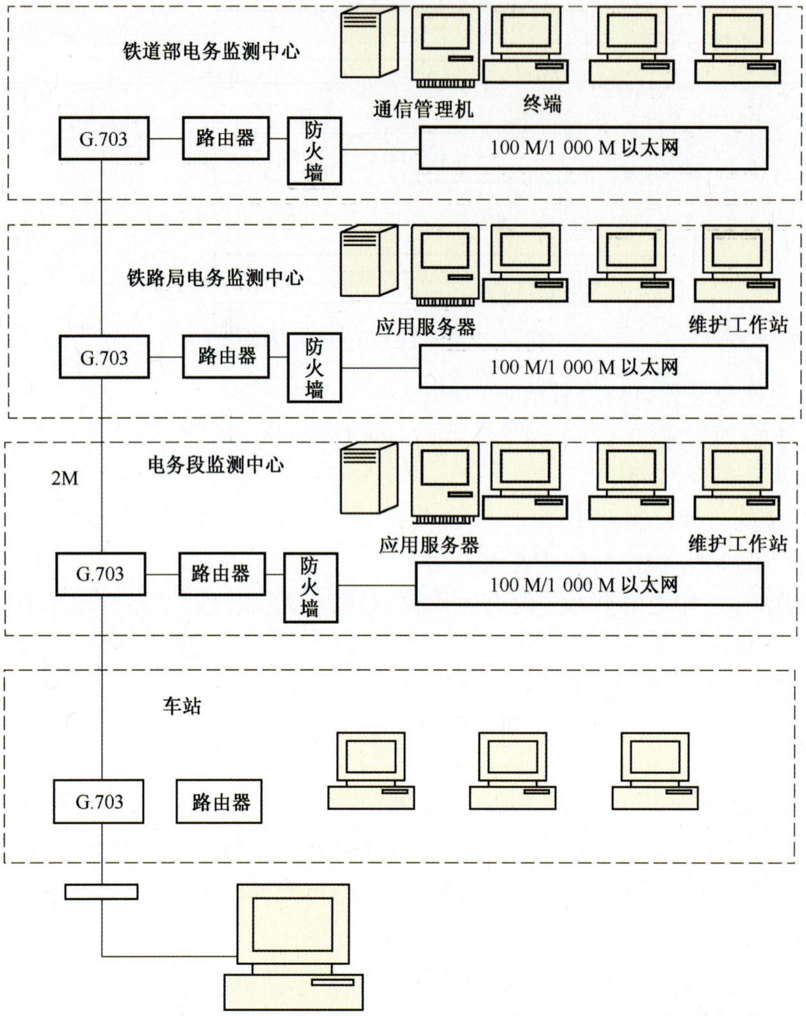


图 6-3-11　微机监测系统构成图

储。实现车站信号设备、区间信号设备的实时监测、故障分析、诊断和人机对话、显示与查看。

车站监测设备由站机、采集机、机柜、隔离转换单元组成。

## 3.3　技术标准

(1)《铁路信号工程施工质量验收标准》(TB 10419—2003)

(2)《铁路信号 ZPW-2000 轨道电路施工技术指南》(经规标准〔2011〕86 号)

(3)《铁路信号联锁试验暂行办法》(铁运〔2010〕149 号)

(4)《客运专线铁路工程静态验收指导意见》(铁建设〔2009〕183 号)

(5)《客运专线铁路信号工程室外设备安装规程》(TB 10216—2009)

(6)《高速铁路信号工程施工质量验收标准》(TB 10756—2010)

## 3.4　施工技术

### 3.4.1　电缆工程施工技术

(1)进场条件的检查。电缆敷设前,应严格按程序对土建等相关工程施工的接口、作业面验收交接,并检查是否符合达到进场条件

(2)信号电缆敷设应符合下列要求。

1)电缆按 A、B 端敷设,主干电缆应统一 A、B 端方向,分支电缆依次 A、B 相接。

2)电缆绝缘外护套无损伤、变形、背扣。槽内电缆布放应排列整齐无交叉。

3)电缆敷设最小弯曲半径要求：

①综合护套电缆不得小于电缆外径的15倍；

②内屏蔽数字电缆不得小于电缆外径的20倍；

③应答器数据传输电缆不得小于电缆外径的20倍；

④应答器尾缆不得小于电缆外径的10倍。

4)手孔、人井内的电缆与其他电缆无物理隔离时应加信号电缆标志。

(3)电缆余留长度应符合下列要求。

1)主干电缆每端余留长度采用直埋方式时不应小于2 m，采用电缆槽方式时留足一次做头余留长度，50 m以下的分支电缆可不留余留长度。

2)室外电缆进入室内的余留长度不得小于5 m。

3)电缆地下接续时，接续点每端电缆的余留长度留足一次接续的余量。

4)桥隧两端及线路两侧的手孔、人井不留余量。

5)槽内余留电缆应成“∽”形布放，并排列整齐，轨道电路用数字电缆和应答器电缆严禁盘成闭合圈。

(4)电缆上、下桥处的防护应符合下列要求。

1)从伸缩预留锯齿孔沿桥墩至地面的钢槽，厚度不应小于2 mm，并采用热镀锌处理。

2)箱梁与桥墩电缆钢槽的连接接处间隙为5～10 mm。

3)两箱梁间过渡钢槽连接处活动搭接面不小于50 mm。

4)梁体与桥墩电缆槽应平缓连接，其弯曲半径应符合电缆弯曲半径的要求。

5)钢槽内电缆及钢槽应分段固定，固定间距不应大于1 500 mm。

6)钢槽在地面以下部分，电缆槽下端部距地面埋深不应小于500 mm。地面以上的电缆槽外部应采用砌砖防护，砌砖高度不应少于2 000 mm。

(5)电缆槽引出的外露电缆、路基地段电缆槽至箱盒的电缆，应采用防护套管进行防护。防护套管应自然弯曲并符合电缆弯曲半径的要求。

(6)电缆通过桥梁接缝处时，应在电缆槽道断开处增加电缆槽防护。

(7)车站内有综合管线的电缆槽道内不应采用填砂封堵。对沿线有盖板的电缆槽道，应采用砂袋防护。

### 3.4.2 应答器安装施工技术

1. 报文读取模块

报文读取模块实物如图6-3-12所示。

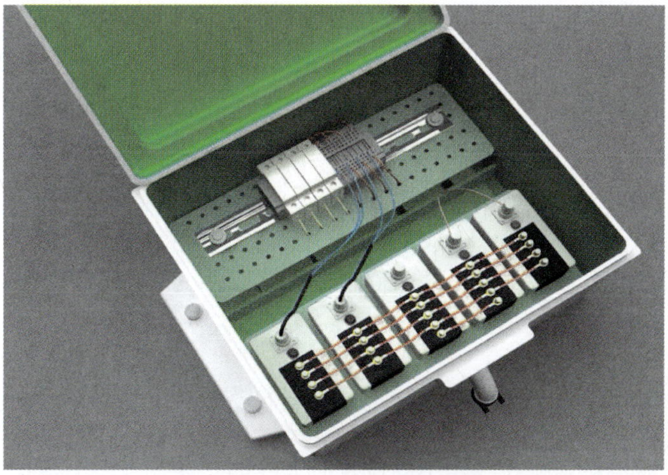

图6-3-12　报文读取模块实物图

(1)变压器箱(XB-1)采用新型密封复合材料变压器箱，安装在有源应答器尾缆同侧钢轨外方，变压器箱外侧距钢轨外侧不大于3 m。

(2)变压器箱内安装的报文读取模块固定在底板上，模块之间连接采用短封联线方式；报文读取模块连接220 V电源，与室内通信分线板通道和检测天线均采用专用接插件方式。

(3)变压器箱内使用的接线端子与客专信号设计一致,使用两柱磁端子或万可端子均可以。

(4)报文读取模块安装位置如图 6-3-13 所示。

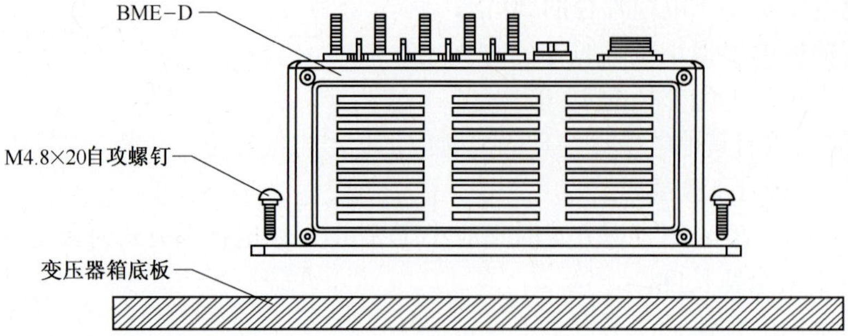


图 6-3-13　报文读取模块安装示意图

2. 报文读取天线

报文读取天线实物和尺寸示意图分别如图 6-3-14 和图 6-3-15 所示。

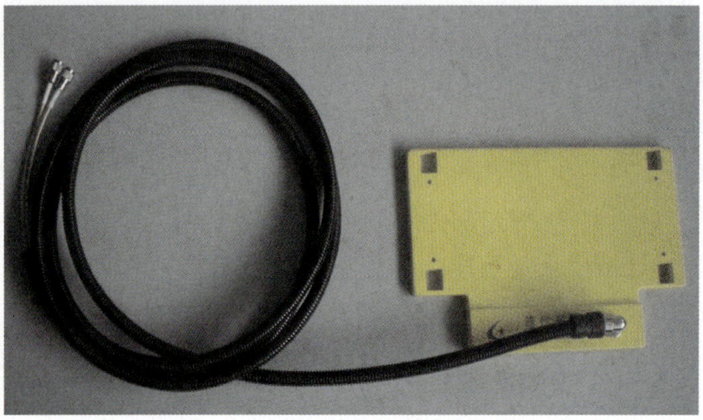

图 6-3-14　报文读取天线实物图

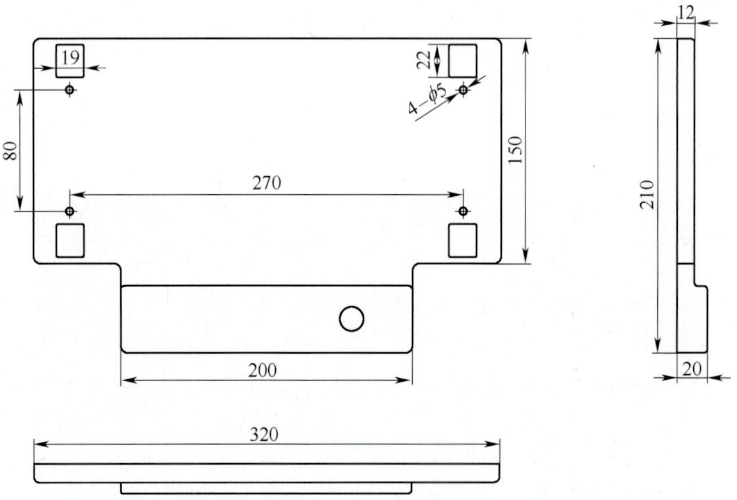


图 6-3-15　报文读取天线尺寸图(单位:mm)

(1)报文读取天线电缆与有源应答器尾缆出线方向一致,安装时分别通过电缆保护管引入至变压器箱;应答器检测天线引出线方向统一,检测天线可 180°旋转。

(2)任意安装,满足变压器箱安装在线路不同位置时天线的安装。

(3)报文读取天线安装在有源应答器的下方,安装有源应答器时应综考虑应答器面距轨面的高度。具体安装图如图 6-3-16 所示。

3. 应答器设置位置

(1)应答器实际设置位置与设计位置允许偏差为±0.5 m。应答器组内相邻应答器间的距离为 5 m±0.5 m。

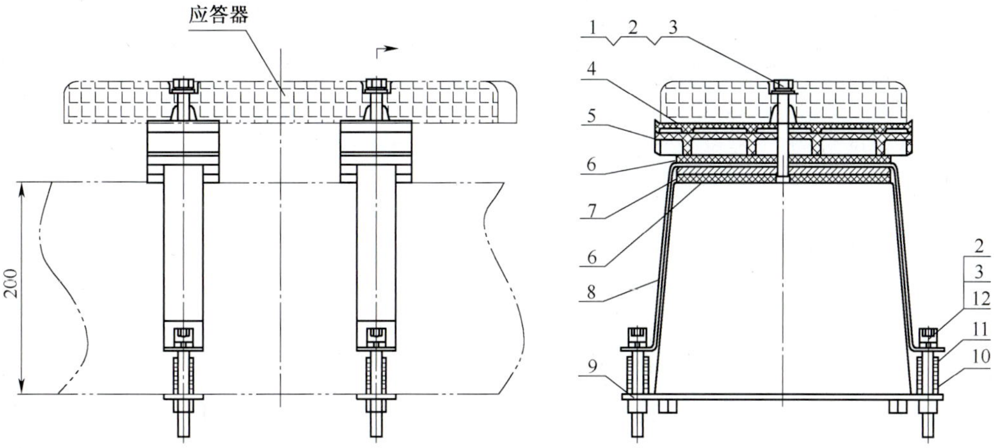


图 6-3-16　应答器安装示意图

1—六角螺栓；2—不锈钢垫圈；3—弹簧垫圈；4—10 mm 垫板；5—20 mm 垫板；6—橡胶垫；7—压板；8—U 型夹；9—底板；10，11—隔柱；12—内六角螺钉

（2）应答器安装位置与设备编号必须相符。

4. 应答器安装固定装置选择

（1）在有砟轨道窄型混凝土枕上，应采用抱箍方式固定在轨枕上，如图 6-3-17 所示。

（2）在有砟轨道宽型混凝土枕及无砟轨道板上，应采用化学锚栓方式安装，如图 6-3-18 所示。

（3）在框架式轨道板中空地段，应采用连接支架方式安装。

（4）应答器安装支架应具备抗振动能力。

图 6-3-17　有砟窄型应答器抱箍方式安装

图 6-3-18　有砟宽型枕木应答器安装方式及尾缆防护

5. 应答器周围无金属空间位置要求

（1）应答器平行于长边的中心线两侧无金属体距离不应小于 315 mm。

（2）应答器平行于短边中心线两侧无金属体距离不应小于 410 mm。

（3）应答器 $X$ 轴基准标记点至下部无金属体距离正常情况下不应小于 210 mm，特殊情况下不小于 140 mm。

6. 应答器安装高度、横向偏移和角度允许范围要求

（1）应答器安装高度可通过调节底部衬垫数量，使其 $X$ 轴基准标记至钢轨顶面的距离 $h$ 为 93～150 mm，如图 6-3-19、图 6-3-20 所示。

（2）应答器 $X$ 轴基准标记应设于两钢轨中间 $S/2$ 处，$X$ 轴基准标记沿 $Y$ 轴方向允许横向偏移为 $S/2\pm$15 mm。

（3）正常情况下，应答器上平面应与两钢轨面平行，左右面应与钢轨平行。安装角度允许误差及范围应符合表 6-3-2 内要求。

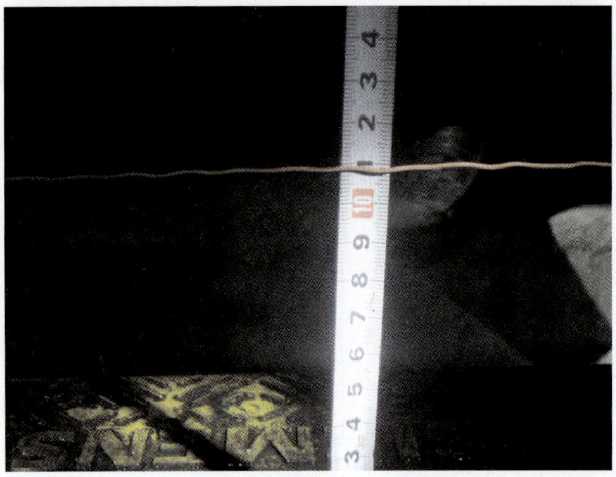

图 6-3-19 Ⅱ型枕安装应答器时距轨面高度

图 6-3-20 Ⅲ型枕安装应答器时距轨面高度

**表 6-3-2 应答器安装角度允许误差范围**

| 序号 | 旋转方向 | 允许误差范围 |
| --- | --- | --- |
| 1 | 以 *X* 轴旋转(倾斜) | ±2° |
| 2 | 以 *Y* 轴旋转(俯仰) | ±5° |
| 3 | 以 *Z* 轴旋转(偏转) | ±10° |

7. 应答器尾缆要求

(1)应答器尾缆终端盒可采用 HZ-6 电缆盒,其安装方式同箱盒安装。

(2)应答器尾缆长度应符合现场实际需要。

(3)应答器尾缆应套防护管防护。

(4)通过路肩的尾缆防护管应埋入路肩沥青防水层下。

(5)尾缆在轨道板、道床板、轨枕处固定方式采用化学锚栓方式。

(6)应答器连接口的尾缆应采用专用工具锁紧。靠近应答器下部尾缆固定点距应答器不应大于 150 mm。

### 3.4.3 轨道电路施工技术

1. 电气绝缘节(JES)设备安装

电气绝缘节处设备的安装如图 6-3-21 所示。

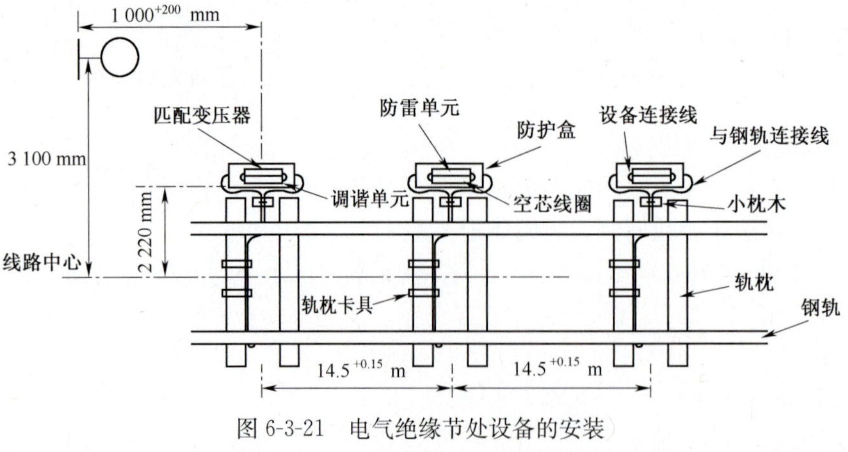


图 6-3-21 电气绝缘节处设备的安装

(1)电气绝缘节长度为$(29^{+0.3}_{0})$ m,选择电气绝缘节位置时应尽量选择长轨,如电气绝缘节内方有轨缝,则要保证电气特性连接好,用双导接线或一塞一焊连接。空芯线圈至两端调谐单元为$(14^{+0.15}_{0})$ m;

(2)设备与钢轨间的连接线为钢包铜注油线。连接线两端均采用压接(铜)鼻子与连接线压接而成,连接线与设备端连接时采用固定螺栓,与钢轨连接时采用配套的冷挤压塞钉固定,连接时应可靠连接,以保证电气性能良好。

(3)连接线需用塑料卡箍平行绑扎在一起,并固定在专用小枕木上,以便于维修。连接线与钢轨之间须用专用卡具固定。

(4)调谐单元、匹配变压器、空芯线圈设备外须加装聚酯纤维防护盒。防护盒应有引线孔,引线孔处应配有防护管。

2. 电气绝缘节两端调谐单元和匹配变压器的安装

调谐单元的频率必须与所属轨道区段频率一致。调谐单元、匹配变压器应背对背安装在电气绝缘节的两端,如图 6-3-22 所示。

(1)在电气绝缘节的两端距钢轨内侧 1 500 mm 以外的地方,各挖一个 400～500 mm 深的基础坑。然后将调谐单元和匹配变压器背对背用 $\phi$13 mm 的螺栓固定在基础上部的固定板上(使调谐单元的盒体正面面向钢轨,匹配变压器的盒体正面面向大地)。将装好设备的基础放入基础坑中,调整安装高度使防护盒的上外沿距轨面的最大高度差≤200 mm;调整设备安装限界,使防护盒外沿距钢轨内侧 1 500 mm,再将基础坑回填好,使基础及设备平稳牢固。

(2)用截面积为 7.4 $mm^2$ 的两根多股铜芯电缆线(电缆线两端用 $\phi$13 mm 的接线片压接)将匹配变压器的 V1、V2 端与调谐单元连接好。

(3)将一端与设备固定好的长度为 3 900 mm、2 000 mm 的两根钢包铜连接线用塑料卡箍平行绑扎在一起,固定在专用小枕木上,另一端与钢轨用冷挤压塞钉固定。且连接线与钢轨之间须用专用卡具固定。

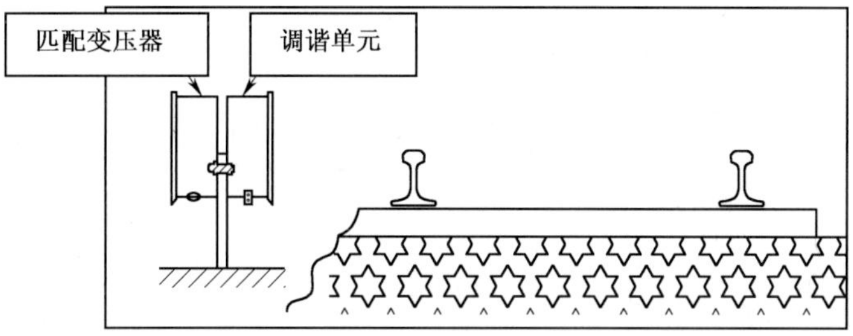


图 6-3-22　调谐单元、匹配变压器的安装图

3. 空芯线圈的安装

空芯线圈设在电气绝缘节的中间,距两端调谐单元 $14.5^{+0.15}_{0}$ m 处。空芯线圈的安装如图 6-3-23 所示。

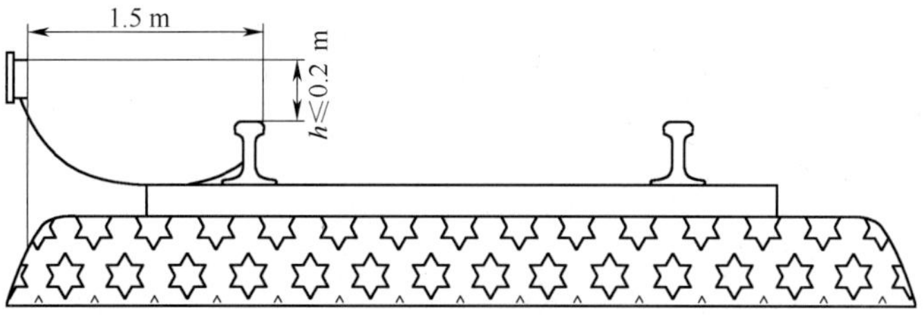


图 6-3-23　空心线圈安装图

(1)在距钢轨内侧 1 500 mm 以外的地方,挖一个 400～500 mm 深的基础坑。将空芯线圈用两根 $\phi$13 mm的螺栓固定在基础上部的固定板上(使空芯线圈的正面面向大地)。将装好空芯线圈的基础放入基础坑中,调整安装高度使防护盒体的上外沿距轨面的最大高度差≤200 mm;调整设备安装限界,使防护盒外沿距钢轨内侧 1 500 mm,再将基础坑回填好,使基础及设备平稳牢固。

(2)将一端与空心线圈固定好的长度为 3 900 mm、2 000 mm 的两根钢包铜连接线用塑料卡箍平行绑扎在一起,固定在专用小枕木上,另一端与钢轨用冷挤压塞钉固定。且连接线与钢轨之间须用专用卡具固定。

4. 进站、出站口处设备的安装

(1)ZPW 轨道电路的进站、出站信号点的设备由调谐单元、空芯线圈、匹配变压器、扼流变压器各一台及钢轨与设备连接线组成,进、出站口处设备组成如图 6-3-24 所示。

(2)进站、出站信号点的空芯线圈有 4 种频率,施工时应注意与调谐单元的频率一致。

(3)调谐单元、匹配变压器、空芯线圈要加装聚酯纤维防护盒。防护盒应有引线孔,且防护盒的开启要便于施工和维修。

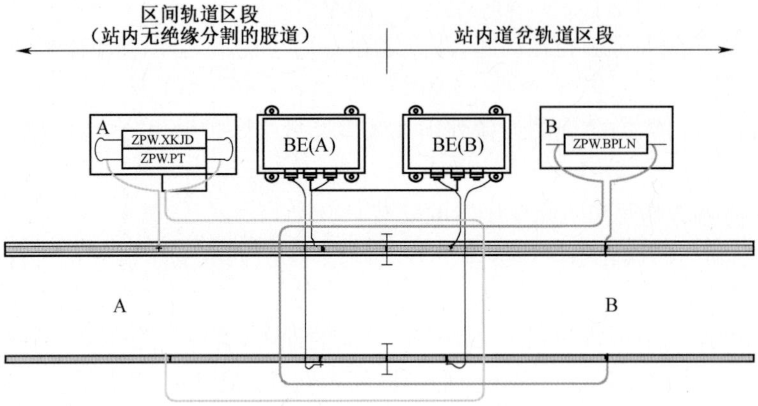


图 6-3-24　进、出站口处设备组成图

(4)调谐单元和空芯线圈的安装。

1)调谐单元和空芯线圈应背对背用螺栓固定在同一基础上部的固定板上。安装时使调谐单元的盒盖正面面向钢轨，空芯线圈的盒盖正面面向大地。

2)在站外方向距扼流变压器中心 700 mm 的地方挖一个 400～500 mm 深的基础坑。将同时装有空芯线圈和调谐单元的基础放置在基础坑内，使设备防护盒的中心与扼流变压器的中心距离 700 mm，设备防护盒顶面与扼流变压器顶面平。且使防护盒的内沿与扼流变压器内沿成一直线距轨道内侧 1 500 mm。

3)调谐单元和空心线圈分别用 $\phi$16 mm、长 7 200 mm、2 000 mm 的钢包铜连接线与钢轨连接。连接线两端采用压接端子。与钢轨固定时将调谐单元连接线及空心线圈连接线用同一个专用的加长冷挤压塞钉与钢轨固定在一起。连接线须进行平行绑扎后固定在专用小枕木上，同时与钢轨之间用专用卡具进行防护。连接线安装时应与扼流变压器的连接线走在同一钢轨枕木空处。

(5)匹配变压器的安装。

1)进、出站信号点处匹配变压器安装时应单独设置。安装时使调谐单元的盒盖正面面向大地。

2)在距调谐单元中心 700 mm 的地方挖一个 400～500 mm 深的基础坑。将装有匹配变压器的基础放置在基础坑内，使匹配变压器的外防护盒的中心与调谐单元和空心线圈防护盒的中心距离 700 mm，防护盒顶面相平，内沿在一直线上且距轨道内侧 1 500 mm。

3)用两根截面 7.4 $mm^2$ 加有防护套管的多股铜芯电缆将匹配变压器与调谐单元连接起来。且连接电缆须进行防护。

4)调谐单元和空心线圈分别用 $\phi$16 mm、长 7 200 mm、2 000 mm 的钢包铜连接线与钢轨连接。

(6)扼流变压器的安装。在机械绝缘节站外方第一、第二轨枕间距钢轨内侧 1 500 mm 以外的地方挖深 400～500 mm 深的基础坑，将扼流变压器与基础固定好，调整扼流变压器基础高度，使基础面与轨面平。扼流变压器中心至钢轨中心 2 220 mm，将基础坑填好，使基础和设备平稳牢固。

5. 补偿电容的安装

(1)补偿电容的安装技术要求。

1)补偿电容的安装数量及容量应根据轨道电路的长度 $L$、道砟电阻的高低，在补偿电容的配置表中查找确定。

2)轨道电路长度 $L$ 为轨道电路两端调谐单元的距离。如两端为电气绝缘节，则 $L_{调}$ = 轨道电路实际长度 $L-29$；如一端为电气绝缘节一端为机械绝缘节，则 $L_{调}$ = 轨道电路实际长度 $L-14.5$；如两端都为机械绝缘节，则 $L_{调}$ = 轨道电路实际长度 $L$。我们用 $\Delta$ 代表补偿电容的等间距长度，用 $N_c$ 代表在配置表查到的补偿电容数量，则 $\Delta = L_{调}/N_c$，即可确定补偿电容的设置位置。

3)根据计算的等间距长度 $\Delta$，准确测量在钢轨上确定补偿电容的位置。两端调谐单元与第一电容距离为 $\Delta/2$，安装允许误差为 ±0.25 m，等间距离 $\Delta$ 的安装允许误差为 ±0.5 m。补偿电容配置如图 6-3-25 所示。

(2)补偿电容的安装。

1)塞钉连接方式。清理枕木孔之间杂物，在枕木孔钢轨腰处钻眼，将补偿电容放入枕木孔处，扣好防护

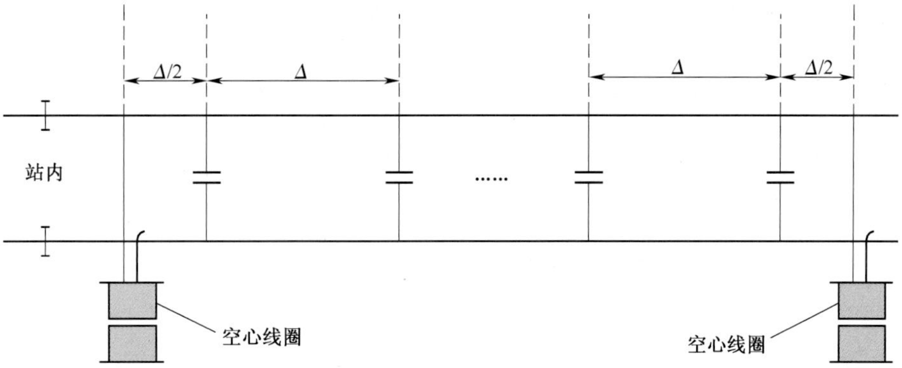


图 6-3-25　补偿电容器配置

装置，防护装置顶面不得高于枕木中间部分顶面。将电容两端引线穿过轨底，将塞钉由线路外侧对准钻孔打入钢轨，手锤击打塞钉时用力要均匀以免将塞钉打歪。要求塞钉引线斜朝下并与水平线夹角 45°～60°之间。塞钉露出部分为 1～4 mm，且塞钉孔及塞钉全部涂上长效防腐剂。

2）冷挤压塞钉连接方式。在装设补偿电容的枕木孔处的钢轨腰上打孔（此孔直径应符合冷压塞钉防护套的要求），用专用液压钳将塞钉防护套从打的孔中拉出，当防护套在孔中固定不动时再将连有补偿电容器的塞钉从防护套中穿出用螺母固定即可。

（3）补偿电容的防护。

1）当补偿电容在枕木孔处放置时，其引线应用高弹防护卡具将其与钢轨固定上，补偿电容器应用机械强度高的防护装置进行防护。

2）补偿电容也可放置于特殊轨枕中进行防护。

补偿电容的安装如图 6-3-26 所示。

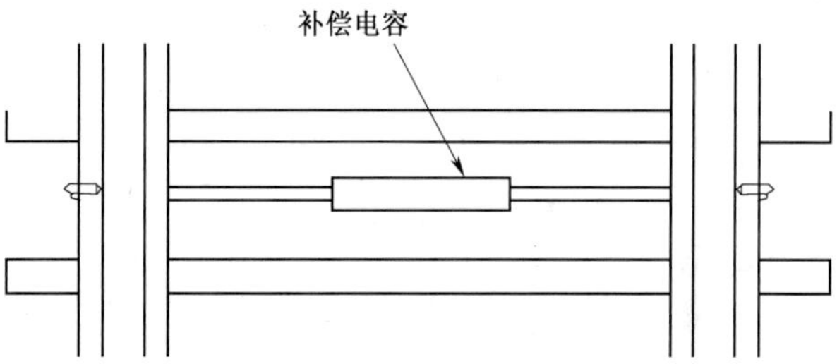


图 6-3-26　补偿电容器安装

### 3.4.4　提速道岔施工技术

1. 安装装置

（1）安装装置基础托板应与轨枕连接牢固，并与道岔直股基本轨垂直，托板外侧应翘起 5 mm；安装在基础上时连接牢固。

（2）转辙机应安装在道岔正线外侧。转辙机应与道岔基本轨平行，其外壳两端与基本轨的距离差不应大于 5 mm。

（3）电液转辙机两牵引点间的油管应采用槽钢对扣防护。油管在出入地面处应有防护，油管弯曲半径不得小于 150 mm。

（4）动作杆和外锁闭杆安装时，应检查各部管、垫齐全。各部绝缘应安装正确，不遗漏，不破损。

（5）在转辙器部位安装尖端铁后，将长短表示杆与尖轨连接铁连接，并按设计要求正确安装绝缘件。

（6）在辙叉部位安装接头弯板时，应将心轨表示杆与接头弯板相连，并按设计要求正确安装接头弯板及绝缘件。

（7）转辙装置各部位紧固件齐全，安装螺栓紧固并达到规定的拧紧力矩，螺纹露出螺帽外的余量应大于 5 mm，并有防松措施，开口销应齐全，劈开角度为 60°～90°。

（8）表示杆接头与尖端铁的连接应牢固。

2. 外锁闭装置

（1）尖轨外锁闭装置安装。

1）在各牵引点分别连接两锁闭杆，两锁闭杆连接应平直，与绝缘垫板、连板配合应良好，螺栓、螺母、垫圈连接应牢固。

2）连接铁与尖轨间应预置不少于 3 mm 调整量。

3）调整两侧锁闭框位置，应使锁闭杆在锁闭框内摆放平顺。

4）锁闭铁与锁闭框之间预置不少于 5 mm 调整量。

5)锁闭铁、锁钩与锁闭杆接触的摩擦面及运动范围内应保持清洁,无异物。

6)锁钩孔内应注润滑油,保证锁钩能沿销轴自由滑动。

(2)心轨外锁闭装置应按下列要求安装。

1)锁闭框应与翼轨的轨头和轨底的侧面贴靠,同时保证锁闭框与锁闭杆的接触面水平。锁闭框、挡板应按标记安装在不同牵引点的直股侧或曲股侧。

2)两侧锁闭铁应按标记安装在不同牵引点的直股侧或曲股侧。

3)锁闭铁、锁钩与锁闭杆接触的摩擦面及运动范围内应保持清洁,无异物。

4)锁钩孔内应注润滑油,保证锁钩能沿销轴自动滑动。

### 3.4.5 箱梁桥上设备安装技术

(1)箱盒在防护墙(挡砟墙)安装时应避开伸缩缝及内部钢筋。

(2)方向盒可采用侧向引入方向盒安装在电缆槽内;也可采用下部引入方向盒方式安装在防护墙(挡砟墙)外侧,支架安装平稳牢固,安装高度应符合电缆最小弯曲半径的要求。

终端盒、变压器箱应安装在防护墙(挡砟墙)外侧,支架采用防松通透孔螺栓固定,并应加装补强板。箱梁桥上设备安装后如图 6-3-27、图 6-3-28 所示。

在曲线地段或防护墙顶面与电缆槽道盖板上平面间高度小于 300 mm 的特殊地段,可采用基础支架加宽连接方式或采用槽钢支架连接方式。

图 6-3-27　箱梁桥上设备实物图

图 6-3-28　防松螺栓与补强垫板

## 3.5 施工质量控制要点

### 3.5.1 电缆工程

(1)电缆配盘要充分考虑高速铁路的特殊性。高速铁路由于采用箱梁,桥上电缆槽较宽,利于备用电缆的预留，路基地段电缆槽较窄，不利于电缆预留，所以在施工中路基地段预留尽量预留到手孔中，或者把电缆预留到桥上。如果在路基地段电缆槽预留，就要采取措施，采用"S"形法预留。电缆在路基电缆槽预留方法如图6-3-29所示。

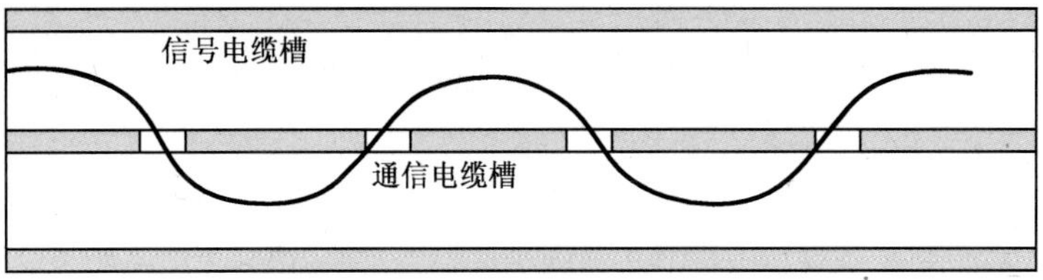


图6-3-29　电缆在路基电缆槽预留方法

(2)加强电缆防护。在施工过程中，信号电缆敷设后站前单位有时还要进行运砟、铺轨等大型作业，会增设不少临时便道上路基等。这就不仅需要在敷设信号电缆过程中对穿越已经存在的临时便道要采用钢管等防护措施；同时，信号专业要与站前单位沟通，对可能会增设便道的地方也要采取防护措施。个别地方没有的，要求站前单位及时通知，共同做好防护措施。特别是车站情况复杂，交叉施工多时，更需做好电缆的防护工作，不留安全隐患。

### 3.5.2　应答器安装

(1)应答器施工一是要安装位置准确，必须在允许误差范围内，应答器实际设置位置与设计位置允许偏差为±0.5 m。二是应答器组内相邻应答器间的距离为$5^{+0.5}_{0}$ m，这里尤其要注意的是原标准是±0.5 m。

(2)应答器安装支架应具备抗振动能力。

(3)应答器周围无金属体空间位置要求。这一点要注意，很多联络线的桥是采用传统的T型梁，设置有护轮轨，需要提前与站前联系，在安装护轮轨时预留出应答器安装位置。

(4)应答器安装高度、横向偏移和角度一定要在允许范围内。

(5)应答器尾缆防护。应答器尾缆相对比较脆弱，需要加强防护。一是给尾缆套防护管，二是通过路肩的尾缆防护管应埋入路肩沥青防水层下。

### 3.5.3　轨道电路施工

站内一体化轨道电路布置示意图如图6-3-30所示。

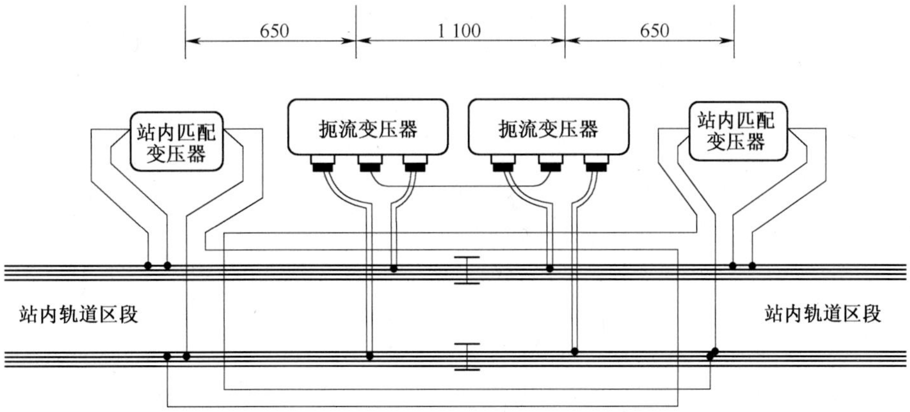


图6-3-30　站内机械绝缘节处设备布置图(单位：mm)

施工中要把握住以下几个要点：

(1)对道岔跳线和并联线要现场测量长度，每一组道岔型号不同，线间距不同，道岔跳线的长度、数量都不一样，需要对每组道岔跳线的规格型号进行定位生产。

(2)由于机械绝缘节处需要一个长钢包铜线绕行(7 200 mm)，为防止钢包铜连接线被损坏，需用绝缘卡具固定。同时，在采购等阻线和钢包铜连接线时要求采用分体式的，以方便拆卸。

(3)钢轨钻孔距焊接轨缝不得小于400 mm，钻孔后应进行倒角。在钢轨上钻孔应使用专用钻孔机具，连接线安装孔两侧应采用专用45°倒角工具进行倒角，其深度为1～2 mm。钢轨钻孔后应立即安装塞钉，塞钉与钢轨连接处涂油漆封闭。弯股道岔跳线连接如图 6-3-31 所示。

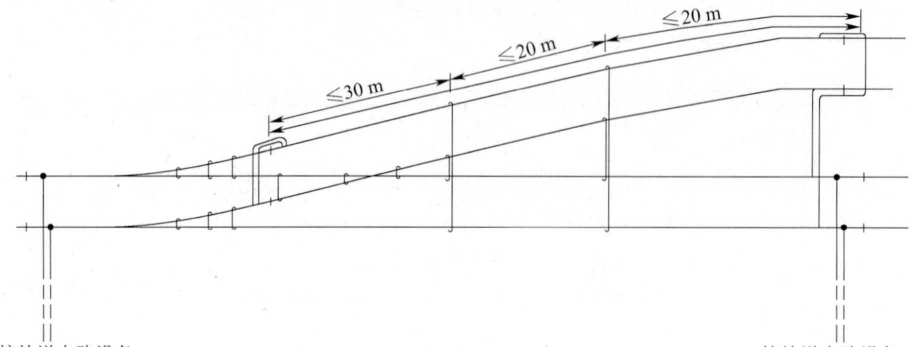


图 6-3-31　弯股道岔跳线连接图

### 3.5.4　提速道岔施工

(1)单开道岔(或对称道岔)两尖轨前后偏差不得大于 20 mm。

(2)道岔开程适当,尖轨应能与基本轨密贴。

(3)“耳贴”固定在基本轨上时型号要正确,不能上吊下悬,要“顶天立地”,固定牢靠。固定基础角钢时安装绝缘器件要准确,无遗漏、无挤伤、无破损,以防给调试轨道电路留下隐患。

(4)长基础角钢应与单开道岔直股基本轨或对称道岔中心线垂直,其偏移不得大于 20 mm。

(5)密贴调整杆动作时,其空动距离(即游间)不得小于 5 mm。调整螺纹的露出螺母部分,两边长度应大致相等。各种连接杆的调整螺纹余量不得小于 10 mm。各种螺栓应紧固,开口销应齐全。各部绝缘安装正确,不遗漏、不破损。

(6)在第一连接杆接头铁处道岔尖轨与基本轨间有 4 mm 及其以上间隙时,道岔不得锁闭。

(7)自动开闭器动接点进入静接点中不得小于 5 mm。

(8)所有经过轨底的器件,距钢轨底面净距离不得小于 20 mm。

(9)电动转辙机安装前应进行内部全面清扫,对机件部分注入润滑油,紧固各种部件螺柱。电转机外线走线时,不能从减速器上方穿过;多机牵引道岔,主副机间连接电缆不能从角钢下方穿越。

(10)道岔设备安装装置要方正,安装装置及杆件采用热镀锌。

(11)提速道岔二极管均采用三串三并,并采取防错配措施。

(12)道岔方钢与丁字铁安装带销螺栓,表示连接杆两螺母间加装弹簧垫。

(13)转辙设备安装装置采用角钢方式安装时,应采用 125 mm×80 mm×12 mm 镀锌角钢(复交道岔按设计安装图实施)。角型铁采用防松螺栓(只加开口销)、螺帽,平垫片的内外径需与绝缘垫管内外径一致。

(14)提速道岔采用滚动锁闭框,锁闭杆连接处加装弹垫。

(15)道岔引入线采用输入软胶管,管口采用橡胶堵头。

(16)新增道岔防护罩采用 SMC 材料。

### 3.5.5　箱梁桥上设备安装

(1)根据现场箱梁挡砟墙的不同,与厂家一起确定支架尺寸,并采用热镀锌支架。

(2)钻孔前应采用钢筋定位仪探测建筑物内部钢筋,钻孔位置应避开钢筋。

(3)要注意自身设备安装的牢固性、抗振性,并保证设备不侵限。

# 4　高速铁路牵引供电施工技术

## 4.1　概　　述

牵引供电系统是高速铁路的重要组成部分，是保证列车运行高速、安全、可靠的关键系统之一。牵引供电系统将电力系统电源降压至 27.5 kV，通过沿线架设的接触网向列车输送电能。

牵引供电系统主要包括三部分内容：一是变配电系统，包括沿线按一定距离分布的牵引变电所、AT 所、分区所、开闭所等，其主要功能是将电力系统的 110 kV、220 kV 或以上等级的电源经降压后输送至接触网系统；二是接触网系统，包括支持装置、腕臂、接触网导线、承力索、分相装置等，其主要功能是将牵引变电所的单相交流电经列车受电弓传送至列车；三是为实现牵引供电系统安全可靠运行的保护及控制系统，其主要功能是对牵引供电设备、接触网设备的控制、测量和保护。

电气化铁路牵引供电系统每个供电臂为单相供电，电流经接触网馈电至列车而经钢轨回流至牵引变电所，因此馈线通路与回流通路之间会存在电流不对称，从而对外界产生电磁干扰的影响。我国电气化铁路的牵引供电系统最早于 20 世纪 50 年代引进前苏联的电气化技术，采用 27.5 kV 直接供电方式或牵引网增加吸流变压器的 BT 供电方式。直接供电方式结构简单、但防干扰效果较差；BT 供电方式由于接触网系统内串联了吸流变压器，电流大部分经回流线返回牵引变电所，且由于接触网和回流线电流基本相当、间距较小，产生的磁场基本相互抵消，所以对外界的电磁污染小，防干扰效果较好。但由于吸流变压器的接入，导致接触网阻抗增加，牵引网压降大，供电臂距离较短，并且由于吸流变压器的接入导致的接触网断口较多(每 3 km一处)，因此不适合列车高速度运行。目前我国牵引供电系统基本不采用 BT 供电方式，而取消 BT 以后保留回流线的直接供电加回流线的供电方式在我国供电系统中普遍采用。到 20 世纪 80 年代初我国引进日本技术在京秦线采用了 AT 供电方式，AT 供电方式具有供电电压增加一倍(55 kV)、供电距离较长、防干扰效果好的特点，特别适合重载、高速大容量牵引负荷，但沿线需设 AT 变电所及在接触网系统增加 AF 线，通过京秦线供电设备技术的引进、消化、吸收，我国已基本掌握了普通速度牵引供电技术，并在侯月线、大秦线、郑武线等推广应用。

在 1997 年之前，我国电气化铁路的最高运行速度为时速 120 km，电气化铁路向高速度方向发展的起点是广深线，广州至深圳全长 140 km，采用直接供电方式，列车运营速度 200 km/h、个别区段 250 km/h。通过该线十多年的运营情况来看，列车受流情况良好。广深线建成以后，后续所建的秦沈线、京秦提速改造等新建及六次提速电气化改造项目，基本按时速 160 km、200 km 或 250 km 速度目标值结合线路情况进行实施，并取得了成功，表明我国已基本掌握时速 200～250 km 的牵引供电系统技术。

中国第一条时速达 300 km 的运营线路北京—天津客运专线已于 2008 年 8 月投入商业运营。在“引进、消化、吸收、再创新”方针指导下，国内企业联合体在系统集成建设模式中不断消化吸收国外先进技术，掌握了时速 300 km 高速客运专线建设的设计、施工和试验调试等技术。

### 4.1.1　高速铁路牵引供电技术

我国目前所建设的京沪高速铁路速度目标值为：运营时速 350 km，试验时速为 385 km，最高时速为 400 km，列车密度为追踪间隔 3 min，采用 16 辆大编组，单列列车功率为 1.8 万 kW，全天列车对数远期为 240 对/d，全年旅客运量为 8 000 万人次，为世界之最，因此我国高速铁路具有高速度、高密度、大容量的特点。

目前西方高速铁路发达国家中，欧洲高速铁路最高运营时速为 320 km，列车编组为 8 列或 16 列，与我国京沪线相比，列车运营速度及发车密度相对都低。日本运营时速在 250～300 km 范围内，列车编组为 16 列，相比我国京沪线，列车发车密度与我国相当，但在运营速度上与我国相差较大。

高速列车要实现时速350 km的运营速度目标,对牵引供电系统提出了以下几个方面的挑战:一是电能质量,牵引负荷为单相负荷,且具有一定的冲击性,高速列车的频谱特性与传统普速列车相比差异较大,在满足电力系统有关谐波、负序、电压冲击等供电质量要求方面存在新的研究课题;二是电力系统外部环境,我国电力系统电网相对西方发达国家电网,在短路容量、装机容量、系统标准方面存在较大的差异,因此在满足列车供电电压、相关电能质量方面指标提出了更大的挑战;三是列车再生能量反馈电网的需求,由于列车在制动工况下需要电力系统电网吸收列车再生能量,再生电能在此工况下在谐波、负序、电压匹配等需要达到相应的电能质量要求,对此需要电力电网与牵引供电系统在系统设置方面进行匹配;四是牵引网压或列车供电电压,时速350 km的高速列车功率大(在2.5万~3万kW),在高速运行时其牵引特性要求接触网供电电压不能低于一定数值,否则列车功率将降低从而不能维持350 km时速要求。

时速300~350 km的牵引供电系统是通过系统集成的建设模式,在设计研发技术、产品制造技术、施工安装调试技术和设备维护技术四个技术层面,进行原始创新、集成创新和消化吸收再创新,完全达到实现国产化和拥有自主知识产权、国际先进的牵引供电系统技术,具有"先进、成熟、经济、适用、可靠"的技术特点。

(1)速度目标。牵引供电系统应满足设计速度350 km/h、初期运营速度300 km/h、试验速度385 km/h及以上的需要。

(2)能力目标。牵引供电系统应满足列车运行速度为300~350 km/h和追踪运行间隔3 min和16辆编组的需要,并同时适应时速300~350 km动车组和时速200~250 km动车组运行条件的要求。

(3)可靠性。牵引供电系统的可靠性是可用性的基础,尽量采用高的设计标准和冗余措施、留存余量的系统及高质量的产品、严格的施工标准确保牵引供电系统的可靠性。

(4)可用性。牵引供电系统将确保外界故障或内部人员疏忽引起的故障不至于导致系统的失效;系统的所有单元都应是可以在维修时间内可维护的。如:双回路供电,接触网系统的合理电分相、分段,结构的稳定性,安全防护,必要的继电保护设置及自动化系统配置,SCADA系统的故障诊断功能和系统冗余设计。

(5)可维护性。应制定基于可维护性分析研究的初步的系统维修体制和方案。牵引供电系统应保障不间断供电,变、配电设备应选择无维护、免维修产品,接触网设备应选择免维护、少维修产品,利用综合SCADA系统实现设备寿命管理。

(6)安全性。牵引供电系统应采取合适的具有可操作性的安全管理措施,避免出现安全性灾难;牵引供电系统不应产生铁路内部危害性干扰及对与其他系统的危害性相互作用的影响;牵引供电系统应考虑其他铁路系统接口的安全和可靠性要求,同时还要考虑与非铁路系统的潜在接口。

(7)环保和可持续性发展。高速牵引供电系统应满足中国环境保护法,电磁干扰、噪声指标等对人体健康及环境的影响符合相关规定。高速牵引供电系统的建设应具有绿色、环保、节能的功能措施,对周边环境无污染或少污染,设备材料的使用具有可回收性和二次利用,保证整个系统的可持续发展。

### 4.1.2 国内外高速铁路牵引供电技术现状

国内普速电气化铁路牵引供电系统普遍采用1×25 kV直接供电方式,牵引变电所间距为35~40 km,牵引变压器安装容量在(2×15~2×40)MVA之间,牵引变电所受电电压一般为110 kV;接触网采用简单链型悬挂,接触线张力为10~15 kN。在部分重载和繁忙干线区段采用AT供电方式,AT供电方式自20世纪80年代从日本引进技术设备在京秦线采用以来,通过自主研发,先后在郑武、大秦等线实现了AT供电技术和装备的国产化,同时在日本AT技术的基础上吸收了法国先进技术,形成了2×25 kV AT供电系统,并成功地应用于工程实践。AT供电方式牵引变电所间距一般为50~80 km,牵引变压器容量在(2×40~2×80)MVA之间。

目前正在建设的高速铁路速度目标值为300~350 km/h,列车追踪间隔为3 min,与普速电气化铁路相比,用电量增加数倍,牵引供电系统采用2×25 kV AT供电方式,牵引变电所间距为50~60 km,牵引变压器安装容量在(2×63~2×80) MVA(远期达120 MVA),牵引变电所受电电压优先采用220 kV;接触网采用简单或弹性链型悬挂,接触线张力达到25 kN以上。

国际上高速铁路牵引供电系统主要的主流技术采用2×25 kV AT供电方式,牵引变电所间距50~60 km,牵引变压器安装容量为2×60 MVA,牵引变压器多采用单相接线,牵引变电所受电电压为220~400 kV,接触网采用简单或弹性链型悬挂,接触线张力达到25~31.5 kN。

国外高速铁路牵引供电系统主要有三种不同技术类型。一种以日本新干线为代表，其牵引供电系统采用AT供电系统，采用55 kV级开关设备，牵引变电所设自耦变压器，牵引变压器有两种接线型式，即斯考特接线(用于154 kV小接地系统)和伍德桥接线(用于225 kV大接地系统)，该方式优点是对通信等弱电系统干扰小，缺点是投资大，设备复杂。日本新干线牵引变电所外部电源供电电压为154 kV(用于小运量区段)和225 kV(用于大运量区段)，牵引变压器最大容量达150 MVA。接触网系统在繁忙区段采用重型复链型悬挂，在东北新干线部分区段和长野新干线等小运量区段采用简单链型悬挂。复链型悬挂优点是弓网受流质量高，但结构复杂，运营维护较困难，其重复链型悬挂接触线采用镁铜合金线，截面面积为170 $mm^2$，张力20 kN。简单链型悬挂接触线采用铜包钢线，张力20 kN。

第二种技术类型以法国TGV为代表。其牵引供电系统采用2×25 kV供电系统，牵引变压器采用单相(或V型)接线，牵引变电所不设自耦变压器，这种方式比日本的AT方式在牵引变电所处接线简单、投资少，防干扰效果与日本方式相当，目前已在欧洲其他国家(如意大利)广泛采用。TGV牵引变电所主变压器容量一般为2×60 MVA，电源供电电压一般为225 kV，少数采用400 kV供电，牵引变电所间距为50～60 km。接触网系统采用简单链型悬挂，采用该类型接触网悬挂方式目前保持着320 km的世界最高运行时速记录(巴黎至斯特拉斯堡的法国TGV东部线)，接触线采用镁或锡铜合金线，截面面积150 $mm^2$，张力为25 kN。

第三种技术类型以德国IEC高速线为代表。其牵引供电系统沿用了在德国及其北欧邻国既有电气化铁路牵引供电系统模式，主要特点是从电力系统(或铁路自用供电系统)取得110 kV单相电(频率为50/3 Hz)，经牵引变电所降压至15 kV，牵引变电所参数标准化，主变压器容量为2×40 MVA，牵引变电所间距为40 km左右。该系统的优点是同相供电，接触网不设电分相，牵引网结构简单，但系统的供电能力有限，且电压和频率制式独特，很难在其他国家推广；同时造成在欧洲高速铁路网中行驶的高速列车上需要同时安装适合交流25 kV、15 kV和直流3 000 V不同电压制式的设备和受电弓，在行驶到不同区段时进行切换的复杂局面。接触网系统采用弹性链型悬挂，即在简单链型悬挂的基础上设弹性吊索(在接触线悬挂点处)，其标志性工程是法兰克福至科隆线和纽伦堡至英戈尔斯塔特线，运营速度为300 km/h，接触线采用120 $mm^2$镁铜合金线，张力为27 kN，该悬挂方式的受流质量在减少受流时的火花方面优于简单链型悬挂，但接触线抗疲劳强度方面不如后者，有使用寿命不确定性方面的问题，同时安装调整、运营维护复杂。

### 4.1.3　高速铁路供电综合自动化系统技术发展

国外铁路运行速度超过250 km/h的国家有：法国、德国、日本、意大利和西班牙。提高铁路运行速度，是铁路发展的必然趋势。20世纪90年代后期，国外高速铁路发展进入了一个新的时期。国外高速铁路调度均采用集中控制方式。

日本的新干线综合运输管理系统(COSMOS，Composte Traffic Management System)系统具有运输计划管理、列车运行管理、维护作业管理、设备管理、供电调度系统、信息集中监视、基地作业管理等多项功能。将基地管理和维护作业等全部交由调度中心管理。供电调度系统是该系统的一个子系统。其通信系统完全自成体系，与全世界范围的所有系统均不兼容，技术比较陈旧，现正在研制新一代COSMOS。

德国铁路设置一个中央调度指挥中心和按区划分的7个调度指挥中心。调度指挥中心按工作进程分为四个级别。调度指挥系统具有运输指挥、自动冲突解决、自动调度、信息服务等功能。所有的信号、道岔和各种运行设备都归调度指挥中心管理。

法国和西班牙高速铁路其调度指挥系统仅包括客运组织、机车车辆调度、行车组织等，供电调度系统独立，与我国现状类似。当前牵引供电调度系统的核心技术还由几个国外公司垄断，如泰雷兹、西门子、罗克韦尔等，在我国的应用研究都刚刚起步，没有成熟产品。

国内在SCADA系统、变电站自动化系统、牵引供电MIS系统等各子系统的研发方面已有很好的基础，在中、低速电气化铁路已有大量成功应用。但对高速客运专线，目前还没有开发出一套成熟系统。我国高速电气化铁路牵引供电系统监控系统采用分布、分层、分散式综合自动化系统是技术发展的趋势和必然。

## 4.2　系统构成

牵引供电系统由牵引变电系统、SCADA系统、接触网系统组成。系统结构如图6-4-1所示。施工中的主要内容为接口管理、设备材料供应、设计联络、检验、施工安装、试验、联调联试、试运行及技术服务等。

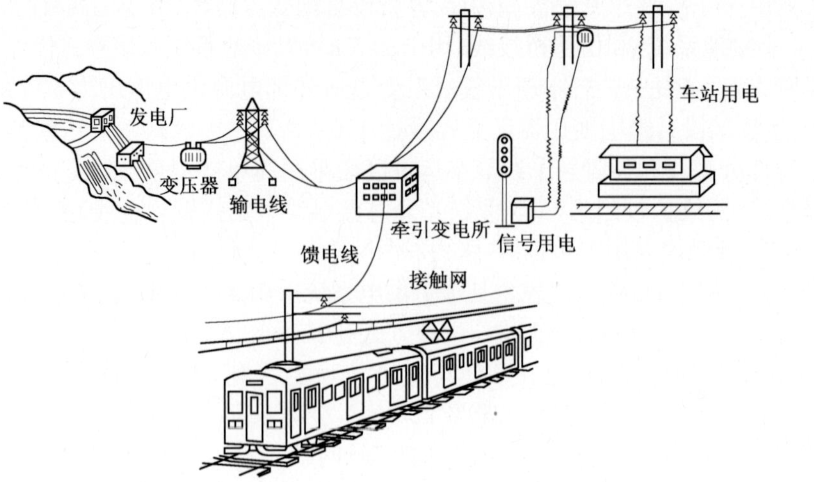


图 6-4-1　牵引供电系统结构图

1. 牵引变电系统

牵引变电系统由牵引变电所、开闭所、分区所、AT 所、接触网开关控制站组成。

2. 接触网系统

接触网系统由支柱基础、支柱设备、支持结构、绝缘件、接触悬挂、补偿装置、附加导线、牵引回流和接地、保护等部分组成。

3. SCADA 系统

SCADA 系统由控制中心(调度台)、RTU、通道、接触网开关监控系统工程,含主站(RTU)及子站(FTU)。

## 4.3　技术方案

### 4.3.1　牵引供电技术方案

4.3.1.1　牵引供电主要技术原则

(1)牵引供电系统采用单相工频 50 Hz、交流 25 kV 向机车供电。

(2)牵引网供电方式全线采用 AT 供电方式。

(3)电力牵引负荷为一级供电负荷,新建牵引变电所按两回独立的三相 220 kV 电源进线供电,两路电源互为备用。

(4)牵引变压器采用三相 V/X 油浸自冷变压器(预留风冷),固定备用方式,一台运行一台备用。

(5)接触网额定电压为 25 kV,长期最高电压为 27.5 kV,短时 15 min 最高电压为 29 kV,最低工作电压为 20 kV。

(6)分区所可实现上下行并联及越区供电。

4.3.1.2　牵引网供电方式

全线采用 AT 供电方式。

4.3.1.3　外部电源电压等级

新建牵引变电所外部电源电压等级主要采用 220 kV。

4.3.1.4　接触网悬挂类型及导线选择

(1)接触网悬挂类型。采用全补偿弹性链型悬挂。

(2)接触网导线选择。接触线选用抗拉强度高、耐磨耗性能好的铜锡合金线;承力索采用铜镁合金绞线;附加导线采用抗拉强度高、耐腐蚀性能好的铝包钢芯铝绞线。

### 4.3.2　牵引变电技术方案

4.3.2.1　主接线及运行方式

AT 牵引变电所 220 kV 侧采用线路变压器组接线,设两台牵引变压器,一主一备运行方式;2×27.5 kV

侧母线采用单母线(或分段)接线,馈线断路器采用上下行互为备用方式。

AT分区所及AT所通过断路器实现同一供电臂上下行间的并联供电功能;每回进线设一台自耦变,对应回路自耦变可互为备用;分区所通过电动隔离开关实现不同供电臂上行与上行及下行与下行间的越区供电功能。

4.3.2.2　保护配置及综合自动化系统

(1)各牵引变电设施采用综合自动化系统,集中组盘安装方式,并纳入全线SCADA系统。

(2)各牵引变电设施内设置电缆在线监测系统、环境监控系统、变压器油色谱在线检测、防误操作系统、周界防护系统。上述各智能设备采集的相关信息接入综合自动化装置,并纳入全线SCADA系统。

(3)各牵引变电设施内设置视频监控系统,并纳入全线综合视频系统。

4.3.2.3　自用电系统

(1)交流自用电。新建各所设两台交流自用电变压器,一台接至三相10 kV贯通线,一台接至所内27.5 kV母线上。正常时,一路交流电源供电,另一路为备用,当工作电源失压时,备用电源自动投入。

(2)直流自用电。各所采用智能型铅酸免维护直流自用电系统,具有浮充电和均衡充电功能。各所设二组蓄电池。

交、直流电源系统采用智能监控单元,与综合自动化系统联网通信,可实现远方监控。

4.3.2.4　防雷与接地

(1)为防止直击雷,在各所适当位置设置独立避雷针。

(2)在牵引变压器高、低压侧,各所的馈出线上设置相应电压等级的氧化锌避雷器,以限制雷电波的幅值。

(3)各所接地装置以水平长孔接地网为主,在设备集中接地附近及接地网外沿敷设垂直接地体。

(4)接地网采用铜材质。水平接地体采用铜绞线、垂直接地体采用纯铜棒。为减少接地体交叉点的接触电阻、提高地网结构强度,接地体连接部分采用放热焊接。

(5)牵引变电所接地网的接地电阻不大于0.5 Ω。

(6)各所设低压防雷系统。

4.3.2.5　主要设备选择

(1)牵引变压器采用三相V/X接线变压器,油浸自冷并预留风冷条件。

(2)自耦变压器采用油浸自冷型。

(3)220 kV断路器选用$SF_6$组合断路器;110 kV断路器选用$SF_6$断路器。

(4)2×27.5 kV断路器选用户外柱式真空断路器。

(5)2×27.5 kV断路器选用户内GIS设备。

(6)27.5 kV断路器选用户内空气开关柜。

(7)改变运行方式的隔离开关采用电动操作机构。

(8)直流自用电源采用铅酸免维护智能型。

(9)二次设备采用综合自动化装置。

### 4.3.3　接触网技术方案

接触网系统由支柱基础、支柱设备、支持结构、绝缘件、接触悬挂、补偿装置、附加导线、牵引回流和接地、保护等部分组成,其功能是保证运行在本线上的电力机车能够从接触网上可靠地获得充足的电能。

4.3.3.1　工作条件

设计运营速度:250～350 km/h,验收速度:275～375 km/h。受电弓采用UIC 608 Annex 4a标准宽度为1 950 mm的受电弓。弓头工作宽度为1 450 mm。平面始触区范围为距离受电弓中心600～1 050 mm的区域。静态抬升力为70 N±10 N。

4.3.3.2　悬挂类型

采用全补偿弹性链型悬挂。

4.3.3.3　线材类型

接触线CTHS,承力索JTMH,吊弦JTMH,附加导线架空线(供电线、正馈线、保护线、回流线、架空地线)LBGLJ,附加导线电缆 TYJV-27.5 kV。

4.3.3.4 技术参数

(1)正线、联络线导线悬挂点高度为 5 300 mm。

(2)客运专线正线接触网结构高度一般为 1 600 mm。跨线建筑物等困难情况下,结构高度可适当降低,以最短吊弦控制,最短吊弦长度不小于 500 mm。

(3)正线区段标准跨距取 50~55 m;隧道内最大一般不大于 50 m;桥上跨距与桥梁孔跨的形式配合确定,一般为 50 m,困难时局部最大跨距可为 60 m。相邻跨距之差不大于 10 m。

(4)正线接触网锚段长度一般不超过 2×700 m,个别困难情况下不超过 2×750 m。单边补偿的锚段长度不超过 750 m。

(5)联络线接触网锚段长度一般不超过 2×750 m,困难情况下按张力差不大于 10%控制。站线最大锚段长度不大于 2×800 m,个别困难时不大于 2×900 m;单边补偿的锚段长度不超过 900 m。

(6)正线道岔处的两支接触悬挂的补偿方向宜一致。其余道岔处的两支接触悬挂的补偿方向尽量一致。

(7)根据以上锚段长度,验算承力索、接触线的张力差,均不大于额定张力的±5%。

(8)附加导线锚段长度一般不超过 2 000 m,困难时不超过 3 000 m。

(9)正线接触网支柱侧面限界,一般路基区段不小于 3.1 m,补偿坠砣处支柱侧面限界适当加大,以避免坠砣侵入限界。

(10)站内正线与站线间立柱时,支柱对正线侧面限界困难情况下支线段不小于 2.5 m。

4.3.3.5 支　　柱

(1)腕臂柱正线全线采用热轧通长 H 形截面钢柱或等径钢筋预应力混凝土圆支柱。

(2)路基、桥梁区段接触网支柱基础采用钢筋混凝土法兰基础,隧道内接触悬挂基础采用预埋槽道。

(3)路基接触网基础类型、预埋地脚螺栓,采用带接地极的基础。桥上接触网基础类型、预埋地脚螺栓规格。

(4)接触网预埋槽道类型。

(5)路基、桥梁区段预留接触网支柱基础、隧道内预留预埋槽道纳入相关站前专业,与站前专业一体化施工。

4.3.3.6 支持装置

(1)对于正线工作支定位装置,安全校验设计取值原则为:限位定位器定位点最大抬升校验值取 1.5 倍抬升量,非限位定位器定位点最大抬升校验值取 2.0 倍抬升量。

(2)隧道内的道岔、关节转换处双支一般采用单柱单腕臂式安装,桥梁、路基地段采用单柱双腕臂式安装。尽量避免三支悬挂。车站范围内平面布置尽量采用大跨距,减少悬挂点,吊柱及支柱有条件时宜与雨棚柱平齐布置。

(3)采用绝缘旋转腕臂支持结构,采用孔内安装,采用平腕臂,腕臂采用壁厚 5 mm 的无缝钢管,正线腕臂间设斜撑,定位器一般采用铝合金定位器,设防风拉线。

(4)隧道内通过固定在隧道顶部的吊柱独立悬挂定位支持装置。

4.3.3.7 绝 缘 子

(1)隧道外腕臂绝缘子选用瓷绝缘子,绝缘子抗弯强度为 16 kN;隧道内腕臂绝缘子采用合成绝缘子,绝缘子抗弯强度为 16 kN。

(2)供电线、正馈线、加强线、回流线、保护线等附加悬挂用绝缘子一般采用瓷绝缘子,绝缘子破坏荷重 70 kN。

(3)与承力索、接触线连接的绝缘子采用复合绝缘子。

(4)跨线桥、隧道附近的绝缘子采用复合绝缘子。

(5)无柱雨棚范围内的绝缘子采用小伞径复合绝缘子。

(6)25 kV 带电体绝缘子的公称爬电距离不小于 1 400 mm。

(7)所有绝缘子颜色必须与整体景观匹配。

4.3.3.8 接触网零件

(1)接触网零部件选用在 250 km/h 及以上电气化区段有成熟运营经验,满足相关技术条件,技术先进、可靠性高、质量优良的标准化成熟产品。选用的材质和结构耐腐蚀、耐疲劳，强度稳定。

(2)受力件及其构架的联结不采用焊接方式。

(3)处于绝缘子以内的所有螺栓，均设置止动垫片。与接触线连接的网上金具采用质量轻、强度高、耐腐蚀、导电好的材料制造。

(4)绝缘子和支持结构的强度考虑施工安装过程中采用承力索、接触线放线工艺和其他附加荷载的可能影响。

4.3.3.9　锚段关节形式

(1)绝缘锚段关节、非绝缘锚段关节一般采用五跨式关节，个别站场、桥隧连接等困难地段可采用四跨式关节。

(2)绝缘关节设置电动隔离开关，一般纳入远动(隧道口处电动隔离开关纳入远动有困难时可就地操作)。

4.3.3.10　下锚补偿装置

区间路基地段一般采用滑轮补偿下锚装置；桥上采用棘轮补偿下锚装置；隧道内采用棘轮补偿下锚装置；有景观要求的车站采用弹簧补偿下锚装置。补偿的变比是 1∶3。坠砣采用铁坠砣。

4.3.3.11　中心锚结及道岔

区间中心锚结采用两跨式防窜防断型，站场中心锚结采用防窜不防断型。高速铁路正线上道岔采用无交叉方式定位布置。站线 18 号道岔采用交叉线岔布置。18 号以下道岔采用交叉线岔布置。

跨线列车联络线在正线上出岔的 42 号道岔，采用安全性较好三线辅助关节式定位方式，电分段可以通过辅助关节实现。

4.3.3.12　电 连 接

(1)正线每个锚段设置两处横向电连接，站线每个锚段设置两处横向电连接；正线上用于载流的电连接一般设置为 3 根 95 $mm^2$ 软铜绞线，用于等电位的电连接一般设置为 1 根 95 $mm^2$ 软铜绞线。电连接线采用采用 C 型或 S 型安装。电连接线夹采用无螺栓压接型电连接。

(2)每个非绝缘关节设置两处关节电连接，关节两端各一处；每个绝缘关节在开关端设置一处开关电连接，非开关端设置一处关节电连接。

(3)股道电连接在站场头部最里道岔内 150～200 m 范围内各设一处。

(4)馈线上网点采用双电连接。

(5)开关及避雷器与跳线经支持绝缘过渡后连至接触网。

4.3.3.13　附加导线

(1)正馈线一般采用柱顶田野侧肩架安装，PW 线采用无肩架安装，最大弛度情况下正馈线距地面不低于 5 m，PW 线距地面不低于 4 m。

(2)车站 AF 线、PW 线通过硬横跨转换至股道间支柱顶部，GW 线安装在腕臂上方的支柱上。在雨棚、高架站房处均悬挂在相应建筑物上。

(3)隧道内附加导线设置在上下行吊柱之间的隧道顶衬砌上。

(4)附加导线在隧道口耐张下锚，在隧道口前两个悬挂点处进行换边悬挂，转换安装充分考虑通信专业漏缆的设置条件。

(5)隧道内在两接触悬挂间补设附加导线悬挂点，使附加导线在隧道内悬挂点跨距不大于 30 m，悬挂点处与接触网吊柱同槽安装。

(6)附件导线安装设预绞式护线条，附加导线下锚采用预绞式导线耐张线夹及预绞式接续条。

4.3.3.14　供电分段

(1)上、下行正线悬挂电气上分开；在车站两端设置绝缘锚段关节，关节上安装电动隔离开关。

(2)分段绝缘器设于上、下行正线间渡线接触网；机务段车辆检查坑上方接触网；站场分场、分束供电不能设锚段关节的接触网区段。正线间渡线上及联络线上采用具有消弧功能的分段绝缘器。

(3)分场、分束供电。为方便运营，减少站线接触网停电对正线的影响范围，6 股道以上车站的站线均与上下正线间分束供电。

4.3.3.15 电分相形式

(1)在变电所、分区所出口附近设置接触网电分相装置,电分相采用带中性段、空气间隙绝缘的锚段关节形式。

(2)电分相无电区或中性段的长度满足双弓运行需要,即使无电区的长度大于双弓间距(长分相方案),或使中性段的长度小于双弓间距(短分相方案)。

(3)高速动车组过分相一般采用机车列控切换的运行方式。无列控配合的跨线动车组过分相时采用地面磁缸感应或无源应答器确定位置、机车上自动切换的无电惰行方式。

(4)分相列车前进方向设置电动开关,纳入远动。电分相一般设置在距进站信号机距离 500 m 外,并尽可能避免设置在线路的变坡点附近。

4.3.3.16 接地与回流

(1)接触网回流系统及安全接地设置。AT 区段架设保护线(PW),作为钢轨回流的并联通道,工作接地兼闪络保护。保护线区间地段兼作安全接地。

(2)区间(含桥隧)。接触网支柱利用 PW 线作闪络保护的集中接地,PW 线与支柱不绝缘架设,每个自耦变压器区段中设 1 处 PW 线与钢轨连接(通过扼流变压器线圈中性点)。

(3)车站。站场范围内支柱:PW 线与支柱绝缘设置,PW 线在车站两端接入综合接地系统;与综合接地系统临近支柱,直接接入;线间支柱增设接地圆钢,接地圆钢埋在沥青混凝土下,与接触网支柱基础螺栓连接,该接地圆钢在车站咽喉区接入综合接地系统,站前预留。

(4)距接触网带电体 5 m 以内的金属结构(桥栏杆、水鹤、信号机等)均通过接地引线接至贯通地线;开关、避雷器等设备的底座通过接地引线连接至贯通地线同时通过单独的接地极接地;隧道内吊柱、肩架等均通过滑槽和预埋钢筋连接至贯通地线;没有贯通地线地段(联络线、既有线改建部分)需要通过架空地线或单独埋设接地极实现安全接地。

(5)变电所、分区所上、下行各设回流电缆、架空回流、N 线回流电缆。

4.3.3.17 防雷保护

为了加强客运专线接触网防雷电侵害能力,在以下地点设置避雷器:

(1)供电线上网处。

(2)长度 2 000 m 及以上桥梁两端。

(3)长大隧道、高架站房、封顶式雨棚站区的两端。

4.3.3.18 防护措施

(1)在货物装卸线和机动车辆通过容易损坏支柱及拉线基础的场所,增设支柱防护。

(2)所有有人通行的跨线建筑物,在其跨越接触网部分均设置防护挡板。防护挡板的高度和宽度应满足人员无法接近接触网,或无法通过杆形或其他具有一定长度的物体接触到带电部分。

(3)防护挡板、金属桥栏杆及墙上的镀锌钢带两端均相互连接并接至不大于 10 Ω 的接地极,或与贯通地线连接。

(4)隧道口及跨线建筑物下的承力索、供电线、加强线及回流线增设绝缘套管,绝缘距离小于 500 mm 时,还需要在跨线建筑物下加装绝缘板。

(5)平交道设置限界门,道口两侧的支柱加装防护桩或水泥墩。限界门采用钢支柱、横梁应具备足够的强度以抵御外界的冲击。

### 4.3.4 SCADA 技术方案

4.3.4.1 调度所构成

牵引供电和电力供电 SCADA 为一个系统,系统设置 1 台牵引供电调度台,1 台电力调度台。

SCADA 系统按一个调度区划,纳入相应调度所。对客专牵引变电所、开闭所、分区所、AT 所、网开关站及电力供电设施进行集中监视和控制。在相应供电段设置复示终端(含电力及牵引供电),并具备在授权条件下的控制功能。

4.3.4.2 被控站方案

牵引变电所、开闭所、分区所、AT 所、接触网开关控制站及电力供电设施等为 SCADA 系统的被控站。

调度台与各被监控点间的连接采用光纤方式。

接触网开关控制主站设在牵引变电设施内，子站设在接触网开关支柱上，主站与子站间的连接采用光纤方式。

## 4.4　施工技术

牵引供电系统施工技术分成牵引供电、接触网两个部分进行阐述。

### 4.4.1　牵引供电施工技术

#### 4.4.1.1　主要内容

高速铁路牵引变电所施工共包括土建工程、房建工程和电气设备安装三个部分。其中电气设备安装由建筑工作和安装工作两项工作组成。建筑工作主要包括：基坑开挖，基础浇筑，构架和支架组立等项。安装工作主要包括：各种母线安装，接地装置敷设，大型电气设备搬运，电气设备(装置)安装及调整，控制及保护装置安装，电缆敷设，二次配线，传动试验，送电试运行等项。高速牵引供电施工技术与常规铁路施工技术相比没有太多的变化，在此仅对主要施工工序主变压器安装、综合自动化及远动系统安装及调试施工技术进行介绍。

#### 4.4.1.2　技术标准

牵引变电所电气(建安)工程施工中应贯彻执行的技术标准分为国家标准、行业标准、企业标准三种。施工中，对国家标准和行业标准必须按规定执行。而企业标准是施工企业内部制订的技术标准，规定较细，便于实施，主要用以进一步保证工程质量。

目前在牵引变电所施工中，采用的标准主要有：

(1)国家标准，即《电气装置安装工程　高压电器施工及验收规范》(GB 50147—2010)，《电气装置安装工程　电力变压器、油浸电抗器、互感器施工及验收规范》(GB 50148—2010)，《电气装置安装工程　母线装置施工及验收规范》(GB 50149—2010)等。这些标准是国内电气装置(设备)安装工程施工及验收中必须遵守的技术法规。在牵引变电所电气工程施工、验收时须按这些规范并结合有关行业标准执行。

(2)行业标准，即《客货共线铁路电力牵引供电工程施工技术指南》(TZ 10208—2008)，《铁路电力牵引供电工程施工质量验收标准》(TB 10421—2003)等，适用于牵引供电工程，包括牵引变电所工程施工及其工程质量的验收，可补充上述国家标准中对有关牵引变电所电气安装工程标准的不足。《牵引变电所运行检修规程》作为变电所试运行期间值班、倒闸作业、检修作业、巡视及事故抢修的参照依据。

(3)企业标准，一般均在单项工程中施行。包括设备制造厂制订的与安装有关的标准、规定，以及施工企业制订的工艺卡片，标准化施工图，施工操作规则等。用以提高施工质量和工艺水平，统一工艺标准，降低材料消耗等。

#### 4.4.1.3　牵引变电所工艺流程

牵引变电所工艺流程如图6-4-2所示。

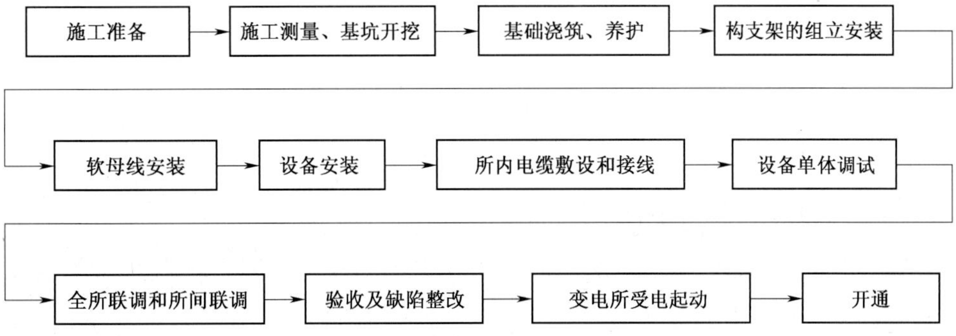


图6-4-2　牵引变电所工艺流程图

#### 4.4.1.4　主变压器安装

1. 适用范围

适用于铁路牵引变电所工程(含开闭所、分区所、自耦变压器所)、电力变电所工程额定电压在 220 kV 和 110 kV 及以下户内、外型油浸变压器。

2. 作业内容

220 kV 及以下主变压器安装:基础测设纵横中心线,变压器二次搬运就位,器身加垫板固定,变压器吊芯检查、变压器附件安装,抽真空、注油,油密试验检查,接地线安装,母线连接,通风装置安装,绝缘油耐压试验及简化分析。

3. 主变压器安装流程及操作要点

(1)工序流程图。主变压器安装工序流程如图 6-4-3 所示。

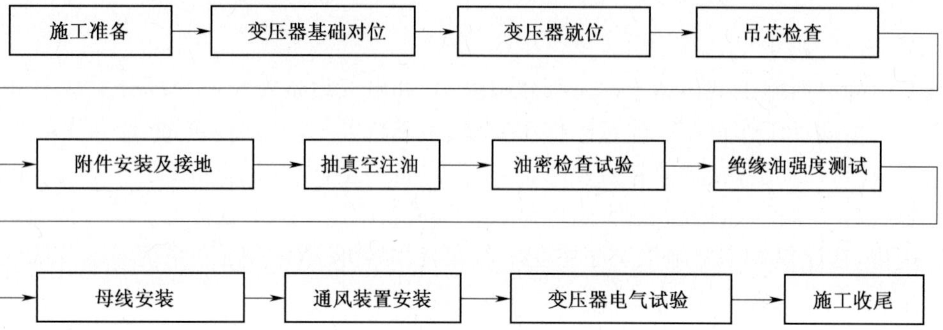


图 6-4-3 主变压器安装工序流程图

(2)操作要点。

1)施工准备。

①根据现行的《铁路通信、信号、电力、电力牵引供电工程施工安全技术规程》(TB 10306—2009)规定,制定专项施工方案,并按规定进行审批和备案。

②对已浇筑完成的变压器基础的高程进行检验与校核,然后进行基础纵横轴线的测量与放线,并检查其方正程度及安装螺栓孔的间距是否符合产品规定。同一安装轴线上的变压器基础,应当一次完成测设工作。

③班组技术员组织学习变压器安装作业指导书,并按作业对象对施工人员进行技术交底,班组长向施工人员交待施工项目的安全注意事项。

④按照企业的技术管理规定,组织设备的开箱检查。参加开箱检查的人员除技术管理规定的人员和部门外,尚应通知监理、设备运营接管单位的代表参加。

所有检查项目依照先外观、后内部的程序进行。

⑤进行变压器安装前,应及时了解并掌握当地气象台站近期的天气预报情况,并建立联络关系。

2)主变压器基础对位及就位。

①无论采用任何一种二次运搬方法,待运至主变安装位置后,都需要将变压器就位于基础上。

②变压器纵横中心线与基础上标注的纵横中心线重合后,采用滑动或滚动方法将变压器就位于基础的中心线上。

③当需要仔细调整变压器的安装位置时,可采用小滚杠加钢垫板的形式进行调整。

3)主变压器吊芯检查。

①吊芯准备。

a. 编制吊芯技术措施,进行工序技术交底并进行人员分工。

b. 准备好吊芯用的材料及检查时需使用的工具,并登记数量。

c. 清除作业场地内的杂物,做好防尘和防雨措施。

d. 准备好绝缘油过滤系统且达到随时开动功能;补充用变压器油应事先过滤好。滤油机操作应该按照滤油机操作程序进行。

②排油、拆除连接部件。

a. 测量并记录场地内的环境气温及大气相对湿度。

b. 在环境温度及大气相对湿度符合技术要求和情况下,连接输油管道,打开器身顶部注油阀,使油面与大气接触。开始记录器身暴露时间。

c. 排油时，先启动滤油机，当滤油机进入工作状态后，再缓缓打开油箱底部放油阀，将器身内的变压器油排入贮油罐内。

d. 当油面低于铁芯上铁轭后，即可拆卸分接开关的操作机构及绝缘联杆。将它们用塑料布包好，以防受潮。拆卸前应记下分接开关位置并刻上标记。

e. 对已装好低压侧及铁芯接地绝缘套管的变压器，应打开套管座侧面的工作孔，将芯部低压侧引线从套管上拆下来，用绝缘带固定于铁芯上适当位置，不得影响钟罩起吊。拆下来的零配件，交材料保管员清点记录并保管。

f. 油位低于油箱下部法兰盘后，即可按对角线方向成对称拆卸法兰联接螺栓，先普遍松一遍，然后再逐个拆下来，清点数量后妥善保管。

g. 油箱内的油排净后，及时拆除排油管路，在储油罐内对绝缘油进行循环过滤。

③起吊钟罩。

a. 在专用的吊环上系上钢丝绳，调整吊车吊臂使吊钩位于钟罩中心。

b. 在钟罩四角的法兰盘上绑扎晃绳和在四角利用法兰螺栓孔穿入四根引导定位钢筋。

c. 钟罩起吊开始时，引导钢筋应有专人把持，配合人员用撬棍撬接缝处，吊起约 100 mm 后，暂停。检查起吊中心、重心受力情况并稳定钟罩。如一切正常便继续起吊，当起吊高度超过引导钢筋时，用晃绳稳定钟罩。

d. 当钟罩吊至芯部以上时，旋转吊臂将钟罩放置在铺有干净滤油纸的枕木上。

④芯部检查及清洗。

a. 在铁芯上面苫盖白布，防尘防污。

b. 检查铁芯应无位移、无损伤变形，穿芯螺杆、压钉用扳手逐个进行紧固检查。

c. 打开上、下轭铁与夹铁间的接地片，用兆欧表测量穿芯螺杆与铁芯，铁轭与夹铁及夹铁对穿芯螺杆的绝缘电阻应符合规定；铁芯外引接地的变压器，拆开接地线后，铁芯对地绝缘应良好。

d. 检查绕组绝缘层应完整，无缺损、变形。各绕组排列整齐，间隙均匀，油路无堵塞。绕组的压钉应紧固，拧紧锁紧螺母，绝缘垫块紧固，完整。

e. 电压抽头切换装置的各分接头与线圈的连接应紧固正确；各分接头应清洁、接触紧密、弹性良好；接触部分用 0.05×10 mm 塞尺检查，应塞不进去；转动接点位置正确并与指示器所指位置一样；切换装置的拉杆、分接头凸轮、小轴、销子应完整无损；转动盘动作灵活、密封良好。检查后三相凸轮要返回原来位置。

f. 引出线绝缘包扎紧固，无破损、拧弯现象，引出线绝缘距离合格，固定牢靠，其支架应牢固；引出线裸露部分无毛刺或尖角，焊接质量良好，接线正确。

油箱内部应清洁、无锈蚀。

g. 检查结束后，用绝缘带把高低压侧引线和接地引线绑扎在正对钟罩手孔位置下方，便于引线与套管连接。

h. 用合格的变压器油自上而下对铁芯及绕组进行冲洗，用油刷清理干净油箱底部的杂质及污物，从油箱底放油孔将油放尽。

i. 检查调整好法兰密封圈位置；清点所用工具及剩余材料的数量，做好恢复钟罩的准备工作。

⑤装回钟罩。

a. 吊复钟罩时速度要平稳，四角晃绳用力要均匀。吊起后将底部擦拭干净。下落时要对正中心位置，下落时速度要慢，不得与线圈碰撞，接近合拢时从四角上下法兰穿入引导钢筋。

b. 钟罩落定后，检查密封圈有无位移，然后摘除吊钩。

c. 穿好连接螺栓，带上螺母。然后从四角按对角线方向成对称拧紧螺母，拧紧时用力要均匀。

⑥连接部件安装。

a. 按相序标志装回各分接开关的联杆和机构。安装时要端平操作机构，使联杆垂直，然后慢慢地往分接开关主轴上套。当联杆接头与主轴接触后，稍稍左右转动联杆使联杆接头套在分接开关主轴的销钉上。两者套上之后，旋转操作机构，操作应灵活。确认分接开关在各挡位及极限位置无误后，紧固机构固定螺栓在额定位锁定。

b. 恢复低压套管，接地套管，中性点套管的引线，盖严手孔。

4)变压器附件及接地线安装。

①散热器安装。

a. 制造厂有标记的按制造厂标记进行装配;制造厂无标记时,须测量散热器和油箱连接法兰的孔距,进行尺寸选配,编好标记。

b. 拆下散热器集油管封板,按施工技术标准进行散热器的清洗,然后用白布蘸汽油擦净法兰接合面。

c. 检查油箱蝶阀密封情况,卸下法兰封板,擦净法兰接合面,擦净(或更换)密封胶垫,在胶垫两个接合面涂抹密封胶,然后将胶垫镶入法兰槽内。

d. 吊起散热器(靠油箱侧有排气孔的为散热器上端,靠外侧有排气孔为下端)至油箱近旁,调整高度和位置,使法兰相接,注意密封垫不要错位,带上螺母,并对角拧紧。依次安装全部散热器。安装完毕,打开所有散热器下部的蝶阀,让变压器油充满整个散热器,观察有无漏油现象。

②安装净油器。

a. 拆开净油器法兰封板及上下盖,擦净净油器内壁及管路污渍,用合格的变压器油清洗。然后装好下盖及滤网。

b. 装入制造厂规定重量的经干燥和用合格变压器油清洗干净并浸泡 24 h 后的吸附剂,以装满内腔为宜,装好上盖和连接管路。

c. 关闭油箱蝶阀,取下连接法兰封板,擦净法兰接合面及密封胶垫,涂上密封胶。

d. 把净油器装于箱体机座上,按对角拧紧螺母。打开下蝶阀和放气阀,让变压器油充满净油器,同时观察有无漏油现象。

③安装油枕。

a. 打开油枕端盖及气体继电器连接的法兰封板,将内壁擦洗干净。

b. 将胶囊顺油枕方向放置平整,胶囊口安装不允许皱褶,要严密畅通,方向不应扭转。

c. 向胶囊内充 2 kPa 氮气作漏气检查,经检查无漏气后,将压力泄放,装上端盖及与气体继电器连接的法兰封板。

d. 将油标管擦干净,装上浮子,轻轻拧紧固定螺母,将油标管固定,根据产品说明书规定做好油位标志线。

e. 打开小油枕端盖,从油标呼吸塞处注入变压器油,同时,用手不断挤压小胶囊,排尽小胶囊内的空气,当油标浮子浮起时,从油标放油塞处放油,使浮子落到油标底部后,关闭放油塞,装上呼吸塞。

f. 吊装油枕前,先将油枕与托架的连接螺栓松开,将油枕就位后,拧紧托架固定螺栓。

④安装防爆筒或压力释放阀。

a. 拆除防爆筒封板,清洗防爆筒内壁,装好隔膜或防爆玻璃,其材质应符合制造厂的规定。

b. 打开油箱顶部防爆座的封板,擦净接合面,在密封胶垫两侧涂抹密封胶,镶入密封槽内。

c. 将防爆筒吊至油箱顶部,喷口朝外,用螺栓固定于防爆筒座上,防爆筒与油枕间如有支承座,应予连接。

d. 打开压力释放阀下盖板,清洗其内壁。

e. 将压力释放阀正确安装在器身上,注意二次接线孔应位于压力释放阀的下方。压力释放阀就位后,打开运输锁闭系扣,使之处于正常工作位置。

⑤安装高压套管。

a. 对于已完成电气性能试验且合格的高压套管,用汽油擦净瓷套表面及法兰接合面,检查套管油位及有无渗油现象。

b. 拆下高压套管上端的接线板、导电密封头,从上向下穿入 $\phi 1.5$ mm 镀锌铁线。

c. 拆下油箱上高压套管座封板,清洗套管座法兰,擦净密封胶垫,涂抹密封胶,镶入法兰密封槽内。当变压器设计装有套管升高座时,首先安装套管升高座,套管升高座也需要如前述清洗,然后再安装套管。

d. 将高压套管吊起,油标朝外,放气塞在最高位置,吊至套管座上方时,将高压侧接线端部栓在提前穿入的细铁线上。牵引套管内的铁线,落钩时要稳要慢,要扶正套管不要碰撞套管座,在法兰相接同时将细铁线牵出套管顶端,上好法兰连接螺栓,穿上销子,上好导电座密封头和接线板。依次装好其他高压套管。

⑥安装气体继电器。

a. 打开试验合格的气体继电器封板，擦净连接法兰接合面，解除内部扎绳，手动触试开口杯和挡板动作应灵活。

b. 拆下油箱和油枕与气体继电器相连接的法兰封板，并擦净接合面和密封胶垫，涂抹密封胶，镶入密封槽内。

c. 将气体继电器置于两法兰中间，箭头指向油枕侧，适当拨动油枕，调整好位置和间隙，如胶垫无错位，便可对角拧紧连接螺栓。

d. 拧紧油枕与支架的连接螺栓。

⑦变压器接地线安装。

a. 用独立的接地线将变压器接地套管的引线直接与接地网进行连接。

b. 用扁钢(铜)接地线将变压器底座的接地螺栓与接地网进行连接。

5)抽真空注油及补充注油。按采用的抽真空方法，连接抽真空系统。根据产品说明书的要求连接抽真空管路，将抽真空管路连接到油枕上部或其他指定部位。变压器包括两种注油方式：一是变压器全部一次安装完毕，直接抽真空注油；二是在原先常规油的基础上的抽真空补充注油。下述步骤同时适用于这两种注油方式。

抽真空的操作步骤如下：

①打开所有散热器和冲击油压继电器的蝶型阀门，使变压器全部油路畅通。检查并拧紧各类放气塞、油堵及进出油阀门，保证变压器处于全密封状态。

②安装真空泵及其冷却系统，并进行空载试验和常规保养。一般情况下，真空泵循环冷却用水量不应少于 2 $m^3$，以降低温升。

③连接储油柜至真空泵间的抽真空管路，由于抽真空管路上端直接连接在储油柜顶部的真空阀门上，因此在安装后要将管路固定牢靠，不得使阀门承受额外应力，以防损坏。

④利用从变压器上拆下的、运输中用的氮气压力监测计量器具，改制成如图 6-4-4 所示的真空度检测及充氮压力监测导管组合计量器具(此时图中 5 端接真空计以测真空度)，连接在从储油柜引下的吸湿器连管末端；其中真空计与连接嘴之间用直径为 6 mm 左右的橡胶管连接，接口处应涂敷密封脂。

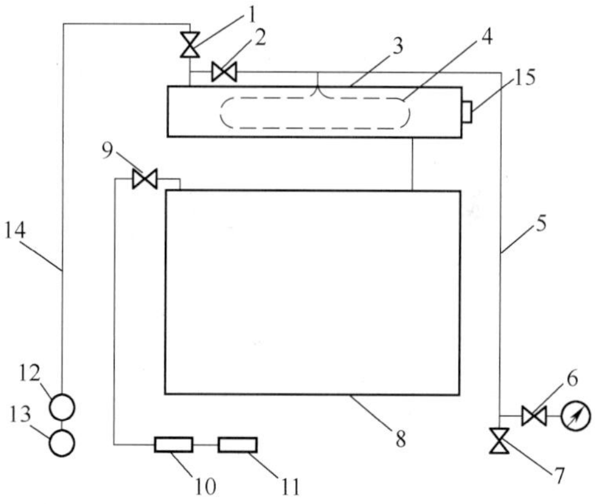

图 6-4-4　变压器抽真空注油的现场布置示意图

1—抽真空阀门；2—连通阀门；3—储油柜；4—隔膜袋；5—呼吸器配管；6—压力计阀门；7—真空计阀门；8—变压器；9—注油阀门；10—真空滤油机；11—储油罐；12—真空泵；13—循环水泵；14—抽真空配管；15—油位计

⑤检查抽真空系统和真空度监测装置的配管，如图 6-4-4 所示，所有连接部位的密封应完好。

⑥确认上列检查合格后，按以下步骤操作，进行抽真空作业前的漏泄率检查。

a. 启动循环水水泵，使真空泵冷却系统运转。

b. 打开变压器抽真空阀门 1 及连通吸湿器联管的连通阀门 2(图 6-4-4)。

c. 启动真空泵，投入抽真空系统。

d. 打开真空计阀门，记录抽真空开始时间，监视真空度上升速率，每小时记录一次真空度值。

e. 当变压器内的真空度达到 667 Pa 时，关闭抽真空阀门 1，停止真空泵运转。30 min 后，记录真空计读数，与停机前的真空度比较，其下降值即为该变压器的漏泄率。一般情况下，漏泄率不大于 130 Pa，即认为合格。超过时，应对变压器的密封状况进行全面检查。缺陷处理后，应重新检测漏泄率。

⑦真空漏泄率符合规定后，启动抽真空系统，在保持 667 Pa 真空度的情况下，连续抽真空 12 h，并每小时作一次真空度记录。

⑧变压器真空注油的操作步骤如下：

a. 连接变压器与真空滤油机之间的输油管路，并将变压器主体及输油管路金属连接管部分可靠接地。

b. 在变压器的真空度及连续抽真空时间达到规定时，打开注油阀门向变压器注油，注油量为油位计的

30%刻度线。注油过程中,真空泵应持续运转,并保持 800 Pa 的真空度。

c. 注油量符合要求后,停止注油,关闭注油阀门,继续抽真空作业。

d. 15 min 后,停止真空泵运转,关闭抽真空阀门 1 及连通阀门 2 拆下真空计,在原与真空计连接处换接氮气瓶管路。

e. 通过真空计阀门 7 向隔膜袋内缓缓充入氮气,破坏原真空状态。

f. 随着氮气充入,储油柜内的油面将下降,当油位计指示 10%刻度线时,停止充氮。打开注油阀门,再次注油至 30%刻度线。重复上述操作,至隔膜袋内达到大气压力为止。

g. 根据油温-油位变化曲线,把变压器油位调整到比正常情况下高出 10%的油面上。

h. 再次向隔膜袋内充入氮气,并反复加压至 9.8~14.7 kPa 范围内后,保持压力不变。

i. 反复打开储油柜、套管升高座、气体检出继电器和冲击油压继电器等附件的放气塞,排出残存在器身内的空气,然后关闭所有放气塞。位于储油柜顶部的放气塞,排气拧紧后应涂敷硅脂密封。

j. 再次向隔膜袋内充入压力为 34.3 kPa 的氮气,在保持压力不变的情况下,静置 24 h 后,对变压器进行油密封状况检查。确认变压器密封状况良好后,排放储油柜内的氮气,拆除测量用导管组合计量器具。

⑨安装呼吸器。

a. 将 3%硅胶重量的氯化钴溶于水中,水量能被硅胶全部吸附为宜。

b. 将硅胶浸泡在氯化钴溶液中,使其充分吸收,直至硅胶变为粉红色。

c. 将粉红色硅胶在 115 ℃~120 ℃的烘箱内干燥处理,至全部变为蓝色为止。降温后装入呼吸器内。

d. 取下呼吸器罩、密封胶圈,在罩内注入变压器油至油面线后,将罩装上,密封胶圈不再装回。

⑩安装温度计。

a. 将温度计表面擦干净,固定在表座上,检查指针是否在整定位置。

b. 打开变压器顶盖上的测温座盖,擦净内腔,注入少量变压器油,插入测温包,油位以浸没测温包为宜,拧紧盖上的螺栓。

c. 将毛细管理顺,多余部分盘成直径不小于 50 mm 的圆圈,用卡子固定在变压器适当部位的油箱上。

6)母线安装。

①根据变电所母线平面布置图及母线结构剖面图的设计要求,测量母线引下线的长度,安装变压器的母线引下线。

②对于室内安装的变压器,由于其位于室内,基本上采用高压电缆引入。

7)风扇安装及配线。

①风扇托(支)架安装要水平(垂直)、牢固。拉筋要调直,位置处于散热器中心。

②用 500 V 兆欧表测量风扇电机绝缘,其阻值应不低于 0.5 MΩ。

③将风扇固定在托架上,拨动风扇叶片应转动灵活。

④分别测量主接线盒至风扇分线盒及各分线盒间的环形电源供电回路的长度,将电缆和蛇皮管按测量长度下料。

⑤将电缆穿入蛇皮管,两端剥出芯线,校出并标上 A、B、C 相别。

⑥将蛇皮管两端分别卡在接线盒上。中间固定在油箱上,将电缆芯线按相别接到主接线盒和风扇分线盒端子上,形成供电环路。

⑦用 500 V 兆欧表校核回路接线。检查主接线盒及各分线盒的熔断器是否齐全,规格型号是否相符。

⑧用临时电源通电试验,检查电机转向是否正确,转动是否平稳灵活,有无卡阻、摩擦和振动现象。

8)变压器电气试验。

①班组技术人员在变压器注油完毕以后,110 kV 及以下变压器静置 24 h,220 kV 变压器静置 48 h 后,应将变压器各部位的残余气体排尽,测试绝缘油的绝缘强度,并取油样送当地电力公司指定电气试验部门进行绝缘油的简化分析。

②试验人员按照国家电气试验标准进行变压器的电气性能试验。

9)施工收尾。

①清理现场施工剩余材料,将剩余的变压器油装入运输用绝缘油桶内,并按规定进行保管。

②对损伤的变压器表面油漆进行修补,若已经露出金属部分,则要按常规刷防锈漆、补腻子、涂刷面漆。

③填写变压器安装技术记录。

4.4.1.5　综合自动化系统安装

1. 适用范围

适用于牵引变电所工程综合自动化系统安装。

2. 作业内容

变电所测控盘、通信盘、远动盘、综合自动化盘安装，变电所通信网络布线、二次回路接线；系统模拟试验，远动系统联调。

3. 施工程序

综合自动化系统安装工序流程如图 6-4-5 所示。

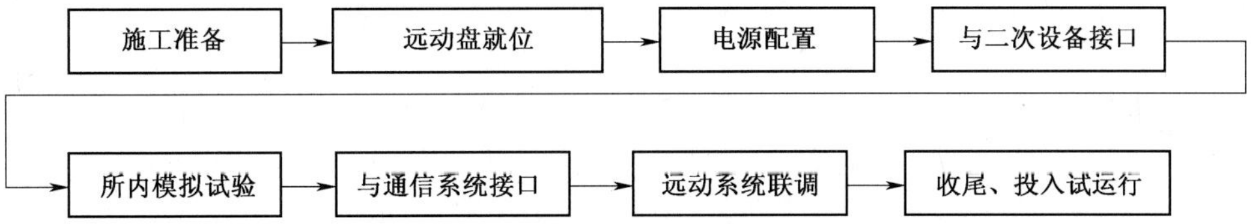


图 6-4-5　综合自动化系统安装工序流程图

4. 操作步骤

(1)施工准备。

1)复核基础槽钢尺寸及水平度，应满足安装需要和标准规范的要求。

2)通信施工完毕，通信通道、通信接口、通信方式已经确定，通信接线盒已预留好接线位置。

(2)远动盘就位：依据设计要求，按照盘柜就位组立的工艺进行远动盘的就位与固定。盘柜接地要符合标准。

(3)电源配置。在调试阶段，尽量使用正式电源，实在解决不了的再使用临时电源。对于控制中心，UPS 等电源设备技术参数要符合设计要求。

(4)与二次设备接口。

1)二次回路校线。按照设计文件和厂家资料认真校核回路。

2)电缆二次配线。按照电缆走向和接线位置，对电缆进行配线分把。

3)远动二次接线，按照设计文件和厂家技术说明，核对后在盘柜内正确接线。

(5)所内模拟试验。

1)确认电源装置输入、输出电压的极性和电压值满足产品的技术要求。

2)投入远动盘，在盘上作设备模拟动作试验，确认各动作指示灯及指示命令正确。

3)待盘上模拟试验正确后，可将各控制盘(柜)上相关转换开关扭到远动位，进行所内模拟试验。所内模拟试验按下列顺序进行：

①主控单元和通信单元测试：接通设备电源，建立测试仪与远动设备间及各单元之间的通信，确认主控单元与各单元之间的数据传输正常，且远动装置处于良好的工作状态。

②遥信单元的测试：用 I/O 模拟器分别接于各对应的遥信端子进行测试，确认遥信输入位正确。

③遥控单元的测试：用 I/O 模拟器分别接于各对应的遥控端子进行测试，确认每一个控制输出组动作可靠。

④模拟量遥测单元的测试：用 I/O 模拟器分别接于各对应的遥测端子进行测试，确认其精度满足产品的技术规定。

⑤脉冲计数遥测单元的测试：用 I/O 模拟器分别接于各对应的脉冲量端子进行测试，确认其精度满足产品的技术规定。

⑥故障点标定单元的测试：用 I/O 模拟器分别接于故障点标定端子进行测试，检查精度，确认误差满足产品的技术规定；模拟馈线故障，故障点标定装置应可靠起动，故障显示和打印记录正确，显示值与实际值误差满足设计要求。

(6)与通信系统接口。与通信专业联系，确认通信接线盒预留端子位置，接线正确，并调试正常。

(7)远动系统联调。

1)在远动系统通信通道和被控站远动终端连接前进行远动通道的信噪比、误码率、接收电平和发送电平及通道环阻测试,以确认通道传输技术指标满足设计要求。

2)在被控站使用 I/O 模拟器检查、确认控制站的硬件配置、软件功能满足设计要求。

3)远动系统联调一般在电调所进行,被控站配合人员对被控对象进行实时观察,并通过电调电话与电调所远动操作人员保持联系,确认被控对象的运行状态。

4)在电调所模拟各被控站被控对象的所有控制动作和保护动作。

(8)收尾、投入运行。

1)清理施工场地,并对远动盘的电缆引入处进行封堵。

2)施工负责人、技术负责人及试验人员按工程质量评定标准,对施工质量进行全面检查,评定。做好各种安装技术记录、调试记录,请监理工程师签认。调试记录应包括通道情况、设备情况、调试内容、存在问题等。

### 4.4.2 接触网主要施工技术

#### 4.4.2.1 接触网施工流程

接触网施工流程如图 6-4-6 所示。

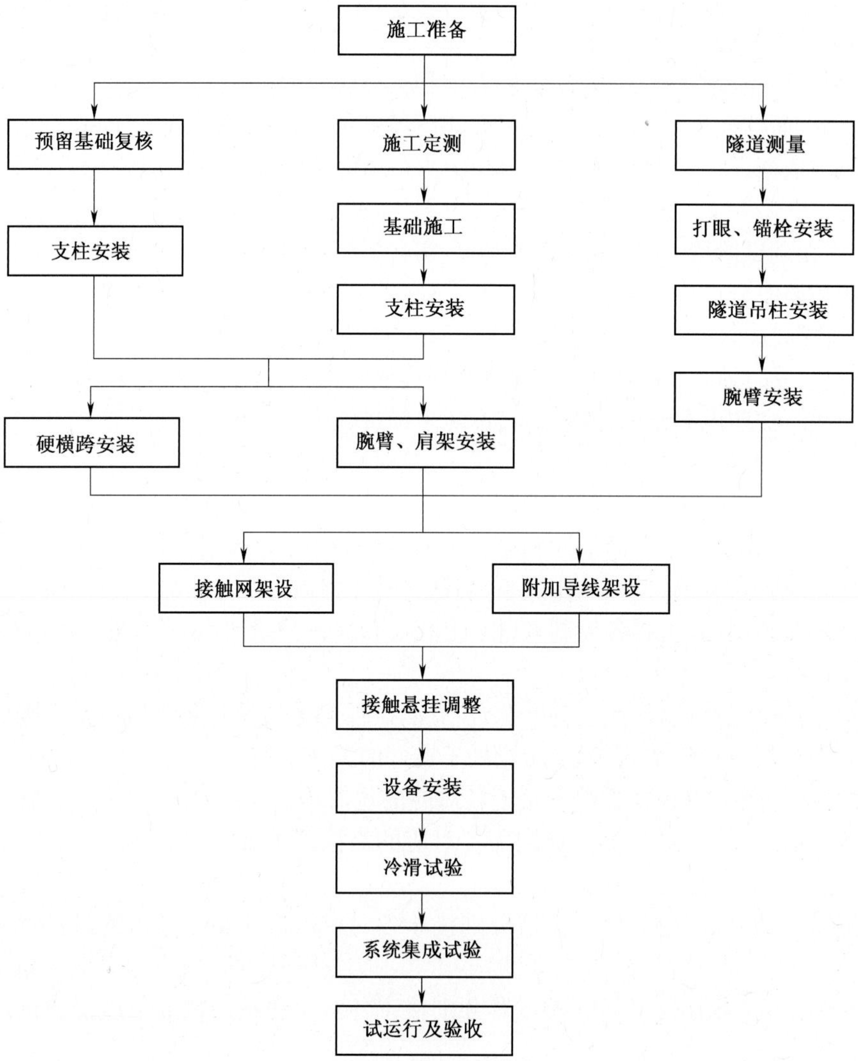


图 6-4-6　接触网工程施工流程图

#### 4.4.2.2 施工测量

(1)施工定测是指施工单位在接触网工程开工前,按照有关施工设计文件要求对线路中心线、基准高程、接触网纵向跨距和横向位置进行复核、定位的测量。

(2)由于高速接触网工程与普速接触网工程在建设程序、内容、遵循的技术规范、标准等方面都有较大的差别，因而其施工定测也有差别。普速铁路接触网工程一般是以现状轨道的中心线和轨道高程为基准，因此一般不对线路中心线、基准高程进行定测（新建铁路轨道未锁定情况除外）；而高速电气化铁路接触网一般都是与路基、轨道工程同步施工，必须对线路中心线、基准高程进行定测。

（3）在高速电气化铁路工程招标时，建设单位就已明确接触网基础工程划入土建标或电气化标。划入土建标的，接触网基础工程由土建单位负责施工；划入电气化标的，接触网基础工程由电气化施工单位负责施工。

（4）当接触网基础工程由土建单位负责施工时，其基础位置由土建单位按照接触网专业的技术要求和相关规定进行定测和施工，电气化施工单位只对已施工的基础位置进行复核测量、确认。复核测量时请土建单位进行交桩配合，根据设计文件确定的起测点按图复核基础平面布置和高程即可，发现不满足设计文件要求或不符合验收标准规定的情况，向建设单位提报复核资料，由土建单位负责处理。

（5）当接触网基础施工由电气化施工单位直接负责施工时，其基础位置由电气化施工单位负责定测。在这种方式下，铁路路基、桥梁、隧道工程一般已完工，其定测的方法与前述方法有较大的区别。定测时有路基、桥梁、隧道施工单位进行交桩，以确定线路的设计中心线、基准高程、起测点等，再根据接触网工程平面图和相关技术规范、标准的规定，采用全站仪、经纬仪、水准仪等光学精密仪器进行逐点测量、定位，并按规定予以标识。

4.4.2.3　隧道锚栓安装

（1）钻孔：悬挂锚栓埋入孔使用专用冲击电锤钻孔。钻孔时采用专用钻头，钻杆竖直向下，保证中间立柱垂直。达到钻孔深度后，钻头挡板即抵住隧道壁，以钻头加粗部分为支点进行环状旋转，对钻孔底部进行锥形扩削，形成柱锥钻孔。同时保证该螺栓垂直于该处隧道壁平面钻孔。

（2）清孔、锚栓埋设：钻孔完成后，测量检查孔深、孔径、孔距等各项参数，并做好记录。用专用清孔气囊和钢刷彻底清除孔中的灰屑，进行锚栓安装。使用专用敲击式工具将锚栓膨胀套管推至低于混凝土表面至少1 mm以下，露出蓝色标记，即表示锚栓已安装到位。对于化学锚栓，置入药剂管或丝网药剂包后，用电锤匀速旋入锚栓直至药剂流出为止，待药剂硬化后即完成埋置。

4.4.2.4　支柱安装

（1）支柱安装宜在轨道铺设前进行，一般采用人工结合汽车式起重机的方式。

（2）清除基础表面杂物和基础螺栓保护塑料布，用法兰盘模具检查各螺栓位置的合适性，每个螺栓安装一个螺母和一个垫圈（用于调节支柱的倾斜度）。

（3）汽车式起重机就位，按有关规定打好支腿。

（4）将一条尼龙吊绳在距支柱顶部1.5 m处套牢支柱，并在支柱底部绑上晃绳。

（5）操纵吊车，用起吊钩钩住尼龙吊带起吊，拉紧晃绳，防止支柱在起吊过程中冲撞，待支柱底部法兰盘高于基础螺栓0.5～1 m时，停止上升，调节起吊臂角度，使法兰盘在基础螺栓正上方。两人扶住支柱，使法兰盘螺栓孔与基础螺栓上下对齐后，吊车缓缓放下支柱，使其顺利座于基础上。然后在基础螺栓上各带上一个螺母拧紧，吊车吊钩落下摘除支柱上尼龙吊带。

（6）利用撬杠和垫块整正支柱达到标准要求，然后配齐各个螺栓螺帽并用大扳手拧紧。复查支柱状态，确认无误后做好记录。

（7）清理恢复现场，然后组立下一根支柱。

4.4.2.5　硬横梁安装

（1）采用经纬仪测量，机械运输、机械吊装的施工方法。

（2）硬横梁长度测量：用激光测量仪、经纬仪测量，生产厂家根据测量数据制造硬横梁。

（3）硬横梁组装：选择一处平整的硬化场地作为硬横梁拼接场地。安放好支架，并在每对支架上横设一根钢管，测量各支架顶面钢管高度，并用支架调整螺丝调节钢管高度，使其达到横梁设计的拱度要求。硬横梁组装如图6-4-7所示。

（4）用吊车先放置中间段，再放置两端并且每两段组装一次。用吊车将梁稍稍吊起，将下边的支架撤除，用水准仪测量硬横梁的预留拱度。

（5）将检查结果记录。

（6）硬横梁安装：利用封闭点进行吊装时，吊车停在距硬横梁安装位置6～7 m左右。堆放硬横梁平板

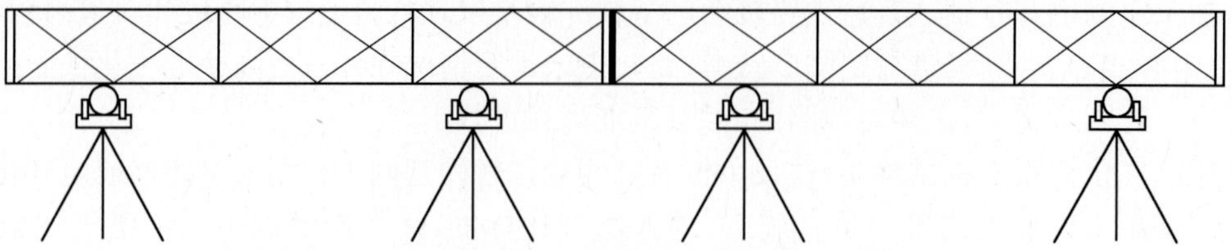

图 6-4-7　硬横梁组装示意图

车组与吊车车组各占用一个股道并行。在硬横梁的两端各拴一条大绳作晃绳，控制梁起吊后的旋转。

(7)根据横梁中心位置和钢丝套长度确定悬挂点位置，吊车先吊起横梁，离开平板一定高度后将运载横梁的平板车拖走，利用横梁两端晃绳，吊车配合横梁缓慢转动将横梁转动到垂直线路状态。

(8)调整吊车吊臂的长度和角度，将横梁悬吊至硬横梁支柱正上方，两端晃绳控制好横梁的方向，吊车缓慢的下落大钩直至高于钢柱顶端 200～300 mm 位置，调整横梁中心位置。

(9)钢柱上作业人员扶稳横梁，将横梁落下并将一端用连接螺栓与钢柱连接上，两边各一根，然后对应另一端将横梁与钢柱连接上。

(10)确认横梁状态良好后，将两端的连接螺栓全部补齐，配齐垫片、螺帽，用棘轮扳手紧固到一定力矩，最后用力矩扳手紧固到规定力矩。

(11)落下吊臂，卸下钢丝套，完成安装。

(12)硬横梁安装完毕后，再根据线路线间距和设计要求在钢柱上标记出各个吊柱的安装位置。

4.4.2.6　接触网支持结构计算安装

高速铁路运行速度快，对接触网的稳定性要求越来越高，接触网支持结构通常采用稳定性较好的平腕臂结构，接触网支持结构安装要从测量、计算、预配、安装、调整等方面进行控制，提高安装精度。

(1)原始数据测量。原始数据测量包括高程测量、支柱倾斜率测量、支柱侧面限界测量。高程测量主要为确定支持结构安装的高度，一般采用水准仪进行测量，测得高程后根据纵断面图中设计轨面高程计算确定支持结构安装的高度；支柱倾斜率测量和支柱侧面限界测量主要为确定支持结构安装的尺寸，支柱倾斜率的测量一般采用经纬仪测量，支柱侧面限界测量在轨道未到位之前一般采用全站仪进行逐点测量，轨道到位后可采用多功能接触网检测仪或者采用丁字尺测量支柱限界，测量限界均以轨面中心线所在的水平面上测量。

将各悬挂点处测量所得的高程、支柱倾斜率、支柱侧面限界值分别记录，为腕臂结构计算做好准备。

(2)结构计算。腕臂结构计算应采用程序化的计算系统为计算平台。首先应进行计算系统参数维护，计算系统参数包括计算腕臂引用的腕臂结构尺寸及零件尺寸的重要参数，必须对常用参数进行正确的维护管理。系统参数维护后按照计算系统要求的格式进行数据输入、计算和腕臂数据的输出。

(3)腕臂预配。腕臂预配应配备预制平台和预制工器具，根据结构计算输出的腕臂计算数据下料、装配、紧固，并做好区间支柱号的标示。

(4)腕臂安装。首先进行腕臂底座安装，底座安装以高程测量确定的安装高度进行安装；底座安装完成确认高度无误后，选择此处的预制完成的腕臂进行安装，一般采用人工安装或轨道车配合人工安装。腕臂安装完成后应对其状态和质量进行现场检查，并及时填写工程检查证。

(5)动态包络线检测。腕臂安装后，应进行动态包络线检测，确保腕臂各部在动态包络线以外，受电弓动态包络线如图 6-4-8 所示。

4.4.2.7　附加导线架设

轨道铺设后采用架线车小张力架设法，未铺设轨道采用人工架设。这里主要介绍采用人工架设的方法。

(1)安置线盘：用汽车式起重机将线盘吊装在附加导线起锚处，并固定好放线架。注意不能有卡滞现象。

(2)起锚：将附加导线牵引至锚柱后，留出预留长度，缠绕铝绑带(长度为线夹两侧各露 10～20 mm)，安装耐张线夹，通过连接件挂到下锚角钢上。

(3)架线：人工牵引附加导线进行架设，每到一个悬挂点在肩架位置用钢丝套悬挂放线滑轮，将附加导线放入滑轮导槽内。

(4)弛度调整：当整个锚段附加导线就位后，在靠近下锚的适当位置将张力计安装在附加导线上，查看附加导线安装曲线和当时气温，确定附加导线的下锚张力。

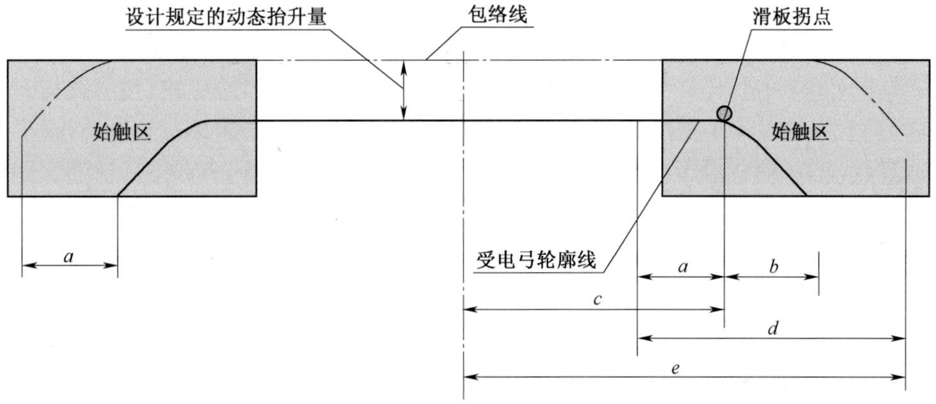


图 6-4-8　受电弓动态包络线示意图

$a$—设计规定的受电弓横向摆动量；$b$—滑板拐点至受电弓诱导角端点的距离；$c$—滑板拐点至受电弓中心线的距离；$d$—$d=2a+b$

（5）下锚：通知架线巡视人员汇报线索展放情况，确认所架锚段的线索不受障碍影响后开始紧线。紧线过程中随时观察张力计的数值，达到确定的张力时停止紧线。

（6）倒线：从起锚端向下锚端，把线索从放线滑轮中依次倒入附加导线固定线夹（暂不紧固，保证线索能在一定的张力下可自由滑动）后，取下放线滑轮。在倒线过程中注意张力计的张力有变化时，应对其进行调整，使张力计指示值始终维持为确定的张力值。倒线至下锚处后，再从下锚端向起锚端将地线线夹全部按紧固力矩要求进行紧固。

（7）检查：每一区段线索架设到位固定好后，检查所架设的线材是否有扭曲、断股、挂伤等现象，并做出相应的处理和记录。

4.4.2.8　恒张力架线施工

对于高速电气化铁路来说，如何确保在较高运行速度下使接触线与机车受电弓具有良好的弓网关系，是工程建设中的核心技术问题之一。无论是路基、桥涵、轨道工程，还是接触网工程，最终都是围绕轮轨关系、弓网关系这两个核心技术问题而展开的技术攻关与创新。因此，在设计时接触导线大都选用机械强度高、耐温特性好、导电率较高的单根铜合金导线，如CTHA110、CTHA120、CTHA150等。承力索一般也选择与接触导线相匹配的铜合金绞线，如THJ95、THJ120等。在工程施工时，要确保架线质量满足高速行车的要求，具体体现在导线架设完毕后应平整、光滑、有弹性，无硬弯、扭曲变形和表面硬伤等现象。因此，如果采用普通架线设备架线，由于其架线张力变化幅度过大（一般在3～10 kN范围内波动），导线因其自重而产生较大的弛度变化和纵向位移，从而造成导线硬弯、扭曲变形，这无疑会使架设后的导线质量恶化，不能满足高速行车对弓网关系的要求。鉴于此，在高速电气化铁路接触网工程施工中，必须采用恒张力架线设备及相关施工技术。

1. 施工准备

应先检查所架设锚段锚柱拉线安装完毕补偿装置的安装、调整，坠砣安装是否整齐、稳固；坠砣应采用抱箍或钢丝套临时固定在支柱上，以防其在放线过程中上下窜动，当正式落锚后方可拆除。

2. 线材运输及吊装

首先检查线盘号与锚段号是否符合，以防错用；在运输线盘运输中要按照导线厂家要求储运线盘，并进行固定；到达现场吊装时打开线盘检查线头方向、线盘的稳定性能，按照放线走向吊装线盘。

3. 起锚

（1）安装终端锚固线夹，将导线放入导线校直器，调整平整，紧固螺栓。

（2）架线车运行至起锚支柱位置停车，车组人员按要求进入架线作业状态。

（3）架线作业人员人工转动线盘与绞盘，将线索端头拉到下锚补偿装置附近。

（4）旋转并提升作业平台靠近下锚补偿装置位置处。起锚人员一人上杆，配合架线车上人员将补偿连接件、绝缘子递给架线车上人员，并检查补偿绳是否在轮槽内、平衡绳是否平顺，架线车上作业人员将接触线终端锚固线夹与绝缘子连接上。

（5）作业平台恢复，起锚人员下杆，起锚完成。

4. 导线架设

(1)施工负责人根据实际情况指挥放线作业,如图 6-4-9、图 6-4-10 所示。作业平台上 2 人准备“S”钩和滑轮,2 人挂“S”钩和滑轮,每跨不少于 4 个“S”钩上部挂在承力索上,下部挂滑轮,接触线挂在滑轮内。

(2)架线车接近下锚柱时停止展线,负责人与起锚人员联系,掌握起锚处坠砣变化状况,并根据此情况确定架线车停放位置(线盘上剩余的导线长度必须 5 圈以上)。

(3)巡线人员检查已架设导线情况,及时处理不稳定状态。

图 6-4-9 恒张力导线架设图(一)

图 6-4-10 恒张力导线架设图(二)

5. 下锚

(1)按照施工负责人要求,车组人员带张力在准确位置停车,启动作业平台。

(2)落锚施工人员在接触线和下锚连线的适当位置安装紧线器,用链条葫芦把补偿装置与接触线连接。紧链条葫芦,当链条葫芦加力拉伸后,逐渐降低接触线线盘的张力,收紧链条。

(3)继续拉紧链条葫芦,起、下锚人员观察坠砣串及 $b$ 值(坠砣串的离地高度),当 $b$ 值符合设计要求时,通知紧线作业人员停止紧线。

(4)紧线完成后,将立柱缓慢下落,使立柱顶线索松开。立柱下落后,向起锚方向稍微移动架线车(距离约 0.5~1 m)以彻底使金属线松弛;严禁使用遥控器移动架线车,车组人员必须在司机室内操作。

(5)在测量好的断线位置做标记,切断接触线,严格按接触线终端锚固线夹安装作业指导书安装好终端线夹。

(6)将接触线锥套式终端锚固线夹与落锚补偿装置的绝缘子连接牢靠。

(7)紧线操作人员缓慢松链条葫芦,拆除链条葫芦和紧线器,架线车归位,即完成正式落锚连接,作业平台及车体归位到正常位置。

6. 检查结束

现场负责人要求架线人员检查全锚段的接触网状况,人员机具、材料全部撤除施工现场,检查无问题后,架线车在封闭点内返回并填写施工记录。

4.4.2.9　整体吊弦施工

整体吊弦施工工艺，解决了导线高度调整不能一次到位的施工难题，确保了接触网的弹性均匀及受电弓受流要求。整体吊弦施工技术减少了接触悬挂的调整次数，对吊弦施工精度要求更高。整体吊弦施工的难点是整体吊弦的计算、预配和安装。

按载流方式分为载流式整体吊弦和非载流式整体吊弦：

(1)载流式整体吊弦都有一个载流环，载流环的作用是当机车通过时，电流能通过载流环进行分流，载流式整体吊弦一般都用在速度快，取流量大的正线上。载流式整体吊弦如图6-4-11所示。

(2)非载流式整体吊弦没有载流环，主要作用是承力，而不承担分流，一般用在低速、取流量小的线路上，一般站线及枢纽都采用非载流整体吊弦。非载流整体吊弦如图6-4-12所示。

(3)按是否可调整分为可调式整体吊弦和不可调式整体吊弦。可调式整体吊弦如图6-4-13所示。

1)可调式整体吊弦一般在接触线端进行整体压接，而承力索端用可调式调整螺栓锁定，可调式整体吊弦一般用在低速的既有线路改造中。

2)不可调式整体吊弦两端都是压接的，对施工及线路稳定性要求比较高，一般适用于新建的高速电气化铁路。

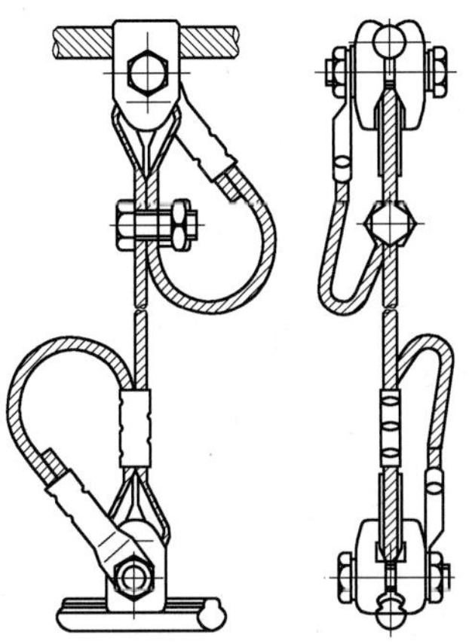

图6-4-11　载流式整体吊弦

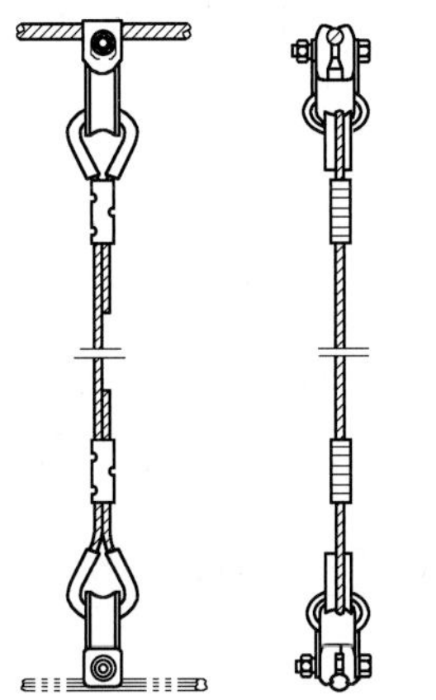

图6-4-12　非载流式整体吊弦

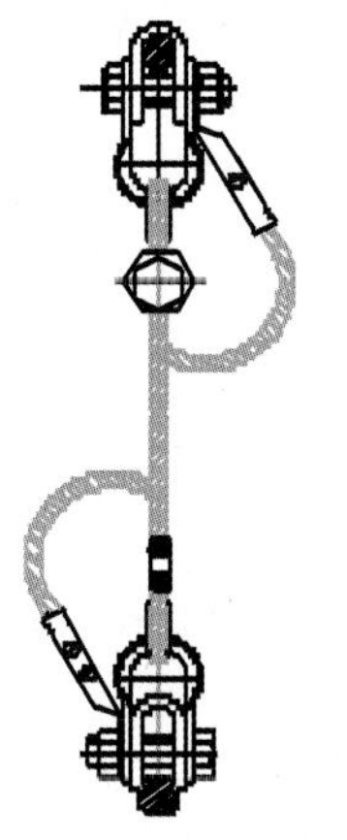

图6-4-13　可调式整体吊弦

整体吊弦安装过程主要包括整体吊弦参数测量、系统计算、工厂预配、现场安装等内容，具体如下：

(1)施工准备。承力索架设并超拉完毕，完成承力索座归位和中锚安装，腕臂偏移按安装曲线图调整到位，并且承力索张力加到额定张力后，可进行吊弦测量及安装工作。

(2)参数测量。原始数据的测量是吊弦施工中至关重要的一步，它的准确与否与吊弦计算的准确性息息相关，直接影响吊弦施工的质量。吊弦计算主要测量两个方面的数据：一是网上参数测量，主要包括承立索的高度及承力索接触线张力测量；二是线上参数测量，主要包括跨距及定位点处外轨超高测量。承力索高度测量一般采用多功能接触网激光测距仪进行测量；承力索、接触线张力测量需承力索、接触线都加到额定张力后，将张力计分别串接到承力索(接触线上)，接上张力计后待一两分钟读取张力计数值，一般应进行多次测量(在多个锚段内)，分别取其平均值，最终确定承力索及接触线的张力；跨距测量一般采用激光测距仪或钢卷尺；外轨超高测量一般采用水准仪进行测量。

(3)整体吊弦计算。整体吊弦计算要求用成熟的计算系统为计算平台进行数据输入及计算，最终得出所需的计算结果。并打印吊弦预配数据表及安装布置表。

(4)整体吊弦加工。整体吊弦加工应在工厂内配备预制平台和预制压接工器具，根据计算输出的吊弦数据下料、预制，并做好区间每跨内顺序的的标示。一跨内吊弦全部预制完成后应扎一捆，扎时应理顺，在绑扎线上标上跨距支柱号。一个锚段扎一大捆，标上区间锚段号。然后按站、区分装，并予以标识。

(5)整体吊弦安装。吊弦运输到现场后，依据吊弦安装布置表，用钢尺从中心锚结向下锚方向在钢轨上测量出吊弦的位置并作好标识。吊弦安装应在封闭点内作业，一般采用梯车进行安装，将钢轨上吊弦的位置用线坠投影到承力索上，并先安装承力索吊弦线夹，然后再安装接触线端吊弦线夹并确认吊弦安装是否垂直。安装时载流圈方向应正确，螺栓的紧固力矩应符合要求。吊弦安装也可利用安装作业车在封闭点内进行安装。

(6)整体吊弦检测。整体吊弦检测主要包括整体吊弦外观安装质量检测、安装工艺的检测、安装位置检测、接触线高度检测、接触线抬高检测、相邻吊弦间接触线高差(坡度)检测及相邻跨距间接触线高差(坡度)检测。整体吊弦外观检测主要是观察吊弦的受力情况、吊弦的安装是否垂直、吊弦安装是否正确、吊弦螺栓穿向是否一致、吊弦螺栓力矩是否达到标称值;导线高度及坡度检测一般采用多功能接触网激光测距仪进行,将多功能接触网检测仪放置在悬挂点下、每根吊弦下的轨面上,操作检测仪,测出在悬挂点下、每根吊弦下接触线距轨水平面的距离值,并比较悬挂点下、每根吊弦下导线高度值是否符合设计要求。检测过程中如发现问题应进行技术处理或更换吊弦。

4.4.2.10 线岔施工

1. 线岔的分类及技术特点

线岔是关系行车安全的关键设备之一。线岔布置的好坏将直接关系到行车的安全。根据国内外经验,很多的打弓、钻弓事故往往都是出现在线岔处。目前线岔布置主要有交叉和无交叉(分为无交叉和第三组辅助悬挂)两种线岔型式。交叉式的线岔布置方式,主要应用于德国、西班牙及中国普速铁路;无交叉的布置方式则主要应用于日本、法国及中国高速铁路,但法国在大岔号道岔处(允许侧向通过速度在 160 km/h 以上)则采用带第三组辅助悬挂的接触网无交叉布置形式。

(1)交叉线岔。交叉布置线岔处主线与侧线吊弦交叉连接,通过调整两支接触线的高度和走向,使线岔处的弓网间接触力与其他区段上基本一致,避免该处出现相对硬点。其特点是正线和侧线在道岔区域通过线岔限制器融为一体,这种结构的好处是无论正线还是侧线行车,都能保证整个接触网系统动态的整体抬升,从而可以保证较高的行车速度,一般不产生钻弓及打弓现象。但在更高的速度下,也存在一定的安全隐患。

图 6-4-14 中,$A$、$C$ 为悬挂点,$B$ 为交叉点。在悬挂点 $C$ 处,正线按正常高度设计,侧线比正线高 30 mm;在交叉点 $B$ 处,正线相对于正常高度抬高 10 mm(通过吊弦实现),侧线相对于正线提高 20 mm;在悬挂点 $A$ 处,正线按正常高度设计,侧线则相对于正线提高 150 mm。侧线在 $AB$ 段按抛物线抬高,在 $BC$ 段设有一交叉吊弦。当列车以 350 km/h 速度通过正线时,如接触线抬升量过大,受电弓可能要接触两支接触线,在交叉点附近会形成相对硬点。这种硬点无疑会在列车高速行驶时给受电弓造成损害,影响受电弓的使用寿命和机车的受流安全。

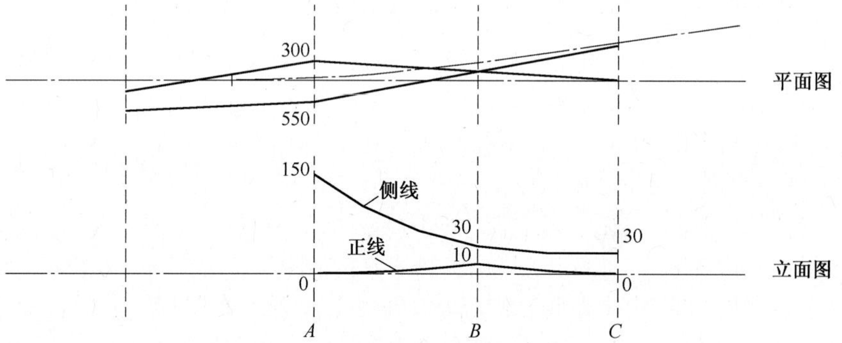


图 6-4-14 交叉式线岔示意图(单位:mm)

(2)无交叉式线岔。图 6-4-15 中,$A$、$C$ 为悬挂点,$B$ 为侧线支接触线始触点(悬挂点 $A$ 右侧第 3 吊弦处),$BC$ 段正线、侧线等高,侧线自 $B$ 点开始按抛物线抬高,至悬挂点 $A$ 处时抬高 90~130 mm;正线在 $AC$ 段始终按正常高度设计。当正线高速行车时,受电弓只与正线接触线接触,而不与站线发生任何关系,因此正线行车具有绝对的安全性,且不会出现交叉线岔在交叉点处形成的相对硬点。

列车从侧线进入正线时,在线间距 806~1 306 mm 之间为受电弓与正线接触线的始触区,此时因正线接触线比侧线接触线高 4/1 000 的坡度,过岔后,渡线被抬高下锚,正线接触线高度又低于侧线,故受电弓可以顺利过渡到正线接触悬挂。在列车从侧线向正线开始过渡时,由于侧线低于正线,所以仍由侧线供电,受电弓进入正线接触悬挂的始触区,受电弓滑板的侧面与正线接触线开始接触。经过等高区以后,由于侧线接触线比正线接触线抬高,随着列车的继续前进,受电弓将逐步脱离侧线接触悬挂而平滑过渡到正线接触悬挂。

当列车从正线进入侧线时,在线间距 126~526 mm 之间为受电弓与侧线接触线的始触区。此时因侧线接触线被抬高下锚，侧线接触线高于正线接触线，过岔时，侧线接触线比正线接触线高度以－3/1 000 坡度降低，故受电弓可以顺利过渡到侧线接触悬挂。在列车由正线向侧线过渡时，由于侧线接触线比正线接触线有较大的抬高，因此，受电弓不会接触侧线接触线而从正线接触线上受流。随着列车继续前进，由于在定位点处受电弓中心与正线接触线之间的距离较小，受电弓经过等高区后逐渐降低至正常高度。因此，受电弓可以顺利过渡到侧线接触悬挂，列车经过线岔时平稳良好的受流优越性是其他结构无法替代的。

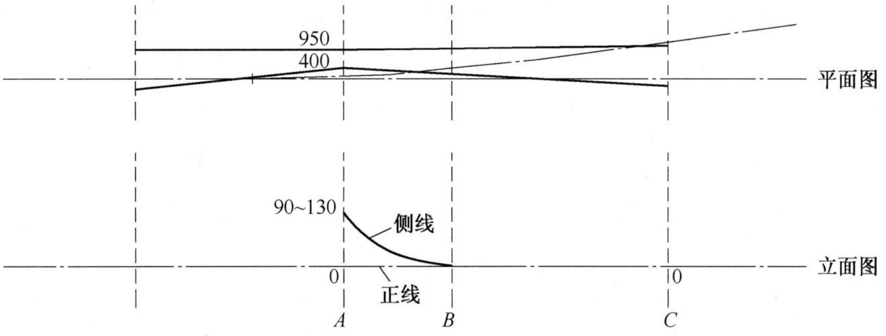


图 6-4-15　无交叉式线岔示意图(单位:mm)

(3)带第三辅助悬挂无交叉布置的原理。从带第三辅助悬挂的接触网无交叉布置图(图 6-4-16)可以看出，道岔布置分成了三个锚段关节，这三个关节均由第三辅助悬挂来进行过渡。其中，辅助悬挂与正线形成有两个锚段关节，分别是 B 到 D 和 E 到 F 两段。另外辅助悬挂与侧线在 E 到 F 也形成一个锚段关节。其中 E 到 F 是道岔的过渡区域，受电弓将在这里完成正线、辅助线和侧线间的过渡，是整个线岔布置的关键部分。

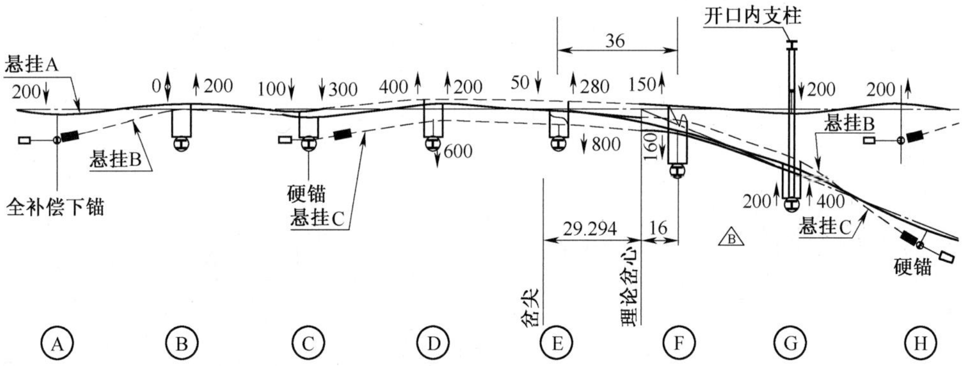


图 6-4-16　带第三辅助悬挂的接触网无交叉布置立面图(单位:mm)

下面从受电弓的几种运行方向对其进行分析：

这种采用第三辅助悬挂的无交叉布置，将受电弓在岔区的运行变成在锚段关节处的运行。再加上拉出值和抬高的配合，使得受电弓在从正线经过道岔时不与侧线悬挂接触，同样从侧线经过道岔时也不与正线悬挂接触。完全避免了打弓、钻弓的可能性。其安全平滑的通过性，满足了列车高速运行的要求。

通过对线岔布置原理的分析，了解了线岔布置的重点，即施工重点就在于道岔岔心前后支柱的定位、腕臂及定位装置、吊弦施工、自检。

2. 线岔施工技术

(1)支柱定位。应提前介入站前的接触网基础施工，如果基础由站前施工单位施工，由于专业的不同，在某些关键性基础位置的理解上可能会产生偏差，给基础的定位造成不利的影响，为此，应在其进行基础施工时予以配合指导，防止关键性的基础位置出现变化，为后期的施工做好充分的准备。基础完成后，对于所有关键性的接触网支柱基础位置进行仔细的检查、测量。对发现不符合标准要求的基础，及时整改。确认基础位置及型号无误后，选择对应支柱型号，进行立杆整正。

(2)腕臂及定位装置的安装。腕臂和定位装置的测量计算是非常重要的一环，若能精确到位，将大大减少后期的精调工作量，是后期吊弦测量、计算的基础。腕臂及定位装置应严格按支持结构计算与安装技术进行施工。

(3)吊弦施工。吊弦的施工直接关系着接触线的高度及平滑性，它起着调节三组悬挂的相互高度，以便受电弓在道岔处能平顺安全的通过，同样是道岔施工里非常重要的一道工序。

吊弦施工同样按照测量、预配、安装调整、检测的步骤来进行。但由于道岔调整的特殊性，建议采用可调式吊弦布置，以方便后期的微调。

吊弦安装过程中要求安装人员在作业平台上对已安装完成的吊弦状况进行目测检查，看接触线是否平顺，有无明显的起伏等。

(4)自检工作。利用多功能激光测距仪检测道岔处的导高和拉出值，还要检测理论岔心处的导高和拉出值，主要看其是否等高。如有必要，可以对每一根吊弦的高度都进行检查，出现问题时，可以作为后期调整和分析的依据。

4.4.2.11　设备安装

1. 隔离开关安装

(1)对隔离开关进行外观检查后，按照技术要求进行绝缘测试。用绳子吊装隔离开关托架，安装时用水平尺调平。

(2)托架安装好后，用绳子吊上开关底座，按要求将底座固定在托架上。然后将隔离开关本体吊上托架，在底座上固定好。最后将传动杆和操作机构等开关附件按照设计要求安装完毕。

(3)开关安装完毕后，按照设计要求进行开关的合闸、分闸试验，对开关的动作进行调试。最后安装好接地线和开关引线。

2. 分段绝缘器安装

(1)对分段绝缘器外观进行检查，根据安装图纸进行组装。然后进行拉力试验。

(2)在设计位置安装承力索绝缘子。然后在正下方安装分段绝缘器本体。初步调平分段绝缘器，将分段绝缘器接头线夹处的接触线煨弯，固定在线夹内。分段绝缘器调整时先调整分段绝缘器两端吊弦长度，使分段绝缘器符合技术要求。安装完后，用多功能激光测量仪检测分段绝缘器高度是否符合要求；底面是否与轨面平行。并用塑料布将所有绝缘元件包扎好。

## 4.5　施工质量控制要点

### 4.5.1　主变压器安装

(1)油浸变压器等在装卸和运输过程中不应有严重冲击和振动，运输倾斜角不超过 15°。充氮气或充干燥空气运输的变压器，在运输途中应保持气体压力在 0.01～0.03 MPa 的正压。

(2)装卸时，吊装或顶升的受力点应符合制造厂的要求，受力应均匀。钟罩式变压器起吊时，应将钢丝绳系在下节油箱专供整体起吊的吊耳上，并必须经钟罩上节相对应的吊耳导向。

(3)设备到达现场后，应及时进行下列外观检查。

1)油箱及所有附件应齐全、无锈蚀及机械损伤，密封应良好。

2)油箱箱盖或钟罩法兰及封板的连接螺栓应齐全，紧固应良好、无渗漏。

3)充油套管的油位应正常、无渗油，瓷件完好。

4)充气运输设备的气压正常。

(4)油浸变压器就位后，应进行器身检查。

(5)器身检查时，应符合下列要求：

1)周围空气温度不宜低于 0 ℃，器身温度不应低于周围空气温度；当器身温度低于周围空气温度时，应将器身加热，宜使其温度高于周围空气温度 10 ℃。

2)空气相对湿度应小于 75%，器身暴露在空气中的时间不得超过 16 h；空气相对湿度或露空时间超过规定时，应采取相应可靠的防潮措施。

3)器身检查时，场地四周应清洁并设有防尘措施；在雨雪天或雾天，不应在室外进行器身检查。

(6)器身或钟罩起吊时，吊索与铅垂线的夹角不宜大于 30°，且两侧应一致，起吊过程中器身与箱壁不得碰撞和摩擦。

(7)器身检查的项目和要求。

1)运输支撑和各部位应无移动，运输用的临时防护装置及临时支撑应拆除，并经过清点做好记录备查。

2)所有螺栓应紧固,并有防松措施;绝缘螺栓应无损坏,防松绑扎完好。

3)铁心检查项目:

①铁心应无变形、铁轭与夹件间的绝缘垫应良好;

②铁心应无多点接地;

③铁心外引接地的变压器拆开接地线后,铁心对地绝缘应良好;

④打开夹件与铁轭接地片后,铁轭螺杆与铁心、铁轭与夹件、螺杆与夹件间的绝缘应良好;

⑤当铁轭采用钢带绑扎时,钢带对铁轭的绝缘应良好;

⑥打开铁心屏蔽接地引线,屏蔽绝缘应良好;

⑦打开夹件与线圈压板的连线,压钉绝缘应良好;

⑧铁心拉板及铁轭拉带应紧固,绝缘良好。

4)绕组检查项目:

①绕组绝缘层应完整,无缺损、变位现象;

②油路应无堵塞;

③绕组的压钉应紧固,防松螺母应锁紧。

5)引出线绝缘包扎牢固、无破损及扭弯现象;引出线绝缘距离应合格,固定牢靠;引出线的裸露部分应无毛刺或尖角,其焊接应良好;引出线与套管的连接应牢靠、接线正确。

6)调压切换装置的连接应紧固、正确;各分接头应清洁,且接触紧密、弹力良好;所有接触部分用 0.05 mm×10 mm 塞尺检查,塞尺应塞不进去;转动接点应正确停留在各个位置上,且与指示器所指位置一致;切换装置的拉杆、分接头凸轮、小轴及销子等应完整无损;转动盘应动作灵活、密封良好。

7)绝缘屏障应完好,固定牢固、无松动现象。

8)检查各部位应无油泥、水滴和金属屑末等杂物。

(8)器身检查完毕后,应用合格的变压器油进行冲洗,并清洗油箱底部,不得留有杂物。箱壁上的阀门应开闭灵活、指示正确。

(9)变压器基础应水平,装有气体继电器的变压器应使其顶盖沿继电器气流方向有 1%～1.5%的升高坡度(制造厂规定不需安装坡度者除外)。

(10)所有法兰连接处应用耐油密封垫圈密封。密封垫圈应清洁,无扭曲、变形、裂纹和毛刺,规格尺寸应正确。法兰连接面应平整、清洁,安装后橡胶密封垫的压缩量不宜超过其厚度的 1/3。

(11)冷却装置安装应符合下列要求。

1)散热器安装前用合格的绝缘油冲洗干净,并将残油排尽;阀门及法兰连接处密封应良好;安装完毕后应即注满油。

2)风扇电动机及叶片安装应牢固、转动应灵活、转向应正确,运转时应无振动、过热,电源配线应采用耐油绝缘导线。

(12)储油柜安装应符合下列要求。

1)安装前应清洗干净。

2)隔膜应完整无破损,胶囊作充气检查应不漏气。

3)胶囊在储油柜中应安装正确,不应扭偏;胶囊口的密封应良好,呼吸应畅通。

4)油标指示必须与储油柜的真实油位相符;油位表动作应灵活,其信号接点位置应正确,绝缘应良好。

(13)套管安装应符合下列要求。

1)瓷套表面应无裂纹、伤痕,套管、法兰颈部及均压球内壁应清洁,充油套管应无渗油现象,油位指示正常;套管应经试验合格。

2)充油套管的内部绝缘受潮时,应予干燥处理。

3)高压套管穿缆的应力锥应进入套管的均压罩内,其引出端头与套管顶部接线柱连接处应擦拭干净、接触紧密。

4)套管顶部结构的密封垫应安装正确、密封良好;连接引线时,不应使顶部结构松扣;对于采用螺杆式引出端子的套管,应安装转换端子后再与母线连接。

5)充油套管的油标应面向外侧,套管末端接地应良好。

(14)气体继电器安装前应经检验合格,安装应水平,方向应正确,连接密封应良好。

(15)安全气道的内壁应清洁,隔膜应完好,其材质和规格应符合产品的要求,不得任意代用。采用压力释放装置时,其安装方向应正确。

(16)吸湿器油封的油位应在油面线上或按产品的技术要求安装,吸湿剂应干燥(呈蓝色),连接管的密封应良好。

(17)净油器内部应干净,吸附剂应干燥。其滤网的安装方向应正确。

(18)温度计安装前应进行校验,信号接点的动作应正确,导通应良好;顶盖上温度计座内应注以变压器油,密封应良好;膨胀式信号温度计的金属软管不得有压扁或急剧扭曲,其弯曲半径不得小于 50 mm。

(19)绝缘油应按要求试验合格后方可注入变压器、电抗器中。取样数量应符合下列要求:大罐油,每罐均应取样;小桶油应按表 6-4-1 的要求取样。不同牌号的绝缘油混合使用时,应先做混油试验,并送有资质的部门检验。

**表 6-4-1　小桶绝缘油取样数量表**

| 每批油的桶数 | 取样桶数 | 每批油的桶数 | 取样桶数 |
|---|---|---|---|
| 1 | 1 | 51～100 | 7 |
| 2～5 | 2 | 101～200 | 10 |
| 6～20 | 3 | 201～400 | 15 |
| 21～50 | 4 | 401 以上 | 20 |

(20)向变压器、电抗器注油宜从下部油阀进油,注油速度不宜大于 100 L/min。110 kV 及以上的变压器宜采用真空注油,但不宜在雨天或雾天进行。

(21)注油完毕后,110 kV 及以下变压器静置 24 h,220 kV 变压器静置 48 h 后,应将各部位的残余气体排尽。

(22)变压器安装完毕后,应在储油柜上用气压或油压进行整体密封试验,其压力为 0.03 MPa,试验持续时间为 24 h,应无渗漏。整体运输的变压器可不做整体密封试验。

### 4.5.2　综合自动化系统安装

(1)远动系统调试前应对远动通道进行检测。通道质量应符合铁路通信设计规范的有关规定。

(2)对远动声频通道接收和发送电平进行测定,应满足产品设计要求,一般发送电平不宜大于 0 dB(m),接收电平不宜小于－40 dB(m)。

(3)设备的固定和连接牢固可靠,盘(柜)漆层完好,表面清洁整齐。

(4)所有接线正确、可靠,标志齐全、清晰。

### 4.5.3　接触网施工测量

不论轨道工程是否已经铺轨或整道,都不能以其现状的线路中心和轨道高程作为接触网工程定测和检查验收的依据,而必须统一到所有专业都共同遵循的设计线路中心和基准高程上来。

### 4.5.4　隧道锚栓安装

(1)对位于隧道渗水处的悬挂点必须做纵向调整,避开渗水点;化学粘结锚栓预埋前对孔位用棉纱或水进行清洗。

(2)同组定位点的锚栓不能在隧道伸缩缝两侧,必须调整至伸缩缝同一侧。

### 4.5.5　接触网支柱安装

(1)支柱安装后,确保每根基础螺栓至少有一个螺母完全紧固使得支柱法兰盘与基础面密贴,保证支柱安装后的稳定。

(2)支柱下落至基础面 0.2 m 处暂停，待扶支柱的人员将法兰盘孔与基础螺栓对准后，再缓慢下落，防止对基础螺栓的螺纹造成损坏。

(3)施工前设好防护，起吊过程中起重臂下严禁站人。

#### 4.5.6 硬横跨安装

(1)在硬横梁组装前，由专业工程师负责向作业人员进行技术交底，明确技术标准和安全操作程序。

(2)硬横梁组装时，各梁段连接密贴，各螺栓对角循环紧固。紧固力矩严格控制在误差范围内。

(3)安装硬横梁时，横梁正下方不得有人停留。

(4)硬横梁组装顺直，并预留拱度。中段横梁有上、下方向性，不得装反。

#### 4.5.7 接触网支持结构计算安装技术

(1)测量轨面高程、外轨超高、支柱限界要求精确到毫米，支柱倾斜精度要求精确到 1‰，测量采用经纬仪、水准仪配合丁字尺进行精确测量。

(2)在预配、安装过程中，螺栓紧固力矩应符合产品说明书或规范要求，用活动扳手初步紧固后再用力矩扳手进行紧固。

(3)人工安装腕臂时，杆上安装人员分别位于支柱的两侧；安装腕臂的绳索必须绑扎牢固；作业车安装腕臂时，在转动作业车安装平台时缓慢进行，不得造成平台与支柱相碰触。

#### 4.5.8 附加导线架设

(1)在用耐张线夹做起锚和下锚时，用扭矩扳手紧固耐张线夹，保证受力均匀。

(2)在附加导线架设过程中，沿线安排人员防护。

(3)在曲线区段架设、倒线过程中，所有人员均站在曲线外侧(站在线索的受力反方向)，以防止线索从滑轮或线夹中滑脱伤人。

#### 4.5.9 接触网整体吊弦施工

(1)在整体吊弦测量与计算时，承力索悬挂点的高度宜采用激光测量仪测量；支柱跨距宜采用激光测距仪测量。

(2)简单链形悬挂同一跨内相邻吊弦处的接触线高度差应符合设计预留弛度的要求，并用激光测量仪测量进行检查。

#### 4.5.10 恒张力架线施工

(1)检查锚柱的顺线路倾斜率，调整拉线调整螺栓，保证其符合标准，紧线时，认真观察，如大于标准时，应紧拉线调整螺栓，并达标。

(2)临时固定在支柱上的抱箍和钢丝套在放线过程中不得拆除，以防其在放线过程中上下窜动，当正式落锚后方可拆除。

(3)架线张力应满足要求，运行速度小于 5 km/h。

(4)恒张力架线车司机应严格执行《恒张力架线车安全技术操作规程》。

(5)线盘最后预留长度大于 5 圈，确保张力情况下下锚不脱线；紧线器安装要牢固可靠。

#### 4.5.11 接触网线岔施工

(1)腕臂安装尺寸应符合要求，安装完成后应符合高度和拉出值。

(2)吊弦安装应竖直，接触线吊弦线夹应垂直于接触线，不得偏斜。

(3)所有吊弦都应处于受力状态，螺栓按扭矩要求拧紧。

#### 4.5.12 接触网设备安装

(1)隔离开关安装前进行电气试验，试验合格后才能进行安装。

(2)托架安装呈水平。

(3)开关引线连接正确牢固,并预留因温度变化而引起的位移长度,电连接线夹及设备线夹均涂抹电力复合脂。

(4)保证分段绝缘器本体中心位置要与承力索绝缘子串中心在一条铅垂线上。分段绝缘器处拉出值不能太大,必须保证绝缘器底面全面与受电弓接触,以免受电弓钻弓、打弓。

# 5　高速铁路电力施工技术

## 5.1　概　　述

电力供电系统是系统集成的重要组成部分，为确保调度指挥、信号、通信、旅客服务等系统重要负荷安全、可靠、不间断地运行，电力供电系统必须应满足铁路行车安全、可靠供电的要求，设备选型满足免维护、少维修的要求，10 kV 及以上变配电所满足无人值班的要求。

## 5.2　系统构成

### 5.2.1　高低压电力线路

(1)站场高压电力线路采用电缆(YJV22)形式，原则上采用电缆直埋敷设方式。10 kV 电源线路采用架空线路与电缆线路混合形式，架空导线采用钢芯铝绞线(LGJ 型)或架空绝缘导线(JKYJ 型)；10 kV 电力贯通线路采用如下两种方式进行比较：

1)全部采用 3 根单芯铠装电缆沿预设电缆槽敷设。

2)采用架空线路与电缆线路(直埋敷设)混合方式。

目前我国电力系统及其他行业 10 kV(中压)电缆基本采用三芯电缆，国外高速铁路高压电缆一般采用单芯。虽然单芯电缆费用较高，但其具有绝缘条件好、弯曲半径更小、中间接头少的明显优点，不同相之间相互影响小，可降低电缆故障发生几率，提高供电可靠性。

站内和区间低压线路均采用电缆线路，隧道内的低压电力线路采用阻燃型电缆。

(2)高低压电缆线路均采用铜芯电缆，电缆头等连接附件采用国内外高质量知名企业品牌产品。

### 5.2.2　变、配电所

1. 变、配电所设置形式

各配电所采用单母线真空断路器分段运行方式，两路 10 kV 电源分别接在两段母线上，正常时，母联断路器打开，两路电源同时运行，互为备用；当一路检修或发生故障时，母联断路器闭合，由另一路电源供电。贯通馈出设单独的母线段，经有载调压隔离变压器供电。所用变压器分别设置在两段 10 kV 母线上。

在车站负荷集中位置设室内变电所或箱式变电站供电，为车站站房供电的室内变电所与站房合建。

为信号中继站供电的变电所采用箱式。变电所从两路 10 kV 贯通线路上各接引一路电源。主接线采用单母线分段运行方式，两路 10 kV 电源经变压器分别接在两段母线上作为信号通信设备的主备电源。变电所内设贯通线路故障分断开关，可以及时切除贯通线路故障段。

为区间通信基站供电的变电所采用箱式，从两路 10 kV 贯通线路上各接引一路电源，采用环网接线形式。设于隧道内的光纤直放站利用为隧道照明供电的变电所供电。

远离站区的红外线轴温探测站、接触网电动隔离开关的操作箱、桥隧两端视频监控终端等用电负荷设变电箱供电。

2. 变、配电所设备选型

110 kV 设备采用 GIS 气体绝缘组装免维护设备，配 $SF_6$ 断路器。

10 kV 配电所高压柜采用 $SF_6$ 免维护气体绝缘开关柜，配真空断路器；保护采用微机综合自动化装置，实现全所电气设备的测量、控制、保护等功能，并设有电力远动接口。高压电容器组采用中心点不接地星型接线成套固定柜，电容器选用无毒、防爆型。直流电源设备采用智能高频开关铅酸免维护电池直流电源柜。调压器采用环保型干式调压器。

车站室内变电所采用金属封闭 $SF_6$ 气体绝缘环网柜,低压柜采用模数化组合式开关柜,车站、区间箱变的主要开关元气件采用气体绝缘设备,构成小型箱变。为通信信号配电的低压空气开关选用远程可操作式。变压器采用干式变压器。箱变内设 UPS 直流电源,远动终端组合在箱变内。

所有新设变、配电所(室)按照免维护、无人值班设计,均纳入 SCADA 系统远动操作、监视。

### 5.2.3 电力远动系统

(1)为保证全线铁路供电的正常、安全运行,对全线主要 10 kV 电力设备进行遥测、遥信、遥控,建立电力远动系统。

本着集中管理、相对独立、信息资源共享的原则,电力和牵引供电调度远动系统在调度端按照一体化设计。被控端按照独立设置设计,远动通道采用环形 2 M 以太网方式。整个系统负责对全线牵引供电系统及铁路电力供电系统的运行调度管理。

(2)调度中心主要完成对远动终端监视、管理、下达控制和维护等命令功能,亦可直接操作控制远动终端。

(3)电力远动终端包括 110 kV 变电站、10 kV 配电所、10 kV 变电所的高压开关,10 kV 贯通线路上的分断开关(设在信号中继站变电所室内)和为通信、信号设备等一级负荷供电的低压开关。

(4)由 SCADA 子系统负责全线各站的 10 kV 及以上的变配电所统一配置视频监视系统及防灾监控系统,负责对变配电所主要设备、通道等与运行相关的场所进行监视。

(5)由 SCADA 子系统统一负责在全线两条 10 kV 贯通线的分段处设置 RTU,负责对两条 10 kV 贯通线及其供电的信号通信等一级负荷低压供电回路的电流电压的采集、监控;当贯通线出现相间短路、单相接地、断相的情况下,应迅速完成对其故障区段的定位、隔离及非故障区段的恢复供电工作。

## 5.3 施工技术

### 5.3.1 电缆线路

长大隧道内电缆敷设是整个电力系统的关键工序,电力能否按期送电,直接影响通信、信号等专业设备调试,系统联调,从而影响工程的顺利开通。

由于站前铺轨和设备洞室未完成,站前站后施工单位众多,交叉施工,相互干扰严重,因此给贯通线电缆敷设带来很大的困难,特别是长大隧道内的电缆敷设尤为困难。

#### 5.3.1.1 工艺要求

(1)电缆的敷设路径、终端位置应符合设计要求;电缆高度发生变化时,其坡度应平缓;直埋电缆进入建筑物时应根据设计要求采取保护措施。并应有经路示意图。

(2)敷设好的电缆外表无纹拧、铠装压扁、护层断裂和表面严重划伤等缺陷,在终端处留有适当的备用余量。

(3)电缆沟、电缆隧道内的电缆竖井以及进出建构筑物等的电缆通道均应按设计要求进行防火封堵。

(4)电缆敷设的最小弯曲半径应符合表 6-5-1 的规定。

**表 6-5-1 电缆允许弯曲半径与电缆直径的倍值**

| 电缆种类 | 电缆护层结构 | 允许倍值 | |
|---|---|---|---|
| | | 多 芯 | 单 芯 |
| 控制电缆 | | 10 | — |
| 交联聚乙烯电缆 | | 15 | 20 |

(5)电缆在支架或桥架上的敷设应符合下列规定:

1)电缆在支架上的排列层次符合设计要求。

2)控制电缆在每层支架上的排列不宜超过 1 层,在桥架上的排列不宜超过 2 层。

3)电缆在支架或桥架上排列整齐,不宜交叉,绑扎牢固。

4)电缆在每个支撑点处均进行固定。电缆进出设备处,电缆进出支/桥架处,电缆转弯处及垂直敷设时,应用刚性电缆卡子(非铁磁性)固定。

(6)电缆应有一定的弛度和预留量,10 kV 贯通线电缆呈品字形布置,蛇形敷设,且固定牢固。

5.3.1.2　电缆敷设流程图

电缆敷设流程如图 6-5-1 所示:

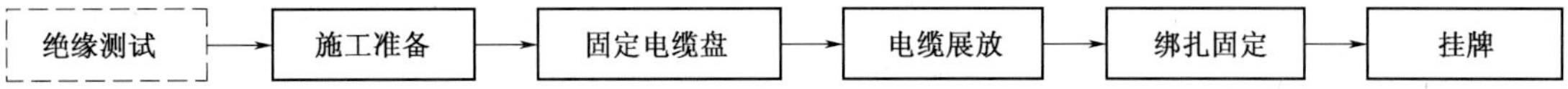


图 6-5-1　电缆敷设流程图

5.3.1.3　主要施工方法及步骤

1. 施工准备

(1)接口检查。积极主动联系相应的土建单位,对有关的接口工程进行检查。对不符合设计要求的,通过建设单位协调,要求土建相关单位及时整改。

1)检查进出房屋预埋管。包括预埋管的位置是否正确,预埋管的材质是否符合要求;在有单芯电缆的情况下,应检查其采用 PVC 管或是钢管;预埋管的管径是否满足要求,预埋管的数量是否满足要求。

2)检查过轨管。包括过轨管位置是否正确;过轨管埋设深度是否符合要求;预埋管的材质是否符合要求;预埋管的管径是否满足要求;预埋管的数量是否满足要求;过轨管与其他专业电缆沟槽管道的交叉距离是否满足要求,特别是与通信、信号专业的电缆交叉距离。

3)检查电缆井。包括电缆井的位置、电缆井的尺寸是否满足要求;电缆井有无合用的情况,如为合用,应检查其布置分配。

(2)现场实测,并绘制电缆敷设路径图。根据实测数量进行电缆配盘,制造长度内的电缆不考虑中间接头;少量超过制造长度的电缆要根据电缆敷设路径图进行配盘,以避开电缆过轨、上下护坡位置。

(3)与站前电缆沟施工单位联系,对计划敷设电缆的区段进行电缆沟盖板翻揭,对有破损的盖板做好记录并请站前施工配合人员签认。翻揭盖板过程要轻拿轻放,注意不损坏盖板。

(4)由于一些区段铺轨较晚,在有砟区段要在上砟之前进行电缆铺设,可用汽车配合敷设;无砟整体道床区段要通过建设单位协调,用汽车配合敷设。

(5)办理好电缆敷设区段的封锁点,设置好联络防护。对有交叉作业的施工单位通过建设单位进行协调,做好施工配合工作。

2. 固定电缆盘

将绝缘测试合格的电缆整盘吊装在放线车的电缆支架上,电缆盘要固定牢固。

3. 电缆展放

(1)在已铺轨区段利用轨道车展放电缆。

1)设指挥员 1 人,负责电缆展放的统一指挥。当轨道车到达敷设地点后,先从电缆盘上端拉出一定长度作缓冲段。指挥员要与轨道车司机约定信号,根据电缆展放情况指挥车辆的开动、停止及运行速度。

2)放线车开动后,2 人在车上转动电缆盘,使其在敷设时保持动态平衡,车速与电缆展放速度作良好配合(车速不大于 5 km/h)。车下 10 人跟随轨道车,将电缆及时移至电缆沟内,并作蛇形布置。

3)电缆进变电所部分,要先测量出所需长度,将该段电缆从电缆盘上拉出预留后,人工敷设电缆到指定位置。如果路径较长,在施放时应将电缆放在滑车上。

4)电缆需穿过管道时,对管道要进行检查清理,去除管口毛刺,必要时应边牵拉边涂抹润滑油。

(2)未铺轨区段电缆展放。由于一些区段铺轨完成时间较晚,为确保箱变按时送电,在未铺轨区段,采取汽车加人工方式进行电缆展放。

1)设指挥员 1 人,负责电缆展放的统一指挥。将电缆吊至汽车上的放线架上,把放线架固定牢靠,先从电缆盘上端拉出一定长度作缓冲段。指挥员要与汽车司机约定信号,根据电缆展放情况指挥车辆的开动、停止及运行速度。

2)放线车开动后,2 人在车上转动电缆盘,使其在敷设时保持动态平衡,车速与电缆展放速度作良好配合(车速不大于 5 km/h)。车下 10 人跟随汽车,将电缆及时移至电缆沟内,并作蛇形布置。

3)电缆进出基站或设备洞室部分,要先测量出所需长度,将该段电缆从电缆盘上拉出预留后,人工敷设电缆到指定位置并做相应预留。如果路径较长,在施放时应将电缆放在滑车上。

4)电缆需穿过管道时，对管道要进行检查清理，去除管口毛刺，必要时应边牵拉边涂抹润滑油。

4. 电缆整理绑扎、挂牌

(1)电缆敷设完毕后，要进行整理、绑扎、固定。电缆放在电缆支架上，使电缆稍稍呈蛇形状，以减少热胀冷缩带来的影响。10 kV 高压单芯电缆，同一回路的三根电缆成“品”字形，轴心等距。

(2)电缆在终端头、中间头、拐弯处、夹层内等地方应挂设电缆标志牌。电缆牌内容包括电缆编号、电缆型号、电缆长度、安装(更换)日期、电缆起始端等。

## 5.3.2 箱式变电站安装

### 5.3.2.1 箱变搬运方案

高速铁路一般采用电力箱变给铁路沿线各级负荷提供可靠电源。由于电力箱变体积大、重量大，运输不方便，特别是在隧道内。

1. 隧道外箱变搬运

(1)有便道可直接将箱变运达安装现场隧道外，用 20 t 吊车吊装；无法用汽车运达安装场所时，需用轨道车运至安装现场，用轨道吊吊装。

(2)箱变整体吊装时，应同时使用本体上的四个全重吊环。起吊盘柜时，钢丝绳与铅垂线之间的夹角不得大于 30°。吊运采用 25 t 吊车，使用吊车前应检查车况及钢丝绳的情况。

2. 隧道内箱变搬运

(1)由于箱变安装直接影响后序工序的开展，影响其他专业的调试用电，影响整个工程的顺利开通；又由于隧道内部分道床、轨道等站前工程还未完成，所以无法用轨道车运输和吊装。

隧道内箱变为便于运输，采用组装式结构，用汽车运至最近的隧道口或是斜井口，用吊车将箱变柜体及叉车吊至自制小型平板车上，柜体在平板上要进行绑扎固定，防止倾倒；将平板车用人力推到箱变相应里程，将柜体移至安装位置安装。

(2)安装落位时应严格按照平面布置图的柜号安装，以免装错。箱变落位后应将柜间的连接线或连接电缆按照图纸连接好。

### 5.3.2.2 箱变安装施工工艺流程图

箱变安装施工流程如图 6-5-2 所示。

图 6-5-2 箱变安装施工流程图

### 5.3.2.3 施工方法

(1)变压器及箱变运输：先进行运输经路的调查和进场道路的铺设，按箱变搬运方案将设备运抵现场。

(2)吊装和就位：隧道外箱变，在变压器及箱变运抵现场后，组织大吨位吊车，落实起吊点，调整千斤顶，然后严格按照相关作业程序吊装到安装基础上，调整就位，直至达到技术要求。按照施工工艺标准做好铁芯接地、器身外壳接地。

(3)隧道内箱变，在箱变柜体运至相应里程后，在平板车与设备洞室口搭好跳板，将叉车及箱变柜体移至洞室内，然后严格按照平面布置图的柜号顺序移至箱变基础上安装，箱变落位后应将柜间的连接线或连接电缆按照图纸连接好。按照施工工艺标准做好铁芯接地、器身外壳接地。

(4)箱变安装。

1)先将箱变与地基固定好后，才可进行电缆的安装，以免电缆安装完毕后由于柜体的挪动对电缆套管施加作用力。

2)电缆敷设时注意相序，避免将来在柜内通过弯曲电缆来更换相序。

3)电缆线耳安装孔的中心线要与柜体套管上的安装孔中心线一致，打磨线耳上的毛刺及氧化层，并保证线耳平面紧贴套管接触面。

4)在电缆头装入 $SF_6$ 环网柜柜体上的连接套管前，先用干的棉布擦拭套管绝缘表面，然后在表面上均匀涂抹一层薄的硅脂。M16 螺孔连接的电缆紧固力矩为 50 N · m(使用力矩扳手)。电缆头安装完毕后要拧紧防电缆头滑落的固定钩，热缩式电缆头除外。在连接变压器馈出柜功能熔丝井下的插拔式电缆头时，要尤其注意检查防电缆头滑落的固定措施。

5)每相电缆的接地铜编织带要与环网柜柜体外壳有可靠的连接,紧固力矩为 28 N·m。

6)电缆头安装完成后,再用电缆夹将电缆与柜体固定,固定力矩为 18 N·m。三芯电缆固定时需要将支架向下翻转,以保证足够的电缆分支空间。电缆固定如图 6-5-3 所示。

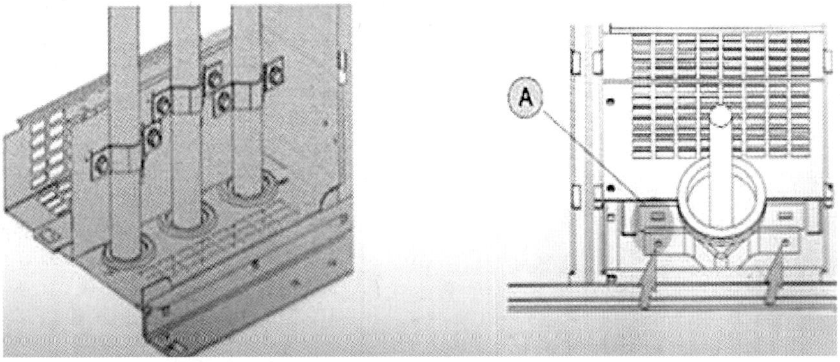


图 6-5-3　电缆固定示意图

(5)整组试验。在电缆安装及接地可靠连接后,按照安装试验计划规定的方法、内容和程序进行试验,认真做好试验记录。

### 5.3.3　电缆冷缩终端头和中间头制作

电力贯通线采用非磁铠装单芯铜芯电缆。中间头采用冷缩式中间头,箱变电缆终端头采用插拔式电缆终端头。

#### 5.3.3.1　工艺要求

(1)电缆头及附件现场应检查其规格、型号与电缆一致,零部件完整齐全,其规格、型号符合设计要求,主要性能应符合相应产品及国家标准的规定。

(2)电缆终端和中间接头应采取加强绝缘、密封防潮、机械保护措施。6 kV 以上电缆接头处应有改善电缆屏蔽端部电场集中的有效措施,并确保外绝缘材相间和对地距离。

(3)电缆头制作时热缩管受热要均匀,不能被烤坏,不能有气泡、砂眼。

(4)电力电缆终端头和中间接头的电缆护层剥切长度、绝缘包扎长度及芯线连接强度应符合电缆头制作工艺要求。

(5)电缆终端头与设备连接的金具应符合设计要求,连接正确,固定牢靠。

(6)电缆头制作完后应进行相关的电气测试应符合设计要求,绝缘良好。

(7)三相电缆中间接头间隔距离为 5～10 m。

#### 5.3.3.2　电缆头制作流程图

(1)中间头制作流程图。中间头制作流程如图 6-5-4 所示。

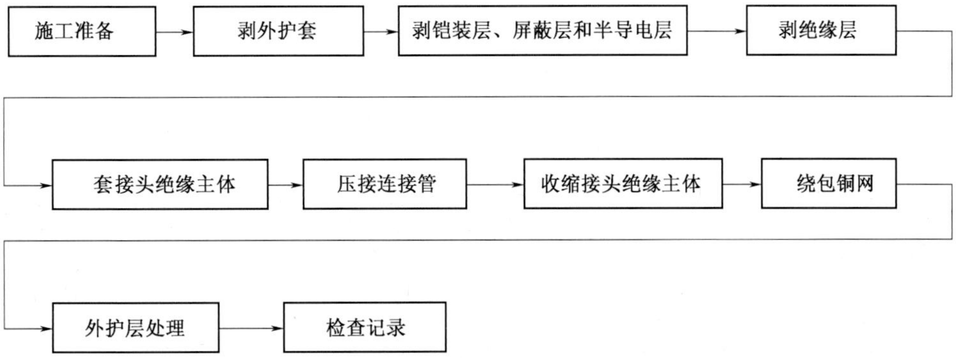


图 6-5-4　中间头制作流程图

(2)终端头制作流程图。终端头制作流程如图 6-5-5 所示。

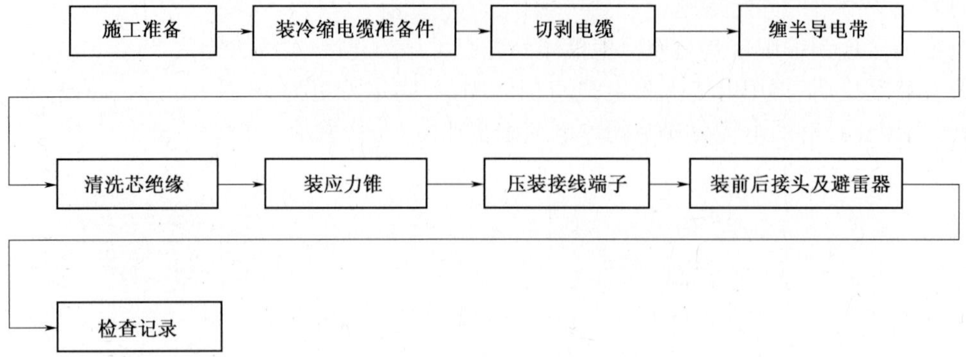


图 6-5-5　终端头制作流程图

5.3.3.3　主要施工方法及步骤

1. 高压电缆中间接头制作

中间接头制作应按照厂家的工艺指导进行，具体数据以厂家提供的为准，其制作由受过专业培训的人员进行。

(1)施工准备。准备工具及材料：接头专用工具、中间接头组件、硅胶、无水酒精、清洁擦拭绵纸、砂纸、自粘性绝缘胶带、相色带等。

用 2 500 V 兆欧表检测电缆的绝缘电阻，须满足有关的技术规定；再将多余的电缆切除，电缆末端搁平、调直、锯齐；最后将热缩管穿进电缆，其端头外露长度能方便施工即可。

(2)剥外护套：根据技术要求测定电缆外护套的剥切长度，并予以剥除。一根电缆外护套的剥除长度为 580 mm，另一根为 350 mm，以方便接头操作。

(3)剥铠装层、屏蔽层和半导电层：用扎线在离电缆外护套断口 30 mm 处将铠装扎紧，其余铠装层剥除(如无铠装，则此步及后与之相关工序省去)；从铠装断口起保留 20 mm 内护层，其余内护层去掉(如无内护层此步可省去)；再从待连接的两根电缆由末端向两端各量取 270 mm，剥除这部分的铜屏蔽层，用半导电带将铜屏蔽切断处扎紧，保留 40 mm 半导电层，其末端 230 mm 长剥除半导电层。

(4)剥绝缘层：量取电缆连接管长度 $L$，以 $L/2$ 长度将两电缆端部绝缘及内屏蔽层剥去，并将绝缘端部倒尖角、毛刺；用细砂纸或纱布，将绝缘层表面砂平、打光，绝缘层与半导电层相接处应平滑过渡，不允许成齿状。

(5)套接头绝缘主体：将铜屏蔽保留较长的一根电缆的绝缘层、半导电层和铜屏蔽层清理干净，套入中间接头绝缘主体，衬管条伸出的一端先套入电缆，再将铜网套入另一根电缆。

(6)压接连接管，确定中心：用塑料袋将中间接头和电缆绝缘临时保护好。用纱布将线芯表面砂毛，然后将连接管内外表面分别套入待连接两根电缆的线芯，挤紧后先压连接管两端，再在连接管中间压接两道(共压接 4 道)；将连接管表面的毛刺、尖角等砂平，用清洁棉纸将连接管表面清洗干净，并将中间接头靠近连接管端头部位清理干净，特别注意不能在中间接头端头位置留有金属渣或其他导电物；确定已连接好的两根电缆绝缘端部的中心，由中心位置向电缆一端量取 250 mm，做好记号。

(7)收缩接头绝缘主体：去掉临时保护，用清洁棉纸将线芯表面、连接管表面再清洗一次，待清洁剂挥发后，在电缆绝缘层上均匀抹一层硅脂；将接头绝缘主体移至中心处，沿逆时针方向均匀抽掉衬管条使中间接头绝缘主体收缩，让绝缘主体端口与记号齐平，抹尽挤出的硅脂。去掉铜屏蔽层上的记号带，在绝缘主体两端，从电缆铜屏蔽层上开始，搭接 30 mm 绕 2～3 层半导电带至绝缘主体上并搭接 50 mm。

(8)套铜网：将铜网以半重叠方式绕包到中间接头上，铜网两端分别与电缆铜屏蔽层搭接约 50 mm 以上，用镀锡铜扎线扎紧，在两端扎线处用锡焊牢(或用恒力弹簧抱箍抱紧)。

(9)外护层处理。

1)缠一层防水带：从一端内护套将防水带拉长到约 1.5 倍以半搭叠方式绕至另一端内护层上，然后在防水带外以半搭叠方式绕包 PVC 胶粘带(50 mm 宽)一层，将防水带完全覆盖。无内护层时，此步省去，第一层防水带从一端外护套上搭接约 30 mm 开始缠绕至另一端外护套上，并搭接约 30 mm，然后在防水带外以半搭叠方式绕包 PVC 胶粘带(50 mm 宽)一层，将防水带完全覆盖，胶粘层应紧贴外护套。

2)焊铜编织带：有铠装时，用砂纸打光铠装后再将铜编织带用铜扎线扎紧并用锡焊牢(或用恒力弹簧抱箍抱紧)在两根电缆的铠装上，即连通铠装层。

3)缠第二层防水带：有铠装时，连接铜编织带后，从一端外护套上搭接约 120 mm 照上述方法将防水带绕至另一端外护层上约 120 mm，再以上述相同方式绕包 PVC 胶粘带(50 mm 宽)一层，并与电缆外护套搭接约 60 mm；无铠装时，绕完第一层防水带及 PVC 胶粘带后，在 PVC 粘胶带上再以上述相同方式绕一层防水带，要求两端与电缆外护套搭接纸 120 mm，然后绕包 PVC 粘胶带(50 mm 宽)一层，并在电缆外护套搭接约 60 mm。

4)热缩护套管：将第一根长为 1 000 mm 的热缩护套管与电缆外护套搭接 100 mm，加热收缩好后，再将另一根长为 300 mm 的热缩护套管，与另一端电缆外护套搭接 100 mm，与第一根重叠搭接，加热收缩。在各搭接处分别绕包 2～3 层防水带，防水带外用 PVC 粘胶带包好。

(10)检查记录。安装完成后按相关要求进行检查并记录。

2. 插拔式电缆终端头制作

电缆终端头与箱变环网柜进行连接，采用插拔式电缆终端头，电缆头制作安装应按照厂家的工艺指导进行，具体数据以厂家提供的为准，环网柜电缆的安装及电缆接头的制作，应由经过培训的熟悉工艺的人员进行，并查阅环网柜的安装说明书及电缆头制作说明书。

(1)施工准备。

材料：电缆终端头组件、硅胶、无水酒精、清洁擦拭绵纸、砂纸、自粘性绝缘胶带、相色带等。

工具：终端头制作专用工具、电缆拔切刀、液化气喷枪(配液化气)、钢锯、钢卷尺及常用电工工具，如图 6-5-6 所示。

图 6-5-6　插拔式电缆终端头制作、安装及拆卸专用工具

(2)装冷缩电缆准备件。

1)将电缆置于预定位置，剥外护套、钢铠及衬垫层：留钢铠 40 mm 用塑料扎条扎紧，并打磨除漆；留切 10 mm 内护套，用 PVC 带将每相铜屏蔽层端头和钢铠端口分别包裹住，再去除填充物与扎条。如图 6-5-7 所示。

由于柜体尺寸的差异及安装方式的不同，图 6-5-7 中给出的尺寸仅供参考。具体应根据现场实际情况确定。

2)固定接地线，缠绕填充胶：将 25 $mm^2$ 接地线一端约 300 mm 长度先用一只恒力弹簧尽量靠近根部固定在三相铜屏蔽上，再用另一只恒力弹簧将地线固定在钢铠上，然后缠绕足量的填充胶，将恒力弹簧与三叉部位及外护套上 30 mm 端部包成一体。如图 6-5-8 所示。

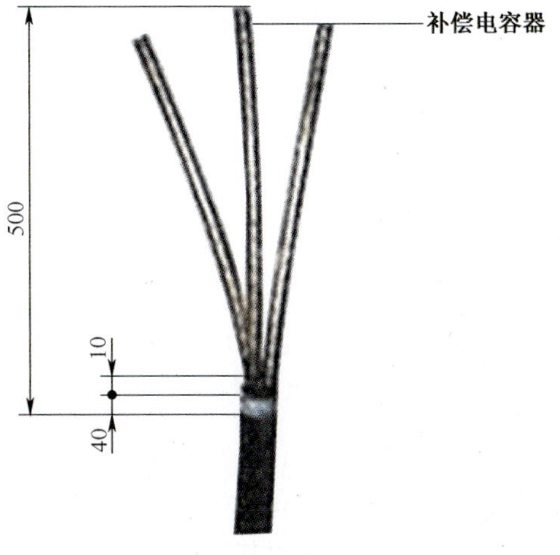


图 6-5-7　剥外护套(单位：mm)

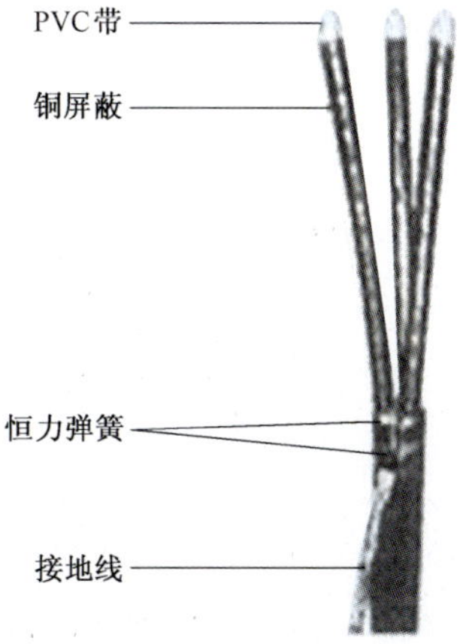


图 6-5-8　固定接地线

3)安装冷缩三指套:将冷缩三指套装入电缆的三叉根部,对其大端口下的外护套表面清洁后包贴一层填充胶,并夹包住地线,以防水气沿接地线空隙掺入。逆时针将塑料支撑条抽出,先收缩颈部,使三指套收缩并包住填充胶。然后按同样方法分别收缩三芯,用 PVC 胶带对其大端口进行包封。如图 6-5-9 所示。

根据安装位置、尺寸及布置形式将三相排列好。以确保以后三相接线端子孔与套管螺孔均能有效对中。

4)安装冷缩管:套入冷缩管,与三指套搭接 15 mm 以上,逆时针抽掉支撑条,使其收缩。如图 6-5-10 所示。

切除冷缩管时,应用 PVC 胶带固定,然后环切,严禁轴向切割。

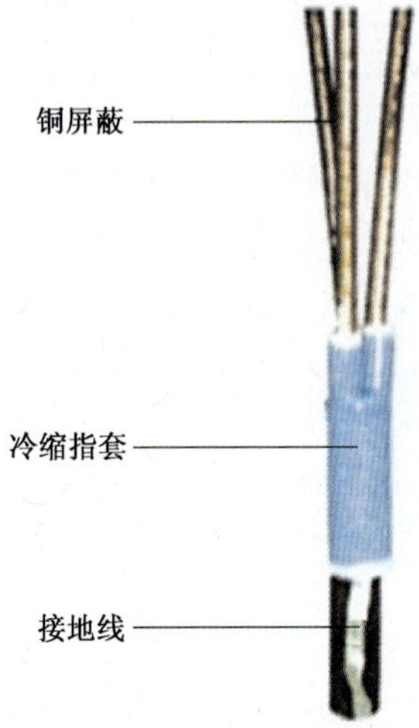


图 6-5-9 装冷缩三指套图

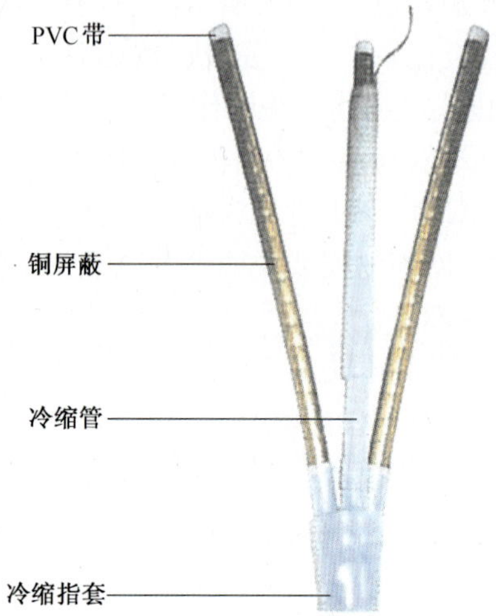


图 6-5-10 安装冷缩管

(3)切剥电缆。按图 6-5-11 所示切剥电缆,切剥中切勿划伤芯绝缘表面,对芯绝缘表面可见痕迹一定要用细砂布抛光至无痕,半导电层与芯绝缘处做 3 mm 锥面。削半导电层锥面时,一定从芯绝缘向半导电层方向削,否则易划伤芯绝缘。

(4)缠半导电带。将半导电带拉伸 150%后从铜屏蔽层与冷缩套结合处开始缠绕成 20 mm 宽,1.2～1.5 mm 厚的圆柱形缠绕体,注意保证缠绕长度 7 mm。如图 6-5-12 所示。

缠绕半导电带时上部切勿成圆锥形或鼓形(图 6-5-12),以免造成应力锥不能定位。半导电带缠绕时一定拉伸到要求,而且电缆表面和操作者手指须清洁。

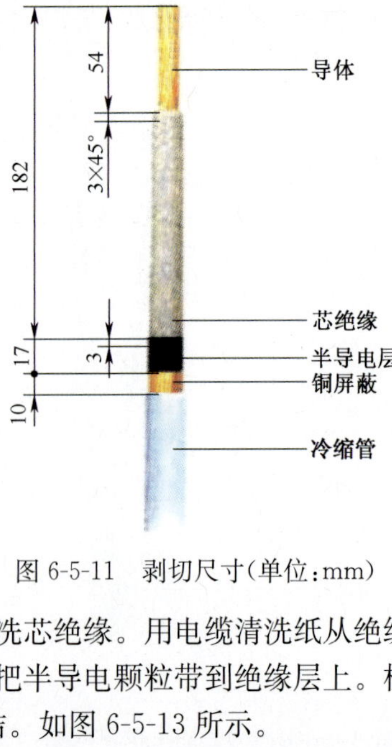


图 6-5-11 剥切尺寸(单位:mm)

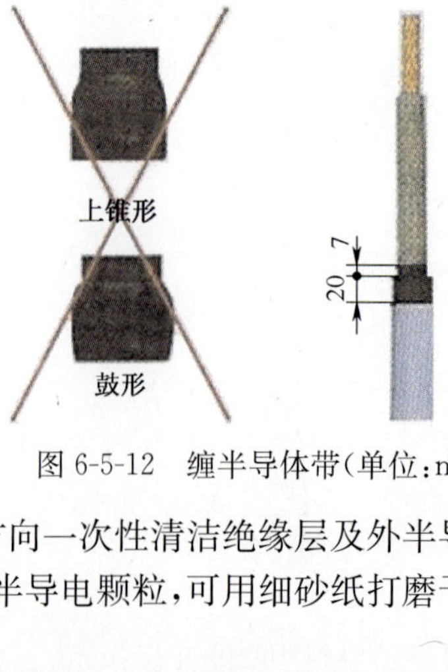


图 6-5-12 缠半导体带(单位:mm)

(5)清洗芯绝缘。用电缆清洗纸从绝缘层半导电带缠绕体方向一次性清洁绝缘层及外半导电层,不得反方向,以免把半导电颗粒带到绝缘层上。检查绝缘层,如有残留半导电颗粒,可用细砂纸打磨干净,再用新的清洁纸清洁。如图 6-5-13 所示。

(6)装应力锥。用干净的手指将硅脂均匀涂在电缆的芯绝缘和清洁干净的应力锥内孔内。往电缆芯绝缘上用力推入应力锥，直到半导电台阶抵紧应力锥内部台阶面为止（与冷缩管端面平齐）。如图 6-5-14 所示。

（7）压装接线端子。将接线端子孔方向朝向插座方向，用压线钳分三次将接线端子压紧在电缆导体上。保护应力锥外表面挫去端子毛刺。如图 6-5-15 所示。

压接端子时应注意端子孔方向与连接套管方向一致。

图 6-5-13　清洗芯绝缘

图 6-5-14　装应力锥

图 6-5-15　压装接线端子

（8）装前接头、后接头及避雷器（图 6-5-16）。必须以清洁产品对应接触部位，并分别涂上硅脂，接头必须推到位，接线端子必须确保压紧。

1）用清洁纸清洁应力锥外表面和前接头内孔，在应力锥的外表均匀涂硅脂，将电缆推入前接头下部孔中，直到接线端子与前接头内屏蔽层接触良好为止（注意端子孔方向与连接套管方向一致；接线端子不得下移，否则推入时易划伤螺柱，其导电铜屑掉入接头装配孔内影响绝缘；应力锥大台阶面外露出接头本体不大于 10 mm）。

2）清洁全屏蔽接头安装孔，插座装配面涂脂，将 M16 螺柱旋入插座内，将带电缆前接头用力推上插座（注意接头必须推到位）。

3）用涂硅脂的绝缘塞穿入接头尾孔，与螺柱旋合，用工具旋紧（若旋合困难，则请将螺柱先旋出约 10 mm）。在绝缘塞头部压上封帽。

4）若需在前接头后继续装配后接头或接头避雷器，则将连接杆用扳手旋紧前接头中的接线端子，旋入 M16 螺柱，将涂硅脂的后接头（电缆处理、接头装配按以上步骤）或接头避雷器推入前接头尾孔。

5）若需多分支装配，则重复步骤 4）。

6）多分支装配后，按步骤 3）操作。

7）将全屏蔽接头的接地孔与接地线相连，良好接地。固定电缆，电缆接地线接地。

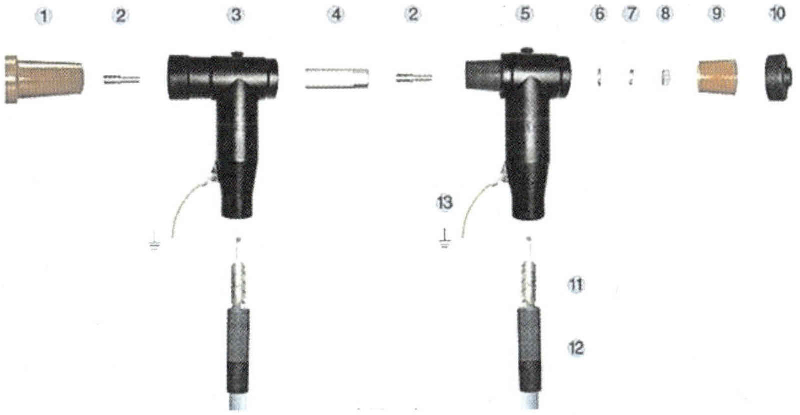


图 6-5-16　前接头、后接头、后接头避雷器装配顺序示意（多分支重复安装后接头）

8）为了保证计量的准确性，接地线应同电缆一起穿过零序 CT，如图 6-5-17 所示。

（9）装配中的常见错误。

1）应力锥下移＞10 mm，不能有效解决电缆电场强度集中问题。

原因：半导电定位台阶缠绕不合格，不能使应力锥有效定位。

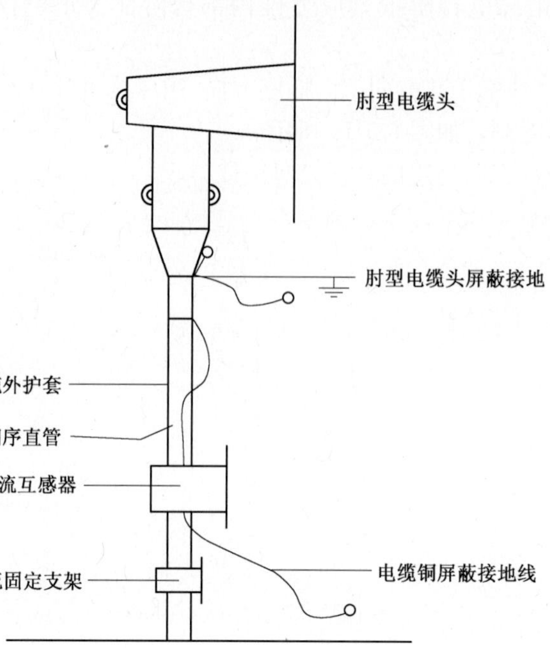


图 6-5-17　接地线应与电缆一起穿过零序 CT 安装示意图

2)电缆接头呈弯曲状态,引发局部放电问题。

原因:电缆分相短或深入接头内的电缆未校直。

3)电缆绝缘层切剥划痕严重。

4)接线端子未被压紧。

5)接地线未接地。

(10)检查记录。安装完成后按相关要求进行检查并记录。

### 5.3.4　防雷及接地

接地的功能由最早提供电回路的“工作接地”发展到后来的“保护接地”和“防雷接地”,在设备防护和限制过电压等方面发挥着重要的作用。现代接地系统由设备接地和线路接地构成,在铁路建设当中有着重要的应用。

高速铁路的特点是:高速度、高密度、高安全性、高准点率,要求各项设备都有很高的可靠性,这些均通过系统性设计来保证。

由于高速度、高密度的运行情况下,会形成很大的感应电流,对设备及人身安全都会造成极大的影响。因此,采用高度集成的综合接地方案对达到大电流快速泄流,减少设备、系统之间的电位差,保证电子、电器设备以及人员的安全至关重要。

综合接地技术是高速铁路技术的重要组成部分,其技术性能直接影响高速铁路的电子、电气设备安全可靠运行和人身安全防护,因此,在工程设计和实施中,应做好等电位连接并确保综合接地系统的接地电阻不大于 1 Ω。

5.3.4.1　工艺要求

1. 综合接地系统

综合接地干线沿线路两侧设置。沿线 20 m 内所需接地的建(构)筑、电气设施均纳入该系统,但距铁路较远的建(构)筑、电气设施采取隔离措施后可独立设置接地装置。

2. 站内综合楼接地系统

站内综合楼接地分为建筑物防雷接地、电力系统工作接地、设备保护接地和等电位联结,所有接地共用接地装置作为综合接地系统的一部分。共用接地装置利用建筑物基础钢筋作自然接地体,接地电阻≤1 Ω,不满足要求时增设人工接地装置。

3. 站内其他建筑物接地系统

站内其他建筑物距综合楼≤30 m 时,接地装置相连接,纳入本线综合接地系统。其他建筑物距综合楼

>30 m、距综合接地干线>15 m 时，接地系统可单独设置，其接地装置与综合接地系统接地极距离>2.5 m。

4. 10 kV 贯通线电缆(包括铠装层和屏蔽层)的接地应符合设计要求

(1)各箱变(所)间 10 kV 贯通线电缆两端就近接地，如设有电缆中间头，中间头两侧的电缆铠装层/屏蔽层应分别连接良好，不得中断，跨接线等效截面不应小于电缆铠装层/屏蔽层截面。

(2)10 kV 电缆单端接地时，非接地端电缆铠装层/屏蔽层处理同接地端，以便于电缆试验。

(3)10 kV 电缆屏蔽层的等效截面及铠装层的等效截面按生产厂家技术要求进行施工。

5. 低压电力电缆(包括铠装层和屏蔽层)的接地应符合设计要求

(1)当采用金属铠装的电力电缆，连接变电所内外设备时，铠装层要两端接地。

(2)铠装层一端接地时，交流设备与交流设备间的电缆在始端就近接地，交流设备与直流设备间电缆在交流侧就近接地，直流设备与直流设备间的电缆在始端接地。

(3)电力电缆单芯截面不大于相线 16 mm$^2$时，接地线截面为 4 mm$^2$。相线电缆截面大于 16 mm$^2$且小于 120 mm$^2$时，接地线截面为 16 mm$^2$。

6. 控制电缆(包括铠装层和屏蔽层)的接地应符合设计要求

(1)屏蔽层接地：屏蔽层均为一端接地，交流设备与交流设备间的电缆在始端就近接地。交流设备与直流设备间的电缆在交流侧就近接地，直流设备与直流设备间电缆在始端接地。

(2)铠装层接地：电缆连接变电所内部设备时，铠装层要一端接地，另一端浮空；连接变电所内、外设备时，铠装层要两端接地。

(3)控制电缆接地线截面为 4 mm$^2$。

5.3.4.2　工艺流程

防雷及接地工艺流程如图 6-5-18 所示。

图 6-5-18　防雷及接地工艺流程图

5.3.4.3　施工方法

1. 施工准备

(1)根据设计图纸确定电力设备或是电缆的接地类型及相关要求，准备相关材料。

(2)协调综合接地施工单位配合确定综合接地路径及引出点位置。

2. 接地装置安装

(1)接地装置采用 2 500 mm×50 mm×5 mm 角钢的垂直接地体和−40 mm×4 mm 的扁钢焊接组成，垂直接地体相距 5 m。

(2)开挖深度大于 0.8 m 的接地沟槽，用铁锤把垂直接地体垂直打入地下，对地质较硬的地方应先挖一定深度的坑再打处垂直接地体，水平接地体平直在沟内敷设，接地装置顶部埋设深度要求大于 0.6 m。

(3)接地引出线采用镀锌扁钢焊接引出，在引出线端部预先钻孔以便与设备连接，每处接地装置引出两个接地端子。

(4)敷设好接地体和引出线后，回填接地沟，若是土壤电阻率较高的地方需换土回填。

3. 接地电阻测试

接地装置施工完成后，用接地电阻仪进行电阻测试。箱变(开)要求≤4 Ω，避雷器要求≤10 Ω，一般电器设备要求≤30 Ω。对达不到要求的，采用添加降阻剂或是延长接地网直到合格为止。

4. 接地连线

(1)低压电力系统接地。低压电力系统接地型式采用 TN-S 或 TN-C-S 系统，低压电缆和架空线路在引入建筑物处，保护线(PE)或保护中性线(PEN)设重复接地装置，接地电阻 $R$≤10 Ω。

(2)电力装置保护接地。

1)电力装置设置保护接地；

2)变压器、电器、携带式及移动式用电器具等的金属底座和外壳；

3)互感器的二次绕组；

4)配电、控制、保护屏(柜、箱)及操作台等的金属框架;

5)电力电缆接线盒、终端盒的外壳和电缆的金属外皮,穿线钢管,起重机轨道及布线钢索、电缆桥架等;

6)灯塔及灯桥;

7)装在架空线路杆塔上的开关设备、电容器等电气设备的金属底座及外壳;

8)铠装控制电缆的外皮、非铠装或非金属护套控制电缆闲置的1～2根芯线;

9)箱式变电站箱体的金属部分。

上述电力装置的保护接地的接地电阻值根据设备类型、保护类型按有关规程规范确定。

(3)等电位联结。

1)建筑物采用等电位联结,以降低建筑物内间接接触电压和不同金属物体间的电位差;避免自建筑物外经电气线路和金属管道引入的故障电压的危害;减少保护电器动作不可靠带来的危险和有利于避免外界电磁场引起的干扰,改善装置的电磁兼容性。

2)通过进线配电箱近旁的总等电位联结端子板(接地母排)将下列导电部分互相连通:进线配电箱的PE(PEN)母排;金属管道如给排水、热力、煤气等干管;建筑物裸露的金属构件;建筑物接地装置。

3)建筑物每一电源进线都做总等电位联结,各个总等电位联结端子板间应互相连通。

(4)区间建筑物接地系统。区间通信、信号基站电力系统工作接地、设备保护接地共用接地装置并与综合接地系统连接。

(5)10 kV电力线接地。

1)在铁路用地界以外,10 kV架空电缆线路上一般独立设置接地装置,接地极距综合接地系统接地极>2.5m。贯通线及站内高、低压电缆金属外皮与综合接地系统连接。

2)在隧道设备洞室内预留综合接地系统的电力接地端子,大于500 m的桥梁上预留综合接地系统的电力接地端子,贯通线电力电缆金属外皮与综合接地端子连接。

3)装置低压配电系统接地型式采用TN-S系统。

4)大型建筑如站房、综合维修工区等强、弱电设备较多的建筑物采用综合接地,接地电阻取各类设备的最小电阻,并按有关规范实行等电位联接。

为防止暂态过电压的干扰,根据不同设备的重要性,分别采取不同级别的过电压保护等措施。

(6)设备接地。箱变、箱式配电所、箱式开闭所均通过两根VV22-1 2×16的接地电缆分别和综合地线的两个接线端子可靠连接。接地材料样品如图6-5-19所示。

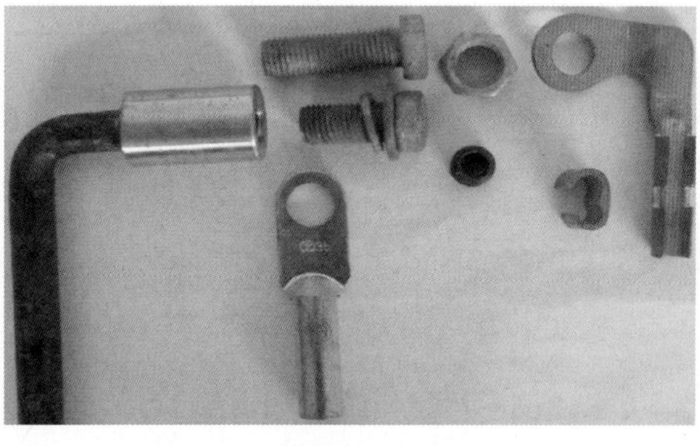

图6-5-19 综合接地连接材料样品

## 5.4 施工质量控制要点

### 5.4.1 电缆线路

(1)电缆按进场批次进行检查,电缆外表应无绞拧、铠装压扁、护层断裂和表面严重划伤等缺陷,电缆的绝缘试验合格。

(2)电缆弯曲程度不得小于其最小弯曲半径。

(3)电缆的各项测试应符合有关技术指标并有记录。

(4)电缆敷设后,及时接续或制作电缆头,否则应对电缆端头进行防潮处理。

### 5.4.2　箱式变电站安装

(1)箱变在运输过程中应保持垂直状态,起吊时倾斜度不得超过 15°,起吊过程中应轻提轻放,以免箱变受到剧烈振动或撞击。

(2)箱变外壳上具有安装地点的站名或里程标记,安装落位时不要搞错。

(3)箱变应安装在高出地面的预制基础上,基础应便于电缆安装和接线,并有良好的通风和排水设施。

(4)箱变和基础的接地应符合国家有关安装规程的规定。

(5)箱变出厂时提供有电气原理图和安装接线图,箱变内侧附有一次系统模拟图,安装接线时应严格按照图纸施工。

(6)箱变内的高、低压柜与 RTU 间的接口通过端子排连接。严格按设备出厂提供 RTU 端子排连接图进行连接。

### 5.4.3　电缆冷缩终端头和中间头制作

(1)必须先将 $SF_6$ 环网柜与地基固定好后,才可进行电缆的安装,以免电缆安装完毕后由于柜体的挪动对电缆套管施加作用力。

(2)保证电缆沟的深度适合所用电缆要求的弯曲半径,以免因电缆过度弯曲与柜体上的套管连接后,长期对套管施加作用力。电缆敷设时注意相序,避免将来在柜内通过弯曲电缆来更换相序。

(3)保证电缆头没有受潮,防止尘埃、杂物落入绝缘内。

当 $SF_6$ 环网柜用于户外箱壳内时,严禁在多雾或下雨时安装电缆头。

(4)电缆线耳安装孔的中心线要与柜体套管上的安装孔中心线一致,打磨线耳上的毛刺及氧化层,并保证线耳平面紧贴套管接触面。

(5)制作电缆头,从剥切电缆开始应连续完成,缩短绝缘层面的暴露时间。剥切电缆时不应损伤线芯和需保留的绝缘层。剥切长度根据每相做调整,特别是三芯电缆。三芯电缆电缆头制作示意图如图 6-5-20 所示。

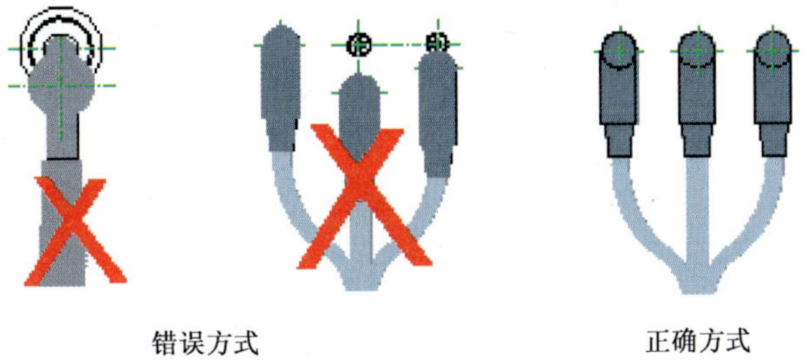


图 6-5-20　三芯电缆电缆头制作示意图

# 6 “四电”试验与检测

## 6.1 通信试验与检测

### 6.1.1 试验与检测主要内容

高速铁路通信系统的试验主要涵盖:设备的工厂测试及验收、到货验收、开箱检验、安装试验、部分试验、系统试验、集成试验及试运行试验。通信系统检测、试验内容及程序如图 6-6-1 所示。

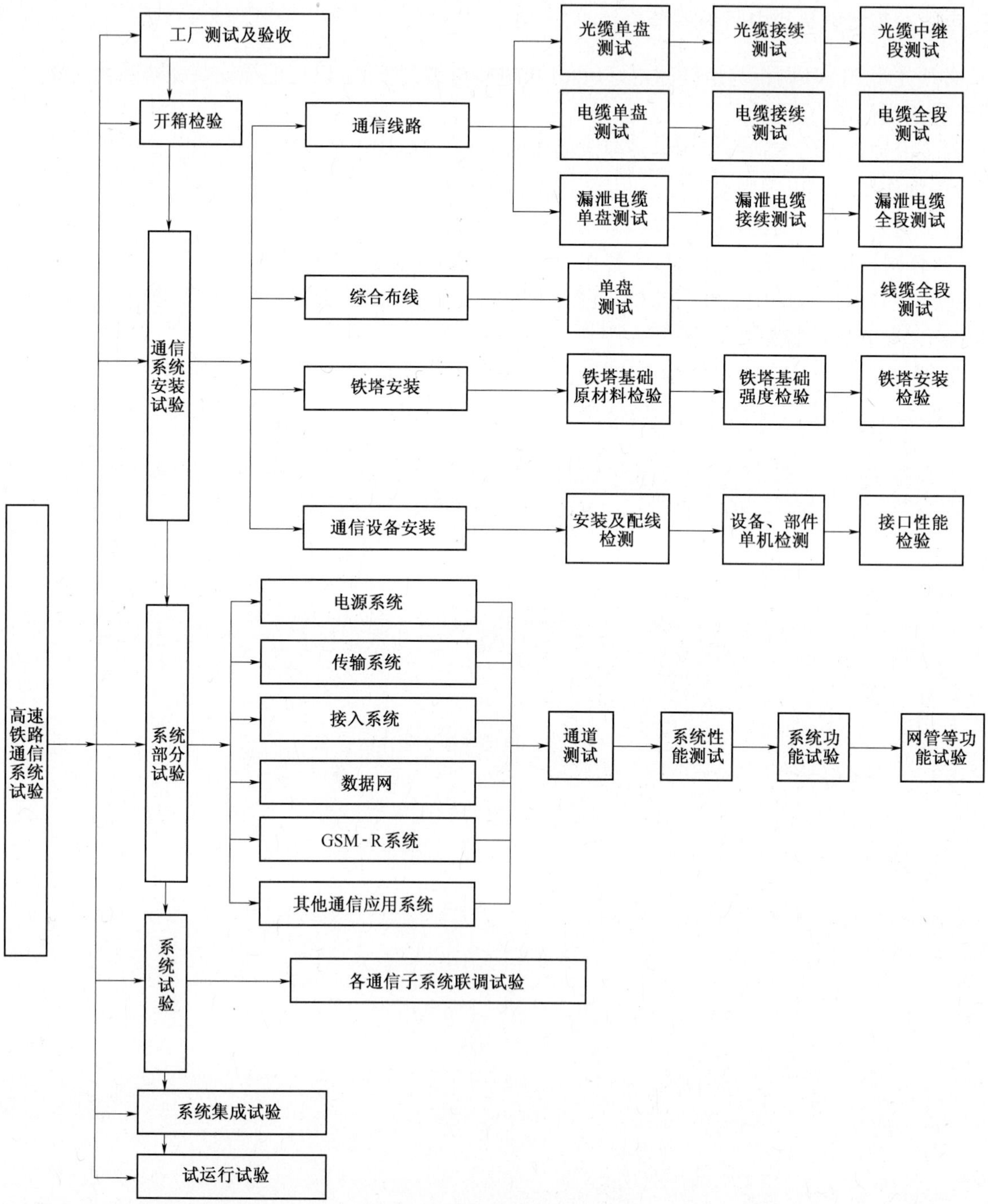


图 6-6-1 通信系统试验结构图

1. 工厂测试、到货验收、开箱检验

通信系统的各种主要材料和设备：光缆、电缆，漏泄电缆，综合布线系统缆线，通信铁塔的塔材以及传输、交换、GSM-R、数字调度、数据网、电源、综合视频监控、动力及环境监控设备等，在出厂前均应对照合同文件、相关标准的具体指标条款逐一检测检验合格并提供检测报告。检验中出现的任何故障或功能失效等问题应在出厂前予以纠正。

设备到货后会同建设单位共同验收，证实包装完好，运输途中未受损；编号、数量和名称与合同要求的货物清单核实无误。

在工地现场组织开箱检验，检验内容为设备数量、型号、外观尺寸；合格证书；随机文件等。

2. 安装试验

高速铁路通信系统安装试验主要包括光缆线路安装试验、电缆线路安装试验、无线漏缆线路安装试验、综合布线安装试验、铁塔安装试验和通信设备安装试验。其试验内容如下：

(1)光缆安装试验：单盘光缆的衰耗及长度指标测试，光缆接头接续损耗指标测试，光缆中继段线路衰耗测试、平均接头损耗测试、光纤在S、R点间的最大离散反射系数测试、在S点的最小回波损耗指标测试。

(2)电缆安装试验：电缆单盘交、直流电特性指标测试，电缆接头电特性指标测试，电缆全段交、直流电特性指标测试。

(3)漏缆安装试验：漏缆单盘直流电特性指标测试，漏缆接头直流电特性指标测试，漏缆全段直流中继段电特性指标测试。

(4)综合布线安装试验：线缆(单盘)直流电特性指标测试，屏蔽对绞线屏蔽层与插接处屏蔽罩的连通性测试，电缆对绞线对连接的正确性测试，金属桥架等构件的接地电阻测试，综合布线系统光电缆特性指标(包括信道衰减量、基本链路衰减量、信道近端串音防卫度、基本链路近端串音防卫度、光缆布线链路衰耗、光缆布线链路的最小光回波损耗)测试。

(5)铁塔安装试验：基础深度、高程、塔靴安装位置检测，基础混凝土所用原材料质量检查，基础混凝土强度，铁塔高度及垂直度，铁塔防雷接地电阻测量。

(6)通信设备安装试验：设备地线的接地电阻测试，设备配线前后所用缆线的通断及绝缘等指标测试，设备供电电源指标测试，设备和部件的单机性能、接口性能测试和试验。

3. 部分试验

为保证通信各子系统达到实现设计的全部功能，在通信线缆敷设到位、设备安装试验完成后，需按批准的测试图表进行相应子系统部分测试试验，确保各子系统设备技术指标达到技术规范中规定的功能。

部分试验的范围及内容：对系统和设备进行单体设备通电测试、单体设备功能测试、子系统功能测试、子系统运行测试等项目的测试。具体内容如下：

(1)电源系统：输出电压及监测功能试验，管理和控制功能、告警和保护功能、远程监控功能试验。

(2)传输系统：光通道指标测试、系统设置、传输性能、系统功能、网管系统功能试验。

(3)接入网系统：光通道指标测试、业务节点接口性能与功能、用户网络接口性能与功能、系统性能和功能及网管系统功能试验。

(4)数据网：中继通道测试、接口连接、系统调试、网络指标测试、网管功能试验。

(5)同步及时钟分配系统：母钟时钟源输出信号测试。

(6)GSM-R移动通信系统：天馈线系统测试、设备性能和功能试验、系统试验。

(7)数字调度系统：系统软件安装、通道检测、系统数据配置、系统功能试验、集中管理维护功能试验。

(8)会议电视系统：信道测试、系统基本功能、监测管理功能试验。

(9)综合视频监控系统：视频通道特性检测、摄像机功能、系统功能试验、系统图像质量检验。

(10)综合网管系统：中继通道测试、接口连接、系统调试、网络指标测试、网管功能试验。

4. 系统试验

试验包括以下内容：系统的全部功能性和性能性要求的试验；故障条件下的性能测试，例如转换为冗余硬件；故障发生后设备和系统的恢复。具体内容见表6-6-1。

5. 集成试验

集成试验是对通信系统与四电系统外的其他有关系统的接口进行试验，以保证所需联调的各系统通过其接口达到系统设计的要求,试验的主要内容是在开行动态检测列车的基础上,对 GSM-R 电磁环境、场强覆盖、网络服务质量以及调度命令信息传送、车次号校核数据传送、调度通信等应用业务功能的动态测试。

**表 6-6-1　系统试验内容**

| 序号 | 试 验 项 目 | 试 验 内 容 |
|---|---|---|
| 1 | 传输系统与接入系统、调度通信系统、GSM-R 专用移动通信系统、数据网系统、应急通信系统间系统试验 | 接入系统 V5.2 接口测试、声频二线/四线接口测试、自动电话功能测试;GSM-R 专用移动通信系统数字通道迂回功能、主备用控制倒换功能、网管监控功能等;数据网数字通道迂回功能、主备用控制倒换功能、网管监控功能等;应急通信系统语音业务测试、静止图像传输功能测试、动态图像传输功能测试等 |
| 2 | 数据网、会议电视电话系统间系统试验 | 会议电视电话系统编解码器传输性能测试、会议电视系统基本功能测试、会议电话基本功能测试等 |
| 3 | GSM-R 专用移动通信系统与调度通信系统间系统试验 | 调度通信系统话路电平调节功能、网管监控功能、备用通道通话功能、音量调节功能、调度台全呼、组呼功能、主系统录音功能、数字通路旁路功能等,分系统功能试验包括录音功能、音量加减功能、单呼键、组呼键、全呼键功能、会议键功能等 |
| 4 | GSM-R 系统传输车次号与 CTC 系统结合功能测试 | GSM-R 系统与 CTC 系统通信通道测试;GSM-R 传输车次号正确率测试;GSM-R 传输的车次号与系统软件设定的车次号校核测试 |
| 5 | 系统防雷、接地、电磁兼容性能测试 | 防雷系统性能测试;各子系统接地电阻值测试;电磁兼容功能检查及性能测试 |

6. 试运行试验

试运行试验由建设单位组织,施工单位配合实施。

### 6.1.2　主要试验与检测技术

通常高速铁路通信系统施工中的主要工序为光缆线路、GSM-R 铁塔安装;传输子系统、数据网子系统、GSM-R 子系统是构成高速铁路通信系统的核心子系统,因此,在系统试验和集成试验(一般由第三方完成)前,系统集成商应重点针对上述部分开展试验,其试验流程及方法简介如下:

6.1.2.1　光缆敷设安装试验

1. 试验流程。光缆敷设安装试验流程如图 6-6-2 所示。

图 6-6-2　光缆敷设安装试验流程图

2. 试验方法。单盘指标测试:根据出厂记录对照检查光缆程式、绝缘介质、加强芯、外护层、色谱标志等机械物理特性,开盘检验光缆端面,确定 A、B 端,采用 OTDR 测试单盘光缆的长度及固有衰减等指标是否符合设计、合同要求,做好测试记录。

光缆接续的同时采用 OTDR 实时监测接续损耗。

中继段测试:先用光纤多用表对号,两端法兰盘上的纤序应一一对应,发现错序时需查找原因并纠正;测试中继段光纤 A→B、B→A 两个方向的线路衰减常数及中继段光纤长度,并打印出每根光纤 A→B、B→A 两个方向的后向散射信号曲线图,同时编号存盘,提供电子文档;用 OTDR 测试光缆中继段光纤在 S、R 点间的最大离散反射系数,用回波损耗测试仪测试光纤回波损耗。

6.1.2.2　铁塔安装试验

1. 试验流程。铁塔安装试验流程如图 6-6-3 所示。

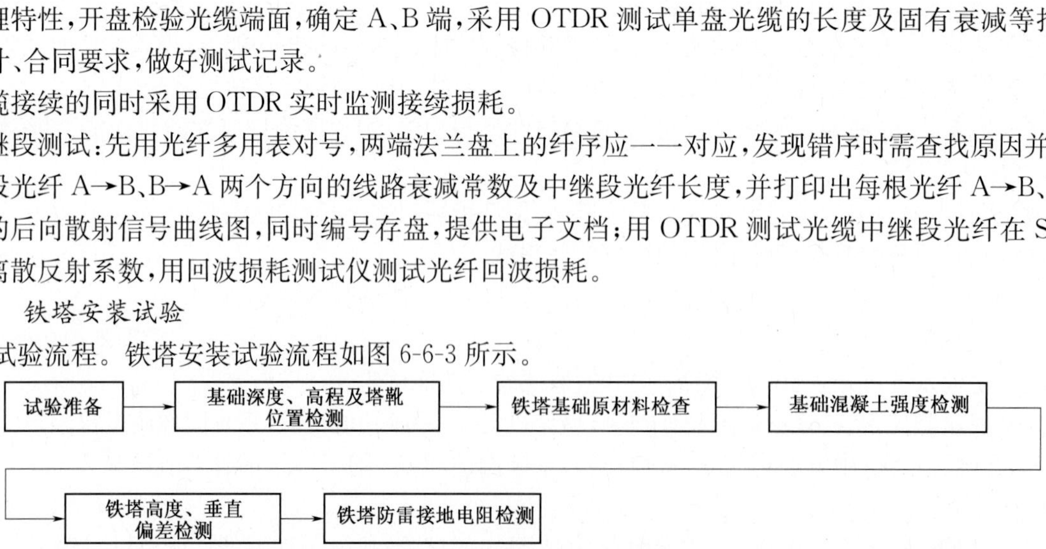


图 6-6-3　铁塔安装试验流程图

2. 试验方法。基坑开挖完成后,进行铁塔基础深度、高程等指标检测。钢材、水泥等原材料运达现场后进行质量检查。基础混凝土浇筑时做试块送检,进行强度等级检测试验,必要时可采用回弹法对混凝土强度等级进行确认。待铁塔安装完成后用经纬仪对高度、垂直度进行检测、测量，用接地电阻测试仪测量铁塔防雷接地电阻。

6.1.2.3　传输系统部分试验

（1）试验流程。传输系统部分试验流程如图 6-6-4 所示。

图 6-6-4　传输系统部分试验流程图

（2）试验方法。

1）光通道测试：检查核对系统光接口所接光纤序号。用光功率计、回波损耗测试仪等仪表进行 $R$ 点接收光功率、$S$ 点回波损耗测试。

2）系统设置：通过网管设备检查，所有网元均能接入网管系统，并通过网管设备，按设计文件要求，设置各网元的高阶和低阶通道、各种业务道路、各种保护方式等参数。用 SDH/PDH 分析仪对已设置的高阶和低阶通道进行端对端连通性测试。

3）传输性能测试：用 SDH/PDH 分析仪对系统传输性能进行测试，包括 2 MB/s 通道误码性能、2 MB/s 通道输出抖动、2 MB/s 通道漂移特性、SDH 网络接口、PDH 网络接口最大允许输出抖动指标测试。

4）系统功能试验：用 SDH/PDH 分析仪等仪表对复用段保护功能、通道等保护功能，告警功能，误码性能和开销字节，交叉连接功能，定时基准源倒换功能，业务电话功能进行试验。

5）网管系统功能试验：将网管系统接入，对其性能管理、故障管理、配置管理、安全管理功能和保护功能进行试验。

6.1.2.4　数据网系统部分试验

（1）试验流程。数据网系统部分试验流程如图 6-6-5 所示。

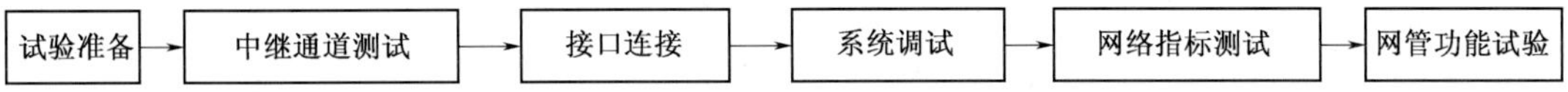


图 6-6-5　数据网系统部分试验流程图

（2）试验方法。

1）中继通道测试：用误码测试仪等仪表对中继通道进行误码特性测试。

2）接口连接：数据通信设备的接口类型包括：E1 接口、V.35 接口、V.24 接口、FE 接口、GE 接口等。连接前应根据设备情况，按设计要求分清接口类型，然后进行正确连接。不同接口间的转换连接要配以正确的转换电缆或 DCE 设备。有转接时要特别注意时钟同步问题。

3）系统调试：在数据网设备正常工作并做好参数配置的基础上，若传输通道调通且接口正确，即可自动寻找和识别路由与网管系统连通。此时利用本地终端便可登录到网管，调用网管提供的管理和诊断功能检查本机状态及与相邻节点连接的状态，同时检查有无硬性故障，若有故障，则可迅速定位是线路的问题还是设备的问题。如果是设备问题，即可判断是本端设备问题还是对端设备问题，以便及时排除，保证网络正常工作。

4）网络指标测试：利用网管系统提供的的测试试验功能或专用数据，网络分析仪对数据设备和网络的各项性能与功能指标进行逐项检验测试。

5）网管功能试验：对其配置管理功能、故障管理功能、性能管理功能、安全管理功能、日志管理功能等进行逐项试验。

6.1.2.5　GSM-R 系统部分试验

1. 试验流程

GSM-R 系统部分试验流程如图 6-6-6 所示。

图 6-6-6　GSM-R 系统部分试验流程图

2. 试验方法

（1）天馈线系统测试：用天馈线测试仪对天馈线系统衰减及端口驻波比进行测试，系统衰减包括发信馈线衰减及收信馈线衰减。

(2)设备性能和功能试验。

1)固定终端设备检测:主要进行调度终端、车站终端及各类电话分机设备功能试验。

2)移动终端设备检测:用无线综合测试仪检测其发射功率、接收参考灵敏度、频率配置、频偏、声频输出功率、信纳比、失真,移动数据终端设备的传输误码率等技术指标。

3)光纤直放站检测:用光功率计、可调光衰耗器、传输分析仪检测设备的光路参数,包括入纤光功率、光接收灵敏度;用无线综合测试仪、射频信号源检查测试光纤直放站的射频参数,包括下行输入电平、上行输入电平;用无线综合测试仪、射频信号源、天馈线测试仪检查测试光纤直放站的传输参数,包括传输信噪比、接收端 AGC(自动增益控制)范围。

4)基站信道机检测:用无线综合测试仪检测发射设备的发射功率、发射频偏、相位误差、杂散辐射功率电平等指标;检测接收设备接收灵敏度、同频干扰保护比、邻频干扰保护比、杂散辐射功率电平等指标。

5)基站控制器检测:主要试验包括对信道机初始化,分配与再分配,软件下载,监控与观测功能,自我保护功能,基站系统配置数据存储及无线资源管理功能,移动台越区切换管理功能,信道机及移动台发射功率控制功能,短消息业务管理功能。

6)基站系统检测:主要试验包括自动检测及故障诊断功能,查阅、设置、更改各设备基本参数功能,查阅、控制各设备运行状态功能,查阅各设备告警状态,并输出告警的功能;用场强测试仪测试无线覆盖区内覆盖率。

(3)系统调试。

1)系统场强测试和优化:参照设计的覆盖场强指标,测试系统范围内接收信号电平的分布情况,以便正确地确定基站的无线覆盖范围;测试环境噪声的大小和同频干扰的范围,以便为确定覆盖区边缘的最小保护场强和最小的频率复用距离提供依据。

调整各基站信道机的发射功率,对设计中各基站覆盖边缘及系统覆盖区域内各地点的上网情况进行优化。

2)系统性能检验:用计时仪、自动拨打测试仪、电子地图和路测工具等测试仪表进行 GSM-R 网络服务质量测试,包括端到端连接建立时间、呼损率、透明 TCH/F2.4 的比特错误率、传输干扰率、掉话率、连接重建时间、越区切换处理时间、越区切换中断时间。

用自动拨打测试仪进行电路呼损测试,包括无线信道呼损、MSC 至 BSC 中继呼损、MSC 至 MSC 中继呼损、MSC 至固网关口局中继呼损指标。

用计时仪、自动拨打测试仪、电子地图和路测工具等测试仪表进行 GPRS 数据业务系统性能测试,包括 GPRS 附着(Attach)成功率、平均附着时间、PDP 激活成功率、平均激活时间、GPRS 时延指标,平均误码率、上行/下行平均吞吐量等技术指标。

3)系统功能试验:试验 GSM-R 无线通信系统所有铁路应用业务功能,包括调度通信功能、车次号校核及列车停稳信息传送功能、调度命令的功能、列尾装置信息传送功能、调车信号和监控系统传输功能、机车同步控制传输功能。

## 6.2 信号试验与检测

### 6.2.1 信号试验与检测的主要内容

(1)信号检测的主要内容。信号设备材料检测主要是对各种电气设备进行检测,如继电器、变压器、断路器、转辙机等,按照惯例全部由所属电务段统一检测标识,随着管理的规范化,精细化,检测设备还需定位安装。

(2)信号试验的主要内容。信号试验主要是室外设备单项试验、联锁、CTCS、CTC、信号集中监测子系统模拟仿真试验,系统联调。

### 6.2.2 系统仿真试验

#### 6.2.2.1 联锁子系统仿真试验

联锁仿真试验的主要依据是联锁图表及有关技术标准,主要包括:

(1)核对设计文件和设备供应商提供的接口采集、驱动表内容相一致。

(2)运行联锁设备测试程序,核对联锁设备的采集、驱动单元与相对应的采集对象、执行器件的状态相一致。

(3)联锁设备所显示站场图形与施工设计中的站场平面图相一致。

(4)各单机应处于正常工作状态,不应出现脱机或倒机现象,主机和备机转换试验正常。

(5)具备自诊断、现场操作与信号设备动作记忆、查询、再现、打印等功能。

(6)控制显示分级具备信息采集、站场显示、报警音响处理等功能。

(7)进路排列时信号机的开放、关闭及取消。

(8)进路排列时道岔的锁闭、解锁及开通状态。

(9)轨道区段的占用与空闲。

(10)进路的开通、解锁及取消。

(11)敌对进路的照查关系。

(12)站(场)间联系及与其他接口的联系。

#### 6.2.2.2　CTCS列控子系统仿真试验

1. 轨道电路

(1)ZPW-2000轨道电路调整。

1)按设计图纸核对移频柜内各发送、接收的载频和选型端子连接线应正确。

2)测量并核对24 V工作电源极性正确。

3)发送器工作正常时,对应衰耗盘“发送工作灯”点亮,测量发送器功出电压正常。

4)接收器工作正常时,对应衰耗盘“接收工作灯”点亮;测衰耗盘本轨道区段轨入电压,调整接收电平,使接收器限入“轨出”电压不小于240 mV,轨道继电器电压应不小于20 V,并可靠工作;轨道区段空闲时衰耗盘“GJ”亮绿灯,轨道区段占用时“GJ”亮红灯。

5)试验发送、接收并机,关闭主机或并机电源,轨道继电器不应落下。

6)任一发送、接收故障时,移频报警应正确。

7)在轨道电路任一处轨面用标准分路线进行分路时(电气绝缘节区域死区段除外),进行电压和电流测试。

8)接收器的限入残压不应大于140 mV,轨道继电器残压不应大于5 V,并可靠落下。

9)机车信号短路电流应符合表6-6-2规定。

**表6-6-2　机车信号短路电流**

| 频率(Hz) | 1 700 | 2 000 | 2 300 | 2 600 |
|---|---|---|---|---|
| 机车信号短路电流(A) | ≥0.5 | ≥0.5 | ≥0.5 | ≥0.45 |

(2)“3 V化”25 Hz相敏轨道电路调试。

1)确认“3 V化”25 Hz相敏轨道电路送、受电端的设备、电阻、扼流变压器等,符合设计要求。

2)调整状态下,室外轨面电压不应小于3 V;室内轨道继电器线圈电压不应小于15 V,相位正确,继电器可靠吸起。

3)用0.06 Ω标准分路线在轨面上分路时,轨道继电器线圈电压不应大于7.4 V,继电器可靠落下。

2. 列控中心(TCC)设备调试

(1)设备启动检查。

1)在手动切换状态时,先启动的一系,自动进入主控状态;后启动的一系自动进入备用状态。

2)在自动切换状态时,同时启动两系,两系均能正常工作,且状态为一个主控系一个备用系。

3)表示系统的工作状态指示灯正确。

(2)同步状态下设备切换检查。

1)双系切换时,列控中心能正常工作。

2)关闭主控系,列控中心应自动切换到备用系。

3)关闭备用系,主控设备仍能正常使用,不受影响。

(3)列控中心电源冗余检查:送电后两模块正常工作,电压应调整一致;关闭其中任意一个电源模块,另一个模块能正常工作。

(4)列控中心开关量驱动、采集对位:轨道继电器的状态采集正确;站内轨道方向切换继电器状态的驱动、采集正确;区间方向继电器状态的驱动、采集正确。

(5)应答器调试:确认应答器组内顺序、间距、安装位置与设计相符;使用报文读写器对应答器输入相关报文;使用报文读写器读出应答器存储的报文,核对报文内容与设计文件的一致性。

(6)无线闭塞中心(RBC)设备调试:机柜送电后,主、备用系统正常启动,硬件指示灯显示正常。当主系统故障时,能够自动切换到备用系统;当备用系统故障时,不影响主系统正常工作。

6.2.2.3 CTC调度集中子系统仿真试验

(1)机柜送电后,主、备用系统正常启动,硬件指示灯显示正常。

(2)当主系统故障后,能够自动切换到备用系统;当备用系统故障时,不影响主系统正常工作。

(3)调度中心行车调度、助理调度、车站维护操作终端能够正确显示系统工作状态。

(4)信号集中监测子系统仿真试验。

1)信号集中监测设备使用前应检查供电电源正常,无短路和断路现象,核对采集线与设计图相符。

2)设备面板指示灯正常。

3)测量外接传感器工作电压正常。

4)操作上位机能够正常工作。

6.2.2.4 系统联调

1. 系统联调联试的基本内容

信号设备状态检测是系统功能试验前对信号轨旁设施进行的动态检测,采用电务检查车、综合检测列车或装载有信号检测系统的运营动车组,目前的检测内容包括应答器、轨道电路、补偿电容等。

(1)应答器。主要测试内容包括应答器实际里程位置、应答器用户报文内容。根据应答器高精度实测里程位置及应答器报文,分析判断应答器之间的链接关系、覆盖范围是否正确,根据静态基础数据库,判断应答器报文描述线路坡度、轨道电路区段、过分相、等级转换等信息与实际数据是否一致等。

(2)轨道电路。主要测试内容包括轨道电路调谐区位置,轨道电路主信号传输电压、载频、低频及码序分配,轨道电路邻线路、邻区段干扰,轨道电路工频干扰等信息,并以闭塞分区为单位对轨道电路的传输性能进行分析与评价。

(3)补偿电容。主要测试内容包括补偿电容位置、步长以及是否丢失等信息在内的补偿电容运用状态。信号设备状态检测是联调联试前对信号基础设施工作状态进行确认的有效手段。随着车载信号检测系统功能的不断完善,检测的内容还可以继续扩展,如牵引回流、不平衡电流等。

2. CTCS-3级列控系统功能测试

(1)CTCS-3级列控系统功能测试内容包括注册与启动、注销、行车许可、临时限速、自动过分相、RBC切换、级间转换、降级运行、灾害防护、进出动车段、调车、重联与摘解、特殊进路和人工解锁进路等运营场景。

(2)跨线CTCS-3级列控系统兼容性测试。主要测试内容同上述(1)。

(3)CTCS-3级列控系统后备模式功能测试。主要测试内容包括正线拉通,控车模式及模式转换,正线发车、停车、通过,侧线发车、停车、通过,临时限速,引导接发车,反向运行,冒进防护,自动过分相,应答器信息丢失,故障模拟,灾害防护,大号码道岔等场景测试。

(4)跨线CTCS-2级列控系统兼容性测试。主要测试内容同上述(3)。

3. CTCS-2级列控系统功能测试

主要测试内容包括正线拉通,控车模式及模式转换,正线发车、停车、通过,侧线发车、停车、通过,临时限速,引导接发车,反向运行,冒进防护,自动过分相,应答器信息丢失,故障模拟,灾害防护,大号码道岔和等级转换等场景。

4. 车站联锁系统相关功能测试

主要测试内容包括计算机联锁系统与地面列控中心(TCC)、闭塞设备的接口和信息交换功能,计算机联锁系统与CTC车站终端设备的接口,计算机联锁系统与RBC接口(仅针对CTCS-3级列控系统),联锁系统特殊设计测试等。

5. CTC 系统测试

(1)功能测试。主要内容包括列车运行监视、车次追踪、计划编制基础数据管理、列车运行计划编制、计划管理、调度命令管理、集中控制、车站控制、数据回放和统计分析等。

(2)接口关系测试。主要测试 CTC 与联锁系统、列控中心设备、RBC、临时限速服务器等的接口关系以及 CTC 与相邻 CTC、TDCS 系统的接口关系。

(3)故障模拟测试。测试故障的影响范围以及集成商提供的应对该故障的备有手段的有效性和合理性。包括与受控系统通信故障测试,CTC 设备故障测试,CTC 系统通信故障测试,错误操作故障测试等。

6. 测试方法

(1)信号设备状态检测。采用装备有信号设备动态检测系统的电务试验车和综合检测列车,通过车载设备实现对信号的解析,进行信号设备状态动态检测。

(2)列控系统功能测试。

①列控系统功能测试应根据列控系统等级、功能特征与运营需求,结合高速铁路站场与线路情况,选取相应的测试案例,编制测试序列。

②通过 CTC 中心控制或车站控制模式,按照测试序列和测试案例要求准备试验进路,包括正常接发车进路与通过进路、引导接发车进路、调车进路以及进路建立、进路解锁与进路取消等。

③通过 CTC 中心统一下达、更新与取消临时限速,临时限速的设置以及轨道故障占用、道岔表示故障、应答器故障等地面条件的设置应符合测试案例的要求。

④测试序列应覆盖与动车组运行相关的所有基本进路。

⑤根据需要,可进行列控系统性能方面的专项测试或运行试验。

⑥通过车载 ATP 的反应、DMI 显示判断列控系统功能测试结果,并可结合车载司法记录单元、RBC 设备监测记录单元、GSM-R 网核心机房监测记录设备、信号集中监测系统等,对列控系统功能测试过程中的实时监测数据进行分析。

⑦列控系统功能测试过程中应保持被测试系统软件版本和列控工程数据的相对一致性,并做好记录。

(3)联锁系统相关功能测试结合列控系统功能测试,在进路建立、取消、解锁、站内临时限速、信号关闭、站内轨道电路区段故障占用等条件下,对联锁关系相关功能及接口进行测试。

(4)CTC 系统功能测试主要在 CTC 中心进行,结合列控系统功能测试,由 CTC 中心排列进路、下达临时限速等,对 CTC 系统控制模式转换、列车运行监视、车次追踪、临时限速下达等功能和接口关系进行测试。并结合信号集中监测设备的监测数据对动态测试结果进行分析。

## 6.3　电力供电及牵引供电试验与检测

高速铁路牵引供电系统、电力供电系统试验与检测工作的主要任务是按照国家有关标准、规范、规程和设计及设备供货商技术说明书等的要求,检测系统内设备、材料、系统电气性能。

牵引供电系统、电力供电系统都是向铁路各系统设备提供电能,其区别主要是电压等级、供电对象的不同。牵引供电系统主要是向铁路列车供电,电力供电系统是向铁路列车之外的其他铁路用电系统、设备供电。

电力供电系统电压等级为 35 kV、10 kV 及以下,牵引供电电压等级为 220 kV 及以下。电力变配电所的电气性能试验和牵引供电变电所、分区所、开闭所及接触网的各种电气设备、电缆、接地网的电气性能试验原理和方法基本一致,差别主要是电压等级不同;牵引供电接触网的参数检测是高速铁路检测试验的重点。因此将电力供电系统试验和牵引供电系统试验的内容合在一起编写,牵引供电接触网的参数检测(非电气性能)作为一节单列,不再单独介绍电力供电系统的检测和试验。

电力供电及牵引供电原材料电气性能之外的试验,按照国家、行业相关规定,应由具有相应能力和资质的试验检测机构进行检测试验,不包含在本电气试验之中,也不在本文进行介绍。

### 6.3.1　电力供电及牵引供电变配电所试验

#### 6.3.1.1　概　述

电力供电及牵引供电变配电所试验与检测的主要工作任务是在电气设备安装完成后,按照国家有关标准、规范、规程和设计及设备供货商技术说明书等的要求，进行电气试验，检验安装质量及设备电气性能是否符合要求，是否适于投入运行。

高速铁路牵引供电基本都采用AT供电方式，主变压器大部分采用220 kV的V/V接线方式，高压侧为六氟化硫气体绝缘断路器，其他和普通铁路基本无区别。

电力供电及牵引供电系统变配电所的试验主要有电气设备单体试验，保护试验和整组联动(系统)试验，其中难点在于保护和整组联动试验。

6.3.1.2 试验与检测的主要内容

试验前，应按照要求编制检测实施细则，明确检测的内容和方法、依据的标准规范、具体实施计划及人员安排等。

本文主要介绍牵引变电所电气性能试验，按单体试验(不含保护装置)、保护试验及整组试验来介绍。电力系统试验可参照实施，不再作单独介绍。

6.3.1.3 电气设备单体试验

牵引供电系统变电部分包含牵引变电所、分区所、开闭所和AT所，都要进行各种设备的单体试验，其中牵引变电所的设备最多。设备单体试验的主要内容为变压器(AT变压器、所用变压器)试验、220 kV六氟化硫气体绝缘断路器、55 kV和27.5 kV真空断路器试验、互感器试验、隔离开关、负荷开关及高压熔断器试验、避雷器试验和接地装置试验。下面分别简要介绍如下：

1. 变压器(AT变压器、所用变压器)试验

(1)绝缘电阻及吸收比测试。试验标准是与出厂值比较常温下吸收比不小于1.3(35 kV、4 000 kVA及以上时测量)。试验方法是用绝缘电阻表耐压前后测试。

(2)绕组连同套管的直流电阻测试。试验标准是与同温下设备出厂值比较不大于2%。试验方法是用速测欧姆计测试。

(3)绕组接线组别及极性检查。试验标准是与设备铭牌一致。试验方法使用自动变比测试仪测试。

(4)变压比测量。试验标准是与铭牌比无明显差别，在额定分接头位置时为±0.5%。试验方法是使用自动变比测试仪测试。

(5)变压器绕组变形试验。试验标准是与设备出厂原始数据比较。试验方法是采用低电压短路阻抗法试验。

(6)工频耐压试验。试验标准是根据不同变压器的电压等级，按照《电气装置安装工程　电气设备交接试验标准》(GB 50150—2006)表7.0.13-1中的电压标准执行。试验方法是使用交流试验变压器试验。

(7)额定电压下冲击合闸试验。试验标准是：进行5次，每次间隔5 min，无异常现象，中性点必须接地；干式变压器可进行3次。试验方法是低压侧空载，高压侧合闸。

(8)相位检查。试验标准是与电网相位一致。试验方法是用相序表检查。

2. 220 kV六氟化硫气体绝缘断路器试验

(1)绝缘电阻测量。试验标准是与设备的出厂值比较。试验方法是用绝缘电阻表测试。

(2)每相导电回路电阻测量。试验标准是应符合产品技术条件的规定。试验方法是用接触电阻测试仪加入100 A电流测试。

(3)断路器分、合闸时间，分、合闸速度，主、辅触头分、合闸的同期性及配合时间测量。试验标准是应符合产品技术条件的规定。试验方法是用高压开关测试仪进行测试。

(4)断路器合闸电阻的电阻值测量。试验标准是应符合产品技术条件的规定。试验方法是用直流电阻测试仪测量。

(5)断路器操动机构的试验。试验标准是符合厂家技术要求。试验方法是电气操作。

(6)断路器合闸、分闸线圈最低动作电压试验。试验标准是直流操作电压在(85%～110%)$U_n$范围内时，断路器应可靠合闸，直流操作电压大于65%$U_n$时，断路器应可靠分闸，小于30%$U_n$时，不应分闸，同时符合厂家技术要求。试验方法是使用继电保护测试仪进行测试。

(7)断路器内六氟化硫气体的含水量测量。试验标准是测量断路器内$SF_6$的气体含水量(20 ℃的体积分数)应符合下列规定：

1)与灭弧室相通的气室，应小于150 μL/L。

2)不与灭弧室相通的气室,应小于250 μL/L。

3)$SF_6$气体含水量的测定应在断路器充气48 h后进行。

试验方法是用微水仪或者露点仪测量。

(8)密封性试验。试验方法是:

1)采用灵敏度不低于$1\times10^{-6}$(体积比)的检漏仪对断路器各密封部位、管道接头等处进行检测时,检漏仪不应报警。

2)泄漏值的测量应在断路器充气24 h后进行。

试验标准是用检漏仪测试。

3. 55 kV和27.5 kV真空断路器试验

(1)绝缘电阻测量。试验标准是参照制造厂技术要求。试验方法是耐压前后用兆欧表测试。

(2)交流耐压试验。试验标准是按照《电气装置安装工程　电气设备交接试验标准》(GB 50150—2006)的表10.0.5的规定或按出厂试验电压值80%进行。试验方法是用交流试验变压器测试。

(3)每相导电回路电阻测量。试验标准是满足厂家技术要求。试验方法是使用接触电阻测试仪加入100 A电流测试。

(4)测量断路器主触头分、合闸时间,分、合闸同期性,测量合闸时触头的弹跳时间。试验标准是符合厂家技术要求。试验方法是用高压开关测试仪进行测试。

(5)测量分、合闸线圈及合闸接触器线圈的绝缘电阻和直流电阻。试验标准是符合厂家技术要求。试验方法是用500 V兆欧姆表和直流电阻测试仪测量。

(6)断路器操动机构的试验。试验标准是符合厂家技术要求。试验方法是电气操作。

4. 互感器试验

变电所互感器分为电压互感器和电流互感器,其试验项目及方法如下:

(1)测量绕组的绝缘电阻。试验标准是绝缘电阻不宜低于1 000 MΩ。试验方法是耐压前后用2 500 V兆欧表测量。

(2)电压等级35 kV及以上互感器的介质损耗角正切值$\tan\delta$。试验标准是$\tan\delta$不应大于国家标准《电气装置安装工程　电气设备交接试验标准》(GB 50150—2006)表9.0.3中数据。试验方法是用介损测试仪测试,其中互感器的绕组$\tan\delta$测量电压应在10 kV,末屏$\tan\delta$测量电压为2 kV。

(3)局部放电测量。试验标准是测量电压及视在放电量应满足《电气装置安装工程　电气设备交接试验标准》(GB 50150—2006)表9.0.4中数据的规定。试验方法是用局部放电测试仪测试,且应与交流耐压同时进行。

(4)交流耐压试验。试验标准是:

1)按出厂试验电压的80%进行。

2)电磁式电压互感器(包括电容式电压互感器的电磁单元)在遇到铁心磁密较高的情况下,按国家标准《电气装置安装工程　电气设备交接试验标准》(GB 50150—2006)规定进行感应耐压试验。

试验方法用交流试验变压器或者倍频感应耐压试验仪测试。

(5)绝缘介质性能试验。试验标准是对绝缘性能有怀疑的互感器,检测其绝缘介质性能。试验方法是化学分析。

(6)绕组直流电阻测量。试验标准是:

1)电压互感器:一次绕组直流电阻测量值,与换算到同一温度下的出厂值比较,相差不宜大于10%;二次绕组直流电阻测量值,与换算到同一温度下的出厂值比较,相差不宜大于15%。

2)电流互感器:同型号、同规格、同批次电流互感器一、二次绕组的直流电阻和平均值的差异不宜大于10%。

试验方法是用直流电阻测试仪测量。

(7)检查接线组别和极性。试验标准是必须符合设计要求,并应与铭牌和标志相符。试验方法是用互感器校验仪或变比电桥。

(8)互感器误差测量。试验标准是与制造厂铭牌值相符。试验方法是用互感器校验仪或变比电桥。

(9)测量电流互感器的励磁特性曲线。试验标准是测量后核对是否符合产品要求,核对方法见国家标准

《电气装置安装工程　电气设备交接试验标准》(GB 50150—2006)附录 E。试验方法是用电流表、电压表法测量。

(10)测量电磁式电压互感器的励磁特性。试验标准是对于额定电压测量点(100%),励磁电流不宜大于其出厂试验报告和型式试验报告的测量值的 30%,同批同型号、同规格电压互感器此点的励磁电流不宜相差 30%。试验方法是用电流表、电压表法测量。

(11)电容式电压互感器(CVT)的检测。试验标准是:

1)CVT 电容分压器电容量和介质损耗角 $\tan\delta$ 的测量结果:电容量与出厂值比较其变化量超过−5% 或 10%时要引起注意,$\tan\delta$ 不应大于 0.5%;条件许可时测量单节电容器在 10 kV 至额定电压范围内,电容量的变化量大于 1%时判为不合格。

2)交流耐压试验参照电磁式电压互感器,施加电压按出厂试验的 80%执行。

试验方法是用 CVT 介损测试仪和交流试验变压器。

(12)密封性能检查。试验标准是:

1)油浸式互感器外表应无可见油渍现象。

2)$SF_6$气体绝缘互感器定性检漏无泄漏点。

试验方法是观察或用捡漏仪测试。

(13)测量铁心夹紧螺栓的绝缘电阻。试验标准是试验时间 1 min,应无闪络及击穿现象。试验方法是用 2 500 V 兆欧表测量。

5. 隔离开关、负荷开关及高压熔断器试验

(1)绝缘电阻测量。试验标准是按照《电气装置安装工程　电气设备交接试验标准》(GB 50150—2006)的表 10.0.2 的规定进行。试验方法是耐压前后用兆欧表测试。

(2)测量高压限流熔丝管熔丝的直流电阻。试验标准是与同型号产品相比不应有明显差别。试验方法是用直流电阻测试仪测量。

(3)测量负荷开关导电回路的电阻。试验标准是满足厂家技术要求。试验方法是使用回路电阻测试仪 100 A 电流挡测试。

(4)交流耐压试验。试验标准是试验电压应符合国标《电气装置安装工程　电气设备交接试验标准》(GB 50150—2006)表 10.0.5 的规定。试验方法是用交流试验变压器测试。

(5)检查操动机构线圈的最低动作电压。试验标准是符合厂家技术要求。试验方法是用继电保护测试仪检查。

(6)操动机构的试验。试验标准是符合《电气装置安装工程　电气设备交接试验标准》(GB 50150—2006)的规定。试验方法是电气操作。

6. 避雷器试验

避雷器试验主要项目是绝缘电阻、直流参考电压和 0.75 倍直流参考电压下的泄漏电流、检查放电记数器动作情况及监视电流表指示。

(1)测量金属氧化物避雷器及基座绝缘电阻。试验标准是:

1)35 kV 以上电压:用 5 000 V 兆欧表,绝缘电阻不小于 2 500 MΩ。

2)35 kV 及以下电压:用 2 500 V 兆欧表,绝缘电阻不小于 1 000 MΩ。

3)基座绝缘电阻不低于 5 MΩ。

试验方法是用兆欧表测试。

(2)测量金属氧化物避雷器直流参考电压和 0.75 倍直流参考电压下的泄漏电流试验标准是:

1)金属氧化物避雷器对应于直流参考电流下的直流参考电压,实测值与制造厂规定值比较,变化不应大于±5%。

2)0.75 倍直流参考电压下的泄漏电流值不应大于 50 μA,或符合产品技术条件的规定。

试验方法是用直流高压发生器测量。

(3)检查放电记数器动作情况及监视电流表指示。试验标准是检查放电记数器的动作应可靠,避雷器监视电流表指示应良好。试验方法是用雷击棒检测。

7. 接地装置试验

接地装置符合设计要求，是变电所安全运行的保障，其试验工作责任重大。接地装置试验包括接地网电气完整性测试和接地阻抗测量。接地网电气完整性测试可以用接地网电气完整性测试仪测量，接地阻抗测量的测量方法较多，这里介绍两种常用的大地网接地阻抗测量方法。

（1）直线法。电流线和电位线同方向（同路径）放设称为三极法中的直线法，示意图如图 6-6-7 所示。$d_{CG}$按要求，$d_{PG}$通常为（0.5～0.6）$d_{CG}$。电位极 P 在被测接地装置 G 与电流极 C 连线方向移动三次，每次移动的距离为 $d_{CG}$的 5％左右，当三次测试的结果误差在 5％以内即可。

大型接地装置一般不宜采用直线法测试，如果条件所限而必须采用时，注意使电流线和电位线保持尽量远的距离，以减小互感耦合对测试结果的影响。

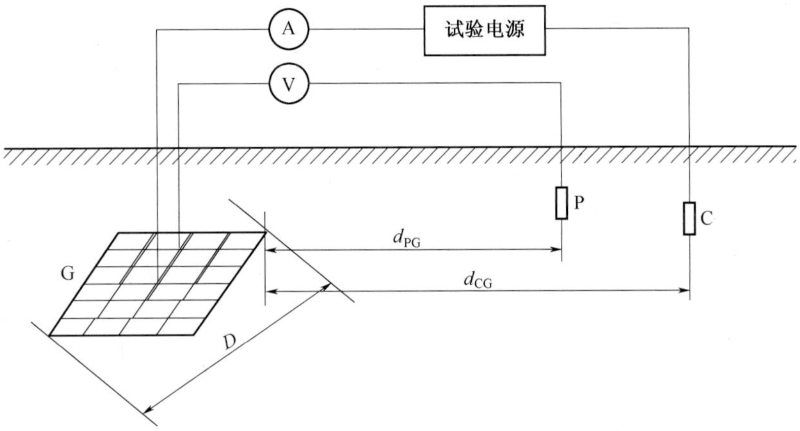


图 6-6-7　电流—电压表三极法中直线法接线示意图

G—被试接地装置；C—电流极；P—电位极；$D$—被试接地装置最大对角线长度；
$d_{CG}$—电流极与被试接地装置边缘的距离；$d_{PG}$—电位极与被试接地装置边缘的距离

（2）夹角法。三极夹角法接地阻抗测量接线如图 6-6-8 所示。

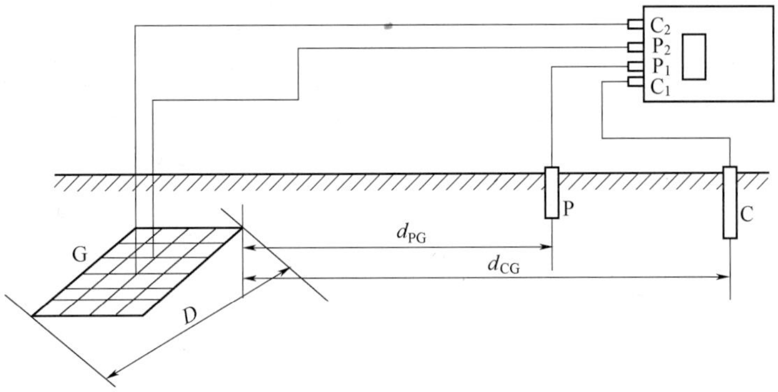


图 6-6-8　三极夹角法接地阻抗测量接线示意图

G—被试接地装置；C—电流极；P—电位极；$D$—被试接地装置最大对角线长度；
$d_{CG}$—电流极与被试接地装置边缘的距离；$d_{PG}$—电位极与被试接地装置边缘的距离

只要条件允许，大型接地装置接地阻抗的测试一般都采用电流—电位线夹角布置的方式。$d_{CG}$遵循的要求，一般为（4～5）$D$，对超大型接地装置则尽量远，$d_{PG}$的长度与 $d_{CG}$相近。接地阻抗可用式（6-6-1）修正：

$$Z=\frac{Z'}{1-\frac{D}{2}\left(\frac{1}{d_{PG}}+\frac{1}{d_{CG}}-\frac{1}{\sqrt{d_{PG}^2+d_{CG}^2-2d_{PG}d_{CG}\cos\theta}}\right)} \tag{6-6-1}$$

式中　$\theta$——电流线和电位线的夹角；

$Z'$——接地阻抗的测试值。

如果土壤电阻率均匀，可采用 $d_{CG}$和 $d_{PG}$相等的等腰三角形布线，此时使 $\theta$ 约为 30°，$d_{CG}=d_{PG}=2D$，接地阻抗的修正计算仍为式（6-6-1）。

在上述试验方法中无特殊说明的电气试验，一般以下列规定为准：

1）电气设备的绝缘性能试验宜在良好天气，被试物与环境温度不低于＋5 ℃，空气相对湿度不高于 80％

的条件下进行。

2)工频交流耐压试验持续时间,无特殊说明时均为 1 min。

3)绝缘电阻值为采用兆欧表摇测 60 s 时的绝缘电阻值。

4)主要电气设备的绝缘特性试验,其试验有效期宜为 6 个月。

5)电气设备的绝缘性能,当只有个别项目达不到有关标准规定时,则根据全面试验结果进行综合判断,经综合判断认为可以投入运行时,可以投入运行。

6)国外进口电气设备或标准无明确规定的电气设备,其试验标准按合同中的技术规定及厂家制造标准执行。

8. 保护及整组试验

AT 供电方式的牵引供电系统变电部分包含牵引变电所、分区所、开闭所和 AT 所,都要进行保护和整组试验,其中牵引变电所工作量和难度最大,其试验工作也最重要,这里只介绍牵引变电所的保护和整组试验。

牵引变电所的保护和整组试验的主要内容如下:

(1)自动投切功能试验,包含进线自动投切和主变自动投切功能试验。

变电所的进线自动投切和主变自动投切功能由主变测控装置来实现,其主要功能如下:

1)测量功能。

①高压侧三相电压。

②高压侧三相电流。

③低压侧 $\alpha$、$\beta$ 相电压。

④低压侧 $\alpha$、$\beta$ 相电流。

⑤地回流。

⑥轨回流。

⑦系统频率。

2)控制功能。

①备用电源/主变自投功能。

②高、低压侧断路器和电动隔离开关控制功能。

3)状态量采集功能。

①相关断路器、隔离开关位置信号。

②监视断路器、主变工作状态的信号。

③自投动作信号。

④装置工作状态信号。

试验时,首先利用继电保护测试仪检查主变测控装置的各种数据采集精度是否符合要求;然后实际操作各个开关及断路器,检查各种状态量采集是否正常;最后利用继电保护测试仪模拟实际故障发生情况,检查各种自动投切功能是否满足设计要求。

(2)并补保护测控装置试验。一套并联保护测控装置完成一相并补支路的保护、测量与控制功能。

1)保护配置。配置九种保护,分别为:

①电流速断保护。

②过电流保护。

③过电压保护。

④低电压保护。

⑤差电流保护。

⑥差电压保护。

⑦谐波阻抗保护。

⑧电抗器保护。

⑨非电量保护。

2)测量功能。

①母线电压。

②并联电容补偿支路总电流。

3)控制功能。断路器控制。

4)状态量采集。

①断路器、隔离开关位置信号。

②断路器控制回路断线信号。

③各种保护动作信号。

④装置工作状态信号。

试验时,首先是利用继电保护测试仪对并补保护测控装置的各种保护进行试验,其试验方法是按照保护的基本原理进行模拟试验,检查保护功能和数据精度是否符合相关要求。

然后实际操作各个开关及断路器,检查各种状态量采集是否正常。

最后利用继电保护测试仪模拟实际故障发生情况,检查并补保护测控装置各种保护是否满足设计要求,各种回路是否正确。

(3)动力变压器保护测控装置试验。

1)保护配置。配置六种保护,分别为:

①电流速断保护。

②过电流保护。

③失电压保护。

④反时限过负荷保护。

⑤瓦斯保护。

⑥温度保护。

2)测量功能。

①母线电压。

②变压器进线电流。

3)控制功能。断路器控制。

4)状态量采集。

①断路器位置信号。

②断路器控制回路断线信号。

③各种保护动作信号。

④装置工作状态信号。

试验时,首先利用继电保护测试仪对动力变压器保护测控装置的电流速断保护、过电流保护、失电压保护和反时限过负荷保护进行试验,其试验方法是按照保护的基本原理进行模拟试验,检查保护功能和数据精度是否符合相关要求;分别模拟瓦斯保护和温度保护动作,检查保护功能是否正常。

然后实际操作各个开关及断路器,检查各种状态量采集是否正常。

最后利用继电保护测试仪模拟实际故障发生情况,检查动力变压器保护测控装置各种保护是否满足设计要求,各种回路是否正确,在变压器瓦斯继电器处和温度继电器处模拟瓦斯和温度保护动作,检查保护动作情况是否符合要求。(有的变压器不设温度保护,有的除了有温度保护,还设有压力保护,试验时应根据设计要求进行相应试验)。

(4)AT变压器保护装置试验。AT变压器保护装置和动力变压器保护测控装置类似,其试验方法也类似。

### 6.3.2　接触网试验与检测

#### 6.3.2.1　试验与检测的主要内容

接触网工程的检测是评价工程质量科学、公正的依据,而检测的项目、标准和可靠的检测手段是检测技术的关键,接触网检测分静态检测和动态检测两个阶段。系统集成商应建立完善的接触网检测体系,并配备先进的检测工具和仪器。

6.3.2.2　专业试验与检测技术

1. 静态检测

静态检测主要是在工程安装阶段对接触网结构参数(导线高度、拉出值、限界、包络线检查等)进行测量,一般采用多功能激光接触网测量仪等仪器进行无接触静态检测。

2. 动态检测

动态检测主要是在工程完工后进行对接触网安全检测,分低速动态检测和高速动态检测。低速动态检测采用接触网冷滑装置或接触网弓网接触力测量装置;高速动态检测采用接触网图象分析测量系统,主要测量弓网接触力、定位器抬升(检测车测量、地面测量)、受电弓运行加速度、离线率(电弧),视频记录等。

# 第 7 篇

# 高速铁路施工测量技术

# 1 概　　述

## 1.1 高速铁路精密工程测量的概念

高速铁路精密工程测量是相对于传统的铁路工程测量而言，为了达到列车在高速行驶条件下，旅客列车的安全性和舒适性，高速铁路必须具有非常高的平顺性和精确的几何参数，轨道测量精度要达到毫米级，其测量方法、测量精度与传统的铁路工程测量完全不同。我们把适合于高速铁路工程测量的技术体系称为高速铁路精密工程测量，高速铁路精密工程测量控制网简称“精测网”。

高速铁路精密工程测量的内容包括：

(1)精测网控制测量。

(2)线下工程施工测量。

(3)轨道施工测量。

(4)建筑物变形监测。

(5)运营维护测量。

## 1.2 高速铁路精密工程测量体系

要实现高速铁路的高精度、高平顺性、高稳定性，保证测量控制网满足高速铁路勘测、施工、运营维护三阶段测量的需求，适应高速铁路工程建设和运营管理的需要，必须建立一套与之相适应的精密工程测量体系。精密工程测量体系应包括勘测、施工、运营各阶段测量控制网。

高速铁路工程建立了“三网合一”的测量控制体系：

(1)勘测控制网：CPⅠ、CPⅡ、水准基点。

(2)施工控制网：CPⅠ、CPⅡ、CPⅢ、水准基点。

(3)运营维护控制网：CPⅢ、加密基桩。

这一理念为高速铁路工程建设、运营与维护提供了可靠的测量保障。彻底改变了以往设计阶段由线路切线控制点控制线路、施工阶段因切线控制点破坏导致线路反复调整、竣工测量根据实际建筑重新确定线路曲线要素、运营阶段根据线路情况随意改变线路的传统测量模式。

## 1.3 高速铁路精密工程测量的特点

传统的铁路测量技术是按照切线上的转点，曲线控制点、交点或副交点来控制线路中线。这种采用定测控制桩作为施工测量基准，存在极大弊端。一是线路定测的测量精度低，施工单位复测经常出现曲线偏角超限，改变设计偏角施工，设计线型被改变；二是线路测量可重复性较差，控制桩连续丢失后，很难进行恢复。如工程开工后，中线控制桩均不存在，铁路的平面测量控制基准也就不存在了，这为后续施工中的测量及竣工测量和运营阶段的线路复测不利；三是平面坐标系投影差大(高斯投影)，不利于采用 GPS RTK、全站仪等新技术的坐标定位法进行勘测和施工放样；四是轨道铺设按线下工程的施工现状采用相对定位进行，设计线型被改变。

与传统的铁路测量技术相比，高速铁路精密工程测量具有以下特点。

(1)高速铁路精密工程测量采用“三网合一”的测量体系。高速铁路的测量控制网，必须满足勘测控制网、施工控制网、运营维护控制网坐标和高程系统的起算基准和精度的协调统一，保证高速铁路工程建设的顺利实施。设计、施工、运营过程中统一的测量基准、测量方法和测量精度，不论在设计阶段的设计线路改移、施工阶段的控制点增补、运营阶段的阶段性复测都采用统一的控制网,使得运营阶段的线路始终处于设计位置,实现了真正意义上的按设计施工。

(2)高速铁路工程精密测量控制网的分级控制。高速铁路轨道必须具有非常精确的几何线性参数,精度要保持在毫米级的范围内,测量控制网的精度应在满足线下工程施工控制测量要求的同时,必须满足轨道铺设的精度要求,使轨道几何参数与设计位置之间的偏差保持在最小;轨道的绝对定位通过由各级控制网组成的测量系统来实现,保证轨道与线下工程的空间位置相匹配协调。由此可见,必须按分级控制的原则建立高速铁路测量控制网。

高速铁路工程测量平面控制网在框架控制网(CP0)基础上(点间距 20～50 km)分三级布设,如图 7-1-1 所示。

第一级:基础平面控制网(CPⅠ)。主要为勘测、施工、运营维护提供坐标基准,测量等级为二等。

第二级:线路平面控制网(CPⅡ)。主要为勘察、施工提供控制基准,测量等级为三等。

第三级:轨道控制网(CPⅢ)。主要为轨道铺设和运营维护提供控制基准。

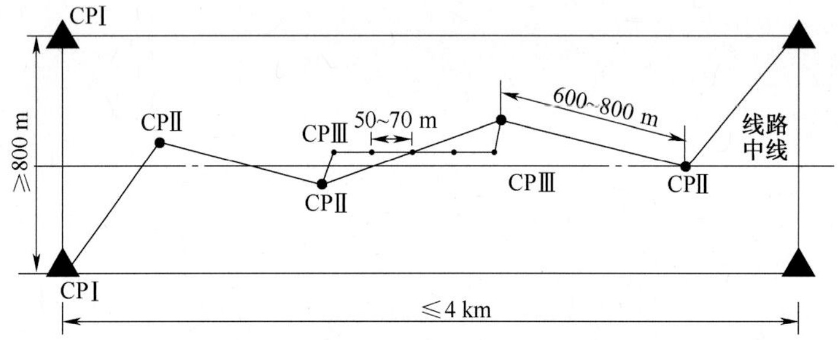


图 7-1-1　高速铁路三级平面控制网示意图

高速铁路工程测量高程控制网在设计、施工、运营阶段分二级布设。

第一级:线路水准基点控制网。主要为高速铁路勘察设计、施工提供高程基准,测量等级为二等。

第二级:轨道控制网(CPⅢ)。主要为高速铁路轨道施工、运营维护提供高程基准,测量等级介于精密水准测量二等和三等之间。

(3)高速铁路轨道必须采用绝对定位与相对定位测量相结合的铺轨测量定位模式。原来铁路轨道的铺设是按照线下工程的施工现状,采用相对定位的方法进行铺设,即轨道的铺设是按照 20 m 弦长的外矢距来控制轨道的平顺性,没有采用坐标对轨道进行绝对定位,相对定位的方法能很好地解决轨道的短波不平顺性,而对于轨道的长波不平顺性则无法解决。对于高速铁路,曲线的半径大,弯道长,如果仅采用相对定位的方法进行铺轨控制,而不采用坐标进行绝对控制,则轨道的线型就不能满足设计要求。

(4)高速铁路工程测量平面坐标系统采用边长投影变形值≤10 mm/km。高速铁路工程测量精度要求高,施工中要求由坐标反算的边长值与现场实测值应一致,即所谓的尺度统一。由于地球面是个椭球曲面,地面上的测量数据需投影到施工平面上,曲面上的几何图形在投影到平面时,不可避免会产生变形。如采用国家 3°带投影的坐标系统,在投影带边缘的边长投影变形值达到 340 mm/km,这对高速铁路轨道的施工是很不利的,它远远大于目前普遍使用的全站仪的测距精度(1～10 mm/km),对工程施工的影响呈系统性。从理论上来说,边长投影变形值越小越有利。因此规定高速铁路工程测量控制网采用工程独立坐标系,把边长投影变形值控制在 10 mm/km 以内,以满足轨道施工测量的要求。

(5)高速铁路工程建筑物的沉降变形测量成为工程建设中的关键工序。严格控制路基、桥梁、隧道基础的工后沉降,确保轨道的平顺性,将是高速铁路修建成败的关键。因此,高速铁路工程需要从施工阶段就开始进行建筑物的沉降变形测量工作,运营期间也需要持续不断地对建筑物基础进行监测。铁路全线采用国家二等水准测量精度全线贯通。

总之,就设计、施工、运营各阶段而言,高速铁路施工过程是将设计变为现实的过程,它具有施工期长、受干扰因素多、不可遇见因素多的特点。因此,高速铁路施工阶段的施工控制网复测、线下工程施工测量、变形观测、轨道控制网测量以及轨道施工测量是高速铁路建设成败的关键,各级施工技术及管理人员应予以高度重视。

## 1.4　高速铁路施工测量的内容与手段

如前述,高速铁路工程测量控制网是大规模的、整体性强的、高精度的控制网。与传统的测量不同,现在它是基于地球坐标系的,因此涉及到大地测量内容。采用的平面控制测量方法,很大一部分依赖于高精度的卫星定位测量,但同时细部施工测量又是常规全站仪测量,使得垂线测量系统与法线测量系统长期并存。

在高速铁路工程开工建设初期,由勘测设计单位将铁路测量控制网及成果移交给施工单位后,施工单位应及时组织一次全面复测,以对勘测阶段的平面高程控制网中发生位移、破坏的控制点进行恢复、增补,并根据施工现场的实际需要,对控制网进行必要的加密。

在此基础上进行铁路征地界放样、桥涵、隧道的施工放样和变形观测。当桥梁、隧道需要更高精度的控制网时,依据基础控制网 CPⅠ建立相应的独立工程施工控制网。随隧道掘进,依据洞外控制网而进行洞内导线控制测量,炮孔、台车等控制,隧道断面超欠测量控制;桥梁桩基础、承台、墩身、垫石位置控制测量,现浇连续梁线型、挠度或沉降变形控制测量,以及桥梁、隧道、路基等沉降、变形观测和监控量测等。

施工过程中,一般每 6～12 个月对控制网进行一次复测,以监测控制网的稳定或变形情况,并及时进行增补。

当进行线上工程轨道施工前,应再一次对基础控制网 CPⅠ、线路控制网 CPⅡ进行一次全面复测或加密,满足轨道控制网建网要求后建立轨道控制网 CPⅢ,在此基础上进行轨道铺设安装测量。轨道工程施工、竣工移交前应对 CPⅢ网进行不定期局部或全面复测,以保证轨道工程的精度满足要求。

目前,平面测量控制网中长距离(如 500 m 以上)首选全球卫星定位测量,中短距离(500 m 以下)多采用全站仪角度距离测量方式。高程网以几何水准仪测量为主,在特殊地段(跨河、海、沟、上桥等)或 CPⅢ网、轨道网还可以用全站仪按精密光电测距三角高程测量方法进行,卫星定位高程测量目前还仅在有限范围内应用。特长隧道工程中还有采用高精度陀螺方位测量定向的方法。

高速铁路施工控制测量数据处理一般仍以平面和高程分开独立处理为主,CPⅢ网也可按三维方式处理。铁路工程测量数据处理量大、复杂、繁琐,现场施工测量可用手工计算处理即可,控制测量数据主要采用计算机软件进行处理。

由上可见,施工测量控制作为工程建筑中质量控制的主要程序之一,不仅仅包括控制网测量,还包括更广泛的内容。

# 2　线下工程施工测量

线下工程施工测量包括开工前的测量控制网复测与加密测量、界址测量放线，进入施工阶段的路基、桥梁、隧道工程的施工测量与精测网定期复测与加密测量，施工期间的路基、桥梁、隧道工程以及周边相关建筑的位移沉降监测，完工阶段的竣工测量。工作流程如图7-2-1所示。

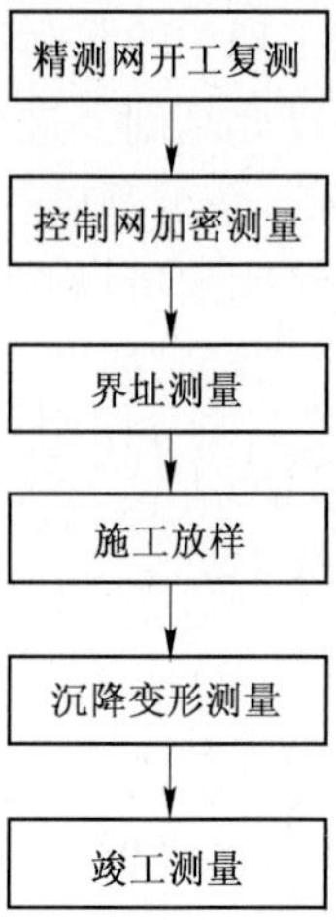


图 7-2-1　线下工程施工测量流程图

## 2.1　施工复测

### 2.1.1　测量控制桩与资料交接

施工前，施工单位应会同设计、监理单位完成控制测量成果资料和现场桩橛交接工作，并办理交接手续。交桩成果资料应包括以下内容：

(1)CP0、CPⅠ、CPⅡ控制点成果与点之记。

(2)CPⅠ、CPⅡ测量平差计算资料。

(3)线路水准基点高程成果与点之记。

(4)水准测量平差计算资料。

(5)精测网测量技术报告(含平面、高程控制网联测示意图)、技术总结。

(6)CP0、CPⅠ、CPⅡ控制桩和线路水准基点桩。

平面及高程控制桩点须根据交接资料现场核对确认，确认现场点名与成果资料相符，可使用手持机导航寻点，现场确认盖板、铭牌标识。登记控制点托管手续。对于破坏的控制点、点位不满足规范要求的桩点应详细记录，并提请设计单位增补。

### 2.1.2　中线和用地界测量

施工前根据线路设计资料，利用测量控制网点测放线路中线与红线界桩。红线位置由线路中心和中线至线路两侧的设计宽度确定。一般设计图提供的是大地坐标(如国家 2000 或 1954 坐标系)，控制点则一般是基于 WGS-84 大地坐标以及工程独立坐标系坐标；红线放样可将设计单位提供的控制网点 WGS-84 大地坐标或工程独立坐标系坐标，转换为相应的大地坐标进行放样。

中线、红线放样优先选用 GPS RTK 方法，也可用全站仪极坐标放样。放样限差为 5 cm。

### 2.1.3　断面复测

施工前应复测路基、桥涵纵横断面，核实路基、涵洞、桥梁基础及隧道洞口的填挖土石方量。对于路基加固地段也应进行横断面测量。路基横断面复测优先选用 GSP RTK 测量，也可用全站仪测量。

路基横断面复核测量应符合以下规定。

(1)复测路基横断面里程应与设计基本一致。

(2)路基定测横断面间距一般为 20 m，不同线下基础之间过渡段范围应加密为 5～10 m。在曲线控制桩、百米桩和线路纵、横向地形明显变化以及大中桥头、隧道洞口、路基支挡及承载结构物起讫点等处，应测设横断面。

(3)横断面采用水准仪、经纬仪、全站仪等测量时，测量限差应满足下列要求。

高差：$\pm(L/1\,000+h/100+0.2)$；

距离：$\pm(L/100+0.1)$；

其中，$h$ 为检测点至线路中桩的高差(m)；$L$ 为检测点至线路中桩的水平距离(m)。

### 2.1.4　坐标转换

2.1.4.1　测量坐标系统

（1）平面坐标系。高速铁路工程一般采用基于国家 2000 坐标系的工程独立坐标系。为顾及与既有工程的衔接，也有采用基于 1954 北京坐标系的独立坐标系统。常见椭球参数见表 7-2-1。

**表 7-2-1　常见椭球参数**

| 椭球体名称 | 椭球长半轴 $a$(m) | 扁率 $\alpha$ | 备　注 |
|---|---|---|---|
| 克拉索夫斯基椭球体 | 6 378 245 | 1/298.3 | 1954 年北京坐标系应用 |
| 1975 年国际椭球体 | 6 378 140 | 1/298.257 | 1980 年国家坐标系应用 |
| WGS-84 椭球体 | 6 378 137 | 1/298.257 223 563 | 世界大地坐标系统 1984 年框架 |
| 国家 2000 大地坐标系椭球体 | 6 378 137 | 1/298.257 222 101 | CGCS2000，我国规定从 2008 年 7 月 1 日起使用 |

CGCS2000 椭球与 WGS-84 椭球非常接近，椭球形状仅在扁率上有微小差异，据研究该扁率差异："不引起大地经度变化；引起大地纬度的变化范围为 0～0.105 mm、引起大地高的变化范围为 0～0.105 mm；在当前的测量精度水平，即坐标测量精度 1 mm，由参考椭球的扁率差异引起同一点在两坐标系内的坐标变化可以忽略。"即"CGCS2000 和 WGS-84(G1150)在坐标系的实现精度范围内是一致的"。

（2）高程坐标系。高速铁路工程采用国家 1985 高程基准。

2.1.4.2　坐标投影带

工程施工中要求由坐标反算的边长值与现场实测值应尽量一致，高速铁路工程要同时满足 CPⅢ网测量需求，因此规定平面坐标系采用工程独立坐标系统，在对应的线路轨面设计高程面上坐标系统的投影长度变形值不宜大于 10 mm/km。

高速铁路测量控制网采用的坐标系椭球是基于世界大地坐标系（1984 框架）WGS-84 椭球、国家 2000 坐标系（CGCS2000）椭球或 1954 北京坐标系 BJ1954 椭球（为便于与既有工程衔接），是一种具有高程抵偿面的任意带高斯正形投影平面直角坐标系。因此，投影带的投影高程不一定是该段线路轨面平均高程，中央子午线也不一定在该段线路中部。

坐标投影带在东西两侧边缘区域的投影变形较大，相邻投影带在衔接区域的投影变形不同。因此在两相邻投影带衔接地段，由于各带投影转换过程中方向值的曲改直变换差异，会引起相同点间的角度值出现微小差异；同理，由各投影带的理论坐标计算出的角度、距离放样资料也会有微小的差别，测量时应使用两套坐标检测放样点，确保正确衔接。

2.1.4.3　坐标转换模型

（1）大地坐标转换模型。

$$\begin{bmatrix} X \\ Y \\ Z \end{bmatrix} = \begin{bmatrix} (N+H)\cos B\cos L \\ (N+H)\cos B\sin L \\ [N(1-e^2)+H]\sin B \end{bmatrix} \tag{7-2-1}$$

$$N = \frac{a}{W} = \frac{a}{\sqrt{1-e^2\sin^2 B}} \tag{7-2-2}$$

式中　$X$、$Y$、$Z$——地心坐标系坐标；

$B$、$L$、$H$——大地坐标纬度、经度、大地高；

$e$——椭球第一偏心率；

$a$——椭球长半轴；

$N$——卯酉圈半径。

铁路工程独立坐标系仍然采用高斯投影的方法，只是将基础椭球长半轴 $a_0$ 进行放大，保持椭球的扁率、地心及坐标轴指向不变，选择适当的中央子午线，然后按照常规高斯投影方法进行计算。椭球长半轴放大一般采用直接在原椭球长半轴 $a_0$ 的基础上加上投影面大地高 $H_m$ 的方法实现，即

$$a = a_0 + H_m \tag{7-2-3}$$

也可以根据测区平均纬度 $B_m$、平均高程异常值 $\zeta$ 进行计算：

$$a = a_0 + \frac{H_m + \zeta}{N}$$

$$N = \frac{a_0}{\sqrt{1 - e^2 \sin^2 B_m}} \tag{7-2-4}$$

其中平均高程异常值 $\zeta$ 取测区高程点的高程异常平均值，高程异常值为

$$\zeta = H - H_{正常高} \tag{7-2-5}$$

大地坐标反算公式：

$$\left.\begin{aligned} &L = \arctan\frac{Y}{X} \\ &\tan B = \frac{Z + Ne^2 \sin B}{\sqrt{X^2 + Y^2}} = \frac{Z}{\sqrt{X^2 + Y^2}} + \frac{ce^2 \tan B}{\sqrt{X^2+Y^2}\sqrt{\frac{1}{1+e^2} + \tan^2 B}} \\ &H = \frac{Z}{\sin B} - N(1 - e^2) \end{aligned}\right\} \tag{7-2-6}$$

式(7-2-6)中，$c$ 为极点处子午线曲率半径，$c = a/\sqrt{1-e^2}$，且纬度需要进行迭代计算。

(2)高斯坐标转换模型。

$$\begin{aligned} x &= X_0 + X_{02}L^2 + X_{04}L^4 + \cdots \\ y &= Y_{01}L + Y_{03}L^3 + \cdots \end{aligned} \tag{7-2-7}$$

式中　$L$——与中央子午线的经度差；

$X_0$——子午圈弧长，计算方法见式(7-2-8)。

$$X_0 = a_0 B - \frac{a_2}{2}\sin 2B + \frac{a_4}{4}\sin 4B - \frac{a_6}{6}\sin 6B + \frac{a_8}{8}\sin 8B \tag{7-2-8}$$

$$\left.\begin{aligned} a_0 &= m_0 + \frac{1}{2}m_2 + \frac{3}{8}m_4 + \frac{5}{16}m_6 + \frac{35}{128}m_8 \\ a_2 &= \frac{1}{2}m_2 + \frac{1}{2}m_4 + \frac{15}{32}m_6 + \frac{7}{16}m_8 \\ a_4 &= \frac{1}{8}m_4 + \frac{3}{16}m_6 + \frac{7}{32}m_8 \\ a_6 &= \frac{1}{32}m_6 + \frac{1}{16}m_8 \\ a_8 &= \frac{1}{128}m_8 \end{aligned}\right\} \tag{7-2-9}$$

$$\left.\begin{aligned} m_0 &= a(1 - e^2) \\ m_2 &= \frac{3}{2}m_0 e^2 \\ m_4 &= \frac{5}{4}m_2 e^2 \\ m_6 &= \frac{7}{6}m_4 e^2 \\ m_8 &= \frac{9}{8}m_6 e^2 \end{aligned}\right\} \tag{7-2-10}$$

$$\left.\begin{aligned} X_{02} &= \frac{1}{2}N\sin B\cos B \\ X_{04} &= \frac{1}{24}N\sin B\cos B(5 - 6\sin^2 B) \\ Y_{01} &= N\cos B \\ Y_{03} &= \frac{1}{6}N(1 - 2\sin^2 B)\cos B \end{aligned}\right\} \tag{7-2-11}$$

由高斯平面坐标转换为大地坐标的计算公式如下：

$$\left.\begin{aligned}B&=B_f-\frac{t_f}{2M_fN_f}y^2+\frac{t_f}{24M_fN_f^3}(5+3t_f^3+\eta_f^2-9\eta_f^2t_f^2)y^4-\\&\quad\frac{t_f}{720M_fN_f^5}(61+90t_f^2+45t_f^4)y^6\\L&=\frac{1}{N_f\cos B_f}y-\frac{1}{6N_f^3\cos B_f}(1+2t_f^2+\eta_f^2)y^3+\\&\quad\frac{1}{120N_f^5\cos B_f}(5+28t_f^2+24t_f^2+6\eta_f^2+8t_f^2\eta_f^2)y^5\end{aligned}\right\}\quad(7\text{-}2\text{-}12)$$

式中　$B_f$——底点纬度，可根据式(7-2-8)反算解得；

$N_f$——卯酉圈半径；

$M_f$——子午圈半径，$M_f=\dfrac{N_f}{1+e'^2\cos^2B_f}$；

$t_f$——$t_f=\tan B_f$；

$\eta_f$——$\eta_f=e'\cos B_f$。

(3)坐标旋转。工程测量中，有时需要把测量控制网的平面坐标进行平移、旋转为独立施工坐标系，以方便施工应用。比如长直线隧道、桥梁工程、水库大坝工程等，就可以把隧道、桥梁、大坝的主轴线作为 $X$ 轴，其方位角为 00°00′00″，里程值作为 $X$ 坐标值，这样 $Y$ 坐标值就是偏移轴线的距离了。

设 $P$ 点在旧坐标系 $O'X'Y'$ 中的坐标$(x_0,y_0)$，在新坐标系 $OXY$ 中的坐标$(x_1,y_1)$；同一条边 $PQ$ 的旧方位为$A_0$，新方位为 $A_1$，则新坐标系的 $X$ 轴相对旧坐标系 $X'$轴逆时针方向旋转角度$\alpha=A_1-A_0$，则旧坐标$(x',y')$转换为新坐标$(x,y)$计算可用下式：

$$\left.\begin{aligned}x&=x_1+(x'-x_0)\cos\alpha-(y'-y_0)\sin\alpha\\y&=y_1+(x'-x_0)\sin\alpha+(y'-y_0)\cos\alpha\end{aligned}\right\}\quad(7\text{-}2\text{-}13)$$

2.1.4.4　坐标换带

换带转换过程：将平面高斯坐标先转换为大地坐标、地心坐标，然后按新的椭球参数(椭球半轴、中央子午线)转换为大地坐标、平面高斯坐标。坐标换带过程如图 7-2-2 所示。

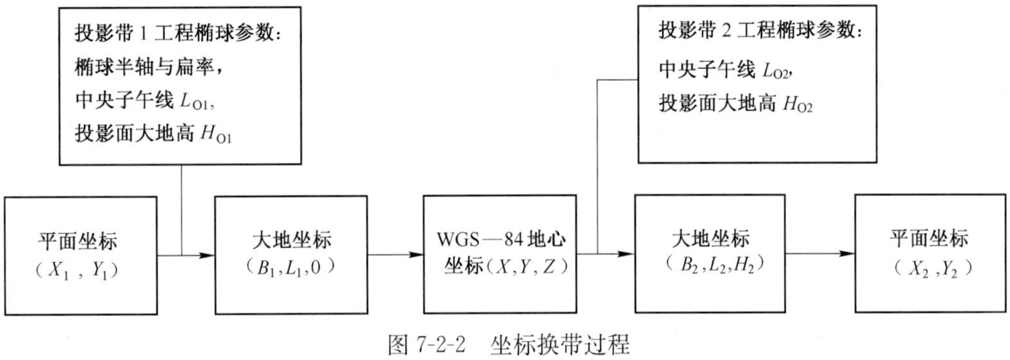


图 7-2-2　坐标换带过程

### 2.1.5　线路里程断链与高程断高

2.1.5.1　里程断链

铁路工程在设计、施工阶段中里程断链现象比较普遍。出现的原因可能有：

(1)设计优化或变更设计，使得线路中线需要调整引起里程不连续。

(2)绕行线路回到并行线路时里程衔接。

(3)不同的勘测设计单位衔接里程。

(4)因投影带划分或投影带变更引起线路长度变化的里程衔接。

线路中线里程断链会出现长链、等链或短链。

2.1.5.2　高程断高

出现断高的情况很少见，如出现则可能有以下原因：高程测量错误引起，高程系统衔接引起。

如果是测量错误原因造成高程断高，处理起来比较麻烦，可能涉及到线路调整坡度，甚至平面调整。我国高程系统已经统一为 1985 高程系，但在局部地区还有多期高程系统并存的现象，则在高程测量的区域衔接处，同一个高程点有 2 套高程值，出现高程断高。比如高程点 1、2、3 有一套高程值，2、3、4 又有一套高程值，但 2～3 点的高差在两套高程系统里是一致的，这与平面断链有点类似，处理方法也类似：即分区段，即 1、2、3 为一个区段，2、3、4 为一个区段，各用各的高程，虽然高程值是“断”高的，但高差却是连续的。

## 2.2 平面精测网复测与施工加密测量

### 2.2.1 复测要求

完成测量资料与控制桩交接后，施工前应对精测网进行全面复测。

施工过程中，根据测区情况，一般 CPⅠ、CPⅡ复测周期可为每年复测一次；CPⅢ建网前应全面复测一次。施工期间，考虑到施工干扰或地质水文情况，部分地区要求不长于半年对 CPⅠ、CPⅡ控制网进行复测，同时复测施工加密点。施工过程中已破坏的加密桩点根据需要补设。

精测网复测包括 CP0、CPⅠ、CPⅡ控制点与加密点、水准基点与加密水准点复测，并与相邻施工标段进行搭接。CPⅠ、CPⅡ网复测应采用卫星定位测量方法。

### 2.2.2 复测技术方案设计

精测网复测可以以施工标段为单元进行复测。复测前应进行技术方案设计，具体包括以下内容：

(1)测量项目概况：任务来源，测区地理位置、测量范围、地形地貌概述、测区控制点的数量、保存情况等；测区主要铁路工程(桥梁、隧道等)情况。

(2)作业依据：执行技术规范，设计资料，业主、监理要求，既有测量成果资料。

(3)人员与设备配置：测量仪器设备类型、数量等配置、测量人员配置、测绘单位资质等情况。

(4)设计资料与坐标系统参数，现场桩点情况。

(5)测量实施方案：测量精度，控制网组网方式、联测 CP0 方案。

(6)观测作业技术要求、测量操作程序等。

(7)测量进度计划，进度、质量、安全健康保障措施，对影响本期测量作业的因素与可能情况做好预计与处理预案。

(8)数据处理方案：拟使用的数据处理软件，外业数据的检核内容与控制指标，平差处理方案，起算基准数据的采用、精度指标等。

(9)复测结果分析(包括坐标、距离、相对精度)、复测结论。

(10)标段测量衔接处理方法。

(11)提交成果资料清单。

### 2.2.3 平面测量精度等级与技术要求

(1)平面测量精度应满足表 7-2-2 的要求。

**表 7-2-2 卫星测量平面控制等级及精度要求**

| 控制网 | 等级 | 基线边方向中误差 | 最弱边相对中误差 |
|---|---|---|---|
| CP0 | — | — | 1/2 000 000 |
| CPⅠ | 二等 | ≤1.3″ | 1/180 000 |
| CPⅡ | 三等 | ≤1.7″ | 1/100 000 |
| 加密网 | 四等 | ≤2.0″ | 1/70 000 |

(2)卫星测量观测技术指标应满足表 7-2-3 的要求。

(3)各级平面控制网设计应满足表 7-2-4 的技术要求。

(4)各等级平面控制网综合技术要求应满足表 7-2-5 的要求。

表 7-2-3　卫星测量外业观测技术要求

| 项目＼等级 | | 一等 | 二等 | 三等 | 四等 |
|---|---|---|---|---|---|
| 静态测量 | 卫星截止高度角 | ≥15° | ≥15° | ≥15° | ≥15° |
| | 同时观测有效卫星数 | ≥4 | ≥4 | ≥4 | ≥4 |
| | 有效时段长度(min) | ≥120 | ≥90 | ≥60 | ≥45 |
| | 观测时段数 | ≥2 | ≥2 | 1～2 | 1～2 |
| | 数据采样间隔(s) | 15～60 | 15～60 | 15～60 | 10～30 |
| | 接收机类型 | 双频 | 双频 | 双频 | 单/双频 |
| | PDOP 或 GDOP | ≤6 | ≤6 | ≤8 | ≤10 |

表 7-2-4　各级平面控制网设计的主要技术要求

| 控制网 | 测量方法 | 测量等级 | 点间距 | 相邻点的相对中误差(mm) | 备注 |
|---|---|---|---|---|---|
| CP0 | 卫星定位测量 | — | 50 km | 20 | |
| CPⅠ | 卫星定位测量 | 二等 | ≤4 km<br>一对点 | 10 | 点间距≥800 m |
| CPⅡ | 卫星定位测量 | 三等 | 600～800 m | 8 | |

表 7-2-5　各等级卫星测量控制网的主要技术要求

| 等级 | 固定误差 $a$(mm) | 比例误差系数 $b$(mm/km) | 基线方位角中误差(″) | 约束点间的边长相对中误差 | 约束平差后最弱边边长相对中误差 |
|---|---|---|---|---|---|
| 一等 | 5 | 1 | 0.9 | 1/500 000 | 1/250 000 |
| 二等 | 5 | 1 | 1.3 | 1/250 000 | 1/180 000 |
| 三等 | 5 | 1 | 1.7 | 1/180 000 | 1/100 000 |

### 2.2.4　测量组织与设备要求

2.2.4.1　测绘资质

根据国家测绘资质分级标准(2009 年颁布)与作业限额规定，高速铁路工程精测网复测与加密工作应由具有国家甲级工程测量专业测绘资质的测量单位完成。

2.2.4.2　测量人员

参加测量项目的所有人员应持证上岗，做到职责分工明确。测量负责人应由测绘专业技术人员担任。

对于相关的测量人员应作岗前培训，考核合格上岗，并做好岗前培训记录。

2.2.4.3　卫星定位测量仪器

高速铁路工程平面控制测量优先使用卫星定位测量方法。接收机标称精度不低于 5 mm＋1 ppm。CPⅠ 控制网应采用双频卫星接收机，CPⅡ控制网测量可以使用单频接收机。有条件时尽量采用同品牌、同型号的接收机观测作业，困难时也可采用不同品牌、型号的接收机混用联合作业。

同步观测的接收机数量应不少于 3 台，一般复测时需配 4 台以上。

对于地形复杂、遮挡严重的地区，建议采用多星接收机。实践与研究表明，双星接收机能提高精度 30%。

卫星接收机必须在检定有效期内。测量实施前，应对仪器进行常规的检校，光学对点器与长水准管必须严格检查校准，并做好相关记录。

### 2.2.5　卫星定位测量实施

2.2.5.1　准备工作

为保证测量工作顺利进行，应精心设计观测推进计划与组织保障工作。在实施前，应召开动员会议，公布测量计划与技术交底，统一思想，准备充分。

观测前应做星历预报，尤其在丘陵山区。隧道洞口因山、树木遮挡较多时，应实地勘察记录环视图，选择有利观测时段。

观测计划中应考虑通信、交通、进餐等因素。汽车及测量人员配备手持导航机，以便迅速、准确到位。部分地区手机通信有时无法保障,可使用对讲机保持联络。

仪器设备管理、电子设备充电应有专人负责检查。

观测计划中应做好人员防暑降温、保暖等准备措施。雨季路面溜滑,注意人身与仪器安全。土路软陷,注意车辆开行安全。盛夏防止毒蛇咬伤,毒虫叮咬。

2.2.5.2　组网方式

高速铁路工程的CPⅠ、CPⅡ复测(图7-2-3、图7-2-4)采用静态相对定位测量方法。

复测CPⅠ时,应采用边联结或网联结方式构网,组成三角形或大地四边形相连的带状同步环网。CPⅡ附合到CPⅠ控制点上,加密点附合到CPⅠ、CPⅡ控制点。相邻CPⅡ点原则上应同步联测。

联测CP0(图7-2-5)时,按CPⅠ测量要求。每个CP0至少与三个CPⅠ点相连;CP0点间可不直接复测。

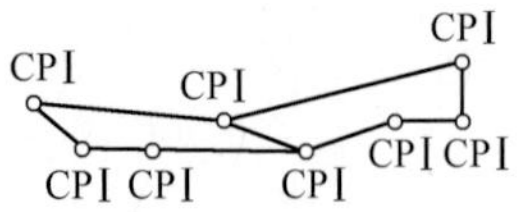


图7-2-3　CPⅠ测量组网示意图

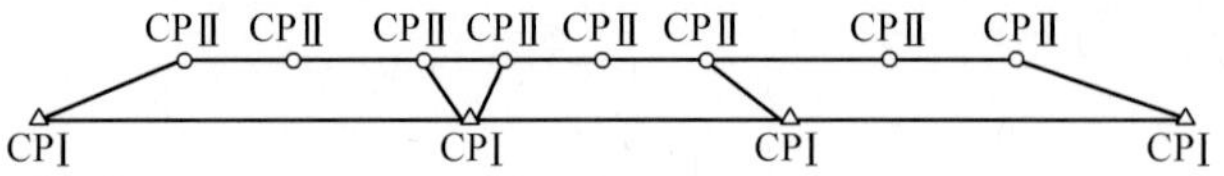


图7-2-4　CPⅡ测量组网示意图

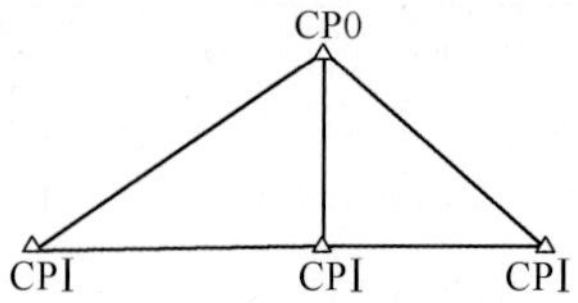


图7-2-5　CP0联测组网

2.2.5.3　卫星定位测量技术要求

(1)每天作业前,应对光学对中器、长水准管进行检查并做记录。在作业过程中应经常检查使其保持正常状态。长水准管应置于背向太阳的阴侧,对中误差不大于1 mm。

(2)遇到极端冷热天气,仪器应在与室外温度一致后再开始作业。

(3)安置仪器时,脚架踏实,在冰雪地区,采取措施避免随太阳照晒、气温升高导致脚架松动。

(4)天线安置应严格对中、整平,准确量取天线高度。天线高度在每个时段的测前和测后各量取一次,两次量取天线高度较差小于2 mm时取均值。量取天线高度应注明量取方式,一般为斜高;当遇到强制对中观测墩时,应图示量取位置。

(5)测量记录手簿应逐项如实填写完整,不得涂黑修改。严格听从调度发布的关机时间,不得擅自提前关机。

(6)同一时段的观测过程中不得关闭并重新启动仪器,不得改变仪器的参数设置,不得转动天线位置。在有效观测时段内,如中途断电,则该时段必须重测。

(7)观测过程中遇小雨,应将基座用塑料袋包裹保护,以免仪器进水。若遇到强雷雨、风暴天气,应立刻停止当前观测时段的作业。

(8)CPⅠ控制网复测每一同步环至少观测2个时段,CPⅡ控制网复测以及CPⅡ与CPⅠ控制点联测时,每一同步环观测1～2个时段。

(9)每个时段观测结束后,要求在180°方向上重新对中、整平安置仪器后,进行下一时段的观测。

## 2.2.6　卫星定位测量控制网复测数据处理流程与步骤

由于精度等级不同,高速铁路低级测量控制网应附合到高级测量控制网。CPⅠ、CPⅡ网和加密网应分别解算,分别处理。处理流程和步骤如下:

(1)卫星数据预处理。

(2)基线解算。

(3)基线质量检查。

(4)无约束平差。

(5)约束平差。

(6)与原测成果比较分析。

(7)做出复测结论。

## 2.2.7　卫星测量基线解算处理

2.2.7.1　数据预处理

(1)下载数据。将卫星接收机的观测数据下载到计算机硬盘中。按CPⅠ网、CPⅡ网的数据分离;如果同步接收机数量多,同步基线解算耗时,CPⅡ网数据可以按CPⅠ点分段处理。

(2)检查外业记录手簿。逐个检查外业记录手簿,对于记录不清楚的应及时完善;重点检查控制点名、天线高度、仪器号的对应情况,查看观测过程中的影响情况,检查外业测量的控制点与观测计划的符合性。

(3)录入天线高。根据外业记录手簿,利用软件对应录入点名、天线高、天线类型等信息。

如果有不同品牌或型号的接收机混用,应特别注意天线类型、天线高度的输入,并在软件中编辑或定义天线类型,转换为标准格式文件RINEX文件时,要特别注意选择合适的天线方式。在RINEX文件中,天线高指从测点到天线底部参考点的高度。

徕卡测量办公室LGO软件对于天线高度的定义如图7-2-6所示。

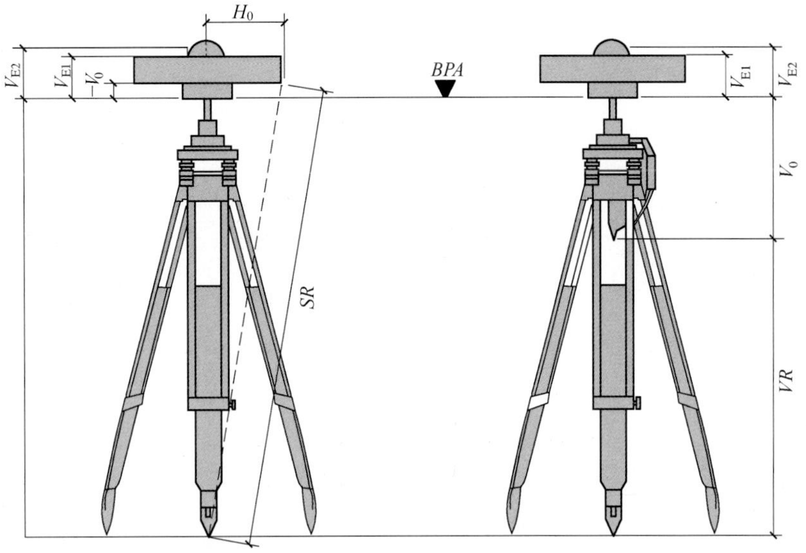


图7-2-6　卫星接收机天线高度量取示意图

$H_0$ 为水平偏差;$V_0$ 为垂直偏差;$VR$ 为垂高读数;$SR$ 为斜高读数;$V_{E1}$ 为 $L_1$ 载波的垂直相位中心偏差;$V_{E2}$ 为 $L_2$ 载波的垂直相位中心偏差;$BPA$ 为物理参考平面(前置放大器底部)。

如果使用斜高读数,天线高计算公式如下:

$$H_{antenna}=\sqrt{SR^2-H_0{}^2}\pm V_0 \tag{7-2-14}$$

如果天线上的偏移点在物理参考平面($BPA$)上面,垂直偏差 $V_0$ 是负的。

如果使用的是采用量高尺测量的方法,天线高计算如下式:

$$天线高=VR+V_0 \tag{7-2-15}$$

相位中心的实际高计算公式如下:

$$L_{1相位中心高度}=天线高+V_{E1} \tag{7-2-16}$$

$$L_{2相位中心高度}=天线高+V_{E2} \tag{7-2-17}$$

拓普康(TOPCON)公司的Pinnacle软件中的天线定义如图7-2-7所示。

这里的 $A_i$ 是天线 $L_1$、$L_2$ 相位中心到天线底部参考点的高度,相当于LGO软件中的 $V_{Ei}$。

2.2.7.2　基线解算处理要求

(1)卫星星历统一采用广播星历,卫星高度角一般采用15°。

(2)同一时段观测值的数据剔除率小于10%,否则应重测。

(3)任一时段的同步观测时间,CPⅠ复测网大于90 min;CPⅡ复测网大于60 min。任一时段的有效卫星数多于4颗。

(4)基线结果应为满足仪器标称精度(比如5 mm+1 ppm)的双差固定解基线向量结果。

(5)基线结果满足解算软件或厂商的相应解算指标。

(6)CPⅡ网可以只解算相邻CPⅠ点控制范围内的观测数据,CPⅠ点控制范围以外的基线可不用解算。

2.2.7.3　基线解算主要处理方法

一般采用卫星接收机厂家提供的基线解算软件,直接导入接收机的二进制保密格式的观测历元数据,解算的基线结果精度最好。如果转换为标准通用格式RINEX格式后,常常会有观测信息的损失,导致解算结

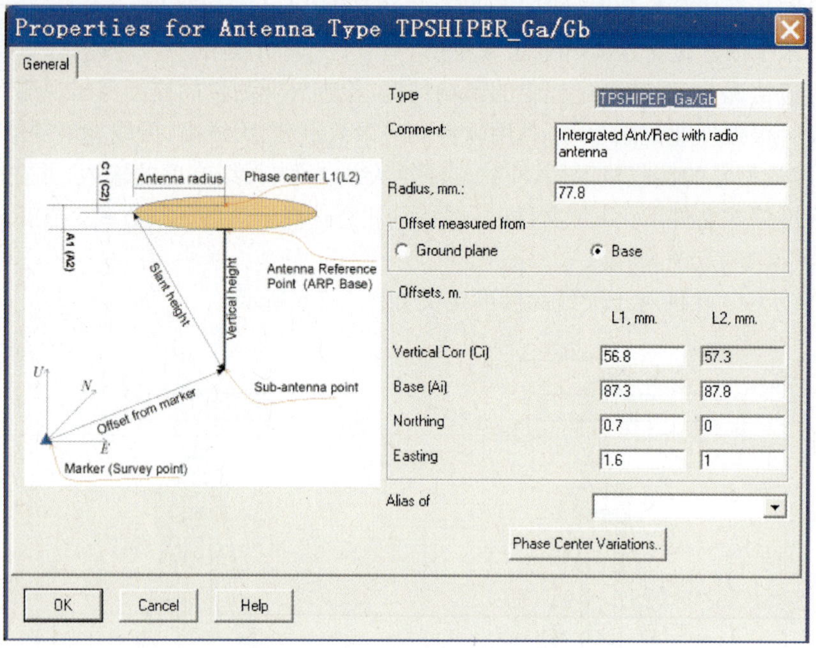


图 7-2-7　卫星接收机天线参数

果精度损失。如果采用不同品牌的仪器作业,需要将原始数据转换为 RINEX 数据后在一个软件中解算基线。

目前常用的有徕卡(LEICA)公司的徕卡测量办公室 LGO 软件、拓普康(TOPCON)公司的 Pinnacle 软件、天宝(TRIMBLE)公司的天宝商务中心 TBC 软件。

为解算出可靠、精度满足要求的基线结果,各解算软件都提供了一些有效的处理方法。

Pinnacle 软件提供的方法主要有:

(1)删除卫星。

(2)卫星不做参考卫星。

(3)禁用卫星(GPS、GLONASS)。

(4)观测时段中开窗,避开效果差的时段(只能切除该时段的前段与后段,中间段不能切除)。

(5)改变卫星高度截止角。

(6)采用不同的频率解算模型(Process Mode)。

1)AUTO——程序自动选择的“最佳”解算模式。

2)L1&L2——用于处理双频测量数据(在处理短基线时推荐使用)。

3)L1 Only——用于处理单频测量数据(单频接收机用户的标准选项)。

4)L2 Only——用于处理 L2 频率的测量数据(主要用于基线处理结果的研究)。

5)L1c——用于解算长基线的双频测量数据,求出 iono-free combination 的浮点解。

6)L1－L2——用于处理宽带解(wide-lane combination)。

7)L1＋L2——用于处理窄带解(narrow-lane combination),主要用于研究。

8)L1&L2c——最强大的处理模式,解算出 ionosphere-free combination 的固定解,通常作为解算双频测量数据的首要方法。

9)VLBL——用于结算超长基线。

(7)采用不同的对流层、电离层等修正模型,厂家推荐采用施加对流层模型 Apply Goad &Goodman Troposphere Model。

Pinnacle 软件解算基线结果的主要参考指标有:

(1)rms 值小于标称精度。

(2)一般要求为固定解结果。

(3)ratio 值大于 95% 。

(4)基线残差图上的残差最好要在正负 0.25 周以内。

LGO 软件提供的处理方法主要有：

(1)删除卫星(从残差图中查看残差离群的卫星)。

(2)交换参考站和流动站。

(3)禁用卫星(GPS、GLONASS)。

(4)观测时段中开窗，避开效果差的时段(可以切除任意卫星、任意时间段)。

(5)采用不同的频率解算模型。

1)自动模型。

2)L1+L2 模型。

3)L3 模型(消除电离层模型)。

4)选用不同的对流层、电离层模型，推荐采用霍普菲尔德模型(与 Pinnacle 中的 Goad&Goodman 模型类似)。

LGO 软件解算基线结果的主要控制指标有：

(1)dM0：一般在 0.3 左右为宜，过大(大于 0.8)过小(小于 0.15)均说明结果中存在问题。

(2)GDOP 值：一般越小越好，要求小于 8。

(3)解类型：要求为固定解。

(4)残差小于 1.0。

同步观测的基线采用单基线解方式，无法充分利用某些具有内在关联的待定参数(如电离层、对流层模型参数)，使得实际相同的同一参数在各条基线处理时采用了不同参数值。

在一些特定地区由于气候变化复杂，同一条基线在不同的时间段需要使用不同的解算模型，才能达到较好的效果。即使同一时段观测的基线，有时也需要根据基线长短采用不同的解算模型：一般 1 km 以下的基线不采用消除电离层模型，而 4～6 km 以上的基线一般需要采用消除电离层模型。

### 2.2.8　基线向量网平差

#### 2.2.8.1　基线质量检查

基线向量网平差前应检查重复测边、闭合环闭合差，并作统计分析。

(1)重复测边比较。同一基线不同时段重复观测基线弦长较差应满足式(7-2-18)的规定：

$$d_s \leqslant 2\sqrt{2}\sigma \tag{7-2-18}$$

式中　$\sigma$——基线弦长标准差，mm，$\sigma=\sqrt{a^2+(b\times D)^2}=\sqrt{5^2+(1\times D)^2}=\sqrt{25+D^2}$；

$D$——基线长度，km。

统计弦长较差的分布情况见表 7-2-6。

**表 7-2-6　弦长较差分布统计表**

| 较差 | ≤1 倍中误差 | 1～2 倍中误差 |
|---|---|---|
| 较差个数 | | |
| 所占比例 | | |

重复基线可看做是最简单的闭合环检查，基线分量较差宜按下述的闭合环闭合差检查方法进行检查。

(2)闭合差检查。由若干条独立基线边或非同步观测基线边组成的闭合环各坐标分量($W_x$，$W_y$，$W_z$)及全长闭合差 $W_s$ 应满足式(7-2-19)的规定：

$$\left.\begin{aligned} W_x &\leqslant 3\sqrt{n}\sigma \\ W_y &\leqslant 3\sqrt{n}\sigma \\ W_z &\leqslant 3\sqrt{n}\sigma \\ W_s &\leqslant 3\sqrt{3n}\sigma \end{aligned}\right\} \tag{7-2-19}$$

式中　$n$——闭合环的边数。

因铁路控制网成带状分布，闭合环各边距离长度悬殊较大，所以宜按各条边逐条计算：

分量限差　　$W_x \leqslant 3\sqrt{\sum\sigma_{i1}^2}$；

全长闭合差　$W_s \leqslant 3\sqrt{3\sum\sigma_{i1}^2}$。

闭合环的边数不超过 6 条,宜采用 3 条边的闭合环。计算闭合差应采用所有基线所有时段的有效组合,任何组合的闭合差均满足闭合差限差要求。

因铁路工程测量控制网点位常常受到地形、地物等客观条件限制,各同步基线边间的同步卫星可能不相同、同步卫星数量也不一定全部一致,解算又采用单基线解算方式,这时的同步环闭合差就不只是包含计算软件模型造成的误差,如果同步环闭合差限差只考虑计算软件计算模型的误差,就不再适用了。

(3)统计分析与质量评述。统计闭合差的分布情况见表 7-2-7,对基线质量是否满足精度要求等作简要评述。

**表 7-2-7　闭合差分布统计表**

| 弦长闭合差 | ≤1 倍中误差 | 1～2 倍中误差 | 2～3 倍中误差 |
|---|---|---|---|
| 闭合环个数 | | | |
| 所占比例 | | | |

(4)超限基线分析。如果闭合环闭合差、重复基线边超限,可从以下几方面检查分析找出质量差、需要重新处理的基线边:

1)解算过程中效果差的时段,可能就是超限者。

2)在重复基线观测值中,查看离群观测值,比如分量超限者。

3)闭合环中出现的相同基线边,可能质量差。

4)无约束平差中的粗差观测值。

对于引起超限的基线边,需要重新进行解算;在满足重复观测时段数的条件下也可以剔除该观测值,还可以采用稳健估计抗差平差法降权或自动滤除该观测值。

外业中天线高度记录错误或录入错误,往往会造成重复基线和闭合环闭合差超限。这时可通过相同起算点、相同三维起算坐标计算出大地高差,检查各时段间的差异,确定出现异常的观测时段,以便组织重测。如果由于观测时段卫星组合不好,应该重新组织观测。

#### 2.2.8.2　向量网平差方案

采用独立基线边进行平差,独立解算的基线也可全部采用。有三维与二维平差两种处理方法,视已知点情况采用。

(1)三维平差转换到二维平面。如果有 CP0 三维坐标控制点,可用 CP0 三维约束平差 CPⅠ网,根据投影带参数转换为二维平面高斯坐标。

(2)直接二维平面平差。当没有 CP0 控制点或测段的 CP0 点数量不足或没有三维地心坐标,则只能采用二维平差方式。

#### 2.2.8.3　约束点的选择

复测坐标、距离方位较差是测量误差、数据处理误差综合结果的最终表现。如果复测加密点时采用与原加密时不同的起算点,则因起算点误差可能会出现较大误差,甚至会相去甚远。如果高级点进行了坐标更新,或者移位新设,则出现这样的问题更是多见。因此复测时,一般应采用原起算基准。高级点更新坐标后,应及时检测加密点,如有必要应同步更新加密点的坐标。

比如一般短隧道控制测量时,一般就近附合高级控制点加密洞口点,在复测时候往往根据施测时仪器情况和方便实测等情况组网,因而在数据处理时起算基准不一定相同,则很可能造成复测指标超限。而长隧道由于控制点的重要性得到加强,洞口加密点也要求与相邻洞口间进行联测,因而出现指标超限的现象要少一些。

(1)高级点约束。约束平差处理的方法较为常见,使用最为广泛。在有高级控制网点的情况下(如高速铁路工程的 CPⅠ网在 CP0 网的基础上、CPⅡ网在 CPⅠ网基础上、CPⅢ网在 CPⅠ、CPⅡ网基础上),采用高级控制点作为起算点,对控制网进行约束平差。

(2)自由网平差。在实际测量中,没有更高级的控制网的情况比较普遍,如一个工程施工标段项目中就可能没有更高级固定点 CP0 控制点或距离较远无法联测到 CP0 控制点,CPⅠ控制网的复测便没有高级的固定起算基准,再如桥隧独立控制网也没有更高级的控制点。此时若采用固定基准,只有使用同等级控制点做固定基准进行约束平差处理,得出的复测网平差结果可能不仅损失精度,还可能是变形或扭曲的,对结果的判断会产生不利影响,甚至会产生错误的结论。此时宜先对原控制点进行精度与兼容性检查,如采用自由网平差处理的方法。自由网平差有多种方法,如秩亏自由网平差、伪观测法、附加条件法、拟稳平差等。

自由网平差或拟稳平差,是没有固定数据的自由网处理,是按最小二乘法原则确定观测值的改正数以得到一个最佳的相对网形,再利用最小范数条件进行配置确定各控制点的坐标位置。自由网平差结果中观测值的改正数与经典自由网(即只有必要起算条件的控制网)平差结果是一致的。自由网变换的方法主要有赫尔墨特相似变换、坐标变换(采用最小二乘法原理)、坐标相似变换,变换处理的结果都是一致的。

给定的范数条件不同(即坐标基准或参考系不同,如采用不同的拟稳点),坐标结果将不一样,但网形是一样的,且可以互相转换。因此,复测控制网时,可以先做经典自由网平差(二维无约束平差或三维无约束平差后转换到高斯平面坐标系中),再选择适当的参考系,如坐标近似值系统(位置基准)采用原测结果,进行网形相似变换后,进行网形的比较判断和分析(如坐标较差、网点间相对精度、距离方位较差等),剔除残差离群的控制点,得到稳定的控制点。

(3)良好兼容点。在自由网变形分析出的稳定控制点的基础上,可选择较差小、分布大致均匀的控制点作为约束点再进行约束平差后分析比较。

无高级控制点时,起算点数量宜为总点数的20%～30%;并且应以大致在整网中均匀分布为宜。

2.2.8.4　处理结果控制指标

(1)三维无约束平差。采用高级控制点的三维坐标起算或采用超过30 min以上的导航解坐标起算,对三维基线向量网进行无约束平差。三维基线向量各分量的改正数绝对值应满足式(7-2-20)的要求:

$$\left.\begin{aligned} V_{\Delta x} &\leqslant 3\sigma \\ V_{\Delta y} &\leqslant 3\sigma \\ V_{\Delta z} &\leqslant 3\sigma \end{aligned}\right\} \tag{7-2-20}$$

如果超限,即认为是粗差,需要重新检查基线解算或直接剔除,直到没有粗差为止。无约束平差后应提供控制点WGS—84坐标系中的空间直角坐标、基线向量及其改正数和其精度信息。

(2)约束平差。以CP0约束平差CPⅠ控制网,以符合要求的CPⅠ控制点约束平差CPⅡ。约束平差中基线向量各分量改正数与无约束平差同一基线改正数较差的绝对值应满足式(7-2-21)的要求:

$$\left.\begin{aligned} \mathrm{d}V_{\Delta x} &\leqslant 2\sigma \\ \mathrm{d}V_{\Delta y} &\leqslant 2\sigma \\ \mathrm{d}V_{\Delta z} &\leqslant 2\sigma \end{aligned}\right\} \tag{7-2-21}$$

当出现超限基线时,应分析原因:约束点兼容性不好或基线数据质量不好。对超限的基线数据进行处理,直到满足要求。

三维约束平差后应提供相应坐标系的空间直角坐标,根据独立坐标系投影带的划分,将CPⅠ控制网的空间直角坐标分别投影到相应的平面坐标投影带中。三维或二维约束平差后,应提供基线向量及其改正数和网点间距离方位及其精度信息,距离、方位相对精度应满足相应要求(表7-2-5)。

### 2.2.9　复测结果分析

2.2.9.1　主要指标

CPⅠ、CPⅡ控制网复测与原测坐标较差应满足表7-2-8的规定。

**表7-2-8　CPⅠ、CPⅡ控制点复测坐标较差限差要求**　(单位:mm)

| 控制网等级 | 坐标(分量)较差限差 |
|---|---|
| CPⅠ | 20 |
| CPⅡ | 15 |

CPⅠ、CPⅡ控制网复测与原测相邻点间相对精度应满足表7-2-9的规定。

表7-2-9中相邻点间坐标增量差的相对精度按式(7-2-22)计算:

$$\frac{d_s}{S}=\frac{\sqrt{(\Delta X_{ij}^2+\Delta Y_{ij}^2+\Delta Z_{ij}^2)}}{S} \tag{7-2-22}$$

**表 7-2-9　复测相邻点间相对精度限差**

| 控制网等级 | 相邻点间坐标增量之差的相对精度限差 |
|---|---|
| CPⅠ | 1/130 000 |
| CPⅡ | 1/80 000 |

其中：

$$\left.\begin{aligned}\Delta X_{ij}&=(X_j-X_i)_{复}-(X_j-X_i)_{原}\\ \Delta Y_{ij}&=(Y_j-Y_i)_{复}-(Y_j-Y_i)_{原}\\ \Delta Z_{ij}&=(Z_j-Z_i)_{复}-(Z_j-Z_i)_{原}\end{aligned}\right\}\quad(7\text{-}2\text{-}23)$$

式中　$S$——相邻点间的二维平面距离或三维空间距离；

$\Delta X_{ij}$,$\Delta Y_{ij}$——相邻点 $i$ 与 $j$ 间二维坐标增量差,m；

$\Delta Z_{ij}$——相邻点 $i$ 与 $j$ 间 $Z$ 方向坐标增量差,当只统计二维坐标增量差的相对精度时为零,m。

坐标增量差的相对精度指标综合了方位与距离因素的影响。比较分析时,还可以分别从距离、方位两方面进行比较。

2.2.9.2　复测结果比较表

(1)坐标比较。以 CP0 控制点约束处理 CPⅠ网得到的 CPⅠ控制点的复测坐标与原测坐标进行比较,坐标分量差值不大于±20 mm 为合限。以 CPⅠ控制点约束平差 CPⅡ网,然后进行 CPⅡ控制点的复测坐标与原测坐标的比较,点位坐标差值不大于±15 mm 为合限。当复测成果与原测成果的不符值满足上述较差要求时,采用原测坐标成果。坐标比较表格式见表 7-2-10。

**表 7-2-10　CPⅠ、CPⅡ复测坐标比较表**

| 序 | 点名 | 原测坐标(m) | | 复测坐标(m) | | 坐标较差(mm) | | 限差(mm) | 合限状态 |
|---|---|---|---|---|---|---|---|---|---|
| | | $X$ | $Y$ | $X$ | $Y$ | d$x$ | d$y$ | | |
| | | | | | | | | | |

用图表形式给出坐标比较结果,以直观显示坐标变化,如图 7-2-8 所示。

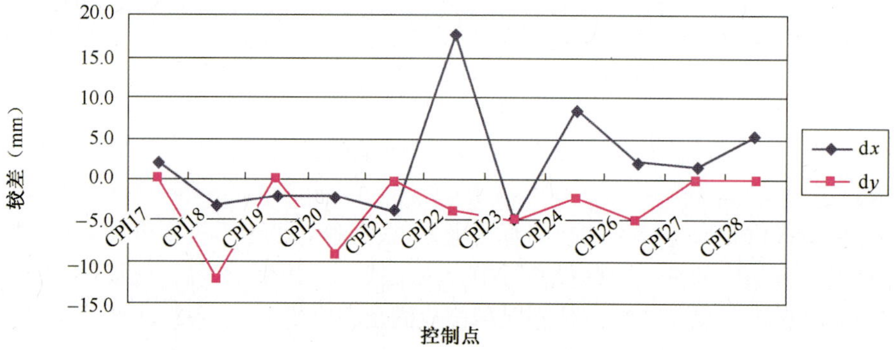


图 7-2-8　复测坐标比较

(2)相对关系比较。卫星测量网复测与原测相邻点间坐标增量差的相对精度的限差应满足表 7-2-11、表 7-2-12 要求。

**表 7-2-11　卫星测量网复测相邻点间坐标增量差的相对精度限差**

| 控制网等级 | 相邻点间坐标增量差的相对精度限差 | 备　注 |
|---|---|---|
| CPⅠ | 1/130 000 | |
| CPⅡ | 1/80 000 | |

**表 7-2-12　CPⅠ、CPⅡ相邻点间边长比较表**

| 序 | 起点 | 终点 | 原测距离(m) | 复测距离(m) | 较差(mm) | 较差相对精度 | 限差(mm) | 合限状态 |
|---|---|---|---|---|---|---|---|---|
| | | | | | | | | |

对于控制点间距离不足 500 m 时,按上述方法计算的弦长较差控制在 7 mm 内。当复测坐标较差大于

限差时，应结合点位与观测情况具体分析原因，并重新测量确认。

(3)重测确认与控制点更新。进行二次复测确认时，当两次复测的基线向量应满足前述重复测量以及闭合差检查的要求、在相同约束点条件下两次复测结果的坐标分量较差在 7 mm 以内，可认为两次复测吻合。以两次复测基线合并计算，约束平差后的相对关系应满足相应等级的精度要求，更新发生位移或精度不足的控制点坐标。坐标汇总表中应注明点坐标成果来源与启用日期。

当确认原测点位精度不足或发生位移，应将结果报监理、设计单位确认对坐标值进行修正。

### 2.2.10　控制网施工加密测量

2.2.10.1　测量精度指标与方法

CPⅠ、CPⅡ控制点的精度与密度如果不能满足工程施工测量要求，可以在 CPⅠ、CPⅡ的基础上进行加密，满足放样和检测的需要。加密控制网时可采用卫星定位测量或常规导线测量方法。不同工程项目(如路基、桥梁、隧道)应按相应控制网精度和要求进行测量。

2.2.10.2　加密点布设

(1)加密点间距离宜在 200～600 m 之间，点位满足放样、观测的需要。

(2)加密点要求与相邻的 CPⅠ、CPⅡ点不少于 2 个通视。桩点埋设应符合规范要求。

(3)控制桩点埋入冻土线以下 0.3～0.5 m。湿地、湿陷性黄土、膨胀岩、盐渍土、岩盐、软土、松软土、石膏岩、煤层等不良地质地区，对于测量桩点的稳定性有较大影响，应不定期检测。

(4)新增设加密点时，应注意还原绿色地表，环保施工。

2.2.10.3　加密测量与数据处理

加密点时，最好独立测量两次，以保证可靠性。加密网测量数据处理时，应以就近的高级控制点为约束点约束平差。

### 2.2.11　导线测量

2.2.11.1　导线观测作业技术要求(表 7-2-13～表 7-2-15)

**表 7-2-13　导线测量的技术要求**

| 等级 | 测角中误差(″) | 测距相对中误差 | 方位角闭合差(″) | 导线全长相对闭合差 | 测回数 | | |
|---|---|---|---|---|---|---|---|
| | | | | | 0.5″级仪器 | 1″级仪器 | 2″级仪器 |
| 二等 | 1.0 | 1/250 000 | $2.0\sqrt{n}$ | 1/100 000 | 6 | 9 | — |
| 隧道二等 | 1.3 | 1/250 000 | $2.6\sqrt{n}$ | 1/100 000 | 6 | 9 | |
| 三等 | 1.8 | 1/150 000 | $3.6\sqrt{n}$ | 1/55 000 | 4 | 6 | 10 |
| 四等 | 2.5 | 1/80 000 | $5\sqrt{n}$ | 1/40 000 | 3 | 4 | 6 |

注：1. 表中 $n$ 为测站数。

2. 当边长短于 500 m 时，二等边长中误差应小于 2.5 mm，三等边长中误差应小于 3.5 mm，四等边长中误差应小于 5 mm。

**表 7-2-14　水平角方向观测法的技术要求**

| 仪器等级 | 半测回归零差(″) | 一测回内 2C 互差(″) | 同一方向值各测回互差(″) |
|---|---|---|---|
| 0.5″级仪器 | 4 | 8 | 4 |
| 1″级仪器 | 6 | 9 | 6 |
| 2″级仪器 | 8 | 13 | 9 |

2.2.11.2　全站仪测量

(1)测量参数设置检查。包括仪器温度、气压，测量模式，棱镜模式，仪器距离测量常数，仪器自动补偿器开关等项目。

当仪器检定出的测距加乘常数不能忽略时，应进行设置修正或外部改正。仪器加常数可以附加在棱镜常数中，而乘常数在少数的全站仪中可设置比例常数，多数全站仪无法设置，需要在外部手工进行改正。

(2)自由设站测量。利用自由设站方法对测站点进行自动定位定向，方便快捷。可后视尽可能多的已知点，最好为 3 个，采用边角全测全站仪自动计算或人工约束平差计算测站的坐标。施工测量自由设站的定位精度应在 10 mm 以内,自由设站示意图如图 7-2-9 所示。

2.2.11.3　距离测量与归算

高差大的地区,水平距离往返测量结果一般会有差异,除了测量误差外,还因为全站仪以水准面的垂线(铅垂线)为竖轴确定竖直角或天顶距,测量出的平距是棱镜端高程面的平距,在低端测量高端的平距要比在高端测量低端的平距略大。在一些特殊地区,由于地形地质原因引起水准面出现异常,也可能会出现相反的情况。水平距离往返测量比较(图 7-2-10)较差时,应归算到测线平均高程面上。

**表 7-2-15　距离测量技术要求**

| 等级 | 使用测距仪精度等级 | 每边测回数 | | 一测回读数较差限值(mm) | 测回间较差限值(mm) | 往返观测平距较差限值 |
|---|---|---|---|---|---|---|
| | | 往测 | 返测 | | | |
| 二等 | Ⅰ | 4 | 4 | 2 | 3 | $2m_D$ |
| | Ⅱ | | | 5 | 7 | |
| 三等 | Ⅰ | 2 | 2 | 2 | 3 | $2m_D$ |
| | Ⅱ | 4 | 4 | 5 | 7 | |
| 四等 | Ⅰ | 2 | 2 | 2 | 3 | $2m_D$ |
| | Ⅱ | | | 5 | 7 | |
| | Ⅲ | 4 | 4 | 10 | 15 | |

注:1. 一测回是全站仪盘左、盘右各测量一次的过程。

2. 测距仪精度等级划分如下:

Ⅰ级　$m_d \leqslant 2$ mm

Ⅱ级　2 mm$< m_d \leqslant$5 mm

Ⅲ级　5 mm$< m_d \leqslant$10 mm

Ⅳ级　10 mm$< m_d \leqslant$20 mm

$m_d$ 为每千米测距标准偏差。即按测距仪出厂标称精度的绝对值,归算到 1 km 的测距标准偏差。

3. $m_D = a + b \times D$

式中　$m_D$——仪器测距中误差,mm;

$a$——标称精度中的固定误差,mm;

$b$——标称精度中的比例系数,mm/km;

$D$——测距长度,km。

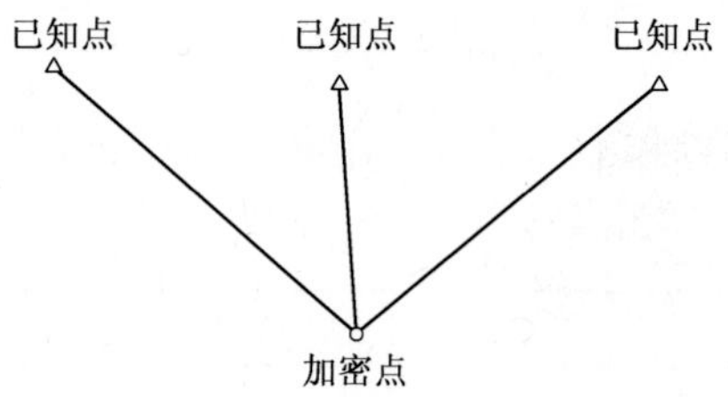


图 7-2-9　自由设站示意图

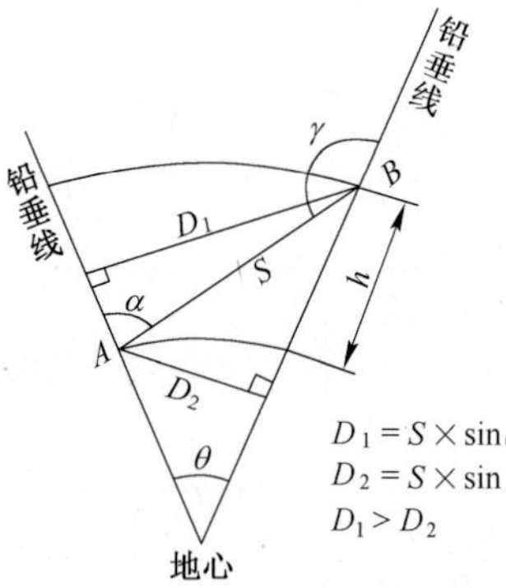


图 7-2-10　距离往返测量比较

外业用全站仪测量的水平距离是垂线系统,而卫星测量成果的距离属法线系统,因此距离观测值需要经过从地面归算到相应坐标系的高程面(正常高)、椭球面(大地高)、高斯平面上等 3 步以后,才能把卫星测量与常规测量的距离统一起来。

(1)归算到测区投影高程面上的测距边长度,计算式如下。

$$D = D_0\left(1 + \frac{H_0 - H_m}{R_A}\right) \tag{7-2-24}$$

式中　$D$——归算到投影高程面上的测距长度,m;

$D_0$——测距边两端平均高程面上的平距,m;

$H_0$——投影面高程,m;

$H_m$——测距边两端的平均高程，m；

$R_A$——参考椭球体在测距边方向的法截弧曲率半径，m，可近似取 6 371 000 m。

(2)归算到参考椭球面上的测距边长度，应按式(7-2-25)计算。

$$D_1 = D_0\left(1 - \frac{H_m + h_m}{R_A + H_m + h_m}\right) \tag{7-2-25}$$

式中　$D_1$——归算到参考椭球面上的测距长度，m；

$h_m$——大地水准面高出参考椭球面的高差，m。

此项改正，修正了正常高程面与大地高程面的差异。

(3)测距边在高斯投影面上的长度，应按式(7-2-26)计算。

$$D_2 = D_1\left(1 + \frac{Y_m^2}{2R_m^2} + \frac{\Delta y^2}{24R_m^2}\right) \tag{7-2-26}$$

式中　$D_2$——测距边在高斯投影面上的长度，m；

$Y_m$——测距边中点横坐标，m；

$\Delta y$——测距边两端点横坐标增量，m；

$R_m$——测距边中点的参考椭球平均曲率半径，m。

2.2.11.4　导线闭合差检查

高速铁路工程导线加密一般采用附合导线方式。附合导线闭合差有方位闭合差与坐标闭合差或导线全长闭合差，应满足前述表 7-2-13 的规定。坐标闭合差或全长闭合差检查前，应对观测的水平距离进行高程、水准面差距、高斯投影转化。导线闭合差中包含导线角度、距离测量与起算点的误差，因此闭合差检查前应确认附合导线点的精度满足规范要求，尤其当出现闭合差超限时应再次分析、检查、确认约束点的精度。

2.2.11.5　导线网平差

(1)单位权中误差。导线平差采用严密平差方法。一般取方向观测中误差为验前单位权中误差(为测角中误差的 $1/\sqrt{2}$ 倍)。

(2)边角方差匹配。导线控制网中有距离、方向两种不同的观测值，如果两类观测值定权不合理，将会对平差结果带来影响，比如角度或距离观测值的改正数出现异常，因此应对距离和角度观测值进行匹配。可根据赫尔墨特方差估计原理与方法，进行边角观测值的匹配，迭代平差解算，使得两类观测值平差后的方差一致(或在设定的允许范围内)。

(3)平差结果检查。平差结束后，根据平差软件计算出的验后单位权中误差，检查其是否在置信区间内。如果多余观测数较少，平差后观测值函数的精度(如方位、距离的精度)可用验前精度进行评定。

如果平差后的验后单位权中误差出现异常，则可能是由以下原因引起：

1)起算点的精度不足：应检查起算点的精度。

2)观测值定权不当：进行边角方差估计。

3)观测值存在粗差：找出并剔除粗差或用稳健估计的方法降权或自动滤除粗差值。

方向观测值改正数一般不能超过测角精度的$\sqrt{2}$倍，距离观测值的改正数不能超过 2 倍测距中误差。一般情况下，附合导线在已知点的方向观测值的改正数比其他点的方向值改正数大一些，这是由于平差模型中把已知点作为零误差处理引起的。

平差后的方位、距离精度应满足规范的要求。

### 2.2.12　标段衔接测量

为确保高速铁路轨道的线形平顺衔接，相邻施工标段、相邻施工单位之间应共同协商，并现场确认交界处附近的同一对 CPⅠ、CPⅡ平面控制点和同一个水准点，作为搭接和公共点进行复测。双方应签订共用控制点协议并使用满足精度要求的相同坐标和高程成果。

搭接地段的部分平面测量、水准测量数据可共用、共享、共同处理，双方确认。

### 2.2.13　平面复测成果

平面复测成果报告包括以下内容：

(1)坐标系参数。
(2)成果概况与使用注意事项。
(3)坐标成果。
(4)控制网示意图。
(5)点之记。

平面复测技术总结应包括以下内容:
(1)任务依据、技术标准、工作内容。
(2)工作总结:测量日期、作业方法、人员、设备情况、复测控制点的现状及数量、完成工作量。
(3)复测外业作业过程及内业数据处理方法。
(4)闭合环闭合差及重复基线较差统计。
(5)自由网平差和约束平差后最弱边方位角中误差和边长相对中误差统计。
(6)复测与原测成果的对比分析:平面控制网复测与原测坐标成果较差、复测与原测相邻点间坐标增量差的相对精度的比较。
(7)复测分析与结论。
(8)需说明的其他问题。
(9)控制网图。
(10)采用的控制点坐标成果。
(11)质量检核报告。
(12)平差报告。
(13)人员、仪器证书和原始记录(电子版)等。

## 2.3 高程控制网复测与加密测量

### 2.3.1 水准网复测要求

高速铁路水准网应定期复测。一般在施工前进行一次全面复测,施工过程中视稳定情况可半年到一年进行一次复测。在有区域沉降地区,应缩短复测周期。高速铁路水准基点高程复测应采用二等几何水准测量。

### 2.3.2 水准测量仪器

采用DS1级及以上等级的水准仪,配套因瓦水准尺。建议使用电子水准仪,可提高效率和精度。水准仪与配套因瓦尺须检定,日常应对指标差等参数进行检校。

### 2.3.3 水准测量精度与技术要求

(1)水准测量精度要求见表7-2-16。

**表7-2-16 水准测量精度要求**

| 水准测量等级 | 每千米水准测量偶然中误差 $M_\Delta$ | 每千米水准测量全中误差 $M_W$ | 限差 | | |
|---|---|---|---|---|---|
| | | | 检测已测段高差之差(mm) | 往返测高差不符值(mm) | 附合或环线闭合差(mm) |
| 二等水准 | ≤1.0 mm | ≤2.0 mm | $6\sqrt{L}$ | $4\sqrt{L}$ | $4\sqrt{L}$ |

注:表中 $L$ 为往返测段、附合或环线的水准路线长度,单位km。

(2)水准测量技术要求。光学和数字水准仪的观测技术要求略有差异,具体见表7-2-17、表7-2-18。

**表7-2-17 水准观测的主要技术要求(光学水准仪)** (单位:m)

| 等级 | 水准仪最低型号 | 水准尺类型 | 视距 | 前后视距差 | 测段的前后视距累积差 | 视线高度(下丝读数) |
|---|---|---|---|---|---|---|
| 二等 | DS1 | 因瓦 | ≤50 | ≤1.0 | ≤3.0 | ≥0.3 |

表 7-2-18　水准观测的主要技术要求(数字水准仪)　(单位:m)

| 等级 | 水准仪最低型号 | 水准尺类型 | 视距 | 前后视距差 | 测段的前后视距累积差 | 视线高度(下丝读数) | 数字水准仪重复测量次数 |
|---|---|---|---|---|---|---|---|
| 二等 | DS1 | 因瓦 | ≥3,且≤50 | ≤1.5 | ≤6.0 | ≤2.8,且≥0.55 | ≥2 次 |

水准观测的测站限差应符合表 7-2-19 的规定。

表 7-2-19　水准观测的测站限差　(单位:mm)

| 项目<br>等级 | 基、辅分划(黑红面)读数之差 | 基、辅分划(黑红面)所测高差之差 | 检测间歇点高差之差 | 上下丝读数平均值与中丝读数之差 |
|---|---|---|---|---|
| 二等 | 0.5 | 0.7 | 1 | 3 |

水准观测时相邻水准基点间、深埋水准点间进行往返测量,可同时将加密水准点纳入到闭合水准线路中同步进行。

测段观测的总测站数为偶数,则出发水准点与到达水准点是同一根水准尺,消除了水准尺零点误差。为消除仪器、水准尺下沉误差,奇偶测站应采用不同的观测顺序:

1)往测奇数站采用"后—前—前—后",偶数站采用"前—后—后—前";

2)返测奇数站采用"前—后—后—前",偶数站采用"后—前—前—后"。

为消除单根水准尺的误差,往返测采用不同水准尺作目的水准点立尺。由往测转向返测时,两根标尺应互换位置。

水准测量应注意以下事项:

1)测量前须检校仪器,进行圆水气泡、$i$ 角检校。

2)严格按规范最长视距、最小读数的规定执行。

3)注意尺垫、仪器的踏实、安全。

4)为防止水准尺晃动,应配备撑竿以稳定。测量前水准尺的圆水气泡必须居中。风大时,应注意稳定水准尺。

5)尺垫必须踏实后才能立尺,防止下沉。风太大不能稳定水准尺时,不宜进行观测作业。

6)仪器脚架架设必须稳固,防止下沉。

7)数字水准仪对振动较敏感,测量时注意避开。

8)测量读数前,必须正确调焦,前后视观测保持焦距不变。

9)尺面要保持清洁、光线充足。

### 2.3.4　水准测量数据处理

#### 2.3.4.1　测量数据取位

二等水准测量观测读数和记录的数字取位见表 7-2-20、表 7-2-21。

表 7-2-20　二等水准测量读数取位

| 仪　器 | 读数取位(mm) |
|---|---|
| DS05 | 0.05 |
| DS1 | 0.1 |
| 数字水准仪 | 0.01 |

表 7-2-21　二等水准测量计算取位

| 等级 | 往返测距离总和(km) | 往返测距离中数(km) | 各测站高差(mm) | 往返测高差总和(mm) | 往返测高差中数(mm) | 高程(mm) |
|---|---|---|---|---|---|---|
| 二等 | 0.01 | 0.1 | 0.01 | 0.01 | 0.1 | 0.1 |

#### 2.3.4.2　测段高差分析

(1)测段往返观测高差检查。水准复测外业完成后,对各测段的往返高差进行统计,并按 $4\sqrt{L}$ 标准检查统计往返测高差不符值(表 7-2-22)。

**表 7-2-22　复测高差统计表**

| 序 | 起点 | 终点 | 距离 $L$(km) | 往测高差(m) | 返测高差(m) | 往返测高差较差(mm) | 限差 $4\sqrt{L}$(mm) | 合限状态 |
|---|---|---|---|---|---|---|---|---|
| | | | | | | | | |

当往返测不符值超限时，应立即重测。一般情况下返测应按往测路线，如果往返测距离相差太大(超过1/3 时)，可按下式计算往返测高差较差的限差：

$$\Delta_{限}=2\sqrt{2(L_{往}+L_{返})} \tag{7-2-27}$$

往返测高差均值按下式计算：

$$h_{均}=\frac{L_{返}\times h_{往}-L_{往}\times h_{返}}{L_{往}+L_{返}} \tag{7-2-28}$$

往返测高差加权均值对应的测段距离为：

$$L=\frac{L_{往}\times L_{返}}{L_{往}+L_{返}} \tag{7-2-29}$$

按下式计算出水准路线每千米高差偶然中误差：

$$M_{\Delta}=\pm\sqrt{\frac{1}{4n}\sum\frac{\Delta_i\Delta_i}{L_i}} \tag{7-2-30}$$

式中　$\Delta_i$——往返测高差不符值，mm；

$L_i$——各测段水准路线单程长度，km；

$n$——水准测段个数。

二等水准测量 $M_{\Delta}$必须≤±1.0 mm。当每千米水准测量高差中误差超限时，应选择往返测高差不符值相对较大$\left(\frac{\Delta\Delta}{L}\right)$的测段开始补测。

(2)与原测高差进行比较见表 7-2-23。

**表 7-2-23　与原测高差比较表**

| 起点 | 终点 | 距离 $L$(km) | 复测高差(m) | 原测高差(m) | 较差(mm) | 限差 $6\sqrt{L}$(mm) | 合限状态 |
|---|---|---|---|---|---|---|---|
| | | | | | | | |

2.3.4.3　水准网平差

二等水准必须采用严密平差。选择经检测确认稳定可靠的水准点作为约束点平差处理。当有深埋水准点时，用深埋水准点做约束点，平差处理得出水准基点的高程，与原测高程比较，检查是否存在系统误差。如果没有深埋水准点，可采用自由网变换方式，即以其中一个水准点为起算，推算出所有高程点的高程，将高程重心(所有水准点高程均值)移到原测高程重心，检查高程是否存在系统误差。

2.3.4.4　复测高程比较(表 7-2-24)

**表 7-2-24　高程复测比较表**

| 序 | 点名 | 原测高程(m) | 复测高程(m) | 较差(mm) | 备注 |
|---|---|---|---|---|---|
| | | | | | |

用图形直观显示高程比较结果，如图 7-2-11 所示。

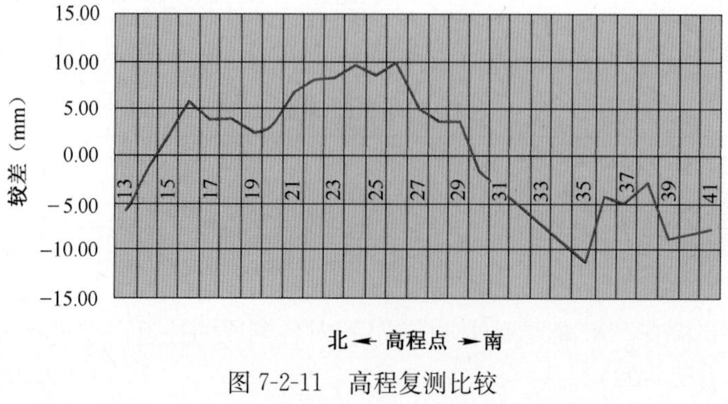


图 7-2-11　高程复测比较

2.3.4.5　复测结果评判

复测相邻水准点间高差较差以 $6\sqrt{L}$（$L$ 为测段长度，单位以 km 计）为限差来判断是否满足二等水准精度要求和判定点位是否发生位移。当复测成果与原测成果的不符值满足上述较差限差要求时，采用原测高程成果。深埋水准点间高差较差限差采用 $4\sqrt{L}$ 指标。

当控制网中两水准点间高差复测与原测较差大于限差时，应结合点位情况以及观测情况重新复测；并与前后的相邻水准点高差比较分析（图 7-2-12），综合判定。

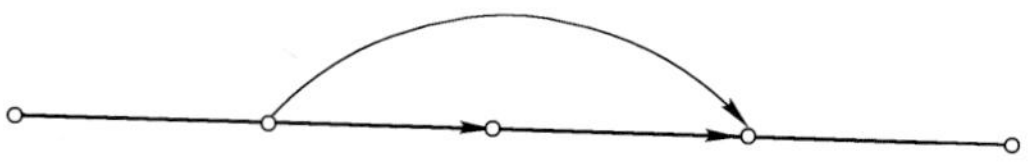

图 7-2-12　水准点复测检查

当测段两次水准测量高差结果满足 $4\sqrt{L}$ 时，认为两次复测结果吻合。用两次复测结果平均值作为测段高差，更新不满足精度要求的水准点高程。

2.3.4.6　水准点高程更新

当确认该水准点位已有变动，用最近的稳固水准基点，采用严密平差方法计算，对高程值进行修正，并将结果报监理、业主以及原测单位进行修正。

2.3.4.7　水准网复测成果报告与技术总结

成果报告包括以下内容：

(1)测量概况。

(2)高程系统。

(3)高程成果使用注意事项。

(4)高程成果。

(5)点之记。

(6)水准网示意图。

水准网复测技术总结应包括以下内容：

(1)任务依据、技术标准。

(2)工作总结：测量日期、作业方法、人员、设备情况，复测控制点的现状及数量，完成工作量。

(3)复测外业作业过程及内业数据处理方法。

(4)复测控制网测量精度统计分析：水准测量测段间往返测较差、附合水准路线高差闭合差、水准路线每千米高差偶然中误差统计。

(5)复测与原测成果的对比分析：相邻水准点复测与原测高差较差。

(6)复测结论。

(7)需说明的其他问题。

(8)采用的控制点高程成果、水准网图。

(9)质量检核报告。

(10)平差报告。

(11)人员、仪器证书和原始记录（电子版）等。

### 2.3.5　水准加密测量

二等水准基点的精度已满足一般特大桥、隧道施工控制网精度要求，可以直接在水准基点的基础上加密水准点，满足高速铁路沉降变形、放样和检测的需要。

相邻加密水准点距离在 300 m 为宜。控制桩点必须埋入冻土线以下 0.3～0.5 m。

湿地、湿陷性黄土、膨胀岩、盐渍土、岩盐、软土、松软土、石膏岩、煤层等不良地质地区，对测量桩点的稳定性有影响，应进行不定期检测，尤其是水准点沉降变形，宜联测到深埋水准点。

## 2.4　路基施工测量

路基加固工程施工放样可在恢复中线基础上采用横断面法、极坐标法或 GPS RTK 法施测。路基加固工程各类基础桩位应根据设计要求，在已测设的地基加固范围内布置，一般采用横断面法测设，相邻桩位距离误差限差为 5 cm。

桩—板结构平面控制点可采用横断面法、极坐标法或 GPS RTK 法施测,线路纵、横向中误差不大于 10 mm;桩顶及承载板高程控制点的高程中误差不大于 2.5 mm。

## 2.5 桥梁施工测量

### 2.5.1 桥梁布置

高速铁路工程中,线路为左右线并行,多线时桥墩一般按照径向放射形布置。虽然高速铁路采用较大的曲线半径,但桥梁墩台仍然存在预偏心设置。基础(桩基、承台、墩身)放样时,应按设计考虑预偏心值。

### 2.5.2 桥梁施工控制网

CPⅠ、CPⅡ网满足一般旱桥放样精度要求。跨河桥梁放样需要加密控制点,加密测量的精度以满足墩位放样精度(10 mm)为原则。桁架钢桥则需要根据桥梁长度与桥型,计算桥轴线精度,然后设计加密控制网的精度。

桥梁施工控制网加密可采用卫星定位测量或常规导线测量方式。

### 2.5.3 基础施工放样

基础施工放样应以桥墩(台)中心为依据进行。可采用全站仪、GPS RTK 方法进行放样,平面放样中误差 10 mm。高程可采用几何水准或光电测距三角高程测量方法。

(1)基础。

钻孔桩:埋设护筒后,桩位中心平面位置允许偏差 20 mm,并测定护筒顶面高程。灌注混凝土后应测定桩位中心坐标,并在桩侧按桩头设计高程测定高程线。

打入桩:每根管桩打入、接桩过程中及到达设计高程后,应定时测定桩位中心的平面位置、倾斜度和桩顶高程,并推算桩尖高程及承台底处的桩顶位置。管桩的平面定位限差为 20 mm。斜桩应按设计坡度推算至地面高程后再设放。

沉井:沉井制造、下沉和接高放样测量,应以桥墩中心纵横十字线和统一的高程基准面为依据,并逐层向上传递。沉井下沉过程中,应及时测量并推算沉井顶、底位置和高程。沉井下沉到设计高程后,应检查并调整沉井顶部十字线和基准面,推算沉井顶、底位置和高程。

(2)承台。承台模板尺寸的设放限差 40 mm,高程设放限差 30 mm;墩身模板尺寸测量限差 20 mm,高程设放限差 30 mm;模板上同一高程线的测量限差为 10 mm。

长距离跨海桥梁海中承台,可先在承台上测设加密控制点,然后采用全站仪极坐标法进行海中承台轴线点放样。承台高程可采用卫星测量高程拟合法测定,高程拟合误差应不大于 30 mm。

(3)墩身。顶帽立模前应检查中心十字线的正交性。顶帽模板设放限差 10 mm,高程精度应符合四等水准测量要求。灌注混凝土前,应检查该墩至两邻墩之间的跨距。

灌注顶帽混凝土至顶部时,根据需要在墩顶桥梁中线上埋设中心标 1～2 个,并在墩顶上、下游异侧各埋设水准标一个。桥墩建成后,应测定中心标里程及高程。

墩顶水准高程程精度应与施工水准网复测精度相同。墩跨较大时,应使用水准仪或全站仪按跨河水准测量方法测定。由地面水准点传递高程至墩顶时,应以水准仪测读接高,并用悬挂钢卷尺方法复核。当高差较大不易传递时,可用光电测距三角高程测量方法往返测定高差,并用悬挂钢卷尺方法复核。墩顶水准标应与两岸水准点逐跨联测 1～2 次。

(4)垫石。以墩台中心十字线或梁中心线交点(曲线桥)为准,在墩顶上用钢卷尺按设计尺寸放出支座十字线及梁端轮廓线,并用墨线标出。并检查垫石面高程。

### 2.5.4 架梁施工测量

架梁前,应精密测定墩(台)顶水准点高程、桥中线方向及中心里程。

桥中线方向应在无风、呈像清晰稳定时直接测定。当后视点与前视点同向时,正、倒镜测量不符值不得大于 3 mm，取中值；当后视点与前视点异向时，按正、倒、倒、正镜观测，不符值不得大于 4 mm，取中值。

精密测定墩（台）中心里程及跨距，可采用钢卷尺直接丈量法、全站仪组合测距法或坐标法。里程的平差值与设计值比较，其不符值超过 10 mm 时，应适当调整。

放设钢梁架设的标志线、支座十字线，其距离与垂直度限差为 1 mm。支座安装的高程测量精度要求应与墩顶水准标相同。固定支座应按设放的支座十字线安装，活动支座的辊轴倾斜位移应按实测气温计算。

## 2.6　隧道施工测量控制

### 2.6.1　隧道贯通误差与测量精度

高速铁路工程隧道控制测量中，洞外采用先进的卫星定位测量，洞内还只能采用常规导线测量方法。在隧道贯通误差中的平面横向贯通误差，相对于平面纵向贯通误差、高程贯通中误差（25 mm），仍然是隧道贯通误差中最重要的。测量实施时可根据隧道长度选用适用的方位、角度、距离测量精度以及导线边长度。隧道平面控制网测量精度要求见表 7-2-25。

**表 7-2-25　隧道平面控制网测量精度**

| 洞外卫星测量控制网 | | 洞内导线控制网 | |
|---|---|---|---|
| 隧道长度（km） | 洞外定向边方位精度（″） | 隧道长度（km） | 洞内测角精度（″） |
| 0～3 | 1.7 | 0～2 | 2.5 |
| 3～8 | 1.3 | 2～5 | 1.8 |
| 8～20 | 1.0 | 5～9 | 1.3 |
| | | 9～20 | 1.0 |

高速铁路高平顺性对线路中线的绝对位置与相对位置都有极高的要求。高速铁路隧道断面较宽，为洞内测量创造了有利条件。但限于当前测量技术水平，铁路隧道平面横向贯通限差的确定仍然是依据目前测量技术水平所能达到、并兼顾生产成本而制定的。按隧道两端对向掘进整体贯通，铁路隧道贯通误差分配见表 7-2-26。如果隧道设有斜井、横洞，隧道分段贯通则从斜井或横洞至正洞处的横向贯通中误差不宜超过 30 mm。

### 2.6.2　隧道洞外平面控制测量

#### 2.6.2.1　洞口控制网布设

（1）洞口子网。采用卫星定位测量时，隧道控制网由洞口子网和子网之间的联系主网组成，如图 7-2-13 所示。

洞口子网有条件时可布设成四点通视的大地四边形；联系网宜在不同时间段进行观测。相邻洞口间用导线方法向洞内引测的起始方位边应进行同步卫星测量。

当洞口子网采用卫星测量困难时，可测量一条效果较好的卫星定向边，洞口子网的其他控制点采用全站仪测量。

（2）洞口控制边布设要求。洞口控制边的长度根据隧道长度宜控制在 200～600 m 之间。

卫星测量控制网进洞联系边两端应尽可能等高，最大俯仰角不应大于 5°，其主要目的是为消除垂线偏差对隧道贯通误差的影响。卫星测量成果属法线系统，经纬仪角度测量成果是垂线系统，类似经纬仪的竖轴误差（图 7-2-14），给角度测量带来误差，如果俯仰角过大，在测量时应顾及该影响因素。

当完成洞外控制测量后，洞口控制点均大致等高时，可以通过软件模拟计算选取最佳进洞联系边，用于向洞内传算坐标与方位，使贯通精度最高。

（3）点位设置要求。

1）每个洞口平面控制点布设应不少于 3 个，高程控制点不少于 2 个。

2）用于向洞内传递方向的洞外联系边不宜短于 300 m。

3）洞口平面控制点应便于向洞内引测导线。

4）卫星测量控制网进洞联系边最大俯仰角不宜大于 5°，导线网、三角形网的不宜大于 15°。

5）洞口卫星测量控制点应方便用常规测量方法检测、加密、恢复和向洞内引测。洞口子网各控制点间应尽量通视。

6）洞口附近的高程控制点应尽可能与隧道洞口等高，两水准点间高差以水准测量 1～2 站即可联测为宜。

表 7-2-26 铁路隧道贯通误差制定

| 隧道长度(km)≤ | 计算长度(km) | 洞内(mm) | | | | | | 洞外(mm) | | | | 误差分析(mm) | | | | | 分配后(mm) | | |
|---|---|---|---|---|---|---|---|---|---|---|---|---|---|---|---|---|---|---|---|
| | | 测角精度(″) | 洞内边长(m) | 测角误差 | 取两组导线误差 | 测距误差 | 洞内误差 | 定向精度(″) | 定向误差 | 坐标误差 | 洞外误差 | 总中误差 | 现允许中误差 | 拟允许中误差 | 洞内分配值 | 洞外分配值 | 洞内应达 | 洞外应达 | 总中误差 |
| 1 | 2 | 2.5 | 150 | 28 | 20 | 20 | 28 | 1.7 | 12 | 20 | 23 | 37 | 50 | 50 | 40 | 30 | 40 | 30 | 50 |
| 2 | 3 | 2.5 | 200 | 45 | 32 | 20 | 37 | 1.7 | 17 | 20 | 27 | 46 | 50 | 50 | 40 | 30 | 40 | 30 | 50 |
| 3 | 4 | 1.8 | 250 | 44 | 31 | 20 | 37 | 1.7 | 23 | 20 | 31 | 48 | 50 | 50 | 40 | 30 | 40 | 30 | 50 |
| 4 | 5 | 1.8 | 300 | 56 | 40 | 20 | 44 | 1.3 | 22 | 20 | 30 | 54 | 50 | 50 | 40 | 30 | 40 | 30 | 50 |
| 5 | 6 | 1.8 | 400 | 64 | 46 | 20 | 50 | 1.3 | 27 | 20 | 33 | 60 | 75 | 65 | 50 | 40 | 51 | 42 | 64 |
| 6 | 7 | 1.3 | 400 | 58 | 41 | 20 | 46 | 1.3 | 31 | 20 | 37 | 59 | 75 | 65 | 50 | 40 | 51 | 42 | 64 |
| 7 | 8 | 1.3 | 400 | 70 | 49 | 20 | 53 | 1.3 | 36 | 20 | 41 | 67 | 75 | 65 | 50 | 40 | 51 | 42 | 64 |
| 8 | 9 | 1.3 | 500 | 75 | 53 | 20 | 57 | 1.3 | 40 | 20 | 45 | 72 | 100 | 75 | 60 | 45 | 60 | 45 | 75 |
| 9 | 10 | 1.3 | 500 | 87 | 62 | 20 | 65 | 1 | 34 | 20 | 40 | 76 | 100 | 75 | 65 | 35 | 66 | 37 | 74 |
| 10 | 11 | 1 | 500 | 77 | 55 | 20 | 58 | 1 | 38 | 20 | 43 | 72 | 100 | 75 | 60 | 45 | 60 | 45 | 75 |
| 11 | 12 | 1 | 500 | 87 | 62 | 20 | 65 | 1 | 41 | 20 | 46 | 79 | 150 | 100 | 75 | 50 | 87 | 66 | 90 |
| 12 | 13 | 1 | 500 | 98 | 69 | 20 | 72 | 1 | 45 | 20 | 49 | 87 | 150 | 100 | 75 | 50 | 87 | 66 | 90 |
| 13 | 14 | 1 | 500 | 109 | 77 | 20 | 80 | 1 | 48 | 20 | 52 | 95 | 150 | 100 | 80 | 55 | 84 | 60 | 97 |
| 14 | 15 | 1 | 500 | 121 | 85 | 20 | 88 | 1 | 51 | 20 | 55 | 104 | 200 | 120 | 95 | 60 | 104 | 73 | 112 |
| 15 | 16 | 1 | 500 | 133 | 94 | 20 | 96 | 1 | 55 | 20 | 58 | 112 | 200 | 120 | 100 | 60 | 104 | 66 | 117 |
| 16 | 17 | 1 | 500 | 145 | 102 | 20 | 104 | 1 | 58 | 20 | 62 | 121 | 200 | 120 | 105 | 65 | 101 | 58 | 123 |
| 17 | 18 | 1 | 500 | 157 | 111 | 20 | 113 | 1 | 62 | 20 | 65 | 130 | 250 | 150 | 120 | 70 | 133 | 90 | 139 |
| 18 | 19 | 1 | 500 | 170 | 120 | 20 | 122 | 1 | 65 | 20 | 68 | 140 | 250 | 150 | 130 | 75 | 130 | 75 | 150 |
| 19 | 20 | 1 | 500 | 184 | 130 | 20 | 131 | 1 | 69 | 20 | 71 | 150 | 250 | 150 | 135 | 75 | 130 | 65 | 154 |
| 20 | 21 | 1 | 500 | 197 | 139 | 20 | 141 | 1 | 72 | 20 | 75 | 159 | 250 | 180 | 160 | 80 | 161 | 82 | 179 |

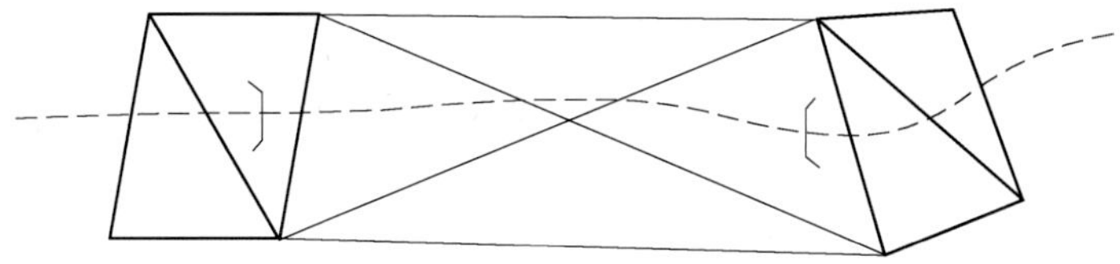

图 7-2-13　隧道控制网

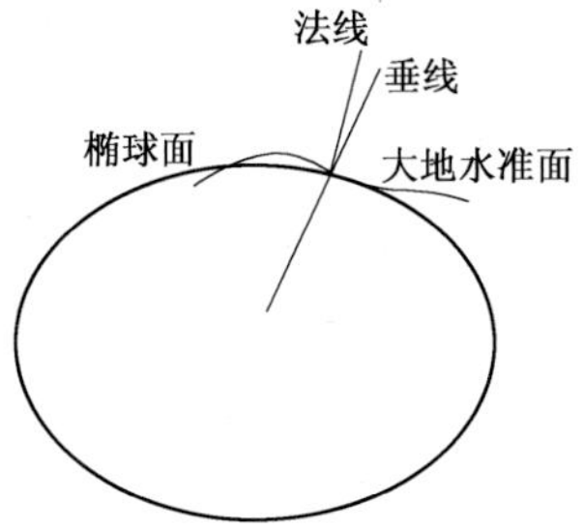


图 7-2-14　垂线偏差

(4)卫星网与常规网联合布网。由于地形条件限制，隧道洞口布设卫星测量点特别困难时，可以向洞外方向延伸到适当地点布设最少一条卫星测量定向联系边，并根据地形、放样的需要选布导线点，与卫星测量定向联系边一同构成洞外施工控制网，如图 7-2-15 所示。

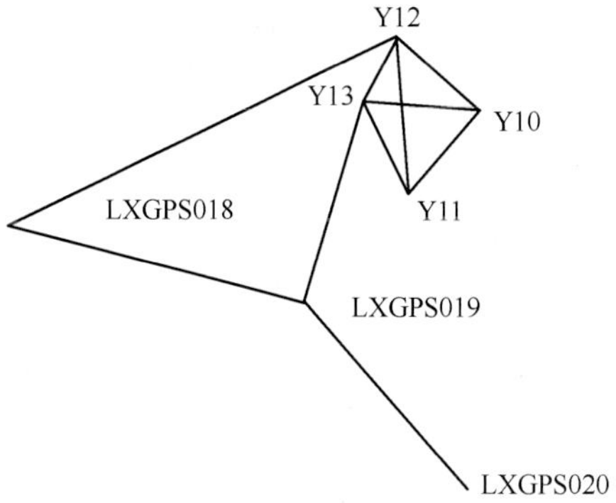


图 7-2-15　卫星测量网与常规网联合布网

(5)洞口引测要求。应按照测量设计选定的进洞联系边引测进洞。

进洞联系边的观测质量直接影响隧道横向贯通精度。洞口站由于处于洞外与洞内交接处，白天测量时，洞外与洞内的光线明暗强度、气象条件各不相同，很难保证观测质量，因此该站的测角工作宜选择在阴天或晚上进行，也可以分时段观测完成所有的测回(可能有折光影响，水平角测回间的限差应适当放宽)。洞口段为曲线时，尤其应当注意折光和气象差别影响。

2.6.2.2　洞外控制网检测与复测

洞口平面控制点、洞口高程点是洞内导线测量和高程测量的起算点，又是洞口及其附近地段施工的直接依据。这些点将被长期使用至隧道贯通。利用原控制点作第二次设站观测或根据原控制点增设新点时，应对原控制点进行检测。

平面控制点通常用测角测边检核，高程一般检测两点间的高差，因而规定洞口子网不应少于 3 个平面控制点和 2 个高程控制点。实际上，如果某控制点发生位移，仅检测 3 个平面控制点和 2 个高程控制点是难以判定控制点移动的，必须增加控制点，才能使检测结果可靠。因此，洞口平面控制点一般宜多于 3 个；洞口高程控制点一般宜多于 2 个，且彼此间有一定距离。

控制网复测或检测应同精度，同时应在相同的坐标系(相同的中央子午线、高程面)中才能进行比较。当检测与原测成果较差满足限差要求时，采用原测成果；不满足限差要求时，应分析超限原因。确因点位位移，应逐点检测至稳定控制点。

(1)距离检测。卫星测量控制网施测完成后，应用全站仪检测洞口子网控制点间的距离和角度。检测距离应投影到与卫星测量相同投影面后进行比较。距离较差的限差可根据卫星接收机和全站仪的仪器标称精度中的固定误差计算，如边长在 600 m 内，距离较差宜控制在 7 mm 内。

卫星测量成果给出的是大地高。大地高与正常高的关系如下式：

$$H_{\text{正常高}} = H_{\text{大地高}} - \zeta_{\text{高程异常}} \tag{7-2-31}$$

高程异常值可由已知的水准点的大地高与正常高近似求出，可近似代替大地水准差距。

当卫星测量成果采用 BJ1954 椭球时，由于椭球定位、参数与 WGS—84 椭球有明显差异，距离检测应注意高程面的正确取用。

(2)角度检测。检测角度与原测角度较差限差应满足下式的要求：

$$f_{\text{限}} = 2\sqrt{2}\, m_{\beta} \tag{7-2-32}$$

式中　$m_{\beta}$——原测、检测的测角中误差，″。

当原测为卫星测量网时，检测的角度较差限差宜按下式计算：

$$f_{\text{限}} = \sqrt{6}\, m_{\alpha} \tag{7-2-33}$$

式中 $m_\alpha$——卫星测量网方位中误差,″。

如果洞口控制点间高差较大,角度检测应顾及垂线偏差的影响。

(3)卫星控制网复测。隧道控制网多采用卫星定位测量方法,在施工过程中需要定期复测。复测方法与要求同前述精测网。

隧道控制网复测后与原测结果比较,除比较坐标与相对关系外,还应比较控制点间的方位较差,方位较差的限差按 2 倍测边的方位中误差控制。

2.6.2.3 洞外控制网数据处理

(1)隧道网与精测网的衔接。CPⅠ控制网(方位精度 1.3″)满足 8 km 以下的隧道测量精度要求。8 km 以上的隧道洞外定向边方位精度要求达到 1.0″,因此需要建独立高精度控制网。

独立建网时,应联测隧道洞口两端的 CPⅠ控制点。可选择隧道两端兼容性较好(拟稳处理确定)的各 1 个 CPⅠ控制点为基础,约束隧道控制网,这样可以保持与 CPⅠ网在位置、尺度、方向基准有较好的符合,保证与隧道两端的控制网(建筑物)平顺衔接,同时也能满足隧道控制的精度需要。这时,隧道进洞采用隧道控制网成果,隧道两端洞口外测量宜采用隧道控制网成果。

8 km 以下的隧道网,采用 CPⅠ约束隧道网后,方位精度如果低于 1.3″,则应按上述办法处理。

(2)隧道控制网的方位精度。如果卫星测量控制网平差时,没有进行独立基线边设计,而是把所有同步边都纳入控制网,平差后的验后精度可能存在虚高的情况,因此如果进洞边方位精度高于 1.0″时,宜采用 1.0″作为估计结果。

根据 27 个项目 593 条基线边的重复独立测量的方位较差数据统计分析,在一般观测条件下,标称精度为 3 mm+0.5 ppm 的双频双星接收机静态卫星测量的方位角精度指标为:600～1 500 m 距离的卫星测量方位精度大致在 0.6″以内;150～1 500 m 距离测边卫星测量方位误差可按式(7-2-34)近似估算,且 $m$ 以秒(″)为单位。

$$m=2.5/D+0.3 \tag{7-2-34}$$

式中 $D$——100 m 为单位的距离值。

隧道控制网测量完成后,洞口方位边精度可参考上式估计。

### 2.6.3 隧道洞内平面导线测量

2.6.3.1 洞内平面导线测量精度要求

隧道洞内平面导线测量精度应满足表 7-2-27 的要求。

表 7-2-27 洞内导线测量精度要求

| 测量等级 | 适用长度(km) | 测角中误差(″) | 边长相对中误差 |
|---|---|---|---|
| 二等 | 9～20 | 1.0 | 1/100 000 |
| 隧道二等 | 6～9 | 1.3 | 1/100 000 |
| 三等 | 3～5 | 1.8 | 1/50 000 |
| 四等 | 1.5～4 | 2.5 | 1/50 000 |
| 一级 | <1.5 | 4.0 | 1/20 000 |

2.6.3.2 洞内导线布设要求

洞内控制导线应从测量设计确定的洞外联系边引入,洞内洞外平面控制网宜以边联接。为提高传递精度,一般选取两条进洞联系边向洞内同时传递方向和坐标。

洞内导线的布设应符合下列要求:

(1)导线边长度应根据测量设计确定。

(2)导线点应布设在施工干扰小、稳固可靠、便于设站的地方,点间视线应离洞内设施 0.2 m 以上。

(3)洞内导线应布设成多边形闭合环(图 7-2-16),每个环由 4～6 条边构成。长隧道宜布设成交叉双导线形式,以增加网的内部检核条件,提高网的可靠性。

隧道内局部地段可能受到旁折光影响,宜将布设成点对形式的洞内导线网布设为前后交错的形式(图 7-2-17)。

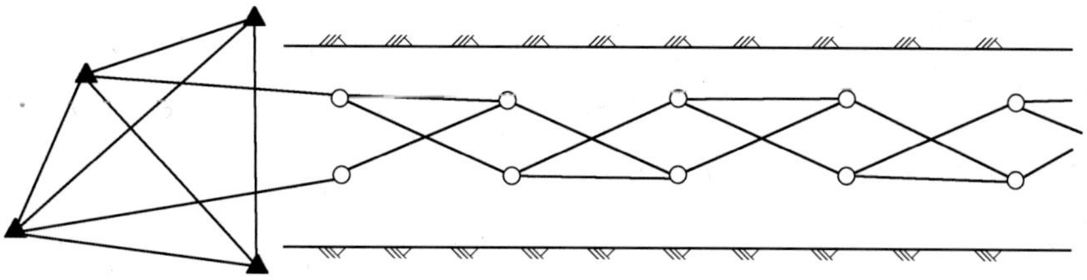

图 7-2-16　隧道洞内导线布设

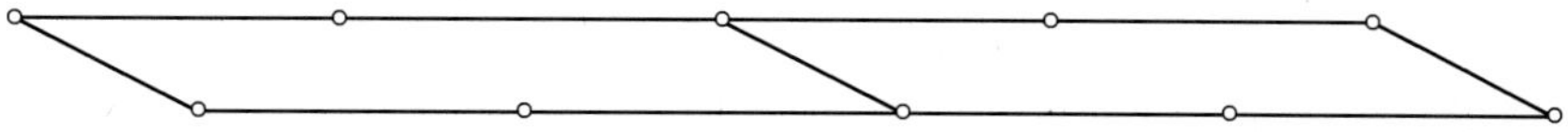

图 7-2-17　隧道洞内导线点交错布置

（4）在斜井到达隧道底部时，有极短导线边，应加强网形。隧道设斜井导线布置示意如图 7-2-18 所示。

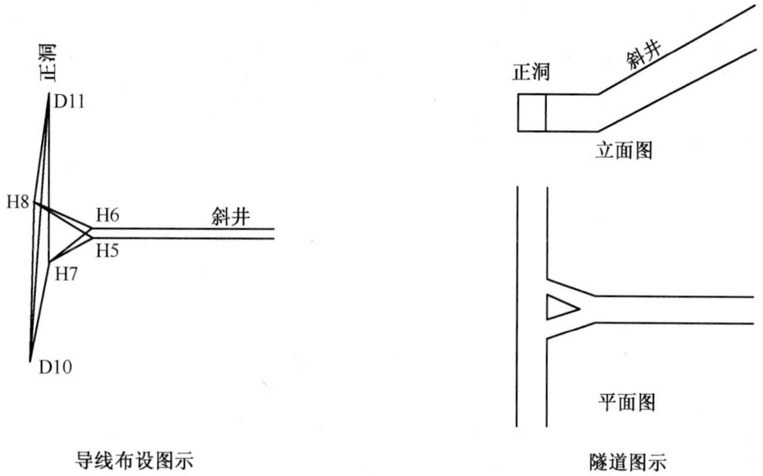


图 7-2-18　隧道设斜井导线布置示意图

观测时，应采用三联脚架法，或者多次对中，或者直接观测点标志，以削弱对中误差对角度测量的影响。此时，角度闭合差可以适当放宽，并应增加测量次数，取平均值。

（5）指导开挖用的洞内临时中线点宜纳入控制网，测量完成后进行中线纠正。

2.6.3.3　*洞内测量要求*

（1）导线水平角观测。

1）观测前，全站仪、观测棱镜的对中器应严格校正。

2）洞口站测角工作宜在夜晚或阴天进行。

3）洞内测量前应先将仪器开箱放置 20 min 左右，让仪器与洞内温度基本一致时再工作。

4）目标应有足够的明亮度，受光均匀柔和、目标清晰，避免光线从旁侧照射目标引起观测偏移。

5）完成规定测回数一半后，全站仪和反射镜均应转动 180°重新对中整平，再观测剩余测回数。

（2）导线边距离测量。

1）测量前应充分通风、避免尘雾。

2）反射镜应有适度照明。

3）全站仪和反射镜面应无水雾。

4）导线边往返距离应及时比较检查。

### 2.6.4　特长隧道加测陀螺方位边

2.6.4.1　*加测陀螺方位边的要求*

如果特长隧道设计的施工掘进面较少，贯通路线长度较长（例如单头掘进超过 7 km），则宜在洞内导线中加测高精度陀螺方位边，以提高测量贯通精度和加强测量可靠性。单口掘进 5 km 或 10 km 左右时，可加测精度不低于 3″的陀螺定向边，以检核洞内导线方位。加测高精度陀螺方位边以后可减少角度传递误差，起到检核与控制方位的作用。

2.6.4.2　陀螺方位边的最佳位置与精度增益情况

理论上,为使平差后导线终点横向误差最小,加测1条陀螺边的最佳位置在整个导线长度的70%处;加测2条陀螺方位边的最佳位置分别在导线的50%、85%处;加测3条陀螺方位边时,三条陀螺方位边的最佳位置为第一条位于整个导线的40%处,第二条位于65%处,第三条位于90%处。

在导线的理论最佳位置加测1条陀螺方位边后,导线终点的点位横向误差可减小约40%~50%,加测2条则可减小50%~70%。根据导线角度测量、陀螺方位测量的精度不同,平差后,导线终边加测陀螺方位的等边直伸导线终点的横向坐标精度可提高10%~40%。

实用上,地下导线加测陀螺方位边的最佳位置,需要合理匹配导线测角精度和陀螺方位测量精度,测角精度越高要求的陀螺方位精度也越高,使陀螺方位测量满足能检核和控制导线方位的最小导线必要长度,同时满足平差处理后导线终点的摆动在允许范围内等要求。

2.6.4.3　陀螺方位边的布设方法

特长隧道的地下导线,可根据导线测角精度、陀螺方位测量精度、导线边长度和根据衬砌施工预留中线调整量等参数条件,确定导线平差后端点摆动的极限值,控制导线加测陀螺方位的最大长度,综合导线最小必要长度,确定出加测陀螺方位的导线适宜长度。按导线角数量为5~15个、长度为4~7 km分段布设;当导线长度特长,则采用分段加测陀螺方位边的导线并逐段串联贯通的形式。

2.6.4.4　加测陀螺方位边的导线网数据处理

(1)陀螺方位计算方法。陀螺定向测量是在已知坐标方位边测定了仪器常数后,再在未知方位边上测量陀螺方位,进行常数改正后得到未知边的坐标方位结果。

设:真北方位$\alpha_N$,坐标方位$\alpha$,陀螺方位$\alpha_G$,子午线收敛角$\gamma$,陀螺仪器常数$E$,如图7-2-19所示。

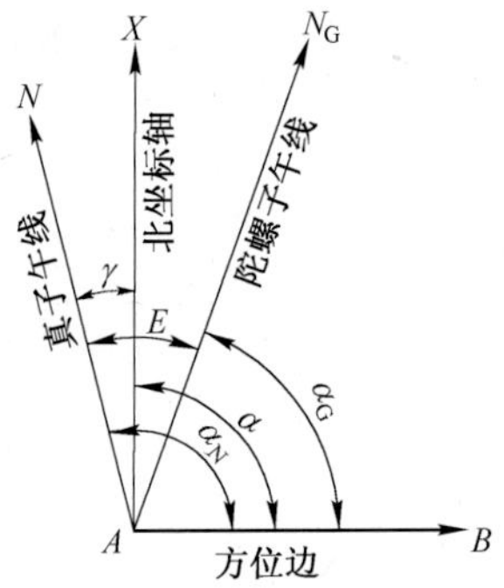


图7-2-19　陀螺方位角计算方法

$$\alpha_N=\alpha+\gamma=\alpha_G+E$$

$$E=\alpha^0-\alpha_G^0$$

$$\alpha=\alpha_G+E-\gamma=\alpha_G-\gamma+\alpha^0-\alpha_G^0 \tag{7-2-35}$$

式中　$\gamma$——子午线收敛角,以秒为单位;

$\alpha^0$——已知边的坐标方位角;

$\alpha_G^0$——已知边的陀螺方位角。

$$\gamma=32.3\times\tan(B)\times Y \tag{7-2-36}$$

式中　$B$——当地纬度;

$Y$——测站点$Y$坐标,km。

因此已知点、未知点子午线收敛角差:

$$d\gamma=32.3\times\tan(B)\times(Y_0-Y) \tag{7-2-37}$$

式中　$Y_0$——已知点的$Y$坐标。

(2)陀螺导线平差方法。相对高精度导线测量方位来说,陀螺方位也含有误差,因此控制网数据处理时宜作为观测值参与平差。

### 2.6.5　洞内平面导线测量质量控制

(1)补测规定。洞内导线控制测量完成后,应及时检查闭合环闭合差是否超限。如果超限达到1/3时,说明该批次测量质量差,未能达到要求,必须查找原因,改进观测方法,该批次应全部重测。

(2)测角精度计算。根据导线环角度闭合差,可按式(7-2-38)计算测角中误差。

$$m_\beta=\sqrt{\frac{\sum\frac{f_{\beta i}^2}{n_i}}{N}} \tag{7-2-38}$$

式中　$f_{\beta i}$——闭合环角度闭合差;

$n_i$——闭合环的边数;

$N$——闭合环个数。

高速铁路测量精度要求较高，一般情况下闭合环的个数少于20个，根据统计概率理论可知，由于统计子样数量较少，计算得出的中误差可能偏于危险，此时宜将上述测角中误差进行修正以利安全，修正系数见表7-2-28。

**表7-2-28　子样数目少于20的中误差修正系数**

| 序号 | 闭合环个数$N$ | 修正系数$k$ |
|---|---|---|
| 1 | 1 | 2.0 |
| 2 | 2～5 | 1.7－$N$/10 |
| 3 | 6～10 | 1.2 |
| 4 | 11～20 | 1.1 |

计算方法：如果闭合环个数（多余观测数）少于20，由闭合差计算得出的测角中误差按上表7-2-28放大一个修正系数$k$作为实际的测角中误差，再与规范中规定的测角误差进行比较，来判定测量精度是否达到规范标准。

### 2.6.6　洞内导线数据处理

（1）洞外与洞内曲线段的导线边距离观测值应作三项投影改化后参与计算。

（2）洞内四等及以上导线应采用严密平差。

（3）初次洞内导线测量的起算坐标和方位角应采用测量设计时确定的进洞联系边测量成果。洞内导线引伸测量的起算坐标和方位角应采用经检测合格的前一期洞内导线测量成果。

（4）加测陀螺方位的地下导线，宜将陀螺方位角观测值作为带误差的观测值参与平差。串联形式（多条陀螺方位边）的陀螺导线应逐段平差，不宜整体平差。

### 2.6.7　隧道洞内高程测量

洞内高程测量应采用水准测量，进行往返观测，高程控制点应每隔200～500 m设置一对。高速铁路洞内需要进行变形监测，因此洞内水准点高程测量均采用二等水准测量。水准点应设置在稳定可靠位置，定期检测并更新高程成果。

### 2.6.8　施工放样

（1）施工中线测量。

1）隧道施工中线点应用洞内平面控制点采用极坐标法测设，一次测设不应少于3个，并相互检核。衬砌用的临时中线点宜每10 m加密一点。

2）掘进用的临时中线点可采用串线法延伸标定。串线长度直线段不大于30 m，曲线段不大于20 m。

3）全断面开挖的施工中线可先用激光导向，后用全站仪、光电测距仪测定。采用上下半断面施工时，上半断面每延伸90～120 m时应与下半断面的中线点联测，检查校正上半断面中线。

4）高程可采用光电测距三角高程从控制点引出。

（2）开挖衬砌测量。

1）每次钻爆前，应在开挖断面上标示隧道中线、轨顶高程线和开挖断面轮廓线。已开挖段，应及时利用全站仪测量上部和仰拱开挖断面，绘制开挖断面图。

2）衬砌立模前，应用洞内控制点检查隧道原施工中线点的位置及高程，较差不应大于5 mm。检测合格后，在立模范围内放设不少于三个中线点及其横断面十字线方向，同时在断面上标定出拱架顶、起拱线和边墙底的高程位置。立模后应再一次检查校正模板。

3）根据隧道长短，适当预留隧道贯通误差调整段的长度。衬砌模板宜预留至少50 mm的中线调整安全空间。长隧道在接近贯通面附近时，宜放大净空断面尺寸。

### 2.6.9　隧道贯通测量

#### 2.6.9.1　贯通误差测定

隧道贯通后，将进出口导线在贯通面附近贯通，贯通点纳入贯通导线，由两端导线分别计算贯通点的坐标,坐标较差在线路纵向和横向上的投影,即为隧道纵向和横向贯通误差。由两端高程点分别测量并计算贯通点的高程,其差值即为高程贯通误差。

2.6.9.2 贯通误差调整

(1)隧道贯通误差应以满足线路设计和轨道平顺性要求为原则进行调整。调整后的线路应满足隧道建筑限界要求。未衬砌地段的开挖和衬砌均应以调整后的中线和高程进行放样。

(2)横向贯通误差小于或等于 50 mm 时,在保证隧道建筑限界要求的条件下,可不调整线路中线,按设计线位铺轨。

(3)贯通误差大于 50 mm 时,应采用洞内 CPⅢ控制网实测隧道中线,采用线位拟合方法调整线路中线,调整后的线路应满足轨道平顺性标准和隧道建筑限界的要求。

(4)高程贯通误差在未衬砌地段,按长度比例调整各水准点高程。

2.6.9.3 隧道断面检测

(1)隧道净空断面测量应优先采用无棱镜测量方式的全站仪。

(2)施工中开挖断面检测时用全站仪测量断面点的三维坐标,投影到设计断面线,计算出超欠挖值,供现场施工使用。

(3)初衬后根据项目需要确定测量断面以及断面点的稀疏。

(4)隧道贯通误差调整后,应根据调整后的控制点坐标,放设线路中线和检测隧道净空断面。

(5)竣工测量时,直线地段每 50 m,曲线地段每 20 m,以及其他需要的地方(如断面尺寸变化处等)均应测量净空断面。净空断面测量以线路中线为准,测量内拱顶高程、起拱线宽度以及轨顶以上 1.1 m、3 m、5.8 m处的宽度。

## 2.7 测量管理

除了贯彻各种测量技术标准、规范以外,应采用科学的管理方法,使测量工作标准化、制度化、程序化,避免因测量工作中程序缺失或制度不健全导致测量失误,造成工程损失。

### 2.7.1 质量管理

(1)测绘单位应加强工序管理,制定完整可行的工序管理流程表,有效控制影响成果质量的各种因素;明确各工序的工作内容、方法及质量标准,落实各工序质量负责人。

(2)测量单位应根据项目规模与技术复杂程度,合理配置测量人员、仪器设备等资源。

(3)生产作业中的工序成果必须达到规定的质量要求,经作业人员自查、互校,如实填写质量记录,达到合格标准,方可转入下一工序。测量项目完成后,应及时进行技术总结。

(4)测量单位应结合项目实际情况建立健全和坚持测量复核制度。

(5)测绘任务实施前,测绘单位应进行项目及技术方案设计,组织作业人员进行技术培训,学习技术设计书、作业指导书及有关的技术标准、操作规程。

(6)作业人员必须严格执行操作规程,按照技术设计书或作业指导书进行作业,对所完成的测绘成果质量负责。测量人员应积极与相关施工人员配合协调,保护好测量桩点,并落实责任人。

### 2.7.2 测量复核的内容与要求

2.7.2.1 测量外业复核与要求

(1)测量桩点的交接必须由双方持交桩表在现场核对确认。桩点遗失应坚持补桩,资料与现场不符的应予以更正。

(2)平面及高程控制网必须有检核条件,外业测量必须有多余观测。复测成果与原成果的差值超过允许值时应再次测量确认。

(3)原始观测记录(含电子记录)应在现场同步完成,严禁事后补记、补绘。原始资料不允许涂改。

(4)仪器使用前应作常规检查,如对中器、水准管的符合性。

(5)使用的电子仪器,测量前应逐项检查各种仪器及测量参数设置。

（6）使用已知点引测、加密和工程放样前，应坚持先检测后利用的原则，确认桩点无疑、无误、无位移后方可使用。

（7）工程单点定位和轴线定位，应坚持用不同的方法或手段复核测量，确认无误后方能施工。

（8）施工复测应超越管段范围与相邻标段进行联测，并与有关单位签认相关桩点和成果资料。

（9）测量方案的变更应征得测量主管人员的同意。

（10）测量放样资料应由技术负责人签署后才能实施。

2.7.2.2　测量内业复核与要求

（1）所有测量内业工作应具有可追溯性与可重复性。

（2）用于测量的图纸资料应认真审核，必要时应作现场核对。

（3）各种原始观测数据未经复核不得用于后续测量和计算工作。

（4）手工记录的各种原始资料，包括各种放样记录数据，在进行内业计算前必须逐项复核并签认；内业成果计算前，必须检查测量外业成果质量是否满足测量方案与技术设计要求，未达到技术要求者，不得进行后续正式成果计算。

（5）内业工作一般应由两组独立平行计算并相互校核，也可采用不同的软件或计算方法进行检核计算。已知数据必须独立在有效文件中抄录。

（6）测量成果资料发布实施必须有测量复核或技术负责人审核签字。

（7）委托测量机构完成的测量成果，交付时应进行技术交底，验收前应进行必要的外业抽检工作。

### 2.7.3　测量成果验收与管理

控制测量完成后，应组织相关人员参与测量成果完成单位的技术交底工作，并依据国家《测绘成果质量检查与验收》（GB/T 24356—2009）以及测量技术设计方案，对测绘成果进行全面检查验收，出具测绘产品验收报告，测量完成单位向使用单位交付测量成果并签认。

施工放样成果应由测量人员向施领工人员进行桩点、图纸资料的技术交底，并签认。

测量成果资料应按测量类别、测量项目或工程项目等分类进行建档管理，并建立测量成果目录。工程竣工后，施工单位应将控制测量、施工测量成果资料按相关规定整理后，移交有关部门并办理移交手续。

测绘成果应进行密级鉴定或评审，涉密测绘成果按相关涉密档案管理制度办理。高速铁路控制网测量成果属国家长期秘密（国家测绘局、国家保密局发布《测绘管理工作国家秘密范围的规定》国测办字〔2003〕17号文件），应建立涉密文件管理办法。

### 2.7.4　测量仪器管理

测绘单位应建立健全测量仪器设备管理制度。室内存放和外业使用中的测量仪器均应指定专人管理。各类仪器应按法定周期送计量部门检定。

建立测量仪器台账，指定专人保管。测量仪器台账应包括仪器所在单位、仪器型号、仪器精度、仪器编号、检定时间、购置时间、出资部门、管理人、现在用于何处等内容。

测量仪器的有效检定证书应随仪器一同调转。

# 3　线下构筑物变形测量

变形监测的主要内容包括路基、桥梁、涵洞、隧道、结构物过渡段工程等的垂直位移监测和水平位移监测。

## 3.1　工作流程

变形监测的工作流程如图 7-3-1 所示。

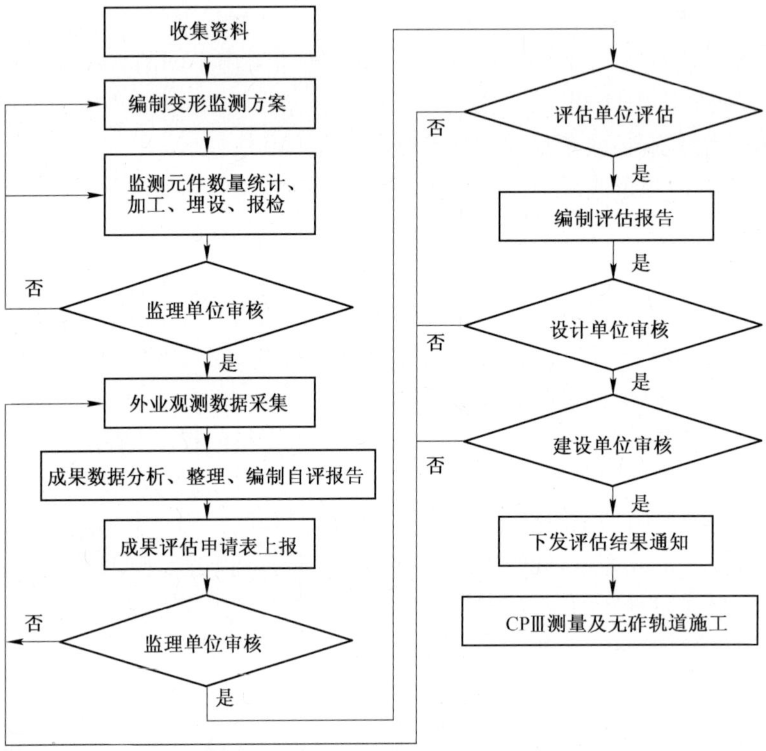


图 7-3-1　变形监测工作流程图

## 3.2　一般规定

(1)高速铁路在施工和运营期间,应根据设计文件要求对高速铁路及其附属建筑物进行变形监测。

(2)高速铁路变形测量包括路基、涵洞、桥梁、隧道、车站以及道路两侧高边坡和滑坡地段的垂直位移监测和水平位移监测。

(3)在工程设计阶段,应对高速铁路变形测量的内容、方法、范围和监测频率进行规划和设计;变形监测工作实施前,应制定监测技术方案。

(4)变形监测应根据线下工程的开工时间、工程进度以及工程需要适时开展。首次观测,宜获取监测体初始状态的观测数据。

(5)变形监测网(水平位移监测网、垂直位移监测网)可采用独立坐标和高程系统,按工程需要的精度等级建立,并一次布网完成。

(6)变形监测点分为基准点、工作基点和变形观测点。其布设应符合下列规定:

1)每个独立监测网应设置不少于 3 个稳固可靠的基准点,且基准点间距不宜大于 1 km。基准点应选设在沉降变形影响范围以外便于长期保存。

2)工作基点应选在比较稳定的位置。观测条件较好或观测项目较少时,可不设工作基点。

3)变形观测点应设立在变形体上能反映变形特征的位置,并与建筑物稳固连接在一起。点位应设立在能反映沉降变形体沉降变形的特征部位,要求设置牢固、便于观测、形式美观、结构合理且不破坏沉降变形体的外观和使用。沉降变形点按路基、桥涵、隧道等各专业布点要求进行。

(7)高速铁路变形测量的精度等级应按监控测量的中误差小于允许变形值的1/10～1/20的原则进行设计,并符合表7-3-1的规定。

**表7-3-1　变形测量等级及精度要求**

| 变形测量等级 | 垂直位移测量 | | 水平位移测量 |
|---|---|---|---|
| | 变形观测点的高程中误差(mm) | 相邻变形观测点的高差中误差(mm) | 变形观测点的点位中误差(mm) |
| 一等 | ±0.3 | ±0.1 | ±1.5 |
| 二等 | ±0.5 | ±0.3 | ±3.0 |
| 三等 | ±1.0 | ±0.5 | ±6.0 |
| 四等 | ±2.0 | ±1.0 | ±12.0 |

(8)基准点应选设在变形影响范围以外便于长期保存的稳定位置,宜选用CPⅠ、CPⅡ控制点以及线路水准基点。当需要增设基准点时,按照线路水准基点的要求增设基准点。使用时应作稳定性检查与检验,并应以稳定的点作为测定变形的基准点,并应有一定数量稳固可靠的点以资校核。

(9)采用的仪器应进行检定,并在检定有效期内;每周期观测前,对所使用的仪器和设备进行检验校正,并保留检验记录。

(10)每周期观测宜按下列规定执行:

1)采用相同的图形或观测路线和观测方法。

2)使用同一仪器和设备。

3)固定观测人员。

4)固定基准点和工作基点。

5)在基本相同的环境和观测条件下工作。

6)对基准点的稳定性要定期检核,在雨季前后要联测,检查水准点是否稳定。

7)变形监测频率应根据监测目的、变形量大小和变形速率等因素设计;变形监测频率既要系统地反映变形过程,不遗漏变形时刻,又要科学制定以降低监测工作量。

## 3.3　沉降观测要求

### 3.3.1　沉降观测基本要求

水准基点在使用前应作稳定性检验,以稳定的点作为沉降变形的参考点,并应有一定数量稳固可靠的点以资校核。每次观测前,对所使用的仪器和设备应进行检验校正,并填写检验记录。

每次沉降观测时应符合下列要求:

(1)严格按水准测量规范的要求施测。首次观测应进行往返观测,并取观测结果的中数,经严密平差处理后的高程值,作为变形测量初始值。

(2)为了将观测中的系统误差减到最小,达到提高精度的目的,各次观测应使用同一台仪器和设备,前后视观测最好用同一水准尺,必须按照固定的观测路线和观测方法进行,观测路线必须形成附合或闭合路线,使用固定的工作基点对应沉降观测点进行观测。

(3)观测时应避免阳光直射,且在基本相同的环境和观测条件下工作。

(4)成像清晰、稳定时再读数。

(5)随时观测,随时检核计算,观测时要一次完成,中途不中断。

(6)沉降观测优先使用电子水准仪。

完成测段观测后,应及时整理观测数据。当发现沉降观测数据异常,必须首先自查,重测并分析工作基点的稳定性,必要时联测基准点。变形观测过程中,应做好架梁、运梁车通过等施工荷载增加、天气变化、地下水影响等重要信息的记录，以利对结构变形特性的分析。

### 3.3.2 沉降观测具体要求

(1)水准网的观测按照国家二等水准精度施测，采用单路线往返观测。每次观测应均形成闭合检验条件。

(2)水准仪使用DS05或DS1型仪器，仪器及配套水准尺均应在有效合格检定期内。水准仪与水准尺在使用前及使用过程中，常规检校合格，水准仪视准轴与水准管轴的夹角不超过15″。电子水准仪各种设置正确，各项限差按规范要求在仪器中设置，并在数据采集时自动控制，不满足要求的在现场进行提示并进行重测。

(3)一条路线的往返测使用同一类型仪器和水准尺，沿同一路线进行。观测的相关技术指标及精度要求、成果重测和取舍按《国家一、二等水准测量规范》(GB/T 12897—2006)有关要求执行。

(4)观测时，按"后—前—前—后"的顺序进行，对于有变换奇偶站功能的电子水准仪，按以下顺序进行：

1)往测。奇数站：后—前—前—后；偶数站：前—后—后—前。

2)返测。奇数站：前—后—后—前；偶数站：后—前—前—后。

(5)每一测段均为偶数测站。晴天观测时应避免阳光直射仪器；扶尺时应借助尺撑，使标尺气泡居中，标尺垂直。

(6)观测前30 min，将仪器置于露天阴影处，使仪器与外界气温趋于一致；测量中避免望远镜直接对着太阳；避免视线被遮挡，遮挡不超过标尺在望远镜中截长的20%。

(7)自动安平水准仪，圆水准器应严格置平。在连续各测站上安置水准仪时，使其中两脚螺旋与水准路线方向平行，第三脚螺旋轮换置于路线方向的左侧和右侧。除路线拐弯处，每一测站上仪器与前后视标尺的位置，一般为接近一条直线。

(8)观测过程中为保证水准尺稳定，应选用2.5 kg以上尺垫。水准观测路线必须路面硬实。为避免尺垫下沉，立尺前应踩实尺垫。观测过程中应避免仪器周围振动，如遇临时振动，应在振源消失后，再激发测量键。水准尺均借助尺撑整平扶直，确保水准尺垂直。

(9)跨越宽度较宽的河、湖进行沉降观测时，应按照《国家一、二等水准测量规范》(GB/T 12897—2006)跨河水准测量要求观测。

(10)内业平差计算前，环闭合差、中误差等均应满足规范要求。主水准路线应进行严密平差。

## 3.4 变形监测网的建立

变形监测网可采用独立坐标和高程系统，按监测需要精度等级建立，并与施工控制网联测。

### 3.4.1 水平位移监测网

水平位移监测网可利用CPⅠ和CPⅡ控制点，实现水平位移监测网坐标与施工平面控制网坐标的相互转换。基准点和工作点均宜采用有强制归心装置的观测墩，平均边长约400 m。水平位移监测网的主要技术要求应符合表7-3-2的规定。

表7-3-2 水平位移监测网的主要技术要求

| 等级 | 相邻基准点的点位中误差(mm) | 平均边长(m) | 测角中误差(″) | 测边中误差(mm) | 水平角观测测回数 | | |
|---|---|---|---|---|---|---|---|
| | | | | | 0.5″级仪器 | 1″级仪器 | 2″级仪器 |
| 一等 | ±1.5 | ≤300 | ±0.7 | 1.0 | 9 | 12 | — |
| | | ≤200 | ±1.0 | 1.0 | 6 | 9 | — |
| 二等 | ±3.0 | ≤400 | ±1.0 | 2.0 | 6 | 9 | — |
| | | ≤200 | ±1.8 | 2.0 | 4 | 6 | 9 |
| 三等 | ±6.0 | ≤450 | ±1.8 | 4.0 | 4 | 6 | 9 |
| | | ≤350 | ±2.5 | 4.0 | 3 | 4 | 6 |
| 四等 | ±12.0 | ≤600 | ±2.5 | 7.0 | 3 | 4 | 6 |

在设计水平位移监测网时，应进行精度预估，选用最优方案。

### 3.4.2　垂直位移监测网

垂直位移监测网应布设成闭合环状、结点或附合水准路线等形式，如图7-3-2所示。

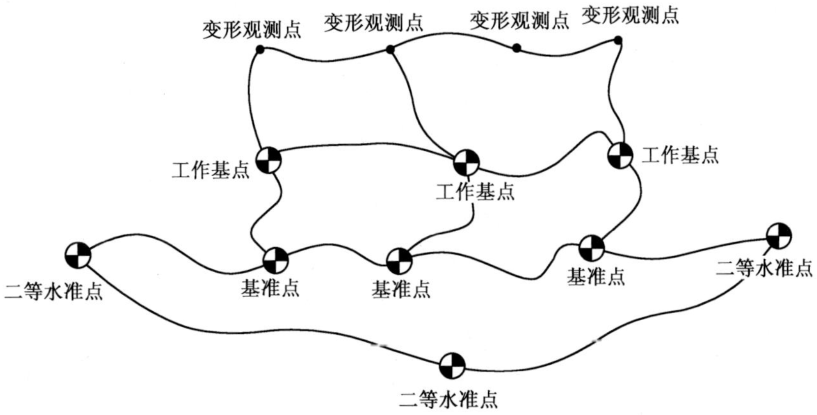


图7-3-2　垂直位移监测网布设示意图

水准基点应埋设在变形区以外的基岩或原状土层上，亦可利用稳固的建筑物、构筑物设立墙上水准点。两工作基点间距宜小于300 m，工作基点距路基中心的距离应小于100 m。垂直位移监测网的主要技术要求应符合表7-3-3的规定。

表7-3-3　垂直位移监测网的主要技术要求

| 等级 | 相邻基准点高差中误差(mm) | 每站高差中误差(mm) | 往返较差、附合或环线闭合差(mm) | 检测已测高差较差(mm) | 使用仪器、观测方法及要求 |
|---|---|---|---|---|---|
| 一等 | ±0.3 | ±0.07 | $0.15\sqrt{n}$ | $0.2\sqrt{n}$ | DS05型仪器，视线长度≤15 m，前后视距差≤0.3 m，视距累积差≤1.5 m。宜按国家一等水准测量的技术要求施测 |
| 二等 | ±0.5 | ±0.15 | $0.3\sqrt{n}$ | $0.4\sqrt{n}$ | DS05型仪器，宜按国家一等水准测量的技术要求施测 |
| 三等 | ±1.0 | ±0.3 | $0.6\sqrt{n}$ | $0.8\sqrt{n}$ | DS05或DS1型仪器，宜按二等水准测量的技术要求施测 |
| 四等 | ±2.0 | ±0.7 | $1.40\sqrt{n}$ | $2.0\sqrt{n}$ | DS1或DS3型仪器，宜按三等水准测量的技术要求施测 |

隧道垂直位移监测网应以闭合环、节点或符合水准路线等形式设置在隧道进、出口稳固且便于联测的地方，每个洞口应至少设置2个工作基点。

### 3.4.3　基准点及工作基点检测

因自然条件变化、人为破坏等原因，监测网基准点和工作基点可能发生位移。为验证监测网变形观测点的稳定性，应对其进行定期检测。垂直位移监测网的观测分为首次观测和施工过程中的定期复测，定期复测宜每半年一次。区域沉降地区可每季度或每月复测一次。

## 3.5　路基变形监测

根据不同的路基高度及不同的地基条件，路基变形监测的主要内容有：路基面沉降变形观测、路基基底沉降观测、路堤本体沉降观测、过渡段沉降观测、软土和松软土地基路堤段边桩移位观测、高边坡位移观测。

路基沉降观测以路基面沉降观测和地基沉降观测为主。根据不同结构部位、填方高度、地基条件、堆载预压等具体情况设置沉降观测断面。施工过程中，应根据掌握的地形、地质变化情况调整或增设观测断面。

### 3.5.1　观测断面及观测点的设置原则

路基观测断面及观测点的设置除满足设计文件要求外，一般应遵循以下基本原则：

(1)路基沉降观测断面应根据不同地基条件、不同结构部位等具体情况设置。

(2)沉降观测断面间距一般不大于 50 m;地势平坦、地基条件均匀良好、高度小于 5 m 的路堤或路堑可放宽到 100 m;地形、地质条件变化较大地段应适当加密。可在路肩设置观测桩,在线路中心设置沉降板、剖面沉降管或单点沉降计。在软土、松软地段,分别位于两侧坡脚外 5 m、15 m 处设置位移观测边桩,并与沉降观测位于同一断面上。

(3)地形、地质条件变化较大地段应加密断面,一般间距不大于 25 m,在地形变化点附近应设观测断面,以确保能够反映真实差异沉降。

(4)路桥、路隧、路涵过渡段,不同结构物起点,距起点 10 m、30 m 处各设一断面。路涵过渡段宜在涵洞顶斜向设置横剖面管,并于涵洞两侧 2 m 设一观测断面。

(5)一般路基填筑至路基基床表层顶面,加载预压路堤填筑至基床底层表面后,在路基面设观测桩,进行路基面沉降观测,时间不少于 6 个月。

(6)观测点应设在同一横断面上,便于集中观测,统一观测频率和数据综合分析。一般路堤地段观测断面包括沉降观测桩和沉降板。沉降观测桩每断面设置 3 个,布置于双线路基中心及左右线中心两侧各 2 m 处;沉降板每断面设置 1 个,布置于双线路基中心。

(7)软土、松软土路堤地段观测断面一般包括剖面沉降管、沉降观测桩、沉降板和位移观测桩。沉降观测桩每断面设置 3 个,布置于双线路基中心及两侧各 2 m 处,沉降板位于双线路基中心,位移观测边桩分别位于两侧坡脚外 2 m、10 m 处,并与沉降观测桩及沉降板位于同一断面上,剖面沉降管位于基底。

(8)路堑地段观测断面分别于路基中心、左右中心线以外 2 m 的路基面处各设 1 根沉降观测桩,观测路基面的沉降。

(9)观测点及观测元器件的埋设位置应符合设计要求,且标设准确、埋设稳定。观测期间应对观测点采取有效的保护措施,防止施工机械的碰撞,人为因素的破坏,务必使观测工作能善始善终,取得满意成果。

### 3.5.2 观测断面元器件的埋设

各类路基变形监测观测断面及点的设置、观测元器件布置应按设计图纸要求设置,应对每个工点观测断面观测类型、埋设里程及设置数量,埋设沉降观测元器件的种类、数量进行统计并填写沉降观测断面、点布置统计表。

路基沉降变形观测装置原则上以沉降板、沉降变形观测桩和剖面沉降管为主。采用自动监测装置,其自动监测系统必须有法定计量部门出具的证明,并制定详细的实施方案。

(1)观测元件的选取。观测元件的选取应满足沉降的评估需要以及精度要求。路基面采用观测桩,地基面采用沉降板、剖面沉降管和电测元件相结合进行观测。

对于剖面沉降管、单点沉降计等电测元件及检测仪器的选配,应选用高灵敏度、高精度、高可靠性及稳定性好的仪器;仪器企业厂家应具备有相应的生产许可证、计量器具许可证和质量等证明文件。

(2)沉降板的埋设。

1)沉降板几何尺寸。沉降板由底板、金属测杆($\phi$40 mm 镀锌钢管)及保护套管($\phi$75 mmPVC 管)组成,底板几何尺寸为 50 cm×50 cm,板厚宜为 1.5～3 cm,每节测杆长以 0.5 m 为宜,如图 7-3-3 所示。

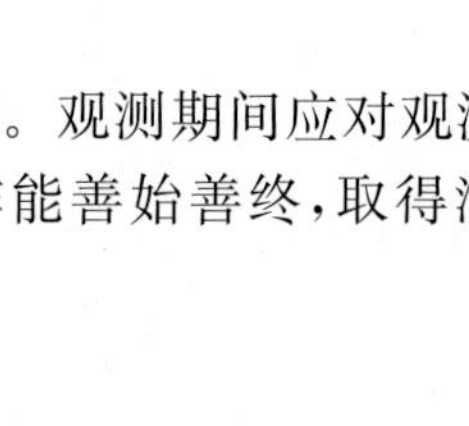

图 7-3-3 沉降板埋设示意图

2)埋设要求。埋设位置处垫 10 cm 砂垫层找平,确保测杆铅垂;放置好沉降板后,回填一定厚度的垫层,然后套上保护套管,保护套管的高度略低于测杆以便于观测,沉降板埋设就位后测量测杆顶面高程作为初始读数。套管顶部应加盖封住管口,随后在套管周围填筑填料稳定套管,并用六棱混凝土块做好防护。

3)接管。测量埋设就位的沉降板测杆杆顶高程读数作为初始读数,随路基填筑施工逐渐接高沉降板测杆和保护套管,接高长度以 0.5 m 为宜,接高前后应测量测杆顶高程。金属测杆用内接头连接,保护套管用 PVC 管外接头连接。

4)路基面沉降监测桩的埋设。以 $\phi$20 mm 不锈钢棒顶部磨圆并刻画“十”字线为观测标志,底部焊接弯钩,待基床表层级配碎石施工完成后,在监测断面将监测点埋设在设计位置,埋深 0.3 m,桩周 0.15 m 用

C15 混凝土浇筑固定，混凝土初凝后观测初读数，如图 7-3-4 所示。埋设路基面沉降监测桩时，应注意避开水沟电缆槽的位置，如遇到和水沟电缆槽的位置冲突的情况应及时和设计单位联系，变更监测点的埋设位置；路基面沉降监测点埋设的高度宜高出保护层高度 10 mm。

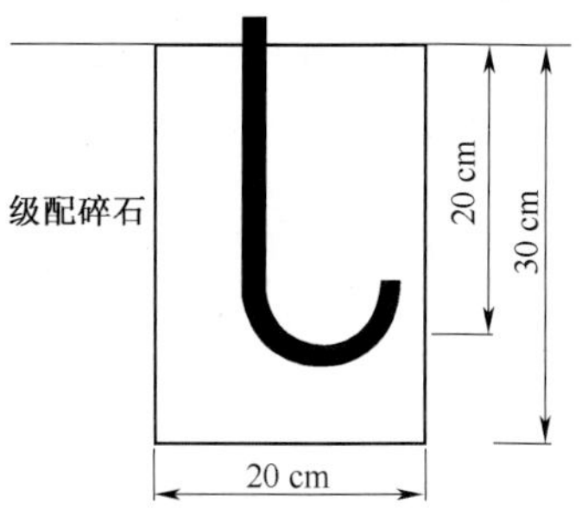

图 7-3-4　路基面沉降监测桩埋设示意图

（3）位移边桩的埋设。在两侧路堤坡脚外 2 m 及 12 m 处各设一个位移观测边桩，边桩采用 C15 钢筋混凝土预制，断面尺寸 15 cm×15 cm，长度不小于 1.6 m，预制桩以 $\Phi$20 mm 不锈钢棒顶部磨圆并刻画“十”字线为观测标志，桩周用 C15 混凝土浇筑固定，确保观测桩埋设稳固。埋设后用全站仪测量观测标志的坐标、高程作为初始读数。

（4）剖面沉降管的埋设。路基基底剖面沉降管在路基地基加固施工完成后，填土至 0.6 m 高并碾压密实后开槽埋设，开槽宽度 20～30 cm，开槽深度至路基加固层顶面，槽底回填 0.3 m 厚中粗砂，在槽内敷设沉降管（沉降管内穿入拉动测头的镀锌钢丝绳），沉降管上夯填中粗砂至与碾压面平齐，沉降管埋设位置挡土墙处应预留孔洞。沉降管埋设完成后在两头设置 0.5 m×0.5 m×0.95 m 的 C15 混凝土保护墩，两头砌筑观测坑，并加设盖板，做好坑内排水，并在一侧管口处埋设观测桩。待上一层填料压实稳定后，连续观测数日，取稳定读数为初始读数。

（5）单点沉降计。单点沉降计是一种埋入式电感调频类智能型位移传感器，由点测位移传感器、测杆、锚头、锚板及金属软管、塑料波纹管等组成。采用钻孔引孔埋设，钻孔孔径 $\phi$108 mm，钻孔应垂直，孔深应与沉降仪总长一致，孔口应平整；当地基采用桩处理时，应埋设于桩间形心处；沉降计安装时，锚板朝下，法兰沉降板朝上，并用拉绳保护防止元件掉落，然后将沉降计底端锚板压至设计深度；每个断面埋设完成后，将位移导线用钢丝波纹管保护好后引出，且应挖槽集中从一侧引出路基，引入坡脚观测箱内，位移导线要适当保持松弛。

（6）位移监测桩的埋设。待路堑开挖至埋桩位置后将 $\phi$20 mm 长 0.6 m 的钢钎打入设计位置，埋设深度 0.6 m，桩周上部 0.2 m 用混凝土浇筑，埋桩完成后用全站仪测量初始值。

（7）测斜管的埋设。路堑开挖至测斜管设计埋设高程位置时开始钻孔埋设测斜管，钻孔垂直偏差率应小于 1.5%，并无塌孔缩孔现象，钻孔深度不应小于设计深度。埋设前应按设计用螺钉进行预组装，管底用底盖封住，用外接头连接导管，相邻两段测斜管随埋随接，直至压入孔底就位；调整测斜管内十字槽方向与观测断面方向一致后，安装测斜管顶盖，在管周回填中粗砂，并灌水使其密实；用水泥固定观测盒对孔口进行长期保护，待测斜管稳定后观测初始值。

### 3.5.3　沉降观测点的防护

在路基堆载期间，要加强对沉降观测桩的保护工作，沉降观测点的破坏主要有两种情况，一是现场施工机械的碾压破坏，二是沉降管被盗窃破坏。路基在填筑阶段沉降管应高出填筑表面，并用醒目的标志进行标识，为防止沉降管被盗窃破坏，接管后应将接头处焊死，沉降管与 PVC 保护管之间用细砂填充，当路基填建至设计高程后，沉降管埋设高度宜底于设计填筑高程 0.1 m，最上一节采用 $\phi$200 mm 的 PVC 保护管，保护管周围用砂浆浇筑，浇筑深度 0.3 m，如图 7-3-5 所示。

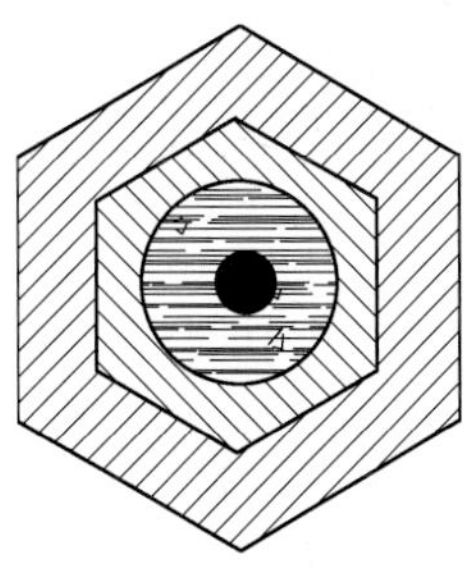
图 7-3-5　沉降板防护示意图

由于路基沉降观测点受施工干扰大，破坏情况较多，保护困难，因此测量期间应派专人对沿线沉降观测点进行巡查，一旦发现观测桩被破坏应尽快予以恢复。

### 3.5.4　路基沉降观测周期及频次

所有元器件埋设后必须测试初始读数。元件埋设时应根据现场情况进行编号，有导线的元件应将导线引出至路基坡脚监测箱内。凡沉降板附近 1 m 范围内土方应采用人工摊平及小型机具碾压，不得采用大型机械推土及碾压，并配备专人负责指导，以确保元器件不受损坏。

在路堤填筑前必须进行复测，作为初始读数。路基沉降观测频次见表 7-3-4。

表 7-3-4　路基沉降观测频次

| 观测阶段 | | 观测频次 |
|---|---|---|
| 填筑或堆载 | 一般 | 1 次/d |
| | 沉降量突变 | 2～3 次/d |
| | 两次填筑间隔时间较长 | 1 次/3d |
| 堆载预压或路基施工完毕 | 第 1 个月 | 1 次/周 |
| | 第 2、3 个月 | 1 次/2 周 |
| | 3 个月以后 | 1 次/月 |
| 架桥机(运梁车通过) | 全程 | 前 2 次通过前后各 1 次;其后 1 次/d,连续 2 次;其后 1 次/3d,连续 3 次;以后 1 次/周 |
| 无砟轨道铺设后 | 第 1 个月 | 1 次/2 周 |
| | 第 2、3 个月 | 1 次/月 |
| | 3～12 个月 | 1 次/3 月 |

过渡段沉降观测应以路基面沉降和不均匀沉降观测为主,沉降观测周期和频次与路基相同。过渡段应考虑线路纵向平顺性和不同结构物差异沉降的观测和评估,不同结构物起点处、距起点 5～10 m、20～30 m 处分别设置观测断面。堤堑连接、地层变化较大地段需分别设置观测断面。

路堤地段从路基填土开始进行沉降观测;路堑地段从级配碎石顶面施工完成开始观测。路基填筑完成或施加预压荷载后应有不少于 6 个月的观测期。观测数据不足以评估或工后沉降评估不能满足设计要求时,应延长观测时间或控制沉降的措施,在沉降观测实施过程中,观测时间的间隔还要根据地基的沉降值和沉降速率进行调整。当两次连续观测的沉降差大于 4 mm 时应加密观测频次;当出现沉降突变、地下水变化及降雨等外部环境变化时应增加观测频次。观测应持续到工程验收交由运营管理部门继续观测。当中心地基处沉降观测点沉降量大于 10 mm/d 或边桩水平位移大于 5 mm/d、竖向位移大于 10 mm/d 时,应及时通知监管部门,并要求停止填筑施工,待沉降稳定后再恢复填土,必要时采用卸载措施。

路基施工各节点时间(包括路基堆载预压土前后、卸载预压土前后、运梁车、架桥机通过前后、基床表层施工、轨道板底座施工、铺板、轨道板精调及铺轨时间)应具有沉降观测数据。

### 3.5.5　路基变形监测数据采集与整理

(1)路基变形监测数据采集。沉降水准测量的精度为±1 mm,高程取位至 0.1 mm,采用二等水准测量的技术要求进行观测。

宜采用电子水准仪进行沉降观测数据的采集,平差软件应能够直接导入原始观测数据文件进行平差计算,以提高数据处理的效率,电子记录应根据观测区段和观测日期命名存盘,人工记录的记录手簿应分类归档。监测资料应齐全、详细、规范,符合设计要求。所有测试数据必须真实准确,不得造假;记录必须清晰,不得涂改,并有测试、记录人员签名。当天观测数据当天应进行处理。处理结果如有问题或异常,应分析出现问题或异常的原因。如果是测量外业的原因,应组织人员第二天进行补测。

(2)路基变形监测数据整理。变形监测工作结束后应立即对观测数据进行平差计算,汇总分析,发现异常变形时必须进行复核确认,确认发生异常变形时应立即向主管部门汇报并采取相应的施工措施。

路基变形监测需要及时整理以下图表资料:

1)沉降观测断面、点布置表。

2)沉降板观测资料汇总表。

3)路基面沉降资料汇总表。

4)剖面沉降管观测资料汇总表。

5)路堤施工过程和完成后填土高($h$)—时间($t$)—沉降($s$)曲线图。

6)路基面沉降时间($t$)—沉降($s$)曲线图。

7)边坡及边桩位移观测资料汇总表。

(3)评估判定标准。路基沉降预测应采用曲线回归法,无砟轨道铺设条件的评估判定标准应满足以下要求：

1）根据路基填筑完成或堆载预压后不少于3个月的实际观测数据作多种曲线的回归分析，确定沉降变形的趋势，曲线回归的相关系数不应低于0.92。

2）沉降预测的可靠性应验证，间隔不少于3个月的两次预测最终沉降的差值不应大于8 mm。

3）路基填筑完成或堆载预压后，最终的沉降预测时间应满足式(7-3-1)的要求。

$$S(t)/S(t=\infty)\geqslant 75\% \tag{7-3-1}$$

式中　$S(t)$——预测时的沉降观测值；

$S(t=\infty)$——预测的最终沉降值。

注：沉降和时间以路基填筑完成或堆载预压后为起始点。

4）无砟轨道预测的路基工后沉降值不应大于15 mm。沉降比较均匀、长度大于20 m的路基，允许的最大工后沉降量为30 mm。调整轨面高程后的竖曲线半径应满足式(7-3-2)的要求。

$$R_{sh}\geqslant 0.4V_{sj}^2 \tag{7-3-2}$$

式中　$R_{sh}$——轨面圆顺的竖曲线半径，m；

$V_{sj}$——设计最高速度，km/h。

5）过渡段不同结构物间的预测差异沉降不应大于5 mm。预测沉降引起沿线路方向的折角不应大于1/1 000。

## 3.6　桥涵变形监测

桥梁变形监测包括桥梁承台、墩身和梁体徐变变形观测；涵洞变形监测包括涵洞自身及涵洞顶填土沉降观测。

### 3.6.1　一般规定

(1)无砟轨道铺设前，应对桥涵沉降变形作系统的评估，确认桥涵基础沉降、梁体变形等符合技术标准要求。

(2)通过各施工阶段对墩台沉降的观测，验证和校核设计理论、设计计算方法，并根据沉降资料的分析预测总沉降和工后沉降量，进而确定桥梁工后沉降是否满足铺设无砟轨道要求。

(3)根据沉降资料分析，对沉降量可能超标的墩台进行对策研究，提出改进措施，以保证桥梁工程的安全；同时积累实体桥梁工程的沉降观测资料，为完善桩基础沉降分析方法作技术储备。

(4)观测期内，基础沉降实测值超过设计值20%及以上时，应及时查明原因，必要时进行地质复查，并根据实测结果调整计算参数，对设计预测沉降进行修正或采取沉降控制措施。

### 3.6.2　观测断面及点的设置原则

(1)桥台观测标应设在台顶(台帽及背墙顶)，测点数量不少于4个，分别设在台帽两侧及背墙两侧，若背墙顶处观测标因过渡段填料和锥坡施工影响无法观测时，可将观测标由背墙处移至桥台顶面进行观测。

(2)承台观测标为临时观测标，当墩身观测标正常使用后，承台观测标随基坑回填将不再使用。承台观测标分为观测标-1、观测标-2，承台观测标-1设置于底层承台左侧小里程角上；承台观测标-2设置于底层承台右侧大里程角上，设置位置一定要避开墩搭脚手架的位置。

(3)墩身观测标埋设，当墩全高＞14 m时(指承台顶至墩台垫石顶)，需要埋设两个墩身观测标；当墩全高≤14 m时，埋设一个墩身观测标。墩身观测标一般设置在墩底部高出地面或常水位0.5 m左右的位置；当墩身较矮，梁底距离地面净空较低不便于立尺观测时，墩身观测标可设置在对应墩身埋标位置的顶帽上。特殊情况可按照确保观测精度、观测方便、利于测点保护的原则，确定相应的位置。详见图7-3-6所示的墩身观测标埋设示意图。

(4)梁体变形观测点的布设原则。

1)对原材料变化不大、预制工艺稳定、批量生产的预应力混凝土预制梁，前3孔梁逐孔设置观测标，每30孔梁选择1孔梁设置观测标，当实测弹性上拱度大于设计值的梁，前后未观测的梁应补充观测标，逐孔进

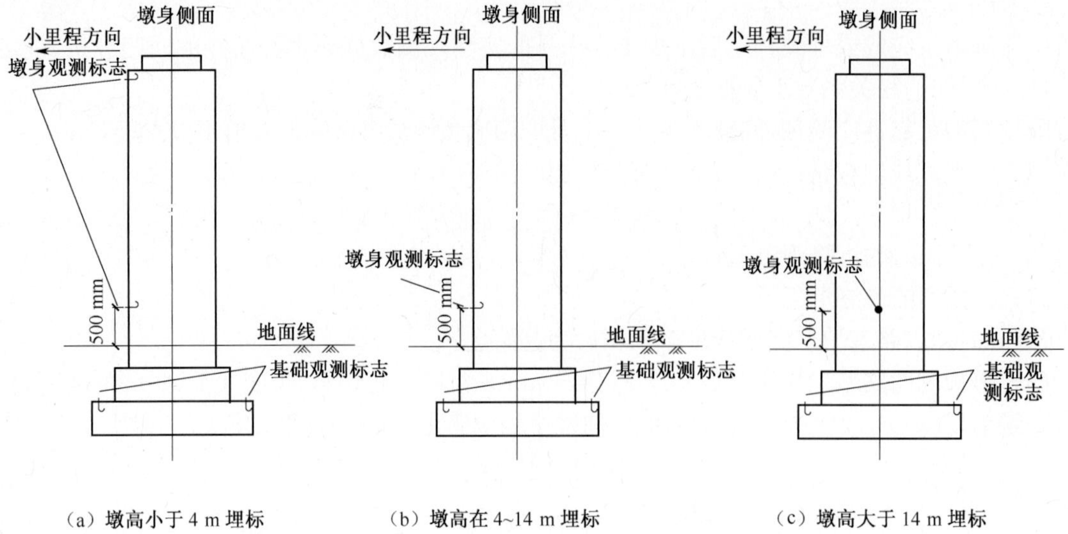


图 7-3-6　墩身观测标埋设示意图

行观测;其余现浇梁逐孔设置观测标。移动模架施工的梁,对前 6 孔梁进行重点观测,以验证支架预设拱度的精度。验证达到设计要求后,可每 10 孔梁选择 1 孔梁设置观测标,当实测弹性上拱度大于设计值的梁,前后未观测的梁应补充观测标,逐孔进行观测。

2)简支梁的 1 孔梁设置观测标 6 个,分别位于两侧支点及跨中,如图 7-3-7 所示;连续梁上的观测标,根据不同跨度,分别在支点、中跨跨中及边跨 1/4 跨中附近设置,3 跨以上连续梁中跨布置点相同,如图 7-3-8 所示。

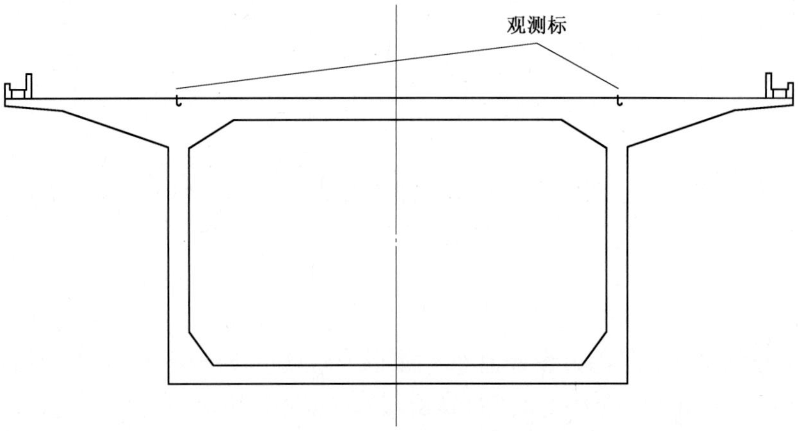


图 7-3-7　梁部测点横向布置示意图

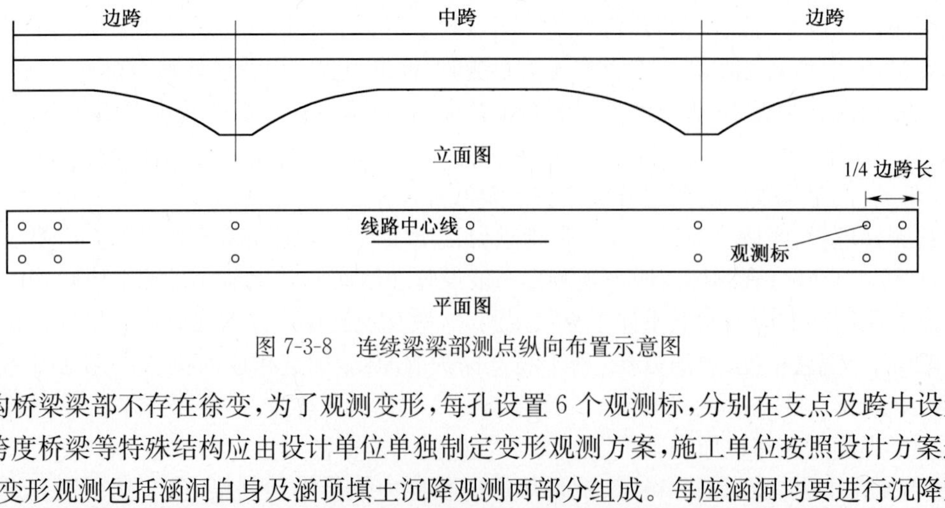


图 7-3-8　连续梁梁部测点纵向布置示意图

3)钢结构桥梁梁部不存在徐变,为了观测变形,每孔设置 6 个观测标,分别在支点及跨中设置。

4)对大跨度桥梁等特殊结构应由设计单位单独制定变形观测方案,施工单位按照设计方案进行观测。

(5)涵洞变形观测包括涵洞自身及涵顶填土沉降观测两部分组成。每座涵洞均要进行沉降观测,观测标原则上应设在涵洞两侧的边墙上,在涵洞进出口及涵洞中心分别设置,每座涵洞测点数量为 6 个。涵洞填土后观测点可从边墙位置移动到帽石上，涵洞进出口的帽石上各设置2个测点，位于帽石两侧位置。涵顶填土沉降观测参照路基地段沉降观测点布置方式，采用在涵顶线路中心位置埋设沉降板进行观测的方式。如图7-3-9所示。

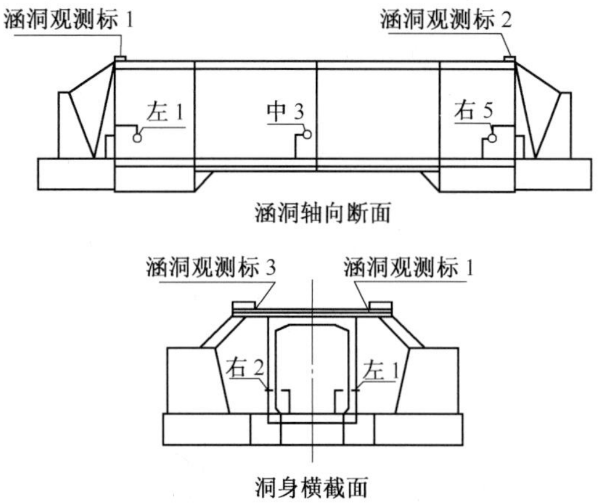

图7-3-9　涵洞观测标埋设位置示意图

### 3.6.3　观测元件的埋设

各类桥涵变形监测观测断面及点的设置、观测元器件布置应按设计图纸要求设置，应对每个工点观测断面观测类型、埋设里程及设置数量，埋设沉降观测元器件的种类、数量进行统计并填写沉降观测断面、点布置统计表。

(1)承台观测标埋设。当承台混凝土浇筑至承台顶面设计高程时，可将下部折成弯钩状的$\phi$20 mm的钢筋头作为观测标预埋到承台上，钢筋头露出承台顶面10 mm便于立尺观测，如图7-3-10所示。

(2)墩身观测标埋设。墩身施工过程中，具备埋设墩身观测标的条件时，即埋设墩身观测标，在墩底部高出地面或常水位0.5 m左右的位置埋设观测标，观测标一般可埋设为$\phi$20 mm的不锈钢头或墙标水准点形式，应采用锚固砂浆将观测标与墩身固结为一体，当埋设为不锈钢头时，不锈钢头应略微向上倾斜，不锈钢头外露30 mm便于立尺，如图7-3-11所示。

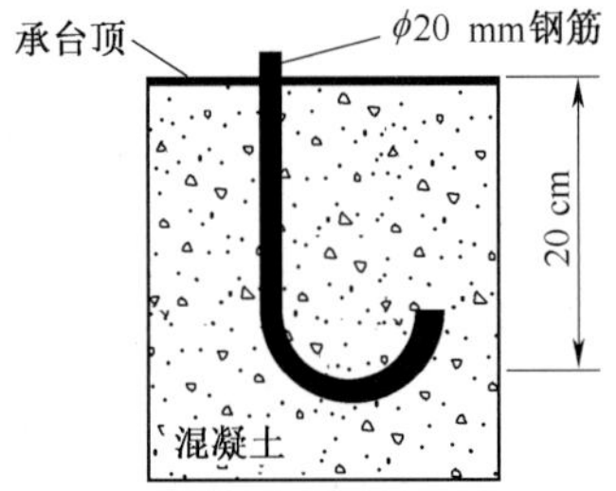

图7-3-10　承台观测标埋设示意图

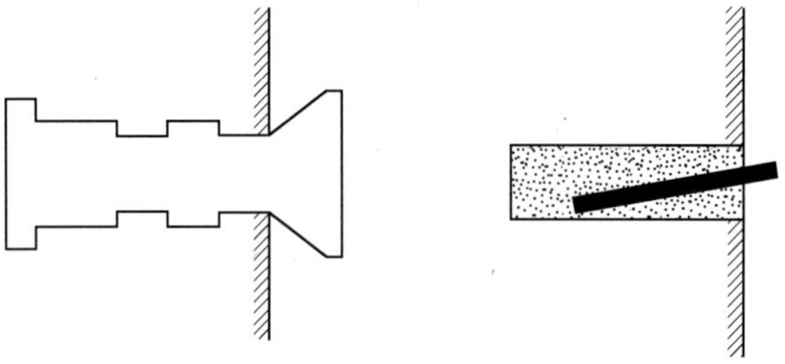
图7-3-11　墩身沉降观测标

(3)梁体徐变观测标埋设。梁体徐变观测标应在梁体施工完成后张拉预应力前埋设，预应力混凝土简支梁及连续梁宜埋设$\phi$20 mm的不锈钢头作为观测标，为不破坏梁体，可在梁体施工时预埋PVC管设置预留孔，最后用锚固砂浆将观测标与梁体固结为一体。

梁面施工时若可能破坏观测标时，应提前将观测标移设在施工不受破坏便于永久保留的地方并标识清楚。

(4)涵洞沉降观测标埋设。涵洞沉降观测标一般设置在涵洞边墙两测，并按照设计图纸要求的部位进行埋设，可采用$\phi$20 mm的不锈钢头作为观测标；当涵洞积水无法正常观测时，可将观测标移至涵洞顶帽上进行观测。

### 3.6.4　桥涵变形监测周期及频次

(1)墩台沉降观测频次。每个桥梁墩台应在承台施工完成且观测点稳固后进行首次沉降观测。承台观测标为临时观测标，当墩身观测标正常使用后，承台观测标随基坑回填将不再使用。首次观测时应确定控制点与观测点之间的固定观测路线，保证各次观测都沿相同路线进行观测，首期观测应连续进行2次观测，取2次观测的平均值作为初始观测值。

墩台沉降观测周期与频次见表7-3-5。

观测墩台沉降时，应同时记录结构荷载状态、环境温度及天气日照情况。架桥机(运梁车)通过后观测频次：通过后第1天1次，隔3天1次，以后按表7-3-5正常进行。

(2)梁体徐变变形观测周期与频次。自梁体预应力张拉开始至无砟轨道铺设前，应系统观测梁体的竖向变形。预应力张拉前为变形起始点。梁体徐变应在张拉预应力前进行首次观测，各阶段观测频次应满足表7-3-6的要求。

**表 7-3-5　墩台沉降观测周期与频次**

| 观测阶段 | | 观测频次 | | | 备注 |
|---|---|---|---|---|---|
| | | 观测期限 | | 观测周期 | |
| 墩台基础施工完成 | | | | | 设置观测点 |
| 墩台混凝土施工 | | 全程 | | 荷载变化前后各 1 次或 1 次/周 | 承台回填时,测点应移至墩身或墩顶,二者高程转换时的测量精度要求不应低于首次测量要求 |
| 预制梁桥 | 架梁前 | 全程 | | 1 次/周 | |
| | 预制梁架设 | 全程 | | 前后各 1 次 | |
| | 附属设施施工 | 全程 | | 荷载变化前后各 1 次或 1 次/周 | |
| 桥位施工桥梁 | 制梁前 | 全程 | | 1 次/周 | |
| | 上部结构施工中 | 全程 | | 荷载变化前后各 1 次或 1 次/周 | |
| | 附属设施施工 | 全程 | | | |
| 架桥机(运梁车)通过 | | 全程 | | 前 2 次通过前后各 1 次,其后 1 次/d,连续 2 次;之后 1 次/3d,连续 3 次,以后 1 次/周 | 至少进行 2 次通过前后的观测 |
| 桥梁主体工程完工～无砟轨道铺设前 | | ≥6 个月 | | 1 次/周 | 岩石地基的桥梁,一般不宜少于 2 个月 |
| 无砟轨道铺设期间 | | 全程 | | 1 次/d | |
| 无砟轨道铺设完成后 | | 24 个月 | 0～3 个月 | 1 次/周 | 工后沉降长期观测 |
| | | | 4～12 个月 | 1 次/3 月 | |
| | | | 13～24 个月 | 1 次/6 月 | |

**表 7-3-6　梁体徐变变形观测周期及频次**

| 观测阶段 | 观测周期及频次 | 备注 |
|---|---|---|
| 预应力张拉期间 | 张拉前、后各一次 | 测试梁体弹性变形 |
| 桥梁附属设施安装 | 安装前、后各一次 | 测试梁体弹性变形 |
| 预应力张拉完成～无砟轨道铺设前 | 张拉完成后第 1 天 | |
| | 张拉完成后第 3 天 | |
| | 张拉完成后第 5 天 | |
| | 张拉完成后 1～3 个月,每 7 d 为一测量周期 | |
| 无砟轨道铺设期间 | 每天 1 次 | |
| 无砟轨道铺设完成后 | 第 0～3 个月,每 1 个月为一测量周期 | 残余徐变变形观测(长期观测) |
| | 第 4～12 个月,每 3 个月为一测量周期 | |
| | 第 13～24 个月,每 6 个月为一测量周期 | |

梁体变形观测时,应同时记录梁体荷载状态、环境温度及天气日照情况。

(3)每个涵洞基础施工完成后应根据表 7-3-7 要求的观测周期与频次进行观测。

**表 7-3-7　涵洞沉降观测频次**

| 观测阶段 | 观测频次 | | 备注 |
|---|---|---|---|
| | 观测期限 | 观测周期 | |
| 涵洞基础施工完成 | — | — | 设置观测点 |
| 涵洞主体施工完成 | 全程 | 荷载变化前后或 1 次/周 | 观测点移至边墙两侧 |
| 洞顶填土施工 | 全程 | 荷载变化前后或 1 次/周 | |
| 架桥机(运梁车)通过 | 全程 | 前 2 次通过前后各 1 次,其后 1 次/d,连续 2 次;之后 1 次/3 d,连续 3 次,以后 1 次/周 | 至少进行 2 次通过前后的观测 |

续上表

| 观测阶段 | 观测频次 | | | 备　注 |
| --- | --- | --- | --- | --- |
| | 观测期限 | | 观测周期 | |
| 涵洞完工～无砟轨道铺设前 | ≥6个月 | | 1次/周 | 岩石地基的涵洞，一般不宜少于2个月 |
| 无砟轨道铺设期间 | 全程 | | 1次/天 | |
| 无砟轨道铺设完成后 | 24个月 | 0～3个月 | 1次/月 | 工后沉降长期观测 |
| | | 4～12个月 | 1次/3月 | |
| | | 13～24个月 | 1次/6月 | |

测量涵洞沉降时，应同时记录结构荷载状态、环境温度及天气日照情况。架桥机通过时观测要求：通过后第1天1次，隔3天1次，以后按表7-3-7正常进行。

### 3.6.5　桥涵变形监测数据采集与整理

(1)桥涵变形监测数据采集。沉降水准测量的精度为±1 mm，高程取位至0.1 mm，采用二等水准测量的技术要求进行观测。

宜采用电子水准仪进行变形观测数据的采集，梁体徐变观测时，应采用闭合环路线进行观测，观测路线如图7-3-12所示。

梁体徐变观测值为梁体中间观测标与两端观测标之间的高差，例如图7-3-12中2～1、2～3、5～4、5～6之间的高差，每期徐变量为前期观测高差与本期观测高差之差，左右两侧观测点徐变平均值即为该片梁的观测徐变值。由于梁体在存梁台座上产生的倾斜或由于线路纵坡使架设在桥墩上的梁体产生的倾斜对徐变观测值的影响可以略去。

连续梁徐变观测与简支梁类似，也按闭合环路线进行观测，根据跨中观测点与中跨支点观测点观测值计算徐变量。

涵洞一般在涵洞边墙两侧设置4～8个观测点，测量时，水准仪宜架设在相邻4个观测点的中间位置，观测路线如图7-3-13所示，既可以保证附合观测路线又能保证前后视距相等。

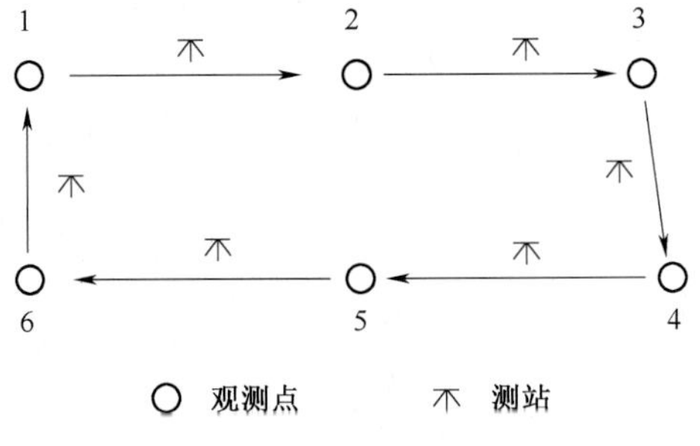


图7-3-12　梁体徐变观测路线示意图

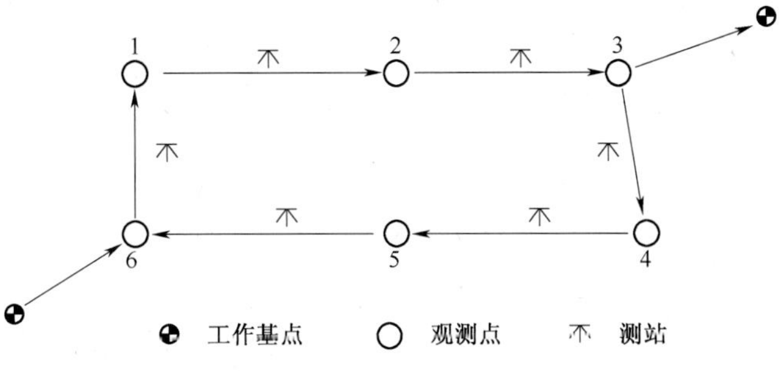


图7-3-13　涵洞沉降观测路线示意图

(2)桥涵变形监测数据整理。应做好观测数据的记录与整理，观测资料应齐全、详细、规范，符合设计要求。变形监测工作结束后应立即对观测数据进行平差计算，汇总分析。发现异常变形时必须进行复核确认，确认发生异常变形时应立即向主管部门汇报并采取相应的施工措施。

桥涵变形监测需要及时整理以下图表资料：

1)桥梁墩台沉降观测汇总表。

2)涵洞沉降观测汇总表。

3)桥梁梁体徐变观测汇总表。

### 3.6.6　桥涵沉降评估

(1)评判标准。

1)根据桥涵实际荷载情况及观测数据，应作多个阶段的回归分析及预测，综合确定沉降变形的趋势。首次回归分析时，观测期不应少于桥涵主体工程完工后 3 个月，对于岩石地基等良好地质的桥涵不应少于1 个月。

2)墩台基础的沉降量应按恒载计算，其工后沉降量不应超过下列允许值。

墩台均匀沉降量：对于有砟桥面桥梁≤30 mm；对于无砟桥面桥梁≤20 mm。

3)静定结构相邻墩台沉降量之差要求：对于有砟桥面桥梁≤15 mm；对于无砟桥面桥梁≤5 mm。

超静定结构相邻墩台沉降量之差除应满足上述规定外，尚应根据沉降差对结构产生的附加应力的影响确定。

4)框构、旅客地道及涵洞在铺设有砟轨道时其工后沉降量不应大于 50 mm，铺设无砟轨道时，工后沉降量不应大于 15 mm。

5)处于岩石地基等良好地质的桥梁，当墩台沉降值趋于稳定且设计及实测沉降总量不大于 5 mm 时，可判定沉降满足无砟轨道铺设条件。

6)利用两次回归结果预测的最终沉降的差值不应大于 8 mm。两次预测的时间间隔一般不少于 3 个月，对于岩石地基等良好地质的桥涵不应少于 1 个月。

(2)评估方法。

1)对于一座桥不仅要进行单个墩台的沉降分析，同时也要对全桥作综合评估，以控制相邻桥墩的不均匀沉降。当桥长很长时可根据地质情况和施工进度划分区段。

2)对于单一墩台的观测数据分以下四个阶段进行归纳、分析：架梁之前，架梁后至铺设二期恒载前，铺设二期恒载后至钢轨锁定前，钢轨锁定以后。综合评估时，对于预制梁桥，分桥墩台混凝土施工后、架梁前及架梁后三阶段进行；对于原位施工的桥梁及涵洞，基础沉降应根据实际施工状态及荷载变化情况，划分为基础施工完成、桥墩完成、架梁前后、架梁后至铺设钢轨之前、铺设钢轨至钢轨锁定之前、钢轨锁定之后至正式运营之前、正式运营之后等多个阶段。

3)桥涵沉降预测采用的曲线回归法参照路基执行。

## 3.7 隧道变形监测

隧道工程沉降观测是指隧道内线路基础的沉降观测，即隧道的仰拱部分。其他如洞顶地表沉降、拱顶下沉、断面收敛沉降变形等不列入本沉降观测的内容。隧道变形测量应在隧道主体工程完工后进行，即隧道仰拱已经填充，隧道二次衬砌已经完成，变形观测期一般不应少于 3 个月。

### 3.7.1 观测断面及点的设置原则

(1)隧道洞门结构范围内布设一个观测断面。

(2)隧道内围岩变化处布设一个观测断面。

(3)隧道内一般地段观测断面的布设根据地质围岩级别确定，Ⅱ级围岩段原则上不设变形观测点，必要时每 800 m 设一处变形观测断面；Ⅲ级围岩每 400 m、Ⅳ级围岩每 300 m、Ⅴ级围岩每 200 m 布设一个观测断面，地应力较大、断层破碎带等不良和复杂地质区段应适当加密布设。

(4)隧道洞口、明暗分界处和变形缝处均应进行沉降观测。

(5)地应力较大、断层或隧底溶蚀破碎带、膨胀土等不良和复杂地质区段，特殊基础类型的隧道段落、隧底由于承载力不足进行过换填、注浆或其他措施处理的复合地基段落应适当加密布设。

(6)每个观测断面在隧道两侧埋设一对沉降观测点。

(7)施工降水范围应至少布设一个观测断面。

(8)路隧分界点处，路、隧两侧分别设置至少一个观测断面。

(9)长度大于 20 m 的明洞，每 20 m 设置一个观测断面。

(10)变形观测点及观测元器件的埋设位置应标设准确、埋设稳定。

(11)观测期间应对观测点采取有效的保护措施，防止施工机械的碰撞，人为因素的破坏。

### 3.7.2　隧道变形观测点的埋设

沉降观测工作开展前，根据设计图纸，对施工范围内所有观测断面进行统计，沉降变形观测断面统计表的内容包括：断面序号、断面里程、观测元件的埋设数量。

隧道二次衬砌完成后，根据监测断面的里程，将监测点埋设于在仰拱填充面距离水沟电缆槽侧壁 10 cm 处，原则上设于高出水沟盖板 0.2 m 处，左右两侧各设一个点，同一断面共计设置 2 个监测点。如图 7-3-14 所示。

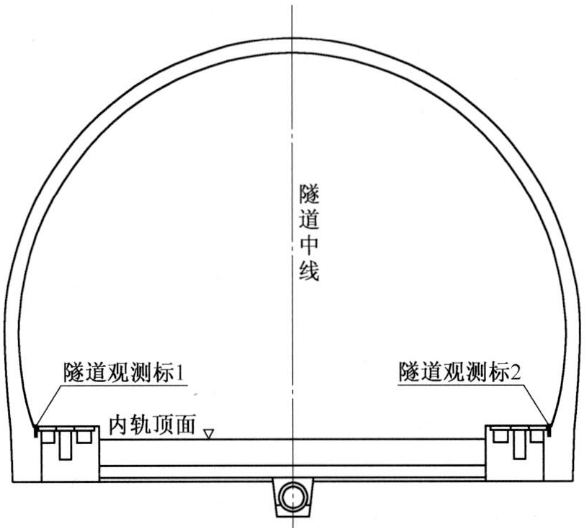

图 7-3-14　隧道变形观测点埋设示意图

### 3.7.3　隧道变形观测周期及频次

隧道基础沉降观测的频次不低于表 7-3-8 的要求，每阶段的沉降观测在开始时可一般每周观测一次，以后可根据两次观测的沉降量调整沉降观测的频次，但两次的观测沉降量不宜大于 1 mm，沉降稳定后可不再进行观测。

表 7-3-8　隧道基础沉降观测频次

| 观测阶段 | 观测频次 | | |
|---|---|---|---|
| | 观测期限 | | 观测周期 |
| 隧底工程完成后 | 3 个月 | | 1 次/周 |
| 无砟轨道铺设后 | 3 个月 | 0～1 个月 | 1 次/周 |
| | | 2～3 个月 | 1 次/2 周 |

观测数据不足或工后沉降评估不能满足设计要求时，应适当延长观测期，直到工后沉降评估满足铺设无砟轨道要求为止。

### 3.7.4　隧道变形监测数据采集与整理

(1)隧道变形监测数据采集。沉降水准测量的精度为±1 mm，高程取位至 0.1 mm，采用二等水准测量的技术要求进行观测。

隧底工程结束前埋好观测点，隧底工程结束后立即观测初始值，短隧道隧底工程结束时隧道已经贯通，沉降观测时可通过隧道进出口两端的二等水准点形成附合水准路线进行观测；长大隧道洞内的水准路线长，且在隧道贯通前不能构成附合水准线路，隧底工程分区段结束，因此长大隧道沉降观测也应分区段进行观测。随开挖面的不断掘进，沉降观测工作也随之展开，鉴于长大隧道沉降观测的特殊性，洞口建立沉降观测网后，洞口先行结束隧底工程的段落以洞口沉降观测网为基准采用闭合水准路线进行观测，当观测 3 个月后，对观测数据进行分析，若该区段隧道沉降已经收敛稳定，则后续区段以稳定区段的水准点作基准点进行观测，随掘进和二衬的逐渐推进，依次类推。

(2)隧道变形监测数据整理。变形监测工作结束后应立即对监测数据进行平差计算，汇总分析，发现异常变形时必须进行复核确认，确认发生异常变形时应立即向主管部门汇报并采取相应的施工措施。

隧道变形观测资料的整理包括以下内容：

1)采用统一的隧道沉降观测记录表格，做好观测数据的记录与整理，观测资料应齐全、规范。

2)及时绘制每个观测标志的荷载-时间-沉降曲线。

3)及时整理隧道沉降观测汇总表。

### 3.7.5　隧道变形监测沉降评估

(1)评判标准。

1)当地质条件较好、沉降趋于稳定且设计及实测沉降总量不大于 5 mm 时，可判定沉降满足无砟轨道铺设条件。

2)预测的隧道基础工后沉降值不应大于 15 mm。

(2)评估方法。隧道基础的沉降预测评估方法参照路基执行。

## 3.8 过渡段工程沉降变形观测

过渡段应考虑线路纵向平顺性和不同结构物差异沉降的观测和评估，桥涵两端的过渡段、路隧过渡段及堑堤过渡段均需进行沉降观测。

不同结构物起点处、距起点 5～10 m、20～30 m 处分别设置观测断面；每个横向结构物每侧各设置一个观测断面，沿涵洞轴线设路基观测断面；路堤和路堑分界处设置观测断面；横向结构物顶面埋设一根剖面沉降管。

过渡段沉降观测点与剖面沉降管埋设参考路堤设置。沉降精度与观测频次等技术要求同路基要求。

## 3.9 区段沉降综合评估

区段沉降综合评估应按工期安排计划和施工单位管段进行区段划分，评估区段长度应根据不同结构物的分布情况，结合架梁、铺轨等具体情况综合确定。区段长度一般不宜少于 4 km，宜包括路基、桥涵、隧道、过渡段等不同结构物，并注意评估区段之间的衔接问题。

在对路基、桥梁、隧道和过渡段等不同结构物的基础沉降变形预测评估完成后，应绘制区段或全线的沉降预测变形曲线，进行综合评估，确认其满足铺设无砟或有砟轨道的要求。

对于区域沉降、结构物沉降值较大等特殊情况，应进行研究确定评估标准。

评估报告是竣工验收资料的组成部分，应符合竣工文件编制和移交的有关规定，每一工程项目的变形评估任务完成后，应提交"无砟轨道铺设条件评估报告"，评估报告至少包括以下内容：

(1)沉降和变形观测方案与技术设计书。

(2)观测点的平面、纵断面和横断面布置图。

(3)标石、标志规格及埋设图。

(4)仪器检验与校正资料。

(5)观测记录(手簿)。

(6)平差计算、成果质量评定资料及测量成果表。

(7)各观测断面沉降过程的分布图表。

(8)区段或全线的基础沉降沿线路纵向的分布图表。

(9)沉降变形评估分析的成果资料。

## 3.10 变形测量成果整理

高速铁路变形监测网的平差计算应采用专业的变形监测数据处理软件进行处理。平差计算前，先绘出平差网图，注明线路方向、高差和长度，检查各环线闭合差是否符合限差要求。

采用平差结果直接分析出起算点的兼容情况，并弃用不兼容的起算点。平差后得出每个待定点的高程、高程中误差及单位权中误差，分析成果偶然中误差和系统误差的影响程度，对水准网的观测质量作综合评定。

检算各项闭合差符合要求后，应计算每千米高差偶然中误差和全中误差以及各点的偶然中误差、最弱点中误差和相邻点相对高程中误差，并进行精度评价。

根据各监测点高程中误差、观测所得沉降量的中误差等精度信息，用严密整体平差方法求出各监测点的高程及相对上一期和第一期的沉降量。

构筑物变形测量的相关资料应在竣工交验时移交接收单位。移交资料包括：

(1)施测方案与技术设计书。

(2)控制点与观测点平面布置图。

(3)标石、标志规格及埋设图。

(4)仪器检验与校正资料。

(5)观测记录手簿。

(6)平差计算、成果质量评定资料及测量成果表。

(7)变形过程和变形分布图表。

(8)变形分析成果资料。

(9)变形测量技术报告。

# 4 轨道施工测量

轨道施工测量主要内容包括轨道控制网 CPⅢ,CRTSⅠ、CRTSⅡ、CRTSⅢ型板式无砟轨道,CRTSⅠ、CRTSⅡ型双块式无砟轨道,长枕埋入式、板式无砟道岔,轨道精调等施工测量。

经过不同类型的无砟轨道施工测量,最终轨道精度应满足表 7-4-1、表 7-4-2 中轨道、道岔静态平顺度允许偏差的要求。

**表 7-4-1 轨道静态平顺度允许偏差**

| 序号 | 项目 | 无砟轨道 | | 有砟轨道 | |
|---|---|---|---|---|---|
| | | 允许偏差 | 检测方法 | 允许偏差 | 检测方法 |
| 1 | 轨距 | ±1 mm | 相对于 1 435 mm | ±1 mm | 相对于 1 435 mm |
| | | 1/1 500 | 变化率 | 1/1 500 | 变化率 |
| 2 | 轨向 | 2 mm | 弦长 10 m | 2 mm | 弦长 10 m |
| | | 2 mm/8$a$ | 基线长 48$a$ | 2 mm/5 m | 基线长 30 m |
| | | 10 mm/240$a$ | 基线长 480$a$ | 10 mm/150 m | 基线长 300 m |
| 3 | 高低 | 2 mm | 弦长 10 m | 2 mm | 弦长 10 m |
| | | 2 mm/8$a$ | 基线长 48$a$ | 2 mm/5 m | 基线长 30 m |
| | | 10 mm/240$a$ | 基线长 480$a$ | 10 mm/150 m | 基线长 300 m |
| 4 | 水平 | 2 mm | — | 2 mm | — |
| 5 | 扭曲(基长 3 m) | 2 mm | — | 2 mm | — |
| 6 | 与设计高程偏差 | 10 mm | — | 10 mm | — |
| 7 | 与设计中线偏差 | 10 mm | — | 10 mm | — |

注:1. 表中 $a$ 为轨枕/扣件间距。
2. 站台处的轨面高程不应低于设计值。

**表 7-4-2 道岔(直向)静态平顺度允许偏差**

| 项目 | 高低 | 轨向 | 水平 | 扭曲(基长 3 m) | 轨距 | 变化率 |
|---|---|---|---|---|---|---|
| 幅值(mm) | 2 | 2 | 2 | 2 | ±1 | 1/1 500 |
| 弦长(mm) | 10 | | — | | | |

## 4.1 轨道控制网 CPⅢ测量

CPⅢ网的目的在于准确测设铺轨控制基桩,确保无砟轨道施工线路平顺性要求,同时作为运营维护的控制基准。CPⅢ测量应在线下工程竣工并且通过沉降变形评估后施测。

测量前期准备的主要内容:

(1)CPⅠ、CPⅡ及高程控制网的复测。

(2)CPⅡ加密测量。

(3)编制 CPⅢ测量实施方案。

测量作业的主要内容:

(1)CPⅢ点埋设及编号。

(2)外业数据采集,数据处理。

(3)编制 CPⅢ测量成果报告。

评估验收的主要内容：

(1)CPⅢ测量成果的总体质量进行评定。

(2)审查测量成果是否达到相关标准、规范的要求。

### 4.1.1　作业流程

轨道控制网 CPⅢ测量作业流程如图 7-4-1 所示。

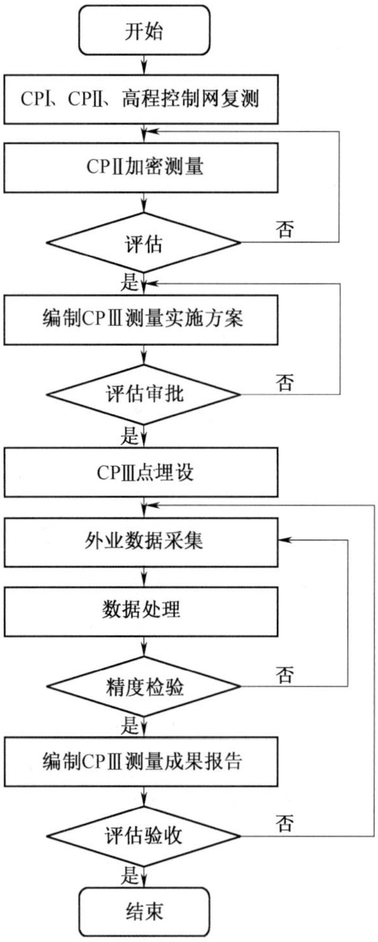


图 7-4-1　CPⅢ测量作业流程图

### 4.1.2　CPⅢ布网原则

轨道控制网 CPⅢ沿线路布设成三维控制网，起闭于基础平面控制网 CPⅠ或线路控制网 CPⅡ。

### 4.1.3　CPⅢ网形

轨道控制网 CPⅢ采用自由测站边角交会法测量。CPⅢ控制点沿线路方向两侧，每隔 50～70 m 设置一对，CPⅢ网形如图 7-4-2 所示。

每个自由测站观测 12 个(6 对)CPⅢ点。自由测站间距一般约为 120 m，观测 CPⅢ点的最远距离不大于 180 m。每个 CPⅢ点至少应保证有三个自由测站上的方向和距离观测量。

受施工影响通视条件困难时，CPⅢ平面控制网的外业观测可采用如图 7-4-3 所示的网形进行。此时观测距离控制在 90 m 左右，自由测站间距约为 60 m，每个测站应该观测 8 个 CPⅢ点，每个 CPⅢ点至少应保证有四个方向和四个距离的交会。

### 4.1.4　精测网复测与加密

CPⅢ轨道控制网的精度直接影响到无砟轨道高平顺性，而 CPⅢ轨道控制网的精度受 CPⅠ、CPⅡ和水准基点精度的影响，因此在 CPⅢ轨道控制网建网前需要对 CPⅠ、CPⅡ平面控制网和水准基点进行全面复测(参见 2.2 节、2.3 节相关内容)，确保基础控制网的准确性。为高效、准确、方便地建立 CPⅢ轨道控制网，还需对 CPⅡ线路控制网进行加密。

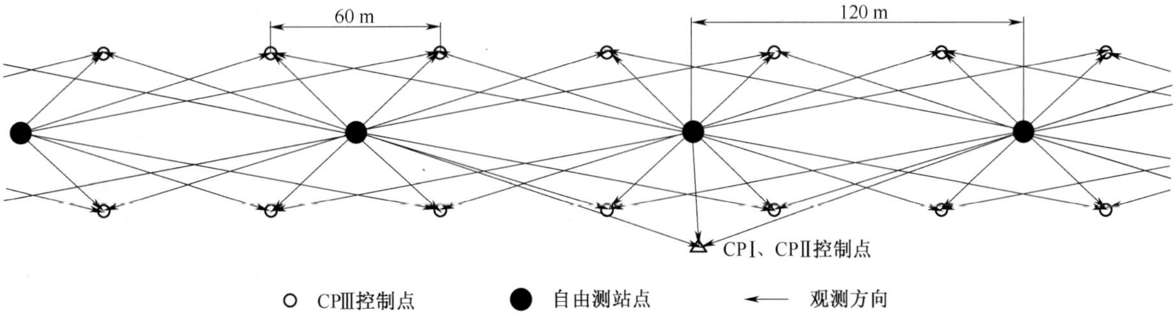


图 7-4-2　CPⅢ网形

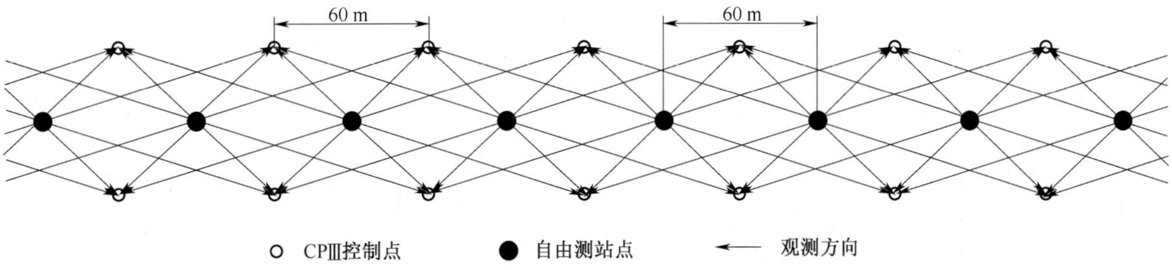


图 7-4-3　测站间距为 60 m 的 CPⅢ平面网网形示意图

4.1.4.1 CPⅡ平面控制网加密点布设

根据既有CPⅡ平面控制网的现状,按线路两侧200 m范围内CPⅡ控制点间距500～700 m的点位密度要求,在CPⅠ、CPⅡ基础上进行加密。CPⅡ平面控制网的加密点选布应遵循以下原则:

(1)桥梁段CPⅡ加密点可以布设桥上,点位应稳定可靠,可选择布设在墩台顶部桥梁固定支座端上方,路基段可布设在接触网基础上。

(2)加密的CPⅡ点通常至少有一个方向与相邻的CPⅡ点或CPⅠ点通视。

(3)CPⅡ加密点点位的选取要便于与CPⅢ控制网的联测。

(4)加密测量前检查联测标石的完好性,对丢失和破损较为严重的标石可按原测标准用同精度扩展方法恢复或增补。

(5)CPⅡ加密点位宜选在铁路用地界内、不易被破坏的范围内;点位便于安置卫星接收机和全站仪,周围视野开阔,便于卫星信号的接收。

(6)CPⅡ加密点离大功率无线电发射源(电视台、微波站)的距离不小于200 m,离高压输电线距离不得小于50 m,附近不应有强烈干扰卫星信号接收的物体,尽量避开大面积水域。

4.1.4.2 CPⅡ平面控制网观测

路基及桥梁段加密CPⅡ点测量统一采用卫星定位测量方法。要求采用双频卫星接收机观测,标称精度不低于5 mm±1 ppm×$D$($D$为基线边长),架设仪器时必须采用经过检校的带管水准气泡的精密支架。

在进行CPⅡ加密网观测前,精心进行时段设计,避开少于4颗卫星的时间窗口,选择最佳时段。CPⅡ加密按三等测量精度要求进行观测,观测技术要求如下:

(1)按卫星测量静态相对定位模式进行测量,观测时段长度≥60 min。

(2)卫星高度角:≥15°。

(3)同时观测有效卫星总数:≥4颗。

(4)时段中任一卫星有效观测时间:≥20 min。

(5)观测时段数:2。

(6)数据采样间隔:15 s。

(7)PDOP或GDOP:≤8。

观测前,要在卫星接收机上配置参数,参与作业的接收机配置的参数要相同。作业时天线严格置平对中,对中误差小于1 mm;每个时段观测前、测后各量天线高一次,较差值小于2 mm,取均值作为最后成果。接收机开始记录数据后,要及时将测站名、测站号、时段号、天线高等信息输入接收设备或记录到外业手簿。在测量过程中,作业人员使用专用功能键和选择菜单查看测站信息、接收卫星数、卫星号、各通道信噪比、实时定位结果、存储器和电池余量等,并作必要记录。同时要注意仪器的警告信息,及时处理各种特殊情况。双时段观测时,时段间卫星接收机应重新进行整置对中。

### 4.1.5 CPⅢ控制点的埋设

4.1.5.1 CPⅢ控制点埋设要求

(1)CPⅢ控制点应设置在稳固、可靠、不易被破坏和便于测量的地方,并应防冻、防沉降和抗移动,控制点标识清晰、齐全,便于准确识别和使用。

(2)CPⅢ控制点有条件时宜埋设混凝土强制对中标,其标志规格和埋设深度应符合《高速铁路工程测量规范》(TB 10601—2009)的要求。

(3)CPⅢ控制点标志采用精加工元器件,用不易生锈及腐蚀的不锈钢材料制作,全线应统一CPⅢ控制点标志。标志连接件加工误差不应大于0.05 mm,分解到$X$、$Y$方向的重复安装误差及互换性安装误差不应大于±0.4 mm、$H$方向的重复安装偏差及互换性安装误差不应大于±0.2 mm。

4.1.5.2 CPⅢ控制点测量标志

(1)测量标志要求。无论CPⅢ建网或全站仪通过CPⅢ目标点进行自由设站,棱镜重复安装的实际物理位置的同一性和测量精度将直接影响CPⅢ网的测量精度,决定轨道板的最终调整精度。为方便今后运营维护,全线需采用同一种CPⅢ测量标志,要求任何一个CPⅢ控制点标志几何尺寸加工误差不应大于0.05 mm,多次重复性安装误差和互换性安装误差应满足表7-4-3要求。

**表 7-4-3　CPⅢ标志安装精度要求**

| CPⅢ标志 | 重复性安装误差(mm) | 互换性安装误差(mm) |
|---|---|---|
| *X* 方向 | ±0.4 | ±0.4 |
| *Y* 方向 | ±0.4 | ±0.4 |
| *H* 方向 | ±0.2 | ±0.2 |

(2)预埋件。CPⅢ控制网在建网前首先需要按照规范埋设如图 7-4-4 所示的预埋件，用于连接棱镜杆或高程杆，进行后续平面或高程测量工作。

图 7-4-4　预埋件、保护盖

(3)棱镜杆。CPⅢ平面控制网测量时，与精密棱镜配套使用的棱镜杆，如图 7-4-5 所示。

(4)高程杆。CPⅢ高程控制网测量时使用的高程杆，如图 7-4-6 所示。

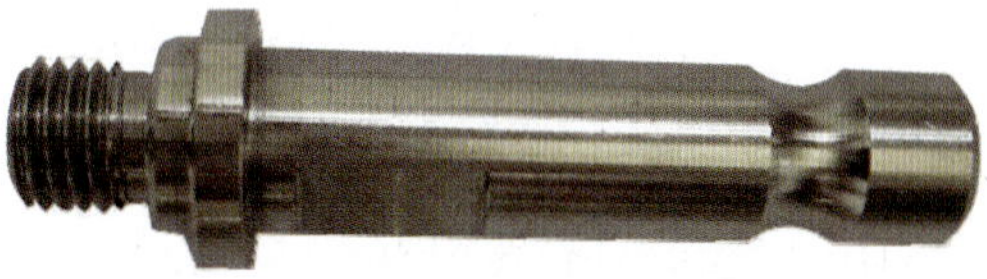

图 7-4-5　棱镜配套使用的棱镜杆

图 7-4-6　高程杆

(5)棱镜。由于 CPⅢ控制网测量要求精度较高，全线棱镜应统一，如图 7-4-7 所示。

(a) Leica GPR121 型精密棱镜

(b) Sinning 公司棱镜

图 7-4-7　CPⅢ棱镜

#### 4.1.5.3　CPⅢ控制点标志的埋设

CPⅢ控制点应设置在稳固、可靠、不易被破坏和便于测量的地方，并应防冻、防沉降、防振动和抗移动。

(1)路基段。CPⅢ点在路基段每隔 50～60 m 设一对标志。设在接触网电杆上，或在可接触网基础上设置辅助立柱，辅助立柱采用直径 20 cm 的钢筋混凝土圆柱，嵌入预埋件。如图 7-4-8 所示。

(2)桥梁段。桥梁地段在桥梁固定支座端两侧防撞墙顶面处每隔 50～70 m 布设一对 CPⅢ控制点。其位置如图 7-4-9 所示。

(3)隧道段。在隧道内两侧边墙上，每隔 60 m 左右设置一对标识。布设于电缆槽顶面上方 30～50 cm 的边墙内衬上。设标位置如图 7-4-10 所示。

#### 4.1.5.4　CPⅢ控制点编号规则

CPⅢ控制点按公里数递增进行编号，其编号反映里程数。所有线路里程增加方向轨道左侧编号为奇数，里程增加方向轨道右侧编号为偶数。在有长短链地段应注意编号不能重复。

图 7-4-8　路基段 CPⅢ控制点桩

图 7-4-9　桥梁段 CPⅢ点的布设

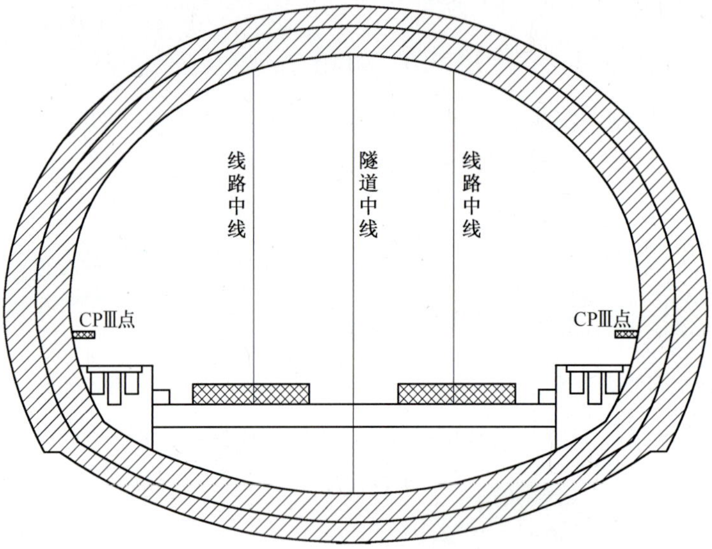


图 7-4-10　隧道段 CPⅢ点的布设

CPⅢ编号统一为七位数,具体规则为:××××(里程整公里数)+3(表示 CPⅢ)+××(该公里段序号)。例如 1256301,其中"1256"代表里程数,"3"代表 CPⅢ,"01"代表 1 号点。具体编号说明见表 7-4-4。

**表 7-4-4　编号示例说明表**

| 点编号 | 含　义 | CPⅢ编号最后二位定义 |
|---|---|---|
| 1256301 | 表示线路里程 DK1256 范围内线路里程增大方向左侧的 CPⅢ第 1 个点,"3"代表 CPⅢ | (轨道左侧)奇数 1、3、5、7、9、11 等 |
| 1256302 | 表示线路里程 DK1256 范围内线路前进方向右侧的 CPⅢ第 1 个点,"3"代表 CPⅢ | (轨道右侧)偶数 2、4、6、8、10、12 等 |

### 4.1.6　CPⅢ轨道控制网平面测量

4.1.6.1　CPⅢ轨道控制网观测要求

轨道控制网 CPⅢ水平角方向观测和距离测量应分别满足表 7-4-5、表 7-4-6 要求。

**表 7-4-5　CPⅢ平面水平方向观测技术要求**

| 控制网名称 | 仪器等级 | 测回数 | 半测回归零差 | 不同测回同一方向 2C 互差 | 同一方向归零后方向值较差 |
|---|---|---|---|---|---|
| CPⅢ平面网 | 0.5″ | 2 | 6″ | 9″ | 6″ |
| | 1″ | 3 | 6″ | 9″ | 6″ |

表 7-4-6　CPⅢ平面网距离观测技术要求

| 控制网名称 | 测回 | 半测回间距离较差 | 测回间距离较差 |
|---|---|---|---|
| CPⅢ平面网 | ≥2 | ±1 mm | ±1 mm |

注:距离测量一测回是全站仪盘左、盘右各测量一次的过程。

4.1.6.2　平面观测仪器设备

CPⅢ轨道控制网水平方向观测应采用带目标自动搜索及照准(ATR)功能的智能型全站仪,在自动观测软件控制下进行自动观测。如 Leica TCRA1201、TCA2003 及 Trimble S8 等,如图 7-4-11 所示,每台仪器应配 12～13 个棱镜。

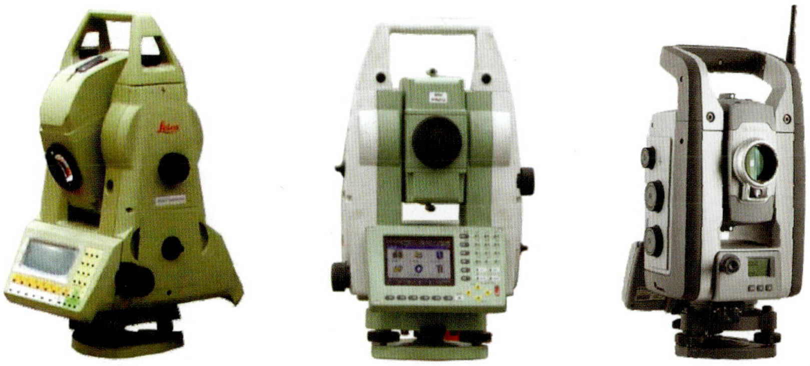

(a)徕卡 TCA2003　(b)徕卡 1201　(c)天宝 S8

图 7-4-11　全站仪

4.1.6.3　平面测量作业方法

(1)CPⅢ平面控制网测量。CPⅢ平面控制网测量应在气象条件相对比较稳定的天气(温差变化较小,湿度较小)条件下进行,尽量选择无风的阴天或夜晚无风的时段施测。应完全避开日出、日落、日中天的前后 1 个小时的时段观测;夜间观测应注意避开强光源对观测的影响。

(2)CPⅢ平面控制网与 CPⅠ、CPⅡ控制点的联测。CPⅢ控制网通常每隔 600 m 左右(500～700 m)联测一个 CPⅠ或 CPⅡ控制点。每一联测的 CPⅠ、CPⅡ控制点至少应通过两个或两个以上自由测站进行与 CPⅢ的联测(参见图 7-4-2)。联测 CPⅠ、CPⅡ控制点时观测视距不应大于 300 m。

4.1.6.4　CPⅢ网平面区段衔接处理

(1)CPⅢ网相邻测段衔接测量。CPⅢ可以根据施工需要分段测量,分段测量的测段长度不宜小于 4 km。测段间应重复观测不少于 6 对 CPⅢ点,作为分段重叠观测区域以便进行测段衔接,重复观测点对应该按照 CPⅢ测量技术要求进行,保证每个点至少被观测三次。施工时,CPⅢ网两端宜分别预留 6 对 CPⅢ点,作为后续 CPⅢ控制网连接区域。

区段之间衔接时,前后区段独立平差重叠点坐标差值应≤±3 mm。满足该条件后,后一测段 CPⅢ网平差,应采用本测段联测的 CPⅠ、CPⅡ控制点及重叠段前测段连续的 1～3 对 CPⅢ点作为约束点进行平差计算。

(2)CPⅢ网不同投影带的衔接测量。坐标换带处 CPⅢ平面网计算时,应分别采用相邻两个投影带的 CPⅠ、CPⅡ坐标进行约束平差,并分别提交相邻投影带两套 CPⅢ平面网的坐标成果。两套坐标成果均应满足相关精度要求。提供两套坐标的 CPⅢ测段长度不应小于 800 m。

### 4.1.7　CPⅢ轨道控制网高程测量

(1)CPⅢ轨道控制网高程测量主要技术要求。CPⅢ轨道控制网高程测量应满足表 7-4-7、表 7-4-8、表 7-4-9的相关要求。

表 7-4-7　水准测量限差要求　(单位:mm)

| 水准测量等级 | 测段、路线往返测高差不符值 | 测段、路线左右路线高差不符值 | 附合路线或环线闭合差 | 检测已测测段高差之差 |
|---|---|---|---|---|
| 精密水准测量 | $8\sqrt{K}$ | $6\sqrt{K}$ | $8\sqrt{L}$ | $8\sqrt{R_i}$ |

注:$K$ 为测段水准路线长度,单位为 km;$L$ 为水准路线长度,单位为 km;$R_i$ 为检测测段长度,单位为 km。

**表 7-4-8　高程控制网的技术要求**　　(单位:mm)

| 每千米水准测量偶然中误差 $M_{\Delta}$ | 每千米水准测量全中误差 $M_W$ | 限　差 | | | |
|---|---|---|---|---|---|
| | | 相邻 CPⅢ点对环闭合差 | 往返测不符值 | 附合路线闭合差 | 检测已测段高差之差 |
| ≤2.0 | ≤4.0 | ±1 | $\pm 8\sqrt{L}$ | $\pm 8\sqrt{L}$ | $\pm 8\sqrt{L}$ |

注:表中 $L$ 为往返测段、附合或环线的水准路线长度,单位 km。

**表 7-4-9　精密水准观测主要技术要求**

| 等级 | 水准尺类型 | 水准仪等级 | 视距(m) | 前后视距差(m) | 测段的前后视距累积差(m) | 视线高度(m) | 数字水准仪重复测量次数 |
|---|---|---|---|---|---|---|---|
| 精密水准 | 因瓦 | DS1 | ≤60 | ≤2.0 | ≤6.0 | ≤2.8,且≥0.45 | ≥2 次 |

(2)高程测量采用的仪器设备。CPⅢ控制网高程测量应采用满足技术规范要求的电子水准仪及因瓦尺进行测量,高程上桥的高程联测可采用具有自动照准功能的全站仪、不量仪器高和目高程的中间法三角高程测量。

高程测量采用的仪器设备应经过仪器检定并在检定有效期内,作业之前应对仪器进行必要的检验和校准。水准仪必须满足如下精度要求:

1)仪器标称精度不低于 DS1 级。

2)可采用徕卡 DNA03 及天宝 DINI03 系列电子水准仪,并配备相应的因瓦尺。如图 7-4-12 所示。

(a)徕卡 DNA03 水准仪　　(b)天宝 DINI03 水准仪　　(c)因瓦尺

图 7-4-12　电子水准仪及因瓦尺

(3)高程测量作业方法。

1)CPⅢ高程控制网应在线下工程竣工且沉降和变形评估通过后施测。施测前应对全线的二等水准点进行复测,构网联测测区内所有复测合格的水准基点。

2)CPⅢ高程控制网采用单程精密水准测量的方法观测,与测区内二等水准点的联测采用独立往返精密水准测量的方法进行,每 1～3 km 联测一个水准基点,每一区段应至少与三个水准基点进行联测,形成检核。

CPⅢ高程控制网水准路线采用如图 7-4-13 所示的矩形法水准路线形式进行,每相邻的两对 CPⅢ点之间都构成一个闭合环。

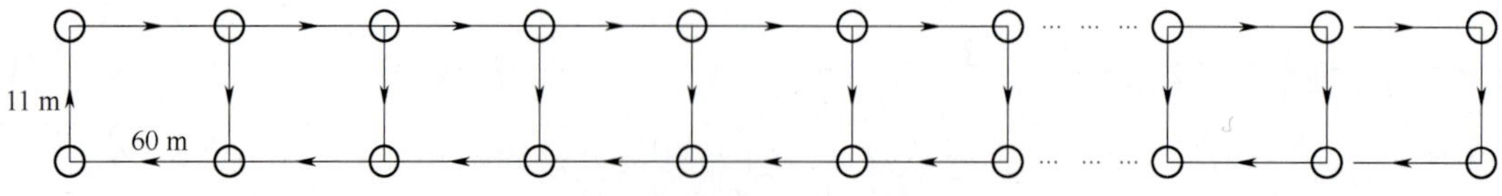


图 7-4-13　CPⅢ控制网闭合水准测量路线示意图

(4)CPⅢ高程区段衔接处理。CPⅢ高程测量分段方式与 CPⅢ平面测量分段方式一致,每段长度不宜少于 4 km,前后段接边时应联测另外一段 2 对 CPⅢ点。区段之间衔接时,前后区段独立平差重叠点高程差值应≤±3 mm。满足该条件后,后一区段 CPⅢ网平差,应采用本区段联测的线路水准基点及重叠段前一区段连续 1～2 对 CPⅢ点高程成果进行约束平差。

#### 4.1.8　CPⅢ网测量数据处理

CPⅢ数据处理采用专用软件，建立平差工程文件，将观测手簿或数据存储卡中的数据导入计算机，导入已知点成果。

平面控制网数据处理时，先对观测数据进行质量检核，然后对观测数据进行预处理，如长度改化、概略坐标计算、闭合差推算，然后进行粗差探测、自由网平差、约束平差，最后输出各种平差报表文件。高程控制网平差时，先进行闭合环推算，然后进行约束平差、输出平差报表。

#### 4.1.9　提交CPⅢ测量成果

CPⅢ控制网数据处理完成后应提交如下成果资料：

(1)CPⅢ控制网测量技术设计书。

(2)外业观测数据文件及记录簿。

(3)测量平差报告。

(4)CPⅢ平面、高程控制网示意图。

(5)CPⅢ控制点成果表。

(6)技术总结报告。

(7)测量仪器检定证书文件。

#### 4.1.10　CPⅢ网的评估

4.1.10.1　*资料要求*

施工单位提交的原始数据必须真实可靠，通过监理确认的原始数据应立即以电子版形式提交给评估单位。

4.1.10.2　*评估流程*

(1)评估数据提交。施工单位CPⅢ测量完成并提交成果，经监理单位审核后提交评估单位。施工单位提交的成果资料包括：评估申请表，全站仪、电子水准仪的原始观测数据，起算数据，网图，说明和测量成果等。

(2)评估报告。评估单位在接收到施工单位的评估申请和各类数据后，及时独立进行审查和核算，评估过程中发现问题应及时通知并辅导施工单位进行重测或补测。最后对施工单位的测量成果给出明确的结论意见，并针对存在问题提出解决意见。评估单位确认数据合格后，施工单位应打印纸质测量成果归档保存并提交给轨道施工单位进行施工。

#### 4.1.11　CPⅢ控制网复测与维护

由于CPⅢ控制网布设于桥梁防撞墙和路肩接触网基础上，受线下工程的稳定性等原因的影响，为确保CPⅢ点的准确、可靠，在使CPⅢ点进行后续轨道安装测量时，每次都要与周围其他点进行校核，特别是要与地面上稳定的CPⅠ、CPⅡ点进行校核，以便及时发现问题并进行处理；同时应加强对永久CPⅢ点的维护，为客运专线建成后的养护维修提供控制基准。

### 4.2　CRTSⅠ型板式无砟轨道施工测量

CRTSⅠ型板式无砟轨道是在现浇的钢筋混凝土底座上铺装预制轨道板，通过水泥乳化沥青砂浆进行调整，通过凸型挡台进行限位，通过轨道板铺设精度和扣件调整量来保证钢轨的最终状态，实现线路的高精度要求。

#### 4.2.1　无砟轨道混凝土底座及支承层放样

4.2.1.1　*无砟轨道混凝土底座及支承层放样方法*

利用线路两侧的CPⅢ控制点进行立模放样，平面采用坐标法，高程采用水准测量法。如图7-4-14所示。

(a) 全站仪放样模板边线　　(b) 水准仪测量模板高度

图 7-4-14　立模测量

4.2.1.2　混凝土底座及支承层放样主要设备

混凝土底座及支承层放样的主要设备见表 7-4-10。

**表 7-4-10　混凝土底座及支承层放样的主要设备**

| 序　　号 | 设　　备 | 数量 | 用　　途 |
|---|---|---|---|
| 1 | 棱镜、三脚架、基座 | 1 个 | 用于放样中线点坐标测设棱镜 |
| 2 | 全站仪 | 1 台 | 测设线路中桩点平面坐标 |
| 3 | 水准仪 | 1 套 | 测量边模高程 |
| 4 | CPⅢ目标棱镜 | 8 个 | 全站仪自由设站边角交会的目标 |

4.2.1.3　混凝土底座及支承层外形尺寸允许偏差

混凝土底座及支承层外形尺寸允许偏差见表 7-4-11。

**表 7-4-11　底座外形尺寸允许偏差**

| 序　　号 | 项　　目 | 允许偏差(mm) |
|---|---|---|
| 1 | 顶面高程 | ±5 |
| 2 | 宽度 | ±10 |
| 3 | 中线位置 | 3 |
| 4 | 平整度 | 10/3 m |
| 5 | 伸缩缝位置 | 10 |

### 4.2.2　凸形挡台精确定位测量

4.2.2.1　凸形挡台精确定位测量流程

凸形挡台钢模板精确定位时，全站仪在线路一侧设站，安放凸形挡台钢模标架和棱镜；测量钢模标架支臂上的棱镜获取凸台超高调整量，调整凸台钢模；测量标架中心棱镜获取凸台中心的平面和高程调整量，调整凸台钢模。重复以上步骤直至凸台钢模允许偏差符合要求。

凸形挡台精确定位测量流程如图 7-4-15 所示。

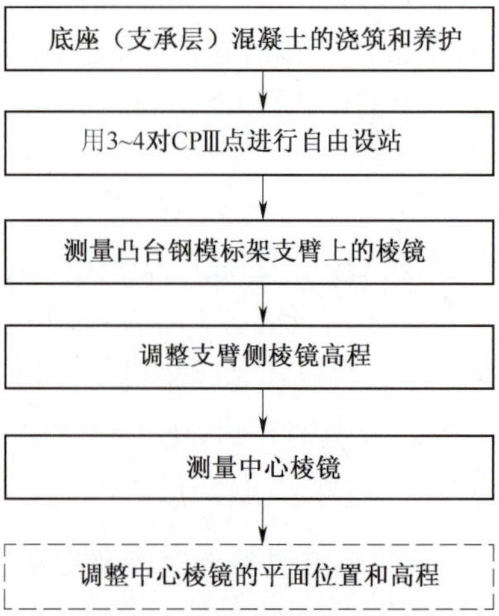


图 7-4-15　凸形挡台精确定位流程图

4.2.2.2　凸形挡台钢模板精确定位的主要设备

凸形挡台钢模板精确定位的主要设备见表 7-4-12。

4.2.2.3　凸形挡台外形尺寸允许偏差

凸形挡台外形尺寸允许偏差见表 7-4-13。

**表 7-4-12　凸形挡台钢模精确定位的主要设备**

| 序号 | 设　　备 | 数量 | 用　　途 |
| --- | --- | --- | --- |
| 1 | 凸形挡台钢模标架 | 1 个 | 与凸台钢模适配的测量标架 |
| 2 | 棱镜 | 2 只 | 放置在凸台钢模标架上，测量凸台中心和边缘位置 |
| 3 | 全站仪 | 1 台 | 用于凸台平面位置、高程和水平(超高)坐标测设 |
| 4 | CPⅢ目标棱镜 | 8 个 | 全站仪自由设站边角交会的目标 |
| 5 | 凸台钢模精调软件 | 1 套 | 进行凸台平面位置、高程和水平(超高)放样 |

**表 7-4-13　凸形挡台外形尺寸允许偏差**

| 序号 | 项　目 | 允许偏差(mm) |
| --- | --- | --- |
| 1 | 圆形挡台半径 | ±3 |
| 2 | 半圆形挡台半径 | ±2 |
| 3 | 中线位置 | 3 |
| 4 | 挡台中心间距 | ±5 |
| 5 | 顶面高程 | +5<br>0 |

## 4.2.3　CRTSⅠ型轨道板精调测量

利用 CPⅢ进行轨道板精调，采用全站仪在 CPⅢ控制网内进行多点后方交会自由设站，对安置在螺栓孔上的精调标架棱镜分别进行测量，通过软件计算偏差值，对轨道板进行调整，直至合格。

### 4.2.3.1　CRTSⅠ型轨道板精调作业方法

在每块轨道板上第二个和倒数第二个承轨台安放 2 个测量标架和 4 个棱镜。全站仪通过 CPⅢ控制网进行设站，计算出测站点的理论三维坐标值和所在的里程。当全站仪测量放置在 CRTSⅠ型板上螺栓孔精调标架上的棱镜后，可以测量出该棱镜所处位置的实测三维坐标，根据坐标可以确定它在线路中的里程，经过相关软件的里程推算，得出该处的理论三维坐标，软件计算实测和理论坐标的偏差，将偏差值显示在显示器上，根据偏差对 CRTSⅠ型板进行调整，如图 7-4-16 所示。

图 7-4-16　轨道板精调

轨道板精调完成后，要对所测量的数据进行保存。保存的数据包括：轨道板测量点最后测量坐标；轨道板测量点最后横向、高程偏差数据。

### 4.2.3.2　CRTSⅠ型轨道板精调的主要设备

主要设备见表 7-4-14。

**表 7-4-14　CRTSⅠ型轨道板精调设备表**

| 序号 | 设　　备 | 数量 | 用　　途 |
| --- | --- | --- | --- |
| 1 | 螺栓孔标架 | 4 个 | 放置位置代表整个轨道板的空间状态，并可放置棱镜 |
| 2 | 全站仪 | 1 台 | 自动测量轨道几何状态测量仪上的棱镜 |
| 3 | CPⅢ目标棱镜 | 8 个 | 全站仪自由设站边角交会的目标 |
| 4 | 计算机 | 1 台 | 运行轨道板精调作业软件，操控完成轨道板测量 |

### 4.2.3.3　CRTSⅠ型轨道板精调后的限差要求

CRTSⅠ型轨道板精调后的限差见表 7-4-15。

表 7-4-15 CRTS Ⅰ 型轨道板精调后的允许偏差

| 序号 | 项　目 | 允许偏差(mm) |
|---|---|---|
| 1 | 板内各支点实测与设计值的横向偏差 | 2 |
| 2 | 板内各支点实测与设计值的竖向偏差 | 1 |
| 3 | 板内各支点实测与设计值的纵向偏差 | 5 |
| 4 | 相邻轨道板间横向偏差 | 2 |
| 5 | 相邻轨道板间竖向偏差 | 1 |

## 4.3 CRTS Ⅱ 型板式无砟轨道施工测量

CRTSⅡ型板式无砟轨道是通过水泥乳化沥青砂浆调整层,将预制轨道板铺设在现场摊铺的混凝土支承层或现场浇筑具有滑动层的钢筋混凝土底座上。

### 4.3.1 轨道基准点 GRP 测量

轨道基准点 GRP 是为了满足 CRTSⅡ型轨道板精调而建立的基准网。GRP 点沿轨道轴线布设于每块轨道板的板缝之间,在 CPⅢ网精测完成后,依据 CPⅢ点粗略放样 GRP,然后对粗略放样的 GRP 点进行精确测量。

4.3.1.1 轨道基准网设计

在轨道控制网 CPⅢ评估通过后,方可进行轨道基准网 GRP 测量,其布设应满足轨道板精调需要,左右线分别测设。轨道基准网 GRP 精度是保证轨道板精调质量的关键。布设基准点前,应先计算出其坐标,然后进行实地放样。

1. GRP 点编号

GRP 点按左右线分别编号,可沿线路里程增加方向编号,统一为七位。具体可按以下方式进行:L(左线)/R(右线)+×××(里程整公里数)+×××(该公里段 GRP 序号)。

2. GRP 轨道基准网设计坐标计算

利用相应铁路线路的设计参数和 GRP 的设计里程,计算直线段、圆曲线段和缓和曲线段上将要埋设的 GRP 的设计坐标,计算时要考虑圆曲线段和缓和曲线段超高对 GRP 设计位置的影响,以保证后续 GRP 放样和测量工作的顺利开展。

4.3.1.2 GRP 轨道基准网测量

GRP 的测量工作在轨道控制网 CPⅢ评估通过后方可进行,且必须平面、高程分开测量。在进行 GRP 平面位置测量时,为保证相邻 GRP 间测量的相对精度,原则上一个测站只用一套精密棱镜及其基座进行,并在测量前应对所用仪器进行相应检校。详细测量方法及流程如图 7-4-17 所示。

(1)准备工作。

1)GRP 放样。GRP 应采用全站仪自由设站坐标法进行放样,自由设站观测的 CPⅢ控制点一般不少于 4 对。更换测站后,相邻测站 GRP 测量重复观测的 CPⅢ控制点一般不少于 2 对,在自由设站精度和 CPⅢ精度满足要求的前提下,利用全站仪和 GRP 的设计坐标对 GRP 进行坐标放样,放样距离一般不大于 100 m。

2)GRP 埋设。放设 GRP 点后,应按要求对 GRP 进行埋设。考虑到轨道板精调的需要,按每块轨道板的长度布设一个轨道基准点,左、右线分别布设,如图 7-4-18 所示。

(2)GRP 平面测量(图 7-4-19)。GRP 平面测量采用自动照准功能的全站仪,配合 CPⅢ精密棱镜和 GRP 精密基座进行,每个测量组配置一台全站仪,全站仪架设在线路中线附近,采用半测回、多次重复测量。

GRP 平面测量具体方法:

1)全站仪设站点尽量靠近 GRP 的连线方向。

2)左、右线 GRP 的测量,分别设站观测,每一测站实时在全站仪中输入温度和气压进行气象改正。

3)同一测站观测的 CPⅢ控制点 4 对,观测的 GRP 宜为 10~14 个,其中包括与上一个测站搭接的不少于 3 个 GRP。

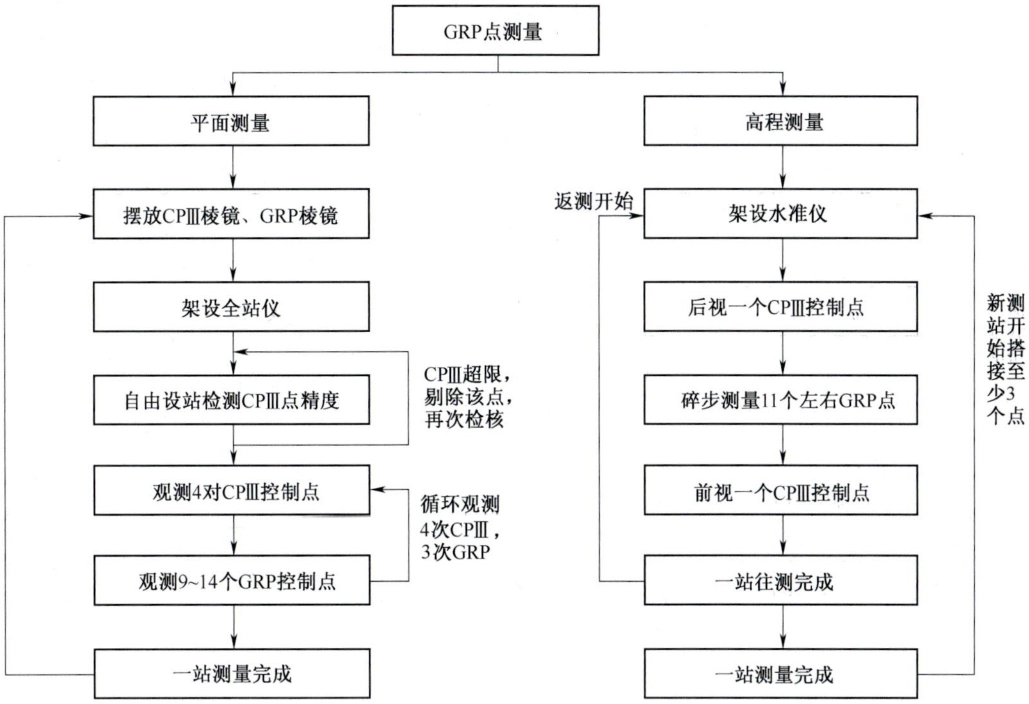


图 7-4-17　GRP 点测量流程图

4)同一测站的 CPⅢ控制点和 GRP 测量，采用全站仪正镜位进行多个半测回的观测，CPⅢ控制点采用相应控制软件进行自动观测，GRP 采用一个精密基座依次挪动进行人工观测。具体观测顺序为：先观测所有 CPⅢ点，再由远及近观测所有 GRP。GRP 观测 3 个测回，CPⅢ点观测 4 个测回。

5)同一测站每个测回 GRP 观测均应由远及近依次观测。

6)每一测站重复观测上一测站的 CPⅢ控制点不应少于 2 对，重复观测上一测站观测的 GRP 不应少于 3 个。

GRP 平面测量主要测量设备见表 7-4-16。

(3)GRP 高程测量。GRP 高程测量使用电子水准仪和条形码因瓦尺，适用的水准仪包括徕卡 DNA03、天宝 DINI03 以及满足精度要求的其他仪器。高程测量具体方法：

图 7-4-18　轨道基准点 GRP 埋设

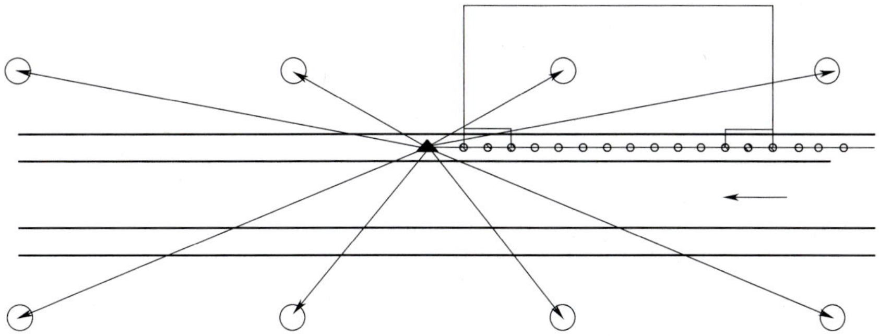

图 7-4-19　GRP 平面测量示意图

**表 7-4-16　GRP 平面测量主要测量设备**

| 序号 | 设备名称 | 数量 | 序号 | 设备名称 | 数量 |
|---|---|---|---|---|---|
| 1 | 全站仪 | 1 台 | 4 | 精密棱镜 | 8 个 |
| 2 | 温度计 | 1 个 | 5 | CPⅢ棱镜杆 | 8 根 |
| 3 | 气压计 | 1 个 | 6 | 精密基座 | 1 套 |

1)水准仪设站点应尽量位于相邻两个 CPⅢ控制点之间。

2)左右线 GRP 高程应分开测量。

3)300 m 左右应与线路同侧的 CPⅢ控制点闭合一次;同一测段应进行往返观测。

4)同一测段内左线(或右线)其余 CPⅢ控制点均作为转点,测段内所有 GRP 均作为中视点。

5)不同测段间重复搭接观测的 GRP 不应少于 3 个。如图 7-4-20 所示。

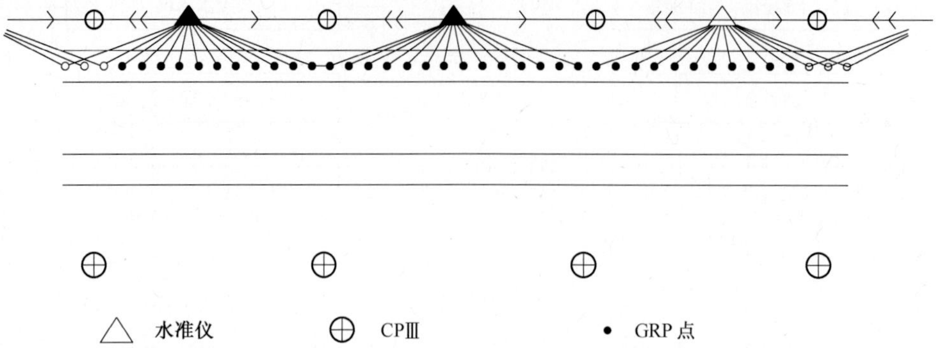


图 7-4-20　GRP 高程测量示意图

(4)GRP 轨道基准网数据处理。将本测段的 CPⅢ坐标文件、轨道基准点 GRP 测设文件、电子水准仪对基准网的实测高程原始记录文件,纳入Ⅱ型板施工布板软件的数据库。利用软件数据处理功能对平面及高程数据进行计算,计算结果合格将被纳入到轨道板精调数据中,超限的区段将被剔除,需重新测量。

### 4.3.2　CRTSⅡ型轨道板精调

每块 CRTSⅡ型板结构上具有 10 对在工厂经过精确打磨过的承轨槽;CRTSⅡ型板调板时控制点为相对精度能够达到平面 0.2 mm、高程 0.1 mm 的基准 GRP 点。全站仪架设在基准点上,通过测量安置在承轨槽上测量标架的棱镜,利用轨道板精调软件计算实测值与理论值的偏差,进而进行调整,直到横向和高程达到相对板内误差 0.3 mm、板间误差 0.4 mm 精度,完成轨道板的精调。

4.3.2.1　CRTSⅡ型轨道板精调作业流程

CRTSⅡ型板式无砟轨道精调作业流程如图 7-4-21 所示。

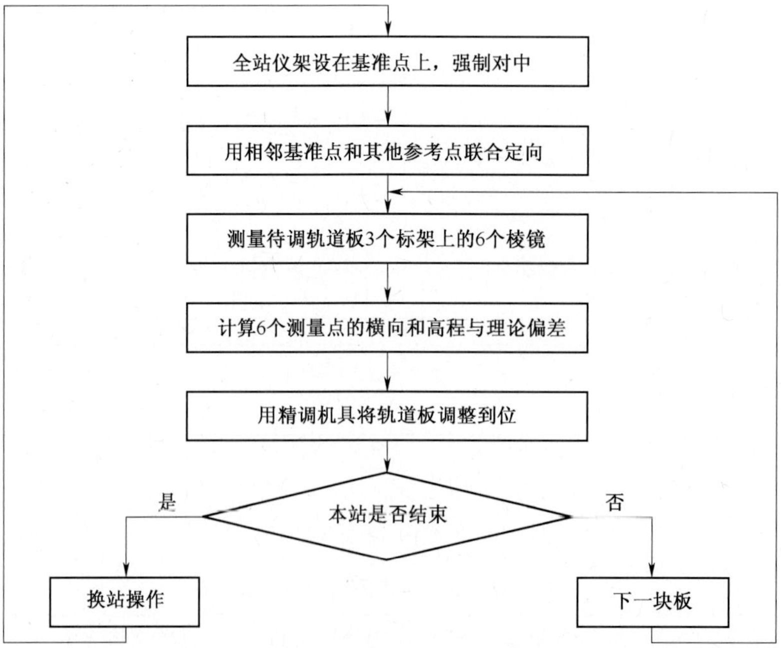


图 7-4-21　CRTSⅡ型板式无砟轨道施工精调作业流程图

(1)标架安放。将 1～3 号精调标架按调板方向依次安放在板的第 1、5、10 号承轨台上,4 号标架放在已经调整完成板的第 10 号承轨台上做搭接处理,如图 7-4-22 所示。

(2)架设全站仪和定向棱镜。在已测设完成的 GRP 控制点上按间隔三块板的距离，采用强制对中三角架架设全站仪及后视点棱镜。采用已知后视点的设站方式进行全站仪定向。全站仪的定向在利用基准点作为定向点观测后，还必须参考前一块已铺设好的轨道板上的最后一对支点，以消除搭接误差。

(3)轨道板精调。全站仪观测放置在轨道板的 1 号、10 号承轨台标架上的棱镜，测出实际坐标值，计算与理论坐标值偏差数据，进行精确调整。全站仪对中部 5 号标架上的棱镜进行测量，以消除轨道板中部的弯曲误差。此处仅有上下调整，没有平面调整。成果记录做好后转入下一轨道板的调整，重复进行即可。

图 7-4-22　CRTSⅡ型轨道板精调

4.3.2.2　CRTSⅡ型轨道板精调主要设备

CRTSⅡ型轨道板精调主要设备见表 7-4-17。

**表 7-4-17　CRTSⅡ型轨道板精调主要设备**

| 序号 | 设　备 | 数量 | 用　途 |
|---|---|---|---|
| 1 | CRTSⅡ测量标架 | 5 个 | 放置位置代表整个轨道板的空间状态，并可放置棱镜 |
| 2 | 全站仪 | 1 台 | 自动测量轨道几何状态测量仪上的棱镜 |
| 3 | CPⅢ目标棱镜 | 8 个 | 全站仪自由设站边角交会的目标 |
| 4 | 强制对中三脚架 | 2 个 | 在基准点上架设全站仪和后视点棱镜的基座 |
| 5 | 计算机 | 1 台 | 运行轨道板精调作业软件，操控完成轨道板测量 |

4.3.2.3　CRTSⅡ型轨道板精调限差要求

CRTSⅡ型轨道板精调后的限差应满足表 7-4-18 的要求。

**表 7-4-18　CRTSⅡ型轨道板精调后的允许偏差表**

| 序号 | 项　目 | 允许偏差(mm) |
|---|---|---|
| 1 | 板内各支点实测与设计值的横向偏差 | 0.3 |
| 2 | 板内各支点实测与设计值的竖向偏差 | 0.3 |
| 3 | 轨道板竖向弯曲 | 0.5 |
| 4 | 相邻轨道板间横向偏差 | 0.4 |
| 5 | 相邻轨道板间竖向偏差 | 0.4 |

## 4.4　CRTS Ⅲ型板式无砟轨道施工测量

CRTS Ⅲ型无砟轨道结构是将预制轨道板通过水泥沥青砂浆调整层，铺设在现场摊铺的混凝土支承层或现场浇筑的钢筋混凝土底座上，并对每块板限位的无砟轨道结构形式。

### 4.4.1　CRTS Ⅲ型轨道板位置放样

全站仪通过 CPⅢ控制网进行设站，在底座板上放样出每块轨道板的中线点，并用墨线或油漆在底座板上标记，用于轨道板的粗铺。

### 4.4.2　CRTS Ⅲ型轨道板精调

4.4.2.1　CRTS Ⅲ型轨道板精调作业方法

CRTS Ⅲ型轨道板的调板方式及方法可参照 CRTS Ⅰ型轨道板进行。

4.4.2.2　CRTSⅢ型轨道板精调主要设备

CRTS Ⅲ型轨道板精调主要设备见表 7-4-19。

表 7-4-19　CRTSⅢ型轨道板精调主要设备

| 序号 | 设　备 | 数量 | 用　途 |
|---|---|---|---|
| 1 | CRTS Ⅲ测量标架 | 5 个 | 放置位置代表整个轨道板的空间状态,并可放置棱镜 |
| 2 | 全站仪 | 1 台 | 自动测量轨道几何状态测量仪上的棱镜 |
| 3 | CPⅢ目标棱镜 | 8 个 | 全站仪自由设站 |
| 4 | 计算机 | 1 台 | 运行轨道板精调作业软件,操控完成轨道板测量 |

4.4.2.3　CRTS Ⅲ型轨道板精调后限差要求

CRTS Ⅲ型轨道板精调后的限差应满足表 7-4-20 的要求。

表 7-4-20　CRTSⅢ型轨道板精调后的允许偏差

| 序号 | 项　目 | 允许偏差(mm) |
|---|---|---|
| 1 | 板内各支点实测与设计值的横向偏差 | 2 |
| 2 | 板内各支点实测与设计值的竖向偏差 | 1 |
| 3 | 相邻轨道板间横向偏差 | 2 |
| 4 | 相邻轨道板间竖向偏差 | 1 |

## 4.5　CRTS Ⅰ型双块式无砟轨道施工测量

双块式无砟轨道的工艺原理是将轨枕按设计要求散布后,用工具轨完成轨排组装,使用高精度全站仪,配合轨道几何状态检测仪和螺杆调节器完成轨排最终精确定位,现场浇筑混凝土,从而使轨枕按设计空间位置永久固定在混凝土整体道床上。

### 4.5.1　轨排粗调定位测量

4.5.1.1　轨道基标测量

轨道基标主要作用是轨排的粗铺与粗调的基准,为轨道精调做准备工作。

(1)基标设置。全线采用 5 m 左右测设一个基标;设在底座混凝土边缘距线路中线 1.5 m 处左右,以不影响模板安装为原则。

(2)基标测设。基标测设,采用全站仪自由设站后方交会设站,后视 4 对 CPⅢ,利用专用小基座对测量基标的坐标测设,每站测量距离不大于 90 m。测站完毕搬站进行下一站测设时,将上一站测过 1～2 个基标作为搭接点。根据实测坐标计算距线路中线平面和高程偏差,整理成起道量和拨道量资料,用于现场调整。

图 7-4-23　轨排粗调

4.5.1.2　轨排粗调

按对应轨道基标的起道量和拨道量,使用道尺,对轨道高程和平面位置进行调整,如图 7-4-23 所示。

4.5.1.3　轨排粗调定位允许偏差

轨排粗调定位允许偏差应满足表 7-4-21 的

要求。

**表 7-4-21　轨排粗调定位允许偏差**

| 序号 | 项　　目 | 允许偏差(mm) |
|---|---|---|
| 1 | 钢轨中线位置 | ±2 |
| 2 | 钢轨顶面高程 | 0<br>−5 |

### 4.5.2　轨排精调作业

轨排精调作业流程如图 7-4-24 所示。

4.5.2.1　轨排精调作业步骤

(1)在稳固的轨道上校准超高传感器,一般每天开始测量前校准一次,如气温变化迅速,可再次校准。

(2)全站仪自由设站至少观测 8 个 CPⅢ控制点。

(3)将全站仪对准轨检小车棱镜,检查通信,并锁定棱镜。

(4)测量螺杆调节器处的平面位置和高程偏差,使用螺杆调节器将轨排调整到限差范围内。

(5)轨排精调后应尽快灌注混凝土,如果轨排受到外部扰动或放置时间超过 12 h,或温度变化超过 15 ℃,必须重新检查确认合格后方可浇筑混凝土,如图 7-4-25 所示。

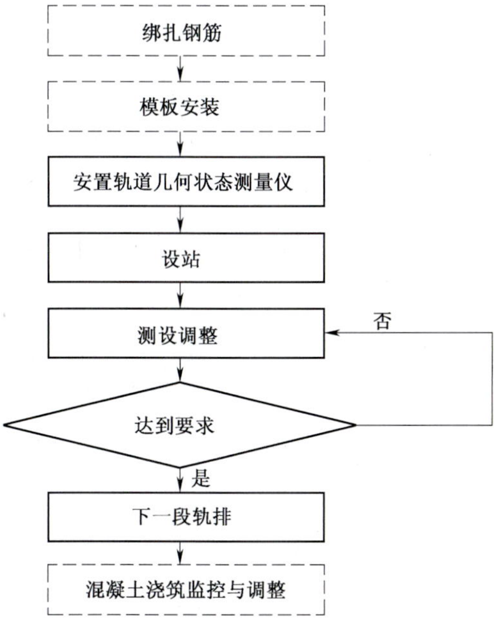


图 7-4-24　轨排精调作业流程图

图 7-4-25　轨排精调

4.5.2.2　轨排精调设备

轨排精调设备见表 7-4-22。

**表 7-4-22　轨排精调设备表**

| 序号 | 设　　备 | 数量 | 用　　途 |
|---|---|---|---|
| 1 | 轨道几何状态测量仪 | 1套 | 测量轨道几何状态 |
| 2 | 全站仪 | 1台 | 自动测量轨道几何状态测量仪上的棱镜 |
| 3 | CPⅢ目标棱镜 | 8个 | 全站仪自由设站边角交会的目标 |

4.5.2.3　轨排精调限差要求

轨排精调限差要求见表 7-4-23。

**表 7-4-23　轨排精调允许偏差**

| 序号 | 项　目 | | 允许偏差(mm) |
|---|---|---|---|
| 1 | 中线位置 | | 2 |
| 2 | 轨面高程 | 一般情况 | ±2 |
| | | 紧靠站台 | +2<br>0 |
| 3 | 线间距 | | +5<br>0 |

# 4.6　CRTS Ⅱ型双块式无砟轨道施工测量

## 4.6.1　支脚测量

4.6.1.1　支脚测量具体步骤

(1)根据设计图和测量软件计算每个支脚坐标。

(2)用全站仪进行支脚定位测量,测量放出支脚安装位置。

(3)在测设好的点位标注"十"字线,用射钉枪打入钢钉或冲击电钻钻孔。

(4)牢固安装支脚。

4.6.1.2　支脚测设要求

(1)全站仪应置于相邻的2对CPⅢ控制点之间,后视的CPⅢ控制点宜为8个,困难地段(如不通视等)不应少于6个,支脚测设工作区域如图7-4-26所示。

(2)支脚纵向间距为3.27 m,横向距离为3.2 m。

(3)每放样5对支脚点,检查1～3个CPⅢ点坐标,与原CPⅢ点坐标比较,其较差不应大于5 mm。

(4)换站后,检测前一测站放样的2～4对支脚点,检测平面较差不应大于5 mm。

(5)放样点平面位置偏差不应大于5 mm。

(6)每放样5个支脚进行点位编号,并做好标记。

## 4.6.2　支脚精调作业

4.6.2.1　支脚精调作业流程

支脚精调作业流程如图7-4-27所示。

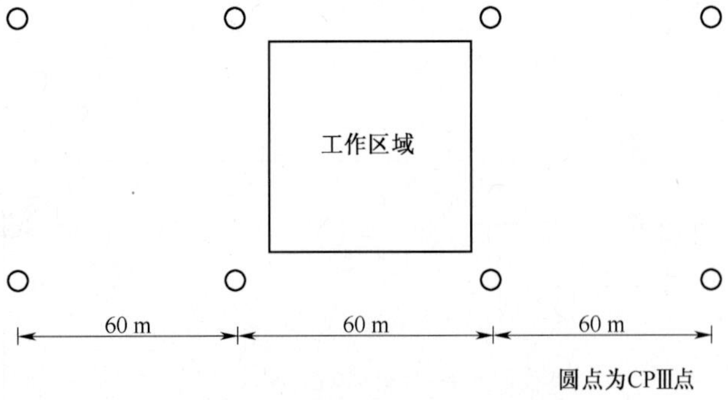


图 7-4-26　支脚测设工作区域示意图

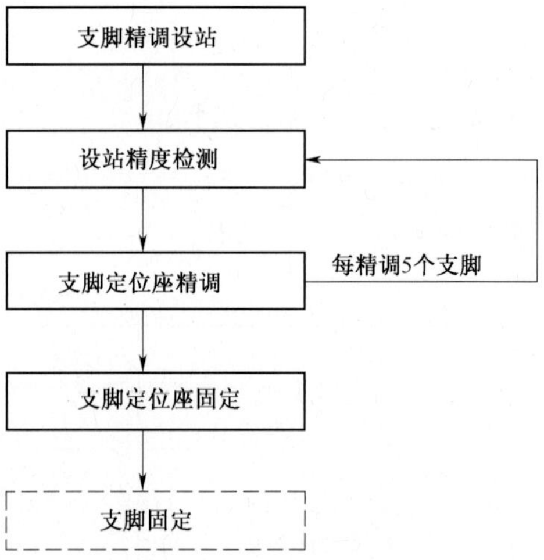


图 7-4-27　支脚精调作业流程图

4.6.2.2　支脚精调作业步骤

(1)计算每个支脚上棱镜的三维坐标。

(2)全站仪应设在固定端支脚上，曲线地段宜设在曲线外侧支脚上。

(3)检测 1～3 个 CPⅢ点坐标，与原 CPⅢ点坐标比较，其较差不应大于 1 mm，否则重新设站。

(4)松开支脚定位座上的所有紧固螺栓，将棱镜安放在定位座上，测量棱镜三维坐标，反复调整支脚高度和定位座平面位置，直至棱镜三维坐标与设计值较差不大于 0.5 mm，锁定所有紧固螺栓。

(5)每调整 5 个支脚后，应对后视的任意一个 CPⅢ点进行检测，与原 CPⅢ点坐标比较，其较差不应大于 1 mm。

4.6.2.3　支脚精调作业主要设备

支脚精调作业主要设备见表 7-4-24。

**表 7-4-24　支脚精调作业主要设备表**

| 序号 | 设备名称 | 数量 | 用　　途 |
|---|---|---|---|
| 1 | 全站仪 | 2 台 | 支脚精调、三维坐标检测 |
| 2 | CPⅢ目标棱镜 | 8 个 | 全站仪自由设站边角交会的目标 |
| 3 | 棱镜 | 2 个 | 支脚三维坐标测量 |
| 4 | 微型棱镜 | 1 个 | 支脚及模板放样定位 |
| 5 | 专用道尺 | 1 把 | 检测支脚横向跨度及曲线地段超高 |
| 6 | 正矢绳、紧线器 | 1 套 | 检测支脚正矢 |

4.6.2.4　支脚精调限差要求

(1)换站后，应对相邻已精调完成的 3～5 个支脚进行搭接测量，平面及高程偏差不应大于 2 mm。

(2)支脚定位座纵向平行于线路中线，横向调整应在支脚中心 40 mm 内。当横向调整超限时，应整体移动支脚。

(3)支脚平面位置允许偏差不应大于 0.5 mm，高程位置允许偏差不应大于±0.5 mm。

### 4.6.3　框架轨排精调

4.6.3.1　框架轨排精调作业流程

框架轨排精调作业流程如图 7-4-28 所示。

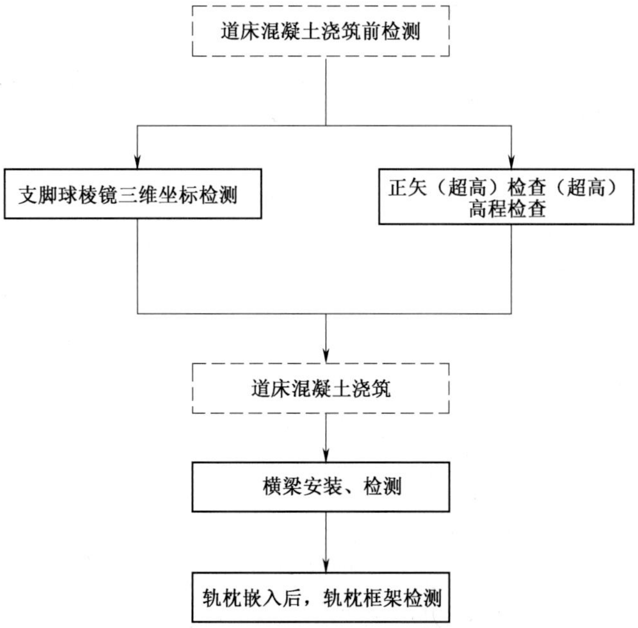


图 7-4-28　框架轨排精调作业流程图

4.6.3.2　框架轨排精调作业主要设备

框架轨排精调作业主要设备见表 7-4-25。

表 7-4-25　框架轨排精调作业主要设备表

| 序号 | 设备名称 | 数量 | 用　途 |
|---|---|---|---|
| 1 | 全站仪 | 2台 | 支脚棱镜三维坐标检测 |
| 2 | CPⅢ目标棱镜 | 8个 | 全站仪自由设站边角交会的目标 |
| 3 | 棱镜 | 2个 | 支脚三维坐标测量 |
| 4 | 专用道尺 | 1把 | 检测支脚横向跨度及曲线地段超高 |
| 5 | 塞尺 | 2把 | 横梁安装及轨枕嵌入混凝土时框架检测 |
| 6 | 正矢绳、紧线器 | 1套 | 检测支脚正矢 |
| 7 | 框架轨排精调作业机组 | 1组 | Ⅱ型双块式无砟轨道施工精调作业施工 |

4.6.3.3　框架轨排精调作业步骤

(1)全站仪设在待检支脚范围,对待检支脚三维坐标进行检测。

(2)用专用工具对检测段的支脚进行连续正矢检测,正矢检测平面位置如图 7-4-29 所示。

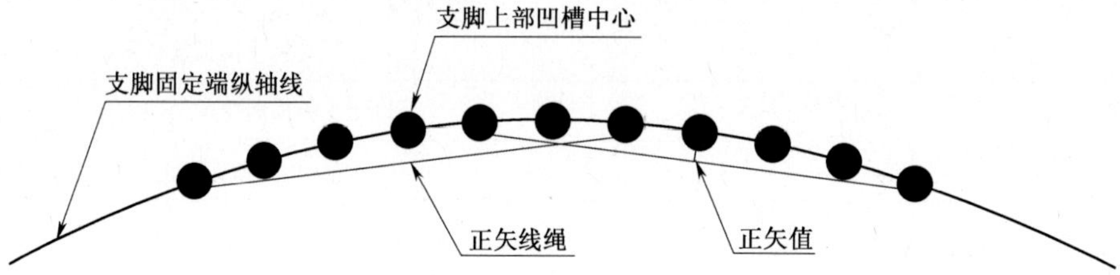


图 7-4-29　支脚正矢检查平面示意图

(3)用专用道尺对支脚的超高进行检查,用钢卷尺进行横跨检测。

(4)横梁安放在支脚上端凹槽位置后,用塞尺检查支脚顶部与横梁是否就位。

(5)轨枕嵌入混凝土后,对横梁和框架的接触点进行检测。

4.6.3.4　框架轨排精调作业要求

(1)全站仪后视不应少于 6 个 CPⅢ点,检测范围应为 10~90 m。

(2)后视 CPⅢ中的任意一点,与原 CPⅢ点坐标比较,其较差不应大于 1 mm。

(3)支脚球顶与横梁凹槽、横梁上球顶与框架凹槽间隙不应大于 0.2 mm。

(4)正矢检测平面位置允许偏差不应大于 1 mm。

4.6.3.5　框架轨排精调限差要求

框架轨排精调后的限差应满足表 7-4-26 的要求。

表 7-4-26　框架轨排精调后的允许偏差

| 序号 | 项　目 | 允许偏差(mm) |
|---|---|---|
| 1 | 相邻轨枕框架首根承轨槽(台)横向偏差 | 3 |
| 2 | 轨枕框架内相邻承轨槽(台) | 1 |
| 3 | 相邻承轨槽(台)高差 | 0.5 |

## 4.7　长枕埋入式无砟道岔施工测量

### 4.7.1　道岔基标测设

道岔基标主要是作为道岔粗铺定位以及道岔粗调的基准。用全站仪、水准仪测量道岔岔前、岔心、岔后中桩和道岔直股、曲股加密边桩,加密桩一般按 5 m 间距设置。

4.7.1.1　道岔基标测设步骤

(1)全站仪以轨道控制网 CPⅢ为基准自由设站,放样道岔(岔前、岔心、岔后)中桩,实测直股、曲股加密基桩。

(2)水准仪测量加密基桩高程。

(3)通过线路设计资料和道岔设计线性资料计算道岔基桩与设计值的差值，整理成起道量和拨道量。

4.7.1.2　道岔控制基桩测设主要设备

道岔控制基桩测设主要设备见表 7-4-27。

**表 7-4-27　道岔控制基桩测设主要设备**

| 序号 | 设备名称 | 数量 | 用　　途 |
|---|---|---|---|
| 1 | 全站仪 | 1套 | 道岔放样、加密基桩测设 |
| 2 | 水准仪 | 1套 | 加密基桩高程测量 |
| 3 | CPⅢ目标棱镜 | 8个 | 全站仪自由设站边角交会的目标 |

### 4.7.2　道岔精调

4.7.2.1　道岔精调作业方法

使用轨道几何状态测量仪检测道岔方向、高低、水平、轨距等几何形位指标，根据检测数据确定精调数值，调节支架，直到满足限差要求。

4.7.2.2　道岔精调作业主要设备

道岔精调作业主要设备见表 7-4-28。

**表 7-4-28　道岔精调作业主要设备**

| 序号 | 设备名称 | 数量 | 用　　途 |
|---|---|---|---|
| 1 | 全站仪 | 1台 | 道岔精调作业 |
| 2 | 轨道几何状态测量仪 | 1台 | 道岔精调及轨距、水平检测调整 |
| 3 | CPⅢ目标棱镜 | 8～12个 | 全站仪自由设站边角交会的目标 |
| 4 | 轨道尺 | 2把 | 检测轨距及水平辅助工具 |

4.7.2.3　道岔精调限差要求

道岔精调后的限差应满足表 7-4-29 要求。

**表 7-4-29　道岔精调后的允许偏差**

| 序号 | 项　　目 | 允许偏差(mm) |
|---|---|---|
| 1 | 道岔中线 | 2 |
| 2 | 道岔高程 | −5<br>0 |

## 4.8　板式无砟道岔施工测量

板式无砟道岔是利用特制精调爪对道岔板进行精调，利用轨道基准点 GRP 进行设站(设站位置应距离精调道岔板在 6～20 m 范围内)和定向，通过实测道岔板的测量孔位坐标与设计坐标比较，计算实测值和理论值的偏差，进行道岔板的精调。

### 4.8.1　板式无砟道岔施工测量步骤

(1)后视定向：在施工现场将仪器和定向后视棱镜架设于 GRP 点上，完成仪器设站。

(2)架设棱镜：在需要精调的道岔板上架设棱镜，架设棱镜的定位孔位置应与道岔文件内道岔定位孔坐标一一对应。

(3)道岔板精调：全站仪照准道岔板上架设的棱镜进行测量。根据测量结果解算坐标偏差后，现场测量人员可根据结果进行精调。

### 4.8.2　板式无砟道岔精调主要设备

道岔板精调主要设备参见表 7-4-28 所示。

### 4.8.3　道岔板精调限差要求

道岔板精调后的限差应满足表 7-4-30 要求。

表 7-4-30　道岔板精调后的允许偏差

| 序号 | 项　目 | 允许偏差(mm) |
| --- | --- | --- |
| 1 | 横向偏差 | 0.3 |
| 2 | 纵向偏差 | 0.3 |
| 3 | 竖向偏差 | 0.3 |

## 4.9　轨道精调

无缝线路铺设完成后，即可开展轨道精调工作，轨道精调工作主要是以高精度全站仪配合轨检小车来完成。以线路两侧的 CPⅢ控制网作为测量基础，利用全站仪自由设站的方法求得设站点的三维坐标，通过实测轨检小车上棱镜的三维坐标，确定实测和设计坐标的偏差，从而对轨道进行调整。

### 4.9.1　轨道精调作业流程

各作业区统一建立设计线型参数文件，然后导入轨检小车。每次开始测量前，应用 0 级道尺对轨检小车进行现场标定，校对轨距和超高。

全站仪自由设站的位置应靠近轨道中线，每次通过 4 对 CPⅢ控制点，完成自由设站，设站精度满足规范要求。全站仪换站应搭接 2 对 CPⅢ控制点。如图 7-4-30 所示。

每站测量距离不宜超过 70 m，测量过程中轨检小车应逐渐靠近全站仪，最近不小于 5 m。

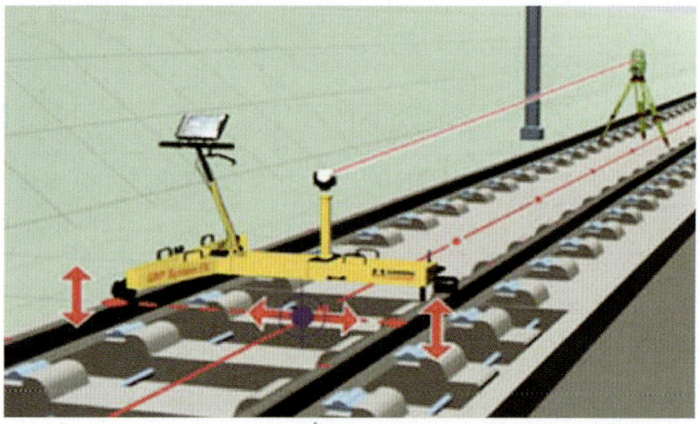
图 7-4-30　轨检小车数据采集

相邻测站应有一定的搭接区域，一般不少于一块轨道板的距离。相邻精调作业区之间应至少搭接测量一站。

### 4.9.2　轨道精调主要技术要求

轨道静态平顺度允许偏差详见表 7-4-1 的要求。

### 4.9.3　精调数据分析与处理

高低和轨向调整均以内轨为基准轨。模拟调整应坚持“先整体、后局部”，“先轨向、后轨距；先高低、后水平”的基本原则。

根据采集的数据对轨道线型进行综合分析和评价，生成各参数波形图，确定需要调整的区段。制定模拟轨道调整方案，将轨道几何参数调整到允许范围之内，再对模拟调整后波形图进一步检查和优化，确保直线顺直，曲线圆顺，过渡顺畅。

在缓直、直缓点处不得出现反超高；相邻精调作业单元之间重叠区的模拟调整方案应保持一致。根据模拟调整方案，确定调整部位和扣件规格，形成调整量表。

## 4.10　无砟轨道施工测量案例

### 4.10.1　沪宁城际高速铁路无砟轨道工程概况

沪宁城际高速铁路是长江三角洲地区城际客运铁路规划线网的主骨架，是城际线网宁—沪—杭—甬“Z”型主轴的重要组成部分。经度在 118°57′～121°25′之间，纬度在 31°11′～32°11′之间，海拔在 100 m

以下。

上海站至南京站，沪宁城际铁路正线全长 300.068 km，正线无砟段(DK1＋942～DK291＋360)全长 289.418 km。黄渡至虹桥(不含虹桥车站)正线(HQXDK0＋000～HQXDK15＋800)，下行线长 15.8 km，上行线长 14.58 km。全线采用 CRTS Ⅰ型板式无砟轨道结构形式。

### 4.10.2 轨道控制网 CPⅢ测设

沪宁城际高速铁路对线路的稳定性和平顺性要求较高，并且对测量精度要求极高，其测量方法采用自由设站边角交会建立的轨道控制网 CPⅢ可以满足无砟轨道测量精度要求。

#### 4.10.2.1 CPⅡ平面控制网加密

根据既有 CPⅡ平面控制网的现状，按照“线路两侧 200 m 范围内，CPⅡ点具有 500～700 m 的点间距”要求进行 CPⅡ点的加密。

#### 4.10.2.2 CPⅢ控制网布设

沪宁城际高速铁路主要由路基段和桥梁段组成，因此在进行 CPⅢ控制网布设时应从以下几个方面进行。

(1)路基段。路基段 CPⅢ网点应成对布设在路基上设置的专用控制点桩上，专用控制点桩必须具有稳定的基础。专用控制点桩基础沿线路方向将接触网杆基础扩大 30 cm，与原基础同宽，埋深不小于 50 cm，与接触网基础同时浇筑。

(2)桥梁段。桥梁段 CPⅢ点成对布设在墩台顶部桥梁固定支座端上方的防撞墙顶中部，相邻两对 CPⅢ点纵向距离 50～70 m。加盖防水皮套。

#### 4.10.2.3 CPⅢ控制网测设

沪宁城际高速铁路各标段在进行 CPⅢ控制网测量前，应进行详细的技术方案设计，而且所设计的技术方案应该在经过评估单位的评审后方可实施。CPⅢ控制网应满足相关规范要求，各标段 CPⅢ控制网测量成果需经过评估单位的评审合格后方可交付使用。

#### 4.10.2.4 CPⅢ控制网数据处理

CPⅢ控制网平面和高程数据计算和平差处理，应采用主管部门评审合格的软件，同时平面数据处理软件应与全站仪数据采集接口兼容，且全线 CPⅢ控制网平差计算的软件应统一。

#### 4.10.2.5 CPⅢ控制网测量成果

沪宁城际铁路部分段落 CPⅢ控制网测量成果见表 7-4-31。

**表 7-4-31　沪宁城际Ⅷ标(DK288＋754.81～DK290＋759.34)CPⅢ控制网测量成果**

| 点　名 | 里　程 | WGS—84 椭球 121°30′ 投影面大地高 20 m | | 1985 高程 | | 点位描述 | 备　注 |
|---|---|---|---|---|---|---|---|
| | | X(m) | Y(m) | 水准测量高程(m) | 棱镜中心高程(m) | | |
| 288325 | DK288＋755 | 3 462 401.871 8 | 481 446.049 8 | 7.585 2 | 7.575 2 | 23 号 | |
| 288326 | DK288＋755 | 3 462 393.437 0 | 481 443.843 7 | 7.523 3 | 7.513 3 | 23 号 | |
| 288327 | DK288＋820 | 3 462 385.280 7 | 481 509.219 8 | 7.545 1 | 7.535 1 | 25 号 | |
| 288328 | DK288＋820 | 3 462 376.875 4 | 481 506.987 0 | 7.538 7 | 7.528 7 | 25 号 | |
| 288329 | DK288＋910 | 3 462 362.405 6 | 481 596.366 3 | 7.545 4 | 7.535 4 | 28 号 | |
| 288330 | DK288＋910 | 3 462 354.006 1 | 481 594.092 2 | 7.536 9 | 7.526 9 | 28 号 | |
| 288331 | DK288＋976 | 3 462 350.736 9 | 481 662.220 5 | 7.533 1 | 7.523 1 | 30 号 | |
| 288332 | DK288＋976 | 3 462 331.878 2 | 481 657.247 2 | 7.519 9 | 7.509 9 | 30 号 | |
| 289301 | DK289＋041 | 3 462 332.447 8 | 481 723.670 5 | 7.561 1 | 7.551 1 | 32 号 | |
| 289302 | DK289＋041 | 3 462 317.653 9 | 481 719.871 5 | 7.532 9 | 7.522 9 | 32 号 | |
| 289303 | DK289＋107 | 3 462 312.793 3 | 481 786.920 3 | 7.544 2 | 7.534 2 | 34 号 | |

续上表

| 点名 | 里程 | WGS—84 椭球 121°30′ 投影面大地高 20 m | | 1985 高程 | | 点位描述 | 备注 |
|---|---|---|---|---|---|---|---|
| | | X(m) | Y(m) | 水准测量高程(m) | 棱镜中心高程(m) | | |
| 289304 | DK289+107 | 3 462 303.660 6 | 481 785.036 9 | 7.545 6 | 7.535 6 | 34 号 | |
| 289305 | DK289+172 | 3 462 296.095 7 | 481 849.320 7 | 7.594 4 | 7.584 4 | 2 号 | |
| 289306 | DK289+172 | 3 462 287.618 3 | 481 847.195 3 | 7.605 4 | 7.595 4 | 2 号 | |
| 289307 | DK289+237 | 3 462 279.529 2 | 481 912.677 1 | 7.878 1 | 7.868 1 | 4 号 | |
| 289308 | DK289+237 | 3 462 271.013 3 | 481 910.528 2 | 8.038 0 | 8.028 0 | 4 号 | |
| 289309 | DK289+303 | 3 462 262.985 4 | 481 975.857 9 | 8.196 2 | 8.186 2 | 6 号 | |
| 289310 | DK289+303 | 3 462 254.481 0 | 481 973.795 6 | 8.349 5 | 8.339 5 | 6 号 | |
| 289311 | DK289+360 | 3 462 248.652 4 | 482 031.572 3 | 8.472 5 | 8.462 5 | 8 号 | |
| 289312 | DK289+360 | 3 462 240.119 7 | 482 029.437 4 | 8.625 0 | 8.615 0 | 8 号 | |
| 289313 | DK289+426 | 3 462 232.706 5 | 482 095.077 2 | 8.746 9 | 8.736 9 | 10 号 | |
| 289314 | DK289+426 | 3 462 224.228 6 | 482 092.916 9 | 8.937 7 | 8.927 7 | 10 号 | |
| 289315 | DK289+491 | 3 462 217.377 5 | 482 158.660 4 | 9.048 8 | 9.038 8 | 12 号 | |
| 289316 | DK289+491 | 3 462 208.792 3 | 482 156.713 9 | 9.234 1 | 9.224 1 | 12 号 | |
| 289317 | DK289+556 | 3 462 202.598 2 | 482 222.481 1 | 9.346 8 | 9.336 8 | 14 号 | |
| 289318 | DK289+556 | 3 462 194.094 9 | 482 220.391 0 | 9.553 6 | 9.543 6 | 14 号 | |
| 289319 | DK289+622 | 3 462 188.484 7 | 482 286.222 0 | 9.667 6 | 9.657 6 | 16 号 | |
| 289320 | DK289+622 | 3 462 179.911 0 | 482 284.428 6 | 9.853 5 | 9.843 5 | 16 号 | |
| 289321 | DK289+679 | 3 462 176.435 8 | 482 342.385 7 | 9.948 4 | 9.938 4 | 18 号 | |
| 289322 | DK289+679 | 3 462 167.848 7 | 482 340.609 6 | 10.124 1 | 10.114 1 | 18 号 | |
| 289323 | DK289+737 | 3 462 164.615 1 | 482 398.685 7 | 10.202 6 | 10.192 6 | 20 号 | |
| 289324 | DK289+737 | 3 462 156.132 9 | 482 396.524 2 | 10.390 0 | 10.380 0 | 20 号 | |
| 289325 | DK289+802 | 3 462 151.275 1 | 482 462.583 5 | 10.530 1 | 10.520 1 | 22 号 | |
| 289326 | DK289+802 | 3 462 142.673 6 | 482 460.807 7 | 10.701 5 | 10.691 5 | 22 号 | |
| 289327 | DK289+852 | 3 462 141.205 1 | 482 510.946 6 | 10.739 0 | 10.729 0 | 24 号 | |
| 289328 | DK289+852 | 3 462 132.573 6 | 482 509.196 1 | 10.743 1 | 10.733 1 | 24 号 | |
| 289329 | DK289+917 | 3 462 127.884 7 | 482 574.951 7 | 11.071 5 | 11.061 5 | 26 号 | |
| 289330 | DK289+917 | 3 462 119.251 4 | 482 573.149 1 | 11.070 2 | 11.060 2 | 26 号 | |
| 289331 | DK289+982 | 3 462 114.482 5 | 482 638.907 2 | 11.372 8 | 11.362 8 | 28 号 | |
| 289332 | DK289+982 | 3 462 105.900 9 | 482 637.187 9 | 11.352 8 | 11.342 8 | 28 号 | |
| 290301 | DK290+048 | 3 462 101.134 4 | 482 703.110 6 | 11.673 0 | 11.663 0 | 30 号 | |
| 290302 | DK290+048 | 3 462 092.507 2 | 482 701.354 3 | 11.668 6 | 11.658 6 | 30 号 | |
| 290303 | DK290+113 | 3 462 087.773 1 | 482 767.077 9 | 12.004 8 | 11.994 8 | 32 号 | |
| 290304 | DK290+113 | 3 462 079.200 7 | 482 765.267 3 | 11.980 2 | 11.970 2 | 32 号 | |
| 290305 | DK290+179 | 3 462 074.419 8 | 482 831.074 5 | 12.294 3 | 12.284 3 | 34 号 | |
| 290306 | DK290+179 | 3 462 065.803 3 | 482 829.387 1 | 12.279 0 | 12.269 0 | 34 号 | |
| 290307 | DK290+244 | 3 462 061.077 2 | 482 895.103 3 | 12.607 6 | 12.597 6 | 36 号 | |
| 290308 | DK290+244 | 3 462 052.479 1 | 482 893.364 9 | 12.580 3 | 12.570 3 | 36 号 | |
| 290309 | DK290+309 | 3 462 047.733 9 | 482 959.165 7 | 12.879 3 | 12.869 3 | 38 号 | |
| 290310 | DK290+309 | 3 462 039.122 0 | 482 957.413 2 | 12.903 6 | 12.893 6 | 38 号 | |
| 290311 | DK290+375 | 3 462 034.476 5 | 483 022.761 8 | 13.229 0 | 13.219 0 | 40 号 | |

续上表

| 点　名 | 里　程 | WGS—84 椭球 121°30′ 投影面大地高 20 m | | 1985 高程 | | 点位描述 | 备　注 |
|---|---|---|---|---|---|---|---|
| | | X(m) | Y(m) | 水准测量高程(m) | 棱镜中心高程(m) | | |
| 290312 | DK290+375 | 3 462 025.759 9 | 483 021.428 3 | 13.220 1 | 13.210 1 | 40 号 | |
| 290313 | DK290+440 | 3 462 021.075 6 | 483 087.027 4 | 13.705 2 | 13.695 2 | 42 号 | |
| 290314 | DK290+440 | 3 462 012.475 9 | 483 085.365 1 | 13.510 1 | 13.500 1 | 42 号 | |
| 290315 | DK290+506 | 3 462 007.653 8 | 483 151.196 5 | 14.011 3 | 14.001 3 | 44 号 | |
| 290316 | DK290+506 | 3 461 999.065 0 | 483 149.363 6 | 13.831 2 | 13.821 2 | 44 号 | |
| 290317 | DK290+571 | 3 461 994.136 6 | 483 214.652 7 | 14.314 4 | 14.304 4 | 46 号 | 预留接边点 |
| 290318 | DK290+571 | 3 461 985.522 8 | 483 213.071 1 | 14.138 4 | 14.128 4 | 46 号 | 预留接边点 |
| 290319 | DK290+636 | 3 461 980.024 0 | 483 279.174 8 | 14.615 5 | 14.605 5 | 48 号 | 预留接边点 |
| 290320 | DK290+636 | 3 461 971.448 0 | 483 277.310 9 | 14.424 6 | 14.414 6 | 48 号 | 预留接边点 |
| 290321 | DK290+702 | 3 461 965.576 0 | 483 343.063 2 | 14.833 3 | 14.823 3 | 50 号 | 预留接边点 |
| 290322 | DK290+702 | 3 461 957.047 2 | 483 341.015 4 | 14.658 6 | 14.648 6 | 50 号 | 预留接边点 |
| 290323 | DK290+759 | 3 461 952.564 0 | 483 399.044 8 | 14.856 2 | 14.846 2 | 52 号 | 预留接边点 |
| 290324 | DK290+759 | 3 461 944.022 5 | 483 397.049 2 | 14.664 5 | 14.654 5 | 52 号 | 预留接边点 |

### 4.10.3　底座板施工测量

4.10.3.1　前期准备

(1)硬件设备。高精度全站仪(徕卡 TCA2003、TCRP1201+R400、天宝 S8 等)、底座板钢模校验工装、凸形挡台钢模校验工装、GRP 标钉和 GRP 钢棒等。

(2)人员安排。测量组长 1 名、司镜员 2～3 名。

(3)数据准备。线路设计数据,包括水平曲线、竖曲线、超高及坡度,CPⅢ精密测量控制点坐标数据。

4.10.3.2　施工测量

在架设底座板钢模板之前,施工方需先进行底座板边线放样。通过边线放样确定底座板边线,便于架设底座钢模板,随后进行精调作业。底座钢模板的设计坐标根据实时里程计算而得。模板边线测量可根据施工现场情况,在线路一侧任一点架设棱镜,如图 7-4-31 所示。用全站仪实时测取坐标数据,并进行分析解算。对边线位置做标记,以免雨淋或空气潮湿使标记模糊。

在钢模板上利用底座钢模板校验工装架设棱镜如图 7-4-32 所示。

图 7-4-31　施工现场架设棱镜

图 7-4-32　钢模板校验棱镜

用全站仪连接仪器实时测取坐标数据,并根据测量结果进行分析计算,如图 7-4-33 所示。

根据测量结果调整钢模如图 7-4-34 所示。

图 7-4-33　施工现场测量

图 7-4-34　施工现场调整钢模

4.10.3.3　凸形挡台施工测量

凸形挡台施工测量目的是通过全站仪测量获得中心点的坐标数据来解算当前测量点与理论位置的距离偏差进行调整,从而完成凸形挡台的浇筑工作。

(1)凸形挡台粗放及中线确定。首先选择恰当位置架设棱镜,如图 7-4-35 所示。

测出测量点坐标数据后,计算出横向、纵向和高程偏差,并在测量点进行标记,如图 7-4-36 所示。

图 7-4-35　凸形挡台施工现场架设棱镜

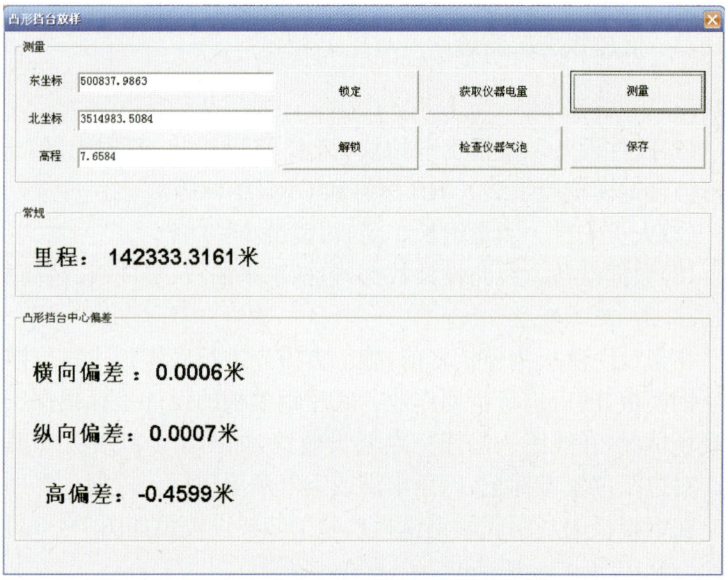


图 7-4-36　凸形挡台中心坐标放样测量结果演示

可根据已测量的凸形挡台点来确定线路中线位置,如图 7-4-37 所示。

图 7-4-37　施工现场弹线

(2)凸形挡台钢模板校验。在完成底座板浇筑之后,应根据凸形挡台中心点的位置来架设凸形挡台钢模板。在钢模板上架设凸形挡台钢模板校验工装,如图 7-4-38 所示。

根据全站仪测量的数据,计算出校验结果,从而确定凸形挡台面的平整度,并根据实测偏差实现钢模板的校验工作。最终进行凸形挡台的混凝土浇筑,如图 7-4-39 所示。

图 7-4-38　施工现场架设凸形挡台校验工装钢模

图 7-4-39　浇筑的凸形挡台

### 4.10.4　GRP 测量

GRP 测量的主要内容:GRP 的埋设、GRP 的编号、GRP 的测量。为了满足某区段高速铁路的外部及内部几何位置的要求,必须建立一个具有极高相对精度的控制网。因此,GRP 点之间的相对精度应满足:平面为 0.2 mm;高程为 0.1 mm。该网的布设,应充分考虑利用全站仪在特定条件下测角具有高精度的特点。

#### 4.10.4.1　GRP 埋设和编号

GRP 埋设和编号参见第 4.3 节内容。

#### 4.10.4.2　GRP 平面测量

根据沪宁城际铁路有限公司的计划安排,在 CPⅢ控制网测量评估验收后和轨道板施工前,要进行 GRP 测量。

进行 GRP 平面测量时,为保证相邻 GRP 间测量的相对精度,原则上一个测站只用一个精密基座进行,并在测量前需对所使用的精密基座的气泡进行校正;若两个同型号精密基座的可重复性和互换性精度能达到≤0.1 mm,则可用两个精密基座同时进行测量,以提高 GRP 的测量效果,但同一测站同一基座每次测量点位需要固定,尽量避免不同基座间的系统误差影响。

#### 4.10.4.3　GRP 高程测量

GRP 的高程测量原则上应在轨道板初铺之后进行,以防止二期荷载对 GRP 的高程造成的影响。为保证 GRP 高程测量的精度,GRP 高程测量应采用高精度电子水准仪和一把配套条码因瓦尺施测,施测时采用附合水准路线和中视法支水准测量路线相结合的方法进行。

#### 4.10.4.4　数据处理

GRP 测量与平差处理主要采用专用 GRP 数据处理软件,进行 GRP 的平差工作。分析数据是否合格,若相邻点位中误差达到平面 0.2 mm、高程 0.1 mm 的精度,则满足测量要求,否则应重新进行测量。

### 4.10.5　轨道板精调

#### 4.10.5.1　轨道板精调前的准备

轨道板精调作业前,准备轨道设计几何数据:精调段全线对应高程等要素、GRP 点测量及数据整理、精调标架检校、桥梁变形曲线趋于平稳等。

#### 4.10.5.2　轨道板精调

沪宁城际高速铁路全线以 GRP 为控制基准进行轨道板精调施工,采用精调标架以轨道板螺栓孔为控制基桩点进行精调作业。精调精度要求:板内 4 个承轨点间平面及高程差按 0.4 mm 控制,板与板之间相邻承轨点平面及高程按 0.5 mm 控制,此标准高于规范中 CRTS Ⅰ型板的要求。

(1)安装精调调节装置。精调调节装置(千斤顶)在待精调板(纵向)前、后部位两侧安装,共计 4 个。要求精调装置应具有平面及高程调节能力,即至少半圈 1 mm。精调装置应在安装前将横向轴杆居中,使之能前后伸缩大约有 10 mm 余量,以避免调节能力不足的问题。

(2)精调。

1)全站仪架设在与待测精调板相隔 1～2 块板的 GRP 点处,对中精度达到 0.5 mm。

2)将测量标架 2 个布设在待测精调板上 2 号、7 号承轨台上,标准标架 1 个布设在上一块已完成的精调板上,调节并保证标架支点与螺栓孔密贴。

3)测量时后视定向以已完成精调板上的标架作为已知点;后视定向的校核以 GRP 点为基准;读取精调数据,对轨道板进行初步精调。

4)对待精调板上 2 个标架(4 个棱镜点)进行复核测量。读取精调数据,修正精调,直至相邻板间平面及高差小于 0.4 mm。精调完成后的轨道板需设专人看护,禁止人员踩踏,如图 7-4-40 所示。

图 7-4-40　沪宁城际轨道板精调现场

### 4.10.6　轨道几何状态精调测量

轨道几何状态检测仪(轨检小车)通过 CPⅢ控制网、智能性全站仪、倾斜及轨距传感器和专用测量软件(软件界面见图 7-4-41),自动检测线路中线坐标、轨顶高程和轨距、高低、轨向、水平和扭曲等轨道静态参数,并自动进行记录整理原始数据(表 7-4-32),若出现红色标记,需重新精调。现场测量如图 7-4-42 所示。

轨道精调数据通过轨道几何状态检测仪(轨检小车)采集,一次测量数据采集及精调段落不宜少于 1.5 km,各段间测量搭接长度不应少于 100 m。精调时,应先调整并确定代表轨向、高低的基本轨。其后,根据基本轨采用精密道尺调整确定另一股钢轨几何状态。一般情况下,根据精调数据(测量采集并经处理后的数据),一组人员调方向,一组人员调高低。调整施工时,应特别注意轨向及高低调整数据的正负值含义,以免操作中出错。

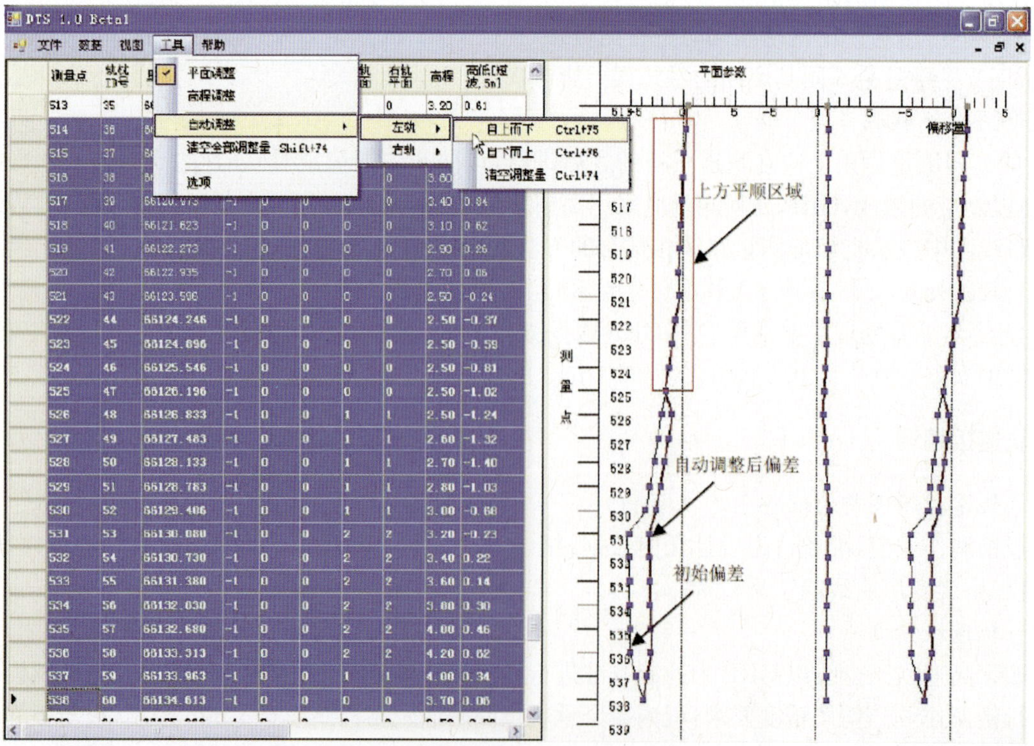


图 7-4-41　轨检小车精调软件界面

## 表 7-4-32　轨检小车长轨测量部分原始数据

无砟轨道:线型记录
线路:左轨 DK290-291
轨道:uyt
开始里程 286.3+64.8　　结束里程 286.8+05.3
起始位置 286.3+64.8　　结束位置 286.8+05.3

无砟轨道类型:长轨　　提交日期:30.03.2010
测量日期:28.03.2010-28.03.2010　　提交至:
测量人员:
仪器:Amberg GRP 轨道测量系统
签名:＿＿＿＿＿＿　　签名:＿＿＿＿＿＿

| 测量点(MP) | 轨枕号 | 里程 | 绝对精度 调整量(设计—实测) 竖曲线 最大 10 mm | 绝对精度 调整量(设计—实测) 平曲线 最大 10 mm | 相对精度(间隔:标准距离。弦长:30 m,每隔 5 m 检核;弦长:300 m,每隔 150 m 检核) 超高 设计值 | 超高 实测 | 超高 调整量 最大 2 mm | 轨距 设计值 | 轨距 实测 | 轨距 调整量 最大 2 mm | 竖曲线 不平顺值信息 检核点 | 设计值 | 实测 | 调整量 最大 2 mm | 竖曲线 不平顺值信息 检核点 | 设计值 | 实测 | 调整量 最大 10 mm | 平曲线 不平顺值信息 检核点 | 设计值 | 实测 | 调整量 最大 2 mm | 平曲线 不平顺值信息 检核点 | 设计值 | 实测 | 调整量 最大 10 mm |
|---|---|---|---|---|---|---|---|---|---|---|---|---|---|---|---|---|---|---|---|---|---|---|---|---|---|---|
| | | km | mm | mm | mm | mm | mm | mm | mm | mm | 测量点+5 m | mm | mm | mm | 测量点+150 m | mm | mm | mm | 测量点+5 m | mm | mm | mm | 测量点+150 m | mm | mm | mm |
| 0 | 1 | 286.3+64.8 | 6.2 | −1.5 | 0.0 | 0.1 | −0.1 | 1435.0 | 1435.9 | −0.9 | — | — | — | — | — | — | — | — | — | — | — | — | — | — | — | — |
| 1* | 2* | 286.3+65.4 | 6.2 | −1.7 | 0.0 | 0.1 | −0.1 | 1435.0 | 1435.9 | −0.9 | 9 | 0.0 | −1.0 | 1.0 | 251 | 0.0 | 0.8 | −0.8 | 9 | 0.0 | −0.8 | 0.8 | 251 | 811.5 | 811.2 | 0.3 |
| 2* | 3* | 286.3+66.0 | 6.2 | −1.9 | 0.0 | 0.0 | 0.0 | 1435.0 | 1436.0 | −1.0 | 10 | 0.0 | −1.0 | 1.0 | 252 | 0.0 | 0.8 | −0.8 | 10 | 0.0 | −0.2 | 0.2 | 252 | 808.3 | 808.2 | 0.1 |
| 3* | 4* | 286.3+66.6 | 6.1 | −2.2 | 0.0 | −0.1 | 0.1 | 1435.0 | 1436.0 | −1.0 | 11 | 0.0 | −0.9 | 0.9 | 253 | 0.0 | 0.8 | −0.8 | 11 | 0.0 | 0.3 | −0.3 | 253 | 805.2 | 805.2 | 0.0 |
| 4* | 5* | 286.3+67.2 | 6.1 | −2.4 | 0.0 | −0.1 | 0.1 | 1435.0 | 1436.0 | −1.0 | 12 | 0.0 | −0.8 | 0.8 | 254 | 0.0 | 0.7 | −0.7 | 12 | 0.0 | 0.8 | −0.8 | 254 | 802.0 | 802.2 | −0.2 |
| 5 | 6 | 286.3+68.0 | 6.1 | −2.7 | 0.0 | −0.2 | 0.2 | 1435.0 | 1436.1 | −1.1 | 13 | 0.0 | −0.7 | 0.7 | 255 | 0.0 | 0.7 | −0.7 | 13 | 0.0 | 1.4 | −1.4 | 255 | 797.3 | 798.0 | −0.7 |
| 6* | 7* | 286.3+68.6 | 5.9 | −2.6 | 0.0 | −0.2 | 0.2 | 1435.0 | 1436.1 | −1.1 | 14 | 0.0 | 0.0 | 0.0 | 256 | 0.0 | 0.9 | −0.9 | 14 | 0.0 | 1.1 | −1.1 | 256 | 794.1 | 794.9 | −0.8 |
| 7* | 8* | 286.3+69.2 | 5.7 | −2.6 | 0.0 | −0.2 | 0.2 | 1435.0 | 1436.0 | −1.0 | 15 | 0.0 | 0.6 | −0.6 | 257 | 0.0 | 1.1 | −1.1 | 15 | 0.0 | 0.7 | −0.7 | 257 | 790.9 | 791.9 | −1.0 |
| 8 | 9 | 286.3+69.9 | 5.5 | −2.5 | 0.0 | −0.3 | 0.3 | 1435.0 | 1436.0 | −1.0 | 16 | 0.0 | 1.4 | −1.4 | 258 | 0.0 | 1.5 | −1.5 | 16 | 0.0 | 0.3 | −0.3 | 258 | 787.1 | 788.0 | −0.9 |
| 9* | 10* | 286.3+70.5 | 5.5 | −2.2 | 0.0 | −0.3 | 0.3 | 1435.0 | 1436.0 | −1.0 | 17 | 0.0 | 1.4 | −1.4 | 259 | 0.0 | 1.5 | −1.5 | 17 | 0.0 | 0.2 | −0.2 | 259 | 783.7 | 784.4 | −0.6 |
| 10* | 11* | 286.3+71.1 | 5.6 | −1.9 | 0.0 | −0.3 | 0.3 | 1435.0 | 1435.9 | −0.9 | 18 | 0.0 | 1.5 | −1.5 | 260 | 0.0 | 1.6 | −1.6 | 18 | 0.0 | 0.1 | −0.1 | 260 | 780.5 | 780.9 | −0.4 |
| 11* | 12* | 286.3+71.7 | 5.7 | −1.6 | 0.0 | −0.3 | 0.3 | 1435.0 | 1435.8 | −0.8 | 19 | 0.0 | 1.5 | −1.5 | 261 | 0.0 | 1.6 | −1.6 | 19 | 0.0 | −0.1 | 0.1 | 261 | 777.2 | 777.2 | −0.1 |
| 12* | 13* | 286.3+72.3 | 5.7 | −1.4 | 0.0 | −0.3 | 0.3 | 1435.0 | 1435.8 | −0.8 | 20 | 0.0 | 1.5 | −1.5 | 262 | 0.0 | 1.6 | −1.6 | 20 | 0.0 | −0.2 | 0.2 | 262 | 773.8 | 773.6 | 0.2 |
| 13 | 14 | 286.3+73.0 | 5.8 | −1.0 | 0.0 | −0.3 | 0.3 | 1435.0 | 1435.7 | −0.7 | 21 | 0.0 | 1.6 | −1.6 | 263 | 0.0 | 1.5 | −1.5 | 21 | 0.0 | −0.3 | 0.3 | 263 | 769.8 | 769.3 | 0.5 |
| 14* | 15* | 286.3+73.6 | 6.3 | −1.3 | 0.0 | −0.2 | 0.2 | 1435.0 | 1435.7 | −0.7 | 22 | 0.0 | 0.6 | −0.6 | 264 | 0.0 | 1.1 | −1.1 | 22 | 0.0 | 0.0 | 0.0 | 264 | 766.5 | 766.2 | 0.3 |
| 15* | 16* | 286.3+74.2 | 6.7 | −1.6 | 0.0 | −0.1 | 0.1 | 1435.0 | 1435.6 | −0.6 | 23 | 0.0 | −0.3 | 0.3 | 265 | 0.0 | 0.7 | −0.7 | 23 | 0.0 | 0.4 | −0.4 | 265 | 762.6 | 762.6 | 0.0 |
| 16 | 17 | 286.3+74.9 | 7.3 | −1.9 | 0.0 | 0.0 | 0.0 | 1435.0 | 1435.6 | −0.6 | 24 | 0.0 | −1.4 | 1.4 | 266 | 0.0 | 0.4 | −0.4 | 24 | 0.0 | 0.9 | −0.9 | 266 | 758.3 | 758.5 | −0.2 |
| 17* | 18* | 286.3+75.5 | 7.3 | −1.7 | 0.0 | −0.1 | 0.1 | 1435.0 | 1435.5 | −0.5 | 25 | 0.0 | −1.3 | 1.3 | 267 | 0.0 | 0.6 | −0.5 | 25 | 0.0 | 0.7 | −0.7 | 267 | 754.7 | 754.7 | 0.0 |
| 18* | 19* | 286.3+76.1 | 7.4 | −1.6 | 0.0 | −0.2 | 0.2 | 1435.0 | 1435.5 | −0.5 | 26 | 0.0 | −1.2 | 1.2 | 268 | 0.0 | 0.8 | −0.8 | 26 | 0.0 | 0.5 | −0.5 | 268 | 751.1 | 750.9 | 0.2 |

续上表

| 测量点(MP) | 轨枕号 | 里程 | 绝对精度 | | 相对精度(间隔:标准距离。弦长:30 m,每隔 5 m 检核;弦长:300 m,每隔 150 m 检核) | | | | | | | | | | | | | | | | | | | | | | | | |
|---|---|---|---|---|---|---|---|---|---|---|---|---|---|---|---|---|---|---|---|---|---|---|---|---|---|
| | | | 调整量(设计—实测) | | 超高 | | | 轨距 | | | 竖曲线 | | | | | | | | 平曲线 | | | | | | | |
| | | | 竖曲线 | 平曲线 | 设计值 | 实测 | 调整量 | 设计值 | 实测 | 调整量 | 不平顺值信息 | | | | 不平顺值信息 | | | | 不平顺值信息 | | | | 不平顺值信息 | | | |
| | | | 最大 10 mm | 最大 10 mm | | | 最大 2 mm | | | 最大 2 mm | 检核点 | 设计值 | 实测 | 调整量 最大 2 mm | 检核点 | 设计值 | 实测 | 调整量 最大 10 mm | 检核点 | 设计值 | 实测 | 调整量 最大 2 mm | 检核点 | 设计值 | 实测 | 调整量 最大 10 mm |
| | | km | mm | mm | mm | mm | mm | mm | mm | mm | 测量点 +5 m | mm | mm | mm | 测量点 +150m | mm | mm | mm | 测量点 +5 m | mm | mm | mm | 测量点 +150m | mm | mm | mm |
| 19* | 20* | 286.3+76.7 | 7.5 | −1.4 | 0.0 | −0.2 | 0.2 | 1 435.0 | 1 435.5 | −0.5 | 27 | 0.0 | −1.1 | 1.1 | 269 | 0.0 | 0.4 | −0.3 | 27 | 0.0 | 0.4 | −0.4 | 269 | 747.4 | 746.7 | 0.7 |
| 20* | 21* | 286.3+77.3 | 7.6 | −1.3 | 0.0 | −0.3 | 0.3 | 1 435.0 | 1 435.4 | −0.4 | 28 | 0.0 | −1.0 | 1.0 | 270 | 0.0 | −0.1 | 0.1 | 28 | 0.0 | 0.2 | −0.2 | 270 | 743.6 | 742.5 | 1.1 |
| 21 | 22 | 286.3+78.1 | 7.8 | −1.1 | 0.0 | −0.4 | 0.4 | 1 435.0 | 1 435.4 | −0.4 | 29 | 0.0 | −0.9 | 0.9 | 271 | 0.0 | −0.5 | 0.5 | 29 | 0.0 | 0.0 | 0.0 | 271 | 738.7 | 737.0 | 1.6 |
| 22* | 23* | 286.3+78.7 | 7.3 | −1.0 | 0.0 | −0.7 | 0.7 | 1 435.0 | 1 435.3 | −0.3 | 30 | 0.0 | −0.4 | 0.4 | 272 | 0.0 | −0.4 | 0.4 | 30 | 0.0 | −0.2 | 0.2 | 272 | 734.9 | 732.8 | 2.1 |
| 23* | 24* | 286.3+79.3 | 6.8 | −0.9 | 0.0 | −0.9 | 0.9 | 1 435.0 | 1 435.3 | −0.3 | 31 | 0.0 | 0.1 | −0.1 | 273 | 0.0 | −0.2 | 0.2 | 31 | 0.0 | −0.4 | 0.4 | 273 | 731.1 | 728.6 | 2.5 |
| 24 | 25 | 286.3+80.0 | 6.2 | −0.7 | 0.0 | −1.3 | 1.3 | 1 435.0 | 1 435.2 | −0.2 | 32 | 0.0 | 0.8 | −0.8 | 274 | 0.0 | 0.1 | −0.1 | 32 | 0.0 | −0.6 | 0.6 | 274 | 726.6 | 723.6 | 2.9 |
| 25* | 26* | 286.3+80.6 | 6.4 | −0.8 | 0.0 | −1.1 | 1.1 | 1 435.0 | 1 435.2 | −0.2 | 33 | 0.0 | 0.2 | −0.2 | 275 | 0.0 | −0.5 | 0.5 | 33 | 0.0 | −0.6 | 0.6 | 275 | 722.8 | 719.6 | 3.2 |
| 26* | 27* | 286.3+81.2 | 6.6 | −0.8 | 0.0 | −0.9 | 0.9 | 1 435.0 | 1 435.2 | −0.2 | 34 | 0.0 | −0.3 | 0.3 | 276 | 0.0 | −1.1 | 1.1 | 34 | 0.0 | −0.6 | 0.6 | 276 | 719.1 | 715.5 | 3.6 |
| 27* | 28* | 286.3+81.8 | 6.8 | −0.8 | 0.0 | −0.8 | 0.8 | 1 435.0 | 1 435.2 | −0.2 | 35 | 0.0 | −0.9 | 0.9 | 277 | 0.0 | −1.2 | 1.2 | 35 | 0.0 | −0.7 | 0.7 | 277 | 715.1 | 712.0 | 3.1 |
| 28* | 29* | 286.3+82.4 | 7.0 | −0.9 | 0.0 | −0.6 | 0.6 | 1 435.0 | 1 435.1 | −0.1 | 36 | 0.0 | −1.4 | 1.4 | 278 | 0.0 | −1.3 | 1.3 | 36 | 0.0 | −0.7 | 0.7 | 278 | 711.1 | 708.5 | 2.7 |
| 29 | 30 | 286.3+83.1 | 7.2 | −0.9 | 0.0 | −0.5 | 0.5 | 1 435.0 | 1 435.1 | −0.1 | 37 | 0.0 | −2.1 | 2.1 | 279 | 0.0 | −1.4 | 1.4 | 37 | 0.0 | −0.7 | 0.7 | 279 | 706.8 | 704.7 | 2.2 |
| 30* | 31* | 286.3+83.7 | 7.3 | −0.9 | 0.0 | −0.6 | 0.6 | 1 435.0 | 1 435.1 | −0.1 | 38 | 0.0 | −1.3 | 1.3 | 280 | 0.0 | −1.4 | 1.4 | 38 | 0.0 | −0.2 | 0.2 | 280 | 702.9 | 701.2 | 1.7 |
| 31* | 32* | 286.3+84.3 | 7.3 | −1.0 | 0.0 | −0.7 | 0.7 | 1 435.0 | 1 435.0 | 0.0 | 39 | 0.0 | −0.5 | 0.5 | 281 | 0.0 | −1.3 | 1.3 | 39 | 0.0 | 0.3 | −0.3 | 281 | 698.9 | 697.8 | 1.0 |
| 32 | 33 | 286.3+85.0 | 7.4 | −1.0 | 0.0 | −0.9 | 0.9 | 1 435.0 | 1 434.9 | 0.1 | 40 | 0.0 | 0.4 | −0.4 | 282 | 0.0 | −1.8 | 1.8 | 40 | 0.0 | 0.8 | −0.8 | 282 | 694.1 | 693.3 | 0.8 |
| 33* | 34* | 286.3+85.6 | 7.0 | −1.1 | 0.0 | −0.9 | 0.9 | 1 435.0 | 1 434.9 | 0.1 | 41 | 0.0 | 0.9 | −0.9 | 283 | 0.0 | −1.8 | 1.8 | 41 | 0.0 | 0.9 | −0.9 | 283 | 690.0 | 689.4 | 0.6 |
| 34* | 35* | 286.3+86.2 | 6.7 | −1.2 | 0.0 | −0.9 | 0.9 | 1 435.0 | 1 434.9 | 0.1 | 42 | 0.0 | 1.5 | −1.5 | 284 | 0.0 | −1.9 | 1.9 | 42 | 0.0 | 1.0 | −1.0 | 284 | 685.9 | 685.6 | 0.4 |
| 35* | 36* | 286.3+86.8 | 6.3 | −1.2 | 0.0 | −0.9 | 0.9 | 1 435.0 | 1 434.9 | 0.1 | 43 | 0.0 | 2.0 | −2.0 | 285 | 0.0 | −1.6 | 1.6 | 43 | 0.0 | 1.1 | −1.1 | 285 | 681.7 | 681.6 | 0.1 |
| 36* | 37* | 286.3+87.4 | 6.0 | −1.3 | 0.0 | −0.9 | 0.9 | 1 435.0 | 1 434.9 | 0.1 | 44 | 0.0 | 2.0 | −2.0 | 286 | 0.0 | −1.4 | 1.4 | 44 | 0.0 | 1.2 | −1.2 | 286 | 677.5 | 677.7 | −0.2 |
| 37 | 38 | 286.3+88.1 | 5.6 | −1.4 | 0.0 | −0.9 | 0.9 | 1 435.0 | 1 434.9 | 0.1 | 45 | 0.0 | 2.0 | −2.0 | 287 | 0.0 | −1.0 | 1.0 | 45 | 0.0 | 1.3 | −1.3 | 287 | 672.4 | 672.9 | −0.5 |
| 38* | 39* | 286.3+88.7 | 6.4 | −0.9 | 0.0 | −0.8 | 0.8 | 1 435.0 | 1 434.9 | 0.1 | 46 | 0.0 | 0.7 | −0.7 | 288 | 0.0 | −1.9 | 1.9 | 46 | 0.0 | 0.8 | −0.8 | 288 | 668.2 | 668.4 | −0.2 |
| 39* | 40* | 286.3+89.3 | 7.2 | −0.5 | 0.0 | −0.8 | 0.8 | 1 435.0 | 1 434.9 | 0.1 | 47 | 0.0 | 0.3 | −0.3 | 289 | 0.0 | −2.9 | 2.9 | 47 | 0.0 | 0.5 | −0.5 | 289 | 663.8 | 663.9 | 0.0 |
| 40 | 41 | 286.3+90.0 | 8.1 | 0.1 | 0.0 | −0.7 | 0.7 | 1 435.0 | 1 434.9 | 0.1 | 48 | 0.0 | −0.3 | 0.3 | 290 | 0.0 | −3.8 | 3.8 | 48 | 0.0 | 0.1 | −0.1 | 290 | 658.9 | 658.4 | 0.5 |
| 41* | 42* | 286.3+90.6 | 8.3 | 0.1 | 0.0 | −0.7 | 0.7 | 1 435.0 | 1 434.9 | 0.1 | 49 | 0.0 | −0.1 | 0.1 | 291 | 0.0 | −4.0 | 4.0 | 49 | 0.0 | 0.2 | −0.2 | 291 | 654.5 | 653.9 | 0.6 |
| 42* | 43* | 286.3+91.2 | 8.5 | 0.1 | 0.0 | −0.6 | 0.6 | 1 435.0 | 1 434.9 | 0.1 | 50 | 0.0 | 0.7 | −0.7 | 292 | 0.0 | −4.1 | 4.1 | 50 | 0.2 | 0.2 | 0.0 | 292 | 650.2 | 649.5 | 0.7 |
| 43 | 44 | 286.3+91.9 | 8.8 | 0.2 | 0.0 | −0.6 | 0.6 | 1 435.0 | 1 434.9 | 0.1 | 51 | 0.0 | 0.5 | −0.5 | 293 | 0.0 | −4.8 | 4.8 | 51 | 0.2 | −0.3 | 0.5 | 293 | 644.9 | 644.0 | 0.9 |
| 44* | 45* | 286.3+92.5 | 8.4 | 0.2 | 0.0 | −0.5 | 0.5 | 1 435.0 | 1 434.9 | 0.1 | 52 | 0.0 | 1.0 | −1.0 | 294 | 0.0 | −4.8 | 4.8 | 52 | 0.2 | −0.7 | 0.9 | 294 | 640.4 | 639.3 | 1.1 |



* 内插的测量值　　** 外推的测量值

图 7-4-42　轨检小车施工现场

无砟轨道施工是决定最后轨道平顺性的关键工序，沪宁城际高速铁路无砟轨道施工测量在总结了先前国内无砟轨道施工测量经验的同时，将 CRTS Ⅱ板式无砟轨道中使用的 GRP 点测量引入。提高了轨道板精调精度，减少了后期轨道精调扣件的更换量。

# 5　竣 工 测 量

竣工测量包括线下工程建筑及线路设备竣工测量、线路轨道竣工测量、竣工地形图及铁路用地界测量、全部工程移交前的控制网竣工测量。竣工测量采用的坐标系统、高程系统、图式等应与施工测量一致。

## 5.1　线下工程建筑及线路设备竣工测量

线下工程完工后，应即时进行竣工测量工作。本阶段竣工测量主要包括隧道、桥涵、路基工程，车站及其附属建筑物竣工测量。当沿线设备接触网、行车信号与线路标志施工完成后，还应进行相关设备的竣工测量。

隧道、桥涵、路基工程，车站及其附属建筑物竣工测量，由负责线下工程施工的承包方实施。测量的内容应满足竣工图编制和竣工验收的要求，测量方法和精度与施工测量相同。

线路沿线设备接触网、行车信号与线路标志等设备的竣工测量按站后相关专业验收标准进行。

### 5.1.1　桥涵竣工测量

桥梁工程竣工测量分两阶段进行。

第一阶段是在桥梁墩台施工完毕、梁部架设以前，对全线桥梁墩台纵、横向中心线、支承垫石顶高程、跨度进行竣工测量，同时标出各墩台纵、横向中心线、支座中心线、梁端线及锚栓孔十字线。其位置偏差应满足表 7-5-1 的要求。

表 7-5-1　桥梁墩台允许偏差

| 项　　目 | 偏差(mm) |
|---|---|
| 墩台纵、横向中心距设计中心的距离 | ±20 |
| 梁一端两支承垫石顶面高程差 | 4 |
| 支承垫石顶面高程 | 0<br>−10 |

第二阶段是在完成架梁后，对全桥中线贯通测量并在梁面标出桥梁工作线位置。其位置偏差应满足表 7-5-2 要求。

表 7-5-2　梁部允许偏差

| 项　　目 | 偏差(mm) | |
|---|---|---|
| | CRTSⅡ轨道结构 | 其他轨道结构 |
| 梁全长 | ±20 | ±20 |
| 梁面平整度 | ≤3 mm/4 m | ≤3 mm/m |
| 相邻梁端桥面高差 | ≤10 | ≤10 |

涵洞主体工程施工完毕，涵顶、涵侧填土前，应测量涵长、孔径、涵洞进出口板底板顶高程等。并据此推算板顶填土厚度，确定其是否满足设计要求。

### 5.1.2　隧道竣工测量

隧道竣工测量包括隧道二等水准贯通测量与调整、隧道中线贯通测量以及隧道横断面测量。隧道长度大于 800 m 时，应按规范要求进行洞内 CPⅡ控制网测量。

(1)隧道二等水准贯通测量与调整。洞内水准点每千米埋设 1 个，水准路线起闭于隧道进、出口两端的线路水准基点，按二等水准测量要求施测。长度小于 1 km 的隧道至少应设 1 个。同时在边墙上埋设标志。

当洞内水准贯通高差闭合差不大于 $6\sqrt{L}$ 时，以隧道进、出口两端的二等水准点为固定点进行高程平差。当隧道洞内水准贯通高差闭合差大于 $6\sqrt{L}$ 时，应将水准路线向两头延伸，使之满足小于 $6\sqrt{L}$ 后，固定两端点的高程，对该段水准路线进行约束平差，并调整平差范围内的二等水准点，消除隧道高程断高。

(2)隧道内线路贯通测量。隧道线路中线贯通测量应利用 CPⅡ控制点测设。中线桩测设要求如下：

1)中线桩的设置，应满足编制竣工文件的需要。

2)中线上应钉设公里桩，并宜钉设百米桩。

3)在曲线起终点、变坡点、竖曲线起终点、隧道进出口、隧道内断面变化处均应设置加桩。

(3)隧道断面测量。隧道净空断面应以竣工测量的线路中线为准，采用测距精度不低于 5 mm+2 ppm 的全站仪或断面仪进行测量，断面点测量中误差应≤10 mm。断面测设要求如下：

1)直线地段每 50 m、曲线地段每 20 m 以及其他需要的地方均应测量净空断面。

2)净空断面测量以线路中线为准，测量内拱顶高程、起拱线宽度以及轨顶以上 1.1 m、3 m、5.8 m 处的宽度。

(4)洞内 CPⅡ控制网测量。隧道长度大于 800 m 的隧道竣工后，应进行洞内 CPⅡ控制网测量。洞内 CPⅡ导线测量的主要技术要求应符合表 7-5-3 的规定。

**表 7-5-3　洞内 CPⅡ导线网等级及主要技术要求**

| 控制网级别 | 附合长度 $L$ (km) | 边长 (m) | 测距中误差 (mm) | 测角中误差 (″) | 相邻点位坐标中误差 (mm) | 导线全长相对闭合差限差 | 方位角闭合差限差(″) | 对应导线等级 | 备注 |
|---|---|---|---|---|---|---|---|---|---|
| CPⅡ | $L>7$ | 300～600 | 3 | 1.3 | 5 | 1/100 000 | $\pm2.6\sqrt{n}$ | 隧道二等 | 导线网 |
| | $2<L\leqslant7$ | 300～600 | 3 | 1.8 | 7.5 | 1/55 000 | $\pm3.6\sqrt{n}$ | 三等 | 导线网 |
| | $L\leqslant2$ | 300～600 | 3 | 1.8 | 7.5 | 1/55 000 | $\pm3.6\sqrt{n}$ | 三等 | 单导线 |

注：导线网独立闭合环的边数以 4～6 条边为宜。

导线点宜充分利用洞内施工平面控制桩，单独布点时应布设在施工干扰小、安全稳固、方便设站、便于保存的地方，点间视线应距洞内设施 0.2 m 以上。

隧道洞内 CPⅡ导线观测应采用标称精度不低于 1″、2 mm+2 ppm 的全站仪施测。采用的导线等级与相应的技术要求见表 7-5-4。

**表 7-5-4　洞内 CPⅡ导线等级与技术要求**

| 等级 | 测角中误差(″) | 测距相对中误差 | 测回数 | |
|---|---|---|---|---|
| | | | 0.5″级仪器 | 1″级仪器 |
| 隧道二等 | 1.3 | 1/250 000 | 6 | 9 |
| 三等 | 1.8 | 1/150 000 | 4 | 6 |

隧道洞内 CPⅡ导线外业观测时，水平角及边长观测应分别满足表 7-5-5、表 7-5-6 的要求。

**表 7-5-5　隧道洞内 CPⅡ导线水平角观测技术要求**

| 等级 | 仪器等级 | 半测回归零差(″) | 一测回内 $2C$ 互差(″) | 同一方向值各测回互差(″) |
|---|---|---|---|---|
| 四等及以上 | 0.5″级仪器 | 4 | 8 | 4 |
| | 1″级仪器 | 6 | 9 | 6 |

注：当观测方向的垂直角超过±3°的范围时，该方向 $2C$ 互差可按相邻测回同方向进行比较。其值应满足表中一测回内 $2C$ 互差的限值。

**表 7-5-6　隧道洞内 CPⅡ导线边长观测技术要求**

| 等级 | 测距仪精度等级 | 每边测回数 | | 一测回读数较差限值 (mm) | 测回间较差限值 (mm) | 往返观测平距较差限值 |
|---|---|---|---|---|---|---|
| | | 往测 | 返测 | | | |
| 三等及以上 | Ⅰ | 4 | 4 | 2 | 3 | $2m_D$ |

注：一测回是全站仪盘左、盘右各测量一次的过程。

### 5.1.3 路基竣工测量

路基工程竣工后，应根据线路设计资料，利用平面控制网和高程控制网进行线路中线测量，实测路基竣工断面。

### 5.1.4 线路中线贯通测量

线下工程竣工后、轨道施工前，应进行线路中线贯通测量，评估线下工程施工是否满足轨道铺设条件的要求。测量内容包括线路水准基点贯通测量、线路中线贯通测量、线路里程贯通测量和线路横断面竣工测量。

(1)线路水准基点贯通测量。线路水准基点贯通测量应按二等水准测量要求沿线路进行。测量方法与技术要求及测量精度应按照本篇第 2 章的相关规定进行。

(2)线路中线贯通测量。线路中线贯通测量应以线路左线为基准进行，并符合下列要求：

1)线路中线贯通测量应满足轨道铺设条件评估的要求。中线上应钉设公里桩和百米桩。直线上中桩间距不宜大于 50 m；曲线上中桩间距宜为 20 m。在曲线起终点、变坡点、竖曲线起终点、立交道中心、涵洞中心、桥梁墩台中心、隧道进出口、隧道内断面变化处、道岔中心、支挡工程的起终点和中间变化点等处均应设置加桩。

2)线路中线桩应利用 CPⅡ控制点、施工加密控制点或 CPⅢ控制点测设，桩位限差应满足纵向 $S/20\ 000+0.01$($S$ 为相邻中桩间的距离，以 m 计)、横向±10 mm 的要求。

3)线路中线桩高程应利用线路水准基点测量，中桩高程限差为±10 mm。

(3)线路里程贯通测量。线路里程贯通测量应依据线路中线测量数据进行，消除断链。左右线并行地段应以左线贯通里程，绕行地段左右线应分别计算里程。

(4)线路横断面竣工测量。

1)利用线路中线贯通测量测设的中线桩，测量路基、桥梁和隧道横断面。横断面的位置和密度与线路中线桩相同。

2)路基横断面应采用全站仪或水准仪进行测量。路基横断面测点应包括路基面高程变化点、路肩等。路基面范围各测点平面、高程测量中误差为±10 mm。

3)桥面横断面竣工测量方法和精度要求与路基横断面测量相同。桥面横断面测点应包括左右轨道中心线、桥梁中心线、挡砟墙脚和顶面。

4)隧道竣工横断面应采用测距精度不低于 5 mm+2 ppm 的全站仪或断面仪进行测量，断面点测量中误差应≤±10 mm。断面点应包括左右轨道中心线、隧道中心线、排水沟、电缆沟、内拱顶、起拱线以及轨顶以上 1.1 m、3 m、5.8 m 处的断面点。

## 5.2 线路轨道竣工测量

线路轨道竣工测量包括轨道几何状态测量、线路平面和纵断面竣工测量。

### 5.2.1 轨道几何状态测量

轨道几何状态测量应利用竣工测量的 CPⅢ控制点成果，采用全站仪自由设站配合轨道几何状态测量仪，测量线路中线位置、轨面高程、测点里程、轨距、水平、高低、扭曲；其测量技术要求应按照本篇第 4 章的相关规定进行。

测量步长：无砟轨道宜为 1 个扣件间距；有砟轨道不宜大于 2 m。更换测站后，应重复测量上一测站测量的最后 6～10 根轨枕(承轨台)。

测量使用的水准仪精度不应低于 0.5 mm/km，全站仪精度不应低于 1″、1 mm+2 ppm。

自由设站点每一测站最大测量距离不应大于 80 m，自由设站观测的 CPⅢ控制点不应少于 4 对，全站仪宜设在线路中线附近，位于所观测的 CPⅢ控制点的中间。更换测站后，相邻测站重叠观测的 CPⅢ控制点不应少于 2 对。自由设站点精度应符合表 7-5-7 要求。

表 7-5-7　自由设站点精度要求

| 项　　目 | 中　误　差 |
| --- | --- |
| $X$ | ≤0.7 mm |
| $Y$ | ≤0.7 mm |
| $H$ | ≤0.7 mm |
| 定向精度 | ≤2″ |

注：连续桥、特殊孔跨桥自由设站点精度可放宽至 1.0 mm。

### 5.2.2　线路平面和纵断面竣工测量

轨道铺设后，应利用轨道几何状态测量仪测量的线路中线和轨面高程数据，计算线路平面曲线要素和纵断面坡度，形成竣工后的线路平面和纵断面数据。

## 5.3　控制网竣工测量

高速铁路三网合一，除了能保证按设计施工外，还有就是不论在施工过程中还是在将来的运行过程中，轨道的空间位置都可以通过控制网测设、监测并即时恢复。因此，高速铁路竣工后，在交付之前，应对框架控制网 CP0、基础平面控制网 CPⅠ、线路平面控制网 CPⅡ、轨道控制网 CPⅢ、线路水准基点进行一次全面竣工测量，同时根据轨道维护需要，增设轨道维护基标。对施工过程中毁坏、丢失的桩点，在竣工测量时应按同精度扩展补设。

各级控制网的测量方法、技术要求、精度要求、成果处理及分析应按照本篇第 2 章、第 4 章的相关规定进行。

轨道维护基标应根据高速铁路运营养护管理的需要，根据维修检测方式布设，并充分利用已设置的基标。增设维护基标应利用 CPⅢ控制点，采用全站仪自由设站方法进行测设，已设置的基标作为维护基标时，应对其进行复测，其测量方法和技术要求应按照本篇第 4 章的相关规定进行。

CRTSⅠ型板式无砟轨道维护基标测设精度应满足以下要求：

(1)点位横向偏差≤1.0 mm。

(2)相邻点距离偏差≤2.0 mm，相邻点竖向偏差≤1.0 mm。

CRTSⅡ型板式无砟轨道维护基标测设精度应满足以下要求：

(1)各半测回测量的坐标值与其平均值间的较差≤0.4 mm。

(2)重叠区平面位置允许偏差：横向≤0.3 mm，纵向≤0.4 mm。

(3)往返测高程值与其平均值间的较差≤0.3 mm；重叠区内高程较差≤0.3 mm。

CRTSⅡ型双块式无砟轨道维护基标测设精度应满足以下要求：

(1)顶部棱镜中心三维坐标($x$，$y$，$h$)实测与设计值较差均≤0.5 mm。

(2)更换测站后，检测允许偏差：平面≤2 mm，高程≤2 mm。

## 5.4　竣工地形图及铁路用地界测量

线路竣工地形图测量范围应满足用图单位的需要。一般为铁路两侧各 100 m(站场由最外股道起算)，特殊情况至少包括铁路用地界外 50 m。地形图比例尺为 1∶2 000。

线路竣工地形图宜采用航空摄影的方法测绘，也可利用线路施工平面图进行修测。

地形图测量应满足表 7-5-8 的技术要求。

表 7-5-8　地形图测量技术要求

| | |
| --- | --- |
| 地形图比例尺 | 1∶2 000 |
| 基本等高距(m) | 1;2 |
| 点位中误差(mm) | Ⅰ、Ⅱ级地形：1.0；Ⅲ、Ⅳ级地形：1.2；困难时：1.6 |

注：同一测区的同一种比例尺地形图，宜采用同一种基本等高距。

高程注记点和等高线的高程中误差应满足表 7-5-9 的要求。

**表 7-5-9 高程注记点和等高线高程中误差** (单位:m)

| 比例尺 \ 误差类别 | Ⅰ级地形 | | Ⅱ级地形 | | Ⅲ级地形 | | Ⅳ级地形 | |
|---|---|---|---|---|---|---|---|---|
| | 高程注记点 | 等高线 | 高程注记点 | 等高线 | 高程注记点 | 等高线 | 高程注记点 | 等高线 |
| 1∶2 000 | 0.60 | 0.75 | 0.96 | 1.20 | 1.60 | 2.00 | 2.00 | 2.50 |

注:隐蔽和困难地区,可按上表规定放宽到 1.5 倍。

铁路用地界桩测量应根据铁路用地图,利用 CPⅠ、CPⅡ、CPⅢ控制网采用全站仪极坐标法、全站仪自由设站法或 GPS RTK 进行测设。

沿线路两侧每隔 300～500 m 及地界宽度变化处均应埋设地界桩,用地界桩测量点位中误差不应大于 5 cm。

## 5.5 竣工测量资料整理及交验

竣工测量资料包括竣工测量记录和竣工测量成果。每项工程竣工时应由施工单位按设计文件要求和相关规定,对线路、路基、桥梁、隧道及附属建筑物的位置、尺寸、高程及用地界进行测量,设置永久性平面控制桩及水准点。提交竣工测量成果资料及检查记录。

竣工测量完成后,由竣工测量单位按照高速铁路竣工验收的要求编制竣工测量文件,竣工测量文件应包括下列资料:

(1)CP0、CPⅠ、CPⅡ、CPⅢ控制点、线路水准基点、维护基标、铁路用地界桩坐标成果及点之记。

(2)CP0、CPⅠ、CPⅡ、CPⅢ控制点、线路水准基点、维护基标桩橛、铁路用地界桩。

(3)轨道几何状态竣工测量成果。包括:线路中线位置、轨面高程、测点里程、坐标、轨距、水平、高低、扭曲等。

(4)线路竣工平、纵、横断面图。

(5)构筑物竣工图。

(6)路基表、桥涵表、隧道表、车站表等。

(7)线路沿线设备竣工测量成果。包括接触网、行车信号与线路标志等主要设备的竣工测量成果。

(8)构筑物变形测量成果。包括变形监测基点、变形监测点以及构筑物变形测量评估成果。

(9)竣工测量报告。

# 第 8 篇

# 高速铁路试验与检测技术

# 1 概　　述

## 1.1 高速铁路试验检测技术的发展

近十多年来，我国高铁发展迅猛，先后建成京津城际铁路、武广客运专线、京沪高铁等数十条高速铁路，到 2012 年底，我国高铁运营总里程已达 9 356 km，成为世界高铁大国。

根据我国中长期铁路发展规划，未来高铁建设仍将快速发展。随着高速铁路的发展，作为工程质量控制环节的试验检测工作的重要性越来越受到工程界的高度重视，工程试验与检测技术也迅速得到了发展。总结我国已建成投入运营的数十条高速铁路的建设历程可看出，随着列车时速的提升，工程设计、验收标准的提高，高速铁路的试验与检测不仅采用了传统的试验方法和测试技术，还广泛应用了先进、高效、无损的试验检测技术。如用于路基检测的 $E_{vd}$ 法、$E_{v2}$ 法、隧道衬砌检测、无砟轨道检测等，尤其是结构混凝土的设计使用寿命由 60 年提升到 100 年，采用比传统的普通混凝土更优异的高性能混凝土，试验测试项目更多，更突出了对其耐久性的要求；为控制高速铁路无砟轨道及相应的 CA 砂浆调整层的质量，新增了相应的试验检测技术，推动了高速铁路工程试验与检测技术的发展。

## 1.2 高速铁路试验、检测的目的

铁路工程试验检测工作是工程质量管理的重要组成部分，也是工程质量控制的重要手段，客观、准确的检测数据是评价工程质量的科学依据。

铁路工程质量检测的目的主要有：

(1)验证原材料、中间产品的质量。

通过对构成工程结构物的原材料、各工序中间产品的质量检测，验证其是否符合规定的质量要求，以此决定能否进入下一道工序。

(2)考核过程质量。

过程控制是质量管理的重要环节。通过对施工过程中各工序材料与产品的质量检测，了解技术标准、规范、规程、方案的执行情况，检查操作者是否遵守施工纪律，考核过程质量是否处于稳定状态。

(3)获取质量信息。

通过各类质量检测收集大量质量信息，经过必要的计算、统计与分析，为工程质量的评价与改进以及广泛的质量活动提供基础性数据。

## 1.3 高速铁路试验、检测的内容

高速铁路试验检测工作不仅要为施工过程提供质量控制数据，而且要为工程竣工验交提供质量保证数据，高速铁路试验、检测的主要内容包括：

(1)施工选材。用数据判定材料是否可用。

(2)进场材料复检。判定是否符合相应技术标准。

(3)监测施工过程质量。判断是否符合施工规范要求及相应验收标准。

(4)合理设计混凝土、沥青混合料等材料的配合比，保证施工成本的经济性。

(5)检验工程结构和构件成品、半成品的质量，确保其符合设计要求。

(6)配合施工要求推行有关新技术、新工艺、新材料。

## 1.4 高速铁路工程试验检测的分类

高速铁路工程常用的试验检测技术分类有两种:一是按检测对象分,这种分类法便于从施工质量控制的角度对试验检测技术进行系统的了解,有利于检测资源的配置。二是按生产过程的次序分,这种分类方法是从质量管理的角度划分试验检测程序,便于与质量管理配合。

### 1.4.1 按检测对象分类

#### 1.4.1.1 混凝土试验检测

高速铁路混凝土试验检测包括水泥、骨料、外加剂、混合材、水等原材料及混凝土材料本体。它们都是各类工程通用的材料,其试验检测项目除了常规项目之外,还增加了如混凝土电通量等耐久性指标。

#### 1.4.1.2 路基试验检测

路基试验检测包括路基原材料、基底、基床、路基支挡结构和路基附属设施等方面的内容。

#### 1.4.1.3 桥梁工程试验检测

桥梁检测包括基础和上部结构两部分。基础部分主要是桩基础的检测;上部结构主要是混凝土实体、预应力工程等的检测。

#### 1.4.1.4 隧道工程试验检测

隧道检测包括喷锚支护、防水板、衬砌等的检测。

#### 1.4.1.5 无砟轨道及无缝线路试验检测

无砟轨道及无缝线路试验及检测包括底座板、CRTSⅠ型板、CRTSⅡ型板、CRTSⅢ型板等内容。

### 1.4.2 按生产过程的次序分类

#### 1.4.2.1 进场检验

进场检验又称进货检验。按照相关技术标准和规范要求,用于构成工程结构物的材料、半成品等在进场前均须进行质量和性能指标检验,以确定其质量状态和适用性,这种检验即为进场检验。有些特别重要的工程材料,如水泥、钢材、外加剂等,在进场前虽已由生产厂家或供货商家检验合格,具备合格证书或检验报告,但在进场后或使用前仍需由使用单位进行检验,以确认其质量状态,这即是材料质量控制中的“双控”。对于目前大多数使用单位现场不具备检验能力的材料,如防水卷材、涂料、土工织物等,除购买时应具备合格证明外,使用前也需按规定进行抽样送检。进场检验的目的是防止不合格产品进场入库,防止由于使用不合格产品而影响工程质量。

#### 1.4.2.2 过程检验

过程检验是产品在其形成过程中各工序之间进行的检验。过程检验的目的在于防止各工序不合格的中间产品流入下一道工序、造成成批的产品不合格,确保正常的生产秩序。此外,由于过程检验的对象是按具体的施工工艺和操作规程产生的,因此,过程检验还可起到验证工艺和保证工艺规程贯彻执行的作用。

#### 1.4.2.3 最终检验

最终检验又称成品检验。最终检验包含双重含义,对每一个分部、分项工程来讲,是在其施工过程中的最后一次检验;对于整个工程来讲,是指全部工程完工后所进行的较为全面的检验,即成品检验。最终检验的目的是防止不合格产品交付顾客。

## 1.5 高速铁路工程试验检测技术的应用原则

高速铁路工程涉及路基、桥涵、隧道、轨道、四电等范围广泛的专业领域,其试验检测技术也极为丰富。随着我国高速铁路建设的快速发展,新的试验检测技术也不断涌现。认识与应用各类试验检测技术并为施工生产和质量管理服务,是保证工程质量的需要。为此,在应用高速铁路工程试验检测技术时,应遵循以下几项原则。

### 1.5.1　依据标准、规范与规程

高速铁路工程试验检测应按照有关标准、规范和规程进行。国内有关高速铁路工程检测的标准、规范与规程有许多，有国家标准、行业标准、地方标准、专业协会标准等，它们分别体现了不同领域或范围的特点。对于高速铁路试验检测而言，若有铁道行业标准，一般应首先采用；若不同的铁道行业标准规定有不一致之处，则以新颁布的标准为准；若无本行业标准，则优先采用国家标准，常用的行业标准次之。

许多规程的试验检测方法大致相同，但颁布日期、具体内容、运用范围、分析方法等会有所差异。这一方面反映了不同行业、不同地区的特点；另一方面，从不同的颁布时间和内容上也反映了试验检测技术的发展、变化，新颁布的标准某种程度上代表了对该项试验检测技术一种新的认定。因此，在使用技术标准、规范、规程时，应注意甄别不同行业新老标准的差异，并慎重对待。

### 1.5.2　有效、合理、经济

有些试验检测项目，其试验检测方法是相对固定、甚至唯一的，如水泥、钢材质量检验等。而有些试验检测项目有多种方法可选，如结构混凝土强度检测、基桩完整性检测等。在选用试验检测方法时，应根据工程和检测技术特点、检测目的、检测条件等，遵循有效、合理、经济的原则。

以基桩完整性检测为例，低应变法、声波透射法、钻芯法等各有特点。低应变法快速、简捷、费用最低，但只能定性检测出桩的缺陷和确定深度方向上的位置，不能准确判断缺陷类型、缺陷程度和在桩身上的具体部位，也不能准确核定桩长及判断桩底沉渣厚度，故此法常用于桩质量的普查。声波透射法可以定量地检测出缺陷类型、缺陷程度，准确确定缺陷位置，但仅适用于较大直径的桩，且需事先预埋声测管，成本较高，也失去了检测的随机性，故此法常用于大直径桩、独桩或重要部位桩的检测。钻芯法最直观，因而被认为最可靠。但由于芯样的直径通常不超过 150 mm，使其检测结果具有局部特征，加之耗时长，费用昂贵，故不宜单独使用。若钻芯法与低应变法结合起来，在低应变法普查的基础上，对可疑桩钻芯取样检测，就可取得事半功倍的效果。

### 1.5.3　检测新技术的应用

在高速铁路工程试验检测中应积极采用新技术、新方法，这是高速铁路工程科学技术发展和保证工程质量的需要，也是试验检测技术发展的必然趋势。但新技术、新方法也常常伴随不成熟、不完善，或人们对其认识不深，有些还缺乏相应的标准、规程的支持。因此，在采用新技术、新方法时，应特别注意其使用条件、运用范围，必要时应通过比对试验验证其有效性、适用性。

# 2　混凝土试验检测技术

## 2.1　一般规定

(1)混凝土配合比应根据设计使用年限、环境条件和施工工艺等进行设计。混凝土力学性能试验标准养护试件养护龄期应符合第 2.4 节“(11)”项的规定,耐久性能试验标准养护试件养护龄期为 56 d。

(2)当混凝土原材料和施工工艺等发生变化时,必须重新选定配合比。当施工工艺和环境条件未发生明显变化、原材料的品质在合格的基础上发生波动时,可对混凝土外加剂用量、粗骨料分级比例、砂率进行适当调整,调整后混凝土的拌和物性能应与原配合比一致。

(3)对含气量要求大于等于 4.0%的混凝土,必须采取减水剂和引气剂双掺的方式进行配制。

(4)混凝土拌制前,应测定砂、石含水率,并根据测试结果和理论配合比,确定施工配合比。应对首盘混凝土的坍落度、含气量、泌水率、匀质性和拌和物温度等进行测试。

(5)除不溶物、可溶物可不作要求外,混凝土养护用水的性能应与拌和用水一致。

(6)混凝土强度应按铁道部现行标准《铁路混凝土强度检验评定标准》(TB 10425)进行检验评定。混凝土其他技术指标的检验评定应符合国家、铁路现行标准的规定,其结果必须符合设计要求。

## 2.2　原材料试验检测

(1)硅酸盐水泥和普通硅酸盐水泥的性能应符合表 8-2-1、表 8-2-2 的规定。其他品种水泥的性能应符合国家现行标准《通用硅酸盐水泥》(GB 175)的规定。

检验数量和检验方法应符合表 8-2-3 的规定。

**表 8-2-1　水泥的技术要求**

| 序号 | 检验项目 | 技术要求 | 检验方法 |
|---|---|---|---|
| 1 | 比表面积($m^2/kg$) | 300～350 | 按 GB/T 8074 检验 |
| 2 | 凝结时间(min) | 初凝≥45,终凝≤600(硅酸盐水泥终凝≤390) | 按 GB/T 1346 检验 |
| 3 | 安定性 | 沸煮法合格 | 按 GB/T 1346 检验 |
| 4 | 强度 | 符合表 8-2-2 的规定 | 按 GB/T 17671 检验 |
| 5 | 烧失量(%) | ≤5.0(P·O);≤3.5(P·Ⅱ);≤3.0(P·Ⅰ) | 按 GB/T 176 检验 |
| 6 | 游离 CaO 含量(%) | ≤1.0 | 按 GB/T 176 检验 |
| 7 | MgO 含量(%) | ≤5.0 | 按 GB/T 176 检验 |
| 8 | $SO_3$含量(%) | ≤3.5 | 按 GB/T 176 检验 |
| 9 | 氯离子含量(%) | ≤0.06 | 按 GB/T 176 检验 |
| 10 | 碱含量(%) | ≤0.80 | 按 GB/T 176 检验 |
| 11 | 助磨剂种类及掺量 | 符合 GB 175—2007 第 5.2 节规定 | 检查产品质量证明文件 |
| 12 | 石膏种类及掺量 | 符合 GB 175—2007 第 5.2 节规定 | |
| 13 | 混合材种类及掺量 | 符合 GB 175—2007 第 5.2 节规定 | |
| 14 | 熟料中的 $C_3A$ 含量(%) | ≤8 | 按 GB/T 21372 相关规定检验 |

注:1. 当骨料具有碱—硅酸反应活性时,水泥的碱含量不应超过 0.60%。C40 及以上混凝土用水泥的碱含量不宜超过 0.60%。

2. 在氯盐环境条件下,混凝土宜采用低氯离子含量的水泥,不宜使用抗硫酸盐硅酸盐水泥。

3. 在硫酸盐化学侵蚀环境条件下,混凝土应采用低 $C_3A$ 含量的水泥,且胶凝材料的抗蚀系数(56 d)不得小于 0.8。

**表 8-2-2　硅酸盐水泥和普通硅酸盐水泥的强度要求**

| 品种 | 强度等级 | 抗压强度(MPa) | | 抗折强度(MPa) | |
|---|---|---|---|---|---|
| | | 3 d | 28 d | 3 d | 28 d |
| 硅酸盐水泥 | 42.5 | ≥17.0 | ≥42.5 | ≥3.5 | ≥6.5 |
| | 52.5 | ≥23.0 | ≥52.5 | ≥4.0 | ≥7.0 |
| | 62.5 | ≥28.0 | ≥62.5 | ≥5.0 | ≥8.0 |
| 普通硅酸盐水泥 | 42.5 | ≥17.0 | ≥42.5 | ≥3.5 | ≥6.5 |
| | 52.5 | ≥23.0 | ≥52.5 | ≥4.0 | ≥7.0 |

**表 8-2-3　水泥的检验要求**

<table>
<tr><th colspan="2" rowspan="2">检验项目</th><th colspan="6">检验批要求</th></tr>
<tr><th colspan="2">质量证明文件检查</th><th colspan="4">抽样试验检验</th></tr>
<tr><td>1</td><td>比表面积</td><td>√</td><td rowspan="14">每厂家、每编号核查供应商提供的质量证明文件；<br>施工单位、监理单位均全部检查</td><td>√</td><td rowspan="14">下列情况之一时，检验一次：<br>任何新选货源；<br>使用同厂家、同品种、同规格的水泥达 6 个月；<br>施工单位试验检验；监理单位见证检验</td><td>√</td><td rowspan="14">同厂家、同品种、同规格、同生产日期且连续进场的散装水泥达 500 t(袋装水泥每 200 t)为一批，不足上述数量时按一批计。施工单位每批抽检一次；监理单位按施工单位抽检次数的 10%进行见证检验，但至少一次；<br>水泥出厂日期达 3 个月，施工单位抽检一次，监理单位见证检验</td></tr>
<tr><td>2</td><td>凝结时间</td><td>√</td><td>√</td><td>√</td></tr>
<tr><td>3</td><td>安定性</td><td>√</td><td>√</td><td>√</td></tr>
<tr><td>4</td><td>强度</td><td>√</td><td>√</td><td>√</td></tr>
<tr><td>5</td><td>烧失量</td><td>√</td><td>√</td><td></td></tr>
<tr><td>6</td><td>游离 CaO 含量</td><td>√</td><td>√</td><td></td></tr>
<tr><td>7</td><td>MgO 含量</td><td>√</td><td>√</td><td></td></tr>
<tr><td>8</td><td>$SO_3$ 含量</td><td>√</td><td>√</td><td></td></tr>
<tr><td>9</td><td>氯离子含量</td><td>√</td><td>√</td><td></td></tr>
<tr><td>10</td><td>碱含量</td><td>√</td><td>√</td><td></td></tr>
<tr><td>11</td><td>助磨剂种类及掺量</td><td>√</td><td></td><td></td></tr>
<tr><td>12</td><td>石膏种类及掺量</td><td>√</td><td></td><td></td></tr>
<tr><td>13</td><td>混合材种类及掺量</td><td>√</td><td></td><td></td></tr>
<tr><td>14</td><td>熟料中的 $C_3A$ 含量</td><td>√</td><td>√</td><td></td></tr>
</table>

(2)矿物掺和料的性能应符合表 8-2-4～表 8-2-6 的规定；检验数量和检验方法应符合表 8-2-4～表 8-2-7 的规定。

**表 8-2-4　粉煤灰的性能**

| 序号 | 检验项目 | 技术要求 | | 检验方法 |
|---|---|---|---|---|
| | | C50 及以上 | C50 以下 | |
| 1 | 细度(%) | ≤12.0 | ≤25.0 | 按 GB 1596 检验 |
| 2 | 需水量比(%) | ≤95 | ≤105 | 按 GB 1596 检验 |
| 3 | 烧失量(%) | ≤5.0 | ≤8.0 | 按 GB/T 176 检验 |
| 4 | 氯离子含量(%) | ≤0.02 | | 按 GB/T 176 检验 |
| 5 | 含水量(%) | ≤1.0 | | 按 GB 1596 检验 |
| 6 | $SO_3$ 含量(%) | ≤3.0 | | 按 GB/T 176 检验 |
| 7 | CaO 含量(%) | ≤10 | | 按 GB/T 176 检验 |
| 8 | 游离 CaO 含量(%) | ≤1.0 | | 按 GB/T 176 检验 |

注：在冻融破坏环境下，粉煤灰的烧失量不宜大于 3.0%。

**表 8-2-5　磨细矿渣粉的性能**

| 序号 | 检验项目 | 技术要求 | 检验方法 |
|---|---|---|---|
| 1 | 密度($g/cm^3$) | ≥2.8 | 按 GB/T 208 检验 |
| 2 | 比表面积($m^2/kg$) | 350～500 | 按 GB/T 8074 检验 |

续上表

| 序号 | 检 验 项 目 | 技 术 要 求 | 检 验 方 法 |
|---|---|---|---|
| 3 | 流动度比(%) | ≥95 | 按 GB/T 18046 检验 |
| 4 | 烧失量(%) | ≤3.0 | 按 GB/T 18046 检验 |
| 5 | MgO 含量(%) | ≤14.0 | 按 GB/T 176 检验 |
| 6 | $SO_3$含量(%) | ≤4.0 | 按 GB/T 176 检验 |
| 7 | 氯离子含量(%) | ≤0.06 | 按 GB/T 176 检验 |
| 8 | 含水量(%) | ≤1.0 | 按 GB/T 18046 检验 |
| 9 | 7 d 活性指数(%) | ≥75 | 按 GB/T 18046 检验 |
| | 28 d 活性指数(%) | ≥95 | 按 GB/T 18046 检验 |

**表 8-2-6　硅灰的性能**

| 序号 | 检 验 项 目 | 技 术 要 求 | 检 验 方 法 |
|---|---|---|---|
| 1 | 烧失量(%) | ≤6 | 按 GB/T 176 检验 |
| 2 | 比表面积($m^2$/kg) | ≥18 000 | 按 GB/T 18736 检验 |
| 3 | 需水量比(%) | ≤125 | 按 GB/T 18736 检验 |
| 4 | 28 d 活性指数(%) | ≥85 | 按 GB/T 18736 检验 |
| 5 | 氯离子含量(%) | ≤0.02 | 按 GB/T 176 检验 |
| 6 | $SiO_2$含量(%) | ≥85 | 按 GB/T 176 检验 |
| 7 | 含水量(%) | ≤3.0 | 按 GB 1596 检验 |

注:硅灰掺量一般不超过胶凝材料总量的 8%,且宜与其他矿物掺和料复合使用。

**表 8-2-7　矿物掺和料的检验要求**

<table>
<tr><th colspan="2" rowspan="2">检 验 项 目</th><th colspan="6">检验批要求</th></tr>
<tr><th colspan="2">质量证明文件检查</th><th colspan="4">抽样试验检验</th></tr>
<tr><td rowspan="8">粉煤灰</td><td>细度</td><td>√</td><td rowspan="8">每厂家、每编号核查供应商提供的质量证明文件;<br>施工单位、监理单位均全部检查</td><td>√</td><td rowspan="8">下列情况之一时,检验一次:<br>任何新选货源;<br>使用同厂家、同品种、同规格达 6 个月;<br>施工单位试验检验;监理单位平行检验</td><td>√</td><td rowspan="8">同厂家、同品种、同编号的产品每 200 t 为一批,不足 200 t 按一批计;<br>施工单位每批抽检一次;监理单位按施工单位抽检次数的 10%进行平行检验,但不少于一次</td></tr>
<tr><td>需水量比</td><td>√</td><td>√</td><td>√</td></tr>
<tr><td>烧失量</td><td>√</td><td>√</td><td>√</td></tr>
<tr><td>氯离子含量</td><td>√</td><td>√</td><td></td></tr>
<tr><td>含水量</td><td>√</td><td>√</td><td></td></tr>
<tr><td>$SO_3$含量</td><td>√</td><td>√</td><td></td></tr>
<tr><td>CaO 含量</td><td>√</td><td>√</td><td></td></tr>
<tr><td>游离 CaO 含量</td><td>√</td><td>√</td><td></td></tr>
<tr><td rowspan="10">磨细矿渣粉</td><td>密度</td><td>√</td><td rowspan="10">每厂家、每编号核查供应商提供的质量证明文件;<br>施工单位、监理单位均全部检查</td><td>√</td><td rowspan="10">下列情况之一时,检验一次:<br>任何新选货源;<br>使用同厂家、同品种、同规格达 6 个月;<br>施工单位试验检验;监理单位平行检验</td><td>√</td><td rowspan="10">同厂家、同编号、同出厂日期的产品每 200 t 为一批,不足 200 t 按一批计;<br>施工单位每批抽检一次;监理单位按施工单位抽检次数的 10%进行平行检验,但不少于一次</td></tr>
<tr><td>比表面积</td><td>√</td><td>√</td><td>√</td></tr>
<tr><td>流动度比</td><td>√</td><td>√</td><td>√</td></tr>
<tr><td>烧失量</td><td>√</td><td>√</td><td>√</td></tr>
<tr><td>MgO 含量</td><td>√</td><td>√</td><td></td></tr>
<tr><td>$SO_3$含量</td><td>√</td><td>√</td><td></td></tr>
<tr><td>氯离子含量</td><td>√</td><td>√</td><td></td></tr>
<tr><td>含水量</td><td>√</td><td>√</td><td></td></tr>
<tr><td>7 d 活性指数</td><td>√</td><td>√</td><td></td></tr>
<tr><td>28 d 活性指数</td><td>√</td><td>√</td><td></td></tr>
</table>

续上表

| 检验项目 | | 检验批要求 | | | | | |
|---|---|---|---|---|---|---|---|
| | | 质量证明文件检查 | | 抽样试验检验 | | | |
| 硅灰 | 烧失量 | √ | 每厂家、每编号核查供应商提供的质量证明文件；<br>施工单位、监理单位均全部检查 | √ | 下列情况之一时，检验一次：<br>任何新选货源；<br>使用同厂家、同规格产品达6个月；<br>施工单位试验检验；监理单位平行检验 | √ | 同厂家、同编号、同出厂日期的产品每30 t为一批，不足30 t按一批计；施工单位每批抽检一次；监理单位按施工单位抽检次数的10%进行平行检验，但不少于一次；<br>硅粉出厂日期达3个月；施工单位试验检验，监理单位见证检验 |
| | 比表面积 | √ | | √ | | √ | |
| | 需水量比 | √ | | √ | | √ | |
| | 28 d活性指数 | √ | | √ | | √ | |
| | 氯离子含量 | √ | | √ | | | |
| | $SiO_2$含量 | √ | | √ | | | |
| | 含水率 | √ | | √ | | | |

(3)细骨料的技术要求和检验要求。

1)细骨料的颗粒级配应符合表8-2-8的规定。

**表8-2-8　细骨料的累计筛余百分数(%)**

| 级配区<br>公称粒径(mm) | Ⅰ区 | Ⅱ区 | Ⅲ区 |
|---|---|---|---|
| **5.00** | **10～0** | **10～0** | **10～0** |
| 2.50 | 35～5 | 25～0 | 15～0 |
| 1.25 | 65～35 | 50～10 | 25～0 |
| **0.63** | **85～71** | **70～41** | **40～16** |
| 0.315 | 95～80 | 92～70 | 85～55 |
| 0.160 | 100～90 | 100～90 | 100～90 |

注：除5.00 mm和0.63 mm筛档外，细骨料的实际颗粒级配与上表所列的累计筛余百分率相比允许稍有超出分界线，但超出总量不应大于5%。

2)细骨料的碱活性应先按《铁路混凝土用骨料碱活性试验方法　岩相法》(TB/T 2922.1)对骨料的矿物组成和类型进行检验，再按《铁路混凝土用骨料碱活性试验方法　快速砂浆棒法》(TB/T 2922.5)对骨料的快速砂浆棒膨胀率进行检验，细骨料的快速砂浆棒膨胀率应小于0.30%。当细骨料的快速砂浆棒膨胀率大于等于0.10%且小于0.20%时，混凝土的含碱量应满足表8-2-23的规定；当细骨料的砂浆棒膨胀率大于等于0.20%且小于0.30%时，除混凝土的碱含量应满足表8-2-23的规定外，还应对混凝土采取抑制碱—骨料反应的技术措施，并经试验证明抑制有效。梁体、轨道板、轨枕、接触网支柱等构件中使用的细骨料的快速砂浆棒膨胀率应小于0.20%。

3)细骨料的其他技术要求应符合表8-2-9的规定。

**表8-2-9　细骨料的技术要求**

| 序号 | 检验项目 | | 技术要求 | | | 检验方法 |
|---|---|---|---|---|---|---|
| | | | ＜C30 | C30～C45 | ≥C50 | |
| 1 | 含泥量(%) | | ≤3.0 | ≤2.5 | ≤2.0 | 按JGJ 52检验 |
| 2 | 泥块含量(%) | | ≤0.5 | | | 按JGJ 52检验 |
| 3 | 云母含量(%) | | ≤0.5 | | | 按JGJ 52检验 |
| 4 | 轻物质含量(%) | | ≤0.5 | | | 按JGJ 52检验 |
| 5 | 有机物含量 | | 浅于标准色 | | | 按JGJ 52检验 |
| 6 | 压碎指标值(人工砂)(%) | | ＜25 | | | 按JGJ 52检验 |
| 7 | 石粉含量(人工砂)(%) | MB＜1.40 | ≤10.0 | ≤7.0 | ≤5.0 | 按JGJ 52检验 |
| | | MB≥1.40 | ≤5.0 | ≤3.0 | ≤2.0 | 按JGJ 52检验 |
| 8 | 吸水率(%) | | ≤2% | | | 按JGJ 52检验 |

续上表

| 序号 | 检验项目 | 技术要求 | | | 检验方法 |
|---|---|---|---|---|---|
| | | <C30 | C30～C45 | ≥C50 | |
| 9 | 坚固性(%) | ≤8 | | | 按 JGJ 52 检验 |
| 10 | 硫化物及硫酸盐含量(%) | ≤0.5 | | | 按 JGJ 52 检验 |
| 11 | 氯离子含量(%) | ≤0.02 | | | 按 TB 10424 检验 |

注：1. 冻融破坏环境下，细骨料的含泥量应不大于 2.0%。吸水率应不大于 1%。

2. 当砂中含有颗粒状的硫酸盐或硫化物杂质时，应进行专门检验，确认能满足混凝土耐久性要求时，方能采用。

4)细骨料的检验数量和检验方法应符合表 8-2-9 和表 8-2-10 的规定。

**表 8-2-10　细骨料的检验要求**

| 序号 | 检验项目 | | 检验批要求 | | | |
|---|---|---|---|---|---|---|
| 1 | 颗粒级配 | | √ | 下列情况之一时，检验一次：<br>任何新选料源；<br>连续使用同料源、同品种、同规格的细骨料达一年；<br>施工单位试验检验；监理单位平行检验 | √ | 连续进场的同料源、同品种、同规格的细骨料每 400 $m^3$（或 600 t)为一批，不足上述数量按一批计；<br>施工单位每批抽样试验一次，其中有机物含量每 3 月检验一次；监理单位按施工单位抽检次数的 10%进行平行检验，但不少于一次 |
| 2 | 含泥量 | | √ | | √ | |
| 3 | 泥块含量 | | √ | | √ | |
| 4 | 云母含量 | | √ | | √ | |
| 5 | 轻物质含量 | | √ | | √ | |
| 6 | 有机物含量 | | √ | | √ | |
| 7 | 压碎指标值(人工砂) | | √ | | √ | |
| 8 | 石粉含量(人工砂) | MB<1.40 | √ | | √ | |
| | | MB≥1.40 | | | | |
| 9 | 吸水率 | | √ | | | |
| 10 | 坚固性 | | √ | | | |
| 11 | 硫化物及硫酸盐含量 | | √ | | | |
| 12 | 氯离子含量 | | √ | | | |
| 13 | 碱活性 | | √ | | | |

(4)粗骨料的性能和检验要求。

1)粗骨料的颗粒级配应符合表 8-2-11 的规定。

**表 8-2-11　粗骨料的颗粒级配**

| 级配情况 | 公称粒径(mm) | 累积筛余，按质量(%) | | | | | | | | |
|---|---|---|---|---|---|---|---|---|---|---|
| | | 筛孔边长尺寸(mm) | | | | | | | | |
| | | 2.36 | 4.75 | 9.5 | 16.0 | 19.0 | 26.5 | 31.5 | 37.5 | 53 |
| 连续级配 | 5～10 | 95～100 | 80～100 | 0～15 | 0 | — | — | — | — | — |
| | 5～16 | 95～100 | 85～100 | 30～60 | 0～10 | 0 | — | — | — | — |
| | 5～20 | 95～100 | 90～100 | 40～80 | — | 0～10 | 0 | — | — | — |
| | 5～25 | 95～100 | 90～100 | — | 30～70 | — | 0～5 | 0 | — | — |
| | 5～31.5 | 95～100 | 90～100 | 70～90 | — | 15～45 | — | 0～5 | 0 | — |
| | 5～40 | — | 95～100 | 70～90 | — | 30～65 | — | — | 0～5 | 0 |
| | 20～40 | — | — | 95～100 | — | 80～100 | — | — | 0～10 | 0 |

注：1. 粗骨料的最大公称粒径不宜超过钢筋的混凝土保护层厚度的 2/3(在严重腐蚀环境条件下不宜超过 1/2)，且不得超过钢筋最小间距的 3/4。

2. 配制强度等级 C50 及以上混凝土时，粗骨料最大公称粒径不应大于 25 mm。

2)粗骨料的压碎指标值应符合表 8-2-12 的规定。

3)粗骨料的碱活性应先按《铁路混凝土用骨料碱活性试验方法　岩相法》(TB/T 2922.1)对骨料的矿物组成和类型进行检验，若骨料含有碱—硅酸盐反应活性矿物，则采用《铁路混凝土用骨料碱活性试验方法　快速砂浆棒法》(TB/T 2922.5)对骨料的快速砂浆棒膨胀率进行检验，若骨料含有碱碳酸盐反应活性矿物，则

**表 8-2-12　粗骨料的压碎指标值(%)**

| 混凝土强度等级 | <C30 | | | ≥C30 | | |
|---|---|---|---|---|---|---|
| 岩石种类 | 沉积岩 | 变质岩或深成的火成岩 | 喷出的火成岩 | 沉积岩 | 变质岩或深成的火成岩 | 喷出的火成岩 |
| 碎石 | ≤16 | ≤20 | ≤30 | ≤10 | ≤12 | ≤13 |
| 卵石 | ≤16 | | | ≤12 | | |

注：沉积岩(水成岩)包括石灰岩、砂岩等，变质岩包括片麻岩、石英岩等，深成的火成岩包括花岗岩、正长岩、闪长岩和橄榄岩等，火成岩包括玄武岩和辉绿岩等。

采用《铁路混凝土用骨料碱活性试验方法　岩石柱法》(TB/T 2922.4)对骨料的岩石柱膨胀率进行检验。粗骨料的快速砂浆棒膨胀率应小于 0.30%。当粗骨料的快速砂浆棒膨胀率大于等于 0.10%且小于 0.20%时，混凝土的含碱量应满足表 8-2-23 的规定；当细骨料的砂浆棒膨胀率大于等于 0.20%且小于 0.30%时，除混凝土的碱含量应满足表 8-2-23 的规定外，还应对混凝土采取抑制碱—骨料反应的技术措施，并经试验证明抑制有效。梁体、轨道板、轨枕、接触网支柱等构件中使用的粗骨料的快速砂浆棒膨胀率应小于 0.20%。

粗骨料岩石柱膨胀率应小于 1.10%。

4)粗骨料的其他性能应符合表 8-2-13 的规定。

**表 8-2-13　粗骨料的技术要求**

| 序号 | 检验项目 | 技术要求 | | | 检验方法 |
|---|---|---|---|---|---|
| | | <C30 | C30～C45 | ≥C50 | |
| 1 | 针片状颗粒总含量(%) | ≤10 | ≤8 | ≤5 | 按 GB/T 14685 检验 |
| 2 | 含泥量(%) | ≤1.0 | ≤1.0 | ≤0.5 | 按 GB/T 14685 检验 |
| 3 | 泥块含量(%) | ≤0.2 | | | 按 GB/T 14685 检验 |
| 4 | 岩石抗压强度 | 母岩与混凝土强度等级之比不应小于 1.5 | | | 按 GB/T 14685 检验 |
| 5 | 吸水率(%) | <2 | | | 按 GB/T 14685 检验 |
| 6 | 紧密空隙率(%) | ≤40 | | | 按 GB/T 14685 检验 |
| 7 | 坚固性(%) | ≤8(混凝土结构)<br>≤5(预应力混凝土结构) | | | 按 GB/T 14685 检验 |
| 8 | 硫化物及硫酸盐含量(%) | ≤0.5 | | | 按 GB/T 14685 检验 |
| 9 | 氯离子含量(%) | ≤0.02 | | | 按 TB 10424 检验 |
| 10 | 有机物含量(卵石) | 浅于标准色 | | | 按 GB/T 14685 检验 |

注：干湿交替或冻融破坏环境下，粗骨料的吸水率应小于 1%。

5)粗骨料的检验数量和检验方法应符合表 8-2-13 和表 8-2-14 的规定。

**表 8-2-14　粗骨料的检验要求**

| 序号 | 检验项目 | 检验批要求 | | | |
|---|---|---|---|---|---|
| 1 | 颗粒级配 | √ | 下列情况之一时，检验一次：<br>任何新选料源；<br>连续使用同料源、同品种、同规格的粗骨料达一年；<br>施工单位试验检验；监理单位平行检验 | √ | 连续进场的同料源、同品种、同规格的粗骨料每 400 m³(或 600 t)为一批，不足上述数量时也按一批计；<br>施工单位每批抽检一次；监理单位按施工单位抽检次数的 10%进行平行检验，但不少于一次 |
| 2 | 压碎指标值 | √ | | √ | |
| 3 | 针片状颗粒总含量 | √ | | √ | |
| 4 | 含泥量 | √ | | √ | |
| 5 | 泥块含量 | √ | | √ | |
| 6 | 岩石抗压强度 | √ | | | |
| 7 | 吸水率 | √ | | | |
| 8 | 紧密空隙率 | √ | | √ | |
| 9 | 坚固性 | √ | | | |
| 10 | 硫化物及硫酸盐含量 | √ | | | |
| 11 | 氯离子含量 | √ | | | |
| 12 | 有机物含量(卵石) | √ | | | |
| 13 | 碱活性 | √ | | | |

(5)高效减水剂的性能应符合表 8-2-15 的规定，聚羧酸系减水剂的性能应符合表 8-2-16 的规定。减水剂的匀质性应符合国家现行标准《混凝土外加剂》(GB 8076)的规定。当使用其他新型外加剂时，应事先按有关规定进行试验并经审定通过后方可使用。

**表 8-2-15 高效减水剂的技术要求**

| 序号 | 检验项目 | | 技术要求 | | 检验方法 |
|---|---|---|---|---|---|
| | | | 标准型 | 缓凝型 | |
| 1 | 减水率(%) | | ≥20 | | 按 GB 8076 检验 |
| 2 | 含气量(%) | | ≤3.0 | | 按 GB 8076 检验 |
| 3 | 泌水率比(%) | | ≤20 | | 按 GB 8076 检验 |
| 4 | 压力泌水率比(用于配制泵送混凝土时)(%) | | ≤90 | | 按 JC 473 检验 |
| 5 | 抗压强度比(%) | 1 d | ≥140 | — | 按 GB 8076 检验 |
| | | 3 d | ≥130 | — | 按 GB 8076 检验 |
| | | 7 d | ≥125 | ≥125 | 按 GB 8076 检验 |
| | | 28 d | ≥120 | ≥120 | 按 GB 8076 检验 |
| 6 | 坍落度 1 h 经时变化量(用于配制泵送混凝土时)(mm) | | — | ≤60 | 按 JC 473 检验 |
| 7 | 凝结时间差(min) | 初凝 | −90～+120 | >+90 | 按 GB 8076 检验 |
| | | 终凝 | | — | |
| 8 | 硫酸钠含量(按折固含量计)(%) | | ≤10.0 | | 按 GB/T 8077 检验 |
| 9 | 氯离子含量(按折固含量计)(%) | | ≤0.6 | | 按 GB/T 8077 检验 |
| 10 | 碱含量(按折固含量计)(%) | | ≤10 | | 按 GB/T 8077 检验 |
| 11 | 收缩率比(%) | | ≤125 | | 按 GB 8076 检验 |

注：1. 检验减水率、含气量、泌水率比、凝结时间之差、收缩率比时，混凝土坍落度宜为(80±10)mm。
2. 抽检试验用水泥宜为工程用水泥。

**表 8-2-16 聚羧酸系减水剂的技术要求**

| 序号 | 检验项目 | | 技术要求 | | | 检验方法 |
|---|---|---|---|---|---|---|
| | | | 早强型 | 标准型 | 缓凝型 | |
| 1 | 减水率(%) | | ≥25 | | | 按 GB 8076 检验 |
| 2 | 含气量(%) | | ≤3.0 | | | 按 GB 8076 检验 |
| 3 | 泌水率比(%) | | ≤20 | | | 按 GB 8076 检验 |
| 4 | 压力泌水率比(用于配制泵送混凝土时)(%) | | ≤90 | | | 按 TB 3275 检验 |
| 5 | 抗压强度比(%) | 1 d | ≥180 | ≥170 | — | 按 GB 8076 检验 |
| | | 3 d | ≥170 | ≥160 | — | 按 GB 8076 检验 |
| | | 7 d | ≥145 | ≥150 | ≥140 | 按 GB 8076 检验 |
| | | 28 d | ≥130 | ≥140 | ≥130 | 按 GB 8076 检验 |
| 6 | 坍落度 1 h 经时变化量(用于配制泵送混凝土时)(mm) | | — | ≤80 | ≤60 | 按 TB 3275 检验 |
| 7 | 凝结时间差(min) | 初凝 | −90～+90 | −90～+120 | >+90 | 按 GB 8076 检验 |
| | | 终凝 | | | — | |
| 8 | 甲醛含量(按折固含量计)(%) | | ≤0.05 | | | 按 JG/T 223 检验 |
| 9 | 硫酸钠含量(按折固含量计)(%) | | ≤5.0 | | | 按 GB/T 8077 检验 |
| 10 | 氯离子含量(按折固含量计)(%) | | ≤0.6 | | | 按 GB/T 8077 检验 |
| 11 | 碱含量(按折固含量计)(%) | | ≤10 | | | 按 GB/T 8077 检验 |
| 12 | 收缩率比(%) | | ≤110 | | | 按 GB 8076 检验 |

注：1. 检验减水率、含气量、泌水率比、凝结时间之差、收缩率比时，混凝土坍落度控制值为(80±10)mm。
2. 抽检试验用水泥宜为工程用水泥。

检验数量和检验方法应符合表 8-2-15～表 8-2-17 的规定。

**表 8-2-17　减水剂的检验要求**

<table>
<tr><th colspan="2" rowspan="2">检 验 项 目</th><th colspan="6">检验批要求</th></tr>
<tr><th colspan="2">质量证明文件检查</th><th colspan="4">抽样试验检验</th></tr>
<tr><td rowspan="11">高效减水剂</td><td>减水率</td><td>√</td><td rowspan="11">每品种、每厂家检查供应商提供的质量证明文件。施工单位、监理单位均全部检查</td><td>√</td><td rowspan="11">下列情况之一时，检验一次：<br>任何新选货源；<br>使用同厂家、同品种的产品达 6 个月及出厂日期达 6 个月的产品。<br>施工单位试验检验；监理单位平行检验</td><td>√</td><td rowspan="11">同厂家、同品种、同编号的产品每 50 t 为一批，不足 50 t 按一批计。<br>施工单位每批抽检一次；监理单位按施工单位抽检次数的 10%进行平行检验，但不少丁一次</td></tr>
<tr><td>含气量</td><td>√</td><td>√</td><td>√</td></tr>
<tr><td>泌水率比</td><td>√</td><td>√</td><td>√</td></tr>
<tr><td>压力泌水率比(用于配制泵送混凝土时)</td><td>√</td><td>√</td><td>√</td></tr>
<tr><td>抗压强度比</td><td>√</td><td>√</td><td>√</td></tr>
<tr><td>坍落度 1 h 经时变化量(用于配制泵送混凝土时)</td><td>√</td><td>√</td><td></td></tr>
<tr><td>凝结时间差</td><td>√</td><td>√</td><td></td></tr>
<tr><td>硫酸钠含量(按折固含量计)</td><td>√</td><td>√</td><td></td></tr>
<tr><td>氯离子含量(按折固含量计)</td><td>√</td><td>√</td><td></td></tr>
<tr><td>碱含量(按折固含量计)</td><td>√</td><td>√</td><td></td></tr>
<tr><td>收缩率比</td><td>√</td><td>√</td><td></td></tr>
<tr><td rowspan="12">聚羧酸系减水剂</td><td>减水率</td><td>√</td><td rowspan="12">每品种、每厂家检查供应商提供的质量证明文件。施工单位、监理单位均全部检查</td><td>√</td><td rowspan="12">下列情况之一时，检验一次：<br>任何新选货源；<br>使用同厂家、同品种的产品达 6 个月及出厂日期达 6 个月的产品。<br>施工单位试验检验；监理单位平行检验</td><td>√</td><td rowspan="12">同厂家、同品种、同编号的产品每 50 t 为一批，不足 50 t 按一批计。<br>施工单位每批抽检一次；监理单位按施工单位抽检次数的 10%进行平行检验，但不少于一次</td></tr>
<tr><td>含气量</td><td>√</td><td>√</td><td>√</td></tr>
<tr><td>泌水率比</td><td>√</td><td>√</td><td>√</td></tr>
<tr><td>压力泌水率比(用于配制泵送混凝土时)</td><td>√</td><td>√</td><td>√</td></tr>
<tr><td>抗压强度比</td><td>√</td><td>√</td><td>√</td></tr>
<tr><td>坍落度 1 h 经时变化量(用于配制泵送混凝土时)</td><td>√</td><td>√</td><td></td></tr>
<tr><td>凝结时间差</td><td>√</td><td>√</td><td></td></tr>
<tr><td>甲醛含量(按折固含量计)</td><td>√</td><td>√</td><td></td></tr>
<tr><td>硫酸钠含量(按折固含量计)</td><td>√</td><td>√</td><td></td></tr>
<tr><td>氯离子含量(按折固含量计)</td><td>√</td><td>√</td><td></td></tr>
<tr><td>碱含量(按折固含量计)</td><td>√</td><td>√</td><td></td></tr>
<tr><td>收缩率比</td><td>√</td><td>√</td><td></td></tr>
</table>

(6)引气剂的技术要求应符合表 8-2-18 的规定。

**表 8-2-18　引气剂的技术要求**

<table>
<tr><th>序号</th><th colspan="2">检 验 项 目</th><th>技 术 要 求</th><th>检 验 方 法</th></tr>
<tr><td>1</td><td colspan="2">减水率(%)</td><td>≥6</td><td>按 GB 8076 检验</td></tr>
<tr><td>2</td><td colspan="2">含气量(%)</td><td>≥3.0</td><td>按 GB 8076 检验</td></tr>
<tr><td>3</td><td colspan="2">常压泌水率比(%)</td><td>≤70</td><td>按 GB 8076 检验</td></tr>
<tr><td>4</td><td colspan="2">1 h 含气量经时变化(%)</td><td>−1.5～+1.5</td><td>按 GB 8076 检验</td></tr>
<tr><td rowspan="3">5</td><td rowspan="3">抗压强度比(%)</td><td>3 d</td><td>≥95</td><td>按 GB 8076 检验</td></tr>
<tr><td>7 d</td><td>≥95</td><td>按 GB 8076 检验</td></tr>
<tr><td>28 d</td><td>≥90</td><td>按 GB 8076 检验</td></tr>
<tr><td rowspan="2">6</td><td rowspan="2">凝结时间差(min)</td><td>终凝</td><td rowspan="2">−90～+120</td><td>按 GB 8076 检验</td></tr>
<tr><td>初凝</td><td>按 GB 8076 检验</td></tr>
<tr><td>7</td><td colspan="2">收缩率比(%)</td><td>≤125</td><td>按 GB 8076 检验</td></tr>
<tr><td>8</td><td colspan="2">相对耐久性指数(200 次)(%)</td><td>≥80</td><td>按 GB 8076 检验</td></tr>
<tr><td>9</td><td colspan="2">28 d 硬化混凝土气泡间距系数(μm)</td><td>≤300</td><td>按 TB 10424 检验</td></tr>
</table>

检验数量和检验方法应符合表 8-2-18 和表 8-2-19 的规定。

**表 8-2-19　引气剂的检验要求**

| 检验项目 | | 检验批要求 | | | | | |
|---|---|---|---|---|---|---|---|
| | | 质量证明文件检查 | | 抽样试验检验 | | | |
| 引气剂 | 减水率 | √ | 每品种、每厂家检查供应商提供的质量证明文件。施工单位、监理单位均全部检查 | √ | 下列情况之一时，检验一次：任何新选货源；使用同厂家、同品种的产品达 6 个月及出厂日期达 6 个月的产品。施工单位试验检验；监理单位平行检验 | √ | 同厂家、同品种、同编号的产品每 5 t 为一批，不足 5 t 时也按一批计。施工单位每批抽检一次；监理单位按施工单位抽检次数的 10%进行平行检验，但不少于一次 |
| | 含气量 | √ | | √ | | √ | |
| | 常压泌水率比 | √ | | √ | | √ | |
| | 1 h 含气量经时变化 | √ | | √ | | √ | |
| | 抗压强度比 | √ | | √ | | √ | |
| | 凝结时间差 | √ | | √ | | | |
| | 收缩率比 | √ | | √ | | | |
| | 相对耐久性指数(300 次) | √ | | √ | | | |
| | 硬化混凝土气泡间距系数 | √ | | √ | | | |

(7)拌和用水的性能应符合表 8-2-20 的规定。

养护用水除不溶物、可溶物可不作要求外，其他技术要求应符合表 8-2-20 的规定。养护用水不得采用海水。

回收重复利用水的 pH 值、氯化物含量、硫酸盐含量和碱含量应符合表 8-2-20 的规定。

**表 8-2-20　拌和水的技术要求**

| 序号 | 检验项目 | 技术要求 | | | 检验方法 |
|---|---|---|---|---|---|
| | | 预应力混凝土 | 钢筋混凝土 | 素混凝土 | |
| 1 | pH 值 | >6.5 | >6.5 | >6.5 | 按 JGJ 63 检验 |
| 2 | 不溶物含量(mg/L) | <2 000 | <2 000 | <5 000 | 按 JGJ 63 检验 |
| 3 | 可溶物含量(mg/L) | <2 000 | <5 000 | <10 000 | 按 JGJ 63 检验 |
| 4 | 氯化物含量(mg/L) | <500<br><350(用钢丝或热处理的钢筋) | <1 000 | <3 500 | 按 JGJ 63 检验 |
| | | <200(混凝土处于氯盐环境下) | | | |
| 5 | 硫酸盐含量(mg/L) | <600 | <2 000 | <2 700 | 按 JGJ 63 检验 |
| 6 | 碱含量(mg/L) | <1 500 | <1 500 | <1 500 | 按 GB/T 176 检验 |
| 7 | 抗压强度比(28 d)(%) | ≥90 | | | 按 JGJ 63 检验 |
| 8 | 凝结时间差(min) | ≤30 | | | 按 JGJ 63 检验 |

检验数量和检验方法应符合表 8-2-20 和表 8-2-21 的规定。

**表 8-2-21　水的检验要求**

| 序号 | 检验项目 | 检验批要求 | | | |
|---|---|---|---|---|---|
| 1 | pH 值 | √ | 下列情况之一时，检验一次：新水源；同一水源的水使用达一年。施工单位试验检验；监理单位见证检验 | √ | 同一水源的涨水季节检验一次；施工单位试验检验；监理单位按施工单位抽检次数的 10%进行见证检验，但至少一次 |
| 2 | 不溶物含量 | √ | | √ | |
| 3 | 可溶物含量 | √ | | √ | |
| 4 | 氯化物含量 | √ | | √ | |
| 5 | 硫酸盐含量 | √ | | √ | |
| 6 | 碱含量 | √ | | √ | |
| 7 | 抗压强度比(28 d) | √ | | | |
| 8 | 凝结时间差 | √ | | | |

(8)严重腐蚀环境下采取防腐蚀强化措施时选用的钢筋阻锈剂、混凝土表面涂层、防腐蚀涂层材料、包裹

用钢板和阴极保护材料等的品种、质量应符合设计要求和相关产品标准的规定。

检验数量：施工单位按相关标准的规定进行检验；监理单位见证检验或平行检验。

检验方法：施工单位全部检查质量证明文件并按批进行抽样试验；监理单位全部检查质量证明文件、试验报告并进行见证检验或平行检验。

## 2.3　配合比设计

(1)混凝土应根据设计使用年限、环境条件和施工工艺等进行设计。并通过计算、试配、试件检测和试浇后确定。混凝土配合比选定试验的检验和计算项目应符合表 8-2-22 的规定。当设计对混凝土的耐久性指标有更高要求时，其配合比的要求应另行研究确定。

**表 8-2-22　混凝土配合比选定试验的检验和计算项目**

| 序号 | 检验项目 | 试验方法 | 备注 |
|---|---|---|---|
| 1 | 坍落度或维勃稠度 | 《普通混凝土拌和物性能试验方法标准》(GB/T 50080) | 基本检验项目 |
| 2 | 泌水率 | | |
| 3 | 凝结时间 | 《普通混凝土拌和物性能试验方法标准》(GB/T 50080) | |
| 4 | 抗压强度 | 《普通混凝土力学性能试验方法标准》(GB/T 50081) | |
| 5 | 电通量 | 《普通混凝土长期性能和耐久性能试验方法》(GB/T 50082) | |
| 6 | 含气量 | 《普通混凝土拌和物性能试验方法标准》(GB/T 50080) | |
| 7 | 弹性模量 | 《普通混凝土力学性能试验方法标准》(GB/T 50081) | 仅对预应力混凝土或设计有要求时 |
| 8 | 抗冻等级 | 《普通混凝土长期性能和耐久性能试验方法》(GB/T 50082) | 仅对处于冻融破坏环境的混凝土或对耐久性有特殊要求的混凝土 |
| 9 | 气泡间距系数 | 《铁路混凝土工程施工质量验收标准》(TB/T 10424) | 仅对冻融破坏、盐类结晶破坏环境的混凝土 |
| 10 | 氯离子扩散系数 | 《普通混凝土长期性能和耐久性能试验方法》(GB/T 50082) | 仅对处于氯盐环境的混凝土 |
| 11 | 56 d 抗硫酸盐结晶破坏等级 | 《普通混凝土长期性能和耐久性能试验方法》(GB/T 50082) | 仅对处于盐类结晶破坏环境的混凝土 |
| 12 | 胶凝材料抗蚀系数 | 《铁路混凝土工程施工质量验收标准》(TB/T 10424) | 仅对处于硫酸盐化学侵蚀环境的混凝土 |
| 13 | 抗渗性 | 《普通混凝土长期性能和耐久性能试验方法》(GB/T 50082) | 仅对隧道衬砌混凝土 |
| 14 | 收缩 | | 仅对无砟轨道地板混凝土、双块式道床板混凝土、自密实混凝土 |
| 15 | 碱含量 | 水泥、矿物掺和料、外加剂及水的碱含量之和 | 基本计算项目，所有配合比均应进行 |
| 15 | 三氧化硫含量 | 水泥、矿物掺和料、外加剂及水的三氧化硫含量之和 | |
| 16 | 氯离子含量 | 水泥、矿物掺和料、粗骨料、细骨料、外加剂及水的氯离子含量之和 | |

检验数量：施工单位对同强度等级、同性能要求的混凝土进行一次混凝土配合比选定试验。当原材料或施工工艺发生变化时，应重新进行配合比选定试验；监理单位全部检查。

检验方法：施工单位进行配合比选定试验；监理单位检查确认混凝土配合比选定报告。

(2)混凝土的碱含量应符合设计要求。当设计无具体要求时，混凝土碱含量应满足表 8-2-23 的规定。

当骨料的砂浆棒膨胀率大于等于 0.10%且小于 0.20%时，混凝土碱含量应满足表 8-2-23 的规定；当骨料的砂浆棒膨胀率大于等于0.20%且小于0.30%时,除混凝土碱含量应满足表8-2-23的规定外,还应采取掺加矿物掺和料等抑制碱—骨料反应的技术措施,并经试验证明抑制有效。抑制碱—骨料反应有效性试验方法应按《铁路混凝土工程施工质量验收标准》(TB 10424)进行。不得使用砂浆棒膨胀率大于等于0.30%的骨料,不得使用具有碱—碳酸盐反应的活性骨料。

**表8-2-23　混凝土最大碱含量**(kg/m³)

| 设计使用年限级别 | | 一(100年) | 二(60年) | 三(30年) |
|---|---|---|---|---|
| 环境条件 | 干燥环境 | 3.5 | 3.5 | 3.5 |
| | 潮湿环境 | 3.0 | 3.0 | 3.5 |
| | 含碱环境 | 2.1 | 3.0 | 3.0 |

注:1. 混凝土的碱含量是指混凝土各种原材料的碱含量之和。其中,矿物掺和料的碱含量以其所含可溶性碱量计算。粉煤灰的可溶性碱量取粉煤灰总碱量的1/6,矿渣粉的可溶性碱量取矿渣粉总碱量的1/2,硅灰的可溶性碱量取硅灰总碱量的1/2。

2. 干燥环境是指不直接与水接触、年平均空气相对湿度长期不大于75%的环境;潮湿环境是指长期处于水下或潮湿土中、干湿交替区、水位变化区以及年平均相对湿度大于75%的环境;含碱环境是指直接与高含盐碱地、海水、含碱工业废水或钠(钾)盐等接触的环境;干燥环境或潮湿环境与含碱环境交替变化时,均按含碱环境对待。

3. 对于含碱环境中的混凝土结构,当其设计使用年限为100年时,除了混凝土的碱含量应满足本表要求外,还应使用非碱活性骨料;当其设计使用年限为30年、60年时,在限制混凝土碱含量的同时,还应对混凝土表面作防水、防碱涂层处理,否则应换用非碱活性骨料。

检验数量:施工单位对每一混凝土配合比进行一次总碱含量计算;监理单位全部检查。

检验方法:施工单位计算;监理单位检查计算单。

(3)钢筋混凝土中由水泥、矿物掺和料、骨料、外加剂和拌和用水等引入的氯离子总含量不应超过胶凝材料总量的0.10%,预应力混凝土结构的氯离子总含量不应超过胶凝材料总量的0.06%。混凝土中三氧化硫的含量不应超过胶凝材料总量的4.0%。

检验数量:施工单位对每一混凝土配合比进行一次氯离子总含量和三氧化硫含量计算;监理单位全部检查。

检验方法:施工单位计算;监理单位检查计算单。

(4)不同环境作用下混凝土中矿物掺和料用量可按表8-2-24进行选择。

**表8-2-24　不同环境作用下混凝土中矿物掺和料用量范围**(%)

| 环境类别 | 矿物掺和料种类 | 水胶比 | |
|---|---|---|---|
| | | ≤0.40 | >0.40 |
| 碳化环境 | 粉煤灰 | ≤40 | ≤30 |
| | 磨细矿渣粉 | ≤50 | ≤40 |
| 氯盐环境 | 粉煤灰 | 30~50 | 20~40 |
| | 磨细矿渣粉 | 40~60 | 30~50 |
| 化学侵蚀环境 | 粉煤灰 | 30~50 | 20~40 |
| | 磨细矿渣粉 | 40~60 | 30~50 |
| 盐类结晶破坏环境 | 粉煤灰 | ≤40 | ≤30 |
| | 磨细矿渣粉 | ≤50 | ≤40 |
| 冻融破坏环境 | 粉煤灰 | ≤30 | ≤20 |
| | 磨细矿渣粉 | ≤40 | ≤30 |
| 磨蚀环境 | 粉煤灰 | ≤30 | ≤20 |
| | 磨细矿渣粉 | ≤40 | ≤30 |

注:1. 本表规定的掺量是指单掺一种矿物掺和料时的适宜掺量范围。当采用多种矿物掺和料复掺时,不同矿物掺和料的产量可参考本表,并经过试验确定。

2. 本表规定的矿物掺和料的掺量范围仅限于使用硅酸盐水泥或普通硅酸盐水泥的混凝土。

3. 对于预应力混凝土结构,粉煤灰的掺量不宜超过30%。

4. 严重氯盐环境与化学侵蚀环境下,粉煤灰的掺量应大于30%,或磨细矿渣粉的掺量大于50%。

检验数量：施工单位对每一混凝土配合比进行一次计算；监理单位全部检查。

检验方法：施工单位计算；监理单位检查计算单。

(5)不同环境条件下混凝土的最大水胶比、最小胶凝材料用量应满足设计要求。当设计无要求时，应符合表 8-2-25 的规定。

**表 8-2-25　混凝土的最大水胶比和最小胶凝材料用量(kg/m³)**

| 环境类别 | 环境作用等级 | 使用年限级别 | | |
|---|---|---|---|---|
| | | 一(100 年) | 二(60 年) | 三(30 年) |
| 碳化环境 | T1 | 0.55,280 | 0.60，260 | 0.60，260 |
| | T2 | 0.50,300 | 0.55，280 | 0.55，280 |
| | T3 | 0.45,320 | 0.50，300 | 0.55，300 |
| 氯盐环境 | L1 | 0.45,320 | 0.50，300 | 0.50，300 |
| | L2 | 0.40,340 | 0.45，320 | 0.45，320 |
| | L3 | 0.36,360 | 0.40，340 | 0.40，340 |
| 化学侵蚀环境 | H1 | 0.50,300 | 0.55，280 | 0.55，280 |
| | H2 | 0.45,320 | 0.50，300 | 0.50，300 |
| | H3 | 0.40,340 | 0.45，320 | 0.45，320 |
| | H4 | 0.36,360 | 0.40，340 | 0.40，340 |
| 盐类结晶破坏环境 | Y1 | 0.50,300 | 0.55，280 | 0.55，280 |
| | Y2 | 0.45,320 | 0.50，300 | 0.50，300 |
| | Y3 | 0.40,340 | 0.45，320 | 0.45，320 |
| | Y4 | 0.36,360 | 0.40，340 | 0.40，340 |
| 冻融破坏环境 | D1 | 0.50,300 | 0.55，280 | 0.55，280 |
| | D2 | 0.45,320 | 0.50，300 | 0.50，300 |
| | D3 | 0.40,340 | 0.45，320 | 0.45，320 |
| | D4 | 0.36,360 | 0.40，340 | 0.40，340 |
| 磨蚀环境 | M1 | 0.50,300 | 0.55，280 | 0.55，280 |
| | M2 | 0.45,320 | 0.50，300 | 0.50，300 |
| | M3 | 0.40,340 | 0.45，320 | 0.45，320 |

注：碳化环境下，素混凝土的最大水胶比不应超过 0.60，最小胶凝材料用量不应低于 260 kg/m³；氯盐环境下，素混凝土的最大水胶比不应超过 0.55，最小胶凝材料用量不应低于 280 kg/m³。

检验数量：施工单位对每一混凝土配合比进行一次计算；监理单位全部检查。

检验方法：施工单位计算；监理单位检查计算单。

## 2.4　混凝土施工过程试验检测

(1)混凝土原材料每盘称量允许偏差应符合表 8-2-26 的规定。

**表 8-2-26　原材料每盘称量允许偏差**

| 序号 | 原材料名称 | 允许偏差(%) |
|---|---|---|
| 1 | 水泥、矿物掺和料 | ±1 |
| 2 | 粗、细骨料 | ±2 |
| 3 | 外加剂、拌和用水 | ±1 |

注：各种衡器应定期检定，每次使用前应进行零点校核，保证计量准确。

检验数量：每工作班抽查不应少于一次。

检验方法：施工单位复称；监理单位见证检验。

(2)混凝土拌制前,应测定砂、石含水率,并根据测试结果及时调整施工配合比。当遇雨天时,应增加含水率检测次数。

检验数量:施工单位每工作班检查不应少于一次;监理单位全部检查测试结果。

检验方法:施工单位进行砂、石含水率测试,提出施工配合比;监理单位见证试验,确认施工配合比。

(3)混凝土拌制过程中,应对混凝土拌和物的坍落度进行测定,测定值应不超过理论配合比坍落度的控制范围。

检验数量:施工单位每拌制 50 $m^3$混凝土或每工作班测试不应少于一次;监理单位全部检查测试结果。

检验方法:施工单位进行坍落度测试;监理单位见证试验。

(4)混凝土拌和物的入模含气量应满足设计要求。当设计无要求时,入模含气量应按表 8-2-27 的规定控制。

**表 8-2-27 混凝土入模含气量**

| 环境条件 | 冻融破坏环境 | | | 盐类结晶破坏环境 | 其他环境 |
|---|---|---|---|---|---|
| | D1 | D2、D3 | D4 | Y1、Y2、Y3、Y4 | |
| 含气量(入模时) | 4.0% | 5.0% | 6.0% | 4.0% | 2.0% |

注:梁体轨道板混凝土的含气量为 2.0%~4.0%。

检验数量:施工单位每拌制 50 $m^3$混凝土或每工作班测试不应少于一次;监理单位全部检查测试结果。

检验方法:施工单位进行含气量试验;监理单位见证试验。

(5)混凝土的入模温度不宜高于 30 ℃。冬期施工时,混凝土的出机温度不宜低于 10 ℃,混凝土的入模温度不应低于 5 ℃。

检验数量:施工单位每工作班至少测温 3 次并填写测温记录;监理单位至少测温一次。

检验方法:温度测试。

(6)新浇筑混凝土入模温度与邻接的已硬化混凝土或岩土介质表面温度的温差不得大于 15 ℃。与新浇筑混凝土接触的已硬化混凝土、岩土介质、钢筋和模板的温度不得低于 2 ℃。

检验数量:施工单位每部位测温一次并填写测温记录;监理单位每部位测温一次。

检验方法:温度测试。

(7)施工缝的留设位置和连接形式应符合设计和施工技术方案的要求。

检验数量:施工单位、监理单位全部检查。

检验方法:观察和尺量。

(8)在施工缝处的新浇混凝土前,应对已硬化的混凝土表面进行凿毛处理并充分湿润,但不得有积水。凿毛后露出的新鲜混凝土面积不低于 75%。凿毛时,混凝土应达到下列强度:

1)用人工凿毛时,不低于 2.5 MPa。

2)用机械凿毛时,不低于 10 MPa。

检验数量:施工单位、监理单位全部检查。

检验方法:观察和尺量。施工单位有代表性的做同条件养护试件强度试验;监理单位检查试验报告。

(9)混凝土浇筑完毕后,应按有关专业标准的规定和施工技术方案的要求及时采取有效的养护措施,并应符合下列规定:

1)混凝土养护期间,混凝土芯部温度不宜超过 60 ℃,最高不得大于 65 ℃,混凝土芯部温度与表面温度之差、表面温度与环境温度之差不宜大于 20 ℃(梁体混凝土不宜大于 15 ℃),养护用水温度与混凝土表面温度之差不得大于 15 ℃。

2)自然养护时,应在混凝土浇筑完毕后 1 h 内对混凝土进行保温保湿养护,养护时间应符合表 8-2-28 的规定。当环境温度低于 5 ℃时禁止洒水。

3)蒸汽养护期间,混凝土静停环境温度不应低于 5 ℃,静停时间宜为 4~6 h;混凝土周围蒸汽的升、降温速度不宜大于 10 ℃/h。蒸汽养护的预制梁脱模后的保温保湿养护时间不少于 14 d。蒸汽养护的预制轨道板脱模后的保温保湿养护时间不少于 10 d。

检验数量:选择有代表性的结构或部位进行测温检查,其他项目施工单位、监理单位全部检查。

检验方法：测温、观察，并检查测温和养护记录。

**表 8-2-28　不同混凝土潮湿养护的最低期限**

| 水胶比 | 大气潮湿（$RH$≥50%），无风，无阳光直射 | | 大气干燥（20%≤$RH$<50%），有风，或阳光直射 | | 大气极端干燥（$RH$<20%），大风，大温差 | |
|---|---|---|---|---|---|---|
| | 日平均气温 $T$(℃) | 养护时间 (d) | 日平均气温 $T$(℃) | 养护时间 (d) | 日平均气温 $T$(℃) | 养护时间 (d) |
| >0.45 | 5≤$T$<10 | 21 | 5≤$T$<10 | 28 | 5≤$T$<10 | 56 |
| | 10≤$T$<20 | 14 | 10≤$T$<20 | 21 | 10≤$T$<20 | 45 |
| | $T$≥20 | 10 | $T$≥20 | 14 | $T$≥20 | 35 |
| ≤0.45 | 5≤$T$<10 | 14 | 5≤$T$<10 | 21 | 5≤$T$<10 | 45 |
| | 10≤$T$<20 | 10 | 10≤$T$<20 | 14 | 10≤$T$<20 | 35 |
| | $T$≥20 | 7 | $T$≥20 | 10 | $T$≥20 | 28 |

（10）拆模时混凝土芯部与表面、表面与环境之间的温差不得大于 20 ℃（轨道板、梁体均不得大于 15 ℃）。混凝土芯部开始降温前不得拆模，大风及气温急骤变化时不应拆模。

检验数量：选择有代表性的结构或部位进行测温检查。

检验方法：施工单位测温检查；监理单位检查测温记录。

（11）混凝土的强度等级必须符合设计要求。预应力混凝土、喷射混凝土、蒸汽养护混凝土的力学性能标准条件养护试件的试验龄期为 28 d，其他混凝土力学性能标准条件养护试件的试验龄期为 56 d。力学性能标准条件养护试件应在混凝土的浇筑地点随机抽样制作，其试件的取样与留置频率应符合下列规定：

1）每拌制 100 盘且不超过 100 $m^3$ 的同配合比的混凝土，取样不得少于一次。

2）每工作班拌制的同一配合比的混凝土不足 100 盘时，取样不得少于一次。

3）现浇混凝土的每一结构部位，取样不得少于一次。

4）每次取样应至少留置一组试件。

检验数量：施工单位按规定的取样与留置频率要求制作试件。

检验方法：施工单位进行混凝土抗压强度试验；监理单位检查试验报告。

（12）混凝土同条件养护法试件的抗压强度必须符合设计要求。混凝土抗压强度同条件养护法试件的留置组数应按设计要求、相关标准规定和实际需要确定。桥梁的梁体、墩台身，隧道的衬砌、仰拱、底板等重要部位应制作抗压强度同条件养护试件，其取样、养护方式和试件留置数量应符合现行标准《铁路工程结构混凝土强度检测规程》（TB 10426）的规定。对于标准条件养护法试件试验龄期为 28 d、56 d 的，其同条件养护法试件的逐日累积温度分别为 600 ℃·d 、1 200 ℃·d，但养护龄期分别不宜超过 60 d、120 d。

检验数量：施工单位按设计要求、相关标准规定和实际需要数量进行检验。对桥梁每片（孔）梁、每墩台，隧道每 200 m 衬砌、每 500 m 仰拱、每 500 m 底板应按不同强度等级检验各不少于一次；监理单位按施工单位检验次数的 10%进行平行检验，但至少一次。

检验方法：施工单位进行混凝土抗压强度试验；监理单位检查混凝土抗压强度试验报告并进行平行检验。

（13）当设计对混凝土的弹性模量有要求时，其弹性模量必须符合设计要求。弹性模量试件应在混凝土的浇筑地点随机抽样制作，试件制作数量应符合下列规定：

1）随构件同条件养护的终张拉/放张弹性模量试件不得少于一组。

2）标准条件养护 28 d 弹性模量试件不得少于一组。

3）其他条件养护试件按设计要求、相关标准规定和实际需要确定。

检验数量：施工单位按规定制作弹性模量试件。

检验方法：施工单位进行混凝土弹性模量试验；监理单位检查试验报告。

（14）当设计对混凝土抗渗等级有要求时，其抗渗等级应符合设计要求。抗渗标准条件养护试件的试验龄期为 56 d。抗渗试件应在混凝土的浇筑地点随机抽样制作。

检验数量：施工单位每 5 000 $m^3$ 同配合比、同施工工艺的混凝土应至少制作抗渗检查试件一组（6 个），不足 5 000 $m^3$ 时也应制作抗渗检查试件一组；隧道衬砌、仰拱、底板每 500 m 应至少制作抗渗检查试件一组，不足 500 m 时也应留置一组。

检验方法：施工单位进行混凝土抗渗试验；监理单位检查试验报告。

(15)混凝土表面涂层等防腐蚀强化措施施工质量应符合设计要求和相关标准的规定。

检验数量：施工单位按相关标准的规定进行检验；监理单位按施工单位检验数量的 10%进行见证检验，但至少一次。

检验方法：施工单位按相关标准规定进行抽样试验；监理单位见证检验并检查试验报告。

(16)普通混凝土结构表面的非受力裂缝宽度不得大于 0.20 mm，预应力混凝土结构预应力区域混凝土表面不得出现裂缝。

检验数量：施工单位、监理单位全部检查。

检验方法：观察、测量。

(17)混凝土结构表面应密实平整、颜色均匀，不得有露筋、蜂窝、孔洞、疏松、麻面和缺棱掉角等缺陷。

检验数量：施工单位全部检查。

检验方法：观察。

## 2.5　混凝土耐久性试验检测

### 2.5.1　混凝土电通量检测

(1)适用范围。

1)通过测定混凝土在直流恒电压作用下通过的电量值大小来评价混凝土原材料和配合比对混凝土抗渗透性能的影响，也可用来间接评价混凝土的密实性。

2)适用于直径为 95～102 mm，厚度为(51±3)mm 的素混凝土芯样。

3)不适用于掺亚硝酸钙的混凝土。掺其他外加剂或表面处理过的混凝土，当有疑问时，应进行氯化物溶液的长期浸渍试验。

(2)试验设备及材料。

1)仪器设备应满足下列要求：

①直流稳压电源，可输出 60 V 直流电压，精度±0.1 V；

②带有注液孔的塑料或有机玻璃试验槽；

③20 目铜网；

④数字式直流表，量程 20 A，精度±1.0%；

⑤真空泵，真空度可达 133 Pa 以下；

⑥真空干燥器，内径不小于 250 mm。

2)试验应采用下列材料：

①用分析纯试剂配制的 3.0%氯化钠溶液；

②用分析纯试剂配制的 0.3 mol/L 氢氧化钠溶液；

③硅橡胶或树脂密封材料。

(3)试验步骤。

1)在规定的 56 d 试验龄期前，对预留的试块进行钻芯制件，试件直径为 95～102 mm，厚度为(51±3)mm，试验时以三块试件为一组。

2)将试件暴露于空气中至表面干燥，以硅橡胶或树脂密封材料涂于试件侧面，必要时填补涂层中的孔道以保证试件侧面完全密封。

3)测试前应进行真空饱水。将试件放入 1 000 mL 烧杯中，然后一起放入真空干燥器中，启动真空泵，数分钟内真空度达 133 Pa 以下，保持真空 3 h 后，维持这一真空度并注入足够的蒸馏水，直至淹没试件。试件浸泡 1 h 后恢复常压，再继续浸泡(18±2)h。

4)从水中取出试件，抹掉多余水分，将试件安装于试验槽内，用橡胶密封环或其他密封胶密封，并用螺杆将两试验槽和试件夹紧，以确保不会渗漏，然后将试验装置放在 20 ℃～23 ℃的流动冷水槽中，其水面宜低于装置顶面 5 mm，试验应在 20 ℃～25 ℃恒温室内进行。

5)将质量浓度为 0.3%的氯化钠和 0.3 mol/L 的氢氧化钠溶液分别注入试件两侧的试验槽中，注入氯化钠溶液的试验槽内的铜网连接电源负极，注入氢氧化钠溶液的试验槽中的铜网连接电源正极。

6)接通电源，对上述两铜网施加 60 V 直流恒电压，并记录电流初始读数 $I_0$，通电并保持试验槽中充满溶液。开始时每隔 5 min 记录一次电流值，当电流值变化不大时，每隔 10 min 记录一次电流值，当电流变化很小时，每隔 30 min 记录一次电流值，直至通电 6 h。

(4)试验步骤。

1)绘制电流与时间的关系图。将各点数据以光滑曲线连接起来，对曲线作面积积分，或按梯形法进行面积积分，即可得到试验 6 h 通过的电量。

2)取同组 3 个试件通过的电量的平均值，作为该组试件的电通量。

(5)混凝土的电通量应符合表 8-2-29 的规定。

**表 8-2-29　混凝土的电通量**

| 设计使用年限级别 | | 一(100 年) | 二(60 年)、三(30 年) |
|---|---|---|---|
| 电通量(56 d)(C) | <C30 | <2 000 | <2 500 |
| | C30～C45 | <1 500 | <2 000 |
| | ≥C50 | <1 000 | <1 500 |

注：本表是对所有有耐久性要求的混凝土的基本要求。当混凝土处于氯盐环境、化学侵蚀环境时，混凝土的耐久性指标还应分别满足表 8-2-30、表 8-2-31 的规定。

(6)氯盐环境下的钢筋混凝土结构，混凝土的电通量应符合表 8-2-30 的规定。

**表 8-2-30　氯盐环境下混凝土的电通量**

| 设计使用年限级别 | 一(100 年) | | 二(60 年)、三(30 年) | |
|---|---|---|---|---|
| 环境作用等级 | L1 | L2、L3 | L1 | L2、L3 |
| 电通量(56 d)(C) | <1 000 | <800 | <1 500 | <1 000 |

(7)化学侵蚀环境下的混凝土结构，混凝土的电通量应符合表 8-2-31 的规定。

**表 8-2-31　化学侵蚀环境下混凝土的电通量**

| 设计使用年限级别 | 一(100 年) | | 二(60 年)、三(30 年) | |
|---|---|---|---|---|
| 环境作用等级 | H1、H2 | H3、H4 | H1、H2 | H3、H4 |
| 电通量(56 d)(C) | <1 200 | <1 000 | <1 500 | <1 000 |

### 2.5.2　混凝土氯离子迁移系数法(RCM 法)

1. 试验原理

利用外加电场的作用使试件外部的的氯离子向试件内部迁移。经过一段时间后，将该试件沿轴向劈裂，在新劈开的断面上喷洒硝酸银溶液，根据生成的白色氯化银沉淀测量氯离子渗透的深度，以此计算出混凝土氯离子扩散系数。

2. 取样

取样应在施工现场进行，应随机从同一车(盘)中取样，并不宜在首车(盘)混凝土中取样。从车中取样时，应将混凝土搅拌均匀，应在卸料量 1/4～3/4 之间取样。

3. 试件制作

标准试件的尺寸是一致的，都是直径(100±1)mm，高度(50±2)mm 的圆柱体试件。但是制件方法有区别。RCM 法规定了两种种制作方法。但是都是使用圆柱试模，宜使用 $\phi$100 mm×100 mm 或$\phi$100 mm×200 mm试模。试件制作应在现场取样后 30 min 内进行。

4. 试件养护

试件成型后应立即用塑料薄膜覆盖并移至标准养护室。试件应在(24±2)h 内拆模，然后应浸没于标准养护室的水池中。

5. 试件安装

试件安装在 RCM 装置前应采用电吹风冷风挡吹干，表面应干净、无油污、灰沙和水珠。

6. 溶液配制

溶液(NaOH 溶液、NaCl 溶液)应至少提前 24 h 配制，并应密封保存在温度为 20 ℃～25 ℃的环境中。

阴极溶液要求：质量浓度 10%NaCl 溶液。

阳极溶液要求：摩尔浓度 0.3 mol/L NaOH 溶液。

显色指示剂要求：摩尔浓度 0.1 mol/L $AgNO_3$溶液。

7. 温度要求

试验室温度为 20 ℃～25 ℃，溶液温度 20 ℃～25 ℃，初始温度、最终温度测量的是阳极溶液，即 NaOH 溶液，要求温度计或热电偶的精度为 0.2 ℃ 。

8. 电迁移试验

开启电源，调节电压到(30±0.2)V，记录每个通道的初始电流，根据初始电流，确定试验电压和通电时间。

9. 氯离子渗透深度测定

(1)等分试件直径断面 10 等分。标准中要求喷涂显色剂后再等分，因为显色剂属强氧化剂，操作起来不是很方便，建议在破型之前用蜡笔标出。

(2)喷涂完显色剂后，15 min 后观察颜色，测量渗透深度，精确到 0.1 mm。

(3)当某一测点被骨料阻挡，可将此点位置移到最近未被骨料阻挡的位置进行测量。

(4)当某测点数据不能得到，只要总测点数多于 5 个，可忽略此测点。

(5)当某测点位置有一个明显的缺陷，使该点测量值远大于其他各测点的平均值，可忽略此测点数据，但这种情况应在试验记录和报告中注明。

10. 试验结果计算

$$D_{RCM}=\frac{0.0239\times(273+T)L}{(U-2)t}\left(X_d-0.0238\sqrt{\frac{(273+T)L\times d}{U-2}}\right) \tag{8-2-1}$$

式中 $D_{RCM}$——混凝土的非稳态氯离子迁移系数，精确到 $0.1\times10^{-12}\,m^2/s$；

$U$——所用电压的绝对值，V；

$T$——阳极溶液的初始温度和最终温度的平均值，℃；

$L$——试件的高度，精确到 0.1mm；

$X_d$——氯离子渗透深度，精确到 0.1mm；

$t$——试验持续时间，h。

11. 结果评定、数值取舍

(1)3 个试件为 1 组。

(2)正常情况下取 3 个试件的算术平均值作为该组试件的氯离子迁移系数测定值。

(3)当最大值或最小值，与中间值之差超过中间值的 15%时，应剔除此值，再取其余 2 个值的平均值作为测定值。

(4)当最大值和最小值，均超过中间值的 15%时，应取中间值作为测定值。

12. 检验结果

对于抗氯离子渗透试验、碳化试验、早期开裂试验，当同一检验批进行一组以上试验时，应取所有组试验结果中的最大值作为检验结果。

### 2.5.3 胶凝材料抗硫酸盐侵蚀性能快速试验方法

#### 2.5.3.1 适用范围

本试验主要根据水泥或胶凝材料胶砂试体浸泡在硫酸钠溶液中的抗折强度与洁净饮用水中的同龄期抗折强度之比计算抗蚀系数，以比较胶凝材料的抗硫酸盐侵蚀的性能。

2.5.3.2 试验设备及材料

(1)加压成型机:试体成型采用小型千斤顶压力机,最大荷重必须在15 kN以上。

(2)抗折机:试体破型采用小型电动抗折机,加荷速度0.8 N/s。

(3)模型:试体尺寸为10 mm×10 mm×60 mm,试模应由不锈钢材制造。

(4)球形拌和锅:直径200 mm,高70 mm,厚度1~2 mm。

(5)标准砂:质量应符合《水泥强度试验用标准砂》(GB 178)的要求。

(6)拌和水:蒸馏水。

2.5.3.3 温度、湿度

(1)试验室温度为17 ℃~25 ℃,相对湿度大于50%,所用试验原材料温度应与室温相同。

(2)养护箱温度(20±3)℃,相对湿度大于90%。

(3)浸泡前养护水的温度(50±1)℃。

(4)侵蚀液温度(20±3)℃。

2.5.3.4 试验步骤

(1)试体成型:称取水泥或胶凝材料共100 g(工程水泥和矿物掺和料用量应按照配合比进行计算),标准砂250 g,拌和均匀后加入50 g蒸馏水,湿拌3 min,将胶砂分别装入6个三联模内。把带有模芯、模套的试模放到小型千斤顶压力机上加压到8 MPa压力下保持5 s,然后取出试模,刮平,编号,放入养护箱养护(24±2)h,脱模。

(2)试体的养护:脱模后的试体放入50 ℃洁净饮用水中养护7 d。

(3)试体的浸泡:将试体分成两组,一组9块放入20 ℃洁净饮用水中养护,一组9块放入3%的$Na_2SO_4$侵蚀溶液中浸泡。试体在浸泡过程中,每天一次用硫酸溶液滴定以中和试体在溶液中释放出的$Ca(OH)_2$,边滴定边搅拌使溶液的pH值保持在7.0左右。

试体在$Na_2SO_4$溶液中浸泡时,每条试体需有200 mL的侵蚀溶液,液面至少高出试体顶面10 mm,为避免蒸发,容器必须加盖。

(4)试体破型:试体在20 ℃洁净饮用水中养护28 d,以及在侵蚀性溶液中养护28 d后,取出并用小型抗折机进行抗折试验。其中,试体支点跨距50 mm,支撑圆柱直径5 mm,加荷速度控制在0.78 N/s。

破型前,须擦去试体表面的水分和砂粒,清除支点圆柱表面黏着的杂物,试体放入抗折支点上时,应使侧面与圆柱接触。

2.5.3.5 试验结果计算

(1)试体的极限抗折强度(MPa),系由破坏荷载乘以0.75得到,抗折强度计算到0.01 MPa。

(2)剔去9块试体破坏荷载的最大值和最小值,以其余7个试体抗折强度的平均值作为该组试体的抗折强度。

(3)水泥胶砂的抗蚀系数以同龄期的水泥胶砂试体分别在侵蚀溶液中浸泡和在20 ℃洁净饮用水中养护的抗折强度之比,以$k$表示,计算精确到0.01。

2.5.3.6 结果判定

抗蚀系数大于0.8时,判定水泥胶砂抗硫酸盐侵蚀性能合格。

### 2.5.4 混凝土抗冻性检测

2.5.4.1 慢冻法

(1)适用于测定混凝土试件在气冻水融反复作用下所能经受的冻融循环次数为指标的混凝土抗冻性能。

(2)试件应符合以下规定:

1) 应采用100 mm×100 mm×100 mm立方体试件为标准试件;

2) 每次试验所需要的试件组数应符合表8-2-32的规定,每组试件应为3块;

3) 在成型抗冻试件时,不得采用憎水性脱模剂。

(3)试验设备应符合下列规定。

1)冻融试验箱:能使试件静置不动,通过气冻水融进行冻融循环。在满载运转时的条件下,冷冻期间冻

**表 8-2-32　慢冻法试验所需的试件组数**

| 设计抗冻标号 | D25 | D50 | D100 | D150 | D200 | D250 | D300 及以上 | 300 以上 |
|---|---|---|---|---|---|---|---|---|
| 检查强度所需冻融次数 | 25 | 50 | 50 及 100 | 100 及 150 | 150 及 200 | 200 及 250 | 250 及 300 | 300 及设计次数 |
| 鉴定 28 d 强度所需试件组数 | 1 | 1 | 1 | 1 | 1 | 1 | 1 | 1 |
| 冻融试件组数 | 1 | 1 | 2 | 2 | 2 | 2 | 2 | 2 |
| 对比试件组数 | 1 | 1 | 2 | 2 | 2 | 2 | 2 | 2 |
| 总计试件组数 | 3 | 3 | 5 | 5 | 5 | 5 | 5 | 5 |

融试验箱内空气的温度应保持在－18 ℃～－20 ℃范围内；融化期间冻融试验箱内浸泡混凝土试件的水温度应保持在 18 ℃～20 ℃范围内；且冻融试验箱内各点温度极差不应超过 2 ℃。

2) 控制系统：采用慢冻自动冻融设备时，还应配备满足自动控制、数据曲线实时动态显示、具备断电记忆、试验数据自动存储等功能。

3) 试件架：应采用不锈钢或者耐腐蚀的非金属材料制作，其尺寸应与冻融试验箱和所装的试件相适应。

4) 案秤：最大量程 20 kg，感量为 5 g。

5)压力试验机：应符合《普通混凝土力学性能试验方法标准》(GB/T 50081)关于压力机的相关要求。

6)温度检测仪：温度检测范围不应小于 20 ℃～－20 ℃，测量精度不应低于 0.5 ℃。

(4) 慢冻试验应按照下列步骤进行：

1)除有特殊要求外，试件应在 28 d 龄期时进行冻融试验。试验前 4 d 应把冻融试件从养护地点取出，进行外观检查，随后放在(20±2)℃水中浸泡，浸泡时水面应高出试件顶面 20～30 mm，浸泡 4 d 后进行冻融试验。对比试件则应继续保留在标准养护室内，直到完成冻融循环后，与抗冻试件同时试压。

注：对于水中养护的试件，达到养护龄期时，即可直接进行抗冻试验，此时，对比试件应继续在水中养护。此种情况应在试验报告中予以说明。

2) 浸泡完毕后，应及时取出试件，用湿布擦除表面水分并应分别称重、编号，然后按编号置入试件架内，且试件架与试件的接触面积不应超过试件底面的 1/10。把试件架放入冻融试验箱内后，试件与箱底、箱壁之间应至少留有 20 mm 的空隙。试件架中各试件之间应至少保持 30 mm 的空隙。

3) 应在温度降至－18 ℃时开始计算冷冻时间。每次从装完试件到温度降至－18 ℃所需的时间应在 1.5～2 h 内。冻融箱内温度在冷冻时应保持在－18 ℃～－20 ℃之间。冻融箱内温度以其中心处温度为准，但宜同时监测和控制冻融箱对角线四角处温度，满载运转时冻融箱内各点温度极差不应超过 2 ℃。

4) 每次循环中试件的冷冻或融化时间按其尺寸而定，对尺寸为 100 mm×100 mm×100 mm 及 150 mm×150 mm×150 mm 的立方体试件或 $\phi$100 mm×200 mm 及 $\phi$150 mm×300 mm 圆柱体试件，冷冻时间应在 4～6 h 内完成，对尺寸为 200 mm×200 mm×200 mm 的立方体试件或 $\phi$200 mm×400 mm 圆柱体试件，冷冻时间应在 6～8 h 内完成。

5) 冷冻试验结束后，应立即加入温度为 18 ℃～20 ℃的水，使试件转入融化状态，加水时间不应超过 10 min。控制系统应使水温保持在 18 ℃～20 ℃。冻融箱内的水面应至少高出试件表面 20 mm。融化时间应符合上两段的规定。

融化完毕即为该次冻融循环结束，进入下一次冻融循环。

6)应经常对冻融试件进行外观检查。发现有严重破坏时应进行称重，如某组试件的平均质量损失率超过 5%，即可停止其冻融循环试验。

7)混凝土试件达到规定的冻融循环次数后，即应进行抗压强度试验。抗压强度试验应符合《普通混凝土力学性能试验方法标准》(GB/T 50081)的相关要求。抗压试验前应称重并进行外观检查，详细记录试件表面破损，裂缝及边角缺损情况。如果试件表面破损严重，则应先用高强石膏找平后再进行试压。

8)如冻融循环因故中断，试件应保持在冷冻状态，宜将试件保存在原容器内用冰块围住。如无这种可能，应将试件在潮湿状态下用防水材料包裹，加以密封，并存放在(－18±2)℃的冷冻室或冰箱中，直至恢复冻融试验为止，此时应将故障原因及暂停时间在试验结果中注明。

试件处在融解状态下发生故障的时间不宜超过两个冻融循环的时间。在整个试验过程中超过两个冻融循环周期的故障次数，不得超过 2 次。

9)抗冻能力差异较大的不同品种的混凝土试件不宜在同一个抗冻设备中同时进行抗冻试验。

10)当一部分试件由于失效破坏或者停止试验被取出时，应用空白试件填充空位。

(5)冻融循环达到以下三种情况之一即可停止试验：

1)已经达到规定的循环次数；

2)抗压强度损失率已经达到 25%；

3)质量损失率已经达到 5%。

(6)试验结果计算及确定应按下列方法进行。

1)强度损失率应按下式进行计算：

$$\Delta f_c=(f_{c0}-f_{cn})/f_{c0}\times 100 \tag{8-2-2}$$

式中　$\Delta f_c$——$n$ 次冻融循环后的混凝土抗压强度损失率，%；

$f_{c0}$——对比用的三个标准养护混凝土试件的抗压强度平均值，MPa，精确至 0.1 MPa；

$f_{cn}$——经 $n$ 次冻融循环后的三个混凝土试件抗压强度平均值，MPa，精确至 0.1 MPa。

以三个试件抗压强度试验结果的平均值作为测定值。当最大值或最小值之一，与中间值之差超过中间值的 15%时，剔除此值，取其余两值的平均值作为测定值；当最大值和最小值均超过中间值的 15%时，则取中间值作为测定值。

2) 质量损失率应按下式计算：

$$\Delta W_n=(W_0-W_n)/W_0\times 100 \tag{8-2-3}$$

式中　$\Delta W_n$——$n$ 次冻融循环后的混凝土质量损失率，%，精确至 0.1；

$W_0$——冻融循环试验前的混凝土试件质量，g；

$W_n$——$n$ 次冻融循环后的混凝土试件质量，g。

以三个试件试验结果的平均值作为测定值。当某个试验结果出现负值，则取 0 值，再取三个试件的平均值。当三个值中，最大值或最小值之一，与中间值之差超过 1%时，剔除此值，取其余两值的平均值作为测定值；当最大值和最小值均与中间值之差均超过 1%时，则取中间值作为测定值。

3)抗冻标号应按照如下方法确定：

当抗压强度损失率达到 25%或者质量损失率达到 5%时的最大冻融循环次数，作为混凝土抗冻标号，以符号 $D$ 表示。

#### 2.5.4.2　快冻法

(1)适用于测定混凝土试件在水冻水融的条件下，经受的快速冻融循环次数或抗冻耐久性系数来表示的混凝土抗冻性能。

(2)试验设备应符合下列规定：

1)试件盒：宜采用具有弹性的橡胶材料制作，其内表面底部应有橡胶突起部分。盒内加水后水面应至少能高出试件顶面 5 mm。

2)快速冻融装置：应能使试件盒固定在其中不动，依靠热交换液体的温度变化而连续、自动地按照本方法 4 的要求进行冻融循环的装置。除了埋设在测温试件中的温度传感器外，应另在冻融箱内防冻液中心、中心与其中一个对角的二分之一处各设有温度传感器，以监测箱内温度极差。运转时冻融箱内各点温度的极差不得超过 2 ℃。

3)台秤：最大量程 20 kg，感量 5 g。

4)混凝土动弹性模量测定仪：应符合相关标准的要求。

5)热电偶、电位差计：应能在 20 ℃～－20 ℃范围内测定试件中心温度，测量精度不应低于±0.5 ℃。

(3)试件应符合如下规定：

1)应采用 100 mm×100 mm×400 mm 的棱柱体试件，每组试件 3 块。

2)成型试件时，不得采用憎水性脱模剂。

3)除制作冻融试件外，尚应制作同样形状、尺寸，且中心埋有热电偶的测温试件，测温试件应采用防冻液作为冻融介质。测温试件所用混凝土的抗冻性能应高于被测试件。测温试件的温度传感器(热电偶)应在试件成型时事先预埋,并应确保埋设在试件中心。不应采用钻孔后直接插入的方式埋设温度传感器。

(4)快冻试验应按照以下步骤进行:

1)按《普通混凝土力学性能试验方法标准》(GB/T 50081)的相应要求制作试件。如无特殊要求,试件应在28 d龄期时进行冻融试验。试验前4 d应把冻融试件从养护地点取出,进行外观检查,随后放在(20±2)℃水中浸泡,浸泡时水面至少应高出试件顶面20 mm,冻融试件浸泡4 d后进行冻融试验。

注:对于水中养护的试件,达到养护龄期时,即可直接进行抗冻试验。此种情况应在试验报告中予以说明。

2)测定初始值。应及时从养护水中取出试件,用干净的湿布擦除表面水分,称量试件初始质量$W_0$,然后测定其横向基频的初始值$f_0$,并对试件表面和边角等完好情况进行必要的外观描述。

3)将试件放入试件盒内,试件应位于试件盒中心。然后向试件盒中注入清水。在整个试验过程中,盒内水位高度应始终保持高出试件顶面5 mm左右。

4)将试件盒放入冻融箱内的试件架中。测温试件盒应放在冻融箱的中心位置。此时即可开始冻融循环。

5)冻融循环过程应符合下列要求:

①每次冻融循环应在2～4 h内完成,其中用于融化的时间不得小于整个冻融时间的1/4。

②在冷冻和融化完成时,试件中心温度应分别控制在(−18±2)℃和(5±2)℃,任意时刻试件中心温度不得高于7 ℃,也不得低于−20 ℃。

③每块试件从3 ℃降至−16 ℃所用的时间不得少于冷冻时间的1/2。每块试件从−16 ℃升至3 ℃所用时间也不得少于整个融化时间的1/2,试件内外的温差不宜超过28 ℃。

④冷冻和融化之间的转换时间不宜超过10 min。

⑤抗冻能力差异较大的不同品种混凝土试件不宜在同一个抗冻设备中同时进行抗冻试验。

6)一般情况下每隔25次冻融循环应测量一次试件的横向基频$f_n$,测量前应将试件表面浮渣清洗干净,擦去表面积水,检查其外部损伤并称量试件的质量$W_n$。测完后,应迅速将试件调头重新装入试件盒内并加入清水,继续试验。试件盒在冻融箱中的位置宜固定,也可以根据预先的计划转换试件盒的位置。试件的测量、称量及外观检查应迅速,以免水分损失,待测试件需用湿布覆盖。

7)当有一部分试件停止试验被取出时,应另用其他试件填充空位。如冻融循环因故中断,试件应保持在冷冻状态,宜将试件保存在原容器内用冰块围住。如无这种可能,应将试件在潮湿状态下用防水材料包裹,加以密封,并存放在(−18±2)℃的冷冻室或冰箱中。直至恢复冻融试验为止,此时应将故障原因及暂停时间在试验结果中注明。

试件处在融解状态下的时间不宜超过两个冻融循环的时间。特殊情况下,超过两个冻融循环周期的次数,在整个试验过程中最多只允许2次。

8)冻融循环到达以下3种情况之一时即可停止试验:

①达到规定的冻融循环次数;

②试件的相对动弹性模量下降到60%以下;

③试件的质量损失率达5%。

(5)试验结果计算及确定应符合下列要求:

1)相对动弹性模量应按下式计算:

$$P=f_n^2/f_0^2\times 100 \tag{8-2-4}$$

式中 $P$——经$n$次冻融循环后混凝土试件的相对动弹性模量,%;

$f_n$——经$n$次冻融循环后混凝土试件的横向基频,Hz;

$f_0$——冻融循环试验前混凝土试件横向基频初始值,Hz。

以三个试件试验结果的平均值作为测定值。当最大值或最小值之一,与中间值之差超过中间值的15%时,剔除此值,取其余两值的平均值作为测定值;当最大值和最小值均超过中间值的15%时,则取中间值作为测定值。

2)质量损失率应按下式计算:

$$\Delta W=(W_0-W_n)/W_0\times 100 \tag{8-2-5}$$

式中　$\Delta W$——经 $n$ 次冻融循环后试件的质量损失率，%，精确至 0.1；

$W_0$——冻融循环试验前混凝土试件的质量，g；

$W_n$——经 $n$ 次冻融循环后混凝土试件的质量，g。

以三个试件试验结果的平均值作为测定值。当三个试验结果中出现负值，取负值为 0 值，仍取试验结果的平均值。当三个值中，最大值或最小值之一，与中间值之差超过 1%时，剔除此值，取其余两值的平均值作为测定值；当最大值和最小值与中间值之差均超过 1%时，则取中间值作为测定值。

3）抗冻耐久性系数按下式计算：

$$K_n = P \times N / 300 \tag{8-2-6}$$

式中　$K_n$——经 $n$ 次冻融循环后混凝土试件的抗冻耐久性系数，%；

$N$——达到要求时混凝土试件经受的冻融循环次数；

$P$——经 $n$ 次冻融循环后混凝土试件的相对动弹性模量，%。

4）混凝土抗冻等级应按下列方法确定：

当相对动弹性模量 $P$ 下降至初始值的 60%或者质量损失率达 5%时的最大冻融循环次数，作为混凝土抗冻等级，用符号 F 表示。

冻融破坏环境下的混凝土结构，混凝土的抗冻性应符合表 8-2-33 的规定。

**表 8-2-33　冻融破坏环境下混凝土的抗冻性**

| 设计使用年限级别 | 一（100 年） | 二（60 年） | 三（30 年） |
|---|---|---|---|
| 环境作用等级 | D1、D2、D3、D4 | D1、D2、D3、D4 | D1、D2、D3、D4 |
| 抗冻等级（56 d） | ≥F300 | ≥F250 | ≥F200 |

### 2.5.5　硬化混凝土气泡间距系数检测方法（直线导线法）

（1）本方法适用于检验混凝土的气泡参数，也适用于对引气剂品质的评定。

（2）本方法是在硬化混凝土中取任意直线，某一组分在此直线上所截取的线段长度总和与此直线全长的比值，即为该组分在此混凝土中的体积含量。通过测定硬化混凝土中气泡的数量和体积含量，计算混凝土的气泡比表面积、含气量和气泡间距系数等。

（3）试验设备应符合下列规定。

1）测量显微镜：具有目镜测微尺和物镜测微尺，放大倍数为 80～128 倍。目镜测微尺最小读数为 10 μm。载物台能纵、横向移动，移动范围分别不小于 50 mm 和 100 mm。

2）显微镜照明灯：聚光型灯。

3）切片机、磨片机、抛光机。

（4）试验应符合下列规定。

每组至少 3 个试件。每组试件的观测总面积和导线总长度应符合表 8-2-34 的规定。

**表 8-2-34　最小观测总面积及最小导线总长度**

| 骨料最大粒径（mm） | 最小观测总面积（$mm^2$） | 最小导线长度（mm） | 骨料最大粒径（mm） | 最小观测总面积（$mm^2$） | 最小导线长度（mm） |
|---|---|---|---|---|---|
| 80 | 50 000 | 3 000 | 20 | 7 000 | 2 300 |
| 40 | 17 000 | 2 600 | 10 | 6 000 | 1 900 |
| 30 | 11 000 | 2 500 | | | |

注：如混凝土内骨料或大孔隙分布很不均匀，应适当增大观测面积。当在一个混凝土试样中取几个加工表面时，两加工表面的间距应大于骨料最大粒径的 1/2。

（5）试验应按下列步骤进行。

1）从硬化混凝土试件上沿垂直于浇筑面方向锯下试件后，洗刷干净，分别采用 400 号和 800 号金刚砂将试样观察面仔细研磨。每次磨完后应洗刷干净，再进行下次研磨。最后在抛光机转盘的呢料上涂刷氧化铬进行抛光，并再次洗刷干净后，在（105±5）℃的烘箱中烘干，然后置于显微镜下试测。当强光低入射角照射在观测面上,若观测到表面除了气泡截面和骨料孔隙外,视域基本平整,气泡边缘清晰,并能测出尺寸为10 μm的气泡截面,即可认为该观测截面已加工合格。

2)正式观测前,用物镜测微尺校准目镜测微尺刻度。并在观测面两端附贴导线间距标志,使选定的导线长度均匀地分布在观测面范围内。调整观测面的位置,使十字丝的横线与导线重合,然后用目镜测微尺进行定量测量。从第一条导线起点开始观察,分别测量并记录视域中气泡个数及测微尺所截取的每个气泡的弦长刻度值。根据需要,也可增测气泡截面直径。第一条导线测试完后再按顺序对第二、三、四……条导线进行观测,直至测完规定的导线长度。

(6)试验结果计算与处理应符合下列规定。

根据直线导线法观测的数据,按下列公式计算各参数。

1)气泡平均弦长按式(8-2-7)计算:

$$\bar{l}=\frac{\sum l}{N} \tag{8-2-7}$$

2)气泡比表面积按式(8-2-8)计算:

$$a=\frac{4}{\bar{l}} \tag{8-2-8}$$

3)气泡平均半径按式(8-2-9)计算:

$$r=\frac{3}{4}\bar{l} \tag{8-2-9}$$

4)硬化混凝土中的空气含量按式(8-2-10)计算:

$$A=\frac{\sum l}{T} \tag{8-2-10}$$

5)1 000 $mm^3$混凝土气泡个数按式(8-2-11)计算:

$$n_{\mathrm{v}}=\frac{3A}{4\pi r^3} \tag{8-2-11}$$

6)每 1 cm 导线切割的气泡个数按式(8-2-12)计算:

$$n_1=\frac{N}{T} \tag{8-2-12}$$

7)气泡间距系数按式(8-2-13)、式(8-2-14)计算:

当混凝土中浆气比 $P/A$ 大于 4.33 时:

$$\bar{L}=\frac{3A}{4n_1}\left[1.4\left(\frac{P}{A}+1\right)^{\frac{1}{3}}-1\right] \tag{8-2-13}$$

当混凝土中浆气比 $P/A$ 小于 4.33 时:

$$\bar{L}=\frac{P}{4n_1} \tag{8-2-14}$$

式中 $\bar{l}$——气泡平均弦长,cm;

$\sum l$——全导线所切割气泡弦长总和,cm;

$N$——全导线所切割的气泡总个数;

$a$——气泡比表面积,$cm^2/cm^3$;

$r$——气泡平均半径,cm;

$n_{\mathrm{v}}$——1 $cm^3$混凝土中的气泡个数;

$A$——硬化混凝土中的空气含量,体积比;

$T$——全导线总长,cm;

$P$——混凝土中水泥净浆含量,体积比,不包含空气含量;

$n_1$——平均每 1 cm 导线切割的气泡个数;

$\bar{L}$——气泡间距系数,cm;计算结果取三位有效数字。

### 2.5.6 混凝土透气系数测定方法

(1)测定混凝土的透气系数应在恒定气压下进行。

(2)测定混凝土透气系数可采用下列设备材料。

1)透气系数测定仪:可借用 HS-40 型混凝土抗渗仪进行改装。

2)空气压缩机:工作压力 1.2～1.4 MPa,排气量 0.3 $m^3$/min。

3)气体量测装置:测量精度不低于 0.1 mL。

4)压力机或其他加压装置。

5)电烘箱、电炉及钢丝刷等。

6)密封材料:石蜡、多功能胶、环氧粘结剂、沥青等。

(3)模筑混凝土试件制作应符合下列规定。

1)试件尺寸可按混凝土抗渗试件制备,其尺寸宜为:上径 175 mm,下径 185 mm,高 150 mm 的圆台体;

2)试件成型后应在 24 h 后拆模,可用钢丝刷刷除两端面水泥浆膜,并在标准养护室养护,或与构件同条件养护至 28 d,继续室内气干 14～28 d,当试件湿度与大气平衡后,方可进行透气性测试。

(4)模拟施工缝混凝土试件制作应符合下列规定。

1)试件尺寸:同模筑混凝土试件。

2)试件的制备:在混凝土抗渗试模中,事先放置用木材或其他材料制成的半块圆锥台体,侧面涂刷隔离剂备用,将施工用的模筑混凝土拌和物浇入抗渗试模的另一半空模中,振动捣实,24 h 后拆模,将试件与模筑混凝土同条件养护,至再次浇筑模筑混凝土前,将其置于试模中并在侧面(新旧混凝土交接面)作接缝处理并涂喷界面黏结剂(处理方法及黏结剂同施工缝)30 min 内将模筑混凝土浇入抗渗模的另一半空模中,振动捣实,48 h 后用钢丝刷清除试件表面水泥浆膜,小心拆模,试件与模筑混凝土同条件下养护至 28 d,继续室内气干 14～28 d 后,方可进行透气性测试。

(5)采用下进气法测试(适用于圆锥台体标准抗渗试件)透气性时应符合下列规定。

1)将气干试件的侧面用熔化状态的密封材料均匀滚涂一层涂膜。

2)用压力机或其他加压装置将涂有密封材料的试件压入预热(50 ℃)过的抗渗试模内,使试件与试模底面压平,待试模稍冷后解除压力,取下试件。

3)将密封好的试件安装在渗透仪上,加压至最大压力检查密封的气密性,确认密封无漏气后即可开始测试。

4)测试压力可根据需要确定,从 0.3 MPa 开始,经稳压 6 h 后,开始测读透气量(精确至 0.1 mL),一般每隔 0.5 h 测读一次,直到连续两次的透气量读数差不大于平均值的+10%时为止,其两次透气量的平均值,即为试件的 0.5 h 透气量。若透气量很大,也可按透气量达到某一固定值时所经历的时间进行控制,连续两次的经历时间读差 ,也应控制在平均值的+10%内,取其平均值作为该试件的透气时间,计算出在该测试压力下单位时间的透气量,然后继续提高压力,稳压 6 h 后,继续测试。

5)在透气量测试过程中发现透气量不正常,突然增大时,卸压后应重新检查其密封情况,必要时需重新测定。

(6)采用上进气法测试(适用于非标准圆锥台体试件)透气性时,应符合下列要求。

1)试件密封:除规定的透气面外,试件的其他暴露面均需密封,密封剂可采用多功能耐磨胶、环氧树脂等。密封剂一般涂刷 2～3 遍,涂刷前试件的表面应平整无油污及浮渣等妨碍黏结的杂物,并用有机溶剂清洗。待第一道密封剂固化后,可用砂纸将表面打毛,用有机溶剂擦净后继续涂刷第二遍。

2)试件与抗渗仪底座密封:在试件与抗渗仪底座间设置金属过渡环,用环氧树脂将试件与金属环、金属环与抗渗仪底座粘牢,防止漏气,待环氧树脂固化后,即可加上抗渗仪的钢套并密封,送气测试。

3)透气量测定:可按下进气法透气性测试相同步骤进行。

4)试件密封检查:为检查试件及试件、钢环、底座间的密封性,待透气测读完成后,应在钢套与试件周围注入清水继续加压至气压最大值,经 24 h 后检查透气通道中有无水流出,当卸压并放出清水后再仔细检查试件、钢环、底座间有无渗水,试件本身有无透水痕迹,当无漏水痕迹时,表明密封良好,透气量测定有效,否则试件应重新烘干密封测试。

(7)混凝土的透气系数可从每组 6 块试件的透气量测试中,舍去最大值和最小值,取中间 4 块试件的透气量平均值作为该组试件的透气量,按下式计算其透气系数。

$$K=\frac{2LP_2\gamma_a}{P_1^2-P_2^2}\times\frac{Q}{A}\times 10^{-2} \tag{8-2-15}$$

式中　$K$——透气系数,cm/s;

$L$——试件厚度,cm;

$P_1$——施压一侧气体压力,MPa;

$P_2$——测流一侧气体压力,MPa;

$A$——透气面积,$cm^2$;

$Q$——平均单位时间透气量,$cm^3/s$;

$\gamma_a$——空气单位容积重量,$N/cm^3$,取 $1.205\times10^{-5}\ N/cm^3$。

### 2.5.7　混凝土抗渗性测定方法

1. 目的和适用范围

主要用于检测混凝土硬化后的防水性能以测定其抗渗标号。

2. 试件制备

每组试件为 6 个,如用人工插捣成型时,分两层装入混凝土拌和物,每层插捣 25 次,在标准条件下养护,如结合工程需要,则在浇筑地点制作,每单位工程制件不少于两组,其中至少一组应在标准条件下养护,其余试件与构件相同条件下养护,试块养护期不少于 28 d,不超过 90 d。

试件成型后 24 h 拆模,用钢丝刷刷净两端面水泥浆膜,标准养护龄期为 28 d。

3. 试验步骤

试件到期后取出,擦干表面,用钢丝刷刷净两端面,待表面干燥后,在试件侧面滚涂一层溶化的密封材料(黄油掺滑石粉)装入抗渗仪上进行试验。

如在试验中,水从试件周边渗出,说明密封不好,要重新密封。

试验时,水压从 0.2 MPa 开始,每隔 8 h 增加水压 0.1 MPa,并随时注意观察试件端面情况,一直加至 6 个试件中 3 个试件表面发现渗水,记下此时的水压力,即可停止试验。

注:当加压至设计抗渗标号,经过 8 h 后第三个试件仍不渗水,表明混凝土已满足设计要求,也可停止试验。

4. 试验结果计算

混凝土的抗渗标号以每组 6 个试件中 4 个未发生渗水现象的最大压力表示。抗渗标号按下式计算:

$$S=10H-1 \tag{8-2-16}$$

式中　$S$——混凝土抗渗标号;

$H$——第三个试件顶面开始有渗水时的水压力,MPa。

注:混凝土抗渗标号分级为:S2、S4、S6、S8、S10、S12,若压力加至 1.2 MPa,经过 8 h,第三个试件仍未渗水,则停止试验,试件的抗渗标号以 S12 表示。

### 2.5.8　混凝土耐磨性试验方法

1. 目的、适用范围

本方法规定了水泥混凝土耐磨性试验的方法和步骤。

本方法适用于检验水泥混凝土的耐磨性,按规定的磨损方式磨削,以试件磨损面上单位面积的磨损量作为评定水泥混凝土耐磨性的相对指标。

2. 仪器设备

(1)混凝土磨耗试验机:应符合水泥胶砂磨耗试验机的有关规定,并同时符合以下条件。

1)水平转盘上的卡具,应能卡紧 150 mm×150 mm×150 mm 立方体试件或直径不 $\phi$150 mm 的钻孔取芯试件,卡紧后试件不上浮和翘起。

2)磨头与水平转盘间有效净空为 160～180 mm。

(2)磨头花轮刀片:应符合有关的规定。

(3)试模:模腔有效容积为 150 mm×150 mm×150 mm。

(4)烘箱：调温范围为 500 ℃～2 000 ℃，控制温允许偏差为±50 ℃。

(5)电子秤：量程大于 10 kg，感量不大于 1 g。

3. 试样

混凝土磨耗试验采用 150 mm×150 mm×150 mm 立方体标准试件，每组 3 个试件，试件的成型和养护按规定进行。

4. 试验步骤

(1)试件养护至 27 d 龄期从养护地点取出，擦干表面水分放在室内空气中自然干燥 12 h，再放入(600±50)℃烘箱中，烘 12 h 至恒重。

(2)试件烘干处理后放至室温，刷净表面浮尘。

(3)将试件放至耐磨试验机的水平转盘上(不削面应与成型时的顶面垂直)，用夹具将其轻轻紧固。在 200 N 负荷下磨 30 转，然后取下试件刷净表面粉尘称重，记下相应质量 $m_1$，该质量作为试件的初始质量。然后在 200 N 负荷下磨 60 转，然后取下试件刷净表面粉尘称重，并记录剩余质量 $m_2$。

整个磨损过程应将吸尘器对准试件磨损面，使磨下的粉尘被及时吸走。如果混凝土具有高耐磨性，可再增加旋转次数，并应特别注明。

(4)每组花轮刀片进行一组试件的磨耗试验，进行第二组磨耗试验时，必须更换一组新的花轮刀片。

5. 试验结果

(1)按下式计算每一试件的磨损量，以单位面积的磨损量来表示。

$$G_c=(m_1-m_2)/0.0125 \tag{8-2-17}$$

式中　$G_c$——单位面积的磨损量，$kg/m^2$；

$m_1$——试件的初始质量，kg；

$m_2$——试件磨损后的质量，kg；

0.012 5——试件磨损面积，$m^2$。

(2)以 3 块试件磨损量的算术平均值作为试验结果，结果计算精确至 0.001 $kg/m^2$。当其中一块磨损量超过平均值 15%时，应予以剔除，取余下两块试件结果的平均值作为试验结果，如两块磨损量均超过平均值 15%时，应重新试验。

6. 试验报告

试验报告应包括以下内容：

(1)要求检测的项目名称、执行标准；

(2)原材料的品种、规格和产地；

(3)仪器设备的名称、型号及编号；

(4)环境温度和湿度；

(5)单位面积的磨损量；

(6)要说明的其他内容。

### 2.5.9　矿物掺和料及外加剂抑制碱—骨料反应有效性试验方法

1. 方法一

(1)范围：本方法适用于评定矿物掺和料和外加剂抑制混凝土碱—硅酸反应的有效性。

(2)原理：将具有碱—硅酸反应活性的骨料与硅酸盐水泥、工程实际使用的矿物掺和料或外加剂制成砂浆试件，在 80 ℃、1 mol/L NaOH 溶液中养护，若砂浆试件 28 d 龄期时的长度膨胀率不大于 0.10%，则将矿物掺和料及外加剂抑制混凝土的碱—硅酸反应评定为有效。

(3)主要试验设备及材料。

1)比长仪：量程 275～300 mm，精度 0.01 mm。

2)恒温水浴或烘箱：温度为(80±2) ℃。

3)硅酸盐水泥：42.5 级 P·Ⅰ型硅酸盐水泥，碱含量不大于 0.80%。当水泥的碱含量小于 0.80%时，应通过外加 NaOH(分析纯)的方式使水泥的碱含量达到 0.80%。

(4)试验室温度和湿度：试验室温度为(20±2)℃(特别说明的除外)，相对湿度大于 50%。

(5)试验步骤。

1)骨料的制备。粗骨料应全部破碎至 5 mm 以下,细骨料应将大于 5 mm 的部分破碎至 5 mm 以下,将骨料筛分后分级洗净烘干后备用。

2)称料。将置于(20±2)℃环境中存放 24 h 后的原材料按骨灰比为 2.25∶1 的比例进行称料(一组三个试件应称取骨料 900 g,水泥、矿物掺和料和外加剂共计 400 g),其中矿物掺和料与外加剂的用量应参照工程配合比进行计算,骨料的各级配用量应按照表 8-2-35 进行称取,用水量应以 10 次/6 s 时砂浆流动度为 105～120 mm 进行控制。

**表 8-2-35　骨料级配表**

| 筛孔尺寸(mm) | 5.0～2.5 | 2.5～1.25 | 1.25～0.63 | 0.63～0.315 | 0.315～0.16 |
|---|---|---|---|---|---|
| 分级质量(%) | 10 | 25 | 25 | 25 | 15 |
| 分级质量(g) | 90 | 225 | 225 | 225 | 135 |

3)搅拌。按《水泥胶砂强度检验方法(ISO 法)》(GB/T 17671)的规定的程序搅拌砂浆。

4)成型。将砂浆分两层装入试模内。试模装入砂浆后先用小刀来回划匀胶砂(装入第二层砂浆时,划入深度应透过第一层砂浆的表面),然后用捣棒在试模内顺序往返各捣压 20 次。捣压完毕,将试件表面抹平、编号并标明测定方向。

每组试件按上述方法制作 3 条试件。

注:当工程中仅是粗骨料具有碱—硅酸反应活性时,只取粗骨料按上述要求成型一组试件;当工程中仅是细骨料具有碱—硅酸反应活性时,只取细骨料按上述要求成型一组试件;当工程用粗、细骨料均具有碱—硅酸反应活性时,应分别取粗、细骨料按上述要求成型二组试件。

5)拆模。试件成型后应放入标准养护室内养护(24±2)h。取出试模并小心将试件脱模。

6)预养护。拆模后的试件应迅速放入 80 ℃的水溶液中预养(24±2)h。

7)养护与测长。将经过预养护的试件进行初长测试后迅速放入 80 ℃、1 mol/L 的 NaOH 养护液中进行养护(养护容器中试件养护液的体积与试件的体积比应为 4∶1)。分别在 3 d、7 d、14 d、21 d、28 d 龄期时测量试件的长度。试件长度的测量时间(从养护液中取出起计)应控制在 15 s 以内。每次测量时,应仔细观察试件表面的变化情况,包括变形、裂缝、表面沉积物或渗出物等。

(6)结果计算与处理。

1)试件长度膨胀率按下式计算:

$$\Sigma_t=(L_t-L_0)/(L_0-2\Delta)\times 100 \tag{8-2-18}$$

式中　$\Sigma_t$——试件在第 $t$ 天龄期时的长度膨胀率,%,精确至 0.01%;

$L_t$——试件在第 $t$ 天龄期时的长度,mm;

$L_0$——试件的初长,mm;

$\Delta$——测头的长度,mm。

2)当单个试件的长度膨胀率与同组 3 个试件长度膨胀率的算术平均值之差符合下述两种情况之一的要求时,取 3 个试件长度膨胀率的算术平均值作为试件长度膨胀率:

①当平均值小于或等于 0.05%时,单个试件长度膨胀率与平均值之差的绝对值均小于 0.01%;

②当平均值大于 0.05%时,单个试件长度膨胀率与平均值之差均小于平均值的 20%。

3)当单个试件的长度膨胀率与 3 个试件长度膨胀率的算术平均值之差不符合上述要求时,去掉 3 个试件长度膨胀率的最小值,取剩余 2 个试件长度膨胀率的算术平均值作为该组试件的长度膨胀率。

(7)结果评定。

当工程中仅是粗骨料具有碱—硅酸反应活性时,若取粗骨料按本方法试验的 28 d 龄期试件长度膨胀率小于 0.10%,则将矿物掺和料或外加剂抑制混凝土碱—硅酸反应评定为有效。

当工程中仅是细骨料具有碱—硅酸反应活性时,若取细骨料按本方法试验的 28 d 龄期试件长度膨胀率小于 0.10%,则将矿物掺和料和外加剂抑制混凝土碱—硅酸反应评定为有效。

当工程中粗、细骨料均具有碱—硅酸反应活性时,若分别取粗、细骨料按本方法试验的 28 d 龄期试件长度膨胀率均小于 0.10%，则将矿物掺和料和外加剂抑制混凝土碱—硅酸反应评定为有效。

2. 方法二

(1)范围。本方法适用于评价掺和料抑制碱—硅酸反应(ASR)膨胀的能力，也可用于评价掺有掺和料的实际混凝土配比的 ASR 安全性。

(2)仪器设备。

1)骨料破碎机：鄂式破碎机，圆盘粉碎机；

2)试验筛：0.16 mm、2.5 mm、5 mm 和 10 mm 的试验筛；

3)天平：最大称量为 1 000 g，感量为 1 g 的天平；

4)试模和测头：40 mm×40 mm×160 mm 三联模，试模两端正中留有小孔，用于安装不锈钢测头，测头尺寸应与小孔尺寸吻合；

5)胶砂搅拌机：符合《水泥物理检验仪器　胶砂搅拌机》(JC/T 722—1982)规定；

6)胶砂振动台：符合《水泥物理检验仪器　胶砂振动台》(JC/T 723—1982)规定；

7)水泥胶砂流动度测定仪：符合《水泥胶砂流动度测定方法》(GB/T 2419)规定；

8)养护容器：不锈钢、聚丙烯或聚氯乙烯容器，能密封、耐碱和耐高温；

9)养护箱：混凝土加速养护箱，控温范围 10 ℃～100 ℃，可在(80±2)℃保持恒温；

10)测长仪：精度达到 0.01 mm 的测量工具。测量范围为 175～200 mm。

(3)试验用材料。

1)水泥：比较掺和料抑制 ASR 膨胀的能力时，采用硅酸盐水泥，水泥碱含量按 $Na_2O+0.658K_2O$ 计算值表示，应小于 0.6%，按照《水泥压蒸安定性试验方法》(GB/T 750)测定的水泥压蒸膨胀值应小于 0.02%。用于判断实际混凝土配比的 ASR 安全性时，使用工程用水泥进行试验。

2)骨料：使用工程骨料。

3)掺和料：工程混凝土中使用的各种掺和料。

4)试剂：分析纯 KOH 和 NaOH 试剂；也可用分析纯 KOH 和化学纯 NaOH。

5)水：满足《混凝土用水标准》(JGJ 63)要求。

(4)试验参数。

1)试件尺寸。40 mm×40 mm×160 mm。

2)骨料粒径及级配。

当相对比较掺和料抑制细骨料 ASR 膨胀的能力时，采用工程原级配砂；

当相对比较掺和料抑制粗骨料 ASR 膨胀的能力时，将粗骨料破碎成表 8-2-36 的级配；

**表 8-2-36　粗骨料粒径及级配**

| 粗骨料粒径(mm) | 0.16～2.5 | 2.5～5.0 | 5.0～10 |
|---|---|---|---|
| 各级配所占比例(%) | 30 | 40 | 30 |

当评价实际工程混凝土配合比安全性时，将细骨料中大于 2.5 mm 的部分先破碎成 0.16～2.5 mm，并与小于 2.5 mm 的部分混合均匀后用于试验；粗骨料全部破碎成 2.5～10 mm 的颗粒。粗、细骨料均按实际配合比称取。

3)胶骨比。(水泥＋掺和料)：骨料＝1：4；当使用工程混凝土配合比时，按实际配合比。

4)用水量。按照《水泥胶砂流动度测定方法》(GB/T 2419)测定胶砂流动度达到 105～120 mm 时的用水量。当使用工程混凝土配合比时，按实际配合比。

5)碱含量。比较掺和料抑制 ASR 膨胀的能力时，外加分析纯 KOH 调整硅酸盐水泥中的总碱含量(当量 $Na_2O$ 含量)为 1.5%；当使用工程混凝土配合比时，采用工程用水泥，不外加碱。

注：水泥碱含量调整方法。将分析纯 KOH 先溶于水，以成型溶液的形式加入水泥中。外掺 KOH 的量应根据水泥的碱含量、掺和料取代水泥量和试验使用的水胶比计算。每 100 ml 成型溶液应加入 KOH 的量为：

$$m_{\mathrm{KOH}}=\frac{(1.5\%R)\times(1X)}{0.658\times\frac{94}{112}\times N\times\frac{W}{B}}\times100 \tag{8-2-19}$$

式中　$m_{KOH}$——每 100 ml 成型溶液中加入的 KOH 量,g;

$R$——水泥碱含量;

$N$——KOH 纯度;

$X$——掺和料取代水泥百分率;

$W/B$——水胶比。

6)养护溶液。养护溶液为 1 mol/L NaOH 溶液,养护溶液体积与试件体积应满足(4±0.5)倍的要求。

7)养护温度。80 ℃,最大波动范围为±2 ℃。

8)试验周期。28 d。

(5)试验方法与步骤。

1)试件配比和制备。进行相对比较掺和料抑制细骨料 ASR 膨胀能力的试验时,每盘混和料中水泥与掺和料总量为 375 g,其中掺和料含量按不同水泥取代量计算;称取细骨料 1 500 g。拌和水量按照混和料的胶砂流动度达到 105～120 mm 来计算。

进行相对比较掺和料抑制粗骨料 ASR 膨胀能力的试验时,每盘混和料中水泥与掺和料总量为 375 g,其中掺和料含量按不同水泥取代量计算;称取破碎过的粗骨料共 1 500 g,其中 0.16～2.5 mm 的骨料 450 g,2.5～5.0 mm 的骨料 600 g,5.0～10 mm 的骨料 450 g。拌和水量按照混合料的胶砂流动度达到 105～120 mm来计算。

当评价工程实际混凝土配合比的安全性时,按实际配合比进行配制;如按实际配合比中的用水量无法成型时,可调整加水量,参照《水泥胶砂流动度测定方法》(GB/T 2419)控制混合料的流动度为 105～120 mm。

2)试件成型和成型养护。成型试验室的温度为(20±2)℃,相对湿度应不低于 50%。试验时,将(水泥+掺和料)放入砂浆搅拌机内先干拌 0.5 min;再一次性加入拌和水,搅拌 1 min;将按比例称好的骨料加入搅拌锅中,一同搅拌 3 min 至均匀;将搅拌好的混和料倒入三联试模,捣实。然后在振动台上振动 2 min,将试件刮平、编号。

试件成型后在养护室养护(24±2)h,然后脱模并擦净试件测头,用湿布盖好试件。

3)试件预养护。将试件放入 80 ℃水中预养护(24±2)h。

4)测基准长度($L_0$)。用测长仪测每条试件的长度,作为试件的基准长度,精确至 0.01 mm。测量时,将养护容器一次一个地从养护箱中取出,打开养护容器,从养护容器中一次一个地取出试件,迅速用抹布擦干试件表面和测头表面,并用测长仪测定试件的长度,此长度即为试件的基准长度。每次从 80 ℃水中取出试件到测量完成必须控制在 15 s 之内。

5)试件养护和长度测定($L_t$)。试件测完基准长度后,立即放入 80 ℃、1 mol/L NaOH 溶液中养护,自试件放入 NaOH 溶液中养护算起,至 7 d、14 d、21 d 和 28 d 时取出,按照上述方法测试件的长度。当养护溶液减少时需补充 1 mol/L NaOH 溶液。28 d 后如需要继续测定,可安排每 14 d 测定一次。每次测试件长度时,应仔细观察每一试件表面的变化情况,包括变形、裂缝和渗出物等,并做好记录。

注:1 mol/L NaOH 溶液需提前 12 h 以上放入养护箱中,以确保试件测定基准长度时,NaOH 溶液的温度已达(80±2)℃,测完基准长度的试件可以马上放入 NaOH 溶液中养护。

(6)结果计算与处理。

试件膨胀率 $\Sigma_t$ 按照式(8-2-18)计算。

某配比试件膨胀率为该组三条试件膨胀率的算术平均值。

三条试件的测定值离散性应符合下列要求:当平均膨胀值小于 0.040%时,每一试件的膨胀率与平均值之差应不超过 0.008%;当平均膨胀率大于 0.040%时,每一试件的膨胀率应不超过平均值的 20%。否则,应视为结果无效。

当三条试件的膨胀率均大于 0.040%时,取三个试件膨胀率的算术平均值为试件的膨胀率,不考虑测定值的离散性。

(7)结果判定。

判定掺和料抑制 ASR 膨胀能力的效果时,膨胀率小于 0.040%的,为抑制 ASR 膨胀有效;膨胀率小的,抑制 ASR 膨胀的能力强。

判定混凝土配合比的 ASR 安全性时，若试件 28 d 膨胀率不大于 0.040%，该混凝土配合比对 ASR 安全；反之，该配合比有发生 ASR 膨胀的可能，应结合以往工程经验与其他试验进一步确定。

(8)报告。

1)当评定掺和料抑制 ASR 膨胀的能力时，试验报告应至少包括如下内容：

①试验水泥的品种、碱含量；

②掺和料的品种及掺量；

③骨料来源及碱活性检验结果；

④试件的水胶比及流动度；

⑤试件 28 d 龄期的膨胀率；

⑥试件外观变化情况，包括有无裂缝、有无变形、有无渗出物等；

⑦判定结论。

2) 当判定混凝土配合比的 ASR 安全性时，试验报告应至少包括如下内容：

①混凝土所用各种原材料的品种及来源，包括水泥、掺和料、外加剂、粗骨料和细骨料等；

②粗、细骨料碱活性检验结果；

③工程混凝土配合比；

④试件 28 d 龄期的膨胀率；

⑤试件外观变化情况，包括有无裂缝、有无变形、有无渗出物等；

⑥判定结论。

## 2.6　混凝土实体质量核查

混凝土工程完成后，应对混凝土的实体质量进行核查。具体核查项目和数量由建设单位、监理单位、施工单位等各方共同根据结构、构件的特点和重要性确定。

### 2.6.1　混凝土表面裂缝宽度

用肉眼、刻度放大镜观察实体混凝土结构表面，普通混凝土结构表面的非受力裂缝宽度不得大于 0.20 mm，预应力混凝土结构不得出现裂缝。

核查数量符合下列规定。

(1)路基：每处支挡结构全部检查。

(2)桥涵：每孔梁、每个墩台、每座涵洞全部检查。

(3)隧道：衬砌的拱部、边墙、仰拱(底板)及洞门、端翼墙全部检查。

### 2.6.2　钢筋保护层厚度

采用满足精度要求的钢筋保护层厚度检测仪现场测定混凝土保护层的实际厚度，90%测点实测厚度不得小于设计值。

核查数量符合下列规定。

(1)路基：每处支挡结构不少于 3 处，每处不少于 10 个点。

(2)桥涵：每孔梁不少于 3 处，每个墩台不少于 3 处，每座涵洞不少于 3 处，每处不少于 10 个点。

(3)隧道：每 100 m 衬砌的拱部、边墙、仰拱(底板)各不少于 1 处，隧道洞门、端翼墙各不少于 3 处，每处不少于 10 个点。

### 2.6.3　混凝土强度检测

#### 2.6.3.1　总　　则

(1)本条适用于工程结构普通混凝土抗压强度(以下简称混凝土强度)的检测。

当对结构的混凝土强度有检测要求时，可按本条进行检测，检测结果可作为处理混凝土质量问题的一个依据。

本条不适用于表层与内部质量有明显差异或内部存在缺陷的混凝土结构或构件的检测。

(2)使用回弹仪进行工程检测人员，应通过主管部门认可的专业培训，并应持有相应的资格证书。

(3)使用回弹法检测及推定混凝土强度，除应遵守本条外，尚应符合国家现行的有关强制性标准的规定。

2.6.3.2　回弹仪

(1)测定回弹值的仪器，宜采用示值系统为指针直读式的混凝土回弹仪。

(2)回弹仪必须具有制造厂的产品合格证及检定单位的检定合格证，并应在回弹仪的明显位置上具有下列标志：名称、型号、制造厂名(或商标)、出厂编号、出厂日期和中国计量器具制造许可证标志 CMC 及许可证证号等。

(3)回弹仪应符合下列标准状态的要求。

1)水平弹击时，弹击锤脱钩的瞬间，回弹仪的标准能量应为 2.207 J；

2)弹击锤与弹击杆碰撞的瞬间，弹击拉簧应处于自由状态，此时弹击锤起跳点应相应于指针指示刻度尺上“0”处；

3)在洛氏硬度 HRC 为 60±2 的钢砧上，回弹仪的率定值应为 80±2；

4)回弹仪使用时的环境温度应为−4 ℃～40 ℃。

2.6.3.3　检　定

(1)回弹仪具有下列情况之一时应送检定单位检定。

1)新回弹仪启用前；

2)超过检定有效期限(有效期为半年)；

3)累计弹击次数超过 6 000 次；

4)经常规保养后钢砧率定值不合格；

5)遭受严重撞击或其他损害。

(2)回弹仪应由法定部门并按国家现行标准《混凝土回弹仪》(JJG 817)对回弹仪进行检定。

(3)回弹仪在工程检测前后，应在钢砧上作率定试验，并应符合本节规定。

(4)回弹仪率定试验宜在干燥、室温为 5 ℃～35 ℃的条件下进行。率定时，钢砧应稳固地平放在刚度大的物体上。测定回弹值时，取连续向下弹击三次的稳定回弹平均值。弹击杆应分四次旋转，每次旋转宜为 90°。弹击杆每旋转一次的率定平均值应为 80±2。

2.6.3.4　保　养

(1)回弹仪具有下列情况之一时应进行常规保养。

1)弹击超过 2 000 次；

2)对检测值有怀疑时；

3)在钢砧上的率定值不合格。

(2)常规保养应符合下列规定。

1)使弹击锤脱钩后取出机芯，然后卸下弹击杆，取出里面的缓冲压簧，并取出弹击锤、弹击拉簧和拉簧座；

2)机芯各零部件应进行清洗，重点清洗中心导杆、弹击锤和弹击杆的内孔和冲击面。清洗后应在中心导杆上薄薄涂抹钟表油，其他零件均不得抹油；

3)应清理机壳内壁，卸下刻度尺，并应检查指针，其摩擦力应为 0.5～0.8 N；

4)不得旋转尾盖上已定位紧固的调零螺丝；

5)不得自制或更换零部件；

6)保养后应按本条的要求进行率定试验。

(3)回弹仪使用完毕后应使弹击杆伸出机壳，清除弹击杆、杆前端球面以及刻度尺表面和外壳上的污垢、尘土。回弹仪不用时，应将弹击杆压入仪器内，经弹击后方可按下按钮锁住机芯，将回弹仪装入仪器箱，平放在干燥阴凉处。

2.6.3.5　检测技术

(1)结构或构件混凝土强度检测宜具有下列资料。

1)工程名称及设计、施工、监理(或监督)和建设单位名称;

2)结构或构件名称、外形尺寸、数量及混凝土强度等级;

3)水泥品种、强度等级、安定性、厂名;砂、石种类,粒径;外加剂或掺和料品种、掺量;混凝土配合比等;

4) 施工时材料计量情况,模板、浇筑、养护情况及成型日期等;

5) 必要的设计图纸和施工记录;

6) 检测原因。

(2)结构或构件混凝土强度检测可采用下列两种方式,其适用范围及结构或构件数量应符合下列规定。

1)单个检测:适用于单个结构或构件的检测;

2)批量检测:适用于在相同的生产工艺条件下,混凝土强度等级相同,原材料、配合比、成型工艺、养护条件基本一致且龄期相近的同类结构或构件。按批进行检测的构件,抽检数量不得少于同批构件总数的30%且构件数量不得少于10件。抽检构件时,应随机抽取并使所选构件具有代表性。

(3)每一结构或构件的测区应符合下列规定。

1)每一结构或构件测区数不应少于10个,对某一方向尺寸小于4.5 m且另一方向尺寸小于0.3 m的构件,其测区数量可适当减少,但不应少于5个;

2)相邻两测区的间距应控制在2 m以内,测区离构件端部或施工缝边缘不宜大于0.5 m,且不宜小于0.2 m;

3)测区应选择在使回弹仪处于水平方向检测混凝土浇筑侧面。当不能满足这一要求时,可使回弹仪处于非水平方向检测混凝土浇筑侧面、表面或底面;

4)测区宜选在构件的两个对称可测面上,也可选在一个可测面上,且应均匀分布。在构件的重要部位及薄弱部位必须布置测区,并应避开预埋件;

5)测区的面积不宜大于0.04 $m^2$;

6)检测面应为混凝土表面,并应清洁、平整,不应有疏松层、浮浆、油垢、涂层以及蜂窝、麻面,必要时可用砂轮清除疏松层和杂物,且不应留有残留的粉末或碎屑;

7)对弹击时产生颤动的薄壁、小型构件应进行固定。

(4)结构或构件的测区应标有清晰的编号,必要时应在记录纸上描述测区布置示意图和外观质量情况。

(5)当检测条件与测强曲线的适用条件有较大差异时,可采用同条件试件或钻取混凝土芯样进行修正,试件或钻取芯样数量不应少于6个。钻取芯样时每个部位应钻取一个芯样,计算时,测区混凝土强度换算值应乘以修正系数。

修正系数应按下式计算:

$$\eta = 1/n \times \left( \sum_{i=1}^{n} f_{\mathrm{CU},i} / f_{\mathrm{Co},ic} \right) \tag{8-2-20}$$

或

$$\eta = 1/n \times \left( \sum_{i=1}^{n} f_{\mathrm{COU},i} / f_{\mathrm{Co},ic} \right) \tag{8-2-21}$$

式中　$\eta$——修正系数,精确到0.01;

$f_{\mathrm{CU},i}$——第$i$个混凝土立方体试件(边长为150 mm)的抗压强度值,精确到0.01 MPa;

$f_{\mathrm{COU},i}$——第$i$个混凝土芯样样的抗压强度值,精确到0.01 MPa;

$f_{\mathrm{Co},ic}$——对应于第$i$个试件或芯样部位回弹值和碳化深度值的混凝土强度换算值,可按相关标准规定采用;

$n$——试件数。

(6)泵送混凝土的结构或构件的混凝土强度的检测应符合:当碳化深度值不大于2.0 mm时,每一测区混凝土强度换算值应按相关标准规定修正。

#### 2.6.3.6　回弹值测量

(1)检测时,回弹仪的轴线应始终垂直于结构或构件的混凝土检测面,缓慢施压,准确读数,快速复位。

(2)测点宜在测区范围内均匀分布,相邻两测点的净距不宜小于 20 mm;测点距外露钢筋、预埋件的距离不宜小于 30 mm。测点不应在气孔或外露石子上,同一测点只应弹击一次。每一测区应记取 16 个回弹值,每一测点的回弹值读数估读至 1。

2.6.3.7　碳化深度值测量

(1)回弹值测量完毕后,应在有代表性的位置上测量碳化深度值,测点表不应少于构件测区数的 30%,取其平均值为该构件每测区的碳化深度值。当碳化深度值极差大于 2.0 mm 时,应在每一测区测量碳化深度值。

(2)碳化深度值测量,可采用适当的工具在测区表面形成直径约 15 mm 的孔洞,其深度应大于混凝土的碳化深度。孔洞中的粉末和碎屑应除净,且不得用水擦洗。同时,应采用浓度为 1%的酚酞酒精溶液滴在孔洞内壁的边缘处,当已碳化与未碳化界线清楚时,再用深度测量工具测量已碳化与未碳化混凝土交界面到混凝土表面的垂直距离,测量不应少于 3 次,取其平均值。每次读数精确至 0.5 mm。

2.6.3.8　回弹值计算

计算测区平均回弹值,应从该测区的 16 个回弹值中剔除 3 个最大值和 3 个最小值,余下的 10 个回弹值应按下式计算:

$$R_{\mathrm{m}}=\sum_{i=1}^{10}R_i/10 \tag{8-2-22}$$

式中　$R_{\mathrm{m}}$——测区平均回弹值,精确到 0.01;

$R_i$——第 $i$ 测点的回弹值。

注:非水平方向检测、水平方向检测混凝土浇筑顶面或底面等情况,应按相关标准规定进行修正。

2.6.3.9　测强曲线

(1)符合下列条件的混凝土应采用国家测强曲线进行测区混凝土强度换算。

1)普通混凝土采用的材料、拌和用水符合现行国家有关标准;

2)不掺外加剂或仅掺非引气型外加剂;

3)采用普通成型工艺;

4)采用符合现行国家标准《混凝土结构工程施工及验收规范》(GB 50204)规定的钢模、木模及其他材料制作的模板;

5)自然养护或蒸气养护出池后经自然养护 7 d 以上,且混凝土表层为干燥状态;

6)龄期为 14～1 000 d;

7)抗压强度为 10～60 MPa。

(2)当有下列情况之一时,测区混凝土强度值不得按相关标准规定换算,但可制定专用测强曲线或通过试验进行修正,专用测强曲线的制定方法宜符合相关标准的规定。

1)粗集料最大粒径大于 60 mm;

2)特种成型工艺制作的混凝土;

3)检测部位曲率半径小于 250 mm;

4)潮湿或浸水混凝土。

(3)当构件混凝土抗压强度大于 60 MPa 时,可采用标准能量大于 2.207 J 的混凝土回弹仪,并应另行制订检测方法及专用测强曲线进行检测。

2.6.3.10　混凝土强度的计算

(1)结构或构件第 $i$ 个测区混凝土强度换算值,可按本条所求得的平均回弹值($R_{\mathrm{m}}$)及按本条所求得的平均碳化深度值($d_{\mathrm{m}}$)按相关标准查表得出,泵送混凝土还应按本条要求计算。当有地区测强曲线或专用曲线时,混凝土强度换算值应按地区曲线或专用曲线换算得出。

(2)结构或构件的测区混凝土强度平均值可根据各测区的混凝土强度换算值计算。当测区数为 10 个及以上时,应计算强度标准差。平均值及标准值应按下列公式计算。

$$m_{f_{\mathrm{Cu}}^{\mathrm{u}}}=\sum_{i=1}^{n}f_{\mathrm{Cu},i}^{\mathrm{C}}/n \tag{8-2-23}$$

$$s_{f^{C}_{\mathrm{Cu}}}=\sqrt{\left\{\left[\sum_{i=1}^{n}(f^{C}_{\mathrm{Cu},i})^{2}-n(m_{f^{C}_{\mathrm{Cu}}})^{2}\right]/(n-1)\right\}} \tag{8-2-24}$$

式中　$m_{f^{C}_{\mathrm{Cu}}}$——结构或构件测区混凝土强度换算值的平均值，MPa，精确至 0.1 MPa；

$n$——对于单个检测的构件，取一个构件的测区数；对批量检测的构件，取被检测构件测区数之和；

$s_{f^{C}_{\mathrm{Cu}}}$——结构或构件测区混凝土强度换算值的标准差，MPa，精确至 0.1 MPa。

(3)结构或构件的混凝土强度推定值($f_{\mathrm{Cu,e}}$)应按下列公式确定。

1)当该结构或构件测区数少于 10 个时：

$$f_{\mathrm{Cu,e}}=f^{C}_{\mathrm{Cu,min}} \tag{8-2-25}$$

式中　$f^{C}_{\mathrm{Cu,min}}$——构件中最小的测区混凝土强度换算值，MPa。

2)当该结构或构件的测区强度值中出现小于 10.0 MPa 时：

$$f_{\mathrm{Cu,e}}<10.0\ \mathrm{MPa} \tag{8-2-26}$$

3)当该结构或构件测区数不少于 10 个或按批量检测时，应按下列公式计算：

$$f_{\mathrm{Cu,e}}=m_{f^{C}_{\mathrm{Cu}}}-1.645\,s_{f^{C}_{\mathrm{Cu}}} \tag{8-2-27}$$

注：结构或构件的混凝土推定值是指相应于强度换算值总体分布中保证率不低于 95%的结构或构件中的混凝土强度值。

(4)对按批量检测的构件，当该批构件混凝土强度标准差出现下列情况之一时，则该批构件应全部按单个构件检测。

1)当该批构件混凝土平均值小于 25 MPa 时：

$$s_{f^{C}_{\mathrm{Cu}}}>4.5\ \mathrm{MPa} \tag{8-2-28}$$

2)当该批构件混凝土强度平均值不小于 25 MPa 时：

$$s_{f^{C}_{\mathrm{Cu}}}>5.5\ \mathrm{MPa} \tag{8-2-29}$$

(5)检测后应填写检测报告，并应符合相关标准规定。

## 2.7　特殊混凝土(配合比及检测)

### 2.7.1　一般规定

特殊混凝土的施工质量验收除按本节的规定执行外，尚应符合第 2.2 节和有关专业标准的规定。

### 2.7.2　纤维混凝土

(1)纤维混凝土中除纤维外其他组成材料质量和用量的检验，与普通混凝土要求相同。

(2)纤维混凝土应根据不同工程类别要求，分别进行有关力学和耐久性能试验，其试件的制作、数量及评定方法应符合铁道部现行有关标准的规定。

(3)纤维混凝土所用纤维的品种、规格、质量应符合设计要求。检验数量和检验方法应符合表 8-2-37 的规定。

**表 8-2-37　纤维的检验要求**

<table>
<tr><th colspan="2" rowspan="2">检验项目</th><th colspan="6">检验要求</th></tr>
<tr><th colspan="2">质量证明文件检查</th><th colspan="4">抽样试验检验</th></tr>
<tr><td rowspan="7">钢纤维</td><td>纤维杂质含量</td><td>√</td><td rowspan="7">同厂家、同批号、同出厂日期核查供应商提供的质量证明文件；<br>施工单位、监理单位均全部检查</td><td>√</td><td rowspan="7">任何新选货源检验一次；<br>施工单位试验检验；监理单位见证检验</td><td>√</td><td rowspan="7">同厂家、同品种、同规格的产品每 5 t 为一批，不足 5 t 时也按一批计；<br>施工单位每批抽检一次；监理单位按施工单位抽检次数的 10%进行见证检验</td></tr>
<tr><td>长度</td><td>√</td><td>√</td><td>√</td></tr>
<tr><td>直径(等效直径)</td><td>√</td><td>√</td><td>√</td></tr>
<tr><td>长径比</td><td>√</td><td>√</td><td></td></tr>
<tr><td>抗拉强度</td><td>√</td><td>√</td><td>√</td></tr>
<tr><td>弯折性能</td><td>√</td><td>√</td><td>√</td></tr>
<tr><td>形状合格率</td><td>√</td><td>√</td><td></td></tr>
</table>

续上表

<table>
<tr><th colspan="2" rowspan="2">检验项目</th><th colspan="6">检验要求</th></tr>
<tr><th colspan="2">质量证明文件检查</th><th colspan="4">抽样试验检验</th></tr>
<tr><td rowspan="9">合成纤维</td><td>直径</td><td>√</td><td rowspan="9">同厂家、同批号、同出厂日期核查供应商提供的质量证明文件；<br>施工单位、监理单位均全部检查</td><td>√</td><td rowspan="9">任何新选货源检验一次；<br>施工单位试验检验；监理单位见证检验</td><td>√</td><td rowspan="9">同厂家、同品种、同规格的产品每 1 t 为一批，不足 1 t 时也按一批计；<br>施工单位每批抽检一次；监理单位按施工单位抽检次数的 10%进行见证检验</td></tr>
<tr><td>长度</td><td>√</td><td>√</td><td>√</td></tr>
<tr><td>密度</td><td>√</td><td>√</td><td></td></tr>
<tr><td>抗拉强度</td><td>√</td><td>√</td><td>√</td></tr>
<tr><td>弹性模量</td><td>√</td><td>√</td><td></td></tr>
<tr><td>极限伸长率</td><td>√</td><td>√</td><td>√</td></tr>
<tr><td>DSC 分析</td><td>√</td><td>√</td><td>√</td></tr>
<tr><td>溶点</td><td>√</td><td>√</td><td></td></tr>
<tr><td>纤维杂质含量</td><td>√</td><td>√</td><td>√</td></tr>
</table>

注：当设计要求的检验指标与本表不一致以及采用其他纤维时，其检验应符合设计要求。

(4)纤维混凝土配合比设计时应检验劈裂抗拉强度指标，其他应符合第 2.3 节的规定。

检验数量：施工单位对同强度等级、同性能的混凝土进行一次混凝土配合比选定试验。当使用的原材料、施工工艺发生变化时，均应重新进行配合比选定试验；监理单位全部检查。

检验方法：施工单位进行配合比选定试验；监理单位检查确认配合比选定报告。

(5)纤维混凝土的抗压强度和劈裂抗拉强度必须符合设计要求。

检验数量：施工单位按本篇第 2.4 节"(4)"所规定的取样与留置频率所需数量制作试件，检验抗压强度和劈裂抗拉强度。

检验方法：施工单位进行混凝土抗压强度和劈裂抗拉强度试验；监理单位检查试验报告。

### 2.7.3 喷射混凝土

(1)一般规定。

1)喷射混凝土宜采用强制式搅拌机搅拌，其搅拌时间应不小于 1.5 min。纤维喷射混凝土搅拌时间应通过现场搅拌试验确定。

2)喷射混凝土宜随拌随用。其在运输、存放过程中不得淋雨、浸水及混入杂物。混凝土拌和物的停放时间不得大于 30 min。

3)喷射混凝土工艺应符合设计要求，作业时粉尘含量不得大于 2 mg/m$^3$，环境温度不得低于 5 ℃。

(2)喷射混凝土用细骨料细度模数应大于 2.5，含泥量应不大于 3%，泥块含量应不大于 0.5%。其他指标应符合本篇第 2.2 节中"(3)"的规定。

检验数量和检验方法：同第 2.2 节中"细骨料的技术要求和检验要求"相关内容。

(3)喷射混凝土所用粗骨料最大粒径不宜大于 16 mm，其他指标应符合第 2.2 节中"粗骨料的性能和检验要求"相关内容的规定。

检验数量和检验方法：同第 2.2 节中"粗骨料的性能和检验要求"相关内容。

(4)喷射混凝土所用速凝剂进场时，应按批对其匀质性、凝结时间、抗压强度比及其与水泥适应性和速凝效果等进行检验，其性能指标应符合表 8-2-38 的要求。

**表 8-2-38　掺速凝剂净浆及硬化砂浆的性能要求**

<table>
<tr><th colspan="2">净浆凝结时间(min)</th><th rowspan="2">1 d 抗压强度<br>(MPa)</th><th rowspan="2">28 d 抗压强度比<br>(%)</th></tr>
<tr><th>初凝</th><th>终凝</th></tr>
<tr><td>≤5</td><td>≤10</td><td>≥7</td><td>≥75</td></tr>
</table>

检验数量：同厂家、同品种、同编号的外加剂，每 50 t 为一批，不足 50 t 时应按一批计。施工单位每批抽样试验 1 次；监理单位按施工单位抽检次数的 10%进行平行检验，但不少于 1 次。

检验方法：施工单位全部检查质量证明文件并进行试验检验；监理单位全部检查质量证明文件、试验报告并进行平行检验。

(5)纤维喷射混凝土所用纤维质量应符合第 2.7.2 条的规定。

检验数量和检验方法:同第 2.7.2 条。

(6)喷射混凝土的配合比设计时,除应按设计要求的质量指标进行试验外,同时还应满足下列要求。

1)水胶比不大于 0.50。

2)胶凝材料用量不小于 400 $kg/m^3$。

检验数量:施工单位对同强度等级、同性能的喷射混凝土进行一次混凝土配合比选定试验,当使用的原材料、施工工艺发生变化时,应重新进行配合比选定试验;监理单位全部检查。

检验方法:施工单位进行配合比选定试验;监理单位检查确认配合比选定报告。

(7)喷射混凝土的早期强度应符合设计要求。

检验数量:施工单位、监理单位每一作业循环或每工班检查一次。

检验方法:施工单位试验检验;监理单位见证检验。

(8)喷射混凝土的强度必须符合设计要求。

检验数量:每一作业循环或每工班留置试件一次。隧道每个循环至少留置试件 2 组(拱部和边墙各留置一组检验试件)。

检验方法:施工单位进行混凝土抗压强度试验(强度检查试件制作方法如下);监理单位检查试验报告。

1)喷大板切割法应在施工的同时,将混凝土喷射在 45 cm×35 cm×12 cm(可制成 6 块)或 45 cm×20 cm×12 cm(可制成 3 块)的模型内,当混凝土达到一定强度后,加工成 10 cm×10 cm×10 cm 的立方体试件,在标准条件下养护至 28 d 进行试验(精确至 0.1 MPa)。

2)采用喷大板切割法,当对强度有怀疑时,可用凿方切割法。凿方切割法应在具有一定强度的支护上,用凿岩机打密排钻孔,取出长 35 cm、宽 15 cm 的混凝土块,加工成 10 cm×10 cm×10 cm 的立方体试件,在标准条件下养护至 28 d,进行试验(精确至 0.1 MPa)。

3)采用喷大板切割法,当对强度有怀疑时,也可采用钻孔取芯法。钻孔取芯法应在具有 28 d 强度的支护上,用钻孔取芯机钻取并加工成长 10 cm、直径 10 cm 的圆柱体进行试验(精确至 0.1 MPa)。

(9)喷射混凝土的厚度应符合设计要求,检查点数的 90%及以上应大于设计厚度。

检验数量:施工单位每一作业循环检查一个断面,每个断面每间隔 2 m 布设一个检查喷射混凝土厚度的标志;监理单位见证检验或按施工单位检查断面的 20%进行平行检验。

检验方法:采用埋钉法;或在喷射混凝土 8 h 后用钢钎凿孔检查,若混凝土与围岩的颜色相近不易区别时,可用酚酞试液涂抹孔壁,呈现红色者为混凝土厚度。施工单位、监理单位检查控制喷层厚度的标志、凿孔或进行无损检测。

(10)喷射混凝土终凝 2 h 后,应及时采取有效措施进行养护,养护时间不少于 14 d。

检验数量:施工单位、监理单位全部检查。

检验方法:观察,检查施工记录。

(11)喷射混凝土表面应密实、平整,无裂缝、脱落、漏喷、露筋、空鼓和渗水。

检验数量:施工单位、监理单位全部检查。

检验方法:观察、敲击。

### 2.7.4 补偿收缩混凝土

(1)一般规定。

1)补偿收缩混凝土应根据环境条件、结构类型和设计要求选择合适的膨胀剂种类、掺量及施工工艺。

2)补偿收缩混凝土除应符合第 2.2 节规定外,还必须满足设计所要求的强度等级、限制膨胀率和耐久性的技术指标及工作性能要求。

3)补偿收缩混凝土搅拌时间应比普通混凝土适当延长,其投料顺序和具体的搅拌时间应通过现场搅拌试验确定。

4)补偿收缩混凝土应按顺序连续浇筑,在终凝前采用机械或人工的方式,对混凝土表面进行多次抹压。

5)补偿收缩混凝土应适当延迟拆模时间,其拆模时间不宜早于 3 d。冬期施工时混凝土拆模时间宜延迟至7 d以上。

(2)补偿收缩混凝土所用膨胀剂应符合国家现行标准《混凝土膨胀剂》(JC 476)的规定。

检验数量:同厂家、同品种、同编号的膨胀剂,每50 t为一批,不足50 t时应按一批计。施工单位每批抽样试验一次;监理单位按施工单位抽检次数的10%进行平行检验,但不少于一次。

检验方法:施工单位全部检查质量证明文件并进行试验检验;监理单位全部检查质量证明文件、试验报告并进行平行检验。

(3)补偿收缩混凝土的配合比设计和施工除应符合本篇第2.3节的规定外,尚应满足下列要求。

1)补偿收缩混凝土应根据混凝土使用的环境条件选择适宜的膨胀剂;膨胀剂掺量应根据设计要求的限制膨胀率经试验后确定,配合比试验的限制膨胀率应比设计值高0.005%。

2)补偿收缩混凝土宜采用较小的坍落度,混凝土水胶比不宜大于0.50。

3)补偿收缩混凝土限制膨胀率指标和最小胶凝材料用量应符合表8-2-39的规定。

**表8-2-39　补偿收缩混凝土的限制膨胀率指标和最小胶凝材料用量**

| 用　　途 | 限制膨胀率($10^{-4}$) | | 最小胶凝材料用量($kg/m^3$) |
|---|---|---|---|
| | 水中14 d | 水中14 d转空气中28 d | |
| 用于补偿混凝土收缩 | ≥1.5 | ≤−3.0 | 300 |
| 用于后浇带、膨胀加强带和工程接缝填充 | ≥2.5 | ≤−3.0 | 350 |

检验数量:施工单位对同强度等级、同性能的补偿收缩混凝土进行一次混凝土配合比选定试验,当使用的原材料、施工工艺发生变化时,应重新进行配合比选定试验;监理单位全部检查。

检验方法:施工单位进行配合比选定试验;监理单位检查确认配合比选定报告。

(4)补偿收缩混凝土搅拌的投料顺序、搅拌时间应符合搅拌工艺试验确定的要求。

检验数量:施工单位、监理单位每工作班检查不少于一次。

检验方法:观察。

(5)补偿收缩混凝土浇筑完毕后,应及时进行潮湿保水养护,有条件时应采用蓄水养护。养护时间应不少于14 d。

检验数量:施工单位、监理单位全部检查。

检验方法:观察并检查养护记录。

### 2.7.5　无砂透水混凝土

(1)一般规定。

1)无砂透水混凝土应采用强制式搅拌并适当延长搅拌时间。

2)无砂透水混凝土宜为干硬性混凝土,在浇筑前应用水润湿基层。

(2)无砂透水混凝土用粗骨料针片状颗粒含量应不大于5%,其他技术指标应符合第2.2节中"粗骨料的性能和检验要求"相关内容的规定。

检验数量和检验方法:同第2.2节中"粗骨料的性能和检验要求"相关内容。

(3)无砂透水混凝土配合比设计时,应按设计要求的性能指标进行试验。配制成的混凝土应满足设计强度等级、透水性以及施工工艺要求。

检验数量:施工单位对同强度等级和透水性的混凝土进行一次混凝土配合比选定试验。当使用的原材料、施工工艺发生变化时,均应重新进行配合比选定试验;监理单位全部检查。

检验方法:施工单位进行配合比选定试验;监理单位检查确认配合比选定报告。

(4)无砂透水混凝土的抗压强度应符合设计要求。

检验数量:施工单位每50 $m^3$制作一组试件,每工班不足50 $m^3$也制作一组试件。

检验方法:施工单位进行混凝土抗压强度试验;监理单位检查试验报告。

(5)无砂透水混凝土透水性能应符合设计要求。

检验数量:每100 $m^3$混凝土检验一次,施工单位、监理单位全部检查。

检验方法：施工单位试验检验；监理单位检查试验报告。

### 2.7.6　气密性混凝土

(1)一般规定。

1)气密性混凝土应严格控制混凝土水胶比和胶凝材料用量，混凝土的水胶比不宜超过 0.45，胶凝材料不宜小于 330 $kg/m^3$。

2)气密性混凝土的入模含气量不宜大于 2%。

(2)气密性混凝土用砂含泥量应不大于 2.5%，细度模数宜不小于 2.7；粗骨料最大粒径应不大于 31.5 mm，针片状颗粒含量应不大于 8%；其他应符合第 2.2 节中"(2)～(6)"相关内容的规定。

检验数量和检验方法：同第 2.2 节中"(2)～(6)"相关内容。

(3)气密性混凝土配合比设计时，应按设计要求的性能指标进行试验，配制的混凝土的透气系数应满足设计要求。

检验数量：施工单位对同强度等级和透气系数指标的混凝土进行一次混凝土配合比选定试验。当使用的原材料、施工工艺发生变化时，均应重新进行配合比选定试验；监理单位全部检查。

检验方法：施工单位进行配合比选定试验；监理单位检查确认配合比选定报告。

(4)气密性混凝土的透气系数应符合设计要求，当设计无要求时，其透气系数应不大于 $1.0\times10^{-11}$ cm/s。

检验数量：施工单位每 100 m 衬砌制作不少于一组(6 块)试件；监理单位按施工单位抽检次数的 10%进行平行试验，但至少一次。

检验方法：施工单位在混凝土浇筑地点抽样，按第 2.5.6 条的方法进行试验；监理单位检查试验报告并进行平行试验。

## 2.8　混凝土试验检测案例

某铁路客运专线隧道二衬 C35 高性能混凝土进行电通量试验，如图 8-2-1 所示，测试数据见表 8-2-40，经过测试，该混凝土的电通量为 658 C，满足标准要求。

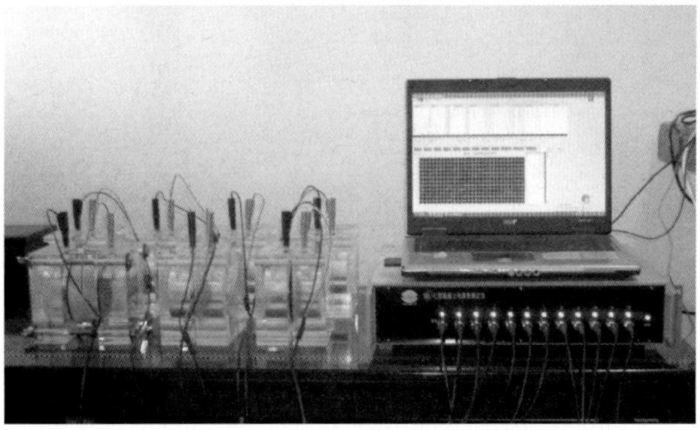

图 8-2-1　混凝土电通量测试图

**表 8-2-40　混凝土电通量测试数据及结果计算表**

| 试件编号：5-12 | | | 龄期：56 d | | | | 温度：21 ℃ | |
|---|---|---|---|---|---|---|---|---|
| 强度等级：C35 | | | 制件日期：2009.11.7 | | | | 试验日期：2010.1.3 | |
| 序号 | 时间 | 时间间隔(min) | 4# 电路 | | 5# 电路 | | 6# 电路 | |
| | | | 电流值(mA) | 电通量 | 电流值(mA) | 电通量 | 电流值(mA) | 电通量 |
| 1 | 9:00 | 5 | 29.3 | | 30.1 | | 33.8 | |
| 2 | 9:05 | 5 | 29.4 | 9 | 29.7 | 9 | 33.5 | 10 |
| 3 | 9:10 | 5 | 29.2 | 9 | 29.8 | 9 | 33.2 | 10 |
| 4 | 9:15 | 5 | 29.3 | 9 | 29.9 | 9 | 33.0 | 10 |

续上表

| 试件编号:5-12 | | | 龄期: 56 d | | | 温度:21 ℃ | | |
|---|---|---|---|---|---|---|---|---|
| 强度等级:C35 | | | 制件日期: 2009.11.7 | | | 试验日期:2010.1.3 | | |
| 序号 | 时间 | 时间间隔(min) | 4#电路 | | 5#电路 | | 6#电路 | |
| | | | 电流值(mA) | 电通量 | 电流值(mA) | 电通量 | 电流值(mA) | 电通量 |
| 5 | 9:25 | 10 | 29.1 | 18 | 30.0 | 18 | 32.9 | 20 |
| 6 | 9:35 | 10 | 29.2 | 17 | 30.0 | 18 | 32.9 | 20 |
| 7 | 9:45 | 10 | 29.3 | 18 | 31.2 | 18 | 32.8 | 20 |
| 8 | 9:55 | 10 | 29.4 | 18 | 31.4 | 19 | 33.1 | 20 |
| 9 | 10:25 | 30 | 29.2 | 53 | 31.5 | 57 | 33.0 | 59 |
| 10 | 10:55 | 30 | 29.0 | 52 | 31.3 | 57 | 33.1 | 59 |
| 11 | 11:25 | 30 | 29.1 | 52 | 31.2 | 56 | 33.2 | 60 |
| 12 | 11:55 | 30 | 28.9 | 52 | 31.3 | 56 | 33.3 | 60 |
| 13 | 12:25 | 30 | 28.8 | 52 | 31.1 | 56 | 33.0 | 60 |
| 14 | 12:55 | 30 | 28.9 | 52 | 31.0 | 56 | 33.2 | 60 |
| 15 | 13:25 | 30 | 28.8 | 52 | 29.8 | 55 | 33.1 | 60 |
| 16 | 13:55 | 30 | 28.7 | 52 | 29.7 | 54 | 33.0 | 59 |
| 17 | 14:25 | 30 | 28.6 | 52 | 29.6 | 53 | 33.1 | 59 |
| 18 | 14:55 | 30 | 28.7 | 52 | 29.6 | 53 | 33.1 | 60 |
| 合计(单位:C) | | | | 617 | | 653 | | 706 |
| 平均值(单位:C) | | | | 658 | | | | |

# 3　路基试验检测技术

## 3.1　概　　述

(1)高速铁路路基工程应采用先进、成熟、科学的检测手段,质量数据必须真实可靠,全面反映工程质量状况。所用方法和仪器设备应符合相关标准的规定,仪器精度应能满足质量控制要求,质量检测人员必须具有规定的资格。

(2)高速铁路路基工程的各类质量检测报告、检查验收记录和其他工程技术资料,必须按规定及时填写,并且严格履行责任人签字确认制度。

## 3.2　原材料试验检测

### 3.2.1　一般规定

(1)路堤填筑前应对设计料场的路基填料进行取样复查试验,当缺少符合设计要求的普通填料时,应根据当地资源情况设置填料生产场,对不符合要求的填料进行改良。

(2)填料生产场应根据需要配备相应的破碎、筛分设备,有改良要求的填料生产场应配备拌和系统。

(3)当设计料场的质量或数量不能完全满足要求时,应重新选择料场,并按建设管理程序报相关单位。

(4)路堤填筑材料的使用、运输、存放应符合下列规定。

1)基床表层和过渡段填筑应选用级配碎石,基床表层以下路基部位填筑可选用普通填料或改良土。

2)基床底层填料的粒径应小于 60 mm,基床底层以下路堤填料的粒径应小于 75 mm,且应级配良好。

3)石灰、水泥等化学改良土外掺料的运输、使用应有保护环境的措施,外掺料应分类堆放、与原地面架空隔离,并有防风、雨设施,防止材料受潮、变质。

(5)改良土填料生产应符合下列规定。

1)改良土填料生产应选择先进的设备和工艺,满足拌和施工质量要求和环境保护要求。条件具备时应优先选择场拌。

2)物理改良土在生产过程中应定期检查筛网有无破损或筛孔尺寸是否超出限值。

3)化学改良土外掺料应与原土料拌和均匀,色泽一致,无灰团、灰条和花面现象。

(6)不同填料在正式填筑前均应进行现场填筑工艺试验,取得的试验参数及成果应报监理单位确认。

### 3.2.2　普通填料的质量要求

普通填料的质量应满足设计要求,并符合下列规定。

(1)基床以下路堤填料的粒径应小于 75 mm,基床底层填料的粒径应小于 60 mm。

(2)填料的颗粒级配、细粒含量及定名分组应符合规定。

(3)用于寒冷地区路基冻结影响范围的填料,砾石类土的细粒含量应不大于 15%,砂类土的细粒含量应不大于 5%。

(4)用于浸水路堤的填料,细粒含量应小于 10%。

检验数量:施工单位每 10 000 $m^3$ 检验 1 次填料的粒径、颗粒级配及细粒含量,当填料土质发生变化或更换取土场时应重新进行检验。监理单位按施工单位检验数量的 10%进行平行检验或见证检验,同一土源不少于 1 次。

检验方法:料场抽样,采用筛分试验。

(5)普通填料出场前应进行最大干密度试验。

检验数量:施工单位每 10 000 $m^3$ 检验 1 次,当填料土质发生变化或更换取土场时应重新进行检验。监理单位按施工单位检验数量的 10%分别进行平行检验和见证检验,同一土源不少于 1 次。

检验方法:料场抽样,采用重型击实或振实法试验。

(6)普通填料出场时的含水率应在工艺试验确定的填料出场控制含水率范围内。

检验数量:施工单位每工班检验含水率不少于 2 次。

检验方法:料场抽样,采用烘干法或酒精燃烧法试验。

### 3.2.3　改良土填料

(1)化学改良土的原土料质量应符合设计及下列规定。

1)用石灰改良的原土料,有机质含量不宜大于 5%,硫酸盐含量(折算成 $SO_4^{2-}$)不应大于 0.8%。

2)用水泥改良的原土料,有机质含量不宜大于 2%,硫酸盐含量(折算成 $SO_4^{2-}$)不应大于 0.25%。

检验数量:施工单位和监理单位每 50 000 $m^3$ 检验 1 次原土料有机质和硫酸盐含量,当填料土质量发生变化或更换取土场时应重新进行检验,同一土源不少于 1 次。

检验方法:取土场抽样,有机质含量测定采用灼失量或重铬酸钾法,硫酸盐含量测定采用硫酸钡重量法或 EDTA 容量法。

(2)化学改良土的外掺料质量应满足设计要求,并符合下列规定。

1)外掺料为水泥等胶材时,宜采用普通硅酸盐水泥或矿渣硅酸盐水泥,强度等级为 42.5 或 32.5,初凝时间不宜小于 3.0 h,终凝时间不宜小于 6.0 h,安定性和强度指标应符合现行《通用硅酸盐水泥》(GB 175)的要求。不得使用快硬水泥、早强水泥。

2)外掺料为石灰时,宜采用一等建筑钙质生石灰粉或合格建筑钙质生石灰,其石灰的($CaO+MgO$)含量不应小于 80%, $CO_2$ 含量不应大于 9%,生石灰粉 0.90 mm 筛的筛余不应大于 0.5%、0.125 mm 筛的筛余不应大于 12.0%,建筑钙质生石灰未消化残渣含量(5 mm 圆孔筛余)不应大于 15%。

3)外掺料为粉煤灰或同类外掺料时,矿物成分($SiO_2+Al_2O_3+Fe_2O_3$)含量不宜小于 70%, 0.045 mm 方孔筛筛余不应大于 25%,三氧化硫($SO_3$)含量不应大于 3%、烧失量不应大于 8%。

检验数量和检验方法:应符合表 8-3-1 的规定。

**表 8-3-1　化学改良土外掺料的检验数量及检验方法**

| 外掺料名称 | 检验项目 | 施工单位检验数量 | 监理单位检验数量 | 试验方法 |
|---|---|---|---|---|
| 水泥等胶材 | 凝结时间<br>安定性 | 同厂家、同品种、同规格的外掺料,每 200 t 检验 1 组;水泥进场时间超过三个月或受潮结块时应复检;粉煤灰等同类外掺料的 $SO_3$ 含量和($SiO_2+Al_2O_3+Fe_2O_3$)含量每 2 000 t 检验 1 组 | 按施工单位抽检次数的 10%分别进行平行检验和见证检验,均不少于 1 组 | 《水泥标准稠度用水量、凝结时间、安定性检验方法》(GB/T 1346) |
| | 胶砂强度 | | | 《水泥胶砂强度检验方法(ISO 法)》(GB/T 17671) |
| 石灰 | 细度<br>未消化残渣含量 | | | 《建筑石灰试验方法　物理试验方法》(JC/T 478.1) |
| | $CO_2$ 含量、<br>($CaO+MgO$)含量 | | | 《建筑石灰试验方法　化学分析方法》(JC/T 478.2) |
| 粉煤灰或<br>同类外掺料 | 细度 | | | 《用于水泥和混凝土中的粉煤灰》(GB/T 1596) |
| | 烧失量、<br>($SiO_2+Al_2O_3+Fe_2O_3$)含量、$SO_3$ 含量 | | | 《水泥化学分析方法》(GB/T 176) |

(3)化学改良土使用前应进行配合比和无侧限抗压强度验证试验,并应符合下列要求。

1)基床以下部位按设计推荐配合比配制的化学改良土 7 d 龄期的饱和无侧限抗压强度不应小于 250 kPa;

2)基床底层按设计推荐配合比配制的化学改良土 7 d 龄期的饱和无侧限抗压强度不应小于 350 kPa,寒冷地区路基冻结影响范围的基床底层化学改良土 7 d 龄期的饱和无侧限抗压强度不应小于 550 kPa。

检验数量：施工单位对同土源、同外掺料做改良土配合比和无侧限抗压强度验证试验 1 次，当使用的土源或外掺料发生变化时，应重新进行试验。监理单位平行或见证检验 1 次。

检验方法：根据设计推荐外掺料的掺量配制化学改良土混合料，并按《铁路工程土工试验规程》(TB 10102)规定的方法进行重型击实和无侧限抗压强度试验，掺水泥的改良土同时作延迟时间试验。监理单位平行或见证检验，并检查确认配合比验证试验报告和击实试验报告。

(4)物理改良土使用前应进行配合比试验。

检验数量：施工单位每 10 000 $m^3$ 进行 1 次配合比试验，检验混合料的粒径、颗粒级配及细粒含量，当填料土质发生变化或更换取土场时应重新进行检验。监理单位按施工单位检验数量的 10%分别进行平行检验和见证检验，同一土源不少于 1 次。

检验方法：料场抽样，采用筛分试验。

(5)改良土出场前应进行最大干密度试验。

检验数量：施工单位每 5 000 $m^3$ 检验 1 次，当填料土质发生变化或更换取土场时应重新进行检验。监理单位按施工单位检验数量的 10%分别进行平行检验和见证检验，同一土源不少于 1 次。

检验方法：料场抽样，采用重型击实或振实法试验。

(6)改良土混和料拌制前，应检查配料计量系统的工作状态，测定原土料和混和料的含水率，并根据测试结果和环境条件及时调整施工配合比，改良土混和料出场时的含水率宜在工艺试验确定的填料出场控制含水率范围内。

检验数量：施工单位每工班检查不少于 2 次，当遇雨天含水率有显著变化时，应增加含水率检测次数。

检验方法：观察计量系统，采用烘干法或酒精燃烧法检验含水率。

(7)化学改良土外掺料剂量允许偏差为试验配合比的外掺料剂量(以百分率表示)－0.5%～＋1.0%。

检验数量：施工单位每工班检验 2 次。

检验方法：料场抽样，采用滴定法或仪器法检验。

(8)化学改良土混和料中应不含有未消解石灰颗粒，路拌法改良土混和料中应不含有素土团或素土层。

检验数量：施工单位场拌法施工时每工班检验 3 次，路拌法施工时沿线路纵向每 100 m 每层抽样检验 6 处(左、中、右各 2 处)。

检验方法：观察。

### 3.2.4　级配碎石填料

(1)生产级配碎石用原材料质量应满足设计要求，并符合下列规定。

1)粒径大于 1.7 mm 颗粒的洛杉矶磨耗率应不大于 30%，硫酸钠溶液浸泡损失率应不大于 6%；

2)粒径小于 0.5 mm 的细颗粒的液限应不大于 25%，塑性指数应小于 6。

检验数量：施工单位每一料场抽样检验洛杉矶磨耗率、硫酸钠溶液浸泡损失率、液限和塑性指数 2 次。监理单位每料场检验 1 次。

检验方法：按《铁路土工试验规程》(TB 10102)规定的方法检验。

(2)基床表层级配碎石应符合设计要求及下列要求。

1)级配碎石材料由开山块石、天然卵石或砂砾石经破碎筛选而成。

2)级配碎石颗粒级配应符合表 8-3-2 的要求，不均匀系数 $C_u$ 不得小于 15，0.02 mm 以下颗粒质量百分率不得大于 3%，大于 22.4 mm 的粗颗粒中带有破碎面的颗粒所占的质量百分率不应小于 30%，不得含有黏土及其他杂质。

**表 8-3-2　基床表层级配碎石粒径级配要求**

| 方孔筛边长(mm) | 0.1 | 0.5 | 1.7 | 7.1 | 22.4 | 31.5 | 45 |
|---|---|---|---|---|---|---|---|
| 过筛质量百分率(%) | 0～11(5) | 7～32 | 13～46 | 41～75 | 67～91 | 82～100 | 100 |

注：括号内数字适用于寒冷地区铁路。

检验数量：施工单位在级配碎石生产期间，每工班抽样检验 1 次粒径级配、黏土及其他杂质含量、大于

22.4 mm 的粗颗粒中带有破碎面的颗粒含量。监理单位按施工单位检验数量的 10%进行平行检验或见证检验。

检验方法:料场抽样。

(3)过渡段级配碎石应符合设计要求及下列要求。

过渡段级配碎石填料粒径、级配及质量应符合设计要求。碎石颗粒中针状和片状碎石含量不大于 20%;质软和易破碎的碎石含量不得超过 10%;过渡段用级配碎石的级配范围应符合表 8-3-3 的要求。

**表 8-3-3　过渡段用碎石级配范围要求**

| 级配编号 | 通过筛孔(mm)质量百分率(%) | | | | | | | | | |
|---|---|---|---|---|---|---|---|---|---|---|
| | 50 | 40 | 30 | 25 | 20 | 10 | 5 | 2.5 | 0.5 | 0.075 |
| 1 | 100 | 95～100 | — | — | 60～90 | — | 30～65 | 20～50 | 10～30 | 2～10 |
| 2 | — | 100 | 95～100 | — | 60～90 | — | 30～65 | 20～50 | 10～30 | 2～10 |
| 3 | — | — | 100 | 95～100 | — | 50～80 | 30～65 | 20～50 | 10～30 | 2～10 |

检验数量:施工单位每工班抽样检验 1 次颗粒级配、针状和片状碎石含量、质软和易破碎的碎石含量。监理单位按施工单位检验数量的 10%进行平行检验或见证检验。

检验方法:料场抽样。

(4)级配碎石出场前应进行最大干密度试验。

检验数量:施工单位每 5 000 $m^3$ 检验 1 次,当级配碎石材质发生变化或更换石场时应重新进行检验。监理单位按施工单位检验数量的 10%分别进行平行检验和见证检验,同一料场不少于 1 次。

检验方法:料场抽样,按《铁路土工试验规程》(TB 10102)规定的方法检验。

(5)过渡段级配碎石中掺入水泥的品种、规格及质量检验应符合第 3.2.3 条要求。

(6)级配碎石混和料拌制前,应检查配料计量系统的工作状态,测定各种集料的含水率,根据测试结果和环境条件及时调整施工配合比,级配碎石混和料出场时的含水率宜在工艺试验确定的填料出场控制含水率范围内。

检验数量:每工班检查 2 次,当遇雨天含水率有显著变化时,应增加含水率检测次数。

检验方法:观察计量系统,采用烘干法或酒精燃烧法检验含水率。

(7)过渡段级配碎石中水泥掺加剂量允许偏差为试验配合比 0～+1.0%。

检验数量:每工班检验 2 次。

检验方法:料场抽样,采用滴定法或仪器法检验。

## 3.3　基底试验检测

### 3.3.1　基床地基处理

1. 原地面处理

(1)原地面处理前,应对地基地质资料进行核查,路堤地基条件应符合设计文件。当不符合时,应及时反馈。

检验数量:施工单位沿线路纵向每 100 m 检验 2 点,监理单位 100%见证检验,与设计资料不符的地段,勘察设计单位应现场确认。

检验方法:静力触探试验等。

(2)原地面冲击碾压质量应符合设计要求。

检验数量:施工单位每 3 000 $m^2$ 抽样检验 4 点,监理单位按施工单位抽检数量的 10%平行检验或 20%见证检验。

检验方法:按《铁路工程土工试验规程》(TB 10102)规定的试验方法进行检验。

2. 换填

(1)换填所用的填料应符合设计要求。换填中粗砂或碎石、普通填料、改良土的检验应符合本篇第 2.3 节的规定。

(2)换填深度应满足设计要求。

检验数量:施工单位沿线路每 100 m 抽样检验 5 处。监理单位沿线路每 100 m 抽样检验 1 处。

检验方法:尺量、测量仪器测量。

(3)换填基底开挖处理后的基底压实质量应符合设计要求。

检验数量:施工单位沿线路纵向每 100 m 抽样检验 3 点,其中线路中间 1 点,两侧距换填边缘 2 m 处各 1 点。监理单位按施工单位抽样检验数量的 10%平行检验。

检验方法:按《铁路工程土工试验规程》(TB 10102)规定的试验方法进行检验。

(4)换填填料分层压实质量应符合路基相应部位的设计要求。

3. 砂垫层、碎石垫层、土工合成材料加筋垫层

(1)砂垫层应采用天然级配的中、粗、砾砂,不含草根、垃圾等杂质,含泥量不得大于 5%,用作排水固结地基的砂垫层含泥量不得大于 3%。

检验数量:同一产地、品种、规格且连续进场的砂料,每 3 000 $m^3$ 为一批,当不足 3 000 $m^3$ 时也按一批计。施工单位每批抽样检验 1 组。监理单位按施工单位抽样数量的 10%平行检验或 20%见证检验。

检验方法:现场抽样检验砂子含泥量,并进行筛分试验,在施工过程中观察检查有无草根、垃圾等杂质。

(2)碎石垫层应采用级配良好的砾石或碎石,最大粒径不得大于 50 mm,细粒含量不得大于 10%,且不含草根、垃圾等杂质。

检验数量:同一产地、品种、规格且连续进场的碎石,每 3 000 $m^3$ 为一批,当不足 3 000 $m^3$ 时也按一批计。施工单位每批抽样检验 1 组。监理单位按施工单位抽样数量的 10%平行检验或 20%见证检验。

(3)土工合成材料的品种、规格及质量应满足设计要求,进场时应进行现场验收。

检验数量:同一厂家、品种、批号的土工合成材料,每 $10\times10^4$ $m^2$ 为一批,不足 $10\times10^4$ $m^2$ 也按一批计。施工单位每批抽样检验 1 组。监理单位按施工单位抽样数量的 20%见证检验。

检验方法:查验每批产品出厂合格证、性能报告单。抽样检验土工合成材料的拉伸强度、延伸率、渗透系数或土工格栅的抗拉强度、延伸率、指定延伸率下对应的拉伸力。

(4)砂垫层应碾压密实。碎石垫层当路堤填高≤3.0 m 时,顶面压实质量应满足 $K_{30}\geq150$ MPa/m;当路堤填高>3.0 m 时,顶面压实质量应满足 $K_{30}\geq130$ MPa/m。

检验数量:施工单位沿线路纵向每 100 m 抽样检验 3 点,其中:路基中间 1 点,两侧距路基边缘 2 m 处各 1 点。监理单位平行检验不少于 1 点。

检验方法:按《铁路工程土工试验规程》(TB 10102)规定的试验方法检验。

4. 强夯(重锤夯实)

(1)施工前,应按设计初步确定的强夯(重锤夯实)参数,在有代表性的场地上进行工艺性试夯试验。通过强夯(重锤夯实)前后测试数据的对比,检验强夯(重锤夯实)效果,确定有关工艺参数,并报监理单位确认。

(2)强夯(重锤夯实)加固地基的承载力和有效加固深度应满足设计要求。

检验数量:施工单位每一工点每 3 000 $m^2$ 抽样检验 9 点,其中:标准贯入试验 6 点(或动力触探 3 点),静力触探试验 3 点。监理单位按施工单位抽样数量的 50%见证检验;勘察设计单位现场确认。

检验方法:按设计规定的检验时间进行标准贯入试验或动力触探试验、静力触探试验。

5. 袋装砂井

(1)砂袋各项技术指标应符合设计要求,进场后应进行现场验收。

检验数量:同一厂家、同一批号且连续进场的砂袋,每 100 000 m 为一批,当不足 100 000 m 时也按一批计。施工单位每批抽样检验 1 组。监理单位按施工单位抽检次数的 10%平行检验或见证检验,均不少于 1 次。

检验方法:查验每批产品出厂合格证、性能报告单,抽样检验砂袋原材料的规格、质量、条带拉伸强度、渗透系数、等效孔径。

(2)灌入砂袋的砂必须采用天然级配的风干中、粗砂,其中含泥量不得大于 3%。

检验数量:同一产地、品种、规格且连续进场的砂料,每 3 000 $m^3$ 为一批,当不足 3 000 $m^3$ 时也按一批计。施工单位每批抽样检验 1 组。监理单位按施工单位抽检次数的 10%分别检验或见证检验,均不少于一次。

检验方法:在料场抽样检验砂子中含泥量,进行筛分试验,并在装袋过程中观察鉴别砂的风干程度。

6. 塑料排水板

塑料排水板的品种、规格、质量应符合设计要求,进场时应进行现场验收。

检验数量:同一厂家、同一批号的塑料排水板,每 100 000 m 为一批,当不足 100 000 m 时也按一批计。施工单位每批抽样检验 1 组。监理单位按施工单位抽检次数的 10%分别检验或见证检验,均不少于一次。

检验方法:查验每批产品出厂合格证、性能报告单,抽样检验芯板材料单位长度重量、厚度、宽度、抗拉强度、伸长率、纵向通水率和滤膜材料单位面积重、抗拉强度、渗透系数、等效孔径。塑料排水板技术指标见表 8-3-4。

**表 8-3-4 塑料排水板技术指标**

| 芯板 | | 滤膜 | |
|---|---|---|---|
| 芯板材料 | 高压聚乙烯 | 滤膜材料 | 涤纶、丙纶无纺织物 |
| 断面型式 | 槽型、铆钫型 | 单位面积重($g/m^2$) | 85 |
| 单位长度重量(g/m) | 100~130 | 抗拉强度(N/m) | ≥2 500(干)<br>≥2 000(湿) |
| 厚度(mm) | 4.5~6.0 | | |
| 宽度(mm) | 100 | 渗透系数(cm/s) | $>5\times10^{-3}$ |
| 抗拉强度(kN/10 cm) | ≥1.3 | | |
| 伸长率(%) | <10 | 等效孔径(mm) | $O_{95}<0.08$ |
| 纵向通水率($cm^3/s$) | ≥30 | | |

7. 真空预压

密封膜、排水滤管的种类、规格及质量应符合设计要求,进场时应进行现场验收。

检验数量:同一厂家、品种、批号的材料,密封膜每 10 000 $m^2$ 为一批,不足 10 000 $m^2$ 也按一批计,排水滤管每 10 000 m 为一批,不足 10 000 m 也按一批计。施工单位每批抽样检验 1 组。监理单位按施工单位抽检次数的 10%平行检验或见证检验,均不少于 1 次。

检验方法:查验每批产品出厂合格证、性能报告单,抽样检验密封膜的厚度、透气性能、拉伸强度和排水滤管的管径、壁厚、透水、渗滤、纵向排水性能及抗拉、抗压强度和环形刚度。滤水层、密封膜技术指标见表 8-3-5、表 8-3-6。

**表 8-3-5 滤水层技术指标**

| 渗透系数(cm/s) | 抗拉强度(MPa) | | 隔土层(mm) |
|---|---|---|---|
| | 干态 | 湿态 | |
| $0.4\times10^{-3}\sim2\times10^{-3}$ | 20~44 | 15~30 | <0.075 |

**表 8-3-6 密封膜技术指标**

| 抗拉强度(MPa) | | 伸长率(%) | | 直角断强度(kN) | 厚度(mm) | 微孔(个) |
|---|---|---|---|---|---|---|
| 纵向 | 横向 | 断裂 | 低温 | | | |
| ≥18.5 | ≥16.5 | ≥220 | 20~45 | ≥4.0 | 0.12±0.02 | ≤10 |

8. 砂(碎石)桩

(1)砂(碎石)桩大面积施工前,应进行复合地基承载力试验,以确认设计参数。

(2)砂桩应采用中、粗、砾砂,含泥量不得大于 5%,用作排水的砂桩其砂中含泥量不得大于 3%。碎石桩应采用未风化的碎石或砾石,粒径应满足设计要求,最大粒径不宜大于 50 mm,含泥量不得大于 5%。

检验数量:同一产地、品种、规格且连续进场的砂料(碎石),每 3 000 $m^3$ 为一批,当不足 3 000 $m^3$ 时也按一批计。施工单位每批抽样检验 1 组。监理单位按施工单位抽检次数的 10%平行检验或见证检验,均不少于 1 次。

检验方法:在料场抽样进行含泥量试验和筛分试验。

(3)砂桩 2 m 深度以下桩身密度必须大于中密状态($N_{63.5}\geq10$)或符合设计要求。碎石桩桩身密实度应符合设计要求。

检验数量：施工单位按砂桩数量的 2%抽样检验，且每检验批不少于 3 根。监理单位按施工单位抽样数量的 20%见证检验。

检验方法：在砂(碎石)桩施工结束达到规定静置时间后，进行标准贯入或动力触探试验，自桩顶 2 m 以下开始计数。

(4)砂(碎石)桩处理后的可液化土地基，桩间土的加固效果应满足设计要求。

检验数量：施工单位沿线路纵向每 100 m 抽样检验 5 处。监理单位按施工单位抽样数量的 20%见证检验；勘察设计单位现场确认。

检验方法：在砂(碎石)桩施工结束达到规定静置时间后，在桩等边三角形或正方形中心位置进行标准贯入、静力触探或动力触探试验，自探头达到地面 1 m 以下开始计数。

(5)砂(碎石)桩处理后的复合地基承载力应满足设计要求。

检验数量：总桩数的 2‰，且每工点不少于 3 根。监理单位全部见证检验，勘察设计单位现场确认。

检验方法：单桩平板载荷试验。勘察设计单位对是否满足设计要求进行确认。

9. 粉体喷射搅拌桩

(1)粉体喷射搅拌桩加固用的水泥种类、规格及质量应符合设计要求。严禁使用受潮、结块、变质的加固料。

检验数量：同一产地、品种、规格且连续进场的水泥，袋装水泥 200 t 为一批、散装水泥 500 t 为一批，当袋装水泥不足 200 t 或散装水泥不足 500 t 时也按一批计。施工单位每批抽样检验 1 组材料的强度、安定性、凝结时间等。监理单位按施工单位抽样检验数量的 20%见证检验。

检验方法：查验产品质量证明文件及抽样检验。

(2)浆体喷射搅拌桩所用的固化料和外加剂品种、规格及质量应符合设计要求。

检验数量：同一产地、品种、规格、批号的固化料和外加剂，每 200 t 为一批，当不足 200 t 时也按一批计。施工单位每批抽样检验 1 组。监理单位按施工单位抽样数量的 20%见证检验。

检验方法：查验产品质量证明文件及抽样试验。

(3)浆液应严格按设计配方和试验确定的配合比拌制，制备好的浆液应均匀，不得离析。

检验数量：施工单位每根桩施工过程中抽样检验 2 次。监理单位每工班平行检验 2 次。

检验方法：观察并用浆液比重计检测浆液密度。

(4)搅拌桩桩身完整性、均匀性、无侧限抗压强度应满足设计要求。

检验数量：施工单位抽样检验粉喷桩总数的 2‰，且不少于 3 根。监理单位按施工单位抽样数量的 20%见证检验。

检验方法：粉喷桩完工 28 d 后，在每根检测桩桩径方向 1/4 处、桩长范围内垂直钻孔取芯，观察其完整性、均匀性，拍摄取出芯样的照片，取上、中、下不同深度的 3 个试样作无侧限抗压强度试验。钻芯后的孔洞采用水泥砂浆灌注封闭。

(5)搅拌桩处理后的单桩或复合地基承载力应满足设计要求。

检验数量：总桩数的 2‰，且每工点不少于 3 根。监理单位全部见证检验，勘察设计单位现场确认。

检验方法：平板载荷试验。勘察设计单位对是否满足设计要求进行确认。

10. 高压旋喷桩

(1)高压旋喷桩大面积施工前，应进行单桩或复合地基承载力试验，以确认设计参数。

(2)高压喷射注浆所用的水泥和外加剂品种、规格及质量应符合设计要求。

检验数量：同一产地、品种、规格、批号的水泥和外加剂，袋装水泥每 200 t 为一批、散装水泥 500 t 为一批，当袋装水泥及外加剂不足 200 t 或散装水泥不足 500 t 时也按一批计。施工单位每批抽样检验 1 组。监理单位按施工单位抽样检验数量的 20%见证检验。

检验方法：检查产品质量证明文件及抽样检验。

(3)浆液的拌制质量的检验应符合本篇第 3.3.1 中“9. 粉体喷射搅拌桩”相关内容的规定。

(4)高压旋喷桩的完整性、均匀性、无侧限抗压强度应满足设计要求。

检验数量：施工单位抽样检验桩总数的 2‰，且不少于 3 根。监理单位按施工单位抽样数量的 20%见证检验。

检验方法:桩完工 28 d 后,在每根检测桩桩径方向 1/4 处、桩长范围内垂直钻孔取芯,观察其完整性、均匀性,拍摄取出芯样的照片,取上、中、下不同深度的 3 个试样作无侧限抗压强度试验。钻芯后的孔洞采用水泥砂浆灌注封闭。

(5)高压旋喷桩处理后的单桩或复合地基承载力应满足设计要求。

检验数量:总桩数的 2‰,且每工点不少于 3 根。监理单位全部见证检验,勘察设计单位现场确认。

检验方法:平板载荷试验。勘察设计单位对是否满足设计要求进行确认。

11. 挤密桩

(1)挤密桩大面积施工前,应进行单桩或复合地基进行承载力试验,以确认设计参数。

(2)灰土挤密桩(柱锤冲扩桩)所用石灰品种、规格和质量应符合设计要求。

检验数量:同一厂家、品种且连续进场的石灰,每 200 t 为一批,不足 200 t 也按一批计。施工单位每批抽样检验 1 次石灰的活性 CaO、MgO 含量。监理单位按施工单位抽检次数的 10%平行检验,且不少于 1 次。

检验方法:查验石灰质量证明文件,按《建筑石灰试验方法》(JC/T 478)规定的试验方法进行抽样检验。

(3)水泥土挤密桩(柱锤冲扩桩)所用水泥品种、规格和质量应符合设计要求。

检验数量:同一产地、品种、规格且连续进场的水泥,袋装水泥 200 t 为一批、散装水泥 500 t 为一批,当袋装水泥不足 200 t 或散装水泥不足 500 t 时也按一批计。施工单位每批抽样检验 1 组水泥的强度、安定性、凝结时间。监理单位按施工单位抽样数量的 10%分别进行平行检验或见证检验,均不少于 1 次。

检验方法:查验水泥质量证明文件,抽样检验。

(4)挤密桩所用土的质量应符合设计要求,用水泥改良的土的有机质含量不应大于 2%,用石灰改良的土的有机质含量不应大于 5%。

检验数量:同一取土地点、相同土性的土,每 1 000 $m^3$ 为一批,不足 1 000 $m^3$ 也按一批计。施工单位每批抽样检验 1 次。监理单位按施工单位抽检次数的 10%见证检验,且不少于 1 次。

检验方法:按《铁路工程土工试验规程》(TB 10102)规定的试验方法进行检验。

(5)挤密桩填料的配合比应符合设计要求,最优含水率应符合工艺试验确定的工艺参数,含水率允许偏差不得大于 2%。

检验数量:施工单位每工班至少检验 1 次,监理单位全部见证检验。

检验方法:检查配料计量,轻型标准击实试验。

(6)灰土或水泥土应拌和均匀,色泽一致,无灰团、灰条和花面现象。

检验数量:施工单位、监理单位全部检验。

检验方法:观察检查。

(7)挤密桩孔内填料应分层回填夯实,其压实系数不应小于 0.97(轻型击实)。

检验数量:施工单位抽样检验总桩数的 2‰,且每工点不少于 3 根。监理单位按施工单位抽检数量的 10%见证检验,且每工点不少于 1 根。

检验方法:挤密桩施工结束 7～14 d 后,在孔心附近沿全部孔深采用钻机取样,每 2 m 取样测定干密度,轻型击实试验按《铁路工程土工试验规程》(TB 10102)进行检验。

(8)挤密桩桩间土处理效果应符合设计要求。

检验数量:施工单位沿线路纵向连续每 50 m 抽样检验 3 点。监理单位按施工单位抽检数量的 10%见证检验,且每工点不少于 1 点。

检验方法:挤密桩施工结束 7～14 d 后,在孔之间形心点附近、成孔挤密深度内采用钻机取样,每 2 m 取土样测定干密度、进行压缩试验(湿陷性黄土地区增加湿陷性试验),计算干密度与其最大干密度的比值(最小挤密系数)、压缩模量(湿陷性黄土地区增加湿陷系数)。

(9)挤密桩处理后的单桩或复合地基承载力应满足设计要求。

检验数量:总桩数的 2‰,且每工点不少于 3 根。监理单位全部见证检验,勘察设计单位现场确认。

检验方法:平板载荷试验。勘察设计单位对是否满足设计要求进行确认。

12. 强夯置换

(1)施工前,应按设计初步确定的强夯参数,在有代表性的场地上进行工艺性试夯试验。通过强夯前后测试数据的对比，检验强夯效果，确定有关工艺参数，并报监理单位确认。

(2)强夯置换采用的填料质量应满足设计要求。

检验数量：同一产地、品种、规格且连续进场的填料，每 3 000 $m^3$ 为一批，当不足 3 000 $m^3$ 时也按一批计。施工单位每批抽样检验 1 组。监理单位按施工单位抽检次数的 10%平行检验，均不少于 1 组。

检验方法：在料场抽样检验。

(3)强夯碎石墩的墩长、墩身密实度应满足设计要求。

检验数量：施工单位检验总墩数的 1%，每工点检验不少于 3 墩，监理单位按施工单位检验数量的 10%见证检验。

检验方法：重型圆锥动力触探。

(4)强夯置换后，墩间土的强度应满足设计要求。

检验数量：施工单位每 3 000 $m^2$ 抽样检验 6 点，监理单位按施工单位检验数量的 10%见证检验。

检验方法：静力触探或动力触探。

(5)强夯碎石墩单墩承载力应满足设计要求。

检验数量：总墩数的 2‰，且每检验批不少于 3 个墩。监理单位全部见证检验，勘察设计单位现场确认。

检验方法：按设计规定的检验时间进行平板载荷试验。勘察设计单位对是否满足设计要求进行确认。

13. 水泥粉煤灰碎石桩(CFG 桩)

(1)施工前应进行成桩工艺性试验(不少于 3 根)，以复核地质资料以及设备、工艺、施打顺序是否适宜，确定混和料配合比、坍落度、搅拌时间、拔管速度等各项工艺参数后，报监理单位确认后，方可进行施工。

(2)CFG 桩大面积施工前，应进行单桩或复合地基承载力试验，以确认设计参数。

(3)施工前宜对场地进行预处理，采用桩帽网结构的 CFG 桩复合地基，宜先进行桩帽厚度范围的场坪换填处理，换填填料和压实质量应满足设计桩间土回填质量要求。

(4)CFG 桩所用的水泥、粉煤灰、粗细骨料、减水剂和水的品种、规格及质量应符合设计要求。

检验数量：同一产地、品种、规格且连续进场的水泥，袋装水泥 200 t 为一批、散装水泥 500 t 为一批，当袋装水泥不足 200 t 或散装水泥不足 500 t 时也按一批计。同一产地、品种、规格且连续进场的粉煤灰，每 200 t 为一批，当不足 200 t 时也按一批计。同一产地、品种、规格且连续进场的粗、细骨料，400 $m^3$ 为一批，当不足 400 $m^3$ 时也按一批计。同一产地、品种、规格且连续进场的减水剂，50 t 为一批，当不足 50 t 时也按一批计。新水源或同一水源的水使用达一年抽样检验一次。监理单位按施工单位抽样数量的 10%见证检验，且不少于 1 组。

检验方法：查验产品质量证明文件。在材料库抽样检验水泥强度、安定性、凝结时间，粉煤灰的细度、烧失量、需水量比、三氧化硫，减水剂的碱水率、凝结时间之差、泌水率比和抗压强度比；在料场抽样检验粗细骨料含泥量、松散密度、杂质含量、筛分试验检验其颗粒级配。抽样检验混和料拌和用水的 pH 值、凝结时间差、抗压强度比。

(5)CFG 桩混和料坍落度应按工艺性试验确定并经监理工程师批准的参数进行控制。

检验数量：施工单位每台班抽样检验 3 次。监理单位按施工单位抽样数量的 20%见证检验。

检验方法：现场坍落度试验。

(6)CFG 桩混和料强度应符合设计要求。

检验数量：施工单位每台班做 2 组试件。监理单位按施工单位抽样数量的 10%平行检验。

检验方法：每台班制作混和料试块，进行 28 d 标准养护试件抗压强度检验。

(7)CFG 桩的桩身完整性应满足设计要求。

检验数量：施工单位按总桩数的 10%抽样检验，且不少于 3 根。监理单位按施工单位抽样检验桩数的 20%见证检验。

检验方法：低应变检测。

(8)CFG 桩的桩身均匀性、抗压强度应满足设计要求。

检验数量：施工单位抽样检验 CFG 桩总数的 2‰，且不少于 3 根。监理单位按施工单位抽样数量的 20%见证检验。

检验方法：CFG 桩完工 28 d 后，采用钻机在每根检测桩桩径方向 1/4 处、桩长范围内垂直钻孔取芯，观察其完整性、均匀性,拍摄取出芯样的照片,取上、中、下不同深度的3个试样作抗压强度试验。钻芯后的孔洞采用水泥砂浆灌注封闭。

(9)CFG桩处理后的单桩或复合地基承载力应满足设计要求。

检验数量:总桩数的2‰,且每工点不少于3根。监理单位全部见证检验,勘察设计单位现场确认。

检验方法:平板载荷试验。勘察设计单位对是否满足设计要求进行确认。

14. 混凝土预制桩

(1)施工前应进行沉桩工艺性试验(不少于3根),确定各项工艺参数并报监理单位确认后,方可进行施工。

(2)混凝土预制桩大面积沉桩施工前,应对工艺性试桩的单桩和复合地基进行承载力试验,以确认设计参数。

(3)混凝土预制桩的质量应符合设计要求和相关标准的规定。

检验数量:施工单位、监理单位全部检验。

检验方法:观察,检查合格证或检验报告等质量证明文件。

(4)混凝土预制桩沉桩后,桩的完整性应满足设计要求。

检验数量:施工单位抽样检验桩总数的10%,且每一工点不少于3根。监理单位全部见证检验,勘察设计单位现场确认。

检验方法:低应变检测。

(5)混凝土预制桩沉桩后,单桩的承载力应满足设计要求。

检验数量:施工单位抽样检验桩总数的2‰,且不少于3根。监理单位全部见证试验,勘察设计单位现场确认。

检验方法:静载试验。勘察设计单位对是否满足设计要求进行确认。

15. 混凝土灌注桩

(1)钢筋原材料的检验必须符合现行国家标准的规定。

(2)混凝土原材料、配合比设计、施工的检验必须符合本篇第2.2节～第2.4节的规定。

(3)混凝土浇筑必须符合施工工艺设计要求。

检验数量:施工单位、监理单位全部检验。

检验方法:观察和测量。

(4)桩的混凝土强度等级必须符合设计要求。用混凝土标准条件养护试件评定的强度等级应达到设计强度的1.15倍。

检验数量:施工单位每工班≤100 $m^3$应在混凝土的浇筑地点随机抽样制作混凝土试件1组。监理单位按施工单位检验数量的10%平行检验。

检验方法:混凝土强度试验。

(5)桩身混凝土应均质、完整。

检验数量:施工单位按总桩数的10%进行无损检验。监理单位全部见证检验。

检验方法:按《铁路工程桩基无损检测规程》(TB 10218)的规定和《铁路工程结构混凝土强度检测规程》(TB 10426)的规定检验,并由专业检测单位检测。

(6)单桩承载力试验必须符合设计要求。

检验数量:施工单位抽样检验桩总数的2‰,且每个工点不少于3根,监理单位全部见证检验,勘测设计单位现场确认。

检验方法:静载试验。勘察设计单位对是否满足设计要求进行确认。

16. 桩帽

(1)桩帽施工应在桩检验合格后进行。

(2)混凝土原材料、配合比设计、施工的检验必须符合本篇第2.2节～第2.4节的规定。

17. 桩板结构

(1)桩身混凝土应均质、完整。

检验数量:施工单位全部进行无损检验,监理单位全部见证检验。

检验方法：按《铁路工程桩基无损检测规程》(TB 10218)的规定和《铁路工程结构混凝土强度检测规程》(TB 10426)的规定检验，并由专业检测单位检测。

(2)桩承载力试验必须符合设计要求。

检验数量：施工单位抽样检验桩总数的5‰，且每个工点不少于1根，监理单位全部见证检验，勘测设计单位现场确认。

检验方法：静载试验。勘察设计单位对是否满足设计要求进行确认。

18. 筏板

(1)复合地基的桩和筏板下的垫层施工完毕并验收合格后，方可进行筏板施工。

(2)筏板下的垫层填料质量、位置、压实标准应符合设计要求和本篇第2.3节的规定。

(3)筏板混凝土的强度等级必须符合设计要求。

检验数量：施工单位每100 $m^3$同配合比的混凝土制取1组试件，不足100 $m^3$亦制取一组试件，监理单位按施工单位检查数量的10%平行检验，且不少于1组。

检验方法：混凝土抗压强度试验。

(4)伸缩缝所用原材料的品种、规格、性能必须符合设计要求。

检验数量：施工单位、监理单位全部检验。

检验方法：检查产品合格证、观察并进行试验。

19. 溶、洞穴处理

(1)洞穴处理所用材料应符合设计要求，进场时应进行现场验收。

检验数量：施工单位按相关材料要求的检验数量抽样检验。监理单位按施工单位抽样数量的10%平行检验或20%见证检验。

检验方法：查验每批产品出厂合格证、性能报告单及抽样检验。

(2)注浆结束后，按设计要求选用表8-3-7检验注浆处理效果(黄土地区不可采用压水试验法)。

**表8-3-7　检测内容与方法**

| 注浆处理对象 | 检测内容 | 检测方法 |
|---|---|---|
| 采空区<br>及人为坑洞 | 注浆充填率<br>波速<br>渗透系数 | (1)钻孔法<br>(2)波速测井法<br>(3)电磁波CT<br>(4)压水试验 |
| 岩溶 | 注浆充填率<br>波速<br>渗透系数 | (1)钻孔法<br>(2)瞬态面波法(覆盖层小于25 m)<br>(3)电测深法(处理前后同时采用，两者进行对比)<br>(4)压水试验<br>(5)电磁波CT |

检验数量：施工单位检验数量，钻孔取芯及压水试验孔数不少于注浆孔总数的2%；瞬态面波法检测点数不少于注浆孔总数的5%；电测深法检测长度不少于整治段落长度的10%；不足20孔的注浆工程，检验点的数量不少于3个点。监理单位全部见证检验。

检验方法：按表8-3-7规定的方法进行检验。

(3)采用灌砂处理洞穴时，其钻孔的布设形式、灌充数量和范围应符合设计要求。

检验数量：施工单位、监理单位全部检验。

检验方法：观察钻孔的布设形式、数量，并采用物探法检验处理效果。

(4)采取回填法处理洞穴时，其回填范围及其端部处理应符合设计要求，回填应分层夯填密实。用岩块回填不得有架空现象、压实质量应符合设计要求。

检验数量：施工单位、监理单位检查每个洞穴回填范围及端部处理情况。施工单位每回填层检验压实质量3点，监理单位按施工单位检验数量的20%见证检验。

检验方法:观察,按《铁路工程土工试验规程》(TB 10102)规定的试验方法检验。

(5)采用砌体封闭洞穴时,砂浆强度等级应符合设计要求,砌筑应与洞壁密贴,外露面应与路基面或基底、边坡面平齐。

检验数量:施工单位每个洞穴做 1 组砂浆强度试件,监理单位按施工单位检验数量的 10%平行检验或 20%见证检验。

检验方法:观察,抽样检验砂浆抗压强度试验。

(6)洞穴内修筑的支顶构筑物应符合设计要求,砌筑应密实。

检验数量:施工单位每个洞穴做 1 组砂浆强度试件,监理单位按施工单位检验数量的 10%平行检验或 20%见证检验。

检验方法:观察,抽样检验砂浆抗压强度试验。

### 3.3.2　支挡结构基础处理

明挖基坑底面应无浮渣,基坑地基承载力应符合设计要求。

检验数量:施工单位检验 2 点。监理单位见证检验 1 点。

检验方法:土质基坑采用重型动力触探($N_{63.5}$);击数标准经试验确定或设计给定,试验时监理旁站;石质基坑采用现场目测鉴别方法。

## 3.4　路基压实质量检测

### 3.4.1　基床以下路堤

1. 一般规定

(1)路堤必须严格按设计文件进行地基处理,并经检验满足设计要求后开始填筑。

(2)在进行大面积填筑前,不同填料应在工程现场选取有代表性的地段作为试验段,进行摊铺压实工艺试验,确定施工工艺参数,报监理单位确认后,方可进行施工。

(3)不同类别的填料应分别填筑,不得混填,每一摊铺层填料中的粗细料应摊铺均匀。

(4)填料的碾压含水量应控制在试验段所确定的施工允许含水量的范围内。

(5)路堤填筑时填料较大粒径不应集中,应均匀地分布于填筑层中,颗粒间的空隙应用较小碎石、石屑等材料填充密实,并使层厚均匀、层面平整。

2. 普通填料填筑

(1)路堤填料种类、质量应符合设计要求,填料的最大粒径应小于 75 mm。填筑前应对运至现场的填料进行抽样检验。

检验数量:施工单位每 10 000 $m^3$或土性明显变化时检验一次颗粒级配。监理单位检查施工单位的全部试验结果,且每 50 000 $m^3$平行检验 1 组。

检验方法:查验填料出场试验报告。在填筑现场抽样,按《铁路工程土工试验规程》(TB 10102)规定的试验方法进行颗粒级配检验,并在每层填筑过程中目测检查级配有无明显变化。

(2)基床以下路堤的压实标准应根据填料类别按表 8-3-8 采用双指标控制。

**表 8-3-8　基床以下路堤普通填料压实标准**

| 指　标 | 压实标准 | |
|---|---|---|
| | 砂类土及细砾土 | 碎石类及粗砾土 |
| 压实系数 $K$ | ≥0.92 | ≥0.92 |
| 地基系数 $K_{30}$(MPa/m) | ≥110 | ≥130 |

注:无砟轨道可采用 $K_{30}$或 $E_{v2}$。当采用 $E_{v2}$时,其控制标准为 $E_{v2}$≥45 MPa 且 $E_{v2}/E_{v1}$≤2.6。

检验数量:施工单位沿线路纵向每 100 m 每压实层抽样检验压实系数 6 点,其中:左、右距路肩边线 1 m 处各 2 点,路基中部 2 点;每 100 m 每填高约 90 cm 抽样检验地基系数(无砟轨道可采用 $K_{30}$或 $E_{v2}$)4 点,其中:距路基边线 2 m 处左、右各 1 点,路基中部 2 点。监理单位按施工单位抽检次数的 10%进行平行检验或见证检验，且均不少于 1 次。

检验方法：按《铁路工程土工试验规程》(TB 10102)规定的试验方法进行检验。

(3)膨胀土地基上隔水层材料、设置位置和方法应符合设计要求。

检验数量：同一厂家、品种、批号的隔水层材料，每 10 000 $m^2$ 为一批，不足 10 000 $m^2$ 也按一批计。施工单位每批抽样检验 1 组。监理单位按施工单位抽样数量的 20%见证取样检测。

检验方法：查验每批产品出厂合格证、性能报告单，抽样检验材料的拉伸强度、延伸率、渗透系数。

(4)浸水路堤、盐渍土地基路堤底部应按设计要求铺设反滤层，反滤层材料质量应符合设计要求。

检验数量：同一产地、品种、规格且连续进场的材料，每 3 000 $m^2$ 为一批，当不足 3 000 $m^2$ 时也按一批计。施工单位每批抽样检验 1 组。监理单位按施工单位抽样数量的 10%平行检验或 20%见证检验。

检验方法：现场抽样检验含泥量，用砂做反滤层时进行筛分试验，在施工过程中观察检查有无草根、垃圾等杂质。

(5)基床以下路堤填筑应符合下列规定。

1)每一水平层的全宽应用同一种填料填筑。

2)当上下相接的填筑层使用不同种类及颗粒条件的填料时，其粒径应符合 $D_{15}<4d_{85}$ 的要求。当下部填料为化学改良土时，可不受此项规定限制。

检验数量：施工单位每层沿线路纵向每 100 m 检查 6 处(左、中、右各 2 处)。

检验方法：检查该层和下承层土工试验报告的筛分结果，比较其粒径是否符合 $D_{15}<4d_{85}$ 的要求、填料的最大粒径是否不大于 75 mm。

3. 改良土填筑

(1)改良土运至现场，应对改良土原材料、外掺料和混和料的出场检验资料进行核实。

检验数量：施工单位和监理单位逐批检查检验资料。

检验方法：检查相关原材料的产品合格证、复检报告和混和料的出场检验报告。

(2)化学改良土填筑压实质量应符合表 8-3-9 的要求。

**表 8-3-9　化学改良土填筑压实标准**

| 压实标准 | 基床以下 |
|---|---|
| 压实系数 $K$ | ≥0.92 |
| 7 d 饱和无侧限抗压强度 $q_u$(kPa) | ≥250 |

检验数量：施工单位沿线路纵向每 100 m 每压实层抽样检验压实系数 6 点，其中：左、右距路肩边线 1 m 处各 2 点，路基中部 2 点；每 2 000 $m^3$ 抽样检验 3 处无侧限抗压强度(同一连续作业段左、中、右各 1 处)。监理单位按施工单位抽样数量的 10%平行检验压实系数；每检验批平行检验 1 处无侧限抗压强度。

检验方法：按《铁路工程土工试验规程》(TB 10102)规定的方法检验；无侧限抗压强度试样应从已摊铺好填料的地段现场抽样，在室内按要求的压实密度成型，并按规定进行养护和无侧限抗压强度试验。

(3)物理改良土压实质量检验应符合本篇第 3.4.1 条的规定。

(4)化学改良土外掺料剂量允许偏差为试验配合比的外掺料剂量(以百分率表示)−0.5%～+1.0%。

检验数量：施工单位沿线路纵向每 100 m 每层抽样检验 3 处(左、中、右各 1 处)。

检验方法：采用滴定法或仪器法检测。

(5)路拌法改良土混和料中应不含有素土团或素土层。

检验数量：施工单位沿线路纵向每 100 m 每层抽样检验 6 处(左、中、右各 2 处)。

检验方法：观察。

4. 加筋土填筑

(1)加筋材料的种类、规格及质量应符合设计要求；且无老化，外观无破损，无污染。

检验数量：同一厂家、品种、批号的加筋材料，每 100 000 $m^2$ 为一批，不足 100 000 $m^2$ 也按一批计。施工单位每批抽样检验 1 组。监理单位按施工单位抽样检验次数的 20%进行见证取样检验，且不少于 1 次。

检验方法：检查每批产品的质量证明文件和性能报告单。抽样检验材料的拉伸强度、极限抗拉强度及延伸率。材料的外观观察检验。

(2)路堤填料的进场检验应符合本篇第3.2节的规定。

(3)路堤填筑压实质量的检验应符合本篇第3.3节的规定。

### 3.4.2 基床表层以下过渡段

1. 过渡段基底处理

(1)过渡段基底处理应按设计要求与桥台、横向结构物、相邻路堤、相邻隧道的基底处理同时进行,开挖处理后的基底压实质量应符合设计要求。

检验数量:施工单位每个过渡段抽样检验3点,其中:距路基边线1 m处左、右各1点,路基中部1点。监理单位每个过渡段抽样检验1点。

检验方法:按《铁路工程土工试验规程》(TB 10102)规定的试验方法进行检验。

(2)当填高≥3.0 m时,过渡段基底原地面平整后,用振动碾压机碾压密实,地基系数 $K_{30}$≥60 MPa/m。

检验数量:施工单位每个过渡段抽样检验地基系数 $K_{30}$ 2点,其中:距路基边线2 m处1点,路基中间1点。监理单位按施工单位抽检次数的20%进行平行检验,但至少1次。

检验方法:按《铁路工程土工试验规程》(TB 10102)规定的试验方法进行检验。

2. 基坑回填

(1)基坑采用混凝土回填时,混凝土强度等级应符合设计要求。

检验数量:每个基坑施工单位抽样检验2组。监理单位按施工单位检验数量的20%见证检验。

检验方法:在浇筑地点抽样成型混凝土试件,标准养护28 d,进行抗压强度试验。

(2)基坑采用碎石或灰土回填时,应分层回填,并采用小型振动机械压实,压实质量应满足动态变形模量 $E_{vd}$≥30 MPa。

检验数量:每个基坑施工单位抽样检验2点,监理单位见证检验1点。

检验方法:按《铁路工程土工试验规程》(TB 10102)规定的试验方法进行检验。

3. 基床表层以下过渡段级配碎石填层

(1)施工单位应选择有代表性的过渡段作为试验段,进行基床表层以下过渡段级配碎石摊铺压实工艺试验,确定施工工艺参数,报监理单位确认。

(2)过渡段级配碎石质量应符合本篇的规定,运至填筑现场后,应对原材料和混和料的出厂检验资料进行核实,并抽样检验。

检验数量:施工单位每2 000 $m^3$检验1次颗粒级配,监理单位按施工单位抽样检验数量的10%进行平行检验或20%见证检验。施工单位和监理单位每2 000 $m^3$检验1次出场填料的颗粒级配、最大干密度、针状和片状颗粒含量、质软和易破碎的碎石含量试验报告。

检验方法:在施工现场抽样,按《铁路工程土工试验规程》(TB 10102)规定的试验方法进行颗粒级配检验,并在每层的填筑过程中目测检查级配有无明显变化。查验填料出场试验报告。

(3)级配碎石中掺入水泥的品种、规格及质量应符合设计要求。

检验数量:同一产地、品种、规格、批号的水泥,每200 t为一批,当不足200 t时也按一批计。施工单位每批抽样检验1组水泥强度、安定性、凝结时间。监理单位按施工单位抽检次数的10%进行见证检验,但至少1次。

检验方法:施工单位查验产品质量证明文件。水泥强度按《水泥胶砂强度检验方法》(GB/T 17671)规定的试验方法进行检验。水泥的安定性、凝结时间,按《水泥标准稠度用水量、凝结时间、安定性检验方法》(GB/T 1346)规定的试验方法进行检验。监理单位查验产品质量证明文件、施工单位试验报告,并进行抽样检验。

(4)基床表层以下过渡段级配碎石填层的压实质量应按表8-3-10采用地基系数 $K_{30}$、动态变形模量 $E_{vd}$ 和压实系数 $K$ 三项指标控制。

**表8-3-10 基床表层以下过渡段级配碎石填层压实标准**

| 项　目 | 地基系数 $K_{30}$(MPa/m) | 动态变形模量 $E_{vd}$(MPa) | 压实系数 $K$ |
|---|---|---|---|
| 压实标准 | ≥150 | ≥50 | ≥0.95 |

检验数量:施工单位每压实层抽样检验压实系数 $K$ 3个点,其中距路基两侧填筑级配碎石边线1 m处左、右各1点,路基中部1点;每填高约30 cm抽样检验动态变形模量 $E_{vd}$ 3个点,其中1点必须靠近桥台或

横向结构物边缘处；每填高约 60 cm 抽样检验地基系数 $K_{30}$ 2 点，其中距路基两侧填筑级配碎石边线 2 m 处 1 点，路基中部 1 点。监理单位按施工单位抽检次数的 20%进行平行检验，但至少 1 次。

检验方法：按《铁路工程土工试验规程》(TB 10102)规定的试验方法进行检验。

(5)级配碎石中水泥掺加剂量应符合设计要求，允许偏差为试验配合比 0～+1.0%。

检验数量：施工单位每过渡段每填高约 90 cm 抽样检验 3 处(左、中、右各 1 处)。

检验方法：按《铁路工程土工试验规程》(TB 10102)规定的 EDTA 滴定法试验方法进行检验。

4. 基床表层以下过渡段两侧及锥体填土

(1)锥体填筑前应核查基底无软土、松软土，或确认已完成地基处理并验收合格。

(2)基床表层以下过渡段两侧及锥体填料应符合设计要求，其检验应符合本篇第 3.2 节的规定。

(3)基床表层以下过渡段两侧及锥体填筑压实质量应符合表 8-3-11 的规定。

**表 8-3-11　基床表层以下过渡段两侧及锥体填筑压实标准**

| 指　　标 | 压实标准 | | |
|---|---|---|---|
| | 化学改良土 | 砂类土及细砾土 | 碎石类及粗砾土 |
| 地基系数 $K_{30}$(MPa/m) | — | ≥130 | ≥150 |
| 动态变形模量 $E_{vd}$(MPa) | — | ≥40 | ≥40 |
| 压实系数 $K$ | ≥0.95 | ≥0.95 | ≥0.95 |
| 7 d 饱和无侧限抗压强度 $q_u$(kPa) | ≥350(550) | — | — |

注：括号内数字为寒冷地区化学改良土考虑冻融循环作用所需强度值。

检验数量：施工单位基床以下每压实层抽样检验压实系数 3 点，每压实 60 cm 厚抽样检验地基系数 2 点；基床底层每压实层抽样检验压实系数和动态变形模量各 3 点。监理单位按施工单位抽检次数的 20%进行平行检验，但至少 1 次。

检验方法：按《铁路工程土工试验规程》(TB 10102)规定的试验方法进行检验。

(4)基床表层以下过渡段两侧、相邻路基及锥体填土与过渡段级配碎石间应符合 $D_{15}<4d_{85}$ 的要求。

检验数量：施工单位每个过渡段检验一组。

检验方法：按《铁路工程土工试验规程》(TB 10102)规定的颗粒分析试验方法进行检验。

5. 路堤与路堑过渡段基床表层以下填土层

(1)路堤与软质岩石或土质路堑过渡段路堤填料的种类、质量应符合设计要求，普通填料、物理改良土填料、化学改良土填料的检验应符合本篇第 3.2 节的规定。

(2)路堤与路堑连接处为硬质岩石路堑过渡段基床表层以下填料的种类、质量要求及检验方法，应符合本篇第 3.2 节的规定。

(3)路堤与软质岩石或土质路堑过渡段基床以下路堤填筑压实质量的检验应符合本篇第 3.3 节的规定。

(4)路堤与软质岩石或土质路堑过渡段基床底层路堤填筑压实质量的检验应符合本篇第 3.3 节的规定。

(5)路堤与路堑连接处为硬质岩石路堑过渡段基床表层以下填筑压实质量的检验应符合本篇第 3.3 节的规定。

(6)路堤与软质岩石或土质路堑过渡段基床以下路堤填筑的检验应根据填料种类分别符合本篇第 3.2 节、第 3.3 节的规定。

(7)路堤与软质岩石或土质路堑过渡段基床底层路堤填筑的检验应根据填料种类分别符合本篇第 3.2 节、第 3.3 节的规定。

(8)路堤与路堑连接处为硬质岩石路堑过渡段基床表层以下填筑的检验应根据填料种类分别符合本篇第 3.2 节、第 3.3 节的规定。

(9)路堤与软质岩石或土质路堑过渡段化学改良土掺料剂量的检验应符合本篇第 3.3 节的规定。

6. 过渡段混凝土填层

(1)混凝土原材料品种、规格及质量应符合设计要求。

检验数量：同一产地、品种、规格且连续进场的水泥，袋装水泥 200 t 为一批、散装水泥 500 t 为一批，当袋装水泥不足 200 t 或散装水泥不足 500 t 时也按一批计。同一产地、品种、规格且连续进场的粗、细骨料，分别每 400 $m^3$为一批，当不足 400 $m^3$时也按一批计。施工单位应对各种原材料每批抽样检验 1 组。监理单位按施工单位抽检次数的 10%进行平行检验或见证检验，且均不少于 1 次。

检验方法：施工单位检查产品质量证明文件。水泥强度按《水泥胶砂强度检验方法》(GB/T 17671)规定的试验方法进行检验。水泥的安定性、凝结时间，按《水泥标准稠度用水量、凝结时间、安定性检验方法》(GB/T 1346)规定的试验方法进行检验。监理单位检查产品质量证明文件、施工单位试验报告，并进行抽样检验。筛分试验检验粗细骨料的颗粒级配。

(2)混凝土配合比应根据原材料性能、混凝土的技术条件和设计要求，通过试拌后确定。

检验数量：施工单位对同强度等级、同性能混凝土、同一类别材料进行一组混凝土配合比设计；监理单位全部检查。

检验方法：按《铁路混凝土工程施工质量验收标准》(TB 10424)规定的试验方法进行检验。监理单位检查配合比选定单。

(3)混凝土强度等级必须符合设计要求。

检验数量：每工班拌制的同一配合比的混凝土 100 $m^3$为一批，不足 100 $m^3$也按一批计。施工单位每批制作 2 组混凝土抗压强度检查试件。监理单位按施工单位抽样检验数量的 10%进行见证检验，但至少 1 次。

检验方法：在混凝土浇筑地点随机抽样成型试件进行标准养护，并进行 56 d 抗压强度试验。

(4)混凝土拌和物的坍落度应符合设计配合比要求。

检验数量：施工单位每工作班不少于 2 次。

检验方法：坍落度试验。

7. 路堑

路堑开挖至设计高程后，应核查地质情况，基床为软质岩及土质层时，其范围内的地基土比贯入阻力 $Ps$ 值不应小于 1.5 MPa 或基本承载力 $\sigma_0$不应小于 0.18 MPa。当与设计不符时，应提出变更设计。

检验数量：施工单位沿线路纵向每 100 m 检验 2 点，监理单位全部见证检验。当与设计不符时，勘察设计单位现场确认。

检验方法：对照设计文件核对并详细记录。按《铁路工程地质原位测试规程》(TB 10018)规定的试验方法进行检验。

### 3.4.3 基床底层

(1)在进行大面积填筑前，应选取有代表性的地段作为试验段，进行摊铺压实工艺试验，确定施工工艺参数，并报监理单位确认。

(2)基床底层填筑施工以及在软土、松软土地基上填筑基床底层时，应根据填料类别分别符合本篇第 3.2 节的规定。

(3)基床底层填料的种类、质量应符合设计要求，填料的最大粒径应小于 60 mm，普通填料、物理改良土填料、化学改良土填料的检验应符合本篇第 3.3 节的规定。

(4)基床底层普通填料、物理改良土压实标准应根据填料类别按表 8-3-12 采用地基系数 $K_{30}$、动态变形模量 $E_{vd}$和压实系数 $K$ 三项指标控制。化学改良土压实标准按表 8-3-12 采用压实系数 $K$ 和 7 d 饱和无侧限抗压强度指标控制。

**表 8-3-12　基床底层压实标准**

| 指　　标 | 压实标准 | | |
|---|---|---|---|
| | 化学改良土 | 砂类土及细砾土 | 碎石类及粗砾土 |
| 地基系数 $K_{30}$(MPa/m) | — | ≥130 | ≥150 |
| 动态变形模量 $E_{vd}$(MPa) | — | ≥40 | ≥40 |
| 压实系数 $K$ | ≥0.95 | ≥0.95 | ≥0.95 |
| 7 d 饱和无侧限抗压强度 $q_u$(kPa) | ≥350(550) | — | — |

注：1. 无砟轨道可采用 $K_{30}$或 $E_{v2}$。当采用 $E_{v2}$时，其控制标准为 $E_{v2}$≥80 MPa 且 $E_{v2}/E_{v1}$≤2.5。

2. 括号内数字为寒冷地区化学改良土考虑冻融循环作用所需强度值。

检验数量：施工单位沿线路纵向每100 m每压实层抽样检验压实系数6点，其中左、右距路肩边线1 m处各2点，路基中部2点；每100 m每填高约90 cm抽样检验地基系数（无砟轨道可采用$K_{30}$或$E_{v2}$）、动态变形模量各4点，如图8-3-1所示，其中：距路基边线2 m处左、右各1点，路基中部2点。监理单位按施工单位抽检数量的10%分别进行平行检验，且均不少于1次。化学改良土无侧限抗压强度的检验数量应符合本篇的规定。

检验方法：按《铁路工程土工试验规程》（TB 10102）规定的试验方法检验；化学改良土填筑压实质量按本篇第3.2节规定的检验方法进行检验。

图8-3-1　现场动态变形模量测试

（5）路堑基床底层按设计要求采取翻挖回填、加强碾压夯实、换填、地基改良或加固措施时，分层压实质量及检验应符合第3.4.3条中"（4）"部分的规定。

（6）基床底层普通填料分层填筑应符合下列规定。

1）每一水平层的全宽应用同一种填料填筑。

2）碎石类土和砾石类土、砂类土和化学改良土每层的具体摊铺厚度及碾压遍数应按工艺试验确定并经监理工程师确认的参数控制。

3）化学改良土和具有可击实性的粗粒土的碾压含水量应控制在由工艺试验确定的施工允许含水量范围内。

4）当上下相接的压实层使用不同种类及不同颗粒条件的填料时，其粒径应符合$D_{15}<4d_{85}$的要求。当下部填土为化学改良土时，可不受此项规定限制。

检验数量：施工单位沿线路纵向每100 m每层抽样检验6处（左、中、右各2处）。

检验方法：观察，尺量，填料的最大粒径、级配及上下压实层填料粒径$D_{15}$、$d_{85}$，按《铁路工程土工试验规程》（TB 10102）规定的试验方法进行检验。

### 3.4.4　级配碎石基床表层

（1）在进行大面积填筑前，应根据初选的摊铺和碾压机械及试生产的填料，在现场选取长度不小于100 m的地段进行摊铺压实工艺试验，确定工艺参数，并报监理单位确认。

（2）级配碎石必须场拌生产，拌和设备应计量准确。

（3）级配碎石混和料碾压时的含水量应控制在由工艺试验确定的施工允许含水量范围内。

（4）基床表层级配碎石应符合设计及下列规定。

1）基床表层级配碎石的粒径、级配应符合表8-3-13的规定。其不均匀系数$C_u$不得小于15，0.02 mm以下颗粒质量百分率不得大于3%。

表8-3-13　基床表层级配碎石粒径、级配

| 方孔筛孔边长(mm) | 0.1 | 0.5 | 1.7 | 7.1 | 22.4 | 31.5 | 45 |
|---|---|---|---|---|---|---|---|
| 过筛质量百分率(%) | 0～11(5) | 7～32 | 13～46 | 41～75 | 67～91 | 82～100 | 100 |

注：括号内数字适用于寒冷地区铁路。

2)基床表层级配碎石与上部道床及下部填土之间应满足 $D_{15}<4d_{85}$ 的要求。当与下部填土之间不能满足此项要求时,基床表层应采用颗粒级配不同的双层结构,或在基床底层表面铺设土工合成材料。当下部填土为化学改良土时,可不受此项规定限制。

3)在粒径大于 22.4 mm 的粗颗粒中,带有破碎面的颗粒所占的质量百分率应不小于 30%。

4)级配碎石粒径大于 1.7 mm 颗粒的洛杉矶磨耗率不大于 30%,硫酸溶液浸泡损失率不大于 6%。粒径小于 0.5 mm 的细颗粒的液限不大于 25%,塑性指数小于 6。不得含有黏土及其他杂质。

5)每一压实层全宽应采用同一种类的填料。

检验数量:施工单位每 2 000 $m^3$ 检验 1 次颗粒级配,监理单位按施工单位检验数量的 10%进行平行检验,且均不少于 1 次。施工单位和监理单位每 2 000 $m^3$ 检验 1 次出场填料的颗粒级配、最大干密度、黏土及其他杂质含量、大于 22.4 mm 的粗颗粒中带有破碎面的颗粒含量、大于 1.7 mm 颗粒的洛杉矶磨耗率的试验报告,其他项目每一料场抽样检验 2 次试验报告。

检验方法:在施工现场抽样,按《铁路工程土工试验规程》(TB 10102)规定的试验方法进行颗粒级配检验,并在每层的填筑过程中目测检查级配有无明显变化。记录、检验填料出场试验报告。

(5)基床表层级配碎石的压实标准应按表 8-3-14 采用地基系数 $K_{30}$、动态变形模量 $E_{vd}$ 和压实系数 $K$ 三项指标控制。

**表 8-3-14 基床表层级配碎石压实标准**

| 填 料 | 压实标准 | | |
|---|---|---|---|
| | 地基系数 $K_{30}$(MPa/m) | 动态变形模量 $E_{vd}$(MPa) | 压实系数 $K$ |
| 级配碎石 | ≥190 | ≥55 | ≥0.97 |

注:无砟轨道可采用 $K_{30}$ 或 $E_{v2}$。当采用 $E_{v2}$ 时,其控制标准为 $E_{v2}\geq120$ MPa 且 $E_{v2}/E_{v1}\leq2.3$。

检验数量:施工单位沿线路纵向每 100 m 每压实层抽样检验动态变形模量和压实系数各 6 点,其中,左、右距路肩边线 1.5 m 处各 2 点,路基中部 2 点;抽样检验地基系数(无砟轨道可采用 $K_{30}$ 或 $E_{v2}$)4 点,其中,左、右距路肩边线 1.5 m 处各 1 点,路基中部 2 点;监理单位按施工单位检验数量的 10%分别进行平行检验和见证检验,且均不少于 1 次。

检验方法:按《铁路工程土工试验规程》(TB 10102)规定的试验方法进行检验。

(6)路堑基床表层按设计要求换填级配碎石时,压实质量及检验应符合第 3.4.4 条中"(5)"部分的规定。

(7)过渡段基床表层级配碎石中水泥掺加剂量应符合设计要求,允许偏差为试验配合比的 0~+1.0%。

检验数量:施工单位每过渡段每层抽样检验 3 处(左、中、右各 1 处)。

检验方法:按《铁路工程土工试验规程》(TB 10102)规定的 EDTA 滴定法试验方法进行检验。

## 3.5 路基支挡工程

### 3.5.1 重力式挡土墙

(1)挡土墙所用砂、石料、水泥、粉煤灰、矿物掺和料、外加剂、钢筋和土工合成材料等的品种、规格、质量应符合设计要求,其进场检验应符合本篇第 2.2 节的有关规定。

(2)基坑基础混凝土强度等级应符合设计要求。

检验数量:施工单位每 100 $m^3$ 混凝土取试件 1 组,不足 100 $m^3$ 亦制取 1 组试件。监理单位按施工单位检验数量的 10%平行检验,且不少于 1 组。

检验方法:混凝土试件作抗压强度试验。

(3)桩基础桩身钢筋接头的施工质量应符合《铁路混凝土工程施工质量验收标准》(TB 10424)的规定。

(4)桩基础桩身混凝土强度等级应符合设计要求。

检验数量:施工单位每 100 $m^3$ 混凝土取试件 1 组,不足 100 $m^3$ 混凝土亦制取 1 组试件。监理单位按施工单位检验数量的 20%见证检验或 10%平行检验,且不少于 1 组。

检验方法:混凝土试件作抗压强度试验。

(5)桩基础桩身混凝土应连续、完整。

检验数量：施工单位全部检查。监理单位按施工单位检查数量的20%见证检验。

检验方法：低应变动力检测或声波透射法。

(6)桩基础承台(托梁)钢筋接头的施工质量应符合《铁路混凝土工程施工质量验收标准》(TB 10424)的规定。

(7)桩基础承台(托梁)混凝土强度等级应符合设计要求。

检验数量：施工单位每100 $m^3$混凝土取1组试件，不足100 $m^3$混凝土亦制取1组试件。监理单位按施工单位检验数量的20%见证检验或10%平行检验，且不少于1组。

检验方法：混凝土试件作抗压强度试验。

(8)沉井基础底节混凝土必须达到设计强度等级，其上各节混凝土应达到设计强度等级的70%后方可下沉。沉井混凝土强度等级应符合《铁路混凝土工程施工质量验收标准》(TB 10424)的规定。

检验数量：施工单位每100 $m^3$混凝土取试件1组，不足100 $m^3$混凝土亦制取1组试件。监理单位按施工单位检验数量的20%见证检验或10%平行检验，且不少于1组。

检验方法：混凝土试件作抗压强度试验。

(9)沉井钢筋接头的施工质量应符合《铁路混凝土工程施工质量验收标准》(TB 10424)的规定。

(10)换填基础所用材料的类别、规格、质量应符合设计要求，其进场检验应符合本篇第3.2节的有关规定。

(11)换填基础的压实质量应符合设计要求。

检验数量：施工单位对每压实层检验3点。监理单位见证检验不少于1点。

检验方法：按《铁路工程土工试验规程》(TB 10102)规定的试验方法进行检验。

(12)挡土墙墙身混凝土和墙后泄水孔无砂混凝土板混凝土强度等级应符合设计要求。

检验数量：施工单位每100 $m^3$混凝土取试件1组，不足100 $m^3$混凝土亦制取1组试件。监理单位按施工单位检验数量的20%见证检验或10%平行检验，且不少于1组。

检验方法：混凝土试件作抗压强度试验。

(13)墙后反滤层、隔水层的材料应符合设计要求。

检验数量：同一产地、品种、规格且连续进场的砂卵砾石、黏土每1 000 $m^3$为一个批次，不足1 000 $m^3$也按一个批次计，施工单位每批检查1组。同一厂家、同一批号且连续进场的土工合成材料每1 000 $m^2$为一个批次，不足1 000 $m^2$也按一个批次计，施工单位每批检查1组。监理单位按施工单位检验数量的10%平行检验，且不少于1组。

检验方法：砂卵砾石在料场抽样检验粒径小于0.075 mm颗粒的质量，筛分试验检验其颗粒级配，并在施工过程中观察有无草根、垃圾等杂质。土工合成材料查验每批产品出厂合格证、性能报告单，抽样检验土工合成材料的拉伸强度、延伸率、渗透系数。黏土在料场抽样检验粒径小于0.075 mm颗粒的质量，界限含水率试验检验其液限、塑限和塑性指数，并在施工过程中观察有无草根、垃圾等杂质。

(14)墙背填筑应分层压实，其压实质量应符合设计要求。

检验数量：施工单位每填层检查3点。监理单位每三层见证检验2点。

检验方法：根据相应部位压实质量标准按《铁路工程土工试验规程》(TB 10102)规定的方法检验。

(15)墙前基坑回填应分层夯填密实，并应符合设计要求。

检验数量：施工单位检查3点。

检验方法：按《铁路工程土工试验规程》(TB 10102)规定的试验方法进行检验。

### 3.5.2　短卸荷板式挡土墙

(1)挡土墙所用砂、石料、水泥、粉煤灰、矿物掺和料、外加剂、钢筋等材料的品种、规格、质量应符合本篇第2.2节的规定。

(2)基础混凝土强度等级应符合本篇第2.2节的规定。

(3)短卸荷板、垫板的混凝土强度等级应符合设计要求。

检验数量：施工单位每100 $m^3$混凝土取试件1组，不足100 $m^3$混凝土亦制取1组试件。监理单位按施工单位检验数量的20%见证检验或10%平行检验，且不少于1组。

检验方法:混凝土试件作抗压强度试验。

### 3.5.3 悬臂式和扶壁式挡土墙

(1)挡土墙所用砂、石料、水泥、粉煤灰、矿物掺和料、外加剂、钢筋等材料的品种、规格、质量应符合本篇第2.2节的规定。

(2)墙趾板、墙踵板钢筋接头的施工质量应符合《铁路混凝土工程施工质量验收标准》(TB 10424)的规定。

(3)墙趾板、墙踵板的混凝土强度等级应符合设计要求。

检验数量:施工单位每100 $m^3$混凝土取试件1组,不足100 $m^3$混凝土亦制取1组试件。监理单位按施工单位检验数量的20%见证检验或10%平行检验,且不少于1组。

检验方法:混凝土试件作抗压强度试验。

(4)墙面板、扶壁钢筋接头的施工质量应符合《铁路混凝土工程施工质量验收标准》(TB 10424)的规定。

(5)墙面板、扶壁的混凝土强度等级应符合设计要求。

检验数量:施工单位每100 $m^3$混凝土取试件1组,不足100 $m^3$混凝土亦制取1组试件。监理单位按施工单位检验数量的20%见证检验或10%平行检验,且不少于1组。

检验方法:混凝土试件作抗压强度试验。

### 3.5.4 锚杆挡土墙

(1)挡土墙、肋柱、挡土板所用砂、石料、水泥、粉煤灰、矿物掺和料、外加剂、钢筋、锚杆等材料的品种、规格、质量应符合本篇第2.2节等的规定。

(2)明挖基坑基础砌筑施工质量及验收应符合本篇第3.3节的规定。

(3)注浆体强度等级应符合设计要求。

检验数量:施工单位每检验批取试件2组,每组试件不少于6块。监理单位按施工单位检验数量的20%见证检验。

检验方法:试件作抗压强度试验。

(4)锚杆抗拔力应达到设计要求。

检验数量:施工单位检验锚杆总数的3%。监理单位按施工单位检验数量的20%见证检验。

检验方法:锚杆抗拔力试验。

(5)肋柱、墙面板混凝土强度等级应符合设计要求。

检验数量:施工单位每100 $m^3$混凝土取试件1组,不足100 $m^3$混凝土亦制取1组试件。监理单位按施工单位检验数量的20%见证检验或10%平行检验,且不少于1组。

检验方法:抗压强度试验。

(6)墙后回填填料的类别、规格、质量应符合设计要求,其进场检验应符合本篇第3.2节的有关规定。

(7)墙面板后回填应分层夯实,其夯实质量应符合设计要求。

检验数量:施工单位每夯填层检查3点。监理单位每三层见证检验2点。

检验方法:根据相应部位压实质量标准按《铁路工程土工试验规程》(TB 10102)规定的方法检验。

### 3.5.5 锚定板挡土墙

(1)明挖基坑施工质量及验收应符合本篇第3.3节的规定。

(2)挡土墙、肋柱、挡土板、锚定板所用砂、石料、水泥、粉煤灰、矿物掺和料、外加剂、钢筋等材料的品种、规格、质量应符合本篇第2.2节等的规定。

(3)挡土墙基础施工质量及验收应符合本篇第3.5.1条的规定。

(4)锚定板挡土墙肋柱、墙面板施工质量及验收应符合本篇第3.5.3条的规定。

(5)锚定板挡土墙肋柱、墙面板后回填施工质量及验收应符合本篇第3.5.3条的规定。

(6)当设计有墙背反滤层时,反滤层施工应随填筑同时进行,其施工质量应符合本篇第3.5.3条的规定。

(7)锚定板混凝土强度等级应符合设计要求。

检验数量：施工单位每 100 $m^3$ 混凝土取试件 1 组，不足 100 $m^3$ 混凝土亦制取 1 组试件。监理单位按施工单位检验数量的 20％见证检验或 10％平行检验，且不少于 1 组。

检验方法：混凝土试件作抗压强度试验。

(8)锚定板挡土墙墙后填料的类别、规格、质量应符合本篇第 3.2 节的规定。

(9)锚定板挡土墙墙后填料必须分层压实，分层厚度宜为 30 cm，其压实质量应符合本篇第 3.3 节要求。

### 3.5.6　加筋土挡土墙

(1)明挖基坑施工质量及验收应符合本篇第 3.2 节、第 3.3 节的规定。

(2)挡土墙基础、墙面板、帽石所用砂、石料、水泥、粉煤灰、矿物掺和料、外加剂、钢筋、锚杆等材料的品种、规格、质量应符合本篇第 2.2 节等的规定。

(3)拉筋材料的品种、规格、质量应符合设计要求。

检验数量：钢筋检验应符合国家标准的规定。拉带混凝土施工单位每拌制不超过 100 $m^3$ 混凝土取试件 1 组，不足 100 $m^3$ 混凝土亦制取 1 组试件。同一产地、厂家、品种且连续进场的土工合成材料拉筋每 $30\times10^4$ $m^2$ 为一批，不足 $30\times10^4$ $m^2$ 亦为一批计，施工单位每批检验 1 组。监理单位按施工单位检验数量的 20％见证检验或 10％平行检验。

检验方法：钢筋混凝土板条拉带应符合《铁路混凝土工程施工质量验收标准》(TB 10424)的有关规定。复合土工带、土工格栅、土工织物编制袋应符合《铁路路基土工合成材料应用设计规范》(TB 10118)的有关规定。

(4)挡土墙基础混凝土强度等级应符合设计要求。

检验数量：施工单位每 100 $m^3$ 混凝土取试件 1 组，不足 100 $m^3$ 混凝土亦制取 1 组试件。监理单位按施工单位检验数量的 20％见证检验或 10％平行检验，且不少于 1 组。

检验方法：混凝土试件作抗压强度试验。

(5)包裹式加筋挡土墙整体式护墙钢筋骨架形式、钢筋连接方式以及与包裹墙体锚杆连接方式应按《铁路混凝土工程施工质量验收标准》(TB 10424)的有关规定检验。

(6)包裹式加筋挡土墙整体护墙、组合式墙面板、帽石的混凝土强度等级应符合设计要求。

检验数量：施工单位每 100 $m^3$ 混凝土取试件 1 组，不足 100 $m^3$ 混凝土亦制取 1 组试件。监理单位按施工单位检验数量的 20％见证检验或 10％平行检验，且不少于 1 组。

检验方法：混凝土试件作抗压强度试验。

(7)加筋土挡土墙墙后的填料类别、质量应符合设计要求，填料的进场检验应符合本篇第 3.2 节的规定。

(8)填料分层压实质量应符合本篇第 3.5.1 条的规定。

### 3.5.7　土 钉 墙

(1)土钉墙所用砂、石料、水泥、粉煤灰、矿物掺和料、外加剂、钢筋应符合本篇第 2.2 节的规定。

(2)土钉墙所用的土工合成材料的品种、规格、质量应符合设计要求。进场时应进行现场验收，并对其技术性能进行检验。

检验数量：同一产地、厂家、品种且连续进场、同一批次的土工合成材料每 10 000 $m^2$ 为一批，不足 10 000 $m^2$ 时也按一批计。施工单位每批检验 1 组。监理单位按施工单位检验数量的 10％平行检验，且每分部工程不少于 1 组。

检验方法：施工单位查验产品质量合格证，对材料的抗拉强度等性能进行试验。监理单位查验试验报告并进行平行检验。

(3)土钉孔锚固砂浆强度等级应符合设计要求。

检验数量：施工单位每 100 $m^3$ 砂浆取试件 1 组，不足 100 $m^3$ 砂浆亦制取 1 组试件。监理单位按施工单位检验数量的 20％见证检验或 10％平行检验，且不少于 1 组。

检验方法：砂浆试件做抗压强度试验。

(4)喷射混凝土强度等级应符合设计要求。

检验数量：施工单位每 50 $m^3$ 喷射混凝土制取试件 1 组，不足 50 $m^3$ 亦制取试件 1 组。监理单位按施工单位检验数量的20%见证检验或10%平行检验,且不少于1组。

检验方法:混凝土试件作抗压强度试验。

(5)喷射混凝土面层厚度在每个断面上60%以上不应小于设计厚度,且厚度最小值不应小于设计厚度的一半;同时,所有检查孔的厚度平均值,不应小于设计厚度值。

检验数量:施工单位检验3个断面,每个断面不少于5个检查点。监理单位按施工单位检验数量的20%见证检验或10%平行检验。

检验方法:凿孔实测或预埋厚度标志。

(6)坡脚墙墙身混凝土强度等级应符合设计要求。

检验数量:施工单位每100 $m^3$混凝土取试件1组,不足100 $m^3$混凝土亦制取1组试件。监理单位按施工单位检验数量的20%见证检验或10%平行检验,且不少于1组。

检验方法:混凝土试件作抗压强度试验。

### 3.5.8 抗滑桩

(1)抗滑桩所用砂、石料、水泥、粉煤灰、矿物掺和料、外加剂、钢筋等材料的品种、规格、质量应符合本篇第2.2节等的规定。

(2)桩身钢筋接头的施工质量应按《铁路混凝土工程施工质量验收标准》(TB 10424)的有关规定检验。

(3)抗滑桩桩身混凝土强度等级应符合设计要求。

检验数量:施工单位每100 $m^3$混凝土取试件1组,不足100 $m^3$混凝土亦制取1组试件。监理单位按施工单位检验数量的20%见证检验或10%平行检验,且不少于1组。

检验方法:试件作抗压强度试验。

(4)抗滑桩桩身混凝土应连续、完整。

检验数量:施工单位、监理单位全部检验。

检验方法:低应变动力检测或声波透射法。

(5)桩顶封闭及排水设施所用混凝土(砂浆)强度等级应符合设计要求。

检验数量:施工单位每100 $m^3$混凝土或砂浆取试件1组,不足100 $m^3$混凝土或砂浆亦制取1组试件。监理单位按施工单位检验数量的20%见证检验或10%平行检验,且不少于1组。

检验方法:试件作抗压强度试验。

(6)桩身钢筋保护层厚度应符合设计要求。

检验数量:施工单位每根桩钢筋笼上、中、下检验1处,每处不少于5点。监理单位按施工单位检验数量的20%见证检验。

检验方法:尺量钢筋笼上混凝土垫块厚度。

### 3.5.9 桩板式挡土墙

(1)墙后填土应在锚固桩混凝土强度达到设计强度70%以后方可进行填筑。

(2)桩板式挡土墙所用的砂、石料、水泥、粉煤灰、矿物掺和料、外加剂、钢筋等材料的品种、规格、质量应符合本篇第2.2节等的规定。

(3)桩身混凝土的施工质量及验收应符合本篇第3.5.7条的规定。

(4)挡土板混凝土强度等级应符合设计要求。

检验数量:施工单位每100 $m^3$混凝土取试件1组,不足100 $m^3$混凝土亦制取1组试件。监理单位按施工单位检验数量的20%见证检验或10%平行检验,且不少于1组。

检验方法:试件作抗压强度试验。

(5)挡土板后填筑的施工质量及验收应符合本篇第3.5.1条的规定。

### 3.5.10 预应力锚索

(1)预应力锚索所用的砂、石料、水泥、粉煤灰、矿物掺和料、外加剂等材料的品种、规格、质量应符合本篇第2.2节等的规定。

(2)预应力锚索、锚具、锚塞(夹片)、垫板的品种、规格、质量应符合设计要求和国家现行《预应力混凝土用钢绞线》(GB 5224)、《预应力筋专用锚具、夹具和连接器应用技术规程》(JGJ 85)的有关规定。

检验数量:施工单位对预应力锚索的检验,锚具、锚塞(夹片)、垫板的外观全部检查,对锚具、锚塞(夹片)、垫板的力学性能指标按锚具总数的2%进行抽检。监理单位按施工单位检验数量的20%见证检验。

检验方法:外观采用目测,锚具、锚塞(夹片)、垫板的力学性能采用力学试验。

(3)注浆体强度等级应符合设计要求。

检验数量:施工单位每30孔取1组试件(6块),不足30孔亦制取1组试件。监理单位按施工单位检验组数的20%见证检验。

检验方法:试件作抗压强度试验。

(4)注浆用水泥砂浆强度等级应符合设计要求。

检验数量:施工单位每30孔取1组试件,不足30孔亦制取1组试件。监理单位按施工单位检验数量的10%平行检验,且不少于1组。

检验方法:试件作抗压强度试验。

(5)垫块及封闭混凝土强度等级应符合设计要求。

检验数量:施工单位每100 $m^3$混凝土取试件1组,不足100 $m^3$混凝土亦制取1组试件。监理单位按施工单位检验数量的20%见证检验或10%平行检验,且不少于1组。

检验方法:试件作抗压强度试验。

## 3.6　路基附属设施

(1)路基附属设施基底压实质量应符合设计要求。

检验数量:施工单位每连续100 m排水设施抽样检验3处。监理单位按施工单位检验数量的20%平行检验,每条沟检验不少于1处。

检验方法:按《铁路工程地质原位测试规程》(TB 10018)规定的试验方法进行检验。

(2)砌体用石材的品种、规格、质量、强度等级应符合设计要求,其检验应符合《铁路混凝土工程施工质量验收标准》(TB 10424)的规定。

(3)土工合成材料的品种、规格及质量应满足设计要求,进场时应进行现场验收。

检验数量:同一厂家、品种、批号的土工合成材料,每10 000 $m^2$为一批,不足10 000 $m^2$也按一批计。施工单位每批抽样检验1组。监理单位按施工单位抽样数量的10%平行检验,且不少于1组。

检验方法:查验每批产品出厂合格证、性能报告单。抽样检验土工织物的拉伸强度、延伸率、渗透系数或土工格栅的抗拉强度、延伸率。

(4)混凝土所用的水泥、细骨料、粗骨料、水等原材料的品种、规格、质量应符合设计要求,其检验应符合《铁路混凝土工程施工质量验收标准》(TB 10424)的规定。

(5)钢筋原材料的品种、规格、质量应符合设计要求,其检验应符合《铁路混凝土工程施工质量验收标准》(TB 10424)的规定。

(6)混凝土的强度等级应符合设计要求,配合比设计和施工的检验应符合《铁路混凝土工程施工质量验收标准》(TB 10424)的规定。

(7)砂浆的强度等级应符合设计,配合比设计和砌体施工的检验应符合《铁路混凝土工程施工质量验收标准》(TB 10424)的规定。

(8)固土网垫的规格及性能应符合设计要求,进场时应进行现场验收。

检验数量:同一厂家、品种、批号进场的土工网垫,每10 000 $m^2$为一批,不足10 000 $m^2$也按一批计。施工单位每批抽样检验1组。监理单位按施工单位抽样检验数量的20%见证检验。

检验方法:查验每批产品的质量证明文件和性能报告单,并抽样检验。

# 4 桥梁试验检测技术

## 4.1 概 述

桥梁的施工及预制生产过程中从原材料、混凝土质量控制、实体工程或产品质量都应按照相关标准和规范进行试验检测,并严格把关,确保工程产品施工。

## 4.2 原材料试验检测

桥梁在施工生产过程中所采用的各类原材料,须具有制造厂家的质量合格证明书或经国家认可的第三方检测机构出具的质量合格检验报告单。任何新选料源都必须进行型式检验合格后方可选用,进场后还必须按相应标准要求进行抽样复检,合格后方可使用。

### 4.2.1 混凝土材料

桥梁施工所用混凝土原材料包括水泥、矿物掺和料、细骨料、粗骨料、外加剂和拌和用水等。本条主要介绍桥梁预制生产所用混凝土原材料的质量要求和检验规则等,其余桥梁施工工程所用混凝土原材料应符合本篇第 2.2 节的规定。预制桥梁生产所用的混凝土原材料在进行新选厂家首次型式检验时,原材料的氯离子含量和碱含量、粗细骨料的碱活性以及减水剂全项,必须送铁道部产品质量监督检验中心铁道建筑检验站或桥梁与基础检验站进行检验。

1. 水泥

(1)一般要求。水泥应采用品质稳定、强度等级不低于 42.5 级的低碱硅酸盐或低碱普通硅酸盐水泥,掺和料宜为矿渣或粉煤灰。不宜使用早强水泥。

(2)质量标准。水泥的性能指标应满足《通用硅酸盐水泥》(GB 175)及表 8-4-1 的规定。

表 8-4-1 水泥的性能

| 序 号 | 检 测 项 目 | 技 术 要 求 | 检 测 方 法 |
|---|---|---|---|
| 1 | 比表面积($m^2$/kg) | 300~350 | 按 GB/T 8074 检验 |
| 2 | 凝结时间(min) | 初凝≥45,终凝≤600(硅酸盐水泥终凝≤390) | 按 GB/T 1346 检验 |
| 3 | 安定性 | 沸煮法合格 | 按 GB/T 1346 检验 |
| 4 | 强度 | 符合表 8-4-2 的规定 | 按 GB/T 17671 检验 |
| 5 | 烧失量(%) | ≤5.0(P·O);≤3.5(P·Ⅱ);≤3.0(P·Ⅰ) | 按 GB/T 176 检验 |
| 6 | 游离 CaO 含量(%) | ≤1.0 | 按 GB/T 176 检验 |
| 7 | MgO 含量(%) | ≤5.0 | 按 GB/T 176 检验 |
| 8 | $SO_3$ 含量(%) | ≤3.5 | 按 GB/T 176 检验 |
| 9 | 氯离子含量(%) | ≤0.06 | 按 GB/T 176 检验 |
| 10 | 碱含量(%) | ≤0.6 | 按 GB/T 176 检验 |
| 11 | 熟料中的 $C_3A$ 含量(%) | ≤8 | 按 GB/T 21372 相关规定检验 |
| 12 | 助磨剂名称及掺量 | 符合 GB 175—2007 第 5.2 节规定 | 检查产品质量证明文件 |
| 13 | 石膏名称及掺量 | 符合 GB 175—2007 第 5.2 节规定 | |
| 14 | 掺和料名称及掺量 | 矿渣或粉煤灰,掺量符合 GB 175—2007 | |

**表 8-4-2　硅酸盐水泥和普通硅酸盐水泥的强度要求**

<table>
<tr><th rowspan="2">品种</th><th rowspan="2">强度等级</th><th colspan="2">抗压强度(MPa)</th><th colspan="2">抗折(MPa)</th></tr>
<tr><th>3 d</th><th>28 d</th><th>3 d</th><th>28 d</th></tr>
<tr><td rowspan="3">硅酸盐水泥</td><td>42.5</td><td>≥17.0</td><td>≥42.5</td><td>≥3.5</td><td>≥6.5</td></tr>
<tr><td>52.5</td><td>≥23.0</td><td>≥52.5</td><td>≥4.0</td><td>≥7.0</td></tr>
<tr><td>62.5</td><td>≥28.0</td><td>≥62.5</td><td>≥5.0</td><td>≥8.0</td></tr>
<tr><td rowspan="2">普通硅酸盐水泥</td><td>42.5</td><td>≥17.0</td><td>≥42.5</td><td>≥3.5</td><td>≥6.5</td></tr>
<tr><td>52.5</td><td>≥23.0</td><td>≥52.5</td><td>≥4.0</td><td>≥7.0</td></tr>
</table>

(3)检验规则。水泥进场时必须有生产厂家提供的全项目试验报告单和合格证。同厂家、同品种、同批号、同出厂日期，且连续进场的散装水泥不大于 500 t(袋装水泥不大于 200 t)为一批，从 20 个不同部位中取等量水泥，经混和拌均后再从中称取不小于 12 kg 作为试样，检验水泥的比表面积、凝结时间、安定性和强度等项目。水泥出厂日期达 3 个月，也需复检上述项目，复检合格后方准使用。任何新选货源厂家或使用同厂家、同品种的水泥达 6 个月，应进行全项型式检验。其检验要求应满足表 8-4-3 的规定。

**表 8-4-3　水泥的检验要求**

<table>
<tr><th rowspan="2">序号</th><th rowspan="2">检验项目</th><th colspan="6">检 验 要 求</th></tr>
<tr><th colspan="2">抽样试验检验</th><th colspan="2">全项检验</th><th colspan="2">质量证明文件检查</th></tr>
<tr><td>1</td><td>比表面积</td><td>√</td><td rowspan="14">同厂家、同品种、同批号、同出厂日期的散装水泥达 500 t(袋装水泥每 200 t)为一批，不足上述数量时也按一批计。<br>水泥出厂日期达 3 个月</td><td>√</td><td rowspan="14">任何新选货源。<br>使用同厂家、同品种的水泥达 6 个月</td><td>√</td><td rowspan="14">更换货源厂家或每批进货时核查供应商提供的质量证明文件</td></tr>
<tr><td>2</td><td>凝结时间</td><td>√</td><td>√</td><td>√</td></tr>
<tr><td>3</td><td>安定性</td><td>√</td><td>√</td><td>√</td></tr>
<tr><td>4</td><td>强度</td><td>√</td><td>√</td><td>√</td></tr>
<tr><td>5</td><td>烧失量</td><td></td><td>√</td><td>√</td></tr>
<tr><td>6</td><td>游离 CaO 含量</td><td></td><td>√</td><td>√</td></tr>
<tr><td>7</td><td>MgO 含量</td><td></td><td>√</td><td>√</td></tr>
<tr><td>8</td><td>$SO_3$ 含量</td><td></td><td>√</td><td>√</td></tr>
<tr><td>9</td><td>氯离子含量</td><td></td><td>√</td><td>√</td></tr>
<tr><td>10</td><td>碱含量</td><td></td><td>√</td><td>√</td></tr>
<tr><td>11</td><td>熟料中的 $C_3A$ 含量</td><td></td><td>√</td><td>√</td></tr>
<tr><td>12</td><td>助磨剂名称及掺量</td><td></td><td></td><td>√</td></tr>
<tr><td>13</td><td>石膏名称及掺量</td><td></td><td></td><td>√</td></tr>
<tr><td>14</td><td>混和材名称及掺量</td><td></td><td></td><td>√</td></tr>
</table>

2. 矿物掺和料

(1) 一般要求。混凝土用矿物掺和料仅限于磨细矿渣粉或粉煤灰。

(2) 质量标准。矿物掺和料的性能指标应满足《用于水泥和混凝土中的粉煤灰》(GB/T 1596)和《用于水泥和混凝土中的粒化高炉矿渣粉》(GB/T 18046)及表 8-4-4 和表 8-4-5 的规定。

**表 8-4-4　粉煤灰的性能**

| 序 号 | 检测项目 | 技 术 要 求 | 检 测 方 法 |
|---|---|---|---|
| 1 | 细度(%) | ≤12 | 按 GB/T 1596 检验 |
| 2 | 需水量比(%) | ≤95 | 按 GB/T 1596 检验 |
| 3 | 安定性 | 沸煮法合格 | 按 GB/T 1346 检验 |
| 4 | 烧失量(%) | ≤3.0 | 按 GB/T 176 检验 |
| 5 | 含水量(%) | ≤1.0(干排灰) | 按 GB/T 1596 检验 |
| 6 | 活性指数 28 d(%) | ≥70 | 按 GB/T 1596 检验 |
| 7 | 游离 CaO 含量(%) | ≤1.0 | 按 GB/T 176 检验 |

续上表

| 序号 | 检测项目 | 技术要求 | 检测方法 |
| --- | --- | --- | --- |
| 8 | CaO 含量(%) | ≤10.0 | 按 GB/T 176 检验 |
| 9 | $SO_3$含量(%) | ≤3.0 | 按 GB/T 176 检验 |
| 10 | 氯离子含量(%) | ≤0.02 | 按 GB/T 176 检验 |
| 11 | 碱含量 | — | 按 GB/T 176 检验 |

**表 8-4-5 磨细矿渣粉的性能**

| 序号 | 检测项目 | 技术要求 | 检测方法 |
| --- | --- | --- | --- |
| 1 | 密度($g/cm^3$) | ≥2.8 | 按 GB/T 208 检验 |
| 2 | 比表面积($m^2/kg$) | 400～500 | 按 GB/T 8074 检验 |
| 3 | 需水量比(%) | ≤100 | 按 GB/T 18046 检验 |
| 4 | 流动度比(%) | ≥95 | 按 GB/T 18046 检验 |
| 5 | 7 d 活性指数(%) | ≥75 | 按 GB/T 18046 检验 |
|  | 28 d 活性指数(%) | ≥95 |  |
| 6 | 烧失量(%) | ≤3.0 | 按 GB/T 18046 检验 |
| 7 | 含水量(%) | ≤1.0 | 按 GB/T 18046 检验 |
| 8 | MgO 含量(%) | ≤14.0 | 按 GB/T 176 检验 |
| 9 | $SO_3$含量(%) | ≤4.0 | 按 GB/T 176 检验 |
| 10 | 氯离子含量(%) | ≤0.02 | 按 GB/T 176 检验 |
| 11 | 碱含量 | — | 按 GB/T 176 检验 |

(3) 检验规则。粉煤灰、矿渣粉进场时必须有生产厂家提供的全项试验报告单和合格证。同厂家、同规格、同批号、同出厂日期每批不大于 120 t 的进行正常抽检，从 20 个不同部位中取等量的粉煤灰或矿渣粉，经混和拌均后再从中称取不小于 12 kg 作为试样。粉煤灰检验细度、需水量比、烧失量、安定性、游离氧化钙、活性指数等几项；矿渣粉检验包括密度、比表面积、需水量比、流动度比、烧失量、活性指数等几项。粉煤灰、矿渣粉出厂日期达 3 个月，也需复检上述项目，复检合格后方准使用。当任何新选货源或同厂家、同规格产品达 6 个月进行全项型式检验。其检验要求应满足表 8-4-6 的规定。

**表 8-4-6 矿物掺和料的检验要求**

| 序号 | 检验项目 |  | 检验要求 |  |  |  |  |  |
| --- | --- | --- | --- | --- | --- | --- | --- | --- |
|  |  |  | 抽样试验检验 |  | 全项检验 |  | 质量证明文件检查 |  |
| 1 | 粉煤灰 | 细度 | √ | 同厂家、同规格、同批号、同出厂日期的产品每 120 t 为一批。出厂日期达 3 个月 | √ | 任何新选货源。使用同厂家、同规格的产品达 6 个月 | √ | 更换货源厂家或每批进货时核查供应商提供的质量证明文件 |
| 2 |  | 需水量比 | √ |  | √ |  | √ |  |
| 3 |  | 安定性 | √ |  | √ |  | √ |  |
| 4 |  | 烧失量 | √ |  | √ |  | √ |  |
| 5 |  | 含水量 |  |  | √ |  | √ |  |
| 6 |  | 活性指数 28 d | √ |  | √ |  | √ |  |
| 7 |  | 游离 CaO 含量 | √ |  | √ |  | √ |  |
| 8 |  | CaO 含量 |  |  | √ |  | √ |  |
| 9 |  | $SO_3$含量 |  |  | √ |  | √ |  |
| 10 |  | 氯离子含量 |  |  | √ |  | √ |  |
| 11 |  | 碱含量 |  |  | √ |  | √ |  |

续上表

| 序号 | 检验项目 | | 检验要求 | | | | | |
|---|---|---|---|---|---|---|---|---|
| | | | 抽样试验检验 | | 全项检验 | | 质量证明文件检查 | |
| 1 | 磨细矿渣粉 | 密度 | √ | 同厂家、同规格、同批号、同出厂日期的产品每 120 t 为一批。出厂日期达 3 个月 | √ | 任何新选货源。使用同厂家、同规格的产品达 6 个月 | √ | 更换货源厂家或每批进货时核查供应商提供的质量证明文件 |
| 2 | | 比表面积 | √ | | √ | | √ | |
| 3 | | 需水量比 | √ | | √ | | √ | |
| 4 | | 流动度比 | √ | | √ | | √ | |
| 5 | | 7 d 活性指数 | √ | | √ | | √ | |
| | | 28 d 活性指数 | √ | | √ | | √ | |
| 6 | | 烧失量 | √ | | √ | | √ | |
| 7 | | 含水量 | | | √ | | √ | |
| 8 | | MgO 含量 | | | √ | | √ | |
| 9 | | $SO_3$ 含量 | | | √ | | √ | |
| 10 | | 氯离子含量 | | | √ | | √ | |
| 11 | | 碱含量 | | | √ | | √ | |

3. 细骨料

(1)一般要求。细骨料应选用级配合理、质地坚固、吸水率低、空隙率小的洁净天然中粗河砂。

细骨料的碱活性应先按《铁路混凝土用骨料碱活性试验方法　岩相法》(TB/T 2922.1)对骨料的矿物组成和类型进行检验,再按《铁路混凝土用骨料碱活性试验方法　快速砂浆棒法》(TB/T 2922.5)对骨料的快速砂浆棒膨胀率进行检验。不得采用具有碱—碳酸盐反应的骨料,并应优先采用骨料的快速砂浆棒膨胀率小于 0.10%的非活性骨料。当细骨料含有碱—硅酸反应,其骨料的快速砂浆棒膨胀率在 0.10%～0.20%时,混凝土中的总碱含量不超过 3.0 kg/m$^3$,且应对混凝土采取进行掺和料和复合外加剂抑制混凝土碱—骨料反应的技术措施,并经试验证明抑制有效。当细骨料含有碱—硅酸反应,其骨料的快速砂浆棒膨胀率大于 0.20%时,不得使用。

细骨料的颗粒级配(累计筛余百分数)应符合表 8-4-7 的规定。

**表 8-4-7　细骨料的颗粒级配范围**

| 公称粒径(mm) | 级配区 | | |
|---|---|---|---|
| | Ⅰ区 | Ⅱ区 | Ⅲ区 |
| 10.0 | 0 | 0 | 0 |
| **5.00** | **10%～0%** | **10%～0%** | **10%～0%** |
| 2.50 | 35%～5% | 25%～0% | 15%～0% |
| 1.25 | 65%～35% | 50%～10% | 25%～0% |
| **0.63** | **85%～71%** | **70%～41%** | **40%～16%** |
| 0.315 | 95%～80% | 92%～70% | 85%～55% |
| 0.160 | 100%～90% | 100%～90% | 100%～90% |

注:除 5.00 mm 和 0.63 mm 筛档外,细骨料的实际颗粒级配与表中所列的累计筛余百分率相比允许稍有超出分界线,但超出总量不大于 5%。

(2)质量标准。细骨料的其他性能指标应符合表 8-4-8 的规定。

**表 8-4-8　细骨料的性能**

| 序号 | 检测项目 | 技术要求 | 检测方法 |
|---|---|---|---|
| 1 | 颗粒级配 | 符合表 8-4-7 的规定 | 按 GB/T 14684 检验 |
| 2 | 细度模数 | 2.6～3.0 | 按 GB/T 14684 检验 |
| 3 | 松散堆积密度(kg/m³) | ≥1 400 | 按 GB/T 14684 检验 |
| 4 | 表观密度(kg/m³) | ≥2 500 | 按 GB/T 14684 检验 |
| 5 | 孔隙率(%) | ≤44 | 按 GB/T 14684 检验 |
| 6 | 含泥量(%) | ≤2.0 | 按 GB/T 14684 检验 |
| 7 | 泥块含量(%) | ≤0.1 | 按 GB/T 14684 检验 |
| 8 | 云母含量(%) | ≤0.5 | 按 GB/T 14684 检验 |
| 9 | 轻物质含量(%) | ≤0.5 | 按 GB/T 14684 检验 |
| 10 | 有机物含量 | 浅于标准色 | 按 GB/T 14684 检验 |
| 11 | 吸水率(%) | ≤2.0 | 按 GB/T 14684 检验 |
| 12 | 坚固性(%) | ≤8 | 按 GB/T 14684 检验 |
| 13 | 氯离子含量(%) | ≤0.02 | 按 GB/T 14684 检验 |
| 14 | 硫化物及硫酸盐含量(%) | ≤0.5 | 按 GB/T 14684 检验 |
| 15 | 碱活性(%) | ≤0.2 | 按 TB/T 2922.1、TB/T 2922.5 检验 |

注:1. 冻融破坏环境下,细骨料的吸水率应不大于 1%。

2. 当细骨料中含有颗粒状的硫酸盐或硫化物杂质时,应进行专门检验,确认能满足混凝土耐久性要求时,方能采用。

(3)检验规则。细骨料应采用集中、稳定生产的料源,以连续进场的同料源、同品种、同规格的细骨料不大于 400 m³(或 600 t)为一批,不足上述规定数量的也按一批计。按《建设用砂》(GB/T 14684)的规定进行取样、制样,抽检颗粒级配、细度模数、松散堆积密度、表观密度、孔隙率、含泥量、泥块含量、云母含量、轻物质含量、有机物含量等指标。当料源发生变化,新选料源时或同料源、同品种、同规格的细骨料使用达 1 年,必须重新进行全项目型式检验。其检验要求应满足表 8-4-9 的规定。

**表 8-4-9　细骨料的检验要求**

| 序号 | 检验项目 | 检验要求 | | | |
|---|---|---|---|---|---|
| | | 抽样试验检验 | | 全项检验 | |
| 1 | 颗粒级配 | √ | 连续进场的同料源、同品种、同规格的细骨料每 400 m³(或600 t)为一批,不足上述数量时也按一批计 | √ | 任何新选料源。<br>使用同料源、同品种、同规格的细骨料达 1 年 |
| 2 | 细度模数 | √ | | √ | |
| 3 | 松散堆积密度 | √ | | √ | |
| 4 | 表观密度 | √ | | √ | |
| 5 | 孔隙率 | √ | | √ | |
| 6 | 含泥量 | √ | | √ | |
| 7 | 泥块含量 | √ | | √ | |
| 8 | 云母含量 | √ | | √ | |
| 9 | 轻物质含量 | √ | | √ | |
| 10 | 有机物含量 | √ | | √ | |
| 11 | 吸水率 | | | √ | |
| 12 | 坚固性 | | | √ | |
| 13 | 氯离子含量 | | | √ | |
| 14 | 硫化物及硫酸盐含量 | | | √ | |
| 15 | 碱活性 | | | √ | |

4. 粗骨料

(1)一般要求。粗骨料采用岩石碎石,应选用级配合理、粒形良好、质地均匀坚固、线膨胀系数小的洁净碎石。粗骨料的最大公称粒径不宜超过钢筋的混凝土保护层厚度的 2/3(在严重腐蚀环境条件下不宜超过钢筋的混凝土保护层厚度的 1/2),且不得超过钢筋最小间距的 3/4。配制强度等级 C50 及以上混凝土时,粗骨料最大公称粒径不应大于 25 mm。吸水率应小于 2%(用于干湿交替或冻融循环下的混凝土应小于 1%)。粗骨料应采用二级或多级级配,其松散堆积密度应大于 1 500 $kg/m^3$,紧密空隙率宜小于 40%。

粗骨料的碱活性应先按《铁路混凝土用骨料碱活性试验方法　岩相法》(TB/T 2922.1)对骨料的矿物组成和类型进行检验,再按《铁路混凝土用骨料碱活性试验方法　快速砂浆棒法》(TB/T 2922.5)对骨料的快速砂浆棒膨胀率进行检验。不得采用具有碱—碳酸盐反应的骨料,并应优先采用骨料的快速砂浆棒膨胀率小于 0.10%的非活性骨料。当粗骨料含有碱—硅酸反应,其骨料的快速砂浆棒膨胀率在 0.10%～0.20%时,混凝土中的总碱含量不超过 3.0 $kg/m^3$,且应对混凝土采取使用掺和料和复合外加剂抑制混凝土碱—骨料反应的技术措施,并经试验证明抑制有效。当粗骨料含有碱—硅酸反应,其骨料的快速砂浆棒膨胀率大于 0.20%时,不得使用。

粗骨料的颗粒级配(累计筛余百分数)应符合表 8-4-10 的规定。

**表 8-4-10　粗骨料的颗粒级配**

| 级配情况 | 公称粒径(mm) | 累计筛余质量(%) | | | | | | |
|---|---|---|---|---|---|---|---|---|
| | | 筛孔边长尺寸(mm) | | | | | | |
| | | 2.36 | 4.75 | 9.5 | 16.0 | 19.0 | 26.5 | 31.5 |
| 连续级配 | 5～10 | 95～100 | 80～100 | 0～15 | 0 | — | — | — |
| | 5～16 | 95～100 | 85～100 | 30～60 | 0～10 | 0 | — | — |
| | 5～20 | 95～100 | 90～100 | 40～80 | — | 0～10 | 0 | — |
| | 5～25 | 95～100 | 90～100 | — | 30～70 | — | 0～5 | 0 |

(2) 质量标准。粗骨料的其他性能指标应符合表 8-4-11 的规定。

**表 8-4-11　粗骨料的性能**

| 序 号 | 检测项目 | 技 术 要 求 | 检 测 方 法 |
|---|---|---|---|
| 1 | 颗粒级配 | 符合表 8-4-10 规定 | 按 GB/T 14685 检验 |
| 2 | 松散堆积密度($kg/m^3$) | >1 500 | 按 GB/T 14685 检验 |
| 3 | 表观密度($kg/m^3$) | ≥2 600 | 按 GB/T 14685 检验 |
| 4 | 紧密空隙率(%) | <40 | 按 GB/T 14685 检验 |
| 5 | 含泥量(%) | ≤0.5 | 按 GB/T 14685 检验 |
| 6 | 泥块含量(%) | ≤0.1 | 按 GB/T 14685 检验 |
| 7 | 针片状颗粒含量(%) | ≤5 | 按 GB/T 14685 检验 |
| 8 | 吸水率(%) | <2.0 | 按 GB/T 14685 检验 |
| 9 | 坚固性(%) | ≤8 | 按 GB/T 14685 检验 |
| 10 | 压碎指标(%) | ≤5 | 按 GB/T 14685 检验 |
| 11 | 抗压强度 | 与混凝土设计强度之比>2 | 按 GB/T 14685 检验 |
| 12 | 氯离子含量(%) | ≤0.02 | 按 TB/T 3275 附录 C 检验 |
| 13 | 硫化物及硫酸盐含量(%) | ≤0.5 | 按 GB/T 14685 检验 |
| 14 | 碱活性(%) | ≤0.2 | 按 TB/T 2922.1、TB/T 2922.5 检验 |

注:同料源的粗骨料,其含泥量、泥块含量按进场不同粒径分别检验的方法,其余检验项目采用不同粒径混合后检验的方法。

(3) 检验规则。粗骨料应采用集中、稳定生产的料源,以连续进场的同料源、同品种、同规格的粗骨料不大于 400 $m^3$(或 600 t)为一批,不足上述规定数量的也按一批计。按《建设用卵石、碎石》(GB/T 14685)的规定进行取样、制样,抽检颗粒级配、松散堆积密度、表观密度、孔隙率、含泥量、泥块含量、针片状颗粒含量、压碎指标等指标。当料源发生变化,新选料源时或同料源、同品种、同规格的粗骨料使用达 1 年,必须重新进行全项目型式检验。其检验要求应满足表 8-4-12 的规定。

**表 8-4-12 粗骨料的检验要求**

| 序号 | 检验项目 | 检验要求 | | | |
|---|---|---|---|---|---|
| | | 抽样试验检验 | | 全项检验 | |
| 1 | 颗粒级配 | √ | 连续进场的同料源、同品种、同规格的粗骨料每 400 $m^3$(或600 t)为一批,不足上述数量时也按一批计 | √ | 任何新选料源。<br>使用同料源、同品种、同规格的粗骨料达 1 年 |
| 2 | 松散堆积密度 | √ | | √ | |
| 3 | 表观密度 | √ | | √ | |
| 4 | 紧密孔隙率 | √ | | √ | |
| 5 | 含泥量 | √ | | √ | |
| 6 | 泥块含量 | √ | | √ | |
| 7 | 针片状颗粒含量 | √ | | √ | |
| 8 | 吸水率 | | | √ | |
| 9 | 坚固性 | | | √ | |
| 10 | 压碎指标 | √ | | √ | |
| 11 | 抗压强度 | | | √ | |
| 12 | 氯离子含量 | | | √ | |
| 13 | 硫化物及硫酸盐含量 | | | √ | |
| 14 | 碱活性 | | | √ | |

5. 减水剂

(1)一般要求。减水剂应采用减水率高、坍落度损失小、能明显提高混凝土耐久性且质量稳定的产品。减水剂与水泥之间应有良好的相容性。减水剂须经铁道部鉴定或评审。可选用高效减水剂或聚羧酸系高性能减水剂;当混凝土的含气量不满足相关要求时,可以适当掺入引气剂。当使用其他新型外加剂时,应经过试验论证并通过主管部门评审。

(2)质量标准。高效减水剂的性能指标应满足表 8-4-13 的规定;聚羧酸系高性能减水剂的性能指标应满足表 8-4-14;引气剂的性能指标应满足表 8-4-15 的规定。减水剂的水泥净浆流动度、pH 值、密度、含固量等匀质性应符合《混凝土外加剂》(GB 8076)的规定。

**表 8-4-13 高效减水剂的性能**

| 序号 | 检测项目 | | 技术要求 | | 检测方法 |
|---|---|---|---|---|---|
| | | | 标准型 | 缓凝型 | |
| 1 | 减水率(%) | | ≥20 | | 按 GB 8076 检验 |
| 2 | 含气量(%) | | ≤3.0 | | 按 GB 8076 检验 |
| 3 | 泌水率比(%) | | ≤20 | | 按 GB 8076 检验 |
| 4 | 压力泌水率比(用于配制泵送混凝土时)(%) | | ≤90 | | 按 TB/T 3275 附录 E 检验 |
| 5 | 抗压强度比(%) | 1 d | ≥140 | — | 按 GB 8076 检验 |
| | | 3 d | ≥130 | — | |
| | | 7 d | ≥125 | ≥125 | |
| | | 28 d | ≥120 | ≥120 | |
| 6 | 坍落度 1 h 经时变化量(用于配制泵送混凝土时)(mm) | | — | ≤60 | 按 GB 8076 检验 |
| 7 | 凝结时间差(min) | 初凝 | −90~+120 | >+90 | 按 GB 8076 检验 |
| | | 终凝 | | — | |

续上表

| 序号 | 检测项目 | 技术要求 | | 检测方法 |
|---|---|---|---|---|
| | | 标准型 | 缓凝型 | |
| 8 | 硫酸钠含量(按折固含量计)(%) | ≤10.0 | | 按 GB/T 8077 检验 |
| 9 | 氯离子含量(按折固含量计)(%) | ≤0.6 | | 按 GB/T 8077 检验 |
| 10 | 碱含量(按折固含量计)(%) | ≤10 | | 按 GB/T 8077 检验 |
| 11 | 收缩率比(%) | ≤125 | | 按 GB 8076 检验 |

注:1. 按《混凝土外加剂》(GB 8076)进行检验的项目,其混凝土坍落度控制值为(80±10)mm。

2. 现场抽检检验用水泥宜为工程用水泥。

**表 8-4-14　聚羧酸系高性能减水剂的性能**

| 序号 | 检测项目 | | 技术要求 | | | 检测方法 |
|---|---|---|---|---|---|---|
| | | | 早强型 | 标准型 | 缓凝型 | |
| 1 | 减水率(%) | | ≥25 | | | 按 GB 8076 检验 |
| 2 | 含气量(%) | | ≤3.0 | | | 按 GB 8076 检验 |
| 3 | 泌水率比(%) | | ≤20 | | | 按 GB 8076 检验 |
| 4 | 压力泌水率比(用于配制泵送混凝土时)(%) | | ≤90 | | | 按 TB/T 3275 附录 E 检验 |
| 5 | 抗压强度比(%) | 1 d | ≥180 | ≥170 | — | 按 GB 8076 检验 |
| | | 3 d | ≥170 | ≥160 | — | |
| | | 7 d | ≥145 | ≥150 | ≥140 | |
| | | 28 d | ≥130 | ≥140 | ≥130 | |
| 6 | 坍落度 1 h 经时变化量(用于配制泵送混凝土时)(mm) | | — | ≤80 | ≤60 | 按 GB 8076 检验 |
| 7 | 凝结时间差(min) | 初凝 | −90～+90 | −90～+120 | >+90 | 按 GB 8076 检验 |
| | | 终凝 | | | — | |
| 8 | 甲醛含量(按折固含量计)(%) | | ≤0.05 | | | 按 GB 18582 检验 |
| 9 | 硫酸钠含量(按折固含量计)(%) | | ≤5.0 | | | 按 GB/T 8077 检验 |
| 10 | 氯离子含量(按折固含量计)(%) | | ≤0.6 | | | 按 GB/T 8077 检验 |
| 11 | 碱含量(按折固含量计)(%) | | ≤10 | | | 按 GB/T 8077 检验 |
| 12 | 收缩率比(%) | | ≤110 | | | 按 GB 8076 检验 |

注:1. 按《混凝土外加剂》(GB 8076)进行检验的项目,其混凝土坍落度控制值为(80±10)mm。

2. 现场抽检检验用水泥宜为工程用水泥。

**表 8-4-15　引气剂的性能**

| 序号 | 检测项目 | | 技术要求 | 检测方法 |
|---|---|---|---|---|
| 1 | 减水率(%) | | ≥6 | 按 GB 8076 检验 |
| 2 | 含气量(%) | | ≥3.0 | 按 GB 8076 检验 |
| 3 | 泌水率比(%) | | ≤70 | 按 GB 8076 检验 |
| 4 | 1 h 含气量经时变化量(%) | | −1.5～+1.5 | 按 GB 8076 检验 |
| 5 | 抗压强度比(%) | 3 d | ≥95 | 按 GB 8076 检验 |
| | | 7 d | ≥95 | |
| | | 28 d | ≥90 | |
| 6 | 凝结时间差(min) | 初凝 | −90～+120 | 按 GB 8076 检验 |
| | | 终凝 | | |
| 7 | 收缩率比(%) | | ≤125 | 按 GB 8076 检验 |
| 8 | 相对耐久性指数(200 次)(%) | | ≥80 | 按 GB 8076 检验 |
| 9 | 28 d 硬化体气泡间距系数(μm) | | ≤300 | 按 TB/T 3275 附录 D 检验 |

(3)检验规则。高效减水剂、聚羧酸系高性能减水剂及引气剂进场都必须有生产厂家提供的产品质量全项检验报告和合格证。高效减水剂和聚羧酸系高性能减水剂，由同厂家、同品种、同编号的产品不大于 50 t 为一批进行常规检验项目的抽检试验，其取样应符合《混凝土外加剂》(GB 8076)的规定，检验包括减水率、含气量、泌水率比、压力泌水率比及抗压强度比等项目的检验；引气剂由同厂家、同品种、同编号的产品不大于 5 t 为一批进行常规检验项目的抽检试验，包括减水率、含气量、泌水率比、1 h 含气量经时变化量及抗压强度比等项目的检验。任何新选料源厂家及使用同厂家、同品种的产品达 6 个月或出厂日期达 6 个月的产品均应进行全项目型式检验。其检验要求应满足表 8-4-16 的规定。

**表 8-4-16　减水剂的检验要求**

| 产品种类 | 序号 | 检验项目 | 检验要求 | | | |
|---|---|---|---|---|---|---|
| | | | 抽样试验检验 | | 全项检验 | |
| 高效减水剂 | 1 | 减水率 | √ | 同厂家、同品种、同编号的减水剂每 50 t 为一批，不足上述数量时也按一批计 | √ | 任何新选厂家料源。<br>使用同厂家、同品种的减水剂达 6 个月或出厂日期达 6 个月的产品 |
| | 2 | 含气量 | √ | | √ | |
| | 3 | 泌水率比 | √ | | √ | |
| | 4 | 压力泌水率比(用于配制泵送混凝土时) | √ | | √ | |
| | 5 | 抗压强度比 | √ | | √ | |
| | 6 | 坍落度 1 h 经时变化量(用于配制泵送混凝土时) | | | √ | |
| | 7 | 凝结时间差 | | | √ | |
| | 8 | 硫酸钠含量(按折固含量计) | | | √ | |
| | 9 | 氯离子含量(按折固含量计) | | | √ | |
| | 10 | 碱含量(按折固含量计) | | | √ | |
| | 11 | 收缩率比 | | | √ | |
| 聚羧酸系高性能减水剂 | 1 | 减水率 | √ | 同厂家、同品种、同编号的减水剂每 50 t 为一批，不足上述数量时也按一批计 | √ | 任何新选厂家料源。<br>使用同厂家、同品种的减水剂达 6 个月或出厂日期达 6 个月的产品 |
| | 2 | 含气量 | √ | | √ | |
| | 3 | 泌水率比 | √ | | √ | |
| | 4 | 压力泌水率比(用于配制泵送混凝土时) | √ | | √ | |
| | 5 | 抗压强度比 | √ | | √ | |
| | 6 | 坍落度 1 h 经时变化量(用于配制泵送混凝土时) | | | √ | |
| | 7 | 凝结时间差 | | | √ | |
| | 8 | 甲醛含量(按折固含量计) | | | √ | |
| | 9 | 硫酸钠含量(按折固含量计) | | | √ | |
| | 10 | 氯离子含量(按折固含量计) | | | √ | |
| | 11 | 碱含量(按折固含量计) | | | √ | |
| | 12 | 收缩率比 | | | √ | |
| 引气剂 | 1 | 减水率 | √ | 同厂家、同品种、同编号的引气剂每 5 t 为一批，不足上述数量时也按一批计 | √ | 任何新选厂家料源。<br>使用同厂家、同品种的减水剂达 6 个月或出厂日期达 6 个月的产品 |
| | 2 | 含气量 | √ | | √ | |
| | 3 | 泌水率比 | √ | | √ | |
| | 4 | 1 h 含气量经时变化量 | √ | | √ | |
| | 5 | 抗压强度比 | √ | | √ | |
| | 6 | 凝结时间差 | | | √ | |
| | 7 | 收缩率比 | | | √ | |
| | 8 | 相对耐久性指数(200 次) | | | √ | |
| | 9 | 28 d 硬化体气泡间距系数 | | | √ | |

6. 膨胀剂

(1)质量标准。混凝土膨胀剂的分类和性能应满足《混凝土膨胀剂》(GB 23439)标准要求,具体指标见表 8-4-17 的规定。

**表 8-4-17　膨胀剂的性能**

| 序号 | 检测项目 | | 技术要求 | | 检测方法 |
|---|---|---|---|---|---|
| | | | Ⅰ型 | Ⅱ型 | |
| 1 | 细度 | 比表面积($m^2$/kg) | ≥200 | | 按 GB/T 8074 检验 |
| | | 1.18 mm 筛筛余(%) | ≤0.5 | | 按 GB/T 1345 检验 |
| 2 | 凝结时间 | 初凝(min) | ≥45 | | 按 GB/T 1346 检验 |
| | | 终凝(h) | ≤10 | | |
| 3 | 限制膨胀率(%) | 水中 7 d | ≥0.025 | ≥0.050 | 按 GB 23439 附录 A |
| | | 空气中 21 d | ≥−0.020 | ≥−0.010 | |
| 4 | 抗压强度(MPa) | 7 d | ≥20.0 | | 按 GB/T 17671 检验 |
| | | 28 d | ≥40.0 | | |
| 5 | MgO 含量(%) | | ≤5.0 | | 按 GB/T 176 检验 |
| 6 | 氯离子含量(%) | | ≤0.05 | | 按 GB/T 176 检验 |
| 7 | 总碱含量(%) | | ≤0.75 | | 按 GB/T 176 检验 |

(2) 检验规则。膨胀剂进场时必须有生产厂家的出厂检验报告和合格证。膨胀剂应同厂家、同品种、同批号,不大于 200 t 为一批,不足 200 t 按一批记。取样方法按《水泥取样方法》(GB/T 12573)进行,取样应具有代表性,可连续取,也可以从 20 个以上不同部位中取等量样品,总量不小于 10 kg。抽检细度、凝结时间、抗压强度及水中 7 d 的限制膨胀率等项目;膨胀剂出厂日期超过六个月应重新抽检上述项目。任何新选厂家货源或使用同厂家、同品种的膨胀剂达 6 个月应进行全项型式检验。其检验要求应满足表 8-4-18 的规定。

**表 8-4-18　膨胀剂的检验要求**

| 序号 | 检验项目 | 检验要求 | | | | | |
|---|---|---|---|---|---|---|---|
| | | 抽样试验检验 | | 全项检验 | | 质量证明文件检查 | |
| 1 | 比表面积 | √ | 同厂家、同品种、同批号的膨胀剂每 200 t 为一批,不足上述数量时也按一批计。出厂日期达 6 个月 | √ | 任何新选货源。使用同厂家、同品种的膨胀剂达 6 个月 | √ | 更换货源厂家或每批进货时核查厂家提供的质量证明文件 |
| | 1.18 mm 筛筛余 | √ | | √ | | √ | |
| 2 | 凝结时间 | √ | | √ | | √ | |
| 3 | 限制膨胀率 | √ | | √ | | √ | |
| 4 | 抗压强度 | √ | | √ | | √ | |
| 5 | MgO 含量 | | | √ | | √ | |
| 6 | 氯离子含量 | | | √ | | √ | |
| 7 | 碱含量 | | | √ | | √ | |

7. 水

(1)质量标准。混凝土的拌和用水质量应符合表 8-4-19 的规定,养护用水除不溶物、可溶物可不作要求外,其他性能也应符合此表要求。

**表 8-4-19　拌和用水的性能**

| 序号 | 检测项目 | 技术要求 | 检测方法 |
|---|---|---|---|
| 1 | pH 值 | >6.5 | 按 JGJ 63 检验 |
| 2 | 不溶物含量(mg/L) | <2 000 | 按 JGJ 63 检验 |
| 3 | 可溶物含量(mg/L) | <2 000 | 按 JGJ 63 检验 |
| 4 | 氯化物含量(mg/L) | <500 | 按 JGJ 63 检验 |
| | | <350 (用钢丝或热处理钢筋) | |
| | | <200 (混凝土处于氯盐环境下) | |

续上表

| 序 号 | 检测项目 | 技术要求 | 检测方法 |
|---|---|---|---|
| 5 | 硫酸盐含量(mg/L) | ＜600 | 按 JGJ 63 检验 |
| 6 | 碱含量(mg/L) | ＜1 500 | 按 GB/T 176 检验 |
| 7 | 凝结时间差(min) | ≤30 | 按 JGJ 63 检验 |
| 8 | 抗压强度比(28 d)(%) | ≥90 | 按 JGJ 63 检验 |

(2)检验规则。使用同一水源的在涨水季节应进一次抽样试验检测,检测水的 pH 值、不溶物含量、可溶物含量、氯化物含量、硫酸盐含量、碱含量等指标;对于任何新选水源或同一水源的水使用达一年时进行全项目的型式检验,其检验要求应符合表 8-4-20 的规定。

**表 8-4-20　拌和用水的检验要求**

| 序号 | 检 验 项 目 | 检 验 要 求 | | | |
|---|---|---|---|---|---|
| | | 抽样试验检验 | | 全项检验 | |
| 1 | pH 值 | √ | 同一水源的涨水季节检验 1 次 | √ | 任何新选水源。<br>同一水源的水使用达 1 年 |
| 2 | 不溶物含量 | √ | | √ | |
| 3 | 可溶物含量 | √ | | √ | |
| 4 | 氯化物含量 | √ | | √ | |
| 5 | 硫酸盐含量 | √ | | √ | |
| 6 | 碱含量 | √ | | √ | |
| 7 | 凝结时间差 | | | √ | |
| 8 | 抗压强度比(28 d) | | | √ | |

#### 4.2.2　钢筋及钢筋接头

在桥梁工程的施工生产中,所采用的钢筋包括钢筋混凝土用热轧光圆钢筋和热轧带肋钢筋;钢筋接头包括焊接(闪光对焊、电弧焊、电阻焊等)接头和机械连接(滚轧直螺纹、镦粗直螺纹、套筒挤压)接头等。

1. 钢筋混凝土用热轧光圆钢筋

(1)热轧光圆钢筋质量应符合《钢筋混凝土用钢　第 1 部分:热轧光圆钢筋》(GB 1499.1)要求。热轧光圆钢筋有 HPB300 一种牌号。

(2)外形尺寸:热轧光圆钢筋的公称直径范围为 6～22 mm,其尺寸、外形应符合表 8-4-21 的规定。

**表 8-4-21　热轧光圆钢筋外形要求**

| 公称直径(mm) | 公称横截面积($mm^2$) | 直径允许偏差(mm) | 不圆度(mm) |
|---|---|---|---|
| 6(6.5) | 28.27(33.18) | ±0.3 | ≤0.40 |
| 8 | 50.27 | | |
| 10 | 78.54 | | |
| 12 | 113.1 | | |
| 14 | 153.9 | ±0.4 | |
| 16 | 201.1 | | |
| 18 | 254.5 | | |
| 20 | 314.2 | | |
| 22 | 380.1 | | |

(3)化学成分:热轧光圆钢筋的化学成分应符合表 8-4-22 的规定。

**表 8-4-22　热轧光圆钢筋化学成分**

| 牌号 | 化学成分(质量分数)(%) 不大于 | | | | |
|---|---|---|---|---|---|
| | C | Si | Mn | P | S |
| HPB300 | 0.25 | 0.55 | 1.50 | 0.045 | 0.050 |

钢中残余元素铬、镍、铜的含量应各不大于 0.3%。

(4)力学性能及工艺性能:钢筋的力学、工艺性能应符合表 8-4-23 的规定。

**表 8-4-23　热轧光圆钢筋力学性能**

| 牌号 | $R_{eL}$(MPa) | $R_m$(MPa) | $A$(%) | $A_{gt}$(%) | 冷弯试验 180° |
|---|---|---|---|---|---|
| | 不　小　于 | | | | |
| HPB300 | 300 | 420 | 25.0 | 10.0 | 180°　$d=a$ |

注:$d$——弯芯直径;$a$——钢筋公称直径。

钢筋按规定的弯芯直径弯曲 180°后,受弯曲部位表面不得产生裂纹。

(5)表面质量:钢筋应无有害的表面缺陷,盘卷光圆钢筋应将头尾有害缺陷部分切除。允许有锈皮、表面不平整或氧化铁皮,但用钢丝刷清理后,重量、尺寸、横截面积和拉伸性能必须满足标准要求。

(6)检验规则:热轧光圆钢筋的检验应符合表 8-4-24 的规定。

**表 8-4-24　热轧光圆钢筋检验规则**

| 序号 | 检验项目 | 取样数量 | 取样方法 | 检验方法 |
|---|---|---|---|---|
| 1 | 化学成分 | 1 | GB/T 20066 | 按 GB/T 223、GB/T 4336 检验 |
| 2 | 拉伸 | 2 | 任意两根钢筋截取 | 按 GB/T 228 检验 |
| 3 | 弯曲 | 2 | 任意两根钢筋截取 | 按 GB/T 232 检验 |
| 4 | 尺寸 | 逐支(盘) | — | 按 GB 1499.1 检验 |
| 5 | 表面 | 逐支(盘) | — | |

钢筋进场时应必须有生产厂家提供的质量证明书。每批钢筋应由同一牌号,同一炉罐号,同一规格的钢筋,同一交货状态组成,并不得大于 60 t,抽样进行拉伸和弯曲试验。超过 60 t 的部分,每增加 40 t(或不足 40 t 的余数),增加一个拉伸试验试样和一个弯曲试验试样。允许由同一牌号、同一冶炼方法、同一浇筑方法的不同炉罐号组成混合批,但各炉罐号含碳量之差不大于 0.02%,含锰量之差不大于 0.15%。混合批的重量不大于 60 t。

钢筋的力学及工艺性能的抽样检验应在外观质量检查合格的基础上进行。每批钢筋任抽两根钢筋各取一套试样,分别进行拉伸和弯曲试验,结果应符合力学性能要求。经试验若有一个项目不合格,应取双倍数量的试件对不合格项目作复检,如仍有一根试件不合格,则该批钢筋作为不合格品处理。

2. 钢筋混凝土用热轧带肋钢筋

(1)热轧带肋钢筋质量应符合《钢筋混凝土用钢　第 2 部分:热轧带肋钢筋》(GB 1499.2)要求。热轧带肋钢筋分为普通热轧钢筋和细晶粒热轧钢筋,本条主要介绍普通热轧带肋钢筋,共有 HRB335、HRB400、HRB500 几种牌号。

(2)外形尺寸:热轧带肋钢筋的公称直径范围为 6～50 mm,常用的是带纵肋的月牙肋钢筋,其尺寸、外形应符合表 8-4-25 的规定。

**表 8-4-25　热轧带肋钢筋外形要求**

| 公称直径 $d$ (mm) | 公称横截面积 (mm²) | 内径 $d_1$ | | 横肋高 $h$ | | 纵肋高 $h_1$ (不大于) (mm) | 横肋宽 $b$(mm) | 纵肋宽 $a$(mm) | 间距 $l$ | |
|---|---|---|---|---|---|---|---|---|---|---|
| | | 公称尺寸 (mm) | 允许偏差 (mm) | 公称尺寸 (mm) | 允许偏差 (mm) | | | | 公称尺寸 (mm) | 允许偏差 (mm) |
| 6 | 28.27 | 5.8 | ±0.3 | 0.6 | ±0.3 | 0.8 | 0.4 | 1.0 | 4.0 | ±0.5 |
| 8 | 50.27 | 7.7 | ±0.4 | 0.8 | +0.4<br>−0.3 | 1.1 | 0.5 | 1.5 | 5.5 | |
| 10 | 78.54 | 9.6 | | 1.0 | ±0.4 | 1.3 | 0.6 | 1.5 | 7.0 | |

续上表

| 公称直径 $d$ (mm) | 公称横截面积 ($mm^2$) | 内径 $d_1$ 公称尺寸 (mm) | 内径 $d_1$ 允许偏差 (mm) | 横肋高 $h$ 公称尺寸 (mm) | 横肋高 $h$ 允许偏差 (mm) | 纵肋高 $h_1$ (不大于) (mm) | 横肋宽 $b$(mm) | 纵肋宽 $a$(mm) | 间距 $l$ 公称尺寸 (mm) | 间距 $l$ 允许偏差 (mm) |
|---|---|---|---|---|---|---|---|---|---|---|
| 12 | 113.1 | 11.5 | ±0.4 | 1.2 | +0.4<br>−0.5 | 1.6 | 0.7 | 1.5 | 8.0 | ±0.5 |
| 14 | 153.9 | 13.4 | | 1.4 | | 1.8 | 0.8 | 1.8 | 9.0 | |
| 16 | 201.1 | 15.4 | | 1.5 | | 1.9 | 0.9 | 1.8 | 10.0 | |
| 18 | 254.5 | 17.3 | | 1.6 | ±0.5 | 2.0 | 1.0 | 2.0 | 10.0 | |
| 20 | 314.2 | 19.3 | ±0.5 | 1.7 | | 2.1 | 1.2 | 2.0 | 10.0 | ±0.8 |
| 22 | 380.1 | 21.3 | | 1.9 | ±0.6 | 2.4 | 1.3 | 2.5 | 10.5 | |
| 25 | 490.9 | 24.2 | | 2.1 | | 2.6 | 1.5 | 2.5 | 12.5 | |
| 28 | 615.8 | 27.2 | ±0.6 | 2.2 | | 2.7 | 1.7 | 3.0 | 12.5 | ±1.0 |
| 32 | 804.2 | 31.0 | | 2.4 | +0.8<br>−0.7 | 3.0 | 1.9 | 3.0 | 14.0 | |

(3)化学成分：热轧带肋钢筋的化学成分应符合表 8-4-26 的规定。

**表 8-4-26　热轧带肋钢筋化学成分**

| 牌号 | 化学成分(质量分数)(%) 不大于 C | Si | Mn | P | S | Ceq |
|---|---|---|---|---|---|---|
| HRB335 | 0.25 | 0.80 | 1.60 | 0.045 | 0.045 | 0.52 |
| HRB400 | | | | | | 0.54 |
| HRB500 | | | | | | 0.55 |

用于预制桥梁生产所用的热轧带肋钢筋其碳当量(Ceq)应不大于 0.50%，任何新选厂家应进行取样检测。

(4)力学性能：热轧带肋钢筋的力学性能应符合表 8-4-27 的规定。

**表 8-4-27　热轧带肋钢筋力学性能**

| 牌号 | $R_{eL}$(MPa) 不小于 | $R_m$(MPa) 不小于 | $A$(%) 不小于 | $A_{gt}$(%) 不小于 | 冷弯试验 180° |
|---|---|---|---|---|---|
| HRB335 | 335 | 455 | 17.0 | 7.5 | 6～25 mm $d=3a$；28～40 mm $d=4a$ |
| HRB400 | 400 | 540 | 16.0 | | 6～25 mm $d=4a$；28～40 mm $d=5a$ |
| HRB500 | 500 | 630 | 15.0 | | 6～25 mm $d=6a$；28～40 mm $d=7a$ |

注：$d$——弯芯直径；$a$——钢筋公称直径。

公称直径 28～40 mm 的各牌号钢筋的断后伸长率 $A$ 可降低 1%；按规定的弯芯直径冷弯弯曲 180°后，受弯曲部位表面不得产生裂纹。

反向弯曲性能：反向弯曲试验的弯芯直径比弯曲试验相应增加一个钢筋公称直径，先正向弯曲 90°后再反向弯曲 20°，钢筋受弯曲部位表面不得产生裂纹。

对有较高要求的抗震结构适用钢筋牌号为：在原钢筋牌号后加 E 的钢筋；其性能除满足原牌号钢筋相应的要求外，实测抗拉强度与屈服强度之比应不小于 1.25，实测屈服强度与表 8-4-27 规定的屈服强度特征值之比不大于 1.3，钢筋的最大力总伸长率 $A_{gt}$ 不小于 9%。

(5)表面质量：钢筋应无有害的表面缺陷。允许有锈皮、表面不平整或氧化铁皮，但用钢丝刷清理后，重量、尺寸、横截面积和拉伸性能必须满足标准要求。

(6)检验规则：热轧带肋钢筋的检验应符合表 8-4-28 的规定。

**表 8-4-28　热轧带肋钢筋检验规则**

| 序号 | 检验项目 | 取样数量 | 取样方法 | 检验方法 |
|---|---|---|---|---|
| 1 | 化学成分 | 1 | GB/T 20066 | 按 GB/T 223、GB/T 4336 检验 |
| 2 | 拉伸 | 2 | 任意两根钢筋截取 | 按 GB/T 228 检验 |
| 3 | 弯曲 | 2 | 任意两根钢筋截取 | 按 GB/T 232 检验 |
| 4 | 反向弯曲 | 1 | — | 按 YB/T 5126、GB 1499.2 检验 |
| 5 | 尺寸 | 逐支(盘) | — | 按 GB 1499.2 检验 |
| 6 | 表面 | 逐支(盘) | — | |

钢筋进场时应必须有生产厂家提供的质量证明书。每批钢筋应由同一牌号、同一炉罐号、同一规格的钢筋,同一交货状态组成,并不得大于 60 t,抽样进行拉伸和弯曲试验。超过 60 t 的部分,每增加 40 t(或不足 40 t 的余数),增加一个拉伸试验试样和一个弯曲试验试样。允许由同一牌号、同一冶炼方法、同一浇筑方法的不同炉罐号组成混和批,但各炉罐号含碳量之差不大于 0.02%,含锰量之差不大于 0.15%。混和批的重量不大于 60 t。

钢筋的力学及工艺性能的抽样检验应在外观质量检查合格的基础上进行。每批钢筋任抽两根钢筋各取一套试样,分别进行拉伸和弯曲试验,结果应符合力学性能要求。经试验若有一个项目不合格,应取双倍数量的试件对不合格项目作复检,如仍有一根试件不合格,则该批钢筋作为不合格品处理。

3. 钢筋焊接接头

钢筋焊接接头,根据焊接方法不同,可以分为电阻点焊、电渣压力焊、气压焊(固态、熔态)以及闪光对焊、箍筋闪光对焊和电弧焊等,电弧焊又可分为帮条焊(双面焊、单面焊)、搭接焊(双面焊、单面焊)、熔槽帮条焊、坡口焊(平焊、立焊)、钢筋与钢板搭接焊、窄间隙焊和预埋件电弧焊(角焊、穿孔塞焊、埋弧压力焊、埋弧螺柱焊)等。各种钢筋的焊接及接头检验应符合《钢筋焊接及验收规程》(JGJ 18)和《铁路混凝土工程施工质量验收标准》(TB 10424)的规定。本条主要介绍在桥梁施工中常用的钢筋闪光对焊、箍筋闪光对焊和电弧焊(帮条焊、搭接焊)。

(1)闪光对焊。

1)一般要求。钢筋的闪光对焊分为连续闪光焊、预热闪光焊和闪光一预热闪光焊。当钢筋的直径较小(12~22 mm),强度级别较低时,可采用连续闪光焊;当钢筋直径较大,强度级别高,且钢筋端面较平整,宜采用预热闪光焊;当钢筋直径较大,强度级别高,且钢筋端面不平整,应采用闪光一预热闪光焊。

闪光对焊时应选择合适的调伸长度、烧化留量、预热留量、顶锻留量以及变压器级数等焊接参数。

2)质量要求。在同一台班内,由同一个焊工完成的 200 个同牌号、同直径钢筋焊接接头应作为一批。(当同一台班内焊接的接头数量较少,可在一周之内累计计算,累计仍不足 200 个接头时,应按一批计算)。力学性能检验,应从每批接头中随机切取 6 个接头,其中 3 个做拉伸试验,3 个做冷弯试验。异径接头可只做拉伸试验。

闪光对焊接头周缘应有适当的镦粗部分,并成均匀的毛刺外形;接头处不得有横向裂纹,与电极接触处的钢筋表面不得有明显烧伤;接头处的弯折角度不得大于 3°;接头处的轴线偏移不得大于钢筋直径的 0.1 倍,且不得大于 2 mm。

(2)箍筋闪光对焊。

1)一般要求。箍筋闪光对焊的焊点位置宜设在箍筋受力较小一边;不等边的多边形柱箍筋对焊点位置宜设在两个边上。

箍筋下料长度应预留焊接总留量(包括烧化留量、预热留量和顶锻留量)。

应精心将下料钢筋按设计图纸规定尺寸弯曲成形,制成待焊箍筋,并使两个对焊接头完全对准,具有一定弹性压力。

待焊箍筋应进行加工质量的检查,按每一工作班、同一牌号钢筋、同一加工设备完成的待焊箍筋作为一个检验批,每批抽查不少于 3 件,检查项目包括:箍筋内净空尺寸是否符合设计图纸规定,允许偏差在 ±5 mm之内;两钢筋头应完全对准。

2)质量要求。箍筋闪光对焊接头,当钢筋直径为 10 mm 及以下时,按 1 200 个一批;钢筋直径为 12 mm

及以上，按 600 个一批，按同一焊工完成的同钢筋牌号、同直径的箍筋闪光对焊接头作为一个检验批。当同一台班内焊接的接头数量较少时，可累计计算；当超过规定数量时，超出部分亦可累计计算。

每个检验批随机抽取 5%的焊接接头做外观检查；随机切取 3 个焊接接头做拉伸试验。

箍筋闪光对焊接头表面应呈圆滑状，不得有横向裂纹；与电极接触处的钢筋表面不得有明显烧伤；接头处的弯折角度不得大于 3°；接头处的轴线偏移不得大于钢筋直径的 0.1 倍；对焊接头所在直线边凸凹不得大于 5 mm；对焊箍筋内净空尺寸的允许偏差在±5 mm 之内。

(3)电弧焊(帮条焊、搭接焊)。

1)一般要求。焊接时，引弧应在形成焊缝的部位进行，不得烧伤主筋；焊接地线与钢筋应接触良好；焊接过程中应及时清渣，焊缝表面应光滑，焊缝余高应平缓过渡，弧坑应填满。

帮条焊和搭接焊时，宜采用双面焊，焊接长度应不小于 5 倍钢筋直径；当不能进行双面焊时，方可采用单面焊，且焊接长度应不小于 10 倍钢筋直径。焊接接头的焊缝厚度不应小于主筋直径的 0.3 倍，焊缝宽度不应小于主筋直径的 0.8 倍。

帮条焊时，两主筋端面的间隙应为 2～5 mm；搭接焊时，焊接端钢筋应预弯，并应使两钢筋的轴线在同一直线上。

帮条焊时，帮条与主筋之间用四点定位焊固定；搭接焊用两点定位焊固定；定位焊缝与帮条端部或搭接端部的距离宜不小于 20 mm。

焊接时，应在帮条焊或搭接焊形成焊缝中引弧，在端头收弧前应填满弧坑，并应使主焊缝与定位焊缝的始端和终端熔合。

2)质量要求。焊接接头质量检验，应分批进行外观检查和力学性能检验。以 200 个同牌号、同直径钢筋接头为一批，每批随机切取 3 个接头，做拉伸试验。

钢筋焊缝表面应平整，不得有凹陷或焊瘤；焊接接头区域不得有肉眼可见的裂纹；用小锤敲击接头时，钢筋发出与基材钢筋同样的清脆声；帮条沿接头中心线的纵向偏移不大于 $0.3d$；接头处的弯折角度不得大于 3°；接头处的轴线偏移不得大于钢筋直径的 0.1 倍；焊缝宽度允许偏差 $+0.1d$、焊缝厚度允许偏差 $+0.05d$、焊缝长度允许偏差 $-0.3d$；横向咬边深度 0.5 mm；在长 $2d$ 焊缝表面上的气孔及夹渣数量不超过 2 个，面积不大于 6 $mm^2$。

(4)检验规则。

1)钢筋焊接接头[闪光对焊、箍筋闪光对焊、电弧焊(帮条焊、搭接焊)]的检验应符合表 8-4-29 的规定。

**表 8-4-29　钢筋焊接接头检验要求**

| 序号 | 检验项目 | 闪光对焊 | 箍筋闪光对焊 | 电弧焊 | 检验方法 |
|---|---|---|---|---|---|
| 1 | 检验批 | 200 个接头 | 600 或 1 200 个接头 | 200 个接头 | 按 TB 10424 检验 |
| 2 | 外观质量 | 全检 | 抽 5%检验 | 全检 | 按 JGJ 18、TB 10424 检验 |
| 3 | 拉伸试验 | 取 3 个接头 | 取 3 个接头 | 取 3 个接头 | 按 JGJ/T 27 检验 |
| 4 | 冷弯试验 | 取 3 个接头 | — | — | 按 JGJ/T 27 检验 |

2)拉伸试验。

①符合下列条件之一，评定为合格。

a. 3 个试件均断于钢筋母材，呈延性断裂，抗拉强度大于等于钢筋母材抗拉强度标准值。

b. 2 个试件断于钢筋母材，呈延性断裂，抗拉强度大于等于钢筋母材抗拉强度标准值；1 个试件断于焊缝或热影响区，脆性断裂或延性断裂，抗拉强度大于等于钢筋母材抗拉强度标准值。

②符合下列条件之一，评定为复检。

a. 2 个试件断于钢筋母材，呈延性断裂，抗拉强度大于等于钢筋母材抗拉强度标准值；1 个试件断于焊缝或热影响区，呈脆性断裂或延性断裂，抗拉强度小于钢筋母材抗拉强度标准值。

b. 1 个试件断于钢筋母材，呈延性断裂，抗拉强度大于等于钢筋母材抗拉强度标准值；2 个试件断于焊缝或热影响区，呈脆性断裂抗拉强度大于等于钢筋母材抗拉强度标准值。

c. 3 个试件全部断于焊缝或热影响区，呈脆性断裂，抗拉强度大于等于钢筋母材抗拉强度标准值。

复检时，应另取双倍数量(6 个)接头试件。复验结果，当仍有 1 个试件的抗拉强度小于钢筋母材的抗拉强度标准值;或有 3 个试件断于焊缝或热影响区,呈脆性断裂,均应判定该批对焊接头为不合格。凡不符合上述复检条件的检验批接头,均评为不合格品。

当拉伸试验中,有试件断于钢筋母材,却呈脆性断裂;或断于热影响区,呈延性断裂,其抗拉强度却小于钢筋母材抗拉强度标准值。此两种情况均属于异常现象,应视该项试验无效,并检查钢筋的材质性能。

3)弯曲试验。

钢筋的闪光对焊接头进行冷弯试验,焊缝应处于弯曲中心点,弯曲至 90°,弯芯直径:热轧光圆钢筋为 $2d$(钢筋直径);热轧带肋钢筋 HRB335 级为 $4d$(钢筋直径),HRB400 级为 $5d$(钢筋直径),HRB500 级为 $7d$(钢筋直径)。

①当试验结果,弯曲至 90°,有 2 个或 3 个试件外侧(含焊缝和热影响区)未发生破裂,应评定该批接头弯曲试验合格。

②当有 3 个试件发生破裂,则一次判定该批接头为不合格品。

③当有 2 个试件发生破裂,应进行复检。复检时,应另取双倍数量(6 个)试件,复检结果,当仅有 1～2 个试件发生破裂时,应评定该批接头为合格。

4. 钢筋机械连接接头

钢筋机械连接接头包括滚轧直螺纹接头、镦粗直螺纹接头和套筒挤压接头三种。其质量检验应符合标准《铁路混凝土工程施工质量验收标准》(TB 10424)和《铁路混凝土工程钢筋机械连接技术暂行规定》(铁建设〔2010〕41 号)的规定。

(1)滚轧直螺纹接头。套筒与锁母的质量要求:套筒的直径和壁厚应符合技术文件要求;螺纹牙型应完整,套筒与锁母表面不得有裂纹,表面及内螺纹不得有锈蚀及其他肉眼可见的缺陷;内螺纹用专用螺纹塞通规检验,其塞通规应能顺利旋入,塞止规旋入长度不得超过 $3P$。

钢筋丝头的质量要求:丝头中径、牙型角及丝头有效螺纹长度应符合技术文件的规定;丝头有效螺纹中径的圆柱度误差不得超过 0.20 mm;丝头表面不得有损坏及锈蚀;丝头有效螺纹数量不得少于设计要求;牙顶宽度大于 $0.3P$ 的不完整螺纹累计长度不得超过两个螺纹周长;标准型接头的丝头有效螺纹长度应不小于 1/2 连接套筒长度,且允许误差为 $+2P$;丝头尺寸用专用的螺纹环规检验,应能顺利地旋入并达到要求的拧入长度,环止规旋入长度不得超过 $3P$。

滚轧直螺纹钢筋连接质量要求:钢筋连接完毕后,标准型接头连接套筒外应有外露的有效螺纹,且连接套筒单边有效螺纹不应超过 $2P$;钢筋连接完毕后,拧紧扭矩值应符合表 8-4-30 的要求。接头实测抗拉强度应大于或等于被连接钢筋抗拉强度标准值,即:$f_{mst}^{0} \geqslant f_{stk}$,且具有高延性及反复拉压性能。

**表 8-4-30　直螺纹接头安装时的最小拧紧扭矩值**

| 钢筋直径(mm) | ≤16 | 18～20 | 22～25 | 28～32 | 36～40 |
|---|---|---|---|---|---|
| 拧紧扭矩(N·m) | 100 | 200 | 260 | 320 | 360 |

(2)镦粗直螺纹接头。套筒与锁母的质量要求:套筒的直径和壁厚应符合技术文件要求;螺纹牙型应饱满,连接套筒表面不得有裂纹,表面及内螺纹不得有锈蚀及其他肉眼可见的缺陷;内螺纹用专用螺纹塞通规检验,其塞通规应能顺利旋入,塞止规旋入长度不得超过 $3P$。

钢筋镦粗头及丝头的质量要求:镦粗头的基圆直径应满足丝头螺纹加工的要求,长度应大于 1/2 套筒长度,冷镦粗过渡段坡度应不大于 1∶5;丝头中径、牙型角及丝头有效螺纹长度应符合技术文件的规定;丝头有效螺纹中径的圆柱度误差不得超过 0.20 mm;丝头表面不得有损坏及锈蚀;丝头牙形完整,牙顶宽度超过 $0.25P$ 的秃牙部分,其累计长度不宜超过一个螺纹周长;丝头长度应满足技术文件要求,标准型接头的丝头长度允许误差为 $+2P$;螺纹中径尺寸用专用的螺纹环规检验,其通端螺纹环规应能顺利地旋入螺纹并达到旋合长度,允许止端螺纹环规与端部螺纹部分旋合,旋入量不得超过 $3P$。

镦粗直螺纹钢筋连接质量要求:钢筋连接完毕后,标准型接头连接套筒外应有外露的有效螺纹,且连接套筒单边有效螺纹不应超过 $2P$;钢筋连接完毕后,拧紧扭矩值应符合表 8-4-30 的要求。接头实测抗拉强度应大于或等于被连接钢筋抗拉强度标准值,即:$f_{mst}^{0} \geqslant f_{stk}$,且具有高延性及反复拉压性能。

(3)套筒挤压接头。套筒的质量要求:套筒表面不得有裂纹,内外表面不得有锈蚀及其他肉眼可见的缺陷;套筒的直径和壁厚可用游标卡尺检验,其公差应符合产品设计要求。

套筒挤压接头的质量要求:接头不得有裂纹、折叠、严重锈蚀或影响性能的其他表面缺陷;接头两端钢筋上显露检查标记,但不显露定位标记;接头的压痕最小直径、压痕总宽度应符合产品设计要求;接头两端钢筋的轴线弯折角度不得大于3°。接头实测抗拉强度应大于或等于被连接钢筋抗拉强度标准值,即:$f_{mst}^{0} \geqslant f_{stk}$,且具有高延性及反复拉压性能。

(4)检验规则。钢筋机械连接接头的外观质量、拧紧力矩和抗拉强度的检验应符合表8-4-31的规定。

**表8-4-31 机械连接接头的检验要求**

| 序号 | 检验项目 | 滚轧直螺纹接头 | 镦粗直螺纹接头 | 套筒挤压接头 | 检验方法 |
|---|---|---|---|---|---|
| 1 | 套筒与锁母尺寸及外观质量 | 2 000个为一批,抽2%,且不少于20个 | 2 000个为一批,抽2%,且不少于20个 | 2 000个为一批,抽10%,且不少于100个 | 按TB 10424和铁建设〔2010〕41号文检验 |
| 2 | 钢筋丝头质量 | 每工作班为一批,抽10% | 每工作班为一批,抽10% | — | |
| 3 | 拧紧力矩 | 500个接头为一批,抽10%,且不少于20个 | 500个接头为一批,抽10%,且不少于20个 | — | |
| 4 | 抗拉强度 | 500个接头为一批,抽3个 | 500个接头为一批,抽3个 | 500个接头为一批,抽3个 | 按GB/T 228检验 |

每批3个接头试件的抗拉强度均符合规定时,该批评为合格。如有1个试件的强度不符合要求,应再取双倍数量6个接头试件进行复检,复检如仍有1个试件的强度不符合要求,则该批评为不合格。

### 4.2.3 预应力材料

桥梁施工生产所用预应力材料包括预应力钢绞线、预应力钢筋、锚(夹)具、连接器、压浆剂(料)、金属波纹管、抽拔橡胶管等。

1. 预应力钢绞线

(1)预应力混凝土用钢绞线按结构可分为1×2、1×3、1×3Ⅰ、1×7、(1×7)C等5类,每一类又有多种公称直径,其质量标准有不同的要求,但均应符合《预应力混凝土用钢绞线》(GB/T 5224)的规定。

本条主要介绍在桥梁施工中常用的公称直径为15.20 mm,强度等级为1 860 MPa的七根钢丝捻制的标准型钢绞线,其标记为1×7-15.20-1860-GB/T 5224—2003。

(2)尺寸、外形质量。结构为1×7,公称直径为15.20 mm的钢绞线,其直径允许偏差为−0.2~+0.4 mm;参考截面积为140 mm$^2$;中心钢丝直径加大范围不小于2.5%。每米钢绞线的理论重量为1 101 g;每盘卷钢绞线质量不小于1 000 kg,允许有10%的盘卷质量小于1 000 kg,但不能小于300 kg;钢绞线盘卷内径不小于750 mm,卷宽为(750±50)mm或(600±50)mm。生产厂家应在质量证明书中注明盘卷尺寸。

(3)表面质量。钢绞线钢丝表面不得有油、润滑脂等物质。允许存在回火颜色和轻微的浮锈,但不得有目视可见的锈蚀麻坑。取弦长为1 m的钢绞线,放在一平面上,其弦与弧内侧最大自然矢高不大于25 mm。

制造钢绞线用盘条应为索氏体化盘条,经冷拉后捻制成钢绞线;捻距为钢绞线公称直径的12~16倍;捻向一般为左(S)捻,右(Z)捻需在合同中注明;钢绞线内不应有折断、横裂和相互交叉的钢丝。

(4)力学性能。1×7-15.20-1860的钢绞线,力学性能应符合表8-4-32的规定。

**表8-4-32 钢绞线力学性能**

| 公称直径(mm) | 抗拉强度$R_m$(MPa)不小于 | 整根钢绞线的最大力$F_m$(kN)不小于 | 规定非比例延伸力$F_{P0.2}$(kN)不小于 | 最大力总伸长率($L_0 \geqslant 500$ mm)$A_{gt}$(%)不小于 | 应力松弛性能 | | 弹性模量(GPa) |
|---|---|---|---|---|---|---|---|
| | | | | | 初始负荷相当于公称最大力的百分数(%) | 1 000 h后应力松弛率$r$(%)不大于 | |
| 15.20 | 1 860 | 260 | 234 | 3.5 | 60 | 1.0 | 195±10 |
| | | | | | 70 | 2.5 | |
| | | | | | 80 | 4.5 | |

每批钢绞线的实际强度不能高于其抗拉强度级别200 MPa,弹性模量为(195±10)GPa,允许使用至少

100 h 的测试数据推算确定钢绞线的 1 000 h 松驰率。

(5)检验规则。钢绞线的检验应符合表 8-4-33 的规定。

**表 8-4-33　钢绞线检验规则**

<table>
<tr><th>序号</th><th>检验项目</th><th>取样数量</th><th>取样部位</th><th>检 验 方 法</th></tr>
<tr><td>1</td><td>表面质量</td><td>逐盘卷</td><td></td><td>按 GB/T 5224 检验</td></tr>
<tr><td>2</td><td>外形尺寸</td><td>逐盘卷</td><td></td><td>按 GB/T 5224 检验</td></tr>
<tr><td>3</td><td>钢绞线伸直性</td><td>3 根/批</td><td rowspan="5">在每(任)盘卷中任意一端截取</td><td>按 GB/T 5224 检验</td></tr>
<tr><td>4</td><td>整根钢绞线最大力</td><td>3 根/批</td><td>按 GB/T 5224 规定检验</td></tr>
<tr><td>5</td><td>规定非比例延伸力</td><td>3 根/批</td><td>按 GB/T 5224 规定检验</td></tr>
<tr><td>6</td><td>最大力总伸长率</td><td>3 根/批</td><td>按 GB/T 5224 规定检验</td></tr>
<tr><td>7</td><td>应力松弛性能</td><td>不小于 1 根/每合同批</td><td>按 GB/T 5224 规定检验</td></tr>
</table>

钢绞线应成批验收，每批钢绞线由同一牌号、同一规格、同一生产工艺捻制的钢绞线组成，每批质量不大于 30 t，进行整根钢绞线的最大力、规定非比例延伸力、最大力总伸长率和弹性模量试验，合格后方可使用。结果某一项检验结果不符合标准规定时，则该盘卷不得交货。并从同一批未经试验的钢绞线盘卷中取双倍数量的试样进行该不合格项目的复验，复验结果只要有一个试样不合格，则整批钢绞线不得交货，或进行逐盘检验合格后交货。

在任何新选厂家或新合同批，应进行钢绞线型式试验，包括整根钢绞线的最大力、规定非比例延伸力、最大力总伸长率、弹性模量和应力松弛性能；当生产厂家原料、生产工艺、设备有重大变化及新产品生产、停产后复产时，也应进行型式检验。

每一批钢绞线应附质量证明书，其中注明：供方名称、供方地址、规格、强度级别、重量、件数、执行标准号、试验结果、检验出厂日期等。

2. 预应力混凝土用螺纹钢筋

(1)预应力混凝土用螺纹钢筋，也称精轧螺纹钢筋，质量应符合《预应力混凝土用螺纹钢筋》(GB/T 20065)的要求。其强度等级以钢筋屈服强度划分，代号为 PSB，有 PSB785、PSB830、PSB930、PSB1080 四种级别。

(2)预应力混凝土用螺纹钢筋的公称直径范围为 18～50 mm，常用的公称直径为 25 mm 和 32 mm 两种规格。其尺寸、外形应符合表 8-4-34 的规定。

**表 8-4-34　预应力钢筋外形要求**

<table>
<tr><th rowspan="3">公称直径 $d$ (mm)</th><th rowspan="3">公称横截面积 (mm²)</th><th colspan="3">基圆直径(mm)</th><th colspan="2">螺纹高(mm)</th><th colspan="2">螺纹底宽(mm)</th><th colspan="2">螺距(mm)</th></tr>
<tr><th rowspan="2">公称尺寸</th><th>$d_h$</th><th>$d_v$</th><th colspan="2">$h$</th><th colspan="2">$b$</th><th colspan="2">$l$</th></tr>
<tr><th>允许偏差</th><th>允许偏差</th><th>公称尺寸</th><th>允许偏差</th><th>公称尺寸</th><th>允许偏差</th><th>公称尺寸</th><th>允许偏差</th></tr>
<tr><td>18</td><td>254.5</td><td>18.0</td><td rowspan="2">±0.4</td><td rowspan="2">+0.4<br>−0.8</td><td>1.2</td><td rowspan="2">±0.3</td><td>4.0</td><td rowspan="5">±0.5</td><td>9.0</td><td>±0.2</td></tr>
<tr><td>25</td><td>490.9</td><td>25.0</td><td>1.6</td><td>6.0</td><td>12.0</td><td rowspan="2">±0.3</td></tr>
<tr><td>32</td><td>804.2</td><td>32.0</td><td>±0.5</td><td>+0.4<br>−1.2</td><td>2.0</td><td>±0.4</td><td>7.0</td><td>16.0</td></tr>
<tr><td>40</td><td>1 256.6</td><td>40.0</td><td rowspan="2">±0.6</td><td rowspan="2">+0.5<br>−1.2</td><td>2.5</td><td>±0.5</td><td>8.0</td><td>20.0</td><td rowspan="2">±0.4</td></tr>
<tr><td>50</td><td>1 963.5</td><td>50.0</td><td>3.0</td><td>+0.5<br>−1.0</td><td>9.0</td><td>24.0</td></tr>
</table>

(3)力学性能。预应力钢筋的力学性能应符合表 8-4-35 的规定。

在保证钢筋 1 000 h 松弛性能合格的基础上，可进行 10 h 松弛试验，初始应力为公称屈服强度的 80%，松弛率不大于 1.5%。

伸长率通常选用 $A$，经供需协商，也可选用 $A_{gt}$。经供需协商，可进行疲劳试验。

(4)表面质量。钢筋表面不得有横向裂纹、结疤和折叠；允许有不影响钢筋力学性能和连接的其他缺陷。

(5)检验规则。预应力钢筋的检验应符合表 8-4-36 的规定。

**表 8-4-35　预应力钢筋力学性能**

| 级别 | 屈服强度 $R_{el}$ (MPa) | 抗拉强度 $R_m$ (MPa) | 断后伸长率 $A$ (%) | 最大力总伸长率 $A_{gt}$(%) | 应力松驰性能 | |
|---|---|---|---|---|---|---|
| | 不小于 | | | | 初始应力 | 1 000 h后应力松驰率 $V_r$(%) |
| PSB785 | 785 | 980 | 7 | 3.5 | $0.8R_{el}$ | ≤3 |
| PSB830 | 830 | 1 030 | 6 | | | |
| PSB930 | 930 | 1 080 | 6 | | | |
| PSB1080 | 1 080 | 1 230 | 6 | | | |

**表 8-4-36　预应力钢筋检验规则**

| 序号 | 检验项目 | 取样数量 | 取样方法 | 检验方法 |
|---|---|---|---|---|
| 1 | 化学成分 | 1 | GB/T 20066 | 按 GB/T 223、GB/T 4336 检验 |
| 2 | 拉伸 | 2 | 任意两根钢筋截取 | 按 GB/T 228、GB/T 20065 检验 |
| 3 | 松弛 | 1/每 1 000 t | 任意一根钢筋截取 | 按 GB/T 10120、GB/T 20065 检验 |
| 4 | 疲劳 | 1 | 任意一根钢筋截取 | 按 GB/T 3075 检验 |
| 5 | 尺寸、表面 | 逐支(盘) | — | 按 GB/T 20065 检验 |

钢筋进场时应必须有生产厂家提供的质量证明书。每批钢筋应由同一炉罐号，同一规格，同一交货状态的钢筋组成，并不得大于 60 t，抽样进行拉伸试验。超过 60 t 的部分，每增加 40 t(或不足 40 t 的余数)，增加一个拉伸试验试样。

钢筋的力学及工艺性能的抽样检验应在外观质量检查合格的基础上进行。每批钢筋任抽两根钢筋取一套试样，分别进行拉伸和冷弯试验，结果应符合力学性能要求。经试验若有一个项目不合格，应取双倍数量的试件对不合格项目作复检，如仍有一根试件不合格，则该批钢筋作为不合格品处理。

3. 锚(夹)具、连接器

(1)一般要求。桥梁预应力混凝土结构中使用的锚具(含夹片式低回缩锚具)、夹具和连接器，其质量应符合《铁路工程预应力筋用夹片式锚具、夹具和连接器技术条件》(TB/T 3193)的要求，如果采用其他类型的锚具、夹具和连接器，其质量应符合《预应力筋用锚具、夹具和连接器》(GB/T 14370)的规定。锚具、夹具和连接器的定义、符号、代号与标记也应符合《预应力筋用锚具、夹具和连接器》(GB/T 14370)的规定。

选择的锚具生产供应厂家须经铁道部鉴定或评审，获得 CRCC 认证资质。

预应力筋用锚具、夹具和连接器应具有可靠的锚固性能、足够的承载能力和良好的适用性。

锚具生产厂家应给出钢绞线直径为 $\phi$15.2 mm 时限位板的限位高度，提供钢绞线直径每增加(减少) 0.1 mm时限位高度的具体参数。

生产锚板用的原材料性能指标应不低于 45 号钢的要求。

(2)外形尺寸。用于锚固直径 $\phi$15.2 mm 钢绞线的锚具，1～5 孔锚板、6～12 孔锚板、13～17 孔锚板、18～21 孔锚板最外侧锥孔大口外边缘与锚板边缘的距离分别大于或等于 11.0 mm、13.0 mm、15.0 mm、17.0 mm。用于锚固直径 $\phi$15.2 mm 钢绞线的锚具，1～21 孔锚板的最小直径和最小厚度应符合表 8-4-37 的规定。

**表 8-4-37　锚板最小直径和最小厚度要求**

| 锚具孔数 | 锚板尺寸(mm) | | 锚具孔数 | 锚板尺寸(mm) | | 锚具孔数 | 锚板尺寸(mm) | |
|---|---|---|---|---|---|---|---|---|
| | 直径 | 厚度 | | 直径 | 厚度 | | 直径 | 厚度 |
| 1 | 48 | 48 | 8 | 136 | 55 | 15 | 186 | 68 |
| 2 | 86 | 50 | 9 | 146 | 55 | 16 | 196 | 70 |
| 3 | 91 | 50 | 10 | 156 | 58 | 17 | 196 | 73 |
| 4 | 102 | 50 | 11 | 166 | 58 | 18 | 206 | 75 |
| 5 | 112 | 50 | 12 | 166 | 60 | 19 | 206 | 75 |
| 6 | 126 | 52 | 13 | 170 | 63 | 20 | 226 | 80 |
| 7 | 126 | 53 | 14 | 176 | 65 | 21 | 226 | 80 |

(3)性能要求。锚具、夹具和连接器的性能应符合表 8-4-38 的规定。

**表 8-4-38　锚具、夹具和连接器的性能要求**

| 检验项目 | 产品类型 | | | 检验方法 |
|---|---|---|---|---|
| | 锚　　具 | 夹　　具 | 连　接　器 | |
| 静载锚固性能 | $\eta_a \geqslant 0.95$<br>$\varepsilon_{apu} \geqslant 2.0\%$ | $\eta_a \geqslant 0.92$ | 永久留在混凝土结构中的连接器应符合锚具性能要求；须放张和拆卸的应符合夹具的性能要求 | 按 TB/T 3193 检验 |
| 热处理要求 | 锚板调质处理，硬度≥HRC20(HB225)；夹片化学处理，硬度≥HRA78 | 锚板调质处理，硬度≥HRC25(HB251)；夹片化学处理，硬度≥HRA81 | | 按 GB/T 230.1、GB/T 231.1 检验 |
| 锚板强度 | 荷载为 $0.95f_{ptk}$ 时，残余变形≤1/600；为 $1.2f_{ptk}$ 时，无肉眼可见裂纹或破坏 | — | | 按 TB/T 3193 检验 |
| 疲劳荷载性能 | 200 万次疲劳，锚具不破坏，预应力筋破断面积不大于 5% | 全部零件应有重复使用品质，良好的自锚性能、松锚性能、重复使用性能 | | 按 TB/T 3193 检验 |
| 周期荷载性能 | 50 次周期荷载试验，预应力筋在锚具夹持区域不破断 | | | 按 TB/T 3193 检验 |

另外，锚具还应进行回缩量、锚口和锚垫板喇叭口摩阻损失试验、张拉锚固工艺试验等辅助性试验。辅助试验为测定参数及检验工艺设备项目，不作为合格与否的判定标准。

(4)其他性能要求。

1)锚具零件表面应采用磁粉探伤，不得有裂纹。

2)在预应力筋一锚具组装件张拉到 $0.8f_{ptk}$ 时，相邻两孔外露夹片间的距离应不小于 5.0 mm。锚具夹片的回缩量应不大于 6 mm。

3)锚具应满足分级张拉、补张拉和放松钢绞线的要求。

4)锚具的锚口摩阻损失和喇叭口摩阻损失合计不宜大于 6%。

5)锚具的限位板和工具锚应采用同一锚具生产厂的配套产品。

6)锚垫板长度应保证钢绞线在锚具底口处的最大折角不应大于 4°。锚垫板的构造尺寸(包括承压面厚度、壁厚、肋板等)应能满足使用功能要求，锚垫板下应设置螺旋筋。锚垫板底口直径与成孔橡胶管直径配合间隙不宜大于 5 mm，锚垫板端面的平面度不应大于 0.5 mm。

(5)检验规则。锚具、夹具和连接器在进场时必须有生产厂家提供的产品出厂检验报告和合格证书；对于新选厂家或在供货周期内符合型式检验条件时，应提供全项型式检验报告。

进场时应按同厂家、同品种、同规格、同批号的产品不大于 1 000 套为一批，抽样检验外形外观、硬度、锚板强度、静载锚固性能等项目。外形外观检验从每批中抽取 5%～10%；硬度检验从每批中抽取 3%～5%。外形外观及硬度检验合格后，从每批中抽取 3 个锚板进行强度检验；抽取 3 套组装件样品进行静载锚固性能的检验。

受检样品的外形尺寸和外观质量应符合标准和设计图纸规定。全部样品不应有裂纹，如有一件发现裂纹，应对本批全部产品进行逐件检验。

硬度检验按设计图纸规定的表面位置和硬度范围(无要求时，按本文规定执行)检验和判定，如有 1 件不合格，则应另取双倍数量的零件重做检验；如仍有 1 件不合格，则应对本批进行逐个检验。

锚板强度和静载锚固性能检验，如有 1 件不符合要求，即判为不合格；但允许另取双倍数量的试件重做试验，若全部合格，即可判定该批产品合格；如仍有 1 件不合格，则该批产品为不合格。

4. 管道压浆剂(料)

(1)一般要求。管道压浆剂是由高效减水剂、微膨胀剂、矿物掺和料等多种材料干拌而成的混和剂，在施工中按一定比列水泥、水混和均匀后，用于预应力管道充填的压浆材料。管道压浆料是由水泥、高效减水剂、微膨胀剂、矿物掺和料等多种材料干拌而成的混合剂，它是在施工现场按一定比例与水混和均匀后，用于预应力管道充填的压浆材料。管道压浆剂(料)应符合《铁路后张法预应力混凝土梁管道压浆技术条件》(TB/T 3192)的要求。

用于生产压浆剂(料)的水泥、高效减水剂、微膨胀剂、矿物掺和料等材料的性能应符合本文要求的原材料性能指标要求。压浆材料中不能含有高碱(总碱量不超过 0.75%)膨胀剂或以铝粉为膨胀源的膨胀剂；不能掺入含氯盐类、亚硝酸盐类或其他对预应力筋有腐蚀作用的外加剂。

压浆料或压浆剂中氯离子含量不得超过胶凝材料总量的 0.06%；拌制管道压浆浆体时水胶比不应超过 0.33。

(2)质量标准。使用管道压浆材料时，拌制出的浆体性能应符合表 8-4-39 的要求。

**表 8-4-39　浆体性能指标要求**

| 序号 | 检验项目 | | 技术指标要求 | 检验方法 |
|---|---|---|---|---|
| 1 | 凝结时间(h) | 初凝 | ≥4 | 按 GB/T 1346 检验 |
| | | 终凝 | ≤24 | |
| 2 | 流动度(s) | 出机流动度 | 18±4 | 按 TB/T 3192 附录 A 检验 |
| | | 30 min 流动度 | ≤30 | |
| 3 | 泌水率(%) | 24 h 自由泌水率 | 0 | 按 TB/T 3192 附录 B 检验 |
| | | 3 h 毛细泌水率 | ≤0.1 | 按 TB/T 3192 附录 C 检验 |
| 4 | 压力泌水率(%) | 0.22 MPa(当孔道垂直高度≤1.8 m) | ≤3.5 | 按 TB/T 3192 附录 D 检验 |
| | | 0.36 MPa(当孔道垂直高度>1.8 m) | | |
| 5 | 充盈度 | | 合格 | 按 TB/T 3192 附录 E 检验 |
| 6 | 7 d | 抗折强度(MPa) | ≥6.5 | 按 GB/T 17671 检验 |
| | | 抗压强度(MPa) | ≥35 | |
| 7 | 28 d 强度 | 抗折强度(MPa) | ≥10 | |
| | | 抗压强度(MPa) | ≥50 | |
| 8 | 24 h 自由膨胀率(%) | | 0～3 | 按 TB/T 3192 附录 B 检验 |
| 9 | 对钢筋的锈蚀作用 | | 无锈蚀 | 按 GB 8076 检验 |
| 10 | 含气量(%) | | 1～3 | 按 GB/T 50080 检验 |
| 11 | 氯离子含量(%) | | ≤0.06 | 按 JC/T 420 检验 |
| 12 | 碱含量(%) | | ≤0.75 | 按 GB/T 176 检验 |

(3)检验规则。压浆剂(料)进场时必须有生产厂家提供的全项试验报告单和合格证。同厂家、同品种、同规格、同批号每批压浆料不大于 100 t(压浆剂按配比折算成压浆料数量计算)进行抽检，取 16 kg(压浆剂 4 kg)作为试样。检验包括凝结时间、流动度、24 h 自由泌水率、7 d 和 28 d 强度、24 h 自由膨胀率数等几项指标。压浆料的保质期为 3 个月，压浆剂为 12 个月，当出厂日期超过保质期，也需复检上述项目，复检合格后方准使用。当任何新选货源或同厂家、同品种、同规格产品达 12 月进行全项型式检验，其检验要求应满足表 8-4-40 的规定。

**表 8-4-40　压浆剂(料)的检验要求**

| 序号 | 检验项目 | | 检验要求 | | | |
|---|---|---|---|---|---|---|
| | | | 抽样试验检验 | | 全项检验 | |
| 1 | 凝结时间 | 初凝 | √ | 同厂家、同品种、同规格、同批号压浆料每 100 t 为一批(压浆剂按配比折算成压浆料数量计算)。<br>压浆料出厂日期达 3 个月，或压浆剂出厂日期达 12 个月 | √ | 任何新选货源。<br>使用同厂家、同品种、同规格的产品达 12 个月 |
| | | 终凝 | √ | | √ | |
| 2 | 流动度 | 出机流动度 | √ | | √ | |
| | | 30 min 流动度 | √ | | √ | |
| 3 | 泌水率 | 24 h 自由泌水率 | √ | | √ | |
| | | 3 h 毛细泌水率 | | | √ | |
| 4 | 压力泌水率 | 0.22 MPa(当孔道垂直高度≤1.8 m) | | | √ | |
| | | 0.36 MPa(当孔道垂直高度>1.8 m) | | | √ | |

续上表

| 序号 | 检验项目 | | 检验要求 | | | |
|---|---|---|---|---|---|---|
| | | | 抽样试验检验 | | 全项检验 | |
| 5 | 充盈度 | | | 同厂家、同品种、同规格、同批号压浆料每 100 t 为一批（压浆剂按配比折算成压浆料数量计算）。<br>压浆料出厂日期达 3 个月，或压浆剂出厂日期达 12 个月 | √ | 任何新选货源。<br>使用同厂家、同品种、同规格的产品达 12 个月 |
| 6 | 7 d | 抗折强度 | √ | | √ | |
| | | 抗压强度 | √ | | √ | |
| 7 | 28 d | 抗折强度 | √ | | √ | |
| | | 抗压强度 | √ | | √ | |
| 8 | 24 h 自由膨胀率 | | √ | | √ | |
| 9 | 对钢筋的锈蚀作用 | | | | √ | |
| 10 | 含气量 | | | | √ | |
| 11 | 氯离子含量 | | | | √ | |
| 12 | 碱含量 | | | | √ | |

5. 金属波纹管

(1)质量要求。预应力混凝土用金属波纹管质量必须满足《预应力混凝土用金属波纹管》(JG 225)标准要求。

外形尺寸：金属波纹管规格有圆管内径为 40～132 mm；适用于 ϕ15.2 mm 钢绞线的扁管有 60 mm×22 mm、76 mm×22 mm、90 mm×22 mm 等几种。圆管的内径允许偏差±0.5 mm，最小波纹高度不小于 2.5 mm；扁管的短轴方向允许偏差为 0～+1.5 mm，长轴方向允许偏差为±1.5 m。

外观检测：外观应清洁，内外表面应无锈蚀、油污、附着物、孔洞和不规则的褶皱，咬口无开裂、脱扣。金属波纹管螺旋向宜为右旋。折叠咬口的重叠部分宽度不应小于钢带厚度的 8 倍，且不应小于 2.5 mm。折叠咬口部分之间的凸起波纹顶部和根部均应为圆弧过渡，不应有折角。

性能要求：金属波纹管的性能要求包括集中荷载下径向刚度、均布荷载下径向刚度、集中荷载作用后抗渗漏和弯曲后抗渗漏等指标。

(2)验收规则。金属波纹管进场必须有制造厂家的出厂质量证明书或合格证。每批金属波纹管应由同厂家、同批次不大于 50 000 m 作为一个检验批，检验外观、尺寸、集中荷载下径向刚度、集中荷载作用后抗渗漏和弯曲后抗渗漏等指标，外观进行全检，其余指标每批抽取 3 根。任何新选厂家应进行全项型式检验，包括外观、尺寸、集中荷载下径向刚度、均布荷载下径向刚度、集中荷载作用后抗渗漏和弯曲后抗渗漏等指标，每批抽取 6 根。

当检验结果有不合格项目时，应取双倍数量的试件对该不合格项目进行复检，复检仍不合格时，该批产品不合格。

6. 抽拔橡胶管

(1)外观要求：橡胶管应无表面裂口、表面热胶粒、胶层海绵；胶层气泡、表面杂质痕迹长度不大于3 mm、深度不大于 1.5 mm，且每米不多于 1 处；外径偏差±4 mm，不圆率小于 20%。

(2)技术性能：硬度(邵氏 A 型)为 65±5；拉伸强度不小于 12 MPa；扯断伸长率不小于 350%；300%定伸强度不小于 6 MPa。

(3)检验规则：进场时应有生产厂家提供的质量证明文件或合格证。每新购一批应对每根进行外观质量的检查，并切取样品进行技术性能的检验。

### 4.2.4 预埋件

1. 泄水管及管盖

(1)一般要求。桥梁各部位用的泄水管应采用聚氯乙烯树脂(PVC)为主要材料制作，其中聚氯乙烯树脂(PVC)的含量应不少于 80%；管盖为同厂家采用同材料配套生产。其性能应符合《无压埋地排污、排水用硬聚氯乙烯(PVC－U)管材》(GB/T 20221)的规定，并满足设计要求。

管材按连接形式分为弹性密封圈连接管材和胶黏剂粘接连接管材；按公称环刚度分为 3 级：SN2、SN4、

SN8。规格有公称直径为110～1 000 mm等不同型号,桥梁施工中常用110 mm、125 mm、160 mm、200 mm等几种规格型号。

(2)外观、外形质量。管材的颜色应均匀一致。管材内外壁应光滑,不允许有气泡、裂纹、凹陷及分解变色线;管材端部应切割平整并应与轴线垂直。常用管材的尺寸应符合表8-4-41的要求。

**表8-4-41 管材尺寸要求指标**

| 公称外径(mm) | 平均外径(mm) | | 壁厚(mm) | | | | | |
|---|---|---|---|---|---|---|---|---|
| | | | SN2 SDR51 | | SN4 SDR41 | | SN8 SDR34 | |
| | min | max | min | max | min | max | min | max |
| 110 | 110.0 | 110.3 | — | — | 3.2 | 3.8 | 3.2 | 3.8 |
| 125 | 125.0 | 125.3 | — | — | 3.2 | 3.8 | 3.7 | 4.3 |
| 160 | 160.0 | 160.4 | 3.2 | 3.8 | 4.0 | 4.6 | 4.7 | 5.4 |
| 200 | 200.0 | 200.5 | 3.9 | 4.5 | 4.9 | 5.6 | 5.9 | 6.7 |

(3)性能要求。泄水管管材的物理力学性能指标应符合表8-4-42的要求。

**表8-4-42 管材物理力学性能指标**

| 序号 | 检验项目 | | 技术指标要求 | 检验方法 |
|---|---|---|---|---|
| 1 | 聚氯乙烯树脂(PVC)含量(%) | | ≥80 | 按GB/T 1033检验 |
| 2 | 密度(g/cm³) | | ≤1.55 | 按GB/T 1033检验 |
| 3 | 环刚度(kN/m²) | SN2 | ≥2 | 按GB/T 9647检验 |
| | | SN4 | ≥4 | |
| | | SN8 | ≥8 | |
| 4 | 落锤冲击(TIR)(%) | | ≤10 | 按GB/T 14152检验 |
| 5 | 维卡软化温度(℃) | | ≥79 | 按GB/T 8802检验 |
| 6 | 纵向回缩率(%) | | ≤5,管材表面应无气泡和裂纹 | 按GB/T 6671检验 |
| 7 | 二氯甲烷浸渍试验 | | 表面无变化 | 按GB/T 13526检验 |
| 8 | 连接密封试验 | | 不破裂、无渗漏 | 按GB/T 20221检验 |

(4)检验规则。泄水管及管盖进场时应有生产厂家提供的质量检验报告和合格证。进场以不大于1 000个为一批,进行外观、外形尺寸的检验。对任何新选厂家,应取样进行外观、外形尺寸、PVC含量、密度、环刚度、落锤冲击、维卡软化温度、纵向回缩率、二氯甲烷浸渍试验和连接密封试验等全项指标的型式检验。

2. 支座板、防落梁挡块及接触网基础预埋件

(1)技术要求。桥梁的支座板、防落梁挡块及接触网基础预埋件及T梁的T钢等应符合设计图纸的要求,主要包括外形尺寸和防腐要求。

目前,桥梁常用的防腐要求为:接触网柱预埋螺栓基础面以下150 mm及外露部分范围采用多元合金共渗+达可乐+封闭层处理;支座预埋钢板、套筒、防落梁挡块预埋钢板采用多元合金共渗或渗锌+封闭层处理;防落梁挡块及除接触网支柱预埋螺栓以外的其他螺栓采用渗锌处理。渗层厚度不小于50 μm,达可乐涂层厚度6～8 μm,封闭层厚度5～8 μm;防腐涂层工艺及检验方法应满足《钢铁制件粉末渗锌》(JB/T 5067)、《钢铁制件多元合金共渗》(Q/SOJC 4)、《锌铬涂层技术条件》(GB/T 18684)、《磁性金属基体上磁性覆盖层厚度测量磁性法》(GB/T 4956)、《人造气氛中的腐蚀试验　盐雾试验》(GB/T 10125)。

(2)检验规则。产品进场时应有厂家提供的检验报告和合格证。对于任何新选料源厂家应取样进行外形尺寸、防腐涂层厚度和防腐性能(盐雾性能)等的全项型式检验,对于每种不同防腐方式的产品应取成品作为检验样品,送铁道部产品质量监督检验中心金属与化学检验站检验防腐涂层厚度和防腐性能(盐雾性能);每批进场材料应进行外形尺寸、防腐涂层厚度的抽检。

3. 接地端子

(1)技术要求。接地端子的质量技术要求应符合《铁路综合接地系统》(通号(2009)9301)的规定。

接地端子采用不锈钢制造，不锈钢成分满足：Cr≥16%、Ni≥5%、Mo≥2%、C≤0.08%。

接地端子电流技术参数如下。

1)直流电阻测量：短时耐受电流试验前后直流电阻比率≤1.2；

2)短时耐受电流：40 kA，0.1 s；

3)短时耐受电流试验前后试品温度变化≤60 ℃；接地端子的端子件应为通用内螺纹，规格为 M16，并应配置防异物堵塞的端子孔塞，方便开启。

(2)检验规则。进场时应有生产厂家提供的检验报告和合格证。任何新选料源厂家应取样进行型式检验。

4. 保护层垫块

桥梁结构混凝土保护层垫块的外形尺寸应保证钢筋混凝土保护层厚度的准确性，其形状应有利于钢筋的定位；垫块应由细石混凝土制作，其强度和耐久性能应不低于所处桥梁结构混凝土的性能要求。

任何新选生产厂家时，厂家必须提供由铁道部产品质量监督检验中心铁道建筑检验站或桥梁与基础检验站，出具的生产混凝土垫块所用的混凝土原材料及混凝土耐久性检验报告，检验报告有效期为 1 年。进场的每批次垫块应有生产厂家提供的外形尺寸和混凝土强度等指标的检验报告和合格证，并进行外形尺寸的检验。

5. 桥牌

预应力混凝土预制梁应安装桥牌。桥牌应标明：跨度、荷载等级、设计图号、梁号、梁体质量、制造厂家、制造年月、许可证编号等。在未取得生产许可证之前生产的预制梁，应安装试制品桥牌，桥牌上有"试制品"标示；取得生产许可证后，按证书落款日期作为切换日期，更换为带有生产许可"QS"标示和生产许可证编号的桥牌。

### 4.2.5　防水材料

用于防水层的材料包括氯化聚乙烯防水卷材、聚氨酯防水涂料、水泥基胶黏剂、高聚物改性沥青防水卷材和基层处理剂以及喷涂聚脲防水涂料等。选用防水材料的品种应符合设计图纸的要求。其质量应符合《铁路混凝土桥面防水层技术条件》(TB/T 2965)的规定要求。

1. 防水卷材

(1)一般要求。氯化聚乙烯防水卷材分为 N 类无复合层卷材和 L 类纤维复合卷材。N 类防水卷材的厚度规格为(1.2±0.1) mm；L 类防水卷材的厚度规格为(1.8+0.2)mm。防水卷材的宽度最大不应超过 2.65 m，长度 32 m 及以下简支梁卷材长度不应小于梁长，其他可根据梁长确定。

防水卷材的外观质量：表面应无气泡、疤痕、裂缝、粘结和孔洞；颜色应采用除黑色外的其他颜色。质保期为 1 年。

(2)性能要求。N 类防水卷材的物理力学性能要求应符合表 8-4-43 的规定。

**表 8-4-43　N 类防水卷材的性能指标要求**

| 序号 | 检验项目 | 技术指标 | 检验方法 |
|---|---|---|---|
| 1 | 拉伸强度(MPa) | ≥12.0 | 按 GB 12953 检验 |
| 2 | 扯断伸长率(%) | ≥550 | |
| 3 | 热处理尺寸变化率(%) | 纵向≤2.5；横向≤1.5 | |
| 4 | 低温弯折性 | −35 ℃，无裂纹 | |
| 5 | 抗穿孔性 | 不渗水 | |
| 6 | 不透水性 | 不透水 | |
| 7 | 剪切状态下的黏合性(N/mm) | ≥3.0 或卷材破坏 | |
| 8 | 保护层混凝土与防水卷材粘结强度(MPa) | ≥0.1 | 按 TB/T 2965 附录 A 检验 |
| 9 | 防水卷材接缝部位焊接剥离强度(N/mm) | ≥3.0 | 按 GB 18173.1 检验 |

续上表

| 序号 | 检验项目 | | 技术指标 | 检验方法 |
|---|---|---|---|---|
| 10 | 热老化处理 | 外观质量 | 无气泡、疤痕、裂缝、粘结和孔洞 | 按 GB/T 18244、GB 12953 检验 |
| | | 拉伸强度变化率(%) | ±20 | |
| | | 断裂伸长率变化率(%) | ±20 | |
| | | 低温弯折性 | −25 ℃,无裂纹 | |
| 11 | 人工气候加速老化(720 h) | 拉伸强度变化率(%) | ±20 | |
| | | 断裂伸长率变化率(%) | ±20 | |
| | | 低温弯折性 | −25 ℃,无裂纹 | |
| 12 | 耐化学侵蚀 | 拉伸强度变化率(%) | ±20 | 按 GB 12953 检验 |
| | | 断裂伸长率变化率(%) | ±20 | |
| | | 低温弯折性 | −25 ℃,无裂纹 | |

L 类防水卷材的物理力学性能要求应符合表 8-4-44 的规定。

**表 8-4-44　L 类防水卷材的性能指标要求**

| 序号 | 检验项目 | | 技术指标 | 检验方法 |
|---|---|---|---|---|
| 1 | 拉力(N/mm) | | ≥160 | 按 GB 12953 检验 |
| 2 | 断裂伸长率(%) | | ≥550 | |
| 3 | 热处理尺寸变化率(%) | | 纵向≤1.0 横向≤1.0 | |
| 4 | 低温弯折性 | | −35℃,无裂纹 | |
| 5 | 抗穿孔性 | | 不渗水 | |
| 6 | 不透水性 | | 不透水 | |
| 7 | 剪切状态下的黏合性 | | ≥3.0 N/mm 或卷材破坏 | |
| 8 | 保护层混凝土与防水卷材黏结强度(MPa) | | ≥0.1 | 按 TB/T 2965 附录 A 检验 |
| 9 | 防水卷材接缝部位焊接剥离强度(N/mm) | | ≥3.0 | 按 GB 18173.1 检验 |
| 10 | 热老化处理 | 外观质量 | 无气泡、疤痕、裂缝、黏结和孔洞 | 按 GB/T 18244、GB 12953 检验 |
| | | 拉力(N/mm) | ≥150 | |
| | | 断裂伸长率(%) | ≥450 | |
| | | 低温弯折性 | −25 ℃,无裂纹 | |
| 11 | 人工气候加速老化(720 h) | 拉力(N/mm) | ≥150 | |
| | | 断裂伸长率(%) | ≥450% | |
| | | 低温弯折性 | −25 ℃,无裂纹 | |
| 12 | 耐化学侵蚀 | 拉力(N/mm) | ≥150 | 按 GB 12953 检验 |
| | | 断裂伸长率(%) | ≥450 | |
| | | 低温弯折性 | −25 ℃,无裂纹 | |

(3)检验规则。防水卷材在进场时应有生产厂家提供的检验报告和合格证。应以同厂家、同品种、同批号的氯化聚乙烯防水卷材,不大于 8 000 $m^2$ 为一批,抽样进行常规项目的检验。对于任何新选料源厂家应取样进行全项目的型式检验,其检验要求应符合表 8-4-45 的规定。

2. 防水涂料

(1)一般要求。聚氨酯防水涂料分为用于粘贴防水卷材的防水涂料和直接用于作防水层的防水涂料两种。聚氨酯防水涂料的颜色应采用除黑色以外的其他颜色。未启封产品的有效期为 1 年。

(2)性能要求。用于粘贴防水卷材的聚氨酯防水涂料其物理力学性能指标应符合表 8-4-46 的规定。

**表 8-4-45　氯化聚乙烯防水卷材的检验要求**

| 产品类别 | 序号 | 检验项目 | | 检验要求 | | | |
|---|---|---|---|---|---|---|---|
| | | | | 抽样试验检验 | | 全项型式检验 | |
| 氯化聚乙烯防水卷材（N类） | 1 | 尺寸 | | √ | 同厂家、同品种、同批号的氯化聚乙烯防水卷材，不大于8 000 $m^2$为一批 | √ | 任何新选料源厂家 |
| | 2 | 外观(包括颜色) | | √ | | √ | |
| | 3 | 拉伸强度 | | √ | | √ | |
| | 4 | 扯断伸长率 | | √ | | √ | |
| | 5 | 热处理尺寸变化率 | | √ | | √ | |
| | 6 | 低温弯折性 | | √ | | √ | |
| | 7 | 抗穿孔性 | | √ | | √ | |
| | 8 | 不透水性 | | √ | | √ | |
| | 9 | 剪切状态下的黏合性 | | | | √ | |
| | 10 | 保护层混凝土与防水卷材黏结强度 | | | | √ | |
| | 11 | 防水卷材接缝部位焊接剥离强度 | | | | √ | |
| | 12 | 热老化处理 | 外观质量 | | | √ | |
| | | | 拉伸强度变化率 | | | √ | |
| | | | 断裂伸长率变化率 | | | √ | |
| | | | 低温弯折性 | | | √ | |
| | 13 | 人工气候加速老化 | 拉伸强度变化率 | | | √ | |
| | | | 断裂伸长率变化率 | | | √ | |
| | | | 低温弯折性 | | | √ | |
| | 14 | 耐化学侵蚀 | 拉伸强度变化率 | | | √ | |
| | | | 断裂伸长率变化率 | | | √ | |
| | | | 低温弯折性 | | | √ | |
| 氯化聚乙烯防水卷材（L类） | 1 | 尺寸 | | √ | 同厂家、同品种、同批号的氯化聚乙烯防水卷材，不大于8 000 $m^2$为一批 | √ | 任何新选料源厂家 |
| | 2 | 外观(包括颜色) | | √ | | √ | |
| | 3 | 拉力 | | √ | | √ | |
| | 4 | 断裂伸长率 | | √ | | √ | |
| | 5 | 热处理尺寸变化率 | | √ | | √ | |
| | 6 | 低温弯折性 | | √ | | √ | |
| | 7 | 抗穿孔性 | | √ | | √ | |
| | 8 | 不透水性 | | √ | | √ | |
| | 9 | 剪切状态下的黏合性 | | | | √ | |
| | 10 | 保护层混凝土与防水卷材黏结强度 | | | | √ | |
| | 11 | 防水卷材接缝部位焊接剥离强度 | | | | √ | |
| | 12 | 热老化处理 | 外观质量 | | | √ | |
| | | | 拉力 | | | √ | |
| | | | 断裂伸长率 | | | √ | |
| | | | 低温弯折性 | | | √ | |
| | 13 | 人工气候加速老化 | 拉力 | | | √ | |
| | | | 断裂伸长率 | | | √ | |
| | | | 低温弯折性 | | | √ | |
| | 14 | 耐化学侵蚀 | 拉力 | | | √ | |
| | | | 断裂伸长率 | | | √ | |
| | | | 低温弯折性 | | | √ | |

**表 8-4-46　用于粘贴防水卷材的聚氨酯防水涂料性能指标要求**

| 序号 | 检验项目 | | 技术指标 | 检验方法 |
|---|---|---|---|---|
| 1 | 拉伸强度(MPa) | | ≥3.5 | 按 GB/T 19250 检验 |
| 2 | 拉伸强度保持率(%) | 加热处理 | ≥100 | |
| | | 碱处理 | ≥70 | |
| | | 酸处理 | ≥80 | |
| 3 | 断裂伸长率(%) | 无处理 | ≥450 | |
| | | 加热处理 | ≥450 | |
| | | 碱处理 | ≥450 | |
| | | 酸处理 | ≥450 | |
| 4 | 低温弯折性 | 无处理 | −35 ℃,无裂纹 | |
| | | 加热处理 | | |
| | | 碱处理 | | |
| | | 酸处理 | | |
| 5 | 表干时间(h) | | ≤4 | |
| 6 | 实干时间(h) | | ≤24 | |
| 7 | 不透水性 | | 0.4 MPa,2 h,不透水 | |
| 8 | 加热伸缩率(%) | | ≥−4.0,≤1.0 | |
| 9 | 耐碱性 | | 饱和 $Ca(OH)_2$ 溶液,500 h,无开裂、无起皮剥落 | 按 GB/T 9265 检验 |
| 10 | 固体含量(%) | | ≥98 | 按 GB/T 16777 检验 |
| 11 | 潮湿基面黏结强度(MPa) | | ≥0.6 | |
| 12 | 与混凝土黏结强度(MPa) | | ≥2.5 | |
| 13 | 撕裂强度(N/mm) | | ≥25.0 | 按 GB/T 529 检验 |
| 14 | 与混凝土的剥离强度(N/mm) | | ≥2.5 | 按 GB/T 2790 检验 |
| 15 | 与防水卷材的剥离强度(N/mm) | | ≥0.5 | |

直接用于作防水层的防水涂料其物理力学性能指标应符合表 8-4-47 的规定。

**表 8-4-47　直接用于作防水层的防水涂料性能指标要求**

| 序号 | 检验项目 | | 技术指标 | 检验方法 |
|---|---|---|---|---|
| 1 | 拉伸强度(MPa) | | ≥6.0 | 按 GB/T 19250 检验 |
| 2 | 拉伸强度保持率(%) | 加热处理 | ≥100 | |
| | | 碱处理 | ≥70 | |
| | | 酸处理 | ≥80 | |
| 3 | 断裂伸长率(%) | 无处理 | ≥450 | |
| | | 加热处理 | ≥450 | |
| | | 碱处理 | ≥450 | |
| | | 酸处理 | ≥450 | |
| 4 | 低温弯折性 | 无处理 | −35 ℃,无裂纹 | |
| | | 加热处理 | | |
| | | 碱处理 | | |
| | | 酸处理 | | |
| 5 | 表干时间(h) | | ≤4 | |
| 6 | 实干时间(h) | | ≤24 | |
| 7 | 不透水性 | | 0.4 MPa,2 h,不透水 | |
| 8 | 加热伸缩率(%) | | ≥−4.0,≤1.0 | |

续上表

| 序号 | 检验项目 | 技术指标 | 检验方法 |
|---|---|---|---|
| 9 | 耐碱性 | 饱和 $Ca(OH)_2$ 溶液，500 h，无开裂、无起皮剥落 | 按 GB/T 9265 检验 |
| 10 | 固体含量(%) | ≥98 | 按 GB/T 16777 检验 |
| 11 | 潮湿基面黏结强度(MPa) | ≥0.6 | |
| 12 | 与混凝土黏结强度(MPa) | ≥2.5 | |
| 13 | 撕裂强度(N/mm) | ≥35.0 | 按 GB/T 529 检验 |
| 14 | 与混凝土的剥离强度(N/mm) | ≥3.5 | 按 GB/T 2790 检验 |

(3)检验规则。防水涂料在进场时应有生产厂家提供的检验报告和合格证。应以同厂家、同品种、同批号的聚氨酯防水涂料，以甲组份不大于 10 t(直接用于作防水层的防水涂料不大于 15 t，乙组份按产品重量配比相应的重量)为一批，抽样进行常规项目的检验。对于任何新选料源厂家应取样进行全项目的型式检验，其检验要求应符合表 8-4-48 的规定。

**表 8-4-48　聚氨酯防水涂料的检验要求**

| 产品类别 | 序号 | 检验项目 | | 检验要求 | | | |
|---|---|---|---|---|---|---|---|
| | | | | 抽样试验检验 | | 全项型式检验 | |
| 用于粘贴防水卷材的聚氨酯防水涂料 | 1 | 颜色 | | √ | 同厂家、同品种、同批号的聚氨酯防水涂料，以甲组份不大于 10 t(乙组份按产品重量配比相应的重量)为一批 | √ | 任何新选料源厂家 |
| | 2 | 拉伸强度 | | √ | | √ | |
| | 3 | 断裂伸长率 | | √ | | √ | |
| | 4 | 低温弯折性 | | √ | | √ | |
| | 5 | 涂膜表干、实干时间 | | √ | | √ | |
| | 6 | 不透水性 | | √ | | √ | |
| | 7 | 固体含量 | | √ | | √ | |
| | 8 | 加热、酸、碱处理 | 拉伸强度保持率 | | | √ | |
| | | | 断裂伸长率 | | | √ | |
| | | | 低温弯折性 | | | √ | |
| | 9 | 加热伸缩率 | | | | √ | |
| | 10 | 耐碱性 | | | | √ | |
| | 11 | 潮湿基面黏结强度 | | | | √ | |
| | 12 | 与混凝土黏结强度 | | | | √ | |
| | 13 | 撕裂强度 | | | | √ | |
| | 14 | 与混凝土的剥离强度 | | | | √ | |
| | 15 | 与防水卷材的剥离强度 | | | | √ | |
| 直接用于作防水层的聚氨酯防水涂料 | 1 | 颜色 | | √ | 同厂家、同品种、同批号的聚氨酯防水涂料，以甲组份不大于 15 t(乙组份按产品重量配比相应的重量)为一批 | √ | 任何新选料源厂家 |
| | 2 | 拉伸强度 | | √ | | √ | |
| | 3 | 断裂伸长率 | | √ | | √ | |
| | 4 | 低温弯折性 | | √ | | √ | |
| | 5 | 涂膜表干、实干时间 | | √ | | √ | |
| | 6 | 不透水性 | | √ | | √ | |
| | 7 | 固体含量 | | √ | | √ | |
| | 8 | 加热、酸、碱处理 | 拉伸强度保持率 | | | √ | |
| | | | 断裂伸长率 | | | √ | |
| | | | 低温弯折性 | | | √ | |
| | 9 | 加热伸缩率 | | | | √ | |
| | 10 | 耐碱性 | | | | √ | |
| | 11 | 潮湿基面黏结强度 | | | | √ | |
| | 12 | 与混凝土黏结强度 | | | | √ | |
| | 13 | 撕裂强度 | | | | √ | |
| | 14 | 与混凝土的剥离强度 | | | | √ | |

3. 水泥基胶黏剂

用于粘贴防水卷材的水泥基胶粉、水泥基胶黏剂,其与水泥、水等材料的比例应经试验确定。水泥基胶粉性能指标应符合表 8-4-49 的规定,水泥基胶黏剂的性能指标应符合表 8-4-50 的规定。

**表 8-4-49 水泥基胶粉材料的性能指标要求**

| 序号 | 检验项目 | 技术指标 | 检验方法 |
|---|---|---|---|
| 1 | 黏度 (mp. s) | 2%溶液,(20±0.5)℃,3 900±5 000 | 按 GB/T 2794 检验 |
| 2 | 苯(g/kg) | 0.1 | 按 GB 18583 检验 |
| 3 | 甲苯+二甲苯(g/kg) | 10 | |
| 4 | 游离甲醛(g/kg) | ≤0.5 | |
| 5 | 总挥发性有机物(g/L) | ≤50 | |

**表 8-4-50 水泥基胶黏剂的性能指标要求**

| 序号 | 检验项目 | | 技术指标 | 检验方法 |
|---|---|---|---|---|
| 1 | 凝结时间(min) | 初凝 | ≥480 | 按 GB/T 1346 检验 |
| | | 终凝 | ≤720 | |
| 2 | 安定性(mm) | | ≤5,合格 | |
| 3 | 抗折强度(MPa) | 3 d | ≥8 | 按 GB/T 17671 检验 |
| | | 28 d | ≥12 | |
| 4 | 抗压强度(MPa) | 3 d | ≥40 | |
| | | 28 d | ≥60 | |
| 5 | 冻融循环(50 次)(%) | 强度损失 | ≤5 | 按 GB/T 50082 检验 |
| | | 质量损失 | ≤1 | |
| 6 | 抗渗性能 | | ≥P20 | |
| 7 | 压缩剪切强度(MPa) | 无处理 | ≥4.5 | 按 TB/T 2965 附录 B 检验 |
| | | 热老化处理(70 ℃,14 d) | ≥3.5 | |
| | | 冻融循环(±15 ℃,50 次) | ≥3.5 | |
| | | 酸处理 | ≥4.5 | |
| | | 盐处理 | ≥4.5 | |
| 8 | 防水卷材与水泥基层黏结剥离强度(N/mm) | | ≥3.5 | |
| 9 | 拉伸胶黏强度(MPa) | | ≥1.5 | |

每批水泥基胶粉和水泥基胶黏剂都应有生产厂家的质量证明书或合格证。以每批不大于 50 kg 胶粉应抽样进行常规项目的检验;对于任何新选料源厂家应进行全项型式检验,其检验要求应符合表 8-4-51 的规定。

**表 8-4-51 水泥基胶黏剂的检验要求**

| 产品类别 | 序号 | 检验项目 | | 检验要求 | | | |
|---|---|---|---|---|---|---|---|
| | | | | 抽样试验检验 | | 全项型式检验 | |
| 水泥基胶粉 | 1 | 黏度 | | √ | 每批不大于 50 kg 胶粉检验 1 次 | √ | 任何新选料源厂家 |
| | 2 | 苯 | | √ | | √ | |
| | 3 | 甲苯+二甲苯 | | √ | | √ | |
| | 4 | 游离甲醛 | | √ | | √ | |
| | 5 | 总挥发性有机物 | | √ | | √ | |
| 水泥基胶黏剂 | 1 | 凝结时间 | 初凝 | √ | | √ | 任何新选料源厂家 |
| | | | 终凝 | √ | | √ | |
| | 2 | 安定性 | | √ | | √ | |
| | 3 | 抗折强度 | 3 d | √ | | √ | |
| | | | 28 d | √ | | √ | |

续上表

| 产品类别 | 序号 | 检验项目 | | 检验要求 | | | |
|---|---|---|---|---|---|---|---|
| | | | | 抽样试验检验 | | 全项型式检验 | |
| 水泥基胶黏剂 | 4 | 抗压强度 | 3 d | √ | 每批不大于 50 kg 胶粉检验 1 次 | √ | 任何新选料源厂家 |
| | | | 28 d | √ | | √ | |
| | 5 | 冻融循环(50 次) | 强度损失 | | | √ | |
| | | | 质量损失 | | | √ | |
| | 6 | 抗渗性能 | | √ | | √ | |
| | 7 | 压缩剪切强度 | 无处理 | | | √ | |
| | | | 热老化处理 | | | √ | |
| | | | 冻融循环 | | | √ | |
| | | | 酸处理 | | | √ | |
| | | | 盐处理 | | | √ | |
| | 8 | 防水卷材与水泥基层黏结剥离强度 | | √ | | √ | |
| | 9 | 防水卷材与水泥基胶黏剂黏结强度 | | √ | | √ | |
| | 10 | 水泥基胶黏剂与基层黏结强度 | | √ | | √ | |

4. 高聚物改性沥青防水卷材

(1)一般要求。高聚物改性沥青防水卷材应与高聚物改性沥青基层处理剂配合使用。

高聚物改性沥青防水卷材的厚度规格为 4.5 mm，宽度规格为 1.0 m，长度 32 m 及以下简支梁卷材长度不应小于梁长，其他可根据梁长确定；每卷卷材应连续整长，长度 200 m 时允许有 1 处接头。

防水卷材的外观质量：表面应平整，不允许有孔洞、缺边和裂口；卷材双面附砂，细砂的颜色和粒度应均匀一致，并应紧密地粘附于卷材表面。卷材和处理剂的储存质保期为 1 年。

(2)性能要求。高聚物改性沥青防水卷材的物理力学性能要求应符合表 8-4-52 的规定。

**表 8-4-52　高聚物改性沥青防水卷材的性能指标要求**

| 序号 | 检验项目 | | 技术指标 | 检验方法 |
|---|---|---|---|---|
| 1 | 可溶物含量(g/m²) | | 4.5 mm 厚，≥3 100 | 按 GB 18242 检验 |
| 2 | 耐热性 | | 115 ℃，不流淌、不滴落 | |
| 3 | 最大峰拉力(纵横向)(N/cm) | | ≥210 | |
| 4 | 最大峰时延伸率(纵横向)(%) | | ≥50 | |
| 5 | 撕裂强度(N) | | ≥450 | |
| 6 | 低温柔性 | | −30 ℃，无裂纹 | |
| 7 | 不透水性 | | 0.4 MPa，2 h，不透水 | |
| 8 | 抗穿孔性 | | 不渗水 | 按 GB 12953 检验 |
| 9 | 剪切状态下的黏合性 | | ≥10.0 N/mm 或卷材破坏 | |
| 10 | 保护层混凝土与防水卷材黏结强度(MPa) | | ≥0.1 | 按 TB/T 2965 附录 A 检验 |
| 11 | 热处理尺寸变化率(纵横向)(%) | | ±0.5 | 按 GB 12953 检验 |
| 12 | 热老化处理 | 外观质量 | 无气泡、裂缝、黏结和孔洞 | 按 GB/T 18244、GB 18242 检验 |
| | | 最大峰拉力变化率(纵横向)(%) | ±20 | |
| | | 断裂时延伸率变化率(纵横向)(%) | ±20 | |
| | | 低温柔性 | −25 ℃，无裂纹 | |
| 13 | 人工气候加速老化(720 h) | 最大峰拉力变化率(纵横向)(%) | ±20 | |
| | | 断裂时延伸率变化率(纵横向)(%) | ±20 | |
| | | 低温柔性 | −25 ℃，无裂纹 | |

续上表

| 序号 | 检验项目 | | 技术指标 | 检验方法 |
|---|---|---|---|---|
| 14 | 耐化学侵蚀 | 最大峰拉力变化率(纵横向)(%) | ±20 | 按 GB 12953、GB 18242 检验 |
| | | 断裂时延伸率变化率(纵横向)(%) | ±20 | |
| | | 低温柔性 | −25 ℃,无裂纹 | |

高聚物改性沥青基层处理剂的物理力学性能要求应符合表 8-4-53 的规定。

**表 8-4-53　高聚物改性沥青基层处理剂的性能指标要求**

| 序号 | 检验项目 | 技术指标 | 检验方法 |
|---|---|---|---|
| 1 | 固体含量(%) | ≥30 | 按 GB/T 16777 检验 |
| 2 | 干燥时间(h) | ≤2 | |
| 3 | 耐热性 | 80 ℃,5 h,不流淌、鼓泡、滑动 | |
| 4 | 低温柔性 | −5 ℃,$\phi$10 mm 棒,无裂缝 | |
| 5 | 黏结强度(MPa) | 23 ℃,≥0.8 | |

(3)检验规则。高聚物改性沥青防水卷材及基层处理剂在进场时应有生产厂家提供的检验报告和合格证。应以同厂家、同品种、同批号的高聚物改性沥青防水卷材,不大于 8 000 $m^2$ 为一批;同厂家、同品种、同批号的基层处理剂不大于 3 t 为一批,抽样进行常规项目的检验。对于任何新选料源厂家应取样进行全项目的型式检验,其检验要求应符合表 8-4-54 的规定。

**表 8-4-54　高聚物改性沥青防水卷材及基层处理剂的检验要求**

<table>
<tr><th rowspan="2">产品类别</th><th rowspan="2">序号</th><th rowspan="2" colspan="2">检验项目</th><th colspan="4">检验要求</th></tr>
<tr><th colspan="2">抽样试验检验</th><th colspan="2">全项型式检验</th></tr>
<tr><td rowspan="21">高聚物改性沥青防水卷材</td><td>1</td><td colspan="2">可溶物含量</td><td>√</td><td rowspan="21">同厂家、同品种、同批号的高聚物改性沥青防水卷材,不大于 8 000 m²为一批</td><td>√</td><td rowspan="21">任何新选料源厂家</td></tr>
<tr><td>2</td><td colspan="2">耐热性</td><td>√</td><td>√</td></tr>
<tr><td>3</td><td colspan="2">最大峰拉力(纵横向)</td><td>√</td><td>√</td></tr>
<tr><td>4</td><td colspan="2">最大峰时延伸率(纵横向)</td><td>√</td><td>√</td></tr>
<tr><td>5</td><td colspan="2">撕裂强度</td><td>√</td><td>√</td></tr>
<tr><td>6</td><td colspan="2">低温柔性</td><td>√</td><td>√</td></tr>
<tr><td>7</td><td colspan="2">不透水性</td><td>√</td><td>√</td></tr>
<tr><td>8</td><td colspan="2">抗穿孔性</td><td>√</td><td>√</td></tr>
<tr><td>9</td><td colspan="2">剪切状态下的黏合性</td><td></td><td>√</td></tr>
<tr><td>10</td><td colspan="2">保护层混凝土与防水卷材黏结强度</td><td></td><td>√</td></tr>
<tr><td>11</td><td colspan="2">热处理尺寸变化率(纵横向)</td><td></td><td>√</td></tr>
<tr><td rowspan="4">12</td><td rowspan="4">热老化处理</td><td>外观质量</td><td></td><td>√</td></tr>
<tr><td>最大峰拉力变化率</td><td></td><td>√</td></tr>
<tr><td>断裂时延伸率变化率</td><td></td><td>√</td></tr>
<tr><td>低温柔性</td><td></td><td>√</td></tr>
<tr><td rowspan="3">13</td><td rowspan="3">人工气候加速老化</td><td>最大峰拉力变化率</td><td></td><td>√</td></tr>
<tr><td>断裂时延伸率变化率</td><td></td><td>√</td></tr>
<tr><td>低温柔性</td><td></td><td>√</td></tr>
<tr><td rowspan="3">14</td><td rowspan="3">耐化学侵蚀</td><td>最大峰拉力变化率</td><td></td><td>√</td></tr>
<tr><td>断裂时延伸率变化率</td><td></td><td>√</td></tr>
<tr><td>低温柔性</td><td></td><td>√</td></tr>
</table>

续上表

| 产品类别 | 序号 | 检验项目 | 检验要求 | | | |
|---|---|---|---|---|---|---|
| | | | 抽样试验检验 | | 全项型式检验 | |
| 基层处理剂 | 1 | 固体含量 | √ | 同厂家、同品种、同批号，不大于 3 t 为一批 | √ | 任何新选料源厂家 |
| | 2 | 干燥时间 | √ | | √ | |
| | 3 | 耐热性 | √ | | √ | |
| | 4 | 低温柔性 | | | √ | |
| | 5 | 黏结强度 | | | √ | |

5. 保护层材料

保护层应采用掺加聚丙烯腈纤维或聚丙烯网状纤维 C40 细石混凝土。每立方米混凝土中聚丙烯腈纤维或聚丙烯网状纤维的掺量应符合设计要求，设计无规定时，聚丙烯腈纤维的掺量宜为 1 kg，聚丙烯网状纤维的掺量宜为 1.8 kg。

聚丙烯腈纤维和聚丙烯网状纤维的主要物理力学性能指标应符合表 8-4-55 的规定。

**表 8-4-55　聚丙烯腈纤维和聚丙烯网状纤维物理力学性能指标**

| 序号 | 检验项目 | 技术要求 | | 检验方法 |
|---|---|---|---|---|
| | | 聚丙烯腈纤维 | 聚丙烯网状纤维 | |
| 1 | 材质 | 100%聚丙烯腈 | 100%聚丙烯 | — |
| 2 | 直径(μm) | 10～15 | 18～65 | 按 GB/T 10685 检验 |
| 3 | 长度(mm) | 6～12 | 12～19 | 按 GB/T 14336 检验 |
| 4 | 密度(g/cm$^3$) | 1.18 | 0.91 | 按 FZ/T 01057.7 检验 |
| 5 | 抗拉强度(MPa) | ≥500 | ≥500 | 按 GB/T 14337 检验 |
| 6 | 弹性模量(GPa) | ≥7.0 | ≥3.5 | |
| 7 | 极限伸长率(%) | ≥20 | ≥18 | |
| 8 | 熔点(℃) | 240 | 176 | 按 FZ/T 01057.7 检验 |
| 9 | 安全性 | 无毒 | 无毒 | — |
| 10 | 导电性 | 无 | 无 | — |

聚丙烯纤维在进场时应有生产厂家提供的检验报告和合格证。应以同厂家、同品种、同批号的聚丙烯纤维，不大于 1 t 为一批，抽样进行常规项目的检验。对于任何新选料源厂家应取样进行全项目的型式检验，其检验要求应符合表 8-4-56 的规定。

**表 8-4-56　聚丙烯腈纤维和聚丙烯网状纤维的检验要求**

| 材料名称 | 序号 | 检验项目 | 检验要求 | | | |
|---|---|---|---|---|---|---|
| | | | 抽样试验检验 | | 全项型式检验 | |
| 聚丙烯腈纤维和聚丙烯网状纤维 | 1 | 直径 | | 同厂家、同品种、同批号的聚丙烯纤维，不大于 1 t 为一批 | √ | 任何新选料源厂家 |
| | 2 | 长度 | | | √ | |
| | 3 | 密度 | | | √ | |
| | 4 | 抗拉强度 | √ | | √ | |
| | 5 | 弹性模量 | √ | | √ | |
| | 6 | 极限伸长率 | √ | | √ | |
| | 7 | DSC 分析法 | √ | | √ | |
| | 8 | 熔点 | | | √ | |

## 4.3　混凝土试验检测

桥梁混凝土包括桩基、承台、墩身、梁体以及梁体封锚和保护层混凝土等。桩基、承台、墩身混凝土的试验检验应符合《铁路混凝土》(TB/T 3275)、《铁路混凝土工程施工质量验收标准》(TB 10424)、《铁路混凝土结构耐久性设计规范》(TB 10005)以及本篇第 2 章的规定。梁体以及梁体封锚和保护层混凝土除符合上述要求外,箱梁还应符合《客运专线预应力混凝土预制梁暂行技术条件》(铁科技基〔2004〕120 号)、T 梁应符合《预制后张法预应力混凝土铁路桥简支 T 梁技术条件》(TB/T 3043)的规定。

### 4.3.1　混凝土配合比设计

(1)桩基、承台、墩身等混凝土配合比的设计,应根据设计要求及混凝土所处环境作用等级按本篇第 2 章的规定进行。梁体混凝土上述要求外,在进行配合比设计时,还应满足表 8-4-57 的规定。

**表 8-4-57　梁体混凝土性能技术指标要求**

| 序号 | 检验项目 | 箱　梁 | T　梁 | 检验方法 |
|---|---|---|---|---|
| 1 | 胶凝材料总量(kg/m³) | 不超过 500 | | 配合比计算 |
| 2 | 水胶比 | 不大于 0.35 | | 配合比计算 |
| 3 | 掺和料及掺量(%) | 粉煤灰和矿渣粉,不超过胶凝材料总量的 30 | 粉煤灰和矿渣粉,不超过水泥质量的 25 | 配合比计算 |
| 4 | 碱含量(kg/m³) | 不超过 3.0 | | 用各材料含量计算 |
| 5 | 氯离子含量(%) | 不大于胶凝材料总量的 0.06 | | 用各材料含量计算 |
| 6 | 强度等级 | C50 | C55 | 按 GB/T 50081 检验 |
| 7 | 弹性模量(MPa) | $3.55\times10^4$ | $3.60\times10^4$ | |
| 8 | 坍落度及扩展度 | 根据施工工艺确定 | | 按 GB/T 50080 检验 |
| 9 | 含气量(%) | 2～4 | 3～4 | |
| 10 | 入模温度(℃) | 5～30 | 10～30 | |
| 11 | 抗渗性能 | ≥P20 | | 按 GB/T 50082 检验 |
| 12 | 抗冻性能(次) | ≥200 | | |
| 13 | 电通量(C) | ≤1 000 | | |
| 14 | 抗碱骨料反应 | 符合骨料检验规定 | | — |
| 15 | 抗蚀系数 | — | 胶材≥0.8 或水泥≥1.0 | 按 TB/T 3275 附录 A 检验 |

(2)梁体封锚混凝土应不低于梁体混凝土强度等级,并采用细石补偿收缩混凝土,其性能指标除满足梁体混凝土要求外,补偿收缩性能应满足:限制膨胀率$\geq2.5\times10^{-4}$,限制干缩率$\leq3.0\times10^{-4}$。

(3)桥面保护层混凝土应掺加聚丙烯腈纤维或聚丙烯网状纤维,其性能指标应符合表 8-4-58 的规定。

**表 8-4-58　保护层纤维混凝土技术指标要求**

| 序号 | 检验项目 | 指标要求 | 检验方法 |
|---|---|---|---|
| 1 | 抗压强度(MPa) | ≥40 | 按 GB/T 50081 检验 |
| 2 | 劈拉强度(MPa) | ≥3.5 | |
| 3 | 抗冻融循环(次) | ≥300 | 按 GB/T 50082 检验 |
| 4 | 抗渗性 | ≥P20 | |
| 5 | 56 d 电通量(C) | ≤1 000 | |
| 6 | 抗碱—骨料反应 | 符合骨料检验规定 | — |

(4)梁体混凝土、封锚混凝土及桥面保护层混凝土配合比的耐久性能,应送铁道部产品质量监督检验中心铁道建筑检验站或桥梁与基础检验站进行验证检验,合格后方可使用。

### 4.3.2　混凝土配合比现场控制

正式生产前,须采用与梁体混凝土相同的原材料、相同的设备及施工工艺进行混凝土灌注工艺性能试验,验证混凝土的各项技术指标及工艺参数,待试验合格后方可进行梁体混凝土施工。

混凝土配制拌和之前,须对所有机械设备、工具、使用材料进行认真检查,确保混凝土的拌制和浇筑正常连续进行。各种材料的计量系统必须满足称量精度要求,经计量单位检定合格,并确保计量仪器处于有效期内。混凝土拌制前,试验人员须测定粗细骨料的含水率,准确测定因天气变化而引起的粗细骨料含水率变化，以便及时调整施工配合比。一般情况下，含水率每班抽测 2 次，雨天随时抽测，并按测定结果及时调整混凝土施工配合比。混凝土拌制前，试验人员必须按照施工配合比计算混凝土配料单，并经过现场监理工程师确认。混凝土配料必须按混凝土配料单进行，并须有试验人员值班，核实所使用的原材料与配合比通知单是否相符。

混凝土原材料配料采用自动计量装置，计量设备骨料秤每月系统校验 1 次，水泥、掺和料、外加剂、水秤每周系统检验 1 次。每班混凝土灌注前要检查电子秤及其他计量器具，根据施工配合比用料考虑下料冲量落差，调整称量系统，确保混凝土原材料称量准确。水泥、掺和料、外加剂和水的称料误差（均以质量计）为 ±1%；粗、细骨料的称料误差（均以质量计）为 ±2%。

### 4.3.3　混凝土拌和物施工控制

混凝土的坍落度及扩展度应根据梁体灌注施工工艺，满足配合比的设计要求。一般，箱梁的灌注采用泵送施工工艺，可按入模坍落度控制在（200±20）mm，或（180±20）mm；T 梁的灌注采用斗送施工工艺，可按入模坍落度控制在（180±20）mm，或（140±20）mm。混凝土扩展度要适宜，根据混凝土灌注工艺和输送距离确保混凝土的流动性能。

混凝土含气量：箱梁混凝土的入模含气量控制在 2%～4%；T 梁为 3%～4%。

混凝土温度：箱梁混凝土灌注施工时，模板的温度宜在 5 ℃～35 ℃，混凝土入模温度宜在 5 ℃～30 ℃；T 梁模板的温度宜在 5 ℃～35 ℃，混凝土入模温度宜在 10 ℃～30 ℃。

梁体混凝土灌注施工时，开始搅拌生产的前三盘混凝土均应进行坍落度、扩展度、含气量和温度的测试，并结合测试结果在允许范围内调整混凝土施工配合比，使各项性能指标满足要求；在后面的连续灌注施工中，每批不大于 50 $m^3$ 混凝土应进行一次各指标的测试。

箱梁混凝土灌注时间不宜超过 6 h 或不得超过混凝土的初凝时间；T 梁的灌注时间不宜超过 3.5 h。

### 4.3.4　混凝土主要力学性能检验

立方体抗压强度：梁体混凝土应于各施工工序制作同条件养护和 28 d 标准养护试件，进行混凝土立方体抗压强度的检验。静力抗压弹性模量：梁体混凝土还应制作终张拉同条件养护和 28 d 标准养护混凝土试件，进行混凝土弹性模量的检验。

在混凝土灌注过程中应随机取样制作用于强度和弹性模量检验的试件，各施工工序检验试件（拆模、预张拉、初张拉、终张拉）应在灌注总盘数中均匀分布取样，其中抗压强度每组 3 块试件应在同 1 盘中取样，弹模试件每组 6 块应在同一盘中取样。其强度和弹模应满足混凝土设计要求，一般情况下，箱梁的设计混凝土强度等级为 C50，其对应弹性模量为不小于 35.5 GPa，其预张拉强度为设计强度等级的 50%；脱模强度为设计强度等级的 60%；初张拉为 80%；终张拉必须达到设计强度。T 梁的设计混凝土强度等级为 C55，其对应弹性模量为不小于 36.0 GPa，其脱模强度为 25 MPa；初张拉强度为 30 MPa；终张拉必须达到设计强度。在各工序的混凝土试件抗压强度检验时，单组试件抗压应考虑一定的保证率，即增加一个抗压强度标准差 $\sigma$ 值，$\sigma$ 值取 3.5 MPa。箱梁混凝土抗压强度和弹性模量试件的取样及检验应符合表 8-4-59 的规定；T 梁混凝土抗压强度和弹性模量试件的取样及检验应符合表 8-4-60 的规定。

**表 8-4-59　箱梁混凝土试件取样及检验要求**

| 序号 | 试件名称 | 试件数量 | 取样位置 | 养护方式 | 试验龄期(d) | 试验方法 | 判定标准 |
|---|---|---|---|---|---|---|---|
| 1 | 拆模强度(MPa) | 1 组 | 顶板 | 同条件 | 试验确定 | 按 GB/T 50081 检验 | ≥33.5 |
| 2 | 预张拉强度(MPa) | 1 组 | 顶板 | 同条件 | 试验确定 | | ≥28.5 |
| 3 | 初张拉强度(MPa) | 3 组 | 底、腹、顶 | 同条件 | 试验确定 | | ≥43.5 |
| 4 | 终张拉强度(MPa) | 3 组 | 底、腹、顶 | 同条件 | ≥10 d | | ≥53.5 |
| | 终张拉弹模(GPa) | 3 组 | 底、腹、顶 | | ≥10 d | | ≥35.5 |
| 5 | 28 d 强度(MPa) | 12 组 | 底、腹、顶 | 标养 | 28 d | | 按 TB 10425 评定 |
| | 28 d 弹模(GPa) | 3 组 | 底、腹、顶 | | 28 d | | ≥35.5 |
| 6 | 同条件强度(MPa) | 6 组 | 底、腹、顶 | 同条件 | 600 ℃ | | 按 TB 10425 评定 |

注：1. 28 d 强度以每天灌注 1 件梁数为 1 个检验批。

2. 施工工序控制试件均随梁同条件养护；28 d 试件均标准养护。

3. 生产初期，混凝土 28 d 标养强度先采用《铁路混凝土强度检验评定标准》（TB 10425）要求的标准差未知法进行判定，每部位应制作试件为 5 组。统计标准差后，再采用《铁路混凝土强度检验评定标准》（TB 10425）标准差已知法进行判定，每部位制作试件 4 组。

**表 8-4-60 T 梁混凝土试件取样及检验要求**

| 序号 | 试件名称 | 试件数量 | 取样位置 | 养护方式 | 试验龄期(d) | 试验方法 | 判定标准 |
|---|---|---|---|---|---|---|---|
| 1 | 拆模强度(MPa) | 1 组 | 桥面 | 同条件 | 试验确定 | 按 GB/T 50081 检验 | ≥28.5 |
| 2 | 初张拉强度(MPa) | 1 组 | 桥面 | 同条件 | 试验确定 | | ≥33.5 |
| 3 | 终张拉强度(MPa) | 1 组 | 随机 | 同条件 | ≥14 d | | ≥58.5 |
| | 终张拉弹模(GPa) | 1 组 | 随机 | | ≥14 d | | ≥36.0 |
| 4 | 28 d 强度(MPa) | 4 组 | 随机 | 标养 | 28 d | | 按 TB 10425 评定 |
| | 28 d 弹模(GPa) | 1 组 | 随机 | | 28 d | | ≥36.0 |
| 5 | 同条件强度(MPa) | 4 组 | 随机 | 同条件 | 600 ℃ | | 按 TB 10425 评定 |

注:1. 28 d 强度以 1 d 连续浇筑的片数为 1 个检验批。

2. 施工工序控制试件均随梁同条件养护;28 d 试件均标准养护。

3. 生产初期,混凝土 28 d 标养强度先采用《铁路混凝土强度检验评定标准》(TB 10425)要求的标准差未知法进行判定,每批应制作试件 5 组。统计标准差后,再采用《铁路混凝土强度检验评定标准》(TB 10425)标准差已知法进行判定,每批制作试件 4 组。

封锚混凝土应按每施工班次取样制作 28 d 标准养护试件,其试件的取样及检验和评定应符合表 8-4-61 的规定。

**表 8-4-61 封锚混凝土取样及检验要求**

| 试件名称 | 试件数量(组) | 取样位置 | 试验批量(每班次) | 养护方式 | 试验龄期(d) | 试验方法 | 判定标准 |
|---|---|---|---|---|---|---|---|
| 28 d 强度 | 4(5) | 随机 | 1 批 | 标养 | 28 | 按 GB/T 50081 检验 | 按 TB 10425 评定 |

注:生产初期,先采用《铁路混凝土强度检验评定标准》(TB 10425)要求的标准差未知法进行判定,每批应制作试件 5 组。统计标准差后,再采用《铁路混凝土强度检验评定标准》(TB 10425)标准差已知法进行判定,每批制作试件 4 组。

梁体桥面保护层混凝土应按每施工班次取样制作 28 d 强度标准养护试件,其试件的取样及检验和评定应符合表 8-4-62 的规定。

**表 8-4-62 保护层混凝土取样及检验要求**

| 试件名称 | 试件数量(组) | 取样位置 | 试验批量(每班次) | 养护方式 | 试验龄期(d) | 试验方法 | 判定标准 |
|---|---|---|---|---|---|---|---|
| 28 d 抗压强度 | 4(5) | 随机 | 1 批 | 标养 | 28 | 按 GB/T 50081 检验 | 按 TB 10425 评定 |
| 28 d 劈拉强度 | 1 组 | 随机 | 1 批 | 标养 | 28 | 按 GB/T 50081 检验 | — |

注:生产初期,混凝土 28 d 标养抗压强度先采用《铁路混凝土强度检验评定标准》(TB 10425)要求的标准差未知法进行判定,每批应制作试件 5 组。统计标准差后,再采用《铁路混凝土强度检验评定标准》(TB 10425)标准差已知法进行判定,每批制作试件 4 组。

### 4.3.5 混凝土耐久性检验

梁体混凝土、封锚混凝土以及桥面保护层混凝土的耐久性指标检验包括抗渗性、抗冻性和电通量,T 梁梁体混凝土还应检验抗蚀系数。梁体混凝土、封锚混凝土及以及桥面保护层混凝土的电通量应不大于 1 000 C;抗渗性应不小于 P20;梁体混凝土、封锚混凝土的抗冻性应不小于 F200,桥面保护层混凝土的抗冻性应不小于 F300;T 梁梁体混凝土的抗蚀系数应不小于 0.8(用水泥检验时应不小于 1.0)。

梁体混凝土每生产灌注 20 000 $m^3$ 应取样制作电通量及抗冻性的耐久性试件各 1 组;每 5 000 $m^3$ 应取样制作抗渗性试件 1 组,进行混凝土耐久性检验。封锚混凝土每生产 100 $m^3$ 应取样制作抗渗性、抗冻性及电通量试件各一组。桥面保护层混凝土每生产 1 500 $m^3$ 应取样制作抗渗性、抗冻性及电通量试件各一组。混凝土耐久性取样及检验应符合表 8-4-63 的规定。

**表 8-4-63 混凝土耐久性取样及检验要求**

| 序号 | 耐久性能检验项目 | | 指标要求 | 试验龄期(d) | 检验频次 | 检验方法 |
|---|---|---|---|---|---|---|
| 1 | 抗渗性 | | ≥P20 | 28 | 5 000 $m^3$ | 按 GB/T 50082 检验 |
| 2 | 电通量(C) | | ≤1 000 | 56 | 20 000 $m^3$ | 按 GB/T 50082 检验 |
| 3 | 抗冻性(次) | 梁体 | ≥200 | 56 | 20 000 $m^3$ | 按 GB/T 50082 检验 |
| | | 保护层 | ≥300 | | | |
| 4 | 抗蚀系数 | | 胶材≥0.8 或水泥≥1.0 | 56 | 20 000 $m^3$ | 按 TB/T 3275 附录 A 检验 |

## 4.4　桩基检测

桩基检测包括桩身完整性和承载力的检测与评定。检测方法有:低应变反射波法(瞬态激振时域频域分析法)、声波透射法、钻芯法、高应变法、单桩竖向抗压静载试验、单桩竖向抗拔静载试验、单桩水平静载试验和钻芯法等。

### 4.4.1　基本规定

1. 一般规定

(1)桩基检测方法应综合考虑地质条件、桩基类型、结构尺寸、各种检测方法的特点和适用范围以及检测目的等因素合理选定。

(2)桩基完整性及承载力检测应在桩顶设计标高位置进行。

(3)当采用低应变反射波法或声波透射法检测时,受检桩桩身混凝土强度不得低于设计强度的 70%,且桩身强度应不低于 15 MPa。

(4)单桩静载试验与高应变法检测前,桩身混凝土强度应达到设计强度外,桩侧和桩端土的间歇时间尚应满足:对打入桩,砂土 7 d,粉土 10 d,非饱和黏性土 15 d,饱和黏性土 25 d;对于泥浆护壁混凝土灌注桩,宜较上述规定适当延长间歇时间。

(5)当对检测结果有怀疑或有争议时,可进行验证检测。验证检测应符合下列规定:

1)对低应变法检测结果有怀疑或有争议时,可采用钻芯法、高应变法或直接开挖进行验证;

2)对声波透射法检测结果有怀疑或有争议时,可采用钻芯法验证;

3)对高应变法提供的单桩承载力有怀疑或争议时,应采用静载试验验证,并应以静载试验的结果为准。

(6)当检测结果不满足设计要求时,应进行扩大抽检。扩大抽检应符合下列规定:

1)当采用低应变法检测桩身完整性时,按所发现Ⅲ、Ⅳ类桩的桩数加倍抽检;

2)单桩承载力或钻芯法抽检结果不满足设计要求时,应分析原因,并按不满足设计要求的桩(点)数加倍抽检。

2. 检测结果评定

桩身完整性检测评定应提出每根受检桩的桩身完整性类别结论。桩身完整性分类应符合表 8-4-64 和各检测法对桩身完整性判定的要求。

**表 8-4-64　桩身完整性类别表**

| 序号 | 桩身完整性类别 | 分类原则 |
|---|---|---|
| 1 | Ⅰ类桩 | 桩身完整 |
| 2 | Ⅱ类桩 | 桩身存在轻微缺陷 |
| 3 | Ⅲ类桩 | 桩身存在明显缺陷 |
| 4 | Ⅳ类桩 | 桩身存在严重缺陷 |

Ⅰ类、Ⅱ类桩为合格桩;Ⅲ类桩需由建设方与设计方等单位研究,以确定修补方案或继续使用;Ⅳ类桩为不合格桩。

### 4.4.2　低应变反射波法(瞬态激振时域频域分析法)

1. 适用范围

低应变反射波法(瞬态激振时域频域分析法)适用于检测规则截面混凝土桩的桩身完整性,判定桩身缺陷的程度及位置范围。

本方法检测的桩基桩径应小于 2.0 m,桩长一般不大于 40 m。当现场组织试验时,其桩长标准可根据现场试验数据确定。

2. 仪器设备要求

(1)检测仪器应具有信号采集、滤波、放大、显示、储存、信号处理分析功能。

(2)激振设备宜根据桩型及检测目的,选择不同大小、长度、质量的力锤、力棒、手锤和不同材质的锤头,以获得所需的激振频带和冲击能量。

(3)信号采集及处理仪应符合下列规定。

1)数据采集装置的模/数转换位数不得低于 12 位;

2)采样间隔宜为 10～500 μs,可调;

3)单通道采样点不少于 1 024 点;

4)多通道采集系统应具有一致性,其振幅偏差应小于 3%,相位偏差应小于 0.1 ms;

5)放大器增益宜大于 60 dB,可调,线性度良好。

(4)传感器的性能应符合以下规定。

1)传感器宜选用高灵敏度的压电式加速度传感器或磁电式速度传感器,传感器的频响曲线的有效范围应覆盖整个测试信号的频带范围;

2)加速度传感器的电压灵敏度一般应大于 100 mV/g,量程不小于 50 g;速度传感器的灵敏度应不小于 300 mV/(cm · $s^{-1}$);传感器灵敏度选择原则是在满足频响要求前提下,尽可能选择灵敏度高的传感器;

3)加速度传感器安装谐振频率应大于 10 kHz;速度传感器安装谐振频率应大于 1 500 Hz。

3. 现场检测

(1)检测前受检桩应符合下列规定。

1)桩身强度应符合第 4.4.1 条中"1. 一般规定"相关内容规定要求;

2)桩头的材质、强度、截面尺寸应与桩身基本相同;

3)桩顶应凿至硬实混凝土面并大致水平,传感器安装点和激振点应打磨光滑;

4)打入或静压式预制桩的检测应在相邻桩打完后进行。

(2)测量传感器安装和激振操作应符合下列规定。

1)传感器应安装在桩顶面,传感器安装点及其附近不得有裂缝或浮动砂粒存在。传感器可用黄油、橡皮泥、石膏等材料作为粘结剂与桩顶粘结,安装完毕后的传感器必须与桩顶面保持垂直,且紧贴桩顶表面,在信号采集过程中不得产生滑移或松动。

2)对于钢筋混凝土灌注桩,当激振点在桩顶中心时,传感器安装点与桩中心的距离宜为桩半径的 2/3;当激振点不在桩顶中心时,传感器安装点与激振点的距离不宜小于桩半径的 1/2,如图 8-4-1 所示。

3)对于预应力混凝土管桩,激振点和传感器安装位置宜为桩壁厚的 1/2 处,传感器安装点、锤击点与桩顶面圆心构成的平面夹角宜为 90°。

4)激振点与传感器安装位置应避开钢筋笼的主筋影响。

5)激振方向应沿桩轴线方向。

6)应根据缺陷所在位置的深浅,及时改变锤击脉冲宽度。当检测长桩的桩底反射信息或深部缺陷时,冲击入射波脉冲应较宽;当检测短桩或桩的浅部缺陷时,冲击入射波脉冲较窄。

图 8-4-1　低应变法测试桩身完整性

(3)测试参数设定应符合下列规定。

1)时域信号记录的时间段长度应在 $2L/c$ 时刻后延续不少于 5 ms;幅频信号分析的频率范围上限不应小于 2 000 Hz。

2)设定桩长应为桩顶测点至桩底的施工桩长。

3)采样时间间隔或采样频率应根据桩长、桩身波速和频域分辨率合理选择;时域信号采样点数不宜少于 1 024 点。

4)传感器的灵敏度值应按计量检定结果设定。

5)采集仪器采样频率、增益、平滑、指数放大、数字滤波、触发方式等参数应根据桩长合理设置。

(4)信号采集和筛选处理应符合下列规定。

1)各检测点重复检测次数不宜少于 3 次,且检测波形应具有良好的一致性。

2)当信号干扰较大时,可采用信号增强技术和多次平均方式进行多次激振,提高信噪比。

3)不同检测点多次实测时域信号一致性较差时,应分析原因,排除人为和检测仪器等干扰因素,增加检测点数量,重新检测。

4. 数据分析与判定。

(1)桩身完整性分析宜以时域分析为主,辅以频域分析,并结合地质资料、施工资料和波形特征等因素进行综合分析判定。

(2)桩身波速平均值的确定。

1)当桩长已知、桩底反射信号明显时,选取相同条件下不少于 5 根Ⅰ类桩的桩身波速按下式计算桩身平均波速。

$$c_m = 1/n(\sum_{i=1}^{n} c_i) \tag{8-4-1}$$

$$c_i = 2L \times 1\,000/\Delta T \tag{8-4-2}$$

$$c_i = 2L \cdot \Delta f \tag{8-4-3}$$

式中　$c_m$——桩身波速平均值,m/s;

$c_i$——参与统计的每根桩的桩身波速值,m/s;

$n$——参与波速平均值计算的基桩数量($n \geq 5$);

$L$——测点下桩长,m;

$\Delta T$——时域信号第一峰与桩底反射波峰间的时间差,ms;

$\Delta f$——幅频曲线上桩底相邻谐振峰间的频差,Hz。

2)当桩身波速平均值无法按上款确定时,可根据本地区相同桩型及施工工艺的其他桩基工程的测试结果,并结合桩身混凝土强度等级与实践经验综合确定。

3)有条件时,可制作同混凝土强度等级的模型短桩测定波速,确定基桩检测波速时应考虑土阻力及其他因素的影响。

(3)桩身缺陷位置应按下列公式计算。

$$L' = \Delta T' \cdot c/2\,000 \tag{8-4-4}$$

$$L' = c/2\Delta f' \tag{8-4-5}$$

式中　$L'$——测点至桩身缺陷的距离,m;

$c$——桩身波速,m/s,无法确定时用 $c_m$ 值替代;

$\Delta T'$——时域信号第一峰与缺陷反射波峰间的时间差,ms;

$\Delta f'$——幅频曲线上缺陷相邻谐振峰间的频差,Hz。

(4)桩身完整性类别应结合缺陷出现的深度、测试信号衰减特性以及设计桩型、成桩工艺、地质条件、施工情况,按表 8-4-65 所列实测时域或幅频信号特征进行综合判定。

**表 8-4-65　桩身完整性判定**

| 序号 | 时域信号特征 | 幅频信号特征 | 判定 |
|---|---|---|---|
| 1 | $2L/c$ 时刻前无缺陷反射波,有桩底反射波 | 桩底谐振峰排列基本等间距,其相邻频差 $\Delta f \approx c/2L$ | Ⅰ类桩 |
| 2 | $2L/c$ 时刻前出现轻微缺陷反射波,有桩底反射波 | 桩底谐振峰排列基本等间距,轻微缺陷产生的谐振峰之间的频差 $\Delta f' > c/2L$ | Ⅱ类桩 |
| 3 | $2L/c$ 时刻前有明显缺陷反射波 | 缺陷谐振峰排列基本等间距,相邻频差 $\Delta f' > c/2L$ | Ⅲ类桩 |
| 4 | $2L/c$ 时刻前出现严重缺陷反射波,无桩底反射波;或因桩身浅部严重缺陷使波形呈现低频大振幅衰减振动,无桩底反射波;或按平均波速计算的桩长明显短于设计桩长 | 缺陷谐振峰排列基本等间距,相邻频差 $\Delta f' > c/2L$,无桩底谐振峰;<br>或因桩身浅部严重缺陷只出现单一谐振峰,无桩底谐振峰 | Ⅳ类桩 |

(5)出现下列情况之一,桩身完整性判定应结合其他检测法进行。

1)实测信号复杂、无规律,无法对其进行准确分析和评定。

2)当桩长的推算值与实际桩长明显不符,且又缺乏相关资料加以解释或验证。

3)桩身截面渐变或多变,且变化幅度较大的混凝土灌注桩。

4)某一场地多数桩底反射不明显,无法对桩身完整性和桩长做出判定。

(6)检测报告还应包括下列内容。

1)桩身应力波速的取值及检测时桩身混凝土龄期。

2)桩身完整性描述、缺陷的位置及桩身完整性类别。

3)时域信号时段所对应的桩身长度标尺、指数或线性放大的范围或倍数、低通滤波频率;或幅频信号曲线分析的频率范围、桩底或桩身缺陷对应的相邻谐振峰间的频差。

### 4.4.3 声波透射法

1. 适用范围

(1)本方法适用于检测混凝土灌注桩桩身缺陷位置、范围和程度,判定桩身完整性类别。

(2)桩径大于等于 2 m 或桩长大于 40 m 或复杂地质条件下的基桩应采用声波透射法检测,其桩长标准可根据试验数据确定。

2. 仪器设备

(1)声波发射与接收换能器应符合下列要求。

1)圆柱状径向振动,沿径向无指向性。

2)谐振频率宜为 30～60 kHz。

3)当接收信号较弱时,宜选用带前置放大器的换能器。

4)收、发换能器的导线均应有长度标注,其标准允许偏差不应大于 10 mm。

5)水密性满足 1 MPa 水压不渗水。

(2)声波检测仪的技术性能应符合下列要求。

1)具有实时显示和记录接收信号的时程曲线及频谱分析功能。

2)声时显示范围应大于 2 000 μs,测量精度优于或等于 0.5 μs,声波幅值测量范围不小于 80 dB,声时声幅测量相对误差小于 5%,系统频宽带为 5～200 kHz,系统最大动态范围不小于 100 dB。

3)声波发射脉冲宜为阶跃或矩形脉冲,电压幅值不小于 500 V。

4)采集器模/数转换精度不应低于 12 位,采样间距应小于 1 μs,采样长度不应小于 1 024 点。

3. 现场检测

(1)声测管的埋设应符合下列规定。

1)桩身直径 $D\leqslant 0.8$ m 时,应埋设不少于 2 根管;当 0.8 m$<D\leqslant$2.0 m 时,应埋设不少于 3 根管;当$D>$2.0 m 时,应埋设不少于 4 根管。

2)声测管应采用金属管,内径不小于 40 mm,壁厚不小于 3.0 mm。

3)声测管下端封闭、上端加盖,管内无异物,连接处应光滑过渡,不漏水,管口应高出桩顶 100 mm 以上,且各声测管管口高度宜一致。

4)声测管以线路大里程方向的顶点为起始点,按顺时针旋转方向呈对称形状布置并进行编号。

(2)现场检测准备工作应符合下列规定。

1)受桩检的桩身混凝土强度应符合规定要求。

2)将各声测管内灌满清水,管内不得堵塞。

3)采用标定法确定仪器系统延迟时间。

4)在桩顶准确测量相应声测管外壁间净距离。

5)检查换能器的完好状态。

(3)现场检测步骤应符合下列规定。

1)将发射与接收声波换能器以相同标高分别置于声测管中的测点处,同步升降,测点间距不宜大于 250 mm。检测过程中应校核换能器深度。

2)实时显示和记录接收信号的时程曲线,读取声时、首波幅值和周期值,宜同时显示频谱曲线及主频值。

3)在桩身质量可疑的测点周围，应加密测点，或采用斜扇形扫测进行复测，进一步确定桩身缺陷的位置和范围。采用斜测法时，两个换能器中点连线与水平面的夹角不宜大于 40°。

4)在同一根桩的不同剖面的检测过程中，声波发射电压和仪器设置参数应保持不变。

4. 数据分析与判定

(1)声测管及耦合水层的声时修正值见下式。

$$t'=(D_1-d_1)/v_1+(d_1-d')/v_w \tag{8-4-6}$$

式中　$D_1$——声测管的外径，mm；

$d_1$——声测管的内径，mm；

$d'$——换能器的外径，mm；

$v_1$——声波在声测管管壁厚度方向的传播速度，km/s；

$v_w$——声波在水中的传播速度，km/s，精确至小数点后 3 位。

精确至 0.1 μs。

(2)各测点的声时 $t_c$、声速 $v$、波幅 $A_p$ 及主频 $f$ 应根据现场检测数据，按规范公式计算，并绘制声速一深度($v$-$z$)曲线和波幅一深度($A_p$-$z$)曲线，需要时可绘制辅助的主频一深度($f$-$z$)曲线。

(3)桩身混凝土缺陷应根据下列方法综合判定。

1)声速判据。声速临界值采用正常混凝土声速平均值与 2 倍声速标准差之差。

当实测混凝土声速低于声速临界值时，声速可判为异常。

当检测剖面 $n$ 个测点的声速值普遍偏低且离散性很小时，宜采用声速低限值判据。即实测混凝土声速值低于声速低限值时，可直接判定为异常。

声速低限值应由预留同条件混凝土试件的抗压强度与声速对比试验结果，结合本地区试件经验确定。

2)波幅判据。波幅异常时的临界值判据应按公式计算波幅平均值，当某测点的波幅值小于波幅平均值－6时，波幅可判定为异常。

3)PSD 判据。当采用斜率法的 PSD 值作为辅助异常点判据时，PSD 值应按规范公式计算。根据 PSD 值在某深度处的突变，结合波幅变化情况，进行异常点判定。

(4)当采用信号主频值作为辅助异常点判据时，主频—深度曲线上主频值明显降低可判定为异常。

(5)桩身完整性类别应结合桩身混凝土各声学参数临界值、PSD 判据、混凝土声速低限值以及桩身可疑点加密测试(包括斜测或扇形扫测)后确定的缺陷范围，按表 8-4-66 的特征进行综合判定。

**表 8-4-66　桩身完整性判定**

| 序号 | 特　征 | 判　定 |
|---|---|---|
| 1 | 各检测剖面的声学参数均无异常，无声速低于低限值异常 | Ⅰ类桩 |
| 2 | 某一检测剖面个别测点的声学参数出现异常，无声速低于低限值异常 | Ⅱ类桩 |
| 3 | 某一检测剖面连续多个测点的声学参数出现异常；<br>两个或两个以上检测剖面在同一深度测点的声学参数出现异常；<br>局部混凝土声速出现低于低限值异常 | Ⅲ类桩 |
| 4 | 某一检测剖面连续多个测点的声学参数出现明显异常；<br>两个或两个以上检测剖面在同一深度测点的声学参数出现明显异常；<br>桩身混凝土声速出现普遍低于低限值异常或无法检测首波或声波接收信号严重畸变 | Ⅳ类桩 |

(6)当声测管出现堵管情况时，按如下规定执行。

1)当出现个别声测管桩底附近堵管，采用斜测法时，两个换能器中点连线的水平夹角应不大于 40°；

2)其他情况下，应在所堵声测管附近钻芯，检测桩身混凝土完整性，并用钻芯孔作为通道进行声波透射法检测。

(7)检测报告还应包括以下内容。

1)受检桩每个检测剖面声速—深度曲线、波幅—深度曲线，并将相应判据临界值所对应的标志线绘制于同一个坐标系；

2)当采用主频值或 PSD 值进行辅助分析判定时，绘制主频—深度曲线或 PSD 曲线；

3)桩身缺陷位置及程度分析；

4)每个检测剖面有代表行的正常测点和异常测点的实测波形曲线。

### 4.4.4 高应变法

1. 适用范围

本方法适用于检测预制桩的竖向抗压承载力和桩身完整性。

2. 仪器设备

(1)检测仪器的主要技术性能指标不应低于《基桩动测仪》(JG/T 3055)中规定的2级标准,且应具有保存、显示实测力与速度信号和信号处理与分析的功能。

(2)锤击设备应具有稳固的导向装置,打桩机械或类似的装置都可以作为锤击设备(导杆式柴油锤除外)。重锤应材质均匀、形状对称、锤底平整,高径(宽)比不得小于1,并采用铸铁或铸钢整体铸造。

(3)进行承载力检测时,选择的锤重应大于预估单桩极限承载力的1.0%～1.5%。锤重及锤落距选择是否合适应以能否有效和充分激发试验桩的桩侧和桩端土阻力为准。

(4)桩的贯入度可采用精密水准仪等仪器测定。

3. 现场检测

(1)检测前的准备工作应符合下列规定。

1)桩顶面应平整,桩顶高度应满足锤击装置的要求,桩锤重心应与桩顶对中,锤击装置架立应垂直稳固。

2)对不能承受锤击的桩头应做加固处理,处理的面积应与被检桩相同,混凝土强度应高于被检桩的强度。在条件允许的情况下,预应力管桩应尽量选择桩顶有端头板的桩作为试验桩。

3)传感器的安装应符合下列规定:

①桩顶下两侧面对称安装加速度传感器和应变传感器各1只,其与桩顶的距离不应小于1.0倍的桩径或边长。传感器安装面应平整,所在截面的材质和尺寸与被检桩相同。

②应变传感器与加速度传感器的中心应位于同一水平线上,同侧传感器间水平距离不宜大于100 mm。传感器中轴线应与桩轴线平行。

③安装完毕后的传感器应紧贴桩身表面,锤击时传感器不得松动。安装应变传感器时,应对传感器初始变形量进行监测,初始变形量应在仪器规定的范围内。桩头顶部应设置桩垫,桩垫宜采用10～30 mm厚的干木板或干胶合板等匀质材料。

(2)检测仪器检测前参数设定应符合下列规定。

1)采样时间间隔宜为100～200 μs,信号采样点数不宜少于1 024点。

2)传感器的设定值应按计量校准结果设定。

3)测点处的桩截面尺寸应按实际测量确定,波速、质量密度和弹性模量应按实际情况设定。

4)测点以下桩长和截面积可采用设计文件或施工记录提供的数据作为设定值。

5)桩材质量密度的取值:混凝土预制桩2.45～2.50 $t/m^3$,离心管桩2.55～2.60 $t/m^3$。

6)桩身波速可结合本地经验或按同场地同类型已检桩的平均波速初步设定,现场检测完成后应按规定调整。

7)桩材弹性模量按下式计算:

$$E=\rho \cdot c^2 \tag{8-4-7}$$

式中 $E$——桩材弹性模量,kPa;

$c$——桩身一维纵向应力波传播速度,m/s;

$\rho$——桩材质量密度,$t/m^3$。

(3)现场检测应符合下列要求。

1)检查前应检查确认传感器、连接电缆及接插件无断路、短路现象。通过仪器内部标定方式,确认测试系统处于正常状态,并按照规定设定参数。

2)每根受检桩记录的有效锤击信号应根据桩顶最大动位移、最大速度、桩身最大压应力、锤击能量、贯入度、信号质量,以及缺陷程度及其发展情况等综合确定。

3)重锤和锤架安装就位,要保证锤的重心与桩顶对中,锤架垫平,中轴线竖直,并保证落锤时也竖直;采用自由落锤为锤击设备时,宜重锤低击,最大锤击落距不得大于2.5 m。

4)检测时应及时检查采集数据的质量,当实测力与速度曲线峰值比例失调时,应分析原因,必要时,重新测试;当两侧力信号幅值相差 1 倍时,应调整冲击设备,重新测试;发现测试波形紊乱,或四通道信号不全时,应分析原因后重新测试;桩身有明显缺陷或缺陷程度加剧,应停止检测。

(4)承载力检测时宜实测桩的贯入度,单击贯入度宜在 2～6 mm 之间。

4. 数据分析与判定

(1)锤击信号选取与调整应符合下列规定。

1)检测承载力时选取锤击信号,宜取锤击能量较大的击次。

2)锤击后出现下列情况之一时,其信号不得作为分析计算依据:

①传感器安装处混凝土开裂或出现严重塑性变形使力曲线最终未归零。

②锤击偏心导致两侧力信号幅值相差超过 1 倍。

③由于触变效应的影响,预制桩在多次锤击下承载力下降。

④四通道测试数据不全。

3)桩身波速平均值可根据下行波波形起升沿的起点到上行波波形下降沿的起点之间的时差与已知桩长值确定;桩底反射信号不明显时,可根据桩长、混凝土波速的合理取值范围以及邻近桩的桩身波速确定。

4)测点处设定的应力波速,用于计算弹性模量,只与桩材料有关。当测点处原设定波速随调整后的桩身平均波速改变时,相应的桩材弹性模量应按公式重新计算后设置;并对原实测力值进行校正。

5) 力和速度信号第一峰起始比例失调时,应分析原因,严禁进行比例调整。

(2)承载力分析计算前,应结合地质条件、设计参数,对实测波形特征进行定性检查。

1)实测曲线特征反映出的桩承载性状;

2)观察桩身缺陷程度和位置,连续锤击时缺陷的扩大或逐步闭合情况。

(3)单桩承载力的判定应符合下列规定。

1)判定单桩承载力可采用实测曲线拟合法和凯司法。

2)一般情况下宜采用实测曲线拟合法确定单桩承载力。

(4)采用凯司法判定单桩承载力,应符合下列规定。

1)桩径小于 0.8 m;

2)凯司法判定的单桩竖向抗压承载力可按《铁路工程基桩检测技术规程》(TB 10218)中的公式计算。

(5)采用实测曲线拟合法判定桩承载力,应符合下列规定。

1)桩土力学模型物理意义明确,应能反映桩土的实际力学性状。

2)曲线拟合时间段长度在($t_1+2L/c$)时刻后延续时间不应小于 20 ms(柴油锤信号为 30 ms)。

3)拟合分析选用的拟合参数应在合理范围内。

4)各单元所选用的土的最大弹性位移值不应超过相应桩单元的最大计算位移值。

5)拟合完成时,土阻力响应区段的计算曲线与实测曲线必须吻合,其他区段的曲线应基本吻合。

6)贯入度的计算值应与实测值接近。

(6)出现以下情况时,不宜直接采用高应变检测结果,宜采用静载法进一步验证。

1)桩身存在严重缺陷,无法判定桩的竖向承载力时。

2)单击贯入度大,桩底同向反射强烈且反射峰较宽,侧阻、端阻反射弱,即波形表现出竖向承载性状明显与勘查设计条件不符时。

3)桩身缺陷对水平承载力有影响时。

(7)桩身完整性判定可采用以下方法进行,并应符合相应的规定。

1)桩身完整性宜采用实测曲线拟合法判定,拟合时所选用的桩土参数应符合前述规定;根据桩的成桩工艺,拟合时可采用桩身阻抗拟合或桩身裂隙(包括混凝土预制桩的接桩缝隙)拟合。

2)桩顶下第一个缺陷可用 $\beta$ 法并参照表 8-4-67 确定;桩身完整性系数 $\beta$ 和桩身缺陷位置 $x$ 应分别按规范公式进行计算。

(8)出现下列情况之一的,桩身完整性判定宜按工程地质条件和施工工艺结合实测曲线拟合法或其他检测方法综合进行。

1)力和速度曲线在峰值附近比例失调,桩身有浅部缺陷。

2)锤击力波上升缓慢,力与速度曲线比例失调。

表 8-4-67　桩身完整性判定

| 序号 | $\beta$ 值 | 判　定 |
|---|---|---|
| 1 | $\beta=1.0$ | Ⅰ类桩 |
| 2 | $0.8\leqslant\beta<1.0$ | Ⅱ类桩 |
| 3 | $0.6\leqslant\beta<0.8$ | Ⅲ类桩 |
| 4 | $\beta<0.6$ | Ⅳ类桩 |

(9)桩身最大锤击拉、压应力和桩锤实际传递给桩的能量应分别按规范相应公式计算。

(10)检测报告还应包括以下内容。

1)实测的力和速度曲线。

2)计算中实际采用的桩身波速值。

3)实测曲线拟合法所选用的各单元桩土模型参数、拟合曲线、模拟静载 $Q-s$ 曲线、桩侧阻力分布图。

4)凯司法计算所选用的 $J_c$ 值。

### 4.4.5　单桩竖向抗压静载试验

1.适用范围

(1)本方法适用于检测单桩的竖向抗压承载力,并宜采用慢速维持荷载法。

(2)当埋设有相应的测试元件时,本方法也可用桩身应力、桩侧摩阻力和桩端阻力的测试。

2. 仪器设备

(1)试验加载装置一般使用 1 台或多台油压千斤顶并联同步加载,采用 2 台以上千斤顶加载时,要求千斤顶型号、规格相同,且合力中心与桩轴线重合。

(2)静载试验加载反力装置可根据现场条件选择,主要有锚桩横梁反力装置、压重平台反力装置和锚桩压重联合反力装置三种模式。加载反力装置宜按预估最大荷载量的 1.3 倍设计,在最大试验荷载作用下,加载反力装置的全部构件不应产生过大的变形,应有足够的安全储备。当采用锚桩横梁反力装置时,锚桩数量不宜少于 4 根,还应对锚桩抗拔力、钢筋与焊缝的抗拉强度进行验算,应监测锚桩上拔量。当采用压重平台反力装置时,应符合下列规定。

1)压重宜在检测前一次加足,并均匀稳固地放置于平台上。

2)压重施加于地基的压应力不宜大于地基承载力特征值的 1.5 倍。

(3)荷载测量可用放置在千斤顶上的荷重传感器直接测定,或采用并联于千斤顶油路的压力表或压力传感器测定油压,根据千斤顶率定曲线换算荷载。传感器的测量误差不应大于 1%,压力表精度应优于或等于 0.4 级。试验用压力表、油泵、油管在最大加载时的压力不应超过规定工作压力的 80%。所使用的千斤顶、荷重传感器或压力表、压力传感器要在标定的有效时间内使用。

(4)沉降测量宜采用位移传感器或大量程百分表,并应符合下列规定。

1)测量误差不大于 0.1%F.S,分辨率优于或等于 0.01 mm。

2)直径或边宽大于 500 mm 的桩,应在其两个方向对称安置 4 个位移测试仪表,直径或边宽小于等于 500 mm 的桩可对称安置 2 个位移测试仪表。

3)沉降测定平面宜在桩顶 200 mm 以下位置,测点应牢固地固定于桩身。

4)基准梁应具有一定的刚度,梁的一端应固定在基准杆上,另一端应简支于基准杆上。

5)固定和支撑位移计(百分表)的夹具及基准梁应避免气温、振动及其他外界因素的影响。

6)所使用的位移传感器或大量程百分表要求在标定的有效期内使用。

(5)试桩、锚桩(压重平台支墩边)和基准桩相互之间的中心距应符合如下规定:当试桩直径小于或等于 0.8 m 时,可为试桩直径的 5 倍;当试桩直径大于 0.8 m 时,上述距离不得小于 4 m。

3. 现场检测

(1)对工程桩质量验收抽样检测时,最大有效加载量不应小于设计要求的单桩承载力特征值的 2.0 倍时;为设计提供依据的试验桩,应加载在破坏;设计另有规定时,按设计规定执行。

(2)试桩要求。

1）试桩宜结合设计、施工等因素合理选择。为设计提供依据的工艺性试桩其成桩工艺和质量控制标准应与工程桩一致。

2）桩顶部宜高出试坑底面 10 cm，试坑底面宜与桩承台底标高一致。试桩顶部一般应采用混凝土加固，混凝土强度等级不得低于检测桩的强度，并在桩顶配置加密钢筋网 2～3 层，或以薄钢板圆筒做成加劲箍与桩顶混凝土浇成一体，用高标号砂浆将桩顶抹平。

3）对作为锚桩用的灌注桩或混凝土预制桩，检测前宜对其桩身完整性进行检测。

（3）试验加卸载规定。

1）加载应分级进行，采用逐级等量加载；分级荷载宜为最大加载量或预估极限承载力的 1/10，其中第一级可取分级荷载的 2 倍。

2）卸载应分级进行，每级卸载量取加载时分级荷载的 2 倍，逐级等量卸载。

3）加、卸载时应使荷载传递均匀、连续、无冲击，每级荷载在维持过程中的变化幅度不得超过分级荷载的 ±10%。

（4）慢速维持荷载法试验步骤应符合下列规定。

1）每级荷载施加后按第 5、15、30、45、60 min 测读桩顶沉降量，以后每隔 30 min 测读一次。

2）试桩沉降相对稳定标准：每一小时内的桩顶沉降量不超过 0.1 mm，并连续出现两次（从分级荷载施加后第 30 min 开始，按 1.5 h 连续出现 3 次每 30 min 的沉降观测值计算）。

3）当桩顶沉降速率达到相对稳定标准时，再施加下一级荷载。

4）卸载时，每级荷载维持 1 h，按第 15、30、60 min 测读桩顶沉降量后，即可卸下一级荷载。卸载至零后，应测读桩顶残余沉降量，维持时间为 3 h，测读时间为第 15、30 min，以后每隔 30 min 测读一次。

（5）终止加载条件。

1）某级荷载作用下，桩顶沉降量大于前一级荷载作用下沉降量的 5 倍。

注：当桩顶沉降能相对稳定且总沉量小于 40 mm 时，宜加载至桩顶总沉降量超过 40 mm。

2）某级荷载作用下，桩顶沉降量大于前一级荷载作用下沉降量的 2 倍，且经 24 h 尚未达到相对稳定标准。

3）已达到设计要求的最大加载量。

4）当工程桩作锚桩时，锚桩上拔量已达到允许值。

5）当荷载—沉降曲线呈缓变型时，可加载至桩顶总沉降量 60～80 mm；在特殊情况下，可根据具体要求加载至桩顶累计沉降量超过 80 mm。

（6）检测数据记录格式应按单桩竖向抗压静载试验记录表填写。

（7）测试桩侧阻力和桩端阻力时，测试数据的测读时间宜符合慢速维持荷载法试验步骤的规定。

4. 数据分析与判定

（1）检测数据的整理应符合下列规定。

1）确定单桩竖向抗压承载力时，应绘制竖向荷载—沉降（$Q$-$s$）、沉降一时间对数（$s$-lg$t$）曲线，需要时也可绘制其他辅助分析所需曲线。

2）当进行桩身应力和桩底反力测定时，应整理出有关数据的记录表，并绘制桩身轴力分布图、计算不同土层的分层侧摩阻力和端摩阻力值。

（2）单桩竖向抗压极限承载力 $Q_u$ 可按下列方法综合分析确定。

1）根据沉降随荷载变化的特征确定：对于陡降型 $Q$-$s$ 曲线，取其发生明显陡降的起始点对应的荷载值。

2）根据沉降随时间变化的特征确定：取 $s$-lg$t$ 曲线尾部出现明显向下弯曲的前一级荷载值。

3）出现终止加载条件的第二款情况，取前一级荷载值。

4）对于缓变型 $Q$-$s$ 曲线可根据沉降量确定，宜取 40 mm 对应的荷载值；当桩长大于 40 m 时，宜考虑桩身弹性压缩量；对直径大于或等于 800 mm 的桩，可取 $s$=0.05$D$（$D$ 为桩端直径）对应的荷载值。

（3）单桩竖向抗压极限承载力统计值的确定应符合下列规定。

1）参加统计的试桩结果，当满足其极差不超过平均值的 30% 时，取其平均值为单桩竖向抗压极限承载力。

2）当极差超过平均值的 30% 时，应分析极差过大的原因，结合工程具体情况综合确定，必要时可增加试桩数量。

3)对桩数为3根或3根以下的柱下承台,或工程桩抽检数量少于3根时,应取低值。

(4)单位工程同一条件下的单桩竖向抗压承载力特征值$R_a$应按单桩竖向抗压极限承载力统计值的一半取值。

(5)检测报告还应包括以下内容。

1)受检桩桩位对应的地质柱状图。

2)受检桩及锚桩的尺寸、材料强度、锚桩数量、配筋情况。

3)加载反力种类,堆载法应指明堆载重量,锚桩法应有反力梁布置平面图。

4)加卸载方法,荷载分级。

5)检测数据整理要求绘制的曲线及对应的数据表,与承载力判定有关的曲线及数据。

6)承载力判定依据。

7)当进行分层摩阻力测试时,还应有传感器类型、安装位置,轴力计算方法,各级荷载下桩身轴力变化曲线,各土层的桩侧极限摩阻力和桩端阻力。

### 4.4.6　单桩竖向抗拔静载试验

1. 适用范围

(1)本方法适用于检测单桩的竖向抗拔承载力,并宜采用慢速维持荷载法。

(2)当埋设有桩身应力、应变测量传感器时,或桩端埋设有位移测量杆时,可直接测量桩侧抗拔摩阻力,或桩端上拔量。

2. 仪器设备

(1)抗拔桩试验加载装置宜采用油压千斤顶,加载方式应符合单桩竖向抗压静载试验中"2. 仪器设备"相关内容的规定。

(2)试验反力装置宜采用反力桩(或工程桩)提供支座反力,也可根据现场情况采用天然地基提供支座反力。反力架系统应具有不小于1.3倍的安全系数,并符合下列规定。

1)采用反力桩(或工程桩)提供支座反力时,反力桩顶面应平整并具有一定的强度。

2)采用天然地基提供支座反力时,施加于地基的压应力不宜超过地基承载力特征值的1.5倍;反力梁的支点重心应与支座中心重合。

(3)荷载测量及其仪器的技术要求应符合单桩竖向抗压静载试验中"2. 仪器设备"相关内容的规定。

(4)桩顶上拔量测量及其仪器的技术要求应符合单桩竖向抗压静载试验中"2. 仪器设备"相关内容的规定。

(5)试桩、支座和基准桩相互之间的中心距离应符合单桩竖向抗压静载试验中"2. 仪器设备"相关内容的规定。

(6)当需要测试桩侧抗拔摩阻力分布或桩端上拔量时,在桩身内埋设传感器或桩端埋设位移杆。

3. 现场检测

(1)对于工程桩抽样检测时,加载量不应小于设计要求的单桩抗拔承载力特征值的2.0倍。

(2)对于混凝土灌注桩、有接头的预制桩,宜在拔桩试验前采用低应变法检测受检桩的桩身完整性。为设计提供依据的抗拔灌注桩施工时应进行成孔质量检测,发现桩身中、下部位有明显扩径的桩不宜作为抗拔试验桩;对有接头的预制桩,应验算接头强度。

(3)慢速维持荷载法的加卸载分级、试验方法及稳定标准应符合单桩竖向抗压静载试验中"3. 现场检测"相关内容的规定执行,并仔细观察桩身混凝土开裂情况。

(4)当出现下列情况之一时,可终止加载。

1)在某级荷载作用下,桩顶上拔量大于前一级上拔荷载作用下的上拔量5倍。

2)按桩顶上拔量控制,当累计桩顶上拔量超过100 mm时。

3)按钢筋抗拉强度控制,桩顶上拔荷载达到钢筋强度标准值的0.9倍。

4)对于验收抽样检测的工程桩,达到设计要求的最大上拔荷载值。

(5)检测数据应按单桩竖向抗拔静载试验记录表填写。

(6)测试桩侧抗拔摩阻力或桩端上拔量时，测试数据的测读时间宜符合单桩竖向抗压静载试验中"3. 现场检测相关内容"的规定。

4. 数据分析与判定

(1)数据整理应绘制上拔荷载一桩顶上拔量($U$-$\delta$)关系曲线和桩顶上拔量一时间对数($\delta$-lg$t$)关系曲线。

(2)单桩竖向抗拔极限承载力可按下列方法综合判定。

1)根据上拔量随荷载变化的特征确定：对陡变型 $U$-$\delta$ 曲线，取陡升起始点对应的荷载值。

2)根据上拔量随时间变化的特征确定：取 $\delta$-lg$t$ 曲线斜率明显变陡或曲线尾部明显变弯曲的前一级荷载值。

3)当在某级荷载下抗拔钢筋断裂时，取其前一级荷载值。

(3)单桩竖向抗拔极限承载力统计值的确定应符合单桩竖向抗压静载试验中"4. 数据分析与判定"相关内容的规定。

(4)当作为验收抽样检测的受检桩在最大上拔荷载作用下，未出现上述(2)中所列 3)款情况时，可按设计要求判定。

(5)单位工程同一条件下的单桩竖向抗拔承载力特征值应按单桩竖向抗拔极限承载力统计值的一半取值。

注：当工程桩不允许带裂缝工作时，取桩身开裂前一级荷载作为单桩竖向抗拔承载力特征值，并与按极限荷载一半取值确定的承载力特征值相比取小值。

(6)检测报告还应包括以下内容。

1)受检桩桩位对应的地质柱状图。

2)受检桩尺寸及配筋情况。

3)加卸载方法，荷载分级。

4)(1)项要求绘制的曲线及对应的数据表。

5)承载力判定依据。

6)当进行抗拔摩阻力测试时，应有传感器类型、安装位置、轴力计算方法，各级荷载下桩身轴力变化曲线，各土层中的抗拔极限摩阻力。

### 4.4.7　单桩水平静载试验

1. 适用范围

(1)本方法适用于桩顶自由时的单桩水平静载试验。

(2)本方法用于检测桩顶自由时的单桩水平承载力，推定地基土抗力系数的比例系数。

(3)当埋设有桩身应变测量传感器时，可测量相应水平荷载作用下的桩身应力，并由此计算桩身弯矩。

2. 仪器设备

(1)水平推力加载装置宜采用油压千斤顶，加载能力应大于最大试验荷载的 1.3 倍。

(2)水平推力的反力可由相邻桩或现有结构物提供；当专门设置反力结构时，其承载能力和刚度应大于试验桩的 1.3 倍。

(3)荷载测量及其仪器的技术要求应符合单桩竖向抗压静载试验中"2. 仪器设备"中相关内容的规定；水平力作用点宜与实际工程的桩基承台底面标高一致；千斤顶和试验桩接触处应安置球形支座，以确保千斤顶作用力水平通过桩身轴线；千斤顶与试桩的接触面处宜适当补强。

(4)桩的水平位移测量及其仪器的技术要求应符合单桩竖向抗压静载试验中"2. 仪器设备"中相关内容的规定。在水平力作用平面的受检桩两侧应对称安装两个位移计；当需要测量桩顶转角时，尚应在水平力作用平面以上 50 cm 的受检桩两侧对称安装两个位移计。

(5)位移测量的基准点设置不应受试验和其他因素的影响，基准点宜设置在与作用力方向垂直且与位移方向相反的试桩侧面，基准点与试桩净距不应小于 1 倍桩径(桩宽)。

(6)测量桩身应力或应变时，各测试断面的测量传感器应沿受力方向对称布置在远离中性轴的受拉和受压主筋上；埋设传感器的纵剖面与受力方向之间的夹角不得大于 10°。在地面下 10 倍桩径(桩宽)的主要受力部分应加密测试断面，断面间距不宜超过 1 倍桩径；超过此深度，测试断面间距可适当加大。

3. 现场检测

(1)为设计提供依据的试验桩宜加载至桩顶出现较大水平位移或桩身结构破坏;对工程桩抽样检测,可按设计要求的水平位移允许值控制加载。

(2)加载方法宜根据工程实际受力特性选用单向多循环加载法或单桩竖向抗压静载试验中规定的慢速维持荷载法,也可按设计要求采用其他加载方法。需要测量桩身应力或应变的试桩宜采用慢速维持荷载法。

(3)试验加卸载方式和水平位移测量应符合下列规定。

1)单向多循环加载法的分级荷载应小于预估单桩水平极限承载力或最大试验荷载的1/10。每级荷载施加后,恒载4 min后可测读水平位移,然后卸载至零,停2 min测读残余水平位移,至此完成一个加卸载循环。如此循环5次,完成一级荷载的位移观测。试验不得中间停顿。

2)慢速维持荷载法的加卸载分级、试验方法及稳定标准应按单桩竖向抗压静载试验中"3. 现场检测"中相关内容的规定执行。

(4)当试验过程中出现下列情况之一时,可终止加载。

1)桩身折断。

2)水平位移超过30~40 mm(软土取40 mm)。

3)水平位移达到设计要求的水平位移允许值。

(5)检测数据应按单桩水平静载试验记录表填写。

(6)测量桩身应力或应变时,测试数据的测读宜与水平位移测量同步。

4. 数据分析与判定

(1)检测数据的整理应符合下列规定。

1)采用单向多循环加载法时应绘制水平力—时间—作用点位移($H$-$t$-$Y_0$)关系曲线和水平力—位移梯度($H$-$\Delta Y_0/\Delta H$)关系曲线。

2)采用慢速维持荷载法时应绘制水平力—力作用点位移($H$-$Y_0$)关系曲线、水平力—位移梯度($H$-$\Delta Y_0/\Delta H$)关系曲线、力作用点位移—时间对数($Y_0$-lg$t$)关系曲线和水平力—力作用点位移双对数(lg$H$-lg$Y_0$)关系曲线。

3)绘制水平力、水平力作用点水平位移—地基土水平抗力系数的比例系数的关系曲线($H$-$m$、$Y_0$-$m$)。

当桩顶自由且水平力作用位置位于地面处时,$m$值应按规范要求公式确定。

(2)对埋设有应力或应变测量传感器的试验应绘制下列曲线,并列表给出相应的数据。

1)各级水平力作用下的桩身弯矩分布图。

2)水平力—最大弯矩截面钢筋拉应力($H$-$\sigma_s$)曲线。

(3)单桩的水平临界荷载可按下列方法综合确定。

1)取单向多循环加载法时的$H$-$t$-$Y_0$曲线或慢速维持荷载法时的$H$-$Y_0$曲线出现拐点的前一级水平荷载值。

2)取$H$-$\Delta Y_0/\Delta H$曲线或lg$H$-lg$Y_0$曲线上第一拐点对应的水平荷载值。

3)取$H$-$\sigma_s$曲线第一拐点对应的水平荷载值。

(4)单桩的水平极限承载力可按下列方法综合确定。

1)取单向多循环加载法时的$H$-$t$-$Y_0$曲线产生明显陡降的前一级、或慢速维持荷载法时的$H$-$Y_0$曲线发生明显陡降的起始点对应的水平荷载值。

2)取慢速维持荷载法时的$Y_0$-lg$t$曲线尾部出现明显弯曲的前一级水平荷载值。

3)取$H$-$\Delta Y_0/\Delta H$曲线或lg$H$-lg$Y_0$曲线上第二拐点对应的水平荷载值。

4)取桩身折断或受拉钢筋屈服时的前一级水平荷载值。

(5)单桩水平极限承载力和水平临界荷载统计值的确定应符合单桩竖向抗压静载试验中"4. 数据分析与判定"相关内容的规定。

(6)单位工程同一条件下的单桩水平承载力特征值的确定应符合下列规定。

1)当水平承载力按桩身强度控制时,取水平临界荷载统计值为单桩水平承载力特征值。

2)当桩受长期水平荷载作用且桩不允许开裂时,取水平临界荷载统计值的0.8倍作为单桩水平承载力特征值。

(7)除上述规定外,当水平承载力按设计要求的水平允许位移控制时,可取设计要求的水平允许位移对应的水平荷载作为单桩水平承载力特征值,但应满足有关规范抗裂设计的要求。

(8)检测报告还应包括以下内容。

1)受检桩桩位对应的地质柱状图。

2)受检桩的截面尺寸及配筋情况。

3)加卸载方法,荷载分级。

4)(1)项要求绘制的曲线及对应的数据表。

5)承载力判定依据。

6)当进行钢筋应力测试并由此计算桩身弯矩时,应有传感器类型、安装位置、内力计算方法和(2)项要求绘制的曲线及对应的数据表。

### 4.4.8 钻 芯 法

1. 适用范围

钻芯法适用于检测混凝土灌注桩桩长、桩身混凝土强度、桩底沉渣厚度,鉴别桩端岩土性状,判定或验证桩身完整性类别。

2. 仪器设备

(1)钻取基桩芯样应采用液压操纵的钻芯机。钻芯机应配备单动双管钻具以及相应的空口管、扩孔器、卡簧和扶正稳定器,钻杆应顺直。钻芯机设备参数应符合下列规定。

1)额定最高转速不低于 790 r/min。

2)转速调节范围不少于 4 挡。

3)额定配用压力不低于 1.5 MPa。

(2)钻头宜采用金刚石薄壁钻头。钻头胎体不得有肉眼可见的裂纹、缺边、少角、倾斜及喇叭口变形。钻头内径不宜小于 90 mm。钻头胎体对钢体的同心度偏差不得大于 0.3 mm,钻头的径向跳动不得大于 1.5 mm。

(3)锯切机应具有冷却系统和牢固加紧芯样的装置,配套使用的金刚石圆锯片应有足够刚度。

(4)芯样补平装置(或磨平机)应保证芯样的端面平整和端面与芯样轴线垂直。

(5)取芯及芯样加工完成后,应及时对钻芯机和芯样加工、磨平设备进行维修保养。

3. 现场检测

(1)每根受检桩的钻心孔数和钻孔位置宜符合下列规定。

1)桩径小于 1.2 m 的桩钻 1 孔,桩径为 1.2～2.0 m 的桩钻 2 孔,桩径大于 2.0 m 的桩钻 3 孔。

2)当钻芯孔为一个时,宜在距桩中心 10～20 cm 的位置开孔;当钻芯孔为两个或两个以上时,开孔位置宜在距桩中心 0.15～0.25 倍桩径内均匀对称布置。

3)对桩底持力层的钻探,每根受检桩不应少于 1 孔,且钻探深度应满足设计要求。

(2)钻机设备安放平稳、牢固。其底座水平。钻机立轴中心、天轮中心(天车前沿切点)与孔口中心必须在同一铅垂线上。钻芯过程不发生倾斜、移位,钻芯孔垂直度偏差不大于 0.5%。

(3)桩顶面与钻机底座的距离较大时,应安装空口管,空口管应垂直且牢。

(4)钻进过程中,钻孔内循环水流不得中断,应根据回水含砂量及颜色调整钻进速度。

(5)提钻卸取芯样时,应采取相应措施,确保芯样完整。

(6)每回次进尺宜控制在 1.5 m 以内。钻至缺陷处,或下钻速度快的地方,应及时量测钻杆深度,确定缺陷位置、程度;钻至桩底时,应采取适宜的钻芯方法和工艺钻取沉渣,测定沉渣厚度并进行桩端持力层岩土性状鉴别。

(7)钻取的芯样应由上而下按回次顺序放进芯样箱中,芯样侧面上应清晰标明回次数、块号、本回次总块数。及时记录钻进情况和钻进异常情况,并对芯样质量做初步描述,对混凝土、桩底沉渣以及桩端持力层做详细编录。

(8)钻芯结束后,必须对芯样和标有工程名称、桩号、钻芯孔号、芯样试件采取位置、桩长、孔深、检测单位名称标示牌的全貌进行拍照。

(9)钻取芯样且评定合格后,钻芯孔采用压力灌浆回灌封闭。

4. 芯样试件截取与加工

(1)混凝土抗压芯样试件应按以下规定截取。

1)桩长小于或等于 30 m 时,每孔截取 3 组;当桩长大于 30 m 时,不少于 4 组。

2)上部芯样位置距桩顶不大于 1 倍桩径或 1 m,下部芯样位置距桩底不大于 1 倍桩径或 1 m,中间芯样宜等间距截取。

3)缺陷位置能取样试验时,应截取一组芯样进行混凝土抗压试验;如果同一基桩的钻芯孔数大于一个,其中一孔在某深度存在缺陷,则应在其他孔的该深度处取样进行混凝土抗压试验。

4)每组芯样应制作三个芯样抗压试件。

(2)当桩端持力层为中、微风化岩层且岩芯可制作成试件时,应在接近桩底部位截取一组岩石芯样;如遇分层岩性时宜在各层取样。

(3)锯切后的芯样,当不能满足平整度及垂直度要求时,宜按以下方法进行端面加工。

1)在磨平机上磨平。

2)用水泥砂浆(或水泥净浆)或硫磺胶泥(或硫磺)等材料在专用补平装置上补平。水泥砂浆(或水泥净浆)补平厚度不宜大于 5 mm,硫磺胶泥(或硫磺)补平厚度不宜大于 1.5 mm。补平层应与芯样结合牢固,受压时补平层与芯样的结合面不得提前破坏。

(4)进行抗压强度试验之前,应对芯样几何尺寸进行测量。

1)平均直径:用游标卡尺测量芯样中部,在相互垂直的两个位置上,取其两次测量的算术平均值,精确至 0.5 mm。

2)芯样高度:用钢卷尺或钢板尺进行测量,精确至 1 mm。

3)垂直度:用万能角度尺测量两个端面与母线的夹角,精确至 0.1°。

4)平整度:用钢板尺紧靠在芯样端面上,一面转动钢板尺,一面用塞尺测量钢板尺与芯样断面之间的缝隙。

(5)芯样尺寸偏差及外观质量应符合以下规定。

1)加工后的芯样,高度应为 $0.95d$～$1.05d$($d$ 为芯样平均直径)。

2)沿芯样高度任一直径与平均直径相差小于 2 mm。

3)芯样端面平整度的允许偏差在 100 mm 长度内为±0.1 mm。

4)芯样端面与轴线垂直度的允许偏差为±2°。

5)试件不得有裂缝或其他较大缺陷,且抗压芯样不得含有钢筋。

6)芯样试件平均直径宜大于 3 倍表观混凝土粗骨料最大粒径。

5. 芯样试件抗压强度试验

(1)芯样试件的混凝土抗压强度应按现行国家标准《普通混凝土力学性能试验方法标准》(GB/T 50081)中圆柱体试件抗压强度试验的有关规定执行。

(2)芯样试件应与被检测结构或构件混凝土湿度基本一致的条件下进行试验。芯样试件应在(20±5)℃的清水中浸泡 40～48 h,从水中取出后立即进行试验。

(3)芯样试件的混凝土强度换算值是指将芯样抗压强度换算成相应龄期的、边长为 150 mm 立方体试块的抗压强度。

(4)芯样试件混凝土强度换算值。

$$f_{cu}^{e}=4\xi P/\pi d^{2} \tag{8-4-8}$$

式中 $f_{cu}^{e}$——混凝土芯样试件强度换算值,MPa,精确至 0.1 MPa;

$P$——芯样试件抗压试验测得的破坏荷载,N;

$d$——芯样试件的平均直径,mm;

$\xi$——混凝土芯样试件抗压强度折算系数,应考虑尺寸效应、钻机扰动和混凝土成型条件的影响,通过试验统计确定;当无统计试验资料时宜取 1。

(5)每组试件强度代表值的确定应符合下列规定。

1)三个试件测值的算术平均值作为该组试件的强度代表值(精确至 0.1 MPa)。

2)同一受检桩同一深度部位有多组混凝土芯样试件抗压强度代表值时，取其平均值为该基桩该深度处混凝土芯样试件抗压强度代表值。

(6)桩底岩芯单轴抗压强度试验按规范《建筑地基基础设计规范》(GB 50007)附录J执行。

6. 数据分析与判定

(1)受检桩中不同深度位置的混凝土芯样试件抗压强度代表值中的最小值为该桩混凝土芯样试件抗压强度代表值。

(2)应根据桩的钻芯孔数、现场混凝土芯样特征、芯样试件抗压试验结果及岩芯单轴抗压强度试验结果，参照表8-4-68对桩身完整性进行分类。

**表8-4-68　桩身完整性分类表**

| 序号 | 特　征 | 判　定 |
|---|---|---|
| 1 | 混凝土芯样连续、完整、表面光滑、胶结好、骨料分布均匀、呈长柱状、断口吻合，仅见少量气孔 | Ⅰ类桩 |
| 2 | 混凝土芯样连续、完整、胶结较好、骨料分布基本均匀、呈柱状、断口基本吻合，局部见蜂窝、麻面、沟槽 | Ⅱ类桩 |
| 3 | 大部分混凝土芯样胶结较好，无松散、夹泥、严重离析或分层现象，但有下列情况之一：<br>(1)局部混凝土芯样破碎且破碎长度小于10 cm；<br>(2)骨料分布不均匀；<br>(3)多呈短柱状或块状；<br>(4)蜂窝、麻面、沟槽连续 | Ⅲ类桩 |
| 4 | 局部混凝土芯样破碎且长度大于10 cm；<br>混凝土芯样任一段松散、夹泥、严重离析或分层；<br>钻进困难或无法钻进 | Ⅳ类桩 |

(3)基桩成桩质量应按单桩进行评定。当出现下列情况之一时，应判定该受检桩不满足设计要求。

1)桩身完整性类别为Ⅳ类的桩。

2)受检桩混凝土芯样试件抗压强度代表值小于混凝土设计强度等级的桩。

3)桩长、桩底沉渣厚度不满足设计或规范要求的桩。

4)桩端持力层岩土性状(强度)或厚度未达到设计或规范要求的桩。

(4)钻芯孔偏出桩外时，仅对钻取芯样部分进行评价。

(5)检测报告还应包括以下内容。

1)钻芯设备情况。

2)检测桩数、钻孔数量，混凝土芯进尺、岩芯进尺、总进尺，混凝土试件组数、岩石试件组数。

3)编制每孔的柱状图。

4)芯样单轴抗压强度试验结果。

5)芯样彩色照片。

6)异常情况说明。

## 4.5　桥梁支座试验检测

桥梁支座包括盆式橡胶支座、板式橡胶支座和钢支座。成品支座的竖向承载力、水平承载力、位移、转角和摩擦系数应满足设计要求。支座安装应满足设计和标准规范要求。

### 4.5.1　支座检测

支座的检验分原材料及部件进厂检验、产品出厂检验和型式检验。原材料及部件进厂检验为支座加工用原材料及外协加工件进厂时进行分批抽样的验收检验；产品出厂检验为支座生产厂在每批产品交货前必须进行的每个支座的检验；型式检验由国家计量认证的检测机构，在生产厂家初次生产支座及在生产过程中按一定抽检频率所进行的对生产支座原材料和成品支座抽样检验。

支座在首次进场使用时应有生产厂家提供的型式检验报告,每批进场时应有生产厂家提供的原材料和成品的检验报告和产品合格证书。

### 4.5.2 支座的安装检测

支座安装时应采用注浆材料进行安装锚固。简支箱梁和现浇梁采用支座灌浆料进行重力自流平灌注锚固,T梁可采用M50干硬性无收缩砂浆。

1. 简支箱梁安装灌浆料的要求

浆体水灰比不宜大于0.34,且不得泌水,流动度不应小于320 mm,30 min后流动度不应小于240 mm;28 d抗压强度不应小于50 MPa,弹性模量不应小于30 GPa,56 d强度不降低;24 h抗折强度不应小于10 MPa;标准养护条件下浆体28 d自由膨胀率为0.02%~0.1%。当有特殊要求时,可采用早强快硬材料,常温条件下,2 h抗压强度不宜小于20 MPa,56 d抗压强度不应小于50 MPa。

每批原材料进场时应取样进行全项目的检验。在架梁作业时,每片箱梁的安装应取样制作4组试件(40 mm×40 mm×160 mm),其中2组同条件养护分别进行2 h抗压强度和24 h抗折强度检验,2组标准养护分别进行28 d和56 d抗压强度检验。

2. 现浇梁安装灌浆料的要求

浆体不得泌水,流动度不应小于220 mm,初凝不小于30 min,终凝不大于3 h;收缩率应小于2%,膨胀率应不小于0.1%。8 h抗压强度应不小于20 MPa,12 h抗压强度应不小于25 MPa,24 h抗压强度应不小于40 MPa,28 d抗压强度不应小于50 MPa,弹性模量不应小于30 GPa,56 d强度不降低;24 h抗折强度不应小于6 MPa,28 d抗折强度不应小于8 MPa,56 d抗折强度不应小于10 MPa。

每批原材料进场时应取样进行全项目的检验。在每孔现浇梁安装时应取样制作5组试件(40 mm×40 mm×160mm),其中3组同条件养护分别进行8 h、12 h抗压强度以及24 h抗压和抗折强度检验,2组标准养护分别进行28 d、56 d的抗压和抗折强度检验。

3. T梁安装干硬性无收缩砂浆的要求

8 h抗压强度应不小于25 MPa,28 d抗压强度不应小于50 MPa,弹性模量不应小于30 GPa,56 d强度不降低;24 h抗折强度不应小于10 MPa;标准养护条件下浆体28 d自由膨胀率为0.02%~0.1%。

在施工前应选择原材料进行配合比的设计,满足各项指标的要求。在架梁作业时,每孔梁的安装应取样制作4组试件(40 mm×40 mm×160 mm),其中2组同条件养护分别进行8 h抗压强度和24 h抗折强度检验,2组标准养护分别进行28 d和56 d抗压强度检验。

## 4.6 预应力工程试验检测

### 4.6.1 千斤顶校验

预应力张拉千斤顶必须与油压表及油泵配套校验合格后方可使用。经过校验,确定其校正系数,千斤顶的校正系数不应大于1.05;同时计算给出千斤顶荷载与油压表读数的回归关系方程,用于在张拉过程中应力的控制。

1. 压力表的要求

张拉用油压表应选用精度等级不低于1.0级的防振型油压表,表盘量程应在张拉工作最大油压的1.25~2.0倍之间,油表的最小分度值应不大于0.5 MPa,表盘直径不小于150 mm。油压表的检定有效期不应大于1周,当采用0.4级精度的精密油压表并由计量管理部门按0.4级精度检定合格时,其有效期不应超过1个月。

当建立了压力表检定标准,获得油压表量值传递权,自行开展压力表检定的,应对压力表标准仪(或活塞压力计)及母表进行周期检定、定期校准、比对试验,并应在使用前校核,随时注意是否发生故障或异常。检定后的油压表用铅封封口,未经校正过的油表不许使用。油表在使用过程中发生振动、玻璃破损、指针松动、无压时指针不回零现象都须更换。

2. 校验标准器

校验千斤顶必须要与能反映力值的标准器进行对比,才能计算校正系数和关系方程。校验标准器可选数字压力传感器和测力环，标准器在使用前必须送到有资质的计量单位进行检定校核合格，并在有效期限内使用，检定有效期为1年。压力传感器直接给出的荷载力值，测力环检定给出的是百分表与荷载力值的关系，在进行千斤顶校验时应将百分表读数用内插法转换成荷载力值使用。

3. 校验要求

千斤顶的校验有效期不得超过1个月，校验环境温度应控制在5 ℃～35 ℃。

千斤顶校验时应与已检定合格的油压表配套编号检验。将千斤顶、油压表、油泵安装连接好后，空载往复运行3次，千斤顶无爬行、无跳动现象，方可进行下步操作。将千斤顶放入检定框架内，活塞伸出千斤顶行程的2/3，升压至额定油压，维持压力5 min，其压力下降不超过额定油压的5%，即可进行正式检验工作。

根据需要放置垫块，调整千斤顶检定框架内空间高度，使千斤顶活塞伸出量接近工作状态。启动油泵将千斤顶加荷到最大力值，预压2次。然后按照检定示值点进行逐级加荷，读取检定点的油压表读数和所反映出的标准器的数值，并做好现场记录。检定示值点的选取一般从油压表整数值选取，最大值应超过千斤顶在使用时最大力值对应的压力表读数的110%，一般取5～8点，应均匀分布。

示值检定时施加试验力应平稳，加到检定点前应缓慢施加，便于准确读数。重复测量3次。对3次测试荷载读数进行平均，用油压表示值乘以千斤顶活塞面积计算理论荷载值，理论荷载值与实测荷载的比值即为千斤顶的校正系数；用油压表的示值与测试荷载读数建立回归关系，即可计算出回归方程，使用时通过需要的张拉应力荷载值，计算油压表的读数，进行张拉应力控制。

### 4.6.2　摩阻试验

桥梁的摩阻试验包括预应力管道摩阻和锚具锚口及喇叭口摩阻两部分。

1. 管道摩阻试验

预应力张拉时，由于预应力筋与管道壁接触并沿管道滑动而产生摩擦阻力，摩阻损失可分为弯道影响和管道走动影响两部分。理论上讲，直线管道无摩擦损失，但管道在施工时因混凝土浇筑扰动及管道安装误差等原因而变成波形，并非理想顺直，加上预应力筋因自重而下垂，力筋与管道实际上有接触，故当有相对滑动时就会产生摩阻力，此项称为管道走动影响（或偏差影响、长度影响）。对于曲线管道，除了管道走动影响之外，还有力筋对管道内壁的径向压力所产生的摩阻力，该部分称为弯道影响，随力筋弯曲角度的增加而增加。直线管道的摩阻损失较小，而曲线管道的摩擦损失由两部分组成，因此比直线管道大得多。

进行管道摩阻试验前，应先将张拉千斤顶、油压表和油泵进行标定，并在试验中配套使用，以校核传感器的读数。试验采用一端张拉，用两台压力传感器读数的方式进行测试。

试验时，在梁体管道的两端分别安装传感器，然后安装千斤顶。根据千斤顶油表读数控制张拉荷载级。以一端作主动端，一端作被动端逐级加载，两端均读取传感器读数，并测量钢绞线伸长量，每个管道张拉2次。然后调换主动端与被动端位置，用同样的方法再做1遍。每级荷载下均需记录主动端与被动端压力传感器读数、张拉端油缸伸长量、油表读数、张拉端夹片外露量等测试数据。分级测试预应力束张拉过程中主动端与被动端的荷载，并通过线性回归确定管道被动端和主动端荷载的比值，然后利用二元线性回归的方法确定预应力管道的$k$、$\mu$值。

在试验过程中，采用单侧张拉方式（左右两侧不对称）对梁体不利，所以应严格控制张拉应力（必要时应进行检算，否则应对称张拉）。当张拉到设计荷载时，由于张拉力与钢绞线伸长不同步，致使当油表到达设计值后，钢绞线继续伸长，相应造成油表读数下滑。为避免这种现象的发生，当油表达到设计读数后应降低供油速度，向千斤顶缸体内缓慢供油，维持油表表盘读数不变持荷约1 min后，钢绞线的的伸长基本完成，方可关闭进油阀，关闭油泵。待相应工作完成之后方可进入下一级作业。当张拉到控制应力一级时，不能超过设计读数，然后停止供油待油表值回落到设计值的方式。在量取伸长值时应按照上述方法待到伸长量稳定后方可量取读数。

2. 锚具锚口及喇叭口摩阻

锚具摩阻损失将包括以下三部分：第一部分为没有夹片时的锚具摩阻损失，第二部分为夹片引起的摩阻损失，第三部分为增加的限位板与锚具因对准误差而错孔产生的摩阻损失。前两部分为正常的锚具摩阻损失内容，第三部分为额外增加的锚具摩阻损失内容，必须予以剔除。

锚具的锚口摩阻试验在特制的混凝土试件上进行，一般采用0.6 m×0.6 m×3.0 m混凝土试件。试件截面中心处的预应力管道为直管道,成孔方式及锚具、锚垫板与箱梁采用的完全相同。测试时需采用工作状态的锚具(安装夹片),并选取3套规格相同的锚具进行试验,每套锚具共计张拉2次。试验时在试件两端分别安装千斤顶和传感器,采用单端张拉方式,被动端测试前首先张拉,以便完成测试后进行退锚。试验时千斤顶一次直接张拉至设计张拉应力,分别读取主动端和被动端传感器读数。在安装过程中由于传感器与工作锚具之间存在一定间隙,在试验时工作锚在千斤顶压力作用下可能嵌入传感器中,导致测量数据失真且试验完成后不利于拆除,所以在传感器与工作锚具之间临时增设一块限位板,在数据分析过程中应分析比较扣除此块限位板所产生的锚口摩阻损失。

喇叭口摩阻损失的试验同样在试件上进行,测定其损失主要通过间接的方式进行。方法是通过测试喇叭口与锚口摩阻损失之和,再从中扣除锚口摩阻损失,以确定喇叭口的摩阻损失。试验的具体操作与锚口摩阻试验一样,只是在主动端与被动端各安置一个传感器,以试件一端为主动张拉端,一端为被动端,共计张拉2次后,同样的,试验时千斤顶一次直接张拉至设计张拉应力,分别读取主动端和被动端传感器读数。调换主动端与被动端位置再做2次。

分级测试预应力束张拉过程中主动端与被动端的荷载,并通过线性回归确定管道被动端和主动端荷载的比值,然后利用二元线性回归的方法确定预应力管道的$k$、$\mu$值。

试验时应注意钢绞线要预留足够的长度,安装固定传感器时,应把传感器和其垫板装成一个整体,以保证同心,限位板与传感器以及千斤顶应对中。

### 4.6.3 压浆浆体性能检验

预应力管道压浆,浆体的水胶比不应大于0.33,浆体性能应符合表8-4-39的要求。压浆材料的计量及搅拌应用自动计量的压浆台车,配制浆体拌和物时,水泥、压浆剂及水的称量误差(均以质量计)应不大于±1%,压浆台车应经法定计量检定合格,并在有效期内使用。

浆体搅拌时,应先加入实际拌和水用量的80%~90%,开动搅拌机,均匀加入全部压浆剂,边加入边搅拌,然后均匀加入全部水泥。全部粉料加入后再搅拌2 min,然后加入剩余的10%~20%的拌和水,继续搅拌2 min。

搅拌均匀后,现场进行出机流动度试验,每10盘进行一次检测,应满足(18±4)s的规定。浆体性能合格后,即可通过过滤网进入储料灌,进行压浆施工作业,浆体在储料灌中继续搅拌,以保证浆体的流动性。禁止在施工过程中由于流动度不够额外加水。

压浆时浆体的温度应在5 ℃~30 ℃之间,压浆及压浆后3 d内,梁体及环境温度不应低于5 ℃,否则应采取保温养护措施。在环境温度高于35 ℃时,应选择早晚温度较低的时间施工。

压浆过程中,每件梁须制作3组标准养护试件(40 mm×40 mm×160 mm),进行抗压强度和抗折强度试验。试件要取出浆口的浆体制作,并须注明制作日期及编号。同时对压浆进行记录,记录项目包括:压浆材料、配合比、压浆日期、搅拌时间、出机流动度、浆体温度、环境温度等。

压浆浆体取样及性能检验应符合表8-4-69的要求。

**表8-4-69 压浆浆体取样及性能检验要求**

| 试样名称 | 试件数量 | 取样位置 | 试样批量 | 养护方式 | 试验龄期 | 指标要求 | 检验方法 |
|---|---|---|---|---|---|---|---|
| 出机流动度(s) | 1组 | 随机 | 1次/10盘 | — | — | 18±4 | 按TB/T 3192附录A检验 |
| 7 d强度(MPa) | 1组 | 随机 | 1批/件 | 标养 | 7 d | 抗折≥6.5 | 按GB/T 17671检验 |
| | | | | | | 抗压≥35 | |
| 28 d强度(MPa) | 2组 | 随机 | 1批/件 | 标养 | 28 d | 抗折≥10 | |
| | | | | | | 抗压≥50 | |

## 4.7 实体质量检测

### 4.7.1 简支梁静载试验

简支梁的静载试验应符合《预应力混凝土铁路桥简支梁静载变曲试验方法及评定标准》(TB/T 2092)的

要求。

1. 简支梁静载试验的条件

简支梁在下列情况下应进行静载弯曲试验：

(1)采用新结构、新材料、新工艺进行试生产时。

(2)生产条件有较大变动时。

(3)出现影响结构承载能力的缺陷时。

(4)交库技术资料不齐全或对资料产生怀疑时。

(5)正常生产条件下，同类别、同跨度梁 60 件或连续三个月产量(三个月产量不足 60 件时)计一批，每批抽检 1 件。

(6)产品质量认证检验时，应对不同类别的简支梁各抽取一件，抽样原则：按最不利原则一次抽取 3 件(一件为首次试验梁，两件为加倍试验备用梁)。

(7)简支梁静载试验在终张拉 30 d 后进行，不足 30 d 时应由设计方检算确定。

2. 试验仪器及要求

试验时需具有试验台座、加力架、千斤顶、油泵、标准油压表或压力传感器等加力设备和计量仪器，其工作能力控制在 1.5～2.5 倍最大试验荷载之间。

加载用的千斤顶校验系数应不大于 1.05。压力表应采用防振型，其精度等级应不低于 0.4 级，最小分度值应不大于 0.2 MPa，表盘量程应在工作最大油压的 1.25～2.0 倍之间。挠度测量采用大量程百分表，其最小分度值不大于 0.05 mm。用于观察裂纹的普通放大镜放大倍数不低于 10 倍，直径不小于 50 mm；测量裂纹宽度应使用刻度放大镜，其放大倍数应不低于 10 倍，最小分度值不大于 0.02 mm。测量跨度用钢卷尺，其最小分度值应不大于 1 mm。弹簧式拉力测力计的最小分度值不大于 2%F. S，示值误差应为±1%F. S。

试验前应将千斤顶与压力表配套标定，标定时应采用千斤顶顶压试验机或压力传感器的标定方式，其活塞的外露应约等于最大荷载时的外露量；千斤顶及压力表应分级标定，级差应不大于加载最大值的 10%，加载速度应不大于 3 kN/s，标定的最大荷载宜不大于加载最大值的 1.1 倍，且持荷 10 min。各级荷载下应以压力表的表盘整读数对应试验机或压力传感器的表盘读数。配套标定数据应进行线性回归，线性回归相关系数应不小于 0.999，并根据加载等级计算各级荷载下的压力表示值。

试验所用计量设备、仪器、仪表、钢卷尺等均需经法定计量部门检定合格，且在有效期内使用。测量跨度用钢卷尺应经悬空检定。

3. 试验前的准备

(1)梁两端支座的相对高差应不大于 10 mm，同一支座两侧或同一端两支座高差应不大于 2 mm；箱梁四支点不平整度不大于 2 mm。

(2)试验梁移入台座对中后，在梁顶标出腹板中心线作为梁体的加载中心线，并在每一加载点铺设垫层及钢座板。钢座板用水平尺找平后，移入千斤顶。

(3)各千斤顶中心与梁顶加载中心线纵横向位置偏差均应不大于 10 mm。

(4)千斤顶中心与加力架横梁中心纵横向偏差均应不大于 10 mm，且应垫实两者之间的空隙。

(5)加载前用 10 倍放大镜在梁体跨中两侧 1/2 跨度范围内的下缘和梁底面进行外观检查；对初始裂缝(表面收缩裂缝和表面损伤裂缝)及局部缺陷用蓝色铅笔详细描出。

(6)试验梁静载试验前应在跨中及支座中心两侧安放挠度测量百分表，测量挠度的支座应牢固、稳定，且不应受加载时试验台座变形的影响。

(7)解除支座上、下板临时联结，4 组应力拉杆不得刮孔，受力均匀。加载顶的外露量和百分表的行程不能过大，需满足静载试验。

4. 加载方法

试验梁的加载分两个循环进行。以加载系数 $k$ 表示加载等级，加载系数 $k$ 是加载试验中梁体跨中承受的弯距与设计弯距之比。试验准备工作结束后梁体承受的荷载状态为初始状态；基数级下梁体跨中承受的弯距指梁体质量与二期恒载质量对跨中弯距之和。

全预应力梁各循环的加载等级：

第一加载循环。初始状态→0.60(3 min)→基数级(3 min)→0.8(3 min)→静活载级(3 min)→1.00

(20 min)→静活载级(1 min)→基数级(1 min)→0.60(1 min)→初始状态(10 min)。

第二加载循环。初始状态→0.60(3 min)→基数级(3 min)→0.8(3 min) →静活载级(3 min)→1.00(5 min)→1.05(5 min)→1.10(5 min)→1.15(5 min)→1.20(20 min)→1.10(1 min)→静活载级(1 min)→基数级(1 min) →0.60(1 min)→初始状态。

当在第二加载循环中不能判断是否已出现受力裂缝时,应进行受力裂缝验证加载。验证加载从第二加载循环卸载至静活载级后开始。

验证加载。静活载级(5 min)→1.00(5 min)→1.05(5 min)→1.10(5 min)→1.15(5 min)→1.20(5 min)→1.10(1 min)→静活载级(1 min)→基数级→0.60(1 min)→初始状态。

注:若基数级大于 0.60 级,则取消 0.60 级。

各加载千斤顶宜同速、同步达到同一荷载值;加载速度不宜于超过 3 kN/s。

每级加载后均应仔细检查梁体下缘和梁体有无裂缝出现。如出现裂缝或(和)初始裂缝的延伸,应用红铅笔标注,并注明荷载等级,量测裂缝宽度。

每级加载后均应测量梁体跨中和各支座中心截面两侧竖向位移变化,以同一截面的两测平均值分别作为相应截面的竖向位移量或支点沉降量。跨中截面的竖向位移量减去支座沉降影响量即为该级荷载下的实测挠度值。

对每级加载下的实测挠度值,应仔细复核,发现异常立即查明原因。

5. 评定标准

(1)梁体刚度合格的评定。

实测静活载挠度值($f_{实测}$)为静活载级下实测挠度减去基数级下实测挠度值。实测静活载挠度值合格评定标准:$\psi f_{实测} \leqslant 1.05 f_{设计}$。

(2)全预应力梁抗裂合格的评定。

在 $K=1.20$ 加载等级下持荷 20 min,梁体下缘底面未发现受力裂缝或下缘截面(包括倒角、圆弧过渡段)的受力裂缝未延伸至梁底边,评定允许全预应力梁抗裂合格。

(3)梁体刚度不合格的评定。

当最后一轮加载循环时的实测静活载挠度值不满足规定,则梁体刚度不合格。

(4)全预应力梁抗裂不合格的评定。

在加载荷载过程中或持荷时间内,梁体下缘底面发现受力裂缝或下缘侧面受力裂缝延伸至梁底边,评定该全预应力梁抗裂不合格。

(5)对全预应力混凝土梁,梁体竖向刚度和抗裂均合格,评定该梁静载弯曲试验合格,否则为不合格。若该梁静载弯曲试验评定为不合格,应对备用梁进行静载弯曲试验。两件备用梁静载弯曲试验均合格,仍可评定为该批梁静载弯曲试验合格(首件静载弯曲试验不合格梁除外)。若加倍的静载弯曲试验梁仍有不合格,则应对该批梁逐件进行静载弯曲试验。

### 4.7.2 强度检测

混凝土实体强度的检测方法有回弹法、钻芯法以及超声回弹综合法等。

#### 4.7.2.1 回弹法

回弹法检测混凝土强度方法适用于普通混凝土抗压强度的检测,不适用于表层与内部质量有明显差异或内部存在缺陷的混凝土强度检测。

1. 回弹仪

回弹仪可为数字式的,也可为指针直读式的。回弹仪应具有产品合格证及计量检定证书,并应符合《回弹仪》(GB/T 9138)的规定。回弹仪的检定周期为半年;率定试验所用的钢砧检定周期为 2 年。

回弹仪在水平弹击时,在弹击锤脱钩瞬间,标称能量应为 2.207 J;在弹击锤与弹击杆碰撞的瞬间,弹击拉簧应处于自由状态,且弹击锤起跳点应位于指针指示刻度尺上的“0”处;在洛氏硬度 HRC 为 60±2 的钢砧上,回弹仪的率定值应为 80±2;数字式回弹仪应带有指针直读示值系统,数字显示的回弹值与指针直读示值相差不应超过 1。

回弹仪使用时的环境温度应为−4 ℃~40 ℃。回弹仪的率定试验应在室温为 5 ℃~35 ℃的条件下进行；钢砧表面应干燥、清洁，并应稳固地平放在刚度大的物体上；率定试验时，回弹仪应取连续向下弹击三次的稳定回弹结果的平均值；率定试验应分四个方向进行，且每个方向弹击前，弹击杆应旋转 90°，每个方向的回弹平均值均应为 80±2。

当回弹仪弹击超过 2 000 次，或在钢砧上的率定值不合格，或对检测值有怀疑时，应进行维修保养，然后按规定重新进行率定试验。回弹仪使用完毕，应使弹击杆伸出机壳，并应清除弹击杆、杆前端球面以及刻度尺表面和外壳上的污垢、尘土。回弹仪不用时，应将弹击杆压入机壳内，经弹击后按下按钮，锁住机芯，然后平放装入仪器箱。

2. 检测技术

(1)一般规定。混凝土强度可按批量或按单个构件进行检测。对于混凝土生产工艺、强度等级相同，原材料、配合比、养护条件基本一致，且龄期相近的一批同类构件的检测应采用批量检测。按批量进行检测时，应随机抽取构件，抽检数量不宜少于同批构件总数的 30%，且不宜少于 10 件。当检验批构件数量大于 30 个时，抽样数量可适当调整，并不得少于国家现行有关标准规定的最少抽样数量。

单个构件的检测应符合下列规定：

1)对于一般构件，测区数量不宜少于 10 个。当受检构件数量大于 30 个，且不需提供单个构件推定强度或受检构件某一方向尺寸不大于 4.5 m 且另一方向尺寸不大于 0.3 m 时，每个构件的测区数量可适当减少，但不应少于 5 个。

2)相邻两测区的间距不应大于 2 m，测区离构件端部或施工缝边缘的距离不宜大于 0.5 m，且不宜小于 0.2 m。

3)测区宜选在能使回弹仪处于水平方向的混凝土浇筑侧面。当不能满足这一要求时，也可选在使回弹仪处于非水平方向的混凝土浇筑表面或底面。

4)测区宜布置在构件的两个对称的可测面上，当不能布置在对称的可测面上时，也可布置在同一可测面上，且应均匀分布。在构件的重要部位及薄弱部位应布置测区，并应避开预埋件。

5)测区的面积不宜大于 0.04 $m^2$。

6)测区表面应为混凝土原浆面，并应清洁、平整，不应有疏松层、浮浆、油垢、涂层以及蜂窝、麻面。

7)对于弹击时产生颤动的薄壁、小型构件，应进行固定。

检测泵送混凝土强度时，测区应选在混凝土浇筑侧面。

测区应标有清晰的编号，并宜在记录纸上绘制测区布置示意图和描述外观质量情况。

当检测条件与回弹检测的适用条件有较大差异时，可采取在构件上钻取的混凝土芯样或同条件试块对测区混凝土强度换算值进行修正。对同一强度等级混凝土修正时，芯样数量不应少于 6 个，公称直径宜为 100 mm，高径比应为 1。芯样应在测区内钻取，每个芯样应只加工一个试件。同条件试块修正时，试块数量应不少于 6 个，试块边长应为 150 mm。测区混凝土强度修正量及测区混凝土强度换算值的修正应按规范《回弹法检测混凝土抗压强度技术规程》(JGJ/T 23)要求的公式进行计算。

(2)回弹值测量。测量回弹值时，回弹仪的轴线应始终垂直于混凝土检测面，并应缓慢施压、准确读数、快速复位。

每一测区应读取 16 个回弹值，每一测点的回弹值读数应精确至 1。测点宜在测区范围内均匀分布，相邻两测点的净距离不宜小于 20 mm；测点距外露钢筋、预埋件的距离不宜小于 30 mm；测点不应在气孔或外露石子上，同一测点应只弹击一次。

(3)碳化深度值测量。回弹值测量完毕后，应在有代表性的测区上测量碳化深度值，测点数不应少于构件回弹测区数的 30%，应取其平均值作为该构件每个测区的碳化深度值。当碳化深度值极差大于 2.0 mm 时，应在每一回弹测区分别测量碳化深度值。

碳化深度值的测量应符合下列规定：

1)可采用工具在测区表面形成直径约 15 mm 的孔洞，其深度应大于混凝土的碳化深度；

2)应清除孔洞中的粉末和碎屑，且不得用水擦洗；

3)应采用浓度为 1%～2%的酚酞酒精溶液滴在空洞内壁的边缘处，当已碳化与未碳化界线清晰时，应采用碳化深度测量仪测量已碳化与未碳化混凝土交界面到混凝土表面的垂直距离，并应测量三次，每次读数应精确至 0.25 mm；

4)应取三次测量的平均值作为检测结果,并应精确至 0.5 mm。

3. 回弹值计算

计算测区平均回弹值时,应从该测区的 16 个回弹值中剔除 3 个最大值和 3 个最小值,其余的 10 个回弹值进行算术平均作为测区的平均回弹值,精确至 0.1。

非水平方向检测混凝土浇筑侧面时,测区的平均回弹值应按非水平方向检测的平均回弹值+非水平方向检测的回弹值角度修正值(修正值按《回弹法检测混凝土抗压强度技术规程》(JGJ/T 23)标准附录 C 查表,根据非水平方向检测的回弹值和角度进行取值)。

水平方向检测混凝土浇筑表面或浇筑底面时,测区的平均回弹值应按水平方向检测混凝土浇筑表面或底面的平均回弹值+混凝土浇筑表面或底面的回弹值修正值(修正值按《回弹法检测混凝土抗压强度技术规程》(JGJ/T 23)附录 D 查表,根据检测的回弹值和浇筑面进行取值)。

当回弹仪为非水平方向且测试面为混凝土的非浇筑侧面时,应先对回弹值进行角度修正,然后再对修正后的回弹值进行浇筑面修正。

4. 测强曲线

混凝土强度换算值应按专用测强曲线、地区测强曲线、统一测强曲线的顺序选用测强曲线进行强度换算。

符合下列条件的非泵送混凝土,测区强度应按《回弹法检测混凝土抗压强度技术规程》(JGJ/T 23)附录 A 查表进行强度换算。

(1)混凝土采用的水泥、砂石、外加剂、掺和料、拌和用水符合国家现行有关标准;

(2)采用普通成型工艺;

(3)采用符合国家标准规定的模板;

(4)蒸汽养护出池经自然养护 7 d 以上,且混凝土表层为干燥状态;

(5)自然养护且龄期为 14～1 000 d;

(6)抗压强度为 10～60 MPa。

符合上述规定的泵送混凝土,测区强度可按《回弹法检测混凝土抗压强度技术规程》(JGJ/T 23)附录 B 查表进行强度换算或按附录 B 的曲线方程计算强度。

测区混凝土强度换算表所依据的统一测强曲线,其强度误差值应符合下列规定:平均相对误差不应大于 ±15.0%;相对标准差不应大于 18.0%。

当有下列情况之一时,测区混凝土强度不得按《回弹法检测混凝土抗压强度技术规程》(JGJ/T 23)附录 A 或附录 B 进行强度换算。

(1)非泵送混凝土粗骨料最大公称粒径大于 60 mm,泵送混凝土粗骨料最大公称粒径大于 31.5 mm;

(2)特种成型工艺制作的混凝土;

(3)检测部位曲率半径小于 250 mm;

(4)潮湿或浸水混凝土。

5. 混凝土强度计算

构件某个测区混凝土强度换算值,可按规定求得平均回弹值和平均碳化深度值,然后由《回弹法检测混凝土抗压强度技术规程》(JGJ/T 23)附录 A、附录 B 查表或计算得出。当有地区或专用测强曲线时,混凝土强度的换算值宜按地区测强曲线或专用测强曲线计算或查表得出。

构件的测区混凝土强度平均值应根据各测区的混凝土强度换算值进行算术平均计算求得,精确至 0.1 MPa。当测区数为 10 个及以上时,还应计算强度标准差,精确至 0.01 MPa。

构件的现龄期混凝土强度推定值应符合下列规定:

(1)当构件测区数少于 10 个时,强度推定值=构件中最小的测区混凝土强度换算值;

(2)当构件的测区强度值中出现小于 10.0 MPa 时,应按强度推定值<10.0 MPa 确定;

(3)当构件测区数不少于 10 个时,强度推定值=构件测区混凝土强度平均值−1.645×强度标准差;

(4)当批量检测时,强度推定值=构件测区混凝土强度平均值−$k$×强度标准差($k$ 为推定系数,宜取 1.645)。

注:构件的混凝土强度推定值是指相应于强度换算值总体分布中保证率不低于 95%的构件中混凝土抗

压强度值。

对按批量检测的构件，当该批构件混凝土强度标准差出现下列情况之一时，该批构件应全部按单个构件检测。

(1)当该批构件混凝土强度平均值小于 25 MPa、标准差大于 4.5 MPa 时；

(2)当该批构件混凝土强度平均值不小于 25 MPa，且不大于 60 MPa、标准差大于 5.5 MPa 时。

4.7.2.2　钻 芯 法

1. 钻芯法检测强度规定

钻芯法适用于检测结构中强度不大于 80 MPa 的普通混凝土强度。从结构中钻取的混凝土芯样应加工成符合规定的芯样试件，特别是混凝土芯样加工后的平整度、垂直度、端面处理情况等均应符合规定要求。抗压试验的芯样试件宜使用公称直径为 100 mm，高径比为1∶1的圆柱体标准芯样试件，其公称直径不宜小于骨料最大粒径的 3 倍；也可采用小直径芯样试件，但其公称直径不应小于 70 mm，且不得小于骨料最大粒径的 2 倍。

钻芯法可用于确定单个构件或检测批的混凝土强度推定值；也可用于钻芯修正间接强度检测方法得到的混凝土强度换算值。

钻芯法确定单个构件的混凝土强度推定值时，有效芯样试件的数量不应少于 3 个；对于较小构件，有效芯样试件的数量不得少于 2 个。单个构件的混凝土强度推定值不再进行数据的舍弃，而应按有效芯样试件混凝土抗压强度值中的最小值确定。

当采用钻芯法确定检验批的混凝土强度推定值时，芯样试件的数量应根据检验批的容量确定，标准芯样试件的最小样本量不宜少于 15 个，小直径芯样试件的最小样本量应适当增加；芯样应从检验批的结构构件中随机抽取，每个芯样应取自一个构件或结构的局部部位。检验批的混凝土强度推定值应计算推定区间，推定区间的上限值和下限值应按公式计算获得，上限值和下限值所构成推定区间的置信度宜为 0.85，上限值和下限值之间的差值不宜大于 5.0 MPa 和平均值的 10%两者的较大值。且宜以上限值作为检验批混凝土强度的推定值。

采用间接测强方法进行钻芯修正时，宜采用修正量的方法。芯样试件标准芯样的数量不应少于 6 个，小直径芯样的试件数量宜适当增加；芯样应从采用间接方法的结构构件中随机抽取；当采用的间接检测方法为无损检测方法时，钻芯位置应与间接检测方法相应的测区重合；当采用的间接检测方法对结构构件有损伤时，钻芯位置应布置在相应的测区附近。钻芯修正后的换算强度可按修正前的换算强度加上修正量计算获得。由钻芯修正方法确定检验批的混凝土强度推定值时，应通过公式计算确定并采用修正后的样本算术平均值和标准差作为强度推定值。

2. 试验检测设备

钻取芯样及芯样加工、测量的主要设备与仪器均应有产品合格证，计量器具应有检定证书并在有效使用期内。

钻芯机应具有足够的刚度、操作灵活、固定和移动方便，并应有水冷却系统。

钻取芯样时宜采用金刚石或人造金刚石薄壁钻头。钻头胎体不得有肉眼可见得裂缝、缺边、少角、倾斜及喇叭口变形。钻头胎体对钢体的同心偏差不得大于 0.3 mm，钻头的径向跳动不大于 1.5 mm。

锯切芯样时使用的锯切机和磨平芯样的磨平机，应具有冷却系统和牢固夹紧芯样的装置；配套使用的人造金刚石圆锯片应有足够的刚度。

芯样宜采用补平装置(或研磨机)进行芯样端面加工。补平装置除应保证芯样的端面平整外，尚应保证芯样端面与芯样轴线垂直。

探测钢筋位置的定位仪，应适用于现场操作，最大探测深度不应小于 60 mm，探测位置偏差不宜大于±5 mm。

3. 芯样的钻取

采用钻芯法检测结构混凝土强度前，宜具备下列资料。

(1)工程名称(或代号)及设计、施工、监理、建设单位名称；

(2)结构或构件种类、外形尺寸及数量；

(3)设计采用的混凝土强度等级；

(4)检测龄期,原材料(水泥品种、粗骨料粒径等)和抗压强度试验报告;

(5)结构或构件质量状况和施工中存在问题的记录;

(6)有关的结构设计图和施工图等。

芯样应由结构或构件的下列部位钻取。

(1)结构或构件受力较小的部位;

(2)混凝土强度质量具有代表性的部位;

(3)便于钻芯机安放与操作的部位;

(4)避开主筋、预埋件和管线的位置。

钻芯机就位并安放平稳后,应将钻芯机固定,固定的方法应根据钻芯机构造和施工现场的具体情况确定。钻芯机在未安装钻头之前,应先通电检查主轴旋转方向(三相电动机)。

钻芯时用于冷却钻头和排除混凝土碎屑的冷却水的流量,宜为 3～5 L/min。钻取芯样时应控制进钻的速度。

芯样应进行标记。当所取芯样高度和质量不能满足要求时,则应重新钻取芯样。芯样应采取保护措施,避免在运输和贮存中损坏。

钻芯后留下的孔洞应及时进行修补，以保证结构的工作性能。在钻芯工作完毕后,应对钻芯机和芯样加工设备进行维修保养。

钻芯操作应遵守国家有关安全生产和劳动保护的规定，并应遵守钻芯现场安全生产的有关规定。

4. 芯样的加工及技术要求

抗压芯样试件的高度与直径之比($H/d$)宜为 1.00。

芯样试件内不宜含有钢筋。如不能满足此项要求时,抗压试件应符合下列要求:

(1)标准芯样试件,每个试件内最多只允许有两根直径小于 10 mm 的钢筋;

(2)公称直径小于 100 mm 的芯样试件，每个试件内最多只允许有一根直径小于 10 mm 的钢筋;

(3)芯样内的钢筋应与芯样试件的轴线基本垂直并离开端面 10 mm 以上。

锯切后的芯样应进行端面处理,宜采取在磨平机上磨平端面的处理方法。承受轴向压力芯样试件的端面,也可采取下列处理方法:

(1)用环氧胶泥或聚合物水泥砂浆补平;

(2)抗压强度低于 40 MPa 的芯样试件,可采用水泥砂浆、水泥净浆或聚合物水泥砂浆补平,补平层厚度不宜大于 5 mm;也可采用硫磺胶泥补平,补平层厚度不宜大于 1.5 mm。

在试验前应按下列规定测量芯样试件尺寸:

(1)平均直径用游标卡尺在芯样试件中部相互垂直的两个位置上测量,取测量的算术平均值作为芯样试件的直径,精确至 0.5 mm;

(2)芯样试件高度用钢卷尺或钢板尺进行测量,精确至 1 mm;

(3)垂直度用游标量角器测量芯样试件两个端面与母线的夹角,精确至 0.1°;

(4)平整度用钢板尺或角尺紧靠在芯样试件端面上,一面转动钢板尺,一面用塞尺测量钢板尺与芯样试件端面之间的缝隙;也可采用其他专用设备量测。

芯样试件尺寸偏差及外观质量超过下列数值时,相应的测试数据无效:

(1)芯样试件的实际高径比 ($H/d$)小于要求高径比的 0.95 或大于 1.05 时;

(2)沿芯样试件高度的任一直径与平均直径相差大于 2 mm;

(3)抗压芯样试件端面的不平整度在 100 mm 长度内大于 0.1 mm;

(4)芯样试件端面与轴线的不垂直度大于 1°;

(5)芯样有裂缝或有其他较大缺陷。

5. 试验和抗压强度值的计算

芯样试件应在自然干燥状态下进行抗压试验。当结构工作条件比较潮湿,需要确定潮湿状态下混凝土的强度时,芯样试件宜在(20±5)℃的清水中浸泡 40～48 h,从水中取出后立即进行试验。

芯样试件的抗压试验的操作应符合《普通混凝土力学性能试验方法标准》(GB/T 50081)中对立方体试块抗压试验的规定。

芯样试件的混凝土抗压强度等于芯样试件的抗压试验测得的最大压力除以芯样试件抗压截面面积。

4.7.2.3　*超声回弹综合法*

1. 一般规定

(1)超声回弹综合法适用于结构混凝土强度检测，必要时可用钻芯法验证。不适用于表层有明显缺陷、遭受冻害、化学侵蚀、火灾和高温损伤的结构混凝土强度检测。

(2)结构或构件混凝土强度检测数量应符合下列规定。

1)单个检测：适用于单个结构或构件的检测。

2)批量检测：适用于混凝土强度等级相同，原材料、配合比、成型工艺、养护条件基本一致，且龄期相近的同类结构或构件。按批量进行检测的构件，抽检数量不得少于同批构件总数的 50%，且不得少于 2 件。

(3)采用超声回弹综合法对长龄期的结构或构件混凝土强度进行检测时，应采用钻芯法作校核。

(4)检测结构或构件混凝土强度时，应优先采用专用或地区测强曲线。当缺少该类曲线时，应按《铁路工程结构混凝土强度检测规程》(TB 10426)附录 K 验证方法验证符合要求后可采用附录 L。

(5)结构或构件的测区应符合下列规定。

1)每一个结构或构件测区数量不应少于 10 个。

2)相邻两测区的间距应控制在 2 m 以内，测区离构件端部或施工缝边缘的距离不宜大于 0.5 m，且不宜小于 0.2 m。

3)测区宜选在能使回弹仪处于水平方向的混凝土浇筑侧面。当不能满足这一要求时，也可选在使回弹仪处于非水平方向的混凝土浇筑侧面、顶面或底面。

4)测区宜布置在构件的两个对称的可测面上，也可布置在一个可测面上，且应均匀分布。在构件的重要部位及薄弱部位必须布置测区，并应避开预埋件。

5)测区的面积不宜大于 0.04 $m^2$。

6)检测面应为混凝土表面，并应清洁、平整，不应有疏松层、浮浆、油垢、涂层以及蜂窝、麻面，必要时可用砂轮清除疏松层和杂物，且不应有残留的粉末或碎屑。

(6)结构或构件的测区应标有清晰的编号，必要时应在记录纸上描绘测区布置示意图和描述外观质量情况。

2. 主要仪器设备

(1)回弹仪的标准状态、检定、率定试验及保养应符合回弹法中对回弹仪的要求。

(2)模拟式超声波检测仪应符合下列规定。

1)声时范围宜为 0.5～9 999 μs，测读精度应为 0.1 μs。

2)具有良好的稳定性，声时显示调节在 20～30 μs 范围内时，2 h 内声时显示的允许漂移应为±0.2 μs。

3)放大器频率响应宜分别为 10～200 kHz、200～500 kHz 两频段。

4)具有示波屏显示及手动游标测读功能，显示应清晰稳定。如采用整形自动测读，混凝土超声测距不宜超过 1 m。

5)应能适用于温度为－10 ℃～＋40 ℃、相对湿度不大于 80%、电源电压波动为(220±22)V 的环境中，且能连续 4 h 正常工作。

(3)数字式超声波检测仪应符合下列规定。

1)频率响应范围应为 1～1 000 kHz。

2)A/D 转换位数宜为 16 位，不应低于 12 位。

3)A/D 转换最高采样间隔 0.2 μs，应具有负延时功能。

4)信号通道 2 个以上，各通道量程独立可调，范围宜为 0.1～5 V。每个通道的记录长度不应少于 4 kB，并应具有通道触发功能。

5)测试软件具有波形显示、存储和时域、频域分析功能。

(4)激振器宜为压电激振器。应能在混凝土中激发 10～50 kHz 的声波。

(5)接受传感器应为短余振压电传感器。共振频率宜为 50～100 kHz，工作频率应为 10～50 kHz。

(6)换能器应符合下列规定。

1)宜采用厚度振动形式压电材料；

2)频率宜为 50～100 kHz 范围内；

3)实测频率与标称频率相差不应超过±10%。

(7)超声仪检验时应符合下列规定。

1)缓慢调节延时旋钮,数字显示满足十进位递变的要求；

2)调节聚焦、辉度和扫描延时旋钮,扫描基线清晰稳定；

3)换能器与标准棒耦合良好,衰减器及发射电压正常；

4)超声波在空气中传播的声速与实测声速值相比,相差不应超过±0.5%。

(8)超声仪应按下列步骤进行操作。

1)仪器在接通电源前,应检查电源电压,接上电源后,仪器宜预热 10 min；

2)换能器与标准棒应耦合良好,调节首波幅度至 30～40 mm 后测读声时值,有调零装置的仪器应调节调零电位器以扣除初读数；

3)实测时,接收信号的首波幅度均应调至 30～40 mm 后,才能测读每个测点的声时值。

(9)超声波检测仪应按下列规定进行维护。

1)较长时间内停用,每月应通电 1 次,每次不少于 1 h；

2)应存放在通风、阴凉、干燥处,无论存放或工作,均需防尘；

3)在搬运过程中必须防止碰撞和剧烈振动。

(10)换能器应避免摔损和撞击,工作完毕应擦拭干净单独存放,换能器的耦合面应避免磨损。

3.超声回弹试验

(1)结构或构件的每一测区,宜先进行回弹测试,后进行超声测试,并按规定做好记录。

(2)对弹击时产生震动的薄壁、小型构件应进行固定。

(3)非同一测区内的回弹值及超声声速值,在计算混凝土强度换算值时不得混用。

(4)采用回弹仪测试应符合下列规定。

1)回弹仪宜处于水平状态,测试混凝土浇筑侧面。如不能满足这一要求,也可非水平状态测试混凝土浇筑侧面、顶面或底面。

2)对构件上的两个相对测试面各弹 8 点,每一测点的回弹值读数估读至 1.0。

3)测点在测区内宜均匀分布,但不得布置在气孔或外露石子上,相邻两测点的间距一般不小于 20 mm；测点距构件边缘或外露钢筋、铁件的距离不小于 30 mm,且同一测点只应弹击一次。

(5)测区平均回弹值应按回弹法中相关要求计算。

(6)非水平状态测得的回弹值,应按回弹法中相关要求进行修正。

(7)超声测试应符合下列规定。

1)超声测点布置在回弹测试的同一测区内。当采用表面直达波法超声测试时,应以回弹测试的测区为中心安装发射换能器和接收传感器。

2)测试声时时,应保证换能器与混凝土耦合良好。

3)声时值应精确至 0.1 μs,声速值应精确至 0.01 km/s,超声测距的测量允许误差应±1%。

4)在每个测区的相对测试面上,应各布置 3 各测点,且发射和接收换能器的轴线应在同一轴线上。

5)当采用表面直达波法超声测试时,每个测点重复测 3 次。

(8)测区声速应采用《铁路工程结构混凝土强度检测规程》(TB 10426)附录 N 规定的方法,并按下式计算：

$$v=l/t_{\mathrm{m}},\ t_{\mathrm{m}}=(t_1+t_2+t_3)/3 \tag{8-4-9}$$

式中 $v$——测区声速值,km/s；

$l$——超声测距,mm；

$t_{\mathrm{m}}$——测区平均声时值,μs；

$t_1$、$t_2$、$t_3$——测区中 3 个测点的声时值,μs。

(9)当在混凝土浇筑顶面或底面测试时,测区声速值应按下式修正：

$$v_{\mathrm{a}}=\beta v \tag{8-4-10}$$

式中 $v_{\mathrm{a}}$——修正后的测区声速值,km/s；

$\beta$——超声测试面修正系数。在混凝土浇筑顶面及底面测试时，$\beta=1.034$；在混凝土侧面测试时，$\beta=1$。

(10)采用表面直达波法超声测试时，声速值应按下式计算：

$$v=L/(t-t_0) \tag{8-4-11}$$

式中　$v$——纵波声速值，km/s；

$L$——发射点至接收点的距离，m；

$t$——$(t_1+t_2+t_3)/3$，纵波旅行时间的平均值，s；

$t_0$——系统延迟时间(采用时距曲线法，用与实测相同的布置方式测定，以 s 计)。

4. 混凝土强度换算及推定

(1)超声回弹测强曲线的建立除应符合《铁路工程结构混凝土强度检测规程》(TB 10426)附录 P 的基本规定外，尚应符合回弹法对测强曲线建立的规定。

(2)构件第 $i$ 个测区的混凝土强度换算值 $f^{c}_{cu,i}$，应根据修正后的测区回弹值 $R_{ai}$ 及修正后的测区声速值 $v_{ai}$，优先采用专用或地区测强曲线推定，经验证后也可按《铁路工程结构混凝土强度检测规程》(TB 10426)附录 L 的规定确定或按下式计算。

1)粗骨料为卵石时：

$$f^{c}_{cu,i}=0.003\,8(v_{ai})^{1.23}(R_{ai})^{1.95} \tag{8-4-12}$$

2)粗骨料为碎石时：

$$f^{c}_{cu,i}=0.003\,8(v_{ai})^{1.72}(R_{ai})^{1.57} \tag{8-4-13}$$

式中　$f^{c}_{cu,i}$——第 $i$ 个测区混凝土强度换算值，MPa，精确至 0.1；

$v_{ai}$——第 $i$ 个测区修正后的超声声速值，km/s，精确至 0.01；

$R_{ai}$——第 $i$ 个测区修正后回弹值，精确至 0.1。

(3)当结构混凝土所用材料与制定测强曲线时混凝土所用材料有较大差异时，须用同条件混凝土立方体试块或从结构构件测区钻取的混凝土芯样进行修正，试件数量应不少于 3 个。此时，得到的测区混凝土强度换算值应乘以修正系数。修正系数可按《铁路工程结构混凝土强度检测规程》(TB 10426)规定的公式计算。

(4)结构或构件的混凝土强度推定值 $f^{c}_{cu,e}$，应符合下列规定。

1)当按单个构件检测时，单个构件的混凝土强度推定值 $f^{c}_{cu,e}$，取该构件各测区中最小的混凝土强度换算值。

2)当按批抽样检测时，该批构件的混凝土强度推定值应按下式计算：$f^{c}_{cu,e}$＝各测区混凝土强度换算值的平均值－1.645×各测区混凝土强度换算值的标准差。

3)当同批测区混凝土强度换算值的标准差过大时，批构件的混凝土强度推定值也可以按下式计算：$f^{c}_{cu,e}$＝该批每个构件中测区混凝土强度换算值的最小值的平均值。

(5)当属同批构件按批抽样检测时，若全部测区混凝土强度换算值的标准差出现下列情况之一时，则该批构件应全部按单个构件检测。

1)当该批构件混凝土强度换算值的平均值小于 25 MPa、标准差大于 4.5 MPa 时；

2)当该批构件混凝土强度换算值的平均值不小于 25 MPa、标准差大于 5.5 MPa 时。

### 4.7.3　钢筋保护层厚度检测

为了确保桥梁混凝土结构的耐久性能和使用年限，钢筋保护层厚度必须符合设计要求。目前，钢筋保护层厚度的检测均采用钢筋保护层厚度自动检测仪进行测试，必要时可以钻孔进行验证。

钢筋保护层厚度自动检测仪在使用前应经过计量检定，同时还应制作试件进行校准。根据测定不同混凝土结构的钢筋保护层厚度和钢筋规格直径，制作混凝土试件，并在试件中根据设计保护层厚度埋入相同规格直径的钢筋，先用直接测量的方式检测埋入钢筋的保护层厚度，然后用钢筋保护层厚度自动检测仪进行检测，根据两个检测结果的比较，用直接测量的实际值对保护层厚度自动检测仪进行修正，确定修正值。

钢筋位置和保护层厚度检测，应根据所测钢筋的规格、深度以及间距调整仪器参数，并按仪器说明书进行操作。用测定仪的探头有规律地在检测面上移动，直到仪器显示接收信号最强，确定混凝土结构钢筋位置，设定好仪器量程范围及钢筋直径，沿被测钢筋轴线选择相邻钢筋影响较小的位置，读取指示保护层厚度值。每根钢筋的同一位置重复检测 2 次，读取的 2 个保护层厚度值相差大于 1 mm 时，应检查仪器是否偏离标准状态，并及时调整(如重新调零)。仪器读数稳定后记录钢筋保护层厚度测试值，并按校准修正值进行修正后，即为钢筋保护层厚度的测定值。

## 4.8 桥梁基桩检测案例

某高速铁路安德特大桥全长 3 954 m，总计 122 个墩(台)，基桩总数为 768 棵，采用钻孔法施工，桩身混凝土设计等级为 C35，采用低应变法检测桩身的完整性。

地质构造：测区均为第四系地层覆盖，基岩埋藏较深。水文地质特征：沿线地表水主要为沟渠流水、塘水，常年流水，水流较丰富，地表水较发达。地质岩性：沿线上覆盖第四系全新统人工填土，上更新统冰水—流水堆积层及种更新统冰水—流水堆积层的粉质黏土、卵石土夹中细砂透体。

测试设备：采用美国 PDI 公司生产的 PIT－FV 型基桩动测仪，检定证书号为字第 200909005676 号(中国测试技术研究院)。

典型Ⅰ类桩、Ⅱ类桩实测信号曲线图，如图 8-4-2、图 8-4-3 所示。

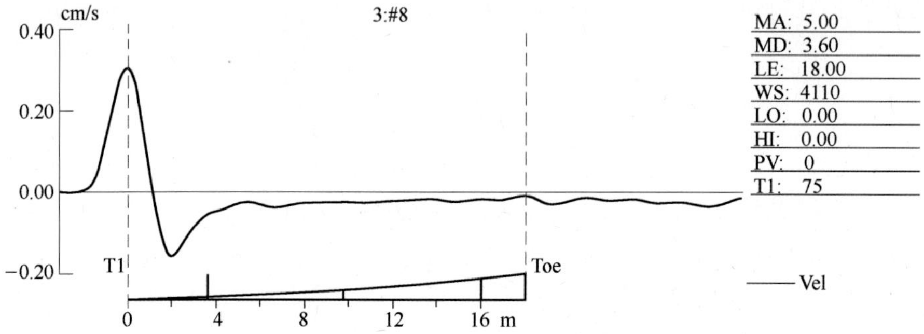


图 8-4-2　Ⅰ类桩实测信号曲线图

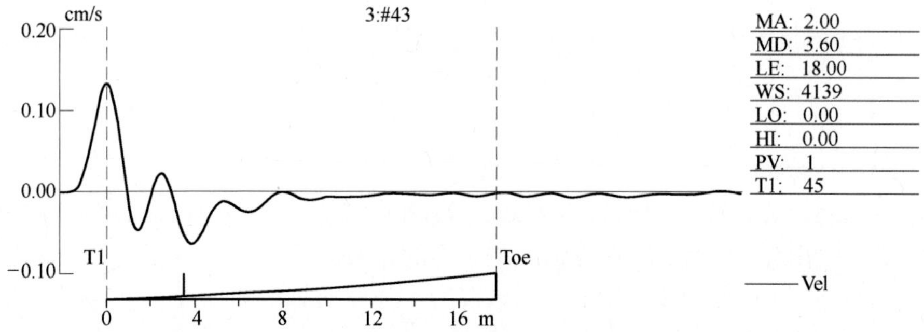


图 8-4-3　Ⅱ类桩实测信号曲线图

典型Ⅰ类桩、Ⅱ类桩检测结果见表 8-4-70。

**表 8-4-70　基桩低应变检测结果表**

| 序号 | 桩号 | ID 号 | 桩长(m) | 桩径(m) | 波速(m/s) | 缺陷描述 | 类型 |
|---|---|---|---|---|---|---|---|
| 1 | 43-3# | 3#8 | 18 | 1.0 | 4 110 | 完整 | Ⅰ |
| 2 | 32-2# | 3#43 | 18 | 1.0 | 4 139 | 桩顶以下 3 m 处缩颈，轻微缺陷 | Ⅱ |

注：1. 桩长、桩径由施工单位提供；
2. 缺陷位置从桩顶算起。

# 5　隧道试验检测技术

## 5.1　概　　述

为了减少乃至杜绝隧道在施工过程中和使用中发生安全质量事故，使人民的生命安全和国家的财产得到有效的保障，开展隧道检测是十分必要的。

根据隧道从修建到使用的过程，其检测内容主可划分为：材料检测、施工检测和环境检测，由于检测内容涵盖的比较多，我们在这里主要针对隧道在施工中和使用中较重要的指标项目的检测方法进行阐述。

## 5.2　原材料试验检测

隧道的主要材料根据性质大体可分为：混凝土材料、金属材料、防排水材料。

### 5.2.1　混凝土材料

隧道用混凝土材料试验检测详细见：本篇第2章混凝土试验检测技术。

### 5.2.2　金属材料及接头

1. 钢筋

(1)钢筋进场时，必须对其质量指标进行全面检查，按批检查直径、每延米重量、屈服强度、抗拉强度、伸长率和工艺性试验等指标，其检测结果值应符合国家现行标准《钢筋混凝土用钢　热轧光圆钢筋》(GB 1499.1)和《钢筋混凝土用钢　热轧带肋钢筋》(GB 1499.2)的要求，并符合设计要求。

(2) 检验数量：同牌号、同炉号、同规格的钢筋，每60 t为一批，不足60 t应按一批计；试验检测依据《金属材料　室温拉伸试验方法》(GB/T 228.1)和《金属材料　弯曲试验方法》(GB/T 232)现行有效版执行。

2. 型钢

(1)型钢的性能和规格应符合表8-5-1、表8-5-2的要求，并符合设计要求。

**表8-5-1　型钢的力学性能指标要求**

| 牌号 | 等级 | 检验项目技术指标值 | | | | | | | | | | | | | |
|---|---|---|---|---|---|---|---|---|---|---|---|---|---|---|---|
| | | 屈服强度 $R_{el}$(N/mm$^2$)不小于 | | | | | | 抗拉强度 $R_m$(N/mm$^2$) | 断后伸长率 $A$(%)不小于 | | | | | 冲击试验 | |
| | | 厚度或直径(mm) | | | | | | | 厚度或直径(mm) | | | | | 温度(℃) | 冲击吸收功(J)(纵向)不小于 |
| | | ≤16 | >16~40 | >40~60 | >60~100 | >100~150 | >150~200 | | ≤40 | >40~60 | >60~100 | >100~150 | >150~200 | | |
| Q195 | — | 195 | 185 | — | — | — | — | 315~430 | 33 | — | — | — | — | — | — |
| Q215 | A | 215 | 205 | 195 | 185 | 175 | 165 | 335~450 | 31 | 30 | 29 | 27 | 26 | — | — |
| | B | | | | | | | | | | | | | +20 | 27 |
| Q235 | A | 235 | 225 | 215 | 215 | 195 | 185 | 370~500 | 26 | 25 | 24 | 22 | 21 | — | — |
| | B | | | | | | | | | | | | | +20 | 27 |
| | C | | | | | | | | | | | | | 0 | |
| | D | | | | | | | | | | | | | −20 | |

续上表

| 牌号 | 等级 | 检验项目技术指标值 | | | | | | | | | | | | | |
|---|---|---|---|---|---|---|---|---|---|---|---|---|---|---|---|
| | | 屈服强度 $R_{el}$(N/mm²)不小于 | | | | | | 抗拉强度 $R_m$(N/mm²) | 断后伸长率 $A$(%)不小于 | | | | | 冲击试验 | |
| | | 厚度或直径(mm) | | | | | | | 厚度或直径(mm) | | | | | 温度(℃) | 冲击吸收功(J)(纵向)不小于 |
| | | ≤16 | >16~40 | >40~60 | >60~100 | >100~150 | >150~200 | | ≤40 | >40~60 | >60~100 | >100~150 | >150~200 | | |
| Q275 | A | 275 | 265 | 255 | 245 | 225 | 215 | 410~540 | 22 | 21 | 20 | 18 | 17 | — | — |
| | B | | | | | | | | | | | | | +20 | 27 |
| | C | | | | | | | | | | | | | 0 | |
| | D | | | | | | | | | | | | | −20 | |
| 检验方法 | | 按 GB/T 700、GB/T 228 检验 | | | | | | 按 GB/T 700、GB/T 228 检验 | 按 GB/T 700、GB/T 228 检验 | | | | | 按 GB/T 700、GB/T 229 检验 | |

注:Q195 的屈服强度值仅供参考,不作交货条件;厚度大于 100 mm 的钢材,抗拉强度下限允许降低 20 N/mm²。宽带钢(包括剪切钢板)抗拉强度上限不作交货条件;厚度小于 25 mm 的 Q235B 级钢材,如供方能保证冲击吸收功值合格,经需方同意,可不做检验。

**表 8-5-2　型钢的工艺性能弯心直径**

| 牌号 | 试样方向 | 冷弯试验 180° $B=2a$ | | 检验方法 |
|---|---|---|---|---|
| | | 钢材厚度(或直径)(mm) | | |
| | | ≤60 | >60~100 | |
| | | 弯心直径 $d$ | | |
| Q195 | 纵向 | 0 | — | 按 GB/T 700、GB/T 232 检验 |
| | 横向 | 0.5$a$ | — | |
| Q215 | 纵向 | 0.5$a$ | 1.5$a$ | |
| | 横向 | $a$ | 2$a$ | |
| Q235 | 纵向 | $a$ | 2$a$ | |
| | 横向 | 1.5$a$ | 2.5$a$ | |
| Q275 | 纵向 | 1.5$a$ | 2.5$a$ | |
| | 横向 | 2$a$ | 3$a$ | |

注:$B$ 为式样宽度,$a$ 为试样厚度(或直径);钢材厚度或直径大于 100 mm 时,弯曲试验由双方协商确定。

(2)检验数量:同牌号、同炉号、同规格、同交货状态每 60 t 为一批,不足 60 t 应按一批计。

3. 钢管

(1)管棚、小导管所用钢管必须按批抽取试件进行力学性能(屈服强度、抗拉强度和伸长率)和工艺性能(冷弯)试验,其质量必须符合现行国家规范《碳素结构钢》(GB/T 700)的相关规定,并符合设计要求。

(2)检测数量:同牌号、同炉号、同规格、同交货状态每 60 t 为一批,不足 60 t 应按一批计;试验检测依据《金属材料　室温拉伸试验方法》(GB/T 228.1)和《金属材料　弯曲试验方法》(GB/T 232)现行有效版执行。

4. 锚杆

(1)普通锚杆。普通锚杆使用钢筋为原材加工而成,其进场试验检测同本章的第 5.2.2 条中“1. 钢筋”相关内容。

(2)中空锚杆。

1)普通中空锚杆的性能指标应符合表 8-5-3 的要求,并符合设计要求。

**表 8-5-3　普通中空锚杆的性能指标要求**

| 序号 | 检验项目 | 牌号 | 技术要求 | | | | 检验方法 |
|---|---|---|---|---|---|---|---|
| | | | $\phi$25×5 | $\phi$25×7 | $\phi$28×5.5 | $\phi$32×6 | |
| 1 | 屈服强度 $R_{el}$(MPa) | Q345 | ≥325 | | | | 按 TB/T 3209、GB/T 228 检验 |
| 2 | 抗拉强度 $R_m$(MPa) | | ≥490 | | | | |
| 3 | 屈服力(kN) | | ≥102 | ≥128 | ≥126 | ≥159 | |
| 4 | 最大力(kN) | | ≥153 | ≥193 | ≥190 | ≥240 | |
| 5 | 断后伸长率 $A$(%) | | ≥21 | | | | |

2)检测数量:应按批检验,同一批号、同一规格每 1 000 套为一个批次,每批次随机抽取 2 套。

(3)中空组合锚杆。

1)中空组合锚杆的性能指标应符合表 8-5-4 的要求,并符合设计要求。

**表 8-5-4　中空组合锚杆的性能指标要求**

| 序号 | 检验项目 | 技术要求 | | | | | | | 检验方法 |
|---|---|---|---|---|---|---|---|---|---|
| | | 钢筋部分 | | | | 中空锚杆体部分 | | | |
| | | $\phi$20 | $\phi$22 | $\phi$22 | $\phi$25 | $\phi$20 | $\phi$22 | $\phi$25 | |
| | 牌　号 | HRB335 | HRB335 | HRB400 | HRB335 | Q345 | | | |
| 1 | 屈服强度 $R_{el}$(MPa) | ≥335 | ≥335 | ≥400 | ≥335 | ≥325 | | | 按 TB/T 3209、GB/T 228 检验 |
| 2 | 抗拉强度 $R_m$(MPa) | ≥455 | ≥455 | ≥540 | ≥455 | ≥490 | | | |
| 3 | 屈服力(kN) | ≥105 | ≥126 | ≥127 | ≥164 | ≥106 | ≥127 | ≥159 | |
| 4 | 最大力(kN) | ≥142 | ≥170 | ≥172 | ≥223 | ≥160 | ≥192 | ≥240 | |
| 5 | 断后伸长率 $A$(%) | ≥17 | ≥16 | ≥17 | ≥17 | ≥21 | | | |
| 6 | 组合锚杆体最大拉力(kN) | ≥142 | ≥170 | ≥172 | ≥223 | — | | | |

注:组合锚杆体最薄弱处最大拉力的实测值不应小于组合钢筋最大拉力最小值。

2)检测数量:应按批检验,同一批号、同一规格每 1 000 套为一个批次,每批次随机抽取 2 套。

### 5.2.3　防水材料

1. 防水板

(1)防水板的材质、性能和规格应符合表 8-5-5 和表 8-5-6 的要求,并符合设计要求。

**表 8-5-5　防水板的规格尺寸及允许偏差**

| 序号 | 检验项目 | 规格 | 技术要求 | | 检验方法 |
|---|---|---|---|---|---|
| | | | 平均偏差 | 极限偏差(%) | |
| 1 | 厚度(mm) | 1.5、2.0、2.5、3.0 | 不允许出现负值 | −5 | 按《铁路隧道防水材料暂行技术条件　第 1 部分　防水板》检验 |
| 2 | 宽度(m) | 2.0、3.0、4.0 | 不允许出现负值 | −1 | |
| 3 | 长度(m) | 20 以上 | 不允许出现负值 | — | |

**表 8-5-6　防水板的性能指标要求**

| 序号 | 检验项目 | 技术要求 | | | 检验方法 |
|---|---|---|---|---|---|
| | | EVA | ECB | PE | |
| 1 | 断裂拉伸强度(MPa) | ≥18 | ≥17 | ≥18 | 按 GB/T 528 检验 |
| 2 | 扯断伸长率(%) | ≥650 | ≥600 | ≥600 | 按 GB/T 528 检验 |
| 3 | 撕裂强度(kN/m) | ≥100 | ≥95 | ≥95 | 按 GB 529 检验 |
| 4 | 不透水性(0.3 MPa/24 h) | 无渗漏 | 无渗漏 | 无渗漏 | 按 GB/T 328.10 检验 |

续上表

| 序号 | 检验项目 | | | 技术要求 | | | 检验方法 |
|---|---|---|---|---|---|---|---|
| | | | | EVA | ECB | PE | |
| 5 | 低温弯折性(℃) | | | ≤−35 | ≤−35 | ≤−35 | 按《铁路隧道防水材料暂行技术条件　第1部分防水板》检验 |
| 6 | 加热伸缩量(mm) | 延伸 | | ≤2 | ≤2 | ≤2 | 按《铁路隧道防水材料暂行技术条件　第1部分防水板》检验 |
| | | 收缩 | | ≤6 | ≤6 | ≤6 | |
| 7 | 热空气老化(80 ℃×168 h) | 断裂拉伸强度(MPa) | | ≥16 | ≥14 | ≥15 | 按 GB/T 3512—2001 检验 |
| | | 扯断伸长率(%) | | ≥600 | ≥550 | ≥550 | |
| 8 | 耐碱性[$Ca(OH)_2$ 饱和溶液×168 h] | 断裂拉伸强度(MPa) | | ≥17 | ≥16 | ≥16 | 按 GB/T 1690—2006 检验 |
| | | 扯断伸长率(%) | | ≥600 | ≥600 | ≥550 | |
| 9 | 人工候化 | 断裂拉伸强度保持率(%) | | ≥80 | ≥80 | ≥80 | 按 GB/T 12831—1991 检验 |
| | | 扯断延长保持率(%) | | ≥70 | ≥70 | ≥70 | |
| 10 | 刺破强度(N) | 防水板厚度(mm) | 1.5 | 300 | 300 | 300 | 按《铁路隧道防水材料暂行技术条件　第1部分防水板》检验 |
| | | | 2.0 | 400 | 400 | 400 | |
| | | | 2.5 | 500 | 500 | 500 | |
| | | | 3.0 | 600 | 600 | 600 | |

(2)检验数量:施工单位按进场批次每10 000 $m^2$检验一次,不足10 000 $m^2$按一次计。

2. 止水条

(1)止水条的品种、规格和性能等必须符合设计要求;隧道常用止水条遇水膨胀止水条的性能应符合表8-5-7的规定,并且应符合设计要求。

**表 8-5-7　遇水膨胀止水条的技术要求**

| 序号 | 检验项目 | | 技术要求 | 检验方法 |
|---|---|---|---|---|
| 1 | 拉伸强度(MPa) | | ≥3.5 | 按 GB/T 18173.3 检验 |
| 2 | 扯断伸长率(%) | | ≥450 | 按 GB/T 18173.3 检验 |
| 3 | 体积膨胀率(%) | | ≥200 | 按 GB/T 18173.3 检验 |
| 4 | 反复浸水试验 | 拉伸强度(MPa) | ≥3 | 按 GB/T 18173.3 检验 |
| | | 扯断伸长率(%) | ≥350 | 按 GB/T 18173.3 检验 |
| | | 体积膨胀率(%) | ≥200 | 按 GB/T 18173.3 检验 |
| 5 | 低温弯折性(−20 ℃×2 h) | | 无裂纹 | 按 GB/T 18173.3 检验 |
| 6 | 防霉等级 | | ≥2 级 | 按 GB/T 18173.3 检验 |

(2)检验数量:施工单位按进场批次全部检查。

3. 止水带

隧道施工缝所用止水带的品种、规格和性能等必须符合设计要求;隧道常用有橡胶止水带和塑料止水带。

(1)橡胶止水带的性能应符合表8-5-8的规定。

**表 8-5-8　橡胶止水带的技术要求**

| 序号 | 检验项目 | 技术要求 | | 检验方法 |
|---|---|---|---|---|
| | | B型 | S型 | |
| 1 | 硬度(绍尔 A)(度) | 60±5 | 60±5 | 按 GB/T 531 检验 |
| 2 | 拉伸强度(MPa) | ≥15 | ≥12 | 按 GB/T 528 检验 |

续上表

| 序号 | 检验项目 | | 技术要求 | | 检验方法 |
|---|---|---|---|---|---|
| | | | B 型 | S 型 | |
| 3 | 扯断伸长率(%) | | ≥450 | ≥450 | 按 GB/T 528 检验 |
| 4 | 压缩永久变形(%) | 70 ℃×24 h | ≤30 | ≤30 | 按 GB/T 7759 检验 |
| | | 23 ℃×168 h | ≤20 | ≤20 | |
| 5 | 撕裂强度(kN/m) | | ≥30 | ≥25 | 按 GB/T 529 检验 |
| 6 | 脆性温度(℃) | | ≤−45 | ≤−45 | 按 GB/T 15256 检验 |
| 7 | 热空气老化(70 ℃×168 h) | 硬度(绍尔 A)(度) | ≤+6 | ≤+6 | 按 GB/T 3512 检验 |
| | | 拉伸强度(MPa) | ≥12 | ≥10 | |
| | | 扯断伸长率(%) | ≥400 | ≥400 | |
| 8 | 耐碱水[$Ca(OH)_2$ 饱和溶液 23 ℃×168 h] | 硬度(绍尔 A)(度) | ≤+6 | ≤+6 | 按 GB/T 1690 检验 |
| | | 拉伸强度(MPa) | ≥12 | ≥10 | |
| | | 扯断伸长率(%) | ≥400 | ≥400 | |
| 9 | 臭氧老化(50pphm:20% 40 ℃,48 h) | | 无龟裂 | | 按 GB/T 7762 检验 |
| 10 | 橡胶与金属粘合 | | R 型破坏 | | 参照 GB/T 12830 检验 |

注:1. 仅钢边止水带检测橡胶与金属粘合项目;

2. B 型适用于变形缝用止水带;S 型适用于施工缝用止水带;R 型指橡胶止水带。

(2)塑料止水带的性能应符合表 8-5-9 的规定。

**表 8-5-9　塑料止水带的技术要求**

| 序号 | 检验项目 | | 技术要求 | | 检验方法 |
|---|---|---|---|---|---|
| | | | EVA | ECB | |
| 1 | 拉伸强度(MPa) | | ≥16 | ≥16 | 按 GB/T 528 检验 |
| 2 | 扯断伸长率(%) | | ≥600 | ≥600 | 按 GB/T 528 检验 |
| 3 | 撕裂强度(kN/m) | | ≥60 | ≥60 | 按 GB/T 529 检验 |
| 4 | 低温弯折性(℃) | | ≤−40 | ≤−40 | 按 GB/T 15256 检验 |
| 5 | 热空气老化(80 ℃×168 h) | 100%伸长率,外观 | 无裂缝 | 无裂缝 | 按 GB/T 3512 检验 |
| | | 拉伸强度保持率(%) | ≥80 | ≥80 | |
| | | 扯断伸长保持率(%) | ≥70 | ≥70 | |
| 6 | 耐碱水[$Ca(OH)_2$饱和溶液 23 ℃×168 h] | 拉伸强度保持率(%) | ≥80 | ≥80 | 按 GB/T 1690 检验 |
| | | 扯断伸长保持率(%) | ≥90 | ≥90 | |

(3)检验数量:施工单位按进场批次每 5 000 m 一个检验批,不足 5 000 m 也按一个检验批次。

4. 土工布

土工布的材质、性能和规格应符合表 8-5-10 土工布的技术要求,并符合设计要求。

**表 8-5-10　土工布的技术要求**

| 序号 | 检验项目 | 技术要求 | 检验方法 |
|---|---|---|---|
| 1 | 断裂能力($kN \cdot m^{-1}$) | ≥15(纵横向) | 按 GB/T 15788 检验 |
| 2 | 断裂延伸率(%) | 40~80(纵横向) | 按 GB/T 15788 检验 |
| 3 | CBR 顶破强力(kN) | ≥2.9 | 按 GB/T 14800 检验 |
| 4 | 垂直渗透系数($cm \cdot s^{-1}$) | $K\times(10^{-1}\sim10^{-3})$ | 按 GB/T 15789 和 GB/T 13761 检验 |
| 5 | 撕破强力(kN) | ≥0.42(纵横向) | 按 GB/T 13763 检验 |
| 6 | 化学稳定性 | 按设计要求 | — |
| 7 | 生物稳定性 | 按设计要求 | — |

注:规格按单位面积质量≥300 $g/m^2$,厚度≥2.2 mm,$K$=1.0~9.9。

5. 波纹管

(1)波纹管主要指标值应符合表 8-5-11 波纹管的技术要求,并应符合设计要求;波纹管的尺寸要求见表 8-5-12。

**表 8-5-11 波纹管的技术要求**

| 序号 | 检验项目 | | 技术要求 | 检验依据及试验方法 |
|---|---|---|---|---|
| 1 | 环刚度(kN/m²) | SN2 | ≥2 | GB/T 19472.1<br>GB/T 9647 |
| | | SN4 | ≥4 | |
| | | SN8 | ≥8 | |
| | | SN16 | ≥16 | |
| 2 | 冲击性能(TIR) | | ≤10% | GB/T 19472.1<br>GB/T 14152 |
| 3 | 环柔性 | | 试样圆滑,无反响弯曲,<br>无破裂两壁无脱开 | GB/T 19472.1<br>ISO 13968:1997 |
| 4 | 烘箱试验 | | 无气泡、无分层、无开裂 | GB/T 19472.1 |

**表 8-5-12 波纹管的尺寸要求**

| 序号 | 检验项目 | 技术要求(mm) | | | | | 检验依据及试验方法 |
|---|---|---|---|---|---|---|---|
| | | 110 | 125 | 160 | 200 | 250 | |
| 1 | 层压壁厚 | 1.0 | 1.1 | 1.2 | 1.4 | 1.7 | GB/T 19472.1 |
| 2 | 内层壁厚 | 0.8 | 1.0 | 1.0 | 1.1 | 1.4 | GB/T 19472.1 |

注:技术要求分项为公称外径。

(2)检验数量:同一批原料,同一配方和工艺情况下生产的同一规格管材为一批,管材内径≤500 mm 时,每批数量不超过 60 t,不足 60 t 也按一个批次;管材内径>500 mm 时,每批数量不超过 300 t,不足300 t 也按一个批次。

## 5.3 喷射混凝土试验检测

### 5.3.1 喷射混凝土施工控制

喷射混凝土是隧道施工中施工人员生命安全的最有效保证,也是隧道后期运营最主要的应力支撑构件,所以保证喷射混凝土的质量是保证安全生产、安全运营最关键环节,控制好喷射混凝土的施工质量,最主要做好喷射混凝土的强度、厚度及喷射混凝土与围岩的结合密实度。

### 5.3.2 喷射混凝土 1 d 强度

1. 喷大板切割法

(1)适应范围和技术特点。主要用于喷射混凝土的强度检测,在施工的同时,将混凝土喷射在 45 cm×35 cm×12 cm(可制成 3 块)或 45 cm×20 cm×12 cm的模型内,在混凝土达到一定强度后加工成 10 cm×10 cm×10 cm 的立方体石块,在标准条件下养护至 1 d、28 d 进行抗压试验。该方法检测结果准确可靠。

(2)仪器设备及主要参数。此方法检测的主要的仪器为压力机、450 mm×350 mm×120 mm 或 450 mm×200 mm×120 mm 规格的模型。

压力机精度为±1%。试模,规格为:450 mm×350 mm×120 mm 或 450 mm×200 mm×120 mm。

(3)检测流程。检测流程如图 8-5-1 所示。

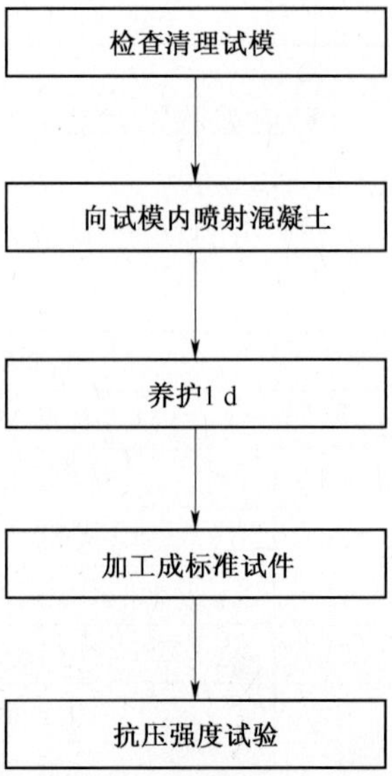


图 8-5-1 检测流程图

(4)现场检测。施工时,在喷射作业面附近,将试模敞开一侧朝下,以与水平面成 80°的夹角置于边墙处,现在试模外的边墙上喷射,待操作正常后,再向试模内由下而上逐层喷射混凝土，喷好后将其移至安全的地方，用抹刀刮平试模表面混凝土，在隧道内养护 1 d 后转移到试验室脱模，用切割机和磨平机加工成 100 mm×100 mm×100 mm 的立方体试块 1 组，然后根据《普通混凝土力学性能试验方法标准》(GB/T 50081)进行立方体试件的抗压强度试验(精确到 0.1 MPa)。

(5)数据处理及判读。测得的试验数据根据《普通混凝土力学性能试验方法标准》(GB/T 50081)进行修约取求取代表值。

其代表结果值根据《高速铁路隧道工程施工质量验收标准》(TB 10753)进行判定。

### 5.3.3　喷射混凝土 28 d 强度

1. 喷大板切割法

(1)适应范围和技术特点。主要用于喷射混凝土的强度检测，在施工的同时，将混凝土喷射在 45 cm×35 cm×12 cm(可制成 3 块)或 45 cm×20 cm×12 cm 的模型内，在混凝土达到一定强度后加工成 10 cm×10 cm×10 cm 的立方体石块，在标准条件下养护至 1 d、28 d 进行抗压试验。该方法检测结果准区可靠。

(2)仪器设备及主要参数。此方法检测的主要的仪器为压力机、450 mm×350 mm×120 mm 或 450 mm×200 mm×120 mm 规格的模型。

压力机精度为±1%。

试模规格为：450 mm×350 mm×120 mm 或 450 mm×200 mm×120 mm。

(3)检测流程。检测流程如图 8-5-2 所示。

(4)现场检测。施工时，在喷射作业面附近，将试模敞开一侧朝下，以与水平面成 80°的夹角置于边墙处，现在试模外的边墙上喷射，待操作正常后，再向试模内由下而上逐层喷射混凝土，喷好后将其移至安全的地方，用抹刀刮平试模表面混凝土，在隧道内养护 1 d 后转移到试验室脱模，将试件送进标准养护室进行养护，待试件有一定强度后用切割机和磨平机加工成 100 mm×100 mm×100 mm 的立方体试块 1 组，将加工好的试件再送进标准养护室继续养护，等达到 28 d 龄期后，根据《普通混凝土力学性能试验方法标准》(GB/T 50081)进行立方体试件的抗压强度试验(精确到0.1 MPa)。

(5)数据处理及判读。测的试验数据根据《普通混凝土力学性能试验方法标准》(GB/T 50081)进行修约取代表值。

其代表结果值根据《高速铁路隧道工程施工质量验收标准》(TB 10753)进行判定。

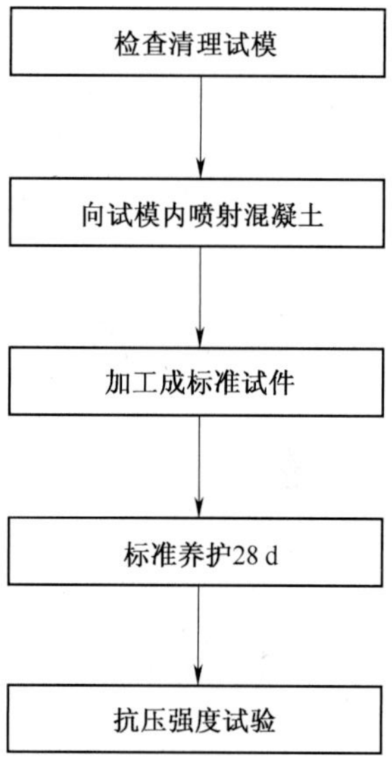


图 8-5-2　检测流程图

2. 凿方切割法

当对喷射混凝土实体强度有怀疑时，可用凿方切割法进行强度试验检测，就是在喷射混凝土上，用凿岩机打密排钻孔，取出长约 350 mm、宽约 150 mm的混凝土快，加工成 100 mm×100 mm×100 mm 的立方体试块 1 组，如喷射混凝土龄期<28 d，须将试件送进标准养护室养护至 28 d；如龄期≥28 d，则根据《普通混凝土力学性能试验方法标准》(GB/T 50081)进行立方体试件的抗压强度试验(精确到 0.1 MPa)。

### 5.3.4　喷射混凝土厚度

1. 凿孔法

(1)适应范围和技术特点。凿孔法就是在喷射混凝土具有一定强度后，在混凝土上凿孔达到围岩界面，进行测量喷射混凝土厚度的一种方法，广泛使用于各种初期支护喷射混凝土的检测。其方法直观准确，但属于破损检测。

(2)仪器设备及主要参数。短钎、直尺。

(3)检测流程。检测流程如图 8-5-3 所示。

(4)检测前的准备工作。

1)标注好里程，根据规程选取好要进行检测的断面。

2)加工好用于凿孔检测的工作台架，要保证安全稳固。

(5)现场检测。根据检测规程每 10 m 一个断面进行开孔检测，每个断面从拱顶中线起每隔 2 m 凿一个孔进行检查，同时记录各个孔的厚度。

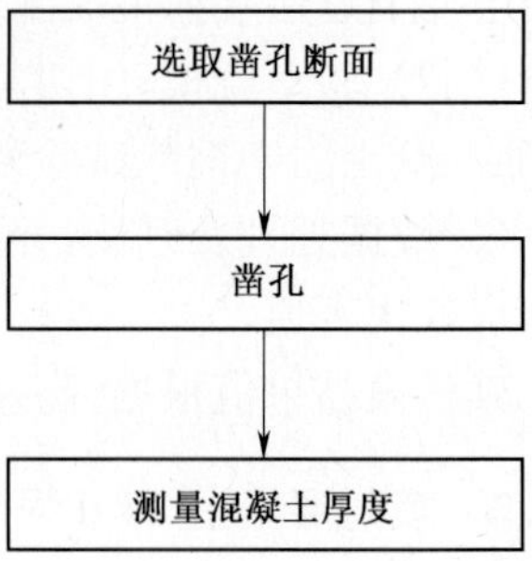

图 8-5-3　检测流程图

(6)数据处理及合格性判定。

1)检测全部检测孔处喷层厚度算数平均值不得小于设计厚度，全部检测孔喷层厚度大于设计值的孔不得少于 60%，最小厚度不应小于设计值厚度的 1/2；在软弱破碎围岩地段，喷层厚度不应小于设计规定的最小厚度；钢筋网喷射混凝土厚度不应小于 6 cm。

2)当发现喷射混凝土表面有裂缝、脱落、露筋、渗漏水情况时，应予修补，凿除重喷或进行整治。

(7)质量控制要点。

1)凿孔最好在喷后 8 h 以内，以便发现厚度不够时可以及时补喷。

2)对于喷射混凝土与围岩粘结紧密，颜色相近且不宜分辨时，要用酚酞液涂抹孔壁，呈现红色的即为混凝土厚度。

3)开凿孔侧壁近量与界面垂直，以便测量数值接近真值。

2. 地质雷达法

(1)适应范围及技术特点。适用于初期支护(衬砌)厚度、背后的回填密实度、空洞存在情况、内部钢架钢筋的分布情况等方面的检测。此方法方便快捷、检测结果比较准确，属于无损检测。

(2)基本原理。地质雷达法是一种用于确定地下介质分布的光谱电磁技术。地质雷达利用一个发射天线向介质体发射高频宽频电磁波，另外一个接收天线接收来自地下介质中反射回来的反射波(一般用于检测的天线都是将发射天线和接收天线内置到同一个天线内)。进入介质的高频电磁波以宽频带短脉冲的形式向下传播，在传播过程中，其路径、电磁场强度与波形会根据通过介质的电性质及几何形态而发生变化，这些变化都将会在接收天线所接收的反射波中所反映出来，通过测得反射波的双程走时 $t$、幅度与波形资料，可推断介质的结构情况。其原理如图 8-5-4 所示。

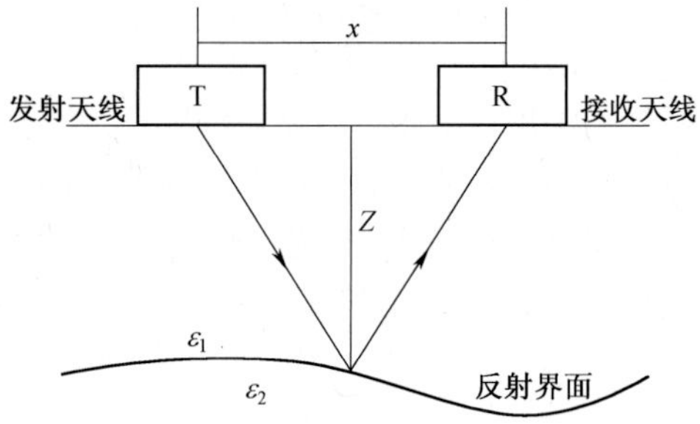

图 8-5-4　地质雷达原理图

这样我们可知脉冲波旅行时间 $t$ 为：

$$t=(4Z^2+x^2)^{1/2}/v \tag{8-5-1}$$

式中　$x$——收发距，在测量中是固定的，m；

$Z$——反射层深度，m；

$v$——波速，m/s。

式中 $x$ 远远小于 $Z$，可忽略不计。

$v$ 值可用宽角法直接测量，也可以根据公式(8-5-2)近似计算。

$$v=c_0/\sqrt{\varepsilon_r} \tag{8-5-2}$$

式中　$c_0$——电磁波在空气中传播的速度，m/s；

$\varepsilon_r$——地下介质的相对介电常数。

当地下介质中的波速 $v$ 为已知时，可根据精确测得的走时 $t$，由(8-5-1)式求得目标体的深度 $Z$。

$$Z=t\,c_0/(2\sqrt{\varepsilon_r}) \tag{8-5-3}$$

不同介质具有不同的物理特性，当电磁波穿过介质界面时，一部分被介质吸收，一部分发生反射，一部分发生透射。而对我们有用的主要是反射电磁波(反射波遵循反射定律)，这时其反射波的振幅、波形将发生变化。这种变化的明显程度取决于反射系数的大小，而反射系数的大小又取决于界面两侧介质的介电常数的差异。

反射系数的表达式为：

$$|R|=(\sqrt{\varepsilon_1}-\sqrt{\varepsilon_2})/(\sqrt{\varepsilon_1}+\sqrt{\varepsilon_2}) \tag{8-5-4}$$

式中　$\varepsilon_1$、$\varepsilon_2$——反射界面两侧的相对介电常数。

由上式可知,反射界面两侧介质的相对介电常数差异越大,反射系数越大,这样在反射界面产生的异常变化也越明显,所以当介质体内存在异常体时我们就可以发现,由于不同形式的异常体对电磁波反射信号表现形式不同,我们可通过对反射波波形、振幅的分析,推断出缺陷的形式。

(3)仪器设备及主要参数。地质雷达探测系统由地质雷达主机、天线、便携式计算机、数据采集软件、数据分析处理软件等组成。

地质雷达主机技术指标应符合以下要求:系统分辨率不低于 5 ps;信噪比不低于 60 dB;模/数转换不低于 16 位;信号低价次数可选择;采样间隔一般不大于 0.5 ns;实时滤波功能可选择;具有点测与连续探测功能;具有手动或制动位置标记功能;具有现场简易处理的功能。

地质雷达天线可采用不同频率的天线组合,技术指标应符合以下要求:具有屏蔽功能;最大探测深度大于 3 m;垂直分辨率应高于 2 cm。

(4)检测流程图。检测流程如图 8-5-5 所示。

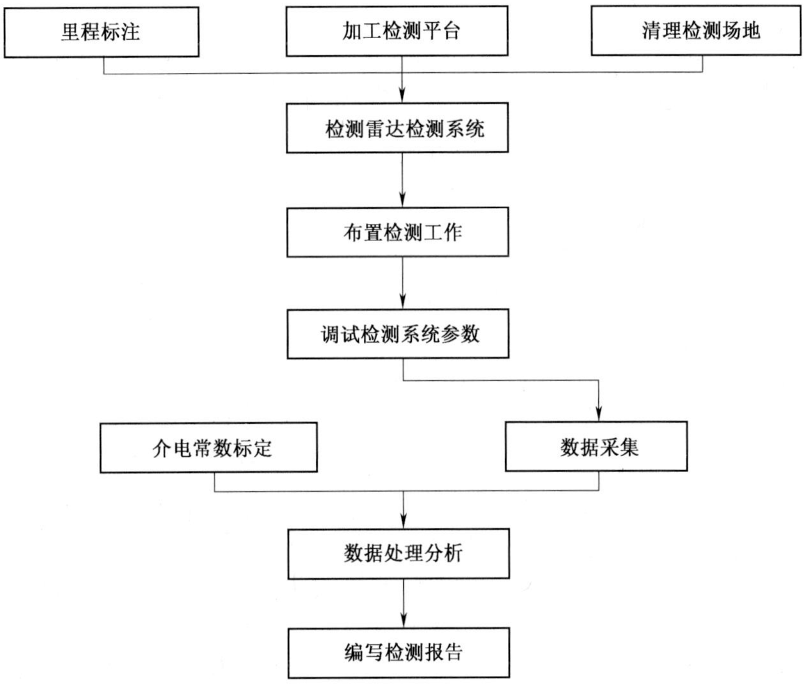


图 8-5-5　地质雷达检测流程图

(5)检测前的准备工作。

1)标注里程,清理隧道内检测里程段内的障碍物,保证检测行进的平稳连续。

2)加工检测平台(平台要加工在性能良好的汽车上),用于检测拱顶、起拱线部位的测线,检测平台要安全稳固。

3)检查地质雷达系统是否工作正常,并为供电电池、便携式计算机充电。

(6)检测满足的条件。

1)需要检测里程段内混凝土要达到一定的龄期,一般在 15 d 以上为宜。

2)检测里程段内路面要平整,不存在坑洼以及大的起伏,同时不能有任何障碍物存在。

3)隧道里程要标注明显准确。

(7)检测测线布置。

1)隧道施工过程中质量检测以纵向布线为主,横向布线为辅。纵向布线的位置应在隧道拱顶、左右拱腰(起拱线)、左右边墙和隧底各布 1 条;横向布线可按检测内容和要求布设线距,一般情况线距 8～12 m;采用点测时每个断面不少于 6 个点。检测中发现不合格地段应加密测线或测点。

2)隧道竣工验收时质量检测应纵向布线,必要时可横向布线。纵向布线的位置应在隧道拱顶、左右拱腰(起拱线)、左右边墙各布 1 条。横向布线线距 8～12 m;采用点测时每个断面不少于 6 个点。需确定回填空洞规模和范围时,应加密测线或测点。

3)三车道隧道应在隧道拱顶部位增加 2 条测线。

4)测线每 5～10 m 应有一个里程标记。

(8)资料收集。针对检测对象收集的资料主要包括:隧道的工程概况以及水文地质情况;隧道工程建设单位;隧道的设计单位;隧道的施工单位;隧道的施工监理单位;隧道检测里程段内的初期支护的设计厚度、隔栅拱架的设计数量及间距、围岩类别等情况。

(9)现场检测。到达现场后,试运行仪器设备检查工作状态,检查检测工作台架的搭建情况,是否符合检测要求,对不符合检测要求和安全生产规范要求进行修改加固,对现场的检测试验工进行检测前的工作分工安排。一切就绪后连接设备开始进行检测工作。

(10)参数设置。检测时地质雷达系统设置的主要参数有:时窗深度、扫描样点数。

1)时窗深度右所要探测的目标体深度决定,可由下式求得:

$$\Delta T=2d\sqrt{\varepsilon_r}\times a/0.3 \tag{8-5-5}$$

式中 $\Delta T$——时窗深度,ns;

$a$——时窗调整系数,一般取 1.5～2.0;

$\varepsilon_r$——相对介电常数;

$d$——目标体厚度或距离,m。

2)扫描样点数由下式确定:

$$S=2\times\Delta T\times f\times K\times 10^{-3} \tag{8-5-6}$$

式中 $S$——扫描样点数;

$\Delta T$——时窗深度,ns;

$f$——天线中心频率,MHz;

$K$——系数,一般取 6～10。

(11)数据采集。在整个数据采集过程中所有指令均由仪器操作员来下达,调整好各项参数后,就开始从隧道需要进行检测的起始里程进行一条测线的数据采集工作。在数据采集过程中要确保天线与支护(衬砌)表面密贴良好,发现有离开的情况要马上提醒检测试验工进行纠正,确保检测数据的准确率;确保检测车在整个检测过程中行进的平稳匀速,当发现速度过快或过慢时要提醒司机进行调整;仪器操作员要做好检测测线的里程标注和检测测线的文件记录以及相关情况的记录。当到达隧道需要检测的终里程时,下令停止检测车,同时停止数据采集,至此完成一条测线的数据采集工作,然后重复上述工作进行其他测线的数据采集工作,直到所有测线数据采集完为止。

(12)波速或介电常数的求取。

1)在进行检测前应对支护(衬砌)混凝土的介电常数或电磁场波速作现场标定,检测规程规定每座隧道不少于 1 处,每处实测不少于 3 次,取平均值为该隧道的介电常数或电磁波速。当隧道长度大于 3 km、支护(衬砌)材料或含水量变化较大时,应适当增加标定点数。

2)常用标定方法有:在已知厚度部位或材料与隧道支护(衬砌)相同的其他预制件上进行标定;在洞口或洞内避车洞处使用双天线直达波法进行标定;钻孔实测。但在求取参数时应具备以下条件:标定目标体的厚度不应小于 15 cm,且厚度已知;标定记录中界面反射信号应清晰、准确。

3)标定结果可由下式计算求出:

$$\varepsilon_r=(0.3t)^2/(2d)^2 \tag{8-5-7}$$

$$v=2d/t\times 10^2 \tag{8-5-8}$$

式中 $\varepsilon_r$——相对介电常数;

$v$——电磁波速,m/s;

$t$——双程旅行时间,ns;

$d$——标定目标体厚度或距离,m。

(13)数据处理及解释。

1)原始数据处理前应回放检验,数据记录应完整、信号清晰,里程标记准确。不合格的原始数据不得进行处理与解释。

2)数据处理与解释软件应使用正式认证的软件或经鉴定合格的软件。

3)数据处理与解释可采用图 8-5-6 流程。

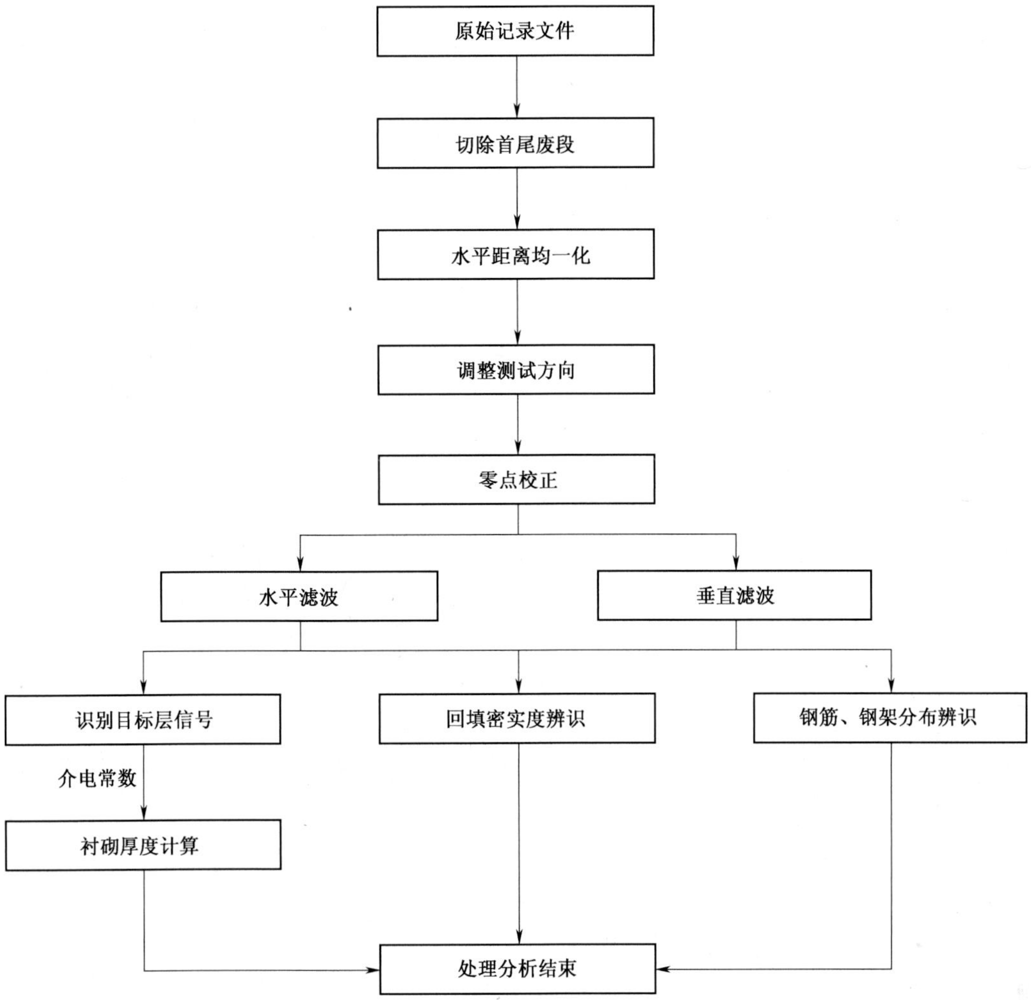


图 8-5-6　数据处理解释流程图

4)数据处理应符合:确保为止标记准确、无误;确保信号不失真,有利于提高信噪比。

5)解释工作应符合以下要求:

①解释应在掌握测区内物性参数和支护(衬砌)结构的基础上,按由已知到未知和定性指导定量的原则;

②根据现场记录,分析可能存在的干扰物体位置与雷达记录中异常的关系,准确区分有效异常与干扰异常;

③应准确读取双程旅行时间的数据;

④解释结果和成果图件应符合衬砌质量检测要求。

6)衬砌界面应根据反射引号的强弱、频率变化及延伸情况确定。

7)衬砌厚度应由下式确定:

$$d=0.3t/(2\sqrt{\varepsilon_r}) \tag{8-5-9}$$

$$\text{或 } d=vt/2\times10^{-9} \tag{8-5-10}$$

式中　$\varepsilon_r$——相对介电常数;

$v$——电磁波速,m/s;

$t$——双程旅行时间,ns;

$d$——衬砌厚度,m。

8)衬砌背后回填密实度的主要判定特征。

密实:信号幅度较弱,甚至没有界面反射信号;不密实:衬砌界面的强反射信号同向轴呈绕射弧形,且不连续,较分散;

空洞：衬砌界面反射信号强，三振相明显，在其下部仍有强反射界面信号，两组信号时程差较大。

9)衬砌内部钢架、钢筋位置分布的主要特征。

钢架：分散的月牙形强反射信号；

钢筋：连续的小双曲线形强反射信号。

(14)质量控制要点。

1)检测前应检查主机、天线以及运行设备是否处于正常工作状态。

2)检测时天线应确保与衬砌表面密贴(空气耦合天线除外)，天线移动应平衡匀速，速度一般控制在3～5 km/h为宜。

3)隧道里程要标注清楚准确，检测里程段内要保证路面平整没有任何障碍物。

4)记录要准确记录所检测部位测线，同时包括方向、标记间隔以及天线类型，在检测过程中随时要记录可能对检测产生电磁影响的物体(如渗水、电缆、铁架)及其位置。

5)当存在分段检测时，相邻检测接头重复长度不少于1 m。

6)在每条测线标记时要确保检测天线在经过标注里程点时与标记要同步，以保证标记的准确。

(15)安全注意事项。

1)进入隧道检测的所有工作人员一律带好安全帽，同时要遵守隧道内施工的各项安全措施。

2)在检测过程中要确保隧道内的照明要充足，在没有电源的隧道内检测要保证有足够数量的强光手电进行照明，以确保检测过程中人员、天线以及仪器的安全和检测质量的良好控制。

3)在检测车台架上进行天线密贴工作的人员必须配戴安全带，应用于配合检测的汽车要性能良好，启动行进平稳匀速。

4)在检测过程中在检测工作队伍的前后20～30 m左右要各设置1名安全员，以便提前协调过往的施工车辆及行人。

### 5.3.5　喷射混凝土与围岩结合密实度

检测方法同第5.3.4条中喷射混凝土厚度的检测。

## 5.4　防水板试验检测

### 5.4.1　防水板性能试验检测

检测方法同本章第5.2.3条中的防水板。

### 5.4.2　防水板焊接质量检测

充气试验法。

(1)适应范围和技术特点。充气试验是根据向防水板焊缝间封闭腔内充气，根据气压稳定变化情况来判断防水板焊接质量的一种试验方法，广泛使用于防水卷材焊接质量的检测。其方法简单、方便、直观。

(2)仪器设备及主要参数。气压泵、压力表(精度0.01 MPa)。

(3)检测流程。检测流程如图8-5-7所示。

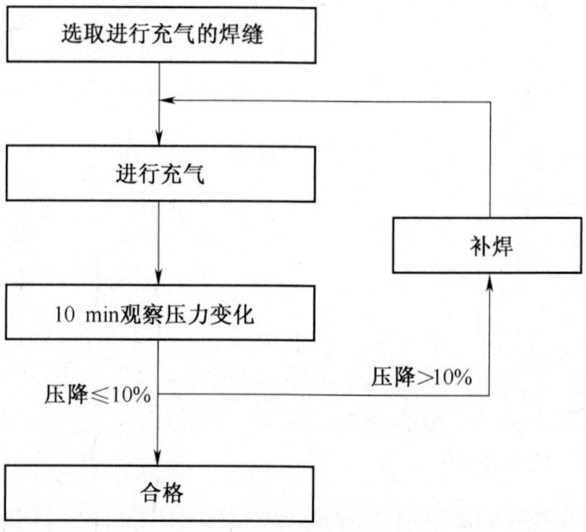


图8-5-7　充气试验法流程图

(4)检测前的准备工作。

1)先对防水板的焊缝进行目测检查，排除明显的假焊、漏焊等现象。

2)尺量焊缝的宽度和固定点间距判断是否符合设计要求。

3)根据要求确定进行充气试验的数量及焊缝位置。

(5)现场检测。气压泵与压力表接好后，对焊缝间的封闭空腔进行充气，当压力表达到规定压力值(一般为

0.25 MPa)时停止充气，保持 10 min 以上，观察压力表值变化，若压力下降在 10%以内，说明焊缝合格；如果压力下降过快，说明焊缝不严。对焊接不严的焊缝涂肥皂水，有气泡的地方进行重新补焊，直到不漏气为止。

## 5.5　二次衬砌试验检测

### 5.5.1　隧道衬砌强度

5.5.1.1　回弹法检测

检测方法同本篇第 4.7.2.1 款：回弹法。

5.5.1.2　超声回弹综合法检测

检测方法同本篇第 4.7.2.3 款：超声回弹综合法。

5.5.1.3　实体取芯检测

检测方法同本篇第 4.7.2.2 款：钻芯法。

### 5.5.2　钢筋混凝土中钢筋分布及保护层厚度检测

5.5.2.1　地质雷达法

混凝土中钢筋的分布及保护层厚度可以使用地质雷达进行检测，检测必须配置 1.6 G 以上的高频天线才能进行，具体检测方法同参见本章第 5.3.4 条中的：地质雷达法。

5.5.2.2　地质雷达法结合电磁感应法

当没有 1.6 G 以上的高频天线时，混凝土中钢筋的分布及钢筋保护层厚度检测可采用地质雷达与钢筋保护层厚度检测仪相结合的方法进行。地质雷达能有效检测钢筋混凝土中钢筋的分布情况，结合分布情况可有针对性地选择使用钢筋保护层厚度仪，这样能使检测效率得到很大的提升。

1. 地质雷达法

具体检测方法参见本章 5.3.4 条中的：地质雷达法。

2. 钢筋保护层厚度仪检测法(电磁感应法)

(1)适应范围及技术特点。适用于混凝土结构及构件中钢筋间距和钢筋保护层厚度的现场检测。有饰面层的结构和构件时，应清除饰面层后在混凝土面上进行检测；不适合含有铁磁性物质的混凝土检测；本方法属于原位无损检测，操作简单，工作效率高。

(2)基本原理。在构件混凝土表面向内部发射电磁波，形成电磁场，混凝土内部的钢筋切割磁感线产生感应电磁场，由于感应电磁场的强度及空间梯度变化与钢筋位置、直径、保护层厚度有关。通过测量感应电磁场的梯度变化，并通过分析处理，就能确定钢筋位置、保护层厚度。

(3)检测流程。如图 8-5-8 所示。

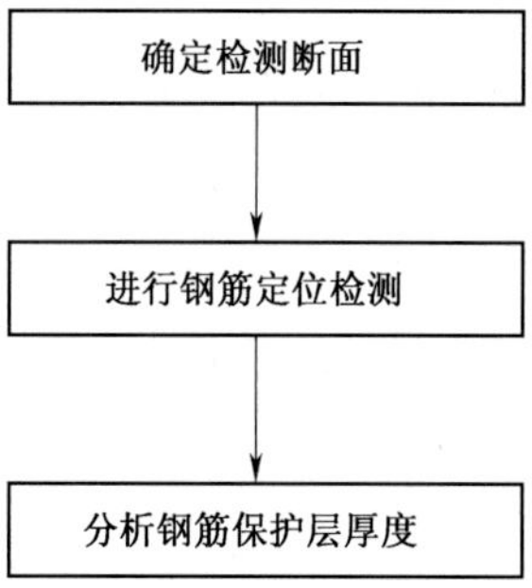

图 8-5-8　电磁感应检测流程图

(4)检测前准备工作。

1)检测前，应对钢筋探测仪进行预热和调零，调零时探头应远离金属物体。在检测过程中，应核查钢筋探测仪的零点状态；

2)选择适当的检测面，检测面应平整、清洁，并应避开金属预埋件；对于具有装饰面层的结构及构件，应清除装饰面层后在混凝土面上进行检测；

3)宜结合设计资料了解钢筋布置情况，检测时应避开钢筋接头和绑丝；

4)收集设计资料掌握准确的受检钢筋的直径的设计值及钢筋保护层设计厚度，否则偏差很大。

(5)现场检测。

1)钢筋位置确定。探头在检测面上移动，直到钢筋探测仪保护层厚度示值最小，此时探头中心线与钢筋轴线应重合，在相应位置做好标记。按上述步骤将相邻的其他钢筋位置逐一标出。

2)保护层厚度检测。首先设定好被检测钢筋的直径，沿被测钢筋轴线选择相邻钢筋影响较小的位置，并应避开钢筋接头和绑丝，读取第 1 次检测的混凝土保护层厚度检测值。在被测钢筋的同一位置重复检测 1 次，读取第 2 次检测的混凝土保护层厚度检测值。

当同一处读取的 2 个混凝土保护层厚度检测值相差大于 1 mm 时,该组检测数据无效,并查明原因,在该处应重新进行检测。仍不满足要求时,应更换钢筋探测仪或采用钻孔、剔凿的方法进行验证。

(6)数据处理。钢筋的混凝土保护层厚度平均检测值应按下式计算:

$$c_{m,i}^{t}=(c_1^t+c_2^t+2c_c-2c_0)/2 \tag{8-5-11}$$

式中 $c_{m,i}^{t}$——第 $i$ 测点平均检测值,mm,精确至 1 mm;

$c_1^t$、$c_2^t$——第 1、2 次检测值,mm,精确至 1 mm;

$c_c$——保护层厚度修正值,为同一规格钢筋的保护层厚度实测验证值减去检测值,mm,精确至0.1 mm;

$c_0$——探头垫块厚度,无垫块时为 0,精确至 0.1 mm。

(7)质量控制要点。

1)操作过程中仪器要轻拿轻放,严格按照仪器操作程检测。

2)检测过程中应避开钢筋接头绑丝,同一处读取的 2 个混凝土保护层厚度检测值相差大于 1 mm 时,该组检测数据无效,并查明原因,在该处重新检测。仍不满足要求时,应更换钢筋探测仪或采用钻孔、剔凿的方法验证。

3)当钢筋保护层厚度小于检测仪最小值时可采用探头下附加垫块的方法进行检测。

4)探头移动速度不得大于 2 cm/s,尽量保持匀速移动,避免在找到钢筋前向相反方向移动,否则会造成较大的检测误差甚至漏筋。

5)如果连续工作时间较长,为了提高检测精度,应注意每隔 5 min 将探头拿到空气中,远离金属,按确认键复位。对检测结果有异议,也可重复此操作。

6)正确设置钢筋直径,否则影响检测结果。

5.5.2.3 破孔法

具体检测方法参见本章第 5.3.4 条中的:凿孔法。

### 5.5.3 隧道衬砌厚度检测

5.5.3.1 破孔法

具体检测方法参见本章第 5.3.4 条中的:凿孔法。

5.5.3.2 冲击—回波法

1. 适应范围及技术特点

冲击—回波法适用于只有单一测试面的结构混凝土的厚度、开放性裂缝的深度、混凝土内部存在的密集裂隙、空隙和蜂窝缺陷等。该方法属于无损检测,具有测试简便、快捷、干扰小、可重复测试的特点。

2. 基本原理

冲击回波法是利用一个短时的机械冲击(用一个小钢球或小锤轻敲混凝土表面)产生低频的应力波,应力波传播到结构内部,被缺陷和构件底面反射回来,这些反射波被安装在冲击点附近的传感器接收下来并被送到一个内置高速数据采集及信号处理的便携式仪器。将所记录的信号进行幅值谱分析,谱图中的明显峰正是由于冲击表面、缺陷及其他外表面之间的多次反射产生瞬态共振所致,它可以被识别出来并被用来确定结构混凝土的厚度和缺陷位置。基本原理如图 8-5-9 所示。

其计算公式如下:

$$h=v_p/(2f) \tag{8-5-12}$$

式中 $h$——混凝土的厚度,m;

$v_p$——声波在混凝土中的传播速度,m/s;

$f$——频谱分析得出的峰值频率,Hz。

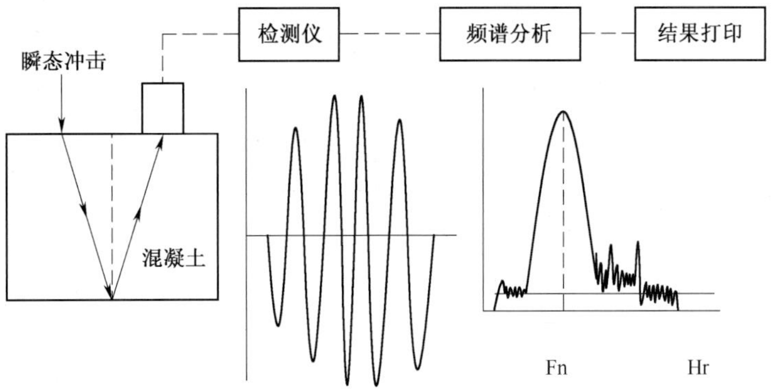


图 8-5-9　冲击—回波法原理图

3. 检测流程(图 8-5-10)

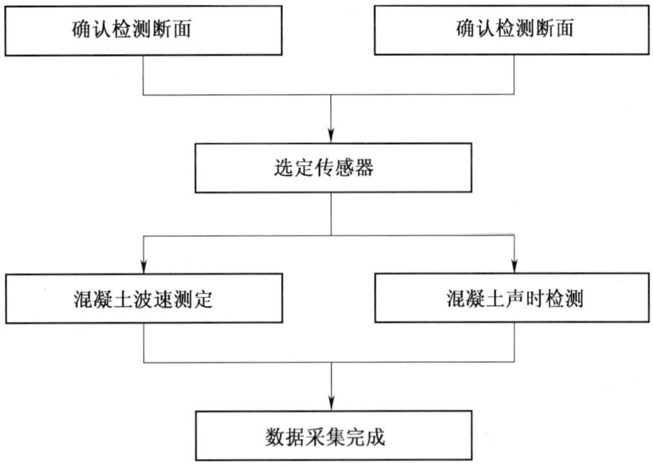


图 8-5-10　冲击—回波法检测流程图

4. 检测前准备工作

(1)选择适当的检测面,检测面应平整、清洁,并应避开预埋件构件;

(2)当混凝土表面拉毛、存在较多裂隙时,应对测试面进行打磨后再进行检测;

(3)收集设计资料掌握准确的受检混凝土厚度设计值,以便选择适合的传感器,否则偏差很大;

(4)需要是要搭设安全稳固的检测平台,便于检测能够顺利开展。

5. 现场检测

(1)实体检测。根据检测要求确认检测断面或检测测线布置情况,检查检测工作台架的搭建情况,试运行仪器设备检查工作状态,是否符合检测要求,对不符合检测要求和安全生产规范要求进行修改加固,对现场的检测试验工进行检测前的工作分工安排。一切就绪后就可以开始进行检测工作,根据布置的检测断面或测线逐点或逐条测线完成现场的测试工作。

(2)混凝土声速的测量。混凝土波速可以直接采用超声波对测法、超声波平测法和冲击回波法来确定(图 8-5-11),但在混凝土结构中不同部位的波速往往是变化的,或者在某些情况下其厚度未知,还得进行取芯,所以第一种方法不太可取;用第二、三种方法测得的声速值比较接近,一般测试时优先采用第二种方法,除非条件不具备,再考虑采用其他两种方法。

6. 数据处理

测试结构混凝土的声速值 $v_p$ 可在现场精确地测得,峰值频率 $f$ 可根据测试结果通过频率分析得到,这样我们利用公式(8-5-12)就能准确得到混凝土的厚度值 $h$。

7. 质量控制要点

(1)根据测试构件混凝土的厚度选择最适合频率的冲击器和传感器。

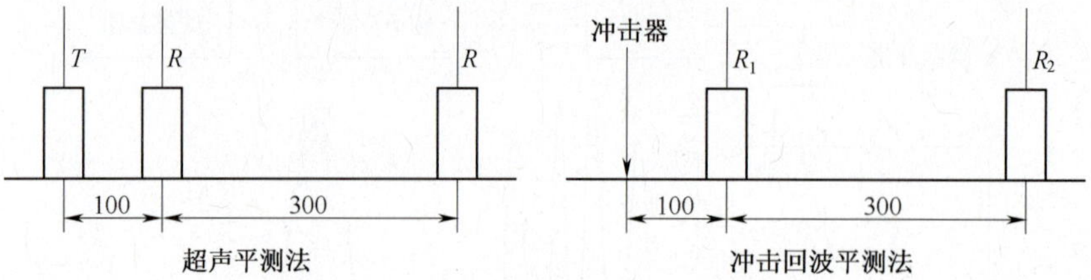


图 8-5-11　混凝土声速测试示意图(单位:mm)

(2)精确的测得所测构件混凝土的声速值。

(3)测试点/面应洁净平整。

5.5.3.3　地质雷达法

具体检测方法参见本章第 5.3.4 条中的:地质雷达法。

### 5.5.4　隧道衬砌背后回填密实度检测

地质雷达法。具体检测方法参见本章第 5.3.4 条中的:地质雷达法。

## 5.6　隧道附属设施检测

隧道的水沟电缆槽、盖板、洞室等附属设施的质量检测可参见《高速铁路隧道工程施工质量验收标准》(TB 10753)及相关检测规程。

## 5.7　隧道检测典型案例

成渝铁路客运专线某隧道全长 330 m,设计为双线隧道,隧道进、出口均采用斜切式洞门,明洞长 63 m,暗洞长 267 m(其中Ⅳ级围岩 95 m,Ⅴ级围岩 235 m)。采用地质雷达检测二次衬砌混凝土施工质量。

地质构造:隧址属丘陵地貌,地上覆第四系全新统坡洪积膨胀土,坡残积膨胀土等,下浮基岩为侏罗系上统宁组泥岩夹砂岩,砂岩等;隧区地震动峰值加速度为 0.05$g$,地下水位为第四系土层孔隙水及基岩裂隙水;环境作用为 H1。

测试设备:采用美国 GSSI 公司生产的 SIR20 型地质雷达系统,检测天线使用 400M 屏蔽式天线,仪器检定证书号为字第 200909005676 号。

地质雷达典型图例分析,如图 8-5-12～图 8-5-17 所示。

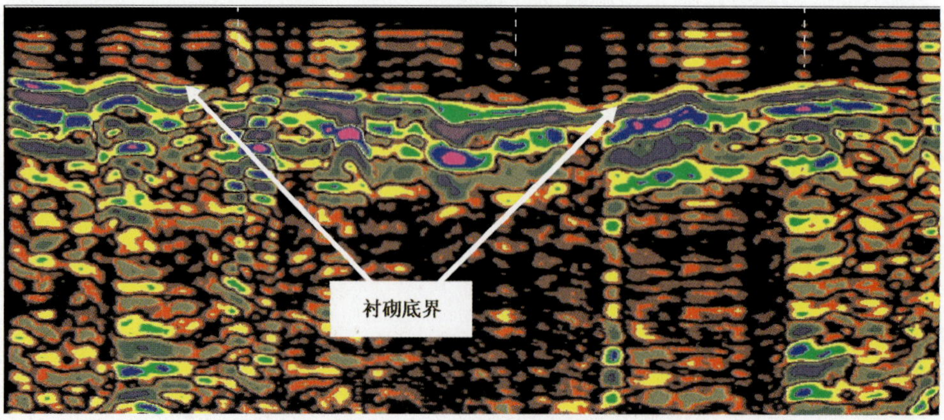


图 8-5-12　隧道衬砌与支护界面地质雷达图像

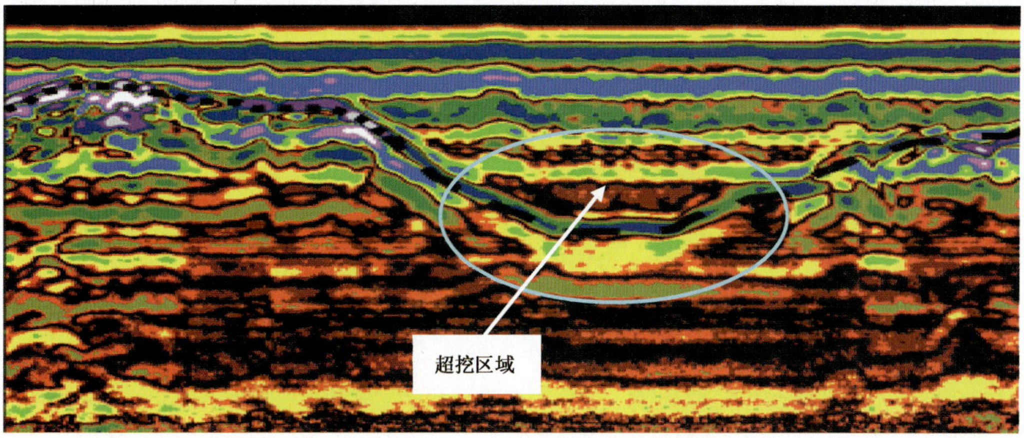


图 8-5-13　隧道支护超挖界面地质雷达图像

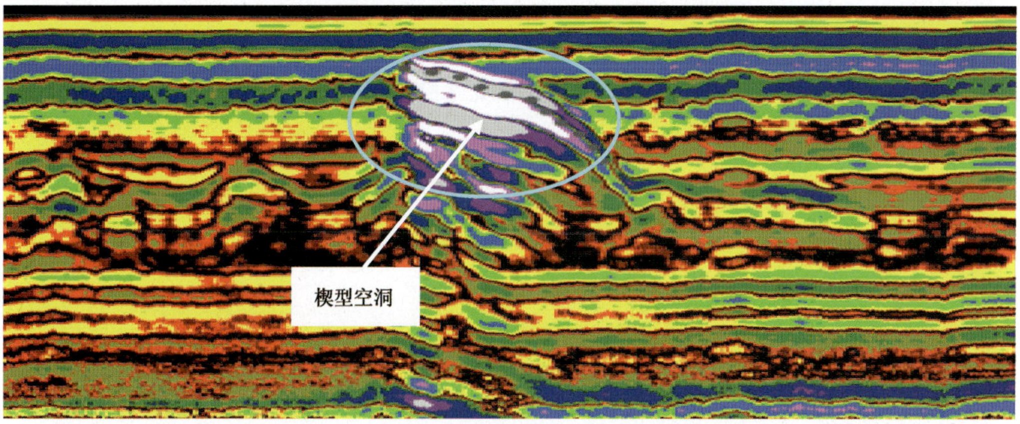


图 8-5-14　隧道二次衬砌楔型空洞地质雷达图像

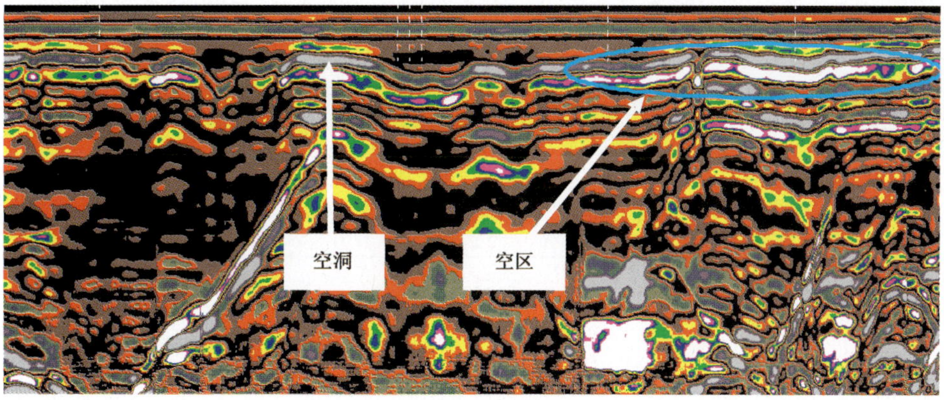


图 8-5-15　隧道衬砌内部空洞、空区地质雷达图像

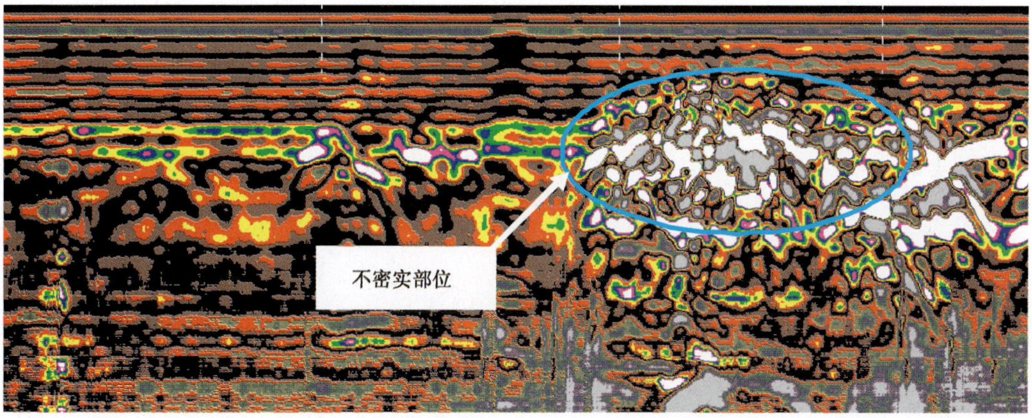


图 8-5-16　隧道衬砌内部不密实地质雷达图像

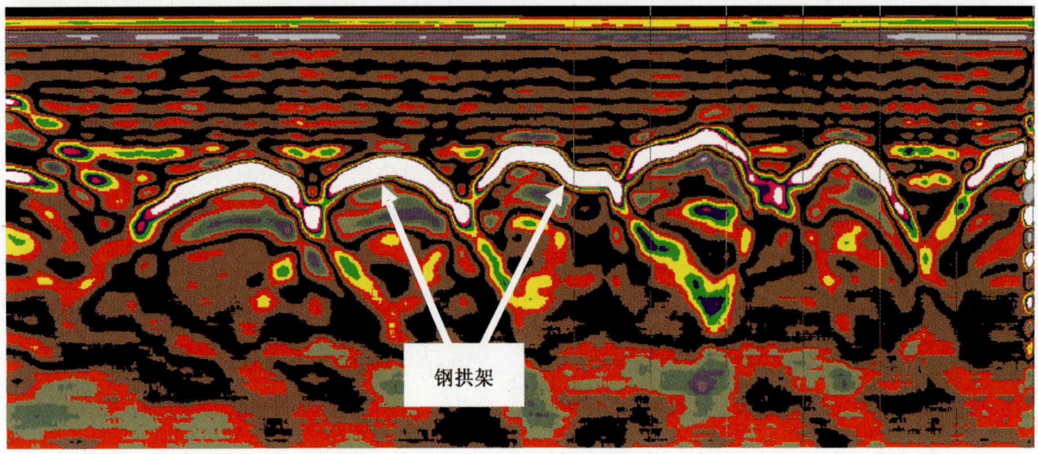


图 8-5-17　隧道衬砌钢拱架地质雷达图像

地质雷达检测隧道二次衬砌混凝土结果见表 8-5-13、表 8-5-14。

**表 8-5-13　隧道二次衬砌地质雷达检测结果汇总表(一)**

| 序号 | 图号 | 里程 | 混凝土设计厚度(m) | 雷达检测分析厚度(m) | 破孔测量结果(m) | 衬砌及背后存在缺陷描述 |
|---|---|---|---|---|---|---|
| 1 | 8-5-12 | K0+147 | 40 | 41.6 | 42.0 | 衬砌与围岩结合密实 |
| 2 | 8-5-13 | K0+159 | 40 | 109.5 | 110.4 | 衬砌与围岩结合密实 |
| 3 | 8-5-14 | ZK0+324 | 45 | 15.0 | 14.8 | 衬砌与围岩之间存在脱空区 |
| 4 | 8-5-15 | ZK0+107 | 40 | 20.2 | 19.9 | 衬砌与围岩之间存在脱空区 |
| 5 | 8-5-16 | K0+213 | 40 | 33.0 | 32.6 | 衬砌与围岩之间存在不密实带 |

注:1. 隧道二次衬砌厚度由施工单位提供;
2. 测量值位置从二次衬砌表面算起;
3. 表中里程以隧道小里程进口端为零起点。

**表 8-5-14　隧道二次衬砌地质雷达检测结果汇总表(二)**

| 图号 | 里程 | 钢拱架设计间距(m) | 雷达检测分析平均间距(m) | 检测解析情况描述 |
|---|---|---|---|---|
| 8-5-17 | K0+079.7~K0+085 | 1.00 | 1.06 | 在本段里程范围内共计有 6 根钢拱架,距离为 5.3 m,拱架平均间距 1.06 m |

注:1. 隧道二次衬砌厚度由施工单位提供;
2. 表中里程以隧道小里程进口端为零起点。

# 6　无砟轨道及无缝线路试验检测技术

## 6.1　概　　述

无砟轨道克服了有砟轨道道粉化严重、线路维修频繁的后果，安全性、舒适性、经济性相对较差的缺点，是高速铁路工程技术的发展方向。

## 6.2　底座板(支承层)

在铁路无砟轨道系统中，用高质量材料铺筑的主要用于支承混凝土道床板或轨道板的承载层，统称水硬性支承层(HGT)。

### 6.2.1　支承层材料

用于建造支承层的材料。根据施工方法不同，支承层材料可分为水硬性混和料和低塑性水泥混凝土。

### 6.2.2　水硬性混和料

由细骨料、粗骨料、少量胶凝材料和少量水等配制，采用滑模摊铺或摊铺碾压工艺成型后具有 98%以上相对密实度的支承层材料。

### 6.2.3　低塑性水泥混凝土

由细骨料、粗骨料、少量胶凝材料和少量水等配制，坍落度不大于 30 mm 的混凝土。

### 6.2.4　原 材 料

6.2.4.1　水　　泥

采用强度等级不低于 42.5 的硅酸盐水泥或普通硅酸盐水泥，比表面积不应大于 350 $m^2/kg$，其他性能应符合《通用硅酸盐水泥》(GB 175)及表 8-6-1 的规定。不应使用早强水泥。

**表 8-6-1　水泥的技术要求**

| 序 号 | 检测项目 | 技术要求 |
|---|---|---|
| 1 | 比表面积($m^2/kg$) | ≤350 |
| 2 | 凝结时间(min) | 初凝≥45，终凝≤600 (硅酸盐水泥终凝≤390) |
| 3 | 安定性 | 沸煮法合格 |
| 4 | 强度(MPa) | 符合表 8-6-2 的规定 |
| 5 | 烧失量(%) | ≤5.0(P·O)；≤3.5(P·Ⅱ)；≤3.0(P·Ⅰ) |
| 6 | 游离 CaO 含量(%) | ≤1.0 |
| 7 | MgO 含量(%) | ≤5.0 |
| 8 | $SO_3$含量(%) | ≤3.5 |
| 9 | 氯离子含量(%) | ≤0.06 |
| 10 | 碱含量(%) | ≤0.6 |
| 11 | 熟料中的 $C_3A$ 含量(%) | ≤8 |
| 12 | 助磨剂名称及掺量(%) | 符合 GB 175—2007 第 5.2 节规定 |
| 13 | 石膏名称及掺量 | 符合 GB 175—2007 第 5.2 节规定 |
| 14 | 混和材名称及掺量 | 矿渣或粉煤灰，掺量符合 GB 175—2007 |

**表 8-6-2 硅酸盐水泥和普通硅酸盐水泥的强度要求**

| 品种 | 强度等级 | 抗压强度(MPa) | | 抗折(MPa) | |
|---|---|---|---|---|---|
| | | 3 d | 28 d | 3 d | 28 d |
| 硅酸盐水泥 | 42.5 | ≥17.0 | ≥42.5 | ≥3.5 | ≥6.5 |
| | 52.5 | ≥23.0 | ≥52.5 | ≥4.0 | ≥7.0 |
| | 62.5 | ≥28.0 | ≥62.5 | ≥5.0 | ≥8.0 |
| 普通硅酸盐水泥 | 42.5 | ≥17.0 | ≥42.5 | ≥3.5 | ≥6.5 |
| | 52.5 | ≥23.0 | ≥52.5 | ≥4.0 | ≥7.0 |

6.2.4.2 粉 煤 灰

采用性能符合表 8-6-3 规定的Ⅰ、Ⅱ或Ⅲ级粉煤灰。

**表 8-6-3 粉煤灰的技术要求**

| 序号 | 项 目 | | 技术要求 | | |
|---|---|---|---|---|---|
| | | | Ⅰ | Ⅱ | Ⅲ |
| 1 | 细度(%) | | ≤12 | ≤25 | ≤45 |
| 2 | 需水量比(%) | | ≤95 | ≤105 | ≤115 |
| 3 | 烧失量(%) | | ≤5.0 | ≤8.0 | ≤15.0 |
| 4 | 含水率(%) | | ≤1.0 | | |
| 5 | 三氧化硫含量(%) | | ≤3.0 | | |
| 6 | 游离氧化钙(%) | F类粉煤灰 | ≤1.0 | | |
| | | C类粉煤灰 | ≤4.0 | | |
| 7 | 安定性(mm) | C类粉煤灰 | ≤5.0(雷氏夹沸煮后增加距离) | | |

6.2.4.3 细 骨 料

采用级配合理、质地均匀坚固、吸水率低、空隙率小的洁净天然河砂或人工砂,其性能应符合表 8-6-4 的规定。

**表 8-6-4 细骨料的技术要求**

| 序号 | 项目 | | 技术要求 |
|---|---|---|---|
| 1 | 级配 | | JGJ 52 规定的Ⅰ、Ⅱ或Ⅲ区 |
| 2 | 细度模数 | | ≥2.3 |
| 3 | 含泥量(天然砂)(%) | | ≤3.0 |
| 4 | 泥块含量(%) | | ≤1.0 |
| 5 | 石粉含量(人工砂)(%) | MB<1.4(合格) | ≤10.0 |
| | | MB≥1.4(不合格) | ≤5.0 |
| 6 | 坚固性(%) | | ≤10 |
| 7 | 总压碎值指标(人工砂)(%) | | <30 |
| 8 | 云母含量(%) | | ≤2.0 |
| 9 | 轻物质含量(%) | | ≤1.0 |
| 10 | 硫化物及硫酸盐含量(%) | | ≤1.0 |
| 11 | 有机物含量(%) | | 合格 |
| 12 | 碱活性 | 砂浆棒膨胀率(%) | ≤0.1 |
| | | 抑制效能试验 | 合格(砂浆棒膨胀率处于 0.1%~0.3%时) |

6.2.4.4 粗 骨 料

选用级配合理、粒形良好、质地均匀坚固、线胀系数小的洁净碎石,也可采用碎卵石或砾石,不宜采用砂岩碎石,最大公称粒径宜采用 31.5 mm 或 40 mm,其他性能应符合表 8-6-5 的规定。

表 8-6-5　粗骨料的性能

| 序号 | 项　目 | | 技术要求 |
|---|---|---|---|
| 1 | 级配 | | JGJ 52 规定的连续粒级 |
| 2 | 针、片状颗粒含量(%) | | ≤15 |
| 3 | 含泥量(%) | | ≤2.0 |
| 4 | 泥块含量(%) | | ≤0.5 |
| 5 | 压碎指标值(%) | | ≤16 |
| 6 | 坚固性(%) | | ≤10 |
| 7 | 硫化物及硫酸盐含量(%) | | ≤1.0 |
| 8 | 有机物含量(碎卵石或砾石)(%) | | 合格 |
| 9 | 碱活性 | 膨胀率(%) | ≤0.1(砂浆棒或岩石柱) |
| | | 抑制效能试验 | 合格(砂浆棒膨胀率处于 0.1%～0.3%时) |

6.2.4.5　减 水 剂

采用性能符合表 8-6-6 规定的减水剂。

表 8-6-6　减水剂的性能

| 序号 | 项　目 | | 技术要求 |
|---|---|---|---|
| 1 | 减水率(%) | | ≥20 |
| 2 | 常压泌水率比(%) | | ≤20 |
| 3 | 抗压强度比(%) | 3 d | ≥130 |
| | | 7 d | ≥125 |
| | | 28 d | ≥120 |
| 4 | 收缩率比(%) | | ≤110 |

6.2.4.6　水

应符合《铁路混凝土工程施工质量验收标准》(TB 10424)及表 8-6-7 的规定。

表 8-6-7　拌和用水的性能

| 序号 | 检测项目 | 技术要求 |
|---|---|---|
| 1 | pH 值 | >6.5 |
| 2 | 不溶物含量(mg/L) | <2 000 |
| 3 | 可溶物含量(mg/L) | <2 000 |
| 4 | 氯化物含量(mg/L) | <500 |
| | | <350(用钢丝或热处理钢筋) |
| | | <200(混凝土处于氯盐环境下) |
| 5 | 硫酸盐含量(mg/L) | <600 |
| 6 | 碱含量(mg/L) | <1 500 |
| 7 | 凝结时间差(min) | ≤30 |
| 8 | 抗压强度比(28 d)(%) | ≥90 |

### 6.2.5　支承层材料分类

支承层材料分水硬性混和料和低塑性水泥混凝土，其性能应符合表 8-6-8 的规定。客运专线无砟轨道施工时，支承层材料应优先采用水硬性混和料。

表 8-6-8 支承层材料的技术要求

| 序号 | 支承层材料类别 | 项目 | 技术要求 | | |
|---|---|---|---|---|---|
| | | | 试验室检验 | 现场检验 | 支承层检验 |
| 1 | 水硬性混和料 | 28 d抗压强度(MPa) | 12～18 | — | — |
| | | 28 d抗折(弯拉)强度(MPa) | ≥2 | — | — |
| | | 28 d收缩率($10^{-6}$) | ≤200 | — | — |
| | | 相对密实度(%) | — | ≥98 | — |
| | | 28 d单个芯样强度(MPa) | — | — | ≥6 |
| | | 28 d单组芯样强度(MPa) | — | — | ≥8 |
| 2 | 低塑性水泥混凝土 | 增实因素,JC | 宜大于1.2 | JC±0.10 | |
| | | 28 d抗压强度(MPa) | 12～18 | — | — |
| | | 28 d抗折(弯拉)强度(MPa) | ≥2 | — | — |
| | | 28 d收缩率($10^{-6}$) | ≤200 | — | — |
| | | 28 d单个芯样强度(MPa) | — | — | ≥6 |
| | | 28 d单组芯样强度(MPa) | — | — | ≥8 |

### 6.2.6 混凝土配合比

(1)水硬性混和料配合比试验时,应通过击实试验确定最大干密度($\rho_{dmax}$)和最优含水率($W_{opt}$)。

(2)水硬性混和料成型时,应根据最优含水率($W_{opt}$)拌制混和料,并通过套模压振方法使试件达到最大干密度($\rho_{dmax}$)。

(3)低塑性水泥混凝土配合比选定时,应采用较少的胶凝材料用量和水用量。除非必要,应尽量少用或不用减水剂。

(4)低塑性水泥混凝土试验时,宜采用增实因素法测定其稠度。

### 6.2.7 检验方法

(1)水泥检验应根据《通用硅酸盐水泥》(GB 175)的要求进行。

(2)粉煤灰检验应根据《用于水泥和混凝土中的粉煤灰》(GB/T 1596)的要求进行。

(3)减水剂检验应根据《混凝土外加剂》(GB 8076)的要求进行。

(4)粗骨料、细骨料检验应根据《普通混凝土用砂、石质量及检验方法标准》(JGJ 52)的要求进行,其中碱活性应按《铁路混凝土用骨料碱活性试验方法》(TB/T 2922)中岩相法和快速砂浆棒法(或岩石柱法)的要求进行。

(5)拌和水和养护水检验应根据《混凝土用水标准》(JGJ 63)的要求进行。

(6)水硬性混和料的最大干密度和最优含水率试验应根据《铁路工程土工试验规程》(TB 10102)中的轻型击实方法要求进行。

(7)水硬性混和料试件的成型应根据《公路工程水泥及水泥混凝土试验规程》(JTG E30)的要求进行,脱模后强度试件放入标准养护室(温度(20±2) ℃,湿度不低于95%)养护。

(8)低塑性水泥混凝土增实因素试验应根据《普通混凝土拌合物性能试验方法标准》(GB/T 50080)的要求进行。

(9)试件抗压、抗折(弯拉)强度试验应根据《普通混凝土力学性能试验方法标准》(GB/T 50081)的要求进行。

(10)试件收缩率试验应根据《普通混凝土长期性能和耐久性能试验方法标准》(GB/T 50082)的要求进行,其中试件测试初长后7 d内应对试件进行包裹密封养护。

(11)水硬性混和料相对密实度试验应根据《铁路工程土工试验规程》(TB 10102)的要求进行。

(12)支承层芯样强度试验应根据《铁路工程结构混凝土强度检测规程》(TB 10426)的要求进行。

### 6.2.8 检验规则

#### 6.2.8.1 水　　泥

水泥的检验项目和检验频率应符合表8-6-9的规定,检验结果应满足表8-6-1的要求。

表 8-6-9　水泥的检验要求

| 序号 | 检验项目 | 检验频率 | |
|---|---|---|---|
| | | 进场检查 | 复检 |
| 1 | 不溶物 | 更换料源或每批进货时核查供应商提供的报告 | 下列情况之一时，检验 1 次：<br>任何新选货源；<br>使用同厂家、同品种水泥的时间达 3 个月时；<br>同厂家、同品种的水泥出厂时间超过 3 个月时 |
| 2 | 烧失量 | | |
| 3 | 三氧化硫含量 | | |
| 4 | 氧化镁含量 | | |
| 5 | 氯离子含量 | | |
| 6 | 碱含量 | | |
| 7 | 凝结时间 | | |
| 8 | 安定性 | | |
| 9 | 强度 | | |
| 10 | 细度 | | |

6.2.8.2　粉煤灰

粉煤灰的检验项目和检验频率应符合表 8-6-10 的规定，检验结果应满足表 8-6-3 的要求。

表 8-6-10　粉煤灰的检验要求

| 序号 | 检验项目 | 检验频率 | |
|---|---|---|---|
| | | 进场检查 | 复检 |
| 1 | 细度 | 更换料源或每批进货时核查供应商提供的报告 | 下列情况之一时，检验 1 次：<br>任何新选货源；<br>使用同厂家、同品种粉煤灰的时间达 3 个月时 |
| 2 | 需水量比 | | |
| 3 | 烧失量 | | |
| 4 | 含水率 | | |
| 5 | 三氧化硫含量 | | |
| 6 | 游离氧化钙含量 | | |
| 7 | 安定性 | | |

6.2.8.3　细骨料

细骨料的检验项目和检验频率应符合表 8-6-11 的规定，检验结果应满足表 8-6-4 的要求。

表 8-6-11　细骨料的检验要求

| 序号 | 检验项目 | 检验频率 | |
|---|---|---|---|
| | | 进场检查 | 复检 |
| 1 | 级配 | 更换料源或每批进货时核查供应商提供的报告 | 下列任一情况为一批，每批检验 1 次：<br>任何新选料源；<br>使用同厂家、同品种、同规格细骨料的时间达 1 年时 |
| 2 | 细度模数 | | |
| 3 | 含泥量 | | |
| 4 | 泥块含量 | | |
| 5 | 石粉含量 | | |
| 6 | 坚固性 | | |
| 7 | 压碎值指标 | | |
| 8 | 云母含量 | | |
| 9 | 轻物质含量 | | |
| 10 | 硫化物及硫酸盐含量 | | |
| 11 | 有机物含量 | | |
| 12 | 碱活性 | | |

6.2.8.4　粗骨料

粗骨料的检验质量和检验频率应符合表 8-6-12 的规定，检验结果应满足表 8-6-5 的要求。

**表 8-6-12　粗骨料的检验要求**

| 序号 | 检验项目 | 检验频率 | |
|---|---|---|---|
| | | 进场检查 | 复检 |
| 1 | 级配 | 更换料源或每批进货时核查供应商提供的报告 | 下列任一情况为一批，每批检验 1 次：<br>任何新选料源；<br>使用同厂家、同品种、同规格粗骨料的时间达 1 年时 |
| 2 | 针、片状颗粒含量 | | |
| 3 | 含泥量 | | |
| 4 | 泥块含量 | | |
| 5 | 压碎指标值 | | |
| 6 | 坚固性 | | |
| 7 | 硫化物及硫酸盐含量 | | |
| 8 | 有机物含量(卵石) | | |
| 9 | 碱活性 | | |

6.2.8.5　减 水 剂

减水剂的检验项目和检验频率应符合表 8-6-13 的规定，检验结果应满足表 8-6-6 的要求。

**表 8-6-13　减水剂的检验要求**

| 序号 | 检验项目 | 检验频率 | |
|---|---|---|---|
| | | 进场检查 | 复检 |
| 1 | 减水率 | 更换料源或每批进货时核查供应商提供的报告 | 下列情况之一时，检验 1 次：<br>任何新选货源；<br>使用同厂家、同批号、同品种减水剂的时间达 3 个月 |
| 2 | 常压泌水率比 | | |
| 3 | 抗压强度比 | | |
| 4 | 收缩率比 | | |

6.2.8.6　水

水的检验项目和检验频率应符合表 8-6-14 的规定，检验结果应满足表 8-6-7 的要求。

**表 8-6-14　水的检验要求**

| 序号 | 检验项目 | 检验频率 |
|---|---|---|
| 1 | pH 值 | 任何新水源为一批，每批检验 1 次 |
| 2 | 不溶物含量 | |
| 3 | 可溶物含量 | |
| 4 | 氯化物含量 | |
| 5 | 硫酸盐含量 | |
| 6 | 碱含量 | |
| 7 | 凝结时间差 | |
| 8 | 抗压强度比 | |

6.2.8.7　配 合 比

支承层材料配合比的检验项目和检验频率应符合表 8-6-15 的规定。

**表 8-6-15　支承层材料配合比的检验要求**

| 序号 | 检验项目 | 检验频率 |
|---|---|---|
| 1 | 最大干密度和最优含水率(水硬性混和料) | 下列任一情况为一批，每批检验 1 次：<br>首次使用前；<br>更换主要原材料时 |
| 2 | 增实因素(低塑性水泥混凝土) | |
| 3 | 抗压强度 | |
| 4 | 抗折(弯拉)强度 | |
| 5 | 收缩率 | |
| 6 | 相对密实度(水硬性混和料) | 每 500 延长米检验 1 次 |
| 7 | 增实因素(低塑性水泥混凝土) | 每 50 $m^3$ 或每工作班检验 1 次 |

6.2.8.8 现场支承层

施工后，支承层的检验项目、检验频率和检验结果应符合表 8-6-16 的规定。

表 8-6-16 支承层的检验要求

| 序号 | 检验项目 | 检验频率 | 质量要求 |
|---|---|---|---|
| 1 | 抗压强度 | 每 500 延长米检验一次(三个试件) | 应满足设计的要求 |
| 2 | 中线位置 | 滑模摊铺每 50 m、立模浇筑每 20 m 检测 1 次 | 应满足不大于 10 mm 的偏差要求 |
| 3 | 厚度 | 滑模摊铺每 50 m、立模浇筑每 20 m 检测 1 次 | 应满足(+20 mm，－20 mm)的偏差要求 |
| 4 | 宽度 | 滑模摊铺每 50 m、立模浇筑每 20 m 检测 1 次 | 应满足(+15 mm，0 mm)的偏差要求 |
| 5 | 顶面高程 | 滑模摊铺每 50 m、立模浇筑每 20 m 检测 1 次 | 应满足(+5 mm，－15 mm)的偏差要求 |
| 6 | 表面平整度 | 滑模摊铺每 50 m、立模浇筑每 20 m 检测 1 次 | 3 m 内平整度不得超过 10 mm |
| 7 | 切缝 | 全检 | 切缝应贯通竖直，缝深应符合设计要求 |
| 8 | 拉毛 | 每 50 m 检测 1 次 | 拉毛纹路应清晰、整齐 |
| 9 | 表面质量 | 全检 | 表面应平整、颜色均匀，不得有疏松及缺棱掉角等缺陷 |

## 6.3 CRTS Ⅰ型板

CRTS Ⅰ型板式无砟轨道由钢轨、扣件、垫板、轨道板、CA 砂浆垫层、混凝土底座、凸形挡台及其周围填充树脂等组成。

### 6.3.1 原材料

6.3.1.1 水　泥

采用强度等级不低于 42.5 级的硅酸盐水泥或普通硅酸盐水泥，水泥碱含量应不超过0.60%，三氧化硫含量应不超过 3%，氯离子含量应不超过 0.10%(预应力轨道板应不超过 0.06% )，熟料中的 $C_3A$ 含量不宜超过 8%，其他技术要求应符合《铁路混凝土工程施工质量验收标准》(TB 10424)的规定。

6.3.1.2 骨　料

(1)粗骨料。应采用材质坚硬、表面清洁的二级或多级单粒级碎石，按最小堆积密度配制而成，各级粗骨料应分级储存、分级运输、分级计量，最大粒径为 20 mm，含泥量按质量计不大于 0.50%、氯化物含量不大于 0.02%，其他技术要求应符合《铁路混凝土工程施工质量验收标准》(TB 10424)的规定。

(2)细骨料。应采用材质坚硬、表面清洁、级配合理的天然中粗河砂，含泥量按重量计不大于 1.5%外，氯化物含量不大于 0.02%，其他技术要求应符合《铁路混凝土工程施工质量验收标准》(TB 10424)的规定。

不应使用具有碱—碳酸盐反应活性或砂浆棒膨胀率大于 0.20%的碱—硅酸盐反应活性的骨料。当骨料的砂浆棒膨胀率为 0.10%～0.20%时，混凝土碱含量应不超过 3 kg/m$^3$。在轨道板投产前及骨料来源改变时，应根据 TB/T 2922 和 TB/T 3054 的规定对骨料的碱活性进行试验和评价，由具有相应资质的检验单位提出报告。

6.3.1.3 水

应符合《铁路混凝土工程施工质量验收标准》(TB 10424)的规定。

6.3.1.4 外加剂

应采用减水率不小于 25%、收缩率比不大于 110%的聚羧酸盐系减水剂，其他技术要求应符合《铁路混凝土工程施工质量验收标准》(TB 10424)的规定。禁止使用掺入氯盐类外加剂。

6.3.1.5 掺和料

应能够改善混凝土的性能，其性能指标应符合表 8-6-17 的要求。

表 8-6-17　掺和料技术要求

| 序号 | 项　　目 | | 技术要求 |
|---|---|---|---|
| 1 | 氯离子含量(%) | | 不宜大于 0.02 |
| 2 | 烧失量(%) | | ≤4.0 |
| 3 | $SO_3$含量(%) | | ≤3.0 |
| 4 | 含水率(%) | | ≤1.0 |
| 5 | 需水量比(%) | | ≤105 |
| 6 | 活性指数(%) | 1 d | ≥125 |
| | | 28 d | ≥110 |

6.3.1.6　预应力筋和锚具

(1)预应力筋采用低松弛预应力钢棒,其抗拉强度不低于 1 420 MPa,预应力表面不得有划伤或其他瑕疵,其他性能及检验规则应符合《预应力混凝土用钢棒》(GB/T 5223.3)的规定。

(2)预应力筋端部螺纹采用滚轧成型,配套采用锚固螺母,预应力筋—锚固螺母组装件的静力、疲劳和周期荷载性能应符合《预应力筋用锚具、夹具和连接器》(GB/T 14370)的规定 。

(3)预应力筋无黏结方式宜采用护套包裹,护套原材料应采用挤塑型高密度聚乙烯树脂,其性能应符合《聚乙烯(PE)树脂》(GB/T 11115)的规定;预应力筋护套长度应与锚垫板外侧齐平。预应力筋与护套间涂敷防腐润滑脂,其用量和性能应符合《无粘结预应力筋专用防腐润滑脂》(JG 3007)的规定。

(4)锚固螺母及锚垫板应采用 45 号优质碳素钢,锚固螺母应进行调质热处理。

(5)无粘结预应力筋及配套锚具应按不同规格挂牌整齐堆放在通风良好的仓库中。在成品堆放、运输、装卸和施工期间严禁碰撞、踩压、摔掷和拖拉,严禁锋利物品损坏无黏结预应力筋护套。

(6)预应力筋和锚具的其他技术性能尚应符合设计图中的要求。

6.3.1.7　非预应力钢筋

(1)Ⅱ级热轧带肋钢筋性能应符合《钢筋混凝土用钢　第 2 部分:热轧带肋钢筋》(GB 1499.2)的规定。

(2)环氧树脂涂层钢筋的性能应符合《环氧树脂涂层钢筋》(JG 3042)的规定。

(3)螺旋筋采用低碳钢冷拔钢丝,其性能应符合《一般用途低碳钢丝》(YB/T 5294)的规定。

6.3.1.8　起吊套管

应符合设计图中的要求。

6.3.1.9　轨道板内预埋套管

应满足《客运专线扣件系统暂行技术条件》(铁科技函〔2006〕248 号)的相关要求。

### 6.3.2　检测设备配置

所需检测的主要设备及技术参数应满足表 8-6-18 的要求。

表 8-6-18　主要设备检测及技术参数

| 设备名称 | 量程 | 精度(分辨率) | 备注 |
|---|---|---|---|
| 万能材料试验机 | 1 000 kN | ±1% | |
| 万能材料试验机 | 600 kN | ±1% | |
| 万能材料试验机 | 300 kN | ±1% | |
| 压力试验机 | 2 000 kN | ±1% | |
| 恒压力试验机 | 300 kN | ±1% | |
| 拉力试验机 | 2.5 kN | ±1% | |
| 电动抗折机 | 5 000 或 6 000 N | 5 N | |
| 电动抗折机 | 300 N | 3 N | |
| 水泥比表面积测定仪 | 200～1 000 $m^2/kg$ | ±1% | |
| 负压筛析仪 | 600～6 000 Pa | — | |

续上表

| 设备名称 | 量程 | 精度(分辨率) | 备注 |
| --- | --- | --- | --- |
| 雷氏沸煮箱 | 210 min | ±5 min | |
| 胶砂流动度仪 | 100～260 mm | 1.0 mm | |
| 行星式水泥胶砂搅拌机 | 240 s | ±1 s | |
| 水泥净浆搅拌机 | 120 s | ±1 s | |
| 水泥胶砂振实台 | 14.7～15.3 mm | 0.1 min | |
| 水泥标准稠度仪 | 0～75 mm | 1 mm | |
| 水泥恒温恒湿养护箱 | 10 ℃～20 ℃ | ±1 ℃ | |
| 强制式混凝土搅拌机 | 30～100 L,55 r/min | ±1 r/min | |
| 混凝土渗透仪 | 4 MPa | 0.05 MPa | |
| 混凝土含气量测定仪 | 10% | 0.50% | |
| 压力泌水仪 | 100 mL | 0.1 mL | |
| 贯入阻力仪 | 1 200 N | ±5 N | |
| 混凝土冻融循环试验机(快冻) | −20 ℃～10 ℃ | ±1 ℃ | |
| 动弹模量测定仪 | 100～10 000 Hz | 0.50% | |
| 混凝土保护层测定仪 | 5～60 mm | ±1 mm | |
| 混凝土钻孔机 | $\phi$100～$\phi$150 mm | — | |
| 刻度显微镜 | 5～40 倍 | 0.01 mm | |
| 回弹仪 | 10～100 | ±2 | |
| 电通量测定仪 | 4 000 C | 1.00% | |
| 自动控温控湿设备 | 20 ℃ | ±1 ℃ | |
| 道砟筛 | 0.074～63 mm | 0.005～18.7 mm | |
| 沥青针入度仪 | 0～50 mm | 0.1 mm | |
| 沥青延度仪 | 0～150 cm | 0.5 mm | |
| 沥青软化点仪 | 0～125 ℃ | 0.5 ℃ | |
| 沥青闪点仪 | 0～300 ℃ | ±1 ℃ | |
| 沥青标准黏度仪 | 流孔 $\phi$3 mm、$\phi$4 mm、$\phi$5 mm、$\phi$10 mm | — | |
| 沥青动力黏度计 | 0.0～100.0 ℃ | ±0.01 ℃ | |
| 乳化沥青稳定性试验管 | 内径 32 mm,高约 350 mm | 内径±0.1 mm | |
| 沥青恒温烘箱 | 10 ℃～300 ℃ | ±0.01 ℃ | |
| 沥青混和料拌和机 | — | — | |
| 不透水仪 | 0～0.6 MPa | 0.1 MPa | |
| 电热干燥箱 | 300 ℃ | ±1 ℃ | |
| 箱式高温炉 | 0～1 200 ℃ | ±20 ℃ | |
| 微机控制万能材料 | 50 kN | ±1% | |
| 微机控制万能材料 | 10 kN | ±1% | |
| 涂层厚度测定仪 | 0.03～0.5 mm | 0.01 mm | |
| 针孔检测仪 | 500 μm | ±5% | |
| 电动轻型搅拌机 | 容积 5 L | — | |
| 砂浆含气量测定仪 | 1 L | — | |
| 恒温恒湿养护箱 | 15 ℃～40 ℃、55～70RH | ±0.5 ℃、±5%RH | |
| 抗拔仪(轨道板套管抗拔) | 20 t | 0.1 kN | |
| 分析天平 | 200 g | 0.000 1 g | |
| 电子天平 | 1 000/3 000 g | 0.01/0.1 g | |

续上表

| 设备名称 | 量程 | 精度(分辨率) | 备注 |
| --- | --- | --- | --- |
| 静水力学天平(配网篮) | 5 000 g | 0.01 g | |
| 电子秤 | 10/20/30 kg | 0.1/0.1/1 g | |
| 游标卡尺 | 200 mm | 0.02 mm | |
| 深度卡尺 | 200 mm | 0.02 mm | |

### 6.3.3 检验方法

(1)轨道板外形尺寸应采用统一的专用工具检测,并定期校正。

(2)水泥、掺和料的碱含量按《水泥化学分析方法》(GB/T 176)的规定进行检验。外加剂的碱含量按《混凝土外加剂匀质性试验方法》(GB/T 8077)的规定进行检验。

(3)水泥、掺和料的氯离子含量按《水泥化学分析方法》(GB/T 176)的规定进行检验。外加剂、骨料和拌和水中的氯离子含量按《混凝土外加剂匀质性试验方法》(GB/T 8077)的规定进行检验。

(4)骨料的碱活性按《铁路混凝土工程预防碱—骨料反应技术条件》(TB/T 3054)和《铁路混凝土用骨料碱活性试验方法》(TB/T 2922)的规定进行检验。

(5)混凝土拌和物性能试验应符合《普通混凝土拌合物性能试验方法标准》(GB/T 50080)的规定。

(6)混凝土抗压强度和弹性模量试验应符合《普通混凝土力学性能试验方法标准》(GB/T 50081)的规定。

(7)混凝土抗冻性试验应符合《普通混凝土长期性能和耐久性能试验方法标准》(GB/T 50082)快冻法的规定。

(8)混凝土电通量试验应符合《铁路混凝土工程施工质量验收标准》(TB 10424)的规定。

(9)预应力筋的抗拉强度、屈服强度、伸长率、松弛率和疲劳性能试验应符合《预应力混凝土用钢棒》(GB/T 5223.3)的规定。

(10)预应力筋—锚固螺母组装件的静力、疲劳和周期荷载性能试验应符合《预应力筋用锚具、夹具和连接器》(GB/T 14370)的规定。

(11)环氧树脂涂层钢筋的涂层材料、涂层厚度、连续型、可弯性等试验应符合《环氧树脂涂层钢筋》(JG 3042)的规定。

(12)预埋套管抗拔力试验应符合《客运专线扣件系统暂行技术条件》(铁科技函〔2006〕248 号)的规定。

(13)封锚砂浆的力学性能试验应符合《水泥胶砂强度检验方法(ISO 法)》(GB/T 17671)的规定,试件成型应采用空气锤振捣,捣头截面尺寸为 38 mm×40 mm。

(14)封锚砂浆的抗渗性能、收缩率试验应符合《聚合物改性水泥砂浆试验规程》(DL/T 5126)的规定。

(15)轨道板的绝缘性能试验方法应符合《客运专线铁路 CRTSⅠ型板式无砟轨道混凝土轨道板暂行技术条件》(科技基〔2008〕74 号)附录 B 的规定。

(16)轨道板的静载性能试验方法应符合《客运专线铁路 CRTSⅠ型板式无砟轨道混凝土轨道板暂行技术条件》(科技基〔2008〕74 号)附录 C 的规定。

### 6.3.4 配合比

#### 6.3.4.1 轨道板混凝土配合比

(1)混凝土中应选用聚羧酸盐系减水剂及能够提高混凝土的早期强度和后期耐久性能的掺和料。

(2)混凝土胶凝材料用量应不超过 500 kg/m$^3$,水胶比不宜大于 0.35,混凝土含气量应不大于 3%。

(3)混凝土抗压强度和弹性模量应符合设计要求。

(4)混凝土抗冻性应满足 D300 的要求。

(5)混凝土电通量应不大于 1 000 C。

(6)混凝土内总碱含量不应超过 3.5 kg/m$^3$。当骨料具有潜在碱活性时,总碱含量不应超过 3.0 kg/m$^3$。混凝土中氯离子总含量不应超过胶凝材料总量的 0.06%。

6.3.4.2　低弹模 CA 砂浆配合比

(1)水泥用量宜在 250～300 kg/m³ 之间。

(2)水灰比宜不大于 0.90。

(3)乳化沥青(含聚合物乳液)与水泥的比值应不小于 1.40。

(4)配合比设计时应考虑施工环境温度条件变化对砂浆拌和性能的影响。

### 6.3.5　施工过程试验检测

6.3.5.1　混凝土生产试验检测

主要检查轨道板用混凝土的坍落度、含气量、泌水率、28 d 龄期混凝土的强度、28 d 龄期混凝土的弹性模量、混凝土的抗裂性、混凝土的耐久性能等;封锚砂浆主要检测抗压强度、抗折强度、抗渗性能、收缩率、氯离子含量等。

6.3.5.2　低弹模水泥沥青砂浆(CA 砂浆)生产试验检测

CA 砂浆主要检查砂浆的温度、流动度、可工作时间、含气量、表观密度、抗压强度(1 d、7 d、28 d)、弹性模量(28 d)、膨胀率、泛浆率、抗冻性、耐候性等,其技术要求应满足表 8-6-19 要求。

**表 8-6-19　水泥沥青砂浆的技术要求**

| 序号 | 项目 | | 指标要求 |
|---|---|---|---|
| 1 | 砂浆温度(℃) | | 5～40 |
| 2 | 流动度(s) | | 18～26 |
| 3 | 可工作时间(min) | | ≥30 |
| 4 | 含气量(%) | | 8～12 |
| 5 | 表观密度(kg/m³) | | >1 300 |
| 6 | 抗压强度(MPa) | 1 d | >0.10 |
| | | 7 d | > 0.70 |
| | | 28 d | >1.80 |
| 7 | 弹性模量(28 d)(MPa) | | 100～300 |
| 8 | 材料分离度(%) | | <1.0 |
| 9 | 膨胀率(%) | | 1.0～3.0 |
| 10 | 泛浆率(%) | | 0 |
| 11 | 抗冻性 | | 300 次冻融循环试验后,相对动弹模量不得小于 60%,质量损失率不得大于 5% |
| 12 | 耐候性 | | 无剥落、无开裂、相对抗压强度不低于 70% |

### 6.3.6　成品检测

CRTSⅠ型轨道板成品检测主要包括:轨道板外形尺寸、外观质量、预埋套管抗拔力、绝缘性能、混凝土强度等,其质量要求应符合表 8-6-20 的规定。

**表 8-6-20　轨道板外形尺寸偏差和外观质量要求**

| 序号 | 检查项目 | | 允许偏差(mm) | 每批检查数量(出厂检验) | 检查项别 |
|---|---|---|---|---|---|
| 1 | 长度 | | ±3.0 | 10 块 | C |
| 2 | 宽度 | | ±3.0 | 10 块 | C |
| 3 | 厚度 | | +3.0<br>0 | 全检 | B2 |
| 4 | 预埋套管 | 中心位置距板中心线 | ±1.0 | 全检 | B1 |
| | | 保持轨距的两套管中心距 | ±1.5 | 全检 | B1 |
| | | 保持同一铁垫板位置的两相邻套管中心距 | ±1.0 | 全检 | B1 |
| | | 歪斜(距顶面 120 mm 处偏离中心线距离) | 2.0 | 全检 | B2 |
| | | 凸起高度 | 0<br>−0.5 | 全检 | B2 |

续上表

| 序号 | 检查项目 | | 允许偏差(mm) | 每批检查数量(出厂检验) | 检查项别 |
|---|---|---|---|---|---|
| 5 | 标记线(板中心线)位置 | | ±1.0 | 10块 | B2 |
| 6 | 板顶面平整度 | 轨道板四角的承轨面水平 | ±1.0 | 全检 | B1 |
| | | 单侧承轨面中央翘曲量 | ≤3.0 | 全检 | B1 |
| 7 | 板底面平整度 | 普通型轨道板 | 5.0/m | 10块 | B2 |
| | | 减振型轨道板 | 2.0/m | 全检 | B2 |
| 8 | 其他预埋件位置及垂直歪斜 | | ±3.0 | 全检 | C |
| 9 | 半圆形缺口直径 | | ±3.0 | 10块 | C |
| 10 | 肉眼可见裂纹(预应力轨道板) | | 不允许 | 全检 | A |
| 11 | 承轨部位表面缺陷(气孔、粘皮、麻面等) | | 长度≤20、深度≤5 | 全检 | B2 |
| 12 | 锚穴部位表面缺陷(裂纹、脱层、起壳等) | | 不允许 | 全检 | C |
| 13 | 其他部位表面缺陷(气孔、粘皮、麻面等) | | 长度≤80、深度≤8 | 全检 | C |
| 14 | 轨道板四周棱角破损和掉角 | | 长度≤50 | 全检 | C |
| 15 | 预埋套管内混凝土淤块 | | 不允许 | 全检 | A |
| 16 | 减振型轨道板板底垫层的翘起 | | 不允许 | 全检 | A |
| 17 | 轨道板侧面漏筋 | | 不允许 | 全检 | A |

## 6.4 CRTSⅡ型板

### 6.4.1 混凝土及CA砂浆原材料

1. 水泥

采用强度等级不低于42.5级的硅酸盐水泥或普通硅酸盐水泥,水泥碱含量应不超过0.60%,三氧化硫含量应不超过3%,氯离子含量应不超过0.06%,熟料中的$C_3A$含量不宜超过8%,其他技术要求应符合《铁路混凝土工程施工质量验收标准》(TB 10424)的规定。

2. 骨料

(1)粗骨料:应采用材质坚硬、表面清洁的二级或多级单粒级碎石,按最小堆积密度配制而成,各级粗骨料应分级储存、分级运输、分级计量,最大粒径为20 mm,含泥量按质量计不大于0.50%、氯化物含量不大于0.02%,其他技术要求应符合《铁路混凝土工程施工质量验收标准》(TB 10424)的规定。

(2)细骨料:应采用材质坚硬、表面清洁、级配合理的天然中粗河砂,含泥量按重量计不大于1.5%外,氯化物含量不大于0.02%,其他技术要求应符合《铁路混凝土工程施工质量验收标准》(TB 10424)的规定。

不应使用具有碱—碳酸盐反应活性或砂浆棒膨胀率大于0.20%的碱—硅酸盐反应活性的骨料。当骨料的砂浆棒膨胀率为0.10%～0.20%时,混凝土碱含量应不超过3 $kg/m^3$。在轨道板投产前及骨料来源改变时,应根据TB/T 2922.1～2922.5的规定对骨料的碱活性进行试验。

3. 水

应符合《铁路混凝土工程施工质量验收标准》(TB 10424)的规定。

4. 外加剂

应采用减水率不小于25%、收缩率比不大于110%的聚羧酸盐系减水剂,其他技术要求应符合《铁路混凝土工程施工质量验收标准》(TB 10424)的规定,禁止使用掺入氯盐类外加剂。

5. 掺和料

应能够改善混凝土的性能,其性能指标应符合表8-6-21的要求。

**表 8-6-21　掺和料技术要求**

| 序号 | 项　目 | | 技术要求 |
|---|---|---|---|
| 1 | 氯离子含量(%) | | 不宜大于 0.02 |
| 2 | 烧失量(%) | | ≤4.0 |
| 3 | $SO_3$含量(%) | | ≤3.0 |
| 4 | 含水率(%) | | ≤1.0 |
| 5 | 需水量比(%) | | ≤105 |
| 6 | 活性指数(%) | 1 d | ≥125 |
| | | 28 d | ≥110 |

当混凝土脱模时间无具体要求时，也可掺加粉煤灰、磨细矿渣粉等其他矿物掺和料，其性能应满足《铁路混凝土工程施工质量验收标准》(TB 10424)的相应规定。

6. 钢材

(1)预应力筋采用螺旋肋钢丝，其主要力学性能应满足表 8-6-22、主要外形尺寸应满足表 8-6-23 的要求，其他性能应符合《预应力混凝土用钢丝》(GB/T 5223)的规定。

**表 8-6-22　预应力筋主要力学性能**

| 序号 | 项　目 | 技术要求 |
|---|---|---|
| 1 | 抗拉强度($\sigma_b$)(MPa) | ≥1 570 |
| 2 | 屈服强度($\sigma_{p0.2}$)(MPa) | ≥1 420 |
| 3 | 断裂伸长率(%) | ≥6.0 |
| 4 | 弹性模量(MPa) | $2.05\times10^5$ |

**表 8-6-23　预应力筋主要外形尺寸**

| 公称直径(mm) | 肋 高 (mm) | 肋顶宽 (mm) | 肋间距 (mm) | 肋倾角(°) | 螺旋肋导程(mm) |
|---|---|---|---|---|---|
| 10 | 0.42 ~0.45 | 1.3~1.7 | — | 36±1 | — |

(2)热轧带肋钢筋的性能应符合《钢筋混凝土用钢　第 2 部分:热轧带肋钢筋》(GB 1499.2)的规定。

(3)环氧树脂涂层钢筋的性能应符合《环氧树脂涂层钢筋》(JG 3042)的规定。

(4)精轧螺纹钢筋的主要力学性能应满足表 8-6-24 的要求，主要外形尺寸应满足表 8-6-25 的要求。

**表 8-6-24　精轧螺纹钢筋主要力学性能**

| 序号 | 项　目 | 技术要求 |
|---|---|---|
| 1 | 抗拉强度($\sigma_b$)(MPa) | ≥550 |
| 2 | 屈服强度($\sigma_{p0.2}$)(MPa) | ≥500 |
| 3 | 断裂伸长率(%) | ≥10.0($A_{10}$)　≥15.0($A_6$) |
| 4 | 最大负荷伸长率(%) | ≥6.0 |
| 5 | 反弯试验公称直径 $d_s$ 的弯曲辊直径(mm) | $8d$ |
| 6 | 振幅为 $2\sigma_A=\sigma_o\times\sigma_U$时的疲劳强度(200 万次)(MPa) | ≥215 |
| 7 | 用与配套螺母进行疲劳强度试验时，振幅为 $2\sigma_A=\sigma_o\times\sigma_U$时的疲劳强度(200 万次)(MPa) | ≥200 |

**表 8-6-25　精轧螺纹钢筋主要外形尺寸**

| 公称直径(mm) | 公称质量(kg/m) | 公称横截面($mm^2$) | 螺纹根直径(mm) | | 肋高(mm) | 肋 宽 (mm) | 肋间距(mm) | 螺纹肋倾斜度(°) | 螺纹肋方向 |
|---|---|---|---|---|---|---|---|---|---|
| | | | $d_h$ | $d_y$ | | | | | |
| 20 | 2.47 | 314 | 19.5 ±0.4 | 19.1±0.5 | $1.3^{+0.2}_{0}$ | $4.8^{0}_{-0.2}$ | 10.0±0.3 | 81.5 | 左旋螺纹 |

7. 预埋套管

轨道板内预埋套管应符合《客运专线 WJ-8 型扣件暂行技术条件》(科技基〔2007〕207 号)相关技术条件

的要求。

8. 绝缘热缩管

(1)材质为聚丙烯或聚乙烯；

(2)介电强度值不小于 30 kV/mm；

(3)规格尺寸和其他性能应符合设计要求。

9. 接地预埋件、调高预埋件应符合设计要求

10. 储存、施工要求

除特殊要求外，钢材、水泥、矿物掺和料、骨料和外加剂的储存和施工等应符合《铁路混凝土工程施工质量验收标准》(TB 10424)的规定。

11. 沥青

应选用重交通道路石油沥青或道路石油沥青(B 级以上)，其主要性能应满足表 8-6-26 的要求，用于生产沥青的原油宜固定。

**表 8-6-26　沥青的性能指标要求**

| 序号 | 项　目 | | 性能指标要求 |
|---|---|---|---|
| 1 | 针入度(25 ℃,100 g,5 s)(0.1 mm) | | 60～100 |
| 2 | 延度(5 cm/min,10 ℃)(cm) | | ≥15 |
| 3 | 软化点(环球法)(℃) | | 42～52 |
| 4 | 闪点(COC)(℃) | | ≥230 |
| 5 | 含蜡量(蒸馏法)(%) | | ≤2.2 |
| 6 | 密度(g/cm³) | | ≥1.0 |
| 7 | 溶解度(三氯乙烯)(%) | | ≥99.0 |
| 8 | 薄膜加热试验后的残留物(163 ℃,5 h) | 质量损失 (%) | ≤0.6 |
| | | 针入度比 (%) | ≥50 |
| | | 延度(10 ℃)(cm) | ≥6 |
| | | 脆点(℃) | ≤−10 |

12. 改性沥青

沥青可采用 SBS 或 SBR 进行改性，其主要性能应分别符合表 8-6-27、表 8-6-28 的要求，其中 PI 值可作为选择性指标。用于生产改性沥青的沥青性能应满足表 8-6-26 的要求。

**表 8-6-27　SBS 改性沥青的性能指标要求**

| 序号 | 项　目 | | 性能指标要求 | | | |
|---|---|---|---|---|---|---|
| | | | Ⅰ－A | Ⅰ－B | Ⅰ－C | Ⅰ－D |
| 1 | 针入度(25 ℃,100 g,5 s)(0.1 mm) | | ＞100 | 80～100 | 60～80 | 30～60 |
| 2 | 针入度指数 PI | | ≥−1.2 | ≥−0.8 | ≥−0.4 | ≥0 |
| 3 | 延度(5 ℃,5 cm/min)(cm) | | ≥50 | ≥40 | ≥30 | ≥20 |
| 4 | 软化点(℃) | | ≥45 | ≥50 | ≥55 | ≥60 |
| 5 | 运动黏度(135 ℃)(Pa · s) | | ≤3 | | | |
| 6 | 闪点(COC)(℃) | | ≥230 | | | |
| 7 | 溶解度(%) | | ≥99 | | | |
| 8 | 离析,软化点差(℃) | | ≤2.5 | | | |
| 9 | 弹性恢复(25 ℃)(%) | | ≥55 | ≥60 | ≥65 | ≥75 |
| 10 | 薄膜加热试验后的残留物(163 ℃,5 h) | 质量损失(%) | ≤1.0 | | | |
| | | 针入度比(25 ℃)(%) | ≥50 | ≥55 | ≥60 | ≥65 |
| | | 延度(5 ℃,5 cm/min)(cm) | ≥30 | ≥25 | ≥20 | ≥15 |

**表 8-6-28　SBR 改性沥青的性能指标要求**

| 序号 | 项　　目 | | 性能指标要求 | | |
|---|---|---|---|---|---|
| | | | Ⅱ－A | Ⅱ－B | Ⅱ－C |
| 1 | 针入度(25 ℃,100 g,5 s)(0.1 mm) | | >100 | 80～100 | 60～80 |
| 2 | 针入度指数 PI | | ≥－1.0 | ≥　0.8 | ≥－0.6 |
| 3 | 延度(5 ℃,5 cm/min)(cm) | | ≥60 | ≥50 | ≥40 |
| 4 | 软化点(℃) | | ≥45 | ≥48 | ≥50 |
| 5 | 运动黏度(135 ℃)(Pa·s) | | ≤3 | | |
| 6 | 闪点(COC)(℃) | | ≥230 | | |
| 7 | 溶解度(%) | | ≥99 | | |
| 8 | 黏韧性(N·m) | | ≥5 | | |
| 9 | 韧性(N·m) | | ≥2.5 | | |
| 10 | 薄膜加热试验后的残留物(163 ℃,5 h) | 质量损失(%) | ≤1.0 | | |
| | | 针入度比(25 ℃)(%) | ≥50 | ≥55 | ≥60 |
| | | 延度(5 ℃,5 cm/min)(cm) | ≥30 | ≥20 | ≥10 |

13. 乳化沥青

应采用满足要求的沥青或改性沥青进行生产,其主要性能除应满足表 8-6-29 的要求外,还必须满足水泥沥青砂浆的最终性能。

**表 8-6-29　乳化沥青的性能指标要求**

| 序号 | 项　目 | | 性能指标要求 |
|---|---|---|---|
| 1 | 筛上剩余物(1.18 mm)(%) | | <0.1 |
| 2 | 颗粒极性 | | 阴 |
| 3 | 粒径(μm) | | 平均粒径≤7;模数粒径≤5 |
| 4 | 水泥适应性 | | 20 s 内至少流出 70 mL |
| 5 | 贮存稳定性(1 d,25 ℃)(%) | | <1.0 |
| 6 | 贮存稳定性(5 d,25 ℃)(%) | | <5.0 |
| 7 | 低温贮存稳定性(－5 ℃)① | | 无粗颗粒或块状物 |
| 8 | 蒸发残留物 | 残留物含量(%) | ≥60 |
| 9 | | 针入度(25 ℃,100 g,5 s)(0.1 mm) | 40～120 |
| 10 | | 软化点(环球法)(℃) | ≥42 |
| 11 | | 溶解度(三氯乙烯)(%) | ≥99 |
| 12 | | 延度(25 ℃)(cm) | ≥100 |
| 13 | | 延度(5 ℃)②(cm) | ≥20 |

注:①当乳化沥青实际使用中经过低温贮存和运输时,进行此项检测。
②当采用改性沥青制备乳化沥青时,按此项进行蒸发残留物延度检测。

14. 干料

(1)干料的主要性能应满足表 8-6-30 的要求。

(2)用于配制干料的水泥应采用硅酸盐水泥,其性能应符合《通用硅酸盐水泥》(GB 175)的相关规定。用于配制干料的细骨料应采用河砂或机制砂,不得使用海砂,最大粒径 1.18 mm,其他主要性能应满足表 8-6-31 的要求。

(3)用于配制干料的铝粉、膨胀剂的性能应分别符合《铝粉　第1部分:空气雾化铝粉》(GB/T 2085.1)、《混凝土膨胀剂》(GB 23439)的相关规定。

**表 8-6-30 干料的性能指标要求**

| 序 号 | 项 目 | | 性能指标要求 |
|---|---|---|---|
| 1 | 级 配(%) | 筛孔尺寸(mm) | 通过率 |
| | | 1.18 | 100 |
| | | 0.6 | 90～100 |
| | | 0.3 | 55～70 |
| | | 0.15 | 45～55 |
| | | 0.075 | 35～45 |
| 2 | 扩展度(mm) | | 水灰比≤0.58，$D_5$≥160；$D_{30}$≥150 |
| 3 | 膨胀率(%) | | 0～3 |
| 4 | 抗压强度(MPa) | 1 d | ≥12 |
| | | 7 d | ≥30 |
| | | 28 d | ≥35 |

注：1. $D_5$表示出机扩展度；$D_{30}$表示 30 min 扩展度。

2. 当干料膨胀率不满足要求而水泥沥青砂浆膨胀率满足要求时，可对膨胀率不作要求。

**表 8-6-31 细骨料的性能指标**

| 序号 | 项 目 | 指标要求 | |
|---|---|---|---|
| | | 河 砂 | 机制砂 |
| 1 | 表观密度($g/cm^3$) | ≥2.55 | |
| 2 | 含水率(%) | <0.1 | |
| 3 | 吸水率(%) | <3.0 | |
| 4 | 泥块含量(%) | <1.0 | — |
| 5 | 含泥量(%) | <2.0 | — |
| 6 | 石粉含量(%) | — | <5.0 |
| 7 | 坚固性(%) | ≤8 | |
| 8 | 有机物(比色法) | 合格 | |
| 9 | 氯化物含量(%) | <0.02 | |
| 10 | 硫化物及硫酸盐含量(折算成 $SO_3$)(%) | ≤0.5 | |
| 11 | 碱活性(快速砂浆棒法)(%) | ≤0.10 | |

15. 消泡剂

宜采用有机硅类消泡剂产品。

### 6.4.2 检测设备

所需检测的主要设备及技术参数满足表 8-6-32 的要求。

**表 8-6-32 所需检测的主要设备及技术参数**

| 设备名称 | 量程 | 精度(分辨率) | 备注 |
|---|---|---|---|
| 万能材料试验机 | 1 000 kN | ±1% | |
| 万能材料试验机 | 600 kN | ±1% | |
| 万能材料试验机 | 300 kN | ±1% | |
| 压力试验机 | 2 000 kN | ±1% | |
| 恒压力试验机 | 300 kN | ±1% | |
| 拉力试验机 | 2.5 kN | ±1% | |
| 路面强度试验仪 | 100 kN | ±1% | |
| 电动抗折机 | 5 000 N 或 6 000 N | 5 N | |
| 电动抗折机 | 300 N | 3 N | |
| 水泥比表面积测定仪 | 200～1 000 $m^2/kg$ | ±1% | |
| 负压筛析仪 | 600～6 000 Pa | — | |
| 雷氏沸煮箱 | 210 min | ±5 min | |
| 胶砂流动度仪 | 100～260 mm | 1.0 mm | |

续上表

| 设备名称 | 量程 | 精度(分辨率) | 备注 |
|---|---|---|---|
| 行星式水泥胶砂搅拌机 | 240 s | ±1 s | |
| 水泥净浆搅拌机 | 120 s | ±1 s | |
| 水泥胶砂振实台 | 14.7～15.3 mm | 0.1 min | |
| 水泥标准稠度仪 | 0～75 mm | 1 mm | |
| 水泥恒温恒湿养护箱 | 10 ℃～20 ℃ | ±1 ℃ | |
| 强制式混凝土搅拌机 | 30～100 L,55 r/min | ±1 r/min | |
| 混凝土渗透仪 | 4 MPa | 0.05 MPa | |
| 混凝土含气量测定仪 | 10% | 0.50% | |
| 压力泌水仪 | 100 mL | 0.1 mL | |
| 贯入阻力仪 | 1 200 N | ±5 N | |
| 混凝土冻融循环试验机(快冻) | −20 ℃～10 ℃ | ±1 ℃ | |
| 动弹模量测定仪 | 100～10 000 Hz | 0.50% | |
| 混凝土钻孔机 | $\phi$100～$\phi$150 mm | — | |
| 回弹仪 | 10～100 | ±2 | |
| 电通量测定仪 | 4 000 C | 1.00% | |
| 自动控温控湿设备 | 20 ℃ | ±1 ℃ | |
| 沥青针入度仪 | 0～50 mm | 0.1 mm | |
| 沥青延度仪 | 0～150 cm | 0.5 mm | |
| 沥青软化点仪 | 0～125 ℃ | 0.5 ℃ | |
| 沥青闪点仪 | 0～300 ℃ | ±1 ℃ | |
| 沥青标准黏度仪 | 流孔 $\phi$3 mm、$\phi$4 mm、$\phi$5 mm、$\phi$10 mm | — | |
| 沥青动力黏度计 | 0.0～100.0 ℃ | ±0.01 ℃ | |
| 乳化沥青稳定性试验管 | 内径 32 mm,高约 350 mm | 内径±0.1 mm | |
| 沥青恒温烘箱 | 10 ℃～300 ℃ | ±0.01 ℃ | |
| 沥青混和料拌和机 | — | — | |
| 钢丝反复弯曲机 | $\phi$3.5～$\phi$7.5 mm | — | |
| 钢材洛氏硬度计 | 0～130HR | 1HR | |
| 电热干燥箱 | 300 ℃ | ±1 ℃ | |
| 箱式高温炉 | 0～1 200 ℃ | ±20 ℃ | |
| 微机控制万能材料 | 50 kN | ±1% | |
| 微机控制万能材料 | 10 kN | ±1% | |
| 轨道板温度(模拟)自动养护仪 | — | — | |
| 涂层厚度测定仪 | 0.03～0.5 mm | 0.01 mm | |
| 针孔检测仪 | 500 $\mu$m | ±5% | |
| 电动轻型搅拌机 | 容积 5 L | — | |
| 砂浆含气量测定仪 | 1 L | — | |
| 恒温恒湿养护箱 | 15 ℃～40 ℃、55～70RH | ±0.5 ℃、±5%RH | |
| 抗拔仪(轨道板套管抗拔) | 20 t | 0.1 kN | |
| 分析天平 | 200 g | 0.000 1 g | |
| 电子天平 | 1 000/3 000 g | 0.01/0.1 g | |
| 静水力学天平(配网篮) | 5 000 g | 0.01 g | |
| 电子秤 | 10/20/30 kg | 0.1/0.1/1 g | |

### 6.4.3 混凝土配合比

1. CRTSⅡ轨道板混凝土配合比

(1)混凝土中应选用高效减水剂及能够改善混凝土性能的矿物掺和料，混凝土胶凝材料不宜高于480 kg/m³，用水量不应超过150 kg/m³。

(2)混凝土的抗压强度和弹性模量应符合设计要求。

(3)混凝土的抗冻性能应满足F300的要求。

(4)混凝土的电通量应不大于1 000 C。

(5)混凝土内总碱含量不应超过3.5 kg/m³。当骨料具有潜在碱活性时，总碱含量不应超过3.0 kg/m³。混凝土中总氯离子含量不应超过胶凝材料总量的0.06%。

2. 高弹模CA砂浆配合比

(1)水泥用量宜不小于400 kg/m³。

(2)乳化沥青与水泥的比值不小于0.35。

(3)水灰比宜不大于0.58。

(4)配合比设计时应考虑施工环境温度条件变化对砂浆拌和物性能的要求。

### 6.4.4 施工过程试验检测

混凝土生产试验检测。

(1)主要检查轨道板用混凝土的坍落度、含气量、泌水率、28 d龄期混凝土的强度、28 d龄期混凝土的弹性模量、混凝土的抗裂性、混凝土的耐久性能等，应符合表8 6 33的要求。

**表8-6-33 轨道板混凝土试验检测技术要求**

| 序号 | 项目 | | 性能指标要求 |
|---|---|---|---|
| 1 | 坍落度(mm) | 初始 | 120～160 |
| | | 半小时 | 120～160 |
| 2 | 泌水率(%) | | — |
| 3 | 含气量(%) | | ≤3.0 |
| 4 | 抗压强度(MPa) | 16 h | ≥48 |
| | | 28 d | ≥55 |
| 5 | 弹性模量($10^4$ MPa) | 28 d | 3.55 |
| 6 | 抗冻性 | | F300 |
| 7 | 电通量(C) | | ≤1 000 |
| 8 | 抗裂性 | | 无裂纹 |

(2)高弹模CA砂浆生产试验检测应符合表8-6-34的要求。

**表8-6-34 高弹模CA砂浆试验检测技术要求**

| 序号 | 项目 | | 性能指标要求 |
|---|---|---|---|
| 1 | 拌和物温度(℃) | | 5～35 |
| 2 | 扩展度 | | $D_5$≥ 280 mm 和 $t_{280}$≤ 16 s，$D_{30}$≥ 280 mm 和 $t_{280}$≤22 s |
| 3 | 流动度(s) | | 80～120 |
| 4 | 分离度(%) | | ≤ 3.0 |
| 5 | 含气量(%) | | ≤ 10.0 |
| 6 | 单位容积质量(kg/m³) | | ≥1 800 |
| 7 | 膨胀率(%) | | 0～2.0 |
| 8 | 抗折强度(MPa) | 1 d | ≥ 1.0 |
| | | 7 d | ≥ 2.0 |
| | | 28 d | ≥ 3.0 |

续上表

| 序号 | 项　目 | | 性能指标要求 |
|---|---|---|---|
| 9 | 抗压强度(MPa) | 1 d | ≥ 2.0 |
| | | 7 d | ≥ 10.0 |
| | | 28 d | ≥ 15.0 |
| 10 | 弹性模量(28 d)(MPa) | | 7 000 ～ 10 000 |
| 11 | 抗冻性(28 d) | | 外观无异常，剥落量≤2 000 g/m²，相对动弹模量≥60% |
| 12 | 抗疲劳性(28 d) | | 10 000 次不断裂 |

### 6.4.5　成品检测

(1)成品板外形尺寸应满足表 8-6-35 要求。

**表 8-6-35　成品板外形尺寸**

| 序号 | 检　查　项　目 | | 允许偏差 | 每批检查数量 |
|---|---|---|---|---|
| 1 | 长度(mm) | | ±5 | 10 块 |
| 2 | 宽度(mm) | | ±5 | 10 块 |
| 3 | 厚度(mm) | | ±5,0 | 全检 |
| 4 | 精轧螺纹钢筋外露长度(mm) | | ±5 | 全检 |
| 5 | 预应力筋位置(mm) | | ±3 | 全检 |
| 6 | 成品板承轨台 | 1～20 个承轨台拱高实际高差与标准高差的偏差(10 个承轨台测量基础上，测量长度为 5.85 m)(mm) | ±1 | 1 块 |
| | | 1～20 个承轨台拱高实际高差与标准高差的偏差(3 个承轨台测量基础上，测量长度为 1.3 m)(mm) | ±0.5 | 1 块 |
| | | 单个承轨台钳口间距(mm) | ±0.5 | 1 块 |
| | | 承轨面与钳口间距(°) | ±1 | 1 块 |
| | | 轨距坡(°) | ±0.1 | 1 块 |
| | | 承轨台之间间距(mm) | ±1.0 | 1 块 |
| 7 | 其他预埋件位置及垂直歪斜(mm) | | 1.0 | 全检 |

(2)成品板外观质量检验应满足表 8-6-36 要求。

**表 8-6-36　成品板外观质量检验**

| 序号 | 检查项目 | 技　术　要　求 | | |
|---|---|---|---|---|
| | | 合格品 | 返修品 | 废品 |
| 1 | 肉眼可见裂纹 | 不允许(预裂缝处允许有裂纹) | — | — |
| 2 | 承轨部位的表面缺陷 | 气孔、粘皮、麻面等缺陷深度≤2 mm，长度≤20 mm | — | 气孔、粘皮、麻面等缺陷深度≥5 mm 且不能经过打磨修复 |
| 3 | 上边缘的破损或混凝土掉角 | 深度≤5 mm<br>面积≤50 cm² | 深度≥5 mm<br>面积≥50 cm² | 断裂、较大孔洞、磕损严重等不能满足设计要求 |
| 4 | 底面边缘破损或混凝土掉角 | 长度≤15 mm | 长度≥15 mm | |
| 5 | 可见范围内的泌水深度 | 深度≤5 mm | 深度≥5 mm | — |
| 6 | 预埋套筒内混凝土淤块 | 不允许 | 有 | — |
| 7 | 轨道板外观 | 表面颜色一致，无油污 | 表面颜色不一致，有油污 | — |
| 8 | 精轧螺纹钢筋端部 | 完整 | 端部受损 | — |
| 9 | 调高、接地预埋件及预埋套管的数量 | 齐全，预埋深度及位置正确 | — | 缺少 |
| 10 | 轨道板编号 | 齐全 | — | 缺少 |

(3)混凝土强度检测应满足表 8-6-37 要求。

**表 8-6-37 混凝土强度检测技术要求**

| 序号 | 项目 | | 性能指标要求 |
|---|---|---|---|
| 1 | 抗压强度(MPa) | 16 h | ≥48 |
| | | 28 d | ≥55 |
| 2 | 弹性模量($10^4$ MPa) | 28 d | 3.55 |

(4)预埋套管抗拔力检测应满足表 8-6-38 要求。

**表 8-6-38 抗拔力试验检测技术要求**

| 项目 | 性能指标要求 | 检查数量 |
|---|---|---|
| 抗拔力(kN) | 60 | 3个 |

(5)轨道板的绝缘性能检测应满足表 8-6-39 要求。

**表 8-6-39 绝缘检测技术要求**

| 序号 | 项目 | | 性能指标要求 |
|---|---|---|---|
| 1 | 绝缘性能 | $R_{检}$(mΩ) | $R_{检}\leqslant 16.50$ |
| 2 | | $L_{检}$(uH) | $12.75\leqslant L_{检}\leqslant 13.75$ |

(6)轨道板静载试验检测应满足表 8-6-40 要求。

**表 8-6-40 静载强度检测技术要求**

| 轨下截面正弯矩 | | 板中截面负弯矩 | |
|---|---|---|---|
| $M_{SR}$ | ≥21 kN·m | $M_{mR}$ | ≥21 kN·m |
| $M_{S0.1}$ | ≥26 kN·m | $M_{m0.1}$ | ≥27 kN·m |
| $M_{S0.05}$ | ≥34 kN·m | $M_{m0.05}$ | ≥37 kN·m |
| $M_{SB}$ | ≥48 kN·m | $M_{mB}$ | ≥42 kN·m |

注:1. $M_{SR}$、$M_{mR}$为轨下截面和板中截面的开裂弯矩,在此弯矩作用下板两侧出现第一条长约 15 mm 裂缝;
2. $M_{S0.1}$、$M_{m0.1}$为开裂弯矩,在此弯矩作用下第一条裂缝宽度在承载状态下达到 0.1 mm;
3. $M_{S0.05}$、$M_{m0.05}$为开裂弯矩,在此弯矩作用下裂缝宽度在卸载状态下宽度达到 0.05 mm;
4. $M_{SB}$、$M_{mB}$为断裂弯矩。

(7)轨道板疲劳性能检测技术要求。

经 $2\times10^6$ 次荷载循环($P_{min}=20$ kN,$P_{max}=138.7$ kN,$\rho=P_{min}/P_{max}=0.14$)后,在有荷载状态下裂纹宽度不大于 0.2 mm,卸载后残余裂纹宽度不大于 0.07 mm,疲劳破坏强度不低于 80%的设计破坏强度。

### 6.4.6 检验方法

(1)轨道板外形尺寸和外观质量应采用定期校正的仪器、工具量测。

(2)水泥、矿物掺和料的碱含量按《水泥化学分析方法》(GB/T 176)的规定进行检验;外加剂的碱含量按《混凝土外加剂匀质性试验方法》(GB/T 8077)的规定进行检验。

(3)水泥、矿物掺和料的氯离子含量按《水泥化学分析方法》(GB/T 176)的规定进行检验;外加剂中的氯离子含量按《混凝土外加剂匀质性试验方法》(GB/T 8077)的规定进行检验;拌和水中的氯离子含量按《混凝土用水标准》(JGJ 63)的规定进行检验;砂、石的氯离子含量按《普通混凝土用砂、石质量及检验方法标准》(JGJ 52)的规定进行检验。

(4)矿物掺和料的烧失量、$SO_3$含量、游离氧化钙含量、MgO 含量按《水泥化学分析方法》(GB/T 176)的规定进行检验,含水量按《铁路货运钢制托盘》(GB/T 18046)的规定进行检验,需水量比和活性指数按《高强高性能混凝土用矿物外加剂》(GB/T 18736)附录 C 的规定(矿物掺和料的掺量采用实际用量)进行检验。

(5)骨料的碱活性按 TB/T 2922.1~2922.5 的规定进行检验。

(6)混凝土拌和物性能试验按《普通混凝土拌合物性能试验方法标准》(GB/T 50080)的规定进行。

(7)混凝土抗压强度和弹性模量试验按《普通混凝土力学性能试验方法标准》(GB/T 50081)的规定

进行。

(8)混凝土抗冻性试验按《普通混凝土长期性能和耐久性能试验方法》(GB/T 50082)快冻法的规定进行。

(9)混凝土电通量试验按《铁路混凝土工程施工质量验收标准》(TB 10424)的规定进行。

(10)预应力筋的性能试验按《预应力混凝土用钢丝》(GB 5223)的规定进行。

(11)环氧树脂涂层钢筋的涂层材料、涂层厚度、连续性、可弯性等试验按《环氧树脂涂层钢筋》(JG 3042)的规定进行。

(12)预埋套管抗拔力试验应按相关技术条件的规定进行。

(13)轨道板钢筋间绝缘性能检测方法按《客运专线铁路 CRTSⅡ型板式无砟轨道混凝土轨道板(有挡肩)暂行技术条件》(科技基〔2008〕173 号)附录 B 的规定进行。

(14)轨道板绝缘性能检测方法按《客运专线铁路 CRTSⅡ型板式无砟轨道混凝土轨道板(有挡肩)暂行技术条件》(科技基〔2008〕173 号)附录 C 的规定进行。

(15)轨道板力学性能试验方法按《客运专线铁路 CRTSⅡ型板式无砟轨道混凝土轨道板(有挡肩)暂行技术条件》(科技基〔2008〕173 号)附录 D 的规定进行。

## 6.5 CRTSⅢ型板

### 6.5.1 原 材 料

1. 水泥

采用强度等级不低于 42.5 的硅酸盐水泥或普通硅酸盐水泥。水泥碱含量应不超过 0.60%,三氧化硫含量应不超过 3%,氯离子含量应不超过 0.06%,熟料中的 $C_3A$ 含量应不超过 8%,其他技术要求应符合《铁路混凝土工程施工质量验收标准》(TB 10424)的规定。

2. 骨料

(1)粗骨料。应采用材质坚硬、表面清洁的二级或多级单粒级碎石,按最小堆积密度配制而成,各级粗骨料应分级储存、分级运输、分级计量,最大粒径为 20 mm,含泥量按重量计不大于 0.50%,氯化物含量不大于 0.02%,其他技术要求应符合《铁路混凝土工程施工质量验收标准》(TB 10424)的规定。

(2)细骨料。应采用材质坚硬、表面清洁、级配合理的天然中粗河砂,含泥量按重量计不大于 1.5%,氯化物含量不大于 0.02%,其他技术要求应符合《铁路混凝土工程施工质量验收标准》(TB 10424)的规定。

具有碱—碳酸盐反应活性或砂浆棒膨胀率大于 0.20%的碱—硅酸盐反应活性的骨料。当骨料砂浆棒膨胀率为 0.10%～0.20%时,混凝土碱含量应不超过 3 $kg/m^3$,且应采取抑制碱—骨料反应技术措施,并按《铁路混凝土》(TB/T 3275)规定的方法进行抑制混凝土碱—骨料反应的有效性评价。在轨道板投产前及骨料来源改变时,应根据 TB/T 2922.1～2922.5 和《铁路混凝土工程预防碱—骨料反应技术条件》(TB/T 3054)的规定对骨料的碱活性进行试验和评价,由具有相应资质的检验单位提出报告。

3. 拌和用水

拌和用水应符合《铁路混凝土工程施工质量验收标准》(TB 10424)的规定。

4. 减水剂

应采用减水率不小于 25%、收缩率比不大于 110%的聚羧酸盐系减水剂,其他技术要求应符合《铁路混凝土工程施工质量验收标准》(TB 10424)的规定。禁止使用掺入氯盐类减水剂。

5. 引气剂

引气剂应符合《铁路混凝土工程施工质量验收标准》(TB 10424)的规定。

6. 掺和料

可掺加粉煤灰、磨细矿渣粉等矿物掺和料,其性能应满足《铁路混凝土工程施工质量验收标准》(TB 10424),可掺加能够提高混凝土早期强度和后期耐久性的复合掺和料,复合掺和料的性能应满足表 8-6-41 的要求。

7. 预应力筋和锚具

(1)预应力筋采用低松弛预应力钢棒,其抗拉强度不低于 1 420 MPa,预应力筋表面不得有划伤或其他瑕疵,其他性能及检验规则应符合《预应力混凝土用钢棒》(GB/T 5223.3)的规定。

表 8-6-41　复合掺和料技术要求

| 序号 | 项　目 | | 技术要求 |
|---|---|---|---|
| 1 | 氯离子含量(%) | | ≤0.06 |
| 2 | 烧失量(%) | | ≤4.0 |
| 3 | $SO_3$含量(%) | | ≤3.0 |
| 4 | 含水率(%) | | ≤1.0 |
| 5 | 需水量比(%) | | ≤105 |
| 6 | 活性指数(%) | 1 d | ≥125 |
| | | 28 d | ≥110 |

注:需水量比和活性指数检验用水泥应采用符合《通用硅酸盐水泥》(GB 175)规定的强度等级为 42.5 的硅酸盐水泥,且 1 d 抗压强度为 11～15 MPa,28 d 抗压强度为 45～55 MPa。

(2)预应力筋端部螺纹采用滚轧成型,配套采用锚固螺母,预应力筋—锚固螺母组装件的静力、疲劳和周期荷载性能应符合《铁路工程预应力钢筋夹片式锚具、夹具和连接器技术条件》(TB/T 3193)的规定。

(3)预应力筋端部螺纹中径 13 mm,螺距 1.5 mm,螺纹公差带采用 6H/6g 组合,其基本尺寸及公差应满足《普通螺纹　基本尺寸》(GB/T 196)和《普通螺纹　公差》(GB/T 197)的相关要求。

(4)预应力筋无粘结方式宜采用护套包裹,护套原材料应采用改性挤塑型高密度聚乙烯树脂,其性能应符合《聚乙烯(PE)树脂》(GB 11115)的规定;预应力筋与护套间涂敷防腐润滑脂,其用量和性能应符合《无粘结预应力筋专用防腐润滑脂》(JG 3007)的规定。预应力筋护套制作应采用热塑挤压成型工艺,不得采用穿入护套成型工艺。

(5)锚固螺母及锚垫板应采用 45 号优质碳素钢,锚固螺母应进行调质热处理。

(6)无粘结预应力筋及配套锚具应按不同规格挂牌整齐堆放在通风良好的仓库中。在成品堆放、运输、装卸和施工期间严禁碰撞、踩压、摔掷和拖拉,严禁锋利物品损坏无粘结预应力筋护套。

(7)预应力筋和锚具的其他技术性能尚应符合设计图中的要求。

8. 非预应力钢筋

(1)HPB300 级热轧光圆钢筋性能应符合《钢筋混凝土用钢　第 1 部分:热轧光圆钢筋》(GB 1499.1)的规定。

(2)HRB335 级热轧带肋钢筋性能应符合《钢筋混凝土用钢　第 2 部分:热轧带肋钢筋》(GB 1499.2)的规定。

(3)环氧树脂涂层钢筋的性能应符合《环氧树脂涂层钢筋》(JG 3042)的规定。

(4)螺旋筋采用低碳钢冷拔钢丝,其性能应符合《一般用途低碳钢丝》(YB/T 5294)的规定。

9. 起吊套管

应符合设计图中的要求。

10. 其他要求

(1)轨道板内预埋套管应满足《客运专线 WJ-8 型扣件暂行技术条件》(科技基〔2007〕207 号)的相关要求。

(2)除特殊要求外,钢材、水泥、掺和料、骨料和外加剂等材料的储存和施工等应符合《铁路混凝土工程施工质量验收标准》(TB 10424)的规定。

### 6.5.2　检测设备

所需检测的主要设备及技术参数满足表 8-6-42 的要求。

表 8-6-42　所需检测的主要设备及技术参数

| 设备名称 | 量程 | 精度(分辨率) | 备注 |
|---|---|---|---|
| 万能材料试验机 | 1 000 kN | ±1% | |
| 万能材料试验机 | 600 kN | ±1% | |
| 万能材料试验机 | 300 kN | ±1% | |
| 压力试验机 | 2 000 kN | ±1% | |

续上表

| 设备名称 | 量程 | 精度(分辨率) | 备注 |
|---|---|---|---|
| 恒压力试验机 | 300 kN | ±1% | |
| 拉力试验机 | 2.5 kN | ±1% | |
| 电动抗折机 | 5 000 N或6 000 N | 5 N | |
| 电动抗折机 | 300 N | 3 N | |
| 水泥比表面积测定仪 | 200～1 000 $m^2$/kg | ±1% | |
| 负压筛析仪 | 600～6 000 Pa | — | |
| 雷氏沸煮箱 | 210 min | ±5 min | |
| 胶砂流动度仪 | 100～260 mm | 1.0 mm | |
| 行星式水泥胶砂搅拌机 | 240 s | ±1 s | |
| 水泥净浆搅拌机 | 120 s | ±1 s | |
| 水泥胶砂振实台 | 14.7～15.3 mm | 0.1 min | |
| 水泥标准稠度仪 | 0～75 mm | 1 mm | |
| 水泥恒温恒湿养护箱 | 10 ℃～20 ℃ | ±1 ℃ | |
| 强制式混凝土搅拌机 | 30～100 L,55 r/min | ±1 r/min | |
| 混凝土渗透仪 | 4 MPa | 0.05 MPa | |
| 混凝土含气量测定仪 | 10% | 0.50% | |
| 压力泌水仪 | 100 mL | 0.1 mL | |
| 贯入阻力仪 | 1 200 N | ±5 N | |
| 混凝土冻融循环试验机(快冻) | −20℃～10 ℃ | ±1 ℃ | |
| 动弹模量测定仪 | 100～10 000 Hz | 0.50% | |
| 电通量测定仪 | 4 000 C | 1.00% | |
| 自动控温控湿设备 | 20 ℃ | ±1 ℃ | |
| 电热干燥箱 | 300 ℃ | ±1 ℃ | |
| 箱式高温炉 | 0～1 200 ℃ | ±20 ℃ | |
| 抗拔仪(轨道板套管抗拔) | 20 t | 0.1 kN | |
| 分析天平 | 200 g | 0.000 1 g | |
| 电子天平 | 1 000/3 000 g | 0.01/0.1 g | |
| 静水力学天平(配网篮) | 5 000 g | 0.01 g | |
| 电子秤 | 10/20/30 kg | 0.1/0.1/1 g | |

### 6.5.3　混凝土配合比

1. CRTSⅢ轨道板混凝土配合比

(1)选用优质、适用和经济合理的原材料,并控制原材料的质量波动,以保证混凝土的性能和经济性。

(2)使用磨细矿渣粉活性矿物材料作为掺和料,并保证一定的掺量,大幅度提高混凝土的内部结构致密性,增加混凝土的流动性能和黏聚性能,增加耐久性能。

(3)选择合理的粗骨料最大粒径和粒径范围。

(4)使用混凝土聚羧酸系高性能减水剂,并与水泥等胶凝材料之间具有较好的相容性,能保证混凝土拌和物有良好的工作性,降低用水量。

2. 道床自密实混凝土配合比

(1)选用优质、适用和经济合理的原材料,并控制原材料的质量波动,以保证自密实混凝土的性能和经济性。

(2)使用活性矿物材料作为掺和料,并保证一定的掺量,大幅度提高混凝土的内部结构致密性,增加混凝土的流动性能和黏聚性能,增加耐久性能。

(3)选择合理的粗骨料最大粒径和粒径范围。

(4)使用混凝土聚羧酸系高性能减水剂,并与水泥等胶凝材料之间具有较好的相容性,能保证混凝土拌和物有良好的工作性,降低用水量。

(5)配合比设计技术条件。

1)自密实混凝土调整层强度等级C40。

2)水胶比小于0.35,扩展度要适宜。

3)自密实混凝土实际胶凝材料用量550 kg/m$^3$(含膨胀剂)。

4)混凝土耐久性:电通量≤1 000 C,抗盐冻等。

5)混凝土入模含气量控制为≤5%。

6)为满足施工需要,实测混凝土抗压强度、黏结强度应满足设计要求。

7)混凝土拌和物流动性和黏聚性适宜,可泵性与施工性能良好。

### 6.5.4　试验检测

(1)轨道板混凝土。CRTSⅢ型轨道板混凝土生产试验检测应符合表8-6-43的要求。

**表8-6-43　试验检测技术要求**

| 序号 | 项　目 | | 性能指标要求 |
|---|---|---|---|
| 1 | 坍落度(mm) | 初始 | 120～160 |
| | | 半小时 | 120～160 |
| 2 | 泌水率(%) | | — |
| 3 | 含气量(%) | | ≤3.0 |
| 4 | 抗压强度(MPa) | 16 h | ≥48 |
| | | 28 d | ≥55 |
| 5 | 弹性模量($10^4$ MPa) | 28 d | 3.55 |
| 6 | 抗冻性 | | F300 |
| 7 | 电通量(C) | | ≤1 000 |
| 8 | 抗裂性 | | 无裂纹 |

(2)道床混凝土。CRTSⅢ型轨道板道床自密实混凝土生产试验检测应符合表8-6-44的要求。

**表8-6-44　试验检测技术要求**

| 试验与检测项目 | | 要求值 | 备注 |
|---|---|---|---|
| 扩展度(mm) | 初始 | ≤750 mm | 合格 |
| $T_{50}$ | | 2～6 s | 合格 |
| $B_J$ | | <18 mm | 合格 |
| L型仪,$H_2/H_1$ | | ≥0.9 | 合格 |
| $T_{700\ L}$ | | 10～18 s | 合格 |
| 泌水率(%) | | 不泌水 | 合格 |

(3)成品板外形尺寸偏差和外观质量应满足表8-6-45的要求。

**表8-6-45　成品板外形尺寸偏差和外观质量要求**

| 序号 | 检　查　项　目 | 允许偏差 | 每批检查数量 |
|---|---|---|---|
| 1 | 长度(mm) | ±3.0 | 10块 |
| 2 | 宽度(mm) | ±3.0 | 10块 |
| 3 | 厚度(mm) | +3.0<br>0 | 全检 |

续上表

| 序号 | 检查项目 | | 允许偏差 | 每批检查数量 |
|---|---|---|---|---|
| 4 | 预埋套管 | 平面度(1 列) | ±1.0 | 全检 |
| | | 直线度 | ±1.0 | 全检 |
| | | 中心位置距板中心线(mm) | ±1.0 | 全检 |
| | | 保持同一铁垫板位置的两相邻套管中心距(mm) | ±0.5 | 全检 |
| | | 歪斜(距顶面 120 mm 处偏离中心线距离)(mm) | 2.0 | 全检 |
| | | 凸起高度(mm) | 0<br>1.0 | 全检 |
| 5 | 承轨槽 | 单个承轨台钳口距离(mm) | ±0.5 | 全检 |
| | | 承轨台之间钳口间距 | ±1.0 | 全检 |
| | | 承轨面与钳口面夹角(°) | ±1.0 | 全检 |
| | | 承轨面坡度 | (1∶37)～(1∶43) | 全检 |
| | | 承轨槽端部凹槽深度(mm) | +1.0<br>−0.5 | 全检 |
| | | 承轨面平整度(mm) | ±0.5 | 全检 |
| 6 | 标记线(板中心线)位置(mm) | | ±1.0 | 10 块 |
| 7 | 其他预埋件位置及垂直歪斜(mm) | | ±1.0 | 全检 |
| 外观质量 | | | | |
| 8 | 表面外观 | | 颜色一致，无油污 | 全检 |
| 9 | 肉眼可见裂纹(mm) | | 不允许 | 全检 |
| 10 | 承轨部位表面缺陷(气孔、粘皮、麻面等)(mm) | | 长度不大于 20，<br>深度不大于 5 | 全检 |
| 11 | 锚穴部位表面缺陷(裂纹、脱层、起壳等) | | 不允许 | 全检 |
| 12 | 其他部位表面缺陷(气孔、粘皮、麻面等)(mm) | | 不允许 | 全检 |
| 13 | 轨道板四周棱角破损和掉角(mm) | | 长度不大于 50 | 全检 |
| 14 | 预埋套管内混凝土淤块 | | 不允许 | 全检 |
| 15 | 轨道板侧面漏筋 | | 不允许 | 全检 |

(4)预埋套管抗拔力应不小于 60 kN，试验后其周围无可见裂纹，允许少量砂浆剥离。

(5)成品轨道板绝缘性能应符合轨道电路技术要求，单块轨道板钢轨阻抗的电感偏差不得大于±3%，交流有效电阻偏差不得大于+15%。

(6)轨道板综合接地性能应符合《客运专线综合接地技术实施办法(暂行)》(铁集成〔2006〕220 号)的技术要求。

(7)封锚砂浆的性能应满足表 8-6-46 的规定。

**表 8-6-46　封锚砂浆的技术要求**

| 序号 | 项目 | | 性能要求 |
|---|---|---|---|
| 1 | 抗压强度(MPa) | 1 d | ≥40 |
| | | 7 d | ≥50 |
| | | 28 d | ≥60 |
| 2 | 抗折强度(MPa) | 1 d | ≥5 |
| | | 7 d | ≥7 |
| | | 28 d | ≥9 |
| 3 | 抗渗性能 | | ≥P20 |
| 4 | 收缩率(%) | | ≤0.02 |
| 5 | 氯离子总含量 | | 不应超过胶凝材料总量的 0.06% |

### 6.5.5 检验方法

(1)水泥、掺和料的碱含量按《水泥化学分析方法》(GB/T 176)的规定进行检验。外加剂的碱含量按《混凝土外加剂匀质性试验方法》(GB/T 8077)的规定进行检验。

(2)细骨料的氯离子含量按《普通混凝土用砂、石质量及检验方法标准》(JGJ 52)的规定进行检验,粗骨料的氯离子含量按《建设用卵石、碎石》(GB/T 14685)的规定进行检验。拌和水中的氯化物含量按《混凝土用水标准》(JGJ 63)的规定进行检验。

(3)复合掺和料的烧失量、$SO_3$含量、游离氧化钙含量、MgO 含量按《水泥化学分析方法》(GB/T 176)的规定进行检验,需水量比按《高强高性能混凝土用矿物外加剂》(GB/T 18736)的规定(矿物掺和料的掺量采用实际用量)进行检验,含水量和活性指数(矿物掺和料的掺量采用实际用量)按《用于水泥和混凝土中的粒化高炉矿渣粉》(GB/T 18046)的规定进行检验。

(4)骨料的碱活性按《铁路混凝土工程预防碱—骨料反应技术条件》(TB/T 3054)和 TB/T 2922.1～2922.5 的规定进行检验。

(5)混凝土拌和物性能试验应符合《普通混凝土拌合物性能试验方法标准》(GB/T 50080)的规定。

(6)混凝土抗压强度和弹性模量试验应符合《普通混凝土力学性能试验方法标准》(GB/T 50081)的规定。

(7)混凝土抗冻性试验应符合《普通混凝土长期性能和耐久性能试验方法》(GB/T 50082)快冻法的规定。

(8)混凝土电通量试验应符合《铁路混凝土工程施工质量验收标准》(TB 10424)的规定。

(9)预应力筋的抗拉强度、屈服强度、伸长率、松弛率和疲劳性能试验应符合《预应力混凝土用钢棒》(GB/T 5223.3)的规定。

(10)预应力筋—锚固螺母组装件的静力、疲劳和周期荷载性能试验应符合《铁路工程预应力筋用夹片式锚具、夹具和连接器技术条件》(TB/T 3193)的规定。

(11)环氧树脂涂层钢筋的涂层材料、涂层厚度、连续型、可弯性等试验应符合《环氧树脂涂层钢筋》(JG 3042)的规定。

(12)预埋套管抗拔力试验应符合《客运专线 WJ-8 型扣件暂行技术条件》(科技基〔2007〕207 号)的规定。

(13)封锚砂浆的力学性能试验应符合《水泥胶砂强度检验方法(ISO 法)》(GB/T 17671)的规定,试件成型应采用空气锤振捣,捣头截面尺寸为 38 mm×40 mm。

(14)封锚砂浆的抗渗性能、收缩率试验应符合《聚合物改性水泥砂浆试验规程》(DL/T 5126)的规定。

## 6.6 CRTSⅠ型双块式轨枕

CRTSⅠ型双块式轨枕采用工厂化生产,制造生产车间一般设在施工现场。采用自动化流水生产线工艺,生产环境受外部影响较小,制造质量稳定可靠。

### 6.6.1 原 材 料

(1)水泥。采用强度等级不低于 42.5 级的硅酸盐水泥或普通硅酸盐水泥。水泥碱含量应不超过 0.60%,三氧化硫含量应不超过 3%,氯离子含量应不超过 0.10%,熟料中的 $C_3A$ 含量应不超过 8%,其他技术要求应符合《铁路混凝土工程施工质量验收标准》(TB 10424)的规定。

(2)骨料。

1)粗骨料。应采用材质坚硬、表面清洁的二级或多级单粒级碎石,按最小堆积密度配制而成。各级粗骨料应分级储存、分级运输、分级计量,最大粒径为 25 mm,含泥量按重量计不大于 0.50%,氯化物含量不大于 0.02%,其他技术要求应符合《铁路混凝土工程施工质量验收标准》(TB 10424)的规定。

2)细骨料。应采用材质坚硬、表面清洁、级配合理的天然中粗河砂。含泥量按重量计不大于 1.50%,氯化物含量不大于 0.02%,其他技术要求应符合《铁路混凝土工程施工质量验收标准》(TB 10424)的规定。

不应使用具有碱—碳酸盐反应活性或砂浆棒膨胀率大于 0.20%的碱—硅酸盐反应活性的骨料。当骨料的砂浆棒膨胀率为 0.10%～0.20% 时,混凝土碱含量应不超过 3 kg/m³。在轨道板投产前及骨料来源改变时,应根据 TB/T 2922.1～2922.5 和《铁路混凝土工程预防碱—骨料反应技术条件》(TB/T 3054)的规定对骨料的碱活性进行试验和评价，由具有相应资质的检验单位提出报告。

(3)水。应符合《铁路混凝土工程施工质量验收标准》(TB 10424)的规定。

(4)外加剂。应采用减水率不小于 25%、收缩率比不大于 110% 的聚羧酸盐系减水剂，其他技术要求应符合《铁路混凝土工程施工质量验收标准》(TB 10424)的规定，禁止使用掺入氯盐类外加剂。

(5)掺和料。应能够改善混凝土的性能，其性能应符合表 8-6-47 的要求。

**表 8-6-47　掺和料技术要求**

| 序号 | 项　目 | | 技术要求 |
|---|---|---|---|
| 1 | 氯离子含量(%) | | 不宜大于 0.02 |
| 2 | 烧失量(%) | | ≤4.0 |
| 3 | $SO_3$含量(%) | | ≤3.0 |
| 4 | 含水率(%) | | ≤1.0 |
| 5 | 需水量比(%) | | ≤105 |
| 6 | 活性指数(%) | 1 d | ≥125 |
| | | 28 d | ≥110 |

(6)钢材。

1)桁架钢筋采用 CRB 550 级钢筋，其性能应符合《冷轧带肋钢筋》(GB 13788)的规定。

2)箍筋采用 CRB 550 级钢筋，其性能应符合《冷轧带肋钢筋》(GB 13788)的规定。

3)箍筋固定件采用低碳钢冷拔钢丝，其性能应符合《一般用途低碳钢丝》(YB/T 5294)的规定。

4)螺旋筋采用低碳钢冷拔钢丝，其性能应符合《一般用途低碳钢丝》(YB/T 5294)的规定。

5)用于加工冷轧带肋钢筋的低碳钢热轧圆盘条的性能应符合《低碳钢热轧圆盘条》(GB/T 701)的规定。

(7)预埋套管。双块式轨枕内预埋套管应满足《客运专线扣件系统暂行技术条件》(铁科技函〔2006〕248 号)的相关要求。

(8)除特殊要求外，钢材、水泥、掺和料、骨料和外加剂的检验、储存和施工等应符合《铁路混凝土工程施工质量验收标准》(TB 10424)的规定。

## 6.6.2　检测设备

所需检测的主要设备及技术参数应符合表 8-6-48 的规定。

**表 8-6-48　所需检测的主要设备及技术参数**

| 设备名称 | 量程 | 精度(分辨率) | 备注 |
|---|---|---|---|
| 万能材料试验机 | 1 000 kN | ±1% | |
| 万能材料试验机 | 600 kN | ±1% | |
| 万能材料试验机 | 300 kN | ±1% | |
| 压力试验机 | 2 000 kN | ±1% | |
| 恒压力试验机 | 300 kN | ±1% | |
| 拉力试验机 | 2.5 kN | ±1% | |
| 电动抗折机 | 5 000 N 或 6 000 N | 5 N | |
| 电动抗折机 | 300 N | 3 N | |
| 水泥比表面积测定仪 | 200～1 000 $m^2/kg$ | ±1% | |
| 负压筛析仪 | 600～6 000 Pa | — | |
| 雷氏沸煮箱 | 210 min | ±5 min | |
| 胶砂流动度仪 | 100～260 mm | 1.0 mm | |
| 行星式水泥胶砂搅拌机 | 240 s | ±1 s | |
| 水泥净浆搅拌机 | 120 s | ±1 s | |
| 水泥胶砂振实台 | 14.7～15.3 mm | 0.1 min | |
| 水泥标准稠度仪 | 0～75 mm | 1 mm | |
| 水泥恒温恒湿养护箱 | 10 ℃～20 ℃ | ±1 ℃ | |
| 强制式混凝土搅拌机 | 30～100 L,55 r/min | ±1 r/min | |

续上表

| 设备名称 | 量程 | 精度(分辨率) | 备注 |
|---|---|---|---|
| 混凝土渗透仪 | 4 MPa | 0.05 MPa | |
| 混凝土含气量测定仪 | 10% | 0.50% | |
| 压力泌水仪 | 100 mL | 0.1 mL | |
| 贯入阻力仪 | 1 200 N | ±5 N | |
| 混凝土冻融循环试验机(快冻) | −20 ℃～10 ℃ | ±1 ℃ | |
| 动弹模量测定仪 | 100～10 000 Hz | 0.50% | |
| 混凝土保护层测定仪 | 5～60 mm | ±1 mm | |
| 回弹仪 | 10～100 | ±2 | |
| 电通量测定仪 | 4 000 C | 1.00% | |
| 自动控温控湿设备 | 20 ℃ | ±1 ℃ | |
| 道砟筛 | 0.074～63 mm | 0.005～18.7 mm | |
| 沥青针入度仪 | 0～50 mm | 0.1 mm | |
| 沥青延度仪 | 0～150 cm | 0.5 mm | |
| 沥青软化点仪 | 0～125 ℃ | 0.5 ℃ | |
| 沥青闪点仪 | 0～300 ℃ | ±1 ℃ | |
| 沥青标准黏度仪 | 流孔 $\phi$3 mm、$\phi$4 mm、$\phi$5 mm、$\phi$10 mm | — | |
| 沥青动力黏度计 | 0.0～100.0 ℃ | ±0.01 ℃ | |
| 乳化沥青稳定性试验管 | 内径 32 mm,高约 350 mm | 内径±0.1 mm | |
| 沥青恒温烘箱 | 10～300 ℃ | ±0.01 ℃ | |
| 沥青混和料拌和机 | — | — | |
| 电热干燥箱 | 300 ℃ | ±1 ℃ | |
| 箱式高温炉 | 0～1 200 ℃ | ±20 ℃ | |
| 微机控制万能材料 | 50 kN | ±1% | |
| 微机控制万能材料 | 10 kN | ±1% | |
| 涂层厚度测定仪 | 0.03～0.5 mm | 0.01 mm | |
| 针孔检测仪 | 500 $\mu$m | ±5% | |
| 电动轻型搅拌机 | 容积 5 L | — | |
| 砂浆含气量测定仪 | 1 L | — | |
| 恒温恒湿养护箱 | 15 ℃～40 ℃、55～70RH | ±0.5 ℃、±5%RH | |
| 分析天平 | 200 g | 0.000 1 g | |
| 电子天平 | 1 000/3 000 g | 0.01/0.1 g | |
| 静水力学天平(配网篮) | 5 000 g | 0.01 g | |
| 电子秤 | 10/20/30 kg | 0.1/0.1/1 g | |

### 6.6.3　检验方法

(1)双块式轨枕外观尺寸应采用统一的专用工具检测,并定期校正。

(2)水泥、掺和料的碱含量按《水泥化学分析方法》(GB/T 176)的规定进行检验,外加剂的碱含量按《混凝土外加剂匀质性试验方法》(GB/T 8077)的规定进行检验。

(3)水泥、掺和料的氯离子含量按《水泥化学分析方法》(GB/T 176)的规定进行检验,外加剂、骨料和拌和水中的氯离子含量按《混凝土外加剂匀质性试验方法》(GB/T 8077)的规定进行检验。

(4)骨料的碱活性按《铁路混凝土工程预防碱—骨料反应技术条件》(TB/T 3054)和 TB/T 2922.1～2922.5 的规定进行检验。

(5)混凝土拌和物性能试验应符合《普通混凝土拌合物性能试验方法标准》(GB/T 50080)的规定。

(6)混凝土抗压强度试验应符合《普通混凝土力学性能试验方法标准》(GB/T 50081)的规定。混凝土试件应与双块式轨枕相同条件下成型和养护，28 d 抗压强度试件应在脱模后进行标准养护。取样制作 3 组混凝土抗压强度试件，用于混凝土脱模强度和 28 d 抗压强度的检测；每隔半个月制作 1 组 28 d 混凝土弹性模量试件。

(7)混凝土抗冻性试验应符合《普通混凝土长期性能和耐久性能试验方法》(GB/T 50082)快冻法的规定。

(8)混凝土电通量试验应符合《铁路混凝土工程施工质量验收标准》(TB 10424)的规定。

(9)预埋套管抗拔力应满足《客运专线扣件系统暂行技术条件》(铁科技函〔2006〕248 号)的规定。

### 6.6.4　混凝土配合比

(1)混凝土抗压强度应符合设计要求。

(2)混凝土抗冻性指标应满足 D300 的要求。

(3)混凝土的电通量应不大于 1 000 C。

(4)混凝土内总碱含量不应超过 3.5 $kg/m^3$。当骨料具有潜在碱活性时，总碱含量不应超过 3.0 $kg/m^3$。混凝土中氯离子总含量不应超过胶凝材料总量的 0.10%。

### 6.6.5　施工过程试验检测

(1)混凝土中应选用聚羧酸盐系减水剂及能够提高混凝土的早期强度和后期耐久性能的掺和料。混凝土胶凝材料用量不宜超过 480 $kg/m^3$，水胶比应不大于 0.35，混凝土含气量应不大于 3%。

(2)混凝土原材料应严格按照施工配合比要求进行称量，材料计量误差应符合《铁路混凝土工程施工质量验收标准》(TB 10424)的规定。

(3)混凝土浇筑时，模板的温度宜在 5 ℃～35 ℃。

(4)混凝土拌和物入模温度应控制在 5 ℃～30 ℃。当昼夜平均气温低于 5 ℃或最低气温低于－3 ℃时，应采用骨料保温、预热钢模等措施，并按冬期施工处理，夏期混凝土浇筑时，骨料使用前应采用降温措施。

(5)试生产前应采用所选用的水泥、骨料、掺和料、外加剂等原材料制作抗冻性、电通量试件各一组，进行耐久性试验，并确保由不同原材料带入混凝土内的总碱含量和总氯离子含量符合 6.4.4 条相关要求。

(6)浇筑混凝土过程中，应随机取样制作混凝土强度、弹性模量试件，试件应与双块式轨枕相同条件下振动成型和养护，28 d 试件应在脱模后进行标准养护。试件制作、养护应符合《普通混凝土力学性能试验方法标准》(GB/T 50081)的规定。

### 6.6.6　成品检测

CRTSⅠ型双块式轨枕成品检测应符合表 8-6-49 的要求。

**表 8-6-49　双块式轨枕外形尺寸偏差和外观质量要求**

| 序号 | 检查项目 | | 检查项别 | 允许偏差(mm) | 每批检查数量 | |
|---|---|---|---|---|---|---|
| | | | | | 出厂检验 | 型式检验 |
| 外　形　尺　寸 | | | | | | |
| 1 | 钢筋桁架上弦距双块式轨枕顶面距离 | | B2 | ±3 | 10 根 | 20 根 |
| 2 | 双块式轨枕长度 | | C | $^{+4}_{-2}$ | 10 根 | 20 根 |
| 3 | 各断面高度 | | C | ±3 | 10 根 | 20 根 |
| 4 | 承轨部位双块式轨枕顶部宽度 | | C | ±3 | 10 根 | 20 根 |
| 5 | 保持轨距的两套管中心距 | 配 WJ-7 扣件 | B1 | $^{+2}_{-1}$ | | |
| | | 配 WJ-8 扣件 | B1 | ±1.5 | | |
| 6 | 同一承轨槽两邻套管中心距 | 配 WJ-7 扣件 | B1 | ±1 | 10 根 | 20 根 |
| | | 配 WJ-8 扣件 | | ±0.5 | 10 根 | 20 根 |
| 7 | 预埋套管距轨槽面 120 mm 深处偏离中心线距离 | | B1 | 2 | 10 根 | 20 根 |
| 8 | 预埋套管的凸起高度 | | B1 | $^{0}_{-0.5}$ | 10 根 | 20 根 |

续上表

| 序号 | 检查项目 | | 检查项别 | 允许偏差(mm) | 每批检查数量 | |
|---|---|---|---|---|---|---|
| | | | | | 出厂检验 | 型式检验 |
| 9 | 承轨面表面平整度 | | B1 | 1/150 | 10 根 | 20 根 |
| 10 | 两承轨面间相对扭曲 | | B1 | <0.7 | 10 根 | 20 根 |
| 11 | 配 WJ-8 扣件 | 两承轨槽外侧底脚间距离 | B1 | +1.5<br>−1.0 | 10 根 | 20 根 |
| | | 同一承轨槽底脚间距离 | B2 | +1.5<br>−0.5 | 10 根 | 20 根 |
| | | 承轨槽底脚距套管中心距离 | B2 | ±1 | 10 根 | 20 根 |
| | | 轨底坡(100 mm 范围内) | B2 | ±0.5 | 10 根 | 20 根 |
| 外　形　质　量 | | | | | | |
| 12 | 承轨部位表面缺陷(气孔、粘皮、麻面等) | | B2 | 长度≤10 深度≤2 | 全检 | 20 根 |
| 13 | 其他部位表面缺陷(气孔、粘皮、麻面等) | | C | 长度≤50 深度≤5 | 全检 | 20 根 |
| 14 | 承轨面与挡肩裂纹,双块式轨枕侧面与横截面平行的裂纹 | | A | 不允许 | 全检 | 20 根 |
| 15 | 预埋套管内堵孔数 | | A | 不允许 | 全检 | 20 根 |
| 16 | 双块式轨枕棱角破损和掉角 | | C | 长度≤50 | 全检 | 20 根 |

## 6.7　CRTSⅡ型双块式轨枕

### 6.7.1　原 材 料

(1)水泥。采用强度等级不低于 42.5 级的硅酸盐水泥或普通硅酸盐水泥。水泥碱含量应不超过 0.60%,三氧化硫含量应不超过 3%,氯离子含量应不超过 0.10%,熟料中的 $C_3A$ 含量应不超过 8%,其他技术要求应符合《铁路混凝土工程施工质量验收标准》(TB 10424)的规定。

(2)骨料。

1)粗骨料:应采用材质坚硬、表面清洁的二级或多级单粒级碎石,按最小堆积密度配制而成。各级粗骨料应分级储存、分级运输、分级计量,最大粒径为 25 mm,含泥量按重量计不大于 0.50%,氯化物含量不大于 0.02 %,其他技术要求应符合《铁路混凝土工程施工质量验收标准》(TB 10424)的规定。

2)细骨料:应采用材质坚硬、表面清洁、级配合理的天然中粗河砂。含泥量按重量计不大于 1.50%,氯化物含量不大于 0.02%,其他技术要求应符合《铁路混凝土工程施工质量验收标准》(TB 10424)的规定。

不应使用具有碱—碳酸盐反应活性或砂浆棒膨胀率大于 0.20%的碱—硅酸盐反应活性的骨料。当骨料的砂浆棒膨胀率为 0.10%~0.20% 时,混凝土碱含量应不超过 3 kg/m³。在轨道板投产前及骨料来源改变时,应根据 TB/T 2922.1~2922.5 和《铁路混凝土工程预防碱—骨料反应技术条件》(TB/T 3054)的规定对骨料的碱活性进行试验和评价,由具有相应资质的检验单位提出报告。

(3)水。应符合《铁路混凝土工程施工质量验收标准》(TB 10424)的规定。

(4)外加剂。应采用减水率不小于 25% 、收缩率比不大于 110% 的聚羧酸盐系减水剂,其他技术符合《铁路混凝土工程施工质量验收标准》(TB 10424)的规定。禁止使用掺入氯盐类外加剂。

(5)掺和料。应能够改善混凝土的性能,其性能应符合表 8-6-50 的要求。

**表 8-6-50　掺和料技术要求**

| 序号 | 项　目 | | 技术要求 |
|---|---|---|---|
| 1 | 氯离子含量(%) | | 不宜大于 0.02 |
| 2 | 烧失量(%) | | ≤4.0 |
| 3 | $SO_3$ 含量(%) | | ≤3.0 |
| 4 | 含水率(%) | | ≤1.0 |
| 5 | 需水量比(%) | | ≤105 |
| 6 | 活性指数(%) | 1 d | ≥125 |
| | | 28 d | ≥110 |

(6)钢材。

1)桁架钢筋采用 CRB 550 级钢筋,其性能应符合《冷轧带肋钢筋》(GB 13788)的规定。

2)箍筋采用 CRB 550 级钢筋,其性能应符合《冷轧带肋钢筋》(GB 13788)的规定。

3)箍筋固定件采用低碳钢冷拔钢丝,其性能应符合《一般用途低碳钢丝》(YB/T 5294)的规定。

4)螺旋筋采用低碳钢冷拔钢丝,其性能应符合《一般用途低碳钢丝》(YB/T 5294)的规定。

5)用于加工冷轧带肋钢筋的低碳钢热轧圆盘条的性能应符合《低碳钢热轧圆盘条》(GB/T 701)的规定。

(7)预埋套管。双块式轨枕内预埋套管应满足《客运专线扣件系统暂行技术条件》(铁科技函〔2006〕248 号)的相关要求。

(8)除特殊要求外,钢材、水泥、掺和料、骨料和外加剂的检验、储存和施工等应符合《铁路混凝土工程施工质量验收标准》(TB 10424)的规定。

### 6.7.2 检测设备

所需检测的主要设备及技术参数满足表 8-6-51 的要求。

**表 8-6-51　所需检测的主要设备及技术参数**

| 设备名称 | 量程 | 精度(分辨率) | 备注 |
|---|---|---|---|
| 万能材料试验机 | 1 000 kN | ±1% | |
| 万能材料试验机 | 600 kN | ±1% | |
| 万能材料试验机 | 300 kN | ±1% | |
| 压力试验机 | 2 000 kN | ±1% | |
| 恒压力试验机 | 300 kN | ±1% | |
| 拉力试验机 | 2.5 kN | ±1% | |
| 电动抗折机 | 5 000 N 或 6 000 N | 5 N | |
| 电动抗折机 | 300 N | 3 N | |
| 水泥比表面积测定仪 | 200～1 000 $m^2$/kg | ±1% | |
| 负压筛析仪 | 600～6 000 Pa | — | |
| 雷氏沸煮箱 | 210 min | ±5 min | |
| 胶砂流动度仪 | 100～260 mm | 1.0 mm | |
| 行星式水泥胶砂搅拌机 | 240 s | ±1 s | |
| 水泥净浆搅拌机 | 120 s | ±1 s | |
| 水泥胶砂振实台 | 14.7～15.3 mm | 0.1 min | |
| 水泥标准稠度仪 | 0～75 mm | 1 mm | |
| 水泥恒温恒湿养护箱 | 10 ℃～20 ℃ | ±1 ℃ | |
| 强制式混凝土搅拌机 | 30～100 L,55 r/min | ±1 r/min | |
| 混凝土渗透仪 | 4 MPa | 0.05 MPa | |
| 混凝土含气量测定仪 | 10% | 0.50% | |
| 压力泌水仪 | 100 mL | 0.1 mL | |
| 贯入阻力仪 | 1 200 N | ±5 N | |
| 混凝土冻融循环试验机(块冻) | −20 ℃～10 ℃ | ±1 ℃ | |
| 动弹模量测定仪 | 100～10 000 Hz | 0.50% | |
| 混凝土保护层测定仪 | 5～60 mm | ±1 mm | |
| 混凝土钻孔机 | $\phi$100～$\phi$150 mm | — | |
| 刻度显微镜 | 5～40 倍 | 0.01 mm | |
| 回弹仪 | 10～100 | ±2 | |
| 电通量测定仪 | 4 000 C | 1.00% | |
| 自动控温控湿设备 | 20 ℃ | ±1 ℃ | |

续上表

| 设备名称 | 量程 | 精度(分辨率) | 备注 |
|---|---|---|---|
| 电热干燥箱 | 300 ℃ | ±1 ℃ | |
| 箱式高温炉 | 0～1 200 ℃ | ±20 ℃ | |
| 轨道板温度(模拟)自动养护仪 | — | — | |
| 涂层厚度测定仪 | 0.03～0.5 mm | 0.01 mm | |
| 恒温恒湿养护箱 | 15 ℃～40 ℃、55～70 RH | ±0.5 ℃、±5%RH | |
| 抗拔仪(轨道板套管抗拔) | 20 t | 0.1 kN | |
| 分析天平 | 200 g | 0.000 1 g | |
| 电子天平 | 1 000/3 000 g | 0.01/0.1 g | |
| 静水力学天平(配网篮) | 5 000 g | 0.01 g | |
| 电子秤 | 10/20/30 kg | 0.1/0.1/1 g | |
| 游标卡尺 | 200 mm | 0.02 mm | |
| 深度卡尺 | 200 mm | 0.02 mm | |
| J漏斗 | — | — | |

### 6.7.3　混凝土配合比

(1)混凝土中应选用聚羧酸盐系减水剂及能够提高混凝土的早期强度和后期耐久性能的掺和料。混凝土胶凝材料用量不宜超过 480 kg/m³,水胶比应不大于 0.35,混凝土含气量应不大于 3%。

(2)混凝土抗压强度应符合设计要求。

(3)混凝土抗冻性指标应满足 D300 的要求。

(4)混凝土的电通量应不大于 1 000 C。

(5)混凝土内总碱含量不应超过 3.5 kg/m³。当骨料具有潜在碱活性时,总碱含量不应超过 3.0 kg/m³。混凝土中氯离子总含量不应超过胶凝材料总量的 0.10%。

### 6.7.4　检验方法

(1)双块式轨枕外观尺寸应采用统一的专用工具检测,并定期校正。

(2)水泥、掺和料的碱含量按《水泥化学分析方法》(GB/T 176)的规定进行检验,外加剂的碱含量按《混凝土外加剂匀质性试验方法》(GB/T 8077)的规定进行检验。

(3)水泥、掺和料的氯离子含量按《水泥化学分析方法》(GB/T 176)的规定进行检验,外加剂、骨料和拌和水中的氯离子含量按《混凝土外加剂匀质性试验方法》(GB/T 8077)的规定进行检验。

(4)骨料的碱活性按《铁路混凝土工程预防碱—骨料反应技术条件》(TB/T 3054)和 TB/T 2922.1～2922.5 的规定进行检验。

(5)混凝土拌和物性能试验应符合《普通混凝土拌合物性能试验方法标准》(GB/T 50080)的规定。

(6)混凝土抗压强度试验应符合《普通混凝土力学性能试验方法标准》(GB/T 50081)的规定。混凝土试件应与双块式轨枕相同条件下成型和养护,28 d 抗压强度试件应在脱模后进行标准养护。取样制作 3 组混凝土抗压强度试件,用于混凝土脱模强度和 28 d 抗压强度的检测;每隔半个月制作 1 组 28 d 混凝土弹性模量试件。28 d 标准试件制作完成后,直接在标准养护室内进行养护。

(7)混凝土抗冻性试验应符合《普通混凝土长期性能和耐久性能试验方法》(GB/T 50082)快冻法的规定。

(8)混凝土电通量试验应符合《铁路混凝土工程施工质量验收标准》(TB 10424)的规定。

(9)预埋套管抗拔力应满足《客运专线扣件系统暂行技术条件》(铁科技函〔2006〕248 号)的规定。

### 6.7.5　检验规则

(1)制造厂检验部门应对原材料、混凝土抗压强度和双块式轨枕质量负责检验。未经检验的不得出厂。

(2)双块式轨枕应按批检验,同一班次、相同材料和生产工艺制成的双块式轨枕为一批。
(3)混凝土拌和物性能检验应符合《铁路混凝土》(TB/T 3275)的规定。
(4)混凝土力学性能检验应符合《铁路混凝土》(TB/T 3275)的规定。
(5)凝土抗冻性、电通量检验应符合《铁路混凝土》(TB/T 3275)规定。

## 6.8 无缝线路

无缝线路是用焊接长轨条铺设的轨道,因长轨条没有轨缝而得名。

### 6.8.1 钢轨原材料

钢轨是铁路轨道的主要组成部件,它的功用在于引导机车车辆的车轮前进,承受车轮的巨大压力,并传递到轨枕上。钢轨必须为车轮提供连续、平顺和阻力最小的滚动表面。在电气化铁道或自动闭塞区段,钢轨还可兼做轨道电路之用。

(1)钢轨尺寸。钢轨的尺寸、外形允许偏差符合表8-6-52的规定。

**表8-6-52 钢轨的尺寸、外形质量要求**(mm)

| 项目 | | | 轻轨(kg/m) | |
|---|---|---|---|---|
| | | | 38、43 | 50、60、75 |
| 钢轨断面 | 轨头宽度 $W_H$ | | ±0.5 | ±0.5 |
| | 轨腰厚度 $W_T$ | | +1.0<br>−0.5 | +1.0<br>−0.5 |
| | 接头夹板高度 $H_F$ | | ±0.6 | +0.6<br>−0.5 |
| | 钢轨高度 $H$ | | ±0.8 | ±0.6 |
| | 轨底宽度 $W_F$ | | +1.0<br>−2.0 | +1.0<br>−1.5 |
| | 轨底边缘厚度 $h$ | | — | +0.75/0.5 |
| 外形 | 断面不对称 | | ±1.5 | ±1.2 |
| | 端面斜度 | 垂直方向 | ≤1.0 | ≤0.8 |
| | | 水平方向 | | |
| | 端部弯曲 | 向上弯 | ≤0.8 | ≤0.2 |
| | | 向下弯 | ≤0.2 | ≤0.2 |
| | | 左右弯 | ≤0.5 | ≤0.5 |
| | 轨身<br>(距两轨端各1 m处) | 垂直方向 | — | ≤0.5 mm/3 m<br>≤0.4 mm/m |
| | | 水平方向 | — | ≤0.7 mm/1.5 m |
| | 全长扭转 | | ≤全长的1/10 000 | |
| | 全长均匀弯曲 | | ≤全长的0.5/1 000 | |
| 接头夹板安装斜度<br>(以平行于接头夹板理论斜面的14 mm一段的倾斜为基准) | | | +1.0<br>−0.5 | +1.0<br>−0.5 |
| 螺栓孔 | | 直径 | ±0.8 | ±0.8 |
| | | 位置 | ±0.8 | ±0.8 |

注:1. 钢轨腰厚在最小厚点测量。
2. 孔型设计时保证。

(2)钢轨长度及允许偏差。
1)钢轨长度。
①标准钢轨的定尺长度为:12.5 m、25 m、50 m和100 m。
②曲线缩短钢轨的长度。12.5 m钢轨:12.46 m、12.42 m、12.38 m;
25 m钢轨:24.96 m、24.92 m、24.84 m。

③短尺钢轨长度。12.5 m 钢轨:9 m、9.5 m、11 m、11.5 m、12 m;

25 m 钢轨:21 m、22 m、23 m、24 m、24.5 m。

2)长度允许偏差。钢轨的长度允许偏差应符合表 8-6-53 中的规定。

**表 8-6-53　钢轨的长度允许偏差**

| 长度 $L$(m) | | 允许偏差(mm) |
|---|---|---|
| 钻孔轨 | ≤25 | ±6 |
| 焊接轨 | ≤25 | ±10 |
| | ≥25 | 由供需双方协商 |

(3)钢轨的力学性能。钢轨的力学性能应符合表 8-6-54 中的规定。

**表 8-6-54　钢轨的力学性能**

| 牌号 | 力学性能 | |
|---|---|---|
| | 抗拉强度 $R_m$(N/mm$^2$)(不小于) | 断后伸长率 $A$(%)(不小于) |
| U74 | 780 | 10 |
| U71Mn | 880 | 9 |
| U71MnSi | | |
| U71MnSiCu | | |
| U75V | 980 | 9 |
| U76VbRE | | |
| U70Mn | 880 | |

注:若在热锯样轨上取样检验力学性能时,断后伸长率 $A$ 的试验结果允许比规定值降低 1%(绝对值)。

(4)试验检验。钢轨的检验项目、取样数量和试验方法应符合表 8-6-55 中的规定。

**表 8-6-55　钢轨的检验项目、取样数量和试验方法**

| 序号 | 检验项目 | 取样部位 | 取样数量 | 试验方法 |
|---|---|---|---|---|
| 1 | 断面尺寸 | 距轨端 300 mm 之内 | 逐支 | GB 2585 中附录 C 样板、卡尺 |
| 2 | 外形 | 端部 | 逐支 | GB 2585 中图 C.11、图 C.4-1、图 C.4-2 样板 |
| 3 | 化学成分 | GB 2585 中图 2 | 每炉 1 个 | GB/T 223、GB/T 4336 |
| 4 | 氧含量 | 真空处理后或成品钢轨 | 每批 1 个 | GB/T 223.35 |
| 5 | 氢含量 | 供需双方协商 | 每炉 1 个或 2 个 | 供需双方协商 |
| 6 | 低倍 | 除过渡区域外任何部位 | 每炉 1 个 | GB/T 226 |
| 7 | 拉伸 | 除过渡区域外任何钢轨上(见 GB 2585 图 2),式样直径 10 mm | 每炉 1 个 | GB/T 228 |
| 8 | 显微组织 | GB 2585 中图 2 | 见 GB 2585 中第 7.3 节 | GB/T 13298 |
| 9 | 脱碳层 | GB 2585 中图 3 | 每批 1 个 | GB 2585 中 7.4 节,GB/T 224 |
| 10 | 非金属夹杂物 | 钢轨头部 | 每批 1 个 | GB 2585 中 7.5 节 |
| 11 | 落锤试验 | 除过渡区域外任何部位 | 每批 1 个 | GB 2585 中 7.6 节 |
| 12 | 超声波探伤 | 全长 | 逐支 | YB/T 951 |
| 13 | 表面质量 | 全长 | 逐支 | 目视 |
| 14 | 残余应力 | 距轨端至少 3 000 mm 处 | 见 GB 2585 中第 7.8 节 | 按 GB 2585 中附录 D |
| 15 | 疲劳 | 距轨端 3 000 mm 处 | 见 GB 2585 中第 7.9 节 | GB/T 3075 |
| 16 | 断裂韧性 | 距轨端 3 000 mm | 见 GB 2585 中第 7.10 节 | GB/T 4161 和 GB 2585 中附录 E |

注:轻轨 50 kg/m 以下钢轨可不做 8、9、10、14、15、16 项检验。

### 6.8.2　焊接接头

无缝线路用焊接方法连接钢轨对接接头。焊接接头由焊缝和热影响区构成。钢轨焊接接头主要进行焊接接头外观检查、焊接接头探伤等。

6.8.2.1　平直度要求

轨头工作面1 m长度平直度允许的最大偏差应符合表8-6-56的规定。

**表8-6-56　轨头平直度允许的最大偏差**

| 线路设计速度 $v$(km/h) | 轨顶面垂直方向最大偏差(mm) | | 轨头侧面工作边水平方向最大偏差(mm) | |
|---|---|---|---|---|
| | $a_1$ | $a_2$ | $b_1$ | $b_2$ |
| $v<120$ | 闪光焊接:0.3<br>铝热、气压焊接:0.4 | 0 | 0.4 | 0.4 |
| $120<v<200$ | 0.3 | 0 | 0.3 | 0.3 |
| $v>200$ | 0.2 | 0 | 0.3 | 0 |

注:1. $a_1$、$a_2$分别代表测量长度范围高出、低于钢轨母材轨顶基准面最大允许偏差。
2. $b_1$、$b_2$分别代表测量长度范围轨头内侧工作面凹进、凸出钢轨母材基准最大允许偏差。

6.8.2.2　表面质量要求

(1)焊接接头的轨头工作面经外形精整后的表面不平度应满足:在焊缝中心线两侧各100 m范围内,表面不平度不大于0.2 m。轨顶面及轨头侧面工作边母材打磨深度不应超过0.5 mm。

(2)焊接接头及其附近钢轨表面不应有裂纹、明显压痕、划伤、碰伤、电极灼伤、打磨灼伤等伤损。

(3)焊接接头平直度和表面质量检验方法。

1)平直度检验方法。

①应在钢轨焊接接头温度低于50 ℃时测量平直度。测量长度1 m,焊缝居中。

②如果测量平直度时焊接接头处于热态,考虑冷却过程的影响,焊接接头热态下测得的平直度偏差允许高于表8-6-56的规定,但焊接接头在环境温度下测量的平直度偏差应符合表8-6-56的规定。

③平直度偏差的测量位置分别在:轨顶面纵向中心线、轨头侧面工作边上距轨顶面16 mm处的纵向线;测量应以焊缝中心线两侧各500 mm位置的钢轨表面作为基准点。

④用检测直尺($L_0=1$ m)测量平直度。

⑤在钢轨固定式闪光焊接生产线上,应使用非接触式传感器自动检测尺测量焊接接头平直度,其显示窗口直接显示平直度偏差,其他情况下可以使用便携式钢轨平直度检测直尺。

⑥自动检测尺和检测直尺的测量误差不应大于0.05 mm。

2)表面质量检验方法。

①肉眼检查表面质量。

②表面不平度检查:将200 mm长度的直尺放在经过外形精整的焊接接头上,焊缝位于直尺中心,测量直尺与钢轨接触面间的最大距离,测量结果为表面不平度。

6.8.2.3　超声波探伤要求

1. 探伤人员资质要求

探伤人员应持有铁道部门无损检测人员技术资格鉴定考核委员会颁发的Ⅱ级或以上级别的技术资格证书,并经过钢轨焊缝探伤技术培训方能独立上岗作业。

2. 焊接接头探伤要求

(1)钢轨焊接后均应对焊接接头进行超声波探伤,并填写探伤记录。记录应包括仪器、探头、焊接接头编号、测试数据、探伤结果及处理意见。

(2)探伤时焊接接头的温度不应高于40 ℃。当焊接接头温度高于40 ℃时,可浇水冷却,浇水冷却时的轨头表面温度应低于350 ℃。

(3)超声波探伤仪和探头技术要求。铝热焊焊接接头探伤用探头回波频率大于等于2.5 MHz;闪光焊、气压焊焊接接头探伤用探头回波频率大于等于4 MHz。回波频率误差应小于等于10%。

(4)探伤前应对探测系统校准,试块及探伤灵敏度校准见《钢轨焊接　第1部分:通用技术条件》(TB/T 1632.1)第A.2节和第A.5节。

(5)扫查前检查探测面表面粗糙度,应无锈蚀和焊渣,打磨面应平顺、光滑,打磨范围应能满足探伤扫查的需要。

(6)使用双探头或单探头对轨头、轨腰、轨底分别进行探测。

(7)探伤时,可在探伤灵敏度的基础上再提高 4～6 dB 进行扫查。

(8)焊接接头中的缺陷当量大于探伤灵敏度规定值时,应判定焊接接头不合格(判废),即焊接接头中发现如下缺陷时应判废:

1)双探头探伤时:轨底角(距轨底角 20 mm 范围)大于等于 $\phi3-6$ dB(比 $\phi3$ 平底孔反射波低 6 dB)平底孔当量;其他部位大于等于 $\phi3$ 平底孔当量;

2)横波单探头探伤时:轨头和轨腰大于等于 $\phi3$ 长横孔当量;轨底大于等于 $\phi4$ 竖孔当量;轨底角(距轨底角 20 mm 范围)大于等于 $\phi4-6$ dB(比 $\phi4$ 竖孔反射波低 6 dB)竖孔当量;

3)铝热焊 0°探头探伤时:大于等于 $\phi5$ 长横孔当量;

4)缺陷当量比探伤灵敏度规定的缺陷低 3 dB,但延伸长度大于 6 mm 时。

(9)缺陷的测定:缺陷当量直径的测定和相对 $\phi$3dB 延伸度的测定按《钢轨焊接　第 1 部分:通用技术条件》(TB 1632.1)第 A6、A7 章进行。

(10)特殊线路或特殊区段上的判废标准按相关规定处理。

### 6.8.3　检验方法

1. 落锤试验

(1)试件外观质量要求:平直度和表面质量应符合《钢轨焊接　第 1 部分:通用技术条件》(TB/T 1632.1)第 6 章的规定。

(2)试件应进行超声波探伤,使用探伤检查合格的试件进行落锤试验。

(3)试件长度 1.2～1.6 m,焊缝中心位于试件中央,两端锯切加工。试件的轨头向上,平放在试验机的两固定支座上,支距 1 m,焊缝居中。

(4)试验温度:试件温度 10 ℃～50 ℃。当试验环境温度低于 10 ℃时,试件温度应接近上限。

(5)每个试件按落锤试验次序编号,编号应与焊接序号对应,记录锤击 2 次后的挠度。

(6)落锤试验机要求应符合《钢轨焊接　第 1 部分:通用技术条件》(TB/T 1632.1)附录 B 的规定。

2. 静弯试验

(1)试件外观质量要求:平直度和表面质量应符合第 6.8.2 条的规定。

(2)试件应进行超声波探伤,使用探伤检查合格的试件进行静弯试验。

(3)试件长度 1.2～1.3 m,焊缝中心应位于试件中央,两端锯切加工。试件置于支距 1 m 的支座上,焊缝居中,焊缝中心承受集中载荷。

(4)试件温度 10 ℃～40 ℃,试验在室温条件下进行。

(5)静弯试验机应符合《钢轨焊接　第 1 部分:通用技术条件》(TB/T 1632.1)附录 C 的规定。

(6)加载速度:压头移动速度应不大于 1.0 mm/s(或加载速率应不大于 80 kN/s)。

(7)每个试件按静弯试验次序编号,编号应与焊接序号对应。

(8)记录载荷和支距中间的对应挠度。

3. 疲劳试验

(1)试件外观质量要求:焊接接头平直度和表面质量应符合《钢轨焊接　第 1 部分:通用技术条件》(TB/T 1632.1)第 6 章的规定。

(2)试件应进行超声波探伤,使用探伤检查合格的试件进行疲劳试验。

(3)焊缝中心应位于试件中央,允许偏差±10 mm。试件长度不应超过支距外 100 mm;最短长度应超过支距外 50 mm。

(4)试验在室温条件下进行。试件简支于试验机两支座上,轨头向上,支距中央轨头焊缝中心处承受集中载荷。

(5)载荷及载荷循环次数采用脉动弯曲疲劳试验。根据钢轨型号确定载荷,最大载荷记为 $F_{max}$,最小载荷记为 $F_{min}$。载荷频率(5±0.5)Hz,载荷比为 0.2。载荷循环次数应从达到要求载荷时算起。

4. 拉伸试验

(1)拉伸试样取样数量为 9 个。

(2)拉伸试样采用直径 $d_0=10$ mm,$L_0=5d_0$ 的比例试样。试样加工尺寸及试验方法按《焊接接头拉伸试验方法》(GB/T 2651)和《金属材料　拉伸试验　第1部分:室温试验方法》(GB/T 228.1)的规定执行。

(3)分别记录抗拉强度和断后伸长率,将9个试样的抗拉强度平均值 $R_m$,断后伸长率平均值 $A$ 作为试验结果。

5. 冲击试验方法

(1)焊接接头冲击试验取样数量为12个。

(2)冲击试样加工尺寸及试验方法按《焊接接头冲击试验方法》(GB/T 2650)和《金属材料夏比摆锤冲击试验方法》(GB/T 229)的规定执行。U形缺口应在焊缝中心位置。

(3)试验在常温下进行,将12个试样的冲击吸收功平均值 $A$ 作为试验结果。

## 6.9 道岔板

道岔板应按正式批准的设计图纸和技术条件制造;道岔板应工厂化生产;道岔板扣件配套的螺栓在厂内安装,并与道岔板一同出厂。

### 6.9.1 道岔板材料

(1)水泥。应采用强度等级不低于42.5级的硅酸盐水泥或普通硅酸盐水泥。水泥碱含量不应超过0.60%,三氧化硫不应超过3%,氯离子含量不应超过0.06%,熟料中的 $C_3A$ 含量不应超过8%,硅酸盐水泥比表面积不宜超过350 $m^2/kg$,其他技术要求应符合《铁路混凝土工程施工质量验收标准》(TB 10424)的规定。

(2)骨料。

1)粗骨料:应采用材质坚硬、表面清洁的二级或多级单粒级碎石。各级粗骨料应分级储存、分级运输、分级计量,最大粒径为20 mm,含泥量按重量计不应大于0.50%,氯化物含量不应大于0.02%,其他技术要求应符合《铁路混凝土工程施工质量验收标准》(TB 10424)的规定。

2)细骨料:应采用材质坚硬、表面清洁、级配合理的天然中粗河砂,含泥量按重量计不应大于1.5%,氯化物含量不应大于0.02%,其他技术要求应符合《铁路混凝土工程施工质量验收标准》(TB 10424)的规定。

不应使用具有碱—碳酸盐反应活性或砂浆棒膨胀率(快速法)大于0.20%的碱—硅酸反应活性的骨料;当骨料的砂浆棒膨胀率为0.10%~0.20%时,混凝土碱含量不应超过3 $kg/m^3$,且应采取抑制碱—骨料反应技术措施,并按《铁路混凝土》(TB/T 3275)规定的方法进行抑制混凝土碱—骨料反应的有效性评价。在道岔板投产前及骨料来源改变时,应由具有相应资质的检验单位根据TB/T 2922.1~2922.5的规定对骨料的碱活性进行检验。

(3)水。应采用符合《铁路混凝土工程施工质量验收标准》(TB 10424)规定的水。

(4)外加剂。应采用减水率不小于25%、收缩率比不大于110%的高效减水剂,其他性能应符合《铁路混凝土工程施工质量验收标准》(TB 10424)的规定。禁止使用氯盐类外加剂。

(5)矿物掺和料。宜采用能够改善混凝土性能的矿物掺和料,其性能应满足表8-6-57的要求。

**表8-6-57　矿物掺和料性能要求**

| 序　号 | 项　目 | | 性能要求 |
|---|---|---|---|
| 1 | 氯离子含量(%) | | ≤0.02 |
| 2 | 烧失量(%) | | ≤4.0 |
| 3 | 三氧化硫含量(%) | | ≤3.0 |
| 4 | 含水率(%) | | ≤1.0 |
| 5 | 需水量比(%) | | ≤105 |
| 6 | 游离氧化钙含量(%) | | ≤1.0 |
| 7 | MgO含量(%) | | ≤14 |
| 8 | 活性指数(%) | 1 d | ≥125 |
| | | 28 d | ≥110 |

当脱模时间无具体要求时,可掺加粉煤灰、磨细矿渣粉等其他矿物掺和料,其性能应符合《铁路混凝土工程施工质量验收标准》(TB 10424)的相应规定。

(6)钢材。

1)热轧带肋钢筋的性能应符合《钢筋混凝土用钢　第2部分:热轧带肋钢筋》(GB 1499.2)的规定。

2)环氧树脂涂层钢筋的性能应符合《环氧树脂涂层钢筋》(JG 3042)的规定。

3)道岔板用扣件的螺栓、螺母及垫圈的性能应符合《钢结构用高强度大六角头螺栓、大六角头螺母、垫圈技术条件》(GB/T 1231)的规定。

(7)接地预埋件、调高预埋件等应符合设计要求。

(8)绝缘塑料卡。

1)材质为聚丙烯或聚乙烯;

2)介电强度值不小于30 kV/mm;

3)规格尺寸和其他性能应符合设计要求。

(9)除特殊要求外,钢材、水泥、矿物掺和料、骨料和外加剂的储存和施工等应符合《铁路混凝土工程施工质量验收标准》(TB 10424)的规定。

### 6.9.2　主要工艺要求

1. 钢模板

(1)应采用具有足够的强度、刚度和稳定性的钢模板。模板应保证道岔板各部形状、尺寸及预埋件的准确位置。模板尺寸允许偏差应符合表8-6-58的要求。

**表8-6-58　模板尺寸允许偏差**

| 项　　目 | | 允许偏差(mm) |
|---|---|---|
| 组装后1套模板 | 宽度 | ±3.0 |
| | 长度 | ±3.0 |
| | 厚度 | +2.0<br>0 |
| | 全部承轨面平整度 | ±0.5 |
| | 相邻两承轨面平整度 | ±0.3 |

(2)模板支承基础应平整、坚实,不得因其不均匀下沉引起模板变形。

(3)模板经检验合格后方可投入使用,且应实行日常检查和定期检查,检查结果应记录在模板检查表中。日常检查应在每天作业前进行,内容包括外观、平整度;定期检查每月进行1次,内容包括模板的外形尺寸及承轨面平整度等。

2. 钢筋编组及预埋件安装

(1)普通钢筋加工在常温下进行,按照设计图检查尺寸,切断刀口平齐,两端头不应弯曲,下料长度应符合设计规定,允许偏差应符合表8-6-59的要求。

**表8-6-59　普通钢筋下料长度允许偏差**

| 序　号 | 项　　目 | 允许偏差(mm) |
|---|---|---|
| 1 | 直径为16 mm的带肋钢筋 | ±10.0 |
| 2 | 直径为12 mm的带肋钢筋 | ±10.0 |
| 3 | 直径为10 mm的带肋钢筋 | ±10.0 |
| 4 | 直径为8 mm的带肋钢筋 | ±10.0 |

(2)环氧树脂涂层钢筋的锚固长度应符合《环氧树脂涂层钢筋》(JG 3042)规定。

(3)接地钢筋、接地端子焊接质量应符合设计要求,其位置允许偏差应符合表8-6-60的要求。

**表8-6-60　钢筋位置的允许偏差**

| 序　　号 | 项　　目 | 允许偏差(mm) |
|---|---|---|
| 1 | 普通钢筋间距 | ±5.0 |
| 2 | 钢筋保护层 | +5.0<br>0 |
| 3 | 接地端子的位置 | ±10.0 |

(4)上、下层钢筋网片分别在专用胎具上编制。钢筋编组入模后，纵、横向钢筋节点间应按设计要求进行绝缘处理，同时用 500 V 兆欧表测量确认钢筋骨架的绝缘性能，保证钢筋间的电阻值不小于 2 MΩ。

3. 混凝土配制和浇筑

(1)混凝土中应选用高效减水剂和能够提高混凝土性能的矿物掺和料，混凝土的胶凝材料用量不宜超过 480 kg/$m^3$，用水量不应超过 150 kg/$m^3$。

(2)混凝土原材料应严格按照施工配合比要求进行称量，材料计量误差应符合《铁路混凝土工程施工质量验收标准》(TB 10424)的规定。

(3)混凝土在浇筑时，模板温度宜在 10 ℃～30 ℃。当温度过低、过高时，应对模板采取升、降温措施。

(4)混凝土拌和物入模温度应控制在 5 ℃～30 ℃。

(5)道岔板浇筑成型后，混凝土初凝前，对板底混凝土面进行刷毛或压花处理，刷毛或压花深度应为 1～2 mm。

(6)混凝土浇筑前应对混凝土拌和物的温度、坍落度和含气量进行检查，浇筑过程中应对拌和物的温度、坍落度进行抽查。

(7)试生产前应采用所选用水泥、骨料、矿物掺和料、外加剂等原材料，制作抗冻性、电通量试件各一组，进行耐久性试验，并保证由不同原材料带入混凝土内的总碱含量和氯离子总含量符合要求。

(8)周期性检验：在每个班次任意一块道岔板浇筑成型过程中，取样制作 3 组混凝土抗压强度试件，用于混凝土脱模抗压强度和 28 d 抗压强度的检测。每隔半个月制作 1 组 28 d 混凝土弹性模量试件。脱模抗压强度试件养生采用同步养生，28 d 试件制作完成后直接进行标准养护，试件制作、养护的其他要求应符合《普通混凝土力学性能试验方法标准》(GB/T 50081)的规定。

4. 混凝土养护

(1)混凝土应采用保温养护制度，养护环境温度宜控制在 30 ℃左右。道岔板浇筑成型后应立即进行覆盖养护。

(2)在养护期间，板体混凝土芯部最高温度不宜超过 55 ℃。

5. 道岔板脱模

(1)道岔板脱模时，混凝土抗压强度不得低于设计强度的 80%。

(2)道岔板脱模时，首先拆除侧模，然后安装吊钩螺栓和吊具，在确认工艺配件与模板的固定装置全部卸除后，水平缓慢起吊道岔板，保证道岔板不受冲击。

(3)道岔板脱模时，道岔板表面与周围环境温差不应大于 20 ℃。脱模后应立即进行覆盖养护，当道岔板表面与周围环境温差不大于 15 ℃时，方可撤掉覆盖物存放。

(4)道岔板脱模后，静放时间不应少于 48 h。

6. 扣件孔

道岔板应依据设计坐标及孔径钻孔形成扣件的安装孔。孔位的平面位置应符合设计要求，允许偏差为 ±0.5 mm。

7. 扣件螺栓的安装

扣件螺栓及零配件在厂内安装，安装精度应符合设计要求。

### 6.9.3　质量要求

(1)道岔板外形尺寸偏差应符合表 8-6-61 的要求。

**表 8-6-61　道岔板外形尺寸偏差要求**

| 序　号 | 检 验 项 目 | | 允许偏差(mm) | 每批检验数量(出厂检验) |
|---|---|---|---|---|
| 1 | 长度 | | ±6.0 | 3 块 |
| 2 | 宽度 | | ±6.0 | 3 块 |
| 3 | 厚度 | | ±4.0/0 | 3 块 |
| 4 | 钻孔孔位的平面位置 | | ±0.5 | 全检 |
| 5 | 钻孔的垂直歪斜(距顶面 120 mm 处偏离中心线距离) | | 1.0 | 全检 |
| 6 | 预埋件数量 | | 齐全 | 全检 |
| 7 | 承轨面平整度 | 全部承轨面 | ±1.0 | 全检 |
| | | 相邻两承轨面 | ±0.5 | 全检 |

(2)道岔板外观应逐块检验、外观质量应符合表 8-6-62 的要求。

**表 8-6-62　道岔板外观质量要求**

| 序号 | 检查项目 | 技术要求 | | |
|---|---|---|---|---|
| | | 合格品 | 返修品 | 废品 |
| 1 | 肉眼可见裂纹 | 裂纹宽度≤0.2 mm，不允许出现贯通裂纹 | — | — |
| 2 | 扣件安装面部位表面缺陷 | 气孔、黏度、麻面等缺陷的深度≤5 mm、长度≤20 mm | — | 气孔、黏度、麻面等缺陷的深度>5 mm |
| 3 | 上边缘破损或混凝土掉角 | 深度≤5 mm、面积≤50 $cm^2$ | 深度>5 mm、面积>50 $cm^2$ | 断裂、较大孔洞、磕损严重等不能满足使用要求 |
| 4 | 底面边缘破损或混凝土掉角 | 长度≤15 mm | 长度>15 mm | — |
| 5 | 可见范围内的泌水深度 | 深度≤5 mm | 深度>5 mm | — |
| 6 | 外观表面 | 表面颜色一致、无油污 | 表面颜色不一致、有油污 | — |

(3)混凝土的抗压强度和弹性模量应符合设计要求。

(4)混凝土的抗冻性能应满足 F300 的要求。

(5)混凝土的电通量应不大于 1 000 C。

(6)混凝土内总碱含量不应超过 3.5 kg/$m^3$，当骨料具有潜在碱活性时，总碱含量不应超过 3.0 kg/$m^3$，混凝土中氯离子总含量不应超过胶凝材料总量的 0.10%。

(7)道岔板接地端子、接地钢筋的位置、数量及焊缝长度应符合设计要求。

### 6.9.4　检验方法

(1)道岔板的外形尺寸和外观质量应采用定期校正的仪器、工具量测。

(2)水泥、矿物掺和料的碱含量按《水泥化学分析方法》(GB/T 176)的规定进行检验。外加剂的碱含量按《混凝土外加剂匀质性试验方法》(GB/T 8077)的规定进行检验。

(3)水泥、矿物掺和料的氯离子含量按《水泥化学分析方法》(GB/T 176)的规定进行检验。外加剂中的氯离子含量按《混凝土外加剂匀质性试验方法》(GB/T 8077)的规定进行检验，拌和水中的氯离子按《混凝土用水标准》(JGJ 63)的规定进行检验，砂、石的氯离子含量按《普通混凝土用砂、石质量及检验方法标准》(JGJ 52)的规定进行检验。

(4)矿物掺和料的烧失量、$SO_3$含量、游离氧化钙含量、MgO 含量按《水泥化学分析方法》(GB/T 176)的规定进行检验，含水量按《用于水泥和混凝土中的粒化高炉矿渣粉》(GB/T 18046)的规定进行检验，需水量比和活性指数按《高强高性能混凝土用矿物外加剂》(GB/T 18736)附录 C 的规定(矿物掺和料的掺量采用实际用量)进行检验。

(5)骨料的碱活性试验按 TB/T 2922.1～2922.5 的规定进行。

(6)混凝土拌和物性能试验按《普通混凝土拌合物性能试验方法标准》(GB/T 50080)的规定进行。

(7)混凝土抗压强度和弹性模量试验按《普通混凝土力学性能试验方法标准》(GB/T 50081)的规定进行。

(8)混凝土抗冻性试验按《普通混凝土长期性能和耐久性能试验方法》(GB/T 50082)快冻法的规定进行。

(9)混凝土电通量试验按《铁路混凝土工程施工质量验收标准》(TB 10424)的规定进行。

(10)环氧树脂涂层钢筋的涂层材料、涂层厚度、连续性、可弯性等试验按《环氧树脂涂层钢筋》(JG 3042)的规定进行。

(11)道岔板钢筋间绝缘电阻检测方法按《客运专线铁路岔区板式无砟轨道混凝土道岔板暂行技术条件》(科技基〔2008〕173 号)附录的规定进行。

### 6.9.5　检验规则

(1)制造厂检验部门应对原材料、混凝土性能和道岔板质量进行检验,未经检验的道岔板不得出厂。

(2)道岔板应按批检验,同原材料和生产工艺制成的一组道岔板为一个检验批。

(3)水泥、矿物掺和料、骨料、外加剂、水、普通钢筋、环氧涂层钢筋的检验分进场检查、复检和日常检验,检验项目应符合规定。水泥、矿物掺和料、骨料、外加剂、水的检验应符合《铁路混凝土》(TB/T 3275)的规定;普通钢筋及环氧涂层钢筋的检验应符合《铁路混凝土工程施工质量验收标准》(TB 10424)的规定。

(4)混凝土拌和物性能检验应符合《铁路混凝土》(TB/T 3275)的规定。

(5)混凝土力学性能检验应符合《铁路混凝土》(TB/T 3275)的规定。

(6)混凝土抗冻性、电通量检验应符合《铁路混凝土》(TB/T 3275)的规定。

## 6.10　无砟轨道 CA 砂浆配合比典型案例

[案例 1]成绵乐铁路客运专线 CRTSⅠ型板式无砟轨道采用低弹模水泥乳化沥青 CA 砂浆,其配合比见表 8-6-63,现场试验如图 8-6-1 所示。

**表 8-6-63　低弹模 CA 砂浆配合比**

| 乳化沥青 | 干料 | P 乳剂 | 水 | 引气剂 | 消泡剂 |
|---|---|---|---|---|---|
| 473.4 | 1 103 | 41.2 | 47.32 | 2.18 | 0.109 |

[案例 2]石武铁路客运专线 CRTSⅡ型板式无砟轨道采用高弹模水泥乳化沥青 CA 砂浆,其配合比见表 8-6-64,现场试验如图 8-6-2 所示。

**表 8-6-64　高弹模 CA 砂浆配合比**

| 乳化沥青 | 干 料 | 减水剂 | 消泡剂 | 水 |
|---|---|---|---|---|
| 265 | 1 490 | 5 | 0.72 | 145 |

图 8-6-1　低弹模 CA 砂浆现场试验

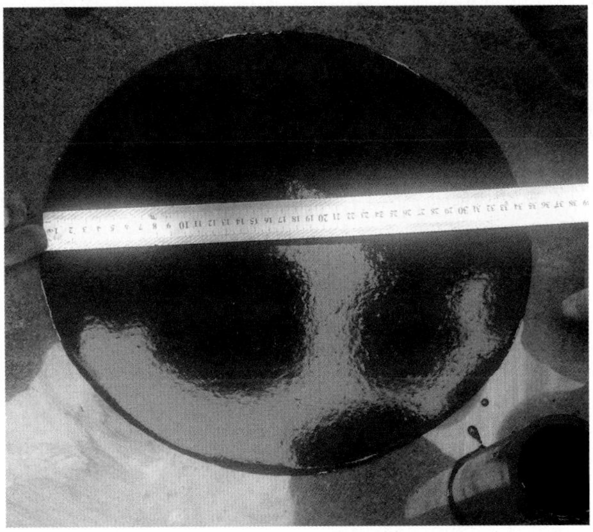

图 8-6-2　高弹模 CA 砂浆现场试验

# 7 高速铁路试验检测主要技术标准

## 7.1 水泥及掺和料类

1.《通用硅酸盐水泥》(GB 175—2007)
2.《水泥取样方法》(GB/T 12573—2008)
3.《水泥胶砂强度检验方法》(ISO 法)(GB/T 17671—1999)
4.《水泥标准稠度用水量、凝结时间、安定性检验方法》(GB/T 1346—2011)
5.《水泥胶砂流动度测定方法》(GB/T 2419—2005)
6.《水泥比表面积测定方法》(勃氏法)(GB 8074—2008)
7.《水泥细度检验方法　筛析法》(GB 1345—2005)
8.《水泥化学分析方法》(GB/T 176—2008)
9.《水泥密度测定方法》(GB/T 208—94)
10.《水泥胶砂干缩试验方法》(JC/T 603—2004)
11.《用于水泥和混凝土中的粒化高炉矿渣粉》(GB/T 18046—2008)
12.《用于水泥和混凝土中的粉煤灰》(GB 1596—2005)
13.《用于水泥中的粒化高炉矿渣》(GB/T 203—2008)
14.《用于水泥中的火山灰质混合材料》(GB/T 2847—2005)
15.《高强高性能混凝土用矿物外加剂》(GB/T 18736—2002)
16.《铁路后张法预应力混凝土梁管道压浆技术条件》(TB/T 3192—2008)

## 7.2 骨 料 类

1.《普通混凝土用砂、石质量及检验方法》(JGJ 052—2006)
2.《建设用砂》(GB/T 14684—2011)
3.《建设用碎石、卵石》(GB/T 14685—2011)
4.《铁路混凝土工程施工技术指南》(铁建设〔2010〕241 号)
5.《客运专线高性能混凝土暂行技术条件》(科技基〔2005〕101 号)
6.《铁路混凝土》(TB/T 3275—2011)

## 7.3 外加剂类

1.《混凝土外加剂》(GB 8076—2008)
2.《混凝土防冻泵送剂》(JG/T 377—2012)
3.《混凝土防冻剂》(JC 475—2004)
4.《砂浆、混凝土防水剂》(JC 474—2008)
5.《混凝土膨胀剂》(GB 24239—2009)
6.《水泥混凝土养护剂》(JC 901—2002)
7.《喷射混凝土用速凝剂》(JC 477—2005)
8.《聚羧酸系高性能减水剂》(JG/T 223—2007)

## 7.4　金属材料类

1.《钢筋混凝土用钢　热轧带肋钢筋》(GB/T 1499.2—2007)
2.《钢筋混凝土用钢　热轧光圆钢筋》(GB/T 1499.1—2008)
3.《预应力混凝土用螺纹钢筋》(GB/T 20065—2006)
4.《中空锚杆技术条件》(TB/T 3209—2008)
5.《冷轧带肋钢筋》(GB 13788—2008)
6.《优质碳素结构钢》(GB/T 699—1999)
7.《碳素结构钢》(GB 700—2006)
8.《优质碳素钢热轧盘条》(GB/T 4354—2008)
9.《预应力混凝土用钢绞线》(GB/T 5224—2003)
10.《预应力混凝土用钢丝》(GB/T 5223—2002)
11.《预应力筋用锚具、夹具和连接器》(GB/T 14370—2007)
12.《铁路工程预应力筋用夹片式锚具、夹具和连接器技术条件》(TB/T 3193—2008)
13.《低碳钢热轧圆盘条》(GB/T 701—2008)
14.《环氧树脂涂层钢筋》(JG 3042—1997)
15.《金属材料室温拉伸试验方法》(GB/T 228.1—2010)
16.《金属材料弯曲试验方法》(GB/T 232—2010)
17.《预应力混凝土用钢绞线》(GB/T 5224—2003)
18.《金属材料线材反复弯曲试验方法》(GB/T 238—2002)
19.《金属洛氏硬度试验　第一部分:试验方法》(GB/T 230.1—2009)
20.《铁路工程预应力筋用锚具、夹具和连接器技术条件》(TB/T 3193—2008 )
21.《预应力筋用锚具、夹具和连接器》(GB/T 14370—2007)
22.《钢筋焊接接头试验方法标准》(JGJ/T 27—2001)
23.《钢筋机械连接通用技术规程》(JGJ 107—2010 )
24.《钢筋焊接接头拉伸试验方法》(GB/T 2651—2008)
25.《焊接接头弯曲试验方法》(GB/T 2653—2008)
26.《钢筋焊接及验收规程》(JGJ 18—2012 )
27.《滚轧直螺纹钢筋连接接头》(JG 163—2004)
28.《钢管防腐层厚度的无损测量方法标准》(SY/T 0066—1999)
29.《管道防腐层检漏试验方法标准》(SY/T 0063—1999 )

## 7.5　混凝土类

1.《普通混凝土配合比设计规程》(JGJ 55—2011)
2.《普通混凝土拌合物性能试验方法标准》(GB/T 50080—2002)
3.《普通混凝土力学性能试验方法标准》(GB/T 50081—2002)
4.《普通混凝土长期性能和耐久性能试验方法》(GB/T 50082—2009)
5.《高强混凝土应用技术规程》(JGJ/T 281—2012)
6.《混凝土结构工程施工质量验收规范》(GB 50204—2002)
7.《混凝土强度检验评定标准》(GBJ 50107—2010)
8.《铁路混凝土工程施工质量验收标准》(TB 10424—2010)
9.《铁路混凝土结构耐久性设计规范》(TB 10005—2010)
10.《铁路混凝土强度检验评定标准》(TB 10425—1994)
11.《水泥胶砂耐磨性试验方法》(JC/T 421—2004)

12.《客运专线高性能混凝土暂行技术条件》(科技基〔2005〕101 号)
13.《客运专线铁路 CRTSⅠ型板式无砟轨道混凝土轨道板暂行技术条件》(科技基〔2008〕74 号)
14.《客运专线铁路 CRTSⅡ型板式无砟轨道混凝土轨道板暂行技术条件》(科技基〔2008〕74 号)
15.《铁路混凝土工程施工技术指南》(铁建设〔2010〕241 号)
16.《铁路瓦斯隧道技术规范》(TB 10120—2002)
17.《轻骨料混凝土桥梁技术规程》(CECS 202:2006)
18.《自密实混凝土应用技术规程》(JGJ/T 283—2012)
19.《铁路混凝土》(TB/T 3275—2011)
20.《钻芯法检测混凝土强度技术规程》(CECS 03:2007)
21.《回弹法检测混凝土抗压强度技术规程》(JGJ/T 23—2011)
22.《混凝土强度预埋拔出试验方法》(TB/T 2298.1—91)
23.《后装拔出法检测混凝土强度技术规程》(CECS 69:94)
24.《超声波检测混凝土缺陷》(CECS 21:2000)
25.《混凝土结构工程施工质量验收规范》(GB 50204—2002)(附录 C、附录 E)
26.《混凝土结构试验方法标准》(GB/T 50152—2012)
27.《铁路工程结构混凝土强度检测规程》(TB 10426—2004)
28.《预制混凝土构件工程施工质量验收规范》(GBJ 321—90)
29.《预应力混凝土铁路简支梁静载弯曲试验方法及评定标准》(TB/T 2092—2003)
30.《铁路桥梁竖向挠度的评定与测量方法》(TB/T 2898—1998)
31.《铁路隧道衬砌质量无损检测规程》(TB 10223—2004)
32.《铁路混凝土工程施工质量验收标准》(TB 10424—2010)
33.《建筑基桩检测技术规范》(JGJ 106—2003 )
34.《建筑基桩技术规范》(JGJ 94—2008)
35.《铁路工程基桩检测技术规程》(TB 10218—2008)
36.《混凝土中钢筋检测技术规程》(JGJ/T 152—2008)

## 7.6 无砟轨道类

1.《客运专线铁路 CRTSⅠ型板式无砟轨道混凝土轨道板暂行技术条件》(科技基〔2008〕74 号)
2.《客运专线铁路 CRTSⅡ型板式无砟轨道混凝土轨道板暂行技术条件》(科技基〔2008〕74 号)
3.《客运专线铁路双块式式无砟轨道双块式混凝土轨枕暂行技术条件》(科技基〔2008〕74 号)
4.《客运专线铁路 CRTSⅠ型板式无砟轨道水泥乳化沥青砂浆暂行技术条件》(科技基〔2008〕74 号)
5.《客运专线铁路 CRTSⅡ型板式无砟轨道水泥乳化沥青砂浆暂行技术条件》(科技基〔2008〕74 号)
6.《客运专线铁路无砟轨道支承层暂行技术条件》(科技基〔2008〕74 号)
7.《客运专线铁路 CRTSⅡ型板式无砟轨道混凝土轨道板(有挡肩)暂行技术条件(科技基〔2008〕173 号)
8.《客运专线铁路岔区板式无砟轨道混凝土道岔板暂行技术条件》(科技基〔2008〕173 号)

## 7.7 土工及路基类

1.《铁路工程土工试验规程》(TB 10102—2010)
2.《土的工程分类标准》(GB/T 50145—2007)
3.《高速铁路路基工程施工质量验收标准》(TB 10751—2010)
4.《铁路路基工程质量检验评定标准》(TB 10414—2003)
5.《高速铁路路基工程施工技术指南》(铁建设〔2010〕241 号)
6.《建筑地基处理技术规范》(JGJ 79—2002)

7.《铁路工程地质原位测试规程》(TB 10018—2003)

## 7.8　隧道类

1.《铁路工程物理勘探规程》(TB 10013—2010)
2.《铁路隧道衬砌质量无损检测规程》(TB 10223—2004)
3.《铁路隧道超前地质预报技术指南》(铁建设〔2008〕105 号)

# 参考文献


[1] 铁道部工程管理中心. 客运专线铁路无砟轨道施工手册. 北京:中国铁道出版社,2009.

[2] 王正寿. 高速铁路双块式轨枕制造关键技术研究. 山西建筑,2010(18).

[3] 陈希成,等. CRTSⅡ型轨道板预应力张拉技术及配套设备. 科技资讯,2010(3).

[4] 卿三惠,等. 高速铁路 CRTSⅡ型板式无砟轨道施工关键技术及施工技术研究. 铁道工程学报,2008(7).

[5] 卿三惠,等. 京津城际高速铁路无砟轨道施工技术及施装备创新. 高速铁路技术,2010(4).

[6] 中铁二局集团股份公司. 客运专线铁路板式无砟轨道施工技术及关键设备,2009(1).

[7] 中铁二局集团股份公司. 时速 350 km 高速铁路 CRTSⅡ型板式无砟轨道施工技术及关键设备,2008(1).

[8] 中铁二局集团股份公司. 客运专线无砟轨道制造、施工成套设备及工艺研究,2011(12).

[9] 中铁二局集团股份公司. CRTSⅡ型无砟轨道板制造关键技术及成套设备研究,2010(1).

[10] 工管技〔2010〕232 号　武汉城市圈城际铁路 CRTSⅢ型板式无砟轨道混凝土轨道板暂行技术要求.

[11] 铁道部工程管理中心. 客运专线铁路预制轨道板(枕)场建设手册. 北京:中国铁道出版社,2009.

[12] 中华人民共和国铁道部. TB 10754—2010　高速铁路轨道工程质量验收标准. 北京:中国铁道出版社,2011.

[13] 中华人民共和国铁道部. 铁建设〔2010〕241 号　高速铁路轨道工程施工技术指南. 北京:中国铁道出版社,2011.

[14] 铁道部工程管理中心. 工管线路函〔2012〕159 号　CRTSⅢ型板式无砟轨道工程施工质量验收指导意见(试行).

[15] 湖北城际铁路有限责任公司. 武汉城市圈城际铁路 CRTSⅢ型板式无砟轨道工程作业指导书.

[16] 铁道部科学技术司. 科技基〔2008〕173 号　客运专线铁路岔区板式无砟轨道混凝土道岔板暂行技术条件. 北京:中国铁道出版社,2008.

[17] 铁道部工程管理中心. 工管技〔2010〕145 号　关于印发《客运专线铁路预埋套管式混凝土道岔板制造及验收技术条件(试行)》的通知.

[18] 陈孟强,等. CRTSⅡ型板式大号无砟道岔铺设施工技术. 铁道建筑,2008(12).

[19] 铁道部工程管理中心. 客运专线铁路道岔铺设手册. 北京:中国铁道出版社,2010.

[20] 陈孟强,等. 京津城际铁路长枕埋入式大号无砟道岔施工技术. 铁道建筑,2008(12).

[21] 铁道部工程管理中心. 工管技〔2008〕8 号　客运专线无砟轨道道岔铺设暂行技术条件.

[22] 京沪高速铁路有限责任公司. 京沪高速铁路无砟道岔精调作业指导书.

[23] 中华人民共和国铁道部. TB 10305—2009　铁路轨道工程施工安全技术规程. 北京:中国铁道出版社,2009.

[24] 中华人民共和国铁道部. 铁建设〔2009〕226 号　铁路工程施工组织设计指南. 北京:中国铁道出版社,2009.

[25] 铁道部工程管理中心. 铁工管〔2009〕206 号　关于印发《客运专线铁路无砟轨道施工和高速道岔铺设标准化管理要点》的通知.

[26] 高亮. 轨道工程. 北京:中国铁道出版社,2010.

[27] 许利军等. DPK32 型铺轨机. 建筑机械化,2011(2).

[28] 秦明. CPG500 型无缝线路长轨条铺轨机组的研制. 铁道知识,2010(6).

[29] 纪占玲等. 长轨条铺轨机组及其施工工艺研究. 铁道标准设计,2011(11).

[30] 吴启新. 新建无缝线路的大型养路机械整道施工技术. 铁道标准设计,2004(8).

[31] 铁道部工程管理中心. 客运专线铁路技术管理手册. 北京:中国铁道出版社,2008.

[32] 杨宏伟. 有砟高速道岔铺设新技术. 铁道工程学报,2011(1).

[33] 王树国. 客运专线 18 号有砟道岔铺设及验收技术标准的研究. 铁道建筑,2007(6).

[34] 哈大铁路客运专线有限责任公司. 哈大铁路客运专线工程运输管理办法.

[35] 中华人民共和国铁道部. TB/T 1632. 1—2005　钢轨焊接　第 1 部分:通用技术条件. 北京:中国铁道出版社,2005.

[36] 中华人民共和国铁道部. TB/T 1632. 2—2005　钢轨焊接　第 2 部分:闪光焊接. 北京:中国铁道出版社,2005.

[37] 中华人民共和国铁道部. TB/T 1632. 3—2005　钢轨焊接　第 3 部分:铝热焊接. 北京:中国铁道出版社,2005.

[38] 中华人民共和国铁道部运输局. 运基线路〔2009〕601 号　关于印发《焊接长钢轨吊运、存放规定(暂行)》的通知.

[39] 龚成光,等. 时速 350 km 高速铁路无砟轨道一次性铺设跨区间无缝线路施工工法(国家一级工法).

[40] 京沪高速铁路有限责任公司.京沪高速铁路轨道精调作业指导书.
[41] 王文健等.高速铁路钢轨打磨技术及其应用.西安交通大学学报,2007(5).
[42] 王邠.铁路通信技术.北京:中国铁道出版社,2008.
[43] 朱惠忠.GSM-R通信技术与应用.北京:中国铁道出版社,2011.
[44] 中华人民共和国铁道部.铁建设〔2010〕241号 高速铁路信号工程施工技术指南.北京:中国铁道出版社,2010.
[45] 郭进等.铁道信号基础设备.成都:西南交通大学出版社,2008.
[46] 张伟.对CTCS-2级区段应答器运用的分析.铁道通信信号,2007(7).
[47] 刘颖,蒋大明.中国列车控制系统发展的若干思考.中国铁路,2005(8).
[48] 梁生琴.CTCS-2列车控制系统.郑铁科技通讯,2006(1).
[49] 北京铁路局.CTCS-2列车控制系统应用与维护.北京:中国铁道出版社,2007.
[50] 吕永昌等.计算机联锁.北京:中国铁道出版社,2007.
[51] 林瑜筠等.铁路信号新技术概论.北京:中国铁道出版社,2007.
[52] 李群湛等.高速铁路电气化工程.成都:西南交通大学出版社,2006.
[53] 蒋先国.高速铁路四电系统集成.成都:西南交通大学出版社,2010.
[54] 吴积钦.受电弓与接触网系统.成都:西南交通大学出版社,2010.
[55] 中华人民共和国铁道部.TB 10601—2009 高速铁路工程测量规范.北京:中国铁道出版社,2009.
[56] 中华人民共和国铁道部.TB 10054—2010 铁路工程卫星定位测量规范.北京:中国铁道出版社,2010.
[57] 中华人民共和国铁道部.TB 10101—1999 新建铁路工程测量规范.北京:中国铁道出版社,1999.
[58] 中华人民共和国建设部.GB 50026—2007 工程测量规范.北京:中国计划出版社,2008.
[59] 中铁二局集团有限公司.高精度陀螺方位测量技术研究报告.
[60] 中铁二局集团有限公司.工程测量数据处理技术研究及其通用软件GSP开发报告.
[61] 中华人民共和国铁道部.铁建设函〔2009〕674号 高速铁路无砟轨道工程施工精调作业指南.北京:中国铁道出版社,2009.
[62] 安文汉.铁路工程试验与检测.山西科学技术出版社,2006.
[63] 中华人民共和国铁道部.TB 10424—2010 铁路混凝土工程施工质量验收标准.北京:中国铁道出版社,2011.
[64] 中国土木工程学会.CCES 01—2004 混凝土结构耐久性设计与施工指南.北京:中国建筑工业出版社,2005.
[65] 中华人民共和国铁道部.TB 10751—2010 高速铁路路基工程施工质量验收标准.北京:中国铁道出版社,2011.
[66] 中华人民共和国铁道部.铁科技〔2004〕120号 客运专线预应力混凝土预制梁暂行技术条件.
[67] 中华人民共和国铁道部.TB/T 3043—2005 预制后张法预应力混凝土铁路桥简支T梁技术条件.北京:中国铁道出版社,2005.
[68] 中华人民共和国铁道部.TB/T 3275—2011 铁路混凝土.北京:中国铁道出版社,2012.
[69] 中华人民共和国铁道部.TB 10425—1994 铁路混凝土强度检验评定标准.北京:中国铁道出版社,1994.
[70] 中华人民共和国铁道部.TB 10426—2004 铁路工程结构混凝土强度检测规程.北京:中国铁道出版社,2004.
[71] 中华人民共和国铁道部.TB 10218—2008 铁路工程基桩检测技术规程.北京:中国铁道出版社,2008.
[72] 中华人民共和国铁道部.TB/T 2092—2003 预应力混凝土铁路桥简支梁静载弯曲试验方法及评定标准.北京:中国铁道出版社,2004.
[73] 中华人民共和国住房和城乡建设部.JGJ/T 23—2011 回弹法检测混凝土抗压强度技术规程.北京:中国建筑工业出版社,2011.
[74] 中华人民共和国铁道部.TB 10753—2010 高速铁路隧道工程施工质量验收标准.北京:中国铁道出版社,2010.
[75] 陈建勋.隧道工程试验检测技术.人民交通出版社,2004.
[76] 中华人民共和国铁道部科学技术司.科技基〔2008〕21号 铁路隧道防水材料暂行技术条件第一部分、第二部分.北京:中国铁道出版社,2008.
[77] 中华人民共和国铁道部科学技术司.科技基〔2008〕74号 客运专线铁路CRTSⅠ型板式无砟轨道混凝土轨道板暂行技术条件.北京:中国铁道出版社,2008.
[78] 中华人民共和国铁道部科学技术司.科技基〔2008〕74号 客运专线铁路CRTSⅡ型板式无砟轨道混凝土轨道板暂行技术条件.北京:中国铁道出版社,2008.
[79] 中华人民共和国铁道部科学技术司.科技基〔2008〕74号 客运专线铁路双块式无砟轨道双块式混凝土轨枕暂行技术条件.北京:中国铁道出版社,2008.
[80] 中华人民共和国铁道部科学技术司.科技基〔2008〕74号 客运专线铁路CRTSⅠ型板式无砟轨道水泥乳化沥青砂

浆暂行技术条件.北京:中国铁道出版社,2008.

[81] 中华人民共和国铁道部科学技术司.科技基〔2008〕74号　客运专线铁路CRTSⅡ型板式无砟轨道水泥乳化沥青砂浆暂行技术条件.北京:中国铁道出版社,2008.

[82] 中华人民共和国铁道部科学技术司.科技基〔2008〕74号　客运专线铁路无砟轨道支承层暂行技术条件.北京:中国铁道出版社,2008.

[83] 中华人民共和国铁道部科学技术司.科技基〔2008〕173号　客运专线铁路CRTSⅡ型板式无砟轨道混凝土轨道板(有挡肩)暂行技术条件.北京:中国铁道出版社,2008.